T0349448

Herausgegeben von
Dieter Thomä,
Christoph Henning
und Olivia Mitscherlich-
Schönherr

Glück

Ein interdisziplinäres
Handbuch

Verlag J. B. Metzler
Stuttgart · Weimar

Der Herausgeber

Dieter Thomä ist Professor für Philosophie an der
Universität St. Gallen; bei J.B. Metzler ist erschienen:
»Heidegger-Handbuch«, 2003 (Hg.).
Christoph Henning ist Dr. phil. und Leiter eines
Forschungsprojekts an der Universität St. Gallen.
Olivia Mitscherlich-Schönherr ist Dr. phil.
und Koordinatorin des Graduiertenkollegs
»Lebensformen und Lebenswissen«
an der Universität Potsdam.

Bibliografische Information der Deutschen Nationalbibliothek
Die Deutsche Nationalbibliothek verzeichnet diese
Publikation in der Deutschen Nationalbibliografie;
detaillierte bibliografische Daten sind im Internet über
<http://dnb.d-nb.de> abrufbar.

Gedruckt auf säure- und chlorfreiem, alterungs-
beständigem Papier

ISBN 978-3-476-02285-1

© 2011 J. B. Metzler'sche Verlagsbuchhandlung
und Carl Ernst Poeschel Verlag GmbH in Stuttgart
www.metzlerverlag.de
info@metzlerverlag.de

Einbandgestaltung: Willy Löffelhardt / Melanie Frasch
Satz: Typomedia GmbH, Ostfildern
Druck und Bindung: Kösel, Krugzell
www.koeselbuch.de
Printed in Germany
April 2011

Verlag J.B. Metzler Stuttgart · Weimar

Inhaltsverzeichnis

Einleitung

288 Vorstellungen vom Glück

Dass es möglich sei, »ohne Glück auszukommen«, hielt John Stuart Mill für ganz unbestreitbar: »Unfreiwillig kommen« nämlich – so meinte er – »neunzehn Zwanzigstel der Menschheit ohne Glück aus« (1861/1985, 28). Folgt man vorläufig dieser Auskunft, so ist das Glück ein Sonderfall des Lebens, der nur manchen zuteil wird oder nur manchmal eintritt. Schnell ergibt sich daraus der Ratschlag, man möge um das Glück nicht so viel Aufhebens machen, es sei nur eine Zutat, eine Zugabe, an die man erst einen Gedanken verlieren sollte, wenn für das eigentlich Wichtige gesorgt ist. Frei nach Bertolt Brecht wäre demnach zu sagen, erst komme »das Fressen«, dann das Glück (bei Brecht war es »die Moral«; vgl. Brecht 1967, Bd. 2, 457). Hätten sich die Herausgeber dieses Handbuchs mit diesem Bescheid, mit einem solchen ›Sahnehäubchen‹-Glück abgefunden, dann wäre die Arbeit daran nie und nimmer begonnen worden. Wir hätten, kurz gesagt, Besseres zu tun gehabt.

Wer sich mit dem Glück befasst, spürt den Stachel bedrückender Lebensverhältnisse, bedrohlicher Zukunftsaussichten oder vernichtender Kriege. Das Nachdenken über das Glück ist auch von dem Schmerz, den dieser Stachel auslöst, gezeichnet. Doch weder geht es beim Glück nur um äußere Lebensumstände, noch ist es das Privileg einer Minderheit von Begüterten. Alle Menschen streben nach Glück, erklärte Aristoteles im 5. Jahrhundert v. Chr. am Beginn seiner *Nikomachischen Ethik* (NE 1095a). Man darf hinzufügen: Ihr Streben richtet sich nicht auf etwas, das ihnen fern und nur vom Hörensagen bekannt ist; sie befinden sich nicht in einem Tal der Ahnungslosen, vielmehr können sie sich auf das Glück nur beziehen, weil sie Vorstellungen davon mitbringen. Sogar unter bedrückendsten Lebensumständen muss man vom Glück nicht abgeschnitten sein. Imre Kertész' *Roman eines Schicksallosen*, die autobiographische Geschichte eines Jungen, der Auschwitz und Buchenwald überlebt hat, hat die Leser nicht zuletzt deshalb so erschüttert und berührt, weil er vom Glück auch »bei den Schornsteinen« handelte (1975/1996, 287).

Hartnäckig, geradezu unverwüstlich ist das Glück. Auf ein Handbuch zum Glück, das dieser Tatsache Rechnung trägt, lässt sich deshalb auch jene überraschende Pointe beziehen, mit der Robert Spaemann sein Buch *Glück und Wohlwollen* eröffnet hat: dass es nämlich »hoffentlich nichts grundsätzlich Neues« enthalte (1989, 9). Träte dieses Handbuch mit dem Anspruch auf, ein frisches, besseres Glück im Angebot zu haben, dann hieße dies, dass man an dem Glück, wie es Jahrtausende lang erfahren worden ist, vorbeiginge oder dass man annähme, die Menschen hätten sich beim Glück Jahrtausende lang getäuscht. Angesichts der langen Geschichte des Glücks wirkt die Absicht, mit Aplomb ›innovativ‹ zu sein, geradezu lächerlich. Doch mit Robert Spaemann meinen die Herausgeber dieses Handbuchs, dass das Glück »von Zeit zu Zeit neu gedacht werden [muss], weil die realen Bedingungen und die zur Verfügung stehenden Begriffe für unsere Selbstverständigung sich wandeln« (1989, 9). Dies allerdings ist eine reiz- und anspruchsvolle Aufgabe.

Auffällig am Glück ist eine Doppelung von Haltbarkeit und Wandlungsfähigkeit: Man trifft einerseits auf weithin geteilte Intuitionen darüber, auf welche Glücksquellen es vor allem ankomme (z. B. Gesundheit, Arbeit, Familie, Sicherheit, Geld); andererseits sieht man, wie das Glück Kapriolen schlägt, wie Individuen die verschiedensten Arten des Zeitvertreibs und der Lebensführung für ihr Glück reklamieren.

Nicht nur können die Zeitumstände das Glück begünstigen oder gefährden, nicht nur können sich meine Glücksvorstellungen von denen anderer Menschen unterscheiden, ich kann sie überdies im Lauf des Lebens verändern. Schon Aristoteles hat darauf hingewiesen, dass das Glücksstreben der Menschen dem Wandel ausgesetzt ist: Nach dem Glück gefragt, nennt Aristoteles zufolge »jeder etwas anderes […] und oft auch ein und derselbe Verschiedenes: wenn er krank ist, die Gesundheit, wenn er arm ist, den Reichtum« (NE 1035a). Einige Jahrhunderte nach Aristoteles berichtet Augustinus, dass der römische Philosoph Marcus Terentius Varro 288 verschiedene Bestimmungen des Glücks gezählt habe (vgl. Augustinus 1978, Bd. 2, 517 ff.: *De civitate dei* XIX, 1–3).

Die Frage nach dem Glück hat die Philosophie von der griechischen Antike bis zur Gegenwart beschäftigt; die theoretische Aufmerksamkeit, die dem Glück zuteil wurde, hat sich über die Jahrhunderte hinweg auf hohem Niveau bewegt, freilich auch geschwankt; von früh an hat sich in das Nachdenken über das Glück die Vielfalt eingeschlichen. Diese Vielfalt spiegelt sich nicht nur in der Philosophie selbst, sondern in einem breiten Spektrum von Feldern, Fächern und Disziplinen. Neben der Philosophie stehen die Politik, die in Theorie und Praxis seit jeher direkt oder indirekt aufs Glück zielt, und die Religion, die das Glück mit der Glückseligkeit zu überbieten und in ihre Heilsversprechen zu integrieren sucht. Mit der Differenzierung des Fächerkanons in der Moderne sind die Beiträge zahlreicher Disziplinen zu diesem Reigen hinzugekommen.

Eine Einführung zu einer Sammlung stoischer Texte zur Philosophie des Glücks aus dem Jahr 1987 beginnt mit den Sätzen: »Glück hat Konjunktur. Seit den siebziger Jahren hat das Thema in Literatur, Philosophie und einigen Fachwissenschaften ein erstaunlich großes Interesse auf sich gezogen« (Nickel 1987, 7). Die letzten Jahrzehnte haben nun so etwas wie eine Hochkonjunktur der Glücksforschung gebracht, die vor allem von Psychologie, Ökonomie, empirischer Sozialforschung, Neuro- und Biowissenschaften angetrieben worden ist. Mancherorts gibt es »Glück« sogar schon als Unterrichtsfach an Schulen (Fritz-Schubert 2008). Darüber hinaus erlebt man derzeit eine regelrechte Schwemme von Ratgeberbüchern aller Art; eine amerikanische Autorin stürmte kürzlich mit ihrem *Happiness Project*, einem Erfahrungsbericht von einem einjährigen Selbstversuch zur Glückssteigerung, die Bestsellerlisten (Rubin 2009). Das Glück ist in aller Munde. Aber wie lässt sich überhaupt davon reden?

Stumm vor Glück?

Wer glücklich ist, dem kann es die Sprache verschlagen; von einem solchen Menschen heißt es dann, er sei ›stumm vor Glück‹. Wer das Glück auszusprechen versucht, mag die Erfahrung machen, dass das Wort vor dem Erlebten verblasst und das Glück ›zerredet‹ wird. Der Wunsch, sich mitzuteilen, ringt mit dem Gefühl, dass beim Reden etwas verlorengeht. Dem Bibel-Wort »Wes das Herz voll ist, des geht der Mund

über« (Mt 12,34) steht Friedrich Schillers Vers »*Spricht* die Seele, so spricht ach! schon die *Seele* nicht mehr« gegenüber (Schiller 1987, 313; Hervorhg. orig.). Man sollte sich aber davor hüten, in dieser Gegenüberstellung einen tragischen Konflikt zu sehen und sich im Unaussprechlichen zu suhlen. Schließlich ist es nicht verwunderlich, dass man sich mit dem Reden schwer tut, wenn berührt wird, was einen im Innersten angeht, antreibt, umtreibt. In der Herausforderung, im besonderen Anspruch, den das Glück an die Sprache stellt, darf man geradezu dessen Gütesiegel sehen.

Zum Glück gehört, dass man es zur Sprache bringt, dass man es mit der Sprache gewissermaßen umgarnt, mit-teilt und mit anderen teilt. Stumm vor Glück zu sein, ist jedenfalls nicht abendfüllend und wirkt, auf Dauer gestellt, alles andere als lebensfroh. Man darf sagen, dass das Benennen, Reflektieren, Besprechen und Beschwören des Glücks, ob es sachlich, stammelnd oder hymnisch ausfällt, zu ihm selbst dazugehört. Es wird auf diese Weise in seinen Formen und Facetten zum Ausdruck gebracht, entfaltet und bewahrt.

Ein Glücksforscher muss deshalb anders vorgehen als ein Insektenforscher. Seine Bemühungen, etwas über das Glück herauszufinden, treffen auf einen Gegenstand, der gewissermaßen Geschichten im Gepäck hat, Interpretationen beibringt und tief in kulturelle Praxen eingebettet ist. Zur Reflexion auf das Glück treten die Formen und Figuren des Glücks, die das Leben immer schon mitbringt. Das Sprechen über das Glück findet nicht immer schon im abgezirkelten Raum der Theorie statt. Deshalb wird in diesem Handbuch die Präsentation von Forschungsergebnissen und Theorien kombiniert mit der Darstellung des Glücks, wie es im Alltag, in Literatur und Kultur anzutreffen ist. Der Glücksforscher tritt nicht in künstlicher Isolation auf, er bewegt sich vielmehr im Getümmel des gelebten Lebens.

Glück zwischen äußeren Umständen und individuellen Befindlichkeiten

Wenn man mit dem Sprechen über das Glück seine liebe Not hat, dann liegt es nahe, Zuflucht bei denjenigen zu suchen, die in der Sprache eher zu Hause sind: bei den Dichtern. »Wieder ein Glük ist erlebt«, so beginnt »Stutgard«, eine der schönsten Hymnen Friedrich Hölderlins (zit. in originaler Schreibweise nach Hölderlin 1992, 384). Die Fortsetzung der Hymne liest sich dann wie ein einziges großes Aufatmen, das von dem Bezug des Glücks auf überwundenes Leid zeugt:

> Die gefährliche Dürre geneset,
> Und die Schärfe des Lichts senget die Blüthe nicht mehr.
> Offen steht jezt wieder ein Saal, und gesund ist der Garten,
> Und von Reegen erfrischt rauschet das glänzende Thal,
> Hoch von Gewächsen, es schwellen die Bäch' und alle gebundnen
> Fittige wagen sich wieder ins Reich des Gesangs.
> Voll ist die Luft von Fröhlichen jezt und die Stadt und der Hain ist,
> Rings von zufriedenen Kindern des Himmels erfüllt.
> Gerne begegnen sie sich, und irren untereinander,
> Sorgenlos, und es scheint keines zu wenig, zu viel.

In Hölderlins Gedicht ist das »Erleben« des Glücks aufs Schönste verwiesen auf das, was den Menschen umgibt und von ihm erfahren wird. Was – im Glücksfall! – als Harmonie erfahren wird, tritt jedoch oft im Leben und unweigerlich auch in der Analyse auseinander. Äußere Umstände und innere Befindlichkeiten treten auseinander – und werden auch in der Analyse getrennt betrachtet. Das Nachdenken über das Glück wird hin- und hergerissen.

Auf der einen Seite wird geltend gemacht, dass äußere Umstände für das Glück von Belang seien. So steht hinter Mills eingangs zitierter Behauptung, dass der großen Mehrheit der Menschen das Glück abgehe, eine Klage über glücksfeindliche Zeitumstände. Mill stützt sein Urteil auf äußere, äußerlich beobachtbare Lebensverhältnisse – konkret: auf die Massenarmut und den erbärmlichen Arbeitsalltag in der immer reicher werdenden Industriegesellschaft seiner Zeit. Er gehört damit in eine lange, alles andere als einheitliche Reihe von Philosophen und Wissenschaftlern, die das Glück gewissermaßen von außen einkreisen, also Umstände zu identifizieren versuchen, welche es begünstigen oder aber beschädigen; diese Reihe reicht von Aristoteles bis zu den Ökonomen des 21. Jahrhunderts. Mindestens zeitweise herrschte bei letzteren die Auffassung vor, das Glück lasse sich direkt aus der vorhandenen Gütermenge, vom erreichten Wohlstand ableiten. Weit haben sie sich damit, was äußere Glücksumstände betrifft, von Hölderlins »Garten«, »Thal«, »Stadt« und »Hain« entfernt.

Auf der anderen Seite sieht man sich auf die einzelnen Menschen, ihre Wünsche, Hoffnungen und Hal-

tungen verwiesen. Auch unter denjenigen, die den Äußerlichkeiten des Lebens Bedeutung beimessen, verschließen sich nur wenige der Einsicht, dass es beim Glück auf die Sicht derjenigen ankomme, denen es zuteil wird. In der Tat wirkte es befremdlich, wenn man anderen Menschen auf den Kopf zusagte, dass sie unter den gegebenen Umständen glücklich oder unglücklich zu sein hätten. Ohne deren Selbstauskunft kommt das Reden und Nachdenken über das Glück nicht aus. Die aufwändigste Erkundung dieser subjektiven Einschätzungen ist von dem von Ronald Inglehart und Christian Welzel verantworteten *World Values Survey* geleistet worden, der 2010/11 in die sechste Runde der Datenerhebungen geht und inzwischen auf eine dreißigjährige Geschichte zurückblicken kann (vgl. Inglehart u. a. 2008; Welzel/Inglehart 2010). Die empirische Forschung zum »subjective well-being« begnügt sich freilich nicht mit der Selbstauskunft der Betroffenen, sondern geht darüber hinaus Bezügen zu ökonomischen, sozialen, kulturellen sowie auch biologischen Faktoren nach (zum Stand der Forschung vgl. Brockmann/Delhey 2010).

Ob und wie äußere Umstände und innere Befindlichkeiten aufeinander bezogen sind, inwieweit sich das Glück einem solchen Zusammenspiel verdankt – dies ist seit jeher umstritten. Viele bewegen sich auf diesem Streitplatz: Manche meinen, das wahre Glück (oder die Glückseligkeit) sei von äußeren Lebensumständen sowieso ganz unabhängig; manche entwickeln Strategien, mit denen man sich um des Glückes willen gegen die Wechselfälle des Lebens wappnet; manche stürzen sich um des Glückes willen auf die Welt, setzen sich ihr aus oder geben sich ihr hin; manche meinen genau bestimmen zu können, auf welche äußeren Güter das Glück angewiesen ist. Um des Einklangs von Wunsch und Wirklichkeit willen haben etwa hellenistische wie auch zeitgenössische Lehren der Lebenskunst Haltungen empfohlen, mit denen man auch noch leidvolle Widerfahrnisse hinzunehmen und zu bejahen vermag. Vertreter theologischer und geschichtsphilosophischer Ansätze haben zu zeigen versucht, wie die Versöhnung der individuellen Wünsche und der Wirklichkeit als ein sich geschichtlich verwirklichendes Heilsgeschehen begriffen werden kann. Empirische Sozialforscher meinen Hinweise geben zu können, mit welchen politischen Strategien sich das Wohlbefinden der Bevölkerung steigern lasse. In dieser Einleitung kann es nur darum gehen, auf die Bandbreite der auf diesem Streitplatz vertretenen Positionen hinzuweisen, nicht darum, diesen Streit zu schlichten oder zu entscheiden.

Glück und Zeit

Wieder ein Glück sei »erlebt«, so hieß es bei Hölderlin. Wer nach dem Glück sucht, findet es demnach nicht wie eine Blume am Weg. Das Glück ist nichts Gegebenes, Greifbares; es wird eben – »erlebt«. Aber wie? Nicht nur eröffnet sich – wie gesehen – ein Streitplatz zwischen äußeren Umständen und inneren Befindlichkeiten; auch wenn man darauf verzichtet, eine Front zwischen ›Innen‹ und ›Außen‹ zu eröffnen, auch wenn man sich einfach ans Erleben hält, brechen Unterschiede auf zwischen verschiedenen Formen des Glücks.

Besonders deutlich zeigen sich diese Unterschiede, wenn man das Verhältnis des Glücks zur Zeit in den Blick nimmt. Beim Erleben des Glücks öffnet sich – kurz gesagt – eine Zeitschere. Die Erfahrungen greifen aus auf Vergangenheit, Gegenwart und Zukunft, sie schillern zwischen Moment und Dauer. Die Menschen streben nach Glück oder werden von ihm überrascht wie von einem »Dieb in der Nacht« (1. Thess 5.2), schwelgen im Hochgefühl des Glücks, genießen den erfüllten Moment, sorgen sich um dessen Flüchtigkeit, versuchen, das Glück herbeizureden oder festzuhalten, richten sich in ihm ein, wollen bei ihm heimisch werden, müssen es verlorengeben, vermissen es oder trauern ihm nach.

Auch wenn man sich nicht an äußeren Umständen festhält, sondern auf das Erleben zurückgeht, kann man dem Streit um das Glück nicht entkommen. Man betritt vielmehr einen eigenen Schau- und Streitplatz, auf dem zur Debatte steht, wie sich Glückserfahrungen in zeitlicher Hinsicht voneinander unterscheiden und abgrenzen lassen. Wiederum kann es in dieser Einleitung nicht darum gehen, diese Varianten des Glücks auf den Prüfstand zu stellen, sondern nur darum, ihre Hauptmerkmale ins Licht zu rücken. Zwei Unterscheidungen sind besonders zu beachten.

Die erste Unterscheidung bezieht sich auf den Unterschied von Moment und Dauer oder zwischen einem episodischen und einem holistischen Glück. In unterschiedlicher Weise wird das Verhältnis des episodischen Glücks zur Zeit umschrieben. Es heißt, dem Glücklichen schlage keine Stunde, er könne die Zeit einfach vergessen oder sich dem Schwung des Lebens hingeben: »To fill the hour, – that is happiness [...]. We live amid surfaces, and the true art of life is to skate well on them [...]. Since our office is with moments, let us husband them«, schreibt Ralph Waldo Emerson Mitte des 19. Jahrhunderts (1983, 478 f.). Das Glück eines gelingenden Lebens erhebt dagegen den Anspruch auf Dauer. In ein solches sich rundendes Leben sollen sich auch Phasen des Schmerzes intergrieren lassen. In Kunst und Leben hat diese Unterscheidung zwischen Moment und Dauer zahllose Spuren hinterlassen; in der nüchternen Sprache der empirischen Glücksforschung spiegelt sie sich in der Unterscheidung zwischen den »moment-to-moment measures of hedonic experience« (Schwarz/Strack 1999, 66) und dem Glück als integraler »life-satisfaction«. Im Hintergrund der Erfüllung im Moment ebenso wie der Verstetigung des Lebensglücks finden sich auch dunkle Töne – nämlich das Hadern mit der Endlichkeit des Lebens: »Das Picken der Totenuhr in unserer Brust ist langsam, und jeder Tropfen Blut mißt seine Zeit, und unser Leben ist ein schleichend Fieber« – so heißt es in Georg Büchners 1826 entstandenem Schauspiel Leonce und Lena (1971, 101).

Augenblick und Dauer sind klar von einander unterschieden, und doch haben sie etwas gemeinsam. Sie sind nämlich gleichermaßen weit entfernt von anders gearteten Zeiterfahrungen, die beim Glück doch auch machtvoll ins Spiel kommen. In diesen Zeiterfahrungen rückt eine zweite Unterscheidung ins Blickfeld: die Spannung zwischen Vorher und Nachher, Gestern und Morgen. Hier werden der Vorgriff auf das Glück, die gespannte Erwartung, die feste Absicht ebenso ausgelebt wie die schöne Erinnerung, von der es in einer Notiz Jean Pauls aus dem Jahr 1812 heißt, sie sei »das einzige Paradies, aus welchem wir nicht getrieben werden können« (Jean Paul 1978, 820).

»Wieder ein Glük ist erlebt« – diese Hölderlin-Zeile verweist also auch auf zeitliche Dimensionen des Erlebens, die in verschiedene Richtungen auseinanderstreben. Zum Glück gehört ein Drama, in dem Moment und Dauer, der Lebens-Wandel mit Veränderungen zum Besseren und Schlechteren aneinandergeraten.

Glück und Handeln

Dass die Zeit tief in unsere Glückserfahrungen hineingewoben ist, wird nicht zuletzt an jener Formel deutlich, die von Aristoteles geprägt und später dann von Thomas Jefferson und vielen anderen aufgegriffen worden ist: der Formel vom Streben nach dem

Glück. In diesem Streben wird die Zeit in einer bestimmten Hinsicht in Anspruch genommen. Wer strebt, ist unterwegs, gespannt, aktiv. Zum Streben nach Glück gehört eine Zeiterfahrung, die sich in einem Leben, das intentional verfasst und praktisch veranlagt ist, entfaltet.

Gelegentlich sagt man von einem Menschen, er ›gehe seiner Wege‹ oder ›lebe sein Leben‹. Verbunden ist damit die Vorstellung, dass er dieses Leben nicht nur erträgt oder an sich vorbeigehen lässt, sondern es ›führt‹. Ihm mag dies angesichts äußerer Bedingungen mehr oder weniger gut gelingen. Dies ändert nichts an der Tatsache, dass hier ein Handelnder auftritt, der sich aktiv um sein Glück bemüht. Wieder sieht man sich dabei mit Differenzen und Diskrepanzen konfrontiert, man gerät auf einen neuen Schauplatz, auf dem Deutungen miteinander ringen, die das Glück in ein Verhältnis zum Handeln setzen.

Das Glück, das als Ziel des Handelns bestimmt wird, funktioniert auf unorthodoxe Weise – anders z. B. als jene Ziele, die man in ein Navigationssystem eingibt und bei getreuer Befolgung des richtigen Weges erreicht. Das Glück lässt sich nicht in gleicher Weise angeben, eingeben und erreichen wie ein Ort; es stellt sich vielmehr ein, es wird einem Menschen zuteil. Manche meinen, man habe auf das Glück zu warten wie auf ein Geschenk; Martin Seel (1995, 91) hat den eigentümlich indirekten Charakter des Glücks als Lebensziel so zum Ausdruck gebracht, dass das Tun des Menschen dabei immer nur ein »Zutun« bleibe.

Der praktische Aus- und Zugriff auf das Glück tritt jedoch nicht nur in der bescheidenen Form auf, man könne sich tätig um es bemühen, um wenigstens einen Zipfel des Glücks zu erhaschen. Man trifft nicht nur auf mehr oder minder zielführende Intentionen, sondern auch auf die Ambition, Schmied des eigenen Glückes zu sein. Mag sich das Glück als Ziel des Handelns auch unorthodox verhalten, so ist doch die Versuchung groß, das Streben nach Glück durch die Idee von der Machbarkeit des Glücks zu überbieten. Eine Umsetzung dieser Idee ist von verschiedenen Seiten her betrieben worden: Einmal ging es um das Glück des Kollektivs, einmal um das Glück des Individuums.

Bereits im 18. Jahrhundert fand etwa die Vorstellung zahlreiche Anhänger, dass sich das Glück der Menschen steigern lasse, indem man ein Verfahren zur optimalen Auskostung der Lüste entwickle. Die Idee von der Machbarkeit des kollektiven Glücks beschränkte sich aber nicht auf Erkundungen zur Konstruktion der »Maschine Mensch« (La Mettrie 1748/1990); sie setzte vor allem auf die Verbesserung der materiellen Ausstattung des Lebens. Populär war diese Idee in der Hochphase der modernen Industriegesellschaft; sie zog freilich seinerzeit auch schon Kritik auf sich. Exemplarisch kommt dies an gegensätzlichen Aussagen zweier Schlüsselfiguren jener Zeit, eines Industriellen und eines Soziologen, zum Ausdruck. Werner von Siemens sagte 1886: »[Wir] wollen […] uns nicht irre machen lassen in unserem Glauben, daß unsere Forschungs- und Erfindungstätigkeit die Menschheit höheren Kulturstufen zuführt, sie veredelt und idealen Bestrebungen zugänglicher macht, daß das hereinbrechende naturwissenschaftliche Zeitalter ihre Lebensnot, ihr Siechtum mindern, ihren Lebensgenuß erhöhen, sie besser, glücklicher und mit ihrem Geschick zufriedener machen wird« (zit. nach Hermann 1990, 313). Bei Max Weber heißt es dagegen: »Daß man […] in naivem Optimismus die Wissenschaft, das heißt: die auf sie gegründete Technik der Beherrschung des Lebens, als Weg zum *Glück* gefeiert hat, – dies darf ich wohl […] ganz beiseite lassen. Wer glaubt daran? – außer einigen großen Kindern auf dem Katheder oder den Redaktionsstuben?« (Weber 1919/1988, 598; Hervorhg. orig.)

Wenn man sich von der Vorstellung der Machbarkeit kollektiven Glücks verabschiedet, dann bleibt die Option, die Lebens-›Führung‹, den praktischen Ausgriff auf das Glück auf die Vorstellung individueller Machbarkeit zuzuspitzen. Demnach überlässt man das Glück dem Belieben der Betroffenen, die zu ›Machern‹ avancieren und ein Leben führen, das ihnen zusagt. Zu der vom politischen Liberalismus erhobenen Forderung, man solle den Menschen ihr individuelles Streben nach Glück freistellen, gesellt sich demnach die vom wirtschaftlichen Liberalismus propagierte Karriere des »self-made man«. Zu ihm gehört ein Idealbild des Lebens, in dem sich die Wirklichkeit wunschgemäß einrichten lässt, und eine Vorstellung vom Glück, die in der Erfüllung von Wünschen und der Befriedigung von Bedürfnissen gipfelt. Oscar Wilde hat gegen diese Vorstellung eine seiner geschliffensten Pointen gesetzt: »In this world there are only two tragedies. One is not getting what one wants, and the other is getting it« (1892/1997, 519).

Weder im Privatleben noch in der Politik findet die Vorstellung großen Anklang, man könne in beengenden Beziehungen oder Verhältnissen glücklich werden. Eines der verstörendsten Ergebnisse der

Glücksforschung besagt aber, dass Menschen von ihrer Freiheit überfordert sein können. Sie wirken orientierungslos, wenn es nichts mehr gibt, woran sie sich halten könnten oder wenn ihnen keine Grenzen gesetzt werden. So hat auch der politische Liberalismus in seiner langen Geschichte das Bewusstsein vom Voraussetzungsreichtum menschlicher Freiheitserfahrungen geschärft. Erkundet werden hier immer auch die Möglichkeiten und Grenzen einer Verfügung des Menschen über das eigene Leben und über das eigene Glück.

Glück als Nebensache?

In dem Maße, wie die Individuen ihrem Glück – man denke nur an die Formel vom »pursuit of happiness« – eifrig nachstrebten, geriet es als Gegenstand philosophischen Nachdenkens ins Hintertreffen. Angesichts der notorischen Vielfalt von Glücksvorstellungen meinte man gewissermaßen zwei Fliegen mit einer Klappe zu schlagen, indem man die Philosophen von der Zuständigkeit für das Glück entband und diese großzügig den Betroffenen selbst übertrug. Hinter der Einladung, jeder möge nach seiner Fasson glücklich werden, stand in der Regel die Auffassung, der Mensch sei zwar vielleicht nicht der ›Macher‹ seines Glücks, aber allemal dessen höchster und einziger Richter. Die Mehrung des Glücks war in aller Munde, aber die Philosophen wurden wortkarg, wenn es darum ging zu erklären, was das eigentlich hieß.

Heute verbindet sich die Wertschätzung des individualisierten Glücks mit einem Vorbehalt gegen allgemeine Erörterungen oder normative Festlegungen und begnügt sich mit einem Forschungsprogramm, das beim »subjective well-being« ansetzt und sich auf die empirische Erhebung von Daten, die auf Selbstauskünften beruhen, konzentriert. Tatsächlich kommt es beim Glück – wie bereits betont – auf den Vorbehalt des Betroffenen und das Auge des Betrachters an; theoretische Zurückhaltung passt zu einer der Toleranz verpflichteten und von Individualisierung geprägten Gesellschaft. Und doch drängt sich hier der Einwand der methodischen Naivität auf (vgl. Thomä 2003, 156–169, 224–233): Wenn Individuen, was ihr Glück betrifft, als Richter in eigener Sache auftreten, so bewegen sie sich bei ihrer Urteilsfindung in historischen und sozialen Kontexten, über die sie nicht erhaben sind, sie sind angewiesen auf Deutungsmuster und Sprachspiele, die sie mit anderen teilen, stehen unter dem Einfluss herrschender Meinungen oder Ideologien. Wer Pluralität achtet, muss doch nicht zu dem Schluss kommen, dass das Nachdenken über das Glück angesichts einer Vielzahl von Meinungen zur Beliebigkeit verurteilt sei.

Neben die Absicht, das Glück zu einer Nebensache der Philosophie zu erklären, tritt die Absicht, das Glück zu einer Nebensache des Lebens zu erklären. Diese Absicht ist – wie die erste – eng mit dem Denken Immanuel Kants verbunden. Zwar waren schon immer – fern von Kant – Plädoyers zu hören, wonach das Glück ins zweite Glied zu rücken sei; erinnert sei daran, dass es im Verhaltenskodex des Adligen oder des Kriegers ein Schattendasein führt. Erinnert sei auch daran, was Konsul Buddenbrook zu seiner Tochter Tony sagt, als sie sich gegen die Heirat mit Grünlich sträubt: »Wir sind, meine liebe Tochter, nicht *dafür* geboren, was wir mit kurzsichtigen Augen für unser eigenes, kleines, persönliches Glück halten […], und wir wir wären, so wie wir sind, nicht denkbar ohne die Reihe derjenigen, die uns vorangingen und uns die Wege wiesen, indem sie ihrerseits mit Strenge und ohne nach rechts oder links zu blicken einer erprobten und ehrwürdigen Überlieferung folgten« (Mann 1901/1972, 101 f.; Hervorhg. orig.). Immanuel Kant zeichnet sich nun aber dadurch aus, dass er für die Zurückstellung des Glücks höchste moralische Gründe geltend macht. Er tritt mit der These hervor, dass die Freiheit und nicht das Glück den obersten Maßstab philosophischer Ethik ausmache. Verwiesen wird von ihm auf die Selbstbehauptung des Menschen als eines vernunftgeleiteten Wesens und auf die gerechte Einrichtung der Gesellschaft. Damit hat Kant wenigstens in der deutschsprachigen Moralphilosophie dafür gesorgt, dass das Glück nach 1800 weniger systematische Beachtung gefunden hat als zuvor.

In der von Kant angestoßenen Diskussion geht es nicht nur um die Frage nach dem Stellenwert des Glücks, sondern – eher versteckt – auch um die Frage, was denn mit dem – auf- oder abgewerteten – Glück überhaupt gemeint sein soll. Dass hinter dem normativen Urteil über das Glück eine deskriptive Herausforderung steckt, wird schlagartig deutlich, wenn man zum Vergleich kurz auf die antike Philosophie zurückblickt. Sie müsste auf Kants Unterscheidung zwischen dem Glück und den Forderungen der Moral mit Unverständnis reagieren – und zwar deshalb, weil ihr zufolge das glückliche und »gute Leben« die Orientierung am moralisch »Guten« einbezieht. Die moralische Orientierung ergibt sich hier nicht im Zuge einer Abgrenzung gegen das Glück, sondern im Zuge einer Differenzierung verschiedener Formen des Glücks. Nach dieser – auch von der modernen Tugendethik vertretenen – Auffassung wird das Glück gerade dem Tugendhaften zuteil.

Der Einwand, dass das Glück nicht darin aufgehe, Gutes zu tun, liegt freilich nahe. Man hat der Entmoralisierung des Glücks eine befreiende Wirkung zugeschrieben und darauf verwiesen, dass dem Tugendhaften doch diverse Genüsse des Lebens entgehen könnten. Wenn man den Glücksbegriff nicht tugendhaft auflädt, dann muss man auch feststellen – wie insbesondere Kant nicht müde wird zu betonen –, dass gar dem »Bösen« Glück zuteil werden kann. Wenn das Glück von Kant und seinen Nachfolgern von der Moral abgerückt wird, dann besteht der nächste Schritt darin, es auf den Wunsch zu reduzieren, dass man ›es sich gut gehen lassen‹ oder ›sich einmal richtig verwöhnen lassen‹ wolle.

Diese Entmoralisierung enthält sozialen Zündstoff: Es stellt sich hier die Frage nach dem Verhältnis zwischen dem individuellen (nicht notwendigerweise egoistischen) und dem gemeinschaftlichen Glück, zwischen dem Wohlbefinden des Einzelnen und der allgemeinen Wohlfahrt. Hinter dem Wohlfahrtsbegriff steckt in der Tat eine zwar vielleicht bürokratisch verdeckte und verzerrte, aber doch bis heute lebendige Absicht auf eine glücksförderliche Gestaltung des sozialen Lebens. So ist es auch kein Wunder, dass das Land Bhutan seit einigen Jahren Furore damit machen kann, regelmäßig das »Gross National Happiness« zu messen (Hirata 2005).

In der deutschsprachigen Philosophie nach Kant taugte das Glück freilich weniger als eigenes Thema denn vielmehr als Gelegenheit zu abfälligen Bemerkungen über andere; so wird Hermann Cohen das Urteil über die Zionisten »Die Kerls wollen glücklich sein« zugeschrieben (Rosenzweig 1924, LX), und Friedrich Nietzsche machte sich mit dem Bonmot »Der Mensch strebt *nicht* nach Glück; nur der Engländer thut das« (1889/1988, 61; Hervorhg. orig.) über die englischen Utilitaristen lustig. Dies hinderte Nietzsche allerdings nicht daran, sich durchaus auch auf ein Glück zu berufen, das der (›englischen‹) Logik der Bedürfnisbefriedigung enthoben war. Hier wie auch sonst oft ist also der Angriff auf das (eine) Glück mit der Verteidigung des (anderen) Glücks verbunden. So warnen auch diejenigen, die sich der Verdrängung des Glücks oder dem »Verrat der Freude« (Scheler 1922/1963) entgegenstellen, davor,

sich auf ein falsches Glück zu werfen. Verbreitet ist etwa die oft mit warnendem Zeigefinger befohlene oder empfohlene Abgrenzung des Glücks von purer Sinneslust.

Längst scheint das Glück wieder aus der Defensive herausgekommen zu sein – und zwar in der Philosophie, in diversen Wissenschaften wie auch in der Politik, in Kultur und Alltag. Es zeigt sich mit unterschiedlichen Facetten – als Linderung von Leid, sinnliche Erfahrung, Lust, Genuss, Freude, Selbstvergessenheit, Selbstbestimmung, Zufriedenheit, Frieden, Harmonie, Versöhnung, Wohlbefinden, Gemeinwohl, Wohlfahrt, Zufallsglück etc. Man darf es geradezu als Beleg für die Popularität des Glücks werten, dass manche inzwischen schon des allgegenwärtigen Glücks überdrüssig sind – wie etwa Pascal Bruckner, der mit der »permanenten Euphorie« (2000) seiner Zeitgenossen hadert und darüber klagt, zum Glück »verdammt« zu sein (2001), oder wie Eric Wilson, der in *Against Happiness* (2008) die Schattenseiten der grassierenden guten Laune besichtigt (vgl. auch Ehrenreich 2009). Wenn wir die Zeichen richtig deuten, so gehört zu der neuen Aufmerksamkeit, die dem Glück zuteil wird, aber weniger die triumphalistische Pose, dass man das Glück nun auf seine Seite gebracht habe; eher trifft man auf eine komplexe Mischung einer stärkeren Beachtung äußerer Hindernisse und Anreize, schleichender Verunsicherung und hochfliegender Hoffnungen.

Auf ein in erster Linie ökonomisch bestimmtes Wohlleben lässt sich das Glück nicht reduzieren. An entlegener Stelle hat der Schriftsteller John Ruskin Mitte des 19. Jahrhunderts Einspruch dagegen angemeldet, das Glück gegenüber den großen Aufgaben, welchen sich Menschen in besonderen Situationen gegenübersehen, abzuwerten. Ruskin macht den überraschenden Vorschlag, den Heroismus, der üblicherweise in solchen besonderen Situationen zum Einsatz kommt, für die Suche nach Glück zurückzugewinnen, die selbst etwas Besonderes sei und höchste Aufmerksamkeit verlange: »To be heroic in danger is little […]. To be heroic in change and sway of fortune is little […]. But to be heroic in happiness; to bear yourselves gravely and righteously in the dazzling of the sunshine of morning […]; this is the difficult fortitude« (1866/1895, 166 f.). Ehe man sich versieht, steht man damit auch wieder der Frage gegenüber, die die philosophische Ethik im Anschluss an Aristoteles für mehr als zwei Jahrtausende beschäftigt hat: Was will ich eigentlich, wenn ich glücklich sein will?

Aufbau des Handbuchs

Dieses Handbuch soll eine Bestandsaufnahme der Philosophie des Glücks und der Glücksforschung bieten, die mit gehöriger historischer Tiefe und fachlicher Breite vorgeht. Versammelt werden Gedanken und Befunde aus verschiedenen Jahrtausenden und Weltteilen, zusammengeführt werden Ergebnisse diverser Disziplinen – auch solcher, die sich gewöhnlich gern aus dem Wege gehen. Dabei ist es nach unserer Ansicht von Vorteil, dass wir uns als Herausgeber nicht nur unterschiedlichen Strömungen in der Philosophie, sondern auch unterschiedlichen Auffassungen des Glücks verpflichtet fühlen. Wir hoffen auf diese Weise, einen möglichst breiten Blick auf das Phänomen des Glücks und seiner theoretischen Behandlung eröffnen zu können.

Den Erläuterungen zum Aufbau muss eine Bitte um verständnisvolles Wohlwollen, eine *captatio benevolentiae* vorausgeschickt werden; sie ist in diesem Fall weitaus ernster gemeint als bei vielen anderen Gelegenheiten, bei denen betont wird, man habe nicht schlechterdings jede Information, die der Sache dienlich wäre, in die Darstellung einbeziehen können. Das Glück ist ein Menschheitsthema, das so weit ausgreift, dass man von diesem Handbuch auch sagen könnte, es müsste darin eigentlich um *alles* gehen, ums ›Große Ganze‹ und auch um das Kleinste. Angesichts dieser Ausgangslage bleibt nur die Bitte, dass man dieses Handbuch nicht daraufhin durchsehen möge, was darin fehle, sondern sich an das halte, was sich darin findet. Die Herausgeber haben sich die zahlreichen Entscheidungen, in denen jeweils eine Antwort auf die Frage *In or Out?* gefunden werden musste, nicht leicht gemacht. Diese Entscheidungen können hier nicht im Einzelnen angeführt werden. Zwei zentrale Anliegen, aus denen sich teilweise die Kriterien der Auswahl ergeben, sollen aber benannt werden.

Zum ersten war es die erklärte Absicht, ein interdisziplinäres Handbuch vorzulegen; daraus ergibt sich, dass hier nicht nur ein philosophischer Überblick geboten, sondern verschiedenen Disziplinen breiter Raum eingeräumt wird. Unweigerlich wird damit der Spielraum für andere Öffnungen des Themas geschmälert. Deshalb wurde entschieden, eine andere verlockende Perspektive, die diesem Buch etwa den Untertitel »Ein interkulturelles Handbuch« beschert hätte, weniger umfangreich zur Entfaltung kommen zu lassen, als die Herausgeber selbst sich dies wünschen würden (für weiterfüh-

rende Hinweise vgl. z.B. Bargatzky 2002; Kohl 2008).

Zum zweiten war es die Absicht der Herausgeber, den theoretischen Diskurs nicht isoliert vorzuführen, sondern die Glücksforscher – wie bereits erwähnt – mitten im Getümmel zu zeigen. Deshalb schließen diejenigen Teile des Bandes, die den verschiedenen Phasen der Geschichte des Glücksdenkens gewidmet sind, jeweils mit Ausblicken auf »Figuren des Glücks«, wie sie in der Alltagskultur, der Literatur oder der Kunst anzutreffen sind. Mit der platonisch-aristotelischen Annahme im Rücken, dass dem Menschen in geistiger Tätigkeit die höchste Form des Glücks zuteil werde, hätte man sich auch stolz mit einer rein theoretischen Behandlung des Glücksthemas begnügen können. Solange aber Gottfried Benns (1975, 140) Verdacht nicht ausgeräumt ist, dass es sich beim »Geist« um das »Gegenglück« handle, ist es wohl ratsam, sich beim Glück nicht auf den Geist allein zu verlassen. – Nun zum Aufbau im Einzelnen:

Für die Glücksforschung muss relevant sein, in welcher Sprache vom Glück geredet wird. Deshalb bietet *Teil I* des Handbuchs Informationen zur Semantik des Glücks in verschiedenen Sprachen. Da z.B. schon innerhalb der romanischen Sprachen bei der Bezeichnung des Glücks erstaunliche Divergenzen zu beobachten sind, stellt sich hier die schmerzliche Vermutung ein, dass die vielen Sprachen, die nicht eigens behandelt werden konnten, noch viele semantische Kleinodien bergen.

In *Teil II* des Handbuchs wird die doppelte Perspektive von äußeren Umständen und inneren Befindlichkeiten entfaltet, auf die bereits eingegangen worden ist. Das Glück wird Personen zuteil, die in einer Welt leben; demnach gilt es deren Eigenart zu beschreiben – also etwa ihre Geistigkeit und Sinnlichkeit, ihre Zeitlichkeit, ihre Sinnhaftigkeit –, zugleich geht es darum, die Personen in ihrem Kontext zu verorten, der von liebenden Beziehungen zu anderen bis zur politischen Ordnung reicht. Die äußerste Ambition dieses Weltbezugs des Glücksdenkens kommt darin zum Ausdruck, dass man der Welt, in der man sich befindet, eine ganz andere, glücklichere Welt als Utopie entgegenhält.

Die *Teile III bis VI* des Handbuchs bieten einen Überblick über die Geschichte des Glücksdenkens, wie es vor allem von der Philosophie vorangetrieben worden ist. Die Darstellung folgt einer groben Gliederung in Antike (III.), Mittelalter und Frühe Neuzeit (IV.), 18. und 19. (V.) sowie 20. und 21. Jahrhundert (VI.). Die Darstellung bleibt weitgehend fokussiert auf die abendländische oder westliche Tradition, sie weitet sich aber insofern aus, als am Ende jedes dieser Teile in der bereits beschriebenen Weise auch »Figuren des Glücks« jenseits der Theorie Berücksichtigung finden. Die Darstellung reicht deshalb nicht nur von Platon und Aristoteles bis zu Deleuze und Bernard Williams, sondern auch von Homer und Euripides bis zu Jeff Koons und Rainer Werner Fassbinder.

In *Teil VII* des Handbuchs soll wenigstens eine Grundlage für jene weitergehenden Interessen geboten werden, die sich stärker auf die interkulturellen Dimensionen des Glücks richten. Geleitet von der Annahme, dass für die kulturellen Ausprägungen des Glücks die Religion eine wichtige Quelle darstellt, riskiert dieser Teil einen vergleichenden Blick auf die großen Weltreligionen.

Teil VIII schließlich soll ein Panorama der zeitgenössischen Diskussionen über das Glück bieten, wie sie in ganz verschiedenen Disziplinen geführt werden. Die Psychologie ist hier ebenso vertreten wie die Konsumsoziologie und die empirische Sozialforschung, der Bogen reicht von den Bio- und Neurowissenschaften zur Pädagogik, von der Ökonomie zur Theologie, von der Organisations- zur Architekturtheorie.

Dieses Handbuch soll einen Beitrag dazu leisten, dass der Reichtum an Einsichten, den das Nachdenken über das Glück in seiner Geschichte hervorgebracht hat, für die aktuellen Diskussionen fruchtbar gemacht werden kann; es versucht überdies dazu beizutragen, dass diese Diskussionen nicht in abgeschlossenen Zirkeln, sondern über Fachgrenzen hinweg geführt werden. Wenn diese Absichten sich erfüllen würden, dann allerdings wäre dies – ein *Glücksfall*.

Dank

Dieses Handbuch ist – nach dem *Heidegger-Handbuch* von 2003 – das zweite Handbuch, bei dem der Hauptherausgeber mit Ute Hechtfischer vom Metzler Verlag zusammenarbeitet. Für die gute Kooperation sei hier herzlich gedankt. Den vielen Autorinnen und Autoren, die aus verschiedenen Ländern und in verschiedenen Sprachen Beiträge geliefert haben, danken wir dafür, dass sie mit ihrer wissenschaftlichen Erfahrung dieses Projekt möglich gemacht haben – und dass sie bereit waren, sich auf die besonderen Rahmenbedingungen, die ein solches Handbuch

mit sich bringt, und auf die besonderen Wünsche der Herausgeber einzulassen. Reiner Ansén, Akos Doma und Sophie Rudolph haben Übersetzungen beigesteuert. Das Team vom Fachbereich Philosophie der Universität St. Gallen hat nach Kräften mitgeholfen: Barbara Jungclaus hat wie immer mit einer wunderbaren Mischung aus Zuverlässigkeit und Zuversicht ein schier unüberschaubares Bündel von Fäden kunstvoll zusammengehalten; Till Wagner hat mit Akribie und Energie äußerst aufwändige redaktionelle Arbeiten übernommen; Michael Festl und Christoph Paret haben bei der Schlussredaktion engagiert mitgewirkt. Die Universität St. Gallen hat mit dem Forschungszentrum SCALA (St. Gallen Centre for Ageing, Welfare, and Labour Market Analysis) die Arbeit an diesem Handbuch finanziell und organisatorisch stark unterstützt. Einem der Herausgeber gewährte das Wissenschaftskolleg zu Berlin ein Jahr lang (2009/10) auf großzügigste Weise Freiraum zur Forschung, ein anderer wird vom Schweizerischen Nationalfonds (SNF) gefördert. All diesen Personen und Institutionen sind die Herausgeber nicht nur zu Dank verpflichtet, sie sprechen diesen Dank vielmehr freudig aus. – Für empirische Untersuchungen darüber, ob die Herausgabe eines Glücks-Handbuchs glücklich macht, stellen sich die Betroffenen auf Anfrage gerne zur Verfügung.

Literatur

Im Anhang dieses Handbuchs findet sich ein Literaturverzeichnis mit Lektüreempfehlungen zu klassischen Texten und Hinweisen auf Publikationen, die sich als Überblicks- und Einführungswerken bewährt haben oder den aktuellen Diskussionsstand in einzelnen Disziplinen wiedergeben. Im Folgenden beschränken wir uns auf Angaben zu den in dieser Einleitung zitierten Texten.

Aristoteles: Nikomachische Ethik [NE]. Hamburg 1985.

Augustinus, Aurelius: Vom Gottesstaat. München 1978.

Bargatzky, Thomas: Contemplativus in Actione. Glücksvorstellungen im Kulturvergleich. In: Alfred Bellebaum (Hg.): Glücksforschung. Eine Bestandsaufnahme. Konstanz 2002, 95–107.

Benn, Gottfried: Gesammelte Werke, Bd. 1. München 1975.

Brecht, Bertolt: Gesammelte Werke in 20 Bänden. Frankfurt a. M. 1967.

Brockmann, Hilke/Delhey, Jan (Hg.): The Dynamics of Happiness. Special Issue. Social Indicators Research 97 (2010).

Bruckner, Pascal: L'euphorie perpétuelle. Essai sur le devoir de bonheur. Paris 2000.

–: Verdammt zum Glück. Der Fluch der Moderne. Berlin 2001.

Büchner, Georg: Werke und Briefe. München 1971.

Ehrenreich, Barbara: Smile or Die. How Positive Thinking Fooled America and the World. London 2009.

Emerson, Ralph Waldo: Essays & Lectures. New York 1983.

Fritz-Schubert, Ernst: Schulfach Glück. Wie ein neues Fach die Schule verändert. Freiburg 2008.

Hermann, Armin: »Auf eine höhere Stufe des Daseins erheben« – Naturwissenschaft und Technik. In: August Nitzschke u.a. (Hg.): Jahrhundertwende. Der Aufbruch in die Moderne 1880–1930, Bd. 1. Reinbek 1990, 312–336.

Hirata, Johannes: How Should Happiness Guide Policy? Why Gross National Happiness Is not Opposed to Democracy. In: Journal of Bhutan Studies 12 (2005), 1–22.

Hölderlin, Friedrich: Sämtliche Werke, 1. Bd. München 1992.

Inglehart, Ronald/Foa, Roberto/Peterson, Christopher/Welzel, Christian: Development, Freedom and Rising Happiness: A Global Perspective 1981–2006. In: Perspectives on Psychological Science 3/4 (2008), 264–85.

Jean Paul: Sämtliche Werke. Abteilung II, Bd. 3. München 1978.

Kertész, Imre: Roman eines Schicksallosen [1975]. Berlin 1996.

Kohl, Karl-Heinz: Der glückliche Wilde. Imagination oder Realität? In: Heinrich Meier (Hg.): Über das Glück. Ein Symposium. München/Zürich 2008, 119–148.

La Mettrie, Julian Offray de: L'homme machine [1748]. Die Maschine Mensch. Hamburg 1990.

Mann, Thomas: Buddenbrooks. Verfall einer Familie [1901]. Frankfurt a. M. 1972.

Mill, John Stuart: Der Utilitarismus [1861]. Stuttgart 1985.

Nickel, Rainer: Einführung. In: Epiktet/Teles/Musonius: Wege zum Glück (Hg. Rainer Nickel). Zürich/München 1987, 7–15.

Nietzsche, Friedrich: Götzen-Dämmerung [1889]. In: Ders.: Sämtliche Werke. Kritische Studienausgabe. München/Berlin/New York 1988, Bd. 6, 55–161.

Rosenzweig, Franz: Einleitung. In: Hermann Cohen: Jüdische Schriften, Bd. I. Berlin 1924, XIII–LXIV.

Rubin, Gretchen: The Happiness Project: Or, Why I Spent a Year Trying to Sing in the Morning, Clean My Closets, Fight Right, Read Aristotle, and Generally Have More Fun. New York 2009.

Ruskin, John: The Crown of Wild Olive. Four Lectures on Industry and War [1866]. Orpington/London 1895.

Scheler, Max: Vom Verrat der Freude [1922]. In: Ders.: Gesammelte Werke, Bd. 6: Schriften zur Soziologie und Weltanschauungslehre. Bern/München 1963², 73–76.

Schiller, Friedrich: Sämtliche Werke, 1. Bd. München 1987.

Schwarz, Norbert/Strack, Fritz: Reports of Subjective Well-Being. Judgmental Processes and Their Methodological Implications. In: Daniel Kahneman u.a. (Hg.): Well-Being. The Foundations of Hedonic Psychology. New York 1999, 61–84.

Seel, Martin: Versuch über die Form des Glücks. Frankfurt a. M. 1995.

Spaemann, Robert: Glück und Wohlwollen. Stuttgart 1989.

Thomä, Dieter: Vom Glück in der Moderne. Frankfurt a. M. 2003.

Weber, Max: Wissenschaft als Beruf [1919]. In: Ders.: Gesammelte Aufsätze zur Wissenschaftslehre. Tübingen 1988, 582–613.

Welzel, Christian/Inglehart, Ronald: Values, Agency, and Well-Being: A Human Development Model. In: Social Indicators Research 97/1 (2010), 43–63.

Wilde, Oscar: Lady Windermere's Fan [1892]. In: Ders.: The Collected Works. Ware, Hertfordshire 1997, 483–531.

Wilson, Eric: Against Happiness. In Praise of Melancholy. New York 2008.

Dieter Thomä, Christoph Henning
und Olivia Mitscherlich-Schönherr

I. Semantik des Glücks

1. Glück im Griechischen

Glück ist nicht in Worte zu fassen. Dementsprechend vielgestaltig sind die sprachlichen Annäherungen an das Glück bei den Griechen. Die Umschreibungen kreisen vorrangig um die Silbe εὖ (›gut‹). Glück kann sprachlich als ein gutes Schicksal, in der aristotelischen Formulierung als das ›gut leben und das gut handeln‹, τὸ εὖ ζῆν καὶ τὸ εὖ πράττειν oder in der stoischen Wendung als ein guter Gang des Lebens, εὔροια βίου, beschrieben werden (vgl. Spaemann 1974, 683 ff.). Die Zentralperspektive des Glücks ist in diesen Wendungen das Gute. Glück ist das, was einen Bezug zum Guten hat. Damit zeichnet sich schon in der sprachlichen Artikulation eine inhaltliche Positionierung ab. Das Glück ist nicht so sehr in äußeren Zuständen wie Besitz oder Reichtum zu erblicken, sondern in einer seelischen Verfasstheit, die in einer Verbindung zum Guten steht.

Sprachlicher Kulminationspunkt für die Beschreibungen des Glücks, die auf das Gute zielen, ist der Begriff εὐδαιμονία (*eudaimonia*). Die Abkehr von einer rein äußerlichen Auffassung des Glücks setzt sich in diesem Artikulationswechsel definitiv durch. Nach dem Begriff der *eudaimonia* ist glücklich, »wer in sich einen guten Dämon zum Führer hat« (Spaemann 1974, 680 mit Verweis auf die ›etymologischen‹ Erklärungen bei Euripides und Aristoteles). Sitz des Dämons ist die Seele, womit auf der sprachlichen Ebene die Verinnerlichung des Glücks vollzogen wird.

Neben dem konzeptionell aufgeladenen ›Kunstbegriff‹ εὐδαιμονία hält sich auch die ältere Bezeichnung μακάριος für den Glücklichen bzw. μακαριότης für die Glückseligkeit durch. Die Etymologie ist nicht zu klären. Versuche, es auf μακρός (›groß‹) zu beziehen oder es als Lehnwort aus dem Ägyptischen abzuleiten, haben sich nicht durchgesetzt (vgl. Frisk 1961, 162). Es gibt Indizien, die dafür sprechen, mit μακαριότης eher einen Zustand zu beschreiben, der den Göttern vorbehalten ist, während die εὐδαιμονία vorzugsweise das Glück der Menschen bezeichnet. Doch zwingend ist diese Unterscheidung nicht. Bei Autoren wie Aristoteles finden sich beide Ausdrücke gleichwertig.

Eine scharfe Trennlinie zwischen beiden Begriffen zieht erst der jüdisch-christliche Sprachgebrauch. Die Septuaginta, die aus hellenistisch-römischer Zeit stammende Übersetzung des Alten Testaments ins Griechische, verwendet das Wort εὐδαιμονία nicht. Das Neue Testament übernimmt diesen exklusiven Vorbehalt. Die griechischen Texte der Bibel reden damit an keiner einzigen Stelle vom Glück mit dem Wort, in dem sich antike Glückstheorien sprachlich verdichten. Umso bemerkenswerter ist die Beobachtung, dass neben anderen Verweisen an prominenter Stelle μακάριος zur Verwendung kommt. Die Seligpreisungen Jesu in der Bergpredigt gebrauchen es durchgängig als Leitmotiv (Mt 5,3–10). Philologisch wäre es vollkommen zulässig von den Glücklichpreisungen Jesu zu sprechen. Es deutet einiges darauf hin, dass die Vorbehalte im Judentum und im Christentum gegen den Begriff der εὐδαιμονία auf die darin konzeptionell angelegte Rückführung des Glücks auf den guten Dämon zurückgehen. Nicht das Glück an sich wird damit also theologisch verurteilt, sondern ein ›heidnisches‹ Verständnis, das andere Quellen als Gott allein als Ursachen des Glücks anzunehmen erlaubt. Der Begriff μακάριος erscheint darin offensichtlich unverfänglicher.

Literatur

Frisk, Hjalmar: Griechisches etymologisches Wörterbuch. Heidelberg 1961.

Spaemann, Robert: Glück, Glückseligkeit. In: Joachim Ritter u. a. (Hg.): Historisches Wörterbuch der Philosophie. Bd. 3. Darmstadt 1974, 679–707.

Jörg Lauster

2. Glück im Lateinischen

Im Lateinischen kristallieren sich zur Umschreibung des Glücks drei Begriffe heraus. Entgegen der ansonsten zu beobachtenden Latinisierung von Konzepten der griechischen Philosophie, finden sich keine Versuche für *eudaimonia* ein lateinisches Äquivalent auszubilden. *Beatus* und davon abgeleitet *beatitudo* sind von unsicherer etymologischer Herkunft und bezeichnen in ihrer ursprünglichen Bedeutung den Zustand, mit Glücksgütern gesegnet und beschenkt zu sein (Walde/Hofmann 1938, 101). *Felix* und davon abgeleitet *felicitas* sind vermutlich auf *fēlāre*, *fēcundus* bzw. *fētus* zurückzuführen und führen damit in ursprüngliche Bedeutungskonnotationen wie ›säugen‹, ›befruchtet‹, ›trächtig‹ (474 f.). Inhaltlich ist es also im Wesentlichen das Phänomen der Fruchtbarkeit, das mit dem Glück assoziiert wird. Drittens verselbständigt sich die mythologische Bezeichnung der Göttin Fortuna, das lateinische Äquivalent zur griechischen Göttin Tyche, zum eigenständigen Begriff für Glück. Im Lateinischen wird damit die Bedeutung des Zufallsglücks auf der sprachlichen Ebene in einen eigenen Rang erhoben. Die romanischen Sprachen folgen darin ihren lateinischen Wurzeln. Das Deutsche kennt bekanntlich diese Unterscheidung nicht und verwendet den Begriff ›Glück‹ äquivok für die Gunst des Zufalls einerseits und das Glück als inneren Zustand bzw. Resultat menschlicher Bemühung. Diese Bedeutungsebenen decken im Lateinischen die Begriffe *beatitudo* und *felicitas* ab. Beide Begriffe können synonym verwendet werden, jedoch setzt sich *felicitas* als Übersetzungswort für das griechische *eudaimonia* durch (vgl. Spaemann 1974, 691).

Dieser Umstand hat Autoren der lateinischen Christenheit dazu motiviert, die sprachliche Unterscheidung in ein von Gott geschenktes einerseits und ein heidnisches Glück andererseits, wie sie sich in der jüdisch-christlichen Verwendung von *makarioi* und *eudaimonia* findet, auch im Lateinischen abzubilden. Wenngleich die Unterscheidung nicht mit der gleichen Strenge wie im Griechischen durchgeführt wird, zeichnet sich mehr und mehr vor allem im mittelalterlichen Sprachgebrauch ab, *beatitudo* zur Bezeichnung des wahren und ewigen christlichen Glücks heranzuziehen, während *felicitas* eher für das heidnische, irdische Glück steht. In Rechnung zu stellen ist die damit offensichtlich durchaus auch mitbeabsichtigte Abgrenzung vom Konzept des antiken Eudämonismus. Freilich ist hier Vorsicht vor einer allzu pauschalen Anwendung dieser Unterscheidung geboten. Thomas von Aquin beispielsweise entfaltet seine bemerkenswerte und folgenreiche Glückslehre unter dem Begriff der *beatitudo* und bemüht sich dennoch um einen Ausgleich mit Aristoteles. Wenn Autoren der Renaissance wie Marsilio Ficino und andere in ihren lateinischen Traktaten über das Glück ausdrücklich auf den Begriff der *felicitas* zurückgreifen, so ist dies durchaus auch ein sprachlicher Indikator für den Versuch, das christliche Glück mit dem antiken Eudämonismus zu versöhnen.

Literatur

Spaemann, Robert: Glück, Glückseligkeit. In: Joachim Ritter u.a. (Hg.): Historisches Wörterbuch der Philosophie. Bd. 3. Darmstadt 1974, 679–707.
Walde, Alois/Hofmann, Johann Baptist: Lateinisches Etymologisches Wörterbuch. 3., neubearb. Auflage von J.B. Hofmann. Heidelberg 1938.

Jörg Lauster

3. Glück im Deutschen

»Da haben Sie aber noch einmal Glück gehabt«, kann der Chirurg zum Unfallopfer sagen, das mit knapper Not und schwer verletzt dem Tod entkommen ist. Glücklich wie ein frisch Verliebter oder beschwingt-beglückt wie ein Operettenbesucher, der sich von den Versen »Glücklich ist, wer vergisst, was doch nicht zu ändern ist« begeistern lässt, wird sich der so Angeredete nicht fühlen. Die deutsche Sprache verfügt nicht über große Differenzierungsmöglichkeiten, wenn es um Bezeichnungen für Glückserfahrungen geht. Anders als das Altgriechische, das zwischen τέχνη (*téchne*), εὐδαιμονία (*eudaimonia*) und μακαριότης (*makariotes*), das Lateinische, das zwischen *fortuna, felicitas* und *beatitudo*, das Französische, das zwischen *chance, bonheur, félicité, fortune* und *béatitude* oder gar das Englische, das zwischen *luck, happiness, felicity, chance, bliss* und *beatitude* unterscheidet, kennt das Deutsche nur das eine Wort »Glück«, um körperlich-sinnliche oder sinnerfüllte, intensiv-glühende oder transzendenzlastige, zufällig sich einstellende oder durch eigenes Streben errungene Glückszustände zu benennen.

Man muss kein Philologe sein, um deutsche Sonderwege der Theorieentwicklung und der vortheoretischen Entfaltung von Problemen und Motiven (auch, keineswegs nur) auf semantische und formale Eigentümlichkeiten der deutschen Sprache zurückzuführen. Dies lässt sich auch an den spezifisch deutschsprachigen Valenzen des Glücksbegriffs und des Glücksverständnisses verdeutlichen. Auffallend ist beim Vergleich des deutschen Wortes »Glück« mit Glücksworten in anderen Sprachen neben seiner differenzarmen semantischen Weite, dass das deutsche Substantiv eine Verb-Entsprechung hat: »glücken«. Das Verb »glücken« und das etymologisch verwandte (dazu gleich mehr) »gelingen« aber wird im Deutschen zumeist nicht dem oder einem Menschen, sondern einem »es« zugeordnet. Sachliche Wendungen wie »es gelang«, »das Unternehmen glückte«, »es gelang Felix, dies oder jenes zu erreichen« sind im Deutschen geläufiger als die personenbezogene Dativ-Formulierung. Sätze wie »Felix glückte das Examen« sind grammatisch möglich, aber stilistisch fragwürdig. Andere europäische Sprachen kennen Substantiv-Verb-Entsprechungen beim Wort »Erfolg«; jemand kann reüssieren (franz. *réussir*) und in dieser oder jener Sphäre erfolgreich sein (engl. *success*: »Felicitas succeeded in …«). Solche personalen Wendungen sind beim deutschen Wort »Erfolg« nicht möglich; das selten verwendete und mittlerweile anachronistische deutsche Verb »erfolgen« meint die sachlich zwingende Folge (y erfolgt aus x) und nicht ein Ereignis, das den Intentionen einer Person zurechenbar ist. Auch das deutsche Verb »glücken« hat einen eigentümlichen Status. Es verweist auf eine transsubjektive Macht, die dennoch ein Subjekt betrifft, begünstigt, beglückt.

Die Herkunft des Substantivs »Glück« wie des Verbs »glücken« ist – entgegen der hübschen Formulierung im Glücksartikel aus Adelungs *Wörterbuch* (Adelung 1774–1786/1811, Bd. 2, 728): »Die Bemühungen der Wortforscher sind bey diesem Worte bisher nicht glücklich gewesen« – etymologisch so eindeutig wie semantisch vielsagend. Das neuhochdeutsche Wort »Glück« – so heißt es im entsprechenden Artikel des Grimmschen Wörterbuchs – »*tritt erst spät auf: mhd. gelücke n., selten lück n., mnl. ghelucke, geluc n., lucke, luc n., mnd. gelucke, lucke n., daraus entlehnt afries. luck n., mittelengl. lukke, luk (15. Jahrhundert), engl. luck, spätanord. lukke, lykka f. (14. Jahrhundert), ädän. lykkæ, lukkæ f., dän. lykke f., mittelschwed. lykka, löcka f., schwed. lycka f.*«

»Lücke« ist das nächstverwandte Wort zu »Glück«. Das gilt auch für das Englische: »luck« und »lag« gehören zusammen. Das Verb »glücken« verweist wie das verwandte »gelingen« (und wie das engl. Verb »to lock« bzw. das Substantiv »locker«) auf ein Verschließen, Ausfüllen und Erfüllen von »Lücken«. Das Grimmsche Wörterbuch läuft zu fast schon obsessiver Form auf, wenn es darum geht, diesen Zusammenhang von »Glück« und (erfüllter) »Lücke« herauszustellen. Es verweist auf den Zusammenhang des deutschen Wortes »Glück« »*mit der idg. wurzel leug- ›biegen‹, aus der sich über die bedeutung ›zubiegen, zuziehen‹ die germ. sippe ›schlieszen, öffnen‹ entwickelt hat: got. galúkan ›schlieszen, einschlieszen‹, uslúkan ›aufschlieszen‹, ahd. lūhhan ›schlieszen‹, antlūhhan ›aufschlieszen‹, as. bilúkan ›verschlieszen‹, antlúkan ›erschlieszen, öffnen‹, mnl. lūken ›schlieszen, decken, aufschlieszen, sich schlieszen‹, ags. lūcan ›schlieszen, beenden, öffnen‹, anord. lúka ›schlieszen, aufschlieszen, beendigen‹; dazu mit ablaut got. usluks ›öffnung‹, ahd. loh, loch ›verslusz, höhle, öffnung‹, ags. loc ›verslusz, riegel, gefängnis‹, anord. lok ›schlusz, deckel, ende‹, loka ›türschlosz‹, ahd. lucka, mhd. lucke, lücke ›lücke, loch‹; daneben germ. ˚lukjan, anord. lykja, schwed. lykja, dän. lukke ›schlieszen, verschlieszen‹; die bedeutung ›biegen, krümmen‹ liegt zu-*

grunde ahd. loc, *as. afries.* lok, *ags.* loce, *anord.* lokkr
›locke‹ *und anord.* lykkja ›*biegung, krümmung,*
schlinge eines taus‹« (Grimm 1854–1960/1991, Bd. 8,
226).

Die enge Verwandtschaft von »Glück« und (ver-
schlossener bzw. ausgefüllter) »Lücke« legt nicht nur
drastische Männerwitze nahe; sie lädt auch zu mehr
oder weniger tiefsinnigen Gedanken darüber ein,
dass Glückserfahrungen ohne vorangegangene Lü-
cken- und Mangelerfahrungen nicht zu haben sind.
Kein geringerer als Goethe hat diesem Motiv virtuos
Gestalt verliehen, als er in vielen Wendungen seines
1795 erschienenen Bildungsromans *Wilhelm Meisters Lehrjahre* mit der Affinität von Lücke und Glück
spielte. Macht Wilhelm Meister, dessen Sohn den
sprechenden Namen Felix trägt und der einer ein
wenig zu weisen Frau namens Makarie begegnet,
doch immer wieder Erfahrungen wie diese: »Er
machte sich Hoffnung, daß ihm das Glück wie vorher auch künftig beistehen […] und die Lücke seiner
Kasse wieder auffüllen« werde (Goethe 1968, HA,
Bd. 7, 238). Dass Lücken die Bedingung der Möglichkeit von Glück sind, war ein von der Semantik der
deutschen Sprache nahegelegtes, aber eben auch
sachlich belastbares Denkmotiv, das Goethes Werk
leitmotivisch durchzieht. Nur zwei lückenhafte Beispiele: Faust spricht die goldenen, an Motive aus Platons *Symposion* gemahnende Worte: »So tauml' ich
von Begierde zu Genuß, / Und im Genuß ver-
schmacht ich nach Begierde« – woraufhin flugs Me-
phisto auftritt (Goethe 1957, HA, Bd. 3, 104). Sprichwörtlich geworden ist und häufig falsch zitiert wird
Goethes späte gereimte Sentenz »Alles in der Welt
läßt sich ertragen, / Nur nicht eine Reihe von schönen [bzw. glücklichen; d. Verf.] Tagen« (Goethe 1960,
BA, Bd. 1, 440).

Ohne die Lücken, ohne die Entsagungserfahrun-
gen, ohne die zahlreichen Mängel, die unser Leben
prägen, ist Glück nicht zu haben. Dennoch ist wahres Glück unendlich mehr als ein bloßer Lückenbü-
ßer. Die deutsche Sprache hält für die Wiedergabe
dieser Erfahrung subtile Ausdrucksmöglichkeiten
bereit. Denn sie kennt Steigerungsformeln des
Glücks bzw. des Glückszustands: Glück haben ist weniger als glücklich sein; glückselig sein ist fast schon
zu viel des Guten – also ein latenter Pleonasmus. Sein
Gebrauch sollte zu denken geben: Ob es möglich ist,
selig, aber nicht glücklich zu sein? Offenbar schwingt
im deutschen Wort »Glück« bzw. »glücklich« ein
Moment mit, das ein enthusiastisches Verhältnis
zum Innerweltlichen signalisiert.

In der philosophischen Diskussion wird eine weitere Besonderheit an der deutschen Unterscheidung
des »Glückhabens« und des »Glücklichseins« betont.
In diesen beiden Wendungen wird das deutsche
Wort »Glück« nämlich für zwei Sachverhalte benutzt, für die die meisten anderen europäischen
Sprachen zwei Worte – etwa *eutychia* und *eudaimonia, fortuna* und *beatitudo, luck* und *happiness* oder
chance und *bonheur* – kennen. Dabei bezeichnet das
Glück, das man hat, – im Sinne der *fortuna* – das zu-
fällige Geschehen, das dem Menschen von außen
willfährt. Das »Glücklichsein« meint demgegenüber
– im Sinne der *beatitudo* – den subjektiven Zustand
des glücklichen Menschen.

Literatur

Adelung, Johann-Christoph: Grammatisch-kritisches
 Wörterbuch der hochdeutschen Mundart [1774–
 1786]. Wien 1811.
Goethe, Johann Wolfgang von: Berliner Ausgabe [BA]
 in 22 Bänden (Hg. Siegfried Seidel). Berlin 1960 ff.
–: Werke. Hamburger Ausgabe [HA] in 14 Bänden.
 Textkritisch durchgesehen und mit Anmerkungen
 versehen von Erich Trunz. Hamburg 1948 ff.
Grimm, Jacob/Grimm, Wilhelm: Deutsches Wörter-
 buch [1854–1960]. München 1991.

Jochen Hörisch

4. Glück im Englischen

Die drei in allen regionalen Varietäten der Weltsprache Englisch am häufigsten verwendeten Substantive zur Bezeichnung von ›Glück‹ als Glückserleben und Lebensglück sind *happiness*, (*good*) *luck* und (*good*) *fortune* sowie die abgeleiteten Adjektive *happy*, *lucky* und *fortunate*. Synonymwörterbücher listen unter *happiness* eine Reihe von Wohlbefindensgefühlen wie z.B. *pleasure* (›Vergnügen‹, ›Freude‹), *delight* (›Entzücken‹), *felicity* (gehoben für ›Glückseligkeit‹), *joy/fulness* (›Freude‹) oder *cheerfulness* (›Fröhlichkeit‹) sowie *blessedness, beatitude* (beide meinen stilistisch erhöhte Glückseligkeit mit religiöser Konnotation; letzterer Begriff, wie auch *bliss*, mit ›himmlisch‹ assoziiert) und *bliss* (›Seligkeit‹, ›Wonne‹), deren jeweilige Aspekte von *happiness* auf zentrale Momente der dominanten Glücksauffassungen verweisen. So fällt bei *blessedness* und *beatitude* vor allem die bis ins 19. Jahrhundert wichtige und heute noch gelegentlich anzutreffende religiös-moralphilosophische Komponente ins Auge. Dagegen betonen die neueren Wörterbücher für *happiness* die emotionalen Nuancen des individuellen Glückserlebens.

Das Standardwörterbuch *Oxford English Dictionary* (*OED*) erläutert »happiness« (1) als »glückliche Fügung im Leben« und (2) als einen »angenehmen seelisch-geistigen Zustand«, der aus Erfolg oder dem Erreichen dessen, was als gut empfunden wird, resultiert. Aus dem heutigen Sprachgebrauch hat die Linguistin Anna Wierzbicka ein »Szenario« von »happiness« destilliert, das die individuelle Komponente des Begriffs (vgl. »the pursuit of happiness« in der amerikanischen Unabhängigkeitserklärung) herausstellt (Wierzbicka 1999, 51 ff.). Gegenüber dem Substantiv ist das oft in Redewendungen verwendete Adjektiv *happy* semantisch schwächer (54). Es drückt meist kein tiefes Glücksgefühl aus, sondern lediglich die Zufriedenheit mit etwas Gutem, wie in *being happy with* im Sinne von »zufrieden oder einverstanden sein« (52 f.). Wierzbicka sieht diesen Prozess der Bedeutungserweiterung und damit verbundenen Intensitätsabschwächung als Teil einer generellen Dämpfung der Gefühle in der modernen englischsprachigen Gefühlskultur. Diese wird (besonders in den USA) von massenhaft verbreiteten Gefühlsanleitungen zu *positive thinking, cheerfulness* und *fun* dominiert (54), kann aber in ihrer Genese bereits im 19. Jahrhundert beobachtet werden (Gohrisch 2005, 120 ff.).

Etymologisch leiten sich *happiness* und *happy* von *hap* her, das als *happ* im Altnordischen für ›Zufall‹ steht, von wo es über das Alt- und Mittelenglische ins moderne Englisch gelangte, wo es (allerdings selten gebraucht) noch immer ›Zufall‹ und ›zufälliges Ereignis‹ bedeutet. *Hap* lebt auch im Verb *to happen* fort, das ›geschehen, sich (zufällig) ereignen‹ bedeutet.

Während in der sprachgeschichtlichen Entwicklung von *happiness* das Moment des Zufalls durch die Betonung des menschlichen Wollens und Fühlens zurückgedrängt wurde, dominiert es die Bedeutung von *luck*, für das u.a. *fortune, chance, destiny, fate* (meist negativ gebraucht) und (nur im amerikanischen Englisch) *happenchance* als Synonyme stehen. *Luck* bedeutet ›Schicksal, Geschick, Zufall‹ und kann (wie *fortune*) sowohl als *good luck* (›Glück‹) oder *bad luck* (›Unglück, Pech‹), d.h. als glückliche oder unglückliche Fügung des Schicksals, auftreten. *Lucky* und *fortunate* haben jedoch nur die positive Bedeutung ›glücklich‹. Etymologisch entstand *luck* durch Lautschwund aus dem Niederdeutschen *geluk* zu *luk* (vgl. das deutsche ›Glück‹). Zusätzlich zu *luck* kennt das Englische mit *good/bad fortune* noch ein weiteres, (über das Französische) aus dem Lateinischen entlehntes Wort für ›un/glücklicher Zufall‹ und ›un/günstiger Umstand‹ als einzelnes Geschehen. Des Weiteren führt das *OED* unter *fortune* die von Erfolg, d.h. von Wohlstand und Besitz definierte Stellung des Einzelnen auf, die sich in Formulierungen wie *to make one's fortune* (›sein Glück, d.h. ein Vermögen machen‹) niederschlägt. Kulturgeschichtlich mag man hier das puritanisch-kalvinistische Erbe des anglo-amerikanischen Bürgertums durchscheinen sehen, das verstärkt seit dem 17. Jahrhundert beiderseits des Atlantiks Reichtum als Zeichen von Glück und damit der Gnadenwahl Gottes interpretierte.

Literatur

Gohrisch, Jana: Bürgerliche Gefühlsdispositionen in der englischen Prosa des 19. Jahrhunderts. Heidelberg 2005.

Oxford English Dictionary Online [OED]. Oxford 2009.

Wierzbicka, Anna: Emotion across Languages and Cultures. Diversity and Universals. Cambridge 1999.

Jana Gohrisch

5. Glück im Französischen

Der Begriff *bonheur* geht auf das französische Wort *heur* zurück, das heute nicht mehr in Gebrauch ist, im klassischen Französisch des 18. Jahrhundert jedoch geläufig war. Das Wort *heur* selbst ist aufgrund normaler phonetischer Evolution aus dem vulgärlateinischen *agura* hervorgegangen, eine Alteration des Wortes *augura* im klassischen Latein mit der Bedeutung ›(gutes oder schlechtes) Vorzeichen‹. Der Begriff *heur* ist daher als solcher ambivalent und verweist auf eine Situation, die als günstig oder ungünstig wahrgenommen wird, analog zu seinen Äquivalenten im Englischen (*happiness*, abgeleitet von *happen*, im Sinne von zufälligem Geschehen) oder im Deutschen (›Glück‹, abgeleitet von ›gelingen‹). Wie auch andere Sprachen, so erträgt die moderne französische Sprache diese Ambivalenz nicht und behält nur die Ableitungen *bonheur* und *malheur* bei, die den Vorteil haben, eindeutig zu sein.

Es ist bedauerlich, dass diese Ambivalenz aus dem durch die Sprache vermittelten Wissen verschwunden ist, denn dadurch haben wir vergessen, dass das Glück sich nicht (immer) programmieren lässt, dass es lange Zeit eine Frage von Glück (*chance*) oder Pech (*malchance*) war, wobei der Zufall eine grosse Rolle spielte. Das legt auch die Etymologie des mit dem »bonheur« am engsten verwandten Begriffes nahe, der jedoch heute nicht mehr im Sinne von Glück gebraucht wird, sondern materiellen Wohlstand bezeichnet: *fortune*. Der aus der lateinischen Wurzel *fors* (›Zufall‹) hervorgegangene Ausdruck war früher ebenfalls zweideutig, weshalb es ihn zu präzisieren galt als *bonne* oder *mauvaise fortune*. Jemand der *fortuné* ist, ist also ursprünglich nicht reich, sondern jemand, der Glück hatte.

Die Entwicklung der französischen Sprache trennt das Glück mit dem Ausdruck *bonheur* daher von seiner Verbindung mit dem Zufall (*hasard*) und der Fügung (*chance*), während das Deutsche beispielsweise mit dem Begriff »Glück« nur über ein einziges Wort verfügt, um *bonheur* (›Glück‹) und *chance* (›glückliche Fügung‹) auszudrücken. Das Wort *chance* ist ursprünglich auch ambivalent, bevor es sich in *chance* (›Glück‹) und *malchance* (›Pech‹) differenziert und verweist zudem tautologisch auf den Zufall, der die glückliche Fügung zur Folge hat. Das Wort *chance* stammt vom Lateinischen *cadere* (›werfen‹) ab, aufgrund von Metonymie evoziert es daher auch die

Würfel oder Knöchel, die bei Glücksspielen geworfen werden.

Das Wort *fortune* bezeichnet heutzutage das Glück als materiellen Wohlstand, eine Sache, die man zu ernst nimmt, um sie mit Würfeln aufs Spiel zu setzen und zu riskieren, dass sie sich in ihr Gegenteil wendet. Für die Moderne ist das Glück (*bonheur*) weniger Zufall und mehr aktive Bedürfnisbefriedigung, während zumindest bis zum Ende des Mittelalters, konform zur christlichen Doktrin aber auch zum antiken Stoizismus oder sogar zum Epikureismus, allgemein davon ausgegangen wird, dass die Erfüllung der Begierden nicht prinzipiell glücklich macht, wenn sie nicht sogar ins Unglück führt. Die erfüllten oder zu erfüllenden Wünsche sind eine eher moderne Vorstellung vom Glück.

In dem Maße, wie es die Frucht des Zufalls ist, ist auch das Glück (*bonheur*) in der Geschichte der französischen Sprache seinem Wesen nach zunächst unbeständig. Die Wechselfälle des Lebens können es jeden Moment in Unglück verwandeln – wie es der bis heute im Französischen gebrauchte Ausdruck *la roue de la fortune* (dt. ›das Rad des Schicksals‹) suggeriert. Ist es überhaupt möglich, dieser Instabilität zu entkommen, ist es möglich, sich das Glück (*bonheur*) in einem stabilen Zustand vorzustellen? Möglicherweise schon, aber das anhaltende Glück heißt namentlich *félicité* oder *béatitude*. Die beiden Worte haben deutlich religiöse Konnotationen, die nahelegen, dass es nicht ratsam ist, den Weg der Bedürfnisbefriedigung zu gehen, um den einen oder anderen Zustand zu erreichen. Trotz einer gemeinsamen Wurzel mit *fellare* (›lutschen‹) und seiner Herkunft von *felix* (›fruchtbar‹), ist es in erster Linie der Verzicht auf das Verlangen, der in den als *félicité* bezeichneten Zustand intensiven Glücks führt. Vielleicht gerade weil dieser Verzicht nicht mehr aktuell ist, hat das Wort *bonheur* den Ausdruck *félicité* zum Verschwinden gebracht. Was den Terminus der *béatitude* angeht, so bezeichnet er das vollkommene Glück, das die Auserwählten geniessen: die Seligen (*béats*) sind glücklich (*heureux*), aber von einem überirdischen Glück beseelt, das per Definition nicht von dieser Welt ist – unglücklicherweise.

Literatur

Dictionnaire étymologique de la langue française (Hg. Oscar Bloch/Walther von Wartburg). Paris 2002.
Nouveau Dictionnaire étymologique et historique (Hg. Albert Dauzat/Jean Dubois/Henri Mitterrand). Paris 1988.

Le Robert. Dictionnaire historique de la langue française (Hg. Alain Rey). Paris 1998.
Le trésor de la langue française informatisé [TLFI]. http://atilf.atilf.fr/tlf.htm.

Vincent Kaufmann
(aus dem Französischen übersetzt von Sophie Rudolph)

6. Glück im Russischen

Das russische Wort für Glück *sčast'e* leitet sich etymologisch aus der Zusammensetzung der indogermanischen Wurzel *su-* (›gut‹) und des gemeinslavischen Worts für ›Teil‹ (*čęstь*) ab. Semantisch steht *sčast'e* in der Nähe von *učast'* (›Schicksal‹) (Vasmer 1958). Glück bedeutet also ein »felizitäres Gut«, das sich unter bestimmten Bedingungen einstellt (Borkačev 2001, 50). Glück fällt dem Menschen zu, man muss sich für diese Gratifikation deshalb sogar »ein wenig schämen« (Zaliznjak/Levontina/Šmelev 2005, 167). Die Redewendung ›ich habe Glück gehabt‹ wird auf Russisch jedoch lexikalisch nicht mit dem Etymon *sčast'e*, sondern bezeichnenderweise mit einer Passivkonstruktion des Verbs *vezti* (›etwas mit einem Transportmittel erhalten‹) realisiert. Die Google-Taste *I'm Feeling Lucky* trägt in der russischen Version deshalb die Bezeichnung *Mne povezet!* (›Mir wird es gebracht werden!‹). Schließlich gibt es das Adverb *avos'* (›auf gut Glück‹), das auch in einer ironisch substantivierten Form vorkommt: *Avos'ka* bezeichnete während der Sowjetzeit ein platzsparendes Einkaufsnetz, das man immer bei sich trug, um glückliche Zufallsfunde nach Hause tragen zu können.

Die russische Sprache unterscheidet mithin bei den Glücksbezeichnungen zwischen einer Qualität, die eine biographische Situation über längere Zeit auszeichnen kann, und dem konkreten Einzelfall, der ein gutes Ereignis meint. Glück ist in beiden Fällen kontingent. Es gibt im Russischen kein Äquivalent zum deutschen Sprichwort ›Jeder ist seines Glückes Schmied‹. Im Gegenteil: Die russische Volksweisheit warnt davor, dass sich das zwanghafte Verfolgen des Glücks in der Regel in sein Gegenteil verkehrt: ›Das Glück suchen heißt vor ihm davonzulaufen‹, ›Im Traume Glück, im Wachen Elend‹, ›Das Glück ist keine Kuh: Man kann es nicht melken‹.

Die meisten Sprichwörter unterstreichen das Wechselhafte des Glücks, auf das man sich nicht verlassen kann: »Das Glück schüttelt sich aus und trifft einen Zufälligen« (Dal' 1984, I, 41–57). Auf die Warnung vor dem Unglück trifft man viel häufiger als auf eine Glückserwartung. Diese Besonderheit lässt sich mit der konfessionellen Prägung der russischen Mentalität durch die orthodoxe Kirche erklären. Die irdische Existenz ist ein Jammertal, das der Mensch durchschreiten muss, um der himmlischen Herrlichkeit teilhaftig zu werden. Das Ziel religiöser Rituale in der russisch-orthodoxen Kirche besteht nicht in der Erlangung individuellen Glücks, sondern in der Annäherung des menschlichen Leidens an die Passion Christi (Bremer 2007, 187). Der Weg zur Seligkeit führt also nicht über die Einübung in das Glück, sondern gerade über die Annahme des Unglücks, weil nur hier eine *imitatio Christi* möglich ist. Bis heute bildet Glück keinen zentralen Wert in der russischen Orthodoxie. Die im Jahr 2000 verabschiedete Sozialdoktrin der russisch-orthodoxen Kirche verwendet diesen Begriff nur beiläufig und oft in negativem Kontext: »Materielle Güter können den Menschen nicht glücklich machen« (Thesing/Uertz 2001, 50).

In der Sowjetkultur lässt sich vor allem in der Stalinzeit eine Emphase des ›Glücks‹ feststellen. Im Jahr 1935 gab Stalin die Parole aus: »Das Leben ist besser geworden, Genossen. Das Leben ist froher geworden« (Stalin 1976, 24–33). Ihr institutionelles Pendant fand das neue gesellschaftliche Glück in der Stalinverfassung von 1936, die auf dem Papier einen umfassenden Katalog bürgerlicher Freiheitsrechte garantierte und zahlreiche soziale Sicherheiten im Sinne der Glücksförderung vorsah. Genau zur selben Zeit erreichte aber der Große Terror in der Sowjetunion seinen Höhepunkt (Schlögel 2008, 21). Die prekäre Wirklichkeit wurde auf fast gespenstische Weise durch die offizielle Propaganda konterkariert, die den Sowjetbürgern ein glückliches Leben in einem idealen Staat suggerierte. El Lissitzky gestaltete in der Zeitschrift *Die UdSSR im Bau* (9–12/1937) eine vierfache Sondernummer, in der er die Stalinverfassung als Bilderalbum vorstellte. Die letzte Collage zeigt strahlende Frauen, Männer und Kinder unter dem Staatswappen der Sowjetunion. Quer über die Festszene wölbt sich die Losung: »Die Stalinverfassung ist das Glück des Sowjetvolks«.

Die Glücksdefinition des sowjetischen Herrschaftsdiskurses fand mit einiger Verspätung auch Eingang in die Lexika. Während die *Große Sowjetenzyklopädie* des Jahres 1946 noch keinen Eintrag unter »Glück« aufweist, behauptet die nächste Auflage zehn Jahre später, das Glück des Menschen könne keinesfalls für eine Einzelexistenz errungen werden, sondern liege in der »Vereinigung mit dem Volk«, »im Kampf für eine bessere Zukunft« (BSÈ 1956, XLI, 381). Vom selben Tenor getragen ist auch das Lemma »Glück« in der Breschnjew-Sowjetenzyklopädie: »Das Glück besteht im bewussten Dienst am Volk, im Kampf für die Umgestaltung der Gesellschaft, für die Verwirklichung des Kommunismus« (BSÈ 1976, XXV, 130).

Nach dem Zusammenbruch der Sowjetunion scheinen sich die Glücksvorstellungen in Russland radikal gewandelt zu haben. In einer Umfrage aus dem Jahr 2003 nennen 16 Prozent der Respondenten als höchste Glücksvorstellung die materielle Verbesserung ihrer Lebensbedingungen, 15 Prozent hoffen auf das Wohlergehen ihrer Familie, 11 Prozent wünschen sich Frieden für die Menschen, 9 Prozent möchten ein eigenes Haus, 7 Prozent sehnen sich nach einer guten Arbeit und 5 Prozent halten Gesundheit für das wichtigste Gut. Der Dienst an der Gemeinschaft ist mithin in den Hintergrund getreten und hat dezidiert individuellen Glücksvorstellungen Platz gemacht, die sicher auch als Kompensation für jahrzehntelange Entbehrungen im Konsumbereich verstanden werden müssen (O čem my mečtaem 2003).

Literatur

Bol'šaja Sovetskaja Ènciklopedija [BSÈ]. Bd. 41. Moskau 1956.

Bol'šaja Sovetskaja Ènciklopedija [BSÈ]. Bd. 25. Moskau 1976.

Borkačev, Sergej: Koncept sčast'ja. Ponjatijnyj i obraznyj komponenty. In: Izvestija Akademii Nauk. Serija literatury i jazyka 60/6 (2001), 47–58.

Bremer, Thomas: Kreuz und Kreml. Kleine Geschichte der orthodoxen Kirche in Russland. Freiburg/Basel/Wien 2007.

Dal', Vladimir (Hg.): Poslovicy russkogo naroda. 2 Bde. Moskau 1984.

O čem my mečtaem? 13.2.2003, http://bd.fom.ru/report/map/dd030636.

Schlögel, Karl: Terror und Traum. Moskau 1937. München 2008.

Stalin, Josif W.: Rede auf der ersten Unionsberatung der Stachanowleute. 17. November 1935. In: J.W. Stalin: Werke. Bd. XIV. Dortmund 1976, 24–33.

Thesing, Josef/Uertz, Rudolf: Die Grundlagen der Sozialdoktrin der Russisch-Orthodoxen Kirche. Sankt Augustin 2001.

Vasmer, Max: Russisches Etymologisches Wörterbuch. Heidelberg 1958.

Zaliznjak, Anna/I.B. Levontina, Irina/Šmelev, Aleksej: Ključevye idei russkoj jazykovoj kartiny mira. Moskau 2005.

Ulrich Schmid

7. Glück im Arabischen

Das Begriffsfeld, das im Deutschen durch das Wort »Glück« zusammengefasst wird, wird im Arabischen in sehr unterschiedlicher Weise lexikalisiert. Vier semantische Felder lassen sich identifizieren.

Erstens: Der seit dem 8. Jahrhundert verwendete Begriff *sa'âda* (s. Kap. I.9) bezeichnet die Nominalisierung eines Zustandes der Freude (*sa'd*, synonym *yumn*) und ist sachlich mehr oder weniger identisch mit dem griechischen Begriff *eudaimonia*. Er referiert auf die *vita beata*, also auf das eigentliche Lebensziel des Menschen. Als Antonym dieses Begriffs wird meist *shaqâwa* oder *shaqwa* (›Elend‹, synonym *nahs*) benutzt.

Zweitens: Der schicksalsbestimmte glückliche Erfolg erscheint im Arabischen gemeinhin als *hazz*. Das Wort meint ursprünglich das Los oder das Geschick (*tychē*, *fors*), das jemandem ereilen kann und das gute (*husn al-hazz*) wie schlechte Qualität (*su' al-hazz*) annehmen kann. Auch im Arabischen scheint Glück so ursprünglich auf das schicksalhafte Geschehen zu verweisen, das als zugeteilt erachtet wurde. Die gleiche Bedeutung hat das ältere arabische Wort *jadd*, das wie sein hebräischer Vetter *gad* (vgl. Gen. 49,19) wohl unter hellenistischem Einfluss ähnlich wie griechisch *tychē* wirkte. In vorislamischer Zeit bedeutete das Wort *sa'd* wie *hazz* eher das Geschick, das auch astrologisch auf die Planeten Jupiter und Venus (*as-sa'dân*, wie griechisch *tychai*) bezogen sein konnte. Zugleich waren die Begriffe *sa'd* und *jadd* Namen für Idole (Fahd 1968). In einem vorislamischen Gedicht heißt es: »Wir kamen zu Sa'd, auf dass er uns vereine, doch Sa'd entzweite uns, so wollten wir mit Sa'd nichts zu tun haben. Ist Sa'd denn nichts anderes als ein Fels in der Wüste des Landes, wo weder die Fehl- noch die Rechtleitung erfleht werden können?« (Ibn al-Kalbî 1923, 23 f.). In der vorislamischen Poesie konnte auch der Idolname *Jadd* in Form eines passivischen Attributs (*jadîd*) verwendet werden und ›den vom Geschick Beglückten‹ bezeichnen. Dieses Attribut ist in islamischer Zeit nicht mehr überliefert. Koranisch ist nur einmal noch von *Jadd* die Rede und zwar als Name für Gott: »Und (mir ist eingegeben worden, dass die Dschinn sagten): ›Unser Herr, der Inbegriff von Glück (und Segen), ist erhaben (wörtlich: Das Glück unseres Herrn ist erhaben). Er hat sich weder Gefährtin noch ein Kind (oder: Kinder) zugelegt.‹« (Koran 72,3). Seit dem frühen 8. Jahrhundert findet sich im Arabischen auch der aus dem Persischen entlehnte, ursprünglich wohl aramäische Begriff *bakht* (vielleicht verwandt mit akkadisch *pa/ikhâti* »Distrikt«), mit dem ebenfalls das gute wie das böse Geschick bezeichnet werden konnte. Eine schon vorislamisch belegte Redewendung *aqbala 'alayhi d-dahr* (wörtlich: ›die Schicksalszeit trat an ihn heran‹) wurde als *iqbâl* abstrahiert und zum Ausdruck irdischen Glücks, der vor allem als Lehnsbegriff *eqbâl* im Persischen gängig ist (s. Kap. I.9).

Drittens: Im Kontext monotheistischer Religionen wurde das gute Glück im Arabischen auch als Segen Gottes erachtet. Glücklich sein bedeutet also auch gesegnet, d. h. selig zu sein (vgl. hebräisch *ôsher*, das aber auch profanen ›Reichtum‹ bezeichnet; s. Kap. I.8). Glück war demnach ein ›guter Segen‹, beziehungsweise ein Gut, das den glücklichen Zustand der über irdisches Leiden und Mühen erhabenen Götter bezeichnete. Im Griechischen (s. Kap. I.1) stehen die *makarioi* für diejenigen, bei denen ein ›Hervorgehoben gegenüber anderen‹ vorliegt, resp. für ›die Gesegneten‹ und ›Seligen‹ (vgl. u. a. Matthäus 5.3 ff., in der Vulgata die *beati*, hebräisch *ashrêy*, also die mit der *makaria* beziehungsweise dem *esher* Gottes gesegneten Menschen, vgl. Ps 1.1). Diesen *makarioi* entspricht in den christlich-arabischen Texten der aus dem Syrisch-Aramäischen entlehnte Begriff *tûbâ* (im Kontext syr. *tûbʰihôn*), der lexikalisch auf das Gute verweist. Im Koran steht sinnverwandt die Wurzel *s'd* (»Segen«). Die passivische Benennung *sa'îd* (Koran 11,105) bedeutet wörtlich ›der von/mit Sa'd Gesegnete‹ und entspricht ziemlich genau dem deutschen Adjektiv ›selig‹. Mit der passiven Verbalform *su'idû* (Koran 11,108 »Diejenigen aber, die selig sind, werden im Paradies sein und darin weilen«) werden ›diejenigen, die mit Sa'd gesegnet wurden‹ bezeichnet. Sie stehen in Opposition zu den ›Elenden‹ (*shaqîy*). Der vorislamische Idolbegriff *Sa'd* ist so zu einem Segen Gottes geworden, der aber nicht identisch ist mit dem Segen aus Gottes Gnade (biblisch *bᵉrakha*, arabisch *baraka*). Vielmehr setzt die *sa'd*-Segnung die Befolgung von Gottes Geboten (ähnlich wie biblisch *ashrêy*) voraus. Anders als im Persischen wurden arabische Begriffe, die auf göttliche Prädestination verweisen (*qada'*, *qadr*), nicht zu Synonymen für göttliche Glückssegnungen.

Viertens: Eine spezielle Lexikalisierung des Glücks bot das Wort *ghibta*, das eigentlich einen neidlosen Wunsch nach Freude und Zufriedenheit bezeichnet; der Begriff wurde von *hasad* (›Neid‹) deutlich differenziert und bezeichnete wie später auch *sa'd* einen Seelenzustand.

Diese vier Bedeutungsfelder konturieren einen arabischen Glücksbegriff, der den Seelenzustand desjenigen bezeichnet, der durch Gott gesegnet ist, der das Lebensziel erkannt hat oder der sich eines guten Geschicks erfreuen kann. Terminologisch hat sich nur der Begriff *sa'âda* durchsetzen können, dies wohl deshalb, weil er schon früh in den theologischen Sprachgebrauch (vor allem in der *Sunna*) und auch als Übersetzung des griechischen Begriffs *eudaimonia* in philosophischen Texten Verwendung fand. Zugleich drückt der Begriff *sa'âda* wie seine Verwendung als Lehnwort im Persischen in der Moderne auch die subjektiven, episodischen Eigenbewertungen des Einzelnen aus (›Empfindungsglück‹).

Literatur

Der Koran (Übers. Rudi Paret). Stuttgart 1966.
Ibn al-Kalbî: kitâb al-asnâm [Das Buch der Idole]. Kairo 1923.
Fahd, Toufic: Le Panthéon de l'Arabie centrale à la veille de l'Hégire. Paris 1968.

Reinhard Schulze

8. Glück im Hebräischen

Das Glück des Menschen wird in der Religion Altisraels und des Judentums stets auf Gott zurückgeführt, wiewohl in biblischer Zeit auch das Tun des Menschen als ursächlich für sein Ergehen betrachtet wurde, wie man noch in der Mischna lesen kann: »wer auch nur ein Gebot erfüllt, dem wird Gutes widerfahren und dessen Leben wird lange währen« (Mischna, Kidduschin 1,10).

Es gibt keine *Fortuna* oder *Heimarmene* oder eine andere Glücksgottheit neben dem Gott Israels. Von dieser theologisch ausgerichteten Grundstruktur gibt es nur eine einzige, wenn auch allgegenwärtige Ausnahme, die in der talmudischen Spätantike angelegt und seit dem Mittelalter verbreitet ist, nämlich den Glauben an den ›guten Stern‹, *Massal tov*, jiddisch *Masseltov*, oder einfach *Massal* (*Massel*). Der Gegensatz dazu ist, jiddisch ausgesprochen, das Schlimm-Massel, der deutsche ›Schlammassel‹. Massal ist der Stern, der Schicksalsstern, insbesondere die Sterne des Zodiak. Im Talmud liest man noch das widersprüchliche Nebeneinander »Israel unterliegt keinem Glücksstern« und »der Glücksstern macht weise, der Glücksstern macht reich, und auch Israel unterliegt dem Glücksstern« (Babylonischer Talmud, Schabbat 156a). Im mittelalterlichen Hebräisch wird *Massal(tov)* zum Begriff für das irdische Glück schlechthin, allerdings mit der Maßgabe, dass Gottes Macht stets höher als die des Glückssterns ist.

In der Hebräischen Bibel gibt es kein eigenes Wort für Glück. Das von Gott geschenkte ›Glück‹ wird hier und auch noch danach zuallererst als ›das Gute‹ (*tov, tova*) beschrieben. Dazu gehört der *Schalom*, weiter, dass Gott des Menschen Weg gelingen lässt (*hizliach*), Segen gibt (*Beracha*), auch die Befriedigung, ›satt an göttlicher Huld‹ (*Seva' Razon*), wird genannt. Ein oft verwendetes Bild für das Glück ist das sichere Sitzen unter dem Weinstock und dem Feigenbaum (1 Kön 5,5). Verbreitet ist die Glücklichpreisung mit der Interjektion *'aschre* (›heil!‹, ›glücklich!‹). Glücklich gepriesen wird, wer am Quell der Weisheit ist, wer auf Gott harrt, die Gebote hält, Gerechtigkeit übt, nicht im Kreis der Frevler weilt, die Tugenden übt, die tüchtige Hausfrau und Hiob vor seinem Unglück, das von Gott erwählte Volk, der, dem die Schuld vergeben wurde, aber auch der, den Gott züchtigt. Häufig wird die Glücklichpreisung in der apokryphen Literatur verwendet für den, der eine weise Frau hat, der seine Zunge hütet, der keinem Unwürdigen dienen muss (Sirach 25, 8–10) und dergleichen.

Erst das mittelalterliche Hebräisch bildet aus zwei oben genannten Wurzeln abstrakte nun ausschließlich das ›Glück‹ bezeichnende Nomina, nämlich aus der Preis-Interjektion (*'aschre*) das Nomen *'Oscher* und aus dem Verbum des Gelingenlassens das Nomen *Hazlacha*. Die materielle Bedeutung dieses so benannten Glücks wird indessen sehr unterschiedlich beschrieben, wie ja auch das deutsche Wort ›Glück‹ sehr unterschiedliche und oft gegensätzliche Deutungen erfährt. Beide Nomina benennen im mittelalterlichen wie im modernen Hebräisch das irdisch-materielle Glück, aber auch das Gelingen und die glückhafte Vollendung des menschlichen Lebens im Jenseits. In der mittelalterlichen Philosophie ist bevorzugt die *Hazlacha* (›Glückseligkeit‹), aber auch der *'Oscher* der Terminus zur Bezeichnung des im Jenseits erhofften Heils, das heißt der Unsterblichkeit und Gottesgegenwart. R. Jizchak Ben Abraham (*Hizzuk Emuna/Stärkung des Glaubens*, 16. Jahrhundert, I. 18) definiert: »Das wahrhafte Glück (*'Oscher*) ist die Glückseligkeit (*Hazlacha*) und die Erlösung (*Teschu'a*) der Seele« (Klatzkin 1928/2004, Bd. 1, 75).

Das moderne Hebräisch gibt seinen Definitionen der Glücksbegriffe auch die psychologische Komponente hinzu. Das renommierte Wörterbuch von Even-Schoschan (I, 88) gibt z. B. für *'Oscher* folgende Erklärung: »Ruhe, *Massal tov*, allgemeines Gefühl des Angenehmen, das aus dem Gelingen (*Hazlacha*) und großer Zufriedenheit fließt.« Die hebräische Wikipedia zählt Zufriedenheit und Lebensfreude als seelischen Zustand hinzu, nennt auch äußerliche Ausdrucksformen von *'Oscher*, wie ›Lachen‹, ›Hoffnung‹, ›Ruhe‹ und ›Begeisterung‹, oder kurz: ›Freiheit vom Leiden‹. Der Begriff *Hazlacha* steht demgegenüber jetzt mehr für den ›Erfolg‹ der menschlichen Bemühungen, wobei auch hier individuelle Maßstäbe, seien sie materieller oder spiritueller Art, das Entscheidende sind. Ein üblicher Wunsch für das irdische Wohlergehen ist in der Moderne: *'Oscher we-'Oscher*, ›Glück und Reichtum‹, eine Zusammenstellung die sich schon in hellenistischer Zeit findet.

Literatur

Ben Abraham, Jizchak (aus Troki): Befestigung im Glauben (Hg. D. Deutsch). Sohrau/Breslau 1873.

Ben Jehuda, Eliezer: Gesamtwörterbuch der alt- und neuhebräischen Sprache. 8 Bde. New York/London/Jerusalem 1940–1959.

Even-Schoschan, Abraham: Ha-Millon he-hadasch. 3 Bde. Jerusalem 1972.

Klatzkin, Jakob: Thesaurus philosophicus linguae Hebraicae et veteris et recentioris [1928]. 4 Bde. Hildesheim 2004.

Mischna: Mischnajot. Die sechs Ordnungen der Mischna (Übers. Ascher Sammter). Basel 1968.

Talmud: Der Babylonische Talmud (Übers. Lazarus Goldschmidt). 12 Bde. Berlin 1930–1936.

Karl Erich Grözinger

9. Glück im Persischen

Im heutigen Persisch dienen vor allem die Wörter *hošbaht* »glücklich« (bzw. das Abstraktum *hošbahtī* »Glück«) und *šāns* »Glück« dazu, die Begrifflichkeit des Glücks wiederzugeben. Dabei drückt *hošbaht* einen in der Regel länger andauernden inneren Zustand aus (*hošbaht am* »ich bin glücklich«), *šāns* hingegen eher die punktuelle Erfahrung des »Zufallsglücks« (*šāns āvardam* »ich habe Glück gehabt«, wörtlich »ich habe die Chance gebracht/bekommen«).

Während *šāns* aus französisch *chance* entlehnt wurde (im späten 19. Jahrhundert, als Französisch *die* Sprache europäischer Bildung im Iran war), besteht *hošbaht* aus den persischen Wörtern *hoš* »gut« und *baht* »Schicksal«, ist also ein Kompositum im Sinne von »gutes Schicksal (habend)«. *Baht* wiederum ist ein zentraler Begriff in der Geschichte iranischer Schicksals- und Glücksvorstellungen, die stets eng miteinander verbunden waren. Es ist von der indogermanischen Verbwurzel *^{h}bag* »als Anteil bekommen« abgeleitet. In altiranischer Zeit wurde hiervon das Partizip *bahta-* »zugewiesen/Anteil« gebildet und auch bereits im Sinne von »Schicksal« verwendet. Im Mittelpersischen (3.–7. Jahrhundert) blieb *baht* ein zentraler Begriff für das »Schicksal«, das nach zoroastrischer Lehre dem Menschen prädestiniert ist, ohne ihn jedoch von der Verantwortung für sein Handeln zu entbinden (Shaked 1989; der Begriff ist auch ins Arabische übernommen worden; s. Kap. I.7).

Im Mittelpersischen treten neben *baht* weitere Worte für »Schicksal« oder »Glück«. So *ǧahišn* »Schicksal«, das in Kombination mit *hu-* »gut« in einer Passage der Ratschlagsammlung *Ayādgār ī Wuzurgmihr* das Schicksalhafte unverdienten Glücks wiedergibt: *Čē škeft-tar? Dānāg ī wad-ǧahišn. Čē abdtar? Dušāgāh ī hu-ǧahišn* »Was ist bemerkenswerter? Ein Kluger, der Pech hat. Was ist wundersamer? Ein Dummer, der (trotzdem) Glück hat« (Jamasp-Asana 1897–1913, 100–101). Weitere mittelpersische Adjektive wie *hunsand* »zufrieden« oder *farroh* »gesegnet« können auch »glücklich« bedeuten, die genauen semantischen Grenzen sind hier nicht immer einfach zu ziehen.

Im Neupersischen (ab dem 10. Jahrhundert) bleibt *baht* ein zentraler Terminus für »Schicksal«. In der klassischen Literatur des 10. bis 15. Jahrhunderts tritt für die Bedeutung »glücklich« das Adjektiv *nīk* »gut« an *baht*. Auch im islamischen Iran wird das Glück als von oben kommend verstanden, so z.B. in dem schicksalsbeladenen Nationalepos *Šāhnāme* (10./11. Jahrhundert): *(ke) tō nīkbahtī ze yazdān šenās/madār az tan-e xwīš hargez sepās* »erkenne du das Glück (als etwas) von Gott/danke niemals dir selbst« (Ferdousī 1386/2007, Bd. 4, 165). Trotzdem besteht weiterhin für den Einzelnen ein Spielraum, sein eigenes Glück zu fördern, so schreibt z.B. der Dichter Rūdakī (10. Jahrhundert): *nīkbaht ān kas ke dād o behord/šūrbaht ān-k-ū nahord o nadād* »glücklich (ist) jener, der gab und nahm (d.h. verbrauchte)/unglücklich jener, der nicht nahm und nicht gab (d.h. der knauserte)« (Rūdakī 1341/1962, 495). Das Gedankengut bei Ferdousī und Rūdakī steht in Kontinuität zu mittelpersisch-zoroastrischen Glücksvorstellungen, kann aber auch aus islamischen Verhältnissen abgeleitet werden.

In der klassisch-persischen Literatur treten vermehrt Wörter arabischer Herkunft für »Schicksal« wie *qażā-o-qadar* oder *taqdīr*, oder für »Glück« *eqbāl*, neben persische Wörter wie *baht* oder *sarnevešt* »Schicksal«, letzteres eigentlich »(auf den) Kopf-geschrieben«. Außerdem können Wörter wie *zamān* »Zeit« oder *ahtar* »Stern« in der Dichtung metaphorisch im Sinne von »Schicksal« verwendet werden, auch in Zusammensetzungen wie *nīk-ahtar* »glücklich«. Weniger zufälliges Glück als vielmehr innere und dauerhafte Aspekte des Glücksempfindens gibt *sa'ādat* (s. Kap. I.7) »Glückseligkeit« wieder. Zu betonen ist, dass die Worte arabischer Herkunft im Wortschatz des Persischen volles Heimrecht erlangt haben und, jedenfalls bis zum 20. Jahrhundert, von den meisten Iranern in keiner Weise als fremd empfunden werden.

Wie erwähnt, lautet im modernen Persisch des 20. und 21. Jahrhunderts der zentrale Ausdruck für »glücklich« *hošbaht*, mit *hoš* für klassisch-persisch *nīk*. Mit dem Adjektiv *bad* »schlecht« kombiniert, ergibt sich *badbaht* »unglücklich«. Nach dem Muster von *hoš-/badbaht* kann auch *šāns* »Glück« mit *hoš* oder *bad* kombiniert werden. Im Vergleich zu *šāns āvardam* »ich habe (einmal) Glück gehabt« drückt etwa *hoš-šāns am* ein wiederholtes Zufallsglück aus im Sinne von »ich bin ein Glückspilz«, oder aber das Nicht-Eintreten eines Unglücks: *hoš-šāns am ke tasādof nakardam* »ich habe Glück, dass ich keinen Unfall gebaut habe« (*šāns* »Glück« wird hier quasi zu einem Schicksalswort ›neutralisiert‹).

Wie im Mittelpersischen, gilt auch für das Neupersische, dass die Grenzen zwischen »Glück« und ähnlichen Empfindungen wie »Zufriedenheit« nicht immer eindeutig zu ziehen sind. So lässt sich der deutsche Satz »ich empfinde Glück« im heutigen Persischen wiedergeben mit: *ehsās-e režāyat mīkonam*, d.h. eigentlich: »ich empfinde Zufriedenheit«.

Zusammenfassend erscheint als wichtiges Merkmal des persischen Ausdrucks von »Glück« dessen enge lexikalisch-semantische Verbindung mit demjenigen des »Schicksals«. Formal entsteht durch diese Verbindung ein Paradigma von Glücksausdrücken, das durch Kombination von Grundworten mit den Adjektiven *ẖoš* und *bad* verschiedene Ausprägungen und Abstufungen von »Glück« und »Unglück« zulässt. Die ›Schicksalsnähe‹ des persischen Ausdrucks für »Glück« bedeutet nicht, dass bei *ẖošbaẖt* nicht auch andere Aspekte wie etwa der des materiellen Wohlstands mitschwingen können; jedoch sind diese weniger im Begrifflichen mit angelegt als etwa bei italienisch *fortuna* »Glück/Vermögen« (*fare fortuna*, auch im Deutschen »sein Glück machen«). Bemerkenswert für den Ausdruck von »Glück« im Persischen ist auch die rezente Entlehnung von *šāns* aus dem Französischen.

Literatur

Ferdousī, Abolqāsem: Šāhnāme (Hg. Ǧalāl Ḫāleqī Moṭlaq). Bd. 1–8. Tehrān 1386/2007.

Jamasp-Asana, Jamaspji Minocheherji (Hg.): Pahlavi Texts. Bd. I–II. Bombay 1897–1913.

Rūdakī, Abū ʿAbdollāh Ǧaʿfar ebn Moḥammad: Moḥīṭ-e zendegī va aḥvāl va ašʿār-e Rūdakī (Hg. Saʿīd Nafīsī). Tehrān 1341/1962.

Shaked, Shaul: Baẖt. ii. The concept. In: Encyclopaedia Iranica (Hg. Ehsan Yarshater). Bd. III. London/New York 1989, 537–538.

Ludwig Paul

10. Glück im Chinesischen

Das Begriffsfeld von Glück im Chinesischen umfasst sowohl den stets positiven Begriff *fu* und meint das erreichte Glück nicht nur materiell, sondern auch sozial. Dem Begriff der Fortuna entspricht das *xing*, das unerwartete Glück, der Glückszufall. *Qing* ist der ›glückliche Ausgang‹, aber auch der Glückwunsch. Die Ausdrücke *qi* und *xiang* meinen eine Glückverheißung oder auch ein gutes Omen. Andauernde Beglückung wird mit *le* zum Ausdruck gebracht. Dann gibt es den glücklichen Ausgang sowie Glücksverheißungen oder Glück verheißende Omina. Bei einem Denker der klassischen Periode, Han Feizi, heißt es im 20. Kapitel des gleichnamigen Werkes, das für das Denken der Zeit repräsentativ ist: »Gesundheit und langes Leben, Reichtum und Ansehen, das nennt man Glück« (Han Feizi 1974, 341). Und schon in einem sehr früh datierten Text, dem *Hongfan* aus der Zeit um 1050 v.Chr., wird das fünffache Glück (*wufu*) bestimmt als »Langes Leben – Wohlstand und Reichtum – Frieden und Wohlergehen – Liebe zur Tugend – Tod nach erfülltem Leben« (Karlgren 1950, 35). Einerseits wurde solcherart Glück als Lohn für tugendhaften Wandel gedeutet. Daneben gab es aber auch die Vorstellung von schicksalhaft Verhängtem (*ming*). Wichtig aber ist, dass sich die Verknüpfung von individuellen Tugenden und gemeinschaftlichem Wohlergehen nahezu überall findet. Natürlich gab es immer auch die hedonistische Haltung, wie sie – vermutlich mehr als Provokation denn als Programm – bei Zhuangzi formuliert wird (Zhuangzi HYI 46/18/2; nach Unger 2002, 12).

Aus allen Richtungen hat China versucht, sein Glück zu machen: mit Hilfe der Unsterblichkeitsdroge von den Penglai-Inseln im Östlichen Meer, durch Handel und durch Heilsversprechungen der göttlichen Königinmutter des Westens (*Xiwang mu*), einer tatsächlich nach westlichem Vorbild geformten Gottheit (Knauer 2006). Solange die Deutungshorizonte nicht strittig waren, konnten Glücksbedingungen mit einem hohen Maß an Verbindlichkeit formuliert werden. *Xingyun* oder *yunqi* waren angemessene Bezeichnungen für Glück im Sinne eines glückhaften Verlaufs. *Chenggong* benannte dann eher den Erfolg, während *xingfu* Glück im Sinne des Wohlstand und des Wohlergehens benennt. *Kuaile* wiederum ist die subjektiv erlebte Freude, so wie sie in vielfältiger Weise auch in der Literatur zum Ausdruck kommt – etwa im Miterleben der Freude der

Fische nach dem Gleichnis des Zhuangzi (Wilhelm/ Dschuang Dsï 1951, 134). So fällt einem Glück zu, es ist ein wunschloses Glück (Möller 2002, 77). So sehr alles Glücksstreben auf die Zukunft gerichtet war, so wussten alle Weisheitslehren doch um die Vergeblichkeit solchen Strebens, und man orientierte sich an dem Satz bei Zhuangzi »Höchstes Glück ist Abwesenheit des Glücks« (Wilhelm/Dschuang Dsï 1951, 136). Diesem taoistischen Glücksbegriff, wie er von Zhuangzi vertreten wird, stand die buddhistische Welthaltung nahe, die nicht erwartet, sondern akzeptiert, was der Fall ist. In den geistigen Neuaufbrüchen des 15. und 16. Jahrhunderts knüpfte man daran an und suchte wie Wang Yangming (1472–1529) in der Selbstreflexion die »Verwirklichung des ursprünglichen Wissens« (Kern 2010).

Literatur

Han Feizi: Jishi. Shanghai 1974.

Karlgren, Bernhard: The Book of Documents. Stockholm 1950.

Kern, Iso: Das Wichtigste im Leben. Wang Yangming (1472–1529) und seine Nachfolger über die »Verwirklichung des ursprünglichen Wissens«. Basel 2010.

Knauer, Elfriede R.: The Queen Mother of the West. A Study of the Influence of Western Prototypes on the Iconography of the Taoist Deity. In: Victor H. Mair (Hg.): Contact and Exchange in the Ancient World. Honolulu 2006, 62–115.

Möller, Hans-Georg: In der Mitte des Kreises. Daoistisches Denken. Frankfurt a. M. 2002.

Schmidt-Glintzer, Helwig: Wohlstand, Glück und langes Leben. Chinas Götter und die Ordnung im Reich der Mitte. Frankfurt a. M. 2009.

–: Vom gelungenen Leben der Vielen. Das Glück der Massen und das Leiden des Einzelnen in China. In: Venanz Schubert (Hg.): Aus dem Ursprung leben. Lebenskunst – neu bedacht. St. Ottilien 1997, 171- 197.

Unger, Ulrich: Das Glück der alten Chinesen. In: minima sinica 1 (2002), 1–26.

Wilhelm, Richard/Dschuang Dsï: Das Wahre Buch vom Südlichen Blütenland. Düsseldorf 1951.

Helwig Schmidt-Glintzer

II. Systematik des Glücksdenkens

1. Glück zwischen Sinnlichkeit und Geist. Von der Lust zur geistigen Ekstase und zurück

Die Koppelung der Begriffe ›Mensch‹ und ›Glück‹

Die Definition des Glücks hängt eng mit der des Menschen zusammen. Die klassische Bestimmung des Begriffs *homo* als *animal rationale* begründet den Vorrang des Menschen vor nicht menschlichen Lebewesen mit der Fähigkeit des Denkens. Wenn es zutrifft, dass alle Menschen nach Glück streben (Freud 1930/1976, 433 in Anlehnung an Aristoteles: *Nikomachische Ethik*, 1095a 15 ff.), dann muss das Glück eines der Vernunft verpflichteten Wesens einen Bezug zu dessen Rationalität aufweisen. Andernfalls würde Glück der Animalität zugeschlagen und wäre dann nichts spezifisch Menschliches. Lässt man hingegen nur die Befriedigung der Vernunftansprüche als Glück gelten, wird die Sinnlichkeit – und mit ihr das gesamte Spektrum von Lustempfindungen und Genussfreuden – als Glückserzeuger ausgeschlossen.

Die meisten Definitionen des Begriffs ›Mensch‹ zerteilen das menschliche Wesen in unterschiedlich bewertete Gegensätze, von denen nur einer des ›wahren‹ Glücks teilhaftig sein kann, wohingegen der andere ins Unglück führt. So wird aus der Perspektive des Menschen als sozialem Wesen (*zoon politikon*) das Ich als Egoist verdächtigt, das nur auf sein individuelles Glück aus ist. *Homo faber* und *homo oeconomicus* wiederum blenden moralische und altruistische Lebensformen aus ihrem Glücksverständnis aus, indem sie Machbarkeitsstrategien und Nutzenkalküle als die einzigen Glückserzeuger behaupten. Demgegenüber betonen ganzheitliche Definitionen des Menschen – wie *homo sapiens* und *homo ludens* – das Zusammenspiel aller menschlichen Strebevermögen. Entsprechend wird dann das Glück am gelungenen, im Ganzen geglückten Selbst- und Seinsvollzug festgemacht, in welchem die Bedürfnisse von Kopf, Herz und Bauch gleichermaßen gestillt sind. Das Spiel bindet rationale, emotionale und affektive Antriebskräfte in einen kreativen Prozess ein, der Glück als Befreiung von Zwängen und Restriktionen jeglicher Art erleben lässt.

Die Palette des Glücks erlaubt viele Farbmischungen zwischen purer Sinnlichkeit und reiner Geistigkeit, zwischen schierer Lust und spirituellen Freuden. Wie sich jemand sein Glück ausmalt, hängt von seinen individuellen Vorlieben und den Zielvorgaben seines persönlichen Lebensentwurfs ab. Existenzphilosophische Denker haben dem Rechnung getragen, indem sie anstelle von Glücksdiskursen die Selbstdarstellung typisierter Individuen ins Zentrum rückten.

Das Glück des erotischen Genusses

So hat Søren Kierkegaard in *Entweder/Oder* (1843/ 1964; s. Kap. V.5) einen jungen Mann namens Johannes geschildert, der Buch führt über seine Verführungsstrategien und die damit verbundenen Erfolge. Er manipuliert das von ihm begehrte Mädchen so, dass es sich selbst in der Rolle der Verführerin wähnt und sich ihm freiwillig hingibt, ohne zu ahnen, dass jeder Schritt, den es tut, von seinem Liebhaber minutiös geplant ist.

Das Glück, dem Johannes sich verschrieben hat, ist ästhetischer Natur in der doppelten Bedeutung des griechischen Wortes *aisthesis*, das einerseits den sinnlichen, andererseits den künstlerischen Aspekt einer Sache betont. Das Glück des Verführers liegt entsprechend im Genuss, dessen sinnliche Qualität dadurch intensiviert wird, dass er nicht einfach eine Frau nach der anderen sexuell konsumiert, sondern das Mädchen in einem Prozess der Erotisierung wie ein Kunstwerk gestaltet, bis sein Begehren dem des Verführers an überwältigender und zugleich kontrollierter Leidenschaftlichkeit in nichts nachsteht. »Mein Inneres erbraust gleich einem aufgeführten Meere im Sturme der Leidenschaft«, notiert Johannes in seinem Tagebuch, fügt aber wenig später hinzu: »Man muss sich begrenzen, dies ist eine Hauptbedingung alles Genusses« (Kierkegaard 1843/1964, 349). Die Kunst der Begrenzung besteht darin, dass sie die bloße Fleischeslust in echten Genuss verwandelt. Indem der Verführer sein unmittelbares Begehren taktisch ausbremst, verzögert er die Befriedigung seiner Wünsche, schiebt sie hinaus bis zu dem Zeitpunkt, an dem seine erotisierenden Strategien ihr Ziel erreicht haben und er aus dem jungen Mädchen eine ihm ebenbürtige, gleichermaßen genussfähige Liebesgespielin gemacht hat: »ein Mädchen verführen ist keine Kunst, aber eine finden, die es wert ist, verführt zu werden, das ist Glück« (360).

Das Glück des ästhetischen Genusses begleitet die Planung und Durchführung des erotischen Experiments mit der, »die es wert ist«. Die Kreativität, die Johannes als künstlerischer Gestalter der seelischen Regungen des Mädchens entfaltet, bestätigt ihn als erotischen Könner, und als solchen genießt er sich. Mündet seine Verführungskunst schließlich in der Vereinigung mit dem von ihm manipulierten Mädchen, besteht sein eigentliches Glück wiederum im Selbstgenuss. Verführer und Verführte begegnen sich zwar hinsichtlich des Erotischen auf gleicher Augenhöhe, was bereits für die Qualität des Genusses spricht, weil beide gleichermaßen auf ihre Kosten kommen. Doch das geheime Wissen darum, dass das Mädchen sein Geschöpf ist, das erotisch erschlossen zu haben sein Verdienst ist, erhöht für ihn die Qualität des Genusses und macht sein Glück perfekt. Ein Glück, das auch im Nachhinein immer wieder abgerufen werden kann, wenn Johannes den Verlauf der Verführung noch einmal Schritt für Schritt Revue passieren lässt und sich in der Erinnerung immer wieder an der Kunstfertigkeit seiner Trickspiele ergötzt, die ihn zum ersehnten Genuss geführt haben. Er fühlt sich wie Gott, der den Menschen nach seinem Ebenbild erschaffen hat.

Das Genussglück aus ästhetischer und ethischer Perspektive

Man kann den Selbstbespiegelungen dieses Verführers eine gewisse Frivolität nicht absprechen. Aber dass der Genuss als die von ihm favorisierte Spielart des Glücks eine besondere Attraktivität besitzt, lässt sich nicht bezweifeln. Diese Form des Selbstgenusses, die ihre höchste Qualität durch Einbeziehung des Genusses anderer erlangt, wobei deren Genussfähigkeit erst hergestellt werden muss, hat eine glückserzeugende Kraft, die nicht nur im erotischen Spannungsfeld, sondern in den Netzen zwischenmenschlicher Beziehungen insgesamt unterschwellig wirksam ist, selbst dort, wo man sie kaum vermutet. Einer altruistischen Einstellung zum Beispiel schreibt man eine Hintanstellung der eigenen Bedürfnisse und damit einen Verzicht auf deren Befriedigung zu. Altruistisch handelt, wer vorrangig nicht den persönlichen Genuss im Auge hat, sondern die verzweifelte Lage von Unglücklichen verbessern möchte, und sei es auf Kosten des eigenen Glücks. Aber vielleicht haben die Utilitaristen ja Recht, wenn sie unterstellen, dass auch der Altruist nicht selbstlos handelt, sondern sich durch fremdes Unglück in seinem Selbstgenuss beeinträchtigt sieht.

Bezüglich des Genussglücks ist zweierlei festzuhalten: (1) Die ästhetische Lebensform ist weit entfernt von jenem Glück der Schweine, von dem John Stuart Mill meinte, dass es den Menschen als Geistwesen unterfordere (Mill 1863/1976, 18). Wem »ganz kannibalisch wohl« ist »als wie fünfhundert Säuen« (Goethe: *Faust*), dem fehlt aus ästhetischer Sicht der Sinn für das Schöne und Erotische. Genuss ist nicht pure Sinnlichkeit, sondern künstlerische Formgebung und Gestaltung der sinnlichen Antriebe. (2) Die ästhetische Lebensform ist keineswegs asozial. Obwohl der Selbstgenuss ihr Ziel ist, spielt das Wir für das Ich eine entscheidende Rolle. Um sich möglichst ungehindert selbst genießen zu können, trägt das Ich unter Berücksichtigung der Tatsache, dass es als Individuum unter anderen Individuen lebt, das Seine zu den Rahmenbedingungen bei, die auch dem Wir einen Spielraum eröffnen für das Streben nach Genuss. Kritik am Genussglück, das die ästhetische Lebensform auf ihr Panier geschrieben hat, kann demnach weder an der Vernachlässigung geistiger Herausforderungen festgemacht werden noch an mangelnder sozialer Kompetenz. Derartige Einwände stellen sich erst nach einem Perspektivenwechsel ein, der es erlaubt, das Ästhetische moralisch zu bewerten.

Kierkegaard hat als Gegenspieler der Vertreter des ästhetischen Genussglücks die Figur des Gerichtsrats Wilhelm konzipiert, der als Ethiker dem sozial verträglichen Glück den Vorrang vor dem selbstbezogenen individuellen Glück zuerkennt. Man soll das Glück der anderen nicht zur Steigerung des eigenen Wohlbefindens, sondern um des Wohlbefindens der anderen willen zu befördern suchen. Aus der ethischen Perspektive gibt es kein Sowohl/Als auch, sondern nur ein striktes Entweder/Oder. Entsprechend wird das Genussglück mit der Begründung verworfen, dass im Streben nach Genuss alles instru-mentalisiert wird, auch die Mitmenschen würden auf ihre Funktion als Genussmittel oder Genussver-stärker reduziert, selbst wenn dies in gegenseitigem Einvernehmen geschieht.

Spielt man die Ethik gegen die Ästhetik aus, wird ein anderer Typus von Handlungen als glücksrele-vant ausgezeichnet, nämlich jener, der unter morali-schen Kategorien als ›gut‹ gilt. Seit Platons Dialog *Symposion* wurden die Anti-Hedonisten nicht müde, den sinnlichen Genuss als untermenschlich zu gei-ßeln und die wahre Erotik in den Kopf zu verlegen, dessen Denkbemühungen sie als die eigentliche Quelle des Glücks propagierten. Ein rein geistiges Glück, das ohne jede sinnliche Komponente erlebt wird, hat Aristoteles ins Bild des sich in ewiger Selig-keit umkreisenden Gottes gefasst, der jenseits von Ästhetik und Ethik im Vollzug der *theoria* sich selbst ununterbrochen als schlechthin vollkommenes We-sen aktualisiert. Welch ein Kontrast zu jenem kurzen, noch dazu in einer abstoßenden Umgebung genos-senen Glück, das Bertolt Brecht seinen Glücksgott als Wollust besingen lässt. »Als die Braut ihr Bier ge-trunken / Gingen wir hinaus. Der Hof lag nächtlich. / Hinterm Abtritt hat's gestunken / Doch die Wollust war beträchtlich« (Brecht 1967, 890). Ob Menschen wirklich etwa durch Meditation oder intellektuelle Selbstanschauung vollständig von ihrer Sinnlichkeit absehen können und dabei ein spiritualisiertes Glück erleben, ist eine Frage, die weder die Ästhetik noch die Ethik beantworten kann.

Die anti-hedonistische Diffamierung des Ästheti-schen hat jedenfalls Kritiker auf den Plan gerufen, Friedrich Schiller etwa, der sich gegen Kants These verwahrte, dass die Pflicht grundsätzlich den Vor-rang vor der Neigung habe, weshalb eine Pflicht, die man gern erfüllt, die Handlung von vornherein mo-ralisch abwerte. Schiller wollte die Moral der Ästhe-tik nicht über-, sondern untergeordnet wissen. Der Spieltrieb sollte jene Kreativität freisetzen, die den Einzelnen befähigt, *ganz* Mensch zu sein: sich als ganzer Mensch zu entwickeln (Schiller 1795/1975, 63). Der im Ganzen geglückte Mensch ist Lebens-künstler, der es versteht, die sinnlichen Antriebe sei-ner Natur mit den moralischen Ansprüchen seiner Vernunft so in Einklang zu bringen, dass eine Art Wechselstrom entsteht, in dessen Spannungsfeld das Individuum sich immer wieder neu gestaltet. Für Schiller ist die Alternative von Ästhetik und Ethik kein Entweder-Oder, sondern ein Sowohl-Als auch.

Glück und Gegenglück

Aus der Körperperspektive betrachtet überzeugt die ästhetische Lebensform naturgemäß mehr als die ethische, weil die sinnliche Komponente nicht ein-fach für irrelevant erklärt und das natürliche Streben nach Glück nicht wie in manchen Moralkonzeptio-nen verteufelt wird, sondern der Genuss durch äs-thetische Zurichtung verfeinert und angereichert wird. Nicht die Moral setzt dieser künstlerischen Ge-staltung Grenzen, sondern die individuelle Auslo-tung der richtigen Mitte zwischen einem Zuviel und einem Zuwenig an Genuss. Die Hedonisten, allen voran Epikur, haben deshalb das Maß ins Zentrum ihrer Glückslehre gerückt, was von ihren Gegnern gern übersehen wurde. Ein Genuss, der leiden macht, sei es aufgrund seines Übermaßes, sei es aufgrund seiner Dürftigkeit, ist dem Glück abträglich (vgl. Pie-per 2007, 42 ff.). Aufgrund der Verschiedenheit der Menschen und ihrer Lebensumstände verbietet sich eine allgemeine Festlegung des Maßes, das jedes In-dividuum auf eigene Faust im Selbstexperiment er-mitteln muss.

Es bleibt jedoch zweifelhaft, wie die Moral, wenn der von ihr reklamierte unbedingte Vorrang vor al-len außermoralischen Anforderungen an menschli-ches Handeln bestritten wird, ihre Ansprüche auf dem Feld der Ästhetik geltend machen kann, nach-dem ihre Angriffe auf die Sinnlichkeit ebenso ge-scheitert sind wie der Versuch, das Genussglück un-ter der Hand in ein unsinniges, geistiges Glück um-zutaufen. Eine solche Irreführung vermag den Körper nicht zu täuschen, denn ein von allen sinnli-chen Elementen gereinigtes Glück verdient diesen Namen nicht mehr. Gottfried Benn hat deshalb in seinem Gedicht *Einsamer nie* (2006, 281) vom »Ge-genglück« des Geistes gesprochen. Der Mensch ver-einsamt, wenn er nicht mehr fähig ist, das bunte Herbstlaub, »die Seen hell, die Himmel weich« als seiner »Gärten Lust« wahrzunehmen, weil er den Geist zum Sieger über die Sinne erklärt hat. »Wo al-les sich durch Glück beweist / und tauscht den Blick und tauscht die Ringe / im Weingeruch, im Rausch der Dinge -: / dienst du dem Gegenglück, dem Geist.« Das Glück hat seine Wurzel in der Kommunikation der Sinne mit den Dingen, in der Vermählung des körperlichen Sensoriums mit der Natur. Das Wort ›Glück‹ hat daher seine Berechtigung nur im Zusam-menhang mit diesem Vorgang der Vereinigung und Verschmelzung von Sinnlichkeit und allem den Sin-nen Zugänglichen im Genuss. Der Diener des Geis-

tes hingegen muss sich mit einem Gegenglück begnügen, das ihn einsam macht, weil es ihn von der
Welt der Sinne isoliert. Getrennt von sich selbst als
Genusswesen, das sich die Welt mittels der Sinne ein-
verleibt, erfindet er sich ein anderes, abstraktes
Glück, das er dem sinnlichen Glück entgegensetzt,
ein Anti-Glück, das jedoch allein den Geist entzückt.

Wenn Glück und Gegenglück sich gegenseitig ausschließen, ist die Folge eine Spaltung des Menschen,
der sich als Sinnenwesen zum Genuss und als Geistwesen zu unsinnlichen Freuden hingezogen fühlt.
Um eine innere Zerrissenheit zu vermeiden, braucht
es ein Medium, das dem Geist das Glück schmack-
haft macht und den Sinnen einen Eindruck davon
vermittelt, dass auch das Gegenglück Genussqualität
besitzt. Ob das Ästhetische im Sinne Schillers als ein
solches Medium geeignet ist, lässt sich erst entscheiden, wenn geklärt ist, welche Glücksutopien aus dem
Blickwinkel der verschiedenen Körperregionen entworfen wurden und inwieweit sie miteinander verträglich gemacht werden können. Dass dies prinzipiell möglich ist, ›beweist‹ in der Tat, wie Benn konstatiert, die Alltagserfahrung, denn wer sich im Zustand
des Glücks befindet, ist außerstande, es zu lokalisieren. Glückserlebnisse gehen einem – wie die Liebe –
durch und durch. Der Mensch ist als ganzer vom
Glück durchdrungen, er spürt es von Kopf bis Fuß,
auch wenn sich dies je nach Mentalität unterschiedlich äußert: Die Skala der Glücksgefühle reicht vom
stillen Genießen bis zum ekstatischen Freudentau-
mel.

Das Glück von Kopf, Herz und Bauch

Betrachtet man die Körperregionen zunächst einmal
getrennt voneinander, kann man Kopf, Herz und
Bauch eine je eigene Vorstellung vom Glück zuordnen, die seit Platon mit bestimmten Tugenden verknüpft und damit von vornherein moralisch unter-
füttert ist. Das Glück des Kopfes ist die Weisheit, das
Glück des Herzens die Tapferkeit, das Glück des Bauches die Besonnenheit. Die vierte Kardinaltugend,
die Gerechtigkeit, wird allen drei Körperzonen als
gleichsam organsoziale Pflicht auferlegt, insofern sie
jeden Körperteil daran erinnert, dass er im Verbund
mit den anderen das Seine zum Gelingen des ganzen
Organismus beitragen muss, er also nur unter ständiger Rücksicht auf die jeweils anderen Glücksbestrebungen nach Weisheit, Tapferkeit oder Besonnenheit streben darf. Das Glück ist demzufolge einerseits eine Gemeinschaftsleistung, die durch den

von Kopf, Herz und Bauch geteilten Willen zur Gerechtigkeit kooperativ erbracht wird. Da diese Leistung andererseits aber zugleich auch Resultat spezi-
eller Tugenden ist, wird das organische Glück im
Vollzug gelingenden Lebens nicht nur als gemeinsame Erfahrung geteilt, sondern auch von Kopf, Herz
und Bauch verschieden als je eigene Form von
Selbstverwirklichung und Selbstbestätigung erlebt.

Platon hat seiner Staatsutopie in der *Politeia* diese
Dreigliederung des Körpers zugrunde gelegt (*Politeia* 438d ff.; s. Kap. III.1), indem er das Modell eines Dreiständestaats entwickelt, dessen »Kopf« die
Philosophenkönige sein sollen, die in langjähriger
wissenschaftlicher Ausbildung darauf vorbereitet
werden, die Polis weise zu regieren. Das »Herz« besteht aus den Soldaten, die mit Mut und Tapferkeit
für den Schutz der Polis verantwortlich sind. Den
»Bauch« schließlich bilden die Bauern und Handwerker, die sich mit Augenmaß und Besonnenheit
um die Versorgung der Bürger mit Nahrungsmitteln
und Gerätschaften zu kümmern haben. Indem jeder
Stand auf bestmögliche Weise das Seine zum Funktionieren des Staatskörpers beiträgt, ist er zugleich
Produzent und Genießer des kollektiven Glücks.
Doch bei Platon lässt sich bereits ein Störfaktor ausmachen, der in späteren Glücksutopien noch deutlicher das Scheitern einer idealen, im Ganzen geglückten Staatsform vorprogrammiert. Obwohl in Platons
Modell alle drei Stände gleich notwendig sind und
das Prinzip der Gerechtigkeit jedes Mitglied der Polis als gleichwertigen Bürger deklariert, wird der
Wert des Einzelnen doch je nach Standeszugehörig-
keit unterschiedlich beziffert. Dem »Kopf« wird
Gold, dem »Herz« Silber und dem »Bauch« Erz als
Kennzeichen seiner Natur zugewiesen. Diese Hierar-
chisierung hat zur Folge, dass das Militär einerseits,
die Bauern und Handwerker andererseits als Menschen zweiter und dritter Klasse angesehen werden,
was eine empfindliche Störung des Selbstwertgefühls
und eine entsprechende Glückseinbuße nach sich
ziehen dürfte.

Das Unglück der Einseitigkeit

Wenn man die Spielarten des Glücks voneinander
trennt, hat dies verheerende Folgen für den Einzelnen und die Gemeinschaft, wie Jonathan Swift dies in
seinem Roman *Gullivers Reisen* prototypisch aufzeigt.
Er beschreibt darin eindimensionale Lebensformen,
die aus der Bevorzugung einer bestimmten Körper-
zone als Glücksquelle hervorgehen. In *Lilliput*, dem

Zwergenland, hat der Bauch das Sagen. Die Lilliputaner haben ein kindliches Gemüt, erfreuen sich an einfältigen Vergnügungen und unterwerfen sich kritiklos den unsinnigsten Sitten und Gebräuchen. Die Förderung von Geistesgaben lehnen sie ab, weil diese für das Allgemeinwohl schädlich seien, insofern sie die Ungleichheit unter den Menschen vergrößern. Der Durchschnitt gilt als das Maß aller Dinge und als Garant für den sozialen Frieden. In *Brobdingnag*, dem Reich der Riesen, regiert das Herz. Sie sind ein gutmütiges Volk, dessen Mitglieder zwar tollpatschig und grobschlächtig miteinander verkehren, sich dabei aber im Unterschied zu den Lilliputanern mehr vom *common sense* als von einer primitiven Sinnlichkeit leiten lassen. Gleichwohl legen auch die Riesen keinen Wert auf Bildung und Wissenschaft und suchen ihr Glück in einer einfachen Menschlichkeit, die sich der Goldenen Regel verschrieben hat, niemandem absichtlich Leid zuzufügen.

Die Herrschaft des Kopfes hat Swift am Beispiel zweier Länder geschildert, in denen einerseits der Verstand, andererseits die Vernunft das Glück bestimmt. *Laputa*, die fliegende Insel, ist die Heimat der Wissenschaftler, die ihr ganzes Glück in Mathematik, Musik und Astronomie finden. Sie gehen in ihrer Forschung so auf, dass »Aufwecker« sie zur Kommunikation und Interaktion zwingen müssen. Die Theorielastigkeit der Laputier hat dazu geführt, dass sie zu praktischen Verrichtungen nicht mehr fähig sind, die Häuser schief stehen und die Ackerböden verwahrlosen. Deshalb benötigen sie alles zu ihrem Lebensunterhalt Notwendige von den unter ihnen auf der Erde lebenden Festlandbewohnern, die sie bei Ungehorsam mit ihrer fliegenden Insel durch andauernden Schattenwurf der Sonne und des Regens berauben. Im Land der *Houyhnhnms* schließlich hat sich die reine Vernunft in den Köpfen der edlen Pferde materialisiert, die sämtliche Gefühle in sich abgetötet haben und auf der Basis von Anstand, Höflichkeit und gegenseitigem Wohlwollen miteinander verkehren. Durch und durch tugendhaft sehen sie ihr Glück in einem von Begierden freien Leben, dessen Wert einzig durch die *Yahoos* beeinträchtigt ist, stinkende, verkommene Exemplare der alten Menschheit, die ihr Glück im gierigen Verschlingen alles Essbaren und in zügelloser Sexualität suchen.

In den von Swift beschriebenen Lebensformen werden einerseits die zwischen primitiver Fleischeslust und abgeklärter Geisteseuphorie angesiedelten Glücksvorstellungen anschaulich dargestellt und andererseits die Konsequenzen einer Verabsolutierung der einen oder anderen Lebensform aufgezeigt. Die Festlegung des Glücks auf eine bestimmte – genusssüchtige, sentimentale oder intellektuelle – Qualität mündet in den Terrorismus. Der ›Terror des Kopfes‹ manifestiert sich in der Maxime des Fanatikers, der es in einer ungerechten Welt nicht aushält und nur glücklich ist, wenn er sich die Ausrottung einer korrupten Menschheit ausmalt: *fiat iustitia, pereat mundus*. Bei Swift deutet sich diese Folge des verabsolutierten Verstandes- und Vernunftglücks in den menschenverachtenden Praktiken an, mit welchen die Laputier das Leben derer vernichten, die sich ihnen nicht unterwerfen, und die Houyhnhnms die verwahrlosten Yahoos behandeln, die sie wegen ihres unerträglichen Gestanks zu vernichten gedenken.

Der ›Terror des Herzens‹ schaltet im Überschwang der Gefühlsduselei jeden mäßigenden Einfluss des Kopfes aus und vernachlässigt die Ansprüche des Bauches. Die ungeschlachten Riesen von Brobdingnag haben kein Gespür für das Kleine, Zarte, Zerbrechliche. Die schiere Größe beglückt sie und macht sie unempfindlich gegen all das, was ihren zermalmenden Füßen und klobigen Händen zum Opfer fällt. Der ›Terror des Bauches‹ hingegen zerlegt alles Große in Genussquanten, was die Verkleinerung und »Verzwergung« (Nietzsche) des Menschlichen nach sich zieht. Die Unersättlichkeit der Begierden zwingt zu immer absurderen Bemühungen um Glücksquellen, und wer nicht mithält, wird gnadenlos ausgemerzt.

Ganzheitliches Glück

Kopf, Herz und Bauch können demnach weder getrennt voneinander noch unter Ausschluss der jeweils anderen Körperregionen glücklich sein, sondern nur im Verbund miteinander. Rein geistigen Freuden geht echte Genussqualität ebenso ab wie puren emotionalen Wonnen und dem Rausch der Sinne. Denn die jeweilige Spielart des Glücks ist erkauft mit dem Unglück der zu kurz gekommenen oder unterdrückten Körperteile. Niemand hat dies anschaulicher dargelegt als Nietzsche. »Wir sind keine denkenden Frösche, keine Objektivir- und Registrir-Apparate mit kalt gestellten Eingeweiden«, hält er den Asketen entgegen (Nietzsche KSA 3, 349; s. Kap. V.7). Ohne einen »fröhlichen Unterleib« (KSA 6, 303) nistet sich das Ressentiment im Herzen ein und vergiftet den Kopf mit Rachegedanken. Der Anstoß zur Reinigung vom Gift des Neides muss vom Kopf ausgehen, der den ganzen Körper befreien will.

»Deine wilden Hunde wollen in die Freiheit; sie bellen vor Lust in ihrem Keller, wenn dein Geist alle Gefängnisse zu lösen trachtet« (KSA 4, 53). Wenn dem Geist die Loslösung von der Körperfeindlichkeit der asketischen Ideologie gelingt, wächst er sich von der kleinen zur »großen Vernunft« aus, die Nietzsche als Leib bezeichnet (39). Die verleiblichte Vernunft hat ihren Sitz nicht mehr nur im Kopf, sondern im gesamten Organismus, dessen Selbstregulierungsprozesse den Leib als ein geglücktes Ganzes konstituieren. Dieses Ganze ist jedoch nicht Produkt eines Harmoniestrebens, vielmehr rivalisieren Kopf, Herz und Bauch miteinander und steigern ihre Kräfte im Wettbewerb mit ihren Kontrahenten. Die große Vernunft stachelt diesen Wettbewerb mit unterschiedlichen Anreizen an und sorgt zugleich durch Mäßigungsmaßnahmen dafür, dass keine unzulässigen Übergriffe auf die Kompetenzbereiche der Rivalen erfolgen oder sie sich gegenseitig schwächen. Denn so kritikwürdig für Nietzsche der Asket als Unterdrücker von Emotionen und Affekten ist, so verächtlich ist für ihn der Typus des letzten Menschen, der zu nichts mehr Lust hat und jegliche Anstrengung vermeidet. »›Wir haben das Glück erfunden‹ – sagen die letzten Menschen und blinzeln« (19). Dieses laue Glück, das sich in einem »Lüstchen für den Tag« und einem »Lüstchen für die Nacht« erschöpft (20), stellt sich als Folge einer Erschlaffung ein, die ihrerseits das Resultat eines entgleisten Stoffwechsels zwischen Kopf, Herz und Bauch ist. Der Gesichtssinn nimmt nur noch das Naheliegende wahr, denn er leidet unter Myopie, der Blinzelkrankheit. Entsprechend haben sich auch der Intellekt und die Eingeweide ans ›Blinzeln‹ gewöhnt, der gesamte Organismus wird kurzsichtig und gibt sich in träger, behäbiger Selbstbezogenheit mit einem Glück zufrieden, das ohne Anstrengung und ohne Risiko erhältlich ist. Dieses um die Dimension der Weitsicht und Fernziele verkürzte Glück lässt die Menschen stagnieren, anstatt sie dazu anzustacheln, mit sich zu experimentieren, sich immer wieder neu zu entwerfen und in einem fortgesetzten Prozess der Selbstüberwindung ein Glück zu erfahren, das aus dem gelingenden Leben erwächst. Die erbrachten Leistungen bestätigen ein Können: Wer ständig über sich hinaus strebt, wird seiner selbst immer mächtiger.

Diese Erfahrung muss auch Sisyphos gemacht haben, von dem Albert Camus sagt, er sei ein glücklicher Mann. Trotz der vergeblichen Plackerei mit dem Felsbrocken kommt bei Sisyphos kein Teil seiner selbst zu kurz. Beim Hinaufwuchten des Steins auf den Berggipfel sind seine Körperkräfte in vollem Einsatz, inspiriert durch den Entschluss, das Steinewälzen als selbst gewählte Aufgabe zu betreiben. Während des Abstiegs, der »Stunde des Bewusstseins« (Camus 1942/2000, 157), denkt Sisyphos über sich nach. Er hat die Götter aus seinem Weltbild verbannt und mit ihnen die Vorstellung eines Sündenfalls als eines selbst verschuldeten Unglücks eliminiert. So sieht er sich nicht mehr im Strafvollzug der Götter, sondern als Herr über sein Schicksal. »Darin besteht die verborgene Freude des Sisyphos. Sein Schicksal gehört ihm. Sein Fels ist seine Sache« (159). Das Glück des Sisyphos besteht darin, dass er autonom geworden ist, sich unabhängig gemacht hat von Fremdbestimmungen aller Art. Dieser Entschluss öffnet seine Sinne und sein Herz, die angesichts der im göttlichen Strafkonzept vorgesehenen sinnlosen Schufterei nur Einöde wahrnahmen und Trauer empfanden. Der selbstbestimmte Sisyphos hingegen entdeckt wieder die Schönheit des Universums. Seine Sinne nehmen Kontakt mit der Natur auf, und sein Herz wendet sich dem Stein wie einem Bruder zu, mit dem er sich gegen das Schicksal verbündet. »Wir müssen uns Sisyphos als einen glücklichen Menschen vorstellen« (160).

Die Einbildungskraft als Glückskomponistin

Das Glück, so hat sich gezeigt, ist nur vollkommen, wenn Kopf, Herz und Bauch intellektuell, emotional und affektiv mit im Spiel sind. Die Moral scheidet dabei als Drahtzieher aus, da sie verallgemeinert, evaluiert und hierarchisiert. Das Glück hingegen ist individuell, und alle seine Spielarten sind gleichberechtigt und gleichwertig, auch wenn der Schwerpunkt je nach Lust und Laune und den als Glücksgüter erstrebten ›Dingen‹ mal mehr auf einem munteren Kopf, mal mehr auf einem heiteren Herzen oder einem fröhlichen Unterleib liegen mag. Entscheidend ist dabei der Umstand, dass sämtliche Glücksbestrebungen mit im Spiel bleiben und auf ihre Weise zum Genuss beitragen, in den sie sich teilen. Der Mensch ist nur da ganz glücklich, wo er spielt. Spielen heißt: sich selbst zu einem schönen Ganzen formen und in dieser ästhetischen Selbstgestaltung die Rolle des Komponisten der Einbildungskraft als jenem Vernunftvermögen zu überlassen, das geistige und sinnliche Versatzstücke zwanglos miteinander vereint. Das spielerisch durch die Einbildungskraft erzeugte Glück versetzt das Gemüt in Schwingung und besänftigt die moralische Vernunft, während es zugleich die Gefühle elektrisiert. Aus der Perspektive der Moral betrachtet befindet sich der glückliche Mensch in einem Zustand interesselosen, zweckfreien Wohlgefallens (Kant 1983, V, 288, 319), unter emotionalem und affektivem Gesichtspunkt genießt er sein Dasein »zitternd vor bunter Seligkeit« (Nietzsche, KSA 6, 291).

Die Einbildungskraft, die bei Kant ›ästhetische Vernunft‹, bei Schiller ›Spieltrieb‹, bei Nietzsche ›große Vernunft des Leibes‹ heißt, kann an keiner Körperregion festgemacht werden, muss aber gleichsam alle sämtliche Körpersprachen beherrschen, um die rationalen, emotionalen und affektiven Glücksansprüche als solche registrieren und aufeinander abstimmen zu können. Es ist ihre Aufgabe, ein für Kopf, Herz und Bauch verträgliches Glückskonzept zu entwickeln und für dieses bei jedem ›Organ‹ in seiner Sprache zu werben. Trotzdem ist die Einbildungskraft kein eigenständiges Strebevermögen, das den Betätigungen von Kopf, Herz und Bauch übergeordnet wäre. Vielmehr erweist sie sich, mit Kierkegaards Worten, in dem Dreierverbund als dasjenige »an dem Verhältnis, dass das Verhältnis sich zu sich selbst verhält« (Kierkegaard 1849/1957, 8). Die Einbildungskraft ist das ›Zwischen‹ der Beziehung einer sich zur Leiblichkeit entfaltenden Körperlichkeit und Geistigkeit. Dieses ›Zwischen‹ als reflexives, emotionales und affektives Sichverhalten ineins erzeugt Glück: Glück als Begleitmoment eines momentweise oder auch dauerhaft erfüllten Begehrens und erfolgreichen Strebens.

Literatur

Aristoteles: Die Nikomachische Ethik. München 1972.

Benn, Gottfried: Gedichte in der Fassung der Erstdrucke. Frankfurt a.M. 2006.

Brecht, Bertolt: Drittes Lied des Glücksgotts. In: Ders.: Gesammelte Werke, Bd. 10. Frankfurt a.M. 1967, 890.

Camus, Albert: Der Mythos des Sisyphos [1942]. Reinbek 2000.

Freud, Sigmund: Das Unbehagen in der Kultur [1930]. In: Ders.: Gesammelte Werke. Bd. XIV. Frankfurt a.M. [5]1976, 419–506.

Kant, Immanuel: Werke in 6 Bänden (Hg. Wilhelm Weischedel). Darmstadt 1983.

Kierkegaard, Søren: Entweder/Oder. 1. Teil [1843]. Düsseldorf 1964.

–: Die Krankheit zum Tode [1849]. Düsseldorf 1957.

Mill, John Stuart: Der Utilitarismus [1863]. Stuttgart 1976.

Nietzsche, Friedrich: Sämtliche Werke. Kritische Studienausgabe [KSA]. 15 Bde. München 1980.

Pieper, Annemarie: Glückssache. Die Kunst, gut zu leben. München [4]2007.

Platon: Politeia. In: Ders.: Sämtliche Werke. Frankfurt a.M./Leipzig 1991, Bd. V, 9–787.

Schiller, Friedrich: Über die ästhetische Erziehung des Menschen [1795]. Stuttgart 1975.

Swift, Jonathan: Gullivers Reisen [1726]. Frankfurt a.M. 1974.

Annemarie Pieper

2. Glück in Arbeit und Muße. Das Spektrum der Tätigkeiten vom Denken zum Feiern

Das menschliche Leben ist zeitlich erstreckt. Das fängt im Alltäglichen an: Ein gewöhnlicher Tag teilt sich in aller Regel in Phasen des Schlafs, der Tätigkeit für den Lebenserwerb oder vergleichbarer Pflichten und der freien Zeit. Unerlässlich für ein glückendes Leben ist es, eine Balance zwischen diesen Elementen zu erzielen (Negt 2001, 153; vgl. Frambach 1999, 261). Andernfalls wäre die innere Ausgeglichenheit – schlimmstenfalls die Gesundheit – gefährdet. Das ist das Einfachste, was darüber zu sagen ist; und obwohl es so einfach ist, verweisen die zunehmenden ›burn-outs‹ unserer Zeit bei gleichzeitig hohen Arbeitslosenzahlen darauf hin, dass diese Harmonie keineswegs die Regel ist (Rau u. a. 2010). Doch jede Phase hat auch ihre eigenen Formen von Glück und Unglück: Das geschäftige Tagwerk kann sowohl als Mühsal und Plage wie als Beglückung erfahren werden, freie Zeit kann verschieden genutzt werden und ebenfalls beglückenden wie belastenden Charakter haben, und der Schlaf ermöglicht die projektive Phantasie des Wunsch- wie des Alptraums. Als freies Spiel der Kräfte (etwa der ›produktiven Einbildungskraft‹) ist selbst er streng genommen nicht als Untätigkeit zu deuten – so spricht man ja von der ›Verarbeitung‹ von Konflikten im Traum (s. Kap. VI.6).

Nun leben Menschen immer schon in sozialen Situationen – alles was sie tun, tun sie in einer bestimmten sozialen Lage, und das beeinflusst die Interpretation ihres Tuns. Das führt für die Sozialphilosophie zu zwei Problemen: Diese Lage mitsamt ihrer Weltdeutung kann mit anderen politischen Lagern und Weltdeutungen im Konflikt stehen, so dass es zu widersprüchlichen Deutungen des Tuns kommt. Und zweitens gibt es einen historischen Wandel der sozialen Lage und der kulturellen Deutungsmuster. Auch dies führt zu unverträglichen Ansichten über Handlungsweisen. Deutungen des Glücks in Tätigkeit und Muße sind also nicht im anthropologischen oder handlungstheoretischen Rundumschlag zu haben, da jede ›reine‹ Handlungstheorie, die von den konkreten Situationen abzusehen trachtet und suggeriert, die Widersprüche zu glätten, eine Sicht gegen andere stellt und damit die

Komplexität des Phänomens verfehlen würde. Um hier nicht vorschnell zu ›versöhnen‹, gilt es daher zu differenzieren. In der Folge wird zuerst die klassische Konstellation nachgezeichnet, in der drei verschiedene Tätigkeitsformen unterschieden werden, die durch Muße im weiteren Sinne (als Freiheit von Arbeit) möglich werden: als Erholung in Genuss und Spiel, als interaktive – meist politische – Tätigkeit und als Kontemplation bzw. Bildung. Danach wird die moderne Konstellation betrachtet, in der die ökonomische Arbeit eine beherrschende Stellung erlangte. Da sich dadurch das ganze Koordinatensystem verschoben hat, steht – wie sich zeigen wird – eine Rückbesinnung auf Glück aus anderen Tätigkeitsformen in kritischer Spannung zur Konstellation der Moderne. Abschließend wird eigens das Glück des Festes betrachtet, da hier verschiedene Weisen der Muße zusammenwirken.

Der antike Denkrahmen

Denkt der moderne Zeitgenosse bei »Tätigkeit und Muße« zuerst an »Arbeit und Freizeit« (Habermas 1958/1970), so ist das nicht falsch, aber nur eine der historischen Varianten des Themas. Entlohnte Arbeit macht heute einen Großteil der Tätigkeiten aus und prägt auch Phasen der Nichtarbeit, sofern sie der Vorbereitung auf sie (Ausbildung), der Erholung von ihr (Urlaub und Rente) oder der Verarbeitung ihres Fehlens gilt (Arbeitslosigkeit). Doch das war nicht immer so. Forschungen der ökonomischen Anthropologie zufolge verwendeten unsere ältesten Vorfahren nur wenig Zeit – keine zwanzig Wochenstunden – auf die nötige Versorgung (Sahlins 1972, 15 ff.). Die restliche Zeit war der Entspannung und dem gemeinsamen Lebensvollzug gewidmet. Dieser Selbstgenuss, der ja schon bei Tieren vorkommt (s. Kap. VIII.1), hat seit je Phantasien von den »glücklichen Wilden« angeregt (Kohl 2008). Auch die Glücksphilosophie der Antike wurde in einem historischen Kontext artikuliert, in dem ›Arbeit‹ (gr. *ponos*) im Sinne der Produktion des zum Leben Nötigen nicht im Fokus philosophischen Nachdenkens stand. Diese wurde von Menschen ohne Bürgerstatus erbracht (Frauen, Sklaven und Handwerkern), die durch Arbeit gar nicht ihr ›Glück‹ machen *konnten* – und darum lange aus der philosophischen Betrachtung herausfielen. Denn gerade die fehlende Muße (allgemein als Nicht-Arbeiten-Müssen verstanden) war der Grund, ihnen den Bürgerstatus und damit den Zugang zum politisch verstandenen Glück zu verweigern (Aristoteles: *Politik* [Pol.] 1319a 1, 1328b 34). Dieser Umstand hatte seine Konsequenzen:

Produktive Arbeit wurde in der Folge meist negativ gedeutet, als Last, Mühsal oder gar als Fluch (Gen 3, 17 f.; Conze 1972; Aßländer 2005, 27 ff.). Eine Rationalisierung dessen war Aristoteles' Unterscheidung zwischen selbstzweckhaftem Tun (gr. *praxis*) und dem Hervorbringen (*poiesis*), das seinen Zweck, das Produkt, außer sich habe und darum weniger wert sei (Aristoteles: *Nikomachische Ethik* [NE] 1094a 1 ff.) – selbst dann, wenn sie nicht von Sklaven, sondern von Handwerkern (»Banausen«) oder Künstlern vollbracht wird. ›Tätigkeit‹ meinte daher, soweit sie als Quelle des Glücks in Betracht kam, andere Tätigkeiten. Welche Art von Glück wird diesen nichtarbeitsförmigen Tätigkeiten zugeschrieben?

Aristoteles versteht Glück als den Vollzug eines gelingenden Lebens im Ganzen (gr. *eudaimonia*; s. Kap. III.2). Dazu sind verschiedene Elemente wichtig: zunächst grundlegende ›Glücksgüter‹ wie Gesundheit, gute Freunde und ein mittlerer Wohlstand. Dies ist also keine ›asketische‹ Konzeption, denn der Genuss (nicht nur von gutem Essen und Trinken, sondern auch von schöner Kunst und freundschaftlichen Gesprächen) gehört hinzu. Nur gibt es noch andere, wertvollere Praxen als diese, etwa die Tätigkeit für das Gemeinwohl. Diese ist gleich doppelt auf Glück bezogen: zum einen instrumentell, da sie zum Blühen der Gemeinschaft beiträgt (zur *autarkeia* Pol. 1252b 27), zum anderen, weil das individuelle Glück der Tugend (*arete*) bedarf. Da diese eine »Tätigkeit der Seele« ist, sind tugendhafte Tätigkeiten wie die politische auch intrinsisch glücksfördernd (»Denn die Glückseligkeit ist Tätigkeit«; Pol. 1325a 33). Diese Hochschätzung der politischen Tätigkeit für das Glück sowohl der Individuen wie der Gemeinschaften hatte einen starken Einfluss auf die republikanische Tradition (Arendt 1958/1967, § 27; Pocock 1975; s. Kap. II.9). Neuere Untersuchungen über Effekte der Basisdemokratie auf das Wohlbefinden der Bürger wollen sogar empirische Bestätigungen für diese Verbindung finden (Frey/Stutzer 2000, 133 ff.).

Ein politisches Engagement ist allerdings von günstigen Rahmenbedingungen abhängig. Unter anderen historischen Bedingungen haben etwa Epikur oder Seneca (*De otio*) den Rückzug vom politischen Leben in den Vordergrund gestellt. Prinzipiell kann ja auch die *vita contemplativa* ein langfristiges Glück verschaffen, vielleicht sogar ein höheres. Diese kontemplative Lebensform reichte bei Aristoteles von der Philosophie bis zur Betrachtung des Kosmos

(NE 1077a 18; heute würden wir von ›Grundlagenforschung‹ sprechen). Im christlichen Kontext erstreckte sie sich auch auf geistliche Inhalte bis hin zur Mystik (Vickers 1991; Claussen 2005, 162 ff.). Darunter zu fassen ist schließlich auch die Selbstbetrachtung und Besinnung. Ernsthaftes Nachdenken verschafft jedenfalls eine eigene Art von Glück (Pieper 1957/1999; s. Kap. II.1 und VI.7) und gehört daher zu einem guten Leben hinzu. Diese Tätigkeit eigenen Rechts muss nicht über den Umweg ökonomischen Nutzens legitimiert werden.

Zusammenfassend gesagt: Unterschieden wird zunächst zwischen unfreier Arbeit und den eigentlich glücksrelevanten Tätigkeiten, die sämtlich Muße im Sinne der Freiheit von Arbeitszwängen voraussetzen. Innerhalb dieser Tätigkeiten gibt es drei Formen: *Erstens* die Erholung in Spiel und Genuss, worunter auch der Kunstgenuss fällt. Dies ist, streng genommen, keine Untätigkeit wie etwa der moderne Fernsehkonsum, denn diese Genüsse sind mit geselligen Tätigkeiten (Rede, Spiel etc.) verbunden und setzen Bildung voraus. *Zweitens* gibt es die praktisch-politische Betätigung und *drittens* die theoretische Betrachtung und Bildung (das Fest, das unten eigens behandelt wird, enthält Elemente aller drei Formen und steht daher quer zu dieser Unterscheidung).

Nur auf den ersten Blick sieht es so aus, als schlössen sich die ›höheren‹ Tätigkeiten (Politik und Kontemplation) gegenseitig aus, so dass es dann um die Frage ginge, welche die ›beste‹ Form sei. Im Grunde sind sie aufeinander verwiesen. Zwar nennt Aristoteles die *theoria* als höchste Form, weil sie »um ihrer selbst willen geliebt« wird (NE 1177b 1). Sie sei dem Glück am nächsten (Pol. 1334a 14) und trage »Lust, wahres Glück und seliges Leben in sich selbst« (Pol. 1338a 2). Doch ist der Mensch für Aristoteles kein reines Denken, sondern ein Wesen mit vielen Abhängigkeiten (NE 1096a 35; 1102a 15 und öfter). Die Kontemplation steht daher in einer fruchtbaren Wechselbeziehung mit der praktisch-politischen Tätigkeit: Einerseits hat die *theoria* den Effekt, autonomiefähige Menschen zu ›bilden‹, ohne welche eine politische Selbstgesetzgebung undenkbar bliebe – sie ist also funktional für die Politik. Für das glücksrelevante Setzen von Handlungszwecken ist es erforderlich, über die eigenen Zwecke und ihre Verortung in der Welt zu reflektieren. Noch John Locke wollte aus diesem Grund arbeitende Menschen aus der Politik *fernhalten* (»For the Labourer's share, being seldom more than a bare subsistence, never allows that body of men time or opportunity to raise their thoughts above that«, Locke 1691/1823, 71; vgl. Peters 1997). Andererseits ist ein glückssensibles politisches Handeln an einer Förderung der *theoria* interessiert: Es ist eine politische Aufgabe, die Menschen zur Fähigkeit zu erziehen, »edle Muße zu pflegen« (Pol. 1334a 10). Das Glück der Theorie braucht die Praxis und das Glück der Praxis braucht die Theorie.

Wie ließe sich diese antike Denkweise systematisieren? Eine ›Tätigkeit‹ sei verstanden als körperliche Aktivität mit dem Ziel einer Veränderung, das ist schon im Sandkasten beim Bauen von Sandburgen so. Menschengemachte Veränderungen haben einen Zweck, daher lassen sich Tätigkeiten am besten in ihrem Bezug zum Zweckbegriff unterscheiden. Für Aristoteles ist eine Tätigkeit dem Glück umso förderlicher, je mehr die Tätigkeit den Zweck in sich selbst hat (NE 1098a 16) – moderner gesprochen: je mehr der Tätige den Zweck selbst setzt (oder sich zumindest mit ihm zu identifizieren vermag) und durch das Tun auch erreicht. So wird die Hierarchie der Tätigkeiten leicht verständlich: Die *Genussfixierung* des ›Geldmenschen‹ ist dem Glück nicht förderlich, weil sie ihren Zweck niemals erreicht – er ist prinzipiell unerfüllbar, da sich monetärer Gewinn immer weiter steigern lässt (NE 1096a 7; vgl. Gronemeyer 2007; s. Kap. VIII.7). *Hervorbringende* Tätigkeiten (*poiesis*), die die Form eines Stoffes verändern (das klassische Beispiel ist die Bildhauerei), haben ihren Zweck laut Aristoteles außer sich und machen daher ebenfalls nicht oder nur indirekt (über den äußeren Zweck) glücklich. Modern reformuliert: ›Produktive‹ Tätigkeit kann nur Glück bringen, wenn der Tätige selbst ›kreativ‹ ist, also über Zwecke und Mittel des Hervorbringens bestimmt. Über diesen Umweg kann auch produktive Arbeit selbstzweckhaft sein – das mag bei modernen Künstlern oder selbständigen Ingenieuren so sein, es war aber bei Sklaven gerade nicht so. (Freude an produktiver Tätigkeit im instrumentellen Sinne, etwa an den Gütern, steht in dieser Konstellation nicht im Vordergrund, das ändert sich erst in der Neuzeit.)

Praktische Tätigkeiten hingegen haben ihren Zweck in sich selbst. Schon beim scheinbar zweckfreien Spaziergang ist das so: Man erfährt dabei eine Erholung (die Konstitution verändert sich) und damit die Erfüllung eines selbstgesetzten Zwecks. Umso mehr ist das bei offen zweckhaften Tätigkeiten der Fall: Veränderung zum Guten ist der Zweck der politischen Aktivität. Da sie auf das Glück des Einzelnen und der Gemeinschaft zielt (NE 1094b 7), die aber durch diese Tätigkeiten erst entstehen, ist sie

im hohen Maße selbstzweckhaft. Die *Kontemplation* steht bei Aristoteles noch höher, weil sie gar keine äußerlichen Zwecke mehr hat, sondern nur noch sich selbst bezweckt. Doch ist sie nicht nur dadurch glücksrelevant; es ist gerade die Erkenntnis eines Zwecks jenseits der eigenen Zwecksetzungskompetenz (etwa der Harmonie des Universums, oder später der Leiden Christi), die an der Kontemplation beglückt (das kommt dem ästhetischen Glück der Betrachtung von Schönheit nahe, welche Kant später als zweckfreie Zweckmäßigkeit bestimmte; s. Kap. II.4).

Die Konstellation der Moderne

In der Moderne hat sich die Bewertung bedeutend verschoben. Das Arbeiten wurde als Glücksquelle sui generis entdeckt (vgl. Carlyle 1843, III.11: »Glücklich der, der seinen Beruf erkannt hat, er verlange nach keinem anderen Glück. Er hat seine Arbeit und Lebensaufgabe und wird ihnen obliegen«; vgl. Lange 1996; Engler 2005, 55 f.). Verschiedene Verlagerungen des Glückshorizontes in den Jahrhunderten zwischen Antike und Moderne haben zu einer solchen Verschiebung geführt: eine nach unten in die Nützlichkeit, eine nach oben in die Glückseligkeit und eine hin zum Ideal der Formbarkeit des Subjekts und seiner Welt.

Erstens wollte die Neuzeit angesichts des Pluralismus der Weltanschauungen im Interesse der Toleranz keine allgemeinverbindlichen Aussagen über das Glück mehr machen. Der holistische Eudaimonismus »zerfaserte«, Konzeptionen des Guten wurden schon bei Locke der Privatsphäre überantwortet (McMahon 2006, 186 f.). Die neuen Exaktheitsideale und die Ausdifferenzierung der Wissenschaften erschwerten Aussagen über derart Ungreifbares wie die ›Person‹ und das ›ganze Leben‹ zusätzlich (ein Fluchtbereich für Konzeptionen des ›ganzen Menschen‹ wurde u.a. bei Schiller die Ästhetik; s. Kap. II.4). Als Jeremy Bentham das Glück zur Grundlage seines Utilitarismus machte (s. Kap. V.1), konnte er nur noch auf dessen Atome zurückgreifen, nämlich momentane Gefühle von Lust und Schmerz. Im Effekt dieser Entteleologisierung schwenkte der Blick weg von den Zielen, hin zum Prozess (oder mit Ernst Cassirer 1910: von der Substanz zur Funktion). Dieses neue Denken konnte nun der Tätigkeit selbst, ob die Ziele in oder außer ihr liegen, einen positiven psychologischen Effekt zuschreiben (»work is rewarding in itself«, Lane 1992, 43).

Zweitens hat die religiöse Aufladung des Glücksdenkens im Christentum gegenläufig dazu geführt, dass ein gelingendes Leben als bloß vorläufig eingeschätzt und für die höhere Glückseligkeit ›verpfändet‹ werden konnte. Es mochte aus dieser Sicht – obzwar nicht zwingend – rational scheinen, das irdische Glück zugunsten der ›ewigen Seligkeit‹ (Augustinus) hintanzustellen. Diese ließ sich im Protestantismus allerdings durch Werke gerade nicht erlangen. Wo das Heil derart unsicher geworden war, versuchte man sich dessen – Max Webers Analyse zufolge – mittels der Arbeit zu *vergewissern* (s. Kap. VI.1): Gelingende Werke wurden lediglich als Anzeichen für eine (bereits erfolgte) Gnadenwahl gedeutet, aber das genügte, um der Arbeit eine neuartige Wertigkeit zu geben. Berufsarbeit war in diesem Rahmen nicht unmittelbar selbst Glück, ein solches wurde nicht einmal angestrebt (im Irdischen herrschte eher ein Geist der Askese). Doch da Arbeit auf diese Weise einmal in den Lebensmittelpunkt gerückt war, mussten sich in der Folge alltägliche Glückserfahrungen einfach deswegen verstärkt in diesem Sektor abspielen, weil er mehr und mehr das Leben bestimmte – und das bis heute. Denn obwohl »die religiöse Wurzel langsam abstarb« (Weber 1904–05/1988, 197), hat sich diese Arbeitsethik erhalten: »Der Puritaner *wollte* Berufsmensch sein, wir *müssen* es sein« (203).

Drittens wurde produktives Hervorbringen mit dem ausgehenden Mittelalter allmählich immer höher geschätzt. Die Entteleologisierung des Denkens ›entgrenzte‹ es gewissermaßen und musste es folglich nicht länger als bloßes Kopieren eines Urbildes zurücksetzen. Es konnte als kreative Neuschöpfung und Umgestaltung der Welt begriffen werden. Diese Umwertung im Schöpfungsbegriff vollzog sich in der Renaissance auf vermittelte Weise: Pico della Mirandola etwa, der den Menschen als »Former und Bildner« seiner selbst bestimmte (»quasi [...] plastes et fictor«, Pico 1486/2009, 8; s. Kap. IV.2), bewertete Kreation als Veränderung einer Form positiv. Das bezog sich jedoch nicht unmittelbar auf ein Erzeugen von Dingen (wie in der handwerklichen Arbeit), sondern auf eine Selbstschöpfung des Menschen als Gattung oder als Individuum – und diese vollzog sich zunächst in Tätigkeiten, die eher den alten Formen der Muße zuzurechnen sind (etwa einer moralischen Praxis wie bei Pico, der Wissenschaft wie bei Bacon oder der »Selbstkreation« durch philosophisches Schreiben wie bei Montaigne; Schelkshorn 2009, 183 f., 374 ff., 456 ff.). Zugleich wurde aber auch

das Finden (z.B. neuer Erdteile oder neuer Elemente) und *Er*finden (z.B. neuer Produkte und Produktionstechniken) höher bewertet. Diese wirkmächtige Vorstellung, Glück in einer Umgestaltung der Welt durch Technik und rationale Planung zu erlangen, war so neuartig, dass man mit Recht von einer ›Neuzeit‹ spricht. Die ihr eigene Betonung des technischen Fortschritts findet sich deutlich etwa bei Francis Bacon (1561–1626; vgl. Präuer 1997, 265 ff.; Frambach 1999, 75 ff.; s. Kap. II.11 und VIII.2) und zieht sich von hier bis zu Autoren wie Thorstein Veblen (1857–1929; vgl. Frambach 1999, 202 ff.) und Henry Ford (1863–1947), ja selbst noch in den Sozialismus hinein.

Ein Hervorbringen kann also glücksrelevant sein, wenn das Subjekt selbst über Zwecke und Mittel der Veränderung bestimmt (zur Freude an den Resultaten des Handelns s. Kap. VIII.7 und VIII.9). In der modernen Realität kann dieses neue Ideal eines Glücks durch selbstbestimmtes Produzieren allerdings nicht ohne weiteres empirisch ›aufgefunden‹ werden, denn Tätigkeiten vollziehen sich nicht im luftleeren Raum der Handlungstheorie. Sie sind stets eingebettet in konkrete Situationen (soziale Strukturen, historische Situationen und kulturelle Deutungen). In der Moderne gibt es nun eine spezielle und sehr machtvolle soziale Form: die kapitalistische Produktionsweise, die auf der Erzeugung von Gewinn auf der Grundlage des Kaufs und Verkaufs von Arbeitskraft beruht. Das kreative Ideal findet sich in der kapitalistischen Konstellation auf zwei verschiedenen Seiten wieder: auf der einen Seite als kreatives Unternehmertum, auf der anderen als abhängige Lohnarbeit (dazwischen gibt es Mischformen, etwa Staatsangestellte, die von Umverteilungen leben; doch da auch sie letztlich ihre Arbeitskraft verkaufen, seien sie hier vernachlässigt).

Auf Seiten des Unternehmertums sieht eine Verwirklichung des Ideals leicht aus: Jemand hat eine kreative Idee, setzt sie um – und kann als glücklich gelten, wenn er sein selbstgesetztes Ziel erreicht hat. Nicht zuletzt weil dies so einfach aussieht, hat das Ideal des Unternehmerischen immer mehr an Einfluss gewonnen (Bröckling 2007). Soweit es einen realen Weg aufzeigt, sein Glück zu machen, ist dieses Ideal unproblematisch. Problematisch wird es jedoch durch zwei große Einschränkungen: Zum einen benötigt man eine Kapitalbasis, über die die meisten Menschen allerdings nicht verfügen (deswegen arbeiten sie ja). Zum anderen ist selbst der Unternehmer nicht frei in der Wahl seiner Zwecke: Er bleibt ›abhängig‹ von den Vorlieben der Konsumenten und den Launen des Marktes. Nicht zuletzt John Dewey hat sich daher gerade im Interesse der Kreativität kritisch gegenüber dem Kapitalismus geäußert (»the acquisitive instincts of man were exaggerated at the expense of the creative«, Dewey 1920/1950, 144; s. Kap. VI.2).

Und wie steht es mit dem Glück in der Arbeit? Anders als sich dies ›Agrarier‹ wie Thomas Jefferson (s. Kap. V.2) gewünscht hätten, bedeutet ›Arbeit‹ hier nicht länger heroische Kultivierung des eigenen Landes, idyllisches Kleinunternehmertum oder selbstständiges Handwerk (Sennett 2008). Vielmehr geht es für die meisten Menschen um den Verkauf ihrer Arbeitskraft – um Lohnarbeit also. Diese ist in westlichen Gesellschaften noch immer die dominante Tätigkeit. Mit ihr gehen neue Formen des Glücks und Unglücks sowie andere Einschätzungen der Muße einher. Um welche Formen handelt es sich?

Vom Glück des Arbeit*prozesses* war bereits die Rede: Arbeit kann in einen selbstvergessenen vitalen ›Flow‹ versetzen (Csikszentmihalyi 1992; s. Kap. VIII.8). Man könnte vom Glück des Gelingens sprechen (»Trachte ich denn *nach* Glücke? Ich trachte nach meinem Werke!«, Nietzsche 1883–85/1999, 408). Dieses ist umso leichter zugänglich, je mehr der Arbeitende selbst über den Vorgang entscheiden und über das Produkt verfügen kann. In abhängiger Arbeit ist das nicht ausgeschlossen, aber selten. In ›flexibilisierter‹ Arbeit mag es wahrscheinlicher sein, doch um einen hohen Preis: Der Freiheitsgewinn subjektivierter Arbeitsformen – ob echt oder scheinbar – führt zu einer steigenden Selbstausbeutung und kann daher ›burnouts‹ beschleunigen (Schrenk 2007). Damit wird Kreativität ambivalent.

Weiterhin macht sich der *ökonomische Effekt* bemerkbar: Wird Reichtum (engl. *wealth*) als Glück begriffen, wie im Kontext der politischen Ökonomie lange der Fall (Wells 1932), so erzeugt Arbeit Glück in diesem Sinne – leider oft nicht primär für die Arbeitenden. Die Arbeiterbewegung artikulierte daher ihrerseits eine Glücksphilosophie, die sich für eine gerechtere Verteilung der Arbeitsfrüchte und der freien Zeit einsetzte (s. Kap. II.9). Auch hier gibt es also eine Ambivalenz: Definiert man den Wert der Arbeit primär über Geld, ist kaum zu übersehen, dass dies aus unternehmerischer Perspektive zu Lohnsenkungen, Arbeitszeitverlängerungen oder Verlagerung von Produktionsstätten führt (und zwar umso eher, je höher die Löhne sind).

Weiter wird der Lohnarbeit der Effekt zugesprochen, Selbstachtung und *soziale Anerkennung* zu transportieren (Schlothfeldt 1999; Sichler 2006, 294 ff.) und darüber vermittelt zu einem Glücksfaktor zu werden. In der Tat ist das möglich, doch es verdankt sich eher besonderen Erfolgen und einem sozialem Aufstieg, und das ist nicht in allen Jobs realistisch. Auch hier bleibt eine Ambivalenz: Anerkennung und Achtung lassen sich zwar durch Lohnarbeit erzielen – aber auch durch andere Tätigkeiten (das gilt für Reichtum und Flow-Erfahrungen ähnlich). Viele Formen abhängiger Arbeit haben hingegen dunkle Seiten (Missachtung, Ausbeutung, Entfremdung; vgl. Henning 2007) und vermitteln daher wenig Anerkennung – Arbeitsbeziehungen sind meist asymmetrische Machtbeziehungen, und in erster Linie geht es um Geld (»In advanced industrial economies, work is not designed for the purpose of conveying internal goods. It is designed, of course, for productivity and profit«, Muirhead 2004, 157).

Da die meisten Menschen auf Lohnarbeit angewiesen sind, bringt Arbeitslosigkeit oft *Unglück* mit sich, zumindest solange sie als Abwesenheit von etwas begriffen und behandelt wird (das standardisierte Glück von Haus, Auto und Rente ist ja in der Tat von ihr bedroht). Doch wäre es voreilig, das Glück primär auf Seiten der abhängigen Arbeit zu suchen (und aus diesem Grund etwa Arbeitslosigkeit mit viel Geld politisch zu bekämpfen). Sind nicht, zumindest wenn es um Glück geht, auch andere Tätigkeiten denkbar? Denkbar sind sie, doch das setzt eine Neubewertung solcher Tätigkeiten voraus, die einer gewissen Freiheit von Arbeitszwängen bedürfen. Das ist allerdings weniger eine private als vielmehr eine politische Frage. Muße (»einziges Fragment von Gottähnlichkeit, das uns noch aus dem Paradies blieb«, Schlegel 1799/1999, 37) muss nicht als defizienter Modus von Lohnarbeit begriffen werden. Sie könnte auch zur Ermöglichung freierer – und damit glücksrelevanter – Tätigkeitsformen dienen (Gorz 2000; Henning 2009a).

Darunter ist, um ein Missverständnis auszuräumen, nicht ›Faulheit‹ zu verstehen (zur Unterscheidung bloßer und »freier Muße« Schopenhauer 1851/1988, 336). Der falsche Antagonismus von Arbeit und Faulheit denkt noch im Raster der Arbeitsgesellschaft, in der die notwendige Erholung zugunsten anderer Formen der Muße in den Vordergrund gerückt ist (Negt 2001, 457). Urlaub und Wochenenden unterbrechen den Arbeitsalltag dort nur sporadisch, sie dienen der Wiederherstellung der Arbeitskraft und sind primär als Zerstreuung gedacht

(»Vom Reiche Eden blieben nur mehr die Bars«, Gruber 1986). Zwar bergen Zerstreuungen eigene Glückserfahrungen (etwa im Sport; s. Kap. II.10), im Rausch, im Abenteuerurlaub oder in den Entdeckungen großstädtischer Flaneurs, die Georg Simmel und Walter Benjamin beschreiben). Doch solange sie auf Arbeit als ihr Anderes bezogen bleiben, gehorchen sie zunehmend dem Leistungsethos: Es gilt, möglichst viel in möglichst kurzer Zeit zu »erledigen« (Roberts 2006). Erholung gilt als unproduktiv, sie soll daher wenigstens »Erlebnisse« produzieren (Schulze 2005). Sogar der feierlich begangene Sonntag, der einmal der ›Sammlung‹ diente (s. u. zum Fest), ist ein Fremdkörper geworden und muss neuen Ladenschlussgesetzen weichen. Die Entwertung der freien Zeit hat mit dieser Fixierung allein auf (Lohn-) Arbeit zu tun, erst dadurch kommt es zu dem falschen Dualismus, in dem man entweder arbeitet oder – faulenzt.

Anders denken ließe sich Erholung, wenn man sie nicht als Funktion für die Arbeit, sondern als Eigenwert begreift. Deutlich wird dies zum Beispiel in der Anekdote, in der ein Tourist einen dösenden Fischer zum Arbeiten anhält, weil ihn das reich machen könnte: »›dann könnten Sie beruhigt hier im Hafen sitzen, in der Sonne dösen – und auf das herrliche Meer blicken.‹ ›Aber das tu' ich ja schon jetzt‹, sagt der Fischer, ›ich sitze beruhigt am Hafen und döse, nur Ihr Klicken hat mich dabei gestört‹« (Böll 1963/1994). Um ein solch eigenwertiges Glück wusste schon Adam Smith: »the beggar, who suns himself by the side of the highway, possesses that security which kings are fighting for« (Smith 1759/2006, 182; vgl. auch Russell 1935/1989). Fehlt der Sinn für dieses Glück, kann es zu einer aufreibenden Geschäftigkeit kommen, welche die Menschen ihrem eudämonistisch verstandenen Glück gerade nicht näher bringt. Noch Nietzsche polemisierte in diesem Sinne gegen die Faulheit der Tätigen: »Aber die Faulheit, welche im Grunde der Seele des Tätigen liegt, verhindert den Menschen, das Wasser aus seinem eigenen Brunnen zu schöpfen« (Nietzsche 1878/1999, § 286; s. Kap. V.7; vgl. Kästner 1946: »doch wer schuftet ist ein Schuft«).

Systematisch lässt sich das wie folgt einholen: Ein glückendes Leben ist auf Sinn bezogen (Schmid 2007, 45 ff.; s. Kap. II.5), und der lässt sich weder produzieren oder kaufen, noch lässt er sich politisch oder theoretisch erzwingen – er muss »gefunden« werden, und das bedarf der zweckfreien Muße. Finden tut der am leichtesten, der *nicht* sucht, wie Goe-

the im Gedicht *Gefunden* von 1813 pointierte (»Ich ging im Walde / So für mich hin / Und nichts zu suchen / Das war mein Sinn«). Gute Ideen werden am Schreibtisch ja nur ausgearbeitet; gefasst werden sie in den meisten Fällen eher in der ungezwungenen Begegnung und Selbstbegegnung – am Tresen, im Kino oder auf dem Sofa (Bon Scott sang daher: »doing nothing means a lot to me«). Daher auch die kreative oder ›Künstlerpause‹, die für privilegierte Menschen früher in ausgedehnten Bildungsreisen und heute im ›Sabbatical‹ institutionalisiert worden ist.

Rückt man also vom engen ökonomischen Blickwinkel ab, sind andere Tätigkeiten weder für die Individuen noch für die Gesellschaft ›unproduktiv‹. Ob kreative Erholung, politisches oder soziales Engagement, Bildung und Kontemplation oder Praxen von Spiel und Genuss: All dies muss nicht auf dem Markt feilgeboten werden, um glücklich zu machen, es kann auch in »Eigenarbeit« (Bergman 2004; z. B. Kunst, Kochen oder Reparaturen), direkt für andere (in Pflege oder Politik) oder jenseits aller Zwecke (wie in der Kontemplation) geschehen. Nur wenige Ökonomen hatten ein Sensorium für diesen anderen Reichtum – das Glück durch Tätigkeiten jenseits der Arbeit. Zu ihnen gehören John Stuart Mill, der die Herrschaft der Lohnarbeit über die Menschen zurückdrängen wollte, um ihnen mehr Gelegenheit zu geben, in Freiheit die schönen Seiten des Lebens zu kultivieren (»to cultivate freely the graces of life«, Mill 1848/1977, § 1457; Henning 2009b), sowie sein Zeitgenosse Karl Marx, der diesen anderen Reichtum (»Aber free time, disposable time, ist der Reichtum selbst«, Marx MEW 26.3, 253) als menschliche Entwicklung begriff (»Die Ersparung von Arbeitszeit gleich Vermehren der freien Zeit, d. h. Zeit für die volle Entwicklung des Individuums«, MEW 42, 607; Henning 2009c). Arbeit kann glücklich machen, aber das ist nicht alles. Und diese Möglichkeit eines *anderen* Glücks durch Freiheit von Arbeits- und Konsumzwängen ist, wie angedeutet, kein nur privates Thema, sondern auch Gegenstand politischer Überlegungen (s. Kap. II.9). Solche werden seit Rousseau von der Tradition kritischer Theorien weitergeführt, heute etwa in Komsumkritik (s. Kap. VIII.9) und Zeittheorie (Rosa 2005; s. Kap. II.6 und VI.7).

Das Fest

Damit ist noch nicht alles über Glück in Arbeit und Muße gesagt. Es gilt noch die Sonder- und Zwischenform von Feier und Fest zu betrachten (vgl. im Überblick Haug/Warning 1989; Maurer 2004 sowie die Bibliographie bei Knödler 2001, 327 ff.). Eine Zwischenform ist das Feiern, weil sich in ihm Elemente aller drei Formen der Muße wiederfinden (Erholung und Spiel, politisches und soziales Handeln sowie Kontemplation). Und eine Sonderform ist es erstens, weil Zwecke hier weniger – wie in der produktiven Arbeit oder im politischen Handeln – gesetzt, sondern vielmehr, eher wie in der Kontemplation, in meist ritualisierter Form erfahren, eben ›zelebriert‹ werden und zweitens, weil Menschen dies nur zusammen tun können. Auch wenn es nicht die Regel ist: Man kann in großer Einsamkeit sowohl regieren und produzieren wie meditieren oder vegetieren. Daher stammt vielleicht das Pathos, mit dem Schopenhauer das Glück der »höheren Muße« auf die wenigen Individuen mit »großen Geistesgaben« beschränken wollte (zu denen er sich natürlich selbst zählte; Schopenhauer 1851/1988, 339). Alleine *feiern* kann man jedoch nicht, was alleinstehenden Menschen etwa zu Weihnachten viel Kummer bereiten kann.

Es gibt innerhalb der Feier, dieser Sonderform von Nichtarbeit, erneut unterschiedliche Facetten von Glück. Daher empfiehlt sich auch hier eine differenzierte Betrachtung der drei Formen der Muße.

Ein *erster* Charakter des Feierns, den man vegetativ nennen könnte, ist mit Erholung und Spiel verbunden, mit Regeneration der Kräfte sowie mit dem Herauslassen dessen, was im Alltag bedrängt und bedrückt. Nicht umsonst spricht man vom ›Ausgelassen-sein‹ (was schon im älteren Wort ›Ekstase‹ steckt). Roger Caillois sah im »Exzess« sogar das Wesen des Festes (Caillois 1939). Diese beglückende Ausgelassenheit beginnt im Kleinen mit dem abendlichen Kneipengang, der in manchen Kulturen im Tanz auf den Tischen gipfeln kann; sie findet sich aber auch in dionysischen Praxen der Antike (in den Worten von Salomon Gessner: »du bist bekränzt, schnell hebe den Schlauch mir auf die Schulter« 1772/1973, 58; vgl. Baeumer 2006), in den Bacchanalien in Rom, in mittelalterlichen Karnevalsspektakeln (Mezger 1991) oder heute auf Jahrmärkten, bei Fußballspielen, Rockkonzerten oder *street parades*.

Was macht daran eigentlich glücklich? Im Vordergrund steht zunächst die organische Ebene, also der Körper (worauf vor allem Bachtin 1965 hinwies). Daher gehören Essen, Trinken und Bewegung meist zum Feiern dazu: Man tut, was man sonst nicht tun darf: albern, tanzen, lachen, schreien, sich wild anziehen und geben, vielleicht auch sich küssen oder

schlagen, sich selbst im Tanz vergessen etc. Doch diese nur scheinbar ungeordneten dionysischen Praxen bleiben kulturell auf das bezogen, wovon sie sich abheben: das Alltagsleben, die normale Ordnung. Auch dieser höherstufige Bezug auf Ordnung kann Glücksgefühle stiften und zwar verschiedene.

Zunächst sieht es so aus, als sei ein Fest das ›ganz Andere‹, welches eine Lust des Übertretens nach sich ziehen kann. Im Feiern wird beispielsweise ein anderer Zeitrahmen betreten: So wird durch die zyklische Wiederkehr von Festen ein größerer Zusammenhang hergestellt und die Vergänglichkeit des Alltäglichen zumindest symbolisch transzendiert (eine Art ewiger Wiederkehr des Gleichen; vgl. Halbwachs 1950/1991), wofür in der Regel auch spezielle Räume vorgesehen sind (›Heterotopien‹, etwa Tempel, Fесträume und -Gelände, Stadien etc.; s. Kap. VIII.10) – und falls nicht, dann ist zumindest der soziale Raum, das Raum*bewusstsein* verändert.

Auf der einen Seite stellt diese Gegenwelt die normale Ordnung auf den Kopf. Darin kann man bei größeren Festen dieser Art durchaus etwas Umstürzlerisches oder gar Eschatologisches erblicken (»Die letzten werden die ersten sein«, Mt 19,30; vgl. Cox 1969). Doch aufmerksamen Beobachtern ist nicht entgangen, dass auf der anderen Seite gerade eine ritualisierte symbolische Umkehrung Herrschaft auch stabilisieren kann: die Freiheit, einmal im Jahr ›denen da oben‹ die Meinung sagen oder den ›Marsch blasen‹ zu können (man denke noch an den Kölner Karneval), kann mit dieser Ordnung auch versöhnen. Selbst dies hat aber seine guten Seiten: Diese symbolisch-experimentelle Umkehrung der Ordnung kann zur probeweisen Aneignung neuer Rollen ermuntern, wie sie von G.H. Mead gefordert wurde, oder einen symbolischen Neuanfang der sozialen Beziehungen ermöglichen (was insbesondere in der Renaissancekultur eine Rolle gespielt hat; s. Kap. IV.5).

Negativ zu Buche schlägt allerdings Folgendes: Solche kollektiven »Exzesse« können sich schnell gegen andere richten. »Opfer« sind mit ausgelassenen Festen nicht nur kontingenterweise verbunden, sondern gehörten – glaubt man René Girard (1972/1994) – zumindest in frühen Kulturen zur Feier dazu. Noch in späteren Kulturen dienten öffentliche Hinrichtungen nicht nur der Bestrafung, sondern auch der Volksbelustigung. Die von Norbert Elias beschriebene ›Zivilisierung‹ hat sich also auch auf die Festkultur erstreckt, und das betrifft vor allem diese leibliche Ebene des Feierns (das Blutopfer wird zu Wein, in der Walpurgisnacht verbrennt man eine Hexe aus Stroh etc.). Auch wenn beispielsweise der Kreis um Stefan George ältere Formen des Feierns privatim zu reetablieren versucht hat – es blieb die Ausnahme, und dem ist nicht nachzutrauern.

Wie gerade die Ethnologie gezeigt hat, gibt es bei vielen Festen, selbst und gerade dann, wenn es nach außen hin wild zugeht, *zweitens* eine Ebene der Kontemplation (auch sie ist ja eine Form der Muße). Der Anlass des Feierns ist in vielen Fällen ein Andenken an etwas vordem Geschehenes, das erinnert oder rituell wiederaufgeführt wird. Angefangen vom Jubiläum oder Geburtstag bis hin zur rituellen Reinszenierung kosmischer oder welthistorischer Ereignisse geht es dabei um eine sinnhafte Vergegenwärtigung (man denke etwa an das jüdische Laubhüttenfest, an Weihnachten – das Fest der Freude –, an das Abendmahl oder Nationalfeiertage). Nietzsche spricht vom »Element des Erkennens«, das durch den »Sonntag der Freiheit« zugänglich wird (Nietzsche 1878/1999, § 291). Parallel zur *theoria* geht es in dieser Dimension des Feierns um eine Art Einsicht: Zelebriert wird so etwas wie der Sinn eines (oder gar allen) Geschehens. Dafür bedarf es eigener Tätigkeiten und Künste (manchmal daher auch ganzer Berufsstände, der ›Zeremonienmeister‹). Die Rhetorik beispielsweise schult nicht nur für politische Überzeugungsarbeit, sondern ebenso für die Festrede; und selbst das gesellige Erzählen von Begebenheit oder Witzen kann kultiviert werden (Arend u. a. 2008).

Auch hier kann gefragt werden: Was ist an der kontemplativ-erkenntnishaften Dimension des Feierns eigentlich beglückend? In gewisser Weise ist das selbsterklärend: Festliche Begegnung oder geistliche Einkehr sind an sich selbst beglückende Momente (»Höhepunkt des Daseins«, Bollnow 1972, 232). Neben der Begegnung mit den Anderen oder dem »Heiligen« als solchem, was immer es im Einzelnen sei, entstehen Glücksgefühle im Fest aber auch durch Erzeugung und Verstärkung von Gefühlen des Eingebundenseins, des Einklangs und Einverständnisses mit den anderen und mit der Welt (vgl. Pieper 1963/1999). Das Glück, das mit solchen Stunden einhergeht (traditionell wurden sogar mehrere Tage mit Feiern verbracht), ist also sowohl intrinsisch beglückend wie von hohem Wert für das alltägliche Leben – und damit auch indirekt glücksfördernd. Wenn wir durch Feste zur ›Besinnung‹ kommen, kann dies ein geläutertes Selbstverständnis zur Folge haben und so insgesamt zu einer glücklicheren Lebensführung verhelfen. »So immer wieder zurückzutreten aus

dem reißenden Strom der geschäftigen Zeit, das ist die Funktion des Sonntags« (Bollnow 1972, 220; vgl. Marquard 2003, 194 ff.).

Will man die verschiedenen Feste, die auf diese zweite – kontemplative – Art gelesen werden können, vorsichtig unter einen Hut bringen, könnte man sagen, dass Sinn hier nicht so sehr gefunden als vielmehr verstetigt wird (man weiß ja meist schon vorher, was gefeiert wird). Es beginnt, wie immer, im Kleinen: Beglückend an einer Geburtstagsfeier ist, dass die Menschen, die mit uns feiern, uns damit in unserem Dasein und Sosein bestätigen. In diesem Fall sind wir selbst der Zweck, mit dem die anderen einverstanden sind. Der festlich begangene Hochzeitstag vollzieht dasselbe innerhalb einer Beziehung, und ein Gottesdienst will es für das Verhältnis des Schöpfers zu seinen Geschöpfen tun. Auch dies geschieht in Gemeinschaft: vor Gott und der Gemeinde wird getauft, getraut und beerdigt (Walter Otto etwa sprach von »göttlich-menschlicher Gemeinschaft«, nach Knödler 2001, 122).

Damit ist bereits die *dritte* Dimension des Festes berührt, die sich dem politischen Handeln parallelisieren lässt. Was in solchen Momenten bewusst werden kann oder rituell vergegenwärtigt wird (die interne Struktur des menschlichen Lebens, seine Stellung im Kosmos oder zu Gott, die Lage der Nation etc.), geht im Prinzip alle an. Es wird daher auch von allen bedacht oder, wie es leiblich-praktisch heißt, begangen. Feiern ist also ein zentraler Modus der Vergemeinschaftung (Durkheim 1912/1981; s. Kap. VI.1). Dazu braucht es eigentlich, wie bereits Rousseau in seinem *Brief an D'Alembert* formuliert hat, kaum eines äußeren Anlasses (»In frischer Luft und unter freiem Himmel sollt ihr euch versammeln und dem Gefühl eures Glücks euch überlassen [...] Pflanzt einen Baum auf, versammelt das Volk, und ihr werdet ein Fest haben«, Rousseau 1758/1989, 462). Das berührt auf den ersten Blick die Zweckfreiheit des Spiels, also der ersten Form von Muße (vgl. Schürmann 2003).

Allerdings hat das scheinbar zweckfreie festliche Zusammenkommen dennoch eine unleugbare Funktion, nämlich die Bildung und Verstärkung sozialer Bande. Nationalfeiern etwa sind Akte des gemeinsamen Wollens, in denen die Nation in gewissem Sinne Ja zu sich selbst sagt – oder, um auch die kleinen Anlässe nicht aus den Augen zu verlieren: in Betriebsfeiern die Belegschaft, in Familienfeiern die Familie, bei Straßenfesten die Nachbarn etc. Das kann sehr wohl Ausdruck einer kollektiven Selbstbestimmung

sein; man denke nur an die Feierkultur der Arbeiterbewegung oder an die Straßenparaden der Schwu-
lenbewegung.

Bei Nationalfeiern – auch republikanischen (Bax-
man 1989) – kommt allerdings noch etwas anderes
hinzu: Diese soziale Funktion einer Feier kann nämlich auch eigens zum Zweck der Feier gemacht werden. Anders gesagt: Die festliche Selbstthematisie-
rung einer Gemeinschaft lässt sich auch politisch
nutzen. Nicht erst Rousseau war ja bewusst, dass sich
die politischen Gefühle einer Nation durch Feste beeinflussen und lenken lassen (vgl. bereits Aristoteles
NE 1160a 19; Pol. 1321a 35 f.). Je organisierter ein
Fest ist, desto größer der Spielraum für eine *Lenkung*
des Kollektivs durch die inhaltliche Gestaltung des
Festes – zumal wenn sie nur einer kleinen, ›geweih-
ten‹ Zahl von Menschen obliegt (woraus nicht
zuletzt die Kirchen lange Zeit eine ungeheure politische Macht zogen). Ein Blick auf die Fackelaufmär-
sche der 1930er Jahre oder Filme von Leni Riefen-
stahl zeigt, dass hier ein Problem lauert: Volksbeglü-
ckung von oben kann auch entmündigen. ›Kraft
durch Freude‹ ist dafür sprichwörtlich geworden,
und genau darauf zielte Adornos Kritik an der ›Kulturindustrie‹ ab. Hier berührt sich das Glück der
temporären Selbstaufgabe auf unglückliche Weise
mit dem Verlangen anderer, Menschen zu steuern,
und zwar möglichst viele.

Ob und inwieweit bestimmte Feste Beispiele dafür
sind, ist in der Forschung umstritten (so wurde in
jüngster Zeit die römische Losung ›Brot und Spiele‹
weniger als Abfütterung des Mobs denn als bewuss-
tes politisch-religiöses Ritual der Bürger gedeutet;
vgl. Rawson 1991, 508). Die Gefahr einer solchen
Herrschaftsverstetigung durch allzu billige Vergnügungen besteht allerdings trotzdem. Das zeigt sich,
wie immer, schon im Kleinen, wie verschiedene
Filme über katastrophische Familienfeiern veranschaulichen (etwa Lars von Triers *Das Fest* von 1998).
Gerettet wird die Handlung in solchen Filme dann,
wenn es gelingt, aus dem prekär werdenden festli-
chen Modus in ein direkt ›politisches‹ Verständi-
gungshandeln umzuschalten (wie es in Richard
Brooks' *Cat on a hot tin roof* von 1958 oder in Stanley
Kramers *Guess who's coming for dinner* von 1967
meisterhaft gezeigt wird). Dass dies möglich ist, zeigt
darum nochmals auf, dass Feste diese politische Dimension immer schon haben.

Wenn das Fest also Ähnlichkeiten zu allen Elementen der Muße hat, dann könnte eine Glücksethik
des Festes vielleicht in der Forderung bestehen, dass

in einem Fest keines der drei Elemente fehlen darf:
Ein gelungenes Fest sollte Momente von befreiter
Körperlichkeit und geistiger Stimmigkeit, aber auch
von praktischer Selbstbestimmung enthalten.

Literatur

Arend, Stefanie u. a. (Hg.): Anthropologie und Medialität des Komischen im 17. Jahrhundert (1570–1730).
Amsterdam 2008.

Arendt, Hannah: Vita Activa oder vom tätigen Leben
[1958]. München 1967.

Aristoteles: Nikomachische Ethik [NE]. Hamburg 1995.

–: Politik [Pol.]. Hamburg 1981.

Aßländer, Michael: Von der vita activa zur industriellen
Wertschöpfung. Eine Sozial- und Wirtschaftsge-
schichte menschlicher Arbeit. Marburg 2005.

Bachtin, Michail: Rabelais und seine Welt: Volkskultur
als Gegenkultur [1965]. Frankfurt a. M. 1995.

Baeumer, Max: Dionysos und das Dionysische in der
antiken und deutschen Literatur. Darmstadt 2006.

Baxmann, Inge: Die Feste der Französischen Revolution. Inszenierung von Gesellschaft als Nation. Weinheim 1989.

Bergman, Frithjof: Neue Arbeit, neue Kultur. Freiamt
2004.

Böll, Heinrich: Anekdote zur Senkung der Arbeitsmoral
[1963]. In: Ders.: Romane und Erzählungen 1961–
1970. Köln 1994, 267–269.

Bollnow, Otto F.: Neue Geborgenheit. Das Problem einer
Überwindung des Existentialismus. Stuttgart 1972.

Bröckling, Ulrich: Das unternehmerische Selbst. Soziologie einer Subjektivierungsform. Frankfurt a. M.
2007.

Caillois, Roger: L'homme et le sacré. Paris 1939.

Carlyle, Thomas: Past and Present. London 1843.

Cassirer, Ernst: Substanzbegriff und Funktionsbegriff.
Untersuchung über die Grundfragen der Erkenntniskritik. Berlin 1910.

Claussen, Johann Hinrich: Glück und Gegenglück. Philosophische und theologische Variationen über einen
alltäglichen Begriff. Tübingen 2005.

Conze, Werner: Arbeit/Arbeiter. In: Ders. u. a. (Hg.): Geschichtliche Grundbegriffe I. Stuttgart 1972, 154–
242.

Cox, Harvey: Das Fest der Narren. Das Gelächter ist der
Hoffnung letzte Waffe. Stuttgart/Berlin 1969.

Csikszentmihalyi, Mihaly: Flow: Das Geheimnis des
Glücks. Stuttgart 1992.

Dewey, John. Reconstruction in Philosophy [1920]. New
York 1950.

Durkheim, Emile: Die elementaren Formen des religiösen Lebens [1912]. Frankfurt a. M. 2005.

Engler, Wolfgang: Bürger ohne Arbeit. Für eine radikale Neugestaltung der Gesellschaft. Berlin 2005.

Frambach, Hans: Arbeit im ökonomischen Denken. Zum Wandel des Arbeitsverständnisses von der Antike bis zur Gegenwart. Marburg 1999.

Frey, Bruno/Stutzer, Alois: Happiness Prospers in Democracy. In: Journal of Happiness Studies 1 (2000), 79–102.

Gessner, Salomon: Idyllen [1772]. Kritische Ausgabe. Stuttgart 1973.

Girard, René: Das Heilige und die Gewalt [1972]. Frankfurt a. M. 1994.

Gorz, André: Arbeit zwischen Misere und Utopie. Frankfurt a. M. 2000.

Gronemeyer, Matthias: Profitstreben als Tugend? Zur Politischen Ökonomie bei Aristoteles. Marburg 2007.

Gruber, Reinhard: Manifest der Faulheit [1986]. In: Gerhard Senft (Hg.): Verweilen im Augenblick. Texte zum Lob der Faulheit, gegen Arbeitsethos und Leistungszwang. Wien 1995, 125–129.

Habermas, Jürgen: Soziologische Notizen zum Verhältnis von Arbeit und Freizeit [1958]. In: Ders.: Arbeit, Erkenntnis, Fortschritt. Aufsätze 1954–1970. Amsterdam 1970, 56–74.

Halbwachs, Maurice: Das kollektive Gedächtnis [1950]. Frankfurt a. M. 1991.

Haug, Walter/Warning, Rainer (Hg.): Das Fest. Poetik und Hermeneutik XIV. München 1989.

Henning, Christoph: Verdinglichung als Schlüsselbegriff Kritischer Theorie. Zur Antikritik an Axel Honneths Rekonstruktion. In: Berliner Debatte Initial 6 (2007), 98–114.

–: Liberalism, Perfectionism and Workfare. In: Work and Social Justice. Analyse und Kritik 39.1 (2009), 159–180 [2009a].

–: John Stuart Mill: Ein Perfektionist? Moralischer Fortschritt und Philosophie der Arbeit bei einem Klassiker des Liberalismus. St. Gallen, Scala Working Paper 18 (2009) [2009b].

–: Was bleibt von der Marxschen Philosophie? Zu Marx' moralischem Perfektionismus. In: Beatrix Bouvier u. a. (Hg.): Was bleibt? Karl Marx heute. Trier 2009, 175–198 [2009c].

Kästner, Erich: Bürger, schont eure Anlagen. In: Ders.: Bei Durchsicht meiner Bücher. Eine Auswahl aus vier Versbänden. Zürich 1946, 95 f.

Knödler, Alfred: Das Denken des Festes: Das Fest des Denkens. Heideggers seinsgeschichtliche Wesensbestimmung des Festes im Ausgang und Abstoß von der Tradition. Berlin 2001.

Kohl, Karl-Heinz: Der glückliche Wilde. Realität oder Imagination? In: Heinrich Meier (Hg.): Über das Glück. Ein Symposion. München 2008, 119–148.

Lane, Robert E.: Work as ›Disutility‹ and Money as ›Happiness‹: Cultural Origins of a Basic Market Error. In: Journal of Socio-Economics 21.1 (1992), 43–64.

Lange, Ernst Michael: Glück, Sinn und Arbeit. In: Rechtsphilosophische Hefte 5 (1996), 57–72.

Locke, John: Some Considerations of the Consequences of the Lowering the Interest, and Raising the Value of Money [1691]. In: Ders.: Works in Ten Volumes. Vol. V. London 1823, 1–116.

Marquard, Odo: Zukunft braucht Herkunft. Philosophische Essays. Stuttgart 2003.

Marx, Karl: Marx-Engels-Werke [MEW]. 42 Bde. Berlin 1956 ff.

Maurer, Michael (Hg.): Das Fest: Beiträge zu seiner Theorie und Systematik. Köln 2004.

McMahon, Darrin M.: Happiness: A History. New York 2006.

Mezger, Werner: Narrenidee und Fastnachtsbrauch. Studien zum Fortleben des Mittelalters in der europäischen Festkultur. Konstanz 1991.

Mill, John Stuart: Principles of Political Economy [1848]. Collected Works 2/3. Toronto 1977.

Muirhead, Russell: Just Work. Cambridge, MA 2004.

Negt, Oskar: Arbeit und menschliche Würde. Göttingen 2001.

Nietzsche, Friedrich: Menschliches, Allzumenschliches I [1878]. Sämtliche Werke. Kritische Studienausgabe. Bd. 2. München 1999.

–: Also sprach Zarathustra [1883–85]. Sämtliche Werke. Kritische Studienausgabe. Bd. 4. München 1999.

Peters, Jörg T.: Der Arbeitsbegriff bei John Locke. Münster 1997.

Pico della Mirandola, Giovanni: De hominis dignitatae/ Über die Würde des Menschen [1486]. Stuttgart 2009.

Pieper, Josef: Glück und Kontemplation [1957]. In: Ders.: Werke 6. Hamburg 1999, 152–216.

–: Zustimmung zur Welt. Eine Theorie des Festes [1963]. In: Ders.: Werke 6. Hamburg 1999, 217–285.

Pocock, John G.A.: The Machiavellian Moment. Florentine Political Thought and the Atlantic Republican Tradition. Princeton 1975.

Präuer, Andreas: Zwischen Schicksal und Chance. Arbeit und Arbeitsbegriff in Großbritannien im 17. und 18. Jahrhundert auf dem Hintergrund der »Utopia« des Thomas More. Berlin 1997.

Rau, Renate u.a.: Untersuchung arbeitsbedingter Ursachen für das Auftreten von depressiven Störungen. Dortmund u.a. 2010. Online: www.vkm-baden.de/ arbeitssicherheit/depression.pdf (Zugriff 1.10.2010).

Rawson, Elizabeth: Roman Culture and Society. Collected Papers. Oxford 1991.

Roberts, Kenneth: Leisure in Contemporary Society. Wallingford 2006.

Rosa, Hartmut: Beschleunigung. Die Veränderung der Zeitstrukturen in der Moderne. Frankfurt a.M. 2005.

Rousseau, Jean-Jacques: Brief an D'Alembert über das Schauspiel [1758]. In: Ders.: Schriften. Bd. 1. München 1989, 333–474.

Russell, Bertrand: Lob des Müßiggangs [1935] und andere Essays. Wien/Hamburg 1989.

Sahlins, Marshall David: Stone Age Economics. Chicago 1972.

Schelkshorn, Hans: Entgrenzungen. Ein europäischer Beitrag zum philosophischen Diskurs über die Moderne. Weilerswist 2009.

Schlegel, Friedrich: Lucinde [1799]. Stuttgart 1999.

Schlothfeldt, Stephan: Arbeitslosigkeit als sozialethisches Problem. Freiburg/München 1999.

Schmid, Wilhelm: Glück. Alles, was sie darüber wissen müssen, und warum es nicht das Wichtigste im Leben ist. Frankfurt a.M./Leipzig 2007.

Schopenhauer, Arthur: Aphorismen zur Lebensweisheit [1851]. In: Ders.: Werke. Bd. IV. Zürich 1988, 311–483.

Schrenk, Jakob: Die Kunst der Selbstausbeutung. Wie wir vor lauter Arbeit unser Leben verpassen. Köln 2007.

Schulze, Gerhard: Die Erlebnisgesellschaft. Kultursoziologie der Gegenwart. Frankfurt a.M. ²2005.

Schürmann, Volker: Muße. Bielefeld 2003.

Seneca: De Otio/Über die Muße. In: Ders.: Philosophische Schriften 2. Darmstadt 1971, 79–100.

Sennett, Richard: Handwerk. Berlin 2008.

Sichler, Ralph: Autonomie in der Arbeitswelt. Göttingen 2006.

Smith, Adam: The Theory of Moral Sentiments [1759]. Mineola, NY 2006.

Vickers, Brian (Hg.): Arbeit, Muße, Meditation. Studies in the Vita activa and Vita contemplativa. Zürich 1991.

Weber, Max: Die protestantische Ethik und der Geist des Kapitalismus [1904–05]. In: Ders.: Gesammelte Aufsätze zur Religionssoziologie I. Tübingen 1988, 1–206.

Wells, H.G.: The Work, Wealth and Happiness of Mankind. London 1932.

Christoph Henning

3. Glück und Moralität. Zusammenhänge, Verbindungen und Abgrenzungen

Systematische Einleitung

Das Verhältnis der Begriffe des Glücks und der Moralität ist im Verlauf der Geschichte der Philosophie gleichermaßen von Entsprechungen und Gegensätzen bestimmt. Für diesen Sachverhalt sind sowohl semantische als auch systematische Gründe verantwortlich. Während Glück an die subjektive Perspektive von Personen gebunden ist, bedeutet Moralität Empfänglichkeit für berechtigte Ansprüche anderer Personen. In moralischen Einstellungen überwiegt das Eigeninteresse gegenüber den Interessen anderer Personen nicht schon deshalb, weil es das Interesse der reflektierenden Person ist. Zudem impliziert Moralität Handlungsfähigkeit und Einflussnahme. Diese praktischen Möglichkeiten scheinen im Fall des Glücks nicht in gleicher Weise gegeben zu sein. Vor allem aus der Sicht der modernen Philosophie wird Glück eher gefunden und ist keineswegs die unmittelbare Folge moralischer Bildung. Doch Glück und Moralität teilen die Eigenschaft des Unverfügbaren. Personen haben keinen direkten Einfluss darauf, dass sich Glück einstellt und sie können genauso wenig beeinflussen, ob bestimmte Einstellungen und Verhaltensweisen als moralisch gut gelten können oder nicht.

Die Semantik des Ausdrucks ›Glück‹ ist vielschichtig (s. Kap. I.3). Sie bezieht sich auf den glücklichen Zufall, den erfüllten Augenblick und das dauerhaft geglückte Leben wie auf Aspekte von Schicksal und Sinn des Lebens (s. Kap. II.6–7). An dem deutschen Ausdruck ›Glück‹ wird diese Komplexität nicht ohne weiteres kenntlich, weil er in den meisten Verwendungsweisen die Differenz zwischen Glück und Schicksal bzw. glücklichem Zufall überdeckt, für den in anderen Sprachen verschiedene Ausdrücke aufgeboten werden. Die naheliegende Annahme, dass man es bei der Frage nach dem Glück mit einer lebenspraktisch konkreten Aufgabenstellung zu tun habe, erweist sich als voreilig. Die Frage nach dem Glück ist eine genuin philosophische Frage, mit der die Üblichkeiten der alltäglichen Lebenswelt überschritten werden. Von moralphilosophischem Interesse ist vor allem, inwiefern wir es beim Glück mit subjektiven oder objektiven bzw. nicht von psychischen Befindlichkeiten abhängigen Bestimmungen zu tun haben und in welcher Hinsicht die jeweiligen Glückszustände beeinflussbar oder nicht beeinflussbar sind. Für die ethische Bewertung ist es von entscheidender Bedeutung, auf welches Glücksmoment sich Personen in ihren moralischen Einstellungen beziehen. Es ist ein grundsätzlicher Unterschied, ob es sich dabei um eigene Lebensregeln, die ich bewertend gestalte, oder um ein vorgegebenes Schicksal handelt, zu dem ich eine moralische Haltung entwickle.

Schon in der Antike setzten sich Platon, Aristoteles und die hellenistischen Schulen intensiv mit der Problemstellung auseinander, ob Glück Ausdruck objektiver Lebensumstände oder lediglich Ausdruck subjektiver Einstellungen ist, und sie beziehen dabei immer auch die moralische Perspektive mit ein. Die antike Ethik untersucht Glück in der Regel vor dem Hintergrund der Frage, was als ein gutes Leben gelten könne. Sie geht dabei den verschiedenen Möglichkeiten nach, dass das gute Leben das glückliche Leben, das glückliche Leben das gute Leben, das Glück ein Aspekt des guten Lebens und schließlich das Gute ein Aspekt des glücklichen Lebens sein kann.

Während in der klassischen Antike auf vielfältige Weise Vorstellungen entwickelt worden sind, wie Glück und tugendhaftes Verhalten miteinander in Einklang gebracht werden können, setzen mit der Philosophie der Neuzeit Reflexionsprozesse ein, die ein Entsprechungsverhältnis von Glück und Moralität als problematisch erscheinen lassen. In modernen Theorien ist es mittlerweile nicht unüblich, den Glücksbegriff von normativen Bestimmungen gänzlich freizuhalten.

In der Philosophiegeschichte lassen sich fünf systematische Zugänge zum Verhältnis von Glück und Moralität identifizieren: (1) die Theorie des dauerhaft geglückten Lebens, (2) die Theorie des Glücks eines in sich ruhenden Bewusstseins, (3) die Theorie des hedonistischen Glücks, (4) die Theorie des moralisch ernsthaften und glückswürdigen Lebens sowie (5) die moderne Theorie des glücklichen und authentischen Augenblicks. Im Hinblick auf das Verhältnis von Glück und Moralität werden dabei sowohl Abhängigkeits- wie Unabhängigkeitsthesen vertreten.

Die Theorie des dauerhaft geglückten Lebens

Platon und Aristoteles haben klassische Theorien des guten und gelungenen Lebens vorgelegt, die zwar unterschiedlich akzentuiert sind, aber darin übereinstimmen, dass Glück (*eudaimonia*) und Moralität nicht voneinander zu trennen sind (s. Kap. III.1–2). Sie haben sich dabei mit skeptischen Vorbehalten auseinanderzusetzen, nach denen moralisches Verhalten einem glücklichen Leben abträglich sei. In der *Politeia* setzt Platon den skeptischen Einwänden eine Konzeption entgegen, nach der moralisches Verhalten im Allgemeinen und die Ausübung von Gerechtigkeit im Besonderen für den Handelnden an sich wertvoll seien. Wer sich dagegen an den vermeintlich nützlichen Folgen orientiere – wie etwa Gyges, der mit Hilfe eines magischen Rings zu Macht und Reichtum kommt (*Politeia* II, 357a ff.) –, begreife nicht, worin das höchste Gut bestehe. Gyges könne nicht als gerechter und auch nicht als glücklicher Mensch beschrieben werden. Sein Erfolg habe nichts mit rechtfertigungsfähigen Lebenszielen zu tun. Platon setzt das philosophische bzw. moralische Glücksverständnis von alltäglichen Glücksvorstellungen ab, die in der Scheinwelt äußerlicher Güter verbleiben. Das moralisch Gute ist für ihn auch das, was für den ausgeglichenen Zustand der Seele und ein geglücktes Leben konstitutiv ist. Nur der Mensch, der in diesem Sinne auf moralisch gute Weise lebe, könne glücklich sein (*Politeia* I, 353e f.).

Bei Aristoteles ist Glück als sich selbst genügendes Ziel (*telos*) allen menschlichen Handelns das höchste Gut (*Nikomachische Ethik* I, 1097a ff.), das nur mit einer der Tugend entsprechenden Tätigkeit der Seele erreicht werden könne. Es ist dementsprechend ein voraussetzungsreicher und auf Dauer angelegter Zustand, der nur im Rahmen moralischer Bildung erreichbar ist. Die aristotelische Theorie des gelungenen Lebens bindet Glück insofern fest an die humane Lebensform. Tiere sind danach keine glücksfähigen Wesen, weil sie die moralischen Fähigkeiten der Menschen nicht teilen.

Aristoteles zufolge sind vernünftige Individuen für moralische Bildung und Tugenden empfänglich, das bedeute aber nicht, dass das eigene Glück vollständig in ihrer Hand liege. Im Leben gebe es viele Wendungen des Zufalls, und selbst im Verlauf eines langen glücklichen Lebens könne zum Ende noch schweres Unglück eintreten (s. Kap. II.6). Einen Menschen, der etwa wie Priamus spät vom Un-

heil getroffen werde, bezeichne niemand als glücklich.

Bei der Festlegung dessen, was als geglücktes Leben betrachtet werden kann, bezieht Aristoteles weit
ausgreifende zeitliche Perspektiven mit ein, die über
den physischen Tod der jeweiligen Individuen hinausgehen. Denn auch für Verstorbene ließen sich wie
für ahnungslose Lebende Umstände denken, die ihnen zuträglich oder abträglich seien, ohne dass sie
ein ausdrückliches Bewusstsein davon hätten – etwa
im Fall von persönlichen Ehrungen und Diffamie-
rungen oder dem Glück und Unglück von Verwandten. Wenn das geglückte Leben von den moralischen
Fähigkeiten und Handlungen des jeweiligen Akteurs
abhängt, dürften aber eigentlich postmortale Zustände bei der Bewertung nicht miteinbezogen werden.

Die klassische Vorstellung vom geglückten Leben
geht von einem dauerhaften Zustand aus, für den
moralisches Verhalten als eine spezifisch menschliche Fähigkeit konstitutiv ist. Was als Glück gelten
kann, hängt sowohl Platon als auch Aristoteles zufolge nicht von subjektiven Empfindungen oder Einschätzungen ab, sondern ist objektiv rekonstruierbar.
Platon und Aristoteles setzen in ihren ethischen
Überlegungen bei dem dauerhaften Glückszustand
an. Das menschliche Leben könne als gelungen gelten, wenn Tugenden das ganze Leben lang die Tätigkeiten der Seele bestimmten. So wie eine Schwalbe
und ein Tag noch keinen Sommer mache, so mache
auch ein Tag oder eine kurze Zeit noch niemanden
glücklich (*Nikomachische Ethik* I, 1098).

Die Theorie des Glücks eines in sich ruhenden Bewusstseins

Die Stoa entwickelt eine Theorie vom Glück als einem in sich ruhenden Bewusstsein. Sie orientiert sich
dabei an platonischen und aristotelischen Motiven
(s. Kap. III.3). Das gilt vor allem für Überlegungen
zur psychischen Ausgeglichenheit und zur Selbstgenügsamkeit (*autarkeia*), die in eine eigen geartete
Glückskonzeption überführt werden. Die Stoiker
verbinden tugendethische Bestimmungen mit einer
spezifischen Form von ethischem Naturalismus. Sie
streben in allen ihren philosophiegeschichtlichen
Phasen Seelenruhe (*ataraxia*) in der Gestalt der Unabhängigkeit von den Wechselfällen des Schicksals
an (s. Kap. II.7). Lebenspraktisch soll das auf dem
Wege des Beherrschens der eigenen Affekte durch
die Vernunft vollzogen werden.

Seneca hat den stoischen Ansatz dahingehend zusammengefasst, dass derjenige glücklich genannt
werden könne, der aufgrund seiner Vernunft weder
begehrt noch fürchtet. Den Zugang zum Glück
macht er von der Fähigkeit zum selbstthematisieren-
den Bewusstsein abhängig, denn auch Steine und
Tiere seien frei von Furcht und Traurigkeit, ohne
dass wir deshalb bereit wären, sie glücklich zu nennen. Das Glück des Menschen liege in einem Leben,
das in klarem Bewusstsein der eigenen Natur und sicherer Vernunftausübung geführt werde. Die Stoa
stellt in diesem Zusammenhang besonders die konstitutive Funktion des Bewusstseins und Urteilens
heraus. Urteilskraft und die richtige Verfassung des
Bewusstseins seien das höchste Gut, und in sicherem
Urteilen liege entsprechend der Grund des Glücks
(Seneca: *De vita beata*, § 5).

Eine Besonderheit des stoischen Ansatzes liegt in
dem normativen Konzept der Übereinstimmung mit
der eigenen Natur. Zu den spezifischen Eigenschaften der menschlichen Lebensform gehöre die Vernunft, die der Natur nicht entgegengesetzt sei, sondern ihr Wesen ausdrücke. Seneca empfiehlt, die Natur lebenspraktisch als Führerin einzusetzen, weil sie
die Vernunft achte und um Rat frage. Zu den naturgemäßen Verhaltensweisen der menschlichen Lebensform gehöre vor allem die Anwendung von Tugenden im Sinne der Praxis der Vernunft, die allein
im Stande sei, ein glückliches Leben zu gewährleisten (*De vita beata*, § 16). Von der Ausrichtung am
spezifisch Naturgemäßen der menschlichen Lebensform erwartet die Stoa insgesamt das Zustandekom-
men einer Balance zwischen schicksalsindifferentem
Selbst- und Weltverstehen (§ 3). Die Grundbegriffe
der stoischen Konzeption des in sich ruhenden Lebens sind Glück (*eudaimonia*), Unabhängigkeit (*autarkeia*) und Seelenruhe (*ataraxia*), die in ihrem semantischen Gehalt wechselweise aufeinander bezogen werden. Anders als Aristoteles ist die Stoa nicht
bereit, in ihrer Vorstellung vom Glück dem Schicksal
einen Ort einzuräumen. Seneca fordert ausdrücklich
die Verachtung des Schicksals.

Die stoischen Vorstellungen zum Verhältnis von
Glück und Moralität erschließen die normativen
Vorgaben der zweiten Natur des Menschen. Für die
Stoa ist Glück der gute Gang des Lebens, der dadurch
zustande kommt, dass die Menschen sich ihrer ersten und zweiten Natur gemäß verhalten (*secundum
naturam vivere*), was ihr zufolge immer auch moralische Einstellungen und Verhaltensweisen einschließt.

Insgesamt sind die Ansätze, welche die Abhängigkeit von Glück und Moralität unterstellen, dadurch gekennzeichnet, dass sie sich nicht an den Resultaten oder dem Erfolg von Handlungen orientieren. Diese seien bei der Lebensführung in Rechnung zu stellen und könnten durchaus als Gut gelten, ihnen komme aber keine konstitutive Bedeutung für das Glück zu (*De vita beata*, § 21). Als notwendige Bestimmung des Glücks gilt das bewusste Erleben. Ein glückliches Leben könne sich nur in selbstreferenziellen Haltungen und Zuständen einstellen.

Die Theorie des hedonistischen Glücks

Eine Unabhängigkeitsthese wird in der Theorie des hedonistischen Glücks vertreten. Diese wendet sich ausdrücklich gegen die platonischen, aristotelischen und stoischen Bestimmungen des Verhältnisses von Glück und Moralität. Sie bemüht sich darum, ihre Vorstellungen vom guten bzw. gelungenen Leben nicht mit ethischen Vorgaben zu belasten. Entsprechend sucht sie nicht nach normativen Garantien, sondern macht Glück von der Weise abhängig, in der es gelingt, ein hohes Maß an lustvollen Zuständen zu erleben.

Der hedonistische Ansatz geht auf Epikur zurück (s. Kap. III.3), wird in der Philosophie der Neuzeit transformiert und zunehmend mit moralitätskritischen Intentionen versehen. Bei der Entfaltung seiner Glückskonzeption orientiert sich Epikur wie die Stoa an der Seelenruhe, die er als unmittelbar von körperlichen Bedingungen abhängig begreift. Er ist davon überzeugt, dass Glück nur aus angenehmen Empfindungszuständen hervorgehen könne. Ein glückliches Leben lasse sich letztlich auf körperliche Gesundheit und seelische Ausgeglichenheit zurückführen (Epikur: *An Menoikeus*, § 128). Auch Epikur geht von einem wechselseitigen Bedingungsverhältnis zwischen Selbstgenügsamkeit und Seelenruhe aus. Seine lebenspraktischen Empfehlungen richten sich aber nach einem auf das beste Verhältnis zwischen möglicher Lust und vermeidbarer Unlust abzielenden hedonistischen Kalkül, das später im Utilitarismus in den moralpsychologischen Mittelpunkt rückt (s. Kap. V.1). Epikurs Hedonismus hat die Gestalt einer Klugheitslehre. Sie strebt keinen Lustgewinn um jeden Preis an. Vielmehr stellt sie in ihrem Kalkül die Unlust in Rechnung, die unter Umständen als Folge von lustvollen Zuständen des gelebten Augenblicks auftreten und damit die hedonistische Bilanz insgesamt negativ belasten kann.

Bei Epikur zeigt sich eine Reihe von Parallelen zu den platonischen, aristotelischen und stoischen Glückskonzeptionen. Wie Platon und die Stoa strebt er eine Revision der menschlichen Lebensführung an, um eine Seelenruhe zu ermöglichen, welche die schädliche Begierde und die Angst vor dem Tod überwindet. Im Unterschied zu nachfolgenden Vertretern des hedonistischen Ansatzes sieht er durchaus einen Zusammenhang von Tugend und einem lustvollen Leben. Epikur deutet diesen Zusammenhang aber in dem Sinne, dass Tugenden mit dem lustvollen Leben von Natur aus verbunden seien und billigt im Unterschied zu den anderen hellenistischen Schulen dem einzelnen Menschen zu, die letzte Beurteilungsinstanz seines Lebens zu sein. Normative Vorgaben für die Lebensführung, wie sie für die Tugendethik kennzeichnend sind, lehnt Epikur ab. Gleichwohl verbindet er mit seinem Ansatz lebenspraktische Revisionen im Hinblick auf einen gelungenen Umgang mit der eigenen Endlichkeit bzw. Vergänglichkeit, die nicht als Schrecken, sondern als Quelle der Lust begriffen werden müsse (*An Menoikeus*, § 124 f.).

Der Gedanke des Vorrangs des individuellen Standpunkts bei der Bestimmung des Verhältnisses von Glück und Moralität findet in der Zeit der Aufklärung eine weitere Zuspitzung bei Julien Offray de La Mettrie (s. Kap. V.2), der seine Konzeption von Glück im Rahmen einer direkten Auseinandersetzung mit dem stoischen Ansatz entfaltet. Er weist mit großer Entschiedenheit die stoische Vorstellung von der Seelenruhe zurück, weil sie die Menschen von wahren Quellen des Glücks abschneide. Menschen seien in erster Linie empfindungsfähige Wesen, denen Reflexion, Bildung, Moralität und gesellschaftliche Konventionen äußerlich seien. Glück hänge deshalb von der jeweiligen organischen Beschaffenheit und der damit verbundenen Empfindungsfähigkeit ab. Aufgrund der Dominanz der Empfindungen fänden Individuen auf ganz unterschiedliche Weise Zugänge zum Glück. Es seien diejenigen zu beneiden, die aufgrund ihrer natürlichen Verfassung sich nur ihrem Empfinden zu überlassen brauchten. Wegen der Abhängigkeit aller Bestimmungen menschlichen Lebens von der jeweiligen Empfindungsfähigkeit seien sie Begünstigte der Natur. Dagegen könnten Reflexion oder die Tugenden das Glück selbst unter guten Bedingungen allenfalls steigern (La Mettrie 1748/1975, §§ 38 ff.). An das Faktum der Endlichkeit und Empfindungsabhängigkeit menschlichen Lebens reichten sie aber nicht heran. Die wesentliche

Bedingung des Glücks sei die Empfindung, die über das individuelle Leben niemals hinausgehe. Es gebe nur jeweils *ein* Leben und *ein* Glück (§ 61).

Ähnlich wie die Stoa bestimmt die hedonistische Theorie Erleben als notwendige Bedingung von persönlichem Glück. Allerdings ist sie im Unterschied zu jener durch einen sensualistischen Grundzug gekennzeichnet, der menschliches Leben als wesentlich individuell und empfindungsgeleitet ausweist. Deshalb kann ihr zufolge Moralität lebenspraktisch keine dem persönlichen Glück förderliche normative Kraft entfalten. Die Position des hedonistischen Ursprungs allen Glücks vertritt entsprechend eine Unabhängigkeitsthese, die Glück konsequent von normativen Bestimmungen freihält.

Unter skeptischen Vorzeichen haben Schopenhauer und Nietzsche zugespitzte Ausdeutungen bzw. Überbietungen der Unabhängigkeitsthese entworfen (s. Kap. V.6–7). Schopenhauer verbindet mit dem Glück keine emphatische Bestimmung mehr. In Anlehnung an das hedonistische Kalkül sieht er einen glücklichen Zustand bei Abwesenheit von Schmerz und Langeweile als erreicht an. Die Annahme, dass wir existierten, um glücklich zu sein, hält er für einen angeborenen Irrtum (Schopenhauer 1819–1844/ 1916, 729). Er spricht auch von der »Chimäre des positiven Glücks« (1851/1916, 433). Gegen die platonischen, aristotelischen und stoischen Abhängigkeitsthesen wendet er ein, dass die Erfahrung den Zusammenhang von Moralität und Glück nicht belege. Schopenhauer bezieht im Rahmen seiner Überlegungen zum Glück auch zeitphilosophische Aspekte mit ein, wie sie für die Theorie des authentischen und glücklichen Augenblicks (s. u.) kennzeichnend sind (Schopenhauer 1819–1844/1916, 376 ff., 657 ff.).

Auch bei Nietzsche erfasst die Moralitätskritik den Stellenwert des Glücks für das Leben von Personen. Von Zarathustra heißt es, dass er nicht nach dem Glück, sondern nach dem Werk trachte (Nietzsche 1883–85/1980, 295 ff., 405 ff.). Den traditionellen Tugendlehren hält er entgegen, dass sie den Menschen davon abhielten, ihre Potenziale zu entwickeln. Von Glück könne allenfalls im Sinne eines Gefühls des Anwachsens der Macht und der Überwindung von Widerstand die Rede sein (Nietzsche 1895/1980, 170). Glück folge entsprechend keinesfalls der Moralität, allenfalls bestimme der Mächtige seinen glücklichen Zustand als Tugend.

Die Theorie des moralisch ernsthaften und glückswürdigen Lebens

Jean-Jacques Rousseau, Immanuel Kant und Johann Gottlieb Fichte entwickeln eine Theorie des moralisch ernsthaften und glückswürdigen Lebens. Ohne in Abrede zu stellen, dass Personen in den Verläufen ihres Alltagslebens von Neigungen, Affekten und Interessen geprägt werden, halten sie auch im Rahmen der Theorie des Glücks an den eigen gearteten Gesetzmäßigkeiten der Moralität fest. Das, was im eigentlichen Sinne geboten sei, werde nicht von jeweiligen lebenspraktischen Befindlichkeiten definiert, sondern vom moralischen Gesetz. Entsprechend gehen sie von der Unabhängigkeitsthese aus, um daraus im Weiteren praktische Folgen für Einstellungen moralischer Ernsthaftigkeit abzuleiten. Sie beziehen dabei Autonomie sowohl auf Moralität bzw. praktische Vernunft als auch auf den moralischen Standpunkt der einzelnen Person.

Die Vertreter der Theorie des moralisch ernsthaften und glückswürdigen Lebens teilen die skeptische Überzeugung, dass menschliche Praxis sich immer unter der Bedingung epistemischer Unsicherheit vollziehe und moralisches Verhalten mit keinen Glücksgarantien einhergehe. Auch räumen sie ein, dass man lebenspraktisch nie sicher über moralische Gründe verfügen könne und immer der Gefahr der Selbsttäuschung über das, was die einzelnen Handlungen letztlich bestimmt habe, ausgesetzt sei. Dieser Sachverhalt ist aber kein Anlass für eine generelle Moralitätsskepsis. Trotz der unbestreitbaren Fallibilität von Personen halten sie an der normativen Kraft von Moralität sowohl ethisch als auch lebenspraktisch fest. Der epistemischen Unsicherheit begegnen sie mit moralischer Ernsthaftigkeit, die sich nicht von eudaimonistischen Folgen abhängig macht. Der obsessiven Suche nach dem Glück begegnen sie mit dem Vorbehalt, dass diese praktisch ohnehin nur zu Selbstbefangenheit führe und allein schon deshalb nicht im Mittelpunkt der Lebensführung stehen dürfe.

Unabhängig von den Unwägbarkeiten des Schicksals sieht Rousseau vor allem in den herrschenden Sozialverhältnissen die Quelle menschlichen Unglücks. Auch wenn erst eine tiefgreifende Revision der Sozialverhältnisse etwas an diesem Sachverhalt verändern könne, bleibe der einzelnen Person keine andere Wahl, als auch unter den herrschenden Bedingungen Gerechtigkeit gegen sich und andere auszuüben. Unter den Bedingungen epistemisch und moralisch fragiler Sozialverhältnisse biete allein die Vernunft praktische Orientierung, zumal man das Glück nicht suchen könne, ohne zu wissen, wo es sich befinde (Rousseau 1762/1979, 588). Letztlich stehe Glück nur denjenigen offen, die gerecht seien.

Den Wunsch nach eigenem Glück hält Rousseau im Rahmen moralischer Vorgaben als Ausdruck eines gerechtfertigten Selbstinteresses für zulässig. Für die jeweilige Person sei die Sorge um das eigene Glück unhintergehbar. In der Lebensführung sei ein unverfälschtes Glück (*vrai bonheur*) durch den praktischen Ausgleich zwischen Fähigkeiten und Möglichkeiten auf der einen Seite sowie Bedürfnissen und Wünschen auf der anderen Seite erreichbar. Dabei könne es nicht darum gehen sich einzuschränken, weil das dazu führen würde, dass nicht ausgeschöpft werde, was dem Individuum von Natur aus möglich sei (Rousseau 1762/1979, 68 ff.).

Nach Kants Argumentation in der *Grundlegung zur Metaphysik der Sitten* gilt nur für den guten Willen einer Person, dass er ohne Einschränkung gut sei. Diese Auszeichnung sei darin begründet, dass der Wille einer Person – wenn er denn gut ist – allein durch praktische Vernunft konstituiert werde (Kant 1785/1968, 393 ff.). Entsprechend habe für Glück bzw. Glückseligkeit sowie für Inhalt, Funktion und Wirkungen des Willens zu gelten, dass sie aufgrund der mit ihnen verbundenen Bedingungen bestenfalls bedingt gut seien. Kants moralphilosophische Ausgrenzung darf nicht als Kritik menschlichen Glücks missverstanden werden. Es geht ihm um die geltungstheoretische Eingrenzung einer moralischen Ordnung, von der er keineswegs annimmt, dass sie das Leben von Personen insgesamt ausfüllt. Das eigene Glück ist Kant zufolge bei ethischen Geltungsfragen in Abzug zu bringen, lebenspraktisch ist es dagegen von höchstem Interesse. Ohnehin gebe es in der menschlichen Lebensführung viel seltener Konflikte zwischen gutem Willen und Glück als gemeinhin angenommen werde. Kant geht genauso wie Rousseau davon aus, dass eine Vielzahl von alltäglichen Glücksvorstellungen und Glücksstrategien ohnehin vordergründigen Präferenzen folge, die unabhängig von ethischen Bewertungen allein schon lebenspraktisch nicht angeraten seien.

Auf den Umstand, dass die Natur- und Sozialverhältnisse nicht im Einklang mit den Zwecken der einzelnen Person stehen, kann nach Kant für die Belange der Alltagswelt mit Klugheitsregeln reagiert werden (Kant KrV, A 806/B 834). Das persönliche Glück als solches falle aber nicht in den Gegen-

standsbereich der Moralphilosophie. Diese könne in der Perspektive des moralischen Gesetzes nur Bedingungen für das gelingende Leben einer Person vorgeben. Für das Verhältnis von Glück und Moralität im engeren Sinne setzt Kant in der *Kritik der reinen Vernunft* deshalb das Kriterium der Würdigkeit an: »Tue das, wodurch du würdig wirst, glücklich zu sein« (KrV, A 809 f./B 837 f.).

Die Unabhängigkeitsthese tritt konturiert im Rahmen der Analyse der Antinomie der praktischen Vernunft hervor (Kant 1788/1968, 113 ff.). Nach dieser Antinomielehre ist der Satz, dass das Streben nach Glückseligkeit eine tugendhafte Gesinnung hervorbringe, genauso falsch wie der Satz, dass tugendhafte Gesinnung Glückseligkeit hervorbringe. Allerdings gelte für letzteren, dass er nicht schlechterdings, sondern nur unter der Bedingung falsch sei, dass die Existenz in Raum und Zeit als die einzige Daseinsart von Personen bestimmt werde. Fichte zieht aus der Antinomie der praktischen Vernunft die Konsequenz, dass nicht das gut sei, was glücklich mache, sondern nur das glücklich mache, was gut sei. Ohne Moralität könne es kein Glück geben (Fichte 1794/1971, 299).

Die Theorie des moralisch ernsthaften und glückswürdigen Lebens ist dadurch gekennzeichnet, dass sie moralische Bewertungen von Fragen des persönlichen Glücks unabhängig macht. Sie ist dabei von einem skeptischen Grundzug bestimmt, der als Reaktion auf die Entfremdungen der modernen Sozialverhältnisse Einstellungen moralischer Ernsthaftigkeit nahelegt, die in den Wechselfällen des eigenen Schicksals eine autarke Instanz repräsentieren. Weil sie moralisches Verhalten als notwendige Bedingung für Glückswürdigkeit ausweist, führt sie allerdings mittelbar wieder eine Abhängigkeitsthese ein.

Die Theorie des glücklichen und authentischen Augenblicks

Eine Sonderstellung im Kontext der philosophischen Auslegungen des Verhältnisses von Glück und Moralität nimmt die Theorie des glücklichen und authentischen Augenblicks ein. Sie unterscheidet sich von den anderen Ansätzen darin, dass sie nicht mehr das geglückte Leben über die Zeit hinweg anstrebt, sondern sich auf den erfüllten Augenblick eines unbedingten Glücksmoments konzentriert und entsprechend auch von vornherein auf normative Vorgaben verzichtet.

In seinem Spätwerk entwickelt Rousseau – weitge-

hend unabhängig von seiner Theorie der moralischen Ernsthaftigkeit und Glückswürdigkeit – Reflexionen zum Glück als einem in sich geschlossenen
Aufmerksamkeitszustand. Die Kritik des Alltagslebens, nach der Personen in oberflächlichen sozialen Beziehungen keinen Zugang zu authentischen
Selbstverhältnissen finden, ist zunächst der gemeinsame Ausgangspunkt beider Ansätze. Rousseau wirft
dann aber die Frage auf, wie man einen flüchtigen
Zustand Glück nennen könne, der uns nur in innere
Unruhe versetze, weil er uns Vergangenes vermissen
und noch Zukünftiges verlangen lasse. Er entwickelt
im Gegenzug die Glückskonzeption einer andauernden Gegenwart, die durch die Abwesenheit von zeitlichen Abfolgen und Gefühlsschwankungen bestimmt ist. Ein solcher Zustand sei nicht exaltiert,
aber ausreichend, das Bewusstsein zu erfüllen, ohne
»Leere in der Seele« zu hinterlassen (Rousseau
1782/1978, 701 ff.).

Das Glück einer andauernden Gegenwart macht
Rousseau an besonderen Fällen der Naturerfahrung
aus. In ihnen herrsche existenzielle Aufmerksamkeit
(*le sentiment de l'existence*), die weder von ausdrück-
lichem Selbstbewusstsein überformt noch von Affekten, Neigungen oder Interessen irritiert werde.
Rousseau entwirft ein Erlebnis, das die Präsenz der
Dinge umfasst, ohne die eigene Existenz im selbstreferenziellen Sinne zu thematisieren. Er lässt sich dabei auf eine Gratwanderung zwischen Erleben und
Selbstvergessenheit ein. Er gesteht ein, dass Selbstvergessenheit letztlich Annäherung an den Tod bedeute. Ein Bewusstsein, das nichts von sich wisse,
drücke kein Leben mehr aus. Eine vollkommene
Stille mache traurig und zeige uns das Abbild des Todes.

Rousseau ist sich über den eskapistischen Zug des
Glücks der andauernden Gegenwart im Klaren, das
ersichtlich Aspekte von Weltflucht und Selbstvergessenheit zeigt. Er sieht in ihm denn auch eine Kompensation für die unglücklichen Zustände, die aus
den entfremdenden Sozialverhältnissen hervorgehen. Aus der Reaktion auf die Entfremdungserfah-
rungen ergibt sich ein sehr mittelbares Verhältnis zur
Moralität, das nicht aus einer indifferenten oder eigennützigen Haltung hervorgeht, sondern von einem Authentizitätsgedanken beherrscht wird, der
normative Fragestellungen in den Hintergrund
drängt.

Für das Motiv des glücklichen und authentischen
Augenblicks als Aufhebung der Zeit finden sich etliche Belege in der Philosophie und Literatur der Neu-

zeit. Als systematisch besonders anspruchsvolle Aus-
deutung gilt die im Anschluss an Henri Bergson
(1859–1941) von Marcel Proust (1871–1922) entfaltete Konzeption. Proust beschreibt in *Auf der Suche
nach der verlorenen Zeit* die unwillkürliche Erinnerung als ein Erlebnis aufgehobener Zeit, welches die
gewohnten Abläufe des Alltagslebens durchbricht.
Dieses Erlebnis verbindet er mit einem unerhörten
Glücksgefühl, das mit einem Schlag alle Wechselfälle
des alltäglichen Lebens als unbedeutend erscheinen
und sogar die eigene Sterblichkeit verblassen lasse.
Den Grund des Glücks bestimmt Proust als Über-
griff der Vergangenheit auf die Gegenwart, der die
Gemeinsamkeit von gegenwärtigem und entferntem
Augenblick kenntlich werden lasse. Diese Identität
zwischen Gegenwart und Vergangenheit falle nicht
mehr in die Ordnung der Zeit und erzeuge das Erlebnis einer Existenz außerhalb der Zeit (Proust
1927/1976, 267 ff.).

Auch bei Ludwig Wittgenstein (1889–1951; s. Kap.
VI.3) finden sich Überlegungen zu Glückszuständen, die nicht unter die Zeiterfahrungen des Alltagslebens fallen. Er verweist in diesem Zusammenhang
allerdings nur auf die immanente Ewigkeit außerhalb der zeitlichen Ordnung: Nur wer nicht in der
Zeit, sondern in der Gegenwart lebe, sei glücklich
(Wittgenstein 1984, 167). Dem Verhältnis von Gegenwart und Vergangenheit im glücklichen Augenblick geht Wittgenstein nicht nach.

Moralischer Zufall

Im letzten Viertel des 20. Jahrhunderts haben
Bernard Williams (1929–2003) und Thomas Nagel
(geb. 1937) eine Diskussion über moralischen Zufall
(*moral luck*) eröffnet, an der sich eine Reihe von
namhaften Vertretern der angloamerikanischen Philosophie beteiligt haben (Nagel 1979; Williams 1981;
Statman 1993; s. Kap. VI.9). In dieser Diskussion geht
es nicht nur um das Verhältnis von Glück und Moralität, sondern vor allem um die Frage, ob Glück im
Sinne des glücklichen Zufalls unmittelbare Wirkungen auf die Moralität einer Person und die ethische
Bewertung ihrer Handlungen habe. Ist es in den
Hauptströmungen der Ethik bis dahin im Wesentlichen um den möglichen Einfluss der Moralität auf
das Glück gegangen, wird die Problemstellung nunmehr grundsätzlich geändert. Jetzt wird erwogen,
dass sich Glück in der Gestalt des glücklichen oder
unglücklichen Zufalls intern auf das moralische Bewusstsein und die ethischen Bewertungen auswirkt.

Der Ausdruck ›moralischer Zufall‹ ist allein schon vom semantischen Zuschnitt eine Herausforderung, weil gemeinhin angenommen wird, dass Zuschreibungen des Prädikats ›moralisch‹ gerade nicht in zufälligen Umständen begründet seien. Mit dem Begriff des moralischen Zufalls soll der Sachverhalt angesprochen werden, dass wir Personen unter bestimmten Bedingungen auch dann zum Gegenstand moralischer Bewertungen machen, wenn sie die Handlungssituation nicht beherrscht haben.

Williams meldet grundsätzliche Zweifel an, dass Moralität gegenüber dem Zufall immun sei. Er vertritt insofern eine Abhängigkeitsthese, die aber – anders als in den klassischen Versionen – zulasten der Moralität formuliert wird. Der Nachweis, dass Moralität gegenüber moralischem Zufall nicht immun sei, ist für ihn Anlass zur Revision des Stellenwerts von Moralität. Sie dürfe nicht länger als Instanz letzter Gerechtigkeit angesehen werden. Von ihr könnten auch weiterhin Entscheidungen und Wertungen ihren Ausgang nehmen, ihr normatives Gewicht müsse aber deutlich reduziert werden (Williams 1981).

Auch Thomas Nagel räumt ein, dass Moralität auf tiefgreifende Weise dem moralischen Zufall ausgesetzt sei. Er zeigt, dass eine umfassendere Analyse von Handlungssituationen zur Erosion moralischer Beurteilungen führen könne. Moralische Beurteilungen seien in weit größerem Maße von nicht unter der Kontrolle des Beurteilten stehenden Vorgängen abhängig als es zunächst den Anschein habe. Die verantwortliche Person als solche verschwinde geradezu, wenn man sich auf die Faktoren der Handlungssituation konzentriere, die nicht unter ihrer Kontrolle gestanden haben (Nagel 1979). Die Berücksichtigung von Handlungsfolgen scheine uns in einer Weise zu einem Teil derjenigen Welt zu machen, über die wir nicht verfügen können und die keinen Anhalt dafür bietet, uns als Subjekte zu verstehen.

Nagel unterscheidet in diesem Zusammenhang zwischen dem konstitutiven Zufall von Neigungen, Eigenschaften und Fähigkeiten, zufälligen Umständen oder Situationen, denen eine Person jeweils ausgesetzt ist, sowie dem zufälligen äußeren Umstand, in eine moralisch herausfordernde Situation zu geraten – wie etwa in Deutschland zur Zeit der nationalsozialistischen Herrschaft. Es sei ein auffälliges Kennzeichen des moralischen Zufalls, dass er Bewertungen der moralischen Situation von den Folgen bzw. dem Eintreten oder Nichteintreten eines Ereignisses abhängig macht. Ein rücksichtsloser Au-

tofahrer, der trotz seines Verhaltens niemanden schädigt, wird moralisch und rechtlich anders behandelt, als derjenige, der in einer vergleichbaren Situation einen Unfall verursacht. Insofern erzeugt der moralische Zufall in unserer Bewertungspraxis eine skeptische Haltung hinsichtlich des gemeinhin angenommenen Bedingungsverhältnisses zwischen Verantwortung und Einflussmöglichkeiten.

Die Debatte um den moralischen Zufall hat sich von Anbeginn auf grundsätzliche moralphilosophische Fragestellungen konzentriert. Dabei ist in der Regel von einer durch den moralischen Zufall erzeugten Konfrontation zwischen Glück und Moralität ausgegangen worden. Die angeführten skeptischen Haltungen sind aber in ihrer Reichweite begrenzt, weil sie nicht das gesamte Spektrum des Glücksbegriffs, sondern nur einen Ausschnitt seines semantischen Felds – den glücklichen Zufall – behandeln. Letztlich betrifft der moralische Zufall nur unsere Bewertungspraxis und ist insofern noch kein Anlass für prinzipielle ethische Revisionen. Allerdings kann die Rolle des glücklichen oder unglücklichen Zufalls im Leben von Personen Aufschluss über die *conditio humana* geben (Rescher 1995).

Erträge

Die Frage nach dem Glück ist genauso wie die Frage nach der Moralität eine philosophische Herausforderung, welche die Üblichkeiten der alltäglichen Lebenswelt überschreitet. Das dauerhafte Glück, der glückliche Zufall sowie der glückliche und authentische Augenblick sind gleichermaßen Aspekte des philosophischen Verständnisses von Glück wie von Verläufen personalen Lebens. Für den moralischen Standpunkt stellen sie jeweils unterschiedliche Herausforderungen dar. Auch wenn Fragen nach dem glücklichen Zufall und die Reflexion über den authentischen Augenblick verstärkt das Interesse der neueren Philosophie geweckt haben, ist es die Auseinandersetzung mit dem dauerhaften Glück, welche die philosophische Interpretation des Verhältnisses von Glück und Moralität beherrscht.

Für das Verhältnis von Glück und Moralität ergeben sich aus den verschiedenen Begriffs- und Theoriekonstellationen zwei Ansatzpunkte: Es ist entweder von einem sachlichen bzw. phänomenalen Zusammenhang oder von einer semantischen und systematischen Unabhängigkeit auszugehen. Während in den Hauptströmungen der älteren Philosophie die erste Option vorherrschend ist, werden in

der modernen Philosophie zunehmend Reflexions-
modelle entwickelt, welche die Frage nach dem
Glück von moralphilosophischen Erwägungen frei-
halten. Dabei sind Verschiebungen in der jeweils un-
terstellten Glückssemantik zu beobachten. Bestimmungen des dauerhaften Glücks kommen vorrangig
in Theorien zur Anwendung, die Glück und Moralität intern zueinander in Beziehung setzen. Ansätze,
die sich konzeptionell am glücklichen Zufall oder
am authentischen Augenblick orientieren, verzichten in der Regel auf moralphilosophische Akzentuierungen. Es ist auffällig, dass in der modernen Philosophie Glück in sehr fragiler Gestalt erscheint. Seine
Flüchtigkeit lassen die Momente der Subjektivität,
Einsamkeit und Endlichkeit im personalen Leben
schärfer hervortreten. Moralität wird nicht zugetraut, gegen die Blindheit des Schicksals eine eigen
geartete Ordnung zu etablieren, die eine Form von
›höherer‹ Gerechtigkeit ermöglicht.

Vor dem Hintergrund der schicksalsbedingten
Fragilität des Glücks dürfte es unvermeidlich sein,
Bestimmungen des Glücks und der Moralität voneinander abzusetzen. Daraus müsste noch keine
strikte Unabhängigkeitsthese folgen. Der moralische
Standpunkt kann sich bei aller Fragilität des Schicksals als die lebenspraktisch vorzugswürdige Option
erweisen, weil mit eigennützigen Glücksstrategien
das flüchtige Glück nicht besser zu fassen ist.

Literatur

Annas, Julia: The Morality of Happiness. New York
   1993.
Aristoteles: Nikomachische Ethik. Griechisch-deutsch.
   Düsseldorf/Zürich 2001.
Epikur: An Menoikeus. In: Ders.: Wege zum Glück.
   Griechisch-lateinisch-deutsch. Düsseldorf 2003.
Fichte, Johann Gottlieb: Einige Vorlesungen über die
   Bestimmung des Gelehrten [1794]. In: Ders.: Werke.
   Bd. VI. Berlin 1971, 291–346.
Kant, Immanuel: Kritik der reinen Vernunft [1781].
   Hamburg 1998.
–: Grundlegung zur Metaphysik der Sitten [1785]. In:
   Ders.: Werke (Akademieausgabe). Bd. IV. Berlin 1968,
   387–463.
–: Kritik der praktischen Vernunft [1788]. In: Ders.:
   Werke (Akademieausgabe). Bd. V. Berlin 1968,
   1–163.
La Mettrie, Julien Offray de: Discours sur le bonheur
   [1748]. Banbury 1975.
Nagel, Thomas: Mortal Questions. Cambridge 1979.
Nietzsche, Friedrich: Also sprach Zarathustra. Ein Buch

für Alle und Keinen [1883–85]. In: Ders.: Sämtliche
   Werke. Kritische Studienausgabe. Bd. 4 (Hg. G.
   Colli/M. Montinari). München 1980.
–: Der Antichrist. Fluch auf das Christentum [1895]. In:
   Ders.: Sämtliche Werke. Kritische Studienausgabe.
   Bd. 6 (Hg. G. Colli/M. Montinari). München 1980,
   165–254.
Platon: Politeia. Der Staat. Werke in 8 Bänden. Grie-
   chisch-deutsch. Vierter Band. Darmstadt 1971.
Proust, Marcel: Auf der Suche nach der verlorenen Zeit.
   Bd. 13: Die wiedergefundene Zeit [1927]. Frankfurt
   a. M. 1976.
Rescher, Nicholas: Luck: The Brilliant Randomness of
   Everyday Life. New York 1995.
Rousseau, Jean-Jacques: Emile oder Von der Erziehung
   [1762]. In: Ders.: Werke. Bd. III. München 1979,
   3–641.
–: Die Träumereien des einsamen Spaziergängers
   [1782]. In: Ders.: Werke. Bd. II. München 1978, 647–
   755.
Schopenhauer, Arthur: Die Welt als Wille und Vorstel-
   lung [1819–1844]. In: Ders.: Sämtliche Werke (Hg.
   Julius Frauenstädt). Bd. 2 und 3. Leipzig 1916.
–: Aphorismen zur Lebensweisheit [1851]. In: Ders.:
   Sämtliche Werke (Hg. Julius Frauenstädt). Fünfter
   Band: Parerga und Paralipomena, Erster Band. Leip-
   zig 1916, 329–530.
Seneca, Lucius Annaeus: De vita beata. In: Ders.: Philo-
   sophische Schriften. Lateinisch und deutsch. 2. Bd.
   Darmstadt 1971, 1–77.
Statman, Daniel (Hg.): Moral Luck. Albany 1993.
Williams, Bernard: Moral Luck. Cambridge 1981.
Wittgenstein, Ludwig: Tagebücher 1914–1916. In: Ders.:
   Werkausgabe. Bd. 1. Frankfurt a. M. 1984, 87–187.

Dieter Sturma

4. Glück und Schönheit. Zwischen Anschauung und Rausch

»Die Schönheit ist nur ein Versprechen des Glückes«, hat Stendhal 1822, im Auslauf der Romantik, in seinem Buch *Über die Liebe* geschrieben (1822/1911, 35; s. Kap. V.11). Diese Formel benutzen heute Autoren wie Winfried Menninghaus (2003) und Alexander Nehamas (2007), um gegen die Entzweiung von Schönheit und Leben in der modernen Ästhetik zu polemisieren. So meint Nehamas (Nehamas 2007, Kap. I), zuerst habe die ästhetische Moderne den Glauben an die Schönheit zerstört, denn Schönheit sei an die Attraktivität der Erscheinung gebunden, während die Moderne allein an den Fragen der künstlerischen Form interessiert sei. Im zweiten Schritt habe die ästhetische Moderne sodann jede Verbindung zwischen der künstlerischen Form und den Erfüllungen und Vergnügungen, die zum Glück eines erfüllten Lebens gehören, durchtrennt. Nach Nehamas schaut die ästhetische Moderne mit Verachtung auf das Glück herab, in dem sie nur niedrige Sinnlichkeit (Kant) oder kulturindustriell produziertes Einverständnis (Adorno) zu sehen vermöge. Dagegen setzt Nehamas Stendhals Formulierung – die Schönheit als Versprechen des Glücks – als die Programmformel eines Denkens, das sich vornimmt, den positiven Zusammenhang zwischen der Schönheit und dem Glück erfüllten Lebens zu rehabilitieren (Nehamas 2007, 62 f.). Dass die Schönheit ›Versprechen des Glücks‹ ist, versteht Nehamas so: Schönheit und Glück, das ästhetische und das ethische Gelingen, müssen als Elemente einer umfassenden, integrativen Lebenskunst gedacht werden. Aus Stendhals Aperçu wird bei Nehamas das Motto einer postmodernen Versöhnungslehre (mit ein bisschen Restrisiko; Nehamas 2007, 133). Damit entgeht ihm die kritische Einsicht, die Stendhals antiromantische Formulierung auf den Punkt bringt.

›Antiromantisch‹ kann Stendhals Formulierung genannt werden, weil sie – ganz im Sinne seiner Pointe »In der Liebe genießt man immer nur die Illusion, die man sich selbst schafft« (Stendhal 1822/1911, 19) – auf Desillusionierung zielt. Wenn Stendhal schreibt: »Die Schönheit ist nur ein Versprechen des Glückes«, dann spricht er darin von der Schönheit der oder des Geliebten – bloß der Schönheit also, *so wie* sie den Liebenden erscheint: »die Schönheit,

die ihnen die Phantasie gewohnheitsmäßig verleiht, in dankbarer Erinnerung an alle schon früher gewährten Genüsse« (36). Ihr setzt Stendhal entgegen, was er das »Ideal der Schönheit« (34) oder die »wirkliche«, die »strahlende Schönheit« (36, 39) nennt; das ist die Schönheit »vom künstlerischen Standpunkt« (38) her. Die Wirkung *dieser* Schönheit wird gerade von den Menschen am lebhaftesten erfahren, »die zur Liebe aus Leidenschaft« nicht fähig oder willens sind (40). Ganz im Gegensatz zur postmodernen Integration von Schönheit und Glück, Kunst und Leben, Ästhetik und Ethik gehört Stendhals berühmte Formel daher in eine Theorie der Entzweiung. So hat sie Charles Baudelaire erläutert: Wenn Stendhal »sagt, daß *das Schöne nur die Verheißung des Glücks sei*« (Baudelaire 1863/1989, 216), dann stellt er damit eine »geschichtliche Theorie des Schönen« auf, der sogleich eine »Theorie des einzigen und absoluten Schönen« gegenübergestellt werden muss, »um darzulegen, daß das Schöne jederzeit unweigerlich ein Doppeltes ist« (215). »Das Schöne besteht aus einem ewigen, unveränderlichen Element [...] und einem relativen, von den Umständen abhängigen Element« (215), das das Glück erfüllter Leidenschaft verspricht. Diese »Zweiheit« der Schönheit versteht Baudelaire als »eine unausweichliche Folge der menschlichen Gespaltenheit« (216). Sie bewirkt, dass das Verhältnis zwischen Schönheit und Glück in sich selbst in Einheit und Gegensatz gespalten ist: auf der einen Seite steht das »geschichtliche« Schöne, das den Liebenden als Erinnerung oder Versprechen ihres Glücks erscheint, auf der anderen Seite das »wirkliche« (Stendhal) oder »absolute« (Baudelaire) Schöne, das wir »vom künstlerischen Standpunkt«, jenseits der Genüsse der Leidenschaft erfahren. Die Schönheit entzweit sich in das Schöne in Einheit mit dem Glück des Lebens und das Schöne im Gegensatz zum Glück im Leben.

Platon: Die Antinomie des Eros

Indem Stendhal das Verhältnis von Schönheit und Glück in einem Traktat *Über die Liebe* behandelt, folgt er dem platonischen Muster, als dessen Reaktualisierung auch Nehamas seine integrative Lebenskunst versteht. Platon wird zum Anknüpfungspunkt für alle antimodernen Versuche, Schönheit und Glück wieder zu verknüpfen, weil er im *Symposium* eine Theorie vorstellt, die den inneren Zusammenhang von Schönheit und Glück aus der Erfahrung der Liebe, als Eros, erläutert. Nach Diotimas Rede über die Liebe, auf die Sokrates sich beruft (*Symposion* 201d–212c), gilt alle Liebe dem Schönen: Wir lieben nur, was uns schön erscheint; man kann nicht lieben, was man hässlich findet. Die Liebe »begehrt« das Schöne: Sie ist gebunden an die Schönheit der Erscheinung. Zugleich aber geht das Begehren der Liebe immer über die schöne Erscheinung hinaus. Die Liebe, so Diotima nach Sokrates, »geht gar nicht auf das Schöne«, sondern auf »die Erzeugung und Ausgeburt im Schönen«. Der Mensch begehrt das Schöne, weil er nur im Schönen »erzeugen« und »fruchtbar« sein kann und dies eine »göttliche Sache« ist. »Eine einführende und geburtshelfende Göttin also ist die Schönheit für die Erzeugung« (*Symposion* 206c-e). Das Begehren der Liebe ist mithin ein Zweifaches: Begehren des Schönen und Begehren des Erzeugens, das nur im Schönen möglich ist und in dem das Gute, das Glück besteht. Im liebenden Begehren sind das Schöne und das Glück nur so verknüpft, dass sie voneinander unterschieden bleiben.

In der traurigen Welt der evolutionären Ästhetik, die Platons Liebestheorie biologisch zu ›validieren‹ behauptet, besteht das Glück der Erzeugung, die nur im Schönen möglich ist, im reproduktiven Erfolg (vgl. Menninghaus 2003, Kap. II–III): Wir lieben demnach das Schöne, weil es uns eine Erzeugung in Aussicht stellt, deren Hervorbringungen die beste Chance haben sollen, sich gegen andere im Wettkampf um knappe Ressourcen durchzusetzen. Platon hingegen versteht das Begehren der Liebe nicht nur so, dass es ebenso die Schönheit des Körpers wie der Seele umfasst, sondern dass das Glück der »Erzeugung«, auf das das Begehren des Schönen gerichtet ist, im Hervorbringen des Guten, des Gelungenen besteht. Das gilt für alle Formen fruchtbaren Hervorbringens, vom Zeugen eines Kindes bis zu dem, »was der Seele ziemt zu erzeugen und erzeugen zu wollen. Und was ziemt ihr denn? Weisheit und jede andere Tugend, deren Erzeuger auch alle Dichter sind und alle Künstler denen man zuschreibt erfinderisch zu sein« (*Symposion* 209a).

Platons Theorie des Doppelbegehrens der Liebe, das dem Schönen und durchs Schöne dem Glück fruchtbarer Erzeugung gilt, ist so ingeniös wie fragil; sie ist von Anfang an, schon in Platons Text, von einer Spannung durchzogen, an der sie zerbrechen musste (zum Folgenden vgl. Spaemann 1989, 85–95, über »Die Antinomien des Glücks« bei Aristoteles). Beide Begriffe, das Schöne wie das Glück, die in der Liebe verbunden sein sollen, spalten sich in zwei einander entgegengesetzte Elemente. – Von der Seite des Schönen her: Das Schöne ist zum einen Gegenstand eines Begehrens, das ihm selbst gilt und sich in ihm erfüllt, und zum anderen Medium, wenn nicht gar bloßer Anlass eines Begehrens, dessen Erfüllung über den schönen Gegenstand hinausgeht und der gelingenden Betätigung der menschlichen Vermögen gilt; das Schöne ist erst Telos, dann wieder bloßes Mittel. – Von der Seite des Glücks her: Platon bestimmt das Glück als Zustand fruchtbarer Erzeugung im Schönen, die eine »göttliche Sache« sei. Was garantiert aber, dass das Glück derjenigen Erzeugung, die im Schönen möglich ist, zugleich das Glück als Inbegriff eines gelingenden Lebensvollzugs, in der Betätigung der menschlichen Vermögen ist? Was stellt sicher, dass das doppelte Begehren der Liebe nicht einem zweifachen, vielleicht inkommensurablen Glück, im Schönen und durchs Schöne, gilt? Die Liebe scheint mit sich selbst entzweit: präsentisch, in der Hingabe·an die Gegenwart des schönen Gegenstandes oder Gegenübers; futurisch, in Erwartung auf, ja in der Suche nach den Möglichkeiten eigenen Glücks, die sich dadurch eröffnen.

Zweierlei Platon: Selige Anschauung und rauschhafte Selbststeigerung

Entlang dieser Bruchlinie zerfällt die platonische Liebestheorie und hinterlässt der Tradition zwei ganz verschiedene Möglichkeiten, den Zusammenhang von Glück und Schönheit zu denken. Diese beiden Möglichkeiten sind in der Moderne in den einander schroff entgegengesetzten Ästhetiken Schopenhauers und Nietzsches am entschiedensten vertreten worden (Simmel 1907/1990).

Arthur Schopenhauer (s. Kap. V.6) knüpft an die Bestimmung des Schönen an, in der die präsentische Seite der platonischen Theorie ihren deutlichsten Ausdruck gefunden hat: die Bestimmung aus dem *Symposium* und dem *Phaidros*, nach der das Schöne Gegenstand eines Schauens ist, das ihn »anschauend verehrt« und sich in ihm erfüllt (*Symposion* 211c-e; *Phaidros* 250e). Dieses Motiv verknüpft sich mit dem aristotelischen Begriff der *theoria* (Ritter 1953/1977) und wird darüber zur zentralen Idee derjenigen Ästhetik des Christentums, nach der das höchste Glück in der Schau der Schönheit Gottes besteht, die erst nach dem Tod, im Jenseits, in aller Reinheit möglich ist (Eco 1987/1991; Rentsch 1987; s. Kap. III.4 und IV.1). Das nimmt Schopenhauer auf: Der ästhetische »Zustand« ist »reine Kontemplation, Aufgehn in der

Anschauung, Verlieren ins Objekt, Vergessen aller Individualität, Aufhebung der dem Satz vom Grunde folgenden und nur Relationen fassenden Erkenntnißweise« (Schopenhauer 1819/1977, 253, § 38). Darin besteht das Erfassen des Schönen, und dieses Erfassen ist, gerade weil in ihm alles Begehren, alles »Wollen« erstirbt und es mithin in sich selbst jenseits des Gegensatzes von Leiden und Lust steht, Gegenstand eines rein ästhetischen Genusses (257). Soweit man, in Abweichung von Schopenhauers eigener Redeweise, diese »ästhetische Freude« über das Anschauen des Schönen als »ästhetisches Glück« bezeichnen kann, ist es dem Glück als gelingender Verwirklichung menschlicher Ziele und Vermögen kategorial entgegengesetzt (vgl. Seel 1995, 101–114; Theunissen 1991): Die Einheit von Schönheit und Glück zu denken bedeutet – das ist die radikale Konsequenz aus Schopenhauers Reformulierung der einen Hälfte der platonischen Liebestheorie –, das Glück ästhetisch zu denken und dem Leben, dem Erfolg oder dem Gelingen der Praxis gegenüber zu stellen. Die Einheit von Schönheit und Glück zu denken, heißt zu verstehen, dass es Glück nur im oder am Betrachten des Schönen und *nicht* im Vollzug des Lebens gibt.

Das hat Friedrich Nietzsche (s. Kap. V.7) als Schopenhauers »bösartig geniale[n] Versuch« bezeichnet, »zu Gunsten einer nihilistischen Gesammt-Abwerthung des Lebens gerade die Gegen-Instanzen, die grossen Selbstbejahungen des ›Willens zum Leben‹, die Exuberanz-Formen des Lebens in's Feld zu führen« (Nietzsche 1889/1988, 125): Schopenhauer benutzt die platonische Idee des Glücks im Anschauen des Schönen, um die Möglichkeit des Glücks im Leben ›nihilistisch‹ zu bestreiten. Dagegen greift Nietzsche die *andere* platonische Idee auf: die Möglichkeiten ›fruchtbarer Erzeugung‹, die durch die Anschauung des Schönen eröffnet werden. Gegen die Lehre vom *l'art pour l'art* setzt Nietzsche die Behauptung: »Die Kunst ist das grosse Stimulanz zum Leben« (127). Dafür zitiert Nietzsche zustimmend Stendhal, »der das Schöne einmal une promesse du bonheur nennt« (1887/1988, 347): »Schopenhauer hat Eine Wirkung des Schönen beschrieben, die willen-calmirende, – ist sie auch nur eine regelmässige? Stendhal, wie gesagt, eine nicht weniger sinnliche, aber glücklicher gerathene Natur, hebt eine andere Wirkung des Schönen hervor: ›das Schöne *verspricht* Glück‹, ihm scheint gerade die *Erregung des Willens* (›des Interesses‹) durch das Schöne der Thatbestand« (348 f.). Das Schöne leistet die Willenserregung, weil

das Schöne, so Nietzsche in größter Nähe zu Platons Lehre vom dichterischen Enthusiasmus (vgl. Menke 2008, Kap. 4 und 6), ebenso aus dem Rausch erschaffen wird wie es seinen Betrachter in Rausch versetzt. »Das Wesentliche am Rausch ist das Gefühl der Kraftsteigerung und Fülle« (Nietzsche 1889/1988, 116): Das Schöne ist nur dadurch und dazu da, dass die Kräfte des Lebens zu Tun und Ausdruck so gesteigert werden, dass sie alles gewöhnliche Maß und Maßhalten überschreiten und im eminenten Sinn des Wortes *glücken*; »exuberance is beauty« (William Blake, zit. Bataille 1949/1975, 34).

Nietzsche versteht seine Zurückweisung von Schopenhauers Ästhetik der Kontemplation als direkte Fortführung seiner Kritik an Kants Lehre von der »Interesselosigkeit« der Lust am Schönen, die er als ästhetische Indifferenz gegenüber dem Leben deutet. »Kant oder Stendhal?« lautet daher für Nietzsche die Grundalternative der Ästhetik (Nietzsche 1887/1988, 347). Kant jedoch versteht unter Interesselosigkeit, dass die Lust am Schönen nicht, wie die am Angenehmen, von der »Vorstellung der Existenz eines Gegenstandes« abhänge (Kant 1790/1983, 280), sondern allein davon, »was ich aus dieser Vorstellung in mir selbst mache« (281). In der Lust am Schönen gilt: »kein Interesse, weder das der Sinne, noch das der Vernunft, zwingt den Beifall ab« (287). Daher entspricht bei Kant der negativen Bestimmung der ästhetischen Lust, dass sie interesselos ist, die positive Bestimmung, dass die Lust an einer »Belebung« der eigenen Vermögen und Kräfte in ihrem ästhetischen »Spiel« ist (297 f.), die über alle Zweckmäßigkeit in praktischen und theoretischen Vollzügen hinausgeht (vgl. Avanessian/Menninghaus/Völker 2009). Diesem Motiv der kantischen Ästhetik steht Nietzsche viel näher als seine pauschale Kritik am kantischen »désintéressement« vermuten lässt (1887/1988, 347), wenn er die Lust am Schönen so deutet, dass sie auf eine Idee des Glücks führt, das nicht bloß im Erfolg des Überlebens oder der Befriedigung von Bedürfnissen (Thomä 2003, 143–169; s. Kap. V.8), sondern in der ungeahnten Steigerung – »Belebung« (Kant) – seiner Möglichkeiten besteht.

Das sind die beiden einander antinomisch gegenüberstehenden Modelle für den Zusammenhang von Glück und Schönheit, zu denen die Moderne jeweils einen der beiden Züge der platonischen Liebestheorie radikalisiert: *Entweder* erfüllt sich im seligen Anschauen des Schönen ein Glück, das dem Leben grundsätzlich verstellt ist, *oder* durch das Schöne eröffnen sich Möglichkeiten einer Steigerung des Lebens, die es über seine gewöhnlichen Beschränkungen hinausführen. Beide Varianten des modernen Platonismus sind sich in einem einig (und darin dem postmodernen Rückgriff auf Platons Liebestheorie gleichermaßen entgegengesetzt): dass das ästhetische Glück das des gewöhnlichen Lebens nicht bestätigt und verdoppelt, sondern unterbricht und radikal transformiert. Zugleich aber zeigt sich im Gegensatz beider Varianten des ästhetischen Platonismus die grundsätzliche, unauflösbare Spannung, die im ästhetischen Denken der Moderne zwischen zwei Grundmotiven herrscht: *entweder* das Schöne als es selbst und um seiner selbst willen (um des Glücks willen, das sich in seiner Betrachtung einstellt) ernst zu nehmen *oder* das Schöne durch seine verändernden Wirkungen in unserem Leben (durch das Glück, das es uns zu erlangen verspricht) zu rechtfertigen.

Ästhetische Utopie: Glück im Schein

Die Ästhetiken Schopenhauers und Nietzsches bilden eine Antinomie, weil beide eine gültige Einsicht formulieren. Nietzsches Einsicht besagt, dass das Glück der Schönheit darin besteht, die Vollzüge des Lebens in ungeahnter Weise gelingen zu lassen: Nur weil das Leben in der Erfahrung der Schönheit seine eigenen Möglichkeiten *erfüllt* sieht, ist die ästhetische Erfahrung eine Erfahrung des Glücks. Schopenhauers Einsicht besagt, dass das Glück der Schönheit darin besteht, die Vollzüge des Lebens in radikaler Weise zu suspendieren: Nur weil das Glück die Wirklichkeit des Lebens *übersteigt*, ist die Erfahrung des Glücks eine ästhetische Erfahrung. Beide Einsichten zusammen formulieren das Paradox, durch das Glück und Leben in der Erfahrung der Schönheit verbunden sind: das Paradox, dass es Glück nur jenseits des Lebens gibt, während doch Glück die Erfüllungsform des Lebens ist. Dieses Paradox definiert die Erfahrung der Schönheit als *Schein*. Oder: Weil das Verhältnis von Leben und Glück ein Paradox bildet, ist die Erfahrung des Glücks an die der Schönheit *gebunden* – eine ästhetische Erfahrung.

Die Grundzüge der Kategorie des ästhetischen Scheins (die weder in Schopenhauers noch in Nietzsches später Ästhetik eine Rolle spielt) haben Schillers Briefe *Über die ästhetische Erziehung des Menschen* umrissen und Adornos *Ästhetische Theorie* ausgeführt (vgl. Düttmann 2008). Dabei bezeichnet bereits bei Friedrich Schiller der Begriff des »Scheins« den eigentümlich Doppelstatus der ästhe-

tischen Tätigkeit, zwar von denjenigen Tätigkeitsformen strikt unterschieden zu sein, die gültige Wirkungen hervorbringen und insofern die »Wirklichkeit« ausmachen (Schiller 1795/1980, 656 f.), zugleich aber, in ihrer Unwirklichkeit, gerade die Erfüllungs- oder Gelingensform und insofern der »Grund der Möglichkeit« (637) der wirklichen Tätigkeitsformen zu sein. Diese Dialektik des ästhetischen Scheins reformuliert Theodor W. Adorno (s. Kap. VI.7) im Bruch mit der Tradition einer idealistischen Ästhetik symbolischer Bedeutungen im Rückgang auf das platonische Motiv des (erotischen) Strebens nach dem Schönen: »Die unstillbare Sehnsucht angesichts des Schönen, der Platon mit der Frische des Zum ersten Mal die Worte fand, ist die Sehnsucht nach der Erfüllung des Versprochenen. Es ist das Verdikt über die idealistische Philosophie der Kunst, daß sie die Formel von der *promesse du bonheur* nicht einzuholen vermochte« (Adorno 1970/1974, 128). In der Erfahrung der Schönheit geht es nicht um Bedeutungen, sondern um »Erfüllung«. Zugleich bleibt die Erfüllung in der Erfahrung der Schönheit ein Versprechen. Deshalb ist »der Fleck der Lüge von Kunst nicht wegzureiben; nichts bürgt dafür, daß sie ihr objektives Versprechen halte« (129). »Kunst ist das Versprechen des Glücks, das gebrochen wird« (205); sie ist die »Allegorie scheinlos gegenwärtigen Glücks, mit der tödlichen Klausel des Schimärischen: daß es nicht ist« (197). Erfüllung, Glück ist in der Schönheit (der Kunst) ebenso an- wie abwesend, ebenso gegenwärtig wie aufgeschoben. Das definiert die ästhetische Wirklichkeit des Glücks als Schein oder »apparition«: Das Glück *erscheint* in der Schönheit. »Sein Anspruch zu sein erlischt im ästhetischen Schein, was nicht ist, wird jedoch dadurch, daß es erscheint, versprochen. Die Konstellation von Seiendem und Nichtseiendem ist die utopische Figur von Kunst« (347). Die Erfahrung der Schönheit ist die Erfahrung wirklichen, »scheinlos gegenwärtigen« Glücks, die aber nur im Schein gemacht werden kann: die ein bloßes Versprechen bleibt, von dem man niemals weiß, ob es eingelöst werden kann – ob es eine Lüge ist.

Das enthält zwei Seiten. *Erstens*: Die Erfahrung der Schönheit ist die Erfahrung des Glücks als Erfahrung der Erfüllung. ›Erfüllung‹ heißt, dass etwas glückt. Ohne Bezug auf die Erwartungen, die unsere Versuche, unsere Praktiken antreiben, kann nichts als Erfüllung erfahren werden. Zugleich geht die glückliche Erfüllung über jede Erwartung hinaus; die glückliche Erfüllung ist eine Übererfüllung der

Erwartungen, die unsere Praktiken antreibt. Solchem Glücken begegnen wir im Schönen: Schön sind Dinge, die unsere praktischen Erwartungen über unsere praktischen Vorhaben hinaus erfüllen. *Zweitens*: In der Schönheit übererfüllen sich unsere Praktiken nur deshalb über alle Erwartung hinaus, weil die Schönheit über alle Praxis hinausgeht. Die Erfahrung der Schönheit ist die eines ästhetischen Tuns. Ein ästhetisches Tun ist ein Tun im oder zum Schein: kein wirkliches Tun, keine Praxis, die von unseren Erwartungen und Vorhaben gesteuert ist, sondern ein Tun, in dem sich Kräfte spielerisch-selbsttätig entfalten, ohne vom Subjekt der Praxis gesteuert zu sein. Die Augenblicke des ästhetischen Glücks sind solche »des Überwältigtwerdens, der Selbstvergessenheit«, »eigentlich Augenblicke, in denen das Subjekt sich selber auslöscht und sein Glück hat an dieser Auslöschung« (Adorno 1958/59/2009, 197).

Also ist die Erfahrung der Schönheit die Erfahrung des Glückens unserer Praktiken durch die Ästhetisierung der Praxis. In der Schönheit erfahren wir das Glück der Übererfüllung unserer Praktiken unter der Bedingung der Aussetzung unserer Praktiken: Die Praxis glückt nur im Schein. Deshalb gibt es keine Erfahrung der Schönheit, in der sich nicht das Glück der Erfüllung mit der Trauer über seine Unwirklichkeit berührte.

Literatur

Adorno, Theodor W.: Ästhetische Theorie [1970]. Frankfurt a.M. ²1974.

–: Ästhetik [1958/59]. Frankfurt a.M. 2009.

Avanessian, Armen/Menninghaus, Winfried/Völker, Jan (Hg.): Vita Aesthetica. Szenarien ästhetischer Lebendigkeit. Zürich/Berlin 2009.

Bataille, George: Der verfemte Teil [1949]. In: Ders.: Das theoretische Werk. Bd. 1. München 1975, 33–236.

Baudelaire, Charles: Der Maler des modernen Lebens [1863]. In: Ders.: Sämtliche Werke. Bd. 5. München/Wien 1989, 213–258.

Düttmann, Alexander García: Der Schein. In: Inaesthetik Nr. 0 (2008), 149–157.

Eco, Umberto: Kunst und Schönheit im Mittelalter [1987]. München/Wien 1991.

Kant, Immanuel: Kritik der Urteilskraft [1790]. In: Ders.: Werke. Bd. V. Darmstadt 1983.

Menke, Christoph: Kraft. Ein Grundbegriff ästhetischer Anthropologie. Frankfurt a.M. 2008.

Menninghaus, Winfried: Das Versprechen der Schönheit. Frankfurt a.M. 2003.

Nehamas, Alexander: Only a Promise of Happiness. The Place of Beauty in a World of Art. Princeton/Oxford 2007.

Nietzsche, Friedrich: Zur Genealogie der Moral. Eine Streitschrift [1887]. In: Ders.: Sämtliche Werke. Kritische Studienausgabe. Bd. 5. Berlin/New York ²1988, 245–412.

–: Götzen-Dämmerung oder Wie man mit dem Hammer philosophirt [1889]. In: Ders.: Sämtliche Werke. Kritische Studienausgabe. Bd. 6. Berlin/New York ²1988, 55–161.

Platon: Phaidros. In: Ders.: Sämtliche Werke. Frankfurt a.M./Leipzig 1991, Bd. VI, 9–149.

–: Symposion. In: Ders.: Sämtliche Werke. Frankfurt a.M./Leipzig 1991, Bd. IV, 53–183.

Rentsch, Thomas: Der Augenblick des Schönen. Visio beatifica und Geschichte der ästhetischen Idee. In: Helmut Bachmeier/Thomas Rentsch (Hg.): Poetische Autonomie? Zur Wechselwirkung von Dichtung und Philosophie in der Epoche Goethes und Hölderlins. Stuttgart 1987, 329–353.

Ritter, Joachim: Die Lehre von Ursprung und Sinn der Theorie bei Aristoteles [1953]. In: Ders.: Metaphysik und Politik. Frankfurt a.M. 1977, 9–33.

Schiller, Friedrich: Über die ästhetische Erziehung des Menschen in einer Reihe von Briefen [1795]. In: Ders.: Werke. Bd. 5. München 1980.

Schopenhauer, Arthur: Die Welt als Wille und Vorstellung. 1. Band. 1. Teilband [1819]. Werke in 10 Bänden (Hg. A. u. A. Hübscher), Bd. 1. Zürich 1977.

Seel, Martin: Versuch über die Form des Glücks. Frankfurt a.M. 1995.

Simmel, Georg: Schopenhauer und Nietzsche [1907]. Hamburg 1990.

Spaemann, Robert: Glück und Wohlwollen. Versuch über Ethik. Stuttgart 1989.

Stendhal: Über die Liebe [1822]. Jena 1911.

Theunissen, Michael: Freiheit von der Zeit. Ästhetisches Anschauen als Verweilen. In: Ders.: Negative Theologie der Zeit. Frankfurt a.M. 1991, 285–298.

Thomä, Dieter: Vom Glück in der Moderne. Frankfurt a.M. 2003.

Christoph Menke

5. Glück und Sinn. Das Problem von Einheit und Vielheit

Die Ideologie des Glücks

Es gibt eine Ideologie des Glücks, die gelegentlich in dem Gemeinspruch ›Jeder ist seines Glückes Schmied‹ zusammengefasst wird. Es ist dies die Ideologie der sich als freie, gestaltungsfähige Individuen verstehenden Menschen, die aus einer technischen Einstellung dem eigenen Leben gegenüber dieses Leben selbst als Resultat ihres Handelns ansehen. Raymond Geuss hat Sicherheit, Freiheit und Glück als die drei Großziele menschlicher Praxis festgehalten, deren Verwirklichung aufeinander aufbaut (Geuss 2004, 15 f.): Ohne Sicherheit keine Freiheit, denn wer um sein Leben fürchten muss, kann nicht darüber nachdenken, wie er sein Leben frei gestalten kann. Ohne Freiheit kein Glück, denn wer seine Lebensgestaltung von anderen vorgeschrieben bekommt, kann nicht seine eigenen Vorstellungen von einem glücklichen Leben verwirklichen. Die Ideologie, dass jeder seines Glückes Schmied sei, ignoriert diese Bedingungsverhältnisse. Denn Sicherheit und Freiheit stehen nicht allein in der Macht von Individuen, sondern betreffen naturale, soziale und politische Faktoren, die kein Einzelner kontrollieren kann.

Begreift man Menschen als in ihrer Macht begrenzte »Teile der Natur« (im Sinne von Spinozas *Ethik*, IVp4), die immer in ihrer Selbsterhaltung bedroht und deshalb notwendigerweise Leiden ausgesetzt sind, und denen ferner Handlungsfreiheit nicht einfach als intelligible Wesen im Sinne Kants gegeben ist, sondern die sich diese immer wieder in Prozessen der Selbstreflexion und Welterkenntnis zu erarbeiten haben und sie entsprechend auch wieder verlieren können (vgl. Bieri 2001, 418 f.), dann muss der unter dem Titel »Jeder ist seines Glückes Schmied« firmierende Vorstellungszusammenhang als eine *kollektive Selbsttäuschung* gedeutet werden. Tatsächlich findet die menschliche Macht zur Selbstgestaltung nicht nur in den biologischen Verhältnissen ihre scharfe Grenze, weil es noch niemanden – trotz der cartesischen und transhumanistischen Projektionen (Descartes 1637/1960, 100 f.; Bostrom 2005) bisher gelungen ist, Krankheit, Alter und Tod zu entgehen, sondern auch die gesellschaftlichen Verhältnisse, in denen sich das biologisch begrenzte Leben von Menschen abspielt, schränken die menschliche Freiheit ein. Natürlich können Menschen sowohl auf ihre Biologie, wie auf die gesellschaftlichen Verhältnisse, in denen sie existieren, *reagieren*, sofern sie den entsprechenden Mut, die dafür nötigen Distanzierungskompetenzen, Reflexivität und Interventionsfähigkeiten entwickelt haben – Fähigkeiten, deren Entwicklungen selbst wieder unter gesellschaftlichen Bedingungen stehen. Die Einsicht in die Beschränktheit menschlicher Macht bedeutet also nicht, die Möglichkeit menschlicher Selbstbestimmung und Freiheit zu leugnen. Doch der Gedanke, dass man als Einzelner sich nur ›aufzuraffen‹ habe, um sein Leben zu gestalten, dann könne es auch ein glückliches werden, kann bestenfalls als naiv, angesichts der Schicksale von Menschen, die in Naturkatastrophen, Hungersnöte und Kriege geraten, Opfer von chronischen Krankheiten, Gewaltverbrechen oder des Terrors in totalitären Staaten werden, jedoch wohl nur als zynisch bezeichnet werden.

Tatsächlich dürften die Verhältnisse von Aktivität und Passivität, Macht und Machtlosigkeit, Individualität und Freiheit, die für die Möglichkeit eines glücklichen Lebens bedeutsam sind, komplizierter sein als die oben genannte Ideologie es nahelegt. Betrachtet man Personen als psychisch komplexe Individuen mit unterschiedlichen Wünschen, Willenszuständen, kognitiven Vermögen und Handlungsdispositionen, so ist die erste Frage, die sich angesichts dieser Komplexität stellt, wie sich überhaupt eine einheitliche Vorstellung vom eigenen Leben als einem glücklichen ausbilden kann. Nach der geschilderten Ideologie scheint Individuen von vornherein klar zu sein, wie ihr glückliches Leben auszusehen habe, so als wäre die Vorstellung von Glück etwas Allgemeines, quasi Angeborenes, das alle Menschen miteinander teilen und über das sie immer schon verfügen. Zwar mögen Hunger und Durst, Körperverletzungen, Schmerzen und Lebensbedrohungen etwas sein, das alle Menschen tatsächlich als etwas zu vermeidendes betrachten. Insofern könnten die Bewertungen bestimmter Empfindungen als leidvoll tatsächlich biologisch vorgegeben sein. Doch wenn man umgekehrt auch nur Zustände des Wohlfühlens, Konstellationen, in denen sich *momentane* Glücksgefühle einstellen, miteinander vergleicht, wird schnell klar, dass hier Differenzen bestehen und zwar sowohl zwischen den verschiedenen Entwicklungsstadien ein- und desselben Individuums, wie auch zwischen verschiedenen Individuen.

Im Folgenden werde ich versuchen, einen *formalen* und auf die *Individualität* von menschlichen Lebensläufen bezogenen Glücksbegriff zu entwickeln. Dieser ist nicht der einzig mögliche. Es soll damit kein ›copyright‹ auf einen angeblich ›wahren‹ Glücksbegriff erhoben, noch so etwas wie eine Norm gerechtfertigt werden. Das, was im Folgenden über ein mögliches glückliches Leben gesagt wird, widerspricht sogar teilweise der Geussschen Vorstellung, dass Sicherheit und Freiheit Bedingungen des Glücks sind, sofern es, wie noch deutlich werden wird, denkbar ist, dass eine Person, die ihr Lebensglück gefunden hat, dies trotz des Verlusts ihrer Sicherheit und Freiheit nicht als Möglichkeit verlieren kann, auch wenn sie nicht mehr in der Lage ist, es als Wirklichkeit zu realisieren. Gleichzeitig geht es jedoch auch nicht um empirische Sozialforschung über Glück, die jeder befragten Person ihren eigenen Glücksbegriff lässt, ohne dass sie ihn explizieren müsste (vgl. Frey/Stutzer 2001; Frey/Frey Marti 2010; s. Kap. VIII.6 und VIII.7). Mein Augenmerk gilt jedoch weder einer allgemeinen Norm für das menschliche Leben (deren Möglichkeit ich eher in Frage stellen möchte) noch der tatsächlichen allgemeinen ›Glücksrealität‹, sofern sie statistisch erfassbar ist, sondern den möglichen begrifflichen Zusammenhängen von ›Glück‹, ›Sinn‹, ›Wirklichkeit‹ und ›Individualität‹.

Glück im Umgang mit Unterschieden

Vorstellungen von einem vorgegebenen Wesen oder einer Natur des Menschen, die als Möglichkeit in einem Lebenslauf entweder verborgen bleibt (was Unglück bedeute) oder realisiert werde (was das Glück zur Folge habe), haben lange das Denken über menschliche Entwicklungen bestimmt. Auch die ursprünglich marxistische Vorstellung, Menschen könnten unter den bisherigen unfreien Umständen, in denen sie *einander beherrschen*, ihre Natur weder erkennen noch realisieren, gehört in diese humanessentialistische Tradition. Mit diesem Essentialismus brach u.a. der Individualismus der Kritischen Theorie Adornos (s. Kap. VI.7), der alle allgemeinen Aussagen über die Einzelnen als verfehlt betrachtete. Trotzdem bilden einzelne Personen in dieser Konzeption Vorstellungen vom Glück aus, im Sinne von *vagen Imaginationen* etwa mit Bezug auf Orte, an denen alles zusammenpasst. Adorno spricht auch von der »metaphysischen Erfahrung« der Kindheit, in der Namen von Orten zu Chiffren für mögliches

Glück werden (Adorno 1966/1973, 366). Zwei grundlegend verschiedene Entwicklungsprozesse von Personen sind vor diesem Hintergrund denkbar: einer, der dazu führt, dass die Person die »metaphysische Erfahrung« der Kindheit als eine *Illusion abtut* und sie sich an die vermeintlicher Weise die Wirklichkeit beherrschenden Allgemeinheiten anpasst, die das kindlich geahnte Glück als unverwirklichbar erscheinen lassen. In einem anderen Entwicklungsprozess wird sich die betreffende Person einen »utopischen Impuls« des Glücks bewahren und den Allgemeinheiten der Welt weiterhin die Frage entgegenhalten »Ist das denn alles?« (368).

In einer unauflöslich individuierten Wirklichkeit sind die *Unterschiede* und nicht vermeintlich geteilte Allgemeinheiten, die bestenfalls auf Vereinfachungen, schlimmstenfalls auf Beherrschung oder Leugnung von wirklichen Unterschieden verweisen, sowohl für die Erkenntnis wie für die Lebensführung und das Glück das entscheidende. Adorno beschreibt dieses Leben mit Unterschieden als einen Zustand des »Frieden[s]«, als »Stand eines Unterschiedenen ohne Herrschaft, in dem das Unterschiedene teilhat aneinander« (Adorno 1969/1977, 743). Dazu passt Walter Benjamins Prägung aus der Mitte der 1920er Jahre, wonach »Glücklich sein heißt, ohne Schrecken seiner selbst innewerden können« (Benjamin 1928/1980, 113). Zustände der Harmonie, Verschmelzung oder abstrakt der Identität gehören sicher zu vielen Glückskonzeptionen, während solche des Entzweiung, Fremdheit und des Krieges als Chiffren für Unglück angesehen werden können. Die Beobachtung, dass es eine Differenzen auflösende und eine sie ohne Herrschaft erhaltenden Verschmelzung geben kann, ist insofern wichtig, als sie eine Orientierung für misslingendes und gelingendes Streben nach Glück geben kann. Glück hat es in diesem Sinne mit der Erhaltung einer Vielheit innerhalb einer herrschaftsfreien personalen oder sozialen Einheit zu tun.

Allerdings setzt die Erhaltung der Vielheit oder der Differenzen voraus, dass sie erkannt sind. Man findet diesen Gedanken auch in Whiteheads Werttheorie, in der die Bildung von Kontrasten eine wichtige Rolle spielt (Whitehead 1929/1978, Buch III, Kap. II.III). Auch Kontraste in der Wahrnehmung können als Einheiten von Differenzen begriffen werden und die Erfahrung des glücklichen Lebens kann als eine spezielle *Kontrasterfahrung* gedacht werden, in der sich die differierenden Erfahrungen unterschiedlicher Lebensalter zu einer wirklichen Einheit fügen. Dies gilt nicht nur für die Differenzen, die sich in der Komplexität einer einzelnen Person finden, sondern vor allem für die zwischen verschiedenen Menschen. Der amerikanische Philosoph Stanley Cavell sagt deshalb: »Es ist eine schreckliche und Ehrfurcht einflößende Wahrheit, dass die Anerkennung der Andersheit der anderen, der unvermeidlichen Getrenntheit die Bedingung menschlichen Glücks ist. Gleichgültigkeit ist die Leugnung dieser Bedingung« (Cavell 2004, 381). Man kann jetzt begrifflich festlegen, dass ein Leben oder eine Gemeinschaft von Lebenden als *umso wirklicher* anzusprechen ist, je mehr es diesem Leben oder dieser Gemeinschaft gelingt, eine Einheit von partikularen, individualisieren Lebensprozessen darzustellen. Jeder Herrschaftsbeziehung, die die Differenzen der Lebensprozesse zum Verschwinden bringt, ist als eine ›Entwirklichung‹ zu deuten und deshalb normativ abzulehnen. Doch eine solche Verschränkung von hypothetisch theoretischer und praktischer Perspektive löst noch nicht das praktische Problem, wie die Einheit einer Mannigfaltigkeit von differierenden Partikularitäten zu erzeugen ist.

Glück und Vereinheitlichung

Zunächst ist zu sagen, dass der Gedanke der Vereinheitlichung des Lebens von Anfang an in der philosophischen Reflexion über das Glück gegenwärtig ist, nämlich seit der Ethik des Aristoteles (s. Kap. II.2). Um zu verstehen, was hier unter ›Vereinheitlichung‹ gemeint ist, muss man sich das menschliche Leben als einen *Prozess* denken. Nehmen wir an, einer Person seien in einer bestimmten Phase ihrer Entwicklung zwei Weisen auf eine in ihrer Welt gegebene Situation zu reagieren gegeben: eine, die ihr von außen als die angemessene Form zu reagieren nahegelegt wird und eine andere, davon abweichende, die sich *ihr selbst* aufgrund ihrer bisherigen Geschichte als die angemessene Fortsetzung ihrer eigenen Geschichte aufdrängt. Sofern ein Individuum auf die Weise reagiert, die ihm von außen nahegelegt wird, die jedoch von dem, was sich aus seiner eigenen Geschichte ergibt, abweicht, können wir sagen, dass dieses Individuum sich in seiner Reaktion selbst *verbirgt*. Sofern die Person trotz der abweichenden Erwartung in seiner Welt so reagiert, wie es sich für sie selbst aus ihrer bisherigen Geschichte ergibt, kann man sagen, dass sie sich mit ihrer Geschichte *nicht* verbirgt oder in der Welt *öffentlich sichtbar* als ein abweichendes, differierendes Wesen *vorkommt*, dessen Individualität kenntlich wird.

Es ist unschwer zu erkennen, dass hier Glück nicht allein mit der Realisierung einer herrschaftsfreien Vereinigung von Unterschieden in Zusammenhang gebracht wird, sondern auch mit einem Konzept von *Authentizität*. Der Gedanke der Authentizität, der *richtigen Fortsetzung des eigenen Lebens*, setzt voraus, dass das eigene Leben überhaupt als Einheit wahrgenommen wird. Schematisch und auf das Glück bezogen ausgedrückt: Ein Lebenslauf soll in einem formalen Sinne dann als ein glücklicher bezeichnet werden, wenn es einer Person gelingt, die im Prozess ihres Lebens entstandene Verschiedenheit von anderen für sich und für die anderen fortzusetzen und sie dabei trotz ihrer inneren Differenziertheit und Verschiedenheit von den anderen in der Lage ist, noch ein *gemeinsames* Leben mit den anderen zu führen. Das Interesse an einer solchen Fortsetzung des eigenen Lebens ist nicht eines nach bloßer Selbsterhaltung, sondern nach Vereinheitlichung des eigenen Lebens entsprechend der dauernd in ihm entstehenden neuen Erfahrungsmuster.

Jonathan Lear spricht im Anschluss an die Psychoanalyse davon, Aristoteles wolle mit seiner Charakterisierung des Glücks als dem einzigen letzten Handlungsziel im menschlichen Leben zu einer veränderten, eben vereinheitlichten Lebenseinstellung »verführen« (Lear 2004, 56). Geht man davon aus, dass auch ein menschliches Leben möglich ist, in dem *verschiedene* Dinge um ihrer selbst willen und nicht als Mittel zum Zweck erstrebt werden, wie beispielsweise Lust, Ehre, Reichtum, Macht, die aber vielleicht nicht immer miteinander vereinbar sind, sondern zu schmerzhaften und eventuell fatalen Konflikten innerhalb einer Person führen können, dann zielt der Vorschlag, bei allem, was man tut, sich zu fragen, ob es zu einem glücklichen Leben führt, auf eine *spezifische Vereinheitlichung* des Lebens. (Hier wird im Westen durch Aristoteles offenbar nachvollzogen, was im Osten durch den Buddhismus, der zwischen dem kurzfristigen Sinnenglück und dem eigentlich zu erstrebenden Glück der Erlösung unterschied, bereits als Gestaltungsprinzip des menschlichen Lebens benannt worden war; vgl. Paul 1998, 47–69. Auch Epikur scheint das Glück in diesem Sinne als ein Gestaltungsprinzip des Lebens gedeutet zu haben als er sagte: »Wir halten die Lebensentwürfe für vulgär und plump, die nicht auf ein glückliches Leben zielen«; Epikur 2003, 14 f.).

Aristoteles existenzphilosophisch weiterführend, kann man sagen, dass alle Handlungen, die die Lebensgeschichte der Person auf eine nicht angemessene Weise in der betreffenden Situation fortsetzen, unauthentisch sind, nicht als Handlungen verstanden werden können, die *eigentlich* zu dieser Person gehören. Eine bisher furchtsame Person, die sich in einer Auseinandersetzung übermütig gibt, ist unauthentisch, ebenso wie eine mutige Person, die sich einem Streit nicht stellt, obwohl sie ihn bestehen könnte. Handlungsempfehlungen unabhängig von der Lebensgeschichte der Person, die im Sinne der Kantischen praktischen Philosophie (s. Kap. II.3 und V.3) und der aus ihr entstandenen Tradition lediglich allgemeine Regeln, die für alle Vernunftwesen zu gelten haben, auf die Situation appliziert und dazu auffordert, dass sich jeder Mensch in einer moralisch relevanten Situation als Vernunftwesen so zu verhalten habe, stehen in einem Kontrast zu dieser, die individuelle Lebensgeschichte betonenden Lehre, die darauf zielt, die vielfältigen Anlagen und Bestrebungen einer Person in jeder Handlung zu einer Einheit zu integrieren.

Sinn als Lebensglück

Man kann die Einheit, die auf nicht abstrakte Weise, unter Erhaltung der inneren Differenziertheit eines Lebens herbeigeführt wird, ›Sinn‹ nennen. Erfahrungen von Sinn sind selbst Glückserfahrungen. Sofern sie das ganze Leben betreffen, können wir sie als Erfahrung von *Lebensglück* kennzeichnen, wenn beispielsweise der Prozess der eigenen Existenz in der Retrospektive als ein sinnvoller erscheint. Doch auch auf Momente bezogen ist die Erfahrung von Sinn als Glück wichtig. Denn eine Lebenssituation, in der Wohlfühlglück empfunden wird, erhält dadurch, dass sie Teil eines Sinnzusammenhanges ist, der ein Lebensglück konstituiert, eine ihre Intensität steigernde Bedeutung. So mag ein Fußballer, der ein Tor schießt, im Moment des Erfolgs einfach über die Situation glücklich sein. Ist dieses Tor jedoch Teil einer Lebensgeschichte, in der die betreffende Person lange mit ihren Kameraden auf den Gewinn einer Meisterschaft hingearbeitet hat und besiegelt dieses Tor den Gewinn der Meisterschaft, so steigert die Bedeutung der Situation in dem größeren Sinnzusammenhang, in dem sie eine bestimmte Relevanz hat, die Intensität der Wahrnehmung.

Nun ist Sinn jedoch nicht etwas, was sich von selbst in einem Leben *einstellt*. Es ist aber auch nicht etwas, was wie ein Artefakt *hergestellt* werden kann. Denn wir sind als Personen ja der Prozess unserer Existenz und können ihn nicht als etwas Äußeres wie

das Resultat eines technischen Prozesses hervorbringen. Wie also hat man sich die Entstehung von Sinn oder Lebensglück zu denken? Als erstes ist festzuhalten, dass Sinn etwas ist, was sich zwischen den erlebten und erinnerbaren Episoden eines Lebens entwickelt. Die Alternative von Entstehen oder Herstellen ist hier insofern falsch, als es bei dieser Entwicklung um einen *Prozess der Aufmerksamkeit* geht.

Ein bestimmtes Körpergefühl, etwa ein Kopfschmerz oder ein Geräusch in meiner Umgebung, oder ein Gespräch am Nebentisch in einem Restaurant, kann eine ganze Weile schon präsent sein, ohne dass ich es aufmerksam wahrgenommen habe. Eine Episode des Lebens kann auf die andere folgen, ohne dass ich der Abfolge weiter Aufmerksamkeit schenke, d. h. ohne dass ich darüber nachzudenke, was für ein Leben ich eigentlich führe. Ich kann jedoch auch auf die Abfolge dessen, was ich tue und was mir widerfährt, achten, darüber nachdenken, was hier eigentlich geschieht und von mir getan wird und dann ein Muster in ihm erkennen.

Diese Muster-Erkennung ist nicht wie die Erkennung der Regel in einer Zahlenfolge, etwa bei 2, 5, 11, 23, 47, … wo ich die Regel $y = 2x+1$ als das erkenne, was diese Folge festlegt. Der Prozess unserer Existenz ist nicht durch eine Erzeugungsregel festgelegt, auch wenn Formulierungen wie der »Begriff eines Individuums« oder »das individuelle Gesetz« bei Leibniz, Spinoza, Goethe und Simmel so etwas nahezulegen scheinen (vgl. dazu Hampe 2007, III. 10). Was man erkennt, wenn man einen Sinn in der eigenen Existenz sieht, ist eher so etwas wie eine Gestalt in einem regennassen Mauerwerk, in dem es helle und dunkle Flecken gibt. Der eine mag einen Hund, der anderen ein Kaninchen in den Flecken sehen. Diese Erkenntnis hängt einerseits von der eigenen Aufmerksamkeit, andererseits vom Regen und vom Verputz der Mauer ab. Welche Muster hier an Prägnanz gewinnen, ergibt sich aus einem Zusammenspiel von Passivität und Aktivität. Die Erkennung des eigenen Musters kann durchaus im Sinne einer individuellen Wesenheit, einer »differentia ultima« oder »haecceitas« im Sinne von Duns Scotus gedacht werden (Duns Scotus 1962, 4). Doch bei Duns Scotus muss dieses individuelle Wesen streng von der Geschichte des Wesens unterschieden werden.

Wenn wir jedoch die folgenden drei Voraussetzungen machen, ändert sich dieses Bild: Erstens können wir voraussetzen, dass die Wirklichkeit aus nichts anderes als einer Mannigfaltigkeit von individuellen Wesen besteht, dass sie mehrseitig im Sinne von Dilthey ist (1907/1984, 80 f.). Zweitens können wir diese individuellen Wesen als etwas deuten, das, um zu existieren, notwendig Zeit braucht, wie alles Wirkliche (Whitehead 1929/1978, 68; Collingwood 1945/1960, 146). Drittens schließlich können wir den Prozess der Verwirklichung dessen, was Zeit braucht um zu existieren, als einen potentiell unendlichen deuten, der nur kontingenterweise abbricht, so wie man bei einer irrationalen Zahl die Aufzählung ihrer Ziffern kontingenterweise irgendwo abbricht. Einen Sinn in der eigenen Existenz zu erkennen würde dann – in der eben gebrauchten Metapher der irrationalen Zahlen – bedeuten, in der Lage zu sein, die eigene Ziffernfolge zumindest partiell wirklich werden zu lassen, auch angesichts der Tatsache, dass dies kontingenterweise irgendwann nicht mehr möglich ist. Dies ist sicher nicht bei vielen Menschen der Fall. Wenn jedoch jemand in diesem Sinne seine ›eigene Stimme‹ gefunden hat, dann weiß er, was zu tun ist, auch wenn ihn vielleicht äußere Umstände daran hindern, das zu tun, was er meint tun zu müssen.

Bei der eigenen Existenz handelt es sich deshalb nicht um eine räumliche, sondern um eine zeitliche Gestalt. Beim Nachdenken über die Abfolge der Erfahrungen im eigenen Leben ergibt sich, wenn sich Sinn ergibt, eine Gestalt, aus der dann idealerweise auch die Fortsetzung des eigenen Lebens folgt, so wie man als Künstler vielleicht das Muster in einer regennassen Mauer durch einen eigenen Farbstrich fortsetzen könnte. Wichtig ist, dass überhaupt die Aufmerksamkeit auf die Abfolge der Ereignisse des eigenen Lebens gelenkt und dass ein Zusammenhang in ihm *gesucht* wird, den ich dann als den Zusammenhang *meines* Lebens anerkenne. Wenn das gelingt, dann gibt es einen *Ansatz*, von dem aus die Fortsetzung des eigenen Lebens so geführt werden kann, dass die eine Handlung *richtig* und die andere *falsch*, etwas als zum eigenen Leben *gehörend* oder ihm *fremd* erscheinen kann. Das hier nicht etwas einfach gegeben ist, jedoch auch nicht konstruiert wird, weist auf ein spezifisches Zusammenspiel von Person und Welt hin, das sich der einfachen Zuteilung von Aktivitäten und Passivitäten entzieht. Die Person muss in aufmerksamer Zuwendung zum eigenen Leben in der Lage sein, etwas entstehen zu lassen und den Mut besitzen, auf das, was da entsteht, zu reagieren. Dieses Entstehen-lassen ist ein *Geschehen*, das nur mit einer gewissen Gelassenheit erfahren werden kann.

Sich dagegen mit Anstrengung in einer Gewissheit fortsetzen zu wollen, ohne tatsächlich ein Muster im

eigenen Leben entdeckt zu haben, aus dem sich die entsprechende Evidenz ergibt, führt in der Regel dazu, dass man sich dem Zwang einer Konvention unterwirft und sie für notwendig erachtet. Das führt zu einer Schauspielerei von Notwendigkeit des eigenen Handelns und Glücks, dem keine Selbst- und Glückserfahrung entspricht. Peter Bieri hat dieses Phänomen mit dem treffenden Begriff des »Willenskitsches« charakterisiert: »Ein Wille ist kitschig, wenn er seinen Gehalt einem Klischee verdankt […]. Wie wird etwas zu einem Klischee? Indem es aus dem konkreten Zusammenhang, in dem es ursprünglich stand herausgelöst und als etwas propagiert wird, das auch auf andere passt, obwohl deren Lebensgeschichte eine ganz andere ist« (Bieri 2001, 426). Der Begriff des »Willenskitsches« ist hier deshalb so hilfreich, weil er den Kontrast zur Authentizität deutlich macht; nennen wir doch auch ein Kunstwerk, dem wir eine Grundlage in einer authentischen Erfahrung absprechen und von dem wir den Eindruck haben, dass es ein Schema bedient, ›kitschig‹.

An dieser Stelle wird die Frage dringlich, inwiefern die Fähigkeit, sein Leben richtig fortzusetzen, in einem *Wissen* begründet ist. Raymond Geuss hat zu Recht bezweifelt, dass wir heute noch von einem objektiven Wissen über unseren eigenen Lebenslauf ausgehen können (Geuss 2004, 39). Geuss scheint vorauszusetzen, dass die glücksrelevante Erkenntnis des eigenen Lebens ein objektives Wissen von einem bestimmten Standpunkt sein muss. Dies ist jedoch nicht der Fall. Es handelt sich eher um ein Handlungswissen im Sinne des: »Jetzt weiß ich weiter«. Die Erkenntnis eines Musters macht es möglich, dies mit großer Sicherheit fortzusetzen. Diese Muster-Erkennung in der zeitlichen Gestalt des eigenen Lebens ist nicht als eine zu konstruieren, die mit Allgemeinbegriffen operiert, die wir gewöhnlich mit objektivem Wissen verbinden. Adorno hat in diesem Zusammenhang in der *Negativen Dialektik* den Begriff der »Konstellation« verwendet, als er schrieb: »der reale Gang der Geschichte nötigt zum Aufsuchen von Konstellationen« (Adorno 1966/1973, 168). Und die eigene Lebensgeschichte ist als eine »reale Geschichte« zu begreifen.

Man kann diese Metapher eines konstellativen Denkens auch wie folgt deuten: Die gegebene Mannigfaltigkeit von Handlungen im Zeitlauf des eigenen Lebens oder der in diesem Leben aufgespeicherte Prozess werden hinsichtlich unterschiedlicher Gestalten gedeutet, die Aufmerksamkeit wird gelassen immer wieder verschoben, so dass sich unterschiedliche Konstellationen einstellen. Im idealen Fall stellt sich in diesem ›freien Spiel‹ dann eine Konstellation ein, die evident als die erscheint, die man fortsetzen kann und will, als eine, die Handlungssicherheit verleiht. Diese Erfahrung der Handlungssicherheit in der Fortsetzung dessen, was in der Verschiebung von Elementen einer Konstellation aufgetaucht ist, ist die Evidenz gegenüber dem individuellen Leben, die an die Stelle des begründeten Wissens aus Allgemeinbegriffen tritt, es ist die praktische Evidenz des »So muss ich weitermachen«. Mit Alain Badiou kann man hier auch von einem »Ereignis« sprechen. Das Ereignis der Erkenntnis des eigenen Lebensmusters ist mit der Evidenz verbunden, mit der eigenen partikularen Wirklichkeit in Kontakt gekommen zu sein. Dieses Evidenzgefühl, das, was die eigene partikulare Wirklichkeit ist, »berührt« zu haben, kann man dann auch als Glücksgefühl bezeichnen (vgl. Badiou 1997/2009, 102).

Über die Kontemplation der möglichen Konstellationen des eigenen Lebens hier mit Kant als von einem »freien Spiel« zu sprechen, ist kein Zufall. Kant geht es in der Rede vom »freien Spiel« ja darum zu benennen, dass die Wahrnehmung des Kunstwerkes begrifflich *nicht* festgelegt ist, nicht »gesetzlich, unter dem Zwange bestimmter Begriffe« steht, sondern gegenüber der Kunst »die Einbildungskraft in ein regelmäßiges Spiel« versetzt wird, in dem der vorgestellte Gegenstand weniger in Form von »Gedanken«, sondern durch ein »inneres Gefühl« gegeben ist (Kant 1790/1974, § 40, 161/159). Analoges ist von der Kontemplation der eigenen Lebensgeschichte zu sagen. Weder der Begriff des Menschen noch ein in irgendeiner Theorie geformter Begriff des Glücks kann die Erkenntnis einer Lebensgeschichte unter ein Gesetz (im Sinne Kants) zwingen. Auch wenn Sicherheit und Freiheit Bedingungen sind, die es *wahrscheinlicher* machen, dass jemand oder viele ein glückliches Leben führen können, so ist doch nicht auszuschließen, dass ein Leben in Unsicherheit oder Unfreiheit ein glückliches sein kann. (Was jedoch den Gemeinspruch, jeder sei seines Glückes Schmied, nicht bestätigt.)

Wenn der oft im Laufe seines Lebens verzweifelte Wittgenstein auf dem Totenbett sagt, dass er ein wundervolles Leben hatte oder wir Sokrates als glücklichen Menschen bezeichnen, obwohl er die Todesstrafe hinnahm und wir Jesus als einen glücklichen Menschen ansehen, obwohl er den Foltertod eines Verbrechers sterben musste, so hat es keinen

Sinn zu behaupten, dass das Leben eines Menschen, der oft verzweifelt sein musste oder der zum Tode verurteilt worden ist, unmöglich ein glückliches gewesen sein kann, er also sein Leben unter den falschen Begriff subsumiert hat. Die Teile des Musters, das Wittgenstein, Sokrates und Jesus in ihrem Leben entstehen lassen konnten, können als Elemente in den Lebensläufen anderer Personen diese vielleicht zu unglücklichen machen, bei Wittgenstein, Sokrates und Jesus jedoch eine ganz andere Bedeutung haben. Die Wahrnehmung des eigenen Lebenslaufes kann man hier deshalb eher mit der Arbeit eines Künstlers vergleichen, der sich plötzlich darüber klar wird, wie er handelnd ein bestimmtes Material, ein angefangenes Bild, ein Gedicht oder eine Komposition fortzusetzen und zu beenden hat, indem er einem bestimmten Element in der Fortsetzung des Werkes die und die Relevanz und Bedeutung gibt. Adorno spricht in diesem Zusammenhang ebenfalls von »Komposition« und dem subjektiv Erzeugtem als einem »Zeichen der Objektivität« (Adorno 1966/1973, 167). Die Fähigkeit zu dieser Komposition der eigenen Existenz ist jedoch nicht an eine bestimmte narrative oder sonstige technisch-kompositorische Kompetenz gebunden. Der große Erzähler kann unglücklich sein, weil er nicht wagt, das eigene Leben zu betrachten und der einfache Schuster oder Zimmermann können glücklich sein, auch wenn sie von ihrem Glück nicht erzählen.

Man darf sich dies so vorstellen, dass die eigene Subjektivität an eine gewisse Grenze geführt wird: eine Grenze der Handlungsevidenz, an der der Ausdruck jener Komposition oder jenes Musters das, was zu tun ist, nicht mehr als beliebig darstellt, sondern es notwendig und selbstverständlich aus dem Handelnden folgen lässt und es damit zu etwas nicht mehr rein Subjektivem, sondern zu einem »Zeichen der Objektivität« macht. Diese Vorstellung korrespondiert mit dem Gedanken Stanley Cavells, dass die Person, die es geschafft hat, eine eigene Stimme zu finden, sich auf etwas Allgemeines bezieht, das von öffentlichem Interesse ist. Im Anschluss an Emerson beschreibt Cavell die Rezeption dieser Verallgemeinerung der partikularen Individualität im authentischen Ausdruck als den Eindruck, dass einem in der Sprache des »genialen Dichters« das eigene Unbewusste entgegentritt (Cavell 2004, 19–34).

Die Möglichkeit, mit einer eigenen Stimme auf die Welt zu reagieren, sich selbst authentisch fortzusetzen, ist meist nur gegeben, wenn die Selbsterhaltung, das heißt die organische Kontinuität des Lebens bereits gewährleistet ist. Es muss auch eine gewisse Reflexionsfähigkeit, Ruhe und Mut gegeben sein, um die Aufmerksamkeit auf die Vorkommnisse des eigenen Lebens richten zu können. Man könnte das vielleicht eine ›seelische Grundgesundheit‹ nennen, die in der Regel (nicht immer!) die Voraussetzung der Suche nach Lebensglück ist. Wenn beides gegeben ist – und oft ist das ja gar nicht der Fall –, wenn also organische und seelische Gesundheit gegeben sind, dann mag eine Mischung aus ruhiger Rezeptivität und kreativer Konstruktivität oder Antwortfähigkeit dazu führen, dass man ein Muster in der zeitlichen Abfolge der Geschehnisse des eigenen Lebens entdeckt und weiß, wie man es fortsetzen muss, damit alles einen Sinn erhält. In dem Moment erhalten auch die vergangenen Erfahrungen vor dem Hintergrund dessen, was jetzt zu tun ist, ihre eigene Notwendigkeit, ganz im Sinne von Adornos Vorstellung, dass das Unterschiedene aneinander teilhat. Dies ist sicher nicht bei vielen Menschen der Fall. Die meisten von uns finden kein Lebensglück, sondern nur das Glück der Momente, die punktuelle Euphorie und das Wohlgefühl. Das glückliche Leben ist schwer zu finden und deshalb sehr selten. Die meisten von uns finden keine eigene Stimme, bleiben stumm gegenüber ihrer Welt. Wenn jedoch jemand in diesem Sinne seine ›eigene Stimme‹ gefunden hat, dann weiß er, was zu tun ist, auch wenn ihn vielleicht äußere Umstände daran hindern, das zu tun, was er meint tun zu müssen.

Die Erfahrung von Sinn oder Lebensglück ist also nicht mit einem Freiheitsgefühl in dem Sinne verbunden, dass man dieses oder jenes tun könnte. Im Gegenteil, wer einen Sinn in seinem Leben erschaffen oder das Lebensglück entdeckt hat, weiß, was er aus der individuellen Notwendigkeit der eigenen Existenz zu tun hat. Er mag jedoch nicht die äußere Freiheit besitzen, es auch tatsächlich tun zu können, er mag durch andere, mächtigere Instanzen daran gehindert werden, das zu machen, was für ihn notwendig ist. Deshalb sind auch diejenigen, die einen Sinn gefunden haben, nicht ihres Glückes Schmied, sondern den Kontingenzen ausgesetzt, denen alle Wesen mit endlicher Macht unterliegen.

Nachbemerkung: Für die Diskussion und hilfreiche Kritik an früheren Versionen dieses Artikels danke ich Manuel Dries, Martin Eichler, Burno S. Frey, Fabian Freyenhagen, Raymond Geuss, Richard Raatzsch, Jörg Schaub, Donata Schöller und Christian Skirke.

Literatur

Adorno, Theodor W.: Negative Dialektik [1966]. In: Ders.: Gesammelte Schriften. Bd. 6. Frankfurt a.M. 1973, 7–412.

–: Stichworte [1969]. In: Ders.: Gesammelte Schriften. Bd. 10.2. Frankfurt a.M. 1977, 595–782.

Aristoteles: Eudemische Ethik (Übers. Franz Dirlmeier). Berlin 1963.

–: Nikomachische Ethik (Übers. Franz Dirlmeier). Berlin 1979.

Badiou, Alain: Paulus. Die Begründung des Universalismus [1997] (Übers. Heinz Jatho). Berlin/Zürich ²2009.

Benjamin, Walter: Einbahnstraße [1928]. In: Ders.: Gesammelte Schriften. Werkausgabe. Bd. IV.1: Kleine Prosa, Baudelaire Übertragungen (Hg. Tillmann Rexroth). Frankfurt a.M. 1980, 83–148.

Bieri, Peter: Das Handwerk der Freiheit. München 2001.

Bostrom, Nick: A History of Transhumanist Thought. In: Journal of Evolution and Technology 14/1 (2005), 1–25.

Cavell, Stanley: Cities of Words. Pedagogical Letters on a Register of the Moral Life. Cambridge, MA/London 2004.

Collingwood, Robin George: The Idea of Nature [1945]. Oxford 1960.

Descartes, René: Discours de la Méthode [1637]/Von der Methode des richtigen Vernunftgebrauchs und der wissenschaftlichen Forschung. Französisch-Deutsch. (Hg. u. Übers. Lüder Gäbe). Hamburg 1960.

Dilthey, Wilhelm: Das Wesen der Philosophie [1907]. Hamburg 1984.

Duns Scotus, John: Philosophical Writings. Latin/English (Hg. Allan Wolter, O.F.M.). Edinburgh/London/Melburne 1962.

Epikur: Wege zum Glück. Griechisch-Lateinisch-Deutsch (Hg. u. Übers. Rainer Nickel). Düsseldorf/Zürich 2003.

Frey, Bruno S./Stutzer, Alois: Happiness and Economics: How the Economics and Institutions Affect Human Well-Being. Princeton 2001.

Frey, Bruno S./Frey Marti, Claudia: Glück: Die Sicht der Ökonomie. Zürich 2010.

Geuss, Raymond: Glück und Politik. Potsdamer Vorlesungen (Hg. Andrea Kern/Christoph Menke). Berlin 2004.

–: Politics and Imagination. Princeton 2010.

Gugerli, David u.a.: Nach Feierabend. Die Suche nach der eigenen Stimme. Zürcher Jahrbuch für Wissensgeschichte. Berlin/Zürich 2006.

Hampe, Michael: Eine kleine Geschichte des Naturgesetzbegriffs. Frankfurt a.M 2007.

Kant, Immanuel: Kritik der Urteilskraft [1790]. Hamburg 1974.

Lear, Jonathan: ›Glück‹. In: Susan Neiman/Matthias Kroß (Hg.): Zum Glück. Berlin 2004, 43–78.

Paul, Gregor: Buddhistische Glücksvorstellungen. In: Joachim Schummer (Hg.): Glück und Ethik. Würzburg 1998, 47–69.

Spinoza, Baruch de: Ethica more geometrico demonstrata [1677]. Heidelberg 1929.

Whitehead, Alfred North: Process and Reality. An Essay in Cosmology [1929]. Corrected Edition (Hg. David Ray Griffin/Donald W. Sherburne). New York 1978.

Michael Hampe

6. Glück und Zeit. Erfüllte Zeit und gelingendes Leben

Unser problematisches Verhältnis zur Zeit

Erfüllte Augenblicke wie Erfahrungen des Leidens an der Zeit sind in jedem Leben präsent. Momente der Langeweile, in denen das, womit man gerade beschäftigt ist, die Aufmerksamkeit nicht mehr zu fesseln vermag und das Vergehen bzw. Nicht-Vergehen von Zeit spürbar wird, gehören ebenso zum menschlichen Leben wie Augenblicke erfüllter Hingabe, die aus dem chronologischen Ablauf der Zeit heraustreten, in denen die Zeit stillsteht. Gleichermaßen finden sich – mehr oder weniger ausgeprägt – in jedem Leben nostalgische Erinnerungen an vergangenes Glück, Freude an gegenwärtig zu verrichtenden Tätigkeiten, Vorfreude auf kommende Ereignisse und Sorgen angesichts künftig zu bewältigender Herausforderungen. In all diesen Phänomenen zeigt sich die Verwobenheit des menschlichen Glücks in die Zeit. Genauer wird sich zeigen, dass das Glück der Zeit ›abgetrotzt‹ ist. Um dies zu verstehen, gilt es zunächst einzusehen, dass die Zeit kein neutrales Medium darstellt, in dem menschliches Leben stattfindet, sondern vielmehr als Macht auftritt, der das menschliche Leben ausgesetzt ist (vgl. Theunissen 1991, 37 ff.).

Die Zeit greift auf das Gelingen menschlichen Lebens auf zwei Ebenen über. Zunächst stellt das Vergehen der Zeit eine Herausforderung an die menschliche Lebensführung dar. Gegenüber anderen – pflanzlichen wie tierischen – Lebensformen zeichnet sich das menschliche Leben durch eine spezifische Selbstdistanz aus. Es gehört zum Menschsein, im Vollzug des eigenen Lebens nicht vollständig aufzugehen, sondern immer noch hinter sich selbst, bzw. den eigenen, leiblich verankerten Lebensmittelpunkt zurücktreten zu können, im Ausgang von dem das Leben vollzogen wird (vgl. Plessner 1928/1981, 360 ff.). In dieser Selbstdistanz heben sich für den Menschen seine Vergangenheit und Zukunft von der Gegenwart seines Lebensvollzugs ab. Damit zugleich kommt ihm zu Bewusstsein, dass sein Leben einen Anfang und ein Ende in der Zeit hat. Derart gehört das Wissen um die zeitliche Befristetheit nicht nur des Lebensganzen, sondern auch einzelner Episoden des Lebens zur Verfasstheit des Menschseins. Vor diesem Hintergrund stellt sich dem philosophischen

Nachdenken *die ethische Frage*, wie zu leben sei, damit das eigene Leben trotz seines Ausgeliefertseins an das zeitliche Vergehen gelingen, bzw. glücklich werden könne.

Darüber hinaus konfrontiert die Zeit das menschliche Leben mit einem Sinnproblem. Dies lässt sich mit Blick auf die bisherigen Überlegungen verständlich machen. Wenn bisher gefragt wurde, wie angesichts des Vergehens von Zeit zu leben sei, so ist in dieser Frage das zeitliche Vergehen vom Subjekt des Lebens noch ferngehalten. Es wird ein dem zeitlichen Wandel entzogenes Subjekt angenommen, das trotz der zeitlichen Veränderungen in seinem Leben und angesichts seines künftigen Todes ein glückliches Leben haben will. Die menschliche Fähigkeit, hinter sich zurücktreten zu können, macht jedoch vor dem eigenen Selbst nicht halt. Derart gehört es zum Menschsein, auch noch das eigene Selbst als dem zeitlichen Vergehen ausgeliefert reflektieren zu können. Die Macht der Zeit ist damit im menschlichen Leben nicht nur als Macht über das Leben und seine Episoden, sondern darüber hinaus auch als Macht über das Subjekt des Lebens präsent. Dass die Perspektive auf die Ereignisse des Lebens vom zeitlichen Wandel betroffen ist, zeigt sich daran, dass gerade wegweisende Ereignisse im Leben – etwa die Begegnung oder die Entzweiung mit einem Menschen – zu unterschiedlichen Zeitpunkten im Leben häufig sehr verschieden beurteilt werden. So kann z. B. eine Trennung, die als Ende allen Lebensglücks erfahren wird, später als Beginn eines neuen, seinerseits erfüllenden Lebensabschnitts aufgefasst werden – ohne freilich dass dies nun die objektive Sicht auf das Ereignis darstellte. Zwar mag man – und dies mit gutem Recht – auch den zeitlichen Wandel des Selbst noch als eine ethische Herausforderung begreifen und in der Auseinandersetzung mit der Frage berücksichtigen, wie zu leben sei, um unter den Bedingungen des Vergehens von Zeit glücklich zu werden.

Das Übergreifen des zeitlichen Wandels auch auf das Selbst konfrontiert allerdings darüber hinaus mit einem weiteren, *metaphysischen Problem*: der Frage, wie Sinn überhaupt in die Zeit kommt. Seinerseits dem zeitlichen Wandel unterworfen, ist es dem Selbst nicht möglich, einen archimedischen Standpunkt der Wahrheit einzunehmen, von dem aus es seinem eigenen Dasein Bedeutung verleihen könnte. Die Bestimmungen, die es den Ereignissen in seinem Leben zuspricht, sind immer nur relativ auf seinen jeweils in der Zeit eingenommenen Standpunkt. Die metaphysische Frage nach dem Einbrechen von Sinn in

die Zeit zielt darauf, die *Möglichkeit* von Glück angesichts des menschlichen Unterworfenseins unter die Zeit zu begreifen. Sie fordert, die Zeit selbst anders zu denken, der das menschliche Leben ausgesetzt ist. Wenn sich nämlich im Leben Sinn ereignen soll, der von den – dem zeitlichen Wandel unterworfenen – Bedeutungszuschreibungen des Selbst unabhängig ist, dann darf die Zeit nicht im bloßen Wandel bzw. Vergehen aufgehen. Es muss sich vielmehr verstehen lassen, dass die Zeit selbst von Sinn durchdrungen ist, der dem Selbst, seinem Leben und den Ereignissen seines Lebens die Bedeutung verleiht, die das Selbst nicht hervorzubringen vermag.

Beide Fragen, die die Verwobenheit des menschlichen Glücks in die Zeit provoziert, beschäftigen das philosophische Nachdenken seit der Antike. Auf der einen Seite wird vom zeitlichen Wandel bzw. vom Vergehen der Zeit als einer Tatsache im menschlichen Leben ausgegangen, um die ethische Frage zu stellen, wie zu leben sei, damit das Leben angesichts seines Dem-zeitlichen-Wandel-Ausgesetzt-Seins gelinge. Auf der anderen Seite wird hinter die Möglichkeit gelingenden Lebens in der Zeit zurückgegangen und die metaphysische Frage gestellt, wie der Sinn überhaupt in die Welt kommt. Während die ethische Frage im Fokus einer Tradition steht, die ihren Ausgang in der griechischen Antike nimmt, wirkt in Bezug auf die metaphysische Frage, wie Sinn in die Zeit kommt, das Christentum traditionsbildend. Auch wenn historisch in vielen Epochen eine der beiden Fragerichtungen dominiert, haben sich bis in die Gegenwart hinein Autoren auch immer wieder für beide Aspekte des Problems glückenden Lebens in der Zeit interessiert.

Die ethische Frage nach dem Gelingen des menschlichen Lebens unter den Bedingungen des zeitlichen Vergehens

Das Vergehen von Zeit tritt auf vielfache Weise ins menschliche Leben und stellt darin das Streben nach einem glücklichen Leben infrage: als Verblassen von Glückserfahrungen bei ihrer Wiederholung, als Hängenbleiben in bestimmten Lebensphasen, als Abbruch eines eingeschlagenen Lebensweges, als Zu-Ende-Gehen von Episoden des Glücks und des Lebens selbst. Angesichts dieser Erfahrungen des Übergreifens des Vergehens und Wandels von Zeit auf das menschliche Glück stellt sich dem philosophischen Nachdenken die Frage, ob und wie sich der

Zeit ein glückliches Leben abtrotzen lasse. In der zeitgenössischen Philosophie wird diese Frage sehr breit und mit Fokus auf unterschiedliche Unteraspekte diskutiert. Bevor auf die gegenwärtigen Diskussionen eingegangen wird, soll zunächst ein Blick auf die Tradition philosophischer Ethik geworfen werden, von der sie zehren.

In der *Antike* bringt *Solon* (um 640 v.Chr.–um 560 v.Chr.) das Problem auf, dass das Glück des Menschen durch den permanenten Wandel bedroht ist, dem der Mensch in seinem Leben ausgesetzt ist (s. Kap. III.2). In seinem berühmten, von Herodot (490/480 v.Chr.–424 v.Chr.) überlieferten Gespräch mit Krösus, der hofft aufgrund seines Reichtums vom weisen Solon als glücklichster Mensch der Welt gepriesen zu werden, verweigert er ihm die begehrte Wertschätzung (vgl. Herodot 1971, 12 ff.). Solon begründet seine Haltung mit Verweis auf die Unbeständigkeit der Glücksgüter, auf die Krösus sein Glück gründet, die ihm jedoch durch eine unvorhergesehene Wendung seines Schicksals genommen werden könnten – und ihm im weiteren Verlauf von Herodots *Historien* auch genommen werden. Solon zufolge können die Wandlungen des Schicksals die Glücksbilanz eines Lebens erst nach dem Tod nicht mehr beeinträchtigen. Deswegen könne über das Glück eines Menschen erst nach dessen Tod und unter Berücksichtigung des Lebens seiner Kinder entschieden werden.

Am Paradox des Solon, dass nur darüber geurteilt werden könne, ob ein Mensch glücklich war, nicht aber darüber, ob er gegenwärtig glücklich ist – und dies unabhängig davon, wie glücklich sich seine Lage zu Lebzeiten präsentieren mag –, hat sich in der Antike eine Diskussion über die Frage entzündet, wie zu leben sei, damit das eigene Leben angesichts des zeitlichen Wandels gelinge. Von Platon über Aristoteles bis zu den Philosophen des Hellenismus bemühte man sich um ein Verständnis eines glückenden Lebens, das dem zeitlichen Wandel gewachsen ist – wodurch zugleich das Paradox des Solon vermieden wäre. Dabei waren sich die Philosophen der klassischen Antike und des Hellenismus darin einig, dass der Besitz von Glücksgütern als Maßstab menschlichen Glücks aufzugeben sei. Uneinigkeit herrschte zwischen ihnen in Bezug auf die Frage, wie man die Emanzipation vom zeitlichen Wandel erreichen könne.

In der klassischen Antike fragen Platon und Aristoteles danach, wie sich das menschliche Leben trotz des Wandels der Zeit zu einem Ganzen zusammen-schließen könne und auf diese Weise gelinge. Sie stehen dabei für die konkurrierenden Wege, Beständigkeit und damit ein in sich rundes Leben durch das Transzendieren bzw. die Überformung des zeitlichen Wandels anzustreben. Bei *Platon* (428/427 v.Chr.–348/347 v.Chr.) ist das gelingende Leben das Leben des Philosophen, der mit den ewigen, unwandelbaren Ideen verkehrt und insofern in einer Sphäre jenseits des zeitlichen Wandels lebt (vgl. *Phaidros* 248a ff.). Die Bedrohung des menschlichen Glücks durch den Tod – als dem Inbegriff des zeitlichen Vergehens – wird nach Platon in der philosophischen Lebenshaltung überwunden. Dementsprechend bestreitet Sokrates – Platon zufolge – nicht nur, dass der Tod für den Philosophen »ein Übel« darstelle, sondern bestimmt darüber hinaus das Philosophieren als »Sterbenlernen« (vgl. *Apologie* 40c; *Phaidon* 81a ff.).

Aristoteles (384 v.Chr.–322 v.Chr.) steht in der klassischen Antike für den alternativen Weg, Beständigkeit im menschlichen Leben nicht durch das Transzendieren, sondern durch die Gestaltung des zeitlichen Wandels zu erreichen. Hierfür ist entscheidend, dass Aristoteles das gelingende Leben als ein Leben begreift, das durch die tugendhafte Tätigkeit der Seele bestimmt ist (vgl. *Nikomachische Ethik* [NE] 1098a). Als *Tätigkeit* verwirklicht sich das tugendhafte Leben in der Zeit und erreicht nach Aristoteles auf diese Weise Beständigkeit in den Wechselfällen des Lebens (vgl. 1100b). Insofern das tugendhafte Leben allerdings auf Glücksgüter als Mittel für seinen Vollzug angewiesen sei, bleibe es immer noch zu einem gewissen Grad von den Wechselfällen des Lebens abhängig (vgl. 1101b). Dementsprechend haben die Wechselfälle des Lebens vermittels der Glücksgüter zwar Macht über das Gelingen des menschlichen Lebens, seien in ihrer Macht jedoch begrenzt. Da »der wahrhaft Gute und Verständige die Wechselfälle des Lebens alle in guter Haltung trägt und immer das Angemessenste aus der Situation macht […] wird [er] niemals unglücklich werden können; er wird allerdings auch nicht selig sein, wenn ihn Schicksalsschläge treffen, wie sie Priamos erlitten hat« (1101a). Unter den Formen des tugendhaften Lebens ist nach Aristoteles das theoretische Leben das glücklichste (vgl. 1177a). In der Begründung dieser Auszeichnung verweist Aristoteles nicht nur darauf, dass das kontemplative Leben die höchste Tätigkeit sei und das höchste Maß an Lust und Autarkie vermittle, sondern auch darauf, dass es die größte Kontinuität in der Zeit aufweise, das zeitliche Vergehen also am besten überforme (1177a).

Im *Hellenismus* rückt am Vergehen der Zeit neben dem Zu-Ende-Gehen von erfreulichen Lebensperioden das Sterben in das Zentrum des philosophischen Nachdenkens. Sowohl die Epikureer als auch die Stoiker entwickeln Praktiken der Lebenskunst, deren Ziel darin besteht, sich in ein Leben einzuüben, dessen Glück durch die menschliche Endlichkeit nicht gefährdet ist. Uneins sind sie sich allerdings in Bezug auf das angestrebte Glück und damit einhergehend auch in Bezug auf die Praktiken, um es zu erreichen. Während Epikur an einer Gegenwart in Freude interessiert ist, verfolgen die Stoiker das Ideal eines durch vernünftige Selbstbestimmung zusammengeschlossenen Lebens.

Das Leben in Freude bzw. Lust (gr. *hedoné*), dem sich *Epikur* (um 341 v.Chr.–271/270 v.Chr.) verschreibt, bestimmt er als ein Leben, das frei von Unlust ist (vgl. Epikur 1967, 279–286). Angesichts der Wechselfälle des Lebens rät Epikur zu einer asketischen Lebensführung, die die Zufriedenheit mit der eigenen Lebensgegenwart dadurch sichere, dass sie sich an einen bescheidenen Lebenswandel gewöhne und deswegen von keiner Entbehrung bedroht sei. Um die Beunruhigung durch den Tod zu überwinden, empfiehlt er, den Tod zu vergessen. Wer den Gedanken an sein zeitliches Vergehen ausschalte, dem werde es nach Epikur möglich, die Gegenwart in Freude zu genießen. In dieselbe Richtung weist *Horaz'* (65 v.Chr.–8 v.Chr.) sprichwörtlich gewordene Maxime *carpe diem* (Horaz 1964, 25). Anders als vom Alltagsgebrauch häufig missverstanden, fordert der Epikureer Horaz in der *Lebensregel*, der diese Anweisung entnommen ist, nicht dazu auf, die Gegenwart zu nutzen, um an der Sicherheit der Zukunft zu bauen. Er rät vielmehr, sich der Gedanken über die ungewisse Zukunft zu enthalten und damit die eigene Vergänglichkeit auszublenden, um den gegenwärtigen Tag in Freude erleben zu können.

Demgegenüber möchte der Stoiker *Seneca* (um 1–65) das Sterben nicht vergessen, sondern – im Sinne Platons – erlernen. Ausgangspunkt seiner Überlegungen ist die verbreitete Klage über die Kürze des menschlichen Lebens (vgl. Seneca 2008). Die Erfahrung, dass das eigene Leben – zu – kurz sei, hat nach Seneca ihre Ursache in einem misslungenen Umgang mit der eigenen Lebenszeit. Das Leben erscheine der Menge deswegen als zu kurz, weil sie sich den Leidenschaften hingebe, dadurch von anderen Menschen und dem Lauf der Dinge abhängig werde und infolgedessen nur noch Zeit für die Verpflichtungen und nicht mehr für sich selbst habe.

Der Philosoph führe dagegen ein selbstbestimmtes Leben und nutze seine Lebenszeit für die Erkenntnis und damit für den Umgang mit den ewigen Dingen. Derart hänge das Gelingen seines Lebens nicht von künftigen Ereignissen ab, sondern sei bereits in der Gegenwart erfüllt – und deswegen lang genug.

Unter dem Einfluss des Christentums tritt seit der Spätantike die ethische Frage, wie der Mensch das Gelingen seines Lebens angesichts des Vergehens von Zeit erreichen könne, hinter die – im zweiten Teil des Artikels behandelte – metaphysische Frage nach der Erfüllung zurück, die der Mensch durch den Einbruch des Sinns in die Zeit erfährt. Dennoch finden sich im *Mittelalter* und in der *Neuzeit* Philosophen, die an die verschiedenen Aspekte und Positionen der antiken Diskussion anknüpfen. So übernimmt etwa *Thomas von Aquin* (um 1225–1274) – im Rahmen seiner Unterscheidung der *beatitudo perfecta* des ewigen und der *beatitudo imperfecta* des diesseitigen Lebens – die aristotelische Auszeichnung des theoretischen als des kontinuierlichsten Lebens. Aufgrund seiner Beständigkeit weise das theoretische Leben auf das ewige Leben in der Einheit mit Gott voraus, in dem das zeitliche Vergehen überwunden sei (vgl. Thomas von Aquin: *Summa theologiae* 1273/1985, II, q 5 a 4, 41 ff.; Forschner 1993, 82 ff.).

Michel de Montaigne (1533–1592) verändert seine Haltung zum Glück, das unter den Bedingungen der Zeit zu erreichen sei, im Laufe seines Lebens und reflektiert diese Veränderung in einem späten Essay als Janusköpfigkeit des Lebens: dass sich die Jungen am Alter und die Alten an der Jugend orientierten (vgl. Montaigne 1580/1998, 419l). In seinen frühen Essays vertritt er mit Bezug auf Solon noch die These, dass man deswegen erst nach dem Tod eines Menschen über dessen Glück urteilen solle, da der Tod den »Prüfstein« darstelle, »an dem sich alle Handlungen unsres Lebens messen lassen müssen« (45r). Um sich auf diese Prüfung vorzubereiten, gelte es, zu philosophieren, was Montaigne – abermals in Tradition der Antike – als Sterbenlernen versteht. Am Ende seines Lebens relativiert er den Status des Philosophierens für das menschliche Glück. Mit dem Philosophieren gelte es genauso wenig zu übertreiben wie mit dem Streben nach sinnlicher Lust. Das menschliche Glück findet er nun weniger in einem runden Leben als in Zuständen der Lust und der Freude, die es auszukosten gelte (vgl. 418r ff.; 561r ff.; s. Kap. IV.2).

Mit Bezug auf Epikur wird das menschliche Glück auch im *französischen Materialismus* und in der *eng-*

6. Glück und Zeit. Erfüllte Zeit und gelingendes Leben

67

lischen Moralphilosophie der frühen Neuzeit als – z. T. nur sinnlich, z. T. auch geistig bestimmte – Lust bzw. Freude verstanden (s. Kap. V.1–2). Allerdings wird Lust – im Sinne des Alltagsverständnisses – als ein unmittelbar sich einstellender Zustand verstanden und Epikurs Verständnis eines lustvollen Lebens, das gerade angesichts der Wechselfälle des Lebens zu bestehen habe, nicht übernommen. Wenn in diesen Strömungen der neuzeitlichen Philosophie das Glück in seinem Verhältnis zur Zeit thematisiert wird, so stellt es sich jetzt – wie es *Hobbes* (1588–1679) ausdrückt – als »ein ständiges Fortschreiten des Verlangens von einem Gegenstand zu einem anderen«, bzw. – bei *Voltaire* – als eine Folge von Lustzuständen dar (vgl. Hobbes 1651/1984, 75; Voltaire 1764/1838, 483).

Vor eine grundsätzlich neue Herausforderung gestellt sieht sich das philosophische Nachdenken über das Gelingen menschlichen Lebens unter den Bedingungen der Vergänglichkeit erst durch *die Reflexion auf die Endlichkeit der Vernunft. Seit dem 19. Jahrhundert* wird die Bezogenheit der Vernunft auf die vorgängige Wirklichkeit menschlichen Lebens bedacht. Die Endlichkeit der Vernunft stellt das philosophische Glücksdenken sowohl vor ein inhaltliches als auch vor ein methodisches Problem. Auf inhaltlicher Ebene hat die Relativierung der Vernunft zur Konsequenz, dass sie keine Beständigkeit in den Wechselfällen des Lebens mehr vermitteln und also auch das Gelingen des menschlichen Lebens nicht mehr sichern kann. Auf methodischer Ebene schlägt die Einsicht in die Endlichkeit der Vernunft auf den Wahrheitsanspruch des philosophischen Erkennens selbst zurück, das seinen archimedischen Standpunkt der Wahrheit verliert und seine orientierende Kraft einbüßt. Beide Herausforderungen bestimmen das Glücksdenken bis in die Gegenwart.

Die Konsequenz aus der Endlichkeit der Vernunft für das Glücksdenken hat der späte *Schelling* (1775–1854) auf sehr eindrückliche Weise gezogen, wenn er in dem Dialog *Clara* die Protagonistin ausrufen lässt: »Philosophen können wohl sagen: Es gibt keinen Tod […]. Das aber, was wir anderen Menschen so nennen, bleibt deswegen doch da, und lässt sich mit Worten so wenig hinwegschaffen, als es auf diese Art erklärt wird« (Schelling 2009, 71 f.). Schelling und mit ihm eine ganze Reihe moderner Philosophen ziehen aus diesem Umstand die Konsequenz, menschliches Glück – in Anknüpfung an die im zweiten Teil des Artikels dargestellte christliche Tradition – als eine Erfülltheit zu verstehen, die ihren Ursprung in einer Instanz der Transzendenz jenseits des menschlichen Lebens und der menschlichen Vernunft hat.

Die im weiten Sinn des Wortes *lebensphilosophische Strömung* schlägt den alternativen Weg ein, auf die Herausforderung durch die Endlichkeit der Vernunft zu reagieren, und diskutiert das Gelingen menschlichen Lebens im Ausgang vom diesseitigen Vollzug des Lebens. *Friedrich Nietzsche* (1844–1900) betont, dass Handeln und damit das Gelingen des menschlichen Lebens von der Fähigkeit abhänge, die er zunächst als »plastische Kraft« und später als »Wille zur Macht« bezeichnet: das Wirkliche, bzw. das aus der Vergangenheit Überkommene, in den Dienst des gegenwärtigen Lebensvollzugs zu stellen (1874/1980, 225 ff.). *Martin Heidegger* (1889–1976) denkt gelingendes Leben als das »eigentliche« Leben des Einzelnen, der sich durch den Bezug auf den ihm bevorstehenden Tod der Konventionalität der Lebensführung – bzw. der Verfallenheit an das Man – entwunden habe (1927/1993, 255–267). *Albert Camus* (1913–1960) treibt die Strömung, das Gelingen des Lebens im Ausgang vom individuellen Lebensvollzug zu verstehen, mit seiner Behauptung auf die Spitze, dass man sich Sisyphos als einen glücklichen Menschen vorzustellen habe (1942/1959, 101; s. Kap. V.6 und VI.5).

Die *zeitgenössische Diskussion* der Frage nach dem Gelingen des Lebens unter den Bedingungen menschlicher Endlichkeit fokussiert sich auf drei Problemkomplexe. Zum einen hat *John Rawls* (1921–2002) mit seiner These, dass ein vernünftiger Lebensplan das Gelingen des Lebensganzen sichere, eine *Diskussion über die Verschränkung von Lebensplan und Ereignissen des Lebens* ausgelöst (1971/1975, 445 ff.). Nach Rawls sichert der Lebensentwurf deswegen Beständigkeit im zeitlichen Wechsel der Lebensabschnitte, weil er den individuellen Sinnhorizont darstelle, unter dem alle Werturteile gefällt und untereinander abgestimmt würden. Zwar sei der Lebensplan unter Bedingung der je aktuellen Lebenssituation zu konkretisieren, dies schlage gewöhnlich jedoch nicht auf den Gesamtplan zurück. Gegen Rawls' Lebensplantheorie wurde von verschiedener Seite eingewandt, dass sie die immanente Zeitstruktur, die dem Vollzug menschlichen Lebens zukomme, verkenne (vgl. Williams 1981/1984, 43; Seel 1995, 100; Thomä 1998, 73 ff.; Spaemann 1996, 125 ff.). Für die weitere Diskussion ergibt sich dadurch die Herausforderung, einzusehen, wie sich aus dem Horizont menschlichen Lebens sein Gelingen begreifen

lasse. Dabei kommt der Frage nach der Verschränkung des gefassten Lebensplans und der einbrechen-
den Ereignisse des Lebens besonderes Gewicht zu.
Annemarie Pieper (geb. 1941) betont die Wechselbeziehung von Lebensplan und Lebenserfahrung
(2001, 26 ff.). Ein an der Lebenserfahrung bewährter
Lebensentwurf umgreife die Dimensionen der Vergangenheit, der Gegenwart und der Zukunft und
könne deswegen unglückliche Lebensphasen integrieren und auf diese Weise das Gelingen des
menschlichen Lebens als Ganzes sichern. Nach *Martin Seel* (geb. 1954) stellt die Verschränkung von einem Lebensplan, der auf langfristige Ziele ausgerichtet ist, und der Offenheit für unerwartete Ereignisse
des Glücks die Herausforderung dar, die es in einem
selbstbestimmten Leben zu bewältigen gelte, damit
das Leben gelinge (1995, 113 f.). *Robert Spaemann*
(geb. 1927) tritt dafür ein, dass sich das Ganzwerden
des menschlichen Lebens nicht an seinem zeitlichen
Ende, sondern mitten im Leben ereigne (1996,
125 ff.). Das Leben werde in seinem Vollzug ganz, indem die in ihm geschehenden Ereignisse als etwas
erfahren werden, das nicht nur innerhalb des individuellen Lebenszusammenhangs bedeutsam, sondern
in sich sinnhaft sei. Sein logisches Pendant habe der
gegenüber dem Lebensvollzug eigenständige Lebenssinn im *futurum exactum*, das das künftige Ge-
wesen-Sein von Ereignissen der Gegenwart ausdrückt (vgl. 171). *Dieter Thomä* (geb. 1959) formuliert die Kritik an der Vorstellung einer das ganze
Leben überblickenden Lebensbilanz als Einspruch
gegen die Lebenserzählung. »Die Gegenwart ist der
blinde Fleck, von dem aus Erzählungen in die Vergangenheit und in die Zukunft fortgesponnen werden« (1998, 255). Aus dieser Rückgebundenheit an
einen Augenblick *im* Leben zieht Thomä – in der
Tradition von Nietzsches »plastischer Kraft« – den
Schluss, dass die in der Erzählung vollzogene Rückwendung auf das eigene Leben kein Selbstzweck sei,
sondern »im Dienst eines weltbezogenen Lebensvollzugs« stehe (255). *Dieter Birnbacher* (geb. 1946)
reagiert schließlich auf das Problem, dass das Nachdenken über gelingendes Leben selbst in den Horizont des menschlichen Lebens rückgebunden ist, indem er die philosophische Erkenntnis zur Wahrung
ihrer Wissenschaftlichkeit auf die Untersuchung der
Urteile beschränkt, die über das Gelingen menschlichen Lebens gefällt werden (2006, 10 ff.). Derart bestimmt er »das periodische Glück« als ein normatives Urteil, das im Rückblick über die Bilanz eines
Lebensabschnitts oder des Lebensganzen gezogen

werde und das aufgrund seiner Nachträglichkeit sehr
täuschungsanfällig sei.

Darüber hinaus wird in den letzten Jahrzehnten
die *Diskussion über die Kürze des menschlichen Lebens* wieder aufgenommen. *Hans Blumenberg* (1920–
1996) greift dieses Problem im Ausgang von der
Spannung zwischen Weltzeit – zur Bezeichnung der
Gesamtdauer weltlichen Seins – und menschlicher
Lebenszeit – zur Bezeichnung der Spanne menschlichen Lebens – auf (1986; Thomä 2003, 109 ff.). Dieser anthropologische Grundkonflikt berge die de-
mütigende Erfahrung eigener Endlichkeit in sich:
dass sich im Horizont der eigenen Lebenszeit nicht
alle Lebensmöglichkeiten auskosten lassen, die sich
in der Gesamtheit der Weltzeit bieten, bzw. bereits
geboten haben, oder erst noch bieten werden (vgl.
Blumenberg 1986, 71 ff.). Dementsprechend gehöre
es zur Verfasstheit des Menschseins, danach zu streben, den Konflikt von Lebenszeit und Weltzeit zu
entschärfen. Zeitgewinn sei solcherart das »Radikal
aller Wünsche auf Erweiterung und Zugewinn an
Lebensqualität« (74). Die kulturellen Wege, die Riva-
lität von Lebenszeit und Weltzeit zu entschärfen,
reichten von der Abkoppelung der Lebenszeit von
der Weltzeit durch die Behauptung ihrer Unverhält-
nismäßigkeit, die die Philosophie der Neuzeit aufgestellt habe, bis zur gewaltsamen Reduktion der Weltzeit auf die Spanne des eigenen Lebens, die Hitler
unternommen habe. *Hermann Lübbe* (geb. 1926) untersucht die spezifische Verschärfung, die die Erfahrung von der Kürze des menschlichen Lebens durch
die Beschleunigung der Zeit in der Neuzeit erfahren
habe (vgl. Lübbe 1992). Aufgrund der Zunahme von
technischer Innovation pro Zeiteinheit schrumpft
nach Lübbe die Gegenwart als der Zeithorizont, innerhalb dessen die eigenen Lebensverhältnisse konstant bleiben (305 ff.). Kulturell haben sich nach
Lübbe unterschiedliche Formen herausgebildet, um
unter den Bedingungen schrumpfender Gegenwart
ein gelingendes Leben führen zu können. Der rasche
Wandel werde u. a. durch Erinnerung der Vergangenheit und Betonung des Zeitlos-Klassischen kom-
pensiert und in einem eklektizistischen Gemisch
von Elementen aus verschiedenen Epochen individuell angeeignet. Neben Lübbe richten auch viele
Ansätze der Modernekritik ihre Aufmerksamkeit auf
die Beschleunigung der Zeit in der Moderne, um ihr
Kulturen der Langsamkeit gegenüberzustellen (vgl.
u. a. Jünger 1954/1979, 101–250).

Schließlich wird in der Gegenwart die hellenistische Tradition der *Lebenskunst* (s. Kap. VI.10) – häu-

fig mit Bezug auf die Beschleunigung von Zeit – wiedererinnert. *Hans Krämer* (geb. 1929) entwirft eine »präskriptive Zeitethik«, in deren Zentrum das Ziel steht, die Gegenwart als Selbstzweck zu behandeln (1992, 299 ff.). Wenn Einzelziele in bestimmten Lebensabschnitten einer übertriebenen Vergangenheitsbezogenheit oder Zukunftssorge geopfert würden, hätte dies Defizite zur Folge, die wiederum zu Kompensationszwängen führten. Beides schlüge auf die Gesamtbilanz des Lebens durch. Die Endbilanz des gesamten Lebens falle dagegen positiv aus, wenn Einzelziele in unterschiedlichen Lebensphasen erreicht worden seien. In eine ähnliche Richtung weist *Ferdinand Fellmanns* (geb. 1939) Ansatz, »mit der Zeit befreundet [zu] sein« (2009, 208 ff.). *Odo Marquard* (geb. 1928) beschäftigt sich mit den Herausforderungen, vor die die menschliche Lebensführung durch die in der Moderne radikalisierte Erfahrung der Endlichkeit menschlichen Lebens gestellt wird (1993, 64 ff.). Einerseits zwinge die Kürze des Lebens den Menschen zur Schnelligkeit, um das Angestrebte binnen gesetzter Frist zu erlangen; andererseits zwinge sie ihn zur Langsamkeit, da sie die Möglichkeiten zur Veränderung begrenze und den Menschen dadurch an seine Vergangenheit zurückbinde. In der Moderne sei gefordert, der Schnelligkeit der Lebensabläufe durch kompensatorische Langsamkeit entgegenzuwirken. *Wilhelm Schmid* (geb. 1953) verfolgt mit seinem Ansatz der Lebenskunst ein ähnliches Ziel (1998, 88 ff.).

Die metaphysische Frage nach der erfüllten Zeit

In der bisher dargestellten ethischen Diskussion wird die Macht der Zeit als Macht über das menschliche Leben reflektiert und gefragt, wie zu leben sei, um angesichts des Vergehens von Zeit glücklich zu werden. Die jetzt zu rekonstruierende, metaphysische Diskussion geht davon aus, dass das Vergehen der Zeit auch noch auf das Selbst als dem Subjekt des Lebens und den Sinn übergreift, den es den Ereignissen seines Lebens zuspricht. Angesichts dieser Relativität der Bedeutungen, die das Selbst hervorzubringen vermag, stellt sich die Frage nach einem vom Selbst unabhängigen Sinngeschehen, das in die Zeit einbricht und auf diese Weise nicht nur das zeitliche Vergehen mit Sinn überformt, sondern zugleich die Bedingung darstellt, die menschliches Glück – und Unglück – ermöglicht. Bis heute und noch in seine säkulare Aneignung hinein ist das Nachdenken über

die von Sinn durchdrungene Zeit vom christlichen Verständnis der ›Erfüllung der Zeit‹ bestimmt. Dabei wird insbesondere auf die Erfahrungen des erfüllten Augenblicks einerseits und der sinnentleerten Momente der Langeweile andererseits Bezug genommen. Um den Hintergrund der zeitgenössischen Diskussion auszuleuchten, sollen im Folgenden in typologisierender Kürze zunächst das griechische Ewigkeitsverständnis, gegen das sich die christliche Tradition absetzt, diese selbst und ihre säkulare Aneignung seit der frühen Neuzeit dargestellt werden.

Das Ewigkeitsverständnis der *antiken Metaphysik* tritt charakteristisch in *Platons* Ideenlehre hervor (vgl. z. B. *Phaidros* 248c ff.). Das zeitliche Werden erscheint hier als in ewige, da unbewegte, Strukturen des Kosmos integriert. Das irdische Leben des Menschen versteht Platon als die Episode, während derer die unsterbliche Seele einem sterblichen Körper »eingepflanzt« und dadurch dem zeitlichen Wandel ausgesetzt sei. Quelle allen Sinns – in und jenseits des zeitlichen Lebens – sind die ewigen Ideen; Organ ihrer Anschauung ist die unsterbliche Seele. Das menschliche Lebensglück steht damit bei Platon in der Spannung zwischen dem Genuss, den die körperlichen Begierden versprechen, und der höchsten Glückseligkeit, die der philosophischen Erkenntnis entspringt, in der die Seele die vor ihrer irdischen Geburt geschauten Ideen wiedererinnert. Ein Mensch, der im diesseitigen Leben philosophiere, nach der Schau der Wahrheit strebe und sich um die Reinheit der eigenen Seele sorge, nähere sich unter den Bedingungen des zeitlichen Lebens der Teilhabe am Ewigen an (vgl. *Phaidon* 83b, 114c). Auf diese Weise verdiene er sich nach Platon den Zutritt zur »Insel der Glückseligen« und damit die Rückkehr zur ewigen Glückseligkeit, nachdem seine Seele im Tod den sterblichen Körper verlassen habe (vgl. *Gorgias* 523a).

Für die *christliche Tradition* gewinnt das biblische Verständnis der Ewigkeit als »Fülle« bzw. »Erfüllung der Zeit« zentrale Bedeutung (vgl. Gal 4,4; sowie für das Folgende Theunissen 1991, 300 ff.). Darin wird mit der einfachen Gegenüberstellung von Ewigkeit und Zeitlichkeit gebrochen, die für das antike Verständnis des Ewigen, wie es sich in der platonischen Ideenlehre ausdrückt, kennzeichnend war. Das Verhältnis des Ewigen zum Zeitlichen wird jetzt als Durchdringung verstanden. Das Ewige bildet damit nicht mehr das schlechthin Andere der Zeit, sondern »deren eigene Tiefenschicht, in der die Zeit sich selbst entrückt ist« (vgl. 62). Für die menschliche Perspektive bedeutet dies, dass sich der Horizont der Zeitlichkeit nicht einfach zum Ewigen hin transzendieren lasse, sondern dass das Ewige in die Zeit einbricht, bzw. die Zeit erfüllt. Zur weiteren Bestimmung dieses Verständnisses von Ewigkeit wird – seit *Plotin* (um 205-um 270) – auf Platons Spätdialog *Timaios* zurückgegriffen (vgl. Schnarr 1984, 989–991). Hier begreift Platon die Gegenwart des Lebensganzen – *aion* – als die »in dem Einen verharrende Gegenwart«, in der die Zeit versammelt ist (vgl. *Timaios* 37d). An diesem Verständnis der bleibenden Gegenwart orientiert sich der scholastische Begriff des *nunc stans* zur Auszeichnung der Ewigkeit als der Gegenwart Gottes. Als stillgestellte Zeit wird die göttliche Gegenwart solcherart von der laufenden Zeit – *currens tempus* – der menschlichen Gegenwart abgegrenzt. Die erfüllende Stillstellung der Zeit wird sowohl als vollständige Überwindung des zeitlichen Vergehens und damit als Ende der Zeiten als auch als Konzentration der Zeit im erfüllten Augenblick des Diesseits gedacht. Das Glück, das der Mensch in der Erfüllung der Zeit sowohl am Ende als auch im Augenblick erfährt, wird von der Patristik und der Scholastik in Anschluss an die Bibel als unmittelbare Schau Gottes bestimmt. Zugleich werden beide Zustände stillgestellter Gegenwart aufeinander bezogen. So wird die mystische Schau seit *Pseudo-Dionysios Areopagita* (um 500) als affektive Erfahrung der Vereinigung mit Gott – der *unio mystica* – jenseits aller geistigen Erkenntnis und z. B. bei *Meister Eckhart* (um 1260–1328) als Vorwegnahme der künftigen Seligkeit verstanden (vgl. Heidrich 1984, 268–273; Meister Eckhart 1963, 269 f.).

In der *Neuzeit* machen Pascal und Kierkegaard dieses christliche Verständnis des Glücks der Erfüllung für das Verständnis des diesseitigen Lebens fruchtbar. In diesem Zusammenhang kommen beide zu maßgeblichen Darstellungen der Phänomene des erfüllten Augenblicks und der Langeweile. *Pascal* (1623-1662) zeichnet einen Kreislauf aus sinnloser Arbeit und langweiliger Muße (s. Kap. II.2 und IV.2). Die Arbeit bedrücke, so dass man sich nach Ruhe sehne, hätte man diese erreicht, wisse man die zur Verfügung stehende Zeit nicht zu füllen, langweile sich, fühle die eigene Unzulänglichkeit und sehne sich wieder nach dem Sich-vergessen-Können in der Arbeit. Transzendieren lasse sich dieser Zirkel aus Sinnlosigkeit und Langeweile allein im erfüllten Augenblick religiöser Kontemplation, die dem Leben wahren Lebenssinn vermittle (1670/1997, 484, 364).

Auch *Kierkegaard* (1813–1855) bedenkt die Bedeutung, die dem erfüllten Augenblick im diesseitigen Leben zukommt. Dieser steht nach Kierkegaard deswegen im Zentrum des Christentums, da er »der erste Reflex der Ewigkeit in der Zeit, ihr erster Versuch, die Zeit sozusagen zum Stillstand zu bringen« sei (1844/1984, 96). Dem erfüllten Augenblick steht bei Kierkegaard – wie bei Pascal – die Langeweile als die Erfahrung sinnloser Leere in einem dem Ewigen entfremdeten Leben gegenüber.

Seit der *Neuzeit* kommt es allerdings auch zu einer *Säkularisierung der erfüllten Zeit* in ihren beiden Dimensionen als Zustand der Erlösung am Ende der Zeiten und als erfüllter Augenblick der Gegenwart. Dabei wird ein von der neuzeitlichen Physik beeinflusstes Verständnis von Zeit in Anspruch genommen, das die Zeit vom Ewigen abkoppelt und als einen linearen Ablauf in der Spannung von Zeitdauer und Zeitpunkt versteht. Die Vorstellung vom *Reich der Erlösung* am Ende der Zeiten, das die Befreiung von Leid und ewige Glückseligkeit verspricht, wird von zwei Theorietypen angeeignet: der Utopie und der neuzeitlichen Geschichtsphilosophie. Gemeinsam ist beiden Theorietypen, dass die Zukunft nicht mehr als das schlechthin Andere gegenüber der menschlichen Gegenwart, sondern vielmehr als deren Verlängerung verstanden, damit ins Diesseits versetzt und meist als Werk des Menschen angesehen wird. In Anschluss an *Thomas Morus* (1478–1535) werden *politische Utopien* eines vollkommenen Zusammenlebens der Menschen entworfen, die an einem räumlicher und zeitlicher Bedingtheit entrückten ›Un-Ort‹ angesiedelt sind (vgl. Nipperdey 1975; Saage 1991; s. Kap. II.11). Nach einer letzten Blüte im 19. Jahrhundert mit den Entwürfen der utopischen Kommunisten – z. B. von *Charles Fourier* (1772–1837) – schlägt die Reflexion auf die Endlichkeit der menschlichen Vernunft auch auf die literarische Gattung der Utopie und deren Vertrauen in die Planbarkeit des menschlichen Gemeinwohls zurück (vgl. Fourier 1977). Im 20. Jahrhundert entstehen Dystopien – z. B. von *Aldous Huxley* (1894–1963) –, die das geplante Glück der Gemeinschaft als Unterdrückung des Einzelnen darstellen (vgl. Huxley 1932/1976).

In den Ansätzen der *neuzeitlichen Geschichtsphilosophie* werden säkulare Interpretationen der eschatologischen Annäherung an das künftige Reich der Erlösung entworfen (vgl. Löwith 1953). Die ewige Glückseligkeit tritt in den geschichtsphilosophischen Ansätzen der Neuzeit als zeitlich gedachte Zukunft der menschlichen Gegenwart auf. Während *Giambattista Vico* (1668–1744) noch den Plan der Vorsehung und ›die ewige Güte Gottes‹ geschichtsphilosophisch aufweisen wollte, wird der geschichtliche Fortschritt in der französischen Aufklärung zum Werk des Menschen. So stellt etwa *Condorcet* (1743–1794) den von der Aufklärung hervorgebrachten Fortschrittsprozess als eine Entwicklung dar, in der die Menschen zur geistigen und moralischen Vervollkommnung gelangen und einem künftigen »Elysium« entgegenstreben (1795/1963, 399). In den geschichtsphilosophischen Ansätzen der klassischen deutschen Philosophie wird der Versuch unternommen, die Vorstellung der Aufklärung vom geschichtlichen Fortschritt menschlicher Freiheit mit der theologischen Vorstellung vom Ewigen, das sich ›hinter dem Rücken‹ der Menschen nach eigenen Gesetzen verwirklicht, zu verbinden. So behaupten *Kant* (1724–1804) und *Hegel* (1770–1831) eine ›List‹ der Natur bzw. der Vernunft, die den vernünftigen Endzustand der Geschichte – den Zustand Ewigen Friedens bzw. geistiger Versöhnung – selbst durch das ›ungesellige‹ Handeln der Menschen hindurch verwirklicht. Hegel greift explizit auf die christliche Terminologie zurück und spricht davon, dass mit der Vollendung der geschichtlichen Entwicklung des Geistes »die ruhe- und haltlose Zeit [...] in sich zusammen[fällt]« (1807/1986, 587). Die sich im 19. Jahrhundert ausbreitende Geschichtswissenschaft macht diesen Ansätzen ein Ende.

Parallel zur Säkularisierung des Reichsgedankens findet in der Neuzeit eine *Säkularisierung des erfüllten Augenblicks* statt, der aus dem Zusammenhang mit dem christlichen Ewigkeitsverständnis herausgelöst wird. Von Pascal angeregt, jedoch unter Aufgabe von dessen theologischer Haltung, kommt es in Frankreich zu einer breiten Diskussion der Langeweile als eines Dekadenzphänomens (vgl. Lessing 1980, 28–32). So heißt es bei *Montesquieu* (1689–1755): »Alle Fürsten langweilen sich« und später bei *Rousseau* (1712–1778): »das Volk langweilt sich nicht« (zitiert nach Lessing 1980, 29). *Kant* stellt sich in diese Tradition und übernimmt die Gegenüberstellung zwischen der Langeweile des müßigen und der Kurzweiligkeit des tätigen Lebens. Er interpretiert das Leiden der Langeweile als List der Natur, mit der diese den Zweck verfolge, den Menschen zur Tätigkeit anzutreiben, »um immer zum Bessern fortzuschreiten« (1798/1983, B 172 ff.; vgl. Seel 2007, 181–200). *Nietzsche* (1844–1900) radikalisiert die Entkoppelung von erfülltem Augenblick und christ-

lichem Ewigkeitsverständnis. Die Ewigkeit steht bei Nietzsche nicht mehr für eine in sich verharrende Gegenwart, in der das zeitliche Vergehen überwunden ist, sondern für das In-Sich-Kreisen der Zeit als ›Ewige Wiederkehr des Gleichen‹. Damit einhergehend sieht Nietzsche den glücklichen Augenblick nicht mehr als dem Einbruch von Transzendenz geschuldet an, sondern stellt ihn als die Erfahrung von der Überwindung von Widerständen und eigenem Machtzuwachs dar (1895/1980, 170). Der lusterfüllte Augenblick bezieht sich in der Sehnsucht nach unbegrenzter Dauer bzw. nach Wiederholung allein noch auf die Ewigkeit unendlicher Wiederholung: »spracht ihr jemals ›du gefällst mir, Glück! Husch! Augenblick!‹ so wolltet ihr *Alles* zurück! – Alles von neuem, Alles ewig [...], oh so *liebtet* ihr die Welt, – [...] *Denn alle Lust will – Ewigkeit!*« (1883–85/1980, 402; Hervorhg. orig.).

Zu Beginn des 20. Jahrhunderts bemühen sich verschiedene Autoren – ähnlich wie bereits Pascal und Kierkegaard – entgegen der neuzeitlichen Tendenzen zur Säkularisierung erneut darum, das diesseitige Leben des Menschen auf die Gegenwart des Ewigen hin durchsichtig zu machen. Dabei verzichten die meisten Autoren auf ein monotheistisches Verständnis des Ewigen, bleiben jedoch der Vorstellung des beglückenden Einbruchs des Ewigen in die Gegenwart verbunden. Eine Ausnahme bildet *Franz Rosenzweig* (1886–1929), der aus dem Horizont der jüdischen Offenbarung das Verständnis der ewigen Glückseligkeit am Ende der Zeiten als unmittelbare Schau Gottes wieder aufgreift (1921/1988, 281 f.). Den erfüllten Augenblick versteht er als die »reinste Gegenwart«, die das Offenbarungsereignis göttlicher Liebe im menschlichen Leben zeitige (183). *Ludwig Wittgenstein* (1889–1951) versteht ein glückliches Leben als das »in Übereinstimmung sein mit der Welt« bzw. mit dem Schicksal, an dem wir teilhaben, ohne uns seiner bemächtigen zu können (1960/1984, 169; s. Kap. VI.3). Ein glückliches Leben ist nach Wittgenstein nicht in der Zeit, sondern allein in der Ewigkeit zu erreichen, die er im Sinne des *nunc stans* als »unzeitliche« Gegenwart jenseits des zeitlichen Vergehens bestimmt. Der Mensch hat an dieser unzeitlichen Gegenwart nach Wittgenstein in der Kontemplation teil.

Marcel Proust (1871–1922) beschreibt den erfüllten Augenblick als Einbruch einer vergangenen Zeit in die Jetztzeit, der sich als Erinnerung ereigne (1927/1964, 267–298). Eine für sich genommen unbedeutende Erfahrung – wie der Geschmack einer in den Tee getauchten Madeleine – motiviere eine Erinnerung und bilde damit die Brücke zwischen der Jetztzeit und einer vergangenen Zeit. Das Erinnerungsgeschehen durchbreche solcherart den chronologischen Ablauf der Zeiten und vermittle eine Erfahrung des Ewigen. Diese Teilhabe am Ewigen sei die Ursache dafür, dass die Augenblicke der Erinnerung als beglückend erlebt würden. *Walter Benjamin* (1892–1940) knüpft in seiner »materialistischen« Geschichtstheorie an diese Proustsche Überlegung zum verewigten Augenblick der Erinnerung an (1942/1974, 691–704). Die »Konstellation«, in die die Gegenwart des Historikers und eine Epoche der Vergangenheit treten, eröffne dem Historiker den Zugang zur Einzigartigkeit der vergangenen Epoche. Der »materialistische« Historiker begreife diese Konstellation der Epochen als »das Zeichen einer messianischen Stillstellung des Geschehens« und nutze sie, »um eine bestimmte Epoche aus dem homogenen Verlauf der Epoche herauszusprengen« (703). Er erreiche auf diese Weise ein Verständnis verharrender Gegenwart, bzw. »einen Begriff der Gegenwart als der ›Jetztzeit‹, in welcher Splitter der messianischen eingesprengt sind« (704). *Ernst Bloch* (1885–1977) beerbt mit seinem utopischen Denken das Nachdenken über die ewige Glückseligkeit am Ende der Zeiten. Zur Bestimmung des künftigen Zustands »ohne jede mögliche Entfremdung«, auf den die utopischen Hoffnungen aller Zeiten gerichtet gewesen wären, greift Bloch auf den Begriff des *nunc stans* zurück (1954–59/1982, 1540, 1627 f.).

Wie bereits zu Beginn des 20. Jahrhunderts steht im Zentrum der *zeitgenössischen Diskussion* des Ewigkeitsglücks der erfüllte Augenblick. Über das Reich der Erlösung bzw. seine säkularen Substitute wird kaum noch diskutiert. Allein *Francis Fukuyama* (geb. 1952) hat – wenn auch viel beachtet – die These vom Ende der Geschichte wieder aufgegriffen. An seinem Ansatz fällt die Spannung auf, in der er einerseits die politische Ordnung und andererseits den Menschentyp, den diese Ordnung hervorbringt, setzt. Das Ende der Geschichte versteht er – mit Bezug auf Hegel – als vollständige Verwirklichung von Freiheit und Gleichheit in der politischen Ordnung der westlichen Gesellschaften (1992, 11–26). Den Typ Mensch, den die westlichen Gesellschaften hervorbringen, sieht er allerdings sehr kritisch. Mit Bezug auf Nietzsche zeichnet er das Bild von »letzten Menschen«, die sich den geistigen Dingen nicht mehr verpflichtet fühlen und ihr Glück allein in der Bequemlichkeit finden (vgl. 405 ff.).

In ihrem Nachdenken über den erfüllten Augenblick knüpft die zeitgenössische Diskussion sowohl an die theologische als auch an die säkulare Tradition an. *Hans-Georg Gadamer* (1900–2002) tritt mit dem Anspruch auf, eine säkulare Interpretation des Lebensganzen – des *aion* – und des erfüllten Augenblicks zu liefern (1969/1987, 137–153). Er übernimmt Nietzsches Verständnis des Lebensganzen als ewiger Wiederkehr des Gleichen, um mit dem antiken Arzt Alkamaion zu betonen, dass der Mensch aus diesem In-sich-Kreisen des Lebens herausfalle und deswegen ein in Etappen gegliedertes Leben führe, das schließlich in den Tod münde. Den erfüllten Augenblick bezeichnet er zwar als Umkehr, er versteht darunter jedoch allein den qualitativ unbestimmten »Übergang« von einer Lebensphase in eine andere, an dem man sich von Altem freimache und für Neues öffne. Nach *Martin Seel* gilt ein Augenblick nicht deshalb als erfüllt, weil sich in ihm die Fülle der Zeit konzentriere, sondern weil er dem erlebenden Subjekt eine spezifische »Erfahrung der Freiheit« vermittle: die Freiheit, von der Lebensführung Abstand zu nehmen und in der aktuellen Situation zu verweilen. Dementsprechend stelle die Zeitenthobenheit keine Bestimmung der Gegenwart, sondern allein eine subjektive Deutung desjenigen dar, der in einer Situation auf deren Gegenwart achte (1995, 105). *Dieter Birnbacher* gibt schließlich jede Qualifizierung durch eine Beziehung zur äusseren Wirklichkeit auf und begreift den glücklichen Augenblick als »episodisches Glück«, das einen inneren Zustand des Subjekts darstelle (2006, 9 f.). Das episodische Zustandsglück gehöre seinerseits der »Kategorie der Empfindungen oder Stimmungen« an und unterteile sich nochmals in die beiden Unterklassen des akuten Glücksgefühls und der Hingabe.

Robert Spaemann und Michael Theunissen verteidigen in der zeitgenössischen Glücksdiskussion auf unterschiedliche Weise die Dimension des Ewigen. *Spaemann* sieht im erfüllten Augenblick einen Augenblick erhöhter Aufmerksamkeit. Diese Aufmerksamkeit versteht er als Konzentration aus der Zerstreutheit des Alltags, so dass »das Leben sich zu einem Ganzen sammelt« (1978, 18). Im Unterschied zu Seel und in der Nähe zum traditionellen Verständnis der Schau Gottes spricht Spaemann dem konzentrierten Aufmerken im erfüllten Augenblick allerdings eine spezifische Einsicht zu: die Einsicht in das tatsächliche und vom menschlichen Tun unabhängige Stattfinden von Sinn im eigenen Leben, bzw. die Einsicht in den Umstand, »dass wir immer schon glücklich waren, dass Leben Glücklichsein heißt« (19). *Theunissen* (geb. 1932) geht von der Überlegung aus, dass das Gelingen menschlichen Lebens durch die Herrschaft von Zeit, und d. h. nicht nur von ihrem Vergehen, sondern auch von ihrem Nicht-Vergehen – bzw. der von Nietzsche bis Gadamer propagierten ewigen Wiederkehr des Gleichen – infragegestellt werde (1991, 37–89). Dieses Nichtvergehen von Zeit werde im Alltag als Langeweile erlebt und könne sich zum pathologischen Leiden an der Zeit steigern. Trotz dieser Herrschaft der Zeit könne das menschliche Leben allerdings dann gelingen, wenn es von Sinn erfüllt werde. Neben dem praktischen Lebensglück, das aus der Nutzung der Zeit zur Realisierung des eigenen Lebenswegs entspringe und dem theoretischen Glück, das sich von der Zeit abwende und sich einer erfüllenden Anschauung hingebe, kennt Theunissen eine dritte Form gelingenden Lebens, die den beiden ersten Formen überlegen sei: die Hinwendung bzw. Mimesis an die Zeit, »um ihr die Ewigkeit zu entlocken« (62). Solche Mimesis vollziehe sowohl die Proustsche Erinnerung, in der eine vergangene Zeit in der Jetztzeit wiedergefunden werde, als auch die gläubige Hoffnung auf eine von der gewöhnlichen Gegenwart prinzipiell unterschiedene Zukunft (vgl. 63 ff.). Die gläubige Erwartung der Zukunft steht bei Theunissen solcherart für die Haltung, die zu hoffen wagt, »dass nicht nur alles anders werde in der Zeit, sondern die Zeit selbst eine andere werde« (65). Im Anschluss daran hat sich Theunissen (2000) mit der Zeitenwende beschäftigt, die die Werke der frühgriechischen Dichter – insbesondere Pindars – reflektierten.

Literatur

Aristoteles: Nikomachische Ethik [NE] (Hg. U. Wolf). Reinbek 2006.

Benjamin, Walter: Über den Begriff der Geschichte [1942]. In: Ders.: Gesammelte Schriften. Bd. I.2 (Hg. R. Tiedemann/H. Schweppenhäuser). Frankfurt a. M. 1974, 691–704.

Birnbacher, Dieter: Philosophie des Glücks. In: Information Philosophie 1 (2006), 7–22.

Bloch, Ernst: Das Prinzip Hoffnung [1954–59]. Frankfurt a. M. 1982.

Blumenberg, Hans: Lebenszeit und Weltzeit. Frankfurt a. M. 1986.

Camus, Albert: Der Mythos von Sisyphos. Ein Versuch über das Absurde [1942]. Düsseldorf 1959.

Condorcet: Entwurf einer historischen Darstellung der Fortschritte des menschlichen Geistes [1795] (Hg. W. Alff). Frankfurt a. M. 1963.

Epikur: Brief an Menoikeus. In: Diogenes Laertius: Leben und Meinungen berühmter Philosophen (Hg. K. Reich). Hamburg 1967, 279–286.

Fellmann, Ferdinand: Philosophie der Lebenskunst zur Einführung. Hamburg 2009.

Forschner, Maximilian: Über das Glück des Menschen: Aristoteles, Epikur, Stoa, Thomas von Aquin, Kant. Darmstadt 1993.

Fourier, Charles: Aus der Neuen Liebeswelt (Hg. D. Guérin). Berlin 1977.

Fukuyama, Francis: Das Ende der Geschichte. Wo stehen wir? München 1992.

Gadamer, Hans-Georg: Über leere und erfüllte Zeit [1969]. In: Ders.: Gesammelte Werke. Bd. 4. Tübingen 1987, 13–153.

Hegel, Georg Wilhelm Friedrich: Phänomenologie des Geistes [1807]. In: Ders.: Werke. Bd. 3 (Hg. E. Moldenhauer/K. M. Michel). Frankfurt a. M. 1986.

Heidegger, Martin: Sein und Zeit [1927]. Tübingen 1993.

Heidrich, Peter: Mystik, mystisch. In: Joachim Ritter u. a. (Hg.): Historisches Wörterbuch der Philosophie. Bd. 6. Basel 1984, 268–273.

Herodot: Historien (Hg. H. W. Haussig). Stuttgart 1971.

Hobbes, Thomas: Leviathan [1651] (Hg. I. Fetscher). Frankfurt a. M. 1984.

Horaz: Sämtliche Werke (Hg. H. Färber). München 1964.

Huxley, Aldous: Schöne Neue Welt [1932]. München 1976.

Jünger, Ernst: Das Sanduhrbuch [1954]. In: Ders.: Sämtliche Werke. Zweite Abteilung. Bd. 12. Stuttgart 1979, 101–250.

Kant, Immanuel: Anthropologie in pragmatischer Hinsicht [1798]. In: Ders.: Werke. Bd. 10 (Hg. W. Weischedel). Darmstadt 1983, 395–690.

Kierkegaard, Sören: Der Begriff Angst [1844] (Hg. H. Rochol). Hamburg 1984.

–: Philosophische Bissen [1844] (Hg. H. Rochol). Hamburg 1989.

Krämer, Hans: Integrative Ethik. Frankfurt a. M. 1992.

Lessing, Hans-Ulrich: Langeweile. In: Joachim Ritter u. a. (Hg.): Historisches Wörterbuch der Philosophie. Bd. 5. Basel 1980, 28–32.

Löwith, Karl: Weltgeschichte und Heilsgeschehen. Die theologischen Voraussetzungen der Geschichtsphilosophie. Stuttgart 1953.

Lübbe, Hermann: Im Zuge der Zeit. Berlin 1992.

Marquard, Odo: Zeit und Endlichkeit. In: Hans Michael Baumgartner (Hg.): Das Rätsel der Zeit. Philosophische Analysen. Freiburg/München 1993, 363–377.

Meister Eckhart: Deutsche Predigten und Traktate (Hg. J. Quint). München/Wien 1963.

Montaigne, Michel de: Essais [1580] (Hg. H. M. Enzensberger). Frankfurt a. M. 1998.

Morus, Thomas: Utopia [1516] (Hg. H. Oncken). Berlin 1922.

Nietzsche, Friedrich: Vom Nutzen und Nachteil der Historie für das Leben [1874]. In: Ders.: Sämtliche Werke. Kritische Studienausgabe. Bd. 6 (Hg. G. Colli/M. Montinari). München 1980, 243–334.

–: Also sprach Zarathustra. Ein Buch für Alle und Keinen [1883–85]. In: Ders.: Sämtliche Werke. Kritische Studienausgabe. Bd. 4 (Hg. G. Colli/M. Montinari). München 1980.

–: Der Antichrist. Fluch auf das Christentum [1895]. In: Ders.: Sämtliche Werke. Kritische Studienausgabe. Bd. 6 (Hg. G. Colli/M. Montinari). München 1980, 165–254.

Nipperdey, Thomas: Reformation, Revolution, Utopie. Göttingen 1975.

Pascal, Blaise: Gedanken [1670] (Hg. J.-R. Armogathe). Stuttgart 1997.

Pieper, Annemarie: Glückssache. Die Kunst, gut zu leben. Hamburg 2001.

Platon: Timaios. In: Ders.: Werke, Bd. 7 (Hg. G. Eigler). Darmstadt 1972, 1–210.

–: Apologie. In: Ders.: Werke. Bd. 2 (Hg. G. Eigler). Darmstadt 1973, 1–69.

–: Gorgias. In: Ders.: Werke. Bd. 2 (Hg. G. Eigler). Darmstadt 1973, 269–503.

–: Phaidon. In: Ders.: Werke. Bd. 3 (Hg. G. Eigler). Darmstadt 1974, 1–207.

–: Phaidros. In: Ders.: Werke. Bd. 5 (Hg. G. Eigler). Darmstadt 1981, 1–193.

Plessner, Helmuth: Die Stufen des Organischen und der Mensch [1928]. In: Ders.: Gesammelte Schriften (Hg. G. Dux u. a.), Bd. IV. Frankfurt a. M. 1981.

Proust, Marcel: Auf der Suche nach der verlorenen Zeit. Bd. 13 [1927]. Frankfurt a. M. 1964.

Rawls, John: Eine Theorie der Gerechtigkeit [1971]. Frankfurt a. M. 1975.

Rosenzweig, Franz: Der Stern der Erlösung [1921]. Frankfurt a. M. 1988.

Saage, Richard: Politische Utopien der Neuzeit. Darmstadt 1991.

Schelling, Friedrich Wilhelm Josef: Clara (Hg. K. Dietzfelbinger). Königsdorf 2009.

Schmid, Wilhelm: Philosophie der Lebenskunst. Eine Grundlegung. Frankfurt a. M. 1998.

Schnarr, Hermann: Nunc stans. In: Joachim Ritter u. a. (Hg.): Historisches Wörterbuch der Philosophie. Bd. 6. Basel 1984, 989–991.

Schopenhauer, Arthur: Die Welt als Wille und Vorstellung [1819]. Leipzig 1938.

Seel, Martin: Versuch über die Form des Glücks. Studien zur Ethik. Frankfurt a. M. 1995.

–: Rhythmen des Lebens. Kant über erfüllte und leere Zeit. In: Wolfgang Kersting u. a. (Hg.): Kritik der Lebenskunst. Frankfurt a. M. 2007, 181–200.

Seneca: Von der Kürze des Lebens (Hg. M. Giebel). Stuttgart 2008.

Spaemann, Robert: Glück, Neuzeit. In: Joachim Ritter u. a. (Hg.): Historisches Wörterbuch der Philosophie. Bd. 3. Basel 1974, 697–707.

–: Philosophie als Lehre vom glücklichen Leben. In: Günther Bien (Hg.): Die Frage nach dem Glück. Stuttgart 1978, 1–19.

–: Personen. Versuch über den Unterschied zwischen ›etwas‹ und ›jemand‹. Stuttgart 1996.

Theunissen, Michael: Negative Theologie der Zeit. Frankfurt a. M. 1991.

–: Pindar. München 2000.

Thomä, Dieter: Erzähle dich selbst. Lebensgeschichte als philosophisches Problem. München 1998.

–: Vom Glück in der Moderne. Frankfurt a. M. 2003.

Thomas von Aquin: Summa theologiae. Bd. 2 [1273] (Hg. J. Bernhardt). Stuttgart 1985.

Voltaire: Dictionnaire philosophique [1764]. Paris 1838.

Williams, Bernard: Moralischer Zufall [1981]. Königstein 1984.

Wittgenstein, Ludwig: Tagebücher 1914–1916 [1960]. In: Ders.: Werke. Bd. 1. Frankfurt a. M. 1984, 87–187.

Olivia Mitscherlich-Schönherr

7. Glück, Schicksal, Zufall. Das Glück haben, glücklich zu sein

Das Glück der Übereinstimmung mit der Welt

Das deutsche Wort ›Glück‹ bezeichnet die heterogenen Aspekte des Glückhabens und des Glücklichseins, die in anderen europäischen Sprachen – als *eutychia* und *eudaimonia*, *fortuna* und *beatitudo*, *chance* und *bonheur* oder *luck* und *happiness* – unterschieden werden (vgl. Spaemann 2001, 95; s. Kap. I.3). Um in dieser eigentümlichen Situation die subjektive Verfasstheit des Glücklichseins eindeutig zu bezeichnen, wird häufig auf den Begriff der ›Glückseligkeit‹ zurückgegriffen. Allerdings ist in der Doppeldeutigkeit des deutschen ›Glücks‹ auch eine Einsicht aufbewahrt: dass immer auch Glück dazu gehört, um glücklich zu sein. Diese Verwiesenheit auf glückliche Umstände betrifft die Glückseligkeit in der Bedeutung sowohl als gelingendes Leben als auch als Gefühl der Lust oder Freude. Dies zeigt sich insbesondere dann, wenn sich die Glückseligkeit nicht einstellt. Wie Schicksalsschläge die Macht haben, das Gelingen des menschlichen Lebens infrage zu stellen, kann das Gefühl der Freude, das gewöhnlich bestimmte Tätigkeiten begleitet, – unter Umständen aus unbegreiflichen Gründen – plötzlich ausbleiben. Wenn man Glück haben muss, um glücklich zu sein, dann offensichtlich deswegen, weil dem subjektiven Zustand der Glückseligkeit ein Aspekt der Erfüllung zuzeigen ist, die dem Menschen von außen zuteil wird (vgl. Hammacher 1973, 606–614). Im Folgenden soll die philosophische Diskussion über das Verhältnis dargestellt werden, in dem das subjektive Glücklichsein zu dem Geschehen steht, in dem sich der Einzelne vorfindet und dem sein Glücksstreben seine Erfüllung verdankt. Dabei wird die Dimension der Widerfahrnisse von unterschiedlichen Ansätzen als Schicksal, Vorsehung oder Zufall aufgefasst.

Angesichts dieser Verwiesenheit auf Erfüllung von außen kommt an der Glückseligkeit ihre kosmologische Dimension in den Blick, die im deutschen Idealismus auf den Begriff der »Übereinstimmung mit der Wirklichkeit« gebracht wurde (s. Kap. V.4). Menschliches Glück meint derart, dass sich das menschliche Wünschen und Wollen einerseits und das äußere Geschehen andererseits so fügen, dass der Mensch das, was ihm zustößt, als sinnvoll erfährt, bzw. dass er es als ihm selbst zugehörig bejahen kann.

Im Bestreben, die Übereinstimmung des menschlichen Wünschens und des äußeren Geschehens zu erreichen, scheinen sich zunächst die beiden entgegengesetzten Wege aufzudrängen, die häufig in problematischer Vereinfachung der Antike bzw. der Neuzeit zugesprochen werden: sich dem äußeren Geschehen einzufügen oder sich seiner durch Rationalisierung zu bemächtigen. Aufgrund der historischen Dominanz dieser Gegenüberstellung soll die folgende Darstellung ihren Ausgang von ihr nehmen. Dabei wird mit der Stoa und dem neuzeitlichen Rationalismus von den idealtypischen Extrempositionen in der Antike und in der Neuzeit ausgegangen, auf die die Gegenüberstellung – von der Macht des Schicksals und der rationalistischen Selbstermächtigung – allein passt. Allerdings weisen beide antagonistischen Ansätze die gemeinsame Schwäche auf, in einen Kausaldeterminismus zu kippen, der keinen Raum für menschliche Freiheit und menschliches Glück lässt. Aus diesem Grund ist die Gegenüberstellung von der Macht des Schicksals und der Macht menschlicher Vernunft selbst zu unterlaufen und nach solchen Positionen zu fragen, die von diesem Gegensatz überdeckt werden: nach Positionen, die in ihren Nachdenken über das menschliche Glück von der Verwobenheit des äußeren Schicksals und der menschlichen Lebensführung ausgehen. Dabei soll der Akzent auf die Positionen gelegt werden, die sich unter den Bedingungen der Neuzeit darum bemühen, am Geschehen den Aspekt des für das menschliche Denken und Handeln Unverfügbaren mit in den Blick zu nehmen, um menschliche Freiheit und menschliches Glück denken zu können.

Das Schicksalsdenken der Stoa

Der Glaube an ein von jeher verhängtes Schicksal – *moira* – entstammt der antiken Volksfrömmigkeit. Hinter den Widerfahrnissen des Lebens und insbesondere dem Tod hat die antike Volksfrömmigkeit eine Schicksalsmacht vermutet, die diese Ereignisse von jeher festgelegt habe (vgl. Theunissen 2004, 20). Das vielleicht berühmteste Zeugnis von diesem der Volksfrömmigkeit entstammenden Schicksalsglauben ist der Mythos des Ödipus. So spricht Homer (8. Jh. v. Chr.) in seiner Fassung dieses Mythos von »der Götter verderbliche[m] Ratschluß« über Ödipus; So-

phokles (497/96 v. Chr.–406/5 v. Chr.) lässt einen
Hirten dem Ödipus offenbaren: »So wisse, daß un-
glückselig du geboren bist« und Ödipus selbst ausrufen: »Und gibt's ein Übel, das alles Übel übertrifft:
das hat sich Ödipus erlost!« (Homer 1970, Elfter Gesang, V. 276, 160; Sophokles 2002, 55 bzw. 62).

Im Unterschied sowohl zu den Philosophen der
klassischen Zeit als auch zu den Epikureern distanziert sich die Stoa von diesem Schicksalsglauben
nicht, sondern entfaltet die im Mythos tradierte
Schicksalsvorstellung philosophisch unter den Begriffen der griechischen *heimarmene* bzw. des lateinischen *fatum* (vgl. Kranz 1992, 1275; s. Kap. III.3).
Das Schicksal tritt bei den Stoikern als der »Logos
des Kosmos« und damit als die Macht auf, die über
die Ordnung des Kosmos herrscht, den Gang der
Dinge von jeher ursächlich festlegt und der selbst die
Götter unterworfen sind (vgl. Seneca 1999, 33). Maßgeblich für diesen stoischen Kausaldeterminismus
ist das Schicksalsverständnis Chrysipps (281/76
v. Chr.–208/4 v. Chr.), des langjährigen Leiters der
stoischen Schule. Dieser bestimmt das Schicksal als
»eine geordnete, aus der Weltallvorschrift entspringende Reihenfolge aller [...] von Ewigkeit an unter
einander zusammenhängender Vorgänge [...] und
ihre beständig unwandelbare Selbstverkettung«
(Gellius 1965, VII,2, 375). Die innere Ausrichtung
des Schicksals wird von den Stoikern auf die Vorsehung der Natur bzw. der Weltseele zurückgeführt.
Die Vorsehung – *pronoia* bzw. *praedestinatio* – ga-
rantiere die harmonische Ordnung des Kosmos.
Wenn den Menschen vieles dennoch als zufällig – als
der *tyché* bzw. der *fortuna* unterworfen – erscheine,
so hätte dies – wie Seneca (1 n. Chr.–65 n. Chr.), der
prominenteste Vertreter der jüngeren, römischen
Stoa ausführt – seine Ursache in den Grenzen der
menschlichen Erkenntnis (vgl. Seneca 1999, 5). Tatsächlich sei auch die Fortuna durch das Fatum gelenkt.

Ein zentrales Problem der stoischen Ethik ist die
Frage, wie das menschliche Leben unter der Herrschaft des Schicksals gelingen könne. Die Stoiker
sind sich darin einig, dass das Glück der Übereinstimmung mit der Wirklichkeit dadurch erreicht
werde, dass die Wünsche dem Lauf der Dinge angepasst werden. In diese Richtung weisen u. a. die Maximen, die der freigelassene Sklave Epiktet (um 50–
um 125) und der römische Kaiser Marc Aurel (121–
180) – beides Vertreter der jüngeren Stoa – aufstellen.
So rät Marc Aurel: »Überlaß dich ohne Widerstand
dem Geschick und laß dich von diesem in die Ver-

hältnisse verflechten, in die es ihm beliebt«, und
Epiktet empfiehlt: »Verlange nicht, daß das, was geschieht, so geschieht, wie du es wünschst, sondern
wünsche, daß es so geschieht, wie es geschieht, und
dein Leben wird heiter dahinströmen« (Marc Aurel
1984, 4,34, 53; Epiktet 1992, Aph.18, 15). Zu solcher
freiwilligen Übernahme des eigenen Loses ist nach
stoischer Auffassung allein der Weise fähig, so dass
nur ein Leben, das durch vernünftige Einsicht bestimmt ist, gelingen könne. Während die guten Menschen dem Schicksal nämlich – wie es bei Seneca
heißt – aus Einsicht folgen, werde die unwissende
Menge von ihm mitgeschleift (Seneca 1999, 31).

Bereits in der Antike werden die beiden zentralen
Probleme des stoischen Schicksalsdenkens diskutiert. So wird gegen den Kausaldeterminismus eines
von jeher festgesetzten Schicksals eingewandt, dass
er keinen Raum für die menschliche Freiheit lasse
und die ethische Konsequenz des Fatalismus zeitige,
den Menschen von jeder Verantwortung für sein
Handeln freizusprechen (vgl. Gellius 1965, VII,2,
375; Kranz 1992, 1277). Darüber hinaus wird bereits
von Epikur (um 341 v. Chr.–271/70 v. Chr.) gegen die
stoische Vorstellung einer wohlwollenden Vorsehung auf das tatsächliche Bestehen des Bösen verwiesen und damit das Problem benannt, das in der
Neuzeit in Anschluss an Leibniz unter der Begriff
der *Theodizee* diskutiert wird (vgl. Lorenz 1998,
1066).

Der Kampf des neuzeitlichen Rationa-
lismus gegen die Mächte des Schicksals
und des Zufalls

Die allgemein verbreitete Gegenüberstellung von
antiker Schicksalsverfallenheit und neuzeitlicher
Selbstermächtigung arbeitet auf beiden Seiten mit
Extremen, die auch zeitgenössische Kritik auf sich
gezogen hat. Hinzu kommt, dass der neuzeitliche Rationalismus im Unterschied zur Stoa keine einheitliche philosophische Schule darstellt. Wenn im Folgenden ein Idealtypus des neuzeitlichen Rationalismus skizziert wird, wird eine in der Neuzeit
bestehende Tendenz ins Extrem getrieben. Es soll
darunter die Haltung verstanden werden, die das
Glück der Übereinstimmung mit der Wirklichkeit
dadurch anstrebt, dass die Wirklichkeit durch Rationalisierung beherrschbar gemacht wird.

Ihre Quellen findet diese Haltung der instrumentellen Vernunft im Methodenideal der neuzeitlichen

Wissenschaft. Ebenfalls in typisierender Vereinfachung dargestellt, zeichnet dieses sich dadurch aus, angesichts eines zu begreifenden Phänomens nicht mehr – wie die aristotelische Tradition – nach dessen Wesen, sondern nach den in ihm wirkenden Kräften zu fragen. Ein Phänomen gilt dann als wissenschaftlich erklärt, wenn es sich auf die es hervorbringenden Ursachen zurückführen und im Experiment nachkonstruieren lässt. Vernünftige Ordnung soll der – durch Zufall und Unvorhersehbarkeiten bestimmten – Wirklichkeit mit Hilfe der experimentellen Methode abgezwungen werden (vgl. Kant KrV, B XIII).

Angeleitet durch dieses Wissenschaftsverständnis gestaltet sich das Streben nach dem Glück der Übereinstimmung mit der Wirklichkeit als Unternehmen, sich der Mächte der Natur durch Rationalisierung zu bemächtigen, denen das menschliche Leben ausgesetzt ist. Während die Stoa die menschlichen Wünsche dem äußeren Geschehen unterstellt hat, um die beglückende Übereinstimmung mit der Wirklichkeit zu erreichen, steigen die menschlichen Bedürfnisse jetzt zu Bezugsgrößen auf, an die das äußere Geschehen angepasst werden soll. Dabei umfasst der Prozess der Rationalisierung – durch das experimentelle Verständnis von Erkenntnis nahegelegt – die beiden Aspekte der theoretischen Entzauberung und der technischen Manipulation des äußeren Geschehens. Die Bedrohung des Überlebens und Wohlbefindens durch die unberechenbaren Mächte der Natur soll dadurch gebannt werden, dass die begegnende Wirklichkeit sowohl rational durch die sie hervorbringenden Ursachen erklärt, als auch im Ausgang von diesen Ursachen technisch zum Wohl des menschlichen Überlebens verändert wird. In diesem Sinne spricht Francis Bacon (1561–1626) im *Novum Organon* – das als eines der Gründungstexte des neuzeitlichen Rationalismus angesehen werden darf – von der »menschliche[n] Wissenschaft und Macht« als »Zwillingsziele[n]« (1620/1990, I,65). In der Wissenschaft gehe es »nämlich nicht bloß um das Glück der Betrachtung, sondern in Wahrheit um die Sache und das Glück der Menschheit und um die Macht zu allen Werken« (I,65). Das zweckrationale Denken hat sich nicht auf den Umgang mit der Natur beschränkt. Vielmehr wurde auch im Politischen versucht, das Gemeinwohl durch Rationalisierung zu befördern. Der das Gemeinwohl bedrohende und deswegen zu tilgende Zufall wurde im politischen Kontext in der Macht von Privilegien, sozialer Ungleichheit gefunden (vgl. z. B. Morus 1516/1960, 23 ff.; s. Kap. V.2).

Aufgrund seines Bestrebens, die Wirklichkeit durch Wissenschaft und Technik in den Griff zu bekommen, wird für den neuzeitlichen Rationalismus der Zufall zu einer entscheidenden Herausforderung. Der Zufall steht als Leerstelle für die Grenzen des Wissens und der Verfügungsgewalt des Menschen. Seit der Renaissance wird der Zufall und sein Einfluss auf das menschliche Leben – in Bildern der launigen Fortuna oder des Schicksalrads – zu einem verbreiteten Gegenstand menschlichen Nachdenkens (vgl. Reichert 1985, 19–35). Man stellt sich die Frage, ob sich auch das Zufallsglück bzw. die unstete Fortuna noch bezwingen lasse. So tritt etwa Machiavelli (1469–1527) für die Bändigung der Fortuna durch Tüchtigkeit ein und gibt den – berühmt gewordenen – Ratschlag, dass es »besser [sei], ungestüm, als vorsichtig zu sein, weil das Glück ein Weib ist, mit dem man nicht auskommen kann, wenn man es nicht prügelt und stößt« (1532/2000, 482). Der Ort, an dem das Glück des Zufalls in unbegrenzter Weise herrscht, ist das Glücksspiel, und so rückt das Spiel in den Fokus des neuzeitlichen Bestrebens, die Macht des Zufalls durch Rationalisierung zu brechen (s. Kap. IV.3). Blaise Pascal hat zur Lösung von Problemen, die sich im Glücksspiel gestellt haben – die Aufteilung des Gewinns bei einem vorzeitig abgebrochenen Spiel – die Grundlagen der Wahrscheinlichkeitsrechnung entwickelt (vgl. Devlin 2008/2009).

Von Anfang an wurden mit dem Prozess der Rationalisierung utopische Hoffnungen verbunden (s. Kap. II.11). Bereits Francis Bacon knüpft an ihn die Hoffnung, »die Herrschaft über die Geschöpfe« zurückzugewinnen, die der Mensch durch seinen Sündenfall verloren habe (1620/1990, II,611 f.). Als Endziel des Prozesses der wissenschaftlich-technischen Rationalisierung werden in vielen Wissenschaftsutopien bis in die Gegenwart hinein die Überwindung oder zumindest die starke Zurückdrängung des Todes und die künstliche Erschaffung von Leben – und mit der Macht über Leben und Tod der Sieg über das Schicksal überhaupt – angenommen (vgl. z.B. Bostrom 2007; Kurzweil 2005). Dazu gehört jeweils ein Glücksbegriff, der sich an der Befriedigung der Bedürfnisse orientiert und dem Schicksal direkt entgegengesetzt ist. Im Bestreben, die Macht des Zufalls im Politischen zu überwinden, wurden schon früh utopische und geschichtsphilosophische Ansätze entworfen. In Staatsutopien in der Tradition von Thomas Morus' (1478–1535) *Utopia* wurden Vorstellungen von Gemeinwesen gezeichnet, die an ›Un-

Orten‹ jenseits von Raum und Zeit und damit auch jenseits des Zufalls situiert und deren Ordnung auf rationale Planung gegründet wurden (vgl. Morus 1516/1960). In geschichtsphilosophischen Ansätzen wurde – prominent von Marquis de Condorcet (1743–1794) – der wissenschaftlich-technische Fortschritt als der Prozess dargestellt, in dem die Macht des Zufalls im Sittlichen überwunden und damit zugleich das Wohl der Menschheit befördert werde (vgl. Condorcet 1795/1963).

Die Hauptstoßrichtung der Kritik am neuzeitlichen Streben, die Macht des Schicksals und des Zufalls durch Rationalisierung zu überwinden, richtet sich – im Rückgriff auf die neu gebildeten Begriffe des ›Determinismus‹ und ›Fatalismus‹ – gegen die Spannung zwischen dem Ziel menschlicher Befreiung vom Schicksal und der Rationalisierung als Instrument, um dieses Ziel zu erreichen (vgl. Kranz 1992, 1281). Kant (1724–1804) thematisiert dieses Problem als Widerstreit zwischen dem theoretischen und dem praktischen Interesse der Vernunft (vgl. Kant KrV, B 490 ff.). In der zeitgenössischen Philosophie wird der Determinismus- und Fatalismuseinwand in der Diskussion über das szientistische Menschenbild und die darin angelegte Naturalisierung des Menschen erhoben (vgl. z. B. Hampe 2006, 123).

Von der Gefahr, dass der neuzeitliche Rationalismus seinerseits in Kausaldeterminismus umkippt, ist unmittelbar auch das menschliche Glück betroffen. Indem der neuzeitliche Rationalismus danach strebt, alle gegebenen Phänomene auf vorgängige Ursachen zurückzuführen, verschließt er die Zukunft als Sphäre des Unvorhersehbaren und Unverfügbaren. Damit gefährdet er die Möglichkeit, menschliche Freiheit sowie auch menschliches Glück zu denken. In Verteidigung sowohl der menschlichen Freiheit als auch des menschlichen Glücks wurde seit der Neuzeit von unterschiedlichen Ansätzen nach den Dimensionen des äußeren Geschehens gefragt, die sich der rationalen Beherrschung entziehen. Im Folgenden sollen in systematischer Abfolge vier Grundpositionen dargestellt werden, die für eine Öffnung des neuzeitlichen Rationalismus für sein – von ihnen je unterschiedlich bestimmtes – Anderes eingetreten sind.

Charakter als individuelles Schicksal

Eine erste Strömung des neuzeitlichen Schicksalsdenkens diskutiert den menschlichen Charakter als eine Instanz des Schicksals, die der menschlichen Lebensführung im Rücken liegt. Die Diskussion nimmt ihren Ausgangspunkt bei Ereignissen, die im Leben zustoßen und für den folgenden Lebensweg des betroffenen Menschen und damit auch für seine Formung zu der Person, die er ist, bestimmend werden. Diskutiert wurde, wie die schicksalhafte Dimension dieses Geschehens zu fassen sei. Eine Vielzahl von Ansätzen versucht, die Erfahrung schicksalhafter Begebenheiten mit menschlicher Selbstbestimmung zusammenzudenken, indem sie das Selbst bzw. den Charakter als Ursache für das Schicksal eines Menschen begreift. Damit wird der Charakter seinerseits zu einer Instanz des Schicksals, die über den menschlichen Lebensweg herrscht. So verkündet Johann Gottfried Herder (1744–1803) seinem Leser: »dein Schicksal ist der Nachklang, das Resultat deines Charakters« (1800/1998, 244). Und Georg Simmel (1858–1918) behauptet, dass nicht die inhaltliche Bestimmtheit eines begegnenden Ereignisses, sondern die individuelle Lebensrichtung des betroffenen Menschen darüber entscheide, ob dieses Ereignis für ihn zu einem Schicksalsschlag werde (1913/2001, 484 f.). Bei Max Scheler (1874–1928) wird der individuelle Lebensweg durch die Wechselwirkung von Charakter und widerfahrenden Ereignissen bestimmt (1913/1923, 227 ff.).

Diesen Positionen stehen solche Ansätze gegenüber, die die Charakterbildung als Schritt aus den Verstrickungen des Schicksals begreifen. Walter Benjamin (1892–1940) kritisiert den Versuch, das individuelle Lebensschicksal auf den Charakter des Menschen zurückzuführen, mit der Begründung, dass darin der Begriff des Schicksals verfehlt werde (1919/1977, 173). Die Welt, in der das Schicksal herrscht, charakterisiert er als »Überrest der dämonischen Existenzstufe der Menschen, in der Rechtssetzungen nicht deren Beziehungen allein, sondern auch ihr Verhältnis zu den Göttern bestimmten« (174). So sei der Mensch aufgrund seines bloßen Lebens in Schuldverhältnisse verstrickt (1921/1977, 200). In der Ausbildung eines eigenen Charakters werde es dem Menschen allerdings möglich, sich vom bloßen Leben zu distanzieren und auf diese Weise von den Zusammenhängen schuldhafter Verstrickung zu emanzipieren (1919/1977, 178). Charakterbildung macht damit für Benjamin die Bedingung gelingenden Lebens aus. Historisch habe dieses Heraustreten aus den Schuldzusammenhängen des Lebens und damit aus dem Schicksal durch die Formung zum Charakter in der antiken Tragödie und Komödie stattgefunden (174, 178). Auf einem ähnlich gelagerten Verständnis von Emanzipation beruhen die therapeutischen Versuche – an prominentester Stelle ist hier natürlich die Psychoanalyse zu nennen (s. Kap. VI.6) –, die schicksalhafte Wiederholung von immer gleichen Erfahrungen im Leben eines Menschen durch reflexive Selbstaneignung zu durchbrechen. Im Nachklang der Diskussion über das individuelle Schicksal bricht Michael Landmann (1913–1984) »eine Lanze für das Schicksal« und behauptet das Hineingeborensein in die Schicksalszusammenhänge des Lebens als Bedingung der individuellen Freiheit, sich selbst zu transzendieren (1971, 208 ff.).

In den auf die individuelle Lebensführung bezogenen Überlegungen zum menschlichen Charakter als Schicksal ist von der Verfasstheit der Wirklichkeit, in die das menschliche Leben eingelassen ist, weitestgehend abstrahiert worden. Mit der Reduktion von Wirklichkeit auf Wirkkausalität zieht der neuzeitliche Rationalismus jedoch die kosmologische Grundlage von menschlicher Freiheit und glückendem Leben ein. Wenn man die wirkkausale Bedingtheit nicht zum neuzeitlichen Schicksalsverständnis verabsolutieren, sondern die Möglichkeit von beglückender Übereinstimmung mit der Wirklichkeit denken will, muss man die kosmologische Bedingung hierfür ausweisen können. Die im Folgenden – wiederum in systematischer Abfolge – zu skizzierenden Grundhaltungen haben sich dieser Herausforderung angenommen.

Die instrumentelle Vernunft als Schicksalsmacht

Mitte des 20. Jahrhunderts bildet sich eine geschichtsphilosophische Strömung heraus, die die Moderne als die Epoche begreift, in der der neuzeitliche Rationalismus Gefahr laufe, sich seinerseits in eine Schicksalsmacht zu verkehren, und die versucht, dieser Gefahr durch Aneignung einer stoischen Haltung der Kontemplation zu begegnen. Die bekanntesten Vertreter dieser Haltung sind auf der einen Seite die Väter der kritischen Theorie – Theodor W. Adorno (1903–1969) und Max Horkheimer (1895–1973) – und auf der anderen Seite Martin Heidegger (1889–1976). Horkheimer, Adorno und Heidegger sind sich sowohl in Bezug auf die geschichtsphilosophische These von dem in der Moderne drohenden Umschlag der Rationalisierung in eine Schicksalsmacht als auch in Bezug auf die erkenntnistheoretische These von der Beschaffenheit dieses neuzeitli-

chen Rationalitätstypus als instrumentelle Vernunft einig (vgl. Horkheimer/Adorno 1944/1994; Heidegger 1953/2000; s. Kap. VI.7 und VI.5). Horkheimer und Adorno sehen den – bereits in der Antike einsetzenden – Rationalisierungsprozess in der Neuzeit Gefahr laufen, sich gegen seine eigene Intention auf Befreiung zu richten und dadurch selbst in eine Schicksalsmacht zu verkehren (1944/1994, 9–49). Indem historisch alle äußeren Schicksalsmächte auf die in ihnen wirkenden Kräfte abgebaut worden seien, fehle der rationalen Erkenntnis nämlich ein letzter Sinnhorizont, der sie ihrerseits anleite. Der normativen Ausrichtung beraubt verkehre sich die Vernunft in instrumentelle Rationalität und damit in ein Machtinstrument für die gesellschaftlich jeweils herrschenden Eliten. Heidegger bejaht das menschliche Ausgesetztsein an das Schicksal als spezifisch menschliche Offenheit für ein von außen einbrechendes Sinngeschehen. In der instrumentellen Vernunft sieht er nun allerdings gerade eine Bedrohung dieser menschlichen Offenheit, weil allein noch eine Sphäre möglichst gut zu besorgender und zu verwertender Kräfte zugelassen sei (1953/2000, 29).

Sowohl Adorno und Horkheimer als auch Heidegger eignen sich zur Beantwortung der Frage, wie menschliches Leben unter den Bedingungen der Moderne gelingen könne, die stoische Haltung der Kontemplation an. Adorno und Horkheimer finden in der philosophischen Reflexion auf die instrumentelle Vernunft als dem Schicksal der Moderne einen Ausweg aus der von ihr ausgehenden Bedrohung der menschlichen Freiheit. Im Vollzug der Selbstaufklärung der Aufklärung könne die schicksalhafte Bedingtheit durch die instrumentelle Rationalität überwunden und die Freiheit der Erkenntnis festgehalten werden, die im instrumentellen Gebrauch der Vernunft für von außen diktierte Zwecke verlorengehe. Heidegger entzieht sich den Verstellungen des Sinngeschehens durch die instrumentelle Vernunft, indem er eine fragende Haltung zur Technik einnimmt. Auf diese Weise lasse sich die Technik selbst als ein Sinngeschehen, bzw. als das Geschick begreifen, in dem sich die Wirklichkeit dem Menschen in der Moderne offenbart (1953/2000, 36).

Das Schicksalsdenken sowohl von Adorno und Horkheimer als auch von Heidegger hängt an der geschichtsphilosophischen Annahme, dass die Zweckrationalität in der Moderne drohe, total – und insofern zum Schicksal – zu werden. Die beiden im Folgenden darzustellenden Positionen machen es sich demgegenüber zur Aufgabe, an der Wirklichkeit überhaupt die Dimension aufzuzeigen, die sich ihrer vollständigen Bemächtigung durch Rationalisierung widersetzt – und verteidigen auf diese Weise die Möglichkeit von Freiheit und Glück.

Der Tychismus der Moderne

Mit dem Begriff des *Tychismus* greife ich auf eine Wortbildung von Charles S. Peirce (1839–1914) zurück, um die philosophische Haltung zu bezeichnen, die in Verteidigung der menschlichen Freiheit für die Unüberwindbarkeit eines »Element[s] realen Zufalls« eintritt (Peirce 1892/1970, 216; vgl. Deuser 2003, 81–97; s. Kap. VI.2). Diese Haltung, gegen den Kausaldeterminismus auf den Zufall zu setzen, wurde in der Antike bereits von Epikur im Streit mit der Stoa eingenommen (vgl. Hossenfelder 1991/ 2006, 131 ff.). In der Neuzeit bezieht sich Peirce zur Begründung der These von der Unüberwindbarkeit des Zufalls auf die empirischen Wissenschaften. Nach Peirce beruht der Kausaldeterminismus, in den der neuzeitliche Rationalismus umschlägt und der bei ihm unter dem Begriff des »Nezessarismus« läuft, auf einem Fehlschluss. Dieser Fehlschluss, der durch die Forschungspraxis nahegelegt werde, betreffe den Status der Regelmäßigkeit des Wirklichen, d.h. der Bestimmung eines einzelnen Faktums durch ein allgemeines Gesetz. Da alles, was erkannt werde, aufgrund von Regelmäßigkeit erkannt werde, neige man dazu, die Regelmäßigkeit zur Grundbestimmung der Wirklichkeit überhaupt zu hypostasieren und dadurch in den Kausaldeterminismus zu rutschen (1893/1995, 164). Gegenüber dem Determinismus als verabsolutierter Regelmäßigkeit beharrt Peirce auf der Heterogenität von allgemeiner Regel und einzelnem Fall und damit auf der Wirklichkeit des Zufalls (vgl. 225). Nicholas Rescher (geb. 1928) verfolgt das philosophische Zufallsdenken weiter und verweist auf die Entwicklung der modernen Wissenschaft, die sich »Schritt für Schritt […] vom Determinismus fort – auf eine Lehre des eingeschränkten Zufalls zubewegt habe« (1995/1996, 57). Methodisch zeige sich die Bedeutung, die dem Zufall zuerkannt werde, an der Verbreitung von probabilistischen und statistischen Techniken. Entscheidend ist es dabei für Rescher, dass auch der Wahrscheinlichkeitskalkül den Zufall nicht zu eliminieren vermag. Um ihn anzuwenden, müsse nämlich zunächst das Feld des Möglichen abgesteckt werden, was auf Gebieten, auf denen nicht vorhersehbare Ereignisse vorherrschen, gerade nicht möglich sei (vgl. 146).

Mit der Unüberwindbarkeit des Zufalls verbinden die Tychisten insofern ethische Konsequenzen, als sie den Zufall als die kosmologische Bedingung behaupten, die überhaupt erst den Raum für die Freiheit und das Glück des Menschen eröffne (vgl. Peirce 1892/1970, 251; Rescher 1995/1996, 190; Hampe 2006, 123). Indem sich durch den Zufall Brüche und Lücken in der Regelmäßigkeit auftun, lässt sich die menschliche Freiheit, einen Anfang zu setzen, nach Peirce in das Verständnis der Wirklichkeit überhaupt integrieren (vgl. Peirce 1892/1970, 251, 268). In Bezug auf das Glück unterstreicht Rescher, dass die zufälligen und nicht zu kontrollierenden Ereignisse die ontologische Ursache dafür darstellen, dass Menschen Glück – im Sinne des englischen *luck* – und Pech haben können (1995/1996, 40 f.). Michael Hampe (geb. 1961) zeichnet den »subjektive[n] Zufall« darüber hinaus als anthropologische Bedingung von Sinnerfahrung – der Fähigkeit, dem Leben »einen Wert zumessen« zu können – und damit als Bedingung eines glücklichen Lebens aus (2006, 123; s. Kap. II.5).

Albert Camus (1913–1960) hat schon früh das moderne Zufallsdenken radikalisiert. Die Inkompatibilität von begrifflichen Bestimmungen und der Wirklichkeit überhaupt, die Peirce zufolge die Realität des Zufalls verbürgt, macht nach Camus die Absurdität der menschlichen Lebenssituation aus (1942/1993, 21 ff.). Menschliches Sinnstreben und die Irrationalität der Wirklichkeit stünden in einem nicht zu versöhnenden Konflikt. Die Reflexion auf das Absurde eröffnet nach Camus nun allerdings eine neue Dimension von Freiheit und Glück: die Freiheit, das Leben, das ohne Rückhalt an einer sinnstiftenden Instanz zu führen ist, als das eigene Werk hervorzubringen, und dabei das Glück zu erreichen, die ganze Breite der Erfahrungen, die es bietet, auszukosten (vgl. 47 ff.; s. Kap. II.1 und VI.5).

Das Vertrauen, dass das Schicksal selbst ein Anderes werde

Die Haltung des Vertrauens auf Versöhnung in der Tradition christlicher Eschatologie ist sich mit dem Tychismus darin einig, dass der neuzeitliche Rationalismus in Determinismus bzw. schicksalhafte Bedingtheit durch vorgängige Ursachen kippe. (Berühmt ist Friedrich Heinrich Jacobis Polemik im ›Pantheismus-Streit‹; vgl. Sandkaulen 2000, 53 ff.). Sie zieht jedoch das tychistische Vorgehen in Zweifel, auf den Zufall zu setzen, um den Determinismus zu durchbrechen und einen Freiraum für Freiheit und Glück zu schaffen. Der Zufall lasse sich als Zufall nämlich nur als Ausnahme von der Regel denken und setze insofern Ordnung voraus. In diesem Sinne hält Friedrich Wilhelm Josef Schelling (1775–1854) dem antiken Zufallsdenken Epikurs entgegen: »[W]enn Freiheit nicht anders als mit der gänzlichen Zufälligkeit der Handlungen zu retten ist, so ist sie überhaupt nicht zu retten« (1809/1860, 382 f.). Insofern der Begriff des Zufalls ein bloßer Grenzbegriff sei und als solcher von der in ihm vorausgesetzten Ordnung abhängig bleibe, wird gefordert, das Ganze der Wirklichkeit selbst anders als der neuzeitliche Rationalismus zu denken.

Zur Bewältigung dieses Problems wird im Anschluss an die christliche Eschatologie der Versuch unternommen, die geschichtliche Entwicklung, die die Wirklichkeit überhaupt bestimmt, als Prozess der Befreiung aus der schicksalhaften Bedingtheit zu denken. Im Hintergrund dieser Bemühungen steht die Unterscheidung zwischen dem Schicksal und der göttlichen Vorsehung, die in der christlichen Tradition seit den Kirchenvätern gegen die Stoa ins Feld geführt, jedoch vom neuzeitlichen Rationalismus sehr wirkmächtig wieder eingezogen worden ist (vgl. Klaer 1999, 110–116). In dieser Unterscheidung von der Vorsehung wird die schicksalhafte Verstrickung in Bedingtheit und Schuld nicht als Los oder Verhängnis, das von einer göttlichen Macht über die Menschen gekommen wäre, sondern vielmehr Ausdruck der menschlichen Gefallenheit – und insofern als kompatibel mit Freiheit – gedacht (vgl. Schelling 1809/1860, 381 f.; Theunissen 2004, 15 ff.). Die Gefallenheit meint dabei die »natürliche« Lebenshaltung des Menschen, sich selbst als Zentrum der Wirklichkeit zu setzen, danach zu streben, die Welt so einzurichten, dass sie den eigenen Vorstellungen entspreche und dadurch den anderen Menschen und der Welt die eigenen Selbstverständnis aufzuzwingen (vgl. Augustinus 426/2007, 545 f.; Schelling 1809/1860, 381; Spaemann 1977, 125 ff.). Die Befreiung aus der schicksalhaften Verstrickung in Schuld, könne der Mensch nicht selbst hervorbringen – hierin würde er nur seine Selbstverabsolutierung fortsetzen –, sie sei ihm jedoch durch die Menschwerdung Gottes eröffnet (vgl. Schelling 1809/1860, 380). Ein Leben im Glauben bzw. in der Nachfolge Christi nehme in der Gegenwart die künftige Erlösung vorweg, in der die Befreiung vom Schicksal und damit zugleich ein Zustand des Friedens bzw. der Versöhnung erreicht seien (s. Kap. II.6 und VIII.12).

In der Neuzeit sind die von dieser theologischen Tradition bestimmten Ansätze von der Überlegung ausgegangen, dass selbst die Versuche der Weltflucht – der junge Hegel (1770–1831) führt dies am Urchristentum vor – der eignen Verstrickung in die schicksalhaften Zusammenhänge der Schuld nicht entkommen könnten (Hegel 1798–1800/1986, 397 ff.). Die Befreiung vom Schicksal kann deswegen Hegel zufolge nur – und darin stellt er sich in die Tradition christlicher Eschatologie – vom Schicksal selbst ausgehen: Es muss ein anderes werden, sich gegen sich wenden und zu einem Geschehen der Befreiung wandeln (vgl. Rosenzweig 1920/2010, 128). Um die Menschheitsgeschichte als Geschichte der Befreiung aus den schicksalhaften Verstrickungen zu begreifen, wurde in der klassischen deutschen Philosophie – aber nicht nur dort – der Gedanke einer ›List‹ der Natur bzw. der Vernunft entwickelt: dass sich hinter dem Rücken der historischen Akteure und durch ihr ›ungeselliges‹ Handeln hindurch der Zustand des Friedens bzw. Versöhnung verwirkliche. Eine andere Version dieses Gedankens findet sich bei Adam Smith (1723–1790), wenn er an einer berühmten Stelle aus dem Wohlstand der Nationen davon spricht, dass jeder Einzelne, indem er sein Individualinteresse verfolge, mittelbar das Gemeininteresse befördere, und dies damit begründet, dass der Einzelne »von einer unsichtbaren Hand geleitet [werde], um einen Zweck zu fördern, den zu erfüllen er in keiner Weise beabsichtigt hat« (1776/1978, 371). In der zeitgenössischen Philosophie bemüht sich Michael Theunissen (geb. 1932) darum, die geschichtliche Bewegung des Sich-gegen-sich-selbst-Wendens des Schicksals als Umkehr der Zeit zu denken, in der die Macht der chronologischen Bedingtheit durch das je Vorausgehende vergehe (1991, 65; s. Kap. II.6). Vor dem Hintergrund dieser heilsgeschichtlichen Vorstellungen wurde versucht, die ethische Haltung des Vertrauens auf die künftige Versöhnung gegen die stoische Übernahme des Schicksals zu profilieren – und auf diese Weise ein christliches Verständnis gelingender Übereinstimmung mit der Wirklichkeit vorzustellen. Søren Kierkegaard (1813–1855) stellt den Ethos des Glaubens an der Haltung Abrahams bei der Bindung Isaaks dar (1843/1923, 7–19). Abraham habe auf die göttliche Verheißung vertraut, dass er einen Sohn haben und Stammvater des Hauses Israel sein werde. Derart habe er sich auch mit dem Anspruch Gottes, ihm den eigenen Sohn zum Opfer zu bringen, nicht als einem Schlag des Schicksals abgefunden und seine

Hoffnung, den eigenen Sohn aufwachsen zu sehen, preisgegeben – wie dies der stoische Weise getan hätte. Vielmehr habe Abraham selbst noch bei seinen Vorbereitungen zur Erfüllung der göttlichen Forderung, den eigenen Sohn zu opfern, vertraut, dass ihm sein Sohn nicht genommen, sondern sich die göttliche Verheißung erfüllen werde. Allein aufgrund seines Vertrauens sei es ihm möglich gewesen, den Umstand, dass er seinen Sohn zurückerhalten habe, als Erfüllung der göttlichen Verheißung zu erfahren und auf diese Weise ein Leben in Frieden mit sich und Gott zu führen. In der zeitgenössischen Philosophie betont Robert Spaemann (geb. 1927), dass das Glück der Sinnerfülltheit, das einem Leben im Vertrauen auf die göttliche Vorsehung zukomme, die *differentia specifica* zur stoischen Übernahme des äußeren Geschehens als einer bloßen Notwendigkeit ausmache (1977, 122 ff.).

Ausblick

Nach dem Schicksal zu fragen, heißt die metaphysische Frage danach zu stellen, wie die Wirklichkeit in Wahrheit ist. Insofern es zum Menschsein gehört, über keinen archimedischen Standpunkt der Wahrheit zu verfügen, wird sich in jeder Antwort auf diese Frage eine Glaubensposition ausdrücken. Und insofern zur menschlichen Lebensführung eine Annahme über den Status der im eigenen Leben widerfahrenden Ereignisse gehört, ist im Umgang mit dieser Frage – und dies gilt auch für den vorliegenden Artikel – keine Neutralität möglich. So ist selbst der Tychismus mit seinem Verzicht auf eine positive Theorie über das Ganze der Wirklichkeit nicht metaphysisch neutral. Die tychistische These von der Irreduzibilität des Zufalls gibt nicht einfach die empirische Tatsache wider, dass Abweichung von der Regel stattfindet, sondern schließt daraus vielmehr in einer metaphysischen Überlegung auf den Status sowohl der Regel als auch der Abweichung. Nietzsche hat dies reflektiert – »nur neben einer Welt von Zwecken hat das Wort ›Zufall‹ einen Sinn« – und vor diesem Hintergrund die metaphysische Position vertreten, dass »der Gesammt-Charakter der Welt […] in alle Ewigkeit Chaos« sei (1882/1980, 468). Welche der oben dargestellten Haltungen zum Schicksal – der Rationalismus, die Theorie der Moderne als unseres Schicksals, der Tychismus oder die Eschatologie – als überzeugend angesehen wird und von welcher ethischen Haltung man sich damit einhergehend das Glück der Übereinstimmung mit der Wirklich-

keit überhaupt verspricht, steht im Zusammenhang weiterer Glaubensüberzeugungen, zu denen nicht zuletzt die menschliche Freiheit gehört.

Literatur

Augustinus, Aurelius: Vom Gottesstaat [426] (Hg. C. Andresen). München 2007.

Aurel, Marc: Selbstbetrachtungen (Hg. A. Wittstock). Stuttgart 1984.

Bacon, Francis: Neues Organon [1620]. 2 Bde. (Hg. W. Krohn). Hamburg 1990.

Benjamin, Walter: Schicksal und Charakter [1919]. In: Ders.: Gesammelte Schriften, Bd. II.1 (Hg. R. Tiedemann u. Hermann Schweppenhäuser). Frankfurt a. M. 1977, 171–179.

–: Zur Kritik der Gewalt [1921]. In: Ders.: Gesammelte Schriften, Bd. II.1 (Hg. R. Tiedemann/Hermann Schweppenhäuser). Frankfurt a. M. 1977, 179–203.

Bostrom, Nick: The Future of Humanity. Online: www.nickbostrom.com/papers/future.pdf (2007).

Camus, Albert: Der Mythos von Sisyphos. Ein Versuch über das Absurde [1942]. Reinbek 1993.

Condorcet: Entwurf einer historischen Darstellung der Fortschritte des menschlichen Geistes [1795] (Hg. D. W. Alff). Frankfurt a. M. 1963.

Deuser, Hermann: Gott: Geist und Natur. Theologische Konsequenzen aus Charles S. Peirce’ Religionsphilosophie. Berlin/New York 2003.

Devlin, Keith: Pascal, Fermat und die Berechnung des Glücks. Eine Reise in die Geschichte der Mathematik [2008]. München 2009.

Epiktet: Handbüchlein der Moral (Hg. K. Steinemann). Stuttgart 1992.

Gellius: Die attischen Nächte. Bd. 1 (Hg. F. Weiss). Darmstadt 1965.

Hammacher, Klaus: Glück. In: Hermann Krings u. a. (Hg.): Handbuch philosophischer Grundbegriffe. Studienausgabe. Bd. 3. München 1973, 606–614.

Hampe, Michael: Die Macht des Zufalls. Berlin 2006.

Hegel, Georg Wilhelm Friedrich: Der Geist des Christentums [1798–1800]. In: Ders.: Werke. Bd. 1 (Hg. E. Moldenhauer/K. M. Michel). Frankfurt a. M. 1986, 274–418.

Heidegger, Martin: Die Frage nach der Technik [1953]. In: Ders.: Gesamtausgabe. Bd. 7 (Hg. F. W. von Herrmann). Frankfurt a. M. 2000, 5–36.

Herder, Johann Gottfried: Das eigene Schicksal [1800]. In: Ders.: Schriften zu Literatur und Philosophie 1792–1800 (Hg. H. D. Irmscher). Frankfurt a. M. 1998, 241–256.

Homer: Odyssee (Übers. J. H. Voss). Stuttgart 1970.

Horkheimer, Max/Adorno, Theodor W.: Dialektik der

Aufklärung. Philosophische Fragmente [1944]. Frankfurt a. M. 1994.

Hossenfelder, Malte: Epikur [1991]. München 2006.

Kant, Immanuel: Kritik der reinen Vernunft [1781] [KrV]. In: Ders.: Gesammelte Werke. Bd. 3 und 4 (Hg. W. Weischedel). Darmstadt 1983.

Kierkegaard, Sören: Furcht und Zittern [1843] (Hg. Chr. Schrempf). Jena 1923.

Klaer, Ingo: Schicksal, systematisch-theologisch. In: Gerhard Krause u. a. (Hg.): Theologische Realenzyklopädie. Bd. 30. Berlin/New York 1999, 110–116.

Kranz, Margarita: Schicksal. In: Joachim Ritter u. a. (Hg.): Historisches Wörterbuch der Philosophie. Bd. 8. Basel 1992, 1275–1289.

Kurzweil, Ray: The Singularity Is Near. New York 2005.

Landmann, Michael: Eine Lanze für das Schicksal. In: Ders.: Das Ende des Individuums. Stuttgart 1971, 208–214.

Lorenz, Stefan: Theodizee. In: Joachim Ritter u. a. (Hg.): Historisches Wörterbuch der Philosophie. Bd. 10. Basel 1998, 1066–1073.

Machiavelli, Niccolò: Vom Fürsten [1532]. In: Ders.: Hauptwerke (Hg. A. Ulfig). Köln 2000, 401–486.

Morus, Thomas: Utopia [1516]. In: Der utopische Staat (Hg. K. J. Heinisch). Hamburg 1960, 7–110.

Nietzsche, Friedrich: Die fröhliche Wissenschaft [1882]. In: Ders.: Sämtliche Werke. Kritische Studienausgabe. Bd. 3 (Hg. G. Colli/M. Montinari). München 1980, 343–652.

Peirce, Charles S.: Eine Überprüfung der Lehre des Nezessarismus [1892]. In: Ders.: Schriften. Bd. II (Hg. K.-O. Apel). Frankfurt/Main 1970, 250–274.

–: Wissenschaft und Religion [1893]. In: Ders.: Religionsphilosophische Schriften (Hg. H. Deuser). Hamburg 1995, 79–281.

Reichert, Klaus: Fortuna oder Die Beständigkeit des Wechsels. Frankfurt a. M. 1985.

Rescher, Nicholas: Glück. Die Chance des Zufalls [1995]. Berlin 1996.

Rosenzweig, Franz: Hegel und der Staat [1920] (Hg. F. Lachmann). Frankfurt a. M. 2010.

Sandkaulen, Birgit: Grund und Ursache. Die Vernunftkritik Jacobis. München 2000.

Scheler, Max: Wesen und Formen der Sympathie [1913]. Bonn 1923.

Schelling, Friedrich Wilhelm Josef: Philosophische Untersuchungen über das Wesen menschlicher Freiheit [1809]. In: Ders.: Sämmtliche Werke. Bd. I,7 (Hg. K. F. A. Schelling). Stuttgart/Augsburg 1860, 331–416.

Seneca: De Providentia. In: Ders.: Philosophische Schriften. Bd. 1 (Hg. M. Rosenbach). Darmstadt 1999, 3–41.

Simmel, Georg: Das Problem des Schicksals [1913]. In:

Ders.: Gesamtausgabe. Bd. 12 (Hg. R. Kramme u. a.). Frankfurt a. M. 2001, 483–491.

Smith, Adam: Der Wohlstand der Nationen. Eine Untersuchung seiner Natur und seiner Ursachen [1776]. München 1978.

Sophokles: König Ödipus (Hg. K. Steinmann). Stuttgart 2002.

Spaemann, Robert: Über den Sinn des Leidens. In: Ders.: Einsprüche. Christliche Reden. Einsiedeln 1977, 116–133.

–: Die Zweideutigkeit des Glücks. In: Ders.: Grenzen. Zur ethischen Dimension des Handelns. Stuttgart 2001, 95–107.

Theunissen, Michael: Negative Theologie der Zeit. Frankfurt a. M. 1991.

–: Schicksal in Antike und Moderne. München 2004.

Olivia Mitscherlich-Schönherr

8. Glück in der Liebe. Die Bereitschaft zur Hingabe

Liebe als Bewegung und Bindung

»Wem gefiele nicht eine Philosophie«, so fragte Novalis um 1800, »deren Keim ein erster Kuß ist?« (1965, 541). Wenn ein Kuss der Keim der Philosophie sein kann, so ist damit die Frage noch nicht beantwortet, auf welche Weise sie den Kuss oder die Liebe zu ihrem Gegenstand machen kann. Zweifellos gehört die Liebe zu den Erfahrungen im Leben, die man durchlebt, ohne zu wissen, wovon genau man gebeutelt wird. Sie versetzt uns öfter mal ins Staunen – in das Staunen, mit dem die Philosophie als Liebe zur Weisheit bekanntlich beginnt. Entsprechend könnte sie in der Liebe ihr ureigenes Thema erkennen.

Doch wie liebevoll ist die Philosophie mit der Liebe umgegangen, seit sie in Platons *Symposion* zum ersten Mal ins Zentrum gerückt wurde? Friedrich Schiller erklärte, das »Getriebe« der Welt werde »durch Hunger und durch Liebe« bewegt – aber gefälligst nur so lange, bis endlich »den Bau der Welt / Philosophie zusammenhält« (1987, 223). Die Philosophie ist, so scheint es, versucht, mit der Liebe in Konkurrenz zu treten und sie auszustechen. Doch weder die eine noch die andere können als Kitt der Gesellschaft reüssieren. Bleibt die Philosophie bei der bescheidenen Aufgabe, das menschliche Leben zu beschreiben, so darf sie sich wieder oder weiterhin der Liebe annehmen (Stewart 1995; Lamb 1997; Meier/Neumann 2000; Thomä 2000; Buchholz 2006). Deren Schicksal scheint in dem von Max Weber beschriebenen »liebeleeren und erbarmungsfremden Kampf ums Dasein« bedroht zu sein (1916/ 1988, 144; s. Kap. VI.1).

Wer sieht, wie sich Dichter in ihren größten Werken und Menschen in ihren größten Wünschen der Liebe gewidmet haben, wird von Verzagtheit befallen, wenn er sie nüchtern und sachlich abzuhandeln hat. Zahllose Fragen drängen sich auf: Was eint die erotische Liebe mit der Liebe der Eltern für ihr Kind? Von der Liebe zu Gott, von Vaterlandsliebe, Nächstenliebe und auch Selbstliebe ist die Rede – aber was haben sie gemeinsam? Trägt auch die Freundschaft Züge der Liebe? Auch das Vokabular der Liebe ist vielfältig: Das Griechische stellt drei Worte bereit – *eros*, *agapè* und *philia* –, die regelmäßig oder gelegentlich mit ›Liebe‹ übersetzt werden. Dass die Liebe vielgestaltig ist, muss auch in den Formen des Glücks zum Ausdruck kommen, die philosophisch unterschieden werden können.

Allgemein lässt sich sagen: Wer liebt, ist dem Anderen – nach der schönen deutschen Wendung – *zugetan*, fühlt sich zu ihm hingezogen, hat ihn bei seinen Gefühlen, Gedanken und Handlungen im Sinn. Dem Liebenden liegt am Geliebten (diese Partizipien mögen maskulin sein, sie stehen hier und im Folgenden aber für Menschen, nicht für Männer). Der Liebende bejaht das Sein und Wohlsein des Anderen. Insoweit gehört zur Liebe – neutral gesagt – eine Bewegung, die eher aktiv als Streben, gegebenenfalls auch als Verlangen, oder eher passiv als Hingabe auftreten kann.

Diese *Bewegung*, die zur Liebe – markant zum griechischen *eros* – gehört, kann sich in einer *Bindung* oder einem Gefühl der Zusammengehörigkeit verfestigen, wenn eine geliebte Person sich auf den Liebenden einlässt. Entsprechend sind die Bilder des Liebesglücks in der Tradition einerseits von Bewegung und Ekstase, andererseits von Vorstellungen der Harmonie und des Friedens gezeichnet. Zu diesem Spiel von Bewegung und Bindung in der Liebe gehören verschiedene Formen der Ferne und Nähe, des Unverhofften und Vertrauten. Nicht in all diesen Spielarten ist glückende Liebe symmetrisch; darauf wird noch zurückzukommen sein. Doch wenn Liebe erwidert wird, geschieht dies jedenfalls nicht so lapidar wie etwa bei einem Gruß. Es geht dann vielmehr um eine Bejahung des Geliebtwerdens und Liebens, durch die man sich in einen anderen Zustand versetzt sieht. Man wird als Geliebter und Liebender irgendwie verwandelt – sei es durch den Überschwang der Empfindungen, sei es durch das Gefühl, nicht voneinander lassen zu können.

Die Liebe im Licht ihrer Krise

Die Liebe lässt sich genauer erkunden, wenn man der Grenze zwischen Glück und Unglück nachgeht, die sich durch sie hindurchzieht. Mit dieser Grenze ist hier nicht der Umschlag von Liebe in Liebeskummer gemeint, sondern ein Unglück, in das man geraten kann, wenn man eine Liebe auslebt, die krisenhafte, selbstzerstörerische Züge annimmt. Verdeutlichen lässt sich dies an einer Form der Liebe, die notorisch der »Übersteigerung« (Luhmann 1982, 182) verdächtigt wird: nämlich der romantischen

Liebe. Sie soll wohlgemerkt nicht als solche diskreditiert werden, sondern dient als Anhaltspunkt, an dem Grundzüge der Liebe überhaupt scharf heraustreten – Grundzüge, die vom Zauber der Liebe wie auch von deren Anfälligkeit, von den »Gründen der Liebe« (Frankfurt 2004/2005) wie auch von deren Abgründen zeugen.

An der romantischen Liebe springt zuallererst ins Auge, dass die Hingabe, also das Bedürfnis nach Identifikation, aufs Äußerste gesteigert und zugleich derjenige, dem das liebende Sinnen und Trachten gilt, in eine schier unerreichbare Ferne gerückt wird. Damit bekommt die emotionale Abhängigkeit, die zur Hingabe gehört, etwas Schmerzliches, Quälendes. Diese Abhängigkeit ist strikt unterschieden etwa von ökonomischer Abhängigkeit oder auch von dem Zustand eines Patienten, der am Tropf hängt, also von ihm ›ab-hängig‹ ist. In diesen Fällen weiß der Abhängige genau, worauf er angewiesen ist – nämlich auf bestimmte Ressourcen. Diese sichere Auskunft fehlt bei der Abhängigkeit, in der man sich als romantisch Liebender befindet. In diesem Fall macht man sich abhängig von einer geliebten Person, von der man ein vom Überschwang gezeichnetes Bild entworfen hat. Man ist abhängig von etwas, das Grenzen sprengt. Anders und paradox gesagt: Man ist auf ein Nicht-Festgestelltes festgelegt, von einem Sich-Entziehenden angezogen, an ein Ungebundenes gebunden. Je ferner dieser geliebte Mensch im romantischen Schwelgen rückt, desto stärker gerät das Bild des Geliebten in eine gefährliche Schwebe.

Die romantische Liebe setzt sich aus zwei Elementen zusammen: zum einen aus dem Hingerissensein des Liebenden, zum anderen aus einem Bild des Geliebten, das gewissermaßen den (Bilder-)Rahmen sprengt, das ihm also einen Status zuweist, der sich gegen vergegenständlichende Festlegung sperrt. Entsprechend kann man nun beschreiben, wie sich hier Glück in Unglück verkehren kann. Die Pathologien, die sich bei der romantischen Liebe ergeben können, entspringen einer ins Negative umschlagenden Abhängigkeit und einem ins Ungefähre entgleitenden Bild des Geliebten. Man ist dann einem Menschen, den man gar nicht richtig kennt, *verfallen*, und weist Symptome auf, die man auch von anderen Formen des Verfalls kennt: Man droht zugrundezugehen, man kann im Denken an den geliebten Menschen keinen klaren Gedanken mehr fassen, gerät in einen selbstzerstörerischen Kreisel hinein, in dem man sich immer weiter demütigt und erniedrigt. Am Ende entfleucht diesem Liebenden die Wertschätzung fürs eigene Leben und er verliert sich in Illusionen über die geliebte Person. Das Bild, das er sich von ihr macht, hat vielleicht nur noch entfernte – wenn überhaupt irgendeine – Ähnlichkeit mit ihr: Er liebt nicht den Anderen, sondern ein Phantasma oder Phantom.

Es ist leicht zu erkennen, warum die romantische Liebe, wenn sie von diesen Pathologien befallen wird, glücklos wird. Zum Ersten fehlt die *emotionale* Qualität, wonach die Liebe, die man verspürt, doch als eigenes Gefühl, als Auszeichnung des eigenen, selbsthaften Lebens zu registrieren ist. Zum Zweiten fehlt die *kognitive* Qualität, wonach die Erfüllung in der Liebe davon abhängt, dass deren Bezugspunkt, der Mensch, auf den sie sich richtet, für den Liebenden kenntlich wird. Es besteht zum Dritten die Gefahr, dass die *soziale* Qualität der Liebe als einer besonderen Beziehung zwischen Menschen, die diesseits ihrer Zugehörigkeit zur Gesellschaft als ganzer (s. Kap. II.9) liegt, nicht zur Entfaltung kommt.

Statt nun aber vor diesen Pathologien erschreckt Reißaus zu nehmen, lohnt die Frage, ob hier Züge der Liebe ans grelle Licht treten, die auch jenseits dieses Sonderfalls von Belang sind. Zu denken ist an die Bejahung von Abhängigkeit oder Hingabe sowie an den großzügigen, wohlwollenden Blick auf den Anderen. Zu fragen ist nach der Glücksträchtigkeit der Liebe mit Bezug auf (1) den Seelenhaushalt des Liebenden, (2) das Bild des Geliebten und (3) die Eigenart der liebenden Beziehung zwischen Menschen. Diese drei Aspekte sollen im Folgenden erhellt werden.

Liebe jenseits der Selbstbestimmung

Der Dichter und Orientalist Friedrich Rückert (1788–1866) hat in einem Gedicht, das auf eine Vorlage des persischen Dichters Mewlana Dschelaleddin Rumi aus dem 13. Jahrhundert zurückgeht, einen gewagten Vergleich zwischen der Liebe und dem Tod gezogen (1882, 207):

Wohl endet Tod des Lebens Noth,
Doch schauert Leben vor dem Tod
Das Leben sieht die dunkle Hand,
Den hellen Kelch nicht, den sie bot.
So schauert vor der Lieb' ein Herz
Alswie von Untergang bedroht,
Denn wo die Lieb' erwacht, stirbt
Das Ich, der dunkele Despot.
Du laß ihn sterben in der Nacht,
Und atme frei im Morgenroth.

Rückert greift hier ein altehrwürdiges Motiv auf, das sich u.a. auch in Goethes (1749–1832) *West-östlichem Divan* findet (1819/1994, 71 f.). Dort antwortet Hatem auf Suleikas Vorhaltung »Höchstes Glück der Erdenkinder / Sei nur die Persönlichkeit« mit den Worten:

> [...] ich bin auf andrer Spur:
> Alles Erdenglück vereinet
> Find' ich in Suleika nur.
> Wie sie sich an mich verschwendet,
> Bin ich mir ein werthes Ich;
> Hätte sie sich weggewendet,
> Augenblicks verlör' ich mich.

Wenn Rückert und Goethe gleichermaßen im Angewiesen- oder Ausgeliefertsein des liebenden Menschen ein Glück erkennen, so besteht doch Dissens zwischen ihnen bezüglich der Folgen, die die Liebe für das ›Ich‹ hat. Rückert bringt den Tod eines Despoten (›Ich‹) mit der Möglichkeit, frei zu atmen, zusammen: Bei ihm ähnelt die Liebe einer geradezu revolutionären Erfahrung, sie steht für nichts Geringeres als den Befreiungsschlag gegen einen inneren Feind. Imaginiert wird ein Leben jenseits eines despotischen Ichs, das im inneren Seelenhaushalt seine Herrschaft ausübt; verworfen wird eine innere Zerrissenheit, die letztlich einer dualistischen Anthropologie (s. Kap. II.1) anzulasten ist. Das Bild, das Goethe entwirft, rückt das Ich an eine andere Stelle: Es erscheint – nicht bei Suleika, wohl aber bei Hatem – als ein Geschenk, das sich dem liebenden Anderen verdankt. Dass diese Differenz auf Debatten um die Autonomie des Subjekts (s. Kap. VI.7 und VI.9) sowie um die Konstitution des Selbst in der Sozialität zurückgeführt werden kann, liegt auf der Hand.

Was Rückerts und Goethes Beschreibungen gemeinsam haben, ist die emphatische Bejahung der Hingabe, die bis zur Selbstaufgabe oder mindestens bis zur Aufgabe eines ›alten‹ und zum Neugewinn eines ›neuen‹ Ich führt. Erahnen lässt sich damit die Provokation, die die Liebe prinzipiell enthält: Sie richtet sich gegen eine Lebenshaltung, die Abhängigkeit diskreditiert, weil sie ihr mit Selbstbestimmung unverträglich erscheint. Die Philosophie des Rationalismus hat sich mit dieser Provokation traditionell schwergetan. Deutlich wird dies u.a. bei René Descartes (1596–1650). Ihm zufolge wird man durch die Liebe »dazu an[ge]reizt«, sich »willentlich« mit der geliebten Sache oder Person »zu verbinden«. Mit diesem Willen soll das Ich die Zügel in der Hand behal-

ten. Weiter heißt es bei ihm: »Jedoch verstehe ich unter dem Wort Wollen hier [...] die Zustimmung, durch die man sich in der Gegenwart mit dem, was man liebt, als verbunden derart betrachtet, daß man sich vorstellt, nur ein Ganzes zu sein, von dem man der eine Teil ist und die geliebte Sache der andere« (1649/1984, 123 [Art. 79 f.]; zur Kritik vgl. Baier 1991/2000, 70). Offen zu Tage liegt hier der Widerspruch, in den diese Rückführung der Liebe auf den Willen gerät: Die Liebe erscheint als ein Willensakt, der freilich von einer Instanz ausgeführt wird, die sich durch die Erfahrung der Liebe verwandelt und selbst Teil einer neuen Einheit geworden ist. Die Außenposition des willentlich Entscheidenden ist damit eigentlich hinfällig.

Die Liebe wird nicht dadurch geadelt oder erhöht, dass sie als Ausdruck eines autonomen Selbst vereinnahmt wird; vielmehr zeichnet sie sich gerade dadurch aus, es in seine Grenzen zu verweisen. Deutlich wird dies in Hegels (1770–1831) Kritik an Kants (1724–1804) Theorie der Liebe. Während letzterer die »Liebe« als »freie Aufnahme des Willens eines andern unter seine Maximen« bestimmt (Kant 1794/1983, 188 [A 518]), wehrt sich Hegel gegen diesen Freiheitsvorbehalt und bemerkt, man beschränke sich als Liebender »gern in Beziehung auf ein anderes«, wisse »sich aber in dieser Beschränkung als sich selbst« (Hegel 1821/1970, 57 [§ 7 Zusatz]; vgl. Honneth 2001, 27; Seel 2002, 282).

Mit dem Glück hat die Liebe demnach die wichtige Eigenschaft gemeinsam, dass an ihr etwas Unverfügbares ist, dass sie dem Menschen dann gewährt wird, wenn er sich der Welt aussetzt und auf sie einlässt, ohne dabei die Zügel in der Hand behalten zu wollen. Ihre Glücksträchtigkeit beweist die Liebe auch fern ihrer romantischen Version – als elterliche oder eheliche Liebe ebenso wie in der Form der tiefen Freundschaft, dem unverbrüchlichen Vertrauen. Das Glück, das sich aus diesem Aufeinander-Angewiesensein, dieser besonderen Abhängigkeit ergibt, gehört zu den Erfahrungen der »Selbsttranszendenz« (Joas 1997, 10 ff., 123 ff.), in denen sich die in sich verhauste Subjektivität, die des Pochens auf den eigenen Interessen müde ist, von jemandem in der Welt aufgenommen und willkommen geheißen fühlt. Die emotionale Abhängigkeit, in die man hineingeraten kann, ergibt sich aus der Innigkeit, in der man mit einem anderen Menschen verbunden ist; diese Abhängigkeit wird glücklich bejaht, sie wird nicht erzwungen oder erlitten. Zu streiten ist – dies nur als Hinweis – allenfalls darum, ob die Liebe eher zur Flucht, zum Ausweichen vor der Freiheit, zu der wir verurteilt sind, verführt, oder ob sie bei der Korrektur einer falschen Theorie menschlicher Entscheidung und Handlungsmotivation einen wichtigen Beitrag leistet. Entsprechend stellt sich die Frage, ob das moderne Insistieren auf Autonomie eine strukturelle Liebes- (und Glücks-)Feindlichkeit mit sich bringt oder jedenfalls dazu führt, dass man sich mit der liebenden Bindung an einen anderen Menschen schwer tut.

Man kann in der Liebe auch die Abwehr oder Negation einer Verunsicherung erkennen: »Indem uns das geliebte Wesen gefangen nimmt […], lassen sich Gleichgültigkeit und instabile Ambivalenz […] überwinden. Die Tatsache, dass wir nicht anders können als zu lieben und dementsprechend auch nicht anders können als durch die Interessen des von uns geliebten Wesens geleitet zu werden, stellt sicher, dass wir [nicht] […] ziellos herumirren« (Frankfurt 2004/2005, 72). Insofern ist die Liebe keineswegs nur ein Freibrief für Hingabe und Hingerissensein, sie kann vielmehr den Menschen zu einer Selbstschätzung verhelfen, die ihm Sicherheit im eigenen Tun gibt.

Das Bild des geliebten Menschen

Im Mittelpunkt stand bislang die Liebe als eine emotionale Erfahrung, die sich in die Psychologie und Praxis der liebenden Person einfügt. Man würde aber ein verkürztes Bild vom Glück der Liebe zeichnen, wenn man es nur als eine Erfahrung verstünde, die man dank einer anderen Person *mit sich selbst* macht. Mit einem solch instrumentalistischen Bezug auf den Anderen wird man der Liebe zu einem anderen Menschen nicht gerecht. Es ist ja nicht so, dass man an den Anderen nur um seiner selbst willen dächte, dass man sich mit dessen Hilfe in der eigenen Hingerissenheit erginge. Man ist dem geliebten Menschen *zugetan* in dem Sinne, dass man um ihn besorgt ist, sich für ihn stark macht, im Grenzfall vielleicht sogar opfert. Harry Frankfurt meint sogar, die Bereitschaft, in der Sorge für einen anderen Menschen aufzugehen, komme dem »Verständnis von Liebe am nächsten«. Als Paradefall dafür nennt er die »liebende Sorge von Eltern für ihre kleinen Kinder« (1999/2000, 208). Diese praktische Bereitschaft ist letztlich bezogen auf das Bild, das man vom geliebten Menschen hat. Zu verhandeln ist damit – nach der emotionalen und vor der sozialen Dimension des Liebesglücks – die kognitive Seite der Liebe.

Nun traut man den Liebenden, was ihre kognitiven Fähigkeiten betrifft, in der Regel nicht viel zu. Der verklärte Blick auf den Anderen ist oft genug kein geklärter, sondern ein getrübter Blick. Geläufig ist der Satz »Liebe macht blind«, der sich schon bei Platon findet (*Nomoi* 731e), von ihm aber wohlgemerkt nicht auf die höheren Formen des *eros* und der *philia* bezogen wird. Geläufig ist aber auch die umgekehrte These. So widerspricht Max Scheler (1874–1928) dem »spezifisch modernen Bourgeoisurteil, dass Liebe eher ›blind‹ als sehend mache« (1915/1963, 77), und in einer Vorlesung Martin Heideggers (1889–1976) vom Sommer 1925 heißt es: »Liebe dagegen macht gerade sehend« (1979, 410).

Gemäß dieser Devise soll am geliebten Menschen etwas zu finden sein, was der eigenen Liebe einen Grund gibt. Damit bekommt das Liebesglück einen Anhaltspunkt, einen Halt am Anderen. Dieses Glück zergeht, wenn man sich dabei vertut, also einem Traumgespinst nachjagt. ›Sehende‹ Liebe soll einen besonderen Zugang zu einem anderen Menschen eröffnen. So sehr man auch damit lieb(!)äugeln mag, den geliebten Anderen etwa zum ›Fels in der Brandung‹ zu küren oder ihm sonst einen Vorzug zuzuschreiben, so schwer ist allerdings verständlich zu machen, wie sich *mittels der Liebe* ein Bild vom Anderen entwerfen lässt. Bei Luce Irigaray heißt es: »*ich liebe dich* richtet sich normalerweise oder üblicherweise an ein Rätsel: ein Anderes. […] Ich liebe dich: ich weiß nicht sehr genau wen, noch sehr genau was. Ich liebe zerfließt, verströmt, ertrinkt, verbrennt, verliert sich im Abgrund« (1977/1979, 211 f.). Es ergeht einem bei der Liebe offenbar anders als bei der Hochschätzung für einen verlässlichen Kollegen oder bei der Bewunderung für einen großartigen Musiker. Wenn das Bild, das man von einem geliebten Menschen hat, irgendwie gehaltreich, also *qualifiziert* sein soll, muss man dessen Qualitäten oder Eigenschaften angeben können. Da das Dilemma, das sich in diesem Verhältnis von Person und Eigenschaften ergibt, für das Liebesglück von Bedeutung ist, sei es an dieser Stelle kurz skizziert.

Wenn man sich an die *Eigenschaften* des geliebten Menschen hält, dann hebt man hervor, was an ihm liebenswert ist und woran man im Miteinander Freude hat oder Glück empfindet. So geht etwa Platon vor, wenn er das Liebenswerte auf das Gute zurückführt (*Lysis* 220b; s. Kap. III.1). Damit droht aber die Person als ›Träger‹ der Eigenschaften hinter den Eigenschaften selbst zu verschwinden. Eigentlich wäre man dann nämlich gezwungen, alle Menschen zu lieben, die als liebenswert gelten (vgl. gegen Platon Vlastos 1973/2000). Zugleich müsste man zulassen, dass eine Person, die man selbst liebt und für liebenswert hält, auch von anderen einsichtigen Menschen geliebt werden dürfte oder gar müsste. Das Glück bekäme etwas Auswechselbares. Die Intuition, die dieser Lesart entgegensteht, ist schnell artikuliert: Sie besagt, dass man jemanden nicht wirklich liebt, wenn man nur seine Nase, sein Geld oder sein Klavierspiel – oder aber auch seine Güte – liebt.

Will man die Liebe nicht an einen Set von Eigenschaften, sondern an die *Person* selbst binden, dann handelt man sich aber ein umgekehrtes Problem ein. Deutlich wird es in William Butler Yeats' (1865–1939) Gedicht »For Anne Gregory«: »Never shall a young man« – so heißt dort ein warnender Ratschlag für »Anne« – »Love you for yourself alone / And not your yellow hair.« Und »Anne« erwägt dann, sich die Haare zu färben, um sicherzugehen, dass der junge Mann sie wirklich nur »for myself alone« liebe, ihr also auch ohne blonde Haare zugetan bleibe (Yeats 1996, 245). Annes Entschluss trägt freilich absurde Züge. Leicht lässt sich ausmalen, dass sie bis zur körperlichen und auch geistigen Entstellung gehen müsste, um sicherzugehen, dass sie nicht nur wegen dieser oder jener Eigenart geliebt werde.

Wie eine Auflösung dieses Dilemmas aussehen und die Verbindung zwischen Liebe und Glück weiter erschlossen werden könnte, sei hier kurz im Ausgang von einem nur scheinbar banalen Beispiel angezeigt. Man kennt die Grußkarten, die mit der Wendung ›Liebe ist, wenn…‹ beginnen und dann eine bevorzugt banale Erläuterung folgen lassen. Sie sind halb falsch, halb wahr. In der Tat ist die Liebe in einer Vielzahl kleiner Begebenheiten zu Hause; sie ist darüber nicht erhaben. Und doch ist es nicht schon Liebe, wenn jemand dem anderen Frühstück macht etc. Man würde nie an ein Ende kommen, wenn man versuchte, die Liebe zu einer Person verlustfrei in einer Kette solcher Aussagen zum Ausdruck zu bringen. Die Liebe steht vielmehr für den Anspruch, sich einem Anderen in seinen Eigenarten offen zuzuwenden, aber nicht an ihnen festzuhängen. Man sieht ihm gewissermaßen an, dass er über sich selbst oder über die Beschreibung seines Status quo hinausgeht. Zum Glück der Liebe gehört die Bereitschaft, den Lebens-Wandel des Anderen großzügig und neugierig willkommenzuheißen oder gar selbst herauszufordern. Das Bild, das man von einem geliebten Menschen hat, entsteht im Zuge einer Liebes-Geschichte, einem Leben, das man mit ihm teilt (Marten 1993, 31 ff.).

Die Liebes-Formel »Volo ut sis« (»Ich will, dass du seist«), die Heidegger (s. Kap. VI.4) in Briefen an verschiedene (!) Frauen verwendet hat, bringt dies in Kurzform zum Ausdruck (Arendt/Heidegger 1998, 31; Heidegger/Blochmann 1989, 23; Arendt 2002, 284; vgl. zum »dilectum, ut sit« Heidegger 1995, 291 f.). Der Liebende bezieht sich auf den Geliebten, indem er dessen offene Zukunft bejaht. Diese Bejahung ist der Liebe in all ihren Spielformen eigen; in Kierkegaards Philosophie der Ehe wird sie als Bereitschaft zur Stetigkeit interpretiert (1843/1957, 100; s. Kap. V.6). Das Versprechen der Treue, das in der ehrwürdigen Formel ›bis dass der Tod euch scheidet‹ zum Ausdruck kommt, kann aber auch als Bereitschaft zum Mitgehen von Veränderungen verstanden werden – eine Bereitschaft, die das Risiko einschließt, dass solche Veränderungen die Beziehung zwischen den Liebenden gefährden. Die Liebe eröffnet auf diesem Wege eine besondere Glücksquelle: Sie geht über die Bejahung des Augenblicks, der häufig für *die* Zeitform der Liebe gehalten wird, hinaus und schließt die Bejahung des Werdens des Anderen, das über den Augenblick hinausgeht, mit ein. So stellt die Liebe eine Lebensführung in Aussicht, die eine Antwort auf die Frage enthält, wie man in der Zeit glücklich sein kann (Theunissen 1991; s. Kap. II.6).

Im Sinne dieser vorbehaltlosen Bejahung des Anderen wird der Wandel, den die Zukunft bringen kann, nicht nur als Gefahrenquelle gesehen, sondern begrüßt oder gar bekräftigt. Darin liegt eine besondere Herausforderung der Liebe: »Dear to us are those who love us«, sagt der amerikanische Philosoph Ralph Waldo Emerson (1803–1882), »the swift moments we spend with them are a compensation for a great deal of misery; they enlarge our life«. Doch kaum hat er dies gesagt, spricht Emerson weiter: »But dearer are those who reject us as unworthy«. Diejenigen nämlich, die uns zurückweisen, »add another life: they build a heaven before us, whereof we had not dreamed, and thereby […] urge us to new and unattempted performances« (1983, 604). Was Emerson hier gegeneinanderstellt, sind im Glücksfall nur zwei Seiten eines liebenden Umgangs mit dem Anderen, in dem sich die Bejahung seiner Gegenwart und die Bejahung seiner Zukunft ergänzen.

Dieser liebende Umgang mit dem Anderen spiegelt sich in einem liebenden und zukunftsoffenen Umgang mit sich selbst. Wie man dem Anderen in seiner Veränderbarkeit zugeneigt ist, so kann man auch sich selbst in seinem eigenen Lebenswandel bejahen. Diese Selbstbejahung ist traditionell (u. a. von Aristoteles und Rousseau; vgl. Thomä 1998, 173–212) als Selbstliebe bezeichnet und einer Eigenliebe entgegengestellt worden, die auf den Vergleich und das Sich-Messen mit dem Anderen versessen ist. Die Selbstliebe, die zu Unrecht als narzisstisch kritisiert wird, ist in Analogie zur Liebe zum Anderen Teil einer plausiblen Beschreibung der Selbstbejahung und der praktischen Selbstbeziehung (zur »Rehabilitierung der Selbstliebe« vgl. Thomä 2003, 270–291).

Lieben als Zusammensein

Das Bild, das sich der Liebende vom Anderen macht, wird in der Interaktion, die zur Liebesbeziehung gehört, auf die Probe gestellt; auf diese Interaktion, in der erst der volle Begriff – und die volle Erfahrung – der Liebe erreicht wird, ist abschließend einzugehen. Zunächst ist dabei festzuhalten, dass im Rahmen der Liebe ganz verschiedene Formen der Beziehung zwischen Menschen zur Entfaltung kommen. Denk- und lebbar ist eine Liebe, die aus der Ferne Anteil nimmt, ohne dass man etwa darauf erpicht wäre, mit dem geliebten Menschen zusammenzuleben; die Liebe von Eltern zu ihren erwachsenen Kindern ist dafür das nächstliegende Beispiel. Auch die sogenannte Nächstenliebe ist dadurch bestimmt, dass einem dieser Nächste, für den man sich einsetzt, oft ganz fremd und unvertraut ist. Am anderen Ende des Spektrums steht die geradezu symbiotische Beziehung, die etwa beim liebenden »Paar« anzutreffen ist (Fellmann 2005).

Analytisch zu unterscheiden vom Anspruch auf Gemeinschaftlichkeit oder Zusammengehörigkeit ist derjenige auf Gegenseitigkeit oder Gleichheit. Auch hier tritt die Liebe in verschiedenen Spielformen auf. Eine symmetrische Erwiderung von Gefühlen ist nicht schlechterdings erforderlich, um Liebe glücken zu lassen. Wiederum taugt die Liebe zwischen Eltern und Kindern hier als Beispiel. So bemerkt Hegel zu Recht, »daß im ganzen die Kinder die Eltern weniger lieben als die Eltern die Kinder, denn sie gehen der Selbständigkeit entgegen und erstarken, haben also die Eltern hinter sich« (1821/1970, 329 [§ 175 Zusatz]). Es gibt keinen guten Grund, diese Asymmetrien, wie sie im Generationenverhältnis auftreten, als glücksfeindlich zu verdächtigen. Schon in der Antike treten mit *philia* und *eros* Formen der Liebe auf, die sich hinsichtlich der Symmetrie stark unterscheiden: Während man in der *philia* nach Aristoteles (*Nikomachische Ethik* 1166a 31,

1156a 3) den Anderen symmetrisch als ein »zweites Selbst« (oder einen anderen Selben, *allos autos*) sucht, lässt der *eros* das Aufblicken des Liebenden zu einem höheren Sein zu oder lädt gar dazu ein.

Eine Typologie der verschiedenen Spielarten der Liebe kann sich insbesondere an den Kriterien der Nähe (Intimität) und der Gegenseitigkeit (Symmetrie) orientieren. So lassen sich die Liebesarten etwa im Ausgang von der Freundschaft, die in den Bereich der Liebe im weiteren Sinne einzubeziehen ist, durch zusätzliche Differenzierungen unterscheiden. Bei der Freundschaft geht in der Regel die Symmetrie mit einer gewissen Zurückhaltung, was die Enge dieser Beziehung betrifft, einher. Schon bei Freundschaften aber wird deutlich, dass die Menschen nur eine beschränkte Zahl von Beziehungen pflegen, die ihnen den vorbehaltlosen Austausch sowohl ihrer Stärken wie ihrer Schwächen erlauben. Das Glück der Freundschaft liegt in einer Beschränkung, die nicht als solche empfunden wird. Wenn man über die Freundschaft hinausgeht und die Intimität anwachsen lässt, gelangt man zur geschlechtlichen Liebe. Wenn man dagegen die Asymmetrie anwachsen lässt, gelangt man zur rückhaltlosen Liebe, die von der Bereitschaft der Hingabe geprägt ist. Die größte Asymmetrie, die in der Liebe denkbar ist, besteht zwischen Gott und Mensch.

Statt nun die Glücksträchtigkeit all dieser Varianten der Liebe einzeln durchzugehen, möchte ich mich mit Anmerkungen zum Ideal liebender Zweisamkeit begnügen, welches sowohl Intimität wie auch Symmetrie für sich beansprucht. Keineswegs hat diese Zweisamkeit zu allen Zeiten als Ideal gegolten, doch immer wieder hat es hohe Erwartungen geschürt und Hoffnungen genährt. Berühmt ist etwa der Liebes-Mythos des Aristophanes, der in Platons *Symposion* erzählt wird. Hier erscheint die Zweisamkeit als Wiederherstellung einer Einheit, in der die Menschen ihre jeweils andere passende Hälfte, von der sie einst gewaltsam getrennt worden sind, wieder finden und sich zu Kugelwesen vereinigen (*Symposion* 189a–194e). Man mag darüber spekulieren, auf welche Quellen der in vielen Versionen verbreitete Mythos von einer ursprünglich gegebenen, dann verlorenen Einheit zurückgeht. Auch mag man bemerken, dass Aristophanes jene Kugelwesen gewissermaßen auf den Arm nimmt und beschreibt, wie sie ob ihrer Hingabe handlungsunfähig werden. Doch selbst wenn man den einzelnen (halbierten?) Einzelwesen nicht von vornherein einen *Defekt* zuschreibt, den sie erst in der Paarung überwinden, behält die Erfüllung, die die Zweisamkeit zu gewähren verspricht, ihre Anziehungskraft; sie nimmt verschiedenste Formen an, zu denen – brüsk gesagt – der Geschlechtsverkehr ebenso zählt wie der Blickwechsel. Das Glück der Liebe entfaltet sich dabei in Raum und Zeit gleichermaßen. Zu der *räumlichen* Vorstellung, dass sich das Leben zu zweit rundet, gesellt sich die *zeitliche* Vorstellung, dass in der Deckung von Wunsch und Wirklichkeit die Sehnsucht gestillt wird und das Leben zur Ruhe kommt. Paul Celan (1920–1970) schreibt (1952/2003, 50):

> unsere Blicke,
> getauscht um getröstet zu sein,
> tasten sich vor
> winken uns dunkel heran.
> Blicklos
> schweigt nun dein Aug in mein Aug sich,
> wandernd
> heb ich dein Herz an die Lippen,
> hebst du mein Herz an die deinen:
> was wir jetzt trinken, stillt den Durst der Stunden.

Von den Szenarien geglückter Zweisamkeit seien die konkurrierenden Modelle herausgegriffen, die bei Schlegel und Hegel zu finden sind und in denen die Themen der Bewegung und der Bindung, von denen eingangs die Rede war, wiederkehren. Friedrich Schlegel (1772–1829) setzt in seiner *Lucinde* gegen die »nordische Unart« des »Streben[s] und Fortschreiten[s] ohne Stillstand und Mittelpunkt« den »hohen Leichtsinn unsrer Ehe«, mit dem sich die »Lücken der Sehnsucht« schließen. Liebe ist hier durch Symmetrie und Nähe gekennzeichnet: »Es gibt eine reine Liebe, ein unteilbares und einfaches Gefühl ohne die leiseste Störung von unruhigem Streben. Jeder gibt dasselbe, was er nimmt, einer wie der andere, alles ist gleich und ganz und in sich vollendet wie der ewige Kuss der göttlichen Kinder. [...] Nur in der Antwort seines Du kann jedes Ich seine unendliche Einheit ganz fühlen« (1799/1962, 26 f., 11, 60 f.). Schlegel deutet diese Einheit in einer durchaus ausschweifenden Weise, er will also die Fantasie nicht bezähmen, sondern aus der Selbstverständlichkeit des Zusammengehörens heraus ein Experimentieren mit Lebensmöglichkeiten eröffnen, zu dem etwa der spielerische Rollentausch zwischen Mann und Frau gehört: nach Schlegel »die schönste« unter den »Situationen der Freude« (1799/1962, 12).

Georg Wilhelm Friedrich Hegel hat gegen Schlegels Deutung der Liebe Einspruch eingelegt und gemeint, sie schwäche sich selbst, weil ihr der sittliche Ernst fehle (1821/1970, 310, 317 [§ 161 Zusatz, § 164 Zusatz]). In seinen Frühschriften teilt Hegel mit Schlegel immerhin die Annahme, die »eigentliche Liebe« gedeihe zwischen Menschen, die »sich gleich« sind (1971, 245). Nach Hegel muss die Liebe solche Gleichheit und Gegenseitigkeit deshalb zur Entfaltung bringen, weil andernfalls in den Beziehungen zwischen Liebenden eine scharfe Grenze zwischen Bestimmen und Bestimmtwerden, Subjekt und Objekt, Lebendigem und Totem erhalten bliebe (246). Hegel versetzt die liebende Zweisamkeit aber nicht – wie Schlegel – auf einen Schauplatz, auf dem sich die Individuen spielerisch entfalten, sondern sieht sie als Zielpunkt, an dem sich »das Getrennte [...] als Einiges [...] fühlt« (246) und die »Vernichtung der Entgegensetzung in der Vereinigung« gelingt (247). Der Wunsch, »keine selbständige Person mehr sein« zu wollen, geht demnach nicht durch ein romantisches Spiel in Erfüllung, mit dem sich die Individuen der Zufälligkeit des »Launenhafte[n]« aussetzen würden, sondern durch den Zugang zur Zweisamkeit als einer sittlichen Einheit, mit der sie sich selbstbewusst identifizieren (1821/1970, 308, 310 [§ 159 Zusatz, § 161 Zusatz]).

Wie streng sich Hegel auch gegen Schlegel und die Romantiker verwahren mag, es drängt sich doch der Eindruck auf, dass sie verschiedenen, aber gleichermaßen berechtigten Ambitionen Ausdruck verleihen, die in der Liebe untrennbar – als Rivalen oder auch als Verbündete – zusammenhängen. Hier wie dort kehrt nämlich der doppelte Blick auf den geliebten Menschen wieder, auf den bereits hingewiesen worden ist. Auf der einen Seite steht dieser Blick für die Einladung an den geliebten Menschen, den Status quo zu überschreiten und sich für die Zukunft frei zu geben. Auf der anderen Seite steht er für eine Verbindlichkeit, in der die Zukunft vom aktuellen Liebesversprechen her festgeschrieben werden soll. In welcher Form auch immer die Liebe auftreten mag: Indem sie den Menschen die Verbindung zwischen dem, was ist, und dem, was wird, nahebringt, gibt die Liebe zu kühnsten Hoffnungen Anlass, behält aber auch tiefste Enttäuschungen in der Hinterhand. Was übrigens Schlegel und Hegel allen Unterschieden zum Trotz gleichfalls gemeinsam haben, ist die emphatische Feier der liebenden »Vereinigung«, die nicht nur im geteilten Leben, sondern auch in einem gemeinsamen Kind ihren Ausdruck finden und ins Dasein treten kann (Hegel 1971, 249; Schlegel 1799/1962, 61 ff.).

Will man den bindenden, verbindlichen Charakter der Liebe in Worte fassen, so gelangt man unweigerlich zum 116. Sonett William Shakespeares (1998, 37), in dem es heißt:

> love is not love
> Which alters when it alteration finds […].
> O no, it is an ever-fixed mark,
> That looks on tempests, and is never shaken.

Lässt man dagegen die Verwandlung zu, die sich die Liebenden bei der Bejahung ihres Werdens gegenseitig gönnen, so muss man ertragen, dass sich die Liebe selbst wandeln (d.h. wachsen oder aber schwinden) kann. Man legt damit nach Amélie Rorty Widerspruch gegen Shakespeares Beschreibung der Liebe ein und sagt: »Love is not love which alters not when it alteration finds« (1986/2000, 175). Es würde jedoch zu kurz greifen, die sich wandelnde Liebe nur als Leidtragende äußerer Veränderungen anzusehen, die sie »findet« und die sie hinzunehmen hat. Vielmehr gehört es zu den Vorzügen der Liebe, dass sie solche Veränderungen selbst anzustoßen und auch auszukosten vermag. Mit dieser Gabe wird die Liebe zu einem der stärksten Verbündeten des Glücks.

Literatur

Arendt, Hannah: Denktagebuch 1950–1973. München 2002.

– /Heidegger, Martin: Briefe 1925–1975 und andere Zeugnisse. Frankfurt a.M. 1998.

Aristoteles: Nikomachische Ethik. Hamburg 1985.

Baier, Annette C.: Unsichere Liebe [1991]. In: Dieter Thomä (Hg.): Analytische Philosophie der Liebe. Paderborn 2000, 65–84.

Buchholz, Kai (Hg.): Liebe. Ein philosophisches Lesebuch. München 2006.

Celan, Paul: Mohn und Gedächtnis [1952]. In: Ders.: Die Gedichte. Kommentierte Gesamtausgabe. Frankfurt a.M. 2003, 25–53.

Descartes, René: Die Leidenschaften der Seele [1649]. Hamburg 1984.

Emerson, Ralph Waldo: Essays & Lectures. New York 1983.

Fellmann, Ferdinand: Das Paar. Berlin 2005.

Frankfurt, Harry G.: Vom Sorgen oder: Woran uns liegt [1999]. In: Dieter Thomä (Hg.): Analytische Philosophie der Liebe. Paderborn 2000, 195–224.

–: Gründe der Liebe [2004]. Frankfurt a.M. 2005.

Goethe, Johann Wolfgang von: West-östlicher Divan [1819]. Werke (Hamburger Ausgabe). Bd. 2. München 1994.

Hegel, Georg Wilhelm Friedrich: Grundlinien der Philosophie des Rechts [1821]. Werke 7. Frankfurt a.M. 1970.

–: Frühe Schriften. Werke 1. Frankfurt a.M. 1971.

Heidegger, Martin: Prolegomena zur Geschichte des Zeitbegriffs. In: Ders.: Gesamtausgabe. Bd. 20. Frankfurt a.M. 1979.

–: Phänomenologie des religiösen Lebens. In: Ders.: Gesamtausgabe. Bd. 60. Frankfurt a.M. 1995.

Heidegger, Martin/Blochmann, Elisabeth: Briefwechsel 1918–1969. Marbach 1989.

Honneth, Axel: Leiden an Unbestimmtheit. Stuttgart 2001.

Irigaray, Luce: Das Geschlecht, das nicht eins ist [1977]. Berlin 1979.

Joas, Hans: Die Entstehung der Werte. Frankfurt a.M. 1997.

Kant, Immanuel: Das Ende aller Dinge [1794]. In: Ders.: Werke in 10 Bänden. Bd. 9. Darmstadt 1983, 173–190.

Kierkegaard, Søren: Entweder/Oder. Zweiter Teil [1843]. Düsseldorf 1957.

Lamb, Roger E. (Hg.): Love Analyzed. Boulder/Oxford 1997.

Luhmann, Niklas: Liebe als Passion. Frankfurt a.M. 1982.

Marten, Rainer: Lebenskunst. München 1993.

Meier, Heinrich/Neumann, Gerhard (Hg.): Über die Liebe. München 2000.

Novalis: Schriften. Zweiter Band. Stuttgart ²1965.

Platon: Lysis. In: Ders.: Sämtliche Werke. Frankfurt a.M./Leipzig 1991, Bd. I, 369–421.

–: Nomoi. In: Ders.: Sämtliche Werke. Frankfurt a.M./Leipzig 1991, Bd. IX, 9–1031.

–: Symposion. In: Ders.: Sämtliche Werke. Frankfurt a.M./Leipzig 1991, Bd. IV, 53–183.

Rorty, Amélie O.: Die Historizität psychischer Haltungen [1986]. In: Dieter Thomä (Hg.): Analytische Philosophie der Liebe. Paderborn 2000, 175–193.

Rückert, Friedrich: Gesammelte Poetische Werke in 12 Bänden. 5. Bd. Frankfurt 1882.

Scheler, Max: Liebe und Erkenntnis [1915]. In: Ders.: Gesammelte Werke. Bd. 6. Bern/München 1963, 77–98.

Schiller, Friedrich: Sämtliche Werke. 1. Band. München/Wien 1987.

Schlegel, Friedrich: Lucinde [1799]. In: Ders.: Kritische Ausgabe. 5. Bd. München u.a. 1962, 1–82.

Seel, Martin: Sich bestimmen lassen. Frankfurt a.M. 2002.

Shakespeare, William: Complete Works. Walton-on-Thames 1998.

Stewart, Robert M. (Hg.): Philosophical Perspectives on Sex and Love. New York/Oxford 1995.

Theunissen, Michael: Können wir in der Zeit glücklich sein? In: Ders.: Negative Theologie der Zeit. Frankfurt a. M. 1991, 37–86.

Thomä, Dieter: Erzähle dich selbst. Lebensgeschichte als philosophisches Problem. München 1998.

– (Hg.): Analytische Philosophie der Liebe. Paderborn 2000.

–: Vom Glück in der Moderne. Frankfurt a. M. 2003.

Vlastos, Gregory: Das Individuum als Gegenstand der Liebe bei Platon [1973]. In: Dieter Thomä (Hg.): Analytische Philosophie der Liebe. Paderborn 2000, 17–44.

Yeats, William Butler: Collected Poems. New York 1996.

Weber, Max: Zwischen zwei Gesetzen [1916]. In: Ders.: Gesammelte Politische Schriften. Tübingen 1988, 142–145.

Dieter Thomä

9. Glück in Gesellschaft und Politik. Die fragilen Bedingungen gelingenden Lebens

Menschen leben nicht allein, ja sie könnten nicht einmal allein leben, selbst wenn sie wollten. Es ist daher fast eine Tautologie zu sagen, dass zu einem gelingenden Leben gute soziale Beziehungen gehören. Da der Mensch ein soziales Lebewesen ist (ein *zoon politikon* oder *animal sociale*), gehört Gesellschaftlichkeit zu seiner Natur und ist damit ein »Glücksgut« (Aristoteles: *Politik*, I.2; ähnlich denken selbst Skeptiker wie David Hume). Doch mit dieser Feststellung fangen die Fragen erst an. Denn in welchem Umfeld, in welcher Gemeinschaft Menschen leben, ist nur zum Teil in ihr Belieben gestellt. Wir sind in kleine und große Zusammenhänge hineingeboren (›geworfen‹, so Martin Heidegger) und können, soweit sie über unser unmittelbares Umfeld hinausgehen, nur über den Umweg politischen Handelns Einfluss auf diese nehmen (zum Glück in der Liebe s. Kap. II.8). Damit entstehen die Fragen, in welchem Maße es Aufgabe der Politik ist, die Gesellschaft auf eine glücksförderliche Weise zu gestalten, und wie das vorzustellen wäre.

Glück wird dabei traditionell nicht nur Individuen, sondern auch Gesellschaften zugesprochen (etwa Staël-Holstein 1797). Dieses ›Glück einer Gesellschaft‹ oder eines Landes (*salus publicus, civic* oder *public happiness, félicité publique,* ›Gemeinwohl‹ oder *general welfare* genannt) ist von Bedingungen abhängig, die – soweit sie zu beeinflussen sind – als Aufgabe der Politik betrachtet werden können. Allerdings ist der Zusammenhang zwischen individuellem und gesellschaftlichem Glück nicht eindeutig. Systematisch gibt es drei Wege, ihn zu betrachten: Entweder steht das Glück der Gemeinschaft normativ höher und das Individuum muss sich *unterordnen* (1). Es zieht sein Glück dann aus dem Blühen der Gemeinschaft (›Gemeinschaft‹ dient hier als Oberbegriff, ›Gesellschaft‹ hingegen meint eine spezifisch moderne Form der Vergemeinschaftung). Oder das Individuum hat einen eigenen Glücksanspruch, ist jedoch auf das Blühen der Gemeinschaft als *Bedingung* angewiesen (2). Individuum und Gemeinschaft können so nur zusammen ›glücken‹ (was einzelne Unglücksfälle nicht ausschließt). Politische

Philosophie muss dann zeigen, wie beides möglich ist. Eine dritte Variante konstruiert schließlich einen Gegensatz zwischen individuellem und kollektivem Glück – wie die erste, nur mit umgekehrten Vorzeichen: Das Glück der Individuen ist so nur unter *Vernachlässigung* kollektiver Bemühungen denkbar (3). Diese drei Betrachtungsweisen lassen sich – wenn auch nur grob – historischen Phasen des Denkens über Glück zuordnen. Dabei ist die gegenwärtige Renaissance politischer Konzeptionen des Glücks (im Überblick vgl. Mann 2009; Bok 2010) als Rückwendung von der dritten zur zweiten Variante zu lesen.

Das ›höhere‹ Glück der Gemeinschaft

Die Ausgesetztheit gegenüber Zufällen und Gefahren der Natur (Unwetter, Dürren, wilde Tiere, Feinde etc.) macht es nachvollziehbar, dass in der frühen Menschheitsgeschichte zunächst ein kollektives Denken dominierte (klassisch Durkheim 1912/2005); immerhin konnte ein Individuum nur in seiner Gruppe überleben. Daher kam es in manchen Kulturen vor, dass alte Menschen in Notzeiten zugunsten der Gemeinschaft aus dem Leben schieden. Das geht nicht notwendig mit einer Missachtung des einzelnen Lebens einher. Ethnologischen Forschungen zufolge hatten viele frühe Gesellschaften vielmehr einen erstaunlich egalitären Charakter: *Alle* Individuen konnten vom Gelingen des Gemeinschaftslebens profitieren, und es war verpönt, Eigentum oder Macht auf Kosten der Gemeinschaft anzuhäufen (vgl. Sober/Wilson 1999; Woodburn 2005). Einem Jäger wäre es also kaum eingefallen, ein gejagtes Wild für sich zu behalten oder damit gewinnbringend zu handeln. ›Glück‹ meint hier folglich nicht ›private‹ Erfüllung (von lat. *privare*: rauben), sondern gute Lebensbedingungen für alle. Dergleichen wurde später »Wohlfahrt« oder »Gemeinwohl« genannt (Münkler u. a. 2001). Der amerikanische Soziologe E. A. Ross sah dieses Ideal in den »mining camps« von 1849 verwirklicht (Ross 1901, 41 ff.), und Egalitaristen kennen solch kommunitäre Motive noch heute: Ein Beispiel bei G. A. Cohen ist das Campen, bei dem man in der Regel alles teilt (Cohen 2009).

Ein Gedanke lässt sich hier bereits festhalten: Ein handlungsleitender Vorrang des Gemeinwohls ist nur dann als glücksrelevant für die Individuen hinzustellen, wenn die entsprechende Gesellschaft nicht durch politische und soziale Ungleichheit ›zerrissen‹ wird, sondern Güter gemeinsam angeeignet werden. Die Überzeugung, dass ›Gemeinwohl vor Eigennutz‹ geht, wird daher schnell ideologisch, wenn Früchte gemeinsamen Aufwands aufgrund von Machtasymmetrien nur von wenigen angeeignet werden (vgl. Fehr/Schmitt 1999). Der Tod eines Soldaten, der für einen Diktator oder eine kleine Elite in den Krieg zieht, hat nur wenig Heroisches an sich. Zwar können kulturelle Narrative auch ihm ein individuelles Glück im ›Jenseits‹ – oder zumindest ein Angedenken an sein heldenhaftes Leben – versprechen, doch überzeugt dies aufgeklärte Menschen nicht mehr (Friedländer 1984). Auch wenn Arbeiter Einbußen in Kauf nehmen müssen, um ihre Firma zu ›retten‹, während Eigentümer und Manager sich Boni genehmigen, verliert der Vorrang des Gemeinwohls schnell an Legitimität, und angesichts fehlender Gleichheit stellen Individuen eher ihr eigenes Wohlergehen in den Mittelpunkt (›Jeder ist seines Glücks Schmied‹). Individualismus kann also auch eine Reaktion auf fehlende Gleichheit sein und stellt damit keineswegs eine ›Naturgegebenheit‹ dar.

Ein weiterer Faktor, der kollektivistische Positionen heute problematisch macht, ist die Entwicklung der Privatsphäre, die in der Neuzeit zwar nicht erfunden, aber doch größer wurde (Ariès 1989). Wie schon die Helden Homers veranschaulichen, ist Individualismus grundsätzlich mit Opfern für die Gemeinschaft verträglich. Doch nimmt mit zunehmendem individuellen Gestaltungsspielraum die Wertigkeit von Kategorien wie dem »Ruhm des Vaterlandes« ab (Inglehart/Welzel 2005), wenn auch keineswegs automatisch. Wenn in individualisierten Gesellschaften organizistische Modelle der Gesellschaft (Spencer 1860) Selbstopfer der Individuen verlangen – ›Du bist nichts, dein Volk ist alles‹ –, ist daher von einer »Reprimitivisierung« zu sprechen, die Freiheitsspielräume zurücknimmt (Mannheim 1930/1996). In der Moderne ist es dem Glück der Individuen zuträglicher, sich nicht vorschnell unterzuordnen und etwa sinnlose Kriege zu führen (vgl. Feldhoff 1989).

Gemeinschaftsethiken greifen oft auf Platon zurück (so noch Badiou 2003), da schon er das Glück auf der Ebene des Staates festmachen wollte. Ziel des idealen Staates sei es, dass »nicht nur ein Stand ausnehmend glücklich wird, sondern, soweit das möglich ist, die ganze Stadt« (*Politeia* 420). Philosophisch vertritt Platon damit eine kollektivistische Konzeption, zumal er später forderte, »daß die wahre Staatskunst unbedingt zunächst das allgemeine Wohl und nicht das der Einzelnen im Auge haben muß – denn das allgemeine Wohl hält die Staaten zusammen, das

Interesse der Einzelnen dagegen wirkt trennend« (*Nomoi* 875). Ihm stand der drohende Zerfall von Gesellschaften (*stasis*), der allein eine solche Vorordnung berechtigen kann, noch nahe vor Augen. Doch das erreichte Ausmaß individueller Freiheitsspielräume im Athen jener Zeit – zumindest für männliche Bürger (Arweiler/Möller 2008) – ließ diese Position bereits zu Platons Lebzeiten antiquiert erscheinen. Sein Schüler Aristoteles nahm daher eine vermittelnde Position ein, die bis heute beeindruckt. Betrachten wir aber zunächst, gegen die Chronologie, die moderne Gegenthese, um anschließend die Konturen des vermittelnden Denkens besser hervortreten zu lassen.

Das alleinige Glück des Individuums

Als Kronzeugen einer individualistischen Moderne gelten Autoren wie Adam Smith oder Immanuel Kant. Das heißt nicht, dass ihnen das ›Glück‹ oder ›Wohl‹ des Gemeinwesens nicht am Herzen lag – Smith thematisierte ja gerade den *Reichtum der Nationen*, wobei ›Reichtum‹ und ›Glück‹ oft äquivok gebraucht wurden (Forster 1664; Malthus 1798/1992). Doch hatte sich die Vorstellung vom *Weg* dorthin geradezu umgekehrt. Smith wandte sich explizit dagegen, das Glück der Gemeinschaft überhaupt anzustreben, da dies nachteilige Folgen habe: »By pursuing his own interest he [der Kaufmann] frequently promotes that of the society more effectually than when he really intends to promote it. I have never known much good done by those who affected to trade for the public good« (Smith 1776/2000, 485).

Hier hat sich zweierlei verändert: *Erstens* steht nun das Individuum normativ im Vordergrund. Das ›bürgerliche‹ Prinzip, dass Eigennutz vor Gemeinnutz gehe, wurde von den Sozialisten bald heftig angegriffen. So bemängelte der junge Marx an den liberalen Modellindividuen: »Das einzige Band, das sie zusammenhält, ist die Naturnotwendigkeit, das Bedürfnis und das Privatinteresse, die Konservation ihres Eigentums und ihrer egoistischen Person« (Marx MEW 1, 366). Grundlage dieses Prinzips war die Annahme, dass das radikal subjektiviert gedachte Glück alleinige Sache der Individuen sei und jeder staatliche Eingriff im Namen des Glücks despotisch werde: »Niemand darf mich zwingen, auf seine Art […] glücklich zu sein« (Kant 1793/1977, 145). Selbst der junge Rousseau, der wenig später den Republikanismus erneuerte, verwarf die Orientierung an den Erwartungen Anderer und propagierte eine Ethik der *Selbstliebe* (mit sofortiger Einschränkung): »Strebe nach deinem Besten, aber lasse dieses Streben anderen so wenig wie möglich zum Nachteil gereichen« (Rousseau 1755/1965, 152). Dieser Einschränkung wird eine Minimierung des gesellschaftlichen Verkehrs am besten gerecht. Das Ideal heißt: individuelle Autarkie.

Zweitens hat sich auch die Vorstellung von der Wirkweise der Gesellschaft verändert. Aufgrund einer Idealisierung von Marktprozessen, die sich allmählich zu »entbetten« begannen (Polanyi 1944/ 2001), meinte man nun, dass sich durch das je individuelle Streben nach Glück (*pursuit of happiness*) dasjenige der Gemeinschaft wie von selbst einstellen würde: Entweder, weil es – wie bei Jeremy Bentham – nur aus der Summe der ›Einzelglücke‹ bestünde, oder weil es einen mephistophelischen Mechanismus gäbe, der die gesammelten Egoismen in einen Nutzen der Gemeinschaft umwandle (jene »Kraft, die stets das Böse will und stets das Gute schafft«; Goethe: *Faust I*, Vers 1336). Smiths »unsichtbare Hand« (Smith 1776/2000, 485) brachte diesen Gedanken prägnant auf den Punkt; bekannt war er jedoch schon zuvor. In einem Buch über die *Glückseligkeit der Staaten* versprach schon J.H.G. von Justi, dass Individuum und Gemeinschaft gleichermaßen profitierten, würde den Individuen nur freier Lauf gelassen: »die natürlichen Triebfedern, Bewegungsgründe und Eigenschaften der Menschen sind also beschaffen, daß daraus allemal die vortrefflichste Übereinstimmung, sowohl zur Wohlfahrt der einzelnen Familien, als zum gemeinschaftlichen Besten entstehet, wenn keine Hindernisse im Staat vorhanden sind, welche die natürliche Wirkung dieser Dinge hemmen« (Justi 1760, 690; vgl. Henning 2008; Foucault 2004, Bd. I, 464 ff.).

Nun war diese Glückspolitik nicht – oder nur selten (Godwin 1793/1985) – anarchistisch. Ein regelnder Staat wurde nach wie vor vorausgesetzt, nur sollte ihm die aktive und als »despotisch« empfundene Sorge um das »Glück der Menschheit« abgenommen werden (Forster 1794/1991, 88). Wilhelm von Humboldt kleidete diesen Gedanken in die Unterscheidung zwischen negativem und positivem »Wohl der Bürger«: Der Staat dürfe nicht das »Glük befördern«, er solle lediglich »Uebel verhindern« (1792/1995, 70), also die Individuen vor Eingriffen schützen und zugleich ein privatisierendes *free-riding* Einzelner auf Kosten der Gemeinschaft (getrieben durch *pleonexia*, dem Streben nach immer mehr; 94) unterbinden.

Diese empfindliche Balance hängt natürlich auch davon ab, was als Übel bestimmt wird. Es ist ein Kennzeichen des liberalen Individualismus von Kant bis Hayek, dass wirtschaftliche Einschränkungen Einzelner *nicht* als Übel gelten, da niemand sie jemandem willentlich zufügt. Diese Leerstelle wurde bei Green durch die Idee einer »positiven Freiheit« korrigiert, deren Ermöglichung eine Aufgabe sozialstaatlicher Politik sei (Green 1881/1969; bereits John Dewey sprach dabei von »real freedom«, Dewey/Tuft 1908/1978, 473; vgl. Van Parijs 1995, 28).

Das François Guizot zugeschriebene Motto ›Bereichert euch!‹ gibt dieses Denken also nicht falsch, sondern nur verkürzt wieder. Was im Zuge der Verkürzung unkenntlich wird, sind die Grenzen der Bereicherung, die selbst Adam Smith gezogen hat; dazu gehörten auch Marktschranken (»the liberty, reason, and happiness of mankind, […] can flourish only where civil government is able to protect them«; Smith 1776/2000, 862). Infolge dieser Verkürzung lässt sich eine Privatisierung öffentlicher Glücksgüter selbst dann als gemeinwohlförderlich darstellen, wenn nur Verluste ›sozialisiert‹ und Gewinne privat angeeignet werden. In solchen Fällen erweist sich die Annahme einer *automatischen* Verwandlung individuellen Glücks in gemeinschaftliches Glück durch Marktprozesse (Variante 2) als eine wenig plausible ad-hoc-Annahme. Das vermittelnde Denken (Variante 3) versucht daher, diese Verwandlung institutionell sicherzustellen.

Der liberale Freibrief für ein individuelles Streben nach Glück blieb also nicht unwidersprochen, ja es konnte sogar als Ursache neuer Übel begriffen werden. Für konservative Autoren beispielsweise galten Ehe, Familie, Religion und Vaterland als höhere Werte, die durch individuelle Ziele bedroht würden. Aus dieser Sicht mehrte die Individualisierung nicht das Glück, sondern eher das Unglück: »Weit auseinander bauen sie die ländlichen Wohnungen […] damit jeder bequem und produktiv im Mittelpunkt seiner Grundstücke wohne, zerschneiden sie die natürlichen Bande der nachbarlichen Geselligkeit und zerstören alle die höheren Erzeugnisse, welche von diesem Bande abhängen« (Müller 1809/1991, 273). Diese Kritik ist noch heute zu finden, etwa an der ›Gier der Manager‹. Doch droht hier ein Dilemma: Entweder weist diese Kritik auf die wenig attraktive kollektivistische Ethik zurück (Variante 1), oder sie ist selbst nur ein *versteckter* Individualismus (Variante 2), der soziale Beziehungen als individuelle Ressourcen instrumentalisiert und damit genau das un-

terstützt, was er kritisiert (vgl. Thomä u.a. 2011). Doch muss man keineswegs zwischen diesen beiden Übeln wählen, es gibt ja noch eine dritte Position.

Das Glück von Individuum und Gemeinschaft: Aristotelische Anfänge

Kollektivistische Ansätze passen nicht recht in die Moderne, weil sie dem Eigenwert des Individuums nicht gerecht werden. Rein individualistische Ansätze hingegen laufen sich tot, da die Bedingungen individuellen Glücks nicht selbst wieder individuell sind und daher durch Individualismus allein nicht garantiert werden können. (Zudem geht der Liberalismus implizit von der Existenz privilegierter Gruppen aus, was den Zugang zu den gewährten Freiheiten sehr ungleich gestaltet.) Welche vermittelnde Position gibt es nun?

Platons kollektivistische Sicht auf das Glück der Gemeinschaft, das nicht nur eine starre hierarchische Gliederung, sondern z.B. auch gemeinsame Mahlzeiten vorsah, wurde bereits von seinem Schüler Aristoteles relativiert. Den Grund der Differenz sieht Aristoteles im Verständnis des Glücks Aller: »Das Wort ›alle‹ ist nämlich doppelsinnig. Soll es heißen: jeder einzelne, so möchte, was Sokrates erst bewirken will [den Gemeinbesitz; vgl. *Politeia* 462c; d. Verf.], vielmehr schon vorhanden sein« (Aristoteles: *Politik* 1261b 20) – dann nämlich, wenn jeder Einzelne *seinen* Besitz habe. Im Fall kollektiven Besitzes können hingegen nur »alle zusammen« von ihrem Besitz reden, »aber nicht jeder von ihnen, sofern er für sich spricht« (1261b 27).

Wenn bei Aristoteles das Individuum gegenüber dem Staat »für sich« sprechen soll (eine frühe Form der Mündigkeit), dann hat es einen deutlichen Eigenwert. Der Staat darf die Eigenheiten der Menschen daher nicht aufheben oder angleichen (»dieselben sind auch der Art nach verschieden; aus ganz gleichen Menschen kann nie ein Staat entstehen«, 1261a 24). Aristoteles kritisiert also den Kollektivismus Platons, doch er wechselt darum nicht in das individualistische Lager. Vielmehr fordert er für die Politik »Gleichheit« und ausgleichende Gerechtigkeit, denn erst diese hielten die Gemeinschaft zusammen (1261a 31). Diese dritte Position ist also bestrebt, sich *mit* Platon für das Glück der Gemeinschaft einzusetzen, dabei aber *gegen* Platon das je eigene und unabgeleitete Glück der Individuen zu wahren. Beides tritt gleichrangig nebeneinander, und das ist Aristoteles' Vermächtnis für nachfolgende Glücksphilosophien (Ricken 2004, 88 ff.).

Die Frage ist nun, wie Glück der Individuen und Glück der Gemeinschaft genau zu vermitteln sind. Bei Aristoteles sieht dies einfach aus: er meint, dass sich beide Glückstypen durch ähnliche Maßnahmen fördern ließen (»Daß also für den einzelnen Menschen wie für die Staaten [...] dasselbe Leben das beste sein muß, liegt amtage«; *Politik* 1235b 30). Es gibt also Glücksgüter, die dem Glück der Individuen und des Staates zugleich förderlich sind; etwa eine ausreichende Versorgung mit äußeren Gütern (die jedoch kein Selbstzweck werden darf), eine politische Selbstregierung (die das individuelle Leben wie das der Gemeinschaft erblühen lässt) sowie genügend Freizeit und Bildung, um einer ›höheren Muße‹ nachgehen zu können (s. Kap. II.2).Vor allem aber geschehe dies durch Erziehung zur Tugend, denn das als Glück vorgestellte Ziel des individuellen wie des politischen Lebens sei das »Leben nach der Tugend [...], die der äußeren Mittel genug besitzt, um sich in tugendhaften Handlungen betätigen zu können« (1324a 1).

Obgleich Aristoteles' Vermittlung einfach aussah, erwies sich die Bedingung, unter der allein sie möglich war – die attische Demokratie – als Sonderfall (und selbst hier war sie nur für wenige möglich). Es folgte Alexanders Imperialismus, und auch das Römische Reich bediente sich seit der Kaiserzeit autokratischer Herrschaftsformen. Wenn hier vom *Glück der Gemeinschaft* die Rede war, war es Sache der Herrschenden, dafür zu sorgen. Römische Münzen mit der Inschrift *felicitas publica* trugen das Konterfei des Herrschers (McMahon 2006, 69). Das hatte zur Folge, dass das Glück der Individuen etwa in der Philosophie der Stoa und der Epikureer privater gezeichnet wurde. Zwar blieb für Angehörige höherer Schichten das Regieren eine glücksrelevante Tätigkeit – Cicero etwa bezeichnet die »Lenkung des Staates« als Gipfel sittlicher Vollkommenheit (Cicero: *De re publica*, 89). Allerdings ist dies keine Selbstregierung der Gemeinschaft mehr wie bei Aristoteles. Glück wird oben ›erzeugt‹ und unten passiv empfangen. Cicero ist sogar stolz darauf, dass sein politisches Engagement »Ruhe als gemeinsamen Besitz für alle übrigen« gebracht habe (95). Aktives und passives politisches Glück sind also säuberlich nach Ständen getrennt (und der ›Frieden‹, den die Herrscher versprachen, konnte allzu oft als Vorwand für einen Krieg dienen – die *pax romana* ist dafür geradezu sprichwörtlich; man denke auch an Hobbes).

Diese Konstellation blieb für Europa bis in die Neuzeit, stellenweise sogar bis ins 20. Jahrhundert prägend (klassische Bildung bestand ja vor allem in der Kenntnis lateinischer ›Klassiker‹; vgl. Faber 1975). In ihr konnte es dem individuellen Glück zuträglicher sein, sich von den politischen Weltläuften abzukoppeln oder sich zumindest emotional davon unabhängig zu machen, wie am stoischen Glücksideal des Gleichmuts (*ataraxia*) deutlich wird. Das sich ausbreitende Christentum tat das seine hinzu: Es lieferte eine zusätzliche Rechtfertigung, das ›Glück des Staates‹ von den Individuen zu entkoppeln und zur Sache der Herrscher (oder ›Lenker‹, wie noch Heidegger sagte) zu machen, die dafür einen göttlichen Auftrag hätten. Thomas von Aquin etwa konnte sagen: »die Aufgabe des Königs ist [es], das Wohl der Gesellschaft zu suchen«, und dafür dürfe er »seinen Lohn von Gott« erwarten (Thomas von Aquin 1256/1981, 27, 31). Das musste natürlich ein höherer Lohn sein als der für die gewöhnlichen Sterblichen, sonst wäre es ja kein ›Anreiz‹, ein guter Herrscher zu sein. Hier wird also eine glückshinderliche Ungleichheit religiös legitimiert.

Auf der anderen Seite wurde das Glück der Individuen auf ihr Seelenheil ausgerichtet und so entweltlicht (ein »Akosmismus«, wie es Max Weber mit Hegel nannte; vgl. Weber 1920/1988, 545). Damit war es entpolitisiert, wie etwa an Martin Luther ersichtlich: »Ein Christenmensch ist ein dienstbarer Knecht aller Dinge und jedermann untertan« (Luther 1520/1924, 295). Die antike Glücksquelle einer politischen Selbstregierung ist ausgetrocknet. In dieser Konstellation hatte die liberale Glückskritik ihre Berechtigung; sie wandte sich gegen eine entmündigende Vor- und Fürsorgepolitik, die die Freiheit der Bürger nicht achtete: »eine väterliche Regierung (imperium paternale), wo also die Untertanen als unmündige Kinder [...] sich bloß passiv zu verhalten genötigt sind, um, wie sie glücklich sein sollen, bloß vom dem Urteile des Staatsoberhaupts [...] zu erwarten, ist der größte denkbare Despotismus« (Kant 1793/1977, 145 f.; s. Kap. V.3; vgl. Rawls 1993, 190 f.). Die vermittelnde dritte Position sah also theoretisch einfach aus, doch praktisch war sie nicht leicht zu haben. Eine ganze Reihe von Faktoren – allen voran Unfreiheit und Ungleichheit – standen ihr entgegen.

Das Glück von Individuum und Gemeinschaft: Der normative Katalog der Moderne

Diese paternalistische Konstellation brach im 18. Jahrhundert auf, und so konnte Antoine de Saint-Just 1794 vor dem Pariser Konvent sagen: »Das Glück ist eine neue Idee in Europa« (Saint-Just 2004, 673; s. Kap. V.8 und V.11). Zwar hatte sich schon im Reformationsdenken eine individualistische Perspektive Bahn gebrochen, die dem Eigennutz einen Vorrang vor dem Gemeinwohl einräumte und damit dem entstehenden »Geist des Kapitalismus« zuarbeitete (Biehler 2009). Doch erst die Aufklärung machte das Glück der Menschen wieder zu einem Hauptthema, mit großen Folgen für die Politik. Diese aufklärerischen Glücksideen unterschieden sich zwar in verschiedenen Ländern (vgl. Mauzi 1960 zu Frankreich; Engelhardt 1981 zu Deutschland; Bruni 2006 zu Italien; zur Aufklärung als Gesamtphänomen vgl. Israel 2006), doch gab es einen gemeinsamen Kern: Das Glück war, kurz gesagt, in den Bereich menschlicher Machbarkeit geraten. Da es einmal als möglich erschien, konnte es nicht länger künstlich verknappt werden. Es wurde daher zur legitimen Forderung, möglichst viel davon zu gewähren, auch in der Politik, als deren Zweck und Ziel – wie einst bei Aristoteles – das Glück der Menschen galt: »Die Menschen haben sich nur deshalb zur Gesellschaft zusammengeschlossen, um glücklicher zu sein; die Gesellschaft hat sich nur deswegen Souveräne gewählt, um wirksamer für ihr Glück und ihre Erhaltung zu sorgen« (Diderot/D'Alembert 1751–60/1972, 949).

Solche Wendungen gibt es in verschiedenen Strömungen, etwa bei Chastellux (»Every authority that is not exercised for the happiness of all can only be founded on imposture and force«; Chastellux 1772, II.10, nach McMahon 2006, 217), bei Godwin (»The true object of moral and political disquisition is pleasure or happiness«; Godwin 1793/1985, 75) oder Robert Owen (»The end of government is to make the governed and the governors happy«; Owen 1813/1993, 77). Erfüllten Regierungen diese Aufgabe nicht oder zu wenig, verlor ihre Herrschaft an Legitimität und es konnte zur Revolution kommen. So argumentierte die Unabhängigkeitserklärung der USA von 1776 mit dem Recht auf ein ungehindertes »pursuit of happiness« unter der bezeichnenden Annahme, dieses Recht sei »self-evident« (McMahon 2006, 313 ff.; s. Kap. V.2).

McMahon hat die historischen Voraussetzungen für diesen Wandel treffend beschrieben: In der Religion wurde irdisches Glück im 18. Jahrhundert (vorbereitet u. a. durch John Locke) nicht länger als Hindernis, sondern als Vorstufe der ewigen Seligkeit interpretiert; militärisch war das 18. ein vergleichsweise ruhiges Jahrhundert, und ökonomisch hatte sich durch die Ausbreitung von Handel und technischem Fortschritt (was sich in ein Mehr an Waren bei weniger Arbeitsaufwand übersetzte) bereits die »Konsumgesellschaft« angekündigt, in der man zuvor ungeahnte »Lüste« einfach kaufen konnte – etwa Kolonialwaren, aufwendige Kleidung oder Unterhaltung wie einen Besuch im »Lustgarten« (McMahon 2006, 197 ff.; s. Kap. VIII.9). Zudem hatte schon die italienische Renaissance die republikanische Selbstregierung wiederentdeckt, die ein politisiertes Glücksverständnis transportierte (Arendt 1963/1990, 115 ff.).

Die Aufklärung insistierte nun darauf, dass weniger Glück verwirklicht sei als prinzipiell möglich wäre, da in vielen Regierungen noch an veralteten Methoden festgehalten werde und ein obrigkeitlich-verzopftes und lustfeindliches Denken herrsche. Jeder aber habe »das Recht, auf seine Weise glücklich zu werden« (Diderot/D'Alembert 1751–60/1972, 171). Die historisch neuen Glücksquellen führten so zu neuen Forderungen an die Politik. Diese finden sich in politischen Glücksphilosophien verschiedener Länder lediglich in unterschiedlichen Mischungsverhältnissen. Dieses europäische ›Projekt der Moderne‹ verdichtet sich in vier Kernpunkten:

Wenn es möglich ist, allen mehr Glück zu gewähren (›das größte Glück für die größte Zahl‹, wie es Leibniz in Deutschland, Francis Hutcheson in Schottland, Cesare Beccaria in Italien, Helvétius in Frankreich und Bentham in England ausdrückten; vgl. McMahon 2006, 212), ist es nicht länger zu rechtfertigen, Menschen durch politische Unterdrückung daran zu hindern. Glück erfordert also erstens *Freiheit*. Hatte bereits John Locke Toleranz zu einer wesentlichen Bedingung individuellen Glücks erklärt (»everyone does not place his happiness in the same thing«; Locke 1689/1975, 268; ähnlich noch Kant), so wurde diese Tendenz durch die ökonomische Einsicht gefördert, dass der gesellschaftliche Reichtum – die Quelle des Genusses – anstieg, je mehr Freiheit den Menschen gelassen werde. Dies war schon den ›Policeywissenschaften‹ bekannt: »Es ist gemeiniglich weiter nichts nöthig, als daß die Regierung die Hindernisse aus dem Wege räumet, welche die freye Wirkung dieser Triebfedern aufhalten« (Justi 1760, 690; gemeint sind »Eigenliebe« und »Verlangen nach dem Vorzuge«). Natürlich muss dann die Ausformulierung dieses Glücks bei den Individuen liegen, was in der Konsequenz zu einer Formalisierung führt (Sumner 1996).

Als ein Bollwerk dieser Freiheit, zumal in Verbindung mit der sich »entbettenden« Wirtschaft, gilt zweitens die Möglichkeit, durch eigene Arbeit *Eigentum* zu erlangen und zu behalten (McMahon 2006, 317 f.). Wenn große Teile eines Landes im Besitz weniger sind, ist dies eine radikale Forderung (wie die brasilianische Landlosenbewegung noch heute zeigt). Sie konnte etwa dazu führen, dass republikanische Politiker wie Thomas Jefferson im Interesse des kleinen Landbesitzes die Industrialisierung ablehnten, da sie der breiten Streuung des tugend- und glücksförderlichen Eigentums entgegenwirke (Sandel 1996, 123 ff.). Die Forderung nach einem Recht auf Eigentum ist also modern, aber nicht uneingeschränkt kapitalistisch (der Frühsozialismus etwa forderte zunächst ›gleiches Eigentum‹). Selbst Adam Smith sah das Streben nach immer mehr individuellem Reichtum nicht als Weg zum Glück, sondern vielmehr als »deception« an (»wealth and greatness are mere trinkets of frivolous utility«; Smith 1759/2006, 179). Es sei aber zu begrüßen, weil die kindische Eitelkeit der Individuen zum Glück der Gemeinschaft beitrage: »A revolution of the greatest importance to the public happiness, was in this manner brought about by two different orders of people, who had not the least intention to serve the public. To gratify the most childish vanity was the sole motive of the great proprietors. The merchants and artificers, much less ridiculous, acted merely from a view to their own interest, and in pursuit of their own pedlar principle of turning a penny wherever a penny was to be got« (Smith 1776/2000, 447 f.).

Eine dritte Forderung der neuen Glücksphilosophie an die Politik ist die *Gleichheit*. Zwar ist diese verschieden auszulegen, doch klar ist, dass diese Forderung in der Aufklärung über die rein formale Rechtsgleichheit (die bereits eine radikale Forderung sein kann, heute etwa erhoben von Alain Badiou) weit hinausgeht. So folgerte selbst der gemäßigte Kant aus der Rechtsgleichheit als apriorischen Prinzips des bürgerlichen Zustands eine weitergehende Forderung nach *Chancengleichheit*: »Aus der Idee der Gleichheit der Menschen im gemeinen Wesen [...] geht nun auch die Formel hervor: Jedes Glied desselben muß zu jeder Stufe eines Standes [...] gelangen dürfen, wozu ihn sein Talent, sein Fleiß und sein Glück [im Sinne der *fortuna*, d. Verf.] hinbringen können, und es dürfen ihm seine Mituntertanen,

durch ein erbliches Prärogativ [...] nicht im Wege stehen, um ihn und seine Nachkommen unter demselben ewig niederzuhalten« (Kant 1793/1977, 147 f.). Es kann also im Interesse des Glücks angeraten sein, Bedingungen dieses Glücks (etwa das gleiche Recht auf Eigentum) politisch zu garantieren.

Deutlicher als Kant hat Helvétius diesen Punkt ausbuchstabiert. Es geht nicht primär um wirtschaftliche Gleichheit, was eine unmögliche Forderung wäre (»Keine Gesellschaft, in der alle Bürger gleich an Macht und Reichtum sein können«; Helvétius 1772/1972, 362), wohl aber um ein *gleiches Recht auf Glück*. Die Sache ist einfach: »Haben alle Bürger irgendwelches Eigentum, befinden sie sich in einem gewissen Zustand der Wohlhabenheit und können sich durch einen Arbeitstag von sieben oder acht Stunden ihre Bedürfnisse und die ihrer Familie im Überfluss befriedigen, dann sind sie so glücklich, wie sie nur sein können« (362). Eine massive soziale Ungleichheit steht diesem Recht entgegen, folglich gelte es, sie zu verringern.

Diese Umverteilung ist ohne Glückseinbußen möglich, denn: »Das Maß unseres Reichtums ist nicht [...] das Maß unseres Glücks« (366). Damit wäre sowohl den reichen wie den armen Bürgern gedient, wie Helvétius – erstaunlich aktuell – ausführt: »Ein geringes Vermögen reicht zum Glück des tätigen Menschen aus [und zu den Tätigkeiten zählt auch die Teilhabe an der Regierung, d. Verf.]. Das größte reicht nicht aus zum Glück eines Müßiggängers. Zehn Dörfer müssen zugrundegerichtet werden, um einen Müßigen zu vergnügen« (371). Die »allzu ungleiche Verteilung des Reichtums« führe also dazu, dass die Einen »nur durch exzessive Arbeit für ihre Bedürfnisse sorgen« können, während die anderen in ihrem Überfluss von der »Langeweile« geplagt würden: »ein fast ebenso schreckliches Übel wie die Armut« (367), das zu einem »übermäßigen Wunsch nach Reichtum« führe (370).

Die Bindung des Glücks an das Maßhalten, die schlechte Unendlichkeit des Strebens nach Reichtum sowie die zentrifugalen Kräfte großer Ungleichheit sind klassisch republikanisches Gedankengut und waren schon Aristoteles (*Politik* I.9, IV.11, VII.1) und Rousseau bekannt (Rousseau 1755/1965; vgl. Anderson 2008). Die neuere Glücksforschung hat wiederentdeckt, dass soziale Ungleichheiten zu Unduldsamkeit und übersteigerten Ansprüchen oben, zu Distinktions- und Abstiegsstress in der gesellschaftlichen »Mitte« und zu Defiziten in Gesundheit und Bildung unten führen (Wilkinson 2005). Soziale Ungleichheit tut niemandem gut, weder den Individuen noch der Gemeinschaft, und ist im Interesse des Glücks zu verurteilen.

Eine vierte politische Forderung der Aufklärung in Sachen Glück ist die Förderung des menschlichen Blühens (»flourishing«; Kraut 2007, 131 ff.). Dieser *Perfektionismus* findet sich sowohl bei Christian Wolff, für den der Begriff der ›Vollkommenheit‹ zentral ist (Schwaiger 1995; Rüdiger 2010), wie im französischen und englischen Denken, etwa bei Condorcet oder Rousseau (Marks 2005), den Denkern der »perfectibilité«, oder bei Ferguson, Godwin und Franklin. Das Glück ist hier nicht bestimmt durch möglichst viel Genuss oder Selbstaufopferung, sondern durch ein Leben in erfüllenden Tätigkeiten und ›beglückenden‹ Gemeinschaften. Ausgedrückt wird dieser Gedanke auch bei dem Freimaurer Adam Weishaupt: »Die ungehinderte Thätigkeit unseres Geistes, die Glückseligkeit, welche aus der Vollkommenheit, aus der höchsten Entwicklung unserer höheren Kräfte entspringt, [...] wird daher ausschließlicherweise das höchste Gut des Menschen, und der Maßstab aller übrigen Güter sein« (Weishaupt 1797, III, 101). Aus dieser Perspektive kann es zur politischen Aufgabe werden, diese Entwicklung zu ermöglichen und zu fördern, soweit es die anderen Forderungen (Freiheit, Gleichheit und Sicherung eines auskömmlichen Eigentums) zulassen. Der politische Perfektionismus ist solange mit dem Liberalismus und dem Egalitarismus verträglich, wie verschiedene Möglichkeiten der Entwicklung offengehalten und ohne Zwang gefördert werden (Henning 2009). Wilhelm von Humboldt, der eigentlich mit dem perfektionistischen Grundsatz die »positive« Tätigkeit des Staates zugunsten des Glücks der Bürger einschränken wollte (Humboldt 1792/1995, 70), konnte daher später zu einem wichtigen Akteur der preußischen Bildungspolitik werden.

Diese vier Forderungen sind noch nicht die *Lösung* der Probleme der Moderne. Sie stellen allerdings die Aufgabe normativ klar heraus: Solange die politische Selbstregierung einer Gesellschaft um das Glück der Bürger besorgt ist, gilt es, zwischen diesen vier Forderungen (Freiheit, Gleichheit, freier und gleicher Zugang zu Eigentum und die bestmögliche Entwicklung der Bürger) ein Gleichgewicht herzustellen. Dem Glück abträglich ist es, eine dieser Seiten zu verabsolutieren. Das war bei der Uniformierung im Realsozialismus ebenso zu beobachten, wie es das in einer wohlmeinenden Erziehungsdiktatur wäre oder wie es das heute im radikal ungleichen

Wirtschaftsliberalismus mit seinem Bildungselitismus ist. Die politische Philosophie ist darum weiterhin um ein Gleichgewicht aus kulturellem und wirtschaftlichem Liberalismus, Egalitarismus und Perfektionismus bemüht (vgl. Nussbaum 2003).

Das Glück von Individuum und Gemeinschaft: Neue Probleme, neue Disziplinen

An dieser Stelle lässt sich noch keine Summe ziehen. Denn auch wenn das 18. Jahrhundert die normative Problematik der Moderne ans Licht gebracht hat, waren die folgenden Jahrhunderte alles andere als eine »Verwirklichung der Philosophie« (Marx MEW 1, 391). Was stand dem entgegen? Es lässt sich in der Folge beobachten, wie eine Orientierung am Glück allmählich aus dem Horizont der politischen Philosophie verschwand (klassisch dazu Maier 1966). Einerseits war es durch zu breite Verwendung zu *unbestimmt* geworden – bereits Kant hatte ja moniert, »daß der Begriff der Glückseligkeit ein so unbestimmter Begriff ist, daß, obgleich jeder Mensch zu dieser zu gelangen wünsche, er doch niemals bestimmt [...] sagen kann, was er eigentlich wünsche und wolle« (Kant 1785/1977, 47), und Bentham hatte 54 voneinander abweichende Ausdrücke für »happiness« gefunden (McMahon 2006, 219). Andererseits war das Glück im Kontext der Politik in den Ruf des *Despotismus* gekommen. Das war sowohl durch den Fokus der älteren Polizeywissenschaften auf dem Fürsten (darauf führt Kaufmann 1999, 36 ff. Kants Glücksskepsis zurück) wie durch die befremdliche Gleichgültigkeit gegenüber den Menschenrechten auf Seiten des Utilitarismus begründet (Bentham nannte sie »Unsinn auf Stelzen«; vgl. McMahon 2006, 217). Dies ließ es – wie in der Eugenikbewegung nach Francis Galton – denkbar erscheinen, das Glück der Gemeinschaft auf Kosten Einzelner zu ›erzeugen‹.

Man kann nun das Glück als Klammer begreifen, die den normativen Aufgabenkatalog der Aufklärung zusammenhält (Henning 2008; vgl. Geuss 2004). Fehlt diese Klammer, können die Werte gegeneinandergestellt werden. Genau dies geschah im 19. Jahrhundert, als der Kapitalismus, der sich die zwei Werte der Freiheit und des Eigentums auf die Fahnen schrieb, in der Industrialisierung begann, *gegen* die soziale Gleichheit und das Bildungsversprechen zu wirken. Bereits Bentham legte die prinzipielle Rangordnung der Liberalen fest: »When security [vor allem die Sicherung des Eigentums] and equality are in opposition, there should be no hesitation: equality should give way« (Bentham 1786, Kapitel 11; Hervorhg. d. Verf.).

Die Kritik, die schon lange vor Marx am Kapitalismus geübt wurde, stellte sich konsequent hinter die *anderen* beiden Werte. Einerseits, hieß es nun, führe der Kapitalismus zu einer ›Entfremdung‹ der Menschen (so bereits Thomas Carlyle, nicht zuletzt beeinflusst von Hegel und Goethe) und hintertreibe damit ihre Entwicklung; andererseits beute er die Arbeiter aus und erzeuge damit soziale Ungleichheit. Die Werte der Gleichheit und der Selbstvervollkommnung werden im Namen des Glückes *gegen* den Kapitalismus gewandt. Wie schon in der Aufklärung wird eine »equal distribution of the means of happiness to all« (Gray 1825, 6; vgl. Owen 1813/1933) sowie eine breitere Partizipation der Bevölkerung an Kultur und Bildung gefordert – nicht nur in ihrer Aneignung, auch in der *Erarbeitung* einer »Wissenschaft vom Glück« (Thompson 1824, I, 9 f., 362 ff.; die Sozialdemokratie setzte sich später ebenfalls für Arbeiterbildung ein). Schon Adam Ferguson hatte den Zusammenhang zwischen den Kritikpunkten bemerkt: Da mit der sozialen Ungleichheit die Gier nach Reichtum zunehme (siehe Helvétius), führe dies zu einer Verzerrung der perfektionistischen Ethik (später ›Verdinglichung‹ genannt), weg vom Menschen, hin zu Gütern: »we have transferred the idea of perfection from the character to the equipage« (Ferguson 1767, VI.3).

Die Kategorie des Glücks ist allerdings auch aus dem Gegendiskurs allmählich verschwunden (s. Kap. VI.7). Vielleicht lag das an der konsequenten Vermeidung dieses Wortes bei Karl Marx, der eine Abneigung gegenüber unklaren Worten hatte, die in der Praxis alles Mögliche bedeuten konnten – ›Glück‹ war ja durch Gleichheit und Selbstverwirklichung ebenso codiert wie durch bürgerliche Freiheit und Sicherung des Eigentum (zur Kritik an der vagen Glückssemantik vgl. Marx MEW 3, 460 ff.). Nur in seiner Anfangsphase sprach er wie die Aufklärung von der Verhinderung möglichen Glücks durch falsches Denken, nicht nur in der Religion (»Die Aufhebung der Religion als des illusorischen Glücks des Volkes ist die Forderung seines wirklichen Glücks«; MEW 1, 378 f.), sondern auch in der politischen Ökonomie. Doch wurde Marx durch die (implizite) Parteinahme für Gleichheit und Perfektionismus und gegen die Phrasen von »Freiheit« und »Eigentum« (MEW 23, 190) keineswegs zum vormodernen Kollektivisten. Vielmehr trieb ihn die

Kritik Max Stirners am Kollektivismus der Junghegelianer (›Volks-Glück = Nicht Mein Glück‹ hatte Stirner geschrieben; MEW 3, 260; s. Kap. V.5) zu durchaus individualistischen Positionen (Henning/ Thomä 2009). Dennoch ließ er den Glücksbegriff fallen. In der Folge hat dieser seinen Rang in der kritischen Theorietradition nur gelegentlich gehalten (etwa in der Konsumkritik, vgl. Scitovsky 1976/ 1992; s. Kap. VI.7).

Erst mit der neueren Glücksforschung (s. Kap. VIII.6 und VIII.7) ist eine Kritikvariante zurückgekehrt, die das Glück der Individuen in den Mittelpunkt stellt, ohne die negativen Effekte der individualisierten Gesellschaft und ihrer intendierten Nichtintendierung des Gemeinwohls zu übersehen. Sie konnte zeigen, dass privat angeeignete wirtschaftliche Zuwächse sich irgendwann nicht mehr in zusätzlich empfundenes Glück übersetzen, und dass weniger ›entwickelte‹ Länder mit weit weniger Einkommen ähnliche Glücksniveaus erreichen können wie reiche Länder (Layard 2005). In reichen Ländern hört nicht nur das subjektiv empfundene Glück zu steigen auf, zugleich sammelt sich eine negative Bilanz an: Aggressivität, Fettleibigkeit und Magersucht sowie Depressionserkrankungen nehmen gerade in individualisierten Gesellschaften zu (Rustin 2007). Wachsende Zeitarmut, Konsumismus, die Erosion sozialer und ökologischer Ressourcen und ein Gefühl von Sinnleere und Entfremdung sind die sozialen Kosten (Hirsch 1976/2005; Bauman 2008).

Ein Denken, das methodologisch und normativ nur Individuen kennt, kann solche Pathologien schwer erklären, denn gerade das Abblenden sozialer Bezüge und Effekte hat ja ihre Entstehung begünstigt. Der soziale Imperativ, sich selbst zu verwirklichen und besonders glücklich sein zu müssen, potenziert den Identitätsstress in der flexibilisierten Moderne eher als dass er ihn mindert (Ehrenberg 2004; Illouz 2006) – es gibt also keinen individualistischen Ausweg aus den Kehrseiten des Individualismus, auch nicht in der Lebenskunst (die nur Symptome kuriert, solange sie die soziale Dimension ausblendet; vgl. Kersting/Langbehn 2007). Daher kommt es im Zuge der Glücksforschung zu einer Wiederkehr *politischer* Konzeptionen des Glücks.

Die Rückkehr der Glücksforschung koinzidiert nicht zufällig mit der Wendung des ordnungspolitisch ›gezähmten‹ Kapitalismus zu einer ungehemmten Marktausweitung, auch in Bereichen, die vormals aus guten Gründen kulturpolitisch oder sozialstaatlich geschützt worden waren. Wenn heute die Wichtigkeit politischer Mitbestimmung (Frey/Stutzer 2000; Lane 2000, 231 ff.), sozialer Gleichheit (Wilkinson 2005; Layard 2005, 135 f.) und der persönlichen Entwicklung (»flourishing«; Kraut 2007; Haybron 2008, 177 ff.) für das Glück wiederentdeckt wird, kann man darin eine berechtigte Rückwendung von der primär individualistischen zur einer ›vermittelnden‹ Glücksphilosophie sehen, die individuelle und gesellschaftliche Bedingungen des Glückes wieder stärker aufeinander bezieht (synoptisch vgl. Dutt/Radcliff 2009; Posner/Sunstein 2010).

Literatur

Anderson, Elizabeth: How Should Egalitarians Cope with Market Risks? In: Theoretical Inquiries in Law 9.1 (2008), 61–92.

Arendt, Hannah: On Revolution [1963]. London 1990.

Ariès, Philippe u.a.: Geschichte des privaten Lebens. 5 Bde. Frankfurt a.M. 1989.

Aristoteles: Politik. Hamburg 1981.

Arweiler, Alexander/Möller, Melanie (Hg.): Vom Selbst-Verständnis in Antike und Neuzeit. Berlin/New York 2008.

Badiou, Alain: Metapolitik. Zürich 2003.

Bauman, Zygmunt: The Art of Life. Cambridge 2008.

Bellebaum, Alfred u.a. (Hg.): Staat und Glück. Politische Dimensionen der Wohlfahrt. Opladen 1998.

Bentham, Jeremy: Principles of the Civil Code [1786]. http://www.laits.utexas.edu/poltheory/bentham/pcc (15.9.2010).

Biehler, Birgit: Der Eigennutz: Feind oder ›wahrer Begründer‹ des Gemeinwohls? Zur Bewertung des Eigennutz im 16. Jahrhundert. Tübingen 2009.

Bok, Derek: Politics of Happiness: What Government Can Learn from the New Research on Well-Being. Princeton 2010.

Bruni, Luigino: Civil Happiness. Economics and Human Flourishing in Historical Perspective. London/New York 2006.

Chastellux, François J. de: De la félicité publique, ou considérations sur le sort des hommes dans les différentes époques de l'histoire. 2 Bde. Amsterdam 1772.

Cicero: De re publica/Vom Gemeinwesen. Lateinisch/Deutsch. Stuttgart 2001.

Cohen, Gerald A.: Why not Socialism? Princeton 2009.

Dewey, John/Tufts, James: Ethics [1908]. In: John Dewey: The Middle Works, Bd. 5. Carbondale 1978.

Diderot, Denis/D'Alembert, Jean-Baptiste le Rond: Enzyklopädie [1751–1760]. Auszüge in Manfred Naumann (Hg.): Artikel aus der von Diderot und D'Alembert herausgegebenen Enzyklopädie. Leipzig 1972.

Durkheim, Emile: Die elementaren Formen des religiösen Lebens [1912]. Frankfurt a.M. 2005.

Dutt, Amitiva K./Radcliff, Benjamin (Hg.): Happiness, Economics and Politics. Towards a Multi-Disciplinary Approach. Cheltenham 2009.

Ehrenberg, Alain: Das erschöpfte Selbst. Depression und Gesellschaft in der Gegenwart. Frankfurt a.M./New York 2004.

Engelhardt, Ulrich: Zum Begriff der Glückseligkeit in der kameralistischen Staatslehre des 18. Jahrhunderts (J.H.G. v. Justi). In: Zeitschrift für historische Forschung 8 (1981), 37–79.

Faber, Richard: Die Verkündigung Vergils. Reich – Kirche – Staat: Zur Kritik der ›politischen Theologie‹. Hildesheim 1975.

Fehr, Ernst/Schmitt, Klaus M.: A Theory of Fairness, Competition, and Cooperation. In: The Quarterly Journal of Economics 114 (1999), 817–868.

Feldhoff, Heiner: Vom Glück des Ungehorsams. Die Lebensgeschichte des Henry David Thoreau. Weinheim 1989.

Ferguson, Adam: An Essay on the History of Civil Society [1767]. http://oll.libertyfund.org/title/1428 (12.9.2010).

Forster, Georg: Über die Beziehung der Staatskunst auf das Glück der Menschheit [1794]. In: Eckart Pankoke (Hg.): Gesellschaftslehre. Frankfurt a.M. 1991, 84–116.

Forster, John: Englands Happiness increased, or A sure and easie remedy against all succeeding dear years. London 1664.

Foucault, Michel: Geschichte der Gouvernementalität. 2 Bde. Frankfurt a.M. 2004.

Frey, Bruno/Stutzer, Alois: Happiness Prospers in Democracy. In: Journal of Happiness Studies I (2000), 79–102.

Friedländer, Saul: Kitsch und Tod. Der Widerschein des Nationalsozialismus. Frankfurt a.M. 1984.

Geuss, Raymond: Glück und Politik. Potsdamer Vorlesungen. Berlin 2004.

Godwin, William: Enquiry Concerning Political Justice and its Influence on Modern Morals and Happiness [1793]. London 1985.

Gray, John: A Lecture on Human Happiness. London 1825.

Green, Thomas H.: Lecture on Liberal Legislation and Freedom of Contract [1881]. In: Works III. New York 1969, 365–386.

Gronemeyer, Matthias: Profitstreben als Tugend? Zur Politischen Ökonomie bei Aristoteles. Marburg 2007.

Haybron, Daniel M.: The Pursuit of Unhappiness. The elusive Psychology of Well-being. Oxford 2008.

Helvétius, Claude Adrien: Vom Menschen, seinen geistigen Fähigkeiten und seiner Erziehung [1772] (Hg. Günther Mensching). Frankfurt a.M. 1972.

Henning, Christoph: Soziale Sicherheit und Freiheit. Zur Kritik eines begrifflichen Antagonismus aus der Idee des Glücks. In: Philipp Juchli u.a. (Hg.): Sicherheit als wirtschaftliches, rechtliches und kulturelles Phänomen. Bern 2008, 419–434.

–: Perfektionismus und liberaler Egalitarismus. Ein Versuch ihrer Vermittlung. In: Deutsche Zeitschrift für Philosophie 57 (2009), 845–860.

– /Thomä, Dieter: Was bleibt von der Deutschen Ideologie? In: Harald Bluhm (Hg.): Karl Marx/Friedrich Engels: Die Deutsche Ideologie. Klassiker Auslegen 36. Berlin 2009, 205–222.

Hirsch, Fred: Social Limits to Growth [1976]. London ²2005.

Humboldt, Wilhelm von: Ideen zu einem Versuch, die Gränzen der Wirksamkeit des Staates zu bestimmen [1792]. In: Werke I: Schriften zur Anthropologie und Geschichte. Stuttgart 1995, 56–233.

Illouz, Eva: Gefühle in Zeiten des Kapitalismus. Frankfurt a.M. 2006.

Inglehart, Ronald/Welzel, Christian: Modernization, Cultural Change and Democracy. New York 2005.

Israel, Jonathan: Enlightenment Contested. Philosophy, Modernity, and the Emancipation of Man 1670–1752. Oxford 2006.

Justi, Johann Heinrich Gottlob von: Die Grundfeste zu der Macht und Glückseligkeit der Staaten. Königsberg/Leipzig 1760.

Kant, Immanuel: Grundlegung zur Metaphysik der Sitten [1785]. In: Werkausgabe Bd. VII. Frankfurt a.M. 1977.

–: Über den Gemeinspruch: Das mag in der Theorie richtig sein, taugt aber nicht für die Praxis [1793]. In: Werkausgabe Bd. XI. Frankfurt a.M. 1977, 127–172.

Kaufman, Alexander: Welfare in the Kantian State. Oxford 1999.

Kersting, Wolfgang/Langbehn, Claus (Hg.): Kritik der Lebenskunst. Frankfurt a.M. 2007.

Kraut, Richard: What is Good and Why. The Ethics of Well-being. Cambridge, MA 2007.

Lane, Robert: The Loss of Happiness in Market Democracies. New Haven 2000.

Layard, Richard: Happiness: Lessons from a New Science. London 2005.

Locke, John: An Essay Concerning Human Understanding [1689]. Oxford 1975.

Luther, Martin: Von der Freiheit eines Christenmenschen [1520]. In: Luthers Werke für das christliche Haus. Bd. 1. Leipzig ⁴1924, 295–316.

Maier, Hans: Die ältere deutsche Staats- und Verwaltungslehre. Neuwied 1966.

Malthus, Thomas Robert: An Essay on The Principle of Population, or A view of its past and present effects on Human Happiness [1798]. Cambridge 1992.

Mann, Stefan: Markt, Glück und Staat. Wie Wirtschaft und Politik zu unserem Glück beitragen können. Moers 2009.

Mannheim, Karl: Allgemeine Soziologie (Vorlesung von 1930). In: Jahrbuch für Soziologiegeschichte 1996, 19–125.

Marks, Jonathan: Perfection and Disharmony in the Thought of Jean-Jacques Rousseau. Cambridge 2005.

Marx, Karl/Engels, Friedrich: Werke [MEW]. Berlin 1956 ff.

Mauzi, Robert: L'idée du bonheur dans la littérature et la pensée françaises au XVIIIe siècle. Paris 1960.

McMahon, Darrin M.: Happiness: A History. New York 2006.

Müller, Adam: Streit zwischen Glück und Industrie [1809]. In: Eckart Pankoke (Hg.): Gesellschaftslehre. Frankfurt a.M. 1991, 272–276.

Münkler, Herfried u.a. (Hg.): Gemeinwohl und Gemeinsinn. Bd. 2. Berlin 2001.

Nussbaum, Martha: Capabilities as Fundamental Entitlements. Sen and Social Justice. In: Feminist Economics 9.2/3 (2003), 33–59.

Owen, Robert: A New View of Society [1813]. In: Ders.: Selected Works I (Hg. Gregory Claeys). London 1993, 23–100.

Platon: Politeia (Der Staat). Werke in 8 Bänden. Bd. 4. Darmstadt 1971.

–: Nomoi (Gesetze). Werke in 8 Bänden. Bd. 8 (2 Teil-Bde.). Darmstadt 1977.

Polanyi, Karl: The Great Transformation [1844]. Frankfurt a.M. 2001.

Posner, Richard A./Sunstein, Cass R. (Hg.): Law and Happiness. Chicago 2010.

Rawls, John: Political Liberalism. New York 1993.

Ricken, Friedo: Gemeinschaft, Tugend, Glück. Platon und Aristoteles über das gute Leben. Stuttgart 2004.

Ross, Edward A.: Social Control: A Survey of the Foundations of Order. New York 1901.

Rousseau, Jean-Jacques: Abhandlung über den Ursprung und die Grundlagen der Ungleichheit unter den Menschen [1755]. In: Ders.: Frühe Schriften. Leipzig 1965, 97–246.

Rüdiger, Axel: Produktive Negativität: Die Rolle des Perfektionismus im deutschen Aufklärungsdenken zwischen Pufendorf und Kant. In: Deutsche Zeitschrift für Philosophie 58 (2010), 721–740.

Rustin, Michael: What's Wrong with Happiness? In: Soundings 36 (2007), 67–84.

Saint-Just, Antoine-Louis de: Œuvres complètes. Paris 2004.

Sandel, Michael: Democracy's Discontent. America in Search of a Public Philosophy. Harvard 1996.

Schwaiger, Clemens: Das Problem des Glücks im Denken Christian Wolffs. Eine quellen-, begriffs- und entwicklungsgeschichtliche Studie zu Schlüsselbegriffen seiner Ethik. Stuttgart-Bad Cannstatt 1995.

Scitovsky, Tibor von: The Joyless Economy: The Psychology of Human Satisfaction [1976]. New York 1992.

Smith, Adam: The Theory of Moral Sentiments [1759]. Mineola, NY 2006.

–: The Wealth of Nations [1776] (Hg. Edwin Cannan). New York 2000.

Sober, Elliot/Wilson, David S.: Unto Others. Evolution and Psychology of Unselfish Behaviour. Harvard 1999.

Spencer, Herbert: The Social Organism. In: Westminster Review Januar 1860.

Staël-Holstein, Anne Louise Germaine de: Über den Einfluss der Leidenschaften auf das Glück ganzer Nationen und einzelner Menschen. Zürich 1797.

Sumner, Lawrence: Welfare, Happiness, and Ethics. Oxford 1996.

Thomä, Dieter/Henning, Christoph/Schmid, Hans-Bernhard (Hg.): Social Capital, Social Identities: From Ownership to Belonging (in Vorb. für 2011).

Thomas von Aquin: Über die Herrschaft der Fürsten [1256]. Stuttgart 1981.

Thompson, William: An Inquiry into the Principles of the Distribution of Wealth most conductive to Human Happiness. London 1824.

Van Parijs, Philippe: Real Freedom for All: What (if anything) Can Justify Capitalism? Oxford 1995.

Weber, Max: Gesammelte Aufsätze zur Religionssoziologie [1920]. Tübingen ⁹1988.

Weishaupt, Adam: Über Wahrheit und sittliche Vollkommenheit. 3 Bde. Regensburg 1797.

Wilkinson, Richard G.: The Impact of Inequality: How to Make Sick Societies Healthier. London 2005.

Woodburn, James: Egalitarian Societies Revisited. In: Thomas Widlok/Wolde G. Tadesse (Hg.): Property and Equality. Ritualization, Sharing, Egalitarianism. New York 2005, 18–31.

Würtenberger, Thomas: Staat und Glück. Die politische Dimension des Wohlfahrtsstaates. In: Manfred Rehbinder/Martin Usteri (Hg.): Glück als Ziel der Rechtspolitik. Bern 2002, 233–244.

Christoph Henning

10. Glück im Sport. Zwischen Kulturkritik, Spiel und Fest

Wenn man zu bestimmen sucht, was der Sport zu glücklichen Momenten oder einem gelingenden Leben beiträgt, dann stößt man auf drei definitive Dimensionen dieses Zusammenhangs: Kulturkritik, Spiel und Fest.

Eine kulturkritische Kommentierung ist hier mehr als bloße Begleitmusik. Es ist in unserer Kultur nicht möglich, den lustvollen Vollzug körperlicher Bewegungen gänzlich unaufgeregt, rein analytisch auf seinen Beitrag zum Glück zu befragen. Immer schon ist eine solche Analyse nämlich situiert in einer Art Reizklima in Bezug auf den Körper, sei dieses nun, traditionell, eher körperfeindlich oder, heutzutage, eher körperkultig geprägt. Jede Analyse zu ›Sport und Glück‹ ist immer schon eine Verurteilung, eine Verteidigung, ein Lob des Sports. Den Gegenpol dazu stiftet die simple Tatsache, dass der Olympische Sport rein konstatierend, gänzlich unaufgeregt für sich in Anspruch nimmt, einen Beitrag zum gelingenden Leben zu leisten: Die Olympischen Spiele seien, so die Olympische Charta als Verfassung des Olympismus, ein Fest. Zwischen diesen beiden Polen ›Kulturkritik‹ und ›Fest‹ vermittelt der spielerische Charakter des Sports, der jedoch notorisch Stein des Anstoßes ist. Sport muss gesellschaftlich und individuell Sinn machen, aber ihn zu treiben ist, nimmt man ihn als Spiel ernst, kein Mittel für einen außersportlichen Zweck. Er taugt nicht für Instrumentalisierungen. »Sportler sind Nichtsnutze. *Sport ist überflüssig.* [...] Wo immer man Nutzen und Notwendigkeit herbeizwingt, da beginnt der Mißbrauch« (Krockow 1972, 92).

Sport, Glück, (Anti-)Kulturkritik

Der Zusammenhang von Sport und Glück ist zunächst ein sehr schlichter, der auch nicht durch Ideologie- oder Kulturkritik wegdiskutierbar ist: »Menschen sind (oft) glücklich, wenn sie sich bewegen« (Müller-Koch 2007, 46). Menschen, die sich sportlich betätigen, erleben, so kann und muss man wohl sagen, überzufällig oft Augenblicke des Glücks. Das ist zunächst an die je individuellen Vollzug körperlicher Bewegungen gebunden. Glücksmomente im Sport sind in erster Linie Momente des Genießens sinnlicher Lust. Gelegentlich hat das sogar eine an-

gebbare biochemische Grundlage: Die berühmten
Endorphine, die bei bestimmten Arten des Joggens,
Radfahrens etc. ausgeschüttet werden. Körperliche
Aktivität ist ein Anti-Depressivum (Hollmann u.a.
2005; Koch 2002), steigerbar zum Rausch, aber natürlich auch zur Sucht. Vermittelter als solcherart
Autoerotik, aber nicht weniger relevant, sind Glücksmomente im Sport dort, wo sie an das mit- und gegeneinander Sporttreiben gebunden sind – seien es
jene ›schönen Stunden‹ heiterer Gesellschaft beim
sportlichen Spielen, seien es jene intensiven Erlebnisse von Sieg und Niederlage beim sportlichen
Wettkampf. Angesichts dessen kann man, im Nachhinein, sagen: Dieser oder jener Mensch war glücklich, *weil* er Sport getrieben hat.

Hier könnte man, kommentarlos, einen Punkt
machen – wenn es nicht eine Unzahl von Kommen-
taren, eben jenes unvermeidbare Reizklima in Bezug
auf den Körper, dazu gäbe. Traditionell wird hier
›falsches‹ Glück gewittert: Beim Sporttreiben schlicht
glücklich zu sein galt, wahlweise, als zu egoistisch, zu
hedonistisch, zu geistlos oder, in der Variante des
DDR-Bezichtigungsbegriffs des ›Nur-Sportlertums‹,
als zu wenig engagiert in Sachen gesellschaftlicher
Veränderung. Neuerdings dreht sich hier das Vorzeichen eher um: Augenblicke des Glücks beim Sporttreiben kann man weiterhin nicht einfach so, kommentarlos und still genießend, erleben, sondern man
muss sie offenbar auch noch als solche ausstellen
und als ›wahres‹ Glück stilisieren. Kritik ist insofern
unvermeidbar, muss aber ein Kommentar zu solcherart Kulturkritik sein: Solche an den Sport ge-
bundenen Glücksmomente taugen nicht als Ziel-
scheibe für kritische oder affirmierende Kommentare, und dazu hat, wie so oft, Wilhelm Busch schon
alles gesagt: Dass man solche Momente des Glücks
»ohne alle Frage / Nach des Tages Müh und Plage /
Einem guten, alten Mann / Auch von Herzen gönnen
kann.«

Eine kritische Begleitung ist freilich dort angesagt,
wo solche erlebten Augenblicke des Glücks einen
Aufforderungscharakter bekommen, wiederholt
werden zu wollen. »Alle Lust will Ewigkeit« (Nietzsche 1885/1999, 404) – das mag schon sein. Das ist
auch so lange ganz harmlos und allzu menschlich,
solange beim nächsten Mal erlebbar die Maxime regiert: ›Neues Spiel, neues Glück‹. Genau das ist aber
heutzutage, in Zeiten eines dominanten Körperkults
überzufällig oft, gerade nicht der Fall. Vielmehr wird
aus einem nachträglichen ›Jemand war glücklich,
weil er Sport getrieben hat‹ eine Anweisung zum

Glücklichsein respektive eine »Glücksformel« (www.
gluecksformel.de): Sport zu treiben, *um* glücklich zu
werden. Dass ein glückliches/gelingendes Leben
mehr ist als eine Ansammlung glücklicher Momente
– dass es der aktiven Gestaltung glücklicher und unglücklicher Momente bedarf –, ist das Eine (Seel
1995). Das ganz Andere ist es, dem gelingenden Leben samt seiner glücklichen Momente die Unverfügbarkeit rauben zu wollen. Es »ist selbst kein Zufall«
(55), dass es im Deutschen nur ein Wort gibt, wenn
wir sagen wollen, ›that you need luck to be happy‹.
Wie immer es mit dem heutzutage real praktizierten,
und häufig vermutlich immer noch schlicht genos-
senen, Sport aussehen mag: Der ausgestellte, in zahllosen Kampagnen propagierte und wissenschaftlich
traktierte Sport will ein Instrument sein – für ein gesundes, erfolgreiches, geselliges, kurz: für ein glückliches Leben. Dieser Sport ist ein Subphänomen allge-
meinerer Körpertechnologisierung. Instrumentalisierter Sport ist nur ein, wenn auch ein prominentes,
Beispiel für die Versicherungsideologie der Ham-
burg-Mannheimer: ›Glück ist planbar‹. Und: Immer
ist schon jemand da, der daran verdient, für uns ›den
Weg frei zu machen‹. Komplementär gibt es dann die
Gegenreaktionen: *Der Gesundheitswahn. Vom Glück
des Unsportlichseins* (Dekkers 2008).

Exemplarisch kann man solch ideologische Überformung eines Phänomens, das man ohne alle Frage
jedermann wohl gönnen kann, an Csikszentmihalyis
Bestseller des *flow* beobachten (Csikszentmihalyi
1991). Die Phänomene, die dort thematisiert werden,
sind zweifellos gute Kandidaten, für Momente des
Glücks angesehen zu werden. Allein bereits ihre Erklärung gerät zu einer Formel ihrer wünschbaren
Herstellung, selbstverständlich begleitet von den
Versicherungen, dass man den *flow* nicht erzwingen
könne. Im Konzept des *flow* ist das propagierte Las-
sen-Können einfach ein Ausschalten der Kontrollinstanz ›Ich‹ (dagegen etwa Kobusch 2009; Seel 2002);
und das könne man erreichen, wenn man die Kon-
trollschraube, die das Verhältnis von Anforderungen
und eigenen Fähigkeiten justiert, feinfühlig beherrscht – also durch eine simple Technik. Eine dynamische Entwicklung ist dort, sehr schlicht, ein
»spiralförmiges Höherschrauben« (Csikszentmihalyi 1991, 44). Es wird ›Harmonie im Selbst *hergestellt*‹
(vgl. 47) und »die üblichen Sorgen des Alltagslebens
[dringen] nicht länger ins Bewußtsein« (47).

Sport als Spiel

Instrumentalisierter Sport verkennt, ja verrät den spielerischen Charakter des Sports. Der spielerische Charakter des Sports hat im Wesentlichen zwei Dimensionen, nämlich die des Schauspiels und die des nicht-ernsten Spielerischen.

Sportstadien sind, bei relevanten Unterschieden (Gebauer 2002, 122–134), einer Theaterbühne vergleichbar, auf der sich ein Schauspiel vollzieht. Das ist jene ›Weltausgrenzung‹, die mit Krockow und anderen definitiv ist für Sport, die den Sport in eine strukturelle Nähe zu den Künsten bringt und die auch noch der »Präsenzkultur« Sport (Gumbrecht 2005) ihr mimetisches Moment sichert (Gebauer 2002; Schürmann 2010; Wetzel 2003).

Solcherart Weltausgrenzung ist nicht spezifisch für den Sport, nicht einmal für die Künste. Funktionale Differenzierung ist geradezu ein Charakteristikum der Moderne, und in diesem Sinne besteht die Weltausgrenzung des modernen Sports auch nur darin, analog zur Wirtschaft, zum Recht, zur Wissenschaft, zur Religion etc. ein eigenes Subsystem in modernen Gesellschaften zu bilden (Bette 1999). Spezifischer für den Sport ist dann, dass es auf den Bühnen des Sports, wie etwa auch auf den Bühnen der Künste, spielerisch zugeht – in dem Sinne, dass auf einer Theaterbühne kein Krieg stattfindet, sondern Krieg gespielt wird.

Ist der spielerische Charakter des Sports also eine Einschränkung im weiten Feld der Formen von Weltausgrenzung, so ist umgekehrt das mimetische Moment von Schauspielen definitiv für den besonderen spielerischen Charakter des Sports. Orientiert man sich an einer alten aristotelischen Unterscheidung, dann ist der Sport kein bloßes Spiel im Sinne der Kompensation des Ernstes des Alltags, sondern hat Muße-Charakter: »Die Muße dagegen scheint Lust, wahres Glück und seliges Leben in sich selbst zu tragen. Das ist aber nicht der Anteil derer, die arbeiten [und auch nicht derer, die sich vom Arbeiten erholen], sondern derer, die feiern« (Aristoteles: *Politik* 1337bf.).

Hier liegt dann auch der rationale Kern aller oben zurückgewiesenen Kulturkritik am Sport: Man blendet eine wesentliche Dimension aus, wenn man ihn als bloßen Ausgleich, als Kompensation des Alltags betrachtet oder praktiziert. In einem solchen, nur schwer von einem Bezichtigungsbegriff unterscheidbaren Sinn, verweisen Glücksmomente im Sport über sich hinaus auf die festliche Dimension eines gelingenden Lebens (s. Kap. II.2). Diese liegt in der Unverfügbarkeit eines solchen Gelingens und damit in der Erfahrbarkeit eines Glücks des Sich-bestimmen-*Lassens* (Schürmann 2002, 197–250; Seel 2002). Oder programmatisch für den Sport: »Im Sport feiert der Mensch mit seinen physischen Fähigkeiten zugleich die Grenze dieser Fähigkeiten – und damit eine Grenze seiner Macht über sich und die Welt« (Seel 1993/1996, 199).

Sport als Fest

Das Anliegen des klassisch-modernen Olympischen Sports war ein ganz anderes als seine Instrumentalisierung. Die Olympischen Spiele als praktiziertes und ideelles Zentrum des Olympismus sind erklärtermaßen ein Fest. Das ist nicht nur eine schöne Idee, ersonnen in den Hinterzimmern von Sportorganisatoren und Geschäftsleuten, sondern hat gleichsam Verfassungsrang. Die Festlichkeit der Spiele ist in der Olympischen Charta, der Verfassung der Olympischen Bewegung, deklariert.

Die wesentlichen Charakteristika eines Festes sind, dass (1) Festlichkeit eine, durchaus wiederholbare, Ausnahme ist – dass sie am ›Feiertag‹ stattfindet; dass (2) ein Fest auf dem Grunde eines Alltags beruht, den es unterbricht; dass (3) ein Fest einen Anlass hat oder eine Gelegenheit benötigt, aber kein Mittel ist, kein Instrument für einen äußeren Zweck; dass Festlichkeit (4) nicht hergestellt werden kann, sondern radikal unverfügbar ist – die Riten und Rituale, die es braucht, um in ein Fest ›hineinzukommen‹, verbürgen noch keine Festlichkeit; und dass (5) Feste mehr sind als bloß das Andere des Alltags. Im Unterschied zu nicht-festlichen Spielen, die den Ernst und die Mühen des Alltags ausgleichen (so sie gelingen), beziehen sich Feste mimetisch, spielerisch-darstellend, auf das Ganze dessen, wozu sie selber noch als Ausnahme gehören (Fink 1957; Pieper 1963). Die Formulierungen der Olympischen Charta sind hier durchaus treffend: Die Olympischen Spiele bilden als Fest den erklärten Höhepunkt der alltäglichen Olympischen Bewegung.

Feste gehören damit zu den Spielen, sind aber, wie man mit Josef König (1994, 75–190) sagen kann, *als Spiele* andere. Sie sind kultische Spiele, wie man terminologisch sagen könnte. Feste finden nicht nur neben dem Alltag statt, auf den sie sich spielerisch beziehen, sondern stellen das Ganze dieses Alltags dar. Kultisches Spiel ist ein Grund-Phänomen, das allen anderen Grundphänomenen »gleichsam *gegen-*

über [steht] – um sie darstellend in sich aufzunehmen. Wir spielen den Ernst, spielen die Echtheit [...]. Und wir spielen sogar noch das Spiel« (Fink 1957, 25; vgl. 1960; 1979). Damit haben Feste eine Dimension der Selbstvergewisserung. Sich auf ein Spiel einzulassen und ins Spiel hineinzukommen, bedeutet nicht, so zu tun als ob – Kinder unterliegen keiner Täuschung, wenn sie *Feuer* spielen, und sie sind auch nicht in eine ideale andere Welt entflohen. Schon deshalb ist kultisch-spielende Darstellung keine Abbildung, wohl aber eine Spiegelung (Fink 1957, 46). Oder mit und gegen Gumbrecht (2004; 2005): Auch eine Präsenzkultur ist noch eine Darstellung von etwas und insofern hermeneutisch zugänglich. Eine kultisch-spielende Darstellung hat – so Fink – insofern *Glückscharakter*, als sich der Mensch hier ›versuchend‹ zu seinem Alltag verhält. *Versuchend* in einem doppelten Sinne: Als Offenheit für eine nicht-alltägliche Möglichkeit des Alltags, und als Einlassen-Müssen auf etwas, das der eigenen Kontrollierbarkeit entzogen ist. ›Oasen des Glücks‹ sind Spiele in und mit dem Unverfügbaren des Kultischen. All das ist konstitutiv an ein Wir, an eine Festgemeinde, gebunden.

Die Besonderheit des Spielerischen im Sport

Der Olympische Sport steht prototypisch für den modernen Sport. Das zu sagen, hat primär einen methodischen Sinn – es ist nicht ganz klar, was alles zum Sport zählt, aber klar ist, dass die olympischen Sportarten dazu zählen; ›prototypisch‹ heißt aber auch, dass dort in besonderer Weise etwas sichtbar wird, was durchaus generell gilt. Und insofern ist bemerkenswert, dass sich der Olympische Sport diese festliche Dimension von Spielen programmatisch zu eigen macht. Er entspringt aus dem durchaus konfliktreichen Zusammentreffen ganz verschiedener Körperkulturen. Im Wesentlichen sind das die Schwedische Gymnastik, das Deutsche Turnen und – dominant – die Englischen *athletics*. Die *athletics* waren ihrerseits aus den frühneuzeitlichen *sports* hervorgegangen (Eisenberg 1999), worin ganz wesentlich die Nicht-Instrumentalisierbarkeit des Sports gründet.

Jene *sports* waren – im Wesentlichen und unter sehr spezifischen Bedingungen – ein Vergnügen des Adels. Damit waren sie gegen ihre Instrumentalisierung geschützt. Die Güte der *sports* maß sich daran, Vergnügen zu bereiten – sie mussten, ja durften kei-

nem anderen Zweck außerhalb ihres eigenen Vollzugs dienen. Dass sie in Wettkampfform stattfanden, steigerte die Spannung und insofern das Vergnügen. Es war verpönt, sich auf einen Wettkampf vorzubereiten. Wer ernsthaft für einen Wettkampf ›trainierte‹, der bekundete damit, dass es ihm nicht auf das Vergnügen des Spielens, auf einen vergnüglichen Wettkampf-Vollzug ankomme, sondern auf den Sieg. Dort aber, wo es vergnüglich zugeht, mussten sich Adlige nicht(s) gegeneinander beweisen – und anders herum: Dort, wo es ernsthaft um den Beweis von Ehre ging, stand das Duell als ›Wettkampf‹-Form zur Verfügung, nicht aber die *sports*. Vergnügen bereitete also die *Leichtigkeit* des Wettkämpfens – die nötige Ernsthaftigkeit, ›mit aller Leidenschaft‹ um den Sieg zu kämpfen, stellte sich im damaligen England typischerweise dadurch her, dass die *sports* ein Wett-Vergnügen waren. Voraussetzung dafür war die erfahrbare Zufälligkeit des Wettkampfausgangs: Auf etwas zu wetten ist ein Glücksspiel – die Vorhersagbarkeit des Ausgangs zerstört den Wett-Spaß. Das Glücksspiel *Wette* ist von anderer Art als etwa die Glücksspiele *Lotto* oder *Roulette*, was sich auch darin dokumentiert, dass die Eigenleistung der Spielenden einen anderen Status hat. Bei Glücksspielen (*alea* im Sinne von Caillois) liefern sich die Spielenden einer Schicksalsentscheidung aus; bei Wetten ist der Ausgang zugleich eine Frage des glücklichen Zufalls und der Berechnung von Wahrscheinlichkeiten (vgl. Zollinger 1997, 41 ff., 189 ff.). Letzteres bilden sich die Beteiligten wenigstens ein: Dass Ihre Fachkenntnis gefragt sei, wenn sie auf den Ausgang eines Pferderennens wetten (vgl. Schimank/Kron 2002, 164 f.).

Man kann also nicht sagen, dass die frühneuzeitlichen *sports* zu denjenigen Spielen gehören, die »*agôn* und *alea* miteinander [verbinden]« (Caillois 1982, 25), denn es ist keine Mischung aus reiner Hingabe an den Zufall (*alea*) und Eigenverantwortung (*agôn*), sondern eine Art eigenverantwortliche Herausforderung des Zufalls. Hier ist es dann gerade nicht so, dass ein Lebensvollzug, in dem es »nichts Klares und Eindeutiges [gibt]«, ersetzt würde durch eine »perfekte Situation«, in der »der Anteil des persönlichen Verdienstes oder des Zufalls klar und unwiderleglich hervortritt« (27).

Dieses historische Merkmal wird dann, sogar zugespitzt, systematisch bestimmend für den Sport der Moderne. Der Ausgang eines modernen sportlichen Wettkampfs muss offen, d. h. für die Wettkampfgegner unverfügbar sein, *damit* die je eigene Leistung über Sieg und Niederlage entscheiden kann. Wäre vorher klar, wer gewinnt, wäre der Witz des Sports zerstört, und deshalb gibt es Regeln, Gewichtsklasseneinteilungen, Dopingverbot, kurz: Maßnahmen aller Art, diese Offenheit organisatorisch abzusichern.

Die *athletics* sind ein Spiel der englischen Bürger. Die sich herausbildende *middle class* spielt, wie in England üblich, *sports*, ändert dabei aber wesentlich deren Charakter. Alles soll jetzt von eigener Leistung abhängen, nicht mehr von althergebrachtem Stand – und das gilt auch und erst recht für den Olympischen Sport. Dieser ist ohne harte Vorbereitung auf den Wettkampf schlechterdings nicht mehr vorstellbar, da der Wettkampf eine Situation sein soll, die rein die je eigene Leistung der wettkämpfenden Bürger dokumentieren und belohnen möge. Damit ist das Einfallstor für die Instrumentalisierung *des Ausgangs* des Wettkampfs geöffnet, weil auch noch der Zufall des Ausgangs durch eigene Leistung domestiziert werden soll. Hier gründen alle Probleme des modernen Sports: Doping, Kommerzialisierung, Korruption, Wettskandale, die Vorstellung der totalen Verfügungsgewalt über den eigenen Körper – hier beginnt der »Mißbrauch« (Krockow). Freilich will auch der moderne Olympismus keine ›Mischung‹ von *agôn* und *alea* sein. Den sportlichen Gegner zu achten, heißt keineswegs – das ist die Grundidee eines olympischen Wettkampfes –, *alles* für den eigenen Sieg zu tun, dabei aber ›aufzupassen‹, dem Gegner nichts Böses anzutun respektive sich dabei nicht erwischen zu lassen. Ein sportlicher Wettkampf ist kein *agôn interruptus*, sondern ein sportlicher Sieg ist dann und nur dann ein *sportlicher*, wenn er auf faire Weise zustande kommt.

Auch ein olympischer Wettkampf ist keine ›perfekte Situation‹, d.h. er ist nicht idealer als das bürgerliche Leben, sondern auch hier soll das bürgerliche Leben (selber) *gespielt* werden: Das Beste für den Sieg zu geben, ist Ausdruck und Dokumentation des Prinzips, die Stellung im Leben hänge von eigener Leistung ab – den Gegner zu achten, d.h. als einen Gleichwertigen zu behandeln, ist Ausdruck und Dokumentation des Prinzips, dass das Leistungsprinzip kein Selbstzweck sei, sondern die gerechtere Weise sein möge, die Würde des Einzelnen zu respektieren. Der moderne Olympismus hat daher die hier entscheidende Relevanz *des Ausgangs* des Wettkampfs durch eine Pädagogisierung *des Vollzugs* des Wettkampfs zu balancieren gesucht, und er hat die Leistung des Einzelnen dadurch zu würdigen gesucht, dass das Dabeisein doch alles sei. Das ist immerhin

eine schöne Idee: dass der Zufall prinzipiell und unaufhebbar dort ins Spiel des gemeinsam gelingenden Lebens kommt, wo wir gemeinsam deklarieren, den anderen als Person gleicher Rechte und gleicher Chancen zu würdigen. Freilich kann auf der Bühne des modernen Sports auch nur das aufgeführt werden, was das Leben der bürgerlichen Gesellschaft ausmacht. In seinen Anfängen war der moderne Sport noch, z.B. im Arbeitersport, mit der Vermutung konfrontiert, die bürgerliche Gesellschaft könne aus strukturellen Gründen keine Gerechtigkeit garantieren. Heutzutage liest sich das als Verdacht, das Leben selber könne ein Glücksspiel sein (Schimank/Kron 2002, 168 ff.). In beiden Fällen hilft keine bloße Pädagogisierung des Wettkampfvollzugs – und hier liegt die eingebaute Beschränkung des Glücks, das im und mit dem modernen Sport erreichbar ist.

Glück im Sport

Wenn es denn so ist, dass im Sport Situationen der eigenverantwortlichen Herausforderung des Zufalls inszeniert werden, dann geht es offenbar darum, mit den Grenzen der eigenen Verfügungsgewalt über sich und andere(s) zu spielen, und damit – der Möglichkeit nach – diese Grenze nicht als Beschränkung, gar als Kränkung zu erleiden, sondern als konstitutive Grenze zu erleben und zu bejahen. Wäre alles Tun verfügbar, gäbe es keine Entwicklungen und könnte uns nichts mehr überraschen – Stagnation und Langeweile aber sind mit modernen Ideen eines gelingenden Lebens nicht vereinbar. Der Beitrag des Sports liegt, über die kleinen und großen Glücksmomente hinaus, darin, uns dieser Grundvoraussetzung eines glücklichen Lebens je neu zu vergewissern. »Die moderne Welt feiert im Sport ihre Mysterien der Kontingenz« (Seel 1993/1996, 198).

Die besondere Pointe des Sports liegt darin, dass solche Kontingenzbejahung nicht eine reine Hingabe an den Zufall (*alea*) ist, sondern, im Durchgang durch das den Wettkampf vorbereitende Training, eine *eigenverantwortliche Herausforderung* des Zufalls. Aber eben eine eigenverantwortliche Herausforderung *des Zufalls*: In wesentlicher Hinsicht muss der Sieg einem zufallen, gleichsam geschenkt werden, sonst hätte er bereits vorher festgestanden und wäre keine *eigene* Leistung gewesen. Dieses unaufhebbare Kontingenz-Versprechen der Offenheit des Wettkampfs macht eine Grundbedingung des ›irdischen‹, des menschenmöglichen Glücks erfahrbar – im Unterschied zum grenzenlosen paradiesischen

Glück, das die leibliche Gebundenheit des eigenen Tuns meint, außerkraft setzen zu sollen. »Jede Religion verspricht eine Aufhebung der Kontingenz. Rituale der Kontingenzbejahung dagegen sind nicht religiös« (198).

Ein sportlicher Wettkampf ist in insofern eine »Grenzreaktion« in dem Sinn, den Plessner in *Lachen und Weinen* herausgestellt hat. Eine solche Grenzreaktion liegt noch in eigener Macht, aber nicht mehr in eigener Verfügungsgewalt. Sie ist an sich selbst bedingtes, durch ein passives Moment konstituiertes Tun, also nicht reduzierbar auf ein Körper-Haben, sondern »Verselbständigung des Leibes« (Seel 1993/1996, 196), zu dem die Person es kommen *lassen* muss. Etwas, das *mit* dem eigenen Körper geschieht, ist mehr und anderes als all das, woran der Wille zur Beherrschung immer auch scheitern kann. Die Verwandlung einer absichtsvollen Handlung »in den absichtslosen Schwung [d]es Leibes« (196) ist gerade nicht eine geglückte Manipulation einer spezifischen Fähigkeit, sondern eine Reflexion der *Sphäre* des bisherigen Könnens: Hier »verliert zwar die menschliche Person ihre Beherrschung, aber sie bleibt Person, indem der Körper gewissermaßen für sie die Antwort übernimmt« (Plessner 1941/1982, 237). *Solcher*art Distanzierung des Lassen-Könnens gegenüber der eigenen Verfügungsgewalt manifestiert sich als (gegebenenfalls unscheinbares) Erzittern der *Gesamt*person, die danach als andere zur Tagesordnung übergeht. Freilich ist dieser Unterschied nur dann erfahrbar, wenn die Person gelernt hat, über ihr Erzittern zu staunen, also sich ihrerseits reflexiv zu dieser reflexiven Struktur zu verhalten – ansonsten bleibt es einfach ein beliebiges schönes Erlebnis. Nicht jedes schöne Erlebnis aber ist bereits ein Fest, und deshalb ist nicht schon jede Kritik am falschen Glück des Nur-Sportlertums bereits miesepetrige Kulturkritik oder gar Ausdruck eines bezichtigenden Zwangs zum vermeintlich wahren Glück der Individuen – ein Glück, das, zum Glück, unverfügbar ist und bleibt.

Literatur

Aristoteles: Politik (Übers. E. Rolfes). Hamburg 1981.

Bette, Karl-Heinrich: Systemtheorie und Sport. Frankfurt a. M. 1999.

Caillois, Roger: Die Spiele und die Menschen. Maske und Rausch. Frankfurt a. M. 1982.

Csikszentmihalyi, Mihaly: Das flow-Erlebnis und seine Bedeutung für die Psychologie des Menschen. In: Isa-

bella S. & Mihaly Csikszentmihalyi (Hg.): Die außergewöhnliche Erfahrung im Alltag oder die Psychologie des flow. Stuttgart 1991.

Dekkers, Midas: Der Gesundheitswahn. Vom Glück des Unsportlichseins. München 2008.

Eisenberg, Christiane: ›English sports‹ und deutsche Bürger. Eine Gesellschaftsgeschichte 1800–1939. Paderborn 1999.

Fink, Eugen: Oase des Glücks. Gedanken zu einer Ontologie des Spiels. Freiburg/München 1957.

–: Spiel als Weltsymbol. Stuttgart 1960.

–: Grundphänomene des menschlichen Daseins (Hg. E. Schütz/F. A. Schwarz). Freiburg i. Br./München 1979.

Gebauer, Gunter: Sport in der Gesellschaft des Spektakels. Sankt Augustin 2002.

Gumbrecht, Hans Ulrich: Diesseits der Hermeneutik. Die Produktion von Präsenz. Frankfurt a. M. 2004.

–: Lob des Sports. Frankfurt a. M. 2005.

Hollmann, Wildor/Strüder, Heiko K./Tagarakis, Christos V. M.: Gehirn und körperliche Aktivität. In: Sportwissenschaft 35 (2005) 1, 3–14.

Kobusch, Theo: Apologie der Lebensform. In: Allgemeine Zeitschrift für Philosophie 34 (2009) 1, 99–115.

Koch, Michael: Beiträge der Hirnforschung zum Verständnis des menschlichen Glücks. In: Alfred Bellebaum (Hg.): Glücksforschung: Eine Bestandsaufnahme. Konstanz 2002, 79–93.

König, Josef: Der logische Unterschied theoretischer und praktischer Sätze und seine philosophische Bedeutung (Hg. F. Kümmel). Freiburg/München 1994.

Krockow, Christian Graf von: Sport und Industriegesellschaft. München 1972.

Müller-Koch, Uta: Körperlichkeit, Glück und Sport – philosophische Perspektiven. In: Sportwissenschaft 37 (2007) 1, 38–51.

Nietzsche, Friedrich: Also sprach Zarathustra IV [1885]. In: Ders.: Sämtliche Werke. Kritische Studienausgabe (Hg. Giorgio Colli/Mazzino Montinari). Bd. 4. München 1999, 293–408.

Pieper, Josef: Zustimmung zur Welt. Eine Theorie des Festes. München 1963.

Plessner, Helmuth: Lachen und Weinen. Eine Untersuchung der Grenzen menschlichen Verhaltens [1941]. In: Ders.: Gesammelte Schriften (Hg. Günter Dux u. a.)., Bd. 7. Frankfurt a. M. 1982, 201–387.

Schimank, Uwe/Kron, Thomas: Glücksspiele und der Ernst des Lebens – Fortuna in Aktion. In: Alfred Bellebaum (Hg.): Glücksforschung: Eine Bestandsaufnahme. Konstanz 2002, 157–176.

Schürmann, Volker: Heitere Gelassenheit. Grundriß einer parteilichen Skepsis. Magdeburg 2002.

–: Bewegungsvollzüge verstehen. Bausteine einer Hermeneutik des Sports. In: Zeitschrift für Kulturphilosophie 4/1 (2010), 55–64.

Seel, Martin: Die Zelebration des Unvermögens – Zur Ästhetik des Sports [1993]. In: Ders.: Ethisch-ästhetische Studien. Frankfurt a. M. 1996, 188–200.

–: Versuch über die Form des Glücks. Studien zur Ethik. Frankfurt a. M. 1995.

–: Sich bestimmen lassen. Studien zur theoretischen und praktischen Philosophie. Frankfurt a. M. 2002.

Wetzel, Tanja: Spiel. In: Karlheinz Barck u. a. (Hg.): Ästhetische Grundbegriffe. Historisches Wörterbuch in 7 Bänden. Bd. 5. Stuttgart/Weimar 2003, 577–618.

Zollinger, Manfred: Geschichte des Glücksspiels. Vom 17. Jahrhundert bis zum Zweiten Weltkrieg. Wien 1997.

Volker Schürmann (unter Mitarbeit von Tijana Müller-Sladakovic)

11. Glück in der Utopie. Gegenwelten als Genuss- und Ordnungsfantasien

Die Utopie und ihre Verwandten

Im Wort ›Utopie‹ steckt eine Verneinung: Es steht bekanntlich für einen Nicht-Ort, einen *ou-topos*. Diese Negation bezieht sich freilich nicht auf das Räumliche schlechthin, sondern nur darauf, dass der Raum, um den es sich handelt, hier und jetzt (noch) nicht existiert. Tatsächlich ist gerade den großen literarischen und politischen Utopien eine starke räumliche Qualität eigen. Das Glück verorten sie in einem Raum, der anderswo liegt – in der Ferne oder in der Zukunft, gerne auch auf einer Insel. Utopien mögen in die zeitliche Dimension des Noch-nicht gehören, doch sie unterscheiden sich von geschichtsphilosophischen Fortschritts- oder auch Zerfallsszenarien dadurch, dass sie nicht eine zeitliche Entwicklung oder Veränderung, sondern eine von der Gegenwart unterschiedene Gegenwelt umreißen. Weil die Utopie ihre Attraktion aus dieser strikten Unterscheidung bezieht, bekommt sie etwas Abgeschiedenes. Dies bringt die Utopie in die Nähe zum Idyll: Wie man nämlich das Idyll als eine Art von Utopie bezeichnen darf, welche sich in den Nischen der Jetztzeit ansiedelt und isoliert, so gleicht die Utopie einem in die Ferne verlegten Idyll. Sie zelebriert »Abgeschlossenheit« (Seibt 2001, 30) in einem Raum, in dem sich die Menschheit neu und ganz anders eingerichtet hat.

Ein formales Merkmal von Utopien ist demnach, dass in ihnen nicht Glück und Zeit, sondern Glück und Raum zusammengedacht werden; man kann sogar sagen, dass das Glück selbst in Utopien eine räumliche Qualität erhält. Die Utopie ist durchaus *topisch* – doch dabei eigentlich *u-chronisch*, also unzeitlich (Touraine 2000, 20). Zu ihr gehört, wie schon Gustav Landauer bemerkt hat, die »Tendenz, [...] eine tadellos funktionierende Topie zu gestalten« (Landauer 1907/1919, 13), also eine Ordnung, Sicherung oder gar Stillstellung des Lebens zu erwirken. Die Einrichtung eines solchen Raumes oder »Glücksbau[s]« (Bloch 1954–59/1973, 654) verträgt sich nicht mit der Vorstellung, man könne daran weitere Änderungen vornehmen. Es sind besonders solche zeitlichen Abläufe geschätzt, die sich wiederholen. Die erreichte Utopie soll das Ende der Geschichte besiegeln. Sie ist nicht nur gegen die Gegenwart, sondern auch gegen eine noch weiter entfernte Zukunft »weitgehend abgedichtet« (555): »Unendlichkeit des Strebens ist Schwindel, Hölle« (366). Entsprechend muss das in einer Utopie zu erlangende Glück *von Dauer* sein. Es steht in entschiedenem Gegensatz zum Glück des Augenblicks oder des *kairos* (s. Kap. II.6, VII.6 und VIII.13).

Die Kluft zwischen Utopie und Realität ist auch als Gegenüberstellung von »Fiktion« und »Aktion« ausgelegt worden (Schaer 2000, 5). Nicht nur ist dem utopischen Entwurf eine ästhetische Qualität eigen, man kann darüber hinaus sagen, dass das absolute Kunstwerk als künstliches Paradies mit der Utopie verwandt ist. Stefan Georges Gedichtzeile »ich fühle luft von anderem planeten« (George 1907/1983, 73) darf auf die Kunst als Gegenwelt bezogen werden. Auch ein Kunstwerk (s. Kap. II.4) zieht seine Anziehungskraft teilweise daraus, sich gegen zeitlichen Wandel zu immunuisieren, also ›u-chronisch‹ zu sein.

Die Utopie fordert das alltägliche Handeln mit der Vorstellung heraus, alles könnte ganz anders sein – und versucht diese Vorstellung dann mit Inhalt zu füllen. Eine allzu penible Beschreibung des Übergangs zwischen Welt und Gegenwelt würde Gefahr laufen, die befreiende Wirkung dieser Gegenwelt zu schwächen und letztlich die Utopie zu kompromittieren. Diese Gegenstellung hat die Utopie mit dem Paradies gemeinsam: Paradies wie Utopie sind Gegenwelten, die ihre Kraft daraus schöpfen, dass sie durch eine Kluft von der Welt getrennt sind, die sich auf sie bezieht. Vom Paradies ist allerdings zuerst als einem verlorenen, nur in zweiter Linie (etwa bei John Milton) als einem wiedergefundenen, wiedergewonnenen oder zu schaffenden die Rede. Den raffinierten Aus- und Umweg Heinrich von Kleists, wonach man das Paradies, aus dem man einst vertrieben worden sei, erreichen könne, indem man die »Reise um die Welt« mache und schaue, »ob es vielleicht von hinten irgendwo wieder offen« sei (Kleist 1810/1994, 342), kann man sich bei der Utopie sparen. Sie ist, wenn überhaupt, von vorne – und zwar nur von vorne – zugänglich.

Entsprechend empfiehlt sich als nächster Verwandter der Utopie neben dem Paradies das gelobte Land. Der Zugang zu ihm erscheint machbar, es ist das Fernziel einer Reise oder *quest*, in der die Glückssuche fast die Form einer Schatzsuche annimmt. Während auf das Paradies retrospektiv der Schatten von Störung und Zerstörung fällt, gehören zum gelobten Land prospektiv die Mühsal und Bewährung, die auf dem Weg dorthin auf sich zu nehmen sind. Im Zuge einer weitgehenden Säkularisierung und Pluralisierung der Vorstellungen des gelobten Landes werden für diese Gegenwelt diverse Orte (außerhalb Israels) angegeben, die als Zielpunkte für kleine und große Fluchten taugen. Der prominenteste unter ihnen ist Amerika oder die ›Neue Welt‹.

Zwischen der Utopie einerseits, dem Paradies und dem gelobten Land andererseits besteht freilich ein Unterschied, der die Eigenart der Utopie schärfer herausstellen hilft. Verdeutlichen lässt sich dies etwa am Unterschied zwischen Augustinus' Entwurf einer *civitas Dei*, eines idealen Staates, der Gott zu verdanken ist, und Thomas Morus' Entwurf einer Utopie, in der die Menschen ihr Leben selbst einrichten und eine neue, eigene Ordnung der Gesellschaft begründen (vgl. Touraine 2000, 19). Das gelobte Land ist typischerweise etwas, das sich dem Suchenden – wie auch immer lang und mühsam sein Weg dorthin gewesen sein mag – gewissermaßen auf einen Schlag, wie eine sich plötzlich dem Blick eröffnende Landschaft, offenbart; es wird wie ein Geschenk gefunden, und nur, wenn es sich derart unverhofft einstellt, kann es zu größten Hoffnungen Anlass geben. Dagegen entspringt die Utopie einem konstruktiven Zugriff. Sie ist ausgedacht, entworfen, gebaut, gemacht, sie stammt von Menschenhand. Entsprechend richtet sich an die Utopie auch die Ambition, aus eigener Kraft eine durch und durch vernünftige, tugendhafte und glückliche Ordnung zu errichten.

Der Entwurf, der dieser Konstruktion zugrunde liegt, stützt sich häufig auf ein Bild natürlicher Ordnung oder kosmischer Harmonie (s. Kap. IV.2), zu der sich die Utopie mimetisch verhält. Es wird kurzerhand der Sprung gewagt von einer der Vergangenheit zugeordneten natürlichen Unschuld zu einer Zukunftswelt, welche dem historischen Schuldzusammenhang entrinnen kann, in welchem – wie es bei Goethe heißt – »Glück auf Glück im Zeitenstrudel scheitert« (Goethe: *Faust* I, v. 643, 1808–33/1994, 42). Das Glück, das in dieser Welt gefunden werden soll, verdankt sich demnach einer Verwandlung von Geschichte in Natur. So avanciert auch der »edle Wilde« zur Leitfigur (vgl. Saage 1991, 100); Tahiti wird zum Sehnsuchtsort für so verschiedene Figuren wie Denis Diderot (1796/1984), Charles Fourier (1977, 18) und Paul Gauguin, der die Inselwelt nicht nur in Bildern, sondern auch in seinem Buch *Noa Noa* feiert.

Wenn Utopien sich häufig auf einen natürlichen

Urzustand berufen, so funktionieren sie doch nie nur nostalgisch. Vielmehr kommen in ihnen – gewissermaßen in geronnenem Zustand – konkrete politische Forderungen, ökonomische Wünsche und persönliche Sehnsüchte zum Ausdruck. So brüsk sich die Utopie der schnöden, jetztzeitigen und diesseitigen Wirklichkeit entgegenstellt, so sehr sie von den religiösen Bildern der heilen Welt oder des Paradieses zehrt: In dem Anspruch, eine Welt aus eigener Kraft zu entwerfen oder gar zu verwirklichen, meldet sich ein durch und durch diesseitiges oder gar blasphemisches Selbstbewusstsein. Es manifestiert sich in der Übertrumpfung der Präsenz durch die Repräsentation einer anderen Welt. Die Beziehung zwischen *Ideologie und Utopie*, auf die Karl Mannheim in seiner bahnbrechenden Studie hingewiesen hat, lässt sich genau an diesem Verhältnis zwischen Präsenz und Repräsentation erläutern: Während die Ideologie Szenarien entwickelt, die sich verzerrend über die Wirklichkeit legen, also die Differenz von Präsentem und Repräsentiertem kollabieren lassen, sind utopische Szenarien der Wirklichkeit radikal entgegengestellt (Mannheim 1929, 169–183).

Indem die geschlossene Utopie der Welt entgegengehalten wird, erzeugt sie den Schein, sie sei ein schlechthin Anderes. Doch »neue Welten« werden, wie Flaubert in einem Brief vom September 1850 spöttisch anmerkte, aus »den Scherben des Nachttopfs« gebaut (Flaubert 1977, 155). Utopien bleiben gebunden an zeitbezogene, zeitverhaftete Nöte, Ängste und Sehnsüchte, die durch kühn entworfene Traumwelten, aber auch düster gezeichnete negative Zukunftsentwürfe hindurchscheinen. Man erfährt aus ihnen oft mehr über gegenwärtiges Unglück als über zukünftiges Glück. Ungeachtet dieser Anhänglichkeit ans Bestehende, ungeachtet auch der kuriosen Vorschläge, die Utopien zu entnehmen sind, erklärt sich deren große Anziehungskraft daraus, dass sie das Bewusstsein der radikalen Veränderbarkeit der Verhältnisse wach halten. So sagt Oscar Wilde: »A map of the world that does not include Utopia is not worth even glancing at, for it leaves out the one country at which Humanity is always landing. And when Humanity lands there, it looks out, and, seeing a better country, sets sail. Progress is the realisation of Utopias« (1890/1997, 1051).

Die Utopie als Gattung tut sich gleichwohl schwer damit, sich mit dieser Übergänglichkeit des Fortschritts und des Fortschreitens zu arrangieren. Dagegen steht – wie dargestellt – deren prinzipielle Wendung gegen Zeitlichkeit (s. Kap. II.6). Die abstrakte Gegenstellung zu den realen Verhältnissen, die etwa bei den Frühsozialisten zu finden ist, zog deshalb auch die beißende Kritik von Marx und Engels auf sich. Die Utopie führt zwei Tendenzen ins Extrem: den konstruktiven Furor, dem sie sich verdankt, und die Vision eines abgeschlossenen Raums, der als Bedingung für das Glück, welches in ihr gesichert werden soll, etabliert wird. Beide Aspekte gehören zusammen, denn das eine Element – der Konstruktivismus – zieht direkt die Vergegenständlichung, also die Fixierung einer zu konstruierenden Welt nach sich. Die Fantasie der Machbarkeit, in der man schalten und walten kann, wie man will, steht in direktem Bezug zu der Geschlossenheit, der Immunität einer Welt, die eingerichtet und auf Dauer gestellt werden soll. Geriete diese Ordnung ins Schwanken, fiele ein Schatten auf die Macht, die sie generiert hat.

Auch wenn diese zwei Aspekte zusammengehören und in verschiedenen Gewichtungen in allen Utopien auftreten, muss man in deren Beziehung doch auch ein Spannungsverhältnis erblicken. Dies wird gerade mit Blick auf die Glückserfahrungen deutlich, die mit ihnen assoziiert sind. Der Reiz von Utopien liegt demnach einerseits in Visionen der Macht und der Machbarkeit, der Neugestaltung des Lebens, andererseits in Szenarien, in denen das Leben von einer heilen Welt umfangen ist. Die fiktionale Machtfantasie konkurriert mit Einordnung und Unterordnung; mit beiden Seiten sind Vorstellungen von Glück assoziiert.

Diese verschiedenen Perspektiven werden in der Utopie häufig auf verschiedene Figuren verteilt: Nicht nur frönt der Autor selbst einer Machtfantasie, wenn er seine Utopie entwirft, oft etabliert er innerhalb der von ihm entworfenen Welt eine Rollenverteilung, in der einerseits ein *master of ceremony* auftritt, der sein Glück aus dem Machtgefühl ableitet, und andererseits Menschen, die sich in Reih' und Glied begeben und ihr Glück bei der Einordnung in eine von höherer Warte geregelte Ordnung finden. Anhand dieser Rollenverteilung wird verständlich, warum sich Utopien im 20. Jahrhundert häufig in Dystopien verwandelt haben. Diese negativen Utopien dienen dazu, den Machtmissbrauch an den Pranger zu stellen, sie wenden sich also gegen den konstruktivistischen Furor.

Grundsätzlich verorten Utopien das Glück in einer naturhaften und in einer sozialen Dimension. *Zum Ersten* gilt es, Erfahrungen des Mangels und der Entbehrung, denen der Mensch als Naturwesen ausgesetzt ist, zu überwinden. Dazu gehört nicht nur die äußere Bereitstellung von Gütern, sondern auch eine Auslegung der ihnen zugeordneten menschlichen Bedürfnisse. *Zum Zweiten* sollen Konflikte, die nicht nur im Streit um natürliche Ressourcen, sondern auch unabhängig davon im sozialen Raum auftreten, zur Ruhe kommen. Hier steht die vernünftige, tugendhafte Ordnung der menschlichen Lebensverhältnisse in Frage. Konflikte entbrennen häufig um politische oder erotische Ambitionen. Utopien stellen demnach Modelle für natürliche Befriedigung und soziale Befriedung bereit. Das ihnen zugeordnete Glück trägt dabei eine Spannung aus, die zwischen dem Pol der Bedürfnisse, Lüste und Leidenschaften und dem Pol der Regulierung herrscht. Charakteristisch für die utopischen Beschreibungen des Glücks ist die Figur des Metabolismus, des Stoffwechsels mit der Natur, auf den sich Modelle der Bedürfnisbefriedigung und der ökonomischen Wohlfahrt stützen. Die damit verbundene Balance oder Harmonie wird dann auch für die Gestaltung des ökonomischen und politischen Lebens leitend. – Eine kleine Auswahl des reichhaltigen Materials, das die Geschichte der Utopien bietet, soll nun mit Blick auf die darin enthaltenen Bilder des Glücks vorgestellt werden.

Bilder des Glücks in Utopien der Frühen Neuzeit

Die oben erwähnte Doppelung aus Befriedigung und Befriedung tritt bereits in der Schrift besonders deutlich zu Tage, die den Ausdruck ›Utopie‹ im Sprachgebrauch etabliert hat: Thomas Morus' *Utopia* von 1516. Diesem Werk sind diverse Zukunftsentwürfe von Platons »Atlantis« (4. Jh. v.Chr.) bis zum »Dritten Reich« des Joachim von Fiore (12. Jh.) vorausgegangen, auf die hier nicht weiter eingegangen werden kann. Morus (1478–1535) lässt jedenfalls keinen Zweifel daran, dass das Glück ins Zentrum seines Entwurfs gehört. In einem der ersten Auflage vorangestellten Gedicht erteilt er gewissermaßen der Utopie selbst das Wort – und sie sagt von sich: »Verdientermaßen müsste ich Eutopie«, also glückliches Land, »genannt werden« (More 1516/2002, 117).

Das von Morus in Aussicht gestellte Glück ergibt sich aus einer Sicherung der materiellen Versorgung aller Menschen, die durch einen Kampf gegen die »Verschwörung der Reichen« (Morus 1516/1960, 108), durch massive Umverteilung und im Anschluss daran durch gleichmäßigen, gemäßigten Arbeitsein-

satz gelingen soll. In der Sicherung der Bedürfnisbefriedigung erschöpft sich das »Glück des Lebens« jedoch nicht; es vollendet sich vielmehr erst in der »geistigen Weiterbildung« und den »seelischen Freuden«, die zu der »Lust« dazugehören, auf die das Leben als »Endzweck« und »eigentliche Glückseligkeit« ausgelegt ist (55, 76, 72). Zur Entfaltung dieser seelischen Freuden ist nach Morus auch individuelle Freiheit erforderlich.

Zwar greifen weitere berühmte Utopien der Frühen Neuzeit wie Campanellas *Sonnenstaat* und Francis Bacons Fragment über *Neu-Atlantis* Motive auf, die bei Morus vorkommen; hervorzuheben ist neben der Betonung der Gleichheit die weit verbreitete Kritik am Privateigentum. Doch während Morus durchaus einen Sinn für das »Festliche« oder gar Ausgelassene des utopischen Lebens hat – die Utopie soll nach Morus' vollständigem Buchtitel auch »festivus« sein (vgl. Ginzburg 2000, 2 ff.) –, verselbständigt sich bei Campanella und Bacon die Absicht auf Sicherung der Ordnung; die Mehrung des Glücks bleibt dessen indirekte Folge. Im Mittelpunkt steht bei Tommaso Campanella (1568–1639) die »gute Veranlagung«, die durch die richtige Zuteilung von Sexualpartnern und durch strenge Erziehung generiert und kultiviert werden soll (Campanella 1602/1960, 132). Diese gesellschaftliche Optimierung ist durchaus wehrhaft: So steht auf das Schminken des Gesichts und andere individuelle Extravaganzen, die die allgemeine Ordnung stören könnten, die Todesstrafe (135).

Francis Bacon (1561–1626) verschreibt sich wie Morus und Campanella dem Ziel, das »Heil« der »Seelen und Leiber« zu sichern (Bacon 1638/1960, 183). Gleichwohl konzentriert sich Bacon in dem unvollendet gebliebenen Text *Neu-Atlantis* auf jene Aspekte, die auch in seinem *Novum Organum* im Mittelpunkt stehen: Plädiert wird für die Verbesserung materieller Lebensverhältnisse durch die »Erweiterung der menschlichen Herrschaft« über die Natur, die »bis an die Grenzen des überhaupt Möglichen« gehen soll (205). In einer Kaskade von Absätzen, die jeweils mit der Wendung »Wir haben auch« einsetzen, werden die technischen Errungenschaften dieser neuen Welt gepriesen. Das Gemein-»Wohl« und entsprechend auch das Glück der Individuen (s. Kap. II.9) ist nach Bacon abhängig von der »Erleichterung« ihrer »Lage« (215; vgl. Bacon 1605/1982, 234). Seine Utopie bewährt sich am Verhältnis des Menschen zur äußeren Natur; der Frage, wie mit der inneren Natur des Menschen und der Gestaltung ihres sozialen Lebens umzugehen sei, schenkt Bacon in *Neu-Atlantis* – in der unvollendeten Form, in der diese Schrift vorliegt – weniger Aufmerksamkeit als Morus und Campanella. – Auf die vor allem im Frankreich des 18. Jahrhunderts entstehenden utopischen Entwürfe (Restif de la Bretonne u. a.), in denen Bacons Empirismus materialistisch und sensualistisch radikalisiert wird, kann hier nur hingewiesen werden.

Sozialistische Utopien

Die Bandbreite der Utopien des 19. Jahrhunderts definiert sich im Wesentlichen durch zwei Eckpunkte. *Auf der einen Seite* kommt es im Zuge der sich immer weiter ausbreitenden Technik-Euphorie zu einer vorsichtigen Rehabilitierung von Überfluss, Luxus und Konsumismus (vgl. Saage 1991, 194 f.). Heinrich Heines Invektive gegen »das alte Entsagungslied« gehört in diesen Zusammenhang, doch wahrt er (zum Glück!) einen spielerischen, übermütigen Ton: »Wir wollen auf Erden glücklich sein, / Und wollen nicht mehr darben […]. / Es wächst hienieden Brot genug / Für alle Menschenkinder, / Auch Rosen und Myrten, Schönheit und Lust / Und Zuckererbsen nicht minder« (1844/1981, 577 f.). In den eigentlich utopischen Entwürfen wird die materielle Fülle in der Regel kanalisiert und kontrolliert; Schlaraffenländer bleiben Mangelware, ein Loblied der Deregulierung hört man eher selten. Neben die affirmative Fortschreibung laufender Entwicklungen tritt *auf der anderen Seite* eine kritische Abwehr moderner Verhältnisse. Sie reicht vom Kampf gegen die ökonomische Ungleichheit, welche dem allgemeinen Gütergenuss entgegensteht (Kropotkin 1892/1973), über die Warnung vor der Entfremdung von der Natur (Morris 1890/1980) bis zur Kritik an sozialer Anomie (Saint-Simon 1821) und emotionaler Konfusion (Fourier 1808/1966).

Häufig begegnet man einer Kombination positiver und negativer Bezüge auf den Status quo. Verbreitet ist die Bejahung der technischen und die Verneinung der ökonomischen Moderne: Der Technik verdankt sich die radikale Verbesserung der *natürlichen* Lebensbedingungen, in deren Genuss man freilich nur kommt, wenn die *sozialen* Lebensverhältnisse umgewälzt und die egoistische Konkurrenzgesellschaft abgeschafft wird (Bellamy 1888/1960). Die Heraufkunft des Glücks wird von Robert Bellamy zusammengebracht mit der Abschaffung der Regenschirme, die als Symbol für alte individualistische

Zeiten stehen. In Folge des technischen Fortschritts erwartet man eine Koppelung der Arbeit an Selbstentfaltung statt an Selbsterhaltung und eine immer großzügiger zu genießende, freilich für Dekadenz anfällige Muße; die (De-)Regulierung des Konsums stellt sich neu als Herausforderung nicht nur für privilegierte Schichten, sondern für die Massen (s. Kap. VIII.9).

Philosophische Aufmerksamkeit verdienen insbesondere die frühen Entwürfe Robert Owens und Charles Fouriers. Owens Gesellschaftsutopie geht direkt aus dem Utilitarismus der Glücksmaximierung Jeremy Benthams hervor (s. Kap. V.1), während Fourier vor allem das Erbe des französischen Materialismus des 18. Jahrhunderts antritt (s. Kap. V.2). Ihren utopischen Entwürfen ist gemeinsam, dass sie nicht nur auf dem Papier standen, sondern dass heftig an ihrer Umsetzung gearbeitet wurde.

Robert Owen (1771–1858) verfolgte wie Bentham, dem er zeitweise als Geschäftspartner verbunden war, das Ziel, die Reform der Gesellschaft an der Mehrung des Glücks auszurichten. Was die Folge der von ihm skizzierten »second creation or regeneration of man« sei, benannte er kurz und knapp: »joy will be increased a thousand-fold« (Owen 1842/1970, Bd. 1, 75 f.). Diese Glücksmehrung wird nach Owen auch dadurch begünstigt, dass die Lebenserwartung der Menschen, wenn nur äußere Not abgeschafft ist, auf 140 Jahre ansteigen kann (vgl. Pitzer 1997, 98). Da Owen das Glück von der Freiheit abkoppelte und nicht nur dem Egoismus, sondern überhaupt der individuellen Selbstbestimmung misstrauisch gegenüberstand (Owen 1813–16/1991, 43, 64), glich seine Utopie einem Erziehungsmodell mit einem »aggressiven Paternalismus« (Pitzer 1997, 95). Er trat als Konstrukteur einer neuen Glücksordnung auf, deren Mitglieder ein strenges Vorbereitungsprogramm zu durchlaufen hatten. Seinem Gesellschaftsexperiment im schottischen »New Lanark« waren Anfangserfolge beschieden, seine Siedlungsgründung »New Harmony« im US-Bundesstaat Indiana scheiterte spektakulär.

Charles Fourier (1772–1837) wollte wie Owen, auf den er sich berief, eine stabile soziale Ordnung errichten. Anders als Owen stützte er seine Idealgesellschaft der »phalanstère« nicht in erster Linie auf ein Erziehungsmodell, sondern auf eine »mechanische Theorie der Leidenschaften« (1977, 116). Die Unterdrückung der Sinnlichkeit ist nach Fourier nicht nur glücksfeindlich, sie zerstört auch die positiven Antriebe zur Vergemeinschaftung (1808/1966, 378). Er empfahl ein quasi-szientistisches Sozialexperiment, in dem die 810 Persönlichkeitstypen, die er meinte unterscheiden zu können, jeweils in einem männlichen und einem weiblichen Exemplar vertreten sein sollten. Daraus errechnete sich auch die exakte Größe seiner »phalanstère«. Deren 1620 Mitglieder repräsentierten ein vollständige Spektrum von Temperamenten und Tätigkeiten und gelangten damit zu einem vollkommenen »Gleichgewicht der Leidenschaften« (1977, 111). Die kollektive oder kommunale Rahmung des Glücks führte Fourier zu einer scharfen Kritik privatistischer und besitzindividualistischer Haltungen, zu denen er – ähnlich wie Robert Owen – an vorderer Stelle die Ehe zählte.

Hervorzuheben ist nicht nur die Popularität Fouriers in den USA, die diejenige Robert Owens übertraf (Guarnieri 1997, 161), sondern auch dessen beträchtliche literarische Wirkung. Deren eindrucksvollstes Zeugnis ist der Roman *The Blithedale Romance*, in dem Nathaniel Hawthorne (1804–1864) seine eigenen Erfahrungen auf »Brook Farm« in keineswegs defätistischer Weise zum Thema macht. Hawthorne beschreibt die isolationistischen und idiosynkratischen Tendenzen des Utopismus, er mokiert sich auch über Fouriers Fantasie, dass sich eines Tages das Meerwasser in Limonade verwandeln könne, hält es aber für »good fortune«, dass er selbst einige Zeit in einer Kommune verbringen konnte (Hawthorne 1852/1983, 677, 633). Die Utopien gelten ihm keineswegs als »the rubbish of the mind«: »If ever men might lawfully dream awake, and give utterance to their wildest visions […] – yes, and speak of earthly happiness, for themselves and mankind, as an object to be hopefully striven for, and probably attained – we […] were those very men. We had left the rusty iron frame-work of society behind us« (648). – Auf die spätere gleichfalls von Fourier inspirierte *Technik des Glücks* von Franz Jung, der die »Erneuerung des Menschlichen« vorantreiben will, und auf André Bretons *Ode an Charles Fourier*, in der die Entfaltung der Sinnlichkeit gepriesen wird, sei hier nur nebenbei verwiesen (Jung 1921/1987, 81, 63; Breton 1947/1982).

Ein gleichfalls eher lautstarkes Echo auf Fourier findet sich in Émile Zolas (1840–1902; s. Kap. V.11) spätem Roman *Arbeit* (1901). Entworfen wird hier eine heile Welt, die über die Konkurrenzgesellschaft des Kapitalismus den Sieg davonträgt. Zola schildert in *Arbeit*, anders als im Vorgänger-Roman *Fruchtbarkeit* (1899), keine agrarische Utopie, vielmehr wird der Welt der Stahl- und Bergwerke eine genos-

senschaftliche Zukunft in Aussicht gestellt. Luc Froment, Held und Haupt der am Ende siegreichen Genossenschaft, lässt sich bei der Verwandlung der »von Egoismus durchseuchten Stadt in ein glückliches Gemeinwesen« von einem Buch inspirieren, »in dem ein Schüler Fouriers die Lehre des Meisters kurz zusammengefaßt« hat (Zola o.J., 159, 161; Zola bezieht sich auf Hippolyte Renauds *Solidarité* von 1842; vgl. Thomä 2009).

Zolas Roman *Arbeit* illustriert eine Transformation der Lehren Fouriers, mit der sie für die Industrialisierung im großen Stil nutzbar werden sollen. Sein Roman gehört in eine Reihe von Texten, die um die Idee einer antikapitalistischen Industrialisierung kreisen; auf diese im späten 19. Jahrhundert besonders populäre Kombination wurde bereits kurz hingewiesen. Zu beobachten sind hier verblüffende Verbindungen zwischen verschiedenen weltanschaulichen Lagern. So rückt der »Kristallpalast«, der die Londoner Weltausstellung 1851 schmückt, ins Zentrum der gleichfalls von Fourier beeinflussten sozialistischen Utopie, die Nikolaj Černyševskij (1828–1889) in seinem Roman *Was tun?* entwirft (Tschernyschewskij 1863/1954, 517). Als Sinnbild vollständiger Ordnung und Transparenz wird dieser Palast zum Zentrum eines Lebens, das aus der privaten Nische heraustritt und sich einer technischen Harmonie ohne Schwulst und Pomp fügt. Hierzu muss der Kristallpalast allerdings von dem Verdacht gereinigt werden, er diene der Verherrlichung des Kommerzes (s. Kap. V.14 mit Hinweisen auf Dostoevskijs Kritik am »Kristallpalast«; vgl. Thomä 2008).

Das Leben der Utopie nach ihrem Ende

Von Tschernyschewskij aus lässt sich eine Brücke schlagen zu den Dystopien des 20. Jahrhunderts. Während der Kristallpalast bei ihm zum Ideal taugt, wird er in Jewgeni Samjatins (1884–1937) Roman *Wir* zum Schreckbild. Beschrieben wird hier eine klinisch saubere Welt, in der die Menschen in »durchsichtigen, wie aus leuchtender Luft gewebten Häusern, ewig vom Licht umflutet« leben und allseitiger Kontrolle ausgesetzt sind (1920/1984, 22, vgl. 123, 126). Mit Samjatins *Wir* schließt sich der Kreis, der um 1800 mit Owen und Fourier seinen Anfang genommen hat. An den Pranger gestellt wird nun eine Glücksherstellung, die auf technische Vollversorgung und pharmazeutische Steuerung des natürlichen Lebens setzt. Der Automatismus tritt an die Stelle der Autonomie (vgl. Thomä 2003, 35–47). Zwar bleibt offen, ob dieser Automatismus Glück garantiert: »Die absolute, endgültige Lösung des Problems *Glück*«, so wird zugegeben, »haben selbst wir noch nicht gefunden.« Doch der Außenseiter, der aus diesem Raum heraustreten will, sieht sich vor die folgende Alternative gestellt: »Glück ohne Freiheit – oder Freiheit ohne Glück« (Samjatin 1920/1984, 15 f., 61).

Aldous Huxley (1894–1963) operiert in Nachfolge zu Samjatin fast epigonal, sein Gegner in *Brave New World* ist freilich nicht die kommunistische Glücksutopie, sondern Henry Fords (s. Kap. VIII.8) Optimierung der Mensch-Maschine, welche immerhin in der jungen Sowjetunion begeisterte Anhänger fand (vgl. Stites 1989, 145 ff.). Huxley stellt seinen Helden vor die übersichtliche Alternative zwischen einem vollautomatischen Glück und einer Freiheit, die zugleich »das Recht auf Unglück« einschließt (1932/1953, 174; zum Glück vgl. auch 65, 74 f., 156 f., 160, 165). Es liegt freilich eine eigene Beschränktheit in dem Ansatz, das Glück gegenüber der Freiheit in Misskredit zu bringen. Diese Haltung wirkt mit an dem »Verrat der Freude«, über den sich Max Scheler beklagt hat (s. Kap. VI.5 und Scheler 1922/1976).

Die topische Qualität, die der Utopie eigen ist, hat in den Dystopien Samjatins und Huxleys klaustrophobische Effekte. Der Raum, in dem man sich befindet, ist ein Gefängnis. Es verwundert nicht, dass diese topische Qualität der Utopie – im Guten wie im Schlechten – auch die Aufmerksamkeit eines Mediums angezogen hat, das für die Darstellung des Raumes viel besser geeignet ist als die narrative Form: Gemeint ist der Film (s. Kap. VI.13). In der Tat sind die frühen utopischen Filme ganz und gar von Architektur (s. Kap. VIII.10) beherrscht: Dies gilt für Fritz Langs *Metropolis* (1927) ebenso wie für Frank Capras *Lost Horizon* (1937), in dem der ferne, fast unerreichbare Glücksort »Shangri La« mit gleißendweißen Gebäuden im harmonischen Zusammenspiel mit der Natur dargestellt wird.

Es fehlt hier der Raum, um die Glücksbilder, die in weiteren Science-Fiction-Filmen entworfen worden sind, zu analysieren. Auffällig ist, dass sich in ihnen häufig technische Fantasien totaler Verfügungsmacht in virtuellen Welten mit nostalgischen Elementen des einfachen Lebens, familiärer Intaktheit und ursprünglicher Güte vermischen. Dies gilt für James Camerons *Terminator* ebenso wie für George Lucas' *Star Wars*-Serie und die *Matrix*-Trilogie der Brüder Wachowski. Die dort zum Ausdruck kommenden Glücksvorstellungen schwanken zwischen Allmacht und Geborgenheit. Mit ihrer inneren Zwie-

spältigkeit sind die zeitgenössischen Utopien Symptome einer Verunsicherung in der modernen Gesellschaft, die zugleich den Weg in die Zukunft und den Weg in die Vergangenheit beschreiten will.

Literatur

Bacon, Francis: The Proficience and Advancement of Learning Divine and Humane [1605]. In: Ders.: A Selection of His Works. New York 1982, 197–271.

–: Neu-Atlantis [1638]. In: Klaus J. Heinisch (Hg.): Der utopische Staat. Reinbek 1960, 171–215.

Bellamy, Edward: Looking Backward 2000 – 1887 [1888]. New York/Scarborough 1960.

Bloch, Ernst: Das Prinzip Hoffnung [1954–59]. Frankfurt a. M. 1973.

Breton, André: Ode an Charles Fourier [1947]. Berlin 1982.

Campanella, Tommaso: Sonnenstaat [1602]. In: Klaus J. Heinisch (Hg.): Der utopische Staat. Reinbek 1960, 111–169.

Diderot, Denis: Nachtrag zu ›Bougainvilles Reise‹ [1796]. In: Ders.: Philosophische Schriften. Bd. II. Berlin 1984, 195–237.

Flaubert, Gustave: Briefe. Zürich 1977.

Fourier, Charles: Theorie der vier Bewegungen und der allgemeinen Bestimmungen [1808]. Frankfurt a. M. 1966.

–: Aus der Neuen Liebeswelt. Berlin 1977.

George, Stefan: Der siebente Ring [1907]. In: Ders.: Werke. Ausgabe in 4 Bänden. Bd. 2. München 1983, 5–122.

Ginzburg, Carlo: No Island Is an Island. Four Glances at English Literature in a World Perspective. New York 2000.

Goethe, Johann Wolfgang von: Faust [1803–33]. Sämtliche Werke. Bd. 7/I. Frankfurt a. M. 1994.

Guarnieri, Carl J.: Brook Farm and the Fourierist Phalanxes. In: Donald E. Pitzer (Hg.): America's Communal Utopias. Chapel Hill/London 1997, 159–180.

Hawthorne, Nathaniel: The Blithedale Romance [1852]. In: Ders.: Collected Novels. New York 1983, 629–848.

Heine, Heinrich: Deutschland. Ein Wintermärchen [1844]. In: Ders.: Sämtliche Schriften. Bd. 7. Frankfurt a. M./Berlin/Wien 1981, 571–644.

Huxley, Aldous: Schöne neue Welt [1932]. Frankfurt a. M. 1953.

Jung, Franz: Die Technik des Glücks [1921]. In: Ders.: Die Technik des Glücks. Mehr Tempo! Mehr Glück! Mehr Macht! Hamburg 1987, 7–84.

Kleist, Heinrich von: Über das Marionettentheater [1810]. In: Ders.: Sämtliche Werke. Bd. 2. München 1994, 338–345.

Kropotkin, Petr: Die Eroberung des Brotes [1892]. In: Ders.: Die Eroberung des Brotes und andere Schriften. München 1973, 57–277.

Landauer, Gustav: Die Revolution [1907]. Frankfurt a. M. 1919.

Mannheim, Karl: Ideologie und Utopie. Bonn 1929.

More, Thomas: Utopia [1516]. Cambridge u. a. 2002.

Morris, William: Kunde von Nirgendwo. Eine Utopie der vollendeten kommunistischen Gesellschaft [1890]. Reutlingen 1980.

Morus, Thomas: Utopia. In: Klaus J. Heinisch (Hg.): Der utopische Staat [1516]. Reinbek 1960, 7–110.

Owen, Robert: A New View of Society; or Essays on the Principle of the Formation of Human Character, and the Application of the Principle to Practice [1813–16]. In: Ders.: A New View of Society and Other Writings. London 1991, 1–92.

–: Book of the New Moral World in Seven Parts [1842]. New York 1970.

Pitzer, Donald E.: The New Moral World of Robert Owen and New Harmony. In: Ders.: America's Communal Utopias. Chapel Hill/London 1997, 88–134.

Renaud, Hippolyte: Solidarité. Vue synthétique sur la doctrine de Ch. Fourier [1842]. Paris 1845.

Saage, Richard: Politische Utopien der Neuzeit. Darmstadt 1991.

Saint-Simon, Henri de: Du système industriel. Paris 1821.

Samjatin, Jewgeni: Wir [1920]. Köln 1984.

Schaer, Roland: Utopia: Space, Time, History. In: Roland Schaer u. a. (Hg.): Utopia. The Search for the Ideal Society in the Western World. New York/Oxford 2000, 3–7.

Scheler, Max: Vom Verrat der Freude [1922]. In: Ders.: Gesammelte Werke. Bd. 9. Bern/München 1976, 120–145.

Seibt, Ferdinand: Utopica. Zukunftsvisionen aus der Vergangenheit. München 2001.

Stites, Richard: Revolutionary Dreams. Utopian Vision and Experimental Life in the Russian Revolution. New York/Oxford 1989.

Thomä, Dieter: Vom Glück in der Moderne. Frankfurt a. M. 2003.

–: Sprung im Kristall. Zu einem Motiv bei Dostojewskij und Wittgenstein. In: Felix Philipp Ingold/Yvette Sánchez (Hg.): Fehler im System. Göttingen 2008, 265–280.

–: Ankunft und Abenteuer. Philosophische Anmerkungen zu Zeiterfahrungen um 1900 im Ausgang von Émile Zola und Georg Simmel. In: Aage A. Hansen-Löve u. a. (Hg.): Ankünfte. An der Epochenschwelle um 1900. München 2009, 21–40.

Touraine, Alain: Society as Utopia. In: Roland Schaer u. a. (Hg.): Utopia. The Search for the Ideal Society in the Western World. New York/Oxford 2000, 18–31.

Tschernyschewskij, Nikolaj G.: Was tun? Aus Erzählungen von neuen Menschen [1863]. Berlin 1954.

Wilde, Oscar: The Soul of Man Under Socialism [1890]. In: Ders.: Collected Works. Ware, Hertfordshire 1997, 1039–1066.

Zola, Émile: Arbeit [1901]. Berlin (o. J.).

Dieter Thomä

III. Glück in der Antike

1. Glück bei Platon. Moralischer Intellektualismus und Ideentheorie

Vorbemerkungen

Seit dem historischen Sokrates und seit Demokrit besteht in der antiken Philosophie eine Tendenz zur Verinnerlichung, Intellektualisierung und zur Moralisierung des Glücksverständnisses. Damit verbindet sich die Vorstellung, dass das Glück von Menschen grundsätzlich erreichbar ist. Im platonischen *Gorgias* scheint Sokrates beinahe auf die Kroisos-Erzählung aus Herodot (*Historiae* I, 29 ff.) anzuspielen, wenn er sagt, ein reicher und mächtiger König sei dann, aber auch nur dann glücklich, wenn er über sittliche Bildung und Gerechtigkeit verfüge (*Gorgias* 470e). Allein der, der ein sittlich gutes Leben führe, könne als gesegnet und glücklich gelten (507c). Für das gute und glückliche Leben soll allein entscheidend sein, ob jemand Weisheit erlangt (Platon: *Euthydemos* 282a). Bei Demokrit findet sich wohl unabhängig von Sokrates die These, der Unrechttuende sei unglücklicher (*kakodaimonesteros*) als der Unrechtleidende (DK 68B45). Glück lässt sich nach Demokrit nicht in äußeren Gütern finden, sondern nur in der Seele: »Die *eudaimonia* wohnt nicht in Herden noch in Gold: die Seele ist der Wohnsitz des *daimôn*« (DK 68B171; s. Kap. I.1). Von Demokrit und Sokrates ausgehend ist die zentrale Stellung dieses verinnerlichten, intellektualistisch und moralisch verstandenen Glücksbegriffs bei nahezu allen nachfolgenden Philosophen anzutreffen, nämlich bei Platon und Aristoteles, bei den Kynikern, den Stoikern, den Epikureern, den Skeptikern, den Akademikern und Peripatetikern sowie bei den hellenistischen und kaiserzeitlichen Platonikern. Erwähnenswert ist allerdings eine markante Opposition gegen das verinnerlichte Glücksverständnis bei Aristipp von Kyrene. Aristipp war Schüler des Sokrates und wie dieser ein Philosoph, der vornehmlich an Fragen der richtigen Lebensführung interessiert war. Dennoch kulminiert dieses Interesse nicht im Glücksbegriff. Die von Aristipp begründete Schule der Kyrenaiker bildet vielmehr eine Ausnahme, indem sie anders als die anderen antiken Philosophenschulen der *eudaimonia* nicht den Stellenwert des höchsten Lebensziels beimaß. Die Kyrenaiker nahmen stattdessen eine hedonistische Position ein, die der modernen Bevorzugung des Empfindungsglücks gegenüber dem Erfüllungsglück noch am nächsten kommt.

Fundamental für die Glückstheorien der antiken Philosophie, und so auch für Platon, ist ferner der Begriff des Guten oder des Gutes (*agathon, bonum*). Ein Gut ist das, was für einen Akteur vorteilhaft und wählenswert ist (vgl. für die moderne Nachfolgediskussion Kap. VI.9). Wie bereits die klassische griechische Philosophie sah, gibt es zwei Möglichkeiten, den Charakter von etwas als ›Gut‹ zu interpretieren: Entweder ergibt sich das Gutsein von etwas aus seinen objektiven Eigenschaften sowie aus den objektiven Eigenschaften des Akteurs, für den es ein Gut ist; oder aber sein Gutsein kommt durch einen Wunsch zustande, den der Akteur auf das betreffende Objekt richtet. Im ersten Fall ist Gutsein dasjenige, was den Wunsch im Subjekt hervorruft; der Akteur nimmt das Gute wahr. Im zweiten Fall ist es das Subjekt, das einem Objekt Gutsein zuspricht; es verfährt dabei nach seinem Geschmack. Im *Wahrnehmungsmodell* ist der Zusammenhang zwischen dem Gegenstand und dem Wunsch eines Individuums einer Außenbeschreibung fähig, im *Geschmacksmodell* dagegen von interner Art. Der Kern der Unterscheidung liegt in der Antithese »gewünscht, da wertvoll« (*desired because valuable*) und »wertvoll, da gewünscht« (*valuable because desired*; vgl. Griffin 1986). In dieser Gegenüberstellung eines Objektivismus und eines Subjektivismus in der Theorie des gelingenden Lebens gehören die antiken Modelle auf die objektivistische Seite. Sie bevorzugen ein »Werde der du bist«-Schema (basierend auf Essentialismus und Perfektionismus) gegenüber einer »Erfinde dich selbst«-Konzeption (der Autopoiesis und des subjektiven Präferentialismus), welche modernitätstypisch ist.

Daraus ergeben sich einige grundlegende Thesen

des philosophischen Eudämonismus der Antike, nämlich: (1) Glück ist das, was sich alle Menschen abschließend wünschen; Glück ist das, um dessentwillen man alles andere wünscht, das *telos*. (2) Es ist das, worin alle natürlichen Strebenstendenzen zur Ruhe kommen. (3) Glück ist das, was sich aus allen Gütern zusammensetzt (entweder im Sinn eines Gütermonismus oder aber eines Güterpluralismus). (4) Die Kompetenz für die Bestimmung und Herbeiführung des Glücks liegt bei der Philosophie: Sie spielt die Rolle einer Lebenskunst (*technê tou biou, ars vivendi*).

Der Ausdruck ›Lebenskunst‹ steht für einen Typ von Moralphilosophie, welcher zwischen Sokrates und den spätantiken Neuplatonikern, ja sogar bis ins 13. Jahrhundert hinein vorherrschte. Er bezeichnet den Umstand, dass antike Ethiken biographieorientiert waren und auf eine Transformation der Einstellungen und existenziellen Haltungen ihrer Adressaten hinzielten (vgl. Hadot 1991; 1995; Horn 1998). Wie wir wissen, wurde Philosophie im Altertum vornehmlich als Lebenskunst verstanden, nämlich als praxistaugliches und als lebensdienliches Unternehmen, nicht als ein akademischer Fachdiskurs. Die Philosophie besitzt also die Kompetenz, zum Glück zu führen. In antiken philosophischen Texten finden wir häufig Bemerkungen von der Art, die Philosophie und nur sie führe zum glücklichen Leben, weil »allein sie das richtige Urteil und die unfehlbare, handlungsleitende Einsicht einschließt« (Aristoteles: *Protreptikos* B9). Bei Platon heißt es, das schönste und wichtigste Wissen sei die Erkenntnis, »wer glücklich sei und wer nicht« (*Gorgias* 472c). In eine ähnliche Richtung geht Epikurs Definition der Philosophie als einer »Tätigkeit, die durch Argumentation und Diskussion das glückliche Leben herstellt« (Epikur 1966, 219) oder Ciceros Ansicht aus dem *Hortensius*, wer ein glückliches Leben führen wolle, müsse philosophieren (bei Quintilian: *Institutiones* V, 14,13).

Platons Glücksbegriff

Platon vertritt in der Nachfolge des Sokrates die Ansicht, Glück ergebe sich allein aus einer angemessenen seelischen Verfassung des Menschen. Auch er versteht darunter eine gerechte, sittlich orientierte Lebensführung. Maßgeblich bleibt für ihn die Überzeugung, dass glücklich ist, wer »gut lebt« (*eu zôn*), und entsprechend unglücklich, wer ein schlechtes Leben führt (*Politeia* 353e f.). Der beste Mensch ist

zugleich der glücklichste, der schlechteste der unglücklichste (580c). Besser soll es nämlich sein, gerecht als ungerecht zu leben (357a f.). Platon bemüht sich in erheblichem Umfang darum, diese These philosophisch zu rechtfertigen; sein zentrales Werk *Politeia* dient in seiner Rahmenargumentation genau dieser Aufgabe. Noch der späte Platon will das Glücksproblem dadurch bewältigen, dass er bestimmt, welche »Haltung oder Beschaffenheit der Seele« dem Menschen angemessen ist (*hexin psychês kai diathesin*; *Philebos* 11d). Die Antwort auf die Frage »Welches Leben soll man führen, um glücklich zu werden?« soll also in der Gerechtigkeit liegen. Platon widerspricht damit der Auffassung einiger Sophisten, der Gerechte sei ein Schwächling oder ein gutmütiger Trottel (*euêthês*; *Politeia* 349b). Gerechtigkeit, so die provokative Dialogfigur Thrasymachos, wirke sich zum fremden Vorteil (*allotrion agathon*) und zum eigenen Schaden aus (*oikeia blabê*; 343c). Thrasymachos empfiehlt folgerichtig die Ungerechtigkeit und lobt das Verhalten eines konsequent eigennützigen Tyrannen. Bei Platons Gegenthese muss man sich klarmachen, dass es ihm nicht um den Nachweis geht, moralisches Handeln sei allen Nachteilen zum Trotz *verbindlich* oder *geboten*. Er will zeigen, dass es im wohlverstandenen Interesse eines jeden liegt: Gerechtigkeit zahlt sich aus.

Es wirkt zunächst alles andere als klar, worin der Zusammenhang von richtiger seelischer Verfassung, Moralität und Glück für Platon bestehen mag. Führt die *aretê* zum Glück wegen der sozialen Achtung, die sie einbringt? Dann würde es sich um eine äußere Form von Belohnung handeln. Man kann diese Möglichkeit definitiv ausschließen; nach Platons Ansicht darf Gerechtigkeit gerade nicht wegen ihrer sozialen Folgen gepriesen werden (366e; 368b–d). Der platonische Gerechte ist also keineswegs deswegen glücklich, weil seine äußeren Lebensumstände dauerhaft günstig wären. Platon geht es darum, zu zeigen, dass sich die These vom Nutzen der Gerechtigkeit selbst bei extremen sozialen Nachteilen, die ein Gerechter unter Umständen hinnehmen muss, aufrecht halten lässt (360e ff.). Meint Platon mit dem Glück des Tugendhaften dann eine Belohnung nach dem Tod, wie wir sie besonders aus der christlichen Tradition kennen? Diese religiöse Vorstellung enthält zwar auch eine äußere Form von Belohnung; für Platon bildete sie aber eine akzeptable Idee, die er in seinen Mythen vom Totengericht wiederholt dargestellt hat. Wer sein Leben gerecht und heilig geführt hat, so heißt im *Gorgias*, der gelangt nach seinem Tod zu den »Inseln der Seligen«, wo er in vollkommener Glückseligkeit frei von allen Übeln lebt (*Gorgias* 523a f.; ähnlich *Politeia* 608c ff.). Allerdings liegt in der ewigen Glückseligkeit des Gerechten eher eine nachgeschobene und sekundäre, nicht die zentrale Begründung, die Platon im Sinn hat.

Besteht diese Begründung darin, dass sich das Glück bei der gerechten Persönlichkeit im Sinn einer seelischen Lustempfindung einstellt? Dies wäre eine innere Form von Belohnung, die von allen Außenumständen unberührt bliebe. Tatsächlich meint Platon, der Gerechte zeichne sich durch eine maximale seelische Harmonie und Selbstübereinstimmung aus (*Politeia* 443c ff.). Platon parallelisiert die Gerechtigkeit der Seele mit dem, was Gesundheit für einen Körper bedeutet (444c–e). Allerdings zeigt sich erst im Buch IX der *Politeia*, inwiefern in diesem Punkt ein wichtiger Teil des Zusammenhangs zwischen Gerechtigkeit und Glück liegt. Platon kommt erst dort auf das Thema einer Gegenüberstellung des vollkommen Gerechten und des vollkommen Ungerechten zurück (576b–592b) und entwickelt dabei drei Argumente für die These vom Glück des Gerechten. Die Argumente 2 und 3 stellen dem Gerechten oder Philosophen, gleichgültig wie sein äußeres Leben verläuft, eine höchst positive Lustbilanz in Aussicht, und zwar im Sinne eines geistigen Genusses. Platon sagt nämlich zum einen, der Tugendhafte oder Philosoph führe das lustvollste Leben, weil sein an der Erkenntnis orientiertes Leben den höchsten Grad von Lustempfindung mit sich bringe (580d–583a). Zum anderen ergibt eine Betrachtung der Qualitätsgrade verschiedener Vergnügungen, dass der Philosoph eine »729mal größere Lust« als der Nichtphilosoph empfinde (583b–588a). Der Philosoph kann mit dieser überlegenen Lustempfindung offenbar jeden sozialen Nachteil und andere widrigen Außenumstände ausgleichen.

Dennoch hat Platon noch eine andere Begründung im Sinn, wie sich am ersten der drei Argumente aus *Politeia* IX zeigt. Dieses gründet sich nicht auf eine Belohnung durch Lust; um das Argument verständlich zu machen, ist ein kleiner Umweg nötig. Am Beginn des zweiten Buchs der *Politeia* stellt Platon fest, die Gerechtigkeit gehöre zu jenen Gütern, die nicht allein um ihrer Folgen willen, sondern überdies um ihrer selbst willen anzustreben sei (358a). Man weiß aber, dass Platon die Auffassung, Lust sei etwas in sich Gutes, also ›intrinsisch wertvoll‹, abgelehnt hat. Er macht geltend, dass es auch schlechtes Vergnügen gebe, so dass Lust nur soweit

erstrebenswert sein soll, wie sie sich tatsächlich als gut erweisen lässt (*Gorgias* 499b ff.). Man wird nicht behaupten können, Platon sei anti-hedonistisch; wohl aber hält er Lust nicht für ausnahmslos erstrebenswert. Wenn Platon also zeigen will, dass Gerechtigkeit etwas intrinsisch Wertvolles ist, darf er es weder bei bestimmten jenseitigen Belohnungen bewenden lassen noch bei der Lust an der seelischen Harmonie. In beiden Fällen würde es sich ja um Annehmlichkeiten handeln, die der Gerechte als Belohnung, d. h. als Folge seiner Gerechtigkeit, erhielte. Die Lustempfindung als Verbindungsmoment zwischen Tugend und Glück kennzeichnet eine hedonistische Position, etwa diejenige Epikurs. Platon muss den intrinsischen Wert der Gerechtigkeit folglich auf andere Weise zeigen. Tatsächlich stellt sich bei näherem Hinsehen heraus, dass der innere Lustgewinn für den Gerechten nur eine Zugabe ist. Entscheidend ist das erste platonische Argument, das auf dem Vergleich eines gerechten und eines ungerechten Lebens beruht (580a–c), nämlich darin, dass der Gerechte – der Philosoph – seine Gerechtigkeit durch die Betrachtung und Nachahmung der Ideenordnung erhält. Der Philosoph, so Platon, wird dadurch gerecht, dass er auf die Ideen, also etwas Wohlgeordnetes und Gleichbleibendes schaut und deren Ordnung imitiert (500c; vgl. Kraut 1992). Inwiefern aber macht die Ideenordnung die Gerechtigkeit zu etwas intrinsisch Wertvollem, und inwiefern führt ihre Betrachtung und Nachahmung zum Glück?

Zur Klärung dieser Fragen trägt eine Passage aus dem *Symposion* entscheidend bei. In diesem Dialog lässt Platon die Priesterin Diotima den Eros durch dessen »Verlangen nach dem Schönen« kennzeichnen; die Liebe richte sich stets auf etwas Schönes (*Symposion* 204d). Platons Interesse gilt dieser Strebensrelation; ›Streben‹ bedeutet, etwas erreichen zu wollen. Was aber bedeutet es für den, der etwas anstrebt, das Erstrebte zu erreichen? Die Frage wird allgemeiner formuliert, indem der Begriff des Schönen durch den Ausdruck »das Gute« oder »die Güter« (*tagatha*; 204e) ersetzt wird. Unter einem *agathon* ist nicht etwas moralisch Richtiges, sondern etwas Vorteilhaftes oder Wertvolles zu verstehen. Streben bedeutet also grundsätzlich, etwas Vorteilhaftes anzustreben; der Inbegriff des Vorteilhaften ist so gesehen »das Gute«. Angenommen, jemand würde etwas schlechterdings Wünschenswertes erreichen: Was hätte er davon? Platon antwortet, dass der Betreffende glücklich sei; denn es sei der Besitz des Guten, der die Glücklichen glücklich mache (205a, vgl. 202c;

Gorgias 478c). Die Strebensrelation kommt nun in dem, was schlechthin erstrebenswert ist, zu einem Abschluss (telos). Denn, so lässt Platon Diotima sagen, man kann nicht weiterfragen, weshalb jemand glücklich sein wolle. Was immer unter Glück zu verstehen ist, es ist eben das, worin jedes Streben, Begehren, Wünschen usw. ein Ende hat.

Die Stelle ist deshalb so bedeutend, weil Platon hier erstmals in der Philosophiegeschichte eine ›teleologische Glückstheorie‹ skizziert. Diese Konzeption bildet das Zentrum der meisten späteren Versionen des Eudämonismus. Das Glück wird als ein Ziel erwiesen, das man nicht als nur teilweise gut auffassen kann; es ist schlechterdings gut. Deshalb kann es auch nicht als Mittel oder Instrument zu einem weiteren Ziel begriffen werden; vielmehr handelt es sich um ein letztes oder abschließendes Ziel. Daraus folgt: Was immer dafür in Betracht kommt, das Glück inhaltlich zu bestimmen (z.B. Reichtum, Macht, Lust, Erkenntnis, Tugend), muss ebenfalls unter allen Umständen gut sein, und es darf ebenfalls keine Instrumentalisierung zulassen. Folgt man dem Gorgias, so kann Platon die Lust nicht für eine geeignete Glückskandidatin gehalten haben, und zwar weil es nicht von vornherein klar sei, ob eine bestimmte Lust gut oder schlecht, also vorteilhaft oder nachteilig ist.

Platon bringt das Glück als höchstes und abschließendes Strebensziel mit der ›Nachahmung‹ der Ideen in Verbindung, und zwar besonders mit der höchsten Idee, der »Idee des Guten« (idea tou agathou), von der die Bücher VI und VII der Politeia handeln. Platons Glückstheorie basiert also nicht auf der Überzeugung, dass Gerechtigkeit glücklich macht, weil das Leben des Philosophen die größtmögliche Lust mit sich bringt, sei es in diesem Leben, sei es nach dem Tod – obwohl er dem Gerechten beide Formen der Lust als Belohnung in Aussicht stellt. Vielmehr ist Platon der Ansicht, unter dem Glück des Gerechten sei die endgültige Erfüllung des gesamten menschlichen Strebens zu verstehen, nämlich die Erlangung des höchsten Guts. Darunter soll nicht Lust, sondern ein oberstes Prinzip der Wirklichkeit verstanden werden. Die Pointe dieser Theorie liegt nun darin, dass es sinnlos wäre, Platon zu fragen, welchen Nutzen man davon hat, das oberste Prinzip zu erlangen, ob sich daraus z.B. ein Lustgewinn ergebe. Indem der Gerechte sich für ein Leben nach den Ideen entscheidet, erfüllt er genau die in ihm angelegte Strebenstendenz. Das Kennzeichen des höchsten Strebensziels ist es also, das Glücksstreben zu beenden; eine Belohnung durch Vergnügen, Macht, Wissen oder Reichtum würde diese Pointe verderben. Zwar bietet das Erlangen der Idee des Guten nach Platon auch erhebliche Vorteile. Von der ›geistigen Lust‹ des Philosophen abgesehen ist etwa davon die Rede, die Idee des Guten bilde insofern die »größte Einsicht« (megiston mathêma), als sie »erst das Gerechte […] vorteilhaft und nützlich macht«. Wer diese Einsicht nicht besitze, dem könnten auch alle anderen Einsichten nicht helfen (Politeia 505a f.). Auch das Höhlengleichnis betont den zentralen Wert der Idee des Guten für ein vernünftiges Handeln (517c). Aber da die Idee des Guten für dasjenige steht, »was jede Seele anstrebt und um dessentwillen sie alles tut« (505e; vgl. Gorgias 468b, 499e), bedeutet ihre Erlangung eo ipso die Erfüllung des menschlichen Strebens. Man kann dies leichter verstehen, wenn man es mit Platons Ethik der ›Angleichung an Gott‹ (homoiôsis theô) in Zusammenhang bringt. Die gemeinte Angleichung bezeichnet dann die Nachahmung der Ideenordnung und besonders die Nachahmung der obersten Idee in religiöser Ausdrucksweise.

Aber so interessant sich Platons ideentheoretische Glücksethik auch ausnimmt, es legt sich der Einwand nahe, dass sie andere Personen in kontraintuitiver Weise aus dem Blick lässt. Gregory Vlastos hat einen solchen Impersonalismus-Vorwurf mit Blick auf Platons Liebeskonzeption im Symposion erhoben (Vlastos 1981). Eine geliebte Person scheint dort nur als Trägerin einer idealen Eigenschaft – also nur instrumentell und intermediär – geschätzt zu werden. Ähnlich könnte man den Vorwurf formulieren, dass Platon den moralischen Gedanken einer Selbstzwecklichkeit des Menschen in seiner Ethik nicht unterbringen kann. Ob Platon diesen Einwand entkräften könnte, hängt davon ab, ob sich intrinsisch Wertvolles auch als Zwischenziel menschlichen Handelns auffassen lässt oder ob es als Endziel aufgefasst werden muss. Dieses Problem wird uns gleich noch bei Aristoteles beschäftigen.

Literatur

Annas, Julia: The Morality of Happiness. New York/Oxford 1993.

Aristoteles: Der Protreptikos des Aristoteles (Übers. I. Düring). Frankfurt a. M. ²1979.

Cicero: Hortensius, Lucullus, Academici libri. Lat.-Dt. (Übers. u. Hg. L. Straume-Zimmermann u.a.). Zürich/München 1990.

Diels, Hermann/Kranz, Walter (Hg.): Die Fragmente der Vorsokrater [DK]. Hamburg 1952.

Epikur: Epicurea (Hg. H. Usener). Stuttgart 1966.

Griffin, James: Well-being. Oxford 1986.

Hadot, Pierre 1991: Philosophie als Lebensform. Geistige Übungen in der Antike. Berlin 1991.

–: Qu'est-ce que la philosophie antique? Paris 1995.

Herodot: Historiae/Historien (Hg. J. Feix). Griech.-Dt. Bd. 1: Bücher I–V; Bd. 2: Bücher VI–IX. München ⁵1995.

Horn, Christoph: Antike Lebenskunst. Glück und Moral von Sokrates bis zu den Neuplatonikern. München 1998.

–: Klugheit, Moral und die Ordnung der Guter: Die antike Ethik und ihre Strebenskonzeption. In: Philosophiegeschichte und logische Analyse 6 (2003), 75–95.

Irwin, Terence H.: Plato's Moral Theory, Oxford 1977.

–: Plato's Ethics, New York 1995.

Kraut, Richard: Two Conceptions of Happiness. In: Philosophical Review 88 (1979), 167–197.

–: The Defense of Justice in Plato's »Republic«. In: Ders. (Hg.): The Cambridge Companion to Plato. Cambridge 1992, 311–337.

Nehamas, Alexander: Die Kunst zu leben. Sokratische Reflexionen von Platon bis Foucault [1998]. Hamburg 2000.

Platon: Politeia. In: Ders.: Werke in 8 Bänden. Griech.-Dt. (Hg. G. Eigler). Bd. 4. Darmstadt 1971.

–: Philebos. In: Werke. Bd. 7. Darmstadt 1972.

–: Euthydemos. In: Werke. Bd. 2. Darmstadt 1973.

–: Gorgias. In: Werke. Bd. 2. Darmstadt 1973.

–: Symposion. In: Werke. Bd. 3. Darmstadt 1974.

Quintilian: Institutio oratoria/Ausbildung des Redners. Zwölf Bücher. Teil 1, Buch I – VI (Übers. und Hg. H. Rahn). Darmstadt 2006.

Russell, Daniel: Plato on Pleasure and the Good Life. Oxford 2005.

Vlastos, Gregory: The Individual as an Object of Love in Plato. In: Ders.: Platonic Studies. Princeton ²1981, 3–42.

–: Socrates. Ironist and Moral Philosopher. Ithaca 1991.

Wolf, Ursula: Die Suche nach dem guten Leben. Platons Frühdialoge. Reinbek 1996.

Christoph Horn

2. Glück bei Aristoteles. Der Güterpluralismus und seine Deutungen

Die Glückskonzeption des Aristoteles scheint auf den ersten Blick anti-platonisch zu sein. Für Platon vermag der Philosoph jeden sozialen Nachteil durch sein inneres Lustempfinden auszugleichen. Aristoteles hingegen schreibt: »Wenn aber manche Leute sagen, der Gefolterte oder der von Schicksalsschlägen Betroffene sei glücklich, wenn er nur gut sei, so behaupten sie mit oder ohne Absicht Unsinn« (*Nikomachische Ethik* [NE] 1153b 19–21). Während Platon den Philosophen gegen alle äußeren Widrigkeiten immunisiert, schließt Aristoteles in seine Liste der Glücksbedingungen auch äußere Güter ein (*ektos chorêgia*). Bei Aristoteles heißt es: »Es gibt ferner gewisse Güter, deren Fehlen die reine Form des Glücks beeinträchtigt, etwa vornehme Geburt, wohlgeratene Kinder oder Schönheit; denn mit dem Glück eines Menschen ist es schlecht bestellt, wenn er ein ganz abstoßendes Äußeres oder eine niedrige Herkunft hat oder ganz allein im Leben steht und kinderlos ist. Noch weniger kann man von Glück sprechen, wenn jemand ganz schlechte Kinder oder Freunde besitzt oder gute durch den Tod verloren hat. Wie gesagt, gehören also zum Glück auch solche günstigen Umstände, weshalb denn manche die Gunst der äußeren Umstände auf eine Stufe stellen mit dem Glück – während andere der sittlichen Tugend diesen Platz einräumen« (NE 1099b 2–8; vgl. *Rhetorik* 1360b 19 ff.). Offenkundig enthält das Zitat eine gewisse Rehabilitation des frühen und populären Glücksverständnisses, als dessen Repräsentanten man die Figur des Solon bei Herodot ansehen kann. Nach Aristoteles gehören auch soziale Güter und günstige äußere Umstände zu den relevanten Glücksfaktoren; sie sind zwar nicht maßgeblich für das Glück, ihr Fehlen schließt aber aus, dass man jemanden glücklich (*eudaimôn*) nennt. An anderer Stelle bezeichnet er Vermögen, Gesundheit, Ehre, Vergnügen, Geist usw. sogar als »Teile des Glücks« (NE 1129b 18). Übrigens rehabilitiert Aristoteles auch Solons Ansicht, jemand könne auch noch nach seinem Tod das Prädikat *eudaimôn* einbüßen, indem nämlich seine Nachkommen ein widriges Schicksal erleiden (NE 1100a 10 ff.).

Doch auch wenn sich Aristoteles gegen Aspekte der sokratisch-platonischen Glückstheorie wendet,

steht er dieser dennoch näher als der Position des
Solon. Aristoteles räumt materiellen, körperlichen
oder sozialen Gütern anders als Solon nur den Status
von notwendigen, nicht von hinreichenden Glücksfaktoren ein. Wiederholt stellt er fest, äußere Güter
und günstige Umstände seien allein von instrumentellem Wert (NE 1096a 5–7; *Politik* 1323b 7 f.). Nach
aristotelischer Auffassung entfalten solche Güter zudem nur dann eine glücksfördernde Wirkung, wenn
sie im richtigen Umfang zur Verfügung stehen. Ein
Übermaß an Reichtum soll sich ebenso schädlich
auswirken wie ein Mangel an Wohlstand (z.B. NE
1153b 21–25; *Politik* 1295b 5 ff.; vgl. Nussbaum 1986,
343 ff.). Als zentrales Gut erscheint bei Aristoteles
nicht anders als bei Platon die theoretische Existenz
(*bios theôrêtikos*), also besonders das Leben des Philosophen, sowie sekundär eine moralisch-politische
Lebensführung. Ganz abgelehnt wird dagegen ein
genussorientiertes Leben (*bios apolaustikos*; NE
1095b 19 ff.) sowie ein geldorientiertes Leben (*chrêmatistês bios*; NE 1096a 5 ff.). Aristoteles bringt also
die Frage nach der *eudaimonia* mit der nach dem
besten Leben in Zusammenhang (*aristos bios*; z.B.
Politik VII 1). Er legt sich die Frage vor, welche Arten
von Tätigkeit in der menschlichen Natur liegen und
wie diese zu bewerten sind. Seine Urteile über *bioi*
ergeben sich dann aus der Vorstellung, Menschen
besäßen glücksrelevante Anlagen unterschiedlichen
Niveaus, die sie zudem in verschiedenen Graden entwickeln könnten.

Aristoteles will also die Bedingungen eines guten
oder gelingenden menschlichen Lebens (*eu zên*) im
Unterschied zu den Umständen des bloßen Lebens
(*zên*) aufdecken. Ein gelungenes Leben kommt dadurch zustande, dass jemand möglichst häufig und
intensiv die bestmögliche in der menschlichen Natur
angelegte Tätigkeit ausführt; von dieser Tätigkeit soll
die Lebensführung insgesamt geprägt sein. Soweit
beruht das aristotelische Modell auf einer Anthropologie typischer menschlicher Grundfähigkeiten.
Noch wichtiger für die Frage nach dem Glück sind
aber die Elemente einer Strebenstheorie; sie finden
sich bei Aristoteles mit einer ähnlichen Intention wie
bei Platon. Beide Philosophen stützen ihre Lösung
des Glücksproblems auf eine Untersuchung teleologischer Handlungsstrukturen. Ebenso wie im *Symposion* gilt auch für Aristoteles die *eudaimonia* als
höchstes, abschließendes Gut. Damit ist das Glück
zwar nur formal charakterisiert. Es bleibt zu klären,
worin es inhaltlich besteht, d. h. welche Güter in welchem Maß glücksfördernd sind. Nach Platon und

Aristoteles ist aber eine Analyse des logischen Verhältnisses, in dem Güter oder Ziele relativ zueinander gewählt werden, von zentraler Bedeutung für die
inhaltliche Bestimmung des Glücks. Aristoteles formuliert drei teleologische Merkmale, die das Glück
auszeichnen (NE 1097a 25–b 22): Es ist (1) das vollkommenste oder auch vollständigste Gut (*teleiotaton*), es ist (2) für sich hinreichend (*autarkes*), und es
ist (3) das wählenswerteste Gut (*hairetôtaton*).

1. Das ›vollkommenste‹ Gut ist das Glück deswegen, weil es nicht um eines anderen Gutes oder Zieles willen gewählt wird. Aristoteles schreibt: »Denn
dieses [sc. das Glück] wählen wir immer um seiner
selbst willen, nie um einer anderen Sache willen.
Ehre, Vergnügen, Geist und die gesamte Tugend
wählen wir dagegen sowohl um ihretwillen […] als
auch um des Glückes willen, weil wir annehmen,
durch sie glücklich zu werden. Niemand wählt aber
das Glück um ihretwillen und überhaupt auch um
keiner anderen Sache willen« (NE 1097b 1–6). Das
Glück wird also ebenso wie einige andere Güter als
intrinsisches Gut erstrebt; es unterscheidet sich von
allen anderen Zielen aber darin, dass es nur um seinetwillen erstrebt werden *kann*. Das *teleiotaton*-
Merkmal besagt also, dass das Glück das letzte oder
abschließende Ziel darstellt.

2. ›Für sich hinreichend‹ ist ein Gut dann, wenn es
ein bestimmtes Leben »wählenswert und in keiner
Hinsicht mangelhaft« macht (NE 1097b 14 f.). Dass
das Glück etwas In-sich-Hinreichendes ist, heißt
also, dass es als Faktor genügt, um ein Leben gelingen zu lassen. Dabei ist allerdings auszuschließen,
dass das *autarkes*-Merkmal ein Plädoyer gegen äu
ßere Güter bedeutet; denn dann wäre Aristoteles' Position sicherlich inkonsistent. Gemeint ist wohl, dass
die *eudaimonia* immer dann, wenn sie zu einem gut
ausgestatteten Leben *hinzukommt*, dieses Leben abschließend gelungen macht.

3. Als ›wählenswertestes‹ Gut gilt das Glück
schließlich, weil es zu anderen Gütern »nicht hinzugezählt« werden kann; wäre es mit anderen Gütern
verrechenbar, so müsste es durch Hinzufügung des
geringsten Gutes wählenswerter werden (NE 1097b
16–20). Erneut kann nicht gemeint sein, dass das
Glück nicht der Ergänzung durch äußere Güter bedürfe. Das *hairetôtaton*-Merkmal bedeutet stattdessen, dass das Glück in sich bereits alles Wertvolle einschließt und nicht verbesserungsfähig ist.

Aristoteles charakterisiert also die *eudaimonia* als
abschließendes Strebensziel, als hinreichend für ein
gutes Leben und als nicht verbesserungsfähig. Er er

klärt andererseits auch andere Güter für intrinsisch wählenswert, z. B. Lust, Ehre oder moralische Tugend. Dazu sagt er, diese würden immer zugleich um der *eudaimonia* willen gewählt. Wie aber kann etwas ein intrinsisches Gut sein und doch um des Glücks willen gewählt werden? Nach dem *hairetôtaton*-Merkmal ist Glück nicht als Gut neben anderen Gütern zu verstehen; es enthält bereits in sich alles Erstrebenswerte. Aristoteles sagt zudem, die *eudaimonia* setze sich aus bestimmten Gütern zusammen; sie sei nicht etwas von diesen Güter Getrenntes, sondern mit ihnen identisch (vgl. *Magna Moralia* 1184a 26–29). Der Zusammenhang zwischen intrinsischen Gütern und Glück lässt sich also wie folgt erläutern: Wir wählen einige Güter instrumentell, andere dagegen um ihrer selbst willen. Die ersteren können allenfalls indirekt glücksrelevant sein. Nur die letzteren kommen als eigentliche Glückkonstituenten in Betracht. Denn dasjenige Gut, das zum Glück führt, muss ein intrinsisches, kein instrumentelles Gut sein; sonst würde es dem formalen Charakter der *eudaimonia* nicht entsprechen. Glück ist so betrachtet kein Gut neben anderen Gütern, sondern der Inbegriff dessen, was intrinsisch erstrebenswert ist.

Aristoteles' inhaltliche Lösung des Glücksproblems orientiert sich also an der Frage, welche Güter und Ziele um anderer willen gewählt werden (d. h. für die Klärung der Glücksfrage uninteressant sind) und welche sich als intrinsisch wählenswert erweisen. Er kennt eine ganze Reihe solcher Güter; neben den genannten sind das etwa der Besitz von Freunden oder eine gute Gesundheit (vgl. *Rhetorik*, I 6). Aber natürlich sind nicht alle intrinsischen Güter gleichermaßen glücksrelevant. Aristoteles nimmt pointierte Wertungen vor. Es gibt für ihn unter- und übergeordnete Anlagen, Neigungen und Tendenzen, und folgerichtig gibt es auch unterschiedliche Dignitätsgrade intrinsischer Güter. Den Besitz von zwei Tugenden zeichnet er vor allen anderen Gütern aus. Zum einen betrachtet er die intellektuelle Tugend, die *sophia*, als höchstes in sich wählenswertes Gut, und zum anderen erklärt er die praktische Einsicht (*phronêsis*) für das zweithöchste Gut dieser Art; die *phronêsis* soll sekundär sein, weil sie sich lediglich auf den Teil der rationalen Seele bezieht, der es mit beweglichen Gegenständen zu tun hat (NE 1139a 3–17). Wie wir bereits sahen, gehen solche Wertungen darauf zurück, dass Aristoteles die *eudaimonia* mit der Erfüllung der spezifischen Anlagen des Menschen in Verbindung bringt. Er interpretiert das Glück als ein Aktivieren der arttypischen menschli-

chen Möglichkeiten (vgl. NE 1176a 33 ff.). Aristoteles meint, es gebe eine arttypische menschliche Leistung (*ergon tou anthrôpou*; NE I 6), nämlich die Tätigkeit der Vernunft gemäß einer der beiden genannten Tugenden.

Das Leben eines Menschen soll also in dem Maß glücklich ausfallen, in dem es von theoretischer Tätigkeit geprägt ist. Das bedeutet allerdings nicht, dass Aristoteles ein einseitig intellektualistisches Glücksverständnis verträte. Denn zum einen sieht Aristoteles natürlich, dass niemand ein ausschließlich theoretisches Leben führen kann (NE 1177b 34 f.); auch das Leben eines Philosophen schließt sinnliche, emotionale oder soziale Anteile ein. Zum anderen hält Aristoteles theoretische Aktivitäten zwar für erstrangig glückstauglich, gesteht aber einer moralischen Lebenspraxis ebenfalls einen hohen Wert für das Glück zu (NE 1117b 9–11). Aristoteles hätte es wohl kaum für richtig gehalten, in einem Moment Philosophie zu betreiben, in dem man einen Ertrinkenden aus einem Fluss retten kann. Dennoch bleibt eine Bevorzugung des *bios theôrêtikos*, auch wenn sie nicht kategorisch gemeint ist, einigermaßen befremdlich. In der Forschung gibt es daher eine breite Diskussion darüber, ob Aristoteles die philosophisch-kontemplative Lebensform direkt mit dem ethisch-politischen Ideal verbinden wollte und ob er vielleicht daran dachte, auch die anderen intrinsischen Güter in eine dann ›ganzheitliche‹, holistische Glückskonzeption als Bestandteile einzubeziehen.

Eine denkbare Lösung ist von John Ackrill (1995) vorgeschlagen worden. Folgt man Ackrill, so bezeichnet Aristoteles das Glück deshalb als wählenswertestes Ziel und als nicht verbesserungsfähig, weil es alles oder zumindest vieles, was in sich selbst wünschenswert ist, in einer geeigneten Weise einschließt. Man spricht hier von einer ›inklusiven Interpretation‹ der aristotelischen Glückstheorie. Aristoteles betont, wie wir sahen, dass die *eudaimonia* nicht im Sinn eines Produkts oder Resultats als das Ziel menschlichen Lebens zu verstehen sei. Zwischen höchstem Gut und verschiedenen Einzelgütern bestehe vielmehr ein Zusammenhang des Ganzen zu seinen Teilen. Daraus kann man mit Ackrill schließen, dass alle einzelnen Güter, die ihr Ziel in sich tragen, an einem insgesamt gelingenden Leben mitwirken. Gemeint ist Folgendes: Angenommen, jemand wollte die konstitutiven Faktoren eines geglückten Urlaubs zusammenstellen. Dann könnte er beispielsweise den Genuss einer schönen Landschaft oder eine angenehme Lektüre als solche Faktoren verstehen (Teil-Ganzes-Relation). Die Frage, aus welchen weiteren Bestandteilen sich ein gelungener Urlaub zusammensetzt, ob z. B. ein angenehmes Tennisspiel dazugehört, wäre dann von gänzlich anderer Art als die Frage, was ich tun muss, um tatsächlich ein erfreuliches Tennisspiel zu erreichen; eine Frage der zweiten Art wäre etwa, wie ich den Tennisschläger richtig halten muss (Zweck-Mittel-Relation). Gemäß dieser Unterscheidung hätte Aristoteles nur sagen wollen, dass theoretische Aktivitäten den wichtigsten Glücksbeitrag leisten, ohne dass er die Meinung vertreten hätte, die anderen intrinsischen Güter seien wenig relevant oder gar unerheblich. Ein vollständig glückliches Leben müsste alle wesentlichen Güter einschließen und miteinander verbinden; falls ein zentrales menschliches Gut überhaupt nicht vorkäme, läge kein glückliches Leben vor.

Dem Wortlaut der Texte nach lässt sich allerdings auch eine ›dominante Interpretation‹ gut verteidigen. Folgt man dieser Auffassung, so zeichnet Aristoteles den *bios theôrêtikos* stark gegenüber den anderen Glücksgütern aus (z. B. Heinaman 1988). Tatsächlich betont er den Vorrang intellektueller Aktivität an einigen Stellen mit Nachdruck (besonders in NE X 6–8). Die Tätigkeit des Geistes ist demnach allein konstitutiv für die *eudaimonia*; aus ihr ergibt sich das »vollkommene Glück« (NE 1177a 12 ff.). Nur sie – und in viel geringerem Maß die moralische Lebensführung – erweist sich als tatsächlich glückserzeugend. Glücklich soll jemand also primär nach der Häufigkeit und der Intensität theoretischer Aktivitäten sein. Auch wenn viele andere Güter, etwa die Lust, unverzichtbar sein mögen, tragen sie zum Glück dennoch nicht maßgeblich bei (vgl. NE 1153b 17 ff., 1178a 23–25; *Politik* 1329a 34–39). Auch zwischen theoretischer und moralischer Aktivität soll genau hierin der Unterschied liegen: Erstere beruhe anders als letztere nicht auf äußeren Gütern; so brauche man etwa Geld, um großzügig sein zu können (NE 1178a 28–34). Für Aristoteles liegt darin ein bedeutender Nachteil ethischer Tugend; denn das Glück ist ja von der Art, dass es durch die Hinzufügung weiterer Güter nicht verbesserungsfähig ist. Die ethische Tugend entspricht dem nur eingeschränkt. Im Sinn der dominanten Interpretation bedeutet dies, dass nur das Glück der theoretischen Lebensführung vollkommen ist, weil weitere Güter es nicht steigern können. Sollte die dominante Interpretation richtig sein, wäre der Unterschied zwischen den Positionen Platons und Aristoteles’ viel kleiner, als es auf den ersten Blick schien.

Literatur

Ackrill, John: Aristotle on Eudaimonia [1974]. In: O. Höffe (Hg.): Aristoteles. Nikomachische Ethik. Klassiker Auslegen. Bd. 2. Berlin 1995, 39–62.

Aristoteles: Magna Moralia. In: Ders.: Werke in deutscher Übersetzung. Bd. 8 (Übers. u. erl. von F. Dirlmeier). Berlin ⁵1983.

–: Nikomachische Ethik [NE]. In: Ders.: Werke in deutscher Übersetzung. Bd. 6 (Übers. u. erl. von F. Dirlmeier). Berlin ¹⁰1999.

–: Politik. In: Ders.: Werke in deutscher Übersetzung. Bd. 9, I–IV (Übers. u. erl. von E. Schütrumpf). Berlin 1991 ff..

–: Rhetorik. In: Ders.: Werke in deutscher Übersetzung. Bd. 4, I–II (Übers. u. erl. von Ch. Rapp). Berlin 2002.

Buddensiek, Friedemann: Die Theorie des Glücks in Aristoteles’ »Eudemischer Ethik«. Göttingen 1999.

Heinaman, Robert: Eudaimonia and Self-Sufficiency in Aristotle’s »Nicomachean Ethics«. In: Phronesis 33 (1988), 31–53.

Irwin, Terence H.: Aristotle’s Conception of Morality. In: Proceedings of the Boston Area Ancient Philosophy Colloquium 1 (1985), 115–143.

Nussbaum, Martha C.: The Fragility of Goodness. Luck and Ethics in Greek Tragedy and Philosophy. Cambridge 1986.

Christoph Horn

3. Glück im Hellenismus. Zwischen Tugend und Lust

Stoisches Glück

Von den drei großen nach-klassischen philosophischen Schulen, der Stoa, den Epikureern und den Skeptikern, seien zunächst die Stoiker herausgegriffen. Ihr Glücksbegriff entspringt einer dezidierten Rückwendung zum sokratischen Intellektualismus. Tatsächlich hat sich das stoische Glücksverständnis historisch gesehen in direkter Auseinandersetzung mit dem aristotelischen Standpunkt entwickelt (vgl. Irwin 1986); bis in die römische Kaiserzeit finden sich Debatten zwischen Peripatetikern und Stoikern zur Glücksfrage, besonders zur Relevanz äußerer Güter. Die älteren Stoiker, also Zenon von Kition, Kleanthes und Chrysipp, wollen mit ihrer Glückskonzeption zu Sokrates zurückkehren. Sie vertreten also sowohl die Suffizienz- als auch die Identitäts- und die Vernunftthese. Anders als Platon stützen sich die Stoiker dabei aber nicht auf eine metaphysische Ideen- und Prinzipientheorie.

Für die Glückskonzeption der Stoiker sind also wiederum die pointierten sokratischen Ansichten maßgeblich. Zunächst soll die Tugend dazu ausreichen, das Glück zu erzeugen; weitere Güter sind dazu nicht erforderlich (Suffizienzthese; SVF III 30, 49). Sodann vertreten die Stoiker die Auffassung, dass Tugend und *eudaimonia* identisch sind; zwischen ihnen besteht lediglich eine begriffliche, keine sachliche Differenz (Identitätsthese; SVF III 39, 41 f., 53). Und schließlich nehmen die Stoiker die aristotelische Differenzierung ethischer und intellektueller Tugenden wieder zurück: Unter der ethischen Tugend ist nichts anderes als »aufrechte Vernunft« oder »vollendete Vernunft« zu verstehen (Vernunftthese; SVF III 198, 200a). Auf den ersten Blick wirkt ein solches Modell außerordentlich unplausibel. Die von den Stoikern ausgehende Provokation für ein landläufiges Glücksverständnis liegt einmal darin, dass die Tugend für die Erlangung der *eudaimonia* das zentrale Mittel darstellen soll; mehr noch, Tugend und Glück sollen schlechterdings deckungsgleich sein. Überdies ist der Tugendbegriff ausschließlich intellektualistisch gemeint; das Zentrum der Tugend bilden keineswegs moralische Eigenschaften wie Selbstlosigkeit und Opferbereitschaft, sondern eine angemessene Vernunfthaltung. Äußere Güter sollen zudem für das Glück keinerlei Rolle spielen, ebenso wenig Schmerzfreiheit, Gesundheit, Lust oder angenehme Gefühlszustände. Ein solches Glücksideal wirkt reichlich unrealistisch und nahezu unmenschlich. Schon Cicero lässt einen Gegner der Stoiker mit der Bemerkung auftreten, dass deren Bestimmung des höchsten Gutes nicht einmal für ein reines Geistwesen geeignet sei (*De finibus* IV 27).

Die stoische Position scheint einerseits zu optimistisch zu sein: Denn dass wir uns nur um einen vernunftgemäßen Einstellungswandel und sonst um nichts kümmern müssen, also etwa nicht um materielle Güter, wirkt wie ein unglaubwürdiges Versprechen. Andererseits wirkt sie zu moralistisch. Sie wird scheinbar der Erfahrung nicht gerecht, dass es tugendhaften Personen keineswegs besser geht als Leuten mit einem üblen Charakter. Man kann einwenden, dass erfahrungsgemäß kein moralischer Tun-Ergehens-Zusammenhang besteht, sondern allenfalls ein nicht-moralischer. Der Verdacht – der bei Platon in der Figur des Thrasymachos in Szene gesetzt wurde – drängt sich auf, dass jemand umso besser dasteht, je ungeschminkter er seinen Vorteil sucht. Dass alle äußeren Güter gleichgültig sein sollen, wie die Stoiker meinen, ist ein Postulat, das in einer Pflichtethik des kantischen Typs einen Sinn haben mag, aber innerhalb einer Glücksethik befremdlich wirkt.

Es wäre aber voreilig, die stoische Glückskonzeption vom Standpunkt des *common sense* aus zurückzuweisen. Denn die Stoiker entwickeln ihre Auffassung vom Glück nicht aus moralischer Schwärmerei, sondern vor dem Hintergrund einer komplexen und reflektierten Theorie. Ebenso wie die platonische und die aristotelische Konzeption basiert das stoische Glücksverständnis auf einem Strebensmodell. Danach ist die *eudaimonia* das höchste menschliche Handlungsziel (*telos*), nämlich das, was um keiner anderen Sache willen erstrebt wird, während alles andere um seinetwillen gewählt wird (SVF III 2, 16). Die ethische Tugend ist für die Stoiker eben dieses höchste und zudem das einzige Gut (SVF I 190, III 76). Zwar müssen sie folgerichtig behaupten, es gebe nichts, was geeignet wäre, dieses einzige Gut zu erweitern oder zu verbessern. Genaugenommen bestreiten sie aber nicht, dass es bestimmte äußere sowie körperliche Vorzüge gibt; sie sagen nur, solche Vorzüge vergrößerten das höchste Gut nicht. Es gibt Vorziehenswertes; nur verblasst es im Vergleich zur Tugend. Cicero erklärt diesen Punkt so: »Denn wie das Licht einer Laterne vom Licht der Sonne verdunkelt und überstrahlt wird und wie ein Tropfen Honig sich in der Weite der Ägäis verliert, wie ein Pfennig mehr in den Reichtümern des Kroisos und ein einziger Schritt auf dem Weg von hier nach Indien keine Rolle spielt, so muss, wenn das das höchste Gut ist, was die Stoiker so nennen, jede Wertschätzung körperlicher Dinge angesichts des Glanzes und der Bedeutung der Tugend verblassen, verschwinden und vergehen« (*De finibus* III 45). Etwas später im Text lässt Cicero einen Gesprächsteilnehmer sagen:»Es scheint mir manchmal ein Witz zu sein, wenn die Stoiker behaupten, falls zu dem tugendhaft verbrachten Leben ein Salbfläschchen und ein Striegel hinzukomme, so werde der Weise eher das Leben wählen, zu dem dies noch hinzugekommen sei, glücklicher werde er deshalb jedoch nicht sein« (IV 30). Konsequenterweise sind die Stoiker der Auffassung, dass dem, der die Tugend besitzt, alle anderen Güter fehlen können, ohne dass er eine Einbuße erleidet. Der Tugendhafte ist auch auf der Folterbank glücklich. Denn für die Stoiker handelt es sich bei solchen Faktoren wie Gesundheit, Körperkraft und Schönheit (körperliche Güter) oder Reichtum, Macht und Ansehen (äußere Güter) nicht um wirkliche Güter. Sie ordnen solche Größen, denen man gewöhnlich Wert zuschreibt, vielmehr in die Kategorie des Indifferenten oder Gleichgültigen (*adiaphora*) ein und gestehen ihnen lediglich zu, gegenüber Krankheit, Hässlichkeit, Armut und Abhängigkeit etwas ›Vorziehenswertes‹ (*proêgmenon*) zu sein. Man kann also kaum behaupten, es handle sich um eine rigoristische Position, in der alle Güter entwertet würden.

Man muss sich zudem klarmachen, dass die Stoiker unter Tugend und Glück so viel wie Affektfreiheit (*apatheia*) verstehen. Da die Vernunft durch die Wirkung der Affekte zu falschen Urteilen veranlasst wird, ist sie erst dann ganz bei sich, wenn die Seele affektfrei ist. Warum aber sollte jemand glücklich sein, wenn seine Vernunft ganz bei sich ist? Die Stoiker antworten: Solange jemand affektgeleitet handelt, bewertet er seine Lebensumstände falsch. Er setzt sich also z.B. unerreichbare Handlungsziele oder nimmt verfehlte Unterscheidungen zwischen Gütern und Übeln vor, die sich auf sein seelisches Wohlbefinden verheerend auswirken. Indem er als Tugendhafter zur *apatheia* gelangt, wird er frei von allen falschen Urteilen und hält nur noch das für erstrebenswert, was tatsächlich erreichbar ist. Denn unverfügbare Güter erweisen sich zugleich als nicht notwendig. Diese These hat zunächst einen kosmologisch-theologischen Hintergrund. Die Stoiker

sind davon überzeugt, der Kosmos stelle eine vollkommene Vernunftordnung dar; die menschliche Glücksfähigkeit ist somit bereits im Kosmos angelegt. Der Weltverlauf wird als determiniert gedacht; das Schicksal (*heimarmenê*) erzwingt aber nichts Unvernünftiges oder Anstößiges. Man kann die stoische Position also nicht so wiedergeben, als ließe sie dem Menschen nichts anderes übrig, als dem Schicksalslauf zuzustimmen. Ihre Pointe liegt vielmehr darin, dass der Mensch mit ›Zeus‹, d.h. der Weltvernunft, aufgrund seiner eigenen Vernunft übereinstimmt. Daher lautet die zentrale stoische Lebensregel seit dem Schulgründer Zenon, man solle »in Entsprechung mit der Natur« oder »in Harmonie mit dem Kosmos« leben (*homologoumenôs tê physei zên*; SVF I 179, III 12). Die erstrebte Affektfreiheit soll zu einem »Wohlfluss des Lebens« führen (*euroia biou*; SVF III 16). Anders ausgedrückt, der Mensch ist von der Natur oder der göttlichen Vorsehung (*pronoia*) so eingerichtet, dass er nur braucht, was er tatsächlich erreichen kann; deshalb hat er allen Grund, sich an die Weltordnung aus freier Einsicht anzupassen. Den Zustand einer freiwilligen Übereinstimmung mit der Welteinrichtung erreicht er freilich erst dann, wenn sein Leben ausschließlich vernunftbestimmt ist. Erst dann befindet sich sein Leben mit den Prinzipien des Kosmos in Einklang. Die Götter verweigern keinem Menschen die Möglichkeit einer ebenso vollständigen *eudaimonia*, wie sie selbst sie besitzen.

Die These von Glück und Tugend als Affektfreiheit besitzt aber auch ohne ihren kosmologisch-theologischen Hintergrund einige Plausibilität. Die Stoiker nehmen vier hauptsächliche Affekte (*pathê*) an, nämlich Furcht (*phobos*), Begierde (*epithymia*), Lust (*hêdonê*) und Unlust (*lypê*). Dass jemand bei sich diese Affekte feststellt, soll ein sicheres Kennzeichen dafür sein, dass er von Tugend und Glück weit entfernt ist. Denn Furcht, Begierde und ein übertriebenes Empfinden von Lust und Unlust treten immer nur dann auf, wenn jemand einem Gegenstand, der für ihn genaugenommen unverfügbar ist, besonderen Wert beimisst. Wer z.B. Reichtum für ein großes Gut hält, wird gierig, neidisch und geizig sein, solange er nicht wohlhabend ist. Kommt er überraschend zu Geld, freut er sich maßlos und wird unbesonnen. Und als Reicher empfindet er ständige Furcht vor dem Verlust seines Vermögens und versucht, es abzusichern oder zu vergrößern. Nach der stoischen Affekttheorie sind Triebe und Emotionen also keineswegs nur die Folgen falscher Wertungen. Sie sind vielmehr unmittelbarer Ausdruck eines falschen Vernunfturteils oder sogar dieses selbst. Tugend oder Glück werden also nur erreicht, wenn sich jemand die richtige Vernunft (*orthos logos*) zur stabilen persönlichen Haltung oder Überzeugung (*diathesis*) gemacht hat. Dabei kommt es allein auf die Durchsetzung der Einsicht an, dass äußere sowie körperliche Güter gleichgültig sind; man müsse von ihnen Abschied nehmen. Die Stoiker bezeichnen die Tugend daher konsequenterweise als Einsicht (*phronêsis*).

Zu den oft betonten Unterschieden zwischen der Glücksethik der klassischen Periode und der der hellenistischen und römischen Zeit gehört, dass die Polis vergleichsweise an Bedeutung verloren hat. Anders als bei Platon und Aristoteles ist das menschliche Glück für die Stoa nicht an die Polis geknüpft. Zwei Momente sind hier hervorhebenswert: Zum einen bildet eher das isolierte als das sozial kontextualisierte Individuum den Adressaten und den Gegenstand stoischer Ethik. Zum anderen vertreten die Stoiker einen moralischen Universalismus, wonach nicht nur die eigenen Angehörigen und Mitbürger, sondern alle Menschen gleichermaßen zählen, und zudem einen politischen Kosmopolitismus, dem zufolge politisches Engagement (das nachdrücklich gefordert wird) nicht nur auf die eigene Polis beschränkt sein darf.

Epikurs Glück

Epikur und seine Schule (die man als *kêpos*, also ›Garten‹, bezeichnete) bilden die andere große philosophische Richtung der hellenistischen Zeit. Epikur steht der Stoa mit seiner Auffassung von der *eudaimonia* im Grunde nahe. Auch er vertritt eine teleologische Glückskonzeption, und er lehrt ebenfalls eine asketische Lebenspraxis. Epikureer und Stoiker teilen die Auffassung, das höchste Gut des Menschen sei das Glück (Epikur: *Brief an Menoikeus*, 128 f.). Sodann verbindet sie mit diesen – und darüber hinaus auch mit den Kynikern und den Pyrrhoneern – die Ansicht, das Lebensglück hänge allein vom Menschen selbst ab. Stoiker und Epikureer sind davon überzeugt, dass das Glück ›in unserer Macht liegt‹. Epikur legt großen Wert auf die Feststellung, das Glück sei tatsächlich erreichbar. Er selbst soll für sich in Anspruch genommen haben, dieses Ziel erreicht zu haben. Wie bei den anderen hellenistischen Schulen spielt auch für die Epikureer die Vernunft die Schlüsselrolle beim Übergang vom unglücklichen Zustand zur *eudaimonia*. Die Vernunft korrigiert die

Lebensführung durch die Aufdeckung der wahren Güter und die Verwerfung falscher Ziele und führt auf diese Weise zum Glück. Weiter gibt es enge Parallelen zwischen den therapeutischen Praktiken von Stoikern und Epikureern. Und schließlich besteht die *eudaimonia* nach epikureischer Auffassung ebenfalls in einer bestimmten vernünftigen ›Charakterhaltung‹ (*diathesis*), nämlich in der vollkommenen inneren Ruhe. Epikur wählt zur Kennzeichnung dieser Ruhe den Begriff *ataraxia* (›Unaufgeregtheit‹), der sinngemäß dem stoischen *apatheia*-Begriff vergleichbar ist. Soweit die Ähnlichkeiten zwischen den Positionen. Epikurs Glückskonzeption beruht jedoch auf einer anderen theoretischen Basis. Hinter den ähnlichen Auffassungen stehen divergierende philosophische Grundannahmen, so dass es immer wieder zu stoisch-epikureischen Schulkontroversen kam. Epikur bestimmte das erstrebte *telos*, also das Glück, als die Lust (*Brief an Menoikeus*, 128).

Grob gesprochen stützt sich das epikureische Glücksideal auf zwei Elemente: auf die Idee einer souveränen Weltorientierung und auf die einer reflektierten Genussfähigkeit. Beides soll man durch philosophische Einsicht und durch gezielte Übung erlangen können. Epikur tritt also einerseits für eine aufgeklärt-selbstbewusste und andererseits für eine überlegt-hedonistische Lebensform ein. Er ist der Überzeugung, dass das Haupthindernis für das menschliche Glück in den überzogenen Sorgen besteht, die Menschen sich gewöhnlich machen. Der Kern seiner Position liegt in der Ansicht, dass das Glück mit der Empfindung von Lust (*hêdonê*) identisch ist. Epikur denkt freilich nicht an jede Spielart von Vergnügen; vielmehr schenkt er einer Theorie der glückserzeugenden Kultivierung angemessener Lust besonders große Aufmerksamkeit. Um sein Glücksverständnis plausibel zu machen, muss man sich Epikurs Abwehr falscher Formen von Besorgnis verdeutlichen. Er hält besonders vier Typen von Sorgen wegen ihrer weitreichenden Konsequenzen für lustmindernd: (1) die Furcht vor Erscheinungen am Himmel (moderner ausgedrückt: die Furcht vor beunruhigenden Naturphänomenen), (2) die Angst vor dem Tod, (3) die Furcht vor einer Unstillbarkeit und Rastlosigkeit der eigenen Begierden und (4) die Furcht vor maßlos großen Schmerzen. Er entwickelt zu ihrer Therapie eine Art von wissenschaftlicher Disziplin, die abschließende und verlässliche Erkenntnisse über die Stellung des Menschen in der Welt vermitteln soll und er bezeichnet sie als ›Kanonik‹. Diese wendet sich in aufklärerischer Absicht gegen das, was Epikur als ›Mythologie‹ bezeichnet, zudem gegen eine verfehlte Form von ›Physiologie‹ (Naturlehre).

1. Epikurs Interpretation von Himmelserscheinungen und seine Deutung anderer Naturphänomene antizipieren zwar inhaltlich kaum die modernen Naturwissenschaften, weisen aber eine vergleichbare sachliche Nüchternheit auf. Himmelserscheinungen kündigen beispielsweise keine göttlichen Strafen an. Für Epikur ist die Zurückweisung abergläubischer Weltbilder so wichtig, dass er den Sinn seiner eigenen Physiologie allein darin sah, sich um seines Glückes willen nicht weiter irritieren zu lassen (Epikur: *Kyriai doxai* [KD] 11). Auch nach stoischer Auffassung weist der Kosmos nichts Anstößiges oder Vernunftwidriges auf; aber anders als bei Epikur ergibt sich dies bei den Stoikern aus anspruchsvollen metaphysischen Hintergrundannahmen von der Harmonie des Kosmos, während er im Gegenteil spekulative Annahmen dieser Art – etwa Platons Astronomie im *Timaios* – zurückweist. Damit hängt ein weiterer Differenzpunkt gegenüber den Stoikern zusammen: Epikur lehnt den stoischen Schicksalsbegriff, die *heimarmenê*, vehement ab. Der Mensch ist für ihn kein Schauspieler in einem Theaterstück, das von höheren Mächten inszeniert wird; der Weltlauf ist nicht göttlich determiniert. Glück lässt sich folglich nicht auf dem Weg einer Anpassung des Menschen an die kosmische Vernunft und Ordnung erreichen, sondern einzig dadurch, dass der Mensch sich selbst aus seiner bestehenden Unmündigkeit herausführt. Der epikureische Philosoph erreicht eine solche Souveränität zumindest in den zentralen Lebensfragen: »Nur in unbedeutenden Dingen kommt dem Weisen der Zufall in die Quere; die größten und wichtigsten aber hat die vernünftige Überlegung geregelt, regelt sie unaufhörlich im Leben und wird sie immer regeln« (KD 16). Gemeint ist ein Souveränitätsideal, das im Vergleich zu seinem stoischen Gegenstück bescheidener und einfacher ausfällt. Insbesondere ist die Theologie Epikurs vom Volksglauben der Antike weiter entfernt als die stoische Auffassung. Abgelehnt wird die Vorstellung, die Götter vergäben Glück oder Unglück an die Menschen (KD 1). Epikurs Göttervorstellung wirkt beinahe rationalistisch konstruiert; die Götter sind weder für die Welteinrichtung noch für den Weltlauf verantwortlich, und sie kümmern sich nicht um menschliche Angelegenheiten (vgl. Lukrez: *De rerum natura* III 14–24). Götter gelten bei Epikur als unsterbliche Wesen von unbeirrbarer Heiterkeit und teilnahmsloser Gelassenheit.

2. Epikurs Wendung gegen die Todesangst steht mit Punkt (1) in enger Verbindung. Alle beängstigenden Todesvorstellungen sollen zurückgewiesen werden, und zwar in der Absicht, ihre irritierende und glücksmindernde Wirkung aufzuheben. Nach einer verbreiteten antiken Vorstellung müssen die Seelen der Verstorbenen in der Unterwelt mit erheblichen Strafen für ihre Fehlhandlungen und ›Befleckungen‹ während des irdischen Lebens rechnen. Unsere Todesfurcht ruft nach Epikur ein unbegrenztes Vorteils- und Sicherheitsstreben in uns hervor. Sie führt zu falschen Gütervorstellungen und damit zu einer Verfehlung des Glücks. Epikur liegt daher viel daran, die Seele als feinstoffliche Größe zu erweisen, die beim Tod zusammen mit dem Körper zugrunde geht. Folgerichtig könne uns der Tod vollkommen gleichgültig sein, denn er werde von uns nicht empfunden – weder als Gut noch als Übel. Epikur sagt: »Gewöhne dich an den Gedanken, dass uns der Tod nichts angeht. Denn jedes Gut und Übel liegt in der Empfindung, der Tod aber bedeutet den Verlust der Empfindung […]. Daher ist töricht, wer sagt, er fürchte den Tod nicht deshalb, weil er schmerzen werde, wenn er da sei, sondern weil er schmerze, wenn er bevorstehe. Denn was nicht weh tut, wenn es da ist, das schmerzt in der Erwartung grundlos. Das schaurigste der Übel also, der Tod, geht uns nichts an, denn solange wir sind, ist der Tod nicht da, wenn aber der Tod da ist, dann sind wir nicht mehr. Er geht also weder die Lebenden an noch die Toten, denn bei den einen ist er nicht, und die anderen sind nicht mehr« (*Brief an Menoikeus*, 124 f.).

3. Wer wie Epikur den Lustbegriff in den Mittelpunkt der Ethik rückt, sieht sich dem Einwand ausgesetzt, er befürworte ein maßloses Anwachsen der Begierden. Tatsächlich gibt es eine lange Tradition der Fehldeutung Epikurs als eines grobschlächtigen Hedonisten. Diese Hedonismus-Kritik bezieht ihre Plausibilität daher, dass grenzenlos wachsende Begierden (die platonische *pleonexia*) mit dem Begriff eines seelischen Gleichgewichts oder inneren Friedens unvereinbar wären. Epikur muss seine Vorstellung von Genuss oder Lust also von einem Lustbegriff der Begehrlichkeit absetzen, wenn er am Ideal der *ataraxia* festhalten will. Er tut dies, indem er behauptet, es gebe ein wohlbestimmtes Höchstmaß an Lust, nämlich die vollkommene Unlustfreiheit (*aponia*); sie ist ein maximaler Erfüllungszustand (*plêrôma*). Ein bestimmtes Maß an Wohlbefinden lässt sich nach Epikur also nicht steigern, sondern allenfalls verlängern oder wiederholen. Glück kann al-

lerdings nicht durch Dauer wachsen, so dass auch die Götter keinen höheren Grad von Lust erreichen; sie haben als unsterbliche Wesen nur den Vorteil, immer glücklich zu sein.

Dieser Bestzustand eines Menschen soll sich aus einer harmonischen Seelenverfassung und aus körperlicher Schmerzfreiheit ergeben. Hieraus folgt eine zunächst unplausibel wirkende Lusttheorie. Epikur meint, Lust bestehe nicht im *Prozess* der Reduzierung von Unlust, sondern in dessen *Resultat*. Die wirkliche Lust werde erst im Zustand *nach* dem Verschwinden von Unlust erreicht. Epikur bevorzugt die *katastematische*, die gleichförmig-ruhige, gegenüber der *kinetischen*, d.h. der veränderlichen Lust. Das widerspricht aber unserer alltäglichen Wortverwendung, nach der wir sagen würden, der Durstige empfinde beim Trinken wirkliche Lust. Für Epikurs Perspektive spricht aber zum einen, dass es merkwürdig wäre, wollte ein Hedonist behaupten, die Lust werde geringer, je mehr man tue, um sie zu realisieren. Eben das wäre aber die Konsequenz, wollte man Lust nach dem Vorbild des Durstlöschens verstehen. Zum anderen wäre es für den Hedonismus bedenklich, müsste man sich, um Lust zu empfinden und damit das Glück zu erreichen, zunächst in einem Zustand der Unlust befinden. Denn dann wäre man ja nur soweit glücksfähig, wie man zugleich unglücklich wäre. Das Glück der Lust wäre so betrachtet nur im periodischen Wechsel mit seinem Gegenstück, der Unlust, möglich. Beide Schwierigkeiten vermeidet der Hedonismus Epikurs. Das Problem der Maßlosigkeit der Begierden, das Epikur zu lösen sucht, dürfte mittels einer Obergrenze des Lustempfindens angemessen beantwortet sein. Wenn eine bestimmte Lust das Maximum an Lustmöglichkeit darstellt, wäre es unvernünftig, ein höheres Maß an Annehmlichkeit erreichen zu wollen. Eben dieses Missverständnis, so Epikur, ist die Ursache maßloser Begierden. Er meint daher: »Keiner der Unvernünftigen begnügt sich mit dem, was er hat, vielmehr quält ihn das, was er nicht hat« (Epikur 1966, 471). Die Selbstgenügsamkeit (*autarkeia*) gilt ihm als »der allergrößte Reichtum« (476).

Epikur bedient sich noch eines damit zusammenhängenden Arguments, das seinen Lustbegriff von dem maßloser Begierden unterscheiden soll. Da Lust nicht im Vorgang der Beseitigung von Unlust bestehe, sei die Art ihrer Beseitigung gleichgültig. Ein reflektierter Hedonist greift daher nach epikureischer Überzeugung nur auf Brot und Wasser, nicht auf Fisch und Wein zurück, um seinen Hunger und

seinen Durst zu stillen. Da der Epikureer weiß, dass die Lust nicht im Prozess der Unlustminderung liegt, verzichtet er darauf, diesen Prozess als solchen zu kultivieren. Lebenspraktisch gesehen liegt hier der zentrale Unterschied zwischen Epikurs Auffassung und einem populär verstandenen Luststreben. Der philosophische Hedonist Epikur lebt gerade nicht wie ein Schlemmer oder Genießer, sondern wie ein Asket. Einfache Güter wie Brot und Wasser haben zudem den Vorteil, leicht beschaffbar zu sein. Wer an einfache Güter gewöhnt ist, kann fast immer und überall lustvoll leben. So erklärt sich Epikurs Diktum: »Dank sei der seligen Natur, dass sie das Notwendige leicht zu beschaffen gemacht hat, das schwer zu Beschaffende aber nicht notwendig« (469). Auch die Lebenslust der Götter könne unmöglich daraus resultieren, dass sie ihren Hunger oder Durst stillen, sich dem Liebesleben hingeben oder sich mit kurzweiligen Unterhaltungen die Zeit vertreiben. Denn so angenehm solche Tätigkeiten auch sein mögen: Ihr Lustgewinn beruht insgesamt darauf, dass zuvor ein Mangel oder Defizit bestand, nämlich Hunger oder Durst, sexuelles Verlangen oder Langeweile.

Bereits in der Antike hat man gegen Epikurs Lustbegriff allerdings eingewandt, er setze die Begriffe Lust und Schmerzfreiheit zu Unrecht gleich; Schmerzfreiheit sei allenfalls etwas Mittleres zwischen Lust und Schmerz (Cicero: *De finibus* II 6 ff.). Eine solche ›Lust‹ sei nicht besser als der Zustand eines Schlafenden oder gar eines Toten. Schmerzfreiheit ist jedoch bei Epikur keineswegs als Empfindungslosigkeit zu verstehen: Gemeint ist ein Zustand intensiv empfundener Freude. Wie Platons *Philebos* lehrt auch Epikur, dass Lust weder allein in der Beseitigung eines Mangels noch in der bloßen Empfindungslosigkeit bestehen kann. Es muss daneben vielmehr eine »reine Lust« geben, die auch Epikur mit einem Moment geistiger Aufmerksamkeit verbindet (Epikur 1966, 423; vgl. Platon: *Philebos* 51a–53b). Mit dieser Konzeption richtet sich Epikur gegen die Lusttheorie des Kyrenaikers Aristipp.

4. Epikur betrachtet die Lust als höchstes Gut und den Schmerz als größtes Übel (Cicero: *De finibus* I 29). Jedes abgeleitete Gut geht folglich darauf zurück, dass es zur Lust beiträgt. Und ebenso lässt sich jedes abgeleitete Übel auf Schmerz zurückführen. So gesehen müsste es aus epikureischer Sicht angebracht sein, sich vor großen Schmerzen, etwa vor Krankheit oder Folter, zu fürchten. Doch will auch Epikur daran festhalten, dass die menschliche Glücksfähigkeit in (nahezu) allen Situationen bestehen bleibt. Er geht

darin annähernd so weit wie die Stoiker, indem er nämlich behauptet, der Weise könne sein Glück unter allen Lebensumständen aufrecht erhalten, also auch dann, wenn er gefoltert oder lebendig verbrannt werde (Epikur 1966, 600 f.). Anders als die Stoiker kann Epikur aber nicht behaupten, das Glück sei für den Weisen deshalb konstant, weil es immer von dessen Entscheidung abhänge, tugendhaft zu sein. Vielmehr kann er nicht bestreiten, dass auch der Weise von unverfügbaren Wirkungen der Außenwelt betroffen ist. Sein Glück ergibt sich aus einer Mischung von Einstellungs-, Körper- und Umweltfaktoren. Epikur ist daher gezwungen, zwischen göttlichem und menschlichem Glück zu differenzieren: Während die Götter permanent das vollkommene Glück der Schmerzfreiheit genießen, soll es für den Begriff eines menschlichen Glücks ausreichen, dass die Lust ständig die Unlust überwiegt. Mehr lässt sich in einem menschlichen Leben nach Epikur nicht erreichen. Das freilich soll vollkommen genügen. In der Tat handelt es sich auch hierbei noch um eine anspruchsvolle Forderung: Es geht für Epikur nicht nur darum, im gesamten Leben eine positive Lustbilanz zu erreichen; er zielt zudem auf den Nachweis, man könne in jedem Augenblick mehr Lust als Unlust empfinden. Wie kann der epikureische Weise der Lust immer ein Übergewicht verschaffen?

Epikur will die Vorstellung, man müsse unter Umständen maßlos große Schmerzen erleiden, ins Reich der irrigen Überzeugungen verweisen. Das führt zu der berühmten Feststellung, entweder dauere der Schmerz nur kurze Zeit oder er sei gering. »Der Schmerz bleibt nicht lange Zeit ununterbrochen im Fleisch, sondern der äußerste dauert ganz kurze Zeit, derjenige, der das Lustvolle im Fleisch bloß überwiegt, tritt nicht viele Tage auf, und bei den Langzeitleiden dominiert das Lustbetonte im Fleisch über den Schmerz« (KD 4).

Das Glück der Skeptiker

Auf den ersten Blick mag es überraschen, dass neben den Platonikern, Aristotelikern, Stoikern und Epikureern auch die skeptischen Philosophen eine Glückskonzeption vertreten haben sollen. Man würde zunächst vermuten, dass die Skeptiker aufgrund ihrer erkenntniskritischen Prämissen unmöglich zu einer affirmativen Glückstheorie gelangen konnten. Denn ihr Charakteristikum ist ja gerade die strikte Zurückhaltung gegenüber jedem ›dogmatischen‹ Theorieanspruch (epochê). Diese gründet sich auf die Über-

zeugung, man könne entgegengesetzte Meinungen stets gleich gut begründen (isostheneia). Tatsächlich findet sich denn auch bei dem Pyrrhoneer Sextus Empiricus eine Zurückweisung jeglicher Lebenskunst (technê tou biou; PH III 239–279): Für ihn kann es kein positiv formulierbares Wissen von der richtigen Lebensführung geben. Dennoch verstehen die Pyrrhoneer ihre eigene philosophische Position als einen Weg zur eudaimonia. Sie bezeichnen das Glück sogar als das telos des menschlichen Lebens (M VII 158), nehmen also eine Glücksfinalisierung im Sinn einer Naturanlage oder Naturausrichtung des Menschen an. Seinem Inhalt nach wird das Glück wie bei Epikur als ›Unaufgeregtheit‹ (ataraxia) bestimmt. Bei Sextus ist zudem von einer »Mittellage der Affekte« (metriopatheia) die Rede (Sextus Empiricus: PH I 25 f.). Die skeptische Terminologie ist also durchaus eudämonistisch geprägt. Auffällig ist überdies, wie sehr die Schilderung der Lebenshaltung des Pyrrhon von Elis, der Gründerfigur der antiken Skepsis, auf einen vollendeten ›Weisen‹ hindeuten will; Pyrrhon soll alle Widrigkeiten des Alltags mit vollendeter Gelassenheit hingenommen haben (vgl. DL IX 63, 68, 107).

Übrigens ist die Nähe zum Eudämonismus keine Besonderheit des Sextus oder der pyrrhonischen Schule. Sextus bestätigt vielmehr, dass auch der Akademiker Arkesilaos und damit die zweite skeptische Schule der Antike in der Erlangung der ataraxia die wichtigste Wirkung skeptischer Urteilsenthaltung erblickte (Sextus Empiricus: PH I 232 ff.). Die akademische Skepsis vertritt allerdings eine anders gelagerte, weniger strikte Erkenntniskritik. Sie hält ein objektives Wahrheitskriterium für unerweisbar, akzeptiert aber andererseits Grade von Glaubwürdigkeit oder Wahrscheinlichkeit. Lebenspraktisch gesehen ist damit der akademische Gewissheitszweifel viel weniger einschneidend als der pyrrhonische. Wie kommt es dann unter pyrrhonischen Prämissen überhaupt zu einer Glückskonzeption? Nach Sextus' Darlegungen lässt sich folgender Zusammenhang herstellen: Die eudaimonia ergibt sich, wenn jemand auf der Basis einer skeptischen Urteilsenthaltung vorurteilsfrei wird, nämlich wenn man ihn »von der Einbildung und Voreiligkeit der Dogmatiker durch Argumentation heilt« (PH III 280 f.). Zwar sind die pyrrhonischen Skeptiker etwas zurückhaltender, was die Erreichbarkeit und Verfügbarkeit des Glücks angeht; aber in der Überzeugung vom therapeutischen Charakter der Philosophie stimmen sie mit den anderen hellenistischen Schulen überein. Die besondere Pointe der Skeptiker liegt in der These, das Glück werde nicht nur durch ›falsche Überzeugungen‹ behindert, sondern durch den Besitz von Überzeugungen generell. Das wirkt nicht gerade einleuchtend. Warum sollte man dadurch glücklich werden, dass man bezüglich eines strittigen Sachproblems, z.B. des Götter- oder Schicksalsglaubens, unentschieden bleibt? Selbst wenn einem Skeptiker der Nachweis gelänge, dass weder Stoiker noch Epikureer in der Schicksalsfrage im Recht sind, ergäbe sich daraus allenfalls eine Desillusionierung über falsche Glückskonzeptionen und kein eigenständiger Weg zum Glück. Sextus meint jedoch keineswegs, das Glück ergebe sich aus Indifferentismus; nach seiner Auffassung stellt es sich bei einer aktiven Zurückweisung aller dogmatischen Theorien ein.

Der Schlüssel zum Verständnis der skeptischen Position liegt in der These des Sextus, es gebe einen Zusammenhang zwischen dem Anspruch, über objektives Wissen zu verfügen, einer objektiven Wertorientierung und einer falschen Lebensführung (PH I 25–30). In Sextus' Beispiel gesprochen: Wenn jemand ein besonderes Interesse daran hat, medizinisches Wissen zu erwerben, dann sucht er dieses Wissen meist nicht um des Wissens willen, sondern weil er den Tod für ein schlimmes Übel hält und sich ein langes Leben wünscht. Setzt man nun die Möglichkeit objektiven Wissens außer Kraft, so suspendiert man gleichzeitig die Objektivität aller inhärenten Gütervorstellungen: In diesem Fall wird also die Einschätzung des Todes als eines Übels aufgehoben und ebenso der Wunsch, ein hohes Alter zu erreichen. Das heißt nicht, dass alle Gütervorstellungen nunmehr wertlos wären; gezeigt ist nur, dass die Ansetzung objektiver Güter (äußerer oder innerer Art) kein hinreichendes theoretisches Fundament besitzt. Der Skeptiker schließt von hier aus weiter auf den nicht-absoluten, individuellen Charakter solcher Präferenzen und Abneigungen. Sextus lässt also persönliche Gütervorstellungen weiterhin gelten, aber nur als subjektive ›Erscheinungen‹ (*phainomena*). Sobald aber jemand weiß, dass sein Wunsch nach einem langen Leben bloß einer subjektiven Vorstellung entspringt, verfolgt er nach Sextus den Wunsch ohne intensives Verlangen, gleichsam mit innerer Distanz. Eben jene Intensität (*syntonos*), die für das Festhalten an dogmatischen Überzeugungen charakteristisch ist, erweist sich nach dieser Auffassung als verantwortlich für die Ausrichtung des Lebens nach starken Gütervorstellungen. »Die seelische Unruhe ist nur zu vermeiden, wenn wir zeigen […], dass es von

Natur weder ein Gut noch ein Übel gibt« (M XI 140) – genau das soll aber die Skepsis leisten. Wegen der Angst, die aus dem intensiven Streben hervorgehe, erzeuge ein theoretischer Dogmatismus persönliches Unglück. Unglück ergibt sich für Sextus nicht erst daraus, dass jemand sein Leben durch Sorgen um äußere Güter belastet, sondern bereits daraus, dass er überhaupt auf etwas ›objektiv Gutes‹ ausgerichtet ist und diesem nachjagt. Auf die pyrrhonische Skepsis geht so gesehen die Überzeugung zurück, Glück lasse sich paradoxerweise nur anstreben, indem man es nicht anstrebt; jedes willentliche Intendieren des Glücks verfehlt sein Ziel. Zur Illustration dieser These erzählt Sextus die Anekdote vom Maler Apelles. Dieser habe sich vergeblich bemüht, den Schaum eines Pferdes auf einem Gemälde nachzubilden. Daraufhin habe Apelles einen Schwamm gegen das Bild geschleudert, um die Farben abzuwischen; und erst der auftreffende Schwamm habe den Pferdeschaum richtig dargestellt. Sextus fährt fort: »Auch die Skeptiker hofften, die Seelenruhe dadurch zu erlangen, dass sie über die Ungleichförmigkeit der erscheinenden und gedachten Dinge entschieden. Da sie das nicht zu tun vermochten, hielten sie inne. Als sie aber innehielten, folgte ihnen wie zufällig die Seelenruhe wie der Schatten dem Körper« (PH I 28 f.).

Die hellenistische Glücksethik erweist sich in ihren drei hauptsächlichen Schulen – der Stoa, dem Epikureismus und der Skepsis – als Konzeption angemessener innerer Grundhaltungen. In allen dreien spielt die rationale Kritik verfehlter Einstellungen und Affekte eine bedeutende Rolle; alle drei revidieren unsere gewöhnliche Lebenseinstellung. Hervorhebenswert ist, dass es sich bei diesen Einstellungen um höherstufige Güter handelt, insofern sie die Auswahl niedrigstufiger Güter anleiten und regulieren. Zu ihnen zählt beispielsweise das, was man als Herausbildung von Strategien des persönlichen Krisenmanagements und der Frustrationsresistenz oder auch als Zufriedenheitskompetenz bezeichnen könnte. Hierin scheint die bleibende Bedeutung dieser Ansätze zu liegen.

Literatur

Armin, Hans F. A. von: Stoicorum Veterum Fragmenta [SVF]. 4 Bde. Leipzig 1903 ff.

Brennan, Tad: The Stoic Life. Oxford 2005.

Cicero: De finibus bonorum et malorum. Über das höchste Gut und das größte Übel. Lat.-Dt. (Übers. u. Hg. H. Merklin). Stuttgart 1989.

Diogenes Laertius: Leben und Meinungen berühmter Philosophen [DL] (Hg. O. Apelt). Hamburg 1998.

Epikur: Epicurea (Hg. H. Usener). Stuttgart 1966.

–: Brief an Menoikeus. In: Malte Hossenfelder (Hg.): Antike Glückslehren. Stuttgart 1996, 173–176 [zitiert im Text nach der Zählung von Diogenes Laertius].

–: Kyriai doxai (Hauptlehren) [KD]. In: Ders.: Ausgewählte Schriften (Hg. Ch. Rapp). Stuttgart 2010, 11–22.

Forschner, Maximilian: Die stoische Ethik [1981]. Darmstadt ²1995.

Frede, Dorothea: Der Begriff der ›eudaimonia‹ in Platos »Philebos«. In: Zeitschrift für philosophische Forschung 53 (1999), 329–354.

Gigon, Olof (Hg.): Epikur. Von der Überwindung der Furcht, Katechismus, Lehrbriefe, Spruchsammlung, Fragmente. Zürich ²1968.

Inwood, Brad: Ethics and Human Action in Early Stoicism. Oxford 1985.

Irwin, Terence H. 1986: Stoic and Aristotelian Conceptions of Happiness. In: M. Schofield/G. Striker (Hg.): The Norms of Nature. Studies in Hellenistic Ethics. Cambridge/Paris 1986, 205–244.

Lukrez: Von der Natur. Lat.-Dt. (Übers. u. Hg. H. Diels). Darmstadt 1993.

Mitsis, Philip: Epicurus' Ethical Theory. The Pleasures of Invulnerability. Ithaca 1988.

Nussbaum, Martha C.: The Therapy of Desire. Theory and Practice in Hellenistic Ethics. Princeton, NJ 1994.

Platon: The Philebus of Plato (Hg. R. G. Bury). Cambridge 1897.

–: Philebos (Übers. u. Hg. D. Frede). Göttingen 1997.

Sextus Empiricus: Pyrrhoneioi hypotyposeis [PH]. Dt: Grundriß der pyrrhonischen Skepsis (Übers. M. Hossenfelder). Frankfurt a. M. ²1993.

–: Adversus Mathematicos [M]. Dt.: Gegen die Wissenschaftler (Hg. F. Jürß). Würzburg 2001.

Voelke, André-Jean 1993: La philosophie comme thérapie de l'âme. Etudes de philosophie hellénistique. Fribourg/Paris 1993.

Warren, James: Epicurus and Democritean Ethics. An Archeology of ›ataraxia‹. New York 2002.

Christoph Horn

4. Glück bei Augustinus und im Neuplatonismus. Der Bezug zur göttlichen Realität

Das neuplatonische Verständnis von *eudaimonia* stützt sich zentral auf das platonische Diktum von der »Angleichung an Gott« (*homoiôsis theô*; Plotin: *Enneade* I 2 [19] 1, I 4 [46] 16). Diese ›Angleichung‹ soll als ein Aufstieg des Individuums zum ersten Prinzip zu verstehen sein. Zur Erläuterung dieser Auffassung muss man auf Plotins anspruchsvolle spekulative Metaphysik zurückgreifen. Danach lässt sich die gesamte Wirklichkeit als Derivat eines einzigen, höchsten und unüberbietbaren Prinzips, des ›Einen‹ (*hen*), verstehen. Dieses soll einen stufenartigen Kosmos erzeugt haben, der sich grob gesprochen in die beiden Bereiche intelligible Welt (*kosmos noêtos*) und sensible Welt (*kosmos aisthêtos*) gliedert. Dem höheren, geistigen Bereich des Kosmos gehören näherhin der ›Geist‹ und die ›Seele‹ an, dem unteren, wahrnehmbaren Bereich hingegen die sichtbare, materielle Welt mit ihren belebten und unbelebten Entitäten. Unter dem Geist (*nous*) ist hier nicht ein menschliches Vermögen, sondern eine kosmische Realität zu verstehen, nämlich die zweithöchste Entität nach dem ersten Prinzip. Ebenso steht der Ausdruck Seele (*psychê*) hier nicht für das Lebens- und Bewegungsprinzip des Menschen, sondern meint die drittrangige geistige Entität, die Weltseele. Plotins Zweiteilung der Wirklichkeit in eine geistige und eine sinnliche Realität ist allerdings nicht dualistisch zu verstehen: Vielmehr soll es eine lückenlose Kontinuität zwischen allen Realitätsgraden sowohl in ihrer Entstehung als auch in ihrem Wiederaufstieg geben. Auch wird die sichtbare Welt immer nur relativ geringer bewertet und nicht als ein intrinsisches Übel betrachtet.

Der Mensch nimmt nach Plotin eine charakteristische Zwischenstellung ein. Er ist einerseits ein sinnlich-körperliches Wesen und hat andererseits Anteil an der geistig-seelischen Realität. Wie jedes andere Seiende weist er nach plotinischer Auffassung ›Spuren‹ (*ichnê*) seiner Herkunft vom ersten Prinzip auf, und wie jedes andere Seiende tendiert er zur Rückkehr (*epistrophê*) zu seinem Ursprung. Für den Menschen bedeutet dies, dass er über eine unverlierbare geistige Ausstattung verfügt, mit deren Hilfe er eine solche Rückkehr, seine zentrale Lebensaufgabe, vollziehen kann: Das metaphysische Eine ist das höchste Strebensgut. Der Mensch soll der irdischen Realität in Richtung auf das Eine »entfliehen« (VI 9 [9] 11). Unter *eudaimonia* versteht Plotin also jenen graduellen Erfüllungszustand, der sich aus der Wendung zur höheren Welt und einem schrittweisen Aufstieg zum höchsten Prinzip ergibt. Der Ausgangspunkt eines Aufstiegs liegt darin, dass jemand auf seinen – gewöhnlich der Vergessenheit anheimgefallenen – geistigen Ursprung aufmerksam wird (V 1 [10] 1, V 5 [32] 12). Der Mensch soll nämlich einen Seelenteil besitzen, der »nicht mit abgestiegen« ist, sondern sich ständig in der oberen Welt aufhält (IV 8 [6] 8). Unter dem Aufstieg des Menschen ist dann folgerichtig dessen »Geistwerdung« zu verstehen (V 3 [49] 4), also der schrittweise Übergang zu einer theoretischen Existenzform verbunden mit einer moralisch-asketischen Lebensführung.

Der plotinische Weise ist somit durch eine »gesteigerte Intensität des Lebens« charakterisiert (*to agan zên*; I 4 [46] 3), zudem durch einen festen Zustand von Ruhe und Ausgeglichenheit (I 4 [46] 12) weil er Platons Idee des Guten immer präsent hat (vgl. das *megiston mathêma* in I 4 [46] 13). Von den hellenistischen Glückskonzeptionen unterscheidet sich der plotinische Standpunkt also dadurch, dass sein Besitz des Guten *aus metaphysischen Gründen* unangreifbar ist (vgl. Bussanich 1990; Schniewind 2003); es bleibt aber bei einer philosophisch begründeten Glückskonzeption. Plotin gesteht die Möglichkeit einer Vergöttlichung jedem zu, wobei sich die höhere Welt niemandem aufdrängen oder verweigern soll. Sie erschließt sich exakt nach Maßgabe des philosophischen und moralischen Entwicklungsniveaus eines Menschen. Offenkundig ist Plotins Konzeption in ihrem moralischen Intellektualismus mit den klassischen und hellenistischen Glücksphilosophien eng verwandt. Auch die zentrale Funktion der teleologischen Deutung des Glücksbegriffs findet sich bei Plotin wieder. In seinen Argumentationen gegen konkurrierende Glücksauffassungen, etwa gegen die Stoiker (I 4 [46] 2), die Epikureer (II 9 [33] 15) und die Peripatetiker (I 4 [46] 15), stützt er sich auf die Überlegung, dass abgeleitete oder instrumentelle Güter als inhaltliche Bestimmungen des Glücks nicht in Betracht kommen.

Mit seiner ähnlichen Position gehört auch noch der christliche Kirchenvater Augustinus zur Tradition der antiken Glücksphilosophie. Unter dem Eindruck von Ciceros *Hortensius* und aufgrund seiner Lektüre der Neuplatoniker beurteilt noch Augustinus das Glücksstreben als grundlegendes und unveränderliches menschliches Merkmal: Die Feststellung »Wir wollen glücklich sein« (*beatos nos esse volumus*; Augustinus: De beata vita 2,10; De trinitate XIII 4,7) bildet auch für ihn den Ausgangspunkt der Moralphilosophie. Wie Plotin versteht er unter dem Glücksstreben die Tendenz, ›zu Gott zurückzukehren‹ (*ad deum reditus*). Das Glück, nämlich ein Leben bei Gott, bildet für ihn das höchste Ziel menschlichen Handelns. In seiner Frühschrift De beata vita verteidigt er diese christlich-neuplatonische Konzeption gegenüber den konkurrierenden Schulmeinungen. Glück ist demnach das, worin alles Handeln und Begehren zum Stillstand kommt; niemand könne glücklich sein, wenn er etwas Begehrtes nicht habe. Nun mache aber nicht alles, was begehrt und erlangt werde, tatsächlich glücklich. Deshalb bedürfe es der Philosophie, die eine kritische Betrachtung der Glücksrelevanz von Strebensgütern unternimmt. So insistiert Monnica – Augustinus' Mutter, die als Dialogfigur in De beata vita auftritt –, Glück ergebe sich erst aus dem Besitz von etwas Gutem. Doch auch der Besitz des jeweiligen Guten ist nur vorübergehend. Will man von wirklichem Glück sprechen, so muss die Dauerhaftigkeit dieses Besitzes garantiert sein. Also muss das Gute ständig im Besitz dessen sein, den man glücklich nennen kann, und zudem muss das Gut, das ein gleichbleibendes Glück sicherstellen soll, ewig und unwandelbar sein (De beata vita 2,11). Als das Gute, das ein permanentes Glück herbeiführt, kommt daher allein Gott in Betracht; erst die Unveränderlichkeit Gottes kann das menschliche Glück dauerhaft machen (2,11; vgl. De libero arbitrio II 9,27).

Güter wie Genuss oder Reichtum sind wegen ihrer zeitlichen Unbeständigkeit und ihrer häufigen Unverfügbarkeit nicht wirklich glückstauglich. Zudem stellen sie, selbst wenn man sie ständig besäße, das Glücksbedürfnis nicht dauerhaft zufrieden: Ihre Glückswirkung hält selbst bei permanenter Präsenz nur vorübergehend an. Als glücksrelevantes Gut kommt nur etwas in Frage, das alles Handeln und Begehren zum Stillstand bringt; niemand könne glücklich sein, wenn er immer noch etwas Weiteres begehre. Augustinus insistiert darauf, Glück ergebe sich erst aus dem Besitz eines höchst wertvollen und zugleich unerschöpflichen Gutes. Doch kann selbst der Besitz eines vollständig und dauerhaft beglückenden Gutes noch gefährdet sein, nämlich durch die Wandelbarkeit des betreffenden Gutes. Soll man also von Glück sprechen können, so muss überdies die Dauerhaftigkeit dieses Gutes garantiert sein. Augustinus stellt also mindestens fünf Teilforderungen auf: Erstens muss das gesuchte Gut immer existieren. Zweitens muss es ständig und unverlierbar im Besitz dessen sein können, den man glücklich nennen kann, d. h. es muss unter allen Lebensbedingungen zugänglich und festhaltbar sein. Drittens muss es den, der es hat, sozusagen wunschlos glücklich machen (er darf nichts darüber hinaus erstreben wollen). Viertens muss das Gut, das ein gleichbleibendes Glück sicherstellen soll, unerschöpflich sein (seine Glückswirkung darf nicht nachlassen). Dazu kommt fünftens, dass das gesuchte Gut in sich ewig und unwandelbar sein soll. Als das Gute, das ein solches permanentes Glück herbeiführt, kommt dann klarerweise allein Gott in Betracht – nur die Unveränderlichkeit Gottes soll das menschliche Glücksstreben zufriedenstellen können.

Auf den Gedanken, dass das menschliche Glücksstreben zum Postulat eines ewigen Betrachtungsobjekts führt, dessen ›Schau‹ oder ›Genuss‹ das gesuchte Glück darstellt, kommt Augustinus immer wieder zurück. Das neuplatonische Motiv des Gott-Habens oder Gott-Genießens erlangt bei ihm eine bleibende und für die spätere christlich-metaphysische Tradition zentrale Bedeutung. Nach diesem Modell geht nicht nur alles aus dem ersten Prinzip hervor, sondern es hat überdies die Tendenz, zu diesem Ausgangspunkt zurückzukehren. Daran anknüpfend sagt auch Augustinus, es gebe in allen Geschöpfen eine Tendenz zur Rückkehr in den göttlichen Ursprung (*omnia in unum tendunt*). Augustinus' Version der neuplatonischen Rückkehr-Konzeption versteht den Gedanken einer im Menschen angelegten Tendenz ganz wörtlich: In allen Geschöpfen bestehe eine Art Schwerkraft oder Gewicht (*pondus*), das in eine bestimmte Richtung ziehe. Dieses Gewicht wird im Fall der menschlichen Seele als Freude (*delectatio*) bestimmt. Nach dieser Theorie versucht der Mensch zunächst, auf einer noch vormoralischen Ebene, Unlust zu vermeiden und seine Lust zu steigern, indem er sinnliche Güter anhand des Kriteriums der *delectatio* prüft. Beim Gebrauch der Vernunft stoße er zudem auf die Tatsache, dass eine tiefere Freude mit einem rationalen und moralischen Leben verbunden sei. Schließlich mache er die Entdeckung, dass seine Seele wesentlich auf Gott zustrebe. Genau betrachtet erweist sich die Liebe zu Gott, so Augustinus, als das Gewicht der Seele (vgl. *pondus meum amor meus*; *Confessiones* XIII 9,10).

Diese Ausrichtung der Seele ist mit den berühmten Aussagen am Beginn der *Confessiones* gemeint, Gott habe den Menschen »auf sich hin geschaffen«, und unser Herz sei unruhig, bis es Ruhe in Gott finde. Das antike Strebensmodell ist damit in christliche Begriffe übersetzt, seinem Geist nach aber präzise beibehalten (vgl. Beierwaltes 1981).

Literatur

Augustinus: De beata vita/Über das Glück. Lat.-Dt. (Übers. I. Schwarz-Kirchenbauer u. W. Schwarz). Stuttgart 1989.

–: De trinitate (Bücher VIII–XI, XIV–XV, Anhang: Buch V). Lat.-Dt. (Übers. M. Schmaus u. J. Kreuzer). Darmstadt 2002.

–: Confessiones/Bekenntnisse. Lat.-Dt. (Übers. W. Thimme). Düsseldorf/Zürich 2004.

–: De libero arbitrio/Der freie Wille. Lat.-Dt. (Übers. J. Brachtendorf). Paderborn u. a. 2006.

Beierwaltes, Werner: Regio beatitudinis. Zu Augustins Begriff des glücklichen Lebens. Sitzungsberichte der Heidelberger Akademie der Wissenschaften (Philosophisch-historische Klasse). Bericht 6. o.O. 1981.

Bussanich, John: The Invulnerability of Goodness: The Ethical and Psychological Theory of Plotinus. In: Proceedings of the Boston Area Colloquium in Ancient Philosophy 6 (1990), 151–184.

Plotin: Plotins Schriften. Griech.-Dt. (Übers. R. Harder/W. Theiler/R. Beutler). Hamburg 1956.

Schniewind, Alexandrine: L'éthique du sage chez Plotin. Le paradigme du ›spoudaios‹. Paris 2003.

Christoph Horn

5. Figuren des Glücks in der griechischen Literatur. Glück als Ausdruck vollendeter Selbstverwirklichung im Handeln

Es gibt sicher kein Thema, über das in der Philosophie und Literatur der Antike mehr und differenzierter nachgedacht wurde als über die Fragen, warum menschliches Handeln gelingt oder scheitert, und wie der Mensch sein mögliches Glück erreicht oder verfehlt.

Wenn trotzdem viele überzeugt sind, eine auch heute noch verbindliche Einsicht in das, was den Menschen glücklich macht, könne man von der Antike nicht mehr erwarten, so liegt das vor allem daran, dass wir der Antike insgesamt ein zu sehr nach außen gerichtetes Denken unterstellen. Die Innerlichkeit des Subjekts, die nur aus einem unmittelbaren ›Beisichselbstsein‹ und ›Sichselbstfühlen‹ kommen kann, schien noch gar nicht entdeckt zu sein. Für uns ist Glück eine ›Empfindungsqualität‹, eine subjektive Hochgestimmtheit, Ergebnis eines erfüllten Augenblicks, der sich einer rationalen oder gar methodischen Kontrolle entzieht. Für die Antike scheint das Glück eher eine Frage vernünftiger Lebensplanung gewesen zu sein, für die rational gelenktes Handeln und Glück zusammenfallen.

Sich von Gefühlen und Leidenschaften überhaupt nicht verwirren zu lassen, sondern allein der Vernunft gemäß zu leben, war für die Stoiker Garant für den Genuss einer selbstbestimmten Autarkie, in der allein sie ein dem Menschen gemäßes Glück sahen. Für Aristoteles soll die Mäßigung der Affekte (Metriopathie) Voraussetzung für ein der Vernunft gemäßes, tugendhaftes und dadurch glückliches Leben gewesen sein (das ist trotz ihrer Verbreitung eine vermutlich falsche Deutung). Aber auch für die ›Lustphilosophie‹ der Epikureer galt ein maßvoll vernünftiges Handeln, das der Lust nicht abgeneigt ist, aber jeden Exzess meidet, als Garant der Optimierung menschlichen Glücks.

Viele halten diese Auffassung auch für die Botschaft der griechischen Tragödie. Dort sind es die Chöre, die das Scheitern der großen tragischen Figuren oft mit dem Wunsch kommentieren, ihnen möge eine solche Überschreitung des richtigen Maßes erspart bleiben. Die Formel lautet: ›Nur nicht zu viel!‹ (*mäden agan!*, lateinisch: *ne quid nimis!*).

Es sind aber in Wahrheit nicht die Chöre, d.h. nicht die Freundinnen der Medea, nicht die Matrosen des Neoptolemos (des Sohnes von Achill), nicht der Kronrat des Kreon oder des Ödipus, die zeigen, wie und warum die großen tragischen Figuren ihr Glück verfehlen – oder am Ende nur gerade noch erreichen. Verfolgt man das Handeln dieser Figuren selbst, zeigt sich schnell, dass die Verfehlung einer maßvoll vernünftigen Lebensplanung kaum das Problem ist, das die tragischen Dichter zur Diskussion stellen wollten. Durch die Beschränkung auf maßvolle oder völlig vermiedene Lüste ein bescheidenes, in den Wechselfällen des Lebens beständiges Glück zu genießen, ist weder bei Homer noch in der Tragödie die Botschaft, die man aus dem Scheitern der großen Handelnden gewinnen soll.

Alle diese Personen streben nach einer Höchstform von Glück oder versuchen, einem extremen Unglück zu entgehen. In diesem Streben liegt aber in keinem Fall der Grund ihres Scheiterns. Sie scheitern vielmehr – wenn sie scheitern – aus Gründen, die angesichts der großen Herausforderungen, vor die sie gestellt waren, sehr verständlich erscheinen, ja es sind meistens Gründe, von denen man sich auch in der kleineren Dimension des eigenen Lebens mit betroffen fühlt. Dazu kommt, dass diese Gründe nicht in einer ungenügend ›prudentiellen‹ Lebensplanung, nicht in Leidenschaften, die zu groß waren, als dass sie von der Vernunft noch hätten gebändigt werden können, gefunden werden können (und auch nicht gesucht werden sollen). Im Zentrum scheint vielmehr ein Konflikt innerhalb der Lüste und Unlüste selbst zu stehen, die von den Handelnden in gleicher Weise erstrebt respektive gemieden werden, die sie aber in ihrer Bedeutung für sich selbst oft perspektivisch verzerrt wahrnehmen.

Ein besonders deutliches Beispiel bietet die *Medea* des Euripides. Seine Medea setzt mit kluger Rationalität und souveräner Beherrschung aller Gefühle, die ihre Ziele behindern könnten, ihren Plan, Jason für seine schändliche Untreue büßen zu lassen, durch. Man muss aber nur an ihren großen Monolog denken, in dem sie sich vor der Ermordung ihrer Kinder (die sie für nötig hält, um Jason ganz zu vernichten) das ganze Unglück vor Augen führt, das sie für den Rest ihres Lebens werde ertragen müssen, um zu begreifen, dass hier der klug erzielte Handlungserfolg nicht mit dem subjektiven Glücksempfinden zusammenfällt.

Wenn man noch genauer prüft, kann man feststellen, dass es Euripides in erster Linie um das Auseinanderfallen von zwei verschiedenen Glücksgefühlen in Medea geht und dass der Handlungserfolg als äußeres Geschehen für dieses Darstellungsziel eine nur dienende Funktion hat. Zum Handlungserfolg im äußeren Sinn trägt z.B. bei, dass Medea etwas von Giftrezepturen versteht und sie so anwenden kann, dass der Erfolg sicher ist. Dieses Können steht ihr zur Verfügung, für die dramatische Handlung ist entscheidend, was diese Anwendung für sie persönlich bedeutet: Sie wird dadurch den Triumph über Jason genießen können, aber zugleich den Verlust der Kinder beklagen müssen.

Das gilt analog für alle ihre Ziele, die sie mit rationaler Überlegenheit methodisch planvoll und schrittweise aufeinander aufbauend verwirklicht. Die hohe Intelligenz, durch die es Medea gelingt, Kreon, den König von Korinth, zu überreden, sie trotz der Verbannung noch einen Tag in Korinth bleiben zu lassen, und mit der sie ihrem einfältigen Mann Zustimmung und Harmonie vorspielt – dieses ganze erfolgreiche Tun ist für Medea nur Mittel, das schmerzliche Gefühl der Erniedrigung und Bloßstellung durch den Mann, der ihr ganzes Glück bedeutet hatte und der es vernichtet hat, nicht mehr empfinden zu müssen. Das ist das bewegende Moment schon bei jedem einzelnen Teilschritt ihres Handelns, sie genießt ›das schöne Bild der Hoffnung‹ auf das subjektive Gefühl der zurückgewonnenen Überlegenheit in jedem Stadium. Dass es die subjektive ›Empfindungsqualität‹ und nicht eine ›prudentielle‹ Lebensgestaltung ist, die Medeas Handeln motiviert, ist mehr als deutlich.

Aristoteles hat später begrifflich unterschieden zwischen dem, was man bei einem Handeln (in unserem Sinn) ›macht‹ und der subjektiven Lust, die man durch es erreichen, bzw. der Unlust, die man vermeiden möchte. Nur das, was man im Blick auf diese subjektiven Lust- bzw. Unlustempfindungen tut, nennt er überhaupt ein Handeln (*praxis*). Das auf Äußeres gerichtete Tun, durch das man etwas herstellt oder bewältigt, nennt er ein ›Machen‹ (*poiein, poiesis*).

In diesem terminologisch strengen Sinn ist das, was Euripides in seiner Tragödie darstellt, das Handeln Medeas. Von ihm her, d.h. von der erstrebten Glücksempfindung her, erhält alles, was Medea tut, seine Funktion und seine Stellung im Verlauf der dramatischen Handlung. Aber gerade das bedeutet, dass es um ihre subjektiven Gefühle und nicht um ihr Handeln im heutigen Sinn des Wortes geht.

Jason war, wie Medea zu Beginn des Dramas sagt, der Mann, auf den sie ihr ganzes Glück gebaut hatte (Euripides: *Medea*, 228). Verraten von ihm, sieht sie sich einsam in einer feindlichen, fremden Umwelt allen Glücks beraubt. Der Genuss des Gefühls, ihn vernichtet vor sich zu sehen, wird deshalb zum alles bewegenden Handlungsmotiv für sie. Dennoch ist dieses Motiv nicht das einzige in ihr noch lebendige Handlungsziel. Im Gegenteil: In außergewöhnlicher Bewusstheit stellt sie sich selbst vor Augen, dass sie um dieses Genusses willen das eigentliche Glück ihres Lebens opfert (1021–1080). Denn dieses Glück sieht sie im Leben mit den Kindern, deren Glück sie mit genießen (1025, 1059) und von dem sie auch für sich selbst Gewinn haben möchte. Aber der augenblickliche Schmerz bei dem Gedanken an Jasons Niedertracht ist so stark, der Wunsch, ihn geschlagen vor sich zu sehen, so groß, dass sie für den Genuss der Rache alles spätere Unglück meint in Kauf nehmen zu müssen. Als Jason ihr sagt, dass doch auch sie durch den Tod der Kinder unglücklich geworden sei und am gemeinsamen Leid teilhabe, antwortet sie: »der Schmerz löst sich, wenn Dir der Hohn vergeht« (1361 f.).

Das, was Euripides in seiner *Medea* darstellt, ist nicht der planvolle Weg, auf dem sich Medea unter Einsatz aller Mittel den Triumph über Jason erkämpft, der Akzent liegt vielmehr auf etwas Innerlichem: auf dem maßlosen Schmerz über den Verrat einer außergewöhnlichen Liebe und dem daraus resultierenden inneren Konflikt Medeas zwischen dem beinahe bedingungslos gewordenen Streben, die im Augenblick gefühlte Enttäuschung und Erniedrigung in einen Triumph zu verwandeln, und dem Wissen, dass sie für diesen Triumph ihr ganzes Lebensglück opfert.

Es geht also um den Verlust einer Ordnung der Lüste, allerdings nicht irgendeiner Ordnung, sondern um den Verlust der Ordnung, die für das Glück eines Menschen im Ganzen verantwortlich ist. Die Darstellung und Problematisierung eines solchen inneren Rangstreits unter den Lüsten ist keine Neuerung des Euripides, sie bildet im Gegenteil ein Zentralthema der griechischen Literatur seit Homer.

Auch Homer demonstriert das mögliche Auseinanderfallen der erstrebten Glücksempfindungen des Menschen, und zwar an allen seinen großen Figuren. Hektor z.B. möchte der Verteidiger und Retter Trojas sein. Die Vorstellung, dass er dieses Ziel verfehlen, und vor allem: durch eigene Schuld verfehlen könne, ist für ihn das größte Unglück, das er fürchtet. Sein ganzes Glück erkennt er darin, der Schutz seiner Heimatstadt und seiner Angehörigen, vor allem seiner Frau zu sein. Als sich die beiden Heerführer der Griechen, Agamemnon und Achill, im Streit überwerfen, hat Hektor die Hoffnung, dieses Ziel zu erreichen, greifbar vor Augen. Achill hatte sich vom Kampf zurückgezogen, und Hektor hatte in zwei Tagen das griechische Heer beinahe bis auf die Schiffe am Meer zurückgeworfen. Bei diesen Kämpfen aber hatte Hektor den liebsten Freund Achills, Patroklos, getötet. Das bringt Achill so auf, dass er seinen Streit mit Agamemnon vergisst und wieder in den Kampf zurückkehrt. In dieser Situation lässt Homer einen Freund und Ratgeber Hektors auftreten, der ihn warnt. Pulydamas, so heißt dieser Warner, erinnert Hektor daran, dass Achill im offenen Kampf unbesiegbar ist, und rät dringend, sich wieder hinter die sicheren Mauern der Stadt zurückzuziehen. Dass Pulydamas Recht hat, weiß Hektor. Er selbst hatte fast zehn Jahre lang die Strategie verfolgt, einen direkten Kampf mit Achill zu vermeiden, und hatte so einen Sieg der Griechen verhindert.

An diesem Abend aber (dieser »verhängnisvollen Nacht«, wie er später sagen wird; Homer *Ilias* 22, 192) will er von dieser Bedrohung nichts hören. Er kann seinen Blick von dem fast schon errungenen Sieg nicht abwenden und hält eine scharfe Gegenrede, die in der verwegenen Hoffnung endet, auch von Achill könne sich das Kriegsglück einmal abwenden (18, 284–309). Und er hat Erfolg mit seiner Rede. Nicht den klugen Worten des Pulydamas, sondern den euphorischen des Hektor stimmen die Trojaner mit Begeisterung zu (18, 310–313).

Dass er mit seiner Rede, d.h. mit dem, was er getan, ›gemacht‹ hat, erfolgreich war, bedeutet aber nicht, dass er seinem Handlungsziel – das Glück, der Verteidiger Trojas zu sein, genießen zu können – näher gekommen ist. Im Gegenteil, er hat es verspielt, und er hat es verspielt, nicht weil er seine Ziele planlos und uneffektiv ›umgesetzt‹ hat, sondern weil ihm die Lust an einer verblendeten Hoffnung den Blick auf das, was ihm wirklich Erfolg und das größte Glück bringen würde, verstellt hat. Das spricht er wenig später selbst aus, als er vor den Mauern Trojas steht, um auf Achill zu warten. Seinen Erfolg gegen Pulydamas beurteilt er nun als sein eigentliches Unglück, das er durch sein vermessenes Vertrauen auf seine Kräfte selbst herbeigeführt habe (22, 99–104).

Man könnte, wenn man diese Sätze liest, Homer doch für einen frühen Vertreter einer stoischen Moral halten (die Stoiker haben sich tatsächlich oft ge-

nug auf ihn berufen) und in ihnen die Botschaft erkennen: Wer sich nicht von der Vernunft leiten lässt und dem Affekt nicht widersteht, wird vom Schicksal bestraft.

Da sich bedeutende Unterschiede im Ganzen oft aus kleinen Details ergeben, soll hier auf ein solches Detail hingewiesen werden: Hektor beklagt zwar tatsächlich, dass er nicht der Vernunft gefolgt sei, er bedauert dies aber nicht aus einem ›moralischen‹ Grund (in unserem oder einem stoischen Sinn), sondern aus einem subjektiven. Es wäre, so sagt er, viel vorteilhafter (d.h. für ihn) gewesen, dem Rat des Pulydamas zu folgen (22, 103).

Ganz ähnlich ist es bei Medea. Wenn sie in ihrem berühmten Monolog sagt: »Ich erkenne das Schlimme, das ich tun will, aber mein Thymos [d.h. hier: meine zornige Empörung] ist der Herr meiner Rachepläne«, dann ist ›das Schlimme‹, von dem sie spricht, nicht die mögliche moralische Verwerflichkeit ihrer Tat, sondern das dauerhafte Unglück, das sie sich durch den Tod der geliebten Kinder selbst zufügt. Euripides und Homer scheinen nicht zwischen Neigung und Pflicht, sondern zwischen einer richtigen und einer falschen Form der Selbstliebe zu unterscheiden. Hektor und Medea haben sich nicht zuerst an der Pflicht, sondern an ihrem eigenen wahren Vorteil versündigt und so ein kurzfristiges, scheinbares gegen ihr eigentlich erstrebtes Glück eingetauscht. Dass es die Aufgabe der Vernunft ist, das, was für einen selbst wirklich vorteilhaft ist, zu erkennen und festzuhalten, spricht bei Homer die Göttin der Vernunft, Athene, selbst aus.

Als Odysseus nach zwanzig Jahren endlich nach Ithaka zurückgekehrt ist, macht er es nicht wie Agamemnon, der sich von seiner Frau einen roten Teppich ausrollen und im Bad erschlagen lässt (so bei Aischylos: *Agamemnon*, 905–957), sondern versucht, sich erst ein Bild von der Lage in seinem Palast zu machen. Dafür lobt ihn Athene und sagt ihm, eben dies sei der Grund, weshalb sie ihn nicht im Stich lassen könne. Er habe unter den Menschen eben die Vorzüge, für die sie unter den Göttern gerühmt sei. Beide seien sie durch ihre auf den wahren Vorteil bedachte Klugheit ausgezeichnet (Homer: *Odyssee* 13, 296–299, 330–336).

Diese Art des Denkens nennt Homer *nóos* (später *nous*, lateinisch: *intellectus*) und spricht ihm die Fähigkeit zu, »nach vorne und nach hinten zu sehen« (*Ilias* 18, 250), d.h. die Freiheit, sich nicht von einem Aspekt des Augenblicks gefangen nehmen und einengen zu lassen, sondern eine Sache rundum, von allen Seiten zu beurteilen. Dieser *nóos* ist für Homer zugleich ein Ort der Freude. Aristoteles behauptet später sogar, dass die Tätigkeit des Intellekts die ›lustvollste‹ aller möglichen Tätigkeiten sei s. Kap. II.1 und III.2). Nicht aufgrund einer Reflexion auf eine philosophische *theoria*, wohl aber aufgrund guter Beobachtung der Verfassung, in der sich diejenigen seiner Figuren befinden, die ihren *nóos* betätigen, scheint Homer bereits zu seiner ähnlichen Auffassung gekommen zu sein.

Die wohl bekannteste Demonstration dieser Auffassung findet sich in der *Odyssee*. Odysseus sitzt als Bettler verkleidet in seinem Palast und muss zusehen, wie die Mägde mit den Freiern die Nacht durchfeiern. Das erregt seinen Zorn, am liebsten würde er sie erschlagen, aber er beherrscht sich, um sich nicht zu verraten. Diesen Sieg der Vernunft über den Affekt stellt Homer mit einem Vergleich dar. Wie ein Mann, der auf heftig loderndem Feuer einen (Ziegen-)Magen, schon voll von Duft nach Braten und Blut, hin und her wendet und nicht abwarten kann, bis er durchgebraten ist, so habe sich Odysseus in Gedanken hin und her gewendet, wie er gegen die schamlosen Freier vorgehen könne, er allein gegen so viele (*Odyssee* 20, 5–30).

Es dürfte deutlich sein, dass diese Vernunft nicht mit der uns gewohnten Vorstellung von Vernunft identisch ist, die nach-denkt, re-präsentiert, mit abstrakten Begriffen ›arbeitet‹. Odysseus unterdrückt nicht mit der Vernunft seine Gefühle, sondern folgt der größeren Lust, die er in Gedanken vor Augen hat und gleichsam schon mit allen Sinnen empfindet. Diese homerische Vernunft ist wie die Sinneserkenntnis direkt bei der Sache, und zwar aktiv, selbsttätig, nicht nur passiv beeindruckt. Sie ist etwas Präsentes und unmittelbar von einer Lust erfüllt, die stärker und größer als die Lust an der Bestrafung der Frauen ist. Hier siegt die größere über die geringere Lust, allerdings keine irrationale Lust, sondern diejenige, die mit dem weiteren Blick, der das Ganze ins Auge fasst, verbunden ist.

Und Odysseus wird für *diese* Vernunft belohnt. Im Gegensatz zu fast allen anderen Figuren bei Homer verspielt er nicht das, was ihn tatsächlich mit der größten Freude und Lust erfüllt. Das 23. Buch, das berichtet, wie sich die beiden Liebenden, Penelope und Odysseus, endlich wiedergefunden haben, ist voll von Ausdrücken der Freude und des Glücks und der Beschreibung, wie die beiden es miteinander genießen. Das abschließende 24. Buch schildert noch, wie sie diese neu gewonnene Situation absichern.

In einer Pflichtenethik ist das Glück eine Zugabe zur Freiheit der Selbstbestimmung, die durch die Unabhängigkeit von jeder Art Verwirrung durch Gefühle errungen ist. Auch das homerische Glück setzt eine Art Freiheit voraus, ja es besteht in ihr. Diese Freiheit aber meint nicht die Freiheit von Lust überhaupt, sondern von einer erstarrten, fixierten Suche nach Lust. Homer beschreibt sie in einem zu Recht gerühmten Bild. Menelaos ist im Wagenrennen von einem jungen Mitstreiter schamlos betrogen worden und tief verletzt. Als dieser sich aber besinnt und seinen Fehler eingesteht, macht Menelaos das, was Homer von allen Leuten, denen er *nóos* zugesteht, sagt. Er wendet seinen Kopf und sagt: »Das war frevlerisch von dir, aber du bist noch jung, du hast schon viele Mühen und Leiden meinetwegen auf dich genommen, ebenso deine Brüder und dein Vater [...], so will ich nicht hochfahrend und verhärtet sein.« Und, so kommentiert Homer: »Wie wenn sich Tau um die Halme der sprießenden Saat der in der Nachtkälte erstarrten Felder legt, so wurde Menelaos das Herz im Inneren warm und belebt von Freude« (*Ilias* 23, 566–611). Diese belebende Freude fällt Menelaos nicht in den Schoß, sie ist, wie Homer ihn gezeichnet hat, Frucht seiner Lebenserfahrung und seiner Fähigkeit, sich mit sich selbst in Übereinstimmung zu bringen. Und Übereinstimmung mit sich selbst meint hier: Seinen wahren Vorteil so im Auge haben, dass die mit ihm verbundenen Lustgefühle so präsent sind, das man sie schon als gegenwärtig empfindet.

Für die meisten sind diese Lusterfahrungen, deren Präsenz erst einen wirklich glücklichen Zustand ausmacht, gerade nicht präsent, sondern verborgen. Zur ›Produktion der Präsenz‹ dieses Verborgenen haben Homer und die ihm darin folgende attische Tragödie viele Wege gesucht und gefunden, besonders erfolgreich z. B. durch die Ausnützung der Differenz zwischen der Perspektive der Handelnden und der des Lesers oder Zuschauers. Wer liest, wie Hektor im Siegestaumel die Warnung vor Achill nicht hören will, hat in eben diesem Augenblick den Hektor vor Augen, den schon beim Anblick Achills alle Widerstandskraft verlassen wird. Genauso ist es bei Agamemnon. Wenn er in arroganter Verblendung behauptet, er brauche Achills Hilfe gar nicht, er werde von Zeus selbst geehrt, sieht ihn der Leser schon weinend vor dem Heer stehen, das ohne Achill durch die Trojaner fast ins Meer getrieben ist. Und auch bei Achill selbst weiß jeder Leser Homers, dass er zu spät und zu halbherzig nachgibt, als er seinen geliebten

Patroklos an seiner Stelle in den Kampf ziehen lässt. Er wird dieses ›Zu spät‹ durch den Verlust des Freundes und des eigenen Lebens büßen.

Ähnlich ist es in den Tragödien. Wer Ödipus den Mörder des Laios verfluchen hört, hört in diesem Augenblick schon einen Ödipus, der sich selbst verflucht; wer hört, wie Kreon auf die Drohung seines Sohnes Haimon, er werde mit Antigone sterben, geringschätzig reagiert (Sophokles: *Antigone*, 762–769), hat in diesem Augenblick vor Augen, wie bald Kreon erfahren wird, dass er selbst »sein Glück mit Füßen zertreten« hat (1275); wer mit ansieht, wie Deianeira, die junge Frau des Herakles, mit einem ›Zaubermittel‹ seine Liebe zurückerobern will, weiß in diesem Augenblick, dass sie sich (nicht böswillig, aber) unbedacht einer Täuschung überlassen hat, die Herakles und mit ihm auch ihr das Leben kosten wird, weil sie kein Glück mehr in einem Leben erkennen kann, in dem sie sich als Mörderin ihres Mannes fühlen muss; oder, um auch auf ein Beispiel aus Aischylos zu verweisen, wer miterlebt, wie Agamemnon, vor die Entscheidung gestellt, den Zug nach Troja aufzugeben oder seine Tochter zu opfern, sich bedingungslos und mit Affekt für die Opferung Iphigenies entscheidet, der weiß bereits in diesem Augenblick, dass sich die Drohung, die der Seher Kalchas eben ausgesprochen hatte, erfüllen und Agamemnon von der Mutter seiner Tochter bei der Heimkehr erschlagen werden wird.

In all diesen Fällen ist das, was dem Handelnden verborgen ist, dem Leser oder Zuschauer präsent, intellektuell und emotional. So gewinnt man eine nicht abstrakte, sondern konkrete, konkret erlebte und gefühlte Einsicht in die vielfältigen Weisen, die Übereinstimmung mit dem, was die eigene Selbstverwirklichung ermöglicht, zu erreichen oder zu verfehlen.

Wie diese Konkretheit zustande kommt, kann auch ein Blick auf die Komödie des Aristophanes zeigen. Anders als in der Tragödie scheitern die Handelnden der Komödie nicht, sie erreichen ihre Ziele, aber oft nur auf eine eher utopische Weise. Das gilt auch für Komödien, die keinen Mistkäfer, mit dem man zur Friedensgöttin in den Himmel fliegen kann, und kein Wolkenkuckucksheim benötigen, wie etwa für die *Lysistrate*. Diese junge Athenerin setzt im Bund mit einer ›Kollegin‹ aus Sparta den Frieden zwischen den beiden Städten auf eine Weise (sie bringt die Frauen dazu, sich ihren Männern zu verweigern) durch, die ›real‹ sicher nicht durchführbar gewesen wäre. Aber sie tut das so, wie man es tun

müsste, wenn man erfolgreich sein wollte. Sie hat ganz ähnlich wie Odysseus als Bettler in seinem eigenen Palast das große Glück, das sie erreichen möchte, so präsent vor Augen, dass alles, was sie tut, seine funktionale Stellung aus dem Dienst an diesem Ziel gewinnt: die souveräne Art, wie sie einem Senatsvertreter eine Lektion in Ökonomie erteilt, wie sie ihre Freundin Myrrhinne dazu bringt, ihren Mann beinahe zu verführen und doch selbst nicht schwach dabei zu werden usw. Das alles genießt der Zuschauer, der mit Lysistrate die überlegene Perspektive teilt, mit und zieht, wenn er über den übertölpelten Senator lacht, seine Freude daraus, dass er von jedem einzelnen Handlungsschritt an jeder Stelle begreift und mitempfindet, wie er zu dem von den Frauen erstrebten Glück beiträgt. Die ›Ordnung der Lüste‹, die man in sich herstellen muss, um sich selbst so zu verwirklichen, dass man sich dabei glücklich fühlen kann, wird nicht durch abstrakte Maximen, sondern durch verstehendes Miterleben konkret sichtbar.

Über die Bedingungen, diese Übereinstimmung mit sich selbst zuwege zu bringen, haben Dichter und Philosophen von Homer bis Aristoteles nachgedacht. Die grundlegende Antwort ist: »Man muss das wirklich Angenehme schmecken lernen« (in diesem Sinne Aristoteles: *Nikomachische Ethik* 1172a, 16–26). An dieser Findung des eigenen Selbst ist auch die Kunst maßgeblich beteiligt. Ihre Aufgabe ist keine dem Inhalt gegenüber gleichgültige Ästhetik, eher besteht sie in der Erzeugung eines ästhetischen Schreckens, der den ergreift, der miterlebt und mitempfindet, wie jemand seine Selbstverwirklichung durch falsche Ziele oder falsche Wege zu ihnen verspielt – oder in der Erzeugung des Vergnügens an der gelungenen Verwirklichung des eigenen Glücks (s. Kap. II.4). Die Intensität des Gefühlserlebnisses zusammen mit der Wiederholung von immer anderen, aber großen und für Glück und Unglück bedeutenden Handlungen bringen, mehr als dies eine ästhetisch ›versüßte‹ Belehrung könnte, eine kultivierte Festigkeit in der Unterscheidung der Lüste mit sich.

Aus der Perspektive einer Selbstbestimmungsethik erschien vielen dieses griechische Literaturverständnis als zu moralisch. Es sollte aber deutlich geworden sein, dass die hier gesuchte Ordnung der Lüste nicht durch eine Vernunftgöttin Minerva erzwungen wird, die den Kentaur der Lüste wie im Bild Botticellis am Haar zurückreißt, sondern so, wie es einem die Vorfreude auf eine große Lusterfahrung leicht macht, kleinere Lüste zu übergehen oder gar nicht mehr zu bemerken. Das Analoge gilt bei der Unlust.

Die Überzeugung, immer schon ein selbstbestimmtes Wesen zu sein und den eigenen Werten gemäß leben zu können, überfordert viele, wenn sie dieses vermeintlich angeborene Recht ›realisieren‹ wollen. Die Einsicht, dass der Mensch auch in seinen Lusterfahrungen endlich und begrenzt ist und das tatsächlich Angenehme erst schmecken lernen muss, führt dazu, eine Kultur der Gefühle zu suchen. Indem jeder seine Fähigkeiten erprobt und so findet, welche Entfaltung ihm am meisten gemäß und dadurch am lustvollsten ist, wird das Glück nicht zu einer kontingenten Augenblickserfahrung, sondern zum Ausdruck einer gelingenden Selbstverwirklichung, die den Anspruch, selbstbestimmt zu sein, überhaupt erst einlösen kann.

Literatur

Aischylos: Die Tragödien (Übers. Oskar Werner). München 1990.

Aristophanes: Lustspiele (Übers. Johannes Minckwitz). 2 Bde. Stuttgart 1881.

Aristoteles: Nikomachische Ethik (Übers. Franz Dirlmeier). Stuttgart 1969.

Euripides: Sämtliche Tragödien und Fragmente. Griechisch-deutsch (Übers. Ernst Buschor; Hg. Gustav Adolf Seeck). 6 Bde. München 1972 ff.

Homer: Ilias (Übers. Wolfgang Schadewaldt). Frankfurt a. M. 1975.

–: Die Odyssee (Übers. Wolfgang Schadewaldt). Düsseldorf ²2004.

Schmitt, Arbogast: Die Intelligenz der Gefühle und ihre Kultivierung durch Literatur bei Aristoteles. In: Diana Bormann/Frank Wittchow (Hg.): Emotionalität in der Antike. Zwischen Performativität und Diskursivität. Berlin 2008, 249–263.

–: Handeln in Abhängigkeit. Determination und Freiheit im Verhältnis von Gott und Mensch bei Homer. In: Dieter Ingenschay/Helmut Pfeiffer (Hg.): Werk und Diskurs. Festschrift Karlheinz Stierle. München 1999, 11–32.

–: Leidenschaft in der Senecanischen und Euripideischen Medea. In: Storia, poesia e pensiero nel mondo antico. Studi in onore di Marcello Gigante (Festschrift). Neapel 1994, 573–599.

Sophokles: Tragödien (Übers. von Wolfgang Schadewaldt; Hg. Bernhard Zimmermann). Zürich 2002.

Arbogast Schmitt

IV. Glück im Mittelalter und in der Frühen Neuzeit

1. Glück in der Scholastik. Vorgeschmack der Ewigkeit

Die Scholastik verkörpert die theologische Ausdrucksform einer Entwicklung, die für die europäische Kulturgeschichte von größter Bedeutung ist. Seit dem 11. Jahrhundert durchlebte Europa einen wirtschaftlichen und kulturellen Aufstieg. Sei es in Handel, Handwerk, Recht oder Medizin – die sich immer mehr durchsetzende rationale Planbarkeit und Gestaltung der verschiedenen Lebensverhältnisse gewährleistete ein höheres Maß an Sicherheit und stellte damit einen großen Fortschritt dar. Als Begründer der theologischen Scholastik gilt Anselm von Canterbury (1033–1109). Unter dem Motto ›Fides quaerens intellectum‹ versuchte er die gestiegenen Rationalitätsstandards seiner Zeit in die Theologie zu integrieren, um so den Glauben vernünftig absichern zu können. Dazu gehört auch der Versuch, in der Schrift *Proslogion* aus der Definition des Gottesbegriffs die Existenz Gottes zu beweisen.

Im Klima dieses kulturellen und insbesondere auch philosophischen und theologischen Aufschwungs erfährt das Glücksthema eine neue Bearbeitung. Drei Strömungen lassen sich unterscheiden: Die Mystik zielt darauf, das Glück als das Erlebnis der Gotteserfahrung zu bestimmen. Die franziskanische Tradition adaptiert das platonische und neuplatonische Aufstiegsmodell und entfaltet den Weg zum Glück als Aufstieg der Seele und des Geistes durch die Welt der Sinne und Erscheinungen hindurch zur reinen Transzendenz Gottes. Die dominikanische Tradition hingegen nimmt in der Gestalt ihres berühmtesten Vertreters, Thomas von Aquin (vgl. Pesch 1988), die aristotelische Glückslehre mit dem Ziel auf, eine vernünftige Summe aus christlichem und antikem Erbe zu bilden. Thomas von Aquin hat daraus eine der größten Glückslehren des Christentums geformt.

Nach Vorstudien in seinen Bibelkommentaren und einer Kommentierung der *Nikomachischen Ethik* findet sich die reife Gestalt von Thomas' Glückstheologie in der Gesamtdarstellung seiner Theologie, der *Summa Theologiae* (im Folgenden STh). Die Abfassung von theologischen ›Summen‹ dieser Art entspricht den Formvorgaben scholastischer Theologie, die von Thomas ragt jedoch an wirkungsgeschichtlicher Bedeutung heraus – sie steigt ab dem 19. Jahrhundert zum regelgebenden Typus einer katholischen Dogmatik auf. Es bedarf der ausdrücklichen Erwähnung, dass sich darin eine ausführliche Glückslehre befindet.

Thomas beginnt seine Glückslehre mit einem Blick auf die anthropologischen Voraussetzungen. Mit Aristoteles teilt er die Grundauffassung, dass alle Menschen nach Glück streben (s. Kap. III.2), d.h. dass sie ihre Lebensführung an einem letzten Ziel ausrichten, das noch vor ihnen liegt und das es erst noch zu verwirklichen gilt (STh I–II, 1). Das Glücksstreben ist somit der entscheidende Bewegungsimpuls der menschlichen Lebensführung. Das Glück gibt den Horizont ab, der die konkreten Einzelziele des Menschen umgreift. Damit ist ausgeschlossen, das Glück mit der Erfüllung bestimmter Wünsche oder dem Besitz materieller Güter zu identifizieren. Dagegen spricht zudem, dass Thomas auch hier ganz im Anschluss an Aristoteles die Glückseligkeit als Verwirklichung der Tugend und somit als eine Tätigkeit des Menschen, nicht als einen Zustand bestimmt (vgl. STh I–II, 3, 2). Der aristotelische Tugendbegriff und der Gesamtzusammenhang seiner Philosophie legen es nahe, die Realisierung des Glücks als eine Verwirklichung menschlicher Anlagen im Diesseits zu begreifen. Damit gerät die aristotelische Glückslehre in Konflikt mit zwei tragenden christlichen Überzeugungen: der Einsicht in die unzureichenden Kräfte des Menschen, sein Heil aus eigener Kraft zu gewinnen und dem Glauben an eine jenseitige Vollendung.

Um zu einer Lösung dieses Konflikts zu gelangen, nimmt Thomas eine folgenreiche Unterscheidung vor: »Die Glückseligkeit ist zweifach: es gibt eine unvollkommene, die in diesem Leben zu haben ist; und es gibt eine andere, vollkommene, die in der Schau Gottes besteht« (STh I–II, 4, 5). Von einer unvollkommenen Glückseligkeit (*beatitudo imperfecta*), die der Mensch aus eigener Kraft mit der Realisierung seiner sittlichen Vermögen in diesem Leben verwirklichen kann, hebt er das vollkommene Glück der Gottesschau ab (*beatitudo perfecta*), das dem Menschen als göttliches Gnadengeschenk in einer jenseitigen Erfüllung zukommt. In seinen Beschreibungen des diesseitigen Glücks nimmt Thomas eine Reihe der aristotelischen Überlegungen auf. Er teilt darin Aristoteles' pragmatische und erfahrungsnahe Einsicht, dass es zum Erreichen des Glücks bestimmter Rahmenbedingungen bedarf. Dazu zählt er die körperliche Disposition ebenso wie äußere Güter und die Gemeinschaft der Freunde (vgl. STh I–II, 4, 5–9). Die vollkommene Glückseligkeit beschreibt er im Anschluss an die augustinische Tradition als Gottesschau: »Die letzte und vollkommene Glückseligkeit kann nur in der Schau der göttlichen Wesenheit bestehen« (STh I–II, 3, 8). Doch versucht er auch hier Elemente des aristotelischen *bios theoretikos* zu integrieren.

Praktiziert Thomas hier die dem Christentum häufig untergeschobene Vertröstungsstrategie, die das Glück in einen erfahrungsfernen Ort außerhalb der Geschichte verlegt? Eine solche Lesart wäre ein grobes Missverständnis. Die Unterscheidung von immanentem und transzendentem Glück ist für Thomas Glückslehre konstitutiv, doch liegt die eigentliche Pointe darin, dass er zwischen beiden keinen Gegensatz annimmt, sondern vielmehr von einem inneren Zusammenhang ausgeht. Er bestimmt das Verhältnis zwischen unvollkommenem und vollkommenem Glück als ›Teilhabe‹ (*participatio*) (STh I–II, 5, 3). Im unvollkommenen Glück entwirft sich somit die Vollendung des Menschen »als Beginn, unvollkommene Teilhabe, Abbild, Gleichnis, Annäherung in diesem Leben voraus«. An dem Gedanken der jenseitigen Vollendung hält Thomas fest. Zu sehr ist das irdische Leben von unvermeidlichen Übeln begleitet, die die unausgesetzte Kontemplation des göttlichen Wesens unmöglich machen und die Kräfte der Lebensführung in eine andere Richtung lenken (vgl. STh I–II, 5, 3), doch deutet er die augenblickshaften und fragmentarischen Glückserfahrungen als Vorschein einer ausstehenden Erfüllung. Die Vollendung des menschlichen Glücks steht noch aus, sie hat aber schon begonnen.

Damit ist im Grunde bereits abzusehen, dass in der Frage, wie der Mensch das Glück erreichen kann, eine schematische Entgegensetzung zwischen eigener Kraft und göttlichem Geschenk, also zwischen Natur und Gnade, die Sache nicht trifft. Man kann

bei Thomas Formulierungen finden, die einem solchen Missverständnis Vorschub leisten, etwa wenn er ausführt, die unvollkommene Glückseligkeit könne der Mensch mit seinen natürlichen Vermögen, die vollkommene hingegen nur durch göttliche Gnade erreichen (vgl. STh I–II, 5, 5). Doch liegt auch hier die eigentliche Pointe in einem anderen Aspekt. Das, was Thomas als natürliches Vermögen bezeichnet, ist selbst schon als eine Wirksamkeit Gottes in der Seele zu begreifen. Die Ausrichtung der Vernunft auf das höchste Gut und die orientierende Kraft des Glücks als letztes Ziel der Lebensführung sind immer schon natürliche Realisierungsformen göttlicher Gnade im Menschen, während die gnadenhafte Vollendung nicht als Gegensatz, sondern als eschatologische Erfüllung der bereits im Menschen angelegten Möglichkeiten zu verstehen ist. Auf dieser Grundlage gilt für beide Formen des Glücks: »Der Mensch wird glücklich allein durch das Tun Gottes« (STh I–II, 5, 6). Auch das Glücken des diesseitigen Lebens ist an den Bezug zu Gott gebunden.

Das Streben nach Glück ist demnach für Thomas selbst schon sinnbildlicher Ausdruck dafür, dass der Mensch Gottes Ebenbild ist (vgl. Leonhardt 1998, 154 ff.). Denn in diesem Streben drückt sich eine Zielbezogenheit der menschlichen Lebensführung aus, die für Thomas nur zu erklären ist als die Sehnsucht des Menschen, zu dem Grund zurückzukehren, aus dem er stammt. Dieser Sachverhalt lässt sich so beschreiben, »dass wir im Akt der Erschaffung, ohne gefragt worden zu sein, ja, ohne auch nur gefragt werden zu können, auf unser Ziel hin, wie ein Pfeil, abgeschossen worden sind und dass also in unserem Glückseligkeitsverlangen eine Schwerkraft wirkt, über die wir deshalb keine Gewalt haben, weil wir selber diese Schwerkraft sind« (Pieper 1972/1992, 125).

Dieses Musterbeispiel scholastischer Glückslehre gleicht der Erhabenheit einer gotischen Kathedrale. Mit klaren Linien zeichnet Thomas das Glück in den göttlichen Heilsplan von Schöpfung und eschatologischer Vollendung ein. Damit macht er es möglich, im Anschluss an die große Tradition der aristotelischen Glückslehre einerseits das menschliche Streben nach Glück auch theologisch als Ausrichtung auf eine dem Menschen noch zukommende Bestimmung zu würdigen und andererseits die fragmentarischen und vergehenden Erfahrungen eines diesseitigen Glücks zu diesem Ziel in Beziehung zu setzen.

Literatur

Kluxen, Wolfgang: Glück und Glücksteilhabe. Zur Rezeption der aristotelischen Glückslehre bei Thomas von Aquin. In: G. Bien (Hg.): Die Frage nach dem Glück. Stuttgart-Bad Canstatt 1987, 77–91.

Leonhardt, Rochus: Glück als Vollendung des Menschseins. Die beatitudo-Lehre des Thomas von Aquin im Horizont des Eudämonismus-Problems. Berlin/New York 1998.

Pesch, Otto Hermann: Thomas von Aquin. Grenzen und Größe mittelalterlicher Theologie. Eine Einführung. Mainz 1988.

Pieper, Josef: Über die Liebe [1972]. München ⁷1992.

Thomas von Aquin: Summa Theologiae [STh]. Editiones Paulinae [1962]. Rom ²1987.

Jörg Lauster

2. Glück in der Philosophie der Renaissance und der Frühen Neuzeit. Kosmische Ordnung und individuelle Freiheit

Zwischen Mittelalter und Neuzeit

Gemäß einer Grundstellung, die für das Mittelalter bestimmend ist, ergibt sich das Glück als richtiges Leben aus dem richtigen Auffassen der Verfassung des menschlichen Lebens. Diese Verfassung wird im Zuge der Zusammenführung platonischer und christlicher Lehren dualistisch gedacht. Entsprechend richtet sich an den Menschen die Anforderung, sich als natürliches und geistiges Wesen zu bewähren (s. Kap. IV.1). Nur wenn der Mensch dieser Anforderung genügt, kann er »glücken« (Korff 1985). Wenn dieser Schulterschluss von Ontologie und Ethik die Vorgabe ist, die der Renaissance-Philosophie vorausgeht, so bietet die Zeit, die ihr nachfolgt, ein ganz anderes Bild. Als Ausgangspunkt gilt dann – grob gesagt – ein ›Ich‹, ein Individuum, eine Person oder ein Subjekt. In theoretischer Hinsicht (René Descartes) sowie in praktischer – d.h. politischer (Thomas Hobbes), technischer (Francis Bacon), ökonomischer (Adam Smith) und moralischer (Immanuel Kant) – Hinsicht werden Ziele gesetzt und verfolgt. Das Glück wird am Erreichen dieser Ziele festgemacht, und ob diese nun empiristisch aus den Bedürfnissen oder Wünschen von Individuen oder rationalistisch aus der Selbstgesetzgebung von Subjekten abgeleitet werden – so oder so wird damit das Band zwischen Ethik und Ontologie, d.h. zwischen dem richtigen, also auch glücklichen Leben und der richtigen Einsicht in die Verfassung des Lebens zerschnitten.

In der Philosophie der Renaissance kommt es zu einer Verunsicherung über das Glück, weil weder die erste der genannten Positionen beibehalten noch die zweite schon eingenommen wird. Das Glück gerät ins Schwanken. Man sollte die Renaissance allerdings nicht als bloße Übergangszeit stigmatisieren; es gilt vielmehr, deren Eigenständigkeit zu würdigen. Das Einfallstor, durch das die Demontage der mittelalterlichen Ordnung beginnt, lässt sich jedenfalls identifizieren. Es trägt die Inschrift *Freiheit*. Diese Freiheit ist in jener alten Ordnung vorgesehen als

Anlage des Menschen, das Richtige einzusehen oder zu verfehlen, gut oder böse zu handeln. Mit der weitergehenden Verselbständigung menschlicher Freiheit ergeben sich neue, wechselnde Bezüge auf das Glück. Einige ausgewählte Stationen dieser Entwicklung, die von der Renaissance bis in die Frühe Neuzeit hineinreicht, sollen hier vorgestellt werden.

Die Verselbständigung des Geschöpfs: Petrarca und Johannes von Tepl

Die Stellung des Menschen im Kosmos ist eine Sonderstellung. Der Mensch ist wie alles andere auf der Welt ein Geschöpf Gottes, aber er ist dazu ausersehen, diese Schöpfung mittels seiner geistigen Fähigkeiten zu betrachten und zu bewundern. Die Stellung, die er hierzu einzunehmen hat, muss derjenigen Gottes ähnlich sein, denn nur wenn der Mensch einen Hochsitz bezieht, hat er den gehörigen Überblick. Francesco Petrarca (1304–1374) schildert den Weg zu einem solchen über die Welt erhabenen Ort in seinem Bericht von der *Besteigung des Mont Ventoux*, die er am 26. April 1336 (das Datum ist freilich strittig) unternommen hat. Ausdrücklich wird dieser Anstieg als Annäherung an Gott gekennzeichnet, als »Pilgerreise« zum »seligen Leben« (*ad beatam vitam*; Petrarca 1995, 12 f., vgl. 14 f.); auch die Assoziation mit dem platonischen Aufstieg zur Schau der Ideen drängt sich auf. Insoweit bewegt sich Petrarca im Rahmen der vorgegebenen Glückseligkeitslehren.

Doch ihm unterläuft eine Unbotmäßigkeit. Sie deutet sich schon beim Beginn der Wanderung an, als er die Warnung eines »uralten Hirten« in den Wind schlägt, der ihn vor den Risiken des Aufstiegs warnt; dieses »Verbot« habe, so schreibt Petrarca, nur sein »Verlangen« gesteigert (8 f.), und so steht der Aufstieg auch für die Anmaßung wachsenden Selbstvertrauens. Dieses gipfelt buchstäblich auf dem Gipfel – nämlich in jenem Moment, da sich Petrarca im Vollgefühl der erbrachten Leistung der Betrachtung der Natur hingibt, die ihm nun zu Füßen liegt. Für einen Moment »widersetzt« sich dieser ästhetische Genuss der Natur dem Junktim zwischen der Ansicht des Irdischen und dem Lob von dessen Schöpfer (Ritter 1974, 142). Eine Erinnerung an Augustinus' Warnung vor der Selbstgenügsamkeit des »Irdischen« (Petrarca 1995, 18 f., 22 f.) bringt den Wanderer jedoch schnell wieder zur Besinnung (26 f.). Man könnte sagen: Damit ist der Spuk vorbei.

Was bei Petrarca nur für einen Moment aufscheint – die Möglichkeit der sich selbst genügenden Betrachtung oder gar eigenmächtigen Verfügung über die Natur – kommt in der Folgezeit jedoch immer stärker zur Entfaltung, und zentral betroffen davon ist der Primat des Bildes vom »seligen Leben«. Auf ganz andere Weise deutet sich diese Wendung im *Ackermann aus Böhmen* an, den Johannes von Tepl (1350[?]–1414) in den ersten Jahren des 15. Jahrhunderts verfasste. Zu bemerken ist zunächst die unverhohlene Bejahung des Irdischen: »Sollte Freude, Liebe, Wonne und Kurzweil aus der Welt vertrieben werden, übel stünde da die Welt« (Tepl 1980, 66, 24 f.). Vor allem aber wird hier der Mensch als ein Geschöpf, als »Werkstück Gottes« dargestellt, das doch zugleich als »das allergeschickteste und das allerfreieste« gilt (69, 27). Hier klingt an, was Johann Gottfried Herder im späten 18. Jahrhundert sagen wird: dass der Mensch »der erste *Freigelassene* der Schöpfung« sei (Herder 1784–85/1989, 145). Ernst Cassirer erkennt in Tepls Herausstellung der Freiheit und der »Eigenkräfte« des Menschen »deutlich die Grundanschauung der kommenden Renaissance« (Cassirer 1927/1987, 99).

Der Mensch folgt Gott nicht nur in dessen Kreativität, sondern auch in der Erhebung über die Natur. So kann das Körperliche etwa in der Bildhauerei der Renaissance nur deshalb so stattlich auftreten, weil es der Formgebung unterliegt, weil es ›in Form‹ zur Schau gestellt wird (zur Feier des Körperlichen etwa in Michelangelos Medici-Kapelle in Florenz und deren Beziehung zur Renaissance-Philosophie vgl. Panofsky 1939/1997, 270 ff.). Der Form gebende und schaffende Mensch kann sich freilich nur partiell mit dem Welt-Schöpfer identifizieren. Er bleibt Geschöpf (und sei es auch sein eigenes). Die Rolle des »zweiten Gottes« (*secundus deus*), die Nikolaus von Kues (1401–1464) für den Menschen vorsieht (2002, 9 [Kap. 6]; vgl. Flasch 2008, 461), oder die Rolle des »sterblichen Gottes«, von der Giannozzo Manetti (1396–1459) spricht (1452/1990, 91), sind nicht verlustfrei auszufüllen. Die Identität des Menschen steht neu in Frage, die »einzigartige Stellung des Menschen […] ist so erhaben wie problematisch« (Panofsky 1939/1997, 209).

Tugend und Freiheit: Von Giannozzo Manetti bis Giordano Bruno

Die göttliche *creatio* wird vom Menschen in der *contemplatio* gespiegelt und auch in eigener Aktivität nachgeahmt. Beide Motive kommen modellhaft in Manettis Traktat *Über die Würde und Erhabenheit des Menschen* zum Ausdruck. Zum einen koppelt er »die Möglichkeit zu einem glücklichen Leben« an die Bereitschaft, durch die »sichtbaren Dinge« hindurch Gott »mit unserem Geist zu schauen«, ihn »zu verehren und zu achten«. Zum anderen sagt er, Gott befehle dem Menschen, »über all diese vorher geschaffenen Dinge zu herrschen und sie so, wie er wolle, zu seinem Nutzen zu gebrauchen« (1452/1990, 90–92). In den utopischen Entwürfen aus der Renaissance-Zeit wird diese kosmologische Vorstellung zum Leitbild für eine im Geiste Gottes wiederherzustellende harmonische Ordnung (s. Kap. II.11 zu Morus und Campanella).

Die doppelte Identität, die sich der Mensch als Geschöpf Gottes und zugleich als Schöpfer eigenen Rechts zutraut, entfaltet eine erhebliche Sprengwirkung, denn in dem Maß, wie dem Menschen Originalität zukommt, wird der Bruch mit der geistigen Schau des Kosmos vorbereitet. Im Zuge dieser Emanzipation wetteifert der *homo artifex* mit Gott (Blumenberg 1957). Cassirer beschreibt die Bejahung der Schöpferkraft als eine Umstellung vom »Adam-« zum »Prometheus-Motiv« (1927/1987, 100; Cassirer u. a. 1948, 191); Erwin Panofsky hat hierzu Ergänzungen geliefert (Panofsky 1939/1997, 73, 89 f.).

Dieses Motiv findet sich zwar auch schon im Mittelalter, die Renaissance hebt sich jedoch von diesen früheren Deutungen ab, indem sie Prometheus vom Vorwurf des Aufstands gegen Gott entlastet. Er wird mit seiner Schöpferkraft Sinnbild einer legitimen Kreativität des Menschen. Diese Deutung steht umgekehrt auch im Kontrast zum Sturm und Drang, der nach Goethes berühmtem *Prometheus*-Gedicht den menschlichen Gestaltungswillen als Affront gegen göttliche Autorität auslegt. In den von Cassirer und Panofsky angeführten Deutungen des Prometheus-Motivs von Boccaccio, Ficino, Charles de Bovelles und anderen wird jeweils in unterschiedlichem Ausmaß einer Verselbständigung menschlicher Freiheit das Wort geredet.

In direktem Zusammenhang mit der Verselbständigung des handelnden Menschen verschiebt sich der Glücksbegriff. Marsilio Ficino (1433–1499) bejaht in Nachfolge Platons und des Neuplatonismus die kosmologische Einbettung des Menschen und beschreibt dessen diesseitige Existenz zugleich als eine Art Exil, aus dem er im Aufschwung zu Gott herausfindet (Ficino in Cassirer u. a. 1948, 209). Der Mensch ist gemäß Ficinos Platonismus ebenso Geistwesen wie Naturwesen – neben die Gottähnlichkeit tritt bei ihm die volksetymologische Verbindung

zwischen *humanitas* und *humus* (Cassirer 1927/1987, 101). Der Mensch ist von Desorientierung bedroht und bedarf der Anleitung und Erleuchtung; entsprechend muss er sich in seinem sterblichen Leben an die Unsterblichkeit der Seele erinnern, um im Vorgriff auf die Gewissensprüfung nach dem Tode seine Tugendhaftigkeit zu festigen (Kristeller 1976, 120). Das gute Leben und das Glück verdanken sich demnach der Spannung zwischen diesseitigem und jenseitigem Leben.

Eine von Ficino abweichende Position bezieht Pietro Pomponazzi (1462–1525). Er erlaubt mit Blick auf Glück und Tugend eine Aufwertung des diesseitigen Lebens: »Die wesentliche Belohnung für die Tugend ist die Tugend selbst; sie macht den Menschen glücklich« (1516/1990, 191 [Kap. XIV]). »Man sollte beachten, dass der tugendhaft Handelnde, nicht der, der außer der Tugend noch eine Belohnung erwartet, offenkundig weitaus tugendhafter und edler handelt als der, der über die Tugend hinaus noch eine Belohnung erwartet« – als etwa eine Belohnung im Himmelreich (223 [Kap. XIV]). »Wenn jeder Mensch ein Theoretiker wäre, [hätte] die menschliche Gemeinschaft keinen Bestand mehr. [...] Das Glück besteht also nicht in der theoretischen Haltung aufgrund eines Beweises, als käme es in allgemeiner Weise dem Menschengeschlecht zu, sondern insofern, als es seinem ersten, seinem vorrangen Teil zukommt. [...] Ob Bauer oder Schmied, Bedürftiger oder Reicher – führt einer ein der Moralität gemäßes Leben, kann er als glücklich bezeichnet werden, und zwar zu Recht, und kann mit seinem Los zufrieden sein. Darüber hinaus kann man auch außerhalb des Bereichs von an der Moralität orientiertem Glück von einem glücklichen Bauern oder einem glücklichen Architekten sprechen« (179, 181 [Kap. XIV]). Pomponazzi hält sich im Anschluss an Aristoteles (s. Kap. III.2; vgl. Kristeller 1974, 189 ff.) im diesseitigen Gemenge auf und sucht genau dort das menschliche Gute und das Glück. Damit wird die Güte in die innerweltliche Bewährung und Bestätigung überführt.

Von dieser sozialen Einbindung der Freiheit findet sich im wohl berühmtesten Text der Renaissance-Philosophie kaum eine Spur: Gemeint ist der Traktat *Über die Würde des Menschen*, den Pico della Mirandola, kaum erwachsen geworden, verfasste. Pico (1463–1494) erteilt dem Menschen eine Lizenz zur Selbstgestaltung; er bezeichnet ihn als »Chamäleon«, wobei dieses Tier als Symbolfigur der Freiheit nur taugt, wenn dessen biologisches Verhalten ins

Gegenteil verkehrt wird: Die Wandelbarkeit ist nicht als bloß adaptives Verhalten zu verstehen, sondern als Fähigkeit, mit der der Mensch heraussticht, sich hervortut, sich selbst gestaltet als »Bildhauer seiner selbst« (*[s]ui ipsius [...] plastes et fictor*): »Wer wollte dies unser Chamäleon nicht bewundern?« (1486/ 1990, 6 f.).

Der Mensch kann genau nur deshalb alles aus sich machen, weil er von sich aus nichts ist, weil ihm nicht schon eine Bestimmung zugeteilt geworden ist. Er bezieht sich, wie Charles de Bovelles (Carolus Bovillus, 1469[?]–1553[?]) formuliert, auf die Natur als ein aus ihr Herausgestellter, er gilt in diesem Sinne gar als das »Nichts von allem« (1510–11/1987, 353). Man muss aus dieser Beschreibung nur den Auftrag, das All zu spiegeln und zu bewundern, herauskürzen, dann ergibt sich das Bild einer radikalen Unbestimmtheit des Menschen.

In direkter Nachfolge zu dem »Chamäleon« von Pico della Mirandola steht Rameaus Neffe, der sich seinem Erfinder Diderot zufolge virtuos in alle Menschen und Dinge hineinversetzen kann und »ganz außer sich« als »verwirrter Mensch« endet (Diderot 1981, 263). Und in indirekter Nachfolge zu Charles de Bovelles' Mensch als »Nichts« stehen Schillers These, der Mensch gleiche im »ästhetischen Zustand« einer »*Null*« (1795–96/1993, 635), Nietzsches Bestimmung des Menschen als eines »*nicht festgestellte[n] Thier[s]*« (1886/1988, 81) und Sartres These vom Menschen als einem »Nichts«, das »*außerhalb des Seins*« steht (1943/1991, 83).

Mit Picos Selbstbejahung des Schöpferischen wird das Glück in neuer Weise zum Problem. Das Bild vom seligen, glückseligen Leben droht gewissermaßen seinen Rahmen zu verlieren. Natürlich verlässt sich Pico weiterhin auf die Vorstellung, es gebe eine Ordnung in der Welt, also auch eine ethische Ordnung, die das »Chamäleon« umgibt; an einer Stelle, die im Vergleich zur »Chamäleon«-Metapher grandios unterschätzt wird, sagt er, wir Menschen würden dank unserer Kreativität die »himmlische Harmonie [...] einsaugen« (*caelestem armoniam [...] combibemus*;1486/1990, 24 f.). Mittels dieser Verinnerlichung der Harmonie soll man in der Lage sein, seine Freiheit glücklich auszuleben und dabei ein Spiegelbild kosmischer Harmonie zu bleiben. Bei Pico geht die Selbstbejahung mit einer ekstatischen Gottesbejahung zusammen (24 f.). Doch birgt die Rede von Verinnerlichung oder »Einsaugung« eine akute Gefahr: Wenn man sich die Harmonie, die man für sein Glück für nötig hält, ganz zu eigen macht,

dann kann man die Ordnung der Welt nach Belieben umdeuten; die Harmonie wird zum prekären Produkt. Die Anfälligkeit individuellen Glücks kommt auch darin zum Ausdruck, dass es häufig in die Nähe der *fortuna* (s. Kap. II.7) gerückt wird – einer *fortuna*, die über den Schicksalsbegriff auf eine höhere Weltordnung verweist, aber auch auf die Unwägbarkeiten des Zufalls anspielt.

Zwar ist bei Pico die Allseitigkeit und Allfähigkeit des wandlungsfähigen Menschen weiterhin an eine Welt-Harmonie gekoppelt. Doch es ist nur ein kleiner Schritt von dem ›Alles-sein-Können‹ Picos zum ›Alles-haben-Wollen‹, also zur Entgrenzung des Strebens, von dem Niccolò Machiavelli (1469–1528) als Altersgenosse Picos ausgeht (Kersting 1988, 37). Bei Machiavelli tritt die Freiheit im Vorgriff auf Thomas Hobbes (s. Kap. V.1) als Fähigkeit »alles [zu] begehren« heraus (Machiavelli 1532/ 2007, 105 [I. 37]). Entsprechend ergibt sich ein Bild des individuellen Lebens und der politischen Ordnung, das permanent in Unruhe und im Umbruch ist. In Abhängigkeit von der unablässig treibenden »Kraft« des Menschen kommt es zu einem Wechsel zwischen »Vollkommenheit« und »Zerrüttung«; das ›Glück‹ wird in Machiavellis Perspektive zum Übergangsphänomen (Machiavelli 1525/1925, 241; vgl. Heller 1988, 375). Mit wohlgemerkt ironischer Absicht wird dieses in Unordnung geratene Glück von Erasmus von Rotterdam (1466[?]–1536) in seinem *Lob der Torheit* aufgespießt: »Je reicher die Narrheit, desto größer das Glück« (1511/1975, 89 [Kap. 39]).

Ende des 16. Jahrhunderts kommt Giordano Bruno (1548–1600) auf Picos Auszeichnung des Handelns als Kriterium gelungenen Menschseins zurück. (Es verdient Erwähnung, dass Picos Traktat von Papst Innozenz VIII. als häretisch verurteilt wurde und Giordano Bruno in Rom als Ketzer verbrannt wurde.) Bruno unterscheidet im Dialog *Von den heroischen Leidenschaften* zwei Bezüge des Menschen zu Gott, zwei Formen »göttliche[r] Entrücktheit«. Zu deren Unterscheidung zieht er nicht irgendeine inhaltliche Qualifikation heran, sondern allein die Frage, ob die Entrücktheit passiv erfahren oder aktiv betrieben wird. Entscheidend ist nach Bruno, ob man als bloßes »Gefäß«, als ein die Heiligtümer tragender »Esel« fungiert oder ob man – »selbst göttlich« – die »Vortrefflichkeit« als etwas, das im »eigenen Menschsein liegt«, erst hervorbringt (1585/1989, 49 f.). Bruno hält allein die zweite Option für sinnvoll. Würde der Mensch die göttliche

Eingebung oder Anleitung nämlich nur passiv, gehorsam empfangen, verstieße er gegen seine Bestimmung, denn er ist von Gott als aktives Wesen geschaffen worden. Man kann Brunos Haltung mit Hans Blumenberg aber auch in einem »nachkopernikanische[n] Universum« situieren, in dem man sich aufs eigene Tun konzentrieren muss, weil kein »designierte[r] Ort und kein ausgezeichnetes Substrat« für die »göttliche Heilstat« mehr zu finden ist (Blumenberg 1966/1996, 642). Es bleibt demnach nichts anderes, als sich die eigene Tugend, das eigene Glück, ja letztlich alles, was man ist, selbst zu erarbeiten. Die dezisionistische Umkehrung dieser Auffassung lautet, dass tugendhaft und glücklich genau derjenige sei, der dem Aktionismus frönt.

Leben als Übergang: Montaigne, Bacon, Gracián, Pascal

Michel de Montaigne (1533–1592) ist ein Zeitgenosse Giordano Brunos, doch er nimmt Anstoß an dem »heroische[n] Individualismus«, der ihm von Pico della Mirandola und anderen überliefert worden ist (Cassirer 1927/1987, 101). Montaigne verwirft den mimetischen Kurzschluss, wonach dem Individuum schier unbegrenzte Schöpferkraft zukommen soll. In einem argumentativen Kabinettstück liebäugelt er etwa mit der Idee, die »Schöpfung« eines Textes, bei der man Vollkommenheit erreichen könne, sei der Hervorbringung von Kindern, die auch missraten könnten, vorzuziehen. Das klingt so, als wolle Montaigne am Menschen-Schöpfer festhalten, doch mit feiner Ironie verweist er dann darauf, dass er über seine eigenen *Essais* gar keine »Verfügung« habe (Montaigne 1588/1953, 383). Selbst die Autorschaft, das sicherste Refugium des Schöpfertums, wird von Montaigne also infrage gestellt. Die Verbindung zwischen Schöpfer-Gott und schöpferischem Menschen wird ebenso verworfen wie die Einbettung des Menschen in die göttliche Schöpfung als kosmische Ordnung.

Was bleibt, ist ein Leben im Ungewissen und Ungefähren, ein Leben in einer Welt, die »nichts [ist] als eine nimmer ruhende Schaukel«, ein Individuum, das sich »nicht festhalten« kann (623), ein »Handeln […] in unaufhörlichem Wechsel« (844). Die stoischen Anrufungen der Seelenruhe, die sich vor allem im (frühen) ersten Buch der *Essais* finden (vgl. 120, 123), treten in den später entstandenen Texten immer stärker zurück; das Glück, das »große und herrliche Meisterwerk« (875), richtig zu leben, ergibt sich

nach Montaigne nun in der Kunst, sich auf dieses Leben, das nicht ein »Sein«, sondern ein »Übergang« (*passage*; 623) ist, einzulassen und ihm gerecht zu werden. So wendet er sich auch gegen die »Verächter und Feinde« des Körpers und gegen das »Wegwerfen« der Gegenwart (874, 879).

Man würde Montaigne allerdings falsch verstehen, nähme man diese Voten als eine Vorwegnahme dessen, was etwa die französischen Materialisten (s. Kap. V.2) im 18. oder Feuerbach (s. Kap. V.5) im 19. Jahrhundert sagen werden. Man muss wörtlich nehmen, was Montaigne sagt: »Ich studiere mich mehr als irgend einen Gegenstand. Das ist meine Metaphysik, das ist meine Physik« (851). Es geht demnach nicht um eine Rückführung individuellen Lebens auf dessen natürliche (physische) Bedingungen, sondern um einen ganz neuen Ansatz, die menschliche Lebensform, also auch den formenden Zugriff des Individuums zu denken. Das Leben als »Übergang« wird dabei weder aktivistisch angeeignet oder vereinnahmt, noch überlässt sich Montaigne dem Fluss des Lebens oder verliert sich in Klagen über die Vergänglichkeit.

Für Montaigne ist das Leben im Übergang eine Folge von »Lebensversuchen« (*essais de ma vie*; 856 [Übers. geänd., d. Verf.]); entsprechend fällt die vom ihm gewählte oder geradezu erfundene literarische Form des Essays mit der von ihm gesuchten Lebensform zusammen. Die Seelenruhe wird nicht in einem Kampf gegen die Bewegung des Lebens durchgesetzt, denn dieser brächte wiederum nur Unruhe mit sich. Vielmehr ergibt sich nach Montaigne eine eigene Art von Ruhe dann, wenn die Bewegung des Lebens gelingt. Was das Glück dieses Lebens sei, erschließt sich ihm beim Blick auf die »Kannibalen«, denen er ein berühmtes Stück seiner *Essais* widmet: »Sie [haben] keinen Mangel an all den Dingen […], deren sie bedürfen, und auch keinen Mangel an dieser großen Kunst, sich ihrer Lage in glücklicher Zufriedenheit zu erfreuen« (238).

Bei fast allen Denkern, die sich nach Montaigne der Grenze zwischen der Renaissance und der Frühen Neuzeit nähern oder sie überschreiten, kehrt das von ihm herausgestellte Motiv des Lebens als Übergangs oder als Bewegung wieder. Die Offenheit oder Unbestimmtheit des menschlichen Lebens, die in der Hochrenaissance als Freisetzung des Menschen, als Eröffnung eines immensen Handlungsraums gedacht war, wandert in die Lebensführung, den Lebenslauf, die Geschichtlichkeit des Lebens hinein. Dabei finden sich sehr unterschiedliche Auffassun-

gen dieser Bewegung, die jeweils auch mit Glücksvorstellungen gekoppelt sind.

Francis Bacon (1561–1626) sagt: »Der menschliche Verstand ist ständig im Gleiten [...]. Daher ist es
undenkbar, dass es etwas Letztes und Äußerstes in
der Welt gibt« (1620/1990, 109 [Aph. 48]). Er ordnet
diesem »Gleiten« einen fortlaufenden Erkenntnis-
prozess zu, der von der Wissenschaft »zur Wohltat
und zum Nutzen fürs Leben« vorangebracht wird
(33). Mit der »Herrschaft über die Natur« schließt
Bacon nach Kristeller bei Ficino an (Kristeller 1976,
122). Entfaltet wird dieses glücksdienliches Fort-
schrittsmodell in Bacons utopischem Entwurf *Neu-
Atlantis* (s. Kap. II.11).

Balthasar Gracián (1601–1658) erkennt in der
Übergänglichkeit des Lebens eine Kette von Situationen, die jeweils Gelegenheiten zum Eingreifen bieten. Wie schon Montaigne die Gegenwart beim
Schopfe greifen will, so nun auch Gracián: »Unser
Handeln, unser Denken, alles muss sich nach den
Umständen richten. [...] Der Weise [...] weiß, dass
der Leitstern der Klugheit darin besteht, dass man
sich nach der Gelegenheit richte« (1647/1993, 226 f.).
Gracián stellt das Individuum aber – anders als Montaigne – in eine Gegenwart hinein, die immer auch
eine Situation des Kampfs, des Sich-Durchsetzens ist.
Sein »Weltbild« ist, wie Werner Krauss bemerkt,
»agonal«, er präsentiert eine »Person« mit »Kampf-
charakter« (Krauss 1947, 137, 108, 113, 119). Das Da-
rüberstehen, die erhabene Position, die Ficino, Pico
und andere dem Menschen zuschreiben, kehrt bei
Gracián wieder als Absicht, »sich selbst genug zu
sein« und damit »dem höchsten Wesen zu gleichen«
(Gracián 1647/1993, 111). Die »Glückseligkeit«, die
diesem Zustand zugeschrieben wird (234), verdankt
sich bei Gracián einem aktiven Einsatz in der Welt.
Er gibt der Unendlichkeit und Offenheit des Menschen eine überraschende Wende, indem er sie auf
dem Kampfplatz der Gesellschaft in Erscheinung
treten lässt. Der Mensch wahrt demnach seine Freiheit dadurch, dass er sich entzieht oder – wie Gracián zugespitzt sagt – nicht »sehen lässt, dass er ein
Mensch sei« (227). »Der Übermensch Graciánscher
Prägung« versucht, das »Unergründliche, Unfassli-
che, Unbegreifliche« (Krauss 1947, 138), das aus der
Renaissance-Philosophie bekannt ist, zu einem Al-
leinstellungsmerkmal zu machen. Es handelt sich dabei aber um mehr als um eine plumpe Machtde-
monstration. Vielmehr ist das Glück des Menschen
nach Gracián darauf angewiesen, dass im Leben die
eigenen Fähigkeiten immer weiter ausgelotet und er-

kundet werden; dieser Prozess gelingt nur, wenn der
Anspruch auf die Unergründlichkeit des Lebens aufrecht erhalten wird (154).

Für Blaise Pascal (1623–1662; s. Kap. IV.3) ist
die »Unbeständigkeit« – wie für Montaigne – eine
»Seinslage«, ein »Zustand, der uns natürlich« ist.
Nach Pascal ist er aber auch »der gegensätzlichste
unserer Wünsche«: »Wir brennen vor Gier, einen
wirklich beständigen Grund zu finden [...]; aber alle
Fundamente zerbrechen, und die Erde öffnet sich bis
zu den Abgründen« (1670/1948, 46, 75). Pascal leidet
an der Unbeständigkeit, die er nicht – wie Montaigne
– positiv umdeutet; doch er hält an ihr fest und verweigert sich der Sehnsucht, »Sicherheit und Beständigkeit« zu suchen (46). Bei Pascal bekommt deshalb
die Tatsache, dass »alle Menschen ohne Ausnahme
[...] danach [streben], glücklich zu sein« (192), einen
tragischen Zug. »Trotz dieses Elends will der Mensch
glücklich sein und nichts als glücklich sein, und er ist
nicht fähig, zu wollen, dass er es nicht sei; wie aber
kann er es sein?« (93). Für das Glück gibt es hienieden nach Pascal gewissermaßen nur falsche Adres-
sen. Er findet Zugang zum Glück – wenn überhaupt
– in Erfahrungen, in denen das Irdische immer
schon über sich hinausweist: im reinen Denken, im
Glauben und in der Liebe zu Gott (169, 224, 195).

Mit seinem berühmten Diktum, das »Ich« sei
»hassenswert« (214), wirft Pascal vorab einen Schat-
ten auf die zu seinen Lebzeiten aufkommenden Vor-
stellungen, die das Glück an die Befriedigung egois-
tischer Bedürfnisse binden; mit seiner pauschalen
Invektive gegen das Ich verstellt er sich aber den
Blick auf Wege, wie das Ich und sein Verhältnis zur
Welt auf neue Weise beschrieben werden können.
Das Glück kommt dabei in der Renaissance und in
der Frühen Neuzeit auf unterschiedliche Weise ins
Spiel. Zum einen bindet es sich an die Kreativität des
Ich oder an die behutsame, fragile Bewegtheit und
Übergänglichkeit des menschlichen Lebens (s. Kap.
II.5). Zum anderen ist das Glück gebunden an Har-
monie-Vorstellungen der Welt und der sozialen Ord-
nung, in die der Mensch eingebettet ist. Mit dieser
Doppelung werden die Spannungen vorweggenom-
men, von denen die Moderne gezeichnet ist.

Literatur

Bacon, Francis: Neues Organon [1620]. Hamburg 1990.
Blumenberg, Hans: »Nachahmung der Natur«. Zur Vor-
   geschichte der Idee des schöpferischen Menschen. In:
   Studium Generale 10 (1957), 266–282.

–: Die Legitimität der Neuzeit [1966]. Frankfurt a. M. 1996.

Bovillus, Carolus: Liber de Sapiente [1510–11]. In: Ernst Cassirer: Individuum und Kosmos in der Philosophie der Renaissance. Darmstadt 1987, 299–412.

Bruno, Giordano: Von den heroischen Leidenschaften [1585]. Hamburg 1989.

Cassirer, Ernst: Individuum und Kosmos in der Philosophie der Renaissance [1927]. Darmstadt 1987.

– /Kristeller, Paul Oskar/Randall, John Herman (Hg.): The Renaissance Philosophy of Man. Chicago/London 1948.

Diderot, Denis: Rameaus Neffe. In: Ders.: Erzählungen und Gespräche. Frankfurt a. M. 1981, 182–288.

Erasmus von Rotterdam: Lob der Torheit [1511]. Ausgewählte Werke. 2. Bd. Darmstadt 1975.

Flasch, Kurt: Nikolaus von Kues. Geschichte einer Entwicklung. Frankfurt a. M. 2008.

Gracián, Balthasar: Hand-Orakel und Kunst der Weltklugheit [1647]. Zürich 1993.

Heller, Agnes: Der Mensch der Renaissance. Frankfurt a. M. 1988.

Herder, Johann Gottfried: Ideen zur Philosophie der Geschichte der Menschheit [1784–85]. In: Ders.: Werke. Bd. 6. Frankfurt a. M. 1989.

Kersting, Wolfgang: Niccolò Machiavelli. München 1988.

Korff, Wilhelm: Wie kann der Mensch glücken? München/Zürich 1985.

Krauss, Werner: Graciáns Lebenslehre. Frankfurt a. M. 1947.

Kristeller, Paul Oskar: Humanismus und Renaissance I. München 1974.

–: Humanismus und Renaissance II. München 1976.

Machiavelli, Niccolò: Geschichte von Florenz [1525]. München 1925.

–: Discorsi [1532]. Stuttgart 2007.

Manetti, Giannozzo: Über die Würde und Erhabenheit des Menschen [1452]. Hamburg 1990.

Montaigne, Michel de: Essais [1588]. Zürich 1953.

Nietzsche, Friedrich: Jenseits von Gut und Böse [1886]. In: Ders.: Sämtliche Werke. Kritische Studienausgabe. Bd. 5. München/Berlin/New York 1988, 9–243.

Nikolaus von Kues: De beryllo/Über den Beryll. Hamburg 2002.

Panofsky, Erwin: Studien zur Ikonologie der Renaissance [1939]. Köln 1997.

Pascal, Blaise: Pensées [1670]. Tübingen 1948.

Petrarca, Francesco: Die Besteigung des Mont Ventoux. Stuttgart 1995.

Pico della Mirandola, Giovanni: De hominis dignitate [1486]/Über die Würde des Menschen. Hamburg 1990.

Pomponazzi, Pietro: Abhandlung über die Unsterblichkeit der Seele [1516]. Hamburg 1990.

Ritter, Joachim: Subjektivität. Frankfurt a. M. 1974.

Sartre, Jean-Paul: Das Sein und das Nichts [1943]. Reinbek 1991.

Schiller, Friedrich: Über die ästhetische Erziehung des Menschen in einer Reihe von Briefen [1795–96]. In: Ders.: Sämtliche Werke. 5. Bd. München/Wien 1993, 570–669.

Tepl, Johannes von: Der Ackermann aus Böhmen. Stuttgart 1980.

Dieter Thomä

3. Glück und Kalkülisierung. Pascal und die Folgen

Bis ins 17. Jahrhundert war das Glück der Inbegriff des Unberechenbaren. Wenn in der Antike oder im Mittelalter Aussagen über zukünftiges Glück gemacht wurden, beruhten diese auf bloßen Meinungen, nicht auf wissenschaftlich quantifizierenden Verfahren (s. Kap. II.7). Solche Aussagen gehörten in der aristotelischen Wissenschaftstradition zum Bereich der bloßen *opinio*, nicht zum Bereich der strengen *scientia*. In der frühen Neuzeit aber wurde die strikte Grenze zwischen diesen beiden Bereichen durchlässig (Hacking 1975/2006, 18–30). Es entwickelte sich die Wahrscheinlichkeitsrechnung, welche mögliches zukünftiges Glück einer quantifizierenden Planung erschloss, und es kam zur sogenannten »probabilistischen Revolution« (Krüger u. a. 1987), in deren Verlauf sich der Umgang mit Zufall und Zukunft grundlegend veränderte: Nun konnte jedem möglichen Glücks- oder Unglücksfall eine bestimmte Eintretenswahrscheinlichkeit zugeschrieben werden, und immer mehr Unwägbarkeiten des Lebens konnten dank der neuen mathematischen Möglichkeiten versicherungstechnisch gezähmt werden. Es begann das Zeitalter der Statistik und der Versicherung, in dem wir noch immer leben: ein Zeitalter, dessen zentrale, früher noch undenkbare Frage lautet: »What are the odds?«

Vormoderne Abenteurer wie Odysseus oder Parzival hätten nie den Versuch unternommen, die Wahrscheinlichkeit bestimmter glücklicher Fügungen in ihrem Leben zu beziffern. Anders hingegen der Protagonist von Daniel Defoes *Robinson Crusoe* (1719): Er, der paradigmatische Abenteurer der heraufkommenden Moderne, steht schon ganz im Banne jener Frage, wenn er nach seinem Schiffbruch über sein unwahrscheinliches Glück im Unglück räsoniert und meint, die Chance, dass sein Schiff – nachdem es weit draußen vor der Insel auf Grund gelaufen war – noch einmal hochgehoben und so nahe an den Strand getrieben wurde, dass es ihm möglich wurde, alle lebensnotwendigen Dinge daraus zu retten, habe nicht mehr als 1 zu 100.000 betragen (Defoe 1719/1994, 47). Auch an anderen Stellen seines Lebensberichts spricht Robinson in dieser Art von Chancenverteilungen, und obschon er selbstverständlich nicht wirklich rechnet, erweist er sich da-

mit doch als sensibler Rezipient der ersten Ansätze zur Kalkülisierung des Glücks.

In England wurde diese Kalkülisierung damals vor allem von Abraham de Moivre propagiert, der mit *The Doctrine of Chances* (1718) ein einschlägiges Standardwerk vorlegte. Seine Arbeit, deren Titel im zeitgenössischen Deutsch als »die Lehre von den Glücks=Fällen« übersetzt wurde (Zedler 1732–54, Bd. 38, 1627), hatte die Chancenverteilung in verschiedenen Glücksspielen zum Gegenstand, denn diese Spiele boten die Möglichkeit, das Glück gleichsam unter Laborbedingungen zu untersuchen. Am Spieltisch konnten alle möglichen glücklichen und unglücklichen Spielverläufe *a priori* überschaut werden, während im Blick auf die Verteilung von Glück und Unglück im Leben nur auf der Grundlage von statistischen Datensammlungen *a posteriori* Prognosen gemacht werden konnten. Zudem konnten sich im Leben die relevanten Wirkungsfaktoren verändern, während im Spiel die Rahmenbedingungen unverändert blieben. Vor diesem Hintergrund wird verständlich, weshalb sich die Pioniere der »Lehre von den Glücks-Fällen« zunächst ausschließlich der Erforschung der Hasardspiele zuwandten – so auch derjenige Mathematiker, der in den 1650er Jahren die ersten Schritte zur Begründung jener Lehre machte: Blaise Pascal.

Die unberechenbare Fortuna

Das Problem, welches Pascal zu seinen ersten einschlägigen Überlegungen anregte, war an sich ein uraltes: Immer wieder war Streit darüber entbrannt, wie im Falle eines vorzeitigen Spielabbruchs und bei einer ungleichen Anzahl gewonnener Spielrunden die von beiden Spielern zu gleichen Teilen eingezahlte Gewinnsumme gerecht aufgeteilt werden sollte. Das lässt sich wie folgt konkretisieren: Angenommen, zwei Spieler A und B einigen sich darauf, ein Glücksspiel wie *Kopf oder Zahl* so lange zu spielen, bis einer von ihnen sechsmal gewonnen hat. Nun werden sie beim Stand von 5:3 für Spieler A gestört und können die Partie nicht zu Ende spielen. Wer erhält dann wie viel von der Gewinnsumme? Diese Frage kann nur beantwortet werden, wenn man eine Voraussage darüber wagt, wem das Glück in den verbleibenden Runden eher gewogen wäre, würden sie denn noch gespielt. Man muss sich also in das dunkle Reich der unberechenbaren Fortuna vorwagen. Aber wie?

Schon lange vor Pascal hatten Mathematiker versucht, dem Glück im Spiel auf die Spur zu kommen und eine tragfähige Lösung für das Problem des unterbrochenen Spiels zu finden. Doch der Blick auf ihre Lösungsvorschläge zeigt anschaulich, wie sie letztlich immer wieder vor der Macht der Glücksgöttin kapitulierten: So machte Luca Pacioli bereits im ausgehenden 15. Jahrhundert einen Lösungsvorschlag, wonach die Gewinnsumme beim Stande von 5:3 in eben diesem Verhältnis aufgeteilt werden müsse (Schneider 1988, 11–14). Niccolo Tartaglia kritisierte diese Rechenmethode einige Jahrzehnte später mit dem Verweis darauf, dass sie bei gewissen Spielständen ganz offensichtlich absurde Resultate zeitigen würde (18 f.). Nähme man nämlich an, das Spiel würde bereits nach einer einzigen von sechs Runden unterbrochen, müsste die Gewinnsumme im Verhältnis 1:0 verteilt werden, und so würde dem Gewinner dieser ersten und einzigen Runde der ganze Preis zugesprochen. Tartaglia plädierte deshalb für eine Lösung, die von der Punktedifferenz zum Zeitpunkt des Spielabbruchs ausgeht. Ausgeblendet bleibt dabei freilich die Frage, ob das Spiel in einer frühen oder späten Phase unterbrochen wird, ob A also zum Beispiel 2:0 oder 5:3 in Führung liegt. Tartaglia berücksichtigte nicht die Entwicklung des Spiels in der Zeit, sondern fasste das Geschehen in der Spielvergangenheit in einem abstrakten Verhältnis zusammen und ließ die möglichen Entwicklungen in der noch nicht gespielten Zukunft außer Acht.

Noch einmal anders ging dann um 1600 Lorenzo Forestani das Problem an (Coumet 1965, 257–259): Er stellt zunächst fest, dass ein Spiel, das bis auf 6 Gewinnpunkte gespielt werde, maximal 11 Runden dauern könne. Beim Stande von 5:3 hat A also 5/11 und B 3/11 der möglichen Runden gewonnen, und entsprechend sollen A 5/11 und B 3/11 der Gesamtgewinnsumme gegeben werden. Dabei bleiben freilich 3/11 des Preisgeldes übrig, und Forestani meint, dieser Rest müsse zu gleichen Teilen an die beiden Spieler verteilt werden. Er ist sich zwar bewusst, dass gegen diese Aufteilung eingewendet werden könnte, sie trage dem Umstand nicht Rechnung, dass A näher am Erreichen der nötigen 6 Gewinnpunkte sei als B. Doch dieser Einwand ist für ihn gegenstandslos, denn »Fortuna« könne sich schnell gegen denjenigen wenden, der in Führung liege; schließlich habe sich das immer wieder sowohl im Spiel als auch im Krieg gezeigt, wie er mit dem Hinweis auf entsprechende Verse Ariosts über die unzuverlässige Fortuna und das wechselnde Schlachtenglück bemerkt (259). Er streckt mithin seine mathematischen Waffen vor der unberechenbaren Macht des Glücks.

Die »Geometrie des Zufalls«

Pascal nun erzählt die Geschichte des unterbrochenen Spiels ganz anders. Für ihn zerfällt sie nicht in eine abgeschlossene Vergangenheit und eine von dieser radikal unterschiedene Zukunft, die sich dem rechnenden Zugriff verweigert. Vielmehr behandelt er sie als eine Geschichte, deren Vergangenheit und Zukunft vermittelbar sind über das Kontinuum der berechenbaren Chancen. Er stellt zuversichtlich die Frage nach den noch ungespielten Runden und stellt fest, dass beim Stande von 5:3 mindestens noch eine (falls A die nächste Runde gewinnen würde), höchstens aber drei (falls B dreimal hintereinander gewinnen würde) zu spielen sind. Nun beträgt bei einem gerechten Spiel die Gewinnchance der beiden Spieler in jeder Runde 0.5, und der Spieler A könnte das Spiel in der ersten, zweiten oder dritten weiteren Runde für sich entscheiden. Addiert man aber die drei Wahrscheinlichkeiten, die sich aus diesen möglichen Spielverläufen ergeben, resultiert für A die Gesamtwahrscheinlichkeit $0.5 + 0.5^2 + 0.5^3 = 0.875$, und er erhält demnach 87,5 % der Gewinnsumme.

Mit diesem Ausgriff in die Spielzukunft zeichnet sich eine folgenreiche Emanzipation von der Macht der Fortuna ab, die noch bei Forestani eine so lähmende Wirkung auf die mathematische Untersuchung des unterbrochenen Spiels hatte. Und Pascal machte bei der Präsentation seiner Forschungsarbeiten vor der Akademie im Jahre 1654 auch keinen Hehl daraus, für wie bedeutend er seine Kalkülisierung des Spielglücks hielt. Stolz verkündete er, er habe eine Rechenmethode gefunden, mittels der »die wankelmütige Fortuna« durch die »Ausgeglichenheit der Vernunft unterdrückt« werden könne: »anceps fortuna aequitate rationis […] reprimitur« (Pascal 1998, Bd. 1, 172). Nun sei das vermeintlich ganz wissenschaftsfremde Wirken der Glücksgöttin endlich der mathematischen Behandlung zugänglich geworden, womit ein ganz neues Forschungsgebiet eröffnet worden sei; ein Gebiet, das »für sich mit Recht den erstaunlichen Titel beansprucht: Geometrie des Zufalls« – »stupendum hunc titulum jure sibi arrogat: Aleae geometria« (172).

Die Begeisterung Pascals über die mathematische Zähmung der Glücksgöttin ist unübersehbar, und das Bild von der Unterwerfung der Fortuna wurde in den frühen Arbeiten zur Glücksspielrechnung – von Christiaan Huygens' *De ratiociniis in ludo aleae* (1657) bis zu Pierre Rémond de Montmorts *Essay d'Analyse sur les Jeux de Hazard* (1708) – zum festen

Topos. Die neue Theorie erlaubte es zwar nicht, vorauszusagen, was jeweils tatsächlich geschehen würde. Doch mit der Entdeckung, dass die »Glücks-Fälle« einer »Lehre« und damit einer Ordnung unterworfen werden können, wurde deutlich, dass die Verteilung von Glück und Unglück bestimmten Regelmäßigkeiten gehorcht und dass es deshalb unvernünftig wäre, zu glauben, das Glück im Spiel könne irgendwie beeinflusst werden durch das Setzen auf ›Glückskarten‹, durch die Wahl von bestimmten ›Glücksorten‹ für eine Partie oder gar durch ein ›Glück‹, das einem wie eine Qualität anhängen würde. Dazu bemerkt Moivre in seiner *Doctrine of Chances*, die neue Theorie könne entscheidend dazu beitragen, einen alten Aberglauben zu heilen, nämlich: »that there is in Play such a thing as *Luck*, good or bad.« Dank der Glücksspielrechnung werde endlich klar, »dass der Begriff des *Glücks* bloß eine Täuschung« sei – »that the Notion of *Luck* is meerly Chimerical« – und dass es so etwas wie einen Glückspilz nicht gebe: »[I]f the Word *good Luck* be understood to signifie a certain predominant quality, so inherent in a Man, that he must win whenever he Plays, or at least win oftner than lose, it may be denied that there is any such thing in nature« (Moivre 1718, IV).

Die Kalkülisierung des Glücks, wie sie sich damit seit der Mitte des 17. Jahrhunderts abzeichnete, blieb bald nicht mehr auf den Bereich der Hasardspiele beschränkt. Schon früh wurde in der *Logik von Port-Royal* (1662) darauf hingewiesen, wie die Erkenntnisse aus dem Spiel auch in anderen Lebenszusammenhängen fruchtbar gemacht werden könnten; beispielsweise, um den Menschen zu zeigen, wie unwahrscheinlich das Unglück sei, durch einen Blitzschlag zu sterben (Arnauld/Nicole 1662/85/1972, 348). Doch eine wissenschaftlich tragfähige Grundlage zur Übertragung der Erkenntnisse aus der Glücksspielrechnung auf andere Weltzusammenhänge wurde erst durch Jakob Bernoulli geschaffen, der im vierten Teil seiner *Ars conjectandi* (1713) demonstrierte, wie die Zufallsereignisse im Leben ebenso »wissenschaftlich« (»scientifice«) untersucht werden könnten »wie bei den Hasardspielen« (Bernoulli 1713/1975, 249). Auf dieser Basis wurden in der Folge immer mehr »Glücks-Fälle« statistisch erfasst und versicherungstechnisch unter Kontrolle gebracht. Es begann die umfassende und spezifisch moderne »Zähmung des Zufalls« (Hacking 1990), die eben auch als eine Zähmung des Glücks verstanden werden kann.

Glücksmoment und Durchschnittsglück

Wer im probabilistischen Sinne vernünftig plant, glaubt erstens nicht an Glücksbringer und Glückspilze. Er zählt bei seiner Planung aber zweitens – und das ist grundlegender – auch nicht darauf, dass er bei einem einzelnen großen Wagnis sein Glück machen kann. Er vertraut nicht auf das Glück, das sich im Kairos eines intensiven Einzelmoments einstellt, sondern versucht auf der Grundlage von statistisch abgestützten Wahrscheinlichkeitstabellen langfristig seine Lebensziele zu erreichen und damit glücklich zu werden. Er wagt nicht, sondern wägt ab, denn er hat die zentrale Lektion der neuen Theorie gelernt, wonach – wie es Pierre Simon de Laplace 1814 formulieren sollte – kein Mensch glauben dürfe, er stehe im »Mittelpunkte einer mehr oder minder ausgebreiteten Sphäre« und der »Zufall« würde ihn in irgendeiner Weise bevorzugen (Laplace 1814/1996, 127). Der Probabilist gewinnt mithin mehr Planungssicherheit, doch er bezahlt diese Sicherheit mit einer Dezentrierung seiner Existenz: Sein Lebensschicksal ist nur noch ein Datenbündel, und damit ist es aus allen transzendenten, Geborgenheit vermittelnden Bezügen herausgelöst.

Diese Dezentrierung wird noch augenfälliger, wo die neue Theorie nicht nur als Hilfsmittel zur Lebensplanung für den Einzelnen in Betracht kommt, sondern als Steuerungsinstrument zur Verwaltung und Regierung von Kollektiven (s. Kap. II.9). Hier zeigt der kühle statistische Blick, wie sich Glück und Unglück der Einzelnen nach bestimmten Mustern verteilen und wie diese Einzelschicksale durch geeignete Maßnahmen so miteinander verrechnet werden können, dass das Kollektivglück des Staats gezielt gefördert wird. Besonders anschaulich kommt dies gegen Ende des 18. Jahrhunderts in den Arbeiten Condorcets (s. Kap. V.2) zum Ausdruck, wo begeistert davon die Rede ist, wie Glück und Unglück der Menschen in Versicherungen und Rentenkassen zum Nutzen des Gesamtglücks miteinander verrechnet werden könnten; wie »Zufall gegen Zufall« gesetzt und damit die »Herrschaft des Zufalls« gebrochen werden könne, so dass die Menschheit »sicher und tüchtig auf dem Weg der Wahrheit, der Tugend und des Glücks [bonheur]« vorwärts schreiten könne (Condorcet 1795/1976, 201, 221). Das Glück des Probabilisten ist das Glück des Durchschnitts. Es ist nicht das Glück, das in einem glücklichen Einzelfall ganz unvermutet hereinbrechen kann, denn wer im Zeitalter von Statistik und Versicherung mit diesem »Glücke« rechnet, erscheint – wie es im frühen 19. Jahrhundert in der Enzyklopädie von Ersch und Gruber heißt – »thöricht, seltsam« (Ersch/Gruber 1818 ff., Bd. 1, 86).

Trotz oder gerade wegen der immer weiter um sich greifenden Zähmung des Zufalls setzte allerdings schon früh eine Gegenbewegung ein, die gegen den Imperialismus des Durchschnittsglücks aufbegehrte. Ihre Anhänger rebellierten gegen die Maximen probabilistischer Vernünftigkeit und bürgerlicher Sekurität, und nicht selten verdichtete sich ihre Kritik in einem Bekenntnis zum Glücksspiel: Am Spieltisch war die Wahrscheinlichkeitsrechnung entwickelt worden, in deren Lichte sich freilich unmissverständlich zeigte, dass es in einem emphatischen Sinne ›irrational‹ wäre, sein Glück an jenem Tisch zu suchen. Der Erfolg ist zu unwahrscheinlich. Umso entschiedener wandten sich deshalb die Gegner des Durchschnittsdenkens immer wieder programmatisch dem Hasardspiel zu, denn, so bemerkte beispielsweise Baudelaires Zeitgenosse Edouard Gourdon: »Eine Folge glücklicher Spielcoups gibt mir mehr Genuss, als ein Mann, der nicht spielt, in Jahren haben kann« (Gourdon 1860, 14). Am prominentesten kommt diese Haltung aber wohl in Dostoevskijs (s. Kap. V.14) Roman *Der Spieler* (1866) zum Ausdruck, wo die Polemik gegen den Durchschnitt, die der Autor bereits in den *Aufzeichnungen aus dem Untergrund* (1864) lanciert hatte, im Zeichen des Glücksspiels fortgesetzt wird: Der Protagonist Alexej Iwanowitsch weiß, dass er sich mit seinem Glauben ans Glück im Roulette bei den sogenannten Vernünftigen lächerlich macht. Noch »lächerlicher« kommt es ihm allerdings vor, »das zu meinen, was alle meinen: es sei dumm und sinnlos, etwas vom Spiel zu erwarten. [...] Es stimmt schon, von hundert gewinnt einer. Doch was geht mich das an?« (Dostojewski 1866/1994, 360). In diesem »Doch was geht mich das an?« erscheint die Absage an das normalistische Diktat des Durchschnitts in größter Verdichtung. Hier begehrt einer entschieden auf gegen die Kalkülisierung des Glücks (zum utilitaristischen Kalkül Benthams s. Kap. V.1) und will sich die Möglichkeit bewahren, einen unvergleichlich intensiven, dionysischen Glücksmoment zu erleben – auch wenn er dabei zu Grunde geht. Spricht man also von der Kalkülisierung des Glücks, ist immer auch jene antinormalistische Gegenbewegung im Auge zu behalten, die auf der Unberechenbarkeit und Unverrechenbarkeit des Glücks insistiert.

Literatur

Arnauld, Antoine/Nicole, Pierre: Die Logik oder Die Kunst des Denkens [1662/85]. Darmstadt 1972.

Bernoulli, Jakob: Ars conjectandi [1713]. In: Ders.: Werke Bd. 3. Basel 1975, 107–286.

Campe, Rüdiger: Spiel der Wahrscheinlichkeit. Literatur und Berechnung zwischen Pascal und Kleist. Göttingen 2002.

Condorcet: Entwurf einer historischen Darstellung der Fortschritte des menschlichen Geistes [1795] (Hg. W. Alff). Frankfurt a. M. 1976.

Coumet, Ernest: Le problème des partis avant Pascal. In: Archives internationales d'histoire des sciences 18 (1965), 245–272.

Defoe, Daniel: Robinson Crusoe [1719] (Hg. M. Shinagel). New York/London 1994.

Devlin, Keith: Pascal, Fermat und die Berechnung des Glücks [2008]. München 2009.

Dostojewski, Fjodor: Der Spieler [1866]. In: Ders.: Der Spieler. Späte Prosa. Berlin/Weimar 1994, 348–530.

Ersch, Johann Samuel/Gruber, Johann Gottfried (Hg.): Allgemeine Encyclopädie der Wissenschaften und Künste. Leipzig 1818 ff.

Gourdon, Edouard: Les faucheurs de nuit. Joueurs et joueuses. Paris 1860.

Hacking, Ian: The Emergence of Probability [1975]. Cambridge ²2006.

–: The Taming of Chance. Cambridge 1990.

Kavanagh, Thomas M.: Enlightenment and the Shadows of Chance. Baltimore/London 1993.

Krüger, Lorenz u. a.: The Probabilistic Revolution. Cambridge, MA 1987.

Laplace, Pierre Simon de: Philosophischer Versuch über die Wahrscheinlichkeit [1814]. Thun/Frankfurt a. M. 1996.

Moivre, Abraham de: The Doctrine of Chances. London 1718.

Pascal, Blaise: Œuvres complètes (Hg. M. Le Guern). Paris 1998 ff.

Schneider, Ivo: Die Entwicklung der Wahrscheinlichkeitsrechnung von den Anfängen bis 1933. Einführungen und Texte. Darmstadt 1988.

Schnyder, Peter: Alea. Zählen und Erzählen im Zeichen des Glücksspiels 1650–1850. Göttingen 2009.

Zedler, Johann Heinrich: Großes Universal-Lexicon. Halle/Leipzig 1732–54.

Peter Schnyder

4. Glück bei Spinoza. Die Freiheit der Selbsterhaltung

Baruch de Spinozas (1632–1677) Philosophie, entsprungen aus scholastischen, cartesianischen, jüdischen und republikanischen Traditionen, galt zu seiner Zeit als skandalös. Die Auffassung, dass es keinen transzendenten Gott gebe, dass der Mensch im Zusammenhang der Natur durchgängig bestimmt sei, dass unsere normativen Begriffe von gut und schlecht nichts als Instrumente der menschlichen Selbsterhaltung darstellten, dass anderslautende Auffassungen bloß Projektionen aus dem Glauben der Menschen, alles geschehe um ihretwillen, seien, – sie erregte den Zorn des Theismus und des Deismus der Neuzeit noch lange über Spinozas Tod hinaus. Die meisten seiner Schriften konnten nur anonym erscheinen. »Spinozismus« war daher lange Jahre eine klandestine Angelegenheit. Spätestens aber seit in der klassischen deutschen Philosophie Spinozas Überlegungen diejenigen bewegten, die gerade Gott und die Freiheit auf neue Weise zu begreifen suchten, war Spinoza wieder in den Hauptstrom des europäischen Denkens zurückgekehrt. Und so konnte sich nach und nach auch der im engeren Sinne ethische Gehalt seiner Philosophie neu entfalten.

Gegen Ende seines Hauptwerkes, der *Ethik*, sagt Spinoza, was Glück (*beatitudo*) sei. »Es besteht […] in der beständigen und ewigen Liebe zu Gott oder in der Liebe Gottes zu den Menschen« (*Ethik* V, Lehrsatz 36, Anm.). Der Argumentationsgang der *Ethik* zeigt, dass Spinozas Satz in vier andere Sätze übersetzt werden kann, die auf den ersten Blick wenig mit ihm und ebenso wenig miteinander zu tun zu haben scheinen: (1) Glück besteht in der menschlichen Selbsterhaltung; (2) Glück besteht in der steten Verursachung neuer Wirkungen; (3) Glück besteht in der Kontemplation der Wahrheit; (4) Glück besteht in der Freiheit des Menschen. Um den Zusammenhang dieser Sätze zu verstehen, sind zunächst die Begriffe ›Selbsterhaltung‹, ›Verursachung‹, ›Kontemplation‹, ›Gottesliebe‹ und ›Freiheit‹ in ihrem Verhältnis zu verstehen.

Selbsterhaltung und Verursachung

Das Streben nach Selbsterhaltung ist für Spinoza das Prinzip dessen, was ist. Seine Grundbestimmung des Seienden lautet: »Ein jedes Ding strebt, soweit es in ihm ist, danach, in seinem Sein zu verharren« (*Ethik* III, Lehrsatz 6). Diese Bestimmung sagt, dass das Seiende nicht über sein Sein verfügt, sondern sich darum bemühen muss, es zu erhalten. Dem entspricht, dass dem Seienden vieles widerfahren kann, was seiner Selbsterhaltung zuwiderläuft. Spinozas Ontologie ist mithin die Lehre vom Seienden, das sich inmitten von Widerfahrnissen in seinem Sein zu erhalten sucht. Im Rahmen dieser Ontologie wird der Mensch begriffen. Hieraus ergibt sich eine erste Forderung für den Begriff des Glücks: Er hat die Selbsterhaltung des Menschen inmitten von niemals ausschaltbaren Widerfahrnissen als seine Achse zu nehmen. Glück wäre folglich der Zustand, in dem die Selbsterhaltung des Menschen gelingt, ohne den Widerfahrnischarakter seines Lebens zu verleugnen.

Wie ein solcher Zustand aussieht, wird durch ein zweites Moment erhellt. Die Formulierung »in seinem Sein zu verharren« klingt statisch: Das Seiende strebt, so scheint es, danach zu ruhen. Der Gedankengang, den Spinoza an die Grundbestimmung anschließt, zeigt jedoch, dass das Sein, in dem zu verharren ein jedes Seiendes strebt, durch das Vermögen gekennzeichnet ist, mehr und mehr zu verursachen. Das Streben danach, in seinem Sein zu verharren, ist dementsprechend das Streben danach, mehr und mehr zu verursachen. Ein Seiendes kann aber dann mehr und mehr verursachen, wenn es sein Wirkvermögen steigert. Damit erweist sich das Streben nach Selbsterhaltung als das Streben danach, sein Wirkvermögen zu entfalten. Das Wirkvermögen eines Seienden stellt wiederum dessen Macht (*potentia*) dar. Das Streben nach Selbsterhaltung ist somit das Streben eines Seienden nach der Behauptung und der Entfaltung seiner Macht, etwas zu verursachen.

Auch das menschliche Streben nach Selbsterhaltung besteht deshalb darin, die menschliche Macht zu entfalten, etwas zu bewirken. Hieraus ergibt sich sogleich die politische Natur des Menschen. Aufgrund des Widerfahrnischarakters seines Lebens wäre nämlich die Macht eines Menschen in dem Zustand seiner Isolation »gleich null« (*Tractatus Politicus* II, 15). Isoliert würde er nicht einmal die ersten Stunden seines Daseins überleben. Menschen müssen folglich mit anderen Menschen zusammenleben, um überhaupt eine wirksame Macht zu besitzen. Das notwendige Zusammenleben der Menschen bedeutet folglich eine Machtvermehrung des Einzelnen. Zugleich ist mit dem Zusammenleben der Individuen allerdings auch ein Machtverlust verbunden.

Denn es erfordert, dass die Individuen ihre Handlungen aufeinander abstimmen, indem sie die Entscheidung darüber, was erlaubt und was zu lassen sei, auf die Gesamtheit der zusammengeschlossenen Individuen übertragen. Diese Gesamtheit, die Spinoza »Menge« (*multitudo*) nennt (*Tractatus politicus* II, 16), bildet die Macht, auf der das Zusammenleben der Menschen und mit ihm die Selbsterhaltungsmacht des Einzelnen gründet.

Wenn also Glück der Zustand ist, in dem die Selbsterhaltung des Menschen gelänge, ohne den Widerfahrnischarakter seines Lebens zu verleugnen, so stellt diese gelingende Selbsterhaltung zugleich eine Entfaltung seiner – körperlichen und geistigen – Macht dar. Das Glück des Menschen ist also kein Zustand, sondern die stete Verursachung neuer Wirkungen inmitten unaufhebbarer Widerfahrnisse. Sie kann nur dann stattfinden, wenn der Mensch mit anderen Menschen zusammenzuleben imstande ist. Um das Glück des Menschen aber tatsächlich zu ermöglichen, muss die Vergesellschaftung eine solche sein, die die Selbstentfaltung der Macht des Menschen inmitten aller Widerfahrnisse über das Überleben hinaus befördert. Freilich wird sich zeigen, dass das Glück selber die Vergesellschaftung übersteigt.

Kontemplation, Affekte und Gottesliebe

Mittels des Begriffes der Verursachung erfolgt nun der Schritt zum Begriff der Kontemplation. In Spinozas allgemeiner Ontologie, die die Ordnung des Seienden in die Begriffe von Ursache und Wirkung fasst, wird die Bildung von Ideen als deren geistige Verursachung begriffen. Wenn nun die Selbsterhaltung des Menschen in der Entfaltung seiner Macht, etwas zu verursachen, besteht, dann schließt sie die Entfaltung seiner geistigen Macht, Ideen zu bilden, ein. Des Weiteren stellen fehlerhafte Ideen den Ausdruck einer eingeschränkten geistigen Macht dar, während adäquate und wahre Ideen die Entfaltung der Macht des Geistes bedeuten. Fehlerhafte Ideen sind Ideen, deren Bildung unvermögend war, adäquate Ideen zu hervorzubringen: Sie sind Zeichen geistiger ›Impotenz‹. Die Entfaltung der geistigen Macht besteht also darin, adäquate und wahre Ideen zu bilden.

Wie aber kann man dies tun? Spinozas Antwort lautet: Indem man die Bildung von Ideen möglichst weit den Bedingungen entzieht, unter denen sie verstümmelt werden. Diese Bedingungen sind Bedingungen, unter denen einem nur verstümmelte Informationen über das zur Verfügung stehen, was man mit jenen Ideen zu erfassen sucht. Im Rahmen einer Ontologie, die das Seiende in Ursachen und Wirkungen ordnet, heißt das: Sie sind Bedingungen, die die Verursachung von adäquaten Informationen über eine Sache verhindern. Dies ist dann der Fall, wenn die Verursachung von Informationen über eine Sache nicht vollständig von dieser Sache bewirkt wird. Die Sache stellt dann nur eine Teilursache der Informationen über sie dar, und andere Ursachen wirken bei der Bildung einer Idee von dieser Sache mit. Da diese anderen Ursachen andere Sachgehalte beisteuern, enthält die so gebildete Idee einen zusammengemischten Sachgehalt. Die Idee erfasst die Sache mithin durch andere Sachgehalte getrübt. Spinoza sieht eine solche ›Trübung von Ideen‹ in den Affekten vorliegen. Die Bildung von adäquaten Ideen muss hingegen nach den Bedingungen einer vollständigen Verursachung von Informationen durch die Sache streben – und folglich die Affekte therapieren. Dann wäre die Kontemplation der Wahrheit erreicht. Als unverstümmelte Entfaltung der geistigen Macht des Menschen birgt sie deren Glück.

Nun stehen Menschen inmitten von Widerfahrnissen. Das gilt auch für ihre Ideenbildung: Sie unterliegt ständig Widerfahrnissen, die von Kontexten verursacht werden, die nicht zur Sache gehören. Menschliches Bewusstsein ist unwiderruflich affektgebunden, und die Therapie der Affekte kann die Affekte niemals über Bord werfen. Wie aber kann dann die vollständige Verursachung des Sachgehaltes einer Idee durch deren Sache erfolgen? Zunächst gilt festzuhalten, dass der Widerfahrnischarakter alles Seienden auch die vollständige Verursachung betrifft. Die Bildung adäquater Ideen ist selber ein Widerfahrnis und also mit einem Affekt verbunden. Zugleich aber ist sie mehr als ein Widerfahrnis, weil sie die geistige Macht des Menschen und also sein Vermögen entfaltet, selber etwas zu bewirken. Der fragliche Affekt tritt also bei der Steigerung des Wirkvermögens ein. Spinoza nennt diesen Affekt der Machtentfaltung »Freude« (*laetitia*; *Ethik* III, Lehrsatz 11, Anm.). Die Doppelung von Widerfahrnis und Selbstverursachung im Affekt der Freude vermag nun dadurch erreicht zu werden, dass der Kontext der Ideenbildung so beschaffen ist, dass der Gegenstand der Idee den mit seinem Kontext verbundenen Widerfahrnischarakter in sich aufnimmt. Denn dann können die Widerfahrnisse, in denen der Mensch steht, die Idee nicht verstümmeln, sondern tragen im Gegenteil zu deren Adäquatheit bei – sie sind ja Momente des Gegenstandes, dessen man sich bewusst wird, und müssen ihren Sachgehalt zu der Idee beisteuern. Eine Implikation aller kontextuellen Sachgehalte in seinem eigenen Sachgehalt weist aber nur ein einziger Gegenstand auf: der Gesamtzusammenhang alles Seienden selber. Weil in ihm alle verstümmelnden Kontexte, die einer Ideenbildung widerfahren können, enthalten sind, verstümmeln die Sachgehalte dieser Kontexte die Ideenbildung nicht länger, sondern ermöglichen sie im Gegenteil.

Sonach erfolgt die Kontemplation der Wahrheit, zu der die Therapie von verstümmelnden Affekten führen will, in der freudigen Erkenntnis des Gesamtzusammenhanges. Sie stellt alle Entfaltung seiner körperlichen Macht in den Schatten. Denn die körperliche Macht des Menschen kann sich niemals auf den Gesamtzusammenhang des Seienden erstrecken und unterliegt daher immer den Widerfahrnissen der physischen Natur. Die geistige Macht des Menschen hingegen vermag ihre Widerfahrnisse zu bewältigen, indem sie sie erfasst. Hier entfaltet sich die Macht des Menschen daher am umfassendsten. Die Vergesellschaftung des Menschen ist die notwendige Voraussetzung dieser Entfaltung. Die in ihr angelegte Machtentfaltung des Menschen aber erfüllt sich erst in der individuellen Einsicht in den Gesamtzusammenhang des Seienden. Aus diesem Grund stellt dessen freudige Erkenntnis das Glück des Menschen dar.

Spinoza nennt den Gesamtzusammenhang des Seienden »Gott« (*Ethik* I, Lehrsatz 15). Die Freude, die seine Erkenntnis beinhaltet, ist mit der Idee von deren vollständiger Ursache verbunden: Das Wissen um den Gesamtzusammenhang beinhaltet, seine Idee – als eines von dessen Momenten – vollständig von ihrem Gegenstand verursacht zu wissen. Die Freude freut sich ihrer Ursache. Eine solche Freude, die mit der Idee ihrer Ursache verbunden ist, nennt Spinoza »Liebe« (*Ethik* III, Definition der Affekte 6). Die freudige Erkenntnis des Gesamtzusammenhanges besteht mithin in der Liebe zu Gott. Sie ist eine intellektuelle Liebe (*Amor Dei intellectualis*; *Ethik* V, Lehrsatz 32, Zusatz) und zuletzt die Liebe Gottes zu sich selbst. Gott erkennt sich durch den Geist des Menschen als einem seiner Momente. Die intellektuelle Liebe zu Gott entpuppt sich hier als eine Binnenrelation des Gesamtzusammenhanges. Dessen Relate stehen – unter den genannten Bedingungen – in dem Verhältnis der Liebe zueinander: Der Mensch liebt Gott, Gott liebt sich selbst durch eines seiner Mo-

mente, und er liebt darum auch das Moment, das ja ein Moment seiner selbst darstellt. Die intellektuelle Liebe zu Gott ist deshalb auch die Liebe Gottes zu den Menschen. Aus der Perspektive des Menschen gesprochen aber ist sie dessen höchste Machtentfaltung und sein Glück.

Freiheit

In dieser intellektuellen Liebe zu Gott besteht zugleich die Freiheit des Menschen. »Frei heißt ein Ding, das nur [...] durch sich selbst zum Handeln bestimmt wird (*Ethik* I, Def. 7). Wenn nun der Mensch Einsicht in den Gesamtzusammenhang erlangt, dann unterliegt seine geistige Macht keinen äußeren Widerfahrnissen mehr, sondern handelt selbstbestimmt. Das heißt nicht, dass sie außerhalb der Kausalordnung des Seienden stünde, in der sie Widerfahrnisse erleidet. Vielmehr gelangt sie innerhalb dieser Ordnung zu Ideen, die die Ordnung begreifen und daher fremdbestimmte Sachgehalte in ihren eigenen Sachgehalt zu integrieren vermögen. Fremdbestimmung als Struktur des Gesamtzusammenhanges einzusehen therapiert so die Fremdbestimmtheit des Denkens. Es bestimmt sich nun selbst als etwas, das sich als fremdbestimmt weiß. Die intellektuelle Liebe zu Gott verwirklicht die Freiheit des Menschen.

So beruht das Glück des Menschen auf der Entfaltung seiner Selbsterhaltungsmacht zur liebenden Erkenntnis Gottes. Diese Entfaltung, seine Freiheit inmitten der Widerfahrnisse, bereitet ihm die höchste Freude. Wie die Stoa setzt Spinoza bei der Selbsterhaltung und der Affekttherapie an – um beides durch sein Paradigma der Verursachung, das von aller Teleologie Abschied nimmt, grundsätzlich zu verwandeln. Selbsterhaltung und Affekttherapie bedeuten nun: kausale Produktion. Und wie viele ältere Denker identifiziert Spinoza das Glück mit der Schau Gottes – um auch diese durch seine radikale Immanenz in ein neues Licht zu tauchen. Die Erkenntnis und Liebe Gottes besteht nunmehr in der Einsicht in den Gesamtzusammenhang alles Seienden: in das, »worin alles ist« (*Ethik* I, Lehrsatz 15). Spinozas Glück bleibt immer prekär, weil es den Zusammenhang der Widerfahrnisse nicht übersteigt. »Aber alles Herrliche ist ebenso schwierig wie selten« (*Ethik* V, Lehrsatz 42, Anm.).

Literatur

Baruch de Spinoza: Opera omnia (Hg. Carl Gebhardt). Heidelberg 1925 [Zitate aus der *Ethik* und dem *Tractactus Politicus* werden nach dieser Ausgabe zitiert, mit Angabe von Buch und Textabschnitt, in Übers. von Gunnar Hindrichs].

–: Politischer Traktat. Lateinisch-deutsch (Hg. und Übers. Wolfgang Bartuschat). Hamburg 1994.

–: Ethik in geometrischer Ordnung dargestellt. Lateinisch-deutsch (Hg. und Übers. Wolfgang Bartuschat). Hamburg 1999.

Hampe, Michael: Baruch de Spinoza – rationale Selbstbefreiung. In: Dominik Perler/Ansgar Beckermann (Hg.): Klassiker der Philosophie. Stuttgart 2004, 230–250.

Hindrichs, Gunnar: Die Macht der Menge – der Grundgedanke in Spinozas politischer Philosophie. In: Ders. (Hg.): Die Macht der Menge. Über die Aktualität einer Denkfigur Spinozas. Heidelberg 2006, 13–40.

Moreau, Pierre-François: Spinoza. L'expérience et l'éternité. Paris 1994.

Rocca, Michael della: Spinoza. New York 2008.

Wiehl, Reiner: Die Vernunft in der menschlichen Unvernunft. Das Problem der Rationalität in Spinozas Affektenlehre. Hamburg 1983.

Gunnar Hindrichs

5. Figuren des Glücks in der Alltagskultur des Mittelalters und der Frühen Neuzeit. Von Himmelssehnsucht und Erdenschwere

Für das ›Märchenglück‹, das sich in der Vormoderne zutrug, kann jedes Kind Beispiele nennen: Zunächst muss die Hauptfigur Leiden ertragen, dann Aufgaben lösen; als Lohn heiratet sie am Schluss den jungen Prinzen oder die liebreizende Prinzessin und erhält den Thron eines großen Reiches dazu (s. Kap. V.10). Seit dem Mittelalter seien diese Erzählungen über viele Generationen oral tradiert worden, so die verbreitete Annahme, und sie spiegelten die Sehnsüchte der Menschen, die in einer statischen Standesgesellschaft nach sozialem Aufstieg, Anerkennung und Einfluss streben. Lebensglück realisierte sich demnach in einer Eheschließung, die zugleich mächtig und reich machte. Umgekehrt wird aber auch vermutet, gerade in dieser Zeit sei Glück an all diese Faktoren nicht gebunden gewesen.

Die beiden genannten Leitbilder entsprechen freilich Projektionen auf die vorindustrielle Epoche, die aus dem 18./19. Jahrhundert stammen. Die in dieser Zeit entstandenen Märchensammlungen kanalisieren unbewältigte Fortschrittsängste und Obsessionen der eigenen Gegenwart. Die Handlung wird in die Distanz einer weit zurückliegenden Zeit verschoben und in der Formel ›Es war einmal‹ als unwiederbringlich vergangen erklärt. So zeigt die Geschichte vom naiven »Hans im Glück«, der seine Verluste als Gewinne (um)deutet, typisch neuzeitliche Facetten eines dialektischen gedanklichen Spiels mit den Möglichkeiten, sich den als dominant und bedrohlich wahrgenommenen Gesetzmäßigkeiten von Handel und Markt zu entziehen. Als ›Märchen‹ in die populäre Grimmsche Sammlung aufgenommen, weist der Text auf die Irrealität des hier vorgestellten Lebensmusters: Seine völlige Ignoranz gegenüber den Relationen der Tauschwirtschaft kennzeichnet Hans als lebensuntauglichen Versager, der auch seinen Angehörigen, zu denen er zurückkehrt, Armut und Leid bringt. Er ist daher ein Antiheld, vor dem gewarnt wird. Zugleich aber kommt gerade in der entfalteten Geldwirtschaft der Vorstellung ein hohes

Faszinationspotential zu, ein besitz- und arbeitsloser Mensch könne völlig unbekümmert um seine Zukunft sein und sein Wohlbefinden jenseits aller gesellschaftlicher Wertekataloge individuell und spontan selber definieren. Der so konstruierte Lebensraum der glücklichen Märchenhelden wird teils sozialromantisch verklärt, teils als rückständig gegen die erfahrene Realität abgegrenzt. Dafür, dass solche bis heute als typisch vormodern bezeichnete Geschichten schon vor dem 18. Jahrhundert kursierten, gibt es freilich keine Belege.

Sowohl vom Glück des Reichtums als auch von der Seligkeit der Armut berichten freilich auch zahlreiche Geschichten aus dem Mittelalter. Beispiele für letztere Option finden sich seit dem 13. Jahrhundert in Predigt- und Exempelsammlungen von Mönchen wie Jacques de Vitry, Etienne de Bourbon, Johannes Gobi Junior. Die variierenden Handlungen folgen alle demselben Grundmuster. Ein Reicher gibt einem Armen Geld, weil er ihn in seinen kargen Lebensumständen leiden sieht; die neuen Sorgen um die unvertraute Habe verstärken aber noch das Elend des Beschenkten; daher gibt er den Reichtum zurück und ist nach dieser Erfahrung erst recht »bey der sauren Arbeit lustig und fröhlich«, wie es in der Frühen Neuzeit einmal heißt (Moser-Rath 1984, 94). Wahres Glück, so die Moral, kann nicht im irdischen Dasein, sondern erst im Jenseits erlangt werden. Das Paradies zu gewinnen, setzt aber ein sündenfreies Leben auf Erden voraus. Spontane Bedürfnisbefriedigung aber, wie sie kennzeichnend ist für Hans, würde von dieser Perspektive ablenken, zum Unrecht verleiten und das Ziel in Frage stellen. Gekleidet in anschauliche Exempel wird daher die religiös-didaktische Lehre von der Kanzel verkündet: Der Gerechte schickt sich in demütiger Selbstbescheidung in sein gottgewolltes Schicksal. Nur so wird ihm bereits zu Lebzeiten ein gewisser Anteil an der Freude zugestanden, die ihn dereinst erwartet (s. Kap. IV.1). Während der mittelalterlichen Jahrhunderte wird das harte Tagwerk in der Regel nicht als Quelle des Glücks, sondern eher als Plackerei und Mühsal betrachtet, denn nach biblischem Verständnis ist Arbeit eine göttliche Strafe für den Ungehorsam des ersten Menschenpaares (s. Kap. II.2). Gerade deshalb ist dieses Erzählmotiv in unterschiedlichen klerikalen Sammlungen immer wieder anzutreffen, dient es doch dazu, die für das Überleben notwendige harte Arbeit in Armut als den steinigen Pfad zu ewiger Glückseligkeit zu legitimieren.

Neben diesem Leitbild der *vita activa*, dem entbehrungsreichen Schaffen in der Welt, steht die *vita contemplativa*, die religiöse Versenkung zur Ehre Gottes. In Nachfolge des leidenden Christus versuchen Menschen sich durch strenge Askese in extremer Selbstisolierung und Geißelung zu läutern und dadurch Gott zu gefallen sowie ein inneres Gleichgewicht zu gewinnen. In neugegründeten Bettelorden wird seit dem 12. Jahrhundert das Ideal persönlicher Besitzlosigkeit kultiviert. Eine populäre Symbolfigur für diese Bewegung ist Franz von Assisi (1181/2–1226), ein Kaufmannssohn aus reicher Familie, der sich dem Wohlstand und Prunk der italienischen Städte entgegenstellte, auf sein Erbe verzichtete und dem Ideal der Weltflucht ein neues Gesicht verlieh, indem er die brüderliche Tätigkeit unter den Menschen in den Mittelpunkt rückte. Tägliches Glück zog er aus seiner Verbundenheit mit den Mitgeschöpfen des Tierreiches, mit denen er wie mit menschlichen Freunden kommunizierte. Sein »Sonnengesang« ist das sprudelnde Plädoyer des damals Schwerkranken, Gott in seiner wunderbaren Schöpfung zu finden und zu lobpreisen.

Anstelle der Weltverneinung wird hier der Jubel über das Dasein anempfohlen. Oft schlägt die strikte Jenseitszugewandtheit um in ihr Gegenteil. Eine Reihe religiöser Gruppen hielt trotzig daran fest, bereits auf Erden einen Zustand der Vollkommenheit erreichen zu können. Nach traditioneller Lehre der katholischen Kirche ist ein solcher nur in Gott selber realisiert bzw. den Heiligen in seiner Nähe vorbehalten, von deren außerordentlichem Wirken die Legenden berichten. Konzepte irdischer Selbstheiligung werden daher als häretisch gebrandmarkt. Doch waren die Ketzergruppen von ihrem alternativen spirituellen Heilsweg zutiefst überzeugt, so dass sie die mörderischen Verfolgungen auf sich nahmen. Solche Bewegungen hatten einen gewaltigen Zulauf, darunter befanden sich auffallend viele weibliche Mitglieder. Denn anders als in der Amtskirche konnten auch Frauen innerhalb der internen Hierarchie den priesterähnlichen Status der *perfecti* erlangen. Eine von der offiziellen Lehre der Kirche abweichende Position nahm auch die Mystik ein, denn sie ging davon aus, der Mensch könne sich durch Versenkung unmittelbar mit dem Göttlichen verbinden. In diesem Zustand der völligen Einheit mit dem Guten, Schönen, Rechten kann er nicht sündig werden. Einige Vertreter der mystischen Richtung genießen großes Ansehen. Meister Eckhart (um 1260–1328) etwa gilt vielen als ein Leitbild, denn er verheißt eine

Gelassenheit und innere Ruhe, die ein Mensch durch seinen eigenen »Seelenfunken« gewinnen könne: das Erlebnis der Gottesnähe entrückt ihn aus der schäbigen Welt mit ihren Aggressionen und Feindseligkeiten: »so weit du ausgehst aus allen Dingen, so weit […] geht Gott ein mit all dem Seinen. Da findest du wahren Frieden und nirgends sonst« (Quint 1963, 1–26, 57). Als problematisch in solchen Vorstellungen wird von der Kirche die fehlende Bedeutung des eigenen Gewissens betrachtet. Doch entzog sich Meister Eckhart einer Verurteilung seiner Lehren, indem er die beanstandeten Sätze wiederrief, die freilich nach seinem Tode auf dem Index landeten. Anders als er hielt die Begine Marguerite Porete (um 1250–1310) an dem Inhalt ihrer Schrift fest, und sie wurde mit dem Tod für ihre Botschaft bestraft, die vollkommene Vereinigung mit Gott in der Liebe bedeute vollkommene Freiheit. Gleichwohl werden aber einige Personen, die behaupten, Visionen zu haben, durch die Gott sich ihnen unmittelbar mitteile, auch offiziell als Seher anerkannt, ja die Verschriftlichung ihrer Gesichte im Interesse aller Menschen wurde ihnen geradezu nahegelegt. Dies gilt etwa für Hildegard von Bingen (um 1098–1179), deren Kopf auf zeitgenössischen Bildern von himmlischen Flammen umwabert und erleuchtet wird. Das Licht, das sie schon als Kind sah, beschreibt sie selber als zunächst beunruhigend, doch ist sie bald von einer tiefen Gewissheit erfüllt, für eine besondere himmlische Mission auserwählt zu sein.

Neben dem Ringen um einen religiös fundierten Lebenssinn auf Erden oder im Himmel existieren auch profane Gegenbilder von einem erreichbaren Dasein ohne Arbeit, Hunger und Verzicht auf leibliche Freuden: Eine Erzählung aus dem 13. Jahrhundert zeigt, wie ein armer norwegischer Bauernsohn so lange Wertloses zu seinem Vorteil tauscht, bis er die Königstochter zur Ehe erhält; dieser Erfolgreiche braucht sich nicht mehr mit dem schweren Pflug zu plagen. Umgekehrt wie im Falle von Hans winkt das Glück hier dem Listigen, der die Dummheit der anderen zu seinem Vorteil ausnutzt (»Der vorteilhafte Tausch«, vgl. Uther 1990, 492). Aus den verbreiteten Hungersnöten erwächst die Utopie vom ›Schlaraffenland‹, von dem zum ersten Mal in einem altfranzösischen Fabliau zu Beginn des 13. Jahrhunderts berichtet wird (Fabliau vom Land Coquaigne, übersetzt in Richter 1989, 130–134). Wer diese traumhafte Region erreicht, kann sich ungehemmt ausleben und allen Verlockungen frönen, die ihm zu Hause versagt sind. Speise und Trank sowie jeder Lu-

xus sind dort allgegenwärtig, es wird eine tabufreie Sexualität praktiziert, ein Jungbrunnen verschafft Regeneration und ewige Jugend.

Ein systematisches Programm mit einem eigenen Katalog an Tugenden entwickelte die aufblühende Hofkultur: Der in die Welt hinausreitende Ritter, so beschreiben es Versromane, sucht *saelde*, sein Glück, in der Bewältigung von *aventiuren*, damit er seinen Platz unter den erfolgreichen Rittern einnehmen kann. *Vreude* (Freude) und *êre* (Ruhm, Ansehen) winken als Belohnung für ein angemessenes Verhalten. Die Hofgesellschaft definiert sich über ein dauerhaftes Hochgefühl. Dem jungen Tristan wird daher bei seiner Schwertleite ans Herz gelegt: »wis iemer höfsch, wis iemer frô« (Sei immer höfisch, sei immer froh; Gottfried von Straßburg um 1210/1969, Vers 5043). Im Glanz eines prächtigen Festes wird diese Haltung kollektiv präsentiert, doch bleibt der sinnliche Genuss bei den ritualisierten Formen der Inszenierung gruppenbezogen kontrolliert, auch Sexualität wird nicht hedonistisch ausgelebt. Ein kultiviertes literarisches Spiel widmet sich der *minne*, der Gunst der mit dem Burgherren verheirateten Dame, um die die jungen Ritter konkurrieren. Die Isolation eines glücklichen Paares kann die Stimmung der Gesellschaft sogar trüben, so im Falle von Erec, dem Helden des zwischen 1180 und 1190 entstandenen Epos des Hartmann von Aue: Erec vernachlässigt wegen der Liebe zu seiner Frau seine Herrschaftspflichten. Auch für diese Lebenswelt ist eine religiöse Basis maßgeblich, die sich vor allem in dem Gralssymbol ausdrückt, einem unerreichbaren Objekt, nach dem auch die tüchtigsten Repräsentanten der Tischrunde vergeblich streben.

Um 1160 taucht in der höfischen Literatur ein neues Wort auf: mhd. ›gelücke‹ (s. Kap. I.3). Dieser Begriff kennzeichnet den Ausgang eines Geschehens zunächst als offen und ambivalent: Die Handlung kann sich vorteilhaft wie auch nachteilig für den Protagonisten entfalten. Denn Fortuna dreht das Rad, das den Menschen willkürlich zu seligen Höhen hinaufschleudert und gleich wieder in dumpfe Tiefen hinabwirft. Die launische Schicksalsgöttin ist, neben der Vernunft sowie *amor*, Liebe und Trieb, eine der drei zentralen Triebkräfte des Daseins. In seinem einflussreichen Werk *Decameron* (entstanden 1349–51) diskutiert Boccaccio die Möglichkeiten des Menschen, diese Kräfte zu steuern. Auch *amor* ist eine unzuverlässige Macht, denn Liebe kann Unglück, Täuschung, Wahnsinn bedeuten; daher setzt der Frühhumanist auf die dritte Komponente: die Weisheit.

In der italienischen Frührenaissance ist die antike Stoa mit ihrem Ideal der Standhaftigkeit aus innerer Stärke maßgeblich, wie sie die Gestalt der Griselda repräsentiert: Das mit einem Adligen verheiratete Bauernmädchen erträgt geduldig die Demütigungen seines Mannes, der das in dem Eheversprechen enthaltene Gelöbnis von Unterwerfung, Liebe und Geduld extrem auf die Probe stellt, bevor er zufrieden erklärt: »es gebe keinen anderen Mann auf der Welt, der mit seiner Frau so glücklich sein kann wie ich« (Decameron X, 10. Novelle; Flasch 2002, 124). Der Triumph der Frau äußert sich auch hier in ihrer gesellschaftlichen Aufwertung und kollektiven Anerkennung ihrer Seelengröße: »Sie führten sie als Gebieterin in den Festsaal […], sie, die auch in Lumpen ihr herrschaftliches Wesen gewahrt hatte«. Freilich wird in dem Text der Ehemann wegen der Härte der Prüfungen, die er seiner Frau zumutet, scharf kritisiert. Offenbar ist das erreichte Glück mit einem solchen Peiniger nach Ansicht des Autors nun doch nicht perfekt.

Auch in der stadtbürgerlichen Literatur wird die Hoffnung auf ein dauerhaftes Liebesglück in der Ehe oft zerschlagen. Die »Suche nach dem glücklichen Ehepaar«, so ein Märe von Heinrich Kaufringer (Märe 8, überliefert in nur einer Schrift von 1464; vgl. Fischer 1968, 114) ist nicht von Erfolg gekrönt. Das hier dargestellte Paar etwa streitet sich um die Frage des Aufwandes im Lebensstil – der Mann präsentiert seine effektive Haushaltsführung und die Harmonie seiner Ehegemeinschaft gerne vor seinen Mitbürgern: »sein herz in grossen fräuden swebt / wenn die guoten gesellen sein / komen in sein haus hinein«. Seine Frau verweigert den von ihr erwarteten Arbeitseinsatz zur Bewirtung der Honoratioren. Für ihre »kargheit« rächt sich ihr Gatte, indem er ihr Ehebruch unterstellt. Auch in anderen Geschichten kreisen konkurrierende Glücksvorstellungen der beiden Geschlechter um Fragen nach der hausväterlichen Gewalt und der hauswirtschaftlichen Ordnung. Was hat den Vorrang: die Platzierung des Mannes innerhalb der urbanen Hierarchie oder die Privatheit der persönlichen Geschlechterbeziehung? Solche Kontroversen werden in Narrationen nicht verbal verhandelt, sondern als Machtkampf symbolisch ausgetragen. In einer Erzählung des Ministerialen Hans von Bühel (entstanden 1412) nutzt die Frau den Besuch der hochgestellten Gäste, um ihren Mann bloßzustellen: Scheinbar unabsichtlich zieht sie das Tischtuch herab und ruiniert so Festmahl, Gewänder und die Reputation ihres Gatten. Blutig

straft er sie (das Exempel »Tentamina« taucht auch in den altfranzösischen Versionen seit dem 13. Jahrhundert und später im »Ritter von Thurn« auf; vgl. Lundt 2002, 394–400).

Oft verfehlen solche Schlusssentenzen freilich ihr didaktisches Ziel und scheinen angehängt. Ohnehin liegt die Sympathie des Lesepublikums häufig bei den Opfern, die für ihren Vorwitz unangemessen leiden müssen. So sorgen solche unterhaltenden Texte eher für die Verbreitung des Protestes gegen die Pflichten der Ehegemeinschaft als für ein Einverständnis in die Notwendigkeit des weiblichen Gehorsams. Sagen und Geschichten von Fabelwesen und anderen Phantasiegestalten erfüllen oft die Funktion, überreale Partnerbindungen zu entwerfen. Auch unter diesen Gestalten findet sich freilich kein dauerhaft glückliches Paar: Häufig neugeschrieben wird die Geschichte von Melusine. Sie erweist sich in der Ehe als besonders fruchtbar und kreativ, doch ist das Familienglück von einem Verbot überschattet. Als der neugierige Mann es übertritt, entpuppt sich ihre dämonische Herkunft. Sie verwandelt sich in eine Schlange oder einen Drachen und verlässt ihn.

Erst mit der Reformation gewinnen Ehegemeinschaft und Hauswirtschaft eine besondere Hochschätzung, die Ideale von Jungfräulichkeit und Askese werden kritisch diskutiert. Aus der zunächst vorherrschenden selbstgenügsamen Subsistenzwirtschaft entwickelt sich eine veränderte Arbeitsmentalität, die durch den Wunsch nach persönlicher Teilhabe am Gewinn gekennzeichnet ist. Im Sinne der ›calvinistischen Prädestinationslehre‹ wird materieller Erfolg als Zeichen einer Auserwähltheit auch zu ewigem Leben äußerst positiv bewertet. Der Übergang zu einem solchen frühkapitalistischen Wertbewusstsein vollzieht sich freilich langwierig und die neue Orientierung am Gut ist heiß umstritten. Zwar widmet Sebastian Brant in seiner Streitschrift *Das Narrenschiff* 1494 geschäftsuntüchtigen Verlierern ein eigenes Beispiel »Vom törichten Tausche« und fordert damit mehr Aufmerksamkeit für das gerechte Ziel des Profits. Doch gilt auch hier noch unmissverständlich, dass sich die eigentliche Seligkeit in einer transzendenten Welt entfaltet: »größre Narren wurden nie / Denn die Glück hatten allzeit hie!« (Brant 1494/1964, 89).

Auch im 16. Jahrhundert noch wird darum gerungen, ob Reichtum wirklich unter die Glücksgüter zu rechnen sei, die ein Mensch sich wünschen mag. Konfrontiert mit verschiedenen Angeboten entscheidet sich der Held in dem beliebten Prosaroman

Fortunatus zwar für das Geldsäckel – eine für das Mittelalter ganz undenkbare Option – doch kann er sich nicht dauerhaft seiner Entscheidung freuen.

Die Frühe Neuzeit bringt auch einen Glückssucher hervor, dessen individualistische Sehnsüchte so stark sind, dass er sich dem Teufel verschreibt, der ihre Erfüllung verheißt. Es ist Faust, der stets als Prototyp der Moderne bezeichnet wird. 1587 wird die erste von zahlreichen populären Auflagen des sogenannten ›Volksbuches‹ gedruckt: *Historia von D. Johann Fausten, dem weitbeschreyten Zauberer und Schwartzkünstler.* Schon der Titel zeigt, so wird häufig argumentiert, dass es sich um eine Warngeschichte handelt, die, möglicherweise aus protestantischer Sicht, gnadenlos das verbreitete magische Weltbild einer Lebenserfüllung ohne kirchlichen Segen diskreditieren sollte, denn Faust bezahlt seine Illusionen mit dem Leben, ja schlimmer noch: mit seiner Seele. Doch wird die Novität dieses Motivs auch bestritten. Denn seit der Antike gibt es narrative Traditionen, die auf die Hybris des persönlichen Glücksgewinns hinweisen. Menschen fordern Natur, Götterwelt und Jenseitsschwelle heraus und werden für den Versuch bestraft: Orpheus wie Ikarus können ihre Wünsche nicht realisieren, die sie in Übertretung von Schranken, die den Menschen errichtet sind, zu erfüllen trachten.

Das Glücksstreben der Symbolfiguren aus Mittelalter und Früher Neuzeit erfüllt sich also auf vielfache Weise; die Unterschiede zwischen den beiden Epochen bestehen eher in Verschiebungen der Wertkataloge als in mentalen Brüchen. Während oft die völlige Fixierung der mittelalterlichen Epoche auf die kirchlichen Normenkataloge behauptet wird, hat Jacques le Goff gezeigt (Le Goff 2005, 6–13), wie tief bereits in dieser Phase die Bereitschaft verwurzelt ist, der Wunder dieser Welt teilhaftig zu werden, selber Außerordentliches zu erproben und hervorzubringen (etwa durch den Dombau) und sich dabei individuell und mutig den Mahnungen zu widersetzen, die etwa die Befriedigung der Neugierde als Triebsünde wider Gottes Offenbarung bezeichnen (Lundt 1999). Ein rationaler Schub richtet sich spätestens um 1100 auf die Wirklichkeit dieser Welt und bewertet es positiv, ja geradezu als ein Lob Gottes, sich voller Wissenslust seiner Schöpfung zuzuwenden. Schon im 12. Jahrhundert wird also wohl begründet, was stets als Kennzeichen der Neuzeit gilt: die Freude an selbständiger Welterkundung und aktiver Teilhabe an der Vielfalt der Religionen und Kulturen, die Europa kennzeichnet.

Literatur

Brant, Sebastian: Das Narrenschiff [1494] (Hg. Hans-Joachim Mähl). Stuttgart 1964.

Bühel, Hans von: Dyocletianus Leben (Hg. A. Keller). Quedlinburg/Leipzig 1841.

Dinzelbacher, Peter (Hg.): Europäische Mentalitätsgeschichte. Stuttgart ²2008.

Fischer, Hans: Studien zur deutschen Märendichtung. Tübingen 1968.

Flasch, Kurt: Vernunft und Vergnügen. Liebesgeschichten aus dem Decameron. München 2002.

Gottfried von Straßburg: Tristan [um 1210] (Hg. Karl Marold). Berlin 1969.

Hartmann von Aue: Erec (Hg. und Übers. Thomas Cramer). Frankfurt a. M. 1987.

Le Goff, Jacques: Ritter, Einhorn, Troubadoure. Helden und Wunder des Mittelalters. München 2005.

Lundt, Bea: Neugier. In: Enzyklopädie des Märchens. Bd. 9. Berlin 1999, 1408–1416.

–: Weiser und Weib. Weisheit und Geschlecht am Beispiel der Erzähltradition von den »Sieben Weisen Meistern« (12.–15. Jh.). München 2002.

–: Aufbruch Europas in die Neuzeit 1500–1800. Eine Kultur- und Mentalitätsgeschichte. Darmstadt 2009.

Moser-Rath, Elfriede: Lustige Gesellschaft. Schwank und Witz des 17. und 18. Jahrhunderts in kultur- und sozialgeschichtlichem Kontext. Stuttgart 1984.

Müller, Ulrich/Wunderlich, Werner (Hg.): Mittelalter-Mythen. Bd. 1–5. St. Gallen 1996–2008.

Quint, Josef: Meister Eckhart. Deutsche Predigten und Traktate. München 1963.

Richter, Dieter: Schlaraffenland. Geschichte einer populären Phantasie. Frankfurt a. M. 1989.

Uther, Hans-Jörg: Hans im Glück. In: Rolf Wilhelm Brednich u. a. (Hg.). Enzyklopädie des Märchens. Bd. 6. Berlin 1990, 487–494.

Bea Lundt

V. Glück im 18. und 19. Jahrhundert

1. Glück in der britischen Moralphilosophie des 18. und 19. Jahrhunderts. Aufstieg und Niedergang des Hedonismus

Grundlinien der Entwicklung

Von der Mitte des 17. bis weit in die zweite Hälfte des 19. Jahrhunderts sind Lust (*pleasure*) und Unlust (*pain*) Leitbegriffe der britischen Moralphilosophie. Es war – zugespitzt gesagt – das *Zeitalter der hedonistischen Glücksphilosophie*. Bei allen Unterschieden in den jeweiligen theoretischen Ausformulierungen galt den britischen Philosophen jener Phase ein Leben als gut und glücklich in dem Maße, in dem die angenehmen Gefühle (*pleasure*) die unangenehmen (*pain*) überwiegen. Die ideengeschichtlichen Wurzeln des britischen Hedonismus liegen in der Wiederentdeckung Epikurs (s. Kap. III.3) durch den Franzosen Pierre Gassendi (1592–1655; vgl. Mayo 1934; Sarasohn 1996). Die beiden führenden englischen Philosophen des 17. Jahrhunderts, Thomas Hobbes (1588–1679) und John Locke (1632–1704), waren stark durch dessen Epikur-Rezeption beeinflusst und entwickelten sowohl in werttheoretischer als auch in psychologischer Hinsicht hedonistische Positionen. Der werttheoretische Hedonismus besagt, dass angenehme Gefühle das einzige in sich selbst wertvolle Gut darstellen; der psychologische Hedonismus vertritt hingegen die These, dass die Suche nach Lust und die Vermeidung von Unlust die einzigen Endzwecke des Handelns sind. Psychologischer und werttheoretischer Hedonismus ergänzen sich gut, können aber auch unabhängig voneinander vertreten werden. Während der werttheoretische Hedonismus (also das hedonistische Glücksverständnis) über mehr als zwei Jahrhunderte unbestritten blieb und erst Ende des 19. Jahrhunderts an Einfluss verlor, stellt sich die Lage mit Blick auf den psychologischen Hedonis-

mus – wie noch genauer darzustellen sein wird – vielgestaltiger dar.

Dass in der britischen Moralphilosophie des 18. und 19. Jahrhunderts ein hedonistischer Glücksbegriff vorherrscht, darf nicht darüber hinwegtäuschen, wie sehr die Vorstellungen darüber divergieren, *was* den Menschen Lust bereite. Hier gilt es, eine *egoistische* von einer *altruistischen Fraktion* zu unterscheiden. Altruistischer und egoistischer Hedonismus sind sich zwar darin einig, dass in einem glücklichen Leben positive Erfahrungen (Glückserlebnisse, *pleasure*) negative Erfahrungen (Unglückserlebnisse, *pain*) überwiegen. Sie haben aber unvereinbare Auffassungen darüber, *was* Menschen glücklich oder unglücklich macht, was sie als freudvoll oder schmerzlich erleben.

Die egoistische Traditionslinie wird prominent vertreten durch Thomas Hobbes, Bernard Mandeville (1670–1733) und Jeremy Bentham (1748–1832), dem Gründervater des modernen Utilitarismus. Vertreter des altruistischen Flügels sind auf der anderen Seite Anthony Ashley Cooper (1671–1713), besser bekannt als der dritte Earl of Shaftesbury, Francis Hutcheson (1694–1746) und David Hume (1711–1776), der von vielen als der größte britische Philosoph aller Zeiten angesehen wird. Obwohl mit Mandevilles *Fable of the Bees: Private Vices, Publick Benefits* die vielleicht berühmteste Schrift der egoistischen Traditionslinie 1714 erscheint, sind es die Altruisten, die den Zeitgeist des 18. Jahrhunderts bestimmen. Dessen Schlüsseltext ist Shaftesburys *Inquiry Concerning Virtue and Merit* (1699).

Wohl unter dem Eindruck der politischen und industriellen Revolutionen in Europa verschob sich um 1800 herum das Interesse auf die Frage der Bewertung gesellschaftlicher Ordnungen; mit ihm dringt auch die egoistische Traditionslinie des britischen Hedonismus wieder in den Vordergrund und findet unter anderem Eingang in das *Homo-Oeconomicus*-Modell der Wirtschaftswissenschaften. Das Modell des eigennützig handelnden Individuums entspricht dem im 19. Jahrhundert vorherrschenden Geschmack für materialistische Weltanschauungen und harten Realismus. Die altruistischen Theoreti-

ker des vorangegangenen Jahrhunderts, wie Shaftesbury und Hutcheson, galten nun als anachronistische Tugendschwätzer und Sprecher einer unterge-
gangenen Feudalordnung.

Eine wichtige Gegenstimme zur Gleichsetzung
von Glücksstreben und erfolgreicher Verfolgung
materieller Interessen, wie sie Jeremy Bentham faktisch vornahm, gehört John Stuart Mill (1833/1969,
14). Mill (1806–1873) entwickelte eine komplexere
Glückskonzeption, ohne aber auf Theoretiker des
vorangegangenen Jahrhunderts zurückzugreifen. Bei
Henry Sidgwick (1838–1900), dem Vollender des
klassischen Utilitarismus, rücken schließlich Fragen
der praktischen Vernunft in den Vordergrund. So geriet die Moralphilosophie des 18. Jahrhunderts, die
in besonderem Maße auch Philosophie des Glücks
war, mehr und mehr in Vergessenheit. Diese Entwicklung wurde dadurch weiter verstärkt, dass die
Ende des 19. Jahrhunderts aufkeimende Opposition
gegen Hedonismus und Utilitarismus sich auf die
deutsche Philosophie berief. Zu den wichtigsten Vertretern dieser kurzlebigen Liaison zwischen deut-
schem Idealismus und angelsächsischer Philosophie
zählen Thomas Hill Green (1836–1882) und Francis
Herbert Bradley (1846–1924). Das Erscheinen der
Principia Ethica von George Edward Moore im Jahr
1903 läutet dann die Ära der (sprach)analytischen
Moralphilosophie ein, die das 20. Jahrhundert bestimmt. Für das philosophische Fragen nach dem
Glück bedeutete dies eine viele Jahrzehnte während
Latenzzeit.

Aus heutiger Perspektive erscheint das lange Zeit
eher übersehene 18. Jahrhundert als eine ungewöhnlich fruchtbare und dynamische Periode der britischen Moral- und Glücksphilosophie. Das starke
Interesse an Fragen der Moralpsychologie, das den
altruistischen Flügel des *Britischen Moralismus* (die
Periode von 1640 [Darwall 1995] oder 1650 [Ra-
phael 1969/1991] bis 1800) kennzeichnet, macht ihn
zugleich zu einer ergiebigen Quelle für Fragen der
Philosophie des Glücks.

Was Carlyle mit charakteristischer Schärfe als
»tumid sentimental vapouring about virtue, benevolence« (Carlyle 1841/1993, 150) abkanzelte, wird
heute als der Versuch sichtbar, zu einem neuen und
angemesseneren theoretischen Modell menschlicher
Motivation und menschlichen Lebensgelingens vor-
zudringen.

Die Ausgangssituation: Glück und Moral bei Hobbes und Locke

Um die Revolution der Denkungsart zu verstehen,
die sich um das Jahr 1700 herum vollzog, muss man
sich das Bild von Motivation und Moral vergegen-
wärtigen, das die vorangegangenen Dekaden bestimmt hatte. Das Erscheinen des *Leviathan* von
Thomas Hobbes im Jahr 1651 ist in diesem Zusammenhang ein Schlüsseldatum. In dezidierter Ab-
wendung von der antiken Moralphilosophie hatte
Hobbes gelehrt, der Mensch sei unabänderlich durch
eigensüchtige Leidenschaften getrieben. Es gibt ihm
zufolge kein Endziel des Lebens und daher auch keinen erfüllten Zustand der Seele. Glück sei das ständige Fortschreiten von einer (erfüllten) Begierde zur
nächsten: »Felicity is a continuall progresse of the
desire, from one object to another« (Hobbes
1651/1968, Kap. XI, 160). Da die menschliche Triebnatur zu einer Konkurrenz um knappe Güter führt,
muss sie gezügelt werden. Die Moral bestimmt Hobbes
als eine Menge von Regeln, deren Einhaltung das
menschliche Handeln in friedliche Bahnen lenkt. Die
Moralwissenschaft ist entsprechend die Wissenschaft
der friedensstiftenden Regeln, die Hobbes als natürliche Gesetze bezeichnet. Für sich genommen, haben
die natürlichen Gesetze allerdings weder motivie-
rende Kraft noch Verbindlichkeit. Dafür bedarf es eines staatlichen Sanktionsapparates, der für die Kon-
gruenz von moralischem Verhalten und Eigeninteresse sorgt. Im Kriegszustand, der ohne Staatsgewalt
herrscht, ist das Leben »solitary, poor, nasty, brutish,
and short« (1651/1968, Kap. XIII, 186), während der
Friedenszustand Aussicht auf erwünschte Güter wie
Kunst, Wohlstand und Wissenschaft eröffnet. Erst im
Staat binden die natürlichen Gesetze das Verhalten
der Menschen. In ihm können sich Tugenden bilden,
die Hobbes als die gewohnheitsmäßige Neigung definiert, den natürlichen Gesetzen zu entsprechen.

Zusammenfassend lässt sich sagen, dass Hobbes
Moral als eine rationale, durch das aufgeklärte Eigeninteresse motivierte Einschränkung der menschlichen Triebnatur versteht. Tugendhaftes Handeln
trägt für sich genommen nichts zum Lebensgelingen
bei. Die Einhaltung der natürlichen Gesetze ist jedoch eine notwendige Bedingung dafür, dass Wohlstand und Sicherheit erlangt werden können und
dass damit den Menschen jene Güter zugänglich
werden, die ihnen die größte Lust bereiten.

Ein in vielen Hinsichten vergleichbares Bild des
Verhältnisses von Moral und Glück zeigt sich bei

John Locke (1632–1704): Im *Essay Concerning Human Understanding* (1689) erklärt er, Dinge seien gut und schlecht nur mit Blick auf Lust und Unlust. Wir nennen gut, was uns Lust bereitet oder Unlust vermindert (1689/1997, Buch II, Kap. XX, § 2, 216). Glück besteht in dem höchsten Maß an Lust, Unglück in einem Höchstmaß an Unlust. Die Begriffe ›moralisch gut‹ (oder ›moralisch schlecht [böse]‹) sind nach Locke bezogen auf die Übereinstimmung mit (oder die Abweichung von) einem Gesetz. Dieses Gesetz muss uns von einem Gesetzgeber auferlegt sein, in dessen Macht es liegt, Zuwiderhandlungen zu bestrafen und Befolgungen zu belohnen. Moralische Gesetze sind somit nach Locke mit Sanktionsdrohungen versehene Vorschriften einer mit Sanktionsmacht ausgestatteten Instanz. Sie beruhen letztlich auf Gottes Macht. Menschen sind seine Geschöpfe. Moralisch richtiges Handeln wird seinem Willen gerecht. Wenn wir seinen Gesetzen nicht folgen, verhängt er Strafen von unendlicher Dauer und Schwere (1689/1997, Buch II, Kap. XXVIII, § 8, 317).

Bei allen Unterschieden stimmen Locke und Hobbes in zwei wesentlichen Hinsichten überein: Beide vertreten ein Sanktionsmodell moralischer Verbindlichkeit. Dass eine moralische Norm das Handeln bindet, *bedeutet*, dass deren Befolgung belohnt, deren Verletzung bestraft wird. Und beide sind, damit zusammenhängend, überzeugt, dass Moral und Glück in einem äußerlichen Verhältnis zueinander stehen. Bei Hobbes vermag das Individuum zu erkennen, dass die Tugenden Voraussetzung eines vorteilhaften innergesellschaftlichen Friedens sind; sie selbst tragen jedoch nichts zum Lebensglück bei. Ihr Wert ist rein instrumentell. Locke bestimmt Glück als höchste Lust. Tugendhaftes, d.h. dem göttlichen Gesetz entsprechendes Verhalten, ist ihm zufolge das notwendige und hinreichende Mittel, um eine unendliche Belohnung durch den Allmächtigen zu erlangen. Wie bei Hobbes ist ihr Wert rein instrumentell. Tugend macht für sich genommen nicht glücklich, jedenfalls nicht in dieser Welt.

Die Entdeckung des moralischen Sinns: Anthony Earl of Shaftesbury

Anthony Earl of Shaftesbury ist Begründer der für das 18. Jahrhundert kennzeichnenden Lehre vom moralischen Sinn (*moral sense*), die sowohl den egoistischen Hedonismus (die These, dass alles Handeln auf Eigenlustgewinn zielt) als auch das Sanktionsmodell moralischer Verbindlichkeit in Frage stellte.

Als Shaftesburys Hauptwerk gelten die *Characteristicks of Men, Manners, Opinions, Times* (1711). Der Grundgedanke der Theorie des moralischen Sinns lautet, dass unser moralisches Wissen nicht in der Kenntnis von Regeln besteht, die durch Vernunft ermittelt oder durch Gott offenbart werden. Vielmehr sind wir in der Lage, moralische Unterschiede unmittelbar wahrzunehmen und affektiv zu bewerten, vergleichbar mit unserer Fähigkeit, ästhetische Unterschiede sinnlich aufzufassen. Die Moralphilosophie dient nicht der Formulierung und Begründung von moralischen Gesetzen; sie ist vielmehr und vor allem Theorie im Sinne einer Ursachenforschung. Der moralische Sinn informiert uns über das moralisch Zustimmungsfähige und Abzulehnende, so dass der Moraltheorie die Aufgabe zukommt, herauszufinden, welche Gemeinsamkeiten den moralischen Urteilen zugrunde liegen – *warum* wir bestimmte Handlungsweisen verurteilen und andere loben.

Anders als die meisten seiner Zeitgenossen war Shaftesbury überzeugt, dass Moral weder hinsichtlich ihres Gehaltes noch hinsichtlich ihrer motivationalen Kraft auf dem monotheistischen Gottesglauben beruht. Nur ein vollkommener Atheismus – nach Shaftesbury der Glaube, dass alles auf Zufall beruhe – sei mit der Tugend unvereinbar. Gemäßigte Atheisten und Polytheisten können ihm zufolge ebenso gute und glückliche Menschen sein wie Mono- oder Pantheisten. Shaftesburys Naturalisierung der Moral, sein Gedanke, dass moralische Erkenntnis und Motivation in der Natur des Menschen wurzeln, hat zudem unmittelbare Konsequenzen für die ›Glücksökonomie‹, die nun nicht mehr dominiert wird von der Frage, wie sich diesseitiges Handeln auf das jenseitige Wohlergehen auswirkt.

Noch in einer anderen Hinsicht brach Shaftesbury radikal mit den Voraussetzungen seiner Vorgänger. Hobbes und Locke hatten die Tugenden als mit Sanktionen bewehrte Vorschriften betrachtet. Shaftesbury lehrte dagegen, dass Menschen Erfüllung finden können in den Freuden, die mit einem tugendhaften und geselligen Leben verbunden sind. Ohne diese Freuden sei das Leben erbärmlich. Ihr Fehlen wiege genauso schwer wie das von Erinnerung und Verstand – sie gehörten zu einem spezifisch menschlichen Leben. Er gab damit den Ton vor für eine ganze Reihe von Theoretikern des 18. Jahrhunderts, die zwischen Glück und Tugend (s. Kap. II.3) keinen Gegensatz sahen, sondern ein harmonisches Verhältnis. Moralisches Handeln habe nicht den Charakter einer von einer externen Instanz auferlegten Einschränkung, sondern entspreche dem Wesen des Menschen.

Nicht nur die Tugend, auch das Glück werden von Shaftesbury somit aus dem christlich-religiösen Bezugsrahmen herausgelöst. Die *Inquiry Concerning Virtue and Merit* und später die *Characteristicks of Men, Manners, Opinions, Times* sind insofern wichtige Stationen auf dem Weg der Säkularisierung der modernen Glücks- und Moralvorstellung. Sie legen die Grundlage für ein Verständnis von religiöser Toleranz, das weit über Locke hinausging, in dessen *Letter Concerning Toleration* (1689) die Toleranz bekanntlich bereits beim Katholizismus endet.

Im Hintergrund von Shaftesburys Moral- und Glücksphilosophie steht eine platonisch geprägte Metaphysik von der Wohlordnung des Weltganzen, in das sich der tugendhafte Mensch einfügt. Shaftesburys Hintergrundmetaphysik erwies sich als wirkungsgeschichtlich weniger nachhaltig als seine Analogie zwischen moralischen und ästhetischen Urteilen (s. Kap. II.4). Ähnlich wie die ästhetische Lust am Schönen zählt die moralische Lust am Guten zu den geistigen Freuden (*mental pleasures*), die mit den Freuden des Körpers in Konkurrenz stehen können und oftmals stehen. Wer das moralisch Unschöne an Handlungen wie Hinterlist oder Gier wahrnimmt, mag im Wettbewerb um knappe Güter ins Hintertreffen geraten. Doch ist nach Shaftesbury das Bewusstsein, moralisch schön zu handeln, als geistige Freude unabhängig von äußeren Umständen und Unwägbarkeiten und daher vorzugswürdig – hier zeigt sich Shaftesbury als Schüler antiker Glückslehren (s. Kap. III). Moralisch schön sind dabei ihm zufolge Handlungen, die Wohlwollen (*benevolence*) zum Ausdruck bringen. Handlungen, die auf Eigennutzstreben (*self-love*) beruhen, sind dagegen ohne moralischen Wert. Seine Moraltheorie steht damit in scharfem Kontrast zu der ein Jahrhundert später zur Dominanz gelangenden utilitaristischen Auffassung, der zufolge der moralische Wert einer Handlung nicht von ihrem Motiv, sondern von ihren Konsequenzen abhängt.

Shaftesburys Lehre vom Wohlwollen bestreitet nicht, dass wir an Freundschaft und Tugend interessiert sind, weil sie zu unserem eigenen Glück beitragen; aber er tritt gleichwohl der reduktionistischen These des Egoismus entgegen, dass sich das menschliche Interesse an Freundschaft und Tugend auf das Motiv der Selbstliebe zurückführen ließe. Der Streitpunkt mit den egoistischen Lehren sei nicht, dass wir alles um des eigenen Glücks willen tun (»[f]or in this

we shou'd all agree«), sondern wie wir dieses Glück verstehen: als privaten Vorteil und selbstsüchtiges Eigeninteresse oder als ein geselliges, den anderen zugetanes und tugendhaftes Leben (Shaftesbury 1709/2001, 76). Selbstsorge – Sorge um das eigene Lebensgelingen – und Sorge um andere sind nicht voneinander zu trennen (s. Kap. V.2).

Francis Hutcheson: The Greatest Happiness

Mit Francis Hutcheson betritt bald darauf ein so innovativer wie systematischer Denker die philosophische Bühne. Seine *Inquiry into the Original of our Ideas of Beauty and Virtue. The Principles of the late Earl of Shaftesbury are Explained and Defended, against the Author of the Fable of the Bees* (1725) nimmt eine für die Theorien des moralischen Sinns typische Engführung von Ethik und Ästhetik vor. In der Verfahrensweise und inhaltlichen Ausrichtung Hutchesons macht sich der Einfluss John Lockes bemerkbar, insbesondere dessen Zurückweisung des Gedankens angeborener Ideen, den Shaftesburys Theorie beansprucht. Anders als sein Vorgänger, der den Menschen als Teil eines wohlgeordneten Universums begreift, verzichtet Hutcheson auch auf einen teleologischen Interpretationsrahmen und befreit die Theorie des moralischen Sinns damit von metaphysischem Ballast. Hutcheson ist an einer auf Beobachtung beruhenden Analyse der menschlichen Natur interessiert, nicht an ihrer Einordnung ins Weltganze, wie der neoplatonisch beeinflusste Shaftesbury. Er versteht den moralischen Sinn als das Vermögen der sinnlichen Wahrnehmung normativer Aspekte einer Situation. Indem er Wahrnehmungen zur Grundlage unserer moralischen Urteile erklärt, meint er, den Verdacht Mandevilles abwehren zu können, dass Menschen sich selbst täuschten, wenn sie glaubten, auf die Interessen anderer Rücksicht nehmen zu können oder zu wollen (vgl. etwa Mandeville 1714/1988, 55–56). Wahrnehmungen unterliegen nicht unserer willentlichen Kontrolle. Sie enthüllen Aspekte der uns umgebenden Welt (Schrader 1984, 76 ff.).

Nach Hutcheson sind alle moralisch wertvollen Handlungen durch Wohlwollen motiviert – das Umgekehrte gilt nicht: Nicht alle wohlwollenden Handlungen sind moralisch wertvoll. Das Beurteilungskriterium für die Moralität einer Handlung ist ihm zufolge eine Art von moralischem Kalkül. Dieser Gedanke findet sich im Ansatz bereits bei Shaftesbury angelegt, der in seinen *Characteristicks* von einer »Moral Arithmetick« (1699/2001, 99) spricht. Doch erst bei Hutcheson erlangt dieser Gedanke systematische Tragweite. In seiner *Inquiry into the Original of our Ideas of Beauty and Virtue* heißt es: »that Action is best, which procures the greatest Happiness for the greatest Numbers; and that, worst, which, in like manner, occasions Misery« (1725/2004, 125). Hutcheson gibt hier die erste englischsprachige Formulierung des utilitaristischen Prinzips, das ein Vierteljahrhundert zuvor bereits von dem Philosophen Gottfried Wilhelm Leibniz (1646–1716) in lateinischer Form vorgetragen worden war.

Anders als die späteren Utilitaristen, grenzt Hutcheson jedoch nicht scharf den Wert der Handlung von dem Wert des Handelnden ab. Moralischen Wert hat eine nützliche Handlung nur dann, wenn sie aus Wohlwollen geschieht. Eine äußerst nützliche Handlung, der nur ein geringes Maß an Wohlwollen zugrunde liegt, kann daher einen geringeren moralischen Wert haben als eine weniger nützliche Handlung, die durch ein sehr hohes Maß an Wohlwollen motiviert ist. Ist eine wohlwollende Handlung indes ohne Nutzen (lediglich gut gemeint, aber zu nichts Gutem führend), so hat sie auch keinen moralischen Wert. Der von einer Person hergestellte allgemeine Nutzen (*publick good*) lässt sich nach Hutcheson als Produkt aus ihrem Wohlwollen (*benevolence*) und ihren Fähigkeiten (*abilitys*) berechnen. Das Wohlwollen einer Person ergibt sich entsprechend mathematisch als Bruch des von ihr produzierten allgemeinen Nutzens und ihrer Fähigkeiten (Hutcheson 1725/2004, 125). Es stellt sich nun aber die Frage, wonach eine handelnde Person streben soll: Soll sie die Handlung mit dem größten moralischen Wert (abhängig vom Motiv und dem Nutzen) oder die Handlung mit den besten Folgen vollziehen? Da Hutcheson für die erste Option plädiert, ist er zwar der erste Brite, der das Nutzenprinzip formuliert, aber kein Utilitarist im üblichen Sinne des Wortes, da für Utilitaristen das Motiv unbedeutend ist für den Wert der Handlung.

Joseph Butler: Das Wohl anderer als Endzweck

Nachhaltigen Einfluss auf die Entwicklung der Moral- und Glücksphilosophie hatten auch Joseph Butlers (1692–1752) *Fifteen Sermons Preached at the Rolls Chapel* (1726). Zum einen entwickelte Butler ein einflussreiches Argument gegen den psychologi-

schen Egoismus. Psychologische Hedonisten behaupten, die Förderung des Wohlergehens anderer geschehe nur, wenn der Handelnde damit eigene Lust hervorrufen oder eigene Unlust vermeiden will. Dass es einer anderen Person gut gehe, sei einem selbst angenehm oder mache einen glücklich, und eben deshalb sei man motiviert, das Wohlergehen anderer zu fördern. Butler setzt dem die Frage entgegen, wie es denn komme, dass die Förderung des Wohlergehens anderer als lustvoll erlebt werde. Dies sei offenbar nur möglich, wenn das Wohl anderer Personen als etwas an sich Wertvolles und Erstrebenswertes angesehen werde. Das Handlungsziel sei für die Lust am Erreichen des Ziels schon vorausgesetzt. Insofern zeige die Freude am Wohlergehen anderer nicht, dass die Handlung eigentlich egoistisch sei. Denn die Freude werde ja nur von denen erlebt, die das Wohl anderer wünschten. Nächstenliebe ist somit laut Butler nicht auf Selbstliebe zu reduzieren.

Die wohl bedeutendste Innovation Butlers bestand aber in seiner Theorie rationaler Motivation. Während Richard Cumberland (1631–1718), Shaftesbury und Hutcheson davon ausgingen, dass Menschen aufgrund ihrer wohlwollenden Motive ›gut‹ genannt werden, diese Motive aber nicht selbst hervorbringen können, meinte Butler, der Mensch verfüge über ein Gewissen (*conscience*), das es ihm ermögliche, an Gründen orientiert zu handeln. Er ist damit ein wichtiger Vorläufer der kantischen Vorstellung, dass die Vernunft selbst praktisch sein, d.h. Handeln auslösen könne (Darwall 1995, 286). Damit gab er zwar den psychologischen Hedonismus preis, hielt aber gleichwohl daran fest, dass menschliches Leben durch Lust gut und durch Unlust (Schmerz) schlecht wird. Diese Loslösung des werttheoretischen vom psychologischen Hedonismus ermöglichte eine wirkungsgeschichtlich bedeutsame philosophische Entdeckung: dass wir unser Glück in der Regel am meisten fördern, indem wir uns nicht direkt auf die Förderung unseres Glücks konzentrieren. Henry Sidgwick (1838–1900) sprach später von einem »Paradox des egoistischen Hedonismus«, das darin bestehe, dass man das eigene Glück am besten verfolge, indem man es nicht verfolge. Dass unser eigenes Glück und Wohlergehen Nebenprodukt unseres Strebens nach anderen Dingen sei, wurde zu einem zentralen Bestandteil der Glücksphilosophie nicht nur Sidgwicks, sondern auch John Stuart Mills (1806–1873).

David Hume: Die Moral des Nutzens

David Hume hat seine moral- und glücksphilosophischen Überlegungen in zwei Werken niedergelegt: zum einen im dritten Teil seiner monumentalen *Treatise of Human Nature* (1739–1740), die nicht selten als das bedeutendste philosophische Werk in englischer Sprache bezeichnet wird; zum anderen in der *Enquiry Concerning the Principles of Morals* (1751), die Hume persönlich als sein bei weitem bestes Buch einschätzte.

Anders als Butler sah Hume die Vernunft als unvermögend an, Handlungen eigenständig auszulösen. Sie informiert den Handelnden über Zweck-Mittel-Relationen und die relevanten Gesetzmäßigkeiten; sie beeinflusst auch unsere Wünsche, indem sie auf mögliche Unvereinbarkeiten hinweist. Doch generiert die Vernunft nach Hume keine Handlungsgründe. Seine Vorstellung menschlicher Motivation steht insofern Hutcheson entschieden näher als Butler. Von ersterem unterscheidet ihn jedoch vor allem seine Auffassung über die Eigenschaften, die unser moralischer Sinn gefühlsmäßig als vorzüglich erkennt. Hutcheson war überzeugt, unsere Zustimmung gelte dem Motiv des Wohlwollens, während Hume meinte, wir hielten all diejenigen Handlungsdispositionen für moralisch löblich, die nützlich seien – wobei Nützlichkeit im Sinne der Förderung menschlichen Wohlergehens zu verstehen ist. Dadurch ergibt sich zum einen ein viel reicheres Bild von Tugenden, die der moralische Sinn gutheißt – wir loben eben nicht nur das Wohlwollen, sondern auch die Treue, die Ehrlichkeit, die Gerechtigkeit oder die Zuverlässigkeit. Zum anderen bewegt sich Hume mit dem Nützlichkeitsbegriff einen großen Schritt in Richtung des Klassischen Utilitarismus, der im 19. Jahrhundert seine Blüte erlebt. Aus glücksphilosophischer Sicht ist vor allem festzuhalten, dass Hume die Harmonie von Tugend und Glück betont. Einen Nachweis über die Nützlichkeit der Mäßigung zu führen, erscheint ihm als ebenso überflüssig, wie die Glücksträchtigkeit der geselligen Tugenden zu belegen. Kein Mensch habe es jemals freiwillig an Liebenswürdigkeit, Witz oder gutem Benehmen mangeln lassen. Da keine wahre Freude außerhalb der menschlichen Geselligkeit denkbar sei, wolle letztlich jeder Mensch anderen angenehm sein: »[...] no society can be agreeable, or even tolerable, where a man feels his presence unwelcome, and discovers all around him symptoms of disgust and aversions« (Hume 1751/1963, 280–281). In allen wohl gerate-

nen menschlichen Gemütern sei die Abneigung gegen Schurkereien so ausgeprägt, dass sie durch keine Aussicht auf finanzielle oder sonstige Vorteile überwogen werde (283).

Adam Smith: Eigeninteresse und Wohlwollen

Auch wenn Adam Smiths Ruf als Philosoph im Schatten seiner Reputation als Ökonom steht, hat er zweifellos in beiden Bereichen Außerordentliches geleistet. In der Literatur ist viel darüber gestritten worden, ob das Menschen- und Gesellschaftsbild seines ökonomischen Jahrhundertwerks *Inquiry into the Nature and Causes of the Wealth of Nations* (1776) mit dem seines wichtigsten philosophischen Buches *A Theory of Moral Sentiments* (1759) zusammenstimmt. Die Frage der Einheit und Vereinbarkeit beider Werke – auch unter dem Namen »Adam-Smith-Problem« bekannt – bezieht sich auf das Spannungsverhältnis einer ökonomischen Analyse, die Wohlstand auf die rationale Verfolgung des Eigeninteresses im System natürlicher Freiheit zurückführt, und einer philosophischen Untersuchung, die – in der Tradition der Theorien des moralischen Sinns – den Menschen als zu Wohlwollen und Mitgefühl befähigtes Wesen sieht. Die plausibelste Lösung des exegetischen Problems liegt in einer »Sphärenunterscheidung«, die Smith vornimmt (Nieli 1986). Marktinteraktionen werden durch aufgeklärtes Eigeninteresse reguliert, während Freundschaften und Familienbindungen durch wechselseitige Zuneigung und Wohlwollen bestimmt sind. Auf eine Kurzformel gebracht: Nach Smith ergibt sich das Glück als Summe aus materiellem Wohlstand, der in einer auf Egoismus beruhenden Marktsphäre erwirtschaftet wird, und emotionaler Nähe, die sich aus der von Sympathie geprägten Privatsphäre schöpfen lässt.

Das Zeitalter des Klassischen Utilitarismus: Bentham, Mill, Sidgwick

Wie erwähnt, tauchte die Nutzenformel des Utilitarismus vom größtmöglichen Glück der größtmöglichen Zahl schon bei Francis Hutcheson auf. Doch waren sich die Theoretiker des moralischen Sinns darin einig, dass im Handeln zum Ausdruck kommende Motive oder Charaktereigenschaften der vorrangige Gegenstand moralischer Beurteilung sind. Der Klassische Utilitarismus nimmt in dieser Hinsicht einen radikalen Kurswechsel vor. Die Richtigkeit oder Falschheit einer Handlung bemisst sich ihm zufolge einzig und allein an dem Nutzen, dem allgemeinen Glück, das sie hervorbringt.

Jeremy Bentham, der Gründervater des Klassischen Utilitarismus, wird zugleich als der letzte britische Moralist gezählt. Bentham war ein systematischer Kopf, der das Nutzenprinzip mit großer Konsequenz auf Recht und Moral anwendete und in mehrfacher Hinsicht mit den Theorien des moralischen Sinns brach. Er ging *erstens* davon aus, dass moralisches Urteilen auf der Anwendung von Regeln beruht. Diese Anwendung ist eine Sache der Vernunft, insofern sie Kalkulation und Subsumtion verlangt. *Zweitens* belebte er den psychologischen Hedonismus wieder und verknüpfte ihn mit dem werttheoretischen. »Nature has placed mankind under the governance of two sovereign masters, *pain* and *pleasure*. It is for them alone to point out what we ought to do, as well as to determine what we shall do«, heißt es gleich zu Beginn seiner *An Introduction to the Principles of Morals and Legislation* (1789/1962, 1). Und *drittens* interpretierte er, was Menschen als Lustgewinn erleben, in der Tradition von Mandeville und Hobbes, der zufolge die Menschen primär nach der Kontrolle über materielle Güter streben. Der Erwerb dieser Güter ist mit Lust- und Unlustquanten verbunden, die sich hinsichtlich ihrer Intensität, Dauer, Eintretenswahrscheinlichkeit und zeitlichen Entfernung unterscheiden können. Nach Bentham verrechnet der Akteur die Erwartungen über Lust- und Unlustquanten miteinander und bildet so Motive (1781/1962, 46 ff.). Handeln wird somit durch die Erwartung über den Erwerb einer homogenen, quantifizierbaren und daher auch maximierbaren Größe ausgelöst: Menschen sind Eigennutzmaximierer. Diese Sichtweise hat großen Einfluss auf das ökonomische Denken ausgeübt (s. Kap. VIII.7).

Benthams Verkürzungen und Entdifferenzierungen des Glücksbegriffs rückgängig zu machen, war eines der dringlichsten Anliegen *John Stuart Mills*, des ältesten Sohns von James Mill, einem Gelehrten und Freund Jeremy Benthams. Der junge Mill kritisierte, dass Bentham zufolge Handlungen ausschließlich durch Erwartungen (über maximalem Lustgewinn) motiviert würden. Mill meinte dagegen, dass der Gedanke an bestimmte Handlungsweisen selbst Lust oder Unlust nach sich ziehen kann und dass diese Lust- oder Unlustzustände Handlungen auszulösen vermögen (Mill 1833/1969, 12). Im Hintergrund dieser Überlegung steht die assoziationspsychologische Annahme, dass im Laufe der Sozialisa-

tion Vorstellungen bestimmter Handlungsweisen mit Lust oder Unlust besetzt werden. Durch diesen Rückgriff wurde es Mill möglich, im Rahmen eines psychologischen Hedonismus zu erklären, warum unser Handeln nicht strikt auf eigenen Lustgewinn orientiert ist. Lust ist nicht nur ein Handlungsziel, sondern auch eine Handlungsursache. Die Sozialisation kann eine große Bandbreite von Vorstellungen mit Unlust oder Lust assoziieren. Menschen sind daher nach Mill keine reinen Eigennutzmaximierer, sondern auch (in hohem Maße) ›programmgesteuerte‹, durch erlernte Regeln und erworbene Dispositionen gesteuerte Wesen.

Eine zweite wichtige Weiterentwicklung, die Mill gegenüber Bentham vornahm, betraf nicht den psychologischen, sondern den werttheoretischen Hedonismus. Während Bentham davon ausging, dass Lust- und Unlustquanten aller Art miteinander verrechenbar sind, nahm Mill an, dass aus Sicht der Akteure gewisse Lustarten absoluten (lexikographischen) Vorrang genießen; das heißt, Menschen sind nicht bereit, auf den Zugang zu gewissen Formen von Lust zugunsten beliebiger Mengen anderer Lustarten zu verzichten. Mill fasste diesen Punkt in dem oft zitierten Satz: »It is better to be a human being dissatisfied than a pig satisfied; better to be Socrates dissatisfied than a fool satisfied« (1861/1969, 212). Für diese Position hat sich der Name ›qualitativer Hedonismus‹ eingebürgert; passender wäre die Bezeichnung *perfektionistischer Hedonismus*, war Mill doch überzeugt, dass Menschen ein tiefes Interesse an der Nutzung ihrer höher entwickelten Fähigkeiten haben (vgl. Kuenzle/Schefczyk 2009, 37 ff.).

Als zentrale Quellen menschlichen Unglücks bezeichnet er – neben äußeren Umständen, wie Zwang, Krankheit und Armut – *Selbstsucht* und *Gleichgültigkeit* (»want of mental cultivation«); wer zu Empathie und Interesse an den Dingen der Welt fähig ist, hat nach Mill die wesentlichen Voraussetzungen, um ein gelingendes Leben zu führen: »A cultivated mind – I do not mean a philosopher, but any mind to which the fountains of knowledge have been opened […] – finds sources of inexhaustible interest in all that surrounds it; in the objects of nature, the achievements of art, the imaginations of poetry, the incidents of history, the ways of mankind past and present, and their prospects in the future« (1861/1969, 216). Voraussetzung des Glücks ist daher, wie Mill immer wieder betont, *Erziehung* im Sinne einer Kultivierung der Fähigkeit zu Empathie und Anteilnahme an den Dingen der Welt. Diese Kultivierung soll es den Individuen ermöglichen, sich den ihnen innewohnen Tendenzen gemäß zu entwickeln (»according to the tendency of the inward forces«; 1859/1977, 263). Die menschliche Natur sei nicht wie eine zu konstruierende Maschine, sondern wie ein Baum, der sich individuell entfalten will. Die Ausübung von äußerem Zwang und Konformitätsdruck, sei es durch den Staat oder die öffentliche Moral, ist daher nach Mill unglücksträchtig. Zwang ist entsprechend nur dann legitim, wenn er dazu dient, Dritte vor Schaden zu bewahren.

Henry Sidgwicks im Jahr nach Mills Tod erschienenen *Methods of Ethics* (1874) sind ein für seinen Tief- und Scharfsinn bewundertes Werk, das in einer Aporie endet: dem unauflöslichen Konflikt zwischen dem, was Sidgwick egoistischen und universalistischen Hedonismus (Utilitarismus) nennt. Sidgwick war werttheoretischer, aber nicht psychologischer Hedonist. Das Leben einer Person ist in dem Maße gut, in dem freudvolle Erfahrungen leidvolle überwiegen; jedoch unterstellte Sidgwick nicht, dass jede Person stets nur ihr eigenes Glück fördern wolle. Das von ihm so genannte »Paradox des hedonistischen Egoismus« besagt, dass unser Glück in der Regel Nebenprodukt von Tätigkeiten sei, die nicht auf das Glück abzielten.

Anders als die Philosophen des 18. Jahrhunderts, behandelt Sidgwick es als offene Frage, welches relative Gewicht egoistische und altruistische Wünsche für das Handeln einer Person haben und worin das Endziel eines vernünftig handelnden Individuums liegen sollte. Wird es bestrebt sein, seinen eigenen oder den allgemeinen Nutzen zu maximieren? Zwar kann jedes Individuum einsehen, dass sein eigenes Glück »vom Standpunkt des Universums« aus betrachtet, nicht mehr zählt als das Glück einer beliebigen anderen Person. Sidgwick erwägt und verwirft in diesem Zusammenhang ein Argument, das Derek Parfit in seinem legendären *Reasons and Persons* (1984) aufgegriffen und zu verteidigen versucht hat: dass wir mit unterschiedlichen Lebensphasen unserer selbst nicht notwendigerweise stärker verbunden sind als mit anderen Personen innerhalb einer Lebensphase. Im Gegensatz zu Parfit kommt Sidgwick aber zu dem Schluss, dass der hedonistische Egoismus nicht durch die Analogie zwischen intertemporaler und interpersoneller Nutzenverteilung ausgehebelt werden kann (Sidgwick 1874/1907). Sidgwick geht es hier um einen Punkt, der die Vernünftigkeit eines Strebens nach dem allgemeinen Glück berührt. Er teilt alle Erwägungen, die von

Shaftesbury bis Mill zugunsten der Sympathie und des Wohlwollens vorgetragen worden sind: »the selfish man misses the sense of elevation and enlargement given by wide interests; he misses the more secure and serene satisfaction that attends continually on activities directed towards ends more stable in prospect than an individual's happiness can be; he misses the peculiar rich sweetness, depending upon a sort of complex reverberation of sympathy, which is always found in services rendered to those whom we love and who are grateful« (1874/1907, 501). Doch ändert all dies ihm zufolge nichts daran, dass keine vollständige Koinzidenz zwischen den Forderungen des egoistischen und des universalistischen Hedonismus besteht – und damit bleibt die Frage offen, ob das Individuum in derartigen Fällen (einen vernünftigen) Grund hat, im Sinne des Utilitarismus zu handeln und das allgemeine Glück zu fördern.

Britischer Idealismus: T. H. Green und das Glück der Selbstentwicklung

Während Sidgwick in Cambridge die Entwicklung des Klassischen Utilitarismus vollendet und die Reihe der großen Philosophen-Ökonomen fortsetzt, ist das damalige Oxford eine Hochburg des Britischen Idealismus. Dessen wohl herausragendster Vertreter war Thomas Hill Green (1836–1882; vgl. Brink 2003). In seinem postum erschienenen Hauptwerk *Prolegomena to Ethics* (1883) vollzieht er einen bewussten Bruch mit der empiristisch-naturalistischen Tradition. Empirismus und Naturalismus laufen nach Green geradewegs auf eine unhaltbare hedonistische Konzeption menschlichen Glücks zu. So wie Hume seine *Treatise of Human Nature* mit dem Abschnitt »Of the Understanding« beginnt, eröffnet Green die *Prolegomena* mit einem durch Kant und Hegel inspirierten Abschnitt über die »Metaphysics of Knowledge«. Dem Wissen und der Natur, so Green, liegt ein spirituelles (materialistisch nicht zu erklärendes) Prinzip zugrunde: Natur ist das Produkt mentaler Operationen. Wenn es die Erkenntnis einer objektiven Natur geben soll, so muss es nach Green ein Subjekt der Erkenntnis, ein Selbst, geben, das nicht – wie Hume meinte – ein bloßes Bündel von Wahrnehmungen darstellt. Diesem Selbst sind alle Tatsachen und Beziehungen zwischen Tatsachen bewusst, welche die Welt insgesamt bilden. Das menschliche Wissen ist der schrittweise und unvollkommene Nachvollzug eines bereits ewig bestehenden Bewusstseins, in dem die Natur gegeben ist.

Green schwebt eine Form von Absolutem Idealismus vor, die Ähnlichkeiten mit demjenigen Hegels aufweist. Seine Konzeption von einem Selbst, das nicht die Summe von Vorstellungen und Wünschen ist, sondern eine evaluierende und reflektierende Instanz, bestimmt auch seine Theorie des Guten. Ihr zufolge ist das Endziel des menschlichen Lebens die Vervollkommnung der Fähigkeit zu vernünftiger Überlegung und Kontrolle. Ähnlich wie Mill, dessen psychologischen und werttheoretischen Hedonismus er in den *Prolegomena* einer detaillierten Kritik unterzieht, ist Green Perfektionist. Doch argumentiert er, dass der Perfektionismus mit dem Hedonismus unvereinbar ist und Mill folglich eine inkonsistente Position entwirft, die zugunsten eines *idealistischen Perfektionismus* aufgelöst werden kann und muss. Einer seiner wesentlichen Kritikpunkte am Hedonismus lautet, dass – bei genauer Betrachtung – das hedonistische Kalkül aufgrund des ephemeren Charakters von Lust- und Unlustzuständen nicht sinnvoll ist (Green 1883/2003, 268 ff.).

So lässt sich, vereinfachend und zuspitzend, sagen, dass mit Green die mehr als zweihundertjährige Dominanz der hedonistischen Glücksphilosophie an ihr Ende gelangt. Jedoch erwies sich der von Green angebotene Gegenentwurf eines metaphysisch gestützten Perfektionismus als nicht tragfähig. Der analytisch-antimetaphysische Stil, der sich bereits bei Sidgwick abzuzeichnen beginnt, radikalisiert sich zu Beginn des 20. Jahrhunderts in mehreren Schritten und entzieht damit nicht nur dem moralischen Perfektionismus Greens, sondern phasenweise der gesamten praktischen Philosophie den Boden. Erst gegen Mitte des 20. Jahrhunderts öffnet sich die analytische Tradition wieder für den unvergleichlichen Reichtum der britischen Moralphilosophie im 18. und 19. Jahrhundert (Darwall 1995).

Literatur

Bentham, Jeremy: An Introduction to the Principles of Morals and Legislation [1789]. In: The Works of Jeremy Bentham. Volume I. Basierend auf der Bowring Edition von 1838–1843. New York 1962, 1–154.

Brink, David O.: Perfectionism and the Common Good. Themes in the Philosophy of T.H. Green. Oxford 2003.

Butler, Joseph: Five Sermons Preached at the Rolls Chapel and a Dissertation upon the Nature of Virtue [1726] (Hg. und ausgewählt Stephen Darwall). Indianapolis 1983.

Carlyle, Thomas: On Heroes, Hero-Worship, & the Heroic in History [1841]. Berkeley u. a. 1993.

Darwall, Stephen: The British Moralists and the Internal ›Ought‹: 1640–1740. Cambridge 1995.

Green, Thomas Hill: Prolegomena to Ethics [1883]. (Hg. David O. Brink). Oxford 2003.

Hobbes, Thomas: Leviathan or The Matter, Forme, & Power of a Common-Wealth Ecclesiasticall and Civill [1651]. London 1968.

Hume, David: A Treatise of Human Nature [1739–40]. New York 2000.

–: An Enquiry Concerning the Principles of Morals [1751]. In: Ders.: Enquiries Concerning Human Understanding and Concerning the Principles of Morals. Reprint der postumen Edition von 1777. Oxford 1963, 167–323.

Hutcheson, Francis: Inquiry into the Original of our Ideas of Beauty and Virtue [1725] (Hg. Wolfgang Leidhold). Indianapolis 2004.

Kuenzle, Dominique/Schefczyk, Michael: John Stuart Mill zur Einführung. Hamburg 2009.

Locke, John: An Essay Concerning Human Understanding [1689]. London 1997.

Mandeville, Bernard: The Fable of the Bees: or, Private Vices, Publick Benefits [1714]. Faksimile der von F. B. Kaye kritisch edierten und kommentierten Ausgabe von 1924. Indianapolis 1988.

Mayo, Thomas Franklin: Epicurus in England 1650–1725. Dallas, TX 1934.

Mill, John Stuart: Remarks on Bentham's Philosophy [1833]. In: Ders.: Collected Works. Bd. X (Hg. J. M. Robson). Toronto 1969, 3–18.

–: On Liberty [1859]. In: Ders.: Collected Works. Bd. XVIII (Hg. J. M. Robson). Toronto 1977, 213–310.

–: Utilitarianism [1861]. In: Ders.: Collected Works. Bd. X (Hg. J. M. Robson). Toronto 1969, 203–259.

Nieli, Russel: Spheres of Intimacy and the Adam Smith Problem. In: Journal of the History of Ideas 47 (1986), 611–624.

Parfit, Derek: Reasons and Persons. Oxford 1984.

Raphael, David Daiches (Hg.): British Moralists 1650–1800. 2 Bd. [1969]. Indianapolis/Cambridge 1991.

–: The Impartial Spectator. Adam Smith's Moral Philosophy. Oxford 2007.

Sarasohn, Lisa T.: Gassendi's Ethics. Freedom in a Mechanistic Universe. Ithaca/London 1996.

Schrader, Wolfgang H.: Ethik und Anthropologie in der Englischen Aufklärung. Der Wandel der Moral-Sense-Theorie von Shaftesbury bis Hume. Studien zum Achtzehnten Jahrhundert. Bd. 6. Hamburg 1984.

Selby-Bigge, Lewis Amherst (Hg.): British Moralists: Being a Selection from Writers Principally of the Eighteenth Century. 2 Bd. Oxford 1897.

Shaftesbury, Anthony (Third Earl of): An Inquiry Concerning Virtue and Merit [1699]. In: Ders.: Characteristicks of Men, Manners, Opinions, Times. Bd. 2. Basierend auf der 6. Auflage (1737–1738). Indianapolis 2001, 1–100.

–: Sensus Communis: an Essay on the Freedom of Wit and Humour [1709]. In: Ders.: Characteristicks of Men, Manners, Opinions, Times. Bd. 1. Basierend auf der 6.Auflage (1737–1738). Indianapolis 2001, 37–93.

Sidgwick, Henry: Methods of Ethics [1874]. Chicago ⁷1907.

Smith, Adam: The Theory of Moral Sentiments [1759]. Amherst 2000.

–: An Inquiry into the Nature and Causes of the Wealth of Nations [1776]. (Hg. R. H. Campbell/A. S. Skinner). 2 Bde. Indianapolis 1976.

Willey, Basil: The English Moralists. London 1965.

Michael Schefczyk

2. Glück, Revolution und revolutionäres Denken im 18. Jahrhundert. Philosophisch-politische Diskurse in den USA und in Frankreich

Revolutionäre Koinzidenz des Glücks

Zu den merkwürdigen Koinzidenzen der Philosophie und Politik des 18. Jahrhunderts gehören die Anrufungen des Glücks, die sich bei Thomas Jefferson und Saint-Just finden. 1776 bezeichnete Jefferson in seinem Entwurf zur Unabhängigkeitserklärung der USA den »pursuit of happiness« neben »life« und »liberty« als ein unveräußerliches Recht des Menschen. Nah und fremd neben dieser Formel steht der Ausruf des Jakobiners Saint-Just wenige Monate vor dessen Enthauptung in einer Rede vom 3. März 1794: »Le bonheur est une idée neuve en Europe!« – »Das Glück ist eine neue Idee in Europa!« (Saint-Just 2004, 673; Fischer 1977, 377 [Übers. geänd.; d. Verf.]).

Jefferson hat sich rückblickend darüber gewundert, dass Napoleon, der »Millionen von Armen« in den Tod geführt habe, einen besseren Ruf habe als Robespierre, zu dessen Opfern »Tausende von Reichen« gehört hätten (Jefferson 1785/1984, 1272). Doch gibt es wenige Gemeinsamkeiten zwischen dem Politiker, Philosophen und Plantagen-Besitzer Jefferson (1743–1826) und Saint-Just (1767–1794), dem Weggefährten Robespierres, Poeten und Kriegsmann. Es drängt sich die Frage auf, welche theoretischen Voraussetzungen jenen verschiedenen Anrufungen des Glücks zu Grunde liegen. Die Devise, an die man sich zu halten hat, lautet: »In Zeiten der Revolution, in denen Verderbtheit und Tugend so große Bedeutung haben, ist es entscheidend, alle Prinzipien und alle Definitionen präzise zum Ausdruck zu bringen« (Saint-Just 2004, 1090). Gemäß dieser Empfehlung – sie entstammt einem Fragment Saint-Justs von 1793/94 – sollen die philosophisch-politischen Debatten rekonstruiert werden, die im 18. Jahrhundert diesseits und jenseits des Atlantiks, vor allem – aber nicht nur – in Frankreich und den USA um das Glück geführt worden sind (für die Diskussion in Großbritannien s. Kap. V.1 und in Deutschland Kap. V.3).

Jeffersons »pursuit of happiness« im Kontext

Der amerikanische Dichter Robert Frost (1874–1963) bezieht sich in seinem Gedicht *The Black Cottage* auf »the hard mystery of Jefferson's«: »What did he mean?« Und er schreibt weiter: »Of course the easy way / Is to decide it simply isn't true. / It may not be. I heard a fellow say so. / But never mind, the Welshman got it planted / Where it will trouble us a thousand years. / Each age will have to reconsider it« (Frost 1963, 22). Die langlebige Faszination der Formel vom »pursuit of happiness« hängt mit dem Ort zusammen, an dem Jefferson sie deponiert hat. In einem politischen Dokument erster welthistorischer Güte wird in direkter Verbindung zu ›Rechten‹ etwas angesprochen, was notorisch schwer zu greifen und festzuschreiben ist: das Glück. Es ist in einer Weise auslegungsbedürftig, wie man sich dies bei einem Dokument dieser Art eigentlich verbitten möchte.

Die schier unübertreffliche »Wirkung«, die schon John Adams dem »Coup de Theatre« (sic!) Jeffersons, also der Unabhängigkeitserklärung vom 4. Juli 1776, zuerkannte (vgl. Ellis 2000, 212), verbreitet den Anschein, die Formel vom »pursuit of happiness« sei dessen eigene Erfindung. Dieser Anschein verfliegt freilich, wenn man den intellektuellen Nährboden untersucht, von dem Jefferson gezehrt hat.

Schaut man sich im Vorfeld der Unabhängigkeitserklärung um, so gelangt man statt an »life, liberty, and the pursuit of happiness« zunächst an einen anderen Dreiklang, nämlich – im Originalton von John Locke (1632–1704) – an »Life, Liberty, and Estate« (Locke 1690/1988, 323) oder, wie es in der Nachfolge häufig heißt, ›life, liberty, and property‹. Sichtet man die Verfassungen der Einzelstaaten der USA, so erklingt mal der eine, mal der andere Dreiklang, manchmal auch ein Vierklang aus Leben, Freiheit, Eigentum und Streben nach Glück (Jones 1953, 25). Dieser Vierklang findet sich auch in der nächsten Vorlage, die Jefferson bei der Abfassung der Unabhängigkeitserklärung bekannt ist, nämlich in der »Bill of Rights« seines Heimatstaates Virginia, die am 12.6.1776 in Williamsburg verabschiedet wird. In diesem Text, der nach Jeffersons Abreise nach Philadelphia vor allem von George Mason verfasst wird, heißt es »that all men [...] have certain inherent rights [...]; namely, the enjoyment of life and liberty, with the means of acquiring and possessing property, and pursuing and obtaining happiness and safety« (Jones 1953, 11 f.; Jefferson 1989, 464). Fast wört-

lich findet Jefferson hier vorformuliert, was von ihm zum »pursuit of happiness« verdichtet wird (vgl. als immer noch instruktive Materialsammlung Ganter 1936; sowie Wills 1978, 241–255; Lewis 1991).

Kein Zweifel: Wenn in den USA individuelle Rechte ausgerufen werden, so geschieht dies immer auch mit Bezug auf Locke. Jefferson zählt ihn neben Bacon und Newton zu den »three greatest men that have ever lived« (Jefferson 1785/1984, 939; zum Streit um Lockes Einfluss auf Jefferson vgl. Becker 1922; Howard 1986/2001, 112, 123, 339; Wills 1978, XXVI, 169 ff., 240 ff.). Auch ist Jefferson dem Eigentum keineswegs abgeneigt: In einem Brief an Madison, geschrieben im revolutionären Paris des September 1789, heißt es nüchtern: »Persons and property make the sum of the objects of government« (Jefferson 1785/1984, 963). Gleichwohl wandelt Jefferson Lockes Dreiklang ab und lässt das Streben nach Glück an die Stelle des Eigentums treten. Zweifellos steht dahinter auch ein Vorbehalt gegen die ökonomistische Einengung individueller Rechte. Jefferson zieht es offenbar vor, sich mit dem »pursuit« in den reich entfalteten Diskurs zur Vervollkommnung oder ›Perfektibilität‹ des Menschen einzugliedern, zu dem Rousseau, Benjamin Franklin, später auch Condorcet und andere Beiträge geleistet haben.

Freilich ist Lockes ursprüngliche Formel von Leben, Freiheit und Eigentum so vielfältig variiert und abgewandelt worden, dass Jeffersons neue Version keineswegs als direkter Affront gegen Locke intendiert gewesen sein muss. Dieser Affront würde im Übrigen deshalb ins Leere gehen, weil Locke selbst die Formel vom »pursuit of happiness« gar nicht fremd ist; er verwendet sie sogar selbst – freilich nicht mit Blick auf politische Rechte, sondern im *Essay Concerning Human Understanding* bei der Charakterisierung des individuellen Lebens. Das Individuum soll demnach nicht auf kurzfristige, quasi-animalische Befriedigung setzen, sondern sich durch bewusste Abwägungen und Absichten hervortun: Den »pursuit of happiness« wird, wie Locke schreibt, niemand als »abridgment of *Liberty*« ansehen: »The stronger ties, we have, to an unalterable pursuit of happiness in general, which is our greatest good, [...] the more are we free [...] from a necessary compliance with our desire, set upon any particular, and then appearing preferable good, till we have duly examin'd, whether it has a tendency to, or be inconsistent with our real happiness« (Locke 1689/1975, 265 f.). Mit Locke kann man demnach das Glück empiristisch oder sensualistisch an die Steigerung von ›pleasure‹ und die Minderung von ›pain‹ knüpfen, darüber hinaus kann man es, wie die zitierte Stelle zeigt, liberalistisch an die individualistische Selbstbestimmung knüpfen, die mit dem »pursuit« assoziiert ist.

Tatsächlich ist nicht nur bei Locke, sondern bei vielen anderen vor Jefferson vom »pursuit of happiness« die Rede, so etwa bei Samuel Johnson und Francis Hutcheson (vgl. Ganter 1936, 564 ff.). In einem Gedicht »Upon Happiness« von James Thomson aus dem Jahr 1720 ist die Rede vom »pursuit of bliss« (zit. nach Wills 1978, 246); Adam Smith spricht, etwas umständlicher, vom »wise and prudent pursuit of our own real and solid happiness« (Smith 1759/2002, 314). All diese Formulierungen – auch die Jeffersons – haben ihre Pointe darin, das Glück an den »pursuit« als eine reflektierte, intentionale Gestaltung des individuellen Lebens zu binden. Von hier aus führt gar eine Linie zurück zu der sokratischen These, das Nachdenken über das Gute habe als wesentlicher Bestandteil des guten Lebens selbst zu gelten.

Dieser Ansatz steht gegen eine Deutung des »pursuit of happiness«, wonach das Glück als Bedürfnisbefriedigung konzipiert wird und man zwischen einem glücklosen, auf das Glück nur ausgerichteten »pursuit« und einem Zustand, in dem man das Glück erreicht hat und also den »pursuit« einstellen kann, hin und her schwankt. Dass diese Deutung eher dazu führt, dass der »pursuit« immer wieder ins Leere läuft und die Zustände der Erfüllung fadenscheinig werden, hat Alexis de Tocqueville (1805–1859) in seinem Amerika-Buch auf treffende und bedrückende Weise beschrieben: Er trifft dort auf Menschen, die »in den glücklichsten Verhältnissen der Welt leben« und doch von Rastlosigkeit, »Unruhe« oder einer seltsamen Traurigkeit umgetrieben werden (Tocqueville 1835–40/1987, Bd. 2, 201 f.).

Es ist wohlgemerkt das Streben nach Glück, das die amerikanische Unabhängigkeitserklärung zum Recht erhebt; es wird nicht (wie häufig in utopischen Gesellschaftsentwürfen s. Kap. II.11) das Glück zum Staatsziel erklärt. Diese Zurückhaltung gegenüber dem Glück wird in den USA aber nicht durchweg aufrechterhalten. In der bereits erwähnten »Bill of Rights« des Staates Virginia von 1776 wird von der Regierung gefordert, sie solle »capable of producing the greatest degree of happiness and safety« sein. Dieses Glück steht über die individuelle Lebensführung hinaus für die Wohlfahrt des Gemeinwesens

insgesamt (s. Kap. II.9). Diese Wohlfahrt firmiert auch in der Präambel der US-amerikanischen Verfassung des Jahres 1787: »We the People of the United States […] promote the general Welfare«.

Auch Jefferson selbst beschränkt sich nicht darauf, das Glück im Horizont des Individuums zu verorten und dessen möglichst ungestörte Entfaltung im klassischen liberalen Sinne vor dem staatlichen Zugriff zu schützen. Er kennt das Glück in zwei Varianten: als »particular« oder »private happiness«, aber auch als »general happiness« (Jefferson 1785/1984, 587, 85; zu Individualismus und Gemeinschaftsgeist in den USA vgl. Tocqueville 1835–40/1987, Bd. 2, 147 ff., 206 ff., 460 ff.).

Die Berufung auf ein allgemeines, kollektives oder öffentliches Glück ist in der Politik, im Naturrechtsdenken und in der Staatswissenschaft des 18. Jahrhunderts insgesamt sehr verbreitet; doch sehr unterschiedliche Dinge werden damit bezeichnet. So schreibt Justi als Vertreter der deutschen »Policeywissenschaft« im Jahr 1756, die »Policey« habe die Aufgabe, »die Glückseligkeit des gemeinen Wesens [zu] beförder[n]« (Justi 1756, 4; mit dem »gemeinen Wesen« ist das Gemeinwesen und nicht, wie Foucault zu meinen scheint, der Untertan gemeint; vgl. Foucault 2004, 471). Die Rede ist bei Justi auch von der »gemeinschaftlichen Glückseligkeit« (Justi 1756, 7; zu dessen »grundlegende[r] Umorientierung des staatlichen Handelns« gemäß dem »Glückseligkeitspostulat« vgl. Simon 2004, 510). Die »Glückseligkeit des Ganzen« wird mit dem »Wolseyn der Privatpersonen« zusammengedacht (Scheidemantel 1775, 95; vgl. Klippel 2005, 127). Hinter dieser Ausrichtung am Glück steckt die Kritik an feudalistischer Willkür, von der sich auch Jefferson leiten lässt, wenn er dem Adel eine »inconsistence with reason and right« vorwirft (Jefferson 1785/1984, 83).

Auch die französischen Physiokraten, die für Jeffersons Kombination von landwirtschaftlicher Autarkie und politischer Autonomie (Jefferson 1785/ 1984, 290; 1989, 342) eine wichtige Inspirationsquelle sind, halten sich an Gemeinwohl und Glück. Morelly entwirft einen »*automate* de la société«, in dem »Harmonie« herrschen soll, das »Gemeinwohl« (»bien commun«) gesichert wird und die Menschen »sich gegenseitig zum Glück verhelfen« (Morelly 1755, 26, 28). In der französischen Variante der Polizeiwissenschaft, die u. a. von Nicolas Delamare entwickelt worden ist, wird die »félicité« der Untertanen mit »utilité commune«, »bien public« und »bonheur des Estats« zusammengenommen (Delamare 1705,

o. Pag. [aus der einleitenden Epistel an den König]; vgl. Guéry 1997, 4563; Foucault 2004, 470). Noch weitere Stimmen zur Verbindung von Staat und Glück wären anzuführen, so etwa die des Staatstheoretikers Giovanni Antonio Palazzo (vgl. Guéry 1997, 4566; Foucault 2004, 369–377).

All diese Konzeptionen gemeinschaftlicher Glückseligkeit taugen als Gegenentwurf zur Willkür feudaler Potentaten. Doch sie laden auch ein zu einer Bevormundung, mit der das individuelle Wohlergehen allgemeinen Vorgaben unterworfen wird; oft enthält die Berufung auf das Gemeinwohl eine Spitze gegen den Freiheitsspielraum oder das vermeintliche Fehlverhalten des Individuums.

Wenn nun Jefferson, wie erwähnt, von »general happiness« spricht, so ist ihm jene etatistische oder paternalistische Tendenz freilich fremd. Was er damit im Sinn hat, lässt sich rekonstruieren, indem man auf einen Vorläufer Jeffersons zurückgeht, nämlich auf James Wilsons *Considerations on the Nature and Extent of the Legislative Authority of the British Parliament* aus dem Jahr 1774. Darin heißt es lakonisch: »the happiness of the society is the *first* law of every government« (Wilson 1774/2007, 5). Wilson folgt dabei nicht der etatistischen Idee einer Glücksherstellung von oben herab, vielmehr unterstellt er die Bestimmung des Glücks dem »consent« und der Kontrolle der Betroffenen. Im Lichte dieser Revision lässt sich auch Jeffersons »general happiness« einordnen. Neben das »private happiness«, das im liberalen Sinne durch Individualrechte geschützt wird, tritt demnach die republikanische Idee des gemeinschaftlichen Zusammenwirkens der Bürger.

Jefferson wehrt zum einen die staatlichen Zu- und Übergriffe auf die Individuen ab, die ungestört in den Genuss des »blessing of existence« kommen sollen: »the giver of life [...] gave it for happiness & not for wretchedness«, schreibt er 1782 (Jefferson 1785/ 1984, 779). Zum anderen gehört zum Glück derer, welche »das Band der Gesellschaft vereint«, die Fähigkeit, um der gemeinsamen Sache willen zu »harmonisieren« (1785/1984, 211; 1989, 197). Das allgemeine Glück wird auf die kooperative Initiative der Bürger, auf »manners and spirit of a people« (1785/ 1984, 291; 1989, 343) zurückgeführt. Auf der einen Seite also werden die Individuen im liberalen Geist vom Staat abgerückt. Auf der anderen Seite fußt das allgemeine Glück auf der republikanischen Teilnahme der Bürger. Zugespitzt findet sich diese Doppelung bei George Washington, der im Jahr 1783 verkündet, die USA böten die Möglichkeit zu »private and domestic enjoyment« wie auch zu »political happiness«: »At this auspicious period, the United States came into existence as a Nation, and if their Citizens should not be completely free and happy, the fault will be intirely [sic!] their own« (Washington 1997, 516 f.; vgl. Thomä 2003, 132).

Wie Jeffersons eigene Erläuterungen und Washingtons heute sperrig klingende Rede vom »politischen Glück« belegen, steht der »pursuit of happiness« nicht für eine Entpolitisierung oder Privatisierung des Glücks. Besonders entschieden hat sich Hannah Arendt (1906–1975) zur Verteidigung des politischen Glücks aufgerufen gefühlt. Zugleich hat sie beklagt, dass die Formel vom »pursuit of happiness« seit ihrer Proklamation als Freibrief für das »Erwerbsstreben«, für das »sinnlose Treiben einer Konsumgesellschaft«, für individualistische Nutzenmaximierung ausgelegt worden sei. Dagegen verweist sie darauf, »dass die ›freien Einwohner‹ Englands nicht nur und nicht primär nach Amerika kamen, um ihr Glück, sondern um ihr öffentliches Glück zu machen [...]. Diese Männer wussten, dass ihr Glück im Leben nicht vollkommen war, wenn es nur in einem von Glück gesegneten Privatleben bestand« (Arendt 1963/1974, 163 f., 178). Arendt beklagt, dass der private »Wohlstand« in den USA der politischen »Freiheit« und dem mit ihr assoziierten Glück den Rang abläuft (176). Was sie in Amerika als eine Geschichte der »Verkümmerung und Deformation« (285), des Verfalls oder Abfalls von der wahren Lehre beschreibt, ist aus ihrer Sicht in Frankreich von Anfang an auf unerquickliche Weise verschränkt: Die revolutionäre Bewegung, auch die Demokratisierung in Frankreich sieht sie von vornherein mit der sozialen Frage kontaminiert. Arendt entgeht dabei die Einsicht, dass auch die Befriedigung materieller Bedürfnisse im Rahmen einer Theorie der Freiheit reformuliert werden kann – eine Einsicht, die etwa in Franklin Delano Roosevelts berühmter Rede vom 6. Januar 1941 über die »vier Freiheiten« zum Ausdruck kommt, zu denen neben der Religionsund Meinungsfreiheit sowie neben der Sicherheit als »freedom from fear« auch die »freedom from want«, die »Freiheit von Not« zählt (Hunt 1995, 200 f.). Wie auch immer man dies bewerten mag, es hat sich eingebürgert, in Jeffersons Glücksbegriff eine Spannung zwischen »Privatinteressen und [...] Gemeinwohl« am Werk zu sehen (Arendt 1963/1974, 172), die mit der Doppelung liberaler und republikanischer Traditionen in den USA in Verbindung gebracht wird (McMahon 2006, 324 f., 330).

Das geschilderte liberal-republikanische Doppel-porträt des »pursuit of happiness« bedarf jedoch einer brisanten Korrektur. Es ist irreführend, Jeffersons Lob des »öffentlichen Glücks« allein auf das republikanische Bild einer Identifikation des Bürgers mit der Allgemeinheit zurückzuführen. Das nicht-private Glück verweist auf einen anderen Bezugs-rahmen und führt über die erwähnte liberal-republikanische Doppelung hinaus. Erkennbar wird dieser Bezugsrahmen, wenn man auf zwei Autoren zurück-geht, die von Jefferson rezipiert worden sind. Zu denken ist an den Genfer Calvinisten und Naturrechtler Jean-Jacques Burlamaqui (1694–1748), der die Herr-schaft des Souveräns nur dann als legitim ansieht, wenn er sich auf das Ziel der »félicité des Peuples« (Burlamaqui 1764, Bd. 2, 44) verpflichtet; zu denken ist vor allem an den von Jefferson (Wills 1978, 250) wie auch von Burlamaqui intensiv rezipierten schottischen Moralphilosophen Francis Hutcheson (1694–1747; s. Kap. V.1). Mit Hutcheson eröffnet sich ein alternativer Weg zum Verständnis jenes »general happiness«, von dem bei Jefferson die Rede ist. Es steht demnach nicht für ein letztlich abstraktes En-gagement für die Allgemeinheit, sondern basiert auf der Neigung, die die Menschen zu Wohlwollen und Teilhabe untereinander anstiftet. Hutcheson be-stimmt »benevolence« als »the Desire of the Happi-ness of another« (Hutcheson 1725/2004, 219; 1725/1986, 34). In einer von der Forschung sträflich igno-rierten, geradezu elektrisierenden Wendung spricht er sogar von »our Pursuit of their Happiness« (1725/2004, 223; 1725/1986, 42).

In der Konsequenz der Generalisierung dieses »moral sense« liegt die Sorge nicht nur für das Glück des anderen, sondern für – wie Hutchesons u.a. von dem Utilitaristen Jeremy Bentham übernommene Formel lautet – »the greatest Happiness for the grea-test Numbers« (1725/2004, 125; 1725/1986, 71). Der »pursuit of *publick good*« ist für Hutcheson ein genu-iner Bestandteil des »promoting his own *happiness*« (Hutcheson 1728/2002, 143; vgl. Taylor 1989, 261). Man muss sich davor hüten, daraus eine pauschale Harmonisierung des Konflikts zwischen Eigeninter-esse und Gemeinwohl abzuleiten. Doch Hutcheson zeigt, dass die Sorge um das Gemeinwohl nicht schon gleich – republikanisch – als Identifikation mit der Allgemeinheit ausgelegt werden muss, sondern in individuellen Bezügen, ja sogar privaten Beziehun-gen enthalten ist und in ihnen heranwächst. So argu-mentiert Jefferson nicht geradewegs republikanisch, wenn er die Beachtung des »public happiness« for-

dert, vielmehr folgt er Hutchesons »moral sense« und verbindet im »pursuit of happiness« individu-elle und allgemeine Perspektiven. Das Glück wird nicht kollektiviert, es bleibt auf das Individuum be-zogen; dieses befindet sich bei der Verfolgung seines Glücks auf einem Weg, den es mit anderen teilt.

Saint-Justs »neue Idee« des Glücks im Kontext

Wenn man nun den Blick nach Frankreich wirft, so sind zunächst im Vergleich mit den USA zwei Punkte festzuhalten. *Zum Ersten* ist zur Kenntnis zu neh-men, dass in der Französischen Revolution Glück, Wohlfahrt und Gemeinwohl stärker auf materielle Not und Bedürftigkeit bezogen werden als dies bei den gutsituierten Wortführern der amerikanischen Revolution der Fall ist (Furet/Richet 1966/1987, 112). *Zum Zweiten* stellt sich in der Französischen Revolu-tion dringlicher als in den USA die Frage nach den Institutionen, die zu der neuen politischen Ordnung passen. Während in den USA die Institutionen erst im Entstehen sind und gar schon Jefferson entschie-den vor einer zu starken Regierung warnt, kommen die Revolutionäre in Frankreich gar nicht umhin, sich offensiv mit den etablierten Institutionen und deren Verwandlung zu befassen. Die Neukonzeption staatlicher Souveränität steht spätestens seit Rous-seau, eigentlich schon seit Montesquieu auf der poli-tischen Tagesordnung.

Gleichwohl wirkt Jeffersons Formel vom »pursuit of happiness« in der französischen Diskussion kei-neswegs wie ein Fremdkörper. Am einfachsten lässt sich dies zeigen, indem man die erste französische Übersetzung der Unabhängigkeitserklärung, die von La Rochefoucauld nach Absprache mit Benjamin Franklin herausgebracht worden ist, mit einem Satz aus dem »Encyclopédie«-Artikel über das Glück ver-gleicht. Zu Jeffersons Formel »la vie, la liberté et le desir du bien-être« (Anon. 1778, 4) gesellt sich dann: »Tous les hommes se réunissent dans le désir d'être heureux« – »Alle Menschen sind sich einig in dem Wunsch nach Glück« (Naumann 1984, 136).

Man hat behauptet, die Amerikaner hätten nur »ausgeführt«, was von französischen Schriftstellern vorgedacht worden sei (Tocqueville 1856/1969, 130), oder die Franzosen hätten bei der Lektüre von Jeffer-sons Formel direkt »die Ideen« ihrer eigenen »Philo-sophen« wiedererkannt (Mornet 1933/1967, 394). Diese Behauptungen sind ebenso übertrieben wie umgekehrt die Auskunft des Girondisten Brissot, wonach die amerikanische die »Mutter« der Französischen Revolution sei (zit. nach Echevarria 1957, 167). Doch man darf von einer engen transatlantischen Verschränkung der verschiedenen Diskurse ausgehen (vgl. die Beiträge »Amerikanische Revolution«, »Menschenrechte« und »Revolution« in Furet/Ozouf 1988/1996, 961–978, 1180–1198, 1289–1307). Jefferson hat Lafayette im Sommer 1789 bei dessen Entwurf einer Erklärung der Menschenrechte beraten und Condorcet entwirft unter dem Eindruck der amerikanischen Revolution sowie nach dem Austausch mit Franklin und Jefferson eine politisch-rechtliche Ordnung, die er in den Dienst des »Glücks« stellt (Condorcet 1786/1847, 7, 21).

Wenn man mit Blick auf die USA Jeffersons berühmte Formel als Dreh- und Angelpunkt nutzen kann, so bietet sich mit Blick auf Frankreich ein anderer exponierter Satz als Ausgangspunkt an: Saint-Justs Ausruf vom 3. März 1794 »Das Glück ist eine neue Idee in Europa!« (s. Kap. V.8) Dieser Satz gibt Rätsel auf. Nicht nur fehlt in dem Zusammenhang, dem er entstammt, eine nähere Begründung oder Erläuterung, er wirkt überhaupt ziemlich abwegig. Saint-Just kann nicht im Ernst meinen, frühere Zeiten hätten vom Glück keine Ahnung gehabt. Er will wohl eigentlich sagen, dass es sich bei diesem Glück um eine »neue Idee« handle, weil es zum ersten Mal in der Geschichte zu einem handlungsleitenden Ideal für die politische Praxis eines ganzen Volkes avanciert ist (vgl. in diesem Sinne Hirschman 1986, 105 [»it was then novel to think that happiness could be *engineered*«]; Boulad-Ayoub 1989, 133; Linton 1999, 47; Geuss 2002, 21). Bestätigt wird diese Lesart durch die Formel vom »bonheur de tous« in der Präambel der französischen Erklärung der Menschenrechte vom 26. August 1789 und durch Artikel 1 der Verfassung vom 24. Juni 1793: »Le but de la société est le bonheur commun.« – »Das Ziel der Gesellschaft ist das allgemeine Glück.« Die Idee des Glücks wird zum neuen Leitfaden der Bürger, die die Gestaltung ihres Lebens und ihrer Lebensverhältnisse in die Hand nehmen.

Wie die Wirkung von Jeffersons Formel »pursuit of happiness« weniger an deren Inhalt als vielmehr an der Performanz eines politischen Aktes hängt, so verdankt sich Saint-Justs neues Glück der Performanz, dem Ereignis der Revolution. Unversehens liegt das Glück gewissermaßen in der Luft wie – mit William Wordsworth gesprochen – ein Duft. Im 6. Buch seines *Prelude* beschreibt dieser seine Ankunft in Calais am 13. Juli 1790: »[…] we chanced / To land

at Calais on the very eve / Of that great federal day; […] / we […] found benevolence and blessedness / Spread like a fragrance everywhere, when spring / Hath left no corner of the land untouched« (Wordsworth 1969, 532; vgl. Ozouf 1976, 95 f.).

In den zitierten politischen Gründungstexten geht es um das Glück eines Kollektivs, welches freilich von der Beteiligung der Individuen abhängt. In seinen Reden vom 28. Januar 1793 und vom 13. März 1794 versieht Saint-Just den Glücksbegriff zusätzlich mit einer Spitze gegen das Individuelle oder Private: »Einzelnes Glück und Eigeninteresse sind ein Verstoß gegen die soziale Ordnung, wenn sie nicht Teil des öffentlichen Interesses und Glücks sind« (Saint-Just 2004, 527). »Plötzlich wurde […] der Wunsch nach jenem Glück wiedererweckt, das im Vergessen der anderen und im Genuss des Überflüssigen besteht. Das Glück! das Glück! hörte man rufen. Aber wir haben Ihnen nicht das Glück von Persepolis geboten; dieses Glück gehört auf die Seite der Verderber der Menschheit. Wir haben Ihnen das Glück von Sparta und Athen zu ihren besten Zeiten geboten, […] das Glück, […] die Republik zu begründen« (687). Saint-Just sucht hier wie auch sonst den Schulterschluss mit Robespierre (1758–1794), der in seiner Rede vom 7. Mai 1794 sagt: »Es gibt zwei Arten von Egoismus. Die eine ist gemein und grausam, isoliert den Menschen von Seinesgleichen und trachtet ausschließlich nach einem Wohlbefinden, das nur auf Kosten des Nächsten erlangt werden kann. Die andere ist großmütig und wohltuend und verbindet unser Glück mit dem Glück aller […]. Das Ziel aller sozialen Einrichtungen ist es, die Leidenschaften des Menschen auf die Gerechtigkeit zu lenken, die das Glück der Allgemeinheit mit dem des Einzelmenschen verbindet« (Robespierre 1910–67, Bd. 10, 446; 1989, 659 f.; vgl. Vetter/Marin 2005).

Auch wenn Saint-Just, Robespierre sowie auch Babeuf und manch anderer das »Glück der Individuen und der ganzen Gesellschaft« (Robespierre 1910–1967, Bd. 5, 208) auf ziemlich brachiale Weise zusammenzwingen, erschöpft sich darin – zum Glück! – nicht der Beitrag Frankreichs zum Nachdenken über das Glück im 18. Jahrhundert. Das Glück in seiner individuellen Gestalt wird keineswegs nur ignoriert oder okkupiert. Es ertönen so viele verschiedene Stimmen zum Glück, dass Saint-Just in einem Werk mit über 700 Seiten zu diesem Thema überhaupt nicht erwähnt werden muss (Mauzi 1979). Immerhin zitiert der Autor aber eine Passage aus dem Werk *De la Sociabilité* des Abbé Pluquet, in dem von einer im 18. Jahrhundert einsetzenden »Revolution des menschlichen Geistes« die Rede ist, die nichts anderes als das »Glück der Menschheit« zum »Gegenstand« habe (Pluquet 1767, Bd. 1, IX–XI; vgl. Mauzi 1979, 256). Gemeint ist hier eine Offensive, die der Verbesserung der Lebensverhältnisse gewidmet ist und ihren gültigen Ausdruck in Condorcets These von den zwei Glücksquellen gefunden hat. Condorcet schreibt: »Die generellen Quellen des Glücks, die dem Menschen in der Gesellschaft zur Verfügung stehen, lassen sich in zwei Klassen aufteilen. Die erste umfasst all das, was die freie Ausübung seiner natürlichen Rechte sicher stellt und ausweitet. Die zweite umfasst die Mittel, [...] die unsere ersten Bedürfnisse verlässlicher und mit geringerem Aufwand befriedigen hilft und uns mit einer größeren Zahl von Genüssen versieht« (Condorcet 1786/1847, 5).

Wenn man nun weiter auf die Vorgeschichte der Französischen Revolution, also auf die Genese jener »neuen Idee« des Glücks zurückgeht, so stößt man in erster Linie auf den Materialismus u. a. von Helvétius (1715–1771) und Holbach (1723–1789) sowie auf Jean-Jacques Rousseau (1712–1778).

Französischer Materialismus

Der revolutionäre Enthusiasmus einer Neugestaltung der Welt ist in Frankreich – wie auch in den USA – nicht denkbar ohne eine Wertschätzung dieser hiesigen Welt selbst. Der Herausgeber von Claude Adrien Helvétius' großem, aus dem Nachlass veröffentlichten Gedicht *Le Bonheur* lobt dessen Verfasser dafür, das Glück nicht ins »Exil des Himmels zu schicken«, sondern es auf Erden suchen und sichern zu wollen (Helvétius 1795, Bd. 13, 9 f.). Der Marquis de Sade sekundiert: »Gib den Gedanken an eine andere Welt auf; es gibt keine; aber verzichte dagegen nicht auf die Freude, in dieser Welt glücklich zu sein und andere glücklich zu machen« (de Sade 1989, 38). Diese Hinwendung zum Diesseits, die die zahllosen Traktate über das Glück in der Literatur des 18. Jahrhunderts beflügelt und die Tatkraft der Revolutionäre stärkt, muss nicht zwingend mit dem Atheismus einhergehen, den etwa Helvétius vertritt. »Genießen« bedeutet nach Saint-Lambert, dem oben erwähnten Helvétius-Herausgeber, nichts anderes, als Gott zu »ehren«: Im Genuss tut man nur, was er »befiehlt« (»Jouir c'est l'honorer: jouissons, il l'ordonne«; Saint-Lambert 1769, 55; vgl. Mornet 1933/1967, 110; vgl. auch Blumenberg 1976, 196).

Auf die Verbindung von Genuss und Glück im Zeichen der Diesseitigkeit stößt man beim englischen Empirismus ebenso wie beim französischen Materialismus des 18. Jahrhunderts. Zwar lehnt Helvétius die Moral-Sense-Philosophen ab, er übernimmt aber von Hutcheson die Devise vom »Glück der größten Zahl« (Helvétius 1772/1972, 271) sowie von Locke den Sensualismus. Es gibt Entsprechungen zwischen Holbachs und Helvétius' »utilité« und »intérêt« (Holbach 1770/1960, 229–233; Helvétius 1772/1972, 113) und den entsprechenden Konzepten in England. Jeremy Bentham (s. Kap. V.1) beruft sich in seiner Theorie der Glücksmaximierung ausdrücklich auf Helvétius (Bentham 1962, Bd. 3, 286; vgl. Helvétius 1772/1972, 199). Die komplexe Ordnung und Hierarchie von Handlungszielen und -bewertungen, wie sie etwa in der aristotelischen Glücks-Teleologie vorgesehen ist (s. Kap. III.2), hat sich, wie man sieht, in eine Beschreibung individueller Interessenlagen verwandelt.

Die Theorien, die das Glück an das Interesse und den Nutzen binden, fallen in zwei Gruppen auseinander. Als Vertreter der *ersten konventionalistischen Gruppe* legt Bernard de Mandeville (1670–1733) in seiner *Fable of the Bees* höchsten Wert darauf, dass das individuelle Glück beliebig festlegbar und wandelbar ist. Es ergibt aus seiner Sicht keinen Sinn, einen festen Satz natürlicher Bedürfnisse festzulegen, vielmehr verdankt sich die ökonomische sowie auch soziale und psychologische Dynamik der modernen Gesellschaft der Tatsache, dass Bedürfnisse, Wünsche und Interessen unendlich modellierbar und raffinierbar sind und die Menschen ihre »primitive simplicity« hinter sich gelassen haben: »The Comforts of Life are [...] so various and extensive that no body can tell what People mean by them« (Mandeville 1714/1924, Bd. 1, 107 f., 145; 1714/1988, 94 f., 152).

Gegen diesen konventionalistischen Ansatz setzt die *zweite naturalistische Gruppe* der französischen Materialisten auf die Wissenschaft von der Natur menschlicher Bedürfnisse. »Der Mensch ist nur darum unglücklich, weil er die Natur verkennt«, so beginnt Paul Thiry d'Holbach sein *System der Natur*, und er beschließt es mit einer Predigt, die er die Natur selbst halten lässt. Darin heißt es: »Ihr, die ihr auf Grund des Antriebs, den ich euch gebe, in jedem Augenblicke eures Lebens nach Glück strebt [...], widersetzt euch nicht meinem höchsten Gesetz. Seid auf Glückseligkeit bedacht; genießt ohne Furcht, seid glücklich [...]. Kehre denn zurück, abtrünniges Kind;

kehre zurück zur Natur« (Holbach 1770/1960, 5, 551).

Holbach und seine Mitstreiter geben der Verbindung zwischen dem individuellen und dem gesellschaftlichen Glück eine Deutung, die sich sowohl von der Idee republikanischen Gemeinwohls wie auch von der Idee sympathetischer Gemeinschaftlichkeit unterscheidet. Wenn der Mensch ein Naturwesen oder auch eine »Maschine« ist (La Mettrie 1748/1990), dann hängt er mit seinen Sinnen und Bedürfnissen auf Gedeih und Verderb von den natürlichen Gesetzen ab, denen sein Verhalten in der Beziehung zur Welt und zu anderen Menschen untersteht (Helvétius 1772/1972, 112). Das Zusammenspiel von »intérêt personnel« und »intérêt général« funktioniert nur dann, wenn diese Gesetze eingehalten werden (Helvétius 1795, Bd. 2, 249). So tritt das allgemeine Glück nicht etwa im Horizont von Handelnden auf, die über eine republikanische Gesinnung verfügen oder zur ethischen Anteilnahme bereit sind; vielmehr setzt es sich aus vielen miteinander verbundenen physischen Glücks- oder Genusszuständen zusammen.

Aus dem Szientismus der französischen Materialisten ergibt sich nicht automatisch die Vorstellung, man könne für alle Menschen die gleiche Art Glück vorsehen. Vielmehr sind natürliche Varietäten, also auch unterschiedliche Kombinationen von Genüssen anzutreffen; auch wenn das Glück naturhaft bestimmbar ist, ergibt sich demnach eine Pluralität von Lebensverhältnissen und Glücksumständen (vgl. Holbach 1770/1960, 231). Dem hat eine Verfeinerung der Analyse dieser Lebensverhältnisse Rechnung zu tragen; sie kann damit das Glück der Menschen befördern helfen. Diese Erwartung leitet auch Saint-Just in seinen theoretischen Überlegungen, die u.a. in seinen Fragmenten »De la nature« niedergelegt sind. Er meint in den materiellen Lebensumständen Determinanten für das Glück erkennen zu können (Saint-Just 2004, 1084). Im Unterschied zu Philosophen wie Montaigne, die sich mit der »Unordnung« menschlicher Angelegenheiten arrangieren, sieht er sich autorisiert, die »Gesundung« der Gesellschaft voranzutreiben: »Ich überlasse mich keineswegs dem Stolz oder den Vorurteilen, wenn ich das Mittel finde, eine Gesellschaft zu errichten, zu erhalten und glücklich zu machen« (1065).

Helvétius, Holbach und die anderen Materialisten des 18. Jahrhunderts bereiten den Boden dafür, die revolutionäre Veränderung der Gesellschaft am Leitfaden einer Maximierung des Glücks auszurichten.

Es soll ein Prozess eingeleitet werden, in dem der Weg zum Glück durch die Einsicht in natürliche Notwendigkeiten gebahnt wird. Zu diesen Notwendigkeiten gehören u.a. materielle Ressourcen, was direkt die politischen Forderungen der Umverteilung von Reichtümern etc. nach sich zieht. Zu kurz kommt in dieser Perspektive jedoch die Frage nach dem Verhältnis zwischen Glück und menschlicher Freiheit. Es ist die Rückbiegung der Freiheit auf die Einsicht in eine Naturnotwendigkeit, die dieser Materialismus forciert; sie ist freilich schon früh z.B. von Denis Diderot in seiner Helvétius-Kritik zurückgewiesen worden (Diderot 1961, Bd. 1, 176f.). Im jakobinischen »Wohlfahrtsausschuss« ist die Rückbiegung von Freiheit auf Natur präzise nachzuvollziehen. Robespierres »Enthusiasmus der Freiheit« führt ihn zu der Absicht, ein »Meisterwerk der Gesellschaft« zu schaffen (Robespierre 1910–67, Bd. 10, 459, 452; 1989, 675, 690 [Übers. geänd.; d. Verf.]), in dem das Glück nach den Vorgaben der Wissenschaft generiert und stabilisiert werden soll.

Wenn die Revolutionäre sich auf die Natur einerseits, die Freiheit andererseits berufen, dann drängt es sich auf, auf denjenigen zurückzugehen, der beide Begriffe im 18. Jahrhundert so stark geprägt hat wie kein anderer: auf Jean-Jacques Rousseau. Zu prüfen ist, wie das Glück im Spannungsfeld von Natur und Freiheit bei ihm verhandelt wird.

Jean-Jacques Rousseau

Rousseau behauptet in der *Abhandlung über den Ursprung und die Grundlagen der Ungleichheit* von 1755, »dass der wilde Mensch [...] in Wäldern herumirrt [...], ohne seinesgleichen zu bedürfen« (Rousseau 1959–95, Bd. III, 159f.; 1978, Bd. 1, 225). Denjenigen, die diese Spekulation kritisieren und sich überdies darüber mokieren, dass Rousseau den zivilisierten Menschen zurück zur Natur treiben wolle, ist entgangen, dass Rousseaus Rekurs auf die Natur keineswegs mit einer historischen Agenda versehen ist. Seine Absicht ist vielmehr, einen »Zustand zu ergründen, der nicht mehr zu finden, vielleicht niemals dagewesen ist, und künftig auch, allem Ansehen nach, nie vorkommen wird. Dessen ungeachtet aber muss man richtige Begriffe von demselben haben, wenn man über unseren gegenwärtigen Zustand urteilen will« (1959–95, Bd. III, 123; 1978, 182f.). Die Referenz auf das natürliche Leben dient in erster Linie dazu, dem Leben in einer Gesellschaft die Selbstverständlichkeit zu nehmen. Rousseau er-

schüttert den Status quo, er hält ihm nicht eine vollkommene Gegenwelt entgegen. Vielmehr ergibt sich
aus dem Kontrast zwischen Natur und Gesellschaft
die Einsicht in die Veränderbarkeit oder das »Vermögen« des Menschen, »sich vollkommener zu machen« (1959–95, Bd. III, 142; 1978, 204; zu dieser
Lehre von der Perfektibilität vgl. Mauzi 1979, 575 f.).
Das »Glück« tritt bei Rousseau nun aber nicht ein,
indem man sich einem höchsten »Punkte [...]
näher[t]« (Condorcet 1795/1976, 204), welcher gemäß der Logik des Fortschritts ans Ende der geschichtlichen Entwicklung gerückt wird. Vielmehr
ist »die glücklichste [...] Zeit für die Menschen« bei
Rousseau einer Situation zugeordnet, in der man
»unabhängigen Umgang« miteinander pflegt und
»natürliches Mitleid« auslebt (Rousseau 1959–95,
Bd. III, 171; 1978, 238). Es handelt sich hier nicht um
ein Glück, das machbar wäre, vielmehr behält es etwas Flüchtiges, Transitorisches; bei Rousseau ist die
Rede von einem »frêle bonheur« oder »zerbrechli-
chen Glück«; Tzvetan Todorov hat dies in den Titel
seines Rousseau-Buches erhoben (Rousseau 1959–
95, Bd. IV, 503; Todorov 1985, 87). Das Glück »hängt
von all dem ab«, was uns »umgibt«, es ist »immer bedroht« und durch »konstitutive Unvollständigkeit«
gezeichnet (Todorov 1998, 292; vgl. Mauzi 1979,
596). Rousseau ist nahe bei Montaigne (s. Kap. IV.2),
wenn er bemerkt: »Das Glück ist ein immerwähren-
der Zustand, der für den Menschen hier auf Erden
nicht gemacht zu sein scheint. [...] Alles verändert
sich um uns her. Wir selbst verändern uns, und keiner ist sicher, morgen das noch zu lieben, was ihm
heute gefällt« (Rousseau 1959–95, Bd. I, 1085; 1978,
Bd. 2, 744). Mittels der »Natur« und dem »natürlichen Leben« baut Rousseau eine Distanz auf, die ihm
die Kritik seines Zeitalters ermöglicht; er verwahrt
sich zugleich dagegen, die »Natur« des Glücks positiv über die Logik von Bedürfnis und Befriedigung
zu definieren. An einem solchen Ansatz, der zu seiner Zeit nicht weniger populär war als heute, übt er
immer wieder Kritik: »Glück ist nicht Genuss«
(1959–95, Bd. III, 510; vgl. 1959–95, Bd. I, 1046; 1978,
Bd. 2, 699).

Wenn Rousseaus »einsamer Spaziergänger« sich
auf seine berühmte »Insel« zurückzieht, so findet er
dort nicht selbstgenügsam oder selbstgefällig sein
Glück (so aber McMahon 2006, 234). Vielmehr
macht er dort die Erfahrung, über keinen abgegrenz-
ten »Begriff von meinem Individuum«, also über
keine von den Umständen abgelöste Identität zu verfügen (Rousseau 1959–95, Bd. I, 1005; 1978, Bd. 2,

652). Nicht nur die Natur, auch die Gesellschaft hält
das Potential für solche Erfahrungen der Hingabe
bereit (Thomä 2002, 319). Gerade weil Rousseau die
Sozialität des Menschen nicht von vornherein als gegeben annimmt, kann sie sich *unter Umständen* als
etwas Kostbares herausstellen.

Rousseau trifft eine Unterscheidung zwischen
dem Glück als »öffentliche Wohlfahrt« und dem »ab-
gesonderten Glück« des Individuums (Rousseau
1959–95, Bd. I, 1066; 1978, Bd. 2, 721 f.), er bricht also
mit dem Junktim zwischen privatem und öffentlichem Glück, das im Republikanismus sonst häufig
anzutreffen ist. Die Absonderung, von der Rousseau
in den späten *Träumereien des einsamen Spaziergängers* spricht, ist vielfach als Resultat einer persönlichen Enttäuschung gedeutet worden, zumal im *Ge-
sellschaftsvertrag* noch andere Töne zu hören sind.
Doch unabhängig von biographischen Wechselfällen
ist Rousseaus Unterscheidung sinnvoll. Es handelt
sich hierbei nicht um eine Gegenüberstellung zwischen dem Glück des Eigeninteresses und dem Wohl
des Staates, sondern um eine Unterscheidung zwischen verschiedenen Dimensionen des Glücks, zu
denen jeweils verschiedene Formen des Sich-Einlas-
sens auf die Welt gehören. So steht neben dem Glück
in der Natur etwa das Glück der Feste, in denen sich
eine Gemeinschaft selbst feiert und die Menschen
»die sanften Bande des Vergnügens und der Freude
[...] knüpfen« (1959–95, Bd. V, 114; 1978, Bd. 1, 462).
An dieser Stelle stößt man auf die Verbindung zwischen dem Glück und der Freiheit, die bei Rousseau
in durchaus verschiedenen Formen auftreten kann.
Entscheidend ist für ihn, dass die zerrüttende Wirkung der Unselbständigkeit des Individuums, dessen
Abhängigkeit von oder Konkurrenz mit anderen
zum Erliegen kommt. Denkbar ist dies einerseits im
Sinne republikanischer Freiheit, wenn die Bürger
sich für ihre gemeinsame Sache einsetzen, andererseits im Sinne einer romantischen Freiheit, in der das
Individuum die Unruhe sozialer Rivalitäten hinter
sich lässt und das »Gefühl der Existenz« genießt
(1959–95, Bd. I, 1047; 1978, Bd. 2, 699 [Übers. geänd.;
d. Verf.]; vgl. Thomä 2002).

So bereitwillig sich die Jakobiner auf Rousseau berufen, so wenig passt dessen »frêle bonheur«, dessen
»zerbrechliches Glück« in ihr politisches Beglü-
ckungsprogramm. Man könnte meinen, dass dieses
Programm kollektiven Glücks nach der Schreckens-
herrschaft desavouiert wäre. Doch es kommt in der
Folgezeit weiter in den Genuss vieler Fürsprecher.
Nicht jeder von ihnen ist über allen Zweifel erhaben.

So verspricht das »Direktorium«, das nach dem Ende der Jakobinerherrschaft die Macht übernimmt, in seiner Gründungserklärung vom 5. November 1795 gleich wieder »le prompt établissement du bonheur public«; diese Erklärung hält dessen radikalsten Gegner Gracchus Babeuf nicht davon ab, die Gesellschaft auf das höchste Ziel eines – ganz anders gemeinten! – »bonheur commun« einschwören zu wollen, das als »grundlegende Maxime« zur »Mutter aller gerechten Grundsätze« erklärt wird (vgl. Riviale 2001, 34).

So oder so steht der graue Morgen nach dem Ende der Revolution also im Zeichen eines kollektiven Glücksmodells, das doch nicht hält, was es verspricht. Dagegen schlägt dann im 19. Jahrhundert zunächst die Stunde einer Individualisierung des Glücks (s. Kap. II.5 und II.9). Deren Verfechter verweisen darauf, dass das Glück nur von einzelnen Menschen erfahren werden könne, und verwahren sich gegen dessen allgemeine Festlegung. Doch da zum Glück immer auch ein Moment der Hingabe, des Sich-der-Welt-Aussetzens gehört, reicht es unwiderstehlich über das Individuum hinaus. Eine der kostbaren Einsichten, die den Glücksdiskursen im Umfeld der Revolutionen des 18. Jahrhunderts zu entnehmen sind, besteht darin, dass dem Glück nicht gedient ist, wenn es ganz dem Kollektiv zugeschlagen oder ganz auf das Individuum und dessen Eigeninteresse reduziert wird.

Literatur

Anonym (Hg.): Recueil des Loix Constitutives des Colonies Angloises, Confédérées sous la Dénomination d'Etats-Unis de l'Amérique-septentrionale. Philadelphia 1778.

Arendt, Hannah: Über die Revolution [1963]. München 1974.

Becker, Carl: The Declaration of Independence. A Study in the History of Political Ideas. New York 1922.

Bentham, Jeremy: The Works. Bd. 1–11. New York 1962.

Blumenberg, Hans: Selbsterhaltung und Beharrung. In: Hans Ebeling (Hg.): Subjektivität und Selbsterhaltung. Frankfurt a. M. 1976, 144–207.

Boulad-Ayoub, Josiane: Le plus grand bonheur pour le plus grand nombre. In: Études françaises 25 (1989), 131–151.

Burlamaqui, Jean Jacques: Principes du droit naturel et politique. Bd. I/II. Genf 1764.

Condorcet, Marie-Jean-Antoine-Nicolas Caritat de: De l'influence de la révolution d'Amérique sur l'Europe [1786]. In: Ders.: Œuvres. Bd. 8. Paris 1847, 2–113.

–: Entwurf einer historischen Darstellung der Fortschritte des menschlichen Geistes [1795]. Frankfurt a. M. 1976.

Delamare, Nicolas: Traité de la police. Paris 1705.

Diderot, Denis: Philosophische Schriften. Bd. 1/2. Berlin 1961.

Echevarria, Durand: Mirage in the West. A History of the French Image of American Society to 1815. Princeton 1957.

Ellis, John J.: Founding Brothers. New York 2000.

Fischer, Peter (Hg.): Reden der Französischen Revolution. München 1977.

Foucault, Michel: Geschichte der Gouvernementalität I: Sicherheit, Territorium, Bevölkerung. Frankfurt a. M. 2004.

Frost, Robert: Gedichte. Ebenhausen 1963.

Furet, François/Ozouf, Mona (Hg.): Kritisches Wörterbuch der Französischen Revolution [1988]. Frankfurt a. M. 1996.

Furet, François/Richet, Denis: Die Französische Revolution [1966]. Frankfurt a. M. 1987.

Ganter, Herbert Lawrence: Jefferson's »Pursuit of Happiness« and Some Forgotten Men. In: William and Mary Quarterly 16 (1936), 422–434, 558–585.

Geuss, Raymond: Happiness and Politics. In: Arion 10 (2002), 15–33.

Guéry, Alain: L'État. In: Pierre Nora (Hg.): Les lieux de mémoire. Bd. 3. Paris 1997, 4545–4587.

Helvétius, Claude Adrien: Vom Menschen [1772]. Berlin 1972.

–: Œuvres Completes. Paris 1795.

Hirschman, Albert O.: Rival Views of Market Society and Other Recent Essays. New York 1986.

Holbach, Paul Thiry d': System der Natur [1770]. Berlin 1960.

–: Système social. Bd. I–III. London 1773 [anonym veröff.].

Howard, Dick: Die Grundlegung der amerikanischen Demokratie [1986]. Frankfurt a. M. 2001.

Hunt, John Gabriel (Hg.): The Essential Franklin Delano Roosevelt. New York u. a. 1995.

Hutcheson, Francis: Eine Untersuchung über den Ursprung unserer Ideen von Schönheit und Tugend. Über moralisch Gutes und Schlechtes [1725]. Hamburg 1986.

–: An Inquiry into the Original of Our Ideas of Beauty and Virtue in Two Treatises [1725]. Indianapolis 2004.

–: An Essay on the Nature and Conduct of the Passions and Affections, with Illustrations on the Moral Sense [1728]. Indianapolis 2002.

Jefferson, Thomas: Betrachtungen über den Staat Virginia [1781–82]. Zürich 1989.

–: Writings [1785]. New York 1984.

Jones, Howard Mumford: The Pursuit of Happiness. Cambridge 1953.

Justi, Johann Heinrich Gottlob von: Grundsätze der Policeywissenschaft. Göttingen 1756.

Klippel, Diethelm: Familienpolizei. Staat, Familie und Individuum in Naturrecht und Polizeiwissenschaft um 1800. In: Sibylle Hofer u.a. (Hg.): Perspektiven des Familienrechts. Bielefeld 2005, 125–141.

La Mettrie, Julian Offray de: L'homme machine [1748]. Die Maschine Mensch. Hamburg 1990.

Lewis, Jan: Happiness. In: Jack P. Greene/J. R. Pole (Hg.): The Blackwell Encyclopedia of the American Revolution. Cambridge, MA/Oxford 1991, 641–647.

Linton, Marisa: Robespierre's Political Principles. In: Colin Haydon/William Doyle (Hg.): Robespierre. Cambridge u.a. 1999, 37–53.

Locke, John: An Essay Concerning Human Understanding [1689]. Oxford 1975.

–: Two Treatises on Government [1690]. Cambridge 1988.

Mandeville, Bernard de: The Fable of the Bees: or, Private Vices, Publick Benefits [1714]. Bd. I/II. Oxford 1924.

–: Die Bienenfabel oder Private Laster als gesellschaftliche Vorteile [1714]. München 1988.

Mauzi, Robert: L'idée du bonheur dans la littérature et la pensée françaises au XVIIIe siècle. Paris 1979.

McMahon, Darrin M.: Happiness. A History. New York 2006.

Morelly, Étienne-Gabriel: Code de la nature, ou le véritable ésprit de ses loix. o.O. 1755 [anonym veröff.].

Mornet, Daniel: Les origines Iintellectuelles de la révolution française (1715–1787) [1933]. Paris 1967.

Naumann, Manfred (Hg.): Artikel aus der von Diderot und d'Alembert herausgegeben Enzyklopädie. Leipzig 1984.

Ozouf, Mona: La fête révolutionnaire. Paris 1976.

Pluquet, François-André: De la sociabilité, Bd. I/II. Paris 1767.

Riviale, Philippe: L'impatience du bonheur. Apologie de Gracchus Babeuf. Paris 2001.

Robespierre, Maximilien: Œuvres complètes. Bd. I–X. Paris 1910–67.

–: Ausgewählte Texte. Hamburg 1989.

Rousseau, Jean-Jacques: Œuvres complètes I–V. Paris 1959–95.

–: Schriften. Bd. 1/2. München/Wien 1978.

Sade, Donatien Alphonse François Marquis de: Kurze Schriften, Briefe und Dokumente. Hamburg 1989.

Saint-Just, Antoine-Louis de: Œuvres complètes. Paris 2004.

Saint-Lambert, Jean-François: Les saisons, poëme. Amsterdam 1769 [anonym veröff.].

Scheidemantel, Heinrich Gottfried: Das allgemeine Staatsrecht überhaupt und nach der Regierungsform. Jena 1775.

Simon, Thomas: »Gute Policey«. Ordnungsleitbilder und Zielvorstellungen politischen Handelns in der Frühen Neuzeit. Frankfurt a.M. 2004.

Smith, Adam: A Theory of Moral Sentiments [1759]. Cambridge u.a. 2002.

Taylor, Charles: Sources of the Self. Cambridge u.a. 1989.

Thomä, Dieter: Das »Gefühl der eigenen Existenz« und die Situation des Subjekts. Mit Rousseau gegen Derrida und de Man denken. In: Andrea Kern/Christoph Menke (Hg.): Philosophie der Dekonstruktion. Frankfurt a.M. 2002, 311–330.

–: Vom Glück in der Moderne. Frankfurt a.M. 2003.

Tocqueville, Alexis de: Über die Demokratie in Amerika [1835–40]. Zürich 1987.

–: Der alte Staat und die Revolution [1856]. Reinbek 1969.

Todorov, Tzvetan: Frêle bonheur. Essai sur Rousseau. Paris 1985.

–: Le jardin imparfait. La pensée humaniste en France. Paris 1998.

Vetter, Cesare/Marin, Marco: La nozione di felicità in Robespierre. In: Cesare Vetter (Hg.): La felicità è un'idea nuova in Europa. Contributo al lessico della rivoluzione francese. Bd. 1. Triest 2005, 22–79.

Washington, George: Writings. New York 1997.

Wills, Gary: Inventing America. Jefferson's Declaration of Independence. New York 1978.

Wilson, James: Considerations on the Nature and Extent of the Legislative Authority of the British Parliament [1774]. In: Ders.: Collected Works. Bd. I. Indianapolis 2007, 3–31.

Wordsworth, William: Poetical Works. Oxford 1969.

Dieter Thomä

3. Glück bei Kant. Der Bruch mit dem Eudämonismus

Der Primat des Praktischen

In der zeitgenössischen Diskussion über das Kantische Glücksdenken ist man sich mehr oder weniger darüber einig, dass Immanuel Kant (1724–1804) einen Bruch mit der eudämonistischen Tradition in der Philosophie vollzieht. (Eine Ausnahme bildet Himmelmann 2003) Situiert wird dieser Bruch durchwegs in der Kantischen Ethik (vgl. Forschner 1993, 107–150; Seel 1995, 20–26; Spaemann 2001, 96 f.; Thomä 2003, 25 ff.). Dies verwundert insofern nicht, als Kant an verschiedenen Stellen fordert, dass nicht – mehr – Glückseligkeit, sondern Freiheit bzw. Autonomie das oberste Prinzip der Sittlichkeit und damit zugleich der praktischen Philosophie ausmachen solle (vgl. z. B. Kant KrV, B 833 ff.; oder 1785/1983, BA 87). Mit etwas Distanz erscheint jedoch auch diese Begrenzung des Glücks auf die Ethik historisch noch dem Kantischen Bruch mit dem Eudämonismus geschuldet. Die Kluft, die Kant von der eudämonistischen Tradition trennt, wird erst dann ganz offenbar, wenn man sich in die Tradition stellt, gegen die sich Kant wendet. Vor dem Hintergrund der eudämonistischen Tradition zeigt sich erst die Radikalität von Kants Bekenntnis zur Freiheit. Kant wendet die Freiheit nämlich nicht nur innerhalb der Ethik gegen die Glückseligkeit, sondern weit grundsätzlicher in der Anlage seiner Transzendentalphilosophie gegen das teleologische Verständnis von Wirklichkeit überhaupt, das die Glückseligkeit als oberstes Prinzip der Ethik seit Platon getragen hat. Von dieser Verabschiedung der teleologischen Bestimmung der Wirklichkeit zugunsten der Freiheit ist neben dem Glück des praktischen Lebensvollzugs auch das Glück betroffen, das die Theoria vermittelt. Zugleich zeigt sich vor dem Hintergrund von Kants Bruch mit den teleologischen Grundlagen der eudämonistischen Tradition aber auch sein Bemühen darum, sich viele Aspekte des eudämonistischen Glücksdenkens im Rahmen seiner auf Freiheit gestellten Philosophie anzueignen.

»Der Begriff der Freiheit« mache »den *Schlußstein* von dem ganzen Gebäude eines Systems der reinen, selbst der spekulativen, Vernunft aus, und alle anderen Begriffe (die von Gott und Unsterblichkeit) […] schließen sich nun an ihn an, und bekommen mit ihm und durch ihn Bestand und objektive Realität« (KpV, A 4). Dass auch das Gebäude der theoretischen Philosophie in der Freiheit ihren Abschluss findet, zeigt die transzendentale Deduktion der *Kritik der reinen Vernunft* (vgl. KrV, B 129 ff.). Hier behauptet Kant die »transzendentale Einheit des Selbstbewußtseins« als Bedingung der Möglichkeit des Zusammenstimmens von sinnlich gegebenen Anschauungen und Verstandesbegriffen und damit von Erkenntnis überhaupt (vgl. KrV, B 131 ff.). Dabei mache – und dies ist hier das Entscheidende – die transzendentale Einheit des Selbstbewusstseins kein Seiendes – im traditionellen Verständnis der Seele – aus, sondern finde im *praktischen Vollzug* des »Ich denke« und damit in einem »Actus der *Spontaneität*« statt (KrV, B 132). Insofern auch die Befriedigung des theoretischen Interesses der Vernunft an Erkenntnis durch den spontanen Vollzug des »Ich denke« ermöglicht werde, kann Kant behaupten, »daß alles Interesse zuletzt praktisch ist« und insofern der praktische Vernunftgebrauch den Primat über den theoretischen hat (KpV, A 219; vgl. Hutter 2003, 68). Mit dieser Rückführung des theoretischen auf den praktischen Vernunftgebrauch löst Kant die Vernunft aus einem sie tragenden Gesamtzusammenhang der Wirklichkeit heraus. Indem das »System der reinen Vernunft« seinen »Schlußstein« in der Freiheit des Vernunftvollzugs findet, ist die Idee einer vorgängigen, teleologisch ausgerichteten Wirklichkeit zugunsten der Selbstfundierung des praktischen Vernunftvollzugs aufgegeben (vgl. KdU, B 267 ff.).

Der Primat des Praktischen mitsamt seiner Verabschiedung einer teleologischen Ausrichtung der Wirklichkeit zwingt Kant zum Bruch mit der eudämonistischen Tradition. Indem Kant die begegnende Wirklichkeit als Reich der Erscheinungen denkt, gibt er – gegenüber der traditionellen Metaphysik – die ontologische Grundlage auf, die im Theoretischen die metaphysische Einsicht in die Sinnhaftigkeit der Wirklichkeit und das damit einhergehende Glück der Erfülltheit und im Praktischen die Identifikation von Wollen und Sollen und damit das Glück des gelingenden Lebens tragen könnte.

Die Subjektivierung des kontemplativen Glücks

Die eudämonistische Tradition vor Kant hat der metaphysischen Einsicht in die letzten Zwecke, die die Wirklichkeit bestimmten, eine spezifische Glücksqualität zugesprochen. Die metaphysische Erkenntnis vermittle insofern Augenblicke beglückender Erfüllung, als der Erkennende die Welt als letzten Endes nicht durch Kontingenz, sondern durch Sinn bestimmt und sich mit den eigenen Fragen nach Wahrheit in der Welt als geborgen erfahre (s. Kap. II.6). Die Möglichkeit solcher metaphysischen Einsicht in die Sinnhaftigkeit der Wirklichkeit gibt Kant innerhalb seiner auf den spontanen Akt des »Ich denke« gestellten theoretischen Philosophie auf. Anschauung kennt er nur als sinnliche Anschauung, die ihr Material von außen aufnimmt, deren Ordnung aber der ›transzendentalen Apperzeption‹ des Verstandes entspringt. Weder gibt es für ihn Übersinnliches – die platonischen Ideen oder den christlichen Gott – noch die zweckmäßige Einrichtung des Kosmos zu schauen. Zwar kennt Kant das teleologische Urteil, er begreift dessen Zweckstruktur jedoch als ein allein subjektives Prinzip zur Beurteilung von Organismen und nicht als Verfasstheit der Wirklichkeit selbst. Folglich muss Kant auch das Glück der Erfüllung fremd bleiben, das die Einsicht in die sinnhafte Verfasstheit der Wirklichkeit begleitet (vgl. Scheler 1922/1963, 73 ff.). So betont er, dass das teleologische Urteil »keine unmittelbare Beziehung auf das Gefühl der Lust und Unlust« habe (KdU, B IX; vgl. Brandt 2008, 41–58). Die Muße kennt er – wie die französische Aufklärung – nur als leere Zeit und bezeichnet die Langeweile, die angesichts dieser Leere empfunden wird, als eine List der Natur, durch den sie den Menschen zur Tätigkeit antreibe (vgl. Kant 1798/1983, B 172 ff.; sowie Seel 2007, 181–200; s. Kap. II.2).

Eine Schrumpfform des kontemplativen Glücks findet sich in Kants *Ästhetik* (vgl. KdU, B III–B 73; s. Kap. II.4). Hier tritt es als interesseloses Wohlgefallen auf, das wir angesichts schöner Gegenstände empfinden (vgl. KdU, B 3 ff.; sowie Ginsborg 2008, 59–77.). In seiner Interesselosigkeit, der jeder Bezug auf das Begehren fehlt, steht das Wohlgefallen am Schönen in der Tradition der Freude, die die theoretische Schau des Wahren vermittelt. Die Sinnerfahrung des kontemplativen Glücks macht Kant am Naturschönen fest. Das Naturschöne vermittle die Erfahrung, dass – wie es in einer nachgelassenen, handschriftlichen Notiz heißt – »der Mensch in die Welt passe« (vgl. Kant 1924, Reflexion 1820a, 127).

Um die Sinnerfahrung, die im Urteil über das Schöne – der Natur wie der Kunst – erfreut, in Einklang mit seiner Freiheitsmetaphysik zu bringen, begrenzt Kant sie in ihrem Status. Im Schönheitsurteil

nimmt das Subjekt nach Kant eine Haltung ein, die nicht durch den Begriff des Gegenstands festgelegt sei, weshalb in ihm die Erkenntniskräfte – die Einbildungskraft und der Verstand – in ein freies Spiel gerieten. In diesem freien Spiel werden nun ihr Zusammenstimmen und damit ihre Angemessenheit für ihre Aufgabe, Erkenntnis überhaupt zu verschaffen, erfahren. Diese Erfahrung der Zweckmäßigkeit der Erkenntniskräfte erzeuge ein Gefühl der Lust (vgl. KdU, B 28 ff.). Die Zweckmäßigkeit, die im Schönheitsurteil erfreut, verortet Kant folglich im Subjekt und nicht im Objekt des Urteils (vgl. KdU, B 17 ff.). Dementsprechend weist Kant auch eine realistische Interpretation der Erfahrung des menschlichen In-die-Welt-Passens, die angesichts des Naturschönen gemacht wird, zurück. »Die Eigenschaft der Natur, dass sie für uns Gelegenheit enthält, die innere Zweckmäßigkeit in den Verhältnisse unserer Gemütskräfte in Beurteilung gewisser Produkte derselben wahrzunehmen, […] kann nicht Naturzweck sein, oder vielmehr von uns als ein solcher beurteilt werden; weil sonst das Urteil, das dadurch bestimmt wurde, Heteronomie, *aber* nicht, wie es einem Geschmacksurteil geziemt, frei sein, und Autonomie zum Grunde haben würde« (KdU, B 253).

Mit dieser idealistischen Interpretation des Wohlgefallens angesichts schöner Gegenstände vertritt Kant ein Verständnis des kontemplativen Glücks, das sich in dem Rahmen bewegt, den die Selbstfundierung der Vernunft gesteckt hat. Die Kraft, den Menschen als einer ganzen – auch leiblich verfassten – Person zu erfassen und seinem individuell zu führenden Leben Sinn und Orientierung zu vermitteln, ist der Kontemplation freilich genommen.

Der Bruch mit dem ethischen Eudämonismus

Die Aufgabe des teleologischen Verständnisses der Wirklichkeit überhaupt, die aus dem Primat des Praktischen folgt, steht hinter Kants vieldiskutiertem Bruch mit dem Eudämonismus in der Ethik. In Bezug auf die ethische Frage nach dem guten Leben muss Kant die Vorstellung von einer natürlichen Ausrichtung des menschlichen Wollens auf ein durch Vernunft bestimmtes Leben fremd bleiben. Vor dem Hintergrund der – mit der Aufgabe der Teleologie einhergehenden – Abwertung der Natur zum Reich der Bedingtheit stellt sich ihm das natürliche Wollen des Menschen vielmehr als Gegenkraft zur Vernunftbestimmung dar. Dies hat unmittelbare

Konsequenzen für Kants Verständnis beider Dimensionen des Ethischen: für sein Verständnis sowohl des Glücks als auch der Tugend (s. Kap. II.3).

Auf der einen Seite erscheint das Glück als Gegenstand des bloß natürlichen Wollens des Menschen und damit als Inbegriff von Heteronomie (vgl. Kant 1785/1983, BA 89 ff.). In seiner Abgrenzung gegen die Vernunft stellt sich die »Glückseligkeit« für Kant als »die Befriedigung aller unserer Neigungen« dar (KrV, B 834). Ein Leben, in dem nach dem eigenen Glück gestrebt wird, begreift Kant – vor dem Hintergrund dieses allein sinnlich bestimmten Glücksbegriffs – als wesentlich fremdbestimmt, da abhängig von den Gegenständen der eigenen Neigung. »Der Wille gibt alsdenn sich nicht selbst, sondern das Objekt durch sein Verhältnis zum Willen gibt diesem das Gesetz« (1785/1983, BA 87).

Auf der anderen Seite bestimmt Kant Tugend als Teilhabe an der Autonomie der praktischen Vernunft, die durch Distanzname von den eigenen Neigungen erreicht werde. So besteht »der sittliche Gehalt« einer guten Handlung nach Kant darin, diese »nicht aus Neigung, sondern *aus Pflicht* zu tun« (BA 10). Allein ein Handeln aus Pflicht könne nämlich von der Bedingtheit durch die eigenen Neigungen befreien, so dass sich in ihm die Selbstgesetzgebung der praktischen Vernunft verwirkliche. Damit verabschiedet Kant die Vorstellung vom spezifischen Glück tugendhaften Handelns, die die eudämonistische Tradition seit der Antike bestimmt hat. Die beiden »Gemütszustände«, die Kant mit einem tugendhaften Leben in Verbindung bringt – die Achtung vor dem Moralgesetz und die Selbstzufriedenheit –, in denen diese Tradition fortwirkt, begrenzt er so weit, dass sie die Selbstgesetzgebung der Vernunft nicht in Frage stellen können (vgl. KpV, A 130, A 212). Nicht nur die Achtung vor dem Gesetz, sondern auch die Selbstzufriedenheit des tugendhaften Menschen habe ihren Ursprung nämlich nicht in den Neigungen, sondern in der Vernunft. Die Selbstzufriedenheit stelle allein das »negative Wohlgefallen« an einer Existenz dar, die sich durch die »Unabhängigkeit von Neigungen« auszeichne (KpV, A 212). Beides – das Gefühl der Achtung und die Selbstzufriedenheit – seien damit vom Moralgesetz abgeleitete Gemütszustände. Als solche betreffen sie nach Kant nicht den ganzen Menschen, sondern allein das rationale Subjekt und vermitteln dem Menschen deswegen keine Erfahrung des Glücks.

In dieser Gegenüberstellung als sinnliche Befriedigung einerseits und Pflichterfüllung andererseits

müssen für Kant Glückseligkeit und Tugend als unvereinbare ethische Prinzipien erscheinen. Dementsprechend lautet sein Haupteinwand gegen den ethischen Eudämonismus, dass weder das Streben nach Glückseligkeit zur Tugend, noch das Bemühen um Tugend zur Glückseligkeit führten, da beides grundsätzlich verschiedene Dinge seien (vgl. 1785/1983, BA 90). Infolge seines auf Bedürfnisbefriedigung beschränkten Glücksverständnisses stellt sich für Kant das menschliche Glücksstreben als instrumentelle Klugheit dar, in der der Mensch »auf seinen eigenen Vorteil abgewitzt« sei (BA 90). Als solch ein instrumentelles Kalkül trage das menschliche Glücksstreben nicht nur »nichts zur Gründung der Sittlichkeit bei«, sondern unterlege »der Sittlichkeit Triebfedern […], die sie eher untergraben und ihre ganze Erhabenheit zernichten« (BA 90). Umgekehrt werden aber auch die Neigungen eines tugendhaften Menschen nicht notwendigerweise erfüllt, so dass ein tugendhaftes Leben nach Kant nicht glücklich sein muss. Vielmehr stellt sich die Launenhaftigkeit des Schicksals als Einwand gegen das Glück eines tugendhaften Lebens dar. Da nicht jeder tugendhafte Mensch auch immer Glück hat, behauptet Kant dementsprechend, dass »die Erfahrung dem Vorgeben, als ob das Wohlbefinden sich jederzeit nach dem Wohlverhalten richte, widerspricht« (BA 90). Wie das Glücksstreben nicht tugendhaft mache, so mache ein tugendhaftes Leben nicht notwendigerweise glücklich.

Die moraltheologische Idee des höchsten Guts

Kant weiß um die Gefahr, die von diesem Dualismus von Tugend und Glückseligkeit in der Ethik ausgeht. Unter Bedingung eines transzendentalen Bruchs von Tugend und Glückseligkeit würde ihre Koppelung in der Lebenswirklichkeit zu einer Sache des Schicksals. Hinterrücks gewänne die Fortuna, der sich der ethische Eudämonismus zu entwinden vermocht hat, Macht über die faktisch stattfindende Verbindung von Tugend und Glück im menschlichen Leben und damit über den kosmologischen Horizont, innerhalb dessen sich das ethische Streben des Menschen nach einem guten Leben bewegt (s. Kap. II.7).

Kant begegnet dieser Gefahr des transzendentalen Auseinanderbrechens von Tugend und Glückseligkeit mit der Idee von einem »System der mit der Moralität verbundenen proportionierten Glückseligkeit« (KrV, B 837). Verwirklicht wäre dieses System sich auszahlender Tugend nach Kant in der moralischen Welt, die den Anforderungen des Sittengesetzes in jeder Hinsicht Genüge leistete (vgl. B 836). In der moralischen Welt wäre nämlich »die durch sittliche Gesetze teils bewegte, teils restringierte Freiheit selbst die Ursache der allgemeinen Glückseligkeit, die vernünftigen Wesen also selbst, unter der Leitung solcher Prinzipien, Urheber ihrer eigenen und zugleich anderer dauerhaften Wohlfahrt« (B 837).

Die Grenzen des Systems sich lohnender Tugend sind die Grenzen der moralischen Welt: Sie stellt Kant zufolge eine Idee der praktischen Vernunft dar, die für ihre Verwirklichung in der Sinnenwelt auf das Tun der Menschen angewiesen ist. Da nicht alle Menschen nach dem Sittengesetz leben, ist die moralische Welt nach Kant im Hier und Jetzt nicht verwirklicht – und folglich zahle sich Tugend *nicht mit Notwendigkeit* aus. Unter den Bedingungen der Endlichkeit lohnt sich Tugend nach Kant nicht, das Glück bleibt unverfügbar. Indem der tugendhafte Mensch den Anforderungen entspricht, die »die Menschheit in seiner Person« an ihn stellt, erwerbe er sich allein »die bloße *Würdigkeit*, glücklich zu sein« (B 841): die Würde an der moralischen Welt und dem in ihr generierten Glück teilzuhaben.

Hätte sich Kant allerdings mit dieser Reflexion auf die durch Tugend erworbene Glückswürdigkeit zufrieden gegeben, hätte er den Bruch von Tugend und Glück nur zum Bruch von Glückswürdigkeit und tatsächlich erfahrenen Glück verschoben. Wiederum würde sich die Fortuna als die Macht über die Koppelung von Tugend bzw. Glückswürdigkeit und tatsächlich eintreffendem Glück darstellen. Auch wäre dann nicht mehr zu verstehen, was unter dem Begriff der Glückswürdigkeit zu verstehen ist, wenn seine Beziehung zum tatsächlich eintreffenden Glück ganz durchtrennt wäre. Um der Gefahr eines transzendentalen Bruchs von Tugend und Glückseligkeit endgültig zu entgehen und der Fortuna das letzte Wort in der Verteilung des Glücks zu entziehen, erschließt Kant mit dem Begriff des »höchsten Guts« die christliche Hoffnung auf Erlösung für seine Moralphilosophie (vgl. Düsing 1971, 5–42; Forschner 1993, 127–150). So bildet die Forderung, dass derjenige, der »sich als der Glückseligkeit nicht unwert verhalten hatte, hoffen können [muss], ihrer teilhaftig zu werden«, den Ausgangspunkt seiner »Moraltheologie« (Kant KrV, B 841 f.). Aus moralischen Gründen müsse das »höchste Gut«, bzw. die gerechte »Abmessung« von Tugend und Glückseligkeit, erhofft werden (vgl. 1793/1983, B VIII).

In der näheren Beschäftigung mit diesem Problem nimmt Kant eine Umstellung vor. Zunächst legt er die Gefahr der Entwirklichung des Moralgesetzes als motivationale, später als eschatologische Schwäche aus. In der *Kritik der reinen Vernunft* begründet er die Notwendigkeit, die Idee des höchsten Guts anzunehmen, noch mit der motivationalen Schwäche des Moralgesetzes. Unter den Bedingungen der Endlichkeit könne das Moralgesetz – das nur die Glückwürdigkeit zu garantieren vermöge – nicht allein zum pflichtgemäßen Handeln motivieren. Aus diesem Grund stellen für Kant die Hoffnung auf das höchste Gut und der Glaube an den göttlichen Richter notwendige Bedingungen für ein tugendhaftes Leben dar. »Ohne also einen Gott, und eine für uns jetzt nicht sichtbare, aber gehoffte Welt, sind die herrlichen Ideen der Sittlichkeit zwar Gegenstände des Beifalls und der Bewunderung, aber nicht Triebfedern des Vorsatzes und der Ausübung, weil sie nicht den ganzen Zweck, der einem jeden vernünftigen Wesen natürlich und durch eben dieselbe reine Vernunft a priori bestimmt und notwendig ist, erfüllen« (KrV, B 841).

Während der Ausarbeitung seiner Moralphilosophie muss Kant zu der Einsicht gelangt sein, dass diese Interpretation des höchsten Guts als diesseitige Motivationsquelle die Gefahr berge, die Selbstgesetzgebung der praktischen Vernunft zu untergraben. Seit der *Grundlegung* betont Kant das Moralgesetz als einzige Quelle der Motivation für pflichtgemäßes Handeln. Das Moralgesetz mache den »alleinige[n] Bestimmungsgrund des reinen Willens« aus (KpV, A 136). Zugleich wendet er sich jetzt gegen die von ihm früher selbst vertretene Vorstellung der sich im Jenseits auszahlenden Tugend als »pfäffisch«, da sie das Befolgen des Sittengesetzes dem heteronomen Interesse an jenseitigem Lohn unterstelle. (Er greift damit auf eine ältere, u.a. in der Renaissance zwischen Ficino und Pomponazzi geführte Debatte zurück; s. Kap. IV.2.) Dennoch sieht Kant auch jetzt noch die Gefahr der Entwirklichung des Moralgesetzes. Er interpretiert diese Gefahr nun allerdings eschatologisch als Gefahr eines moralisch unerträglichen Widerspruchs zwischen den Ansprüchen des Moralgesetzes und dem Lauf der Dinge und damit als die Gefahr, dass das Moralgesetz an den Mächten der Welt zerschelle. Die Idee des höchsten Guts versteht er jetzt nicht mehr als eine Idee, die dem Moralgesetz vorausgehe und zu seiner Befolgung motiviere, sondern als eine Idee, die aus dem Moralgesetz selbst entspringe. Das Moralgesetz bringe das »Ideal des höchsten Guts« als einen Zweck hervor, den es praktisch zu befördern gelte, um dem Moralgesetz selbst seinen Bestand zu sichern (vgl. KpV, A 198 ff.).

Wie die praktische Beförderung des höchsten Guts aussehen soll, führt Kant in seiner Tugend- und Geschichtsphilosophie aus. In der *Tugendlehre* der *Metaphysik der Sitten* versucht er, die praktische Beförderung des Zustandes, in dem Tugend und Glückseligkeit versöhnt sind, im menschlichen Zweckverfolgen zu verankern. Hierfür übernimmt er von der eudämonistischen Tradition die Vorstellungen der »eigenen Vollkommenheit« und der »fremden Glückseligkeit« als solche Zwecke, die »zugleich Pflichten sind« (1793/1983, A 13). Das Moralgesetz verpflichtet nach Kant zu diesen Zwecken, weil der Mensch, der sie verfolgt, daran mitwirkt, dass er selbst und die Welt besser werden und auf diese Weise das höchste Gut verwirklicht wird. Das Streben nach eigener Vollkommenheit befördert nach Kant die Realisierung des höchsten Guts, indem es auf die Kultivierung des eigenen Menschseins und damit auf die Verinnerlichung des Moralgesetzes zur habitualisierten Triebfeder des eigenen Handelns hinwirkt. Das Streben nach fremder Glückseligkeit verfolgt denselben Zweck, indem es sich um die Zufriedenheit der Mitmenschen mit ihrer Situation bemüht, sofern deren Glücksvorstellungen sittlich akzeptabel seien. Abermals verhindert Kant den Rückschlag der aus der eudämonistischen Tradition übernommenen Prinzipien auf die Selbstgesetzgebung der Vernunft, indem er sie in ihrem Status begrenzt. Die eigene Vollkommenheit und die fremde Glückseligkeit stellen nach Kant nämlich keine Zwecke dar, zu denen der Mensch eine natürliche Neigung habe und die insofern der willentlichen Selbstbestimmung vorausgehen – wodurch Heteronomie entstünde. Vielmehr gründen sie erst im Moralgesetz, das zu ihrer Befolgung verpflichtet.

Parallel zu dieser individuellen Beförderung des höchsten Guts kennt Kant auch dessen Verwirklichung durch den Lauf der Menschheitsgeschichte. In seiner Geschichtsphilosophie entwirft er eine säkulare Eschatologie, die in einen Zustand Ewigen Friedens auf Erden münden soll, in dem die objektiven Bedingungen dafür gegeben sind, dass ein tugendhafter Mensch mit seinem subjektiven Zustand zufrieden sein kann (1784/1983; 1795/1983; vgl. Reath 1988, 593–619; und Pinkard 2001, 74–87). Hier führt er den Gedanken einer »List der Natur« ein, die sich auch noch das zwieträchtige Verhalten der Menschen zu Nutzen mache, um den Zustand Ewigen Friedens voranzutreiben (vgl. Kant 1795/1983, BA 47 ff.). Wiederum wahrt Kant die Vorgängigkeit der autonomen Vernunft gegenüber der Zukunft des Ewigen Friedens, indem er die Idee des Ewigen Friedens auf den Status einer Idee in allein praktischer Absicht begrenzt. Wie das Glück der Kontemplation und die diesseitige Glückseligkeit eignet sich Kant damit auch die Zwecke der eigenen Vollkommenheit und der fremden Glückseligkeit sowie die Zukunft der Erlösung im Rahmen seiner auf den Primat des Praktischen gestellten Systems der Philosophie an. »Bestand und objektive Realität« bekommen diese Glücksbegriffe allein, wie man in Anlehnung an das Eingangszitat dieses Artikels folgern kann, vom Begriff der Freiheit bzw. der Selbstgesetzgebung der Vernunft (vgl. KpV, A 4).

Literatur

Brandt, Reinhard: Von der ästhetischen und logischen Vorstellung der Zweckmäßigkeit der Natur. In: Otfried Höffe (Hg.): Immanuel Kant, Kritik der Urteilskraft. Klassiker Auslegen. Bd. 33. Berlin 2008, 41–58.

Düsing, Klaus: Das Problem des höchsten Gutes in Kants praktischer Philosophie. In: Kant-Studien 62 (1971), 5–42.

Forschner, Maximilian: Über das Glück des Menschen: Aristoteles, Epikur, Stoa, Thomas von Aquin, Kant. Darmstadt 1993.

Ginsborg, Hannah: Interesseloses Wohlgefallen und Allgemeinheit ohne Begriffe. In: Otfried Höffe (Hg.): Immanuel Kant, Kritik der Urteilskraft. Klassiker Auslegen. Bd. 33. Berlin 2008, 59–77.

Himmelmann, Beatrix: Kants Begriff des Glücks. Berlin/New York 2003.

Hutter, Axel: Das Interesse der Vernunft. Kants ursprüngliche Einsicht und ihre Entfaltung in den transzendentalphilosophischen Hauptwerken. Hamburg 2003.

Kant, Immanuel: Kritik der reinen Vernunft [1781] [KrV]. In: Ders.: Gesammelte Werke. Bd. 3 und 4 (Hg. W. Weischedel). Darmstadt 1983.

–: Idee zu einer allgemeinen Geschichte in weltbürgerlichen Absicht [1784]. In: Ders.: Gesammelte Werke. Bd. 9 (Hg. W. Weischedel). Darmstadt 1983, 31–50.

–: Grundlegung zur Metaphysik der Sitten [1785]. In: Ders.: Gesammelte Werke. Bd. 6 (Hg. W. Weischedel). Darmstadt 1983, 7–101.

–: Kritik der praktischen Vernunft [1788] [KpV]. In: Ders.: Gesammelte Werke. Bd. 6 (Hg. W. Weischedel). Darmstadt 1983, 103–283.

–: Kritik der Urteilskraft [1790] [KdU]. In: Ders.: Gesammelte Werke. Bd. 8 (Hg. W. Weischedel). Darmstadt 1983, 235–620.

–: Die Religion innerhalb der Grenzen der bloßen Vernunft [1793]. In: Ders.: Gesammelte Werke. Bd. 7 (Hg. W. Weischedel). Darmstadt 1983, 645–879.

–: Zum Ewigen Frieden. Ein philosophischer Entwurf [1795]. In: Ders.: Gesammelte Werke. Bd. 9 (Hg. W. Weischedel). Darmstadt 1983, 191–251.

–: Die Metaphysik der Sitten [1797]. In: Ders.: Gesammelte Werke. Bd. 7 (Hg. W. Weischedel). Darmstadt 1983, 303–634.

–: Anthropologie in pragmatischer Hinsicht [1798]. In: Ders.: Werke. Bd. 10 (Hg. W. Weischedel). Darmstadt 1983, 395–690.

–: Kant's handschriftlicher Nachlaß. In: Kant's gesammelte Schriften. Bd. XVI (Hg. Königlich Preußische Akademie der Wissenschaften). Berlin/Leipzig 1924.

Pinkard, Terry: Tugend, Moral und Sittlichkeit. Von Maximen zu Praktiken. In: Deutsche Zeitschrift für Philosophie 49/1 (2001), 74–87.

Reath, Andrews: Two Conceptions of the Highest Good in Kant. In: Journal of the History of Philosophy 28 (1988), 593–619.

Scheler, Max: Vom Verrat der Freude [1922]. In: Ders.: Gesammelte Werke. Bd. 6: Schriften zur Soziologie und Weltanschauungslehre. Bern/München 1963, 73–76.

Seel, Martin: Versuch über die Form des Glücks. Frankfurt a. M. 1995.

–: Rhythmen des Lebens. Kant über erfüllte und leere Zeit. In: Wolfgang Kersting/Claus Langbehn (Hg.): Kritik der Lebenskunst. Frankfurt a. M. 2007, 181–200.

Spaemann, Robert: Grenzen. Zur ethischen Dimension des Handelns. Stuttgart 2001.

Thomä, Dieter: Vom Glück in der Moderne. Frankfurt a. M. 2003.

Olivia Mitscherlich-Schönherr

4. Glück im Deutschen Idealismus. Das Glück der Versöhnung

Das Glück der Übereinstimmung mit der Wirklichkeit

Auf den ersten Blick scheinen sich die drei großen Idealisten – Johann Gottlieb Fichte (1762–1814), Friedrich Wilhelm Josef Schelling (1775–1854) und Georg Wilhelm Friedrich Hegel (1770–1831) – in ihrem Glücksdenken nicht nur untereinander, sondern auch selbst zu widersprechen. Während der frühe Fichte das Glück nur als Trieb nach sinnlichem Genuss kennt und es zugunsten freier Selbstbestimmung überwinden will, schreibt der späte Fichte eine *Anweisung zum seligen Leben* (vgl. Fichte 1798/1995, 126 ff.; 1806/2001). Schelling ruft in seinen jungen Jahren aus, dass er »um alles in der Welt willen nicht seelig werden« möchte und dichtet in seinem »Epikureisch Glaubensbekenntniß Heinz Widerporstens«: »Meine einzig Religion ist die, Daß ich liebe ein schönes Knie. Volle Brust und schlanke Hüften, Dazu Blumen mit süßen Düften, Aller Lust volle Nahrung, Aller Liebe süße Gewährung« – um in seiner zweiten Lebenshälfte festzustellen, dass selbst das höchste geistige Glück im Diesseits nicht an die jenseitige Seligkeit, die der Einheit mit Gott entspringt, heranreiche (vgl. Schelling 1795/1982, 96; 1799/1869, 284; 1810/1860, 482). Und Hegel spricht schließlich von der »eigene[n] Langeweile in diesen Begriffen des Wohls und der Glückseligkeit« und stellt die nüchterne wissenschaftliche Philosophie über die beseligende Schau der Wahrheit (vgl. Hegel 1821/1986, § 125 Anm., 236; 1830/1986, 395).

Mit etwas Abstand lässt sich allerdings durchaus von einem gemeinsamen Glücksverständnis der Deutschen Idealisten sprechen. Gemeinsam vertreten sie das Verständnis von Glück als »Übereinstimmung mit der Wirklichkeit überhaupt«. Hinter dieser zunächst abstrakt klingenden Formel steht die Reflexion auf das Verhältnis des Menschen zum äußeren Geschehen, in dem er sich vorfindet, bzw. in das er hineingeboren ist (s. Kap. II.7). Beglückend ist das Verhältnis zur äußeren Wirklichkeit für den Einzelnen dann, wenn er das Geschehen, das ihm zustößt, als sinnvoll erfährt, es bejahen kann und sich insofern in Übereinstimmung mit der Wirklichkeit befindet. Dabei unterscheiden die Idealisten begrifflich zwischen ›Glückseligkeit‹ und ›Seligkeit‹ zur Bezeichnung der sinnlich bzw. der geistig vermittelten Übereinstimmung mit der Wirklichkeit. Das sinnliche Glück werde *direkt* durch die Befriedigung der Neigungen, Triebe und Bedürfnisse angestrebt. In ihr werde die natürliche Verfasstheit des Menschen zum Bezugspunkt der Übereinstimmung mit der Wirklichkeit und damit zum Maßstab des Glücks erhoben. Die geistig vermittelte Übereinstimmung mit der Wirklichkeit überhaupt, um die es den Idealisten primär geht, lasse sich dagegen allein *indirekt* durch die Versöhnung mit dem Absoluten, Gott bzw. dem Sein erreichen. Durch die Rückkehr in die Einheit mit dem Absoluten wird den Idealisten zufolge eine Lebenshaltung eingenommen, die sich in den Ursprung der Wahrheit und damit der beglückenden Übereinstimmung von Mensch und Welt stellt. Die Versöhnung mit dem Absoluten stellt für die Idealisten solcherart das höchste Gut dar, das es anzustreben gelte, um ein seliges bzw. sinnerfülltes Leben in Übereinstimmung mit der Wirklichkeit überhaupt zu erreichen.

Zur Genese des idealistischen Glücksverständnisses in der Auseinandersetzung mit Kant

Die philosophische Frage, auf die die Deutschen Idealisten mit ihrem Glücksdenken antworten, entstammt ihrer Auseinandersetzung mit der Kantischen Philosophie. Es handelt sich um die von Kant aufgeworfenen Frage nach dem Verhältnis von Glück und Freiheit (s. Kap. V.3). Im Umgang mit diesem Problem werden die Idealisten allerdings von der eigentümlichen Ambivalenz des Kantischen Glücksdenkens über die Kantische Lösung hinaus getrieben.

Wie die Idealisten nach ihm hatte bereits Kant die Glückseligkeit sinnlich als »Befriedigung aller unserer Neigungen« verstanden (Kant KrV, B 834; s. Kap. II.1). Als ethisches Prinzip lehnt er die Glückseligkeit ab, da das Streben nach Bedürfnisbefriedigung durch die natürlichen Bedürfnisse bedingt und insofern heteronom sei (s. Kap. II.3). Autonomie sei allein in der Befolgung des von der Vernunft gegebenen Sittengesetzes zu erreichen. Um die in der Entgegensetzung von sittlicher Pflicht und natürlicher Neigung angelegte Gefahr des Auseinanderbrechens des menschlichen Wollens und Sollens zu unterlaufen, begrenzt Kant diesen Widerstreit auf die Bedingun-

gen der Endlichkeit. Eine moralische Welt, in der alle Handlungen den Ansprüchen des Sittengesetzes genügten, stellte dagegen einen durch Freiheit hervorgebrachten Zustand allgemeiner Glückseligkeit dar (vgl. Kant KrV, B 837). Unter den Bedingungen des Diesseits könne jedoch allein auf das höchste Gut, als jenseitige Versöhnung von Tugend und Glückseligkeit, gehofft werden (vgl. B 841). Im Rahmen des Kantischen Ansatzes lässt sich nun allerdings die Frage nicht mehr beantworten, worin das Beglückende dieses jenseitigen Zustands bzw. der moralischen Welt für den Einzelnen bestehe, der daran teilhabe. Seine Definition als »Befriedigung aller unserer Neigungen« passt kaum zu dem Glück, das der verallgemeinerten Tugend entspringen soll, zugleich kann er kein geistig vermitteltes Glück annehmen, wenn er seine ethische Grundunterscheidung von Tugend und Glückseligkeit nicht unterminieren will.

Daran interessiert, das Auseinanderbrechen von Wollen und Sollen zu unterlaufen, spitzt sich für die Idealisten die Frage nach dem Verhältnis von Glück und Freiheit auf die Frage zu, wie sich die Seligkeit denken lasse, die beide Aspekte in sich versöhnt. So wenig wie sie sich mit der Kantischen Lösung zufrieden geben, wollen die Idealisten hinter Kant zurück und d. h. in diesem Zusammenhang: das geistig bestimmte Glück der Seligkeit als die Sinnerfahrung zu verstehen, die der Schau Gottes entspringt. Dieses Verständnis von Erfüllung beruhte nämlich auf der Annahme einer den Vernunftvollzügen vorausgehenden Instanz der Transzendenz, die die Autonomie der Vernunft beschränkte. Die Idealisten stehen folglich vor der Herausforderung, ein Verständnis beglückender Sinnerfahrung zu entwerfen, das auf Freiheit beruht (s. Kap. II.5).

Der frühe Fichte bewältigt diese Herausforderung noch nicht, gibt jedoch mit seinen Überlegungen zur sittlichen Annäherung an das höchste Gut die Bahnen vor, in denen sich die weiteren Überlegungen der Idealisten bewegen werden. Das höchste Gut, in dem Tugend und Glückseligkeit versöhnt sind, begreift er als das Ideal der vollständigen Übereinstimmung eines vernünftigen Wesens mit seiner Vernunftnatur. Im Unterschied zu Kant geht er davon aus, dass sich das höchste Gut vom Menschen hier und jetzt aus eigener Kraft – durch sittliche Vervollkommnung bzw. »Kultur« seiner selbst und der äußeren Wirklichkeit – anstreben lasse (vgl. Fichte 1794/1966, 31). Aufgrund der menschlichen Endlichkeit sei es jedoch nie vollständig zu erreichen. Ethische Vervollkommnung macht damit für Fichte nicht nur ein vernunftbestimmtes Leben aus, sondern stellt zugleich den Weg zur Seligkeit dar. »Nicht – *das ist gut, was glückseelig macht*; sondern – *nur das macht glückseelig, was gut ist*« (32). Der Umstand allerdings, dass das höchste Gut nach Fichte ein nie zu erreichendes Ideal darstellt, bedeutet einen unendlichen Aufschub der Glückseligkeit (vgl. Düsing 2000, 21 ff.). Damit stellt sich Fichtes Verständnis von der sittlichen Annäherung an das höchste Gut als eine Radikalisierung der Kantischen Pflichtethik dar, hatte diese dem tugendhaften Menschen doch noch die Hoffnung auf jenseitiges Glück zugestanden.

Den entscheidenden Durchbruch in der Frage, wie das höchste Gut der mit Freiheit versöhnten Seligkeit zu denken sei, leistet der frühe Schelling. In einer subjektivitätsphilosophischen Aneignung von Spinozas Substanz als absolutes Ich kann er den inneren Zusammenhang von Tugend und Seligkeit verständlich machen und vor diesem Hintergrund über Fichte hinausgehen und die Kultivierung seiner selbst nicht nur als ethische Selbstvervollkommnung, sondern zugleich als Zuwachs an Seligkeit begreifen.

Die Versöhnung von Freiheit und Seligkeit spricht Schelling dem absoluten Ich selbst zu, indem er es als »ein Wesen« bestimmt, »das schlechthin selbstgenügsam nur seines eigenen Seins genießt, ein Wesen, in welchem *alle* Passivität aufhört, das gegen nichts, selbst gegen *Gesetze* nicht, sich leidend verhält, das absolutfrei nur seinem *Sein* gemäß handelt und dessen eigenes Gesetz sein eigenes Wesen ist« (1795/1982, 93; vgl. Gamm 1997, 183). Das entscheidende Verbindungselement zwischen der Freiheit und der Seligkeit, das Schelling von Spinoza übernimmt, ist die Selbstgenügsamkeit (s. Kap. IV.4). Indem das Absolute keine fremde Wirklichkeit außer sich hat, ist es sowohl in seiner Selbstbestimmung ohne Bedingung und insofern absolutfrei, als auch in vollkommener Übereinstimmung mit der Wirklichkeit überhaupt und insofern absolut selig. Damit hat Schelling einen Begriff des geistigen Glücks der Seligkeit erreicht, der mit der Freiheit nicht konfligiert, und behauptet denn auch: »*wo absolute Freiheit ist, ist absolute Seligkeit*, und umgekehrt« (1795/1982, 94).

Indem Schelling das Absolute als absolutes Ich bestimmt, vertritt er im Unterschied zu Spinoza ein Verständnis des Absoluten, das dem Ich nicht als freie Macht entgegentritt und dadurch seine Freiheit beschränkt. Wie Fichte kann er deswegen die Einheit mit dem Absoluten als das höchste Gut des endlichen Ich begreifen, dem sich dieses um seiner eige-

nen Freiheit und Seligkeit willen anzunähern habe. Im Unterschied zu Fichte verfügt er jedoch mit der Idee der Selbstgenügsamkeit über den Begriff, der es ihm erlaubt, den Prozess der Annäherung an das absolute Ich nicht nur als ethische Vervollkommnung, sondern zugleich auch als Glückszuwachs zu verstehen. Die Annäherung an das absolute Ich bedeutet in Schellings Perspektive für das endliche Ich eine Steigerung an Selbstgenügsamkeit und deswegen eine Steigerung seiner befreienden Tugend und sinnstiftenden Übereinstimmung mit der Wirklichkeit überhaupt. Im Sinne dieses Zuwachses an Selbstgenügsamkeit bzw. an Sein fordert Schelling: »Sei! Im höchsten Sinne des Wortes: höre auf, *selbst* Entscheidung zu sein: strebe ein *Wesen an sich* zu werden!« (1796/1982, 139).

Der durch die Annäherung an das absolute Ich und dessen Selbstgenügsamkeit vermittelte Zusammenhang von Glück und Tugend führt Schelling nun sogar – in Anschluss an Spinozas Ethik – zu der Behauptung, dass »unglücklich seyn oder sich zu fühlen die wahre Unsittlichkeit selbst ist« (vgl. Spinoza 1677/1949, 295; Schelling 1795/1982, 91; 1804/1860, 55). Unglücklichsein als Erfahrung der Sinnleere ist damit für Schelling genauso einer Abgrenzung des endlichen Ich gegen das absolute Ich geschuldet, wie die beglückende Sinnerfahrung der Übereinstimmung mit der Wirklichkeit ihre Ursache in der Bewegung seines Eingehens in das absolute Ich hat. Wie Glück und befreiende Sittlichkeit für Schelling zusammengehören, so folglich auch Unglück und eine die subjektive Freiheit beschränkende Unsittlichkeit. Entsprechend schroff reagiert er in einem Brief an Hegel auf dessen Bericht von seinen Berner Depressionen: »Erlaube mir, daß ich Dir noch etwas sage: Du scheinst gegenwärtig in einem Zustand der Unentschlossenheit und – nach Deinem lezten Briefe an mich – sogar – Niedergeschlagenheit zu seyn, der Deiner ganz unwürdig ist. Pfuy! ein Mann von Deinen Kräften muß diese Unentschloßenheit nie in sich aufkommen lassen. Reiße Dich bald möglichst los. [...] Noch einmal, Deine jezige Lage ist Deiner Kräfte und Ansprüche unwürdig!« (Brief vom 20.6.1796, Schelling 2001, 79 f.).

Hegel seinerseits geht in dieser Zeit – wie ein Fragment, das auf den Sommer 1797 datiert wird, belegt – auch davon aus, dass einer »Trennung zwischen dem Trieb und der Wirklichkeit«, aus der »wirklicher Schmerz entsteht«, eine Entfremdung mit der Ursache des zu erleidenden Geschehens zugrundeliegt (Hegel 1986b, 243). Er weist diese Entfremdung allerdings dem antiken Pantheismus zu und unterscheidet zwischen verschiedenen Verhältnissen, in die sich ein Mensch zur Ursache seines Leidens stellen könne (243). In Abhängigkeit von den Erfahrungen, die er bisher mit ihr gemacht hätte, könne ein Mensch in der Antike die Macht »hinter« dem zu erleidenden Geschehen als »feindliche Natur«, als »strafende Hand Gottes« angesichts eigener Verfehlungen oder als blindes »Schicksal« erfahren (243; s. Kap. II.7). Dem natürlichen Konflikt von Mensch und Wirklichkeit im Pantheismus stellt er die Vorstellung von ihrer Vereinigung im Absoluten entgegen, wie der Monotheismus sie ausgebildet habe (244). Das Verhältnis von Mensch und Absolutem begreift er analog zum Geschehen der Liebe, in der die Liebenden – auf nicht zu begreifende Weise – eins sind und doch zwei (244).

Gegenüber Kant stellt diese idealistische Seligkeitskonzeption – die Fichte und Hegel von Schelling übernehmen werden – nicht nur eine Aufwertung des Glücks, sondern vielmehr eine Revision der Grundstruktur praktischer Philosophie dar. Mit dem höchsten Gut des Eingehens in das Absolute, das zugleich Glück und Freiheit vermittle, behaupten die Idealisten einen material bestimmten Endzweck menschlichen Lebens. Damit geben sie Kants formale Ethik der Erfüllung sittlicher Pflicht zugunsten des material bestimmten Verständnisses gelingenden Lebens auf, das auf die Versöhnung mit dem Absoluten ausgerichtet ist. Dies gibt auch ihrer Kritik an der Kantischen Ethik die Richtung vor: dass Kant mit seiner Pflichtenmoral vom sensualistischen Glücksverständnis abhängig bleibe, von dem er sich gerade hatte abgrenzen wollen. So behauptet Schelling, dass das sensualistische Glücksverständnis und das formale Tugendverständnis zwei Seiten derselben Medaille seien: der anthropozentrischen Lebenshaltung, die das endliche Leben des Menschen verabsolutiere und deswegen Glück nur noch als Bedürfnisbefriedigung und Tugend nur noch als Pflichterfüllung verstehen könne (vgl. z.B. Schelling 1800/2005, 273 ff.). Der späte Fichte wendet gegen die praktische Philosophie des Kritizismus, die er ehemals selbst vertreten hat, ein, dass sie kein Verständnis für die Liebe zum Geistigen habe, sondern Liebe nur sinnlich verstünde und deswegen Sittlichkeit als Pflicht verordnen müsse (vgl. Fichte 1806/2001, 114). Und Hegel betont die Abhängigkeit eines Lebens der Pflichterfüllung von den Neigungen, gegen die es sich bestimmt. Einem Leben reiner Pflichterfüllung fehle die inhaltliche Ausrichtung,

weshalb es auf die Zwecke angewiesen bliebe, die dem natürlichen Begehren entstammten, das im Namen der vernünftigen Selbstbestimmung gerade hatte überwunden werden sollen (vgl. Hegel 1807/1986, 442 ff.).

Die idealistischen Theorien der Selbstvervollkommnung

Wie im bisherigen gesehen, gehen die Idealisten davon aus, dass die Seligkeit der Sinnerfahrung und das Gelingen menschlichen Lebens nicht direkt wie die Befriedigung der Bedürfnisse und Neigungen, sondern nur indirekt – durch Versöhnung mit dem Absoluten – angestrebt werden könne. Vor diesem Hintergrund rückt für die Idealisten die Frage ins Zentrum ihres Glücksdenkens, wie die Versöhnung mit dem Absoluten zu erreichen ist. Alle drei Autoren entwerfen Ansätze der Selbstvervollkommnung, die die gelingende Teilhabe am Absoluten zum Maßstab für die sittliche Vollkommenheit und das Gelingen menschlichen Lebens machen. Sie stellen sich darin in die Tradition des christlichen Gedankens von dem Abfall, der Umkehr und der Rückkehr des Menschen zu Gott (s. Kap. VI.6). So gehen sie in ihrem Selbstvervollkommnungstheorien davon aus, dass die Entzweiung von endlichem und absolutem Ich Resultat der Selbstverabsolutierung des endlichen Ich ist, das seinen partikularen Standpunkt zum Zentrum der Wirklichkeit überhaupt verabsolutiert und darin seine Abkünftigkeit vom Absoluten aus dem Blick verliert, und dass die Versöhnung mit dem Absoluten durch die Überwindung der Selbstverabsolutierung – der späte Fichte spricht von »Selbstvernichtung« – anzustreben sei (vgl. Fichte 1806/2001, 130).

Die Unterschiede in der Durchführung ihrer Selbstvervollkommnungstheorien haben ihren Grund in Differenzen bei der Bestimmung des Verhältnisses von endlichem Ich und Absoluten. Diese Differenzen strahlen sowohl auf die Anlage des jeweils vorgestellten Selbsterkenntnisprozesses als auch auf die konkretere Gestalt und Beurteilung der unterschiedlichen Dimensionen menschlichen Glücks aus.

Der frühe Fichte bahnt mit seiner Vorstellung von der Kultivierung seiner selbst und der äußeren Natur als der Bewegung der unendlichen Annäherung an die vollkommene Übereinstimmung des vernünftigen Wesens mit sich selbst den Weg, auf dem sich die idealistischen Theorien der Selbstvervollkommnung bewegen und Gestalten des Glücks finden werden (vgl. Fichte 1794/1966, 32).

Wie Fichte begreift auch der frühe Schelling in den 1790er Jahren die Bewegung der Selbstvervollkommnung noch als einen unendlichen Prozess. Das vollständige Eingehen in das absolute Ich würde nach Schelling das endliche Ich vernichten. Die »intellektuelle Anschauung« – als kontemplative Vereinigung mit dem absoluten Ich – bedeute nur deswegen nicht den Tod des endlichen Ich, weil dieses durch die sinnliche Anschauung aus diesem Zustand der Sinnerfüllung immer wieder herausgerissen und ins Leben zurückgeholt werde (vgl. Schelling 1791/1992, 95). In Bezug auf das Gelingen menschlicher Lebensführung zeitigt diese Gefahr der Vernichtung durch die Vereinigung mit dem Absoluten nach Schelling die paradoxe Konsequenz, dass das endliche Ich das höchste Gut absoluter Seligkeit und Freiheit nicht erreichen wollen könne. In diesem Sinne bekennt sich Schelling zum Lessingschen Plädoyer für das diesseitige Glück: »Ich möchte um alles in der Welt willen nicht seelig werden!« (1795/1982, 96) Da auch die Autonomie der Vernunfterkenntnis nur innerweltlich zu erreichen sei, bezeichnet Schelling die Bejahung der Endlichkeit zugleich als die einzig wahrhaft philosophische Haltung: »Wer nicht *so* denkt, für den sehe ich in der Philosophie keine Hilfe!« (96).

Mit dem *System des transzendentalen Idealismus* legt Schelling 1800 die erste Theorie eines mehrstufigen Selbsterkenntnisprozesses vor, die Fichte und Hegel beerben werden. Darin hat er sein früheres Beharren auf der Kluft zwischen endlichem und absolutem Ich aufgegeben und will jetzt die durch Entzweiung und Verdinglichung gekennzeichnete Haltung des endlichen Ich überwinden. Ausschlaggebend für seine neue Konzeption eines auf Vollendung ausgerichteten Prozesses der Selbsterkenntnis ist der – in Anschluss an Platons Ideenlehre formulierte – Gedanke vom Verlust einer ursprünglichen Einheit, die durch Selbsterkenntnis zurückgewonnen werde. Nach Schelling ist es der Selbsterkenntnis möglich, die ursprüngliche Einheit zurückzugewinnen, da in ihr die Intelligenz zugleich Subjekt und Objekt der Erkenntnis ist (1800/2005, 350 f.). Die Intelligenz wendet sich von der äußeren Wirklichkeit ab und dem eigenen Tätigsein zu und macht sich darin zum Objekt, ist zugleich aber auch das subjektive Tätigsein, das dieses Sich-selbst-zum-Objektmachen trägt. Auf diese Weise erscheint der Prozess der Annäherung des endlichen an das absolute Ich jetzt als Prozess der Rückkehr aus der Entzweiung der vergegenständlichenden Bewusstseinshaltung. Dieser Selbsterkenntnisprozess setzt mit der sinnlichen Anschauung bzw. der »Empfindung« ein und mündet in die intellektuelle Anschauung bzw. die »reine Selbstanschauung« des Ich. Organ der reinen Selbstanschauung, in der die vergegenständlichende Bewusstseinshaltung überwunden ist, ist für Schelling zu diesem Zeitpunkt die Kunst (324 ff.; s. Kap. II.4).

Die beglückende Erfahrung, die die vollkommene Selbstanschauung begleitet, bezeichnet Schelling im *System des transzendentalen Idealismus* als »Gefühl einer unendlichen Befriedigung« (615). In der Schrift *Bruno* (1802) spricht er weit emphatischer davon, dass die intellektuelle Anschauung – die »die Natur in Gott, Gott aber in der Natur sehen« gelernt habe – den Schauenden über die Grenzen seiner Endlichkeit hinaussetze, ihn vervollkommne und ihm auf diese Weise die Teilhabe am »seligsten Sein« der Götter eröffne (vgl. 1802/2005, 124).

Der späte Fichte folgt dem Schellingschen Ansatz der Selbsterkenntnis und -vervollkommnung und erschließt sich damit in seiner *Anweisung zum seligen Leben* ein positives Verständnis des geistig vermittelten Glücks (vgl. Asmuth 2008; zur Diskussion um Bruch und Kontinuität der *Anweisung* mit dem Frühwerk vgl. u. a. Verweyen 2001, XVIII–XXXI; Düsing 2000, 33 ff.; Traub 1995, 163 ff.). Er legt jetzt sogar weit größeres Gewicht als Schelling auf das Glück, das der Prozess der Selbsterkenntnis in seinem Verlauf vermittelt.

Das Verhältnis von Absoluten und Bewusstseinsvollzügen bestimmt Fichte – mit den Begriffen des Seins und des Daseins – als nicht vollständig zu überwindende »Urspaltung« (vgl. Fichte 1806/2001, 72; Asmuth 2008, 153 f.). Das Sein ist nach Fichte in den »Bildern« des Daseins verwirklicht, geht darin jedoch nicht vollständig auf. Umgekehrt ist das Dasein in seinem Selbstverständnis auf das Sein bezogen, von dem es herkommt, das sich seinerseits aber einer direkten Vergegenständlichung entzieht. Dabei durchzieht seine jeweils eingenommene Haltung zum Sein alle Dimensionen des Daseins: seines Erlebens, Liebens und Genießens. Sie entscheidet – so Fichte – sowohl über die Art seiner Erfahrungen und Erkenntnisse als auch über die Art seiner Genüsse und Glücksvorstellungen, so dass »Leben, Liebe, und Seligkeit Eins sind und dasselbe« (Fichte 1806/2001, 12). Diese Identifikation von Leben und Seligkeit bietet Fichte die Möglichkeit, über Anweisungen zur Lebensführung zugleich – wie er bereits im Titel verspricht – eine Anweisung zum seligen Leben zu geben.

Den Ausgangspunkt für den Selbsterkenntnisprozess des Daseins bildet die Spannung, in der sich das Dasein mit seiner unmittelbar zum Sein eingenommenen Haltung zur Wahrheit seiner Abkünftigkeit vom Sein befindet. Die Einsicht in seine Abkünftigkeit vom Sein macht den *telos* des Selbsterkenntnisprozesses aus. Insofern die Grundhaltungen des Daseins zum Sein die Art seines Erkennens, Liebens und Genießens bestimmen, ist der Prozess seiner Selbsterkenntnis zugleich ein Prozess der Vervollkommnung seiner Tugend und seiner Seligkeit. Jeder Stufe innerhalb dieses Selbsterkenntnisprozesses kommt ein spezifisches Glücksverständnis zu. Die drei höchsten Gestalten des Daseins, die sich über ihre Abkünftigkeit vom Sein bestimmen, findet Fichte in Kunst, Religion und Philosophie. In ihnen hätte das Dasein seine Selbstverabsolutierung gegen das Sein – auf der sowohl das sensualistische Genussstreben als auch die Pflichtethik beruhten – »vernichtet«, das Sein als seinen Grund eingesehen und auf diese Weise ein Selbstverständnis erreicht, in dem Tugend und Seligkeit versöhnt seien. Zugleich stellen sie ihrerseits nochmals drei Stufen innerhalb der Rückkehr des Daseins ins Sein dar. In ihnen steigert sich die Durchgeistigung des Daseins. Die Kunst verklärt die äußere Wirklichkeit, die Religion die zwischenmenschlichen Beziehungen und die Philosophie – die Fichte aus seiner Wegweisung zum seligen Leben ausschließt, da sie nicht jedermann zugänglich sei – die Vollzüge der Erkenntnis (vgl. 1806/2001, 83 f.). Damit einhergehend vollendet sich in ihnen die Seligkeit des Daseins. Während das Genie der Kunst in seiner Seligkeit noch von äußerem Erfolg abhängt, ist nach Fichte die Religiosität über diese äußerliche Bedrohung ihrer Seligkeit hinaus, da sie die göttliche Liebe und nicht die eigenen Kraft als Grund ihres Tuns und als Quelle ihres Genusses begreift (vgl. 146 ff.).

1807 zieht schließlich Hegel mit der *Phänomenologie des Geistes* als seiner Fassung des Prozesses geistiger Selbsterkenntnis nach. Von ihrer methodischen Anlage her unterscheidet sich die *Phänomenologie* von den Ansätzen seiner Vorgänger insofern, als Hegel den Selbsterkenntnisprozess nicht des endlichen Bewusstseins, sondern des absoluten Geistes entwirft. Er stellt damit die geistigen Prozesse ins Zentrum seiner Überlegungen, die hinter dem Rücken des endlichen Bewusstseins ablaufen, bzw. sich durch dessen Erkenntnisprozesse hindurch vollziehen und

diese überhaupt erst ermöglichen. Im Sinne dieser Umstellung behauptet Hegel, dass sich der absolute Geist in den Gestalten des Bewusstseins entäußert und aus dieser Selbstentäußerung dadurch wieder zurückkehrt, dass er sich selbst als Gegenstand und Subjekt des gesamten Selbsterkenntnisprozesses einsieht. Den Haltungen des endlichen Bewusstseins kommt allein noch der Status zu, die Gestalten des Geistes auszumachen, in denen sich dessen Selbstentäußerung und -erkenntnis vollzieht. Die höchste Bewusstseinsgestalt – das absolute Wissen bzw. die wissenschaftliche Philosophie –, in die die Selbsterkenntnis des Geistes mündet und in der diese sich vollendet, zeichnet sich dadurch aus, dass sich in ihr das endliche Bewusstsein als Besonderes in die Selbsterkenntnis des Geistes zurückgenommen hat (vgl. Hegel 1807/1986, 575).

Hegels methodische Grundentscheidung, den Selbsterkenntnisprozess nicht des endlichen Bewusstseins, sondern des absoluten Geistes zu betrachten, führt zu Verschiebungen seines Glücksdenkens gegenüber Schelling und Fichte. Zunächst kennt zwar auch Hegel die Seligkeit, die der Versöhnung mit dem Absoluten entspringt, aber da es sich in seiner Perspektive um die Selbstversöhnung des Absoluten handelt, attestiert er auch die dieser Versöhnung entspringende Seligkeit dem Absoluten selbst. Er stellt sie als die Verfasstheit der Bewegung dar, die die geistige Selbsterkenntnis vollzieht. »Das Wahre ist so der bacchantische Taumel, an dem kein Glied nicht trunken ist; und weil jedes, indem es sich absorbiert, ebenso unmittelbar [sich] auflöst, ist er ebenso die durchsichtige und einfache Ruhe« (1807/1986, 46).

Das endliche Bewusstsein erfährt Erfüllung, indem es an der Seligkeit des Absoluten teilhat. An den aus dem endlichen Lebenshorizont entworfenen Vorstellungen von Glück und Seligkeit ist Hegel – wie an allen Haltungen des endlichen Bewusstseins – nur als Gestalten interessiert, in denen sich die Selbsterkenntnis des Geistes vollzieht. Insofern es sich bei dem Prozess geistiger Selbsterkenntnis nach Hegel um kein rein theoretisches, sondern um ein gleichermaßen historisches Geschehen handelt, betont er in seiner *Philosophie der Weltgeschichte*, dass die Leidenschaften und Interessen der Menschen die Instrumente darstellten, vermittels derer sich der Weltgeist verwirkliche (vgl. 1955, 86 ff.; s. Kap. II.6). Im Sinne dieser Relativierung des menschlichen Glücks auf die historische Entwicklung des Geistes ist auch Hegels viel zitierte These zu verstehen, dass die »Zeiten des Glücks [...] leere Blätter« der Weltgeschichte darstellten (92).

Die nächste Eigentümlichkeit der Hegelschen Rückbindung der menschlichen an die geistige Seligkeit besteht darin, dass das absolute Wissen bzw. die wissenschaftliche Philosophie als die Bewusstseinshaltung, in die der Selbsterkenntnisprozess des absoluten Geistes als sein *telos* mündet, für das einzelne Bewusstsein, das sie einnimmt, nicht beglückend ist. Indem das endliche Bewusstsein seine besondere Perspektive in die Selbsterkenntnis des Geistes zurücknimmt, vermag es im Rückblick auf den Prozess geistiger Selbsterkenntnis Wissen von diesem Prozess zu erreichen. So kann es auch einsehen, dass der Prozess geistiger Selbsterkenntnis in sich Zustände des ekstatischen Rauschs und der seligen Ruhe versöhnt. Mit seinem Eingehen in das Selbstwissen des absoluten Geistes hat das endliche Bewusstsein jedoch zugleich den besonderen Standpunkt aufgegeben, von dem aus es die eigene Versöhnung mit dem Absoluten als erfüllend erfahren könnte. Wie am Ende der *Phänomenologie* verzichtet er auch am Ende der *Enzyklopädie* und in seiner *Berliner Antrittsvorlesung*, in der er ein emphatisches Plädoyer für die Philosophie als »Sonntag des Lebens« hält, auf ihre Auszeichnung als beglückend (1818/1997, 55; 1830/1986, 395).

Die Seligkeit des Absoluten können nach Hegel nur solche Bewusstseinshaltungen erfahren, die bewusst an der Selbsterkenntnis des absoluten Geistes teilhaben, für die aber zugleich die Besonderheit des endlichen Bewusstseins noch konstitutiv ist. Das sind in der *Phänomenologie* die *Kunstreligion* und die *offenbarte Religion* und in der *Enzyklopädie* die Kunst und die Religion (vgl. 1830/1986, §§ 556–571, 367–378; 1807/1986, 512–575). Dabei betont Hegel wie Fichte, dass die Seligkeit, die in der Kunst bzw. in den Kunstreligionen erreicht werde, defizitär sei. In der *Phänomenologie* zeigt er, dass in den vor-monotheistischen Gestalten der »Kunstreligion« ihr beschränktes Verständnis des Absoluten auf die Formen von Seligkeit durchschlage, die sie vermittelten und die nur einseitig entweder als bachantischer Taumel oder als einfache Ruhe oder als Wohlsein der Selbstgewissheit erlebt würden (vgl. 1807/1986, 527 f., 544). In seiner späteren *Philosophie der Kunst* behauptet er, dass die erfüllende Übereinstimmung mit der Wirklichkeit allein an der idealen Kunstgestalt vorgestellt, aber weder vom Betrachter noch vom Künstler geteilt werde (vgl. 1823/2003, 82). Der Betrachter könne nur das Glück der Kunstgestalt an-

schauen, die Begeisterung des Künstlers bleibe in ihrer Gebundenheit an die Anforderungen von Technik und Begabung »ein unfreies Pathos« (1830/1986, § 560, 369). Die eigentliche Geisteshaltung, in der das endliche Bewusstsein an der Seligkeit des Absoluten teilhabe, ist nach Hegel die Offenbarungsreligion (vgl. 1807/1986, 572 ff.; 1821–27/1993, 32). Dabei stellt der religiöse Kultus – und innerhalb der christlichen, als der vollendeten Religion, die Eucharistie – den Ort dar, an dem die erfüllende Versöhnung mit dem absoluten Geist »vollbracht [...], gefühlt und genossen« werde (1821–27/1993, 248).

Die Rückbindung der menschlichen an die geistige Seligkeit hat schließlich auch Konsequenzen für das methodische Selbstverständnis von Hegels Glücksphilosophie. Hegel schreibt deswegen keine Anleitung zum seligen Leben, weil er darauf reflektiert, dass sich die sinnstiftende Übereinstimmung mit der Wirklichkeit überhaupt einem Geschehen verdankt, das das einzelne Bewusstsein nicht aus eigener Kraft hervorbringt, sondern das sich vielmehr durch die individuelle Selbstverständigung hindurch vollzieht: der Selbsterkenntnis des Geistes, in der das Absolute zugleich Substanz und Subjekt ist und auf diese Weise die Übereinstimmung von Bewusstsein und Wirklichkeit hervorbringt, die das ästhetische und das religiöse Bewusstsein als erfüllend erfahren.

Schellings Spätphilosophie beruht auf der Kritik an dem Anspruch auf philosophische Selbstbegründung, dem sich die – von Hegel und ihm selbst – vertretene Identitätsphilosophie verschrieben hatte. Die Identitätsphilosophie könne nämlich den Akt des Denkens selbst nicht mehr in das Denken aufheben, sondern nehme ihn vielmehr als uneingeholte Voraussetzung in Anspruch (vgl. Schulz 1975, 21 ff.). Nicht nur scheitere die Identitätsphilosophie an ihrem eigenen Anspruch auf voraussetzungslose Selbstbegründung, sondern sie bleibe auch nur ›negativ‹: sie kreise im Gesamtzusammenhang der Denkbestimmungen, ohne diesen auf die Tatsachen hin transzendieren zu können. Sie sei deswegen zugunsten eines Ansatzes ›positiver Philosophie‹ aufzugeben, die vom unvordenklichen Ereignis der ›freien Tat‹ ausgehe.

Für sein Glücksdenken hat diese Wende zur positiven Philosophie zur Konsequenz, dass Schelling die Ursache für die Entzweiung und die Versöhnung von endlichem Ich und Absoluten – bzw. wie er jetzt sagt: von Seele und Gott – nicht mehr in Haltungen des Denkens, sondern in Akten der Freiheit sucht. Die Entzweiung begreift er jetzt im Sinne der christlichen Tradition als ›Abfall‹ aus der unmittelbaren Einheit mit Gott (vgl. Jürgensen 2000, 128 f.). Von Gott mit der Freiheit der Selbstbestimmung ausgestattet, ergreife sich die Seele in ihrer ›Selbstheit‹. Sie wende ihre Freiheit darin gegen die Einheit mit Gott und hypostasiere ihre Selbstheit »zum Herrschenden und zum Allwillen« (Schelling 1809/1860, 389). Der Abfall bildet nach Schelling den Ursprung des Unglücks bzw. der Zerstörung in der Welt. Auf ihn sei die menschliche Abgründigkeit – die Krankheiten des Gemüts und des Geistes, die Schwermut, die unstillbare Begierde und der Wahnsinn –, die Zwietracht zwischen den Menschen und der unerlöste Zustand der Natur mitsamt ihrer Aspekte der Vernichtung bis hin zum Tode zurückzuführen (vgl. 1810/1860, 460 ff.).

Die »Rückkehr« zum Absoluten versteht Schelling nach seiner positiven Wende nicht mehr als Prozess der Selbsterkenntnis, sondern als einen in der Lebensführung zu leistenden Prozess der Reinigung von »dem Zufälligen, das der Leib, die Erscheinungswelt, das Sinnenleben zu ihm gebracht haben« (1804/1860, 26). Allerdings könne sich der Mensch aufgrund seiner Verstricktheit in die eigenen Abgründigkeiten die Rückkehr zu Gott nicht aus eigener Kraft bahnen. Solch ein Selbstverständnis würde nur die Fortsetzung der menschlichen Selbstverabsolutierung darstellen (vgl. 1809/1860, 389; Jacobs 1995, 131 f.). Frei zur Rückkehr zu Gott sei der Mensch, da Gott selbst ihm – durch die Menschwerdung – die Möglichkeit dazu eröffnet habe (vgl. Schelling 1810/1860, 463). So stellt Christus für den späten Schelling den »Vorgänger und Anführer zum ewigen Leben« dar (1831–32/1992, 597). Philosophisch ist die individuell zu vollziehende Umkehr – insofern sie ein tatsächliches Geschehen im Leben eines Menschen darstelle – dem späten Schelling zufolge nicht mehr durch eine Theorie über die Gesetzmäßigkeiten der Vernunft zu bestimmen, sondern allein nachträglich zu erzählen. Solch eine erzählende Darstellung eines individuellen Umkehrgeschehens findet sich in dem posthum veröffentlichten Dialog *Clara*, der in der Forschung auf das Jahr 1810 datiert und als literarische Verarbeitung von Schellings eigener Lebenskrise angesichts des Tods seiner ersten Frau Caroline im Jahr 1809 gedeutet wird (vgl. 2009).

Die Auferstehung Christi – in der der Vater das Menschsein wieder angenommen habe – berechtige nach Schelling schließlich zu der Hoffnung auf das künftige Reich der Erlösung. Das Kommen des Reichs versteht Schelling damit als Akt göttlicher Gnade und die künftige Seligkeit als einen Zustand unbeschränkter Erfüllung, für den es, da er unverdient sei, »in unserer bisherigen Erfahrung nichts Analoges« gebe (1831–32/1992, 602).

Das Glück der Versöhnung mit den Anderen

Ausgeklammert hat das Bisherige die zwischenmenschliche Dimension am Glück der Versöhnung. Die Versöhnung mit dem Absoluten wird von den Idealisten als Grund der Übereinstimmung nicht nur mit der Wirklichkeit überhaupt, sondern auch mit den anderen Menschen – und damit als Grund von Gemeinschaft und zwischenmenschlichem Frieden – verstanden (s. Kap. II.9). Das Eingehen in das Absolute umfasst für sie dementsprechend einen Aspekt zwischenmenschlicher Versöhnung, den Fichte und Hegel als Anerkennungsprozess begreifen. Dabei sind sich Fichte und Hegel einig, dass den Anerkennungsprozessen eine wesentliche Funktion innerhalb des Prozesses der Selbsterkenntnis zukommt. Grundlegende Differenzen resultieren aus den oben bereits thematisierten Unterschieden in der Bestimmung des Verhältnisses von endlichem Ich und Absoluten: während Fichte das Anerkennungsgeschehen aus dem Horizont seiner Theorie sittlicher Kultivierung thematisiert, entwickelt es Hegel im Rahmen seiner Philosophie des Geistes als Bewegung des Geistes. Fichte bestimmt Anerkennung derart als ein sittliches Geschehen, Hegel dagegen als Selbstverhältnis des Geistes, das – auch – die sittlichen Beziehungen trägt (vgl. Siep 2008).

Der frühe Fichte gilt als derjenige, der die erste Theorie der Anerkennung entworfen hat (vgl. Düsing 2006; Siep 1979, 26 ff.). In der – nie vollständig zu erreichenden – Übereinstimmung des endlichen Ich mit dem absoluten Ich bzw. seiner Vernunftnatur wäre nach Fichte mit der Vervollkommnung des eigenen Menschseins zugleich die vollständige Übereinstimmung mit den Anderen, als Vernunftwesen, erreicht (vgl. Fichte 1794/1966, 35 ff.). Die Übereinstimmung mit dem absoluten Ich stellt solcherart nicht nur das Ziel der individuellen Lebensführung, sondern zugleich – als absolute ›Vereinigung‹ – auch das Ziel des menschlichen Miteinanders dar. Entscheidend ist für Fichte nun, dass der sittliche Prozess der Annäherung an die absolute Vereinigung seinerseits durch zwischenmenschliche Anerkennung vermittelt ist. Im Anerkennungsgeschehen bil-

det sich nach Fichte sowohl individuelles Selbstbewusstsein als auch zwischenmenschliche Gemeinschaft und in letzter Konsequenz die absolute
Vereinigung der Menschen heraus (vgl. 1794/1966,
38 ff.). Zunächst gehe nämlich vom Anderen der notwendige »Anstoß« aus, der das Subjekt dazu nötige
zu handeln, worin es sich überhaupt erst als ein freies
Vernunftwesen erfahre (vgl. 1796/1845, 33 ff.). In
dieser »Wechselwirkung« mit einem Anderen werde
es sich zugleich seines Gegenübers als Seinesgleichen bewusst. Im Ergreifen der eigenen Freiheit gehe
dann jeder seinen je eigenen Weg und grenze sich
darin als Individuum gegen den Anderen ab (vgl.
41 ff.). Vermittels dieser Abgrenzung gegen einen
Anderen konstituiere sich ein Ich als Individuum.
Zugleich sei es in dieser Abgrenzung auf den Anderen nun seinerseits als Individuum bezogen, so dass
sich in dieser Wechselbeziehung eine »Gemeinschaft« herausbilde (48). Schließlich streben die in
ihrer Verschiedenheit aufeinander bezogenen Individuen nach Fichte danach, die Anderen von ihrem
jeweiligen Verständnis menschlichen Lebens zu
überzeugen (vgl. 1794/1966, 38 ff.). In dem hieraus
entstehenden »Ringen der Geister mit Geistern«
wirken die Menschen wechselseitig aufeinander ein,
so dass sich ein gemeinsames Verständnis vom
menschlichen Leben konstituiere (38). Da sich in
diesen Anerkennungskämpfen immer der Bessere
durchsetze, vervollkommne sich das gemeinsame
Selbstverständnis. Auf diese Weise strebe die
menschliche Gattung der absoluten Vereinigung entgegen.

Hegel stellt in seinen frühen Fragmenten über
Liebe und Religion, die auf die Jahre 1797 und 98 datiert werden, das Geschehen zwischenmenschlicher
Anerkennung als Liebe dar (vgl. Hegel 1986a; 1986b;
s. Kap. II.8). Dabei beschränkt er – im Unterschied
zu Fichte und seinen eigenen späteren Überlegungen – den Anerkennungsprozess auf den Aspekt der
Vereinigung. Die individualisierende Bestimmung
gegeneinander geht dem Geschehen der Liebe dem
frühen Hegel zufolge voraus und wird in ihm überwunden. Indem aus der Vereinigung der Liebe ein
Kind entstehe, bedeute die Überwindung der Entzweiung in der Liebe zugleich die Teilhabe am un-
sterblichen Leben (vgl. 1986a, 248 f.).

Seit seiner Jenaer Zeit begreift Hegel das Anerkennungsgeschehen im Sinne seiner Philosophie des
Geistes als Medium geistiger Selbsterkenntnis. »An-
erkanntseyn ist das geistige Element« (1805–06/1976,
278). Dabei gibt er die Begrenzung der Anerkennung

auf die unmittelbare Vereinigung auf und unterscheidet am Anerkennungsgeschehen des Geistes die
drei Beziehungen der unmittelbaren Vereinigung,
der Entgegensetzung und der die Entgegensetzung
integrierenden Einheit. Das geistige Anerkennungsgeschehen bildet jetzt für Hegel die substantielle
Grundlage der zwischenmenschlichen Anerken-
nungsprozesse. Letztere denkt er derart nicht als von
den Individuen selbst initiiert, sondern als Ausdruck
des geistigen Prozesses, der sich durch das individuelle Denken und Handeln hindurch vollziehe. Im
Durchlaufen des mehrstufigen Anerkennungspro-
zesses begreift das einzelne Bewusstsein Hegel zufolge, dass es in den Prozessen des Geistes, an denen
es teilhat, immer schon als geistiges Wesen anerkannt ist. Entsprechend der Dreistufigkeit des geistigen Anerkennungsgeschehens gliedert sich nun für
Hegel auch das zwischenmenschliche Anerkennungsgeschehen in drei Sphären der Anerkennung:
die Liebe als das unmittelbare Sich-Wiederfinden im
Anderen, in dem sich der Einzelne als Selbst erfährt;
den Kampf um Anerkennung mit einem anderen
Selbstbewusstsein, in dem beide ihr individuelles
Selbstsein als Gesetz der Wirklichkeit anerkannt wissen wollen, im Vollzug des Kampfes ihr Anerkannt-
werden allerdings gerade als Aufhebung ihrer Parti-
kularität erfahren; und schließlich die Ordnung des
Volks bzw. die Rechtsordnung als die geistige Welt, in
der die Einzelnen als freie Vernunftwesen anerkannt
und in ihrer Verschiedenheit vereint sind (vgl. 1803–
04/1975, 315–326; 1805–06/1976, 223–236). Die sittliche Welt stellt damit eine gemeinsame Wirklichkeit
des »Anerkanntseyns« jenseits der einzelnen Aner-
kennungsakte dar, die sich die Einzelnen gewähren
oder auch nicht (vgl. 1805–06/1976, 236).

Ab der *Phänomenologie des Geistes* entkoppelt Hegel die Gestalten der Liebe, des Anerkennungskamp-
fes und des Rechtszustands einerseits und die Genese des vernünftigen Selbstbewusstseins andererseits (vgl. Siep 1979, 143 ff.). Er hält jedoch daran fest,
dass geistige Selbsterkenntnis durch die Anerken-
nungsverhältnisse – der unmittelbaren Einheit, der
besondernden Entgegensetzung und der die Besonderheit integrierenden Einheit – hindurch verläuft.
Dementsprechend stellt er auch weiterhin sowohl
das einzelne Selbstbewusstsein als auch die sittliche
Welt – in denen sich die Selbsterkenntnis des Geistes
verwirklicht – als durch Anerkennungsbeziehungen
bestimmt dar. Das besondere Bewusstsein erfährt
die höchste Form der Anerkennung, seine Anerkennung als Geist, in der Darstellung der *Phänomenolo-*

gie allerdings erst jenseits der Sphären zwischenmenschlicher Beziehungen: in der religiösen Beziehung zum absoluten Wesen, in dem es sich schaut (Hegel 1807/1986,546, 554; vgl. Siep 2008). Der geistige Anerkennungsprozess selbst mündet – im Sinne des Gedankens von der Rückkehr des Geistes zu sich selbst – in die Selbstanerkennung des Absoluten (vgl. Hegel 1807/1986, 561).

Hegels Anerkennungstheorie hat schließlich auch Konsequenzen für sein Verständnis des im praktischen Lebensvollzug zu erreichenden Glücks (s. Kap. II.2). Die verschiedenen Institutionen der sittlichen Welt – die *Grundlinien* unterscheiden die Institutionen der Familie, der bürgerlichen Gesellschaft und des Staats – bilden für Hegel nämlich nicht nur unterschiedliche Sphären der Anerkennung, sondern zugleich die Welt, in der das praktische Streben des Einzelnen nach einem gelingenden Leben aufgehoben ist (vgl. 1821/1986, §§ 142 ff., 292 ff.).

Wenn Hegel – wie eingangs zitiert – die Begriffe der Glückseligkeit und des Wohls für unendlich langweilig hält, so weil sie Vorstellungen einer »unbestimmte[n], hole[n] Reflexion« darstellen, die die subjektiven Erfahrungen aus der sittlichen Welt herauslösen, die sie trägt und ihnen überhaupt erst ihre konkrete inhaltliche Bestimmtheit vermittelt (vgl. 1821/1986, § 125 Anm., 236). Damit bleiben nach Hegel die subjektiven Vorstellungen der beglückenden Übereinstimmung mit der Wirklichkeit – die er in der *Phänomenologie* als Lust, Gesetz des Herzens und Tugend und in der *Enzyklopädie* als praktisches Gefühl, Triebe, Neigungen, Leidenschaften und als Glückseligkeit bestimmt – ohne Rückbezug auf die Welt, von der sie ihre Erfüllung erwarten (vgl. 1807/1986, 263 ff.; 1830/1986, § 469 ff., 288 ff.). In der *Phänomenologie* zeigt Hegel, dass diese bloß subjektiven Vorstellungen, wenn sie zu Zwecken praktischer Lebensführung gemacht werden, an den Prozessen des Geistes zerschellen, die ihnen als fremde Wirklichkeit entgegentreten – so dass das gesuchte Glück der Übereinstimmung mit der Wirklichkeit gerade nicht gefunden wird. Die Hingabe an die »Lust« bedeute für den Einzelnen seinen Selbstverlust, da die Einheit, der er sich hingebe, in bloße Notwendigkeit umschlage (vgl. 1807/1986, 273). Die Realisierung des individuell gefühlten Menschheitswohls führe zu einem Zustand »allgemeine[r] Befehdung«, in dem sich »die einzelnen Versuche der Menschheitsbeglückung gegenseitig aufheben« (282). Die Tugend komme schließlich aufgrund ihrer abstrakten Kritik an allem positiv Bestehenden –

dem »Weltlauf« – erst gar nicht zur Umsetzung, da dies für sie einer Korruption ihrer eigenen Vernunftideale gleichkäme (vgl. 289 ff.; vgl. auch 1830/1986, § 479, 299 f.).

Im Unterschied zu den subjektiven Glücksvorstellungen und im Sinne seiner Anerkennungstheorie behauptet Hegel, dass das Glück der praktischen Lebensführung in der sittlichen Welt aufgehoben sei (vgl. 1830/1986, § 469 Zus., 289 f.). Dies meint zunächst, dass der Einzelne als sittliches Subjekt eine Lebenshaltung einnimmt, die sich nicht auf subjektive Glücksvorstellungen als handlungsorientierende Zwecke ausrichtet. Es meint aber zugleich, dass das individuelle Glück als Unteraspekt eines sittlichen Lebens aufbewahrt ist. In der sittlichen Welt ist nämlich die beglückende Übereinstimmung mit der Wirklichkeit bereits realisiert. Wie das sittliche Subjekt keine abstrakten Vorstellungen von Lust, Wohlbefinden oder Glückseligkeit überhaupt, sondern sittlich geformte und konkretisierte Glücksvorstellungen verfolgt, tritt ihm umgekehrt nicht mehr die fremde Wirklichkeit überhaupt, sondern mit den sittlichen Institutionen eine Welt entgegen, die seinem Streben nach einem gelingenden Leben Rückhalt gewährt. In der Familie ist die Lust als Liebe, in der bürgerlichen Gesellschaft das Streben nach Bedürfnisbefriedigung als wirtschaftliches Handeln und im Staat die Tugend als patriotische Gesinnung aufgehoben. Damit zugleich sind die Zwecke, die das sittliche Subjekt verfolgt, keine Ansprüche äußerlicher Pflicht, sondern durchaus Ziele seines eigenen Wollens (vgl. 1807/1986, 454 ff.). Folglich ist das sittliche Handeln bereits in seinem Vollzug für das sittliche Subjekt beglückend. In diesem Sinne spricht Hegel davon, dass in der sittlichen Welt die Versöhnung von Glückseligkeit und Tugend verwirklicht sei, und bezeichnet die Kantische Idee des höchsten Guts als Projektion dieses sittlichen Zustands in die diffuse Sphäre des Jenseits, in der alle begrifflichen Bestimmungen verschwimmen (vgl. 454 f.; Pinkard 2001, 74–85).

Der späte Schelling nimmt das Anerkennungsgeschehen in das Verhältnis von Mensch und Gott zurück (vgl. Sturma 2004). Damit denkt auch er ein interpersonales, jedoch weder zwischenmenschliches noch wechselseitiges Anerkennungsgeschehen.

Ausblick

Das Glücksdenken der deutschen Idealisten ist in seinen unterschiedlichen Ausprägungen und Um-

stellungen durch das Bestreben bestimmt, das christliche Verständnis des sinnstiftenden Aufgehobenseins in Gott bzw. dem Absoluten – mit seinen
Aspekten des gelingenden Lebens, der Übereinstimmung mit dem äußeren Geschehen und des Friedens
– unter den Bedingungen der Moderne, und d.h. insbesondere unter den Bedingungen subjektiver Freiheit, zugänglich zu machen. Inwieweit man den Idealisten in ihrem Bemühen um das von der Beziehung
zum Absoluten gestiftete Glück bereit ist zu folgen,
hängt wesentlich von der eigenen Einschätzung des
Verhältnisses von christlichem Glauben und Moderne ab.

Versuche in der jüngeren Philosophie, Aspekte des
idealistischen Glücksdenkens im Rahmen eines säkularen Selbstverständnisses anzueignen, richten
sich v.a. auf die Hegelsche Theorie der Anerkennung.
Das Anerkennungsgeschehen wird – sehr früh bereits von Alexandre Kojève (1947/1975) – aus dem
geistesphilosophischen Rahmen herausgelöst und
als ein intersubjektiver Prozess gedacht, dessen Träger die Subjekte selbst sind. Intersubjektive Anerkennung wird als Grund von gelingender Individualge-
nese (z.B. Honneth 1992; 1997), von gelingender Gemeinschaft (vgl. z.B. Margalit 1996/1999), sowie
gelingendem interkulturellen Zusammenleben (vgl.
z.B. Taylor 1993) verstanden. Axel Honneth, der prominenteste Anerkennungstheoretiker in der deutschsprachigen Philosophie der Gegenwart, entwirft eine
auf Anerkennung gegründete Moralphilosophie. Zunächst unterscheidet er in Anschluss an Hegel zwischen den Anerkennungssphären der Liebe, des
Rechts und der Solidarität, die dem Einzelnen Selbst-
vertrauen, Selbstachtung und Selbstschätzung vermittelten (vgl. Honneth 1992, 66, 127, 209). Störungen innerhalb dieser Beziehungen begreift er als soziale Pathologien (vgl. 1990, 1046–1050). Aus der
wechselseitigen Angewiesenheit auf die Anerkennung durch den Anderen schließt er im Weiteren auf
eine »Pflicht« der Subjekte, »sich als Personen zu respektieren und zu behandeln« (1997, 39).

Literatur

Asmuth, Christoph: Das Verhältnis von Philosophie
und Religion zur Religionsphilosophie Fichtes. In:
Alfred Denker/Holger Zaborowski (Hg.): F.W.J.
Schelling. Philosophie und Religion. Freiburg/Mün-
chen 2008, 143–154.

Düsing, Edith: Umwandlung der Kantischen Postula-
tenlehre in Fichtes Ethik-Konzeption. In: Wolfgang

H. Schrader (Hg.): Die Spätphilosophie J.G. Fichtes.
Fichte-Studien. Bd. 18. Amsterdam/Atlanta 2000, 19–
48.

–: Monologisches oder dialogisches Dasein des Ich bei
Fichte? In: Hans Georg von Manz/Günter Zöller
(Hg.): Fichtes praktische Philosophie. Eine systemati-
sche Einführung. Hildesheim 2006, 73–91.

Fichte, Johann Gottlieb: Einige Vorlesungen über die
Bestimmung des Gelehrten [1794]. In: Ders.: Gesamtausgabe. Bd. I,3 (Hg. R. Kauth/H. Jacob). Stuttgart-Bad Cannstatt 1966, 1–68.

–: Grundlegungen des Naturrechts nach Prinzipien der
Wissenschaftslehre [1796]. In: Ders.: Sämmtliche
Werke. Bd. 3 (Hg. I. H. Fichte). Berlin 1845, 1–385.

–: System der Sittenlehre [1798] (Hg. H. Verweyen).
Hamburg 1995.

–: Die Anweisung zu einem seligen Leben [1806] (Hg.
H. Verweyen). Hamburg 2001.

Gamm, Gerhard: Der Deutsche Idealismus. Eine Einführung in die Philosophie von Fichte, Hegel und
Schelling. Stuttgart 1997.

Hegel, Georg Wilhelm Friedrich: Das System der spekulativen Philosophie. Fragmente aus den Vorlesungs-
manuskripten der Philosophie der Natur und des
Geistes [1803–04]. In: Ders.: Gesammelte Werke. Bd.
VI (Hg. K. Düsing/H. Kimmerle). Hamburg 1975.

–: Systemfragment von 1805/1806. In: Ders.: Gesammelte Werke. Bd. VIII (Hg. R.-P- Horstmann). Hamburg 1976.

–: Phänomenologie des Geistes [1807]. In: Ders.: Werke.
Bd. 3 (Hg. E. Moldenhauer/K. M. Michel). Frankfurt
a.M. 1986.

–: Antrittsrede [1818]. In: Ders.: Berliner Schriften
(1818–1831) (Hg. W. Jaeschke). Hamburg 1997, 43–62.

–: Grundlinien der Philosophie des Rechts [1821]. In:
Ders.: Werke. Bd. 7 (Hg. E. Moldenhauer/K. M. Michel). Frankfurt a.M. 1986.

–: Vorlesungen über die Philosophie der Religion
[1821–27]. Teil 1 und 3 (Hg. W. Jaeschke). Hamburg
1993 und 1995.

–: Vorlesungen über die Philosophie der Kunst [1823]
(Hg. A. Gethmann-Siefert). Darmstadt 2003.

–: Enzyklopädie der philosophischen Wissenschaften
im Grundrisse. Dritter Teil [1830]. In: Ders.: Werke.
Bd. 10 (Hg. E. Moldenhauer/K. M. Michel). Frankfurt
a.M. 1986.

–: Liebe. In: Ders.: Werke. Bd. 1 (Hg. E. Moldenhauer/
M. Michel). Frankfurt a.M. 1986a, 244–250.

–: Liebe und Religion. In: Ders.: Werke. Bd. 1 (Hg. E.
Moldenhauer/K. M. Michel). Frankfurt a.M. 1986b,
243–244.

–: Vorlesungen über die Philosophie der Weltgeschichte.
Bd. I (Hg. J. Hoffmeister). Hamburg 1955.

Honneth, Axel: Integrität und Missachtung. Grundmotive einer Moral der Anerkennung. In: Merkur 44 (1990), 1043–1054.

–: Der Kampf um Anerkennung. Frankfurt a.M. 1992.

–: Anerkennung und moralische Verpflichtung. In: Zeitschrift für philosophische Forschung 1 (1997), 25–41.

Jacobs, Wilhelm G.: Die Entscheidung zum Bösen und zum Guten im einzelnen Menschen. In: Otfried Höffe/Annemarie Pieper (Hg.): Klassiker Auslegen. Bd. 3: F. W. J. Schelling. Über das Wesen der menschlichen Freiheit. Berlin 1995, 125–146.

Jürgensen, Sven: Schellings logisches Prinzip: Der Unterschied in der Identität. In: Christoph Asmuth/Alfred Denken/Michael Vater (Hg.): Schelling zwischen Fichte und Hegel. Amsterdam 2000, 113–141.

Kant, Immanuel: Kritik der reinen Vernunft [1781] [KrV]. In: Ders.: Gesammelte Werke. Bd. 3 und 4 (Hg. W. Weischedel). Darmstadt 1983.

Kojève, Alexandre: Hegel. Eine Vergegenwärtigung seines Denkens. Kommentar zur ›Phänomenologie des Geistes‹ [1947]. Frankfurt a.M. 1975.

Margalit, Avishai: Politik der Würde. Über Achtung und Verachtung [1996]. Frankfurt a.M. 1999.

Pinkard, Terry: Tugend, Moral und Sittlichkeit. Von Maximen und Praktiken. In: Deutsche Zeitschrift für Philosophie 1 (2001), 74–85.

Schelling, Friedrich Wilhelm Josef: Philosophische Briefe über Dogmatismus und Kritizismus [1795]. In: Ders.: Historisch-kritische Ausgabe. Bd. I, 3 (Hg. H. Buchner/W. G. Jacobs/A. Pieper). Stuttgart-Bad Canstatt 1982, 47–112.

–: Neue Deduktion des Naturrechts [1796]. In: Ders.: Historisch-kritische Ausgabe. Bd. I,3 (Hg. H. Buchner/W. G. Jacobs/A. Pieper). Stuttgart-Bad Canstatt 1982, 137–175.

–: Epikureisch Glaubensbekenntniß Heinz Widerporstens [1799]. In: Aus Schellings Leben in Briefen. Bd. I (Hg. G. L. Plitt). Leipzig 1869, 282–289.

–: System des transzendentalen Idealismus [1800]. In: Ders.: Historisch-kritische Ausgabe. Bd. I, 9.1 (Hg. W. G. Jacobs/J. Jantzen/H. Krings). Stuttgart-Bad Canstatt 2005.

–: Bruno oder über das göttliche und natürliche Prinzip der Dinge. Ein Gespräch [1802] (Hg. M. Durner). Hamburg 2005.

–: Philosophie und Religion [1804]. In: Ders.: Sämmtliche Werke. Bd. I, 6 (Hg. K. F. A. Schelling). Stuttgart/Augsburg 1860, 12–70.

–: Philosophische Untersuchungen über das Wesen menschlicher Freiheit [1809]. In: Ders.: Sämmtliche Werke. Bd. I, 7 (Hg. K. F. A. Schelling). Stuttgart/Augsburg 1860, 331–416.

–: Stuttgarter Privatvorlesungen [1810]. In: Ders.: Sämmtliche Werke. Bd. I, 7 (Hg. K. F. A. Schelling). Stuttgart/Augsburg 1860, 419–484.

–: Urfassung der Philosophie der Offenbarung [1831–32] (Hg. W. E. Ehrhardt). Hamburg 1992.

–: Briefe 1. In: Ders.: Historisch-kritische Ausgabe. Bd. III, 1 (Hg. I. Möller/W. Schieche). Stuttgart-Bad Canstatt 2001.

–: Clara (Hg. K. Dietzfelbinger). Königsdorf 2009.

Schulz, Walter: Die Vollendung des deutschen Idealismus in der Spätphilosophie Schellings. Pfullingen 1975.

Siep, Ludwig: Anerkennung als Prinzip der praktischen Philosophie. Freiburg/München 1979.

–: Anerkennung in der »Phänomenologie des Geistes« und in der praktischen Philosophie der Gegenwart. In: Information Philosophie 1 (2008), 7–19.

Spinoza, Baruch: Die Ethik nach geometrischer Methode dargestellt [1677] (Hg. O. Baensch). Hamburg 1949.

Sturma, Dieter: Person sucht Person. In: Thomas Buchheim/Friedrich Hermanni (Hg.): Alle Persönlichkeit ruht auf einem dunklen Grunde. Berlin 2004, 55–70.

Taylor, Charles: Multikulturalismus und die Politik der Anerkennung. Frankfurt a.M. 1993.

Traub, Hartmut: Vollendung der Lebensform. Fichtes Lehre vom seligen Leben als Theorie der Weltanschauung und des Lebensgefühls. In: Klaus Hammacher/Richard Schottky/Wolfgang H. Schrader (Hg.): Religionsphilosophie. Fichtestudien. Bd. 8. Amsterdam/Atlanta 1995, 161–191.

Verweyen, Hansjürgen: Einleitung. In: Johann Gottlieb Fichte: Die Anweisung zu einem seligen Leben [1806] (Hg. H. Verweyen). Hamburg 2001, XIII–LXVI.

Olivia Mitscherlich-Schönherr

5. Glück im Junghegelianismus. Die Unverfügbarkeit des Glücks zwischen Willkür und gemeinsamem Maß

Der folgenden Darstellung liegt eine These zugrunde: Die junghegelianischen Philosophie-Entwürfe, die bei aller Kritik an Hegel (s. Kap. V.4) noch überzeugt waren, die eigene Konzeption nur im Durchgang durch die Philosophie Hegels gewinnen zu können, sind eine ganz eigene, wenn auch indirekte Herausforderung für eine Philosophie des Glücks. Der spezifische Beitrag ›des‹ Junghegelianismus liegt darin, den für jede Theorie/Philosophie des Glücks virulenten systematischen Punkt der Unverfügbarkeit des Glücks – sowohl der Glücksmomente als auch des gelingenden Lebens – radikalisiert zu haben. Nach dem Junghegelianismus könnte die akademische Philosophie anders als vorher darum wissen, dass eine Philosophie des Glücks eine »Logik der Praxis« (Bourdieu 2001) des Glücks auszumachen hat, während es vorher noch unanachronistisch möglich und vielfach suggestiv war, eine Philosophie des Glücks in einer »Logik der Theorie« des Glücks zu fundieren.

Der junghegelianische Stachel

Die alltagsweisheitliche Einsicht, dass wir Glück haben müssen, um zum Glück zu gelangen, hat sich in der hellenistischen Philosophie artikuliert. Damals ist – ob zu Recht oder zu Unrecht muss nicht interessieren – an der klassischen griechischen Philosophie (prominent Platons und Aristoteles') diagnostiziert und kritisiert worden, das Gute lediglich als Umsetzung einer Einsicht, als bloßes Ratifizieren des Wahren zu deuten (Hossenfelder 1985/1995). Demgegenüber wird in der hellenistischen Philosophie ein systematisch ernstzunehmender Riss im Verhältnis des Guten und des Wahren zugrunde gelegt und propagiert.

Ein zentrales Medium junghegelianischen ›Philosophierens‹ (wenn man davon noch reden kann und will; vgl. Balibar 1995; Brudney 1998) ist die Auseinandersetzung mit der hellenistischen Philosophie. Der Junghegelianismus ist reflektierte hellenistische Philosophie (Sannwald 1956, 46 f., 48 f., 49 ff.; s. Kap.

III) mit dem Ergebnis, jenen Riss nicht nur als ein wie immer problematisches Verhältnis von theoretischer und praktischer Vernunft zu bestimmen, sondern als prinzipielle, und philosophisch relevante, Nicht-Identität von Vernunft einerseits und ›Praxis‹ bzw. ›Leben‹ andererseits. Der Junghegelianismus diagnostiziert und kritisiert – ob zu Recht oder zu Unrecht muss nicht interessieren – an der klassischen deutschen Philosophie (prominent Kants und Hegels), das gute/gelingende Leben als bloßes Ratifizieren des richtigen Philosophierens zu bestimmen. Gegen solch diagnostizierte Scholastik setzt er eine »Philosophie der Tat« (Stuke 1963) oder, durchaus nicht dasselbe, eine »Verwirklichung der Philosophie« (Schürmann 2001). Die Marxsche Auseinandersetzung mit der hellenistischen Philosophie in dessen Dissertation ist insofern symptomatisch für den Junghegelianismus. »Not tat eine völlig neue Philosophie, die nach den bisherigen Begriffen keine mehr war, die dem Übergang zur Praxis Rechnung trug« (Sannwald 1956, 62).

Notwendigerweise schlägt sich das auch im Stil des junghegelianischen Philosophierens nieder, das gerade auch für das eigene Philosophieren keine feststehende Wahrheit der Vernunft in Anspruch nehmen kann; notwendigerweise ist dieses Philosophieren ironisch und polemisch, zelebriert, exemplarisch bei Bruno Bauer, bis zur Karikatur kritische Kritik (Röttgers 1975, 216–218), will »Humor in die Philosophie« bringen (Feuerbach 1839/1982, 10 f.), sprich: wird notwendigerweise selbstbezüglich und insofern selbstrelativierend. Formulierungen werden gelegentlich überschießend, weil etwas auf dem Spiel steht, wie etwa: Philosophie habe mit der Nicht-Philosophie zu beginnen (Feuerbach 1843/1982, 254). Solcher Überschuss wird von der akademischen Philosophie dankbar auf- und angegriffen – wie sollte Philosophie *philosophisch* mit der Nicht-Philosophie beginnen? –, um eine derartige Herausforderung als toten Hund behandeln zu können (exemplarisch Gadamer 1960/1965, 326 f.).

Dass diese These zugrunde liegt, hat für die Darstellung einen doppelten Preis: Zum einen geht es im Folgenden nicht um Texte, die explizit vom ›Glück‹ handeln, sondern um Texte, die den bis dato herrschenden Rahmen thematisieren, innerhalb dessen über wichtige Dinge, u.a. das Glück, philosophiert wurde. Zum anderen geht es nicht um die einzelnen Junghegelianer. Die verschiedenen junghegelianischen Konzepte des Verhältnisses von Philosophie und (gelingendem) Leben unterscheiden sich durchaus grundsätzlich, insbesondere hinsichtlich ihrer Diagnose des Theorie-Praxis-Verhältnisses bei Hegel. Nötig wären hier eigenständige Darstellungen zu den individuellen Positionen, die gewöhnlich zum Junghegelianismus gezählt werden (Löwith 1941/ 1995; Stuke 1976; Eßbach 1988), also etwa zu Bruno Bauer (1809–1882), Edgar Bauer (1820–1886), zum jungen Engels (1820–1895), zu Ludwig Feuerbach (1804–1872), zu Moses Heß (1812–1875), zum jungen Marx (1818–1883), zu Arnold Ruge (1802– 1880). Was ›den‹ Junghegelianismus aber eint, ist eine, wie immer unterschiedlich begründete und durchgeführte, Kritik an scholastischem Philosophieren. Statt die Welt durch eine ›bessere‹ Interpretation in ihrem (schlechten) Zustand zu stabilisieren, komme es darauf an, sie zu verändern (Marx 1845/ 1983, 7).

In diesem Sinne ist die folgende Darstellung in doppeltem Sinne symptomatisch, nicht aber im engeren Sinne philologisch, zu nehmen. Sie thematisiert erstens nicht, was zum Glück gesagt wurde, sondern wie zum Glück geredet wurde bzw. noch geredet werden kann, und konzentriert sich zweitens auf symptomatisch genommene Einzelpositionen, an denen ein systematischer Aspekt besonders deutlich wird.

Vielstimmigkeit

Die Provokation für eine Philosophie des Glücks, die das gute Leben von einer »Logik der Theorie« abhängig macht, ist Stirners Schrift *Der Einzige und sein Eigentum* (1844). Der je konkrete, strikt gegenwärtige Lebensvollzug könne solange nicht als freier, selbstbestimmter gelten, solange er als Umsetzung von guten Gedanken vorgestellt wird. Gelingender Lebensvollzug sei nicht Ver-Wirklichung guter Gedanken (Stirner 1844/2009, 22 f., 105, 354 f. u. passim) – logisch: keine Subsumtion unter ein Allgemeines –, sondern finde das Maß seines Gelingens im wirklichen Lebensvollzug. Stirners Gegenbegriff zu einem bloß allgemeinen, noch nicht leibhaftigen Geist ist die Einzigartigkeit und Unverwechselbarkeit des Individuums: Glück ist je meiniges, oder es ist nicht Glück. »Was soll nicht alles Meine Sache sein! Vor allem die gute Sache […]. Nur *Meine* Sache soll niemals Meine Sache sein« (13).

Worin soll die Provokation bestehen? Zunächst handelt es sich um eine ganz normale theoretische Debatte: Stirner bringt einen bestimmten Punkt ein und steht mit diesem Insistieren auf der Einmaligkeit des Individuums durchaus nicht alleine da; man

denke etwa an Goethes »individuum est ineffabile«. Er richtet sich gegen theoretische Gegner, in seinem Selbstverständnis durchaus auch und gerade gegen andere junghegelianische Konzepte, etwa gegen Feuerbachs *Wesen des Christentums*. Man kann folglich trefflich streiten, ob es die benannten Gegner zu Recht trifft, was daran so neu und provokativ sei, nicht zuletzt, ob nicht schon Hegel (oder sonstwer) dasjenige überwunden oder unterlaufen habe, wogegen sich Stirner richtet. Allein, schon zeitgenössisch war die Wirkgeschichte dieses Buches nicht von solcher Normalität. Und das wiederum hat mit der typisch junghegelianischen Position als solcher zu tun. Wer auf der Unableitbarkeit des Individuellen aus allgemeinen Vorstellungen beharrt, der kann kein Konzept von Kritik haben, das den theoretischen Gegner von allgemein-richtigen Vorstellungen überzeugen will, schon gleich gar nicht allein durch rein intellektuelle Einsicht. Es »handelt […] sich nicht darum, ob der Gegner ein edler, ebenbürtiger, ein *interessanter* Gegner ist, es handelt sich darum, ihn zu *treffen*« (Marx 1844/1983, 381).

Stirners ›Lösung‹ bestand darin, die sachliche These der Unableitbarkeit des individuellen Glücks aus allgemeinen Glücksvorstellungen in der Weise einzubringen, dass er sich selbst als Egoist stilisierte. Die sachliche Analyse ist, dies die Konsequenz der sachlichen Analyse selber, kein bloß sachliches Konstatieren, sondern ein Appell: Man solle die Einmaligkeit des Individuums nicht nur verbal-philosophierend bekennen, sondern sie als »Egoismus« (Stirner) geltend machen. Eine Philosophie, der es ernsthaft um ein gutes/gelingendes Leben geht, kann nicht nur aussagen, sondern muss im Aussagen etwas vorführen, ein Anliegen geltend machen. Die ›Einsicht‹ in die Unableitbarkeit des individuellen Glücks war nicht neu und insofern nicht provokant; provokant ist es, in der Konsequenz dieser Einsicht den Stil des Philosophierens zu ändern.

Diese Provokation wurde jedoch nicht wirkmächtig, sondern allein die verstörenden Wortlaute (Kast 2009). Aus Stirners philosophierendem Geltendmachen der je individuellen Unverwechselbarkeit wurde ein Streit, ja ein Gezänk über die gemachten Aussagen oder gar die Wortlaute dieser Aussagen. »›Mir geht nichts über Mich.‹ Wer so etwas denkt, sagt es besser nicht laut« (Eßbach 2008, 58). Und weil nur über Aussagen, nicht über den Stil des Philosophierens und also nicht über das geltend gemachte Anliegen gestritten wurde, konnten die Aussagen Stirners eine vielfach unrühmliche Rolle spielen, nämlich die einer Legitimationsfolie sozialer Kälte (Helms 1966). Stirner selber konnte es nicht mehr verhindern, obwohl er in seinem Text *Rezensenten Stirners* ausdrücklich darauf aufmerksam gemacht hat, dass das, was ein Text sagt oder meint, nicht reduzierbar ist auf das Ausgesagte (Stirner 1845/2009, 406). Was Stirner damit sagen will, wissen wir von jedem Witz oder jeder ironischen Aussage; ganz offenkundig war den Junghegelianern die unreduzierbar rhetorische Dimension des Philosophierens bewusst. Auch Feuerbachs Antwort auf Stirner bekundet explizit in Bezug auf seinen eigenen Text, »es immer nur mit ihrem Gegenstande, ihrem Wesen, ihrem Geiste zu tun [zu haben]. Die Beschäftigung mit ihrem Buchstaben überlasse ich den Kindern Gottes oder des Teufels« (Feuerbach 1845/1982, 427 [Fußn. zur 2. Aufl. von 1846]).

Etwas spitz – ist das schon altes, hegelsches Philosophieren? – könnte man sagen, dass Stirners Provokation untergehen musste, weil es philosophisch falsch ist, das berechtigte junghegelianische Anliegen der Unableitbarkeit des individuellen Glücks *als Egoismus* geltend zu machen: Glück ist je meiniges, wohl wahr; aber das Maß dessen, was dabei als Glück gilt, ist je unseres. Glückseligkeit und Tugend fallen nicht zusammen.

Moses Heß war es, der den Akzent auf das Wir gelegt hat. Sein Grundgedanke ist ein sozialontologischer: Genau so, wie in Newtons Physik die Naturkörper nicht je für sich über eine Eigenschaft ›Schwere‹ verfügen, sondern nur *gegeneinander* schwer sind, genau so sind Menschen nur gegeneinander gesellschaftliche Wesen. Heß beklagt, dass die Philosophie die »Kategorie *Für-einander-sein*« (Heß 1845/1980, 390) nicht kenne (Wahsner 1987/1992; 1993; 1999). So lasse sich »philosophisch nicht ausdrücken«, was praktisch Not tut, und anders herum: Alle Versuche bisheriger Philosophie, »den Unterschied zwischen den einzelnen Menschen und der Menschengattung *theoretisch* aufzuheben«, müssten scheitern, weil seine Vereinzelung »nicht *praktisch* aufgehoben« ist (Heß 1845/1980, 381 f., 390). So ist ein von Heß diagnostizierter grundsätzlicher Defekt in der Logik des Wir-Denkens Ausdruck und Vehikel, »niemals sich *hingeben*« zu wollen. Auf der Basis eines sozialontologischen Atomismus ist der Mitmensch nicht konstitutiv, sondern beschränkende Bedingung des je eigenen Tuns (dagegen auch Feuerbach 1845/1982, 429); dort braucht der Einzelne den anderen nicht, sondern gebraucht ihn gegebenenfalls für den egoistischen Genuss. Was wiederum

nicht heißt, dass man den Atomismus nur theoretisch aufheben müsse, um wahrer genießen zu können. Gegen den Atomismus selber und gegen eine bloß theoretische Reparatur hält Heß fest: »Wenn ich [lebe und] liebe, um zu genießen, dann liebe ich nicht nur nicht, dann genieße ich auch nicht« (Heß 1845/1980, 386). Derselbe Gedanke bei Feuerbach: »Der Grundmangel der Monadologie« – wahrlich kein ontologischer Atomismus, ist doch jede Monade Spiegel der Welt – liege darin, dass die Monade »kein an Ort und Stelle sich befindender Augen- und Ohrenzeuge von den Weltbegebenheiten« ist; sie sei »nur aus der Ferne« dabei, und eine »Vergegenwärtigung ohne wirkliches Dasein ist eine Vorstellung. […] Mit einem Worte – die Monade ist nicht mithandelnde Person, nur *Zuschauer* des Welttheaters« (Feuerbach 1837/1984, §12). Dezidiert auch im Nachlass: »Ich bin Ich nur durch Dich und mit Dir« (Feuerbach 1867–69/1960, 269).

In Stirners Sicht ist freilich *jeder* Bezug auf ein Wir von vornherein verdächtig. In seiner Sicht kann ein Wir nur eine Instanz allgemeiner Vorstellungen sein, aus denen individuelles Glück vermeintlich ableitbar wäre; praktisch ausgedrückt: Individuen könnten vermeintlich zu ihrem Glück gezwungen werden. Um diesem Verdacht zu begegnen, müsste nicht nur mit Heß und Feuerbach überhaupt ein Wir konzipiert werden, sondern, vor allem, das Verhältnis von Wir und Ich als ein Nicht-Subsumtionsverhältnis gedacht werden können – und zwar im junghegelianischen Namen der Einzigartigkeit des Individuums.

Feuerbach macht in dieser Hinsicht einen wesentlichen Schritt, und zwar zunächst ex negativo. Wer die Philosophie/Theorie genügsam mit sich selbst – und nicht mit der Nicht-Philosophie – beginnen lasse, der nehme nicht Maß am konkret gelebten Leben konkreter Menschen, sondern messe umgekehrt dieses Leben an abstrakten, vermeintlich überindividuell und übersituativ gültigen Prinzipien. Glückseligkeit sei jedoch gerade nicht in der Form eines ›immer dann, wenn‹ zu haben, sondern »was der Antigone bei ihrem Sinn und Charakter möglich [war], war der Ismene unmöglich« (Feuerbach 1866/1972, 59). Feuerbach teilt das Anliegen, und es kann hier offen bleiben, ob ihm Stirners Kritik auf die Sprünge geholfen hat oder ob auch der frühe Feuerbach schon ein anderes Wir kannte als das, gegen das Stirner polemisierte (Stirner 1845/2009; Feuerbach 1845/1982). Und weiter ex negativo:

Würde der Einzelne den Mitmenschen nicht brauchen, sondern gegebenenfalls zu eigenem Genuss ge-

brauchen, dann wäre u. a. das Ausdruck einer Vorstellung unbestimmter Freiheit des Menschen (die
selbstverständlich in jeder konkreten Handlung be-
grenzenden Bedingungen unterworfen ist). Eine solche Vorstellung einer unbestimmten Freiheit zeige
sich u. a. dort, wo der Selbstmord als Beweis der
menschlichen Freiheit gelte: Das Tier habe nicht die
Freiheit, seinem Selbsterhaltungstrieb nicht zu folgen (Feuerbach 1845/1982, 54). Gerade am Fall des
Selbstmordes versucht Feuerbach zu zeigen, dass
diese Vorstellung einer unbestimmten Freiheit falsch
ist. Freiheit bestehe nicht darin, beliebig zwischen allen möglichen Alternativen zu wählen, sondern
»Ich« kann immer nur zwischen bestimmten Alternativen wählen – und eben deshalb sei das je konkrete gelebte Leben gerade nicht »ohne Maß und
Ziel« (54). Insofern tauge der Selbstmord nicht als
Beweis einer abstrakten, unbedingten Freiheit des
Menschen oder als Verletzung universell gültiger
Pflichten gegen sich selbst (analog zum Verhältnis
von Glückseligkeit und Selbstliebe vgl. Feuerbach
1867–69/1960). Das tatsächlich gelebte Leben setzt
vielmehr ein Maß, das jedes vermeintlich bloß formale Prinzip je an sich selbst schon material bestimmt sein lässt. In der Sprache der Leibniz-Kritik:
Jede (Glücks-)Vorstellung ist immer schon das Anliegen einer beteiligten, einer verstrickten, einer
»mithandelnden Person« (s. o.). Daraus folgt, dass gelingendes individuelles Leben ohne Wir-Dimension
nicht auskommt; dies jedoch mit der Emphase, dass
dieses Wir kein eigenständiges *holon* (Ganzes) über
oder hinter wechselseitig verstrickten mithandelnden Individuen ist, sondern in dem wechselseitigen
Geltendmachen der je eigenen Anliegen besteht. Unter dieser Voraussetzung kann man die Moral einer
Wir-Sphäre nicht gegen das Glücksstreben der Einzelnen ausspielen: »Die eigene Glückseligkeit ist allerdings nicht Zweck und Ziel der Moral, aber ihre
Grundlage, ihre Voraussetzung« (Feuerbach 1867–
69/1960, 275, vgl. 266 f.). Oder, um jene Materialität
des Maßes an einem Beispiel plakativ zu machen:
»So wenig ich die Freiheit habe, eine Person, die ich
wirklich liebe, nicht zu lieben, so wenig habe ich die
Freiheit, das Gegenteil des Lebens zu wollen, solange
ich das Leben liebe« (Feuerbach 1866/1972, 60).

In Bezug auf die Frage des Glücks heißt das nun:
Ein je konkretes Leben hat, mit Feuerbach, das Maß
seines Gelingens an sich selber, und eine solche
Norm des Gelingens muss einem solchen Lebensvollzug nicht von außen beigebracht werden. Die Le-
gitimationsbasis der Glücks-Erzwinger (s. o.) stimmt

schon philosophisch nicht. Hierin sind sich ›die
Junghegelianer‹, hier exemplarisch Stirner, Heß und
Feuerbach, einig. Mit Heß und vor allem Feuerbach
redet das gleichwohl keinem »Egoismus« das Wort:
Wer den Mitmenschen braucht, und nicht nur gebraucht, der hat kein bloß eigenes, sondern ein miteinander geteiltes Maß eines gelingenden Lebens.
Auf dieser Basis kann man über je konkretes Glück
streiten und gegebenenfalls einig werden – ohne
solch geteiltes Maß lebt man ›aneinander vorbei‹,
wie wir dann so sagen.

Hinsichtlich der Realisierung dieses Anliegens
war der frühe Feuerbach von Marx massiv kritisiert
worden. Die 4. Feuerbachthese bekundet – in der
Phase der Abrechnung mit »unserm ehemaligen philosophischen Gewissen« (Marx 1859/1975, 10), dass
Marx Feuerbach als Entfremdungstheoretiker liest
und als einen solchen kritisiert. Entfremdungstheoretiker kennen einen Zustand der Eigentlichkeit –
die sog. wahren menschlichen Verhältnisse – und insofern eine »Verdopplung der Welt« (Marx 1845/
1983, 6). Solche Dualismen von entfremdet Beste-
hendem und unentfremdet Eigentlichem gelten jetzt
als »unschuldige und kindliche Phantasien«, die
»den Kern der neuern junghegelschen Philosophie«
ausmachen (Marx/Engels 1845/46/1983, 13). Auch
in der Rückschau noch betont Engels die »befreiende
Wirkung« (Engels 1886/1984, 272) Feuerbachs, ist
dann aber gleichwohl »frappiert« von der »erstaunliche[n] Armut Feuerbachs verglichen mit Hegel«
(286). Die Diagnose ist eindeutig: Das Feuerbach-
sche Wir bleibe unterbestimmt. »Die Möglichkeit
rein menschlicher Empfindung im Verkehr mit anderen Menschen wird uns heutzutage schon genug
verkümmert durch die auf Klassengegensatz und
Klassenherrschaft gegründete Gesellschaft, in der
wir uns bewegen müssen: Wir haben keinen Grund,
sie uns selbst noch mehr zu verkümmern, indem wir
diese Empfindungen in eine Religion verhimmeln«
(285). Es sei Verdunkelung, die realen geschichtlichen Auseinandersetzungen um ein gelingenderes
Leben, diese »Kampfesgeschichte«, in einen »bloßen
Anhang der Kirchengeschichte« zu verwandeln
(285). Das Stirner-Feuerbachsche Anliegen der Unableitbarkeit individuellen Glücks ist nicht Thema,
wenn auch programmatisch geteiltes Anliegen: eine
»Assoziation, worin die freie Entwicklung eines jeden die Bedingung für die freie Entwicklung aller
ist« (Marx/Engels 1848/1974, 482).

Dem entfremdungstheoretischen Kern stellt Marx
eine andere Logik entgegen: Statt »vom Faktum« ei-

nes Dualismus von weltlicher Welt und einer Welt entfremdeter Vorstellungen auszugehen, sei die Zerrissenheit von »weltliche[r] Grundlage« und Vorstellungswelt »aus der Selbstzerrissenheit und Sichselbstwidersprechen dieser weltlichen Grundlage zu erklären« (Marx 1845/1983, 6). Das Bestehende, der konkrete gesellschaftliche Lebensvollzug, ist sozusagen in eigenem Namen, nicht aber von überfliegender Warte aus, zu kritisieren, also beim Wort zu nehmen.

Dass das konkret gelebte Leben sein Maß an sich selber habe, das muss man, philologisch gesehen, nicht gegen Feuerbach, ja nicht einmal gegen Hegel einklagen. Solch philologische Ungerechtigkeiten haben das ihre dazu beigetragen, junghegelianische Konzepte zu den bloßen Geburtswehen der Parteiengeschichten zu rechnen. Dass die Marx-Engelssche Kritik ihren Gegner gleichwohl trifft, muss dem nicht widersprechen. Die gesellschaftstheoretische Konkretion jenes Wir, prominent beginnend mit Marx und Engels nach deren radikalem Bruch mit entfremdungstheoretischen Konzeptionen (Althusser 1968), gehört in der Tat zur nach-junghegelianischen Geschichte. Hinsichtlich der hier mit Stirner, Heß und Feuerbach thematisierten Aspekte – hinsichtlich der Einsicht, dass in unableitbar je meinigen Glücksvorstellungen bereits ›unsere‹ Maßstäbe eines gelingenden Lebens sowie konkreter Glückserlebnisse im Spiel sind, sowie, vor allem, hinsichtlich der Ausarbeitung einer Logik der Verschränkung, und nicht Subsumption, persönlicher und gesellschaftlicher Glücksvorstellungen – muss man diese Geschichte wohl als unabgeschlossen charakterisieren.

Literatur

Althusser, Louis: Für Marx. Frankfurt a. M. 1968.

Balibar, Étienne: The Philosophy of Marx (Übers. Ch. Turner). London/New York 1995.

Bourdieu, Pierre: Meditationen. Zur Kritik der scholastischen Vernunft. Frankfurt a. M. 2001.

Brudney, Daniel: Marx's Attempt to Leave Philosophy. Cambridge/London 1998.

Engels, Friedrich: Ludwig Feuerbach und der Ausgang der klassischen deutschen Philosophie [1886]. Nach dem revidierten Sonderdruck 1888. In: Karl Marx/ Friedrich Engels: MEW 21 (1984), 259–307.

Eßbach, Wolfgang: Die Junghegelianer. Soziologie einer Intellektuellengruppe. München 1988.

–: Auf Nichts gestellt. Max Stirner und Helmuth Plessner. In: Bernd Kast/Geert-Lueke Lueken (Hg.): Zur

Aktualität der Philosophie Max Stirners (Der Einzige. Jahrbuch der Max Stirner Gesellschaft, Bd. 1). Leipzig 2008, 57–78.

Feuerbach, Ludwig: Gesammelte Werke [GW]. Hg. W. Schuffenhauer. 22 Bde. Berlin 1969 ff.

–: Geschichte der neuern Philosophie. Darstellung, Entwicklung und Kritik der Leibnizschen Philosophie [1837]. In: GW 3 (^{3}1984).

–: An Karl Riedel. Zur Berichtigung seiner Skizze [1839]. In: GW 9 (^{2}1982), 3–15.

–: Vorläufige Thesen zur Reformation der Philosophie [1843]. In: GW 9 (^{2}1982), 243–263.

–: Über das ›Wesen des Christentums‹ in Beziehung auf den ›Einzigen und sein Eigentum‹ (Replik) [1845]. In: GW 9 (^{2}1982), 427–441.

–: Über Spiritualismus und Materialismus, besonders in Beziehung auf die Willensfreiheit [1866]. In: GW 11 (1972), 53–186.

–: Zur Ethik: Der Eudämonismus [1867–69; aus dem Nachlass]. In: L. Feuerbach, Sämtliche Werke [1903–1911] (Hg. W. Bolin/F. Jodl). Bd. X. Stuttgart-Bad Cannstatt ^{2}1960, 230–293.

Gadamer, Hans-Georg: Wahrheit und Methode. Grundzüge einer philosophischen Hermeneutik [1960]. Tübingen ^{2}1965.

Helms, Hans G.: Die Ideologie der anonymen Gesellschaft. Max Stirners ›Einziger‹ und der Fortschritt des demokratischen Selbstbewußtseins vom Vormärz bis zur Bundesrepublik. Köln 1966.

Heß, Moses: Die letzten Philosophen [1845]. In: Ders.: Philosophische und sozialistische Schriften 1837–1850. Eine Auswahl (Hg. W. Mönke). Vaduz ^{2}1980, 379–393.

Hossenfelder, Malte: Die Philosophie der Antike. 3. Stoa, Epikureismus und Skepsis [1985]. München ^{2}1995.

Kast, Bernd: Nachwort des Herausgebers [2009]. In: Stirner 1844/2009, 370–394.

Löwith, Karl: Von Hegel zu Nietzsche. Der revolutionäre Bruch im Denken des neunzehnten Jahrhunderts [1941]. Hamburg 1995.

Marx, Karl: Zur Kritik der Hegelschen Rechtsphilosophie. Einleitung [1844]. In: MEW 1 (1983), 378–391.

–: Thesen über Feuerbach [1845]. In: MEW 3 (1983), 5–7.

–: Zur Kritik der Politischen Ökonomie [1859]. In: MEW 13 (1975), 3–160.

Marx, Karl/Engels, Friedrich: Marx-Engels-Werke, 42 Bde. [MEW]. Berlin 1956 ff.

–/–: Die deutsche Ideologie [1845/46]. In: MEW 3 (1983).

–/–: Manifest der Kommunistischen Partei [1848]. In: MEW 4 (1974), 459–493.

Röttgers, Kurt: Kritik und Praxis. Zur Geschichte des

Kritikbegriffs von Kant bis Marx. Berlin/New York 1975.

Sannwald, Rolf: Marx und die Antike. Einsiedeln 1956.

Schürmann, Volker: Verwirklichung der Philosophie. In: Joachim Ritter u. a. (Hg.): Historisches Wörterbuch der Philosophie. Bd. 11. Basel/Darmstadt 2001, 1009 f.

Stirner, Max: Der Einzige und sein Eigentum [1844]. Ausführlich kommentierte Studienausgabe (Hg. B. Kast). Freiburg/München 2009.

–: Rezensenten Stirners [1845]. In: Stirner 1844/2009, 405–446.

Stuke, Horst: Philosophie der Tat. Studien zur ›Verwirklichung der Philosophie‹ bei den Junghegelianern und den Wahren Sozialisten. Stuttgart 1963.

–: Junghegelianismus. In: Joachim Ritter u. a. (Hg.): Historisches Wörterbuch der Philosophie. Bd. 4. Basel/ Darmstadt 1976, 658–660.

Wahsner, Renate: Nicht die Einzelheit herrscht in der Natur der Dinge. Zum Wissenschaftsprinzip des kollektiven Individuums [1987]. In: Dies.: Prämissen physikalischer Erfahrung. Berlin 1992, 57–96.

–: Gott arbeitet nicht. Zur Notwendigkeit, Karl Marx einer optimalen Messung zu unterziehen. In: Berliner Debatte Initial (1993/3), 25–38.

–: Die fehlende Kategorie. Das Prinzip der kollektiven Einheit und der philosophische Systembegriff. In: Wiener Jahrbuch für Philosophie XXX (1999), 43–60.

Volker Schürmann

6. Glück bei Schopenhauer und Kierkegaard. Vom richtigen Umgang mit Negativität

Schopenhauers und Kierkegaards Frage nach dem gelingenden Leben

Arthur Schopenhauer (1788–1860) und Søren Kierkegaard (1813–1855) kommt das Verdienst zu, das philosophische Interesse an der Frage nach dem Glück auf neuartige Weise wiedererweckt zu haben, nachdem die Glücksfrage lange Zeit im Schatten der erkenntnistheoretischen und geschichtsphilosophischen Großentwürfe des Deutschen Idealismus (s. Kap. V.4) stand. Ihre Leitfrage nach dem Glück erwächst aus einer zwiespältigen Transformation des Deutschen Idealismus. Einerseits knüpfen sie an dessen Leitgedanken an, demzufolge der Wirklichkeit ein einheitliches Prinzip zugrunde liegt. Das Grundprinzip wird von Schopenhauer als der Wille zum Leben – als *principium individuationis* – beschrieben. Kierkegaard bestimmt das Wirklichkeitsprinzip in Anschluss an die Selbstbewusstseinstheorien von Fichte, Schelling und Hegel als das Selbst. Andererseits geben sie dem Prinzip eine anthropologische Wendung (vgl. Hühn 2009). Die Frage nach dem Wirklichkeitsprinzip wird auf einen lebensweltlichen Boden gestellt und in die Frage nach dem Gelingen menschlichen Lebens übersetzt, die den individuellen Menschen in seiner existentiellen, sozialen und historischen Realität betrifft. Nach Kierkegaard kommt es auf ein Verständnis dessen an, »was es heißt, Mensch zu sein, und zwar nicht, was es heißt, überhaupt Mensch zu sein [...], sondern was es heißt, daß du und ich und er, daß wir jeder für sich Menschen sind« (Kierkegaard 1846/1988, Teil 1, 113).

Jeder Person stellt sich unvertretbar die Frage, worauf es im Leben ankommt. Die Besonderheit von Schopenhauers und Kierkegaards Metaphysikkritik besteht dabei darin, dass Personen die Frage nach dem Glück nicht zwangsläufig von sich aus stellen und dass eine Antwort keineswegs allein aufgrund von unvermeidbaren Irrtümern verfehlt wird. Sie können ohne Not und Zwang sich mit einfachen Antworten zufriedengeben und sich von einem weiteren Nachfragen entlasten. Zielpunkt ihrer stillewussten Schriften ist deshalb, Lesern die vermeintliche Gewissheit ihrer Glücksvorstellungen zu nehmen und sie für das unbeirrte Fragen nach dem Glück zugänglich zu machen. Schopenhauer und Kierkegaard stellen deshalb ihre Überlegungen zum gelingenden Leben in Schriften dar, die einen exoterischen Charakter haben und ihre Wirkkraft in der alltäglichen Praxis entfalten sollen. Schopenhauer bedient sich dafür eines ausgeprägt literarischen Stils und der aphoristischen Form, die sein Werk mit Graciáns (s. Kap. IV.2) *Handorakel und Kunst der Weltklugheit* (das von ihm übersetzt wurde) verbindet. Kierkegaards Schriften wohnt eine Methode der indirekten Mitteilung inne. Diese zielt auf die unvertretbare Aneignung einer Lebensdeutung, die jede Person in Auseinandersetzung mit den dargestellten Formen misslingenden Lebens und in Bezug auf das eigene endliche Leben in die Hand zu nehmen hat.

Schopenhauers und Kierkegaards gemeinsame Leitfrage zielt auf ein Verständnis dessen, was gelingendes Leben heißt. Das Gelingen des Lebens im Ganzen oder des Lebens selbst steht als ein Name für das, was wir letztlich wollen. Wir wünschen uns letzten Endes und noch vor allem anderen, dass unser Leben gelingt. Von diesem ganzheitlichen Gelingen grenzen sie das Glück ab. Der Glücksbegriff hat bei beiden einen pejorativen Sinn und wird für eine Lebensweise reserviert, deren Gelingen in der Erfüllung gesteckter Lebensziele besteht. Als glücklich zählt das Leben, in dem sich die Lebenspläne verwirklicht haben; sei es, weil man seines eigenen Glückes Schmied ist oder im Leben Glück hat. Unter Glück verstehen Schopenhauer und Kierkegaard kritisch die Erfüllung von Erkenntnis- oder Handlungszielen, die wir in unseren Einstellungen des Wissens, Willens und Wünschens verfolgen. Bei ihnen treten an die Stelle des Glücksbegriffs andere Begriffe für das Gelingen: Freude, Verneinung, Selbstverhältnis, Gegenwart und andere mehr. Gelingendes Leben zeichnet sich laut Schopenhauer und Kierkegaard durch ein Paradox aus, das dem Leben innewohnt und das dessen Gelingen in Glück – der Erfüllung von Zielen – nicht aufgehen lässt. Leben gelingt unter der Bedingung einer Abstandhaltung zum Glücksstreben. Aus der gemeinsamen Diagnose ziehen beide nun unterschiedliche Konsequenzen. Während Schopenhauer die Distanznahme unter dem Namen einer Verneinung des Willens zum Leben als eine weltabgewandte Entsagung beschreibt, stellt Kierkegaard sie als eine christliche Lebensform weltzugewandter Nächstenliebe dar.

Die augenfälligste Gemeinsamkeit von Schopenhauer und Kierkegaard besteht in dem sog. Negativismus, die Frage nach dem Gelingen von einer Analyse des Misslingens aus zu beantworten (vgl. Theunissen 1993; Wesche 2003). Der Negativismus unternimmt den Versuch, dem Leiden, Scheitern und der Sterblichkeit in jeder ihrer Fasern Rechnung zu tragen, um sie dann so weit wie nur möglich einzudämmen – ohne sie zum Verschwinden bringen zu können. Gelingendes Leben hängt nicht beiläufig, sondern wesentlich vom vernünftigen Umgang mit Negativität ab. Schopenhauer und Kierkegaard nehmen zu den Erfahrungen des Misslingens eine zweifache Stellung ein: die der Anerkennung und der Überwindung. Weder also entwerfen sie eine Vorstellung vom menschlichen Glück auf Kosten einer verleugneten Negativität, die als verdrängte umso gewaltsamer wiederkehrt – noch geben sie den Entwurf eines gelingenden Lebens zugunsten des Trübsinns oder Fatalismus preis. Tod und Sterblichkeit bilden die hartnäckigste Kraft, die einem anspruchsvollen Glücksverständnis widerstrebt. Je größer das Glück im Leben scheint, desto feindlicher begegnet der Tod, der dieses Glück raubt. Ganz gleich deshalb wie man sich zum Phänomen des Todes – der begrenzten Lebenszeit und -kraft – verhält, jede Theorie des Glücks muss sich zu ihr verhalten. Der Negativismus hat das geläufige Vorurteil begünstigt, Schopenhauer und Kierkegaard seien sauertöpferisch nur an der Nachtseite des Daseins interessiert. Im Gegenteil zielt ihr Denken auf nichts so sehr wie das, was angesichts einer begrenzten Lebenszeit und -kraft des Menschen außerdem noch bleibt.

Schopenhauer – Die Verneinung des Willens zum Leben

Schopenhauer unterscheidet zwischen einem ganzheitlichen Glück – dem Gelingen des Lebens selbst –, dessen Möglichkeit er bestreitet, und einem negativen Glück, dem eine Mangelerfahrung innewohnt. In Schopenhauers nachgelassenen Überlegungen heißt es über das ganzheitliche Glück: »Die Definition eines *glücklichen Daseins* wäre: ein solches, welches, rein objektiv betrachtet, – oder (weil es hier auf ein subjektives Urtheil ankommt) bei kalter und reifer Ueberlegung, – dem Nichtsein entschieden vorzuziehn wäre. Aus dem Begriff eines solchen folgt, daß wir daran hiengen seiner selbst wegen; nicht aber bloß aus Furcht vor dem Tod; und hieraus wieder, daß wir es von endloser Dauer sehn möchten.

Ob das menschliche Leben dem Begriff eines solchen Daseyns entspricht oder entsprechen kann, ist eine Frage, die bekanntlich meine Philosophie verneint« (Schopenhauer 1985, 600). Das im Leben praktizierte Glücksstreben besitzt dagegen eine Mangelstruktur (Sigmund Freud wird dieses Motiv aufgreifen, s. Kap. VI.6). Schopenhauer nennt seine Lehre über dieses negative Glück auch Eudämonologie und Eudämonik. »Alle Befriedigung, oder was man gemeinhin Glück nennt, ist eigentlich und wesentlich immer nur *negativ* und durchaus nie positiv« (1819/1977, 399). Als negatives Glück beschreibt Schopenhauer das endlose Streben nach Erfüllung einzelner Lebensziele oder nach Geld, das ein allgemein-äquivalentes Mittel zum Erreichen einzelner Lebensziele sei. »Geld allein ist das absolut Gute: weil es nicht bloß einem Bedürfniß *in concreto* begegnet, sondern dem Bedürfniß überhaupt, *in abstracto*« (1851/1977, 380). Im Leben werden zwar einzelne Einsichten gewonnen, Wünsche erfüllt und Bedürfnisse befriedigt, aber nicht die Bedürftigkeit selbst gestillt (zum utilitaristischen Junktim von Glück und Bedürfnisbefriedigung dagegen s. Kap. V.1). Der Lebensvollzug ist unauflösbar im Drang verstrickt, überhaupt Wünsche zu haben, nach gesicherter Erkenntnis zu streben und Grundbedürfnisse (Hunger, Sexualität, Sozialität, etc.) zu befriedigen.

Diese Bedürftigkeit bleibt innerhalb der Lebenszeit unabgegolten und treibt zu einem endlosen Streben nach gesichertem Wissen, realisierten Absichten und erfüllten Wünschen. Das Bestreben des Wissens, Willens und Wünschens kommt punktuell, aber nur vorübergehend zum Stillstand. Denn jede Erfüllung mündet zwangsläufig in Langeweile und Leere, die weniger aus einem Verfehlen – dem Unerfülltbleiben – hervorgehen als eine den kognitiven, voluntativen und optativen Einstellungen interne Struktur sind. Das Bewusstsein einer Bedürftigkeit, deren Befriedigung unentwegt verfolgt werden muss, ohne sie erreichen zu können, wird von Schopenhauer als ein Leiden betrachtet, das dem Menschen vorbehalten ist. Im besten Fall verhängt das endlose Streben den Zwang, stets neue Ziele verwirklichen zu müssen. Im schlechtesten Fall entfesselt sie die Überbietungsdynamik, stets mehr zu wollen. In beiden Fällen jagen Menschen der Schimäre eines erfüllten Lebens nach. »Wir setzen indessen unser Leben mit großem Antheil und vieler Sorgfalt fort, so lange als möglich, wie man eine Seifenblase so lange und so groß als möglich aufbläst, wiewohl mit der festen Gewißheit, daß sie platzen wird« (Schopenhauer 1819/1977,

390). Die anthropologische Bedürftigkeit, die zu je neuen Befriedigungen drängt, wird von Schopenhauer der »Wille zum Leben« genannt und die entsprechende Lebensführung des Glücksstrebens die Bejahung des Willens zum Leben (zu Nietzsches Umkehrung des Willensbegriffs in kritischer Schopenhauer-Nachfolge s. Kap. V.7).

Schopenhauer unterscheidet drei Lebensformen, in denen in Distanz zur Bedürftigkeit zu treten möglich ist. Die Kunsterfahrung (erstens) gewährt ein Verweilen *in aestheticis*, das den Betrachter für den ästhetischen Augenblick vom Strebenszwang entlastet. Im Mitleid (zweitens) dispensiert sich der Handelnde für die Dauer des moralischen Handelns von seinem egozentrischen Streben. Allerdings stabilisiert sich die Befreiung vom Strebenszwang vorab (drittens) in der Verneinung des Willens zum Leben, die sich in einer meditativen Lebensform der Gelassenheit und Resignation ausdrückt (zu Tolstojs Schopenhauer-Rezeption s. Kap. V.14). In meditativer Weltabgewandtheit wird das Leiden ohne praktische Folgerungen betrachtet. Unter gelingendem Leben versteht Schopenhauer eine nicht willenlose, aber willensfreie Gelassenheit gegenüber dem Leiden, die in reiner Betrachtung seiner selbst auf keine Bekämpfung drängt.

Bedenkenswert sind drei Einsichten Schopenhauers, deren Umsetzung in seiner Philosophie allerdings auch Anlass zur Kritik bietet (vgl. Wesche 2006). Bestand hat *erstens* sein Negativismus. Zum einen führt er einen Begriff des Gelingens von Leben über einen Begriff des Misslingens ein. Zum anderen legt er menschliches Leben auf nicht mehr als eine Tätigkeit der Verneinung fest: auf die Abstandgewinnung zum Strebensdrang. Man kann diesen Gedanken aus heutiger Sicht etwa so weiterführen: Akteuren gelangt aus der Teilnehmerperspektive ein Verständnis dessen, was gelingendes Leben heißt, nur dann in den Blick, wenn sie zunächst verstehen, warum es misslingen kann. Indes sind Vorbehalte gegen Schopenhauers Konzeption des Misslingens, d. h. des negativen Glücks und des Leidens berechtigt. Es ist eine Übertreibung, jegliches Glück als ein vermeintliches zu entlarven und zu einem kreatürlichen Leiden zu naturalisieren.

Schopenhauers *zweite* Einsicht betrifft die paradoxe Struktur eines Gelingens, das sich durch argumentative Erklärung nicht restlos auflösen lässt. Der Verzicht auf eine lebenszeitliche Verwirklichung von Erkenntnis- und Handlungszielen mündet in keine Leere, sondern ermöglicht – scheinbar paradox –

eine erfüllte Lebenszeit. Diese erschließt sich nicht als gedachter Gedanke, sondern als Erfahrungsgehalt einer Lebensform. Berechtigt ist allerdings der Einwand, dass die Verständnisschwierigkeit dieses Erfahrungsgehalts nicht dadurch gelöst wird, dass argumentative Rede in Mystik überführt wird. Blanke Mystifikation etwa ist der Glaube an die Selbstüberwindung des Leidens, als müsste Leiden nur rückhaltlos vor Augen geführt werden, um in heilende Gelassenheit ihm gegenüber umzuschlagen.

Anerkennung verdient *drittens* die Einsicht, dass gelingendes Leben hinreichend als Selbsterkenntnis beschrieben wird. Die Frage nach dem gelingenden Leben wird nicht mit Handlungsanweisungen, Sinnangeboten oder Bedürfnislisten beantwortet, sondern mit eben diesem Fragecharakter menschlichen Lebens. Damit greift Schopenhauer ein sokratisches Motiv auf (s. Kap. III.1). Leben gelingt im Verstehen, dass man je sein Leben zu verstehen habe. Kritikwürdig ist jedoch, dass die gesuchte Selbsterkenntnis nur in meditativer Weltabgewandtheit zu finden sei und nicht vielmehr in einer mitunter sozialen Lebenspraxis.

Kierkegaard – Heiterkeit auf dunklem Grund

Bei Kierkegaard tritt der Begriff ›Freude‹ an die Stelle des Glücksbegriffs. Den Gegensatz zur Freude nennt Kierkegaard Verzweiflung. Verzweiflung bezeichnet eine allgemeine Struktur verfehlter Lebensdeutung, unter die eine Vielzahl von negativen Erfahrungen fällt. Sie widerfährt in den sog. Stadien der ästhetischen, ethischen und (dogmatisch-)religiösen Existenz als Verlust einer gesicherten Lebensdeutung. Als die wichtigsten Werte im Leben gelten hier diejenigen Inhalte, die man unmittelbar besitzt (Schönheit, Lust, Reichtum) oder erwirbt (Erfolg, Bewunderung, glatter Lebenslauf) oder erwartet (eine mit religiösen Regeln konforme Lebensführung). Solche Sinnangebote werden für Leitwerte gehalten, weil ihre sichere Verwirklichung die Gewissheit eines erfüllten Lebens verspricht. Nicht dass es keinen Lebensmittelpunkt, keine Personen oder Tätigkeiten, die einem viel bedeuten, geben darf; nur ist davon kein erfülltes Leben zu erwarten. Nach Kierkegaard machen weder solche partikulare Formen des Glücks noch deren Gesamtheit ein Gelingen des Lebens aus.

Seine Kritik stützt sich auf ein zeittheoretisches Argument (s. Kap. II.6). Handlungen erfüllen sich im

Erreichen ihrer Ziele, die von beruflicher, familiärer, intellektueller, ökonomischer oder sonstiger Art sein können. Nun ist die lebenszeitliche Verwirklichung solcher Lebensinhalte nicht von derselben Natur wie die der Handlungen selbst. Eine die Lebenszeit im Ganzen umfassende Tätigkeit kann sich nicht wie jene Handlungen erfüllen, weil sie sich erst im Lebensende vollendet. Wäre die lebenszeitliche Tätigkeit selbst eine Handlung, würde sich das Leben erst im Tod erfüllen und damit die Frage unbeantwortet bleiben, ob wir *in* der Zeit glücklich sein können. Für den Ästhetiker, Ethiker und Dogmatiker bleibt diese Frage solange unbeantwortet, wie sie Glück als einem Besitz oder Erwerb oder einer Erwartung nachjagen.

Den Kontrast zur Verzweiflung – einem »Missverhältnis« (Kierkegaard 1849/1997, 15) – bildet eine Freude über die gelingende Selbstvergewisserung dessen, was wir letztlich wollen. »Der Mensch ist Geist. Doch was ist Geist? Geist ist das Selbst. Doch was ist das Selbst? Das Selbst ist ein Verhältnis, das sich zu sich selbst verhält, oder es ist in diesem Verhältnis jenes, [...] dass das Verhältnis sich zu sich selbst verhält« (13). Die Selbstvergewisserung beinhaltet dreierlei: ein Selbstverständnis, die Selbstbefragung und Selbsttätigkeit. Es kommt erstens auf ein Selbstverständnis an, wie der Einzelne sein eigenes Leben (sei es auch in Gemeinschaft) leben will. Hierfür muss der Einzelne zweitens sich seiner Lebensgeschichte zuwenden und eigene Erfahrungen deuten. Selbstvergewisserung ist drittens eine an den Einzelnen delegierte Aufgabe des eigenen Fragens, dem gegenüber bereits ausgesprochene Antworten ungehört verhallen. In der Selbstvergewisserung wird jedoch, wie Kierkegaard an den Verzweiflungsformen des Ästhetikers und Ethikers ausführt, keine gesicherte Erkenntnis gewonnen. Die Selbstvergewisserung bleibt ein offenes Fragen und gelingt zugleich im unbeirrten Suchen nach Antworten. Die Lebensverständigung gelingt soweit auf einem dunklen Grund, der sich einer Selbstvergewisserung entzieht. Das Selbst gründet auf einem »Andere[n]« (14 f.) – so Kierkegaards Formulierung des paradoxen Gelingens.

Die Lebenszeit dient keiner Verwirklichung eines bestimmten Lebensinhalts, sondern wird laut Kierkegaard von einer Tätigkeit ausgefüllt, die um ihrer selbst willen vollzogen wird. Lebenszeit realisiert sich in ihrem selbstzweckhaften Vollzug. Dem Lebensvollzug als Selbstzweck entspricht die Lebensführung, »jeden Tag zu leben, als wäre es der letzte und zugleich der erste in einem langen Leben« (Kierkegaard 1845/1981, 199). Die praktische Tätigkeit, deren Selbstzweck das Leben ist, wird von Kierkegaard als Liebe (*caritas*) beschrieben, d. h. als Beistandspflicht, Menschen in Not zu helfen. Taten der Liebe werden nicht in Erwartung einer Gegenleistung (sei es auch nur der Gegenliebe) vollführt, sondern deshalb, weil sie für sich gut sind. Grund und Ziel der Liebe ist ihre Tätigkeit. Für Kierkegaard stellt die Nächstenliebe die einzige Form eines selbstzweckhaften Lebensvollzugs dar, sofern sie einerseits das einzige Handeln – im Unterschied zum Moralismus des Ethikers – aus einem Selbstzweck ist und andererseits – in Abgrenzung zur *vita contemplativa* oder zum selbstreflexiv werdenden Genuss des Ästhetikers – der einzige Selbstzweck ist, der sich in Handlungen objektiviert. Die Lebenszeit erstreckt sich als Zeit eines leibgebundenen Lebens, das sich nicht in reine Gedanken, sondern im Umgang mit eigenen Bedürfnissen und in Interaktionen mit der Umwelt objektiviert. Kierkegaards Verbindung von Liebe und Freude bleibt von jeglicher Eudämonismuskritik unberührt, weil Taten der Liebe keinem anderen Zweck – einschließlich des Glücks – dienen als sie selbst.

Ein gelingendes Leben ereignet sich demnach auf paradoxe Weise. Eine erfüllte Lebenszeit wird unter der Bedingung erfahrbar, dass eine lebenszeitliche Verwirklichung des (vermeintlich) Wichtigen aufgegeben wird. Das Gelingen widerfährt als eine unintendierte Freude, weil sie kein Ziel einer Absicht, Handlung oder eines Wunsches sein kann. Kierkegaard nennt sie eine »unaussprechliche Freude« (1846/1988, Teil 1, 212), deren Besonderheit, ihre Unsagbarkeit, vor dem Hintergrund des Paradoxes leicht einleuchtet. Die Freude, die sich wider Erwarten ereignet, lässt sich nicht hinsichtlich ihres Grundes begreifen. Die ausnehmende Freude widerfährt als ein Sinnüberschuss des Handelns, der weder Ziel des Handelns noch eine Laune des Zufalls – des Glücks, das man hat – ist.

Kierkegaard beschreibt die Freude, die aus dem selbstzweckhaften Vollzug der Lebenszeit hervorgeht, als Daseinsfreude. Eigenschaften dieser »Freude am Sein« (1848/1981, 38) oder »Freude am Existieren« (1846/1988, Teil 2, 33) sind Lebendigkeit, Gegenwart und Leichtigkeit. Die Lebendigkeit steht der Verzweiflung – einer Art Seelentod – entgegen, in der ein Leben, ohne zu wissen, worin es sich erfüllt, bloß gelebt, aber nicht erlebt wird. Diesem Verlust von Gegenwart und Lebendigkeit hat Kierkegaard in

Entweder/Oder das großartige Bild seiner Version vom »unglücklichen Bewusstsein« (Kierkegaard 1843/1985, 236) Hegels geliehen. Freude ist zudem die intensive Erfahrung von Fülle, Präsenz und Gelassenheit. »Das in Wahrheit Existieren, also mit Bewusstsein seine Existenz durchdringen, zugleich ewig gleichsam über sie hinaus sein und doch in ihr gegenwärtig und doch im Werden: das ist wahrlich schwierig« (1846/1988, Teil 2, 8). Eine solche Erfahrung von Gegenwart stabilisiert sich im Gegenzug zur Prozessualität der ästhetischen und ethischen Lebensform, in der Zielerfüllungen stets wieder vergehen und sich als ausstehende Ziele aufs Neue aufdrängen. Die Leichtigkeit (dän. *lethed*) steht der Schwermut (dän. *tungsind*) entgegen, einer wortwörtlichen Schwere, die das Handeln und Denken lähmt. Diese Schwere geht von dem Druck aus, unter dem Lebensziele verfolgt, eingeholt und erneuert werden müssen. Während der Ethiker diesem Druck nachgibt und ihn zur (protestantisch gefärbten) Lebensanschauung erhebt, ergreift der Ästhetiker in seiner Haltung des Leichtsinns (dän. *letsind*) vor ihm die Flucht. Werden vermeintliche Gewissheiten über Lebensinhalte, deren Verwirklichung ein erfülltes Leben zeitigen soll, preisgegeben, dann stellt sich entgegen aller »menschlichen Berechnung« nicht Verzweiflung über das unbestimmte Leben ein, sondern »Freude« (1843/1986, 32 ff.). Es gibt insofern keine Leichtigkeit schlechthin, sondern nur das Leichtwerden eines Lebens, dessen Unbestimmtheit man auf sich genommen hat.

Literatur

Hühn, Lore: Kierkegaard und der Deutsche Idealismus. Tübingen 2009.

Kierkegaard, Sören: Entweder/Oder [1843]. 1. Band. 1. Teilband. Gütersloh ²1985.

–: Furcht und Zittern [1843]. Gütersloh ²1986.

–: An einem Grabe. In: Ders.: Drei Reden bei gedachter Gelegenheit [1845]. Gütersloh 1981, 173–205.

–: Abschließende unwissenschaftliche Nachschrift zu den philosophischen Brocken [1846]. Teil 1 und Teil 2. Gütersloh ²1988.

–: Christliche Reden [1848]. Gütersloh 1981.

–: Die Krankheit zum Tode [1849]. Stuttgart 1997.

Schopenhauer, Arthur: Die Welt als Wille und Vorstellung. 1. Band. 1. Teilband [1819]. Werke in 10 Bänden (Hg. Arthur u. Angelika Hübscher). Zürich 1977, Bd. 1.

–: Aphorismen zur Lebensweisheit [1851]. Werke in 10 Bänden. Zürich 1977, Bd. 8.

–: Der handschriftliche Nachlaß. Bd. 3. München 1985.

Theunissen, Michael: Das Selbst auf dem Grund der Verzweiflung. Kierkegaards negativistische Methode. Frankfurt a. M. 1991.

–: Der Begriff Verzweiflung. Korrekturen an Kierkegaard. Frankfurt a. M. 1993.

Wesche, Tilo: Kierkegaard. Eine philosophische Einführung. Stuttgart 2003.

–: Leiden als Thema der Philosophie? Korrekturen an Schopenhauer. In: Lore Hühn (Hg.): Die Ethik Schopenhauers im Ausgang vom Deutschen Idealismus (Fichte/Schelling). Würzburg 2006, 133–145.

Tilo Wesche

7. Glück bei Nietzsche. Abenteuer des Erkennens

Eine Philosophie des individuellen Glücks

Eine Philosophie des Glücks ist nach Nietzsche das Persönlichste eines Philosophen. Sie verrät ihn. Nietzsche hat keine Philosophie des Glücks als besondere Disziplin entwickelt. Doch seine Philosophie im Ganzen ist auch eine Philosophie des Glücks, die Philosophie eines neuen Glücks. Er hatte schon als 13-Jähriger in einem langen Gedicht die Frage gestellt, ›was glücklich heißt‹: Ein Ritter Alfonso zieht aus, um eine Antwort auf die Frage zu finden, vereinsamt darüber, kommt in ein Kloster, wo er einen Pater, dann ans Meer, wo er Schiffer vom Glück sprechen hört, schließlich zu einem Einsiedler im wilden Gebirge, der ihm aber auch nur die Worte des griechischen Weisen wiederholt, niemand könne vor seinem Tod glücklich gepriesen werden. Glück, stand für den erwachsenen Nietzsche bald fest, kann Gegenstand weder des Handelns noch des Erkennens sein; man kann es weder gezielt erwerben noch allgemein bestimmen. Es stellt sich von Fall zu Fall ein und jedes Mal anders. Man kann den Bedingungen nachgehen, unter denen es sich einstellt, darf sie sich aber nicht vorab durch eine Theorie oder ein System verstellen. Nietzsche überließ es auch in seinem Werk glücklichen Gelegenheiten, um die Bedingungen des Glücks zu erkunden und auf sie aufmerksam zu machen. Glück brauchte für ihn Glück, um sichtbar zu werden. Folgt man den Spuren des Glücks in seinem Werk, ergibt sich dennoch ein erstaunlich stimmiges und geschlossenes Bild – vom individuellen Glück.

Augenblicke des Glücks

Wenn, so Nietzsche in *Vom Nutzen und Nachtheil der Historie für das Leben* (HL), »ein Haschen nach neuem Glück in irgend einem Sinne das ist, was den Lebenden im Leben festhält und zum Leben fortdrängt,« dann gehört zu ihm vor allem die Kraft zu vergessen, nicht an vergangenes und künftiges Leid zu denken (HL 1). Auf diese Weise stellen sich nach *Menschliches, Allzumenschliches* (MA) »auch dem bedrängtesten Menschenleben« jeden Tag »Momente des Behagens« ein (MA I, 49), einfach weil sie nötig hat. Lebendiges schafft sich auch in den widrigsten Umständen so viel Glück, wie es braucht, um sich am Leben zu erhalten: »Dicht neben dem Wehe der Welt, und oft auf seinem vulcanischen Boden, hat der Mensch seine kleinen Gärten des Glückes angelegt; ob man das Leben mit dem Blicke Dessen betrachtet, der vom Dasein Erkenntniss allein will, oder Dessen, der sich ergiebt und resignirt, oder Dessen, der an der überwundenen Schwierigkeit sich freut, – überall wird er etwas Glück neben dem Unheil aufgesprosst finden – und zwar um so mehr Glück, je vulcanischer der Boden war« (MA I, 591). Als die Philosophie darum »die Frage stellte: welches ist diejenige Erkenntniss der Welt und des Lebens, bei welcher der Mensch am glücklichsten lebt?«, wurde sie zum »Störenfried in der Wissenschaft«: Um das Leben der Menschen auf ein Ziel auszurichten, lenkte sie von dessen individuellen Umständen ab, »unterband […] die Blutadern der wissenschaftlichen Forschung – und thut es heute noch« (MA I, 7). Jenes Ziel sollte für Sokrates und die sokratischen Schulen die Tugend und die Tugend die Quelle des Glücks sein. Glück aber kann gerade in der zeitweiligen Befreiung von Zielen, Zwecken und Zwängen, beim »Umwerfen der Erfahrung in's Gegentheil, des Zweckmässigen in's Zwecklose, des Nothwendigen in's Beliebige«, ja in der »Freude am Unsinn« aufkommen, solange dabei kein Schaden entsteht (MA I, 213). Und solche umwerfenden Erfahrungen können dann, zumal für Künstler, selbst zum Bedürfnis werden, zum Verlangen »nach einer seligen, ruhigen Bewegtheit« (MA I, 611).

Nietzsche setzt damit ganz auf den *kairós*, den glücklichen Augenblick, in dem unvermutet alles sich zum Guten fügt. Solche Augenblicke aber haben wiederum ihre guten und schlechten Zeiten. Nietzsche unterscheidet Tageszeiten des Glücks, die Morgenröte, den Vormittag, den Mittag, den Nachmittag, die Dämmerung und die Mitternacht. Zunächst entdeckt er das Glück des Wanderers, der ohne Ziel die Augen dafür offen hat, »was Alles in der Welt eigentlich vorgeht«, am Vormittag, wenn ihm nach bösen Nächten aus »Wipfeln [der Bäume] und Laubverstecken heraus lauter gute und helle Dinge zugeworfen werden« und der Tag ein »reines, durchleuchtetes, verklärt-heiteres Gesicht« bekommt: Erfährt er es so, wird sich ihm eine »*Philosophie des Vormittages*« abzeichnen (MA I, 638). Als Philosoph wird er aber auch in solchen Stunden noch gegen »die goldene Wolke der Schmerzlosigkeit« misstrauisch bleiben; sie könnten ihm nur die Müdigkeit seines Willens widerspiegeln (MA II, »Vermischte Meinungen«, 349).

Quellen des Glücks

Mit seinem nach *Menschliches, Allzumenschliches* zweiten Aphorismen-Buch, das er *Morgenröthe* (M) überschreibt, kündigt Nietzsche *seine* Philosophie des Vormittags an. Nun formuliert er »Thesen« zum Glück, um den Thesen der Moralphilosophen zu entgegnen. Moral ist danach nicht auf Glück ausgerichtet und fördert es auch nicht: »Dem Individuum«, so die Leitthese, »*sofern* es sein Glück will, soll man keine Vorschriften über den Weg zum Glück geben: denn das individuelle Glück quillt aus eigenen, Jedermann unbekannten Gesetzen, es kann mit Vorschriften von Aussen her nur verhindert, gehemmt werden« (M 108). Glück ist kontingent, individuell und situativ, es gibt, »welches es auch sei, […] Luft, Licht und freie Bewegung«, Spiel- und Lebensräume gerade gegenüber drückenden Moralen (M 136). Doch auch die Moral lässt durchaus Glück zu. Im Blick auf die »mächtige Schönheit und Feinheit der Kirchenfürsten« unterscheidet Nietzsche (beiläufig) »zwei Arten des Glückes (des Gefühls der Macht und des Gefühls der Ergebung)« (M 60). Beide sind Weisen, mit der Kontingenz zurechtzukommen und sie zu genießen: indem man sie entweder beherrscht oder ihr gehorcht. Und beide kommen in der Erkenntnis zusammen, dem Glück der Philosophie und Wissenschaft. Hier stimmten ebenso Platon und Aristoteles wie Descartes und Spinoza überein: »Das Glück der Erkennenden mehrt die Schönheit der Welt und macht Alles, was da ist, sonniger; die Erkenntniss legt ihre Schönheit nicht nur um die Dinge, sondern, auf die Dauer, in die Dinge« (M 550).

Abenteuer des Glücks

Schon dies macht die Wissenschaft fröhlich, heiter, glücklich, und Nietzsches drittes Aphorismen-Buch, *Die fröhliche Wissenschaft* (FW), spricht am beredetsten vom Glück. Nietzsche vertraut sich nun entschlossen seinem Geschick an, von Fall zu Fall sein Glück zu entdecken, und erzählt davon in einem »Vorspiel« aus Liedern wie diesem: »*Mein Glück.* / Seit ich des Suchens müde ward, / Erlernte ich das Finden. / Seit mir ein Wind hielt Widerpart, / Segl' ich mit allen Winden« (FW, »Scherz, List und Rache« 2; vgl. das spätere Lied des Prinzen Vogelfrei »Mein Glück!« über die Piazza San Marco in Venedig). Und der Leser muss seinerseits mit Glück dieses Glück entdecken (vgl. »Meine Rosen«, FW, »Scherz, List

und Rache«, 9). Wer andere mit seinem Glück beglücken kann, hat »Ueberglück« (47). Es sollte das Glück
Zarathustras sein, doch Nietzsche ließ es ihn nicht
finden.

Die Aphorismen der *Fröhlichen Wissenschaft* bringen die vielfältigsten Analysen der Bedingungen des
Glücks in Nietzsches Werk. Er weist dort noch einmal die sokratische Formel ›Tugend = Glück‹ zurück
(FW 12), bringt das Glück der passionierten Liebe
ins Spiel (FW 14), aber auch »das Bedürfniss, sich irgendwie gegen die furchtbaren Schwankungen des
Glückes sicherzustellen« (FW 23). Das Äußerste hätten hier, nach einem damals gängigen Klischee, die
Chinesen vollbracht. Nietzsche wird nun mit Vorliebe dem »chinesischen ›Glücke‹«, sich so wenig wie
möglich Unzufriedenheit zu erlauben (FW 24), und
dem »englische[n] Glück mit comfort und fashion«
(Nachlass [N] 1884, KSA 11.276) für die größtmögliche Zahl das alte, griechische, »*dionysische Glück*« (N
1885/86, KSA 12.116) entgegenstellen, das auch und
gerade aus der Erkenntnis kommt, einer Erkenntnis,
die den tiefsten Abgründen des menschlichen Daseins standhält, und das bei Epikur, seiner Wildheit
entwöhnt und von vorsichtiger Schonung umhegt,
bereits still und bescheiden geworden ist. Nietzsche
genießt bei ihm »das Glück des Nachmittags des Al-
terthums«: »ich sehe sein Auge auf ein weites weissli-
ches Meer blicken, über Uferfelsen hin, auf denen die
Sonne liegt, während grosses und kleines Gethier in
ihrem Lichte spielt, sicher und ruhig wie diess Licht
und jenes Auge selber. Solch ein Glück hat nur ein
fortwährend Leidender erfinden können« (FW 45).
Wir können diese Freude am flüchtigen Lichtspiel
kaum mehr nachempfinden. Jetzt liegt schon »ein
tiefes und gründliches Glück darin, dass die Wissenschaft Dinge ermittelt, die *Stand halten* und die immer wieder den Grund zu neuen Ermittelungen abgeben: – es könnte ja anders sein!« (FW 46). Aber je
mehr die Welt der Erkenntnis und in der Praxis
standhält, desto mehr tritt auch Langeweile ein, und
so ist eine neue Begierde nach neuen Leiden aufgekommen: »Noth ist nöthig! Daher das Geschrei der
Politiker, daher die vielen falschen, erdichteten, übertriebenen ›Nothstände‹ aller möglichen Classen und
die blinde Bereitwilligkeit, an sie zu glauben. Diese
junge Welt verlangt, *von Aussen her* solle – nicht etwa
das Glück – sondern das Unglück kommen oder
sichtbar werden; und ihre Phantasie ist schon voraus
geschäftig, ein Ungeheuer daraus zu formen, damit
sie nachher mit einem Ungeheuer kämpfen könne.«
Solchen »Nothsüchtigen« fehlt die »Kraft, von Innen

her sich selber wohlzuthun, sich selber Etwas anzu-
thun«, sich ihre eigene Not und mit ihr auch ihr eigenes Glück zu schaffen (FW 56).

Jeden macht seine eigene »Sonne«, die »philosophische Gesammt-Rechtfertigung seiner Art, zu leben und zu denken, [...] freigebig an Glück und
Wohlwollen« (FW 289). Nietzsche erlebt *seine* Not und
sein Glück nun so, dass er »inmitten des Brandes
der Brandung« stehend, »deren weisse Flammen bis
zu meinem Fusse heraufzüngeln«, auf dem dunklen
Meer »ein grosses Segelschiff, schweigsam wie ein
Gespenst dahergleitend«, auftauchen sieht und sich
selbst darin erkennt, als »ein geisterhaftes, stilles,
schauendes, gleitendes, schwebendes Mittelwesen«:
»Ja! *Ueber* das Dasein hinlaufen! Das ist es! Das wäre
es!« (FW 60). Es ist das Philosophen-Glück nicht nur
des Staunens, sondern des Schauderns und Entset-
zens, und nur der »erste Musiker« »*der besten Zukunft*« wäre imstande, von der »Traurigkeit des tiefsten Glückes« einen Begriff zu geben (FW 183). Es ist
in Nietzsches bevorzugtem Bild das abenteuerliche
Glück eines Seefahrers, der sich ohne Ziel auf's hohe
Meer hinaustreiben lässt, um am eigenen Leib das
Äußerste an Halt- und Grenzenlosigkeit zu erfahren,
der der Mensch nach dem ›Tod Gottes‹ ausgesetzt
ist. Nietzsche würde, schreibt er, wenn er sich ein
Haus bauen würde, »gleich manchem Römer, es bis
in's Meer hineinbauen«, um »mit diesem schönen
Ungeheuer einige Heimlichkeiten gemeinsam« zu
haben (FW 240). Er erlebt seine »Glückseligkeit darin, einmal den fliegenden Fischen zu gleichen und
auf den äussersten Spitzen der Wellen zu spielen«
(FW 256), immer des Todes gewärtig, ohne sich von
ihm entmutigen zu lassen (FW 278). Denn »das Ge-
heimniss, um die grösste Fruchtbarkeit und den
grössten Genuss vom Dasein einzuernten, heisst: *gefährlich leben*!« (FW 283). Gefährlich leben heißt, zu
mehr Leben, zu mehr Experimenten mit seinem Leben bereit zu sein, um weiter »in die Höhe der
Menschlichkeit hinauf« zu wachsen. Dabei wächst
»der höhere Mensch« nach allen Seiten, er »wird immer zugleich glücklicher und unglücklicher« (FW
301; vgl. FW 338). Und so wird man auch mit dem
»Glücke Homer's in der Seele« »im tiefsten Genusse
des Augenblicks überwältigt werden von Thränen
und von der ganzen purpurnen Schwermuth des
Glücklichen« und »das leidensfähigste Geschöpf unter der Sonne« sein (FW 302). Der eine wird dann in
sicherer »*Improvisation des Lebens*« »keinen Fehlgriff« tun, »ob er schon fortwährend das gewagteste
Spiel spielt«, ein anderer dagegen, der auf Pläne setzt,

wird nicht unglücklich sein, wenn sie misslingen; beide wissen und haben »mehr vom Leben« (FW 303).

Moralprediger »haben um das überreiche Glück dieser Art von Menschen recht wohl gewusst, aber es todtgeschwiegen, weil es eine Widerlegung ihrer Theorie war, nach der alles Glück erst mit der Vernichtung der Leidenschaft und dem Schweigen des Willens entsteht!« (FW 326). Dagegen kann der neu erwachte »›historische Sinn‹« die »*zukünftige* ›*Menschlichkeit*‹« um neue Glücksmöglichkeiten bereichern. Er lässt »diess Alles auf seine Seele nehmen, Aeltestes, Neuestes, Verluste, Hoffnungen, Eroberungen, Siege der Menschheit: diess Alles endlich in Einer Seele haben und in Ein Gefühl zusammendrängen: – diess müsste doch ein Glück ergeben, das bisher der Mensch noch nicht kannte, – eines Gottes Glück voller Macht und Liebe, voller Thränen und voll Lachens« (FW 337).

Zarathustras Übermaß an Glück und Unglück

Auch Nietzsches *Zarathustra* (Za) ist übermäßig glücklich und unglücklich zugleich, glücklich wie die Sonne, die allen und allem ihren Überfluss an Licht und Wärme und mit ihm immer neues Leben gibt, und unglücklich, weil er niemanden findet, der die Gabe seiner Reden annehmen kann, wie sie es verlangen. Sein Glück der Gabe verunglückt auf dem Markt der Menschen, die in ihrem kleinen Glück aneinanderhängen und »blinzeln« (Za, »Vorrede« 5). So will er nur noch den »Einsiedlern […] und den Zweisiedlern; und wer noch Ohren hat für Unerhörtes […] sein Herz schwer machen mit [s]einem Glücke« (Za, »Vorrede« 9). Bald auch von seinen Jüngern enttäuscht, sucht auch er sein Glück, »ein kommendes Glück«, das ihn beseligt, verwundet und kommt wie ein Sturm (Za II, »Das Kind mit dem Spiegel«). Aber »des Geistes Glück ist diess: gesalbt zu sein und durch Thränen geweiht zum Opferthier« (Za II, »Von den berühmten Weisen«). Am »Nachmittag [s]eines Lebens« sucht Zarathustra für sein Glück eine neue Herberge: die Meere. Doch um »Mitschaffender und Mitfeiernder« willen bietet er sich noch einmal »allem Unglücke an – zu [s]einer letzten Prüfung und Erkenntniss«, misstraut dem »Glück vor Abend« und wartet »auf sein Unglück die ganze Nacht« (Za III, »Von der Seligkeit wider Willen«). Nun gewappnet gegen den Neid des kleinen Glücks, bekennt er sich zur Wollust, dem »grosse[n]

Gleichniss-Glück für höheres Glück« (Za III, »Von den drei Bösen« 2), genest von seinem abgründlichsten Gedanken der ewigen Wiederkehr des Gleichen und, »gedrängt und gedrückt von [s]einem Glücke, wartend vor Überflusse« (Za III, »Von der grossen Sehnsucht«), singt er schließlich dem Leben das »Tanzlied« der Mitternacht ins Ohr, das Lied *seines* neuen Glücks (»Oh Mensch! Gieb Acht! / Was spricht die tiefe Mitternacht? / ›Ich schlief, ich schlief –, / Aus tiefem Traum bin ich erwacht: – / Die Welt ist tief, / Und tiefer als der Tag gedacht. / Tief ist ihr Weh –,/ Lust – tiefer noch als Herzeleid: / Weh spricht: Vergeh! / Doch alle Lust will Ewigkeit –, / – will tiefe, tiefe Ewigkeit!‹«, Za III, »Das andere Tanzlied«). Er liegt nun, so seine Tiere, »in einem himmelblauen See von Glück«. Doch Zarathustra lässt sie wissen, dass sein Glück »schwer ist und nicht wie eine flüssige Wasserwelle«, sondern ihn drängt und ihm anhängt wie Pech (Za IV, »Das Honig-Opfer«). Es wird noch einmal getrübt vom »Nothschrei« der »höheren Menschen«, die es suchen, doch ebenfalls nicht verstehen (Za IV, »Der Nothschrei«). Es kommt schließlich »um die Stunde des vollkommnen Mittags«, als er sich einsam hinlegt, um zu schlafen, als »goldene Traurigkeit« und »[w]ie ein Schiff, das in seine stillste Bucht einlief«, »der Erde nahe, treu, zutrauend, wartend, mit den leisesten Fäden an ihr angebunden«, vollkommen still, und Zarathustra glaubt tief »in den Brunnen der Ewigkeit« zu fallen, bis er wirklich schläft – und wieder vom »heitere[n] schauerliche[n] Mittags-Abgrund […] wie aus einer fremden Trunkenheit« erwacht (Za IV, »Mittags«). Als er sein Tanzlied später den höheren, nun gelehrigeren Menschen erläutert, redet er vom Sterben vor Glück, »von trunkenem Mitternachts-Sterbeglücke« (Za IV, »Das Nachtwandler-Lied« 6). Zuletzt aber verabschiedet er, wieder allein, sein Glück: »Trachte ich denn nach *Glücke*? Ich trachte nach meinem *Werke*!« und harrt an einem neuen Morgen neu dem »grosse[n] Mittag« entgegen (Za IV, »Das Zeichen«).

Das Glück des Erkennens

Für den »Denker« bedeutet, nach seinem Werk zu trachten, wie Nietzsche im später hinzugefügten V. Buch der *Fröhlichen Wissenschaft* erläutert, dass er »zu seinen Problemen persönlich steht, so dass er in ihnen sein Schicksal, seine Noth und auch sein bestes Glück hat« (FW 345). Sein Glück wächst mit dem Werk und lässt es seinerseits wachsen. Aber mit dem Werk des Erkennenden wächst, so Nietzsche, auch

wieder der Schmerz. Er hatte seine eigenen notorischen Schmerzen ein Leben lang körperlich wie geistig als »Tyrannei« erfahren (FW, »Vorrede« 1), unterbrochen nur von kurzen Zeiten der Erleichterung.
Doch erst »der grosse Schmerz, jener lange langsame
Schmerz, der sich Zeit nimmt, in dem wir gleichsam
wie mit grünem Holze verbrannt werden, zwingt uns
Philosophen, in unsre letzte Tiefe zu steigen und alles Vertrauen, alles Gutmüthige, Verschleiernde,
Milde, Mittlere, wohinein wir vielleicht vordem
unsre Menschlichkeit gesetzt haben, von uns zu
thun«. Erst in der Not schwerster Schmerzen werden
Philosophen offen für die »Noth des Problematischen« – und können dann erfahren, dass über diese
Not der »Reiz des Problematischen, die Freude am
X« obsiegen kann, das beseligende Glück des Erkennenden, der gewagt hat, das Tiefste zu sehen und zu
denken, und ihm standhält: »Wir kennen ein neues
Glück...« (FW, »Vorrede« 3). Die Welt wird dann il-
lusionslos klar, gut und schön. Gegen Kants und
Schopenhauers »Fehlgriff«, die Schönheit in die
»Unpersönlichkeit und Allgemeingültigkeit« zu verlegen, pries Nietzsche in *Zur Genealogie der Moral*
(GM) Stendhals »glücklicher gerathene Natur«, die
ihn in der Schönheit »une promesse de bonheur« erkennen ließ, nicht nur ein moralisches, sondern
durchaus auch erotisches Glücksversprechen (GM
III 6; s. Kap. II.4 und V.11).

Das Glück des *amor fati*

Zuletzt, als er immer mehr zu kämpferischen Zuspit-
zungen neigte, hat auch Nietzsche in *Der Antichrist*
(AC) das Glück noch definiert, in diesem Sinn: »*Unser* Fatum – das war die Fülle, die Spannung, die
Stauung der Kräfte. Wir dürsteten nach Blitz und
Thaten, wir blieben am fernsten vom Glück der
Schwächlinge, von der ›Ergebung‹ [...] Ein Gewitter
war in unsrer Luft, die Natur, die wir sind, verfins-
terte sich – *denn wir hatten keinen Weg*. Formel unsres Glücks: ein Ja, ein Nein, eine gerade Linie, ein *Ziel*
...« (AC 1). Das Ziel ergibt sich aus dem Ereignis des
Werks, und die Größe des Werks bemisst sich an den
dafür überwundenen Widerständen: »Was ist Glück?
– Das Gefühl davon, dass die Macht *wächst*, dass ein
Widerstand überwunden wird« (AC 2). Das äußerste
Werk, das ein Denker vollbringen kann, ist dann der
amor fati, die Liebe zum Geschick, das Glücksgefühl
bei allem, was geschieht, weil er erkannt hat, dass es
nur so und nicht anders geschehen konnte. Nietzsches letzte Formel für sein Glück in *Ecce homo* (EH)

ist auch seine »Formel für die Grösse am Menschen[,] ist *amor fati*: dass man Nichts anders haben
will, vorwärts nicht, rückwärts nicht, in alle Ewigkeit
nicht. Das Nothwendige nicht bloss ertragen, noch
weniger verhehlen – aller Idealismus ist Verlogenheit
vor dem Nothwendigen –, sondern es *lieben* ...« (EH,
»Warum ich so klug bin« 10). Mit ihm hat er, nach
dem ›Tod Gottes‹, Spinozas *amor Dei intellectualis*
neu erfahren (s. Kap. IV.4). Es ist das Glück des
Leichtwerdens der schwersten Erkenntnis und ein
Glück nur für den, der sie kennt und ihr standhält.
Dies traute Nietzsche noch nicht einmal seinem
engsten Freund und Weggefährten Franz Overbeck
zu, dem er schrieb: »Dafür, daß Einer (wie ich) diu
noctuque incubando von frühester Jugend an zwischen Problemen lebt und da allein seine Noth und
Glück hat, wer hätte dafür ein Mitgefühl!« (14. Juli
1886).

Literatur

Bertino, Andrea Christian: Nietzsche und die hellenistische Philosophie. Der Übermensch und der Weise.
In: Nietzsche-Studien 36 (2007), 95–130.

Nietzsche, Friedrich: Sämtliche Werke. Kritische Studienausgabe in 15 Bänden [KSA] (Hg. Giorgio Colli/
Mazzino Montinari). München/Berlin/New York
1980.

Schneider, Ursula: Grundzüge einer Philosophie des
Glücks bei Nietzsche. In: Günther Abel/Josef Simon/
Werner Stegmaier (Hg.): Monographien und Texte
zur Nietzsche-Forschung. Bd. 11. Berlin/New York
1983.

Thomä, Dieter: Glück und Person. Eine Konstellation
bei Nietzsche und Max Weber. In: Nietzschefor-
schung 7 (2000), 357–381.

Wienand, Isabelle: Was ist Glück? In: Dies. (Hg.): Neue
Beiträge zu Nietzsches Moral-, Politik- und Kulturphilosophie. Fribourg 2009, 52–66.

Werner Stegmaier

8. Figuren des Glücks in der frühen Moderne. Melancholie – die Heiterkeit der Schwermut

Das neuzeitliche Europa hat schon viele Parolen gehört. Seit der Französischen Revolution ließe sich sogar vom Zeitalter der Parolen sprechen; sie griffen in einem früher nie gekannten Ausmaß um sich, um als Kompass zu dienen. Die großen Parolen des 18. Jahrhunderts eröffnen bis heute Debatten etwa über recht verstandene Freiheit und Gleichheit, sie funktionieren teilweise aber auch wie die Werbung heute. Wenn sie den Dialog übertönen, werden sie ideologische Gebilde.

Zu den Parolen des 18. Jahrhunderts gehört auch das Glück. »Le bonheur est une idée neuve en Europe.« Saint-Just (s. Kap. V.2) sprach diesen Satz am 3. März 1794 in einer Rede vor dem Pariser Konvent, deren Titel für sich spricht: »Sur le mode d'exécution du décret contre les ennemis de la Révolution« (Saint-Just 2004, 673). Das Glück: eine Idee, die es zu verteidigen gilt, und zwar gegen die Feinde der Revolution – eine Idee, um die gekämpft werden muss. Denn wenn sich das Glück einmal zu einer Parole kristallisiert hat, muss es auch um jeden Preis verwirklicht werden – selbst um den Preis des Unglücks anderer. Auf dem Altar der kollektiven Freude müssen alle geopfert werden, die sich jenem universellen Gebot verweigern, das eine der geläufigsten, despotischen Parolen unserer Tage vorwegnimmt: ›Be happy!‹ (s. Kap. VI.11). Sobald das Glück zu einem ideologischen Gebot geworden ist, wirft es einen dunklen Schatten auf all jene, die sich dieser Ideologie verweigern – in diesem Fall nicht den Schatten des Unglücklichseins, sondern der Vernichtung.

Einige Jahre zuvor, 1785, skizzierte auch Schiller in seiner Ode »An die Freude« jene Ambivalenz des Glücks, ohne ihr allerdings besondere Aufmerksamkeit zu schenken. Zu Beginn der Ode beschwört Schiller das göttliche Heiligtum der Freude und des Glücks, das sich als universelles Sternenzelt über die Sterblichen wölbt. Unter diesem Zeltdach findet jeder seinen Gefährten, seinen Freund, seine treue Gattin. Aber nicht jeder kann oder möchte am großen Zusammenspiel von Freiheit, Gleichheit und Brüderlichkeit teilnehmen. Was soll mit ihnen geschehen? Erstaunlicherweise entscheidet sich Schil-

ler anders, als man anhand seiner Dramen und anderen Dichtungen vermuten könnte. Er reicht ihnen keine helfende Hand, er ruft nicht dazu auf, sie aufzunehmen. Im Gegenteil, wer sich nicht in die Gemeinschaft eingliedern will, der möge sich weinend davonstehlen (Schiller 1987, 133):

> Wem der große Wurf gelungen,
> Eines Freundes Freund zu sein;
> Wer ein holdes Weib errungen,
> Mische seinen Jubel ein!
> Ja – wer auch nur *eine* Seele
> *Sein* nennt auf dem Erdenrund!
> Und wers nie gekonnt, der stehle
> Weinend sich aus diesem Bund!

Aber wohin sollten sie sich davonstehlen, wenn das Glück und die Freude ein alles überdeckendes Sternenzelt sind, das sich wie ein universeller Schleier über alles legt? Es bleibt nur das Nichts. Im Grunde des Kollektivismus lauert der Wunsch nach Ausschluss: Was nach einer konformistischen Universalität strebt, wird alles, was für das individuelle Wohl Partei ergreift, unweigerlich ausklammern, für nichtig erachten und, wenn es sein muss, vernichten.

Schiller spricht in seiner Ode die Freude und das Glück all jenen ab, die auf der Schattenseite des Lebens stehen, und die von der großen Mehrheit gewöhnlich als Melancholiker bezeichnet werden. Das ist eines der großen Ziele des ausgehenden 18. Jahrhunderts: das Glück von der Melancholie zu reinigen. Das neue Glücksideal, das auch Saint-Just verkündet, basiert auf der Vorstellung einer aktiven Gestaltung, Verwirklichung oder Umsetzung des Glücks, die mit dem Sich-Verlieren in Stimmungen – also auch mit der Melancholie – prinzipiell unverträglich ist. Früher hatten sich die beiden Phänomene nicht gegenseitig ausgeschlossen. Erst im 18. Jahrhundert beginnt man sie voneinander zu trennen, was auch eine Einengung ihrer Bedeutung nach sich zieht. Wenn das Glück als praktisches Postulat aufgestellt wird, ist es auch moralischen Bewertungen zugänglich. Saint-Just setzt in seiner Rede die Liebe zum Glück mit der Liebe zu den Tugenden gleich und bietet damit eine andere Version jenes Junktims zwischen Glück und Moral, das von der *moral sense*-Philosophie des 18. Jahrhunderts vor allem in Schottland formuliert worden ist (s. Kap. V.1–2). Diese Tradition reicht von Shaftesbury bis Adam Smith, dessen *Theory of Moral Sentiments* von eben jenem Ludwig Gotthard Kosegarten ins Deutsche übersetzt wurde (*Theorie der sittlichen Gefühle*, Leipzig 1791–95), der als Pastor von Rügen auch mit Caspar David Friedrich in Kontakt stand. Mit jenem Friedrich, der nicht nur der melancholischste Maler der Kunstgeschichte ist, sondern der auch das Glück nicht in erster Linie in der Tugend suchte als vielmehr mit der Melancholie assoziierte. Zum Ausdruck kommt diese Assoziation etwa auch bei Chateaubriand, der Religion und Melancholie zusammenbrachte und davon schwärmte, dass sie »im Herzen einen Quell voll gegenwärtigen Übels und ferner Hoffnungen entspringen [lässt], aus dem unerschöpfliche Träumereien perlen« (zit. nach Kopp 2006, 330).

Die Fallgruben auf dem durch die Tugendphilosophie des 18. Jahrhunderts vorgegebenen Weg zum Glück zeigen sich am Schicksal Heinrich von Kleists. Als fleißiger Schüler der Lehren der Aufklärung verfasste Kleist im Frühjahr 1799 seine erste Abhandlung über das Thema Glück: »Aufsatz, den sichern Weg des Glücks zu finden und ungestört – auch unter den größten Drangsalen des Lebens – ihn zu genießen!« In diesem mit einem gebieterischen Titel versehenen und in einem naiven Ton gehaltenen Essay ist das Glück die Folge einer bewussten Entscheidung: Da der Mensch über Verstand und Wissen verfügt, vermag er sein Leben so zu lenken, dass die Sicherheit seines Glückes durch nichts erschüttert wird. Kleists Studie, die, hätte er seine späteren Werke nicht geschrieben, zu Recht für immer in Vergessenheit geraten wäre, ist ein gutes Beispiel für die Bestrebung des 18. Jahrhunderts, Glück und Melancholie voneinander zu trennen. Glück setze voraus, so Kleist, dass man seinen Instinkten, den der Ratio unzugänglichen Bereichen, also allem, was in der Geschichte der europäischen Kultur vornehmlich mit dem Dunklen assoziiert wurde und, da es sich durch nichts aufhellen ließ, dem Menschen nur Schwermut, Melancholie und Verzweiflung bereithielt, keine Macht über sich einräumt. Und wie lassen sich Schwermut und Melancholie vermeiden? Indem man stets die richtigen Schlüsse zieht, sich nicht täuschen lässt. Wenn wir dazu in der Lage sind, werden wir nicht nur glücklich sein, »wir durchschauen dann die Geheimnisse der physischen wie der moralischen Welt, bis dahin, versteht sich, wo der ewige Schleier über sie waltet« (Kleist 1993, 310).

Für den jungen Kleist dient »der ewige Schleier« – als eine Art Schillersches Sternenzelt – nur dazu, Gott vor uns zu verhüllen. Noch gänzlich fremd ist ihm der Gedanke, den zehn Jahre später Friedrich Wilhelm Joseph Schelling in seiner Studie *Philoso-*

phische Untersuchungen über das Wesen der menschlichen Freiheit (1809) bereits als Faktum festhält, nämlich dass dieser Schleier aus dem Stoff der ewigen Melancholie gewoben ist: »Daher der Schleier der Schwermut, der über die ganze Natur ausgebreitet ist, die tiefe unzerstörliche Melancholie alles Lebens. Freude muß Leid haben, Leid in Freude verklärt werden« (Schelling 1809/1860, 399). Kleist reduziert das Glück auf das Bewusstsein, den verstandesmäßig überschaubaren Bereich, und macht es von der Tugend abhängig. Das Glück ist für ihn also letztlich eine allgemeingültige Forderung, ein kategorischer Imperativ: etwas, was jederzeit von jedem eingefordert werden kann. Und wer dieser allgemeingültigen Forderung nicht Genüge leistet, der verhält sich nicht nur unvernünftig, sondern verdient es gar nicht, ein Mitglied der menschlichen Gemeinschaft zu sein.

Das Gebot, um jeden Preis glücklich zu sein, ist derart despotisch, dass man sich damit innerlich gar nicht identifizieren kann. Auch Kleist vermochte es nicht. Er musste alsbald die Erfahrung machen, dass er gar nicht in der Lage war, das, was er sich als ›Glück‹ zurechtgelegt hatte, zu verwirklichen. Zwei Jahre später, am 5. Februar 1801, zu Beginn seiner sogenannten Kant-Krise, schreibt er in einem Brief an seine Schwester Ulrike: »Ach, Du weißt nicht, wie es in meinem Innersten aussieht«, und klagt ihr anschließend seine innere Unbeschreiblichkeit: »Daher habe ich jedesmal eine Empfindung, wie ein Grauen, wenn ich jemandem mein Innerstes aufdecken soll; nicht eben weil es sich vor der Blöße scheut, aber weil ich ihm nicht alles zeigen kann, nicht kann, und daher fürchten muss, aus den Bruchstücken falsch verstanden zu werden« (Kleist 1993, 626). Und es folgt die tragische Erkenntnis: »Ach Du weißt nicht, Ulrike, wie mein Innerstes oft erschüttert ist [...] ich passe nicht unter die Menschen, es ist eine traurige Wahrheit, aber eine Wahrheit« (628).

Als Kleist sich dem Bankrott einer rationalistischen Tugend- und Glücksphilosophie gegenübersieht, fällt er einer tiefen Verzweiflung anheim. »Mein einziges und höchstes Ziel ist gesunken, ich habe keines mehr« (636). In gewissem Sinn wird er deshalb Schriftsteller, weil er sich nicht in der Lage sieht, seine rationalistisch begründete Glücksvorstellung aufrechtzuerhalten. Seine späteren Schriften handeln nicht nur von dem bedingungslosen Verlangen nach Glück, sondern auch von dessen Nichtrealisierbarkeit. Kleist erkannte, dass im Grunde des Glücks stets die Melancholie lauerte, aber er sah auch das gewaltige Glückspotential, das die Melancholie in sich barg. Damit kehrte er zu jener großen europäischen, mit Aristoteles einsetzenden Tradition zurück, die Glück und Melancholie nie scharf voneinander trennen wollte. Die enge Verbindung beider ist eines der großen, wiederkehrenden Themen der europäischen Kultur.

Robert Burton, der im 17. Jahrhundert eines der umfangreichsten Werke aller Zeiten über die Melancholie geschrieben hat (*The Anatomy of Melancholy*, 1621), schildert in einem in Versform gehaltenen Teil seines Werks die beiden unterschiedlichen Stimmungen, die die Melancholie mit sich bringt. Der Refrain der Abschnitte, die die fröhlichen und freudigen Momente seines Lebens beschwören, lautet: »All my joys to this are folly, / Naught so sweet as melancholy.« Der Refrain der Abschnitte, die seine traurigen und düsteren Augenblicke beschreiben, lautet dagegen: »All my griefs to this are jolly, / None so sad as melancholy« (Burton 1621/1968, 79).

Einen ähnlichen Standpunkt vertritt zwei Jahrhunderte später auch John Keats, der Burtons Werk vermutlich gekannt hat. Sein Gedicht *Ode on Melancholy* ist das bekannteste literarische Zeugnis für die These, dass sich Melancholie und Heiterkeit oder Glück nicht gegenseitig ausschließen, im Gegenteil. Die Melancholie hat, wenn sie sich in diesem Gedicht aus dem Himmel herablässt, zwei Begleiter auf Erden: die Schönheit (*beauty*), die früher oder später sterben muss, und die Freude (*joy*), die ihre Hand ewig an ihre Lippen hält. Und wo richten sie sich ein? Im Tempel der Heiterkeit (*delight*): »Ay, in the very Temple of Delight / Veil'd Melancholy has her sovran shrine« (Keats 1994, 248).

»Delight« lässt sich in diesem Zusammenhang als Freude, Lust, Heiterkeit oder auch Glück übersetzen. Es hilft dem Melancholiker, sich eine innere Welt zu schaffen, von der aus betrachtet die irdischen Dinge, die konkreten Tatsachen, also alles, was zu jener Zeit als die prosaische Welt bezeichnet wurde, neue Dimensionen hinzugewinnen.

Die Verbindung von »Delight« und Melancholie verschönert nicht einfach den Alltag, gewährt keine sentimentale Rast, sondern steht für eine metaphysische Initiation, wie man sie auch von der Verbindung zwischen Manie und Melancholie bei den Griechen kennt (vgl. Demont 2006). Etwas Ähnliches muss auch in Kleist vorgegangen sein, als er in seinem vom Morgen seines Todes datierten letzten Brief an Marie von Kleist versicherte: »Ich bin ganz selig« (Kleist 1993, 887). Dieses Glück bestand für ihn zu diesem

Zeitpunkt bereits im Scheiden aus dem Leben. Das höchste Glück ist die Annahme des Todes aus eigenem Entschluss, was in Kleists Fall nicht nur das Scheiden aus dem Leben bedeutete, sondern auch den Eintritt in ein Reich, das größer ist, als es der menschliche Verstand, in den er in seiner Jugend noch soviel Vertrauen gesetzt hatte, jemals kartographieren könnte.

Das Glück ist eine neue Idee in Europa, verkündete Saint-Just. Er irrte sich. Das Glück war eine überaus alte Idee in Europa. Neu daran war höchstens, dass Saint-Just als erster ein von aller Melancholie ›gereinigtes‹, von aller Schwermut befreites Glück forderte.

Ein von Melancholie gereinigtes Glück ist weniger eine metaphysische als vielmehr eine politische Kategorie: Sie basiert auf der Überzeugung, dass der Mensch über sich verfügen und ihm dieses Vorrecht von niemandem abspenstig gemacht werden kann. Das Glück, das Saint-Just vorschwebte, war die Freude über die Fortentwicklung der Welt, etwas, was ausnahmslos jeder, der sich um die Perfektionierung der Welt bemühte, empfinden musste. An diesem Punkt brachten die Romantiker ihren Zweifel zum Ausdruck. Denn wer Glück und Melancholie miteinander verbindet – wie es Caspar David Friedrich oder der den Tod heiter akzeptierende Kleist tun –, der hat kein Vertrauen in die restlose Selbstbestimmung; für ihn ist das Sein nicht erkennbar und nicht beherrschbar. Denn die Melancholie überdeckt nicht nur die Welt, sondern öffnet dem Menschen auch die Augen für etwas, was seine Kompetenz weit überschreitet: für die unaufhebbare Gebrechlichkeit des menschlichen Lebens.

Als man im 18. Jahrhundert versuchte, Glück und Melancholie voneinander zu trennen, wollte man damit das Erlebnis der Transzendenz zurückdrängen und die Tatsache verschleiern, dass der Mensch seiner Größe und seinen Fähigkeiten zum Trotz keinesfalls allmächtig war. Denn die Melancholie ist genauso ein Hinweis auf die intensive Gegenwart eines transzendenten Erlebnisses wie das Glück – nur mit umgekehrten Vorzeichen. Beim transzendenten Erlebnis nimmt das, was in der Sprache der europäischen Kulturtradition üblicherweise als ›göttlich‹ bezeichnet wird, im Menschen selbst Gestalt an. Gott scheint dann gleichsam zum Leben zu erwachen, der Mensch beginnt sich selbst als göttlich zu empfinden. In den Augenblicken des Glückes ist dieser innere Gott in Auferstehung befindlich und nähert sich. In den Augenblicken der Melancholie ist dieser

Gott in Auflösung befindlich und entfernt sich, ist jedoch noch lebendig genug, um seine Wirkung spüren zu lassen. Und wenn seine Kraft ihren Höhepunkt erreicht und sich weder nähert noch entfernt, sondern gegenwärtig ist, dann wird der Mensch von einem Gefühl erfüllt, in dem Melancholie und Glück nicht mehr voneinander zu unterscheiden sind. Das wird in der Sprache der europäischen Tradition mal als Erschütterung, mal als Reinigung (Katharsis) bezeichnet. Es sind Augenblicke der Gegenwart. Das lateinische Wort *praesens* (Gegenwart) könnte sich neben der verbalen Gegenwart auch auf die Macht der Götter beziehen (vgl. Steiner 1990). In der Antike wurde nur in Bezug auf die Götter und Heroen von Gegenwart gesprochen. Denn die Gegenwart vermittelt ein Gefühl von Göttlichkeit: In dem Moment, in dem der Mensch eine einmalige Gegenwart erlebt, wird er auch dem Druck der Verhältnisse entrissen. Die Gegenwart ist kein physisch bestimmbarer Zustand. Eher ist sie eine Ausstrahlung, die wie ein Blick oder ein Lächeln, das sein Ziel erreicht, eine in sich geschlossene Welt zu erschaffen vermag. Es verwundert nicht, dass eine so verstandene Gegenwart in der modernen Massengesellschaft ein Störfaktor ist: Sie stellt die Wichtigkeit gerade dessen in Frage, was in modernen Gesellschaften am wichtigsten zu sein scheint – die Macht über die Verhältnisse.

Melancholie und Glück gehören für den Denker, der die Dimension der Transzendenz offen halten will, in der Erfahrung der Gegenwart zusammen. Indem man sie voneinander trennt, werden sie beide säkularisiert. Die Melancholie wird auf ein sentimentales ›Schönheitsgefühl‹ reduziert, etwas, was nur an schönen Herbstabenden, beim Sonnenuntergang oder beim Sehen tränenseliger Filme erlaubt und ansonsten eher zu belächeln ist. Das Glück wiederum wird zu einer Funktion der entsprechend eingerichteten und geregelten ökonomischen, politischen und technischen Verhältnisse.

Es ist kein Zufall, dass Saint-Just das Glück etwa zu jener Zeit, nämlich an der Wende vom 18. zum 19. Jahrhundert, zu einer neuen Idee in Europa erklärte, als der französische Psychiater Jean-Étienne Dominique Esquirol die Melanchiolie als »falsche Idee« brandmarkte und, da er den Begriff zu allgemein fand, auf »Monomanie« umtaufte (Esquirol 1838/ 1845, 200). Der eine verwies das Glück in den Wirkungsbereich des Menschen und behauptete, das Ausmaß unseres Glücks hänge von uns selbst ab. Der andere beäugte die Melancholie argwöhnisch und stritt ihr jede Größe, jede Kreativität ab. Der eine ver

kündete: Das Glück ist ein Zustand der Gesundheit, der mit Klugheit und den geeigneten Rezepten aufrechterhalten werden kann. Der andere behauptete: Die Schwermut, der Missmut, also die Melancholie entspringen nicht der Einsicht in die Gebrechlichkeit des Seins, sondern sind eine Krankheit, die auf Fehldiagnosen zurückzuführen ist.

Die große Tat der Romantiker bestand darin, dass sie von neuem jenem Drängen auf Glück Geltung verschafften, das den gleichen Wurzeln entsprang wie die Melancholie. Auf diese Weise emanzipierten sie gleichsam auch die Melancholie. Sie verknüpften beide wieder mit dem Wissen um die Transzendenz. Hinzu kommt, dass der Mensch in solchen Momenten nicht nur um die Transzendenz ›weiß‹, sondern auch in aller Intensität erlebt, dass sie sein ganzes Wesen beseelt; er findet Selbsterfüllung in etwas, was streng genommen außerhalb von ihm liegt. Gleichsam schwindelnd verliert er sich in etwas, was jenseits von ihm liegt – in jenem Unendlichen, das weder mit den Mitteln der Politik noch der Wirtschaft noch der Technik jemals zu fassen ist. Diese Bereiche schreiben ein *nüchternes* Glück vor; das Glück hingegen, das mit der Melancholie verwandt ist, macht den Menschen schwindelig.

Man hat die Melancholie in den vergangenen zwei Jahrhunderten so lange bezähmt, bis man sie schließlich von einem Zustand, der einem tiefe und existentielle Erkenntnisse vermitteln konnte, zur unverbindlichen Sentimentalität reduziert hat. Dasjenige Glück wiederum, das von Platon über die großen, westlichen Mystiker bis zu den Romantikern stets für die Verbindung mit der Transzendenz stand, versuchte man auf das Erlebnis der Zufriedenheit zu reduzieren. Das führte oft zu einem Verlust der Distanz zu den bestehenden Verhältnissen, auch wenn die Verweltlichung des Glücks programmatisch auf die Veränderung dieser Verhältnisse angelegt war. Die wirtschaftlichen und politischen Implikationen dieser Haltung sind allzu offensichtlich – und zwar nicht nur im Zeitalter totalitärer Diktaturen, sondern auch in der Zeit danach, in der die Übermacht der Wirtschaft derart maßlos wurde, dass sich Slavoj Žižeks Annahme zu bestätigen scheint, das Leben auf Erden könne irgendwann erlöschen und der Kapitalismus dennoch wie geschmiert weiterfunktionieren. Wenn dem so ist – und momentan deutet noch nichts auf dessen Gegenteil –, dann ist das Junktim von Melancholie und Glück tatsächlich ein Störfaktor. Wolf Lepenies hat die Melancholie deshalb im Anschluss an Robert Merton als ein Symp tom von »Non-Konformität« beschrieben, das freilich immer auch unter dem Verdacht steht, einen seinerseits fragwürdigen Kult des Rückzugs zu inszenieren (Lepenies 1969, 17). Doch indem die Verteidiger des Junktims von Glück und Melancholie der Logik des Kapitals und des Kapitalismus widersprechen, bejahen sie ein anderes Leben.

Literatur

Burton, Robert: The Anatomy of Melancholy [1621]. Vol. 1. London/New York 1968.

Demont, Paul: Der antike Melancholiebegriff: von der Krankheit zum Temperament. In: Jean Clair (Hg.): Melancholie. Genie und Wahnsinn in der Kunst. Ostfildern-Ruit 2006, 34–37.

Esquirol, Jean-Étienne Dominique: Mental Maladies. A Treatise on Insanity [1838]. Philadelphia 1845.

Keats, John: The Works. Ware/Hertfordshire 1994.

Kleist, Heinrich von: Sämtliche Werke und Briefe. Bd. 2. München ⁹1993.

Kopp, Robert: Die unauslotbaren Höllenkreise der Trauer. Erscheinungsformen der romantischen Melancholie von Chateaubriand bis Sartre. In: Jean Clair (Hg.): Melancholie. Genie und Wahnsinn in der Kunst. Ostfildern-Ruit 2006, 328–340.

Lepenies, Wolf: Melancholie und Gesellschaft. Frankfurt a. M. 1969.

Saint-Just, Antoine-Louis de: Œuvres complètes. Paris 2004.

Schelling, Friedrich Wilhelm Joseph: Philosophische Untersuchungen über das Wesen der menschlichen Freiheit und die damit zusammenhängenden Gegenstände [1809]. In: Ders.: Sämtliche Werke. Bd. I/7. Stuttgart/Augsburg 1860, 331–416.

Schiller, Friedrich: Sämtliche Werke. Bd. 1. München 1987.

Steiner, George: Von realer Gegenwart. Hat unser Sprechen Inhalt? München/Wien 1990.

László F. Földényi
(aus dem Ungarischen übersetzt von Akos Doma)

9. Figuren des Glücks in der Romantik. Wanderung ins Anderswo

Auf dem Weg zuhause

»An einem prächtigen Morgen, den er halb verschlafen, dehnte sich Klarinett, daß ihm die Glieder vor Nichtstun knackten; ›nein‹, sagte er, ›nichts langweiliger als Glück!‹« So heißt es irritierend nüchtern in Joseph von Eichendorffs (1788–1857) später, 1841 erschienenen Erzählung Die Glücksritter (1970, Bd. 2, 894). Die Formel vom langweiligen Glück passt nicht in das gängige Bild, das wir uns von Figuren der romantischen Literatur machen. Und doch erschließt sich die Wendung Eichendorffs schnell, vielleicht ein wenig zu schnell. Romantiker sind Wanderer, Suchende, fahrende Gesellen, von Sehnsucht Umgetriebene. Wenn sie ihr Ziel erreicht haben, hören sie auf, Romantiker zu sein; sie fangen dann an, Philister zu werden. Für diesen Verrat müssen Ex-Romantiker einen hohen Preis zahlen: sie vergessen, was Glück ist; sie sind nicht einmal mehr unglücklich, sondern schlicht zufrieden. Wer angekommen ist, und sei es am Ziel seiner Sehnsucht, etwa in arkadischen Gefilden oder im Reich des Glücks, ist am Ende. Dass der Weg das Ziel ist, wissen schon lange vor dem Motorrad fahrenden Neo-Zen-Buddhisten Robert M. Pirsig die romantischen Wanderer.

Années de pèlerinage (Wanderjahre) heißt der Klavierzyklus, den Franz Liszt um 1850 komponierte. Und *Der Wanderer* lautet der Titel eines der berühmtesten Lieder Franz Schuberts (1816), auf das Liszts spätes Werk mehrfach anspielt. Vertont und dadurch unsterblich gemacht hat Schubert seltsam unbeholfene Verse von Georg Philipp Schmidt von Lübeck (Schmidt von Lübeck, Der Wanderer; von Schubert vertont, op. 4, Nr. 1, 1816):

> Ich wandle still, bin wenig froh,
> Und immer fragt der Seufzer: wo?
> Immer wo?
> Im Geisterhauche tönt's mir zurück:
> ›Dort, wo du nicht bist, dort ist das Glück!‹

Diese Auskunft darf man getrost als unbefriedigend bis deprimierend charakterisieren. Kafka, der nicht als verspäteter Romantiker gilt, hat strukturell ähnlich wie Schmidt von Lübeck formuliert, als er, wie sein Freund Max Brod überliefert, konstatieren zu können glaubte: »[Es gibt] unendlich viel Hoffnung –, nur nicht für uns« (Brod 1974, 95). Es gibt das Glück – allerdings nur dort, wo wir gerade nicht sind. Eben deshalb ist die prototypisch romantische Figur des Glücks der Wanderer. Das Wandern ist nicht nur, um den wohl populärsten Vers der deutschen Romantik zu zitieren, des Müllers Lust, sondern das Glück all der Romantiker, die wissen, dass das Glück nicht dort ist, wo sie sind. Glück ist ortlos, und Ortlosigkeit ist der nüchterne deutsche Begriff für das so positiv aufgeladene Wort aus der Fremde, für das Fremdwort ›Utopie‹ (s. Kap. II.11).

Die europäische Romantik ist ohne die Französische Revolution von 1789 und ihr utopisches Pathos nicht zu verstehen. Dieses welthistorische Ereignis, das utopische Schwingungen auf schlagkräftige Begriffe wie ›Freiheit, Gleichheit, Brüderlichkeit‹ brachte und diese Leitbegriffe dann zu verwirklichen ansetzte, war ein einziges pathetisches Glücksversprechen. Zurückhaltender waren zuvor die Formulierungen der amerikanischen Unabhängigkeitserklärung ausgefallen, deren Verfasser klug genug waren, nicht unmittelbar Glück, sondern das Recht auf Streben nach Glück zu versprechen: »pursuit of happiness« (s. Kap. V.2). Wer nach Glück strebt, muss einen Weg zum Ziel seines Strebens finden. Methodenlehren (und das griechische Wort ›Methode‹ meint nichts anderes als den rechten Weg), aufgeklärte Lehren der Glücksfindung hatten vor und nach der Französischen Revolution Konjunktur. Noch der junge Kleist gibt seinem Glücksessay von 1799 den Titel *Aufsatz, den sicheren Weg des Glücks zu finden und ungestört – auch unter den größten Drangsalen des Lebens, ihn zu genießen* (s. Kap. V.8). Er steht damit in der Tradition der Aufklärung, die Glück für einen methodisch erreichbaren Zustand hält (so argumentiert etwa Christoph Martin Wieland in seinem 1756 erschienenen *Versuch eines Beweises, daß Glückseligkeit in der Tugend liege und aus derselben, als ihre natürliche Folge, entspringe*). Die Romantik setzt einen entschieden anderen Akzent. Danach ist Glück gerade nicht ein methodisch erreichbarer Zielzustand, sondern die Verfassung derer, die den Weg als Ziel verstehen.

Wer nach Glück strebt, begibt sich auf einen weiten, ebenso reizvollen wie steinigen Weg. Der Lebensweg, das *curriculum vitae,* der *homo viator,* die Lebensreise, die letzte große Reise – das sind auf antike Motive und Muster zurückgehende, von fast allen Kulturepochen aufgegriffene und je neu besetzte Topoi. In der europäischen Romantik werden – entgegen kursierenden Klischeevorstellungen über das, was ›romantisch‹ heißen soll – die Fragen« nach dem Ursprungs- und dem Zielort dieser Reise weniger akzentuiert gestellt als die nach dem Zwischenraum und der Zwischenzeit.

Die Gegenwart des Glücks

Diese romantische Umakzentuierung hat weitreichende Auswirkungen auf das Glücksverständnis. Wenn sich die überstrapazierten Fragen ›woher kommen wir, wohin gehen wir?‹ in einem zunehmend postmetaphysischen Zeitalter romantischen Ironisierungsstrategien ausgesetzt sehen, wenn also die ›woher‹- und die ›wohin‹-Fragen inflationär entwertet werden, weil das Vertrauen, dass Religion und Metaphysik darauf verlässliche Antworten bereithalten können, aus nachvollziehbaren Gründen schwindet, gewinnt die ›wo‹-Frage umgekehrt an Wert. Wo, in welcher Sphäre, an welchem Ort, kann ich jetzt glücklich sein? Dies wird zu einer Leitfrage all der klugen (früh-)romantischen Köpfe, die die spezifische Zukunftsunrast der Moderne als Säkularisierung christlicher Eschatologie durchschauen. Und so bilden sich mit Eichendorffs Taugenichts und dem Hans im Glück der Grimmschen Märchen (s. Kap. V.10 und IV.5) ebenso populäre wie tiefsinnige romantische Glücksfiguren aus. Sie pflegen zum Hier und Jetzt ein bemerkenswert entspanntes Verhältnis. Sie sind oberflächlich aus Tiefe, sie fragen nicht nach dem Woher und dem Wohin, sondern sind dort, wo sie sind, diejenigen, die sie sind – nämlich immer andere. Das Wort ›anderer‹ ist vom Wort ›Wanderer‹ nur durch einen Buchstaben geschieden. Der Wanderer ist derjenige, der stets ein anderer werden kann und sich genau dadurch treu bleibt (Nietzsche wird sich selbst im späten 19. Jahrhundert als »Wanderer« identifizieren, s. Kap. V.7).

So differenzieren sich in der europäischen Romantik zwei unterschiedliche Wanderer-Figuren aus. Die eine entspricht dem traurigen Bild, das Schmidt von Lübeck gezeichnet hat. Dieser Wanderer ist unglücklich, weil er sich suggeriert bzw. suggerieren lässt, dass das Glück stets dort ist, wo er nicht ist. Der andere Wanderer ist glücklich, weil er fühlt und weiß, dass es keine bessere, weil keine andere Zeit als die Zwischenzeit und keinen besseren Ort als den Zwischenraum gibt. Zwei Prunkzitate aus der romantischen Literatur sind häufig gewaltsam missverstanden worden – nämlich als Verklärung des Ursprungs statt als Lob des Glücks der Lebensreise. »Wo gehn wir denn hin? Immer nach Hause«, heißt es in Novalis' (Friedrich von Hardenberg, 1772–1801) Roman *Heinrich von Ofterdingen* (Novalis 1987, 373). Wohin auch immer wir gehen, dieses Gehen ist, wohin auch immer es führt, unser mobiles Zuhause. Eine ähnliche Intuition bewegt die Verse aus Friedrich Hölderlins (1770–1843) später Fassung der Elegie *Brod und Wein* (1992, 381, 383):

> nemlich zu Hauß ist der Geist
> Nicht im Anfang, nicht an der Quell. Ihn zehret die Heimath.
> Kolonien liebt, und tapfer Vergessen der Geist.

Affinität und Differenz zu Motiven des Glücksdiskurses der Aufklärung werden deutlich, wenn man diese romantischen Wendungen mit einer dichten Zeile aus Gotthold Ephraim Lessings (1729–1781) Gedicht *Die Religion* vergleicht: »Warum? Wer? Wo bin ich? Zum Glück. Ein Mensch. Auf Erden« (1998, 267). Auf Erden, wo sonst, weilen der aufgeklärte wie der romantische Glückliche; der Romantiker aber ist exzentrischer und umtriebiger als der aufgeklärte Kopf, denn er weiß, die Aufklärung noch über sich selbst aufklärend, dass das Ich ein (W)anderer ist.

Wer sich auf dem exzentrischen Weg weiß, der als Weg das Zuhause ist, wer tapfer vergisst, also nicht immer Daten abwägt, wer nicht auf Ursprung und Ziel fixiert ist, kann, wird und will zwischen dem früheren, dem jetzigen und dem zukünftigen Zustand nicht vergleichen. Hans im Glück ist deshalb die klügste Inkarnation der romantischen Glücksverheißung. Seine beglückende Weisheit besteht im Verzicht auf Wertvergleiche. Er, der immer erneut seine Güter tauscht, dabei aber deren Tauschwert ignoriert und nur auf ihren hier und jetzt gegebenen Gebrauchswert achtet, ist der Gegentypus zum betrogenen Betrüger. Er weiß nicht nur, er erfährt in beglückender Weise, dass gewinnt, wer verliert. In der Perspektive seiner Tauschpartner lässt er sich regelmäßig täuschen; in seiner vergleichstranszendenten Perspektive sind seine Tauschpartner nicht einmal Täuschende, sondern Gebende, die ihm eine Last nehmen. Der wandernde, sich ›verandernde‹ Romantiker, der nicht den *status ante* mit dem *status post* vergleicht, ja, der sich überhaupt dem Vergleichsfuror der Moderne verweigert (um vom gegenwärtigen Ranking-Wahnsinn zu schweigen), ist ironischerweise mindestens auf der Höhe neuerer empirisch ausgenüchterter Glücksforschung (s. Kap. VIII.7). Diese findet bekanntlich stets erneut heraus,

dass Zugewinne (etwa an Geld, Macht, Einfluss) kurzfristig als glückssteigernd erfahren werden, aber alsbald verrinnen und gar in Verlusterfahrungen umschlagen können, weil neue Vergleichsdimensionen den Gewinn als Verlust zu verrechnen auferlegen. Wer einen Karrieresprung macht, deutlich mehr Geld als zuvor verdient und danach aus dem Mittelschichtwohnviertel in das Oberschichtviertel umzieht, wird bald erfahren, dass dort Leute leben, die am Umzug ins Villenviertel arbeiten, dem dann ein Umzug in die bessere Stadt etc. folgen muss. Dort, wo du nicht bist, dort ist das Glück.

Glücklicher Romantiker sein, heißt deshalb: dies- oder jenseits einer Vergleichs- und Tauschlogik auf der Wanderschaft zu sein – sei es als Wilhelm Meister, der seine Lehrjahre mit den Worten beschließt »Ich weiß, daß ich ein Glück erlangt habe, das ich nicht verdiene, und das ich mit nichts in der Welt vertauschen möchte« (Goethe 1976, 640; vgl. Hörisch 1983, 83; s. Kap. V.12), sei es als Sisyphus, den wir uns nach Camus' berühmter Wendung als glücklichen Menschen vorzustellen haben (s. Kap. VI.5). Die häufig geäußerte Kritik, die Romantik neige zu einer Verklärung des Bestehenden, ist nicht ganz falsch. Die Figuren in Friedrich Schlegels *Lucinde*, in Novalis' *Heinrich von Ofterdingen*, in Tiecks, Arnims, Brentanos und Eichendorffs Prosa oder in Heines Lyrik sind allen unheimlichen und melancholischen Irritationen zum Trotz von geradezu penetranter Glückstauglichkeit – Eichendorffs Taugenichts voran. Davon zeugen die Worte, mit denen Eichendorffs Novelle *Aus dem Leben eines Taugenichts* von 1826 schließt: »Sie lächelte still und sah mich recht vergnügt und freundlich an, und von fern schallte immerfort die Musik herüber, und Leuchtkugeln flogen vom Schloß durch die stille Nacht über die Gärten, und die Donau rauschte dazwischen herauf – und es war alles, alles gut!« (1970, Bd. 2, 647). Dass die Liebenden sich zuvor entschlossen haben, auf eine Reise zu gehen, versteht sich gewissermaßen von selbst; auch Goethe lässt den Protagonisten seines Bildungsromans nach Lehrjahren Wanderjahre erfahren. Romantiker tendieren, um eine Wendung aus Hölderlins *Patmos*-Hymne zu bemühen (vgl. 1992, 456), dazu, Bestehendes gut zu deuten. Auf die Frage, ob es ein Glück sei, geboren zu werden und die Lebensreise anzutreten, geben sie eine entschieden positive Antwort; der Klage-Topos ›o wär ich nie geboren‹ löst barocke, realistische, naturalistische und expressionistische, nicht aber romantische Resonanzen aus.

Die Fremde, die der wandernde Romantiker zwischen Ursprung und Ziel erfährt, wird als schöne Fremde erfahrbar. Wenn Eichendorffs berühmtes Gedicht *Schöne Fremde* (1970, Bd. 1, 71 f.) noch mit Restbeständen des Schemas ›alt-zukünftig‹ arbeitet, so macht Schumanns Vertonung dieser Zeilen vollends unüberhörbar, dass das »künftige, große Glück« sich hier und jetzt oder nirgends eingefunden hat. Es kommt nur darauf an, es nicht zu übersehen und zu überhören, weil Vergleiche profane Erleuchtungen verdunkeln:

> Es rauschen die Wipfel und schauern,
> Als machten zu dieser Stund
> Um die halbversunkenen Mauern
> Die alten Götter die Rund.
> Hier hinter den Myrtenbäumen
> In heimlich dämmernder Pracht,
> Was sprichst du wirr wie in Träumen
> Zu mir, phantastische Nacht?
> Es funkeln auf mich alle Sterne
> Mit glühendem Liebesblick,
> Es redet trunken die Ferne
> Wie von künftigem, großem Glück!

Der Augenblick der Liebe

Als größtes, höchstes und zugleich am stärksten bedrohtes Glück gilt, wie selbst Romantikkritiker konzedieren werden, das Liebesglück (s. Kap. II.8). Es beginnt damit, dass sich zwei Blicke treffen und so ineinander verlieren, dass die Grenzen zwischen dem Ich und dem Anderen bzw. der Anderen schwinden. Die Liebe liebt das Wandern auch und gerade dann, wenn die von ihr ergriffenen und dadurch andere gewordenen Liebenden einander treu sind. Der glühende Liebesblick war schon vor der Romantik ein Topos. Wenn sich zwei Augen-Blicke treffen und augenblicklich ineinander versenken, können eine beglückende Leidenschaft und also ein besonders intensiver Abschnitt der Lebensreise beginnen. So beschreibt und beschwört es bereits Ovids Lehre von den »quinque lineae amoris« (*Metamorphosen*, Buch X, Vers 342 ff.), von den fünf Stationen der liebevollen Annäherung, die mit *visus* (dem Liebe entzündenden Blick) beginnt, mit *allocutio* bzw. *colloquium* (Anrede bzw. Gespräch) weitergeht, zu *tactus* (Berührung) führt, danach *oscula* (Küsse) wagt und in der erotischen Vereinigung (*coitus*) endet bzw. im glücklichen Fall nicht endet.

Friedrich Schiller (1759–1805) hat seinem Drama *Die Jungfrau von Orleans* den Untertitel *Eine roman-*

tische Tragödie mitgegeben. In ihr findet sich die protoromantische Liebesblick-Szene schlechthin (1981, 770): »Er [Lionel] dringt auf sie [Johanna] ein, nach einem kurzen Gefecht schlägt sie ihm das Schwert aus der Hand. Treuloses Glück! *Er ringt mit ihr.* JOHANNA *ergreift ihn von hinten zu am Helmbusch und reißt ihm den Helm gewaltsam herunter, daß sein Gesicht entblößt wird, zugleich zuckt sie das Schwert mit der Rechten.* Erleide, was du suchtest, / Die heilge Jungfrau opfert dich durch mich! *In diesem Augenblick sieht sie ihm ins Gesicht, sein Anblick ergreift sie, sie bleibt unbeweglich stehen und läßt dann langsam den Arm sinken.*« Das ist eine ausführliche Regieanweisung zu einem sehr knappen Text. Sie moduliert den Übergang vom »treulosen Glück« des kriegerischen Kampfes zum euphorischen Liebesglück (mit bekanntlich unglücklichem Ausgang). Die Blicke von Lionel und Johanna versenken sich ineinander, so dass ein »glühender Liebesblick« entsteht. Aus zwei wird eins.

Richard Wagner (1813–1883) hat dieses Motiv in *Tristan und Isolde*, also in dem Werk, das zu Recht als Höhepunkt romantischer Musikdramatik gilt, aufgenommen und ausgestaltet. Isolde schildert ihrer Vertrauten Brangäne, dass sie unfähig war, Tristan zu töten und so den Mord an ihrem Verlobten Morold zu rächen, weil sie der Blick des Verwundeten traf (1871–73, Bd. 7, 17):

> Von seinem Bette
> blickt' er her, –
> nicht auf das Schwert,
> nicht auf die Hand, –
> er sah mir in die Augen.
> Seines Elendes
> jammerte mich; –
> das Schwert – das ließ ich fallen.

Auffallend ist es nun, dass Romantiker wie Eichendorff oder Richard Wagner das liebestechnische Schema aus Ovids *Ars amatoria* großzügig generalisieren, also kosmologisch und ontologisch wenden. Es sind nicht weniger als »alle Sterne«, die einen »glühenden Liebesblick« auf den nächtlichen Wanderer werfen. Er erfährt nicht nur das Sternenzelt als Ferment einer erotischen Lebenssteigerung, sondern auch die ihn umgebende nächtliche Natur als eine, die ihm Zuspruch gewährt. Auch in dieser Hinsicht knüpft die Romanik an einen Topos an, den sie sodann überbietet: *natura loquitur*. Die Natur spricht, ja, sie redet trunken und wirr wie in Träumen. Und diese Rede ist, folgt man Eichendorffs oben zitiertem

Gedicht, so adressatenbezogen (»zu mir«) wie unbestimmt (»was sprichst du […] zu mir?«). Die Unbestimmtheit des Liedes, das in allen Dingen schläft, ist aber nicht als Mangel, sondern vielmehr als beglückendes Geschenk zu erfahren. Denn ohne diese Unbestimmtheit gäbe es die Freiheit nicht, ein halb gefülltes Glas als halbvolles oder halbleeres zu deuten – und ein Leben voll Glück und Unglück als ein glückliches oder unglückliches Leben.

Vor dem Problem, erkennen zu müssen, dass die Welt des Glücklichen eine andere ist als die des Unglücklichen, stehen auch die Liebenden in Theodor Fontanes (1819–1898) 1888 erschienenem romantisch-realistischen Roman *Irrungen, Wirrungen.* Die Lebenswege von Lene und Botho müssen sich trennen, nachdem sie sich für einen Sommer so gekreuzt haben wie ihre Blicke und nachdem beide dadurch zu anderen geworden sind (1973, Bd. 5, 101 f.):

> ›Ich hab es so kommen sehn [sagt Lene beim Abschied zu Botho, J. H.], von Anfang an, und es geschieht nur, was muß. Wenn man schön geträumt hat, so muß man Gott dafür danken und darf nicht klagen, daß der Traum aufhört und die Wirklichkeit wieder anfängt. Jetzt ist es schwer, aber es vergißt sich alles oder gewinnt wieder ein freundliches Gesicht. Und eines Tages bist du wieder glücklich und vielleicht ich auch.‹
> ›Glaubst du's? Und wenn nicht? was dann?‹
> ›Dann lebt man ohne Glück.‹
> ›Ach, Lene, du sagst das so hin, als ob Glück nichts wäre.‹

»Ach« gesagt haben neben vielen anderen literarischen Figuren auch Faust (»Habe nun, ach, […]«), die Automate aus E.T.A. Hoffmanns Novelle *Der Sandmann* und Alkmene in Kleists *Amphitryon,* der Komödie über das unübertroffene Liebesglück einer göttlichen Nacht. Diese und zahllose andere literarische wie unliterarische Figuren haben die protoromantische Erfahrung gemacht, dass »Glücklich sein heißt ohne Schrecken seiner selbst« als eines anderen und eines Wanderers »innewerden [zu] können« (Benjamin 1928/1980, 113; s. Kap. II.5 und VI.7).

Literatur

Benjamin, Walter: Einbahnstraße [1928]. In: Ders.: Gesammelte Schriften. Werkausgabe. Bd. IV.1: Kleine Prosa, Baudelaire Übertragungen (Hg. Tillmann Rexroth). Frankfurt a. M. 1980, 83–148.

Brod, Max: Über Franz Kafka. Frankfurt a. M. 1974.

Eichendorff, Joseph von: Werke. Nach den Ausgaben letzter Hand unter Hinzuziehung der Erstdrucke (Hg. Ansgar Hillach). Bd. 1–3. München 1970–76.

Fontane, Theodor: Romane und Erzählungen in 8 Bänden (Hg. P. Goldammer/G. Erler/A. Golz/J. Jahn). Bd. 5. Berlin/Weimar 1973.

Goethe, Johann Wolfgang von: Werke. Berliner Ausgabe. Bd. 10. Berlin 1976.

Henrich, Dieter: Glück und Not. In: Ders.: Selbstverhältnisse. Gedanken und Auslegungen zu den Grundlagen der klassischen deutschen Philosophie. Stuttgart 1982, 131–141.

Hölderlin, Friedrich: Sämtliche Werke und Briefe. Bd. 1. München/Wien 1992.

Hörisch, Jochen: Gott, Geld und Glück. Zur Logik der Liebe in den Bildungsromanen von Goethe, Keller und Thomas Mann. Frankfurt a. M. 1983.

Lessing, Gotthold Ephraim: Werke und Briefe. Bd. 2. Frankfurt a. M. 1998.

Novalis: Werke, Tagebücher und Briefe. Bd. 1. München 1987.

Ovid: Metamorphosen (Hg. G. Fink). Zürich/München 1989.

Schiller, Friedrich: Sämtliche Werke. Bd. 2. München 1981.

Wagner, Richard: Gesammelte Schriften und Dichtungen. Leipzig 1871–73.

Wellbery, David E.: Prekäres und unverhofftes Glück. Zur Glücksdarstellung in der klassischen deutschen Literatur. In: Heinrich Meier (Hg.): Über das Glück. München 2008, 13–50.

Jochen Hörisch

10. Figuren des Glücks im Märchen. »Es ist mir, als wäre mein Glück noch nicht zu Ende«

Wunscherfüllung statt Glücksgefühl

Die *Kinder- und Hausmärchen* der Brüder Grimm, die zwischen 1812 und 1857 in sieben divergierenden Auflagen erschienen, dienen hier als Textmaterial, und zwar weil diese Sammlung die wichtigsten Typen der Märchen der Weltliteratur enthält, weil sie die national wie international am weitesten verbreitete und bekannteste ist, sowie vor allem wegen ihres unikalen Charakters, der sich den Textbearbeitungen Wilhelm Grimms verdankt, wodurch aus anonymen Volksmärchen die Grimmschen Buchmärchen wurden. (Zitiert werden sie im Folgenden mit KHM und der jeweiligen Nr. des Märchens.)

Von ›Figuren des Glücks‹ kann man im strengen Sinn nicht sprechen, auch wenn es auf den ersten Blick anders aussieht: Der sprichwörtliche Hans im Glück (KHM 83) oder die drei Glückskinder (KHM 70) scheinen oder sind zwar vom Glück begünstigt, aber ob sie selbst wirklich glücklich sind, berichtet der Märchenerzähler nicht. Der Märchenrezipient kann und mag den Figuren Gefühle wie Liebe, Hass, Furcht, Tapferkeit oder eben auch Glücklichsein zuschreiben – die Märchentexte bieten dazu Anlass, aber keine beweiskräftige Aussage. So kann man meinen, der Prinz im »Aschenputtel«-Märchen (KHM 21) sei unglücklich, so lange er der ersehnten Braut nicht habhaft wird, und er fühle sich glücklich, wenn er sie entdeckt und zur Hochzeit führt; tatsächlich nimmt er aber zweimal die Erstbeste, um jeweils mit dieser »glücklich« zu sein, wenn denn nur die äußerlichen Zeichen auf sie passen: Auf diese allein – und nicht etwa auf seelische Zuneigung oder Glücksgefühle – kommt es an. Die relativ seltene Schlussformel, dass zwei, die sich gesucht und gefunden haben, fortan »glücklich lebten« (vgl. KHM 1, 123, 141, 155), bezieht sich ganz äußerlich auf die Tatsache, dass der Märchenheld sein Ziel erreicht, z. B. einen Partner erobert hat, und fortan in ungestörtem ehelichen Leben vorzustellen ist. Bezeichnenderweise begegnet anstelle des Adverbs ›glücklich‹ in sehr viel mehr Märchenschlussformeln nach dem obligatorischen Happyend einer Eheschließung

das in der Märchensprache synonyme Wort ›vergnügt‹, das im älteren Wortsinn ›zufrieden‹ meint (vgl. im »Allerleirauh«-Märchen, KHM 65: »Darauf ward die Hochzeit gefeiert, und sie lebten vergnügt bis an ihren Tod«; ähnlich in KHM 1, 12, 31, 50, 64, usw.). Das sprichwörtliche finale Märchenglück ist kein Ausdruck von Glücklichsein oder von Glücksgefühlen, sondern sozusagen nur das Gütesiegel, das den Erfolg bei Prüfungen, das Bestehen aller möglichen Abenteuer oder den Abschluss eines gelungenen Reifeprozesses des Märchenhelden bestätigt.

Angesichts eines solchen Finales kann sich eine Märchenfigur auch einmal über den Status ihrer Befindlichkeit irren: »So glücklich wie ich […] gibt es keinen Menschen unter der Sonne!«, ruft der »Hans im Glück« (KHM 83), nachdem er durch eigne Dummheit und Betrügereien der ihn Ausplündernden alles verloren hat. Der törichte Junge im »Märchen von einem, der auszog, das Fürchten zu lernen« (KHM 4) täuscht sich eine beglückende Erfahrung vor, wenn er meint, die Applizierung einer Gänsehaut habe ihn das Fürchten gelehrt und damit sein Wunschziel erreichen lassen. Glückliche Menschen oder von diesen als beglückend empfundene Begebenheiten in des Wortes eigentlicher Bedeutung schildert das Märchen nicht. ›Figuren des Glücks‹ muss also etwa im Sinn von ›Konstellationen des Glücks‹ verstanden werden, wenn man dem Thema unter Beachtung der Gattungseigentümlichkeiten etwas abgewinnen will.

Die Spannweite des in der deutschen Literatur nur vereinzelt begegnenden Begriffs ›Märchenglück‹ (im Grimmschen Wörterbuch findet er sich nicht) können zwei Belege verdeutlichen: Im 1880 entstandenen Gedicht *Die Schlittschuhe* von Conrad Ferdinand Meyer (1963, 98 f.) umschreibt er ein ganz real erlebtes Glücksgefühl, an das sich ein alter Mann erinnert, nämlich das einmalige »Märchenglück« einer Schlittschuhpartie mit einem jungen Mädchen in einer zauberhaften Atmosphäre; derweil entlarvt Berta von Suttner in ihren 1909 erschienenen *Memoiren* die zweimal mit dem Wort »Märchenglück« umschriebenen Träumereien als luftige Utopien (Suttner 1909, 22–27).

Es gibt im Grimmschen Märchen Figuren, die schon während ihrer Geburt von geradezu unentgehbarem Glück in Beschlag genommen werden, und dazu gehören nicht nur die Dummlinge, wie es in Grimms Vorrede heißt (»der Dummling, von allen verlacht und hintangesetzt, aber reines Herzens, gewinnt allein das Glück«; Grimm KHM, Vorrede):

»Es war einmal eine arme Frau, die gebar ein Söhnlein, [das ...] eine Glückhaut umhatte [...]. Was so einer unternimmt, das schlägt ihm zum Glück aus« (KHM 29).»Ich muss in einer Glückshaut geboren sein‹, rief er aus, ›alles, was ich wünsche, trifft mir ein wie einem Sonntagskind‹« (KHM 83). Diese permanente Wunscherfüllung (statt Gold wünscht er sich ein Pferd, statt des Pferdes eine Kuh usw.) führt aber wie in den meisten vergleichbaren Grimmschen Märchen schließlich eher ins Unglück: Als all seine Wünsche in Erfüllung gegangen sind, kehrt er so arm wie er einst ausgezogen war, zu seiner Mutter zurück, und im Märchen ist solche *restitutio* des eigentlich für immer in die Fremde Gezogenen in der Regel ein Zeichen für eine nicht geglückte Reife. Ähnlich ergeht es dem Reichen im Märchen »Der Arme und der Reiche« (KHM 87) oder der sich unersättlich immer neues Glück wünschenden Ilsebill (»Von dem Fischer un syner Fru«, KHM 19). »In den alten Zeiten, wo das Wünschen noch geholfen hat« (KHM 1) halfen die den Märchenhelden gewährten drei Wünsche nur selten zum Glück; wohl aber ging jede Verwünschung sofort und meist verhängnisvoll in Erfüllung (etwa der unbedachte Fluch des Vaters zu Beginn von »Die sieben Raben«, KHM 25). Ob das Märchenglück nicht eher mit der Möglichkeit des Wünschens als mit der Wunscherfüllung zu tun hat? Wer wunschlos ist, wer sich nichts mehr zu wünschen weiß, der wäre dann der eigentlich Unglückliche.

Gnade, Fortuna und der Einfluss des Menschen

Es ist zu fragen, wer denn Wünsche gewährt, und vor allem wer das Märchenglück beschert. Die Grimmschen Texte geben darauf zuweilen sibyllinische Antworten. In einem Fall (KHM 83) scheint die Glücksverheißung zunächst eine blinde Schicksalsfügung (Glückshaut, Sonntagskind) zu sein, aber am Ende dankt Hans, auf Knien betend, ausdrücklich Gott und dessen Gnade für sein Märchenglück. Das ist genau die Verbindung, wie sie im Märchen »Die beiden Wanderer« (KHM 107) formuliert ist: »Wer auf Gott vertraut und nur Glück hat, dem kann nichts fehlen.« Wird das Märchen-Happyend durch Gottes Gnade oder durch die Gunst der Fortuna gewährt? Das Märchen weicht einer Entscheidung dieser Frage aus und sagt »und«. Diese Unentschiedenheit bei der Frage nach dem Glücksspender oder Unglückssender ist märchentypisch. So seufzt der unglückah

nende Diener im Märchen »Der treue Johannes« (KHM 6): »Herr Gott, was will daraus werden!« Denn Johannes betet nicht etwa zu Gott, damit dieser Unglück abwende, nein, er traut Gott nicht einmal Lenkung des Geschicks zu – »was will daraus werden«, was wird das »Es«, das Schicksal oder welches numinose Neutrum auch immer, was wird »es« bescheren?

Ein bisschen mag man bei der Frage nach den jenseitigen Bewirkern von Glück und Unglück an die Homerischen Götter denken, die zwar gern der Menschen Opfer und Bittgebete für das Glück annehmen, aber letztlich doch alles dem Schicksal, der *anankè*, anheim stellen müssen, oder an den germanischen Wotan (wie ihn am schärfsten in seiner Ohnmacht Richard Wagner gezeichnet hat): Die ›Wurt‹, wie die Altdeutschen sagten, das Schicksal, macht, was es will. Denn so findet man noch in der ältesten deutschsprachigen Dichtung selbst den christlich aufgefassten Gott der Wurt nachgeordnet: »Welaga nu, waltant got, wewurt skihit« (O weh, allmächtiger Gott, nun geschieht das Wehschicksal, nun nimmt das vom Schicksal bescherte Unglück seinen Anfang), heißt es im »Hildebrandslied«. Goethe hat das in seinem *Prometheus* noch einmal so gefasst: Nicht die Götter schaffen des Menschen Glück oder Unglück, sondern »das ewige Schicksal«.

Bleibt es im Märchen schon unentschieden, wer Glück oder Unglück und gegebenenfalls unter welchen Bedingungen beschert, so finden sich auf die Frage, inwieweit der Märchenheld für sein Glück oder Unglück selbst verantwortlich ist, keine einheitlichen Antworten. Ein drastisches Beispiel ist der allerdings nur vorübergehend in die Grimmsche Sammlung (nämlich in der vierten bis sechsten Auflage) aufgenommene Text »Das Unglück« (KHM 175a), der mit folgendem Motto beginnt: »Wen das Unglück aufsucht, der mag [...] fliehen, es weiß ihn doch zu finden.« Ein Mann wird im Wald von einer Schar Wölfe überfallen; auf der Flucht kommt er an eine Brücke, die jedoch ausgerechnet in dem Augenblick zusammenfällt, als er sie betreten will; er springt ins Wasser, droht aber als Nichtschwimmer zu ertrinken; Fischer retten ihn und lehnen ihn zum Trocknen an eine alte Mauer: »Als er aber aus der Ohnmacht erwachte [...], fiel das Gemäuer über ihm zusammen und erschlug ihn.« Bittere Quintessenz dieser kruden Geschichte scheint zu sein, dass man keineswegs seines Glückes oder Unglückes Schmied ist, sondern dass das Unglück einen in solcher Folgerichtigkeit und Konsequenz verfolgt, dass man ihm

im wörtlichen Sinn nicht entgehen kann. Eine Menge
scheinbarer Zufälle reiht sich zu einer anscheinend
zielgerichteten Folge, hinter der man das personifi-
zierte Unglück oder das Schicksal wahrnimmt. War
die Handlungskette, in der sich das nur scheinbare
oder das tatsächliche Glück des törichten Hans
(KHM 83) manifestierte, noch zum Teil durch dessen eigne Wünsche und Entscheidungen bedingt, so
scheint in dieser erstmals 1563 in Hans Wilhelm
Kirchhoffs *Wendunmuth* veröffentlichten Geschichte
orientalischen Ursprungs das Unglück völlig außerhalb der Willensentscheidung des Märchenhelden
zu agieren und sozusagen über diesen herzukom-
men.

Betrachtet man textübergreifend die einzelnen
Unglücksfälle in den Grimmschen Märchen im Zusammenhang, so ist unübersehbar, dass der Mensch
denn doch zu einem guten Teil auch selbst die Schuld
an den ihn überkommenen Widerwärtigkeiten
trägt, und zwar merkwürdigerweise gerade durch
sein eignes Wünschen. Das menschliche Wünschen
im Allgemeinen und das Wünschen im Märchen im
Besonderen zielen, ganz allgemein gesprochen, aufs
Glück. Man wünscht sich Glück im Bezug auf den
erstrebten Partner, Wohlergehen, Reichtum, Macht
usw. Doch zeitigen – wie gesagt – überraschend viele
Märchenwünsche Unglück. Dem Reichen rät der auf
Erden wandernde liebe Gott im Märchen »Der Arme
und der Reiche« sogar davon ab, sich der Erfüllung
dreier Wünsche zu versichern: »Ja, sagte der liebe
Gott [...], es wäre aber nicht gut für ihn, und er sollte
sich lieber nichts wünschen. Der Reiche meinte, er
wolle sich schon etwas aussuchen, das zu seinem
Glück gereiche« (KHM 87).

Nachdem das Stichwort ›Glück‹ gefallen ist, bringen die drei Wünsche nur Unglück: Zuerst wünscht
sich der Reiche unbedacht im Unwillen über sein
bockiges Pferd, dass es den Hals breche. So geschieht
es. Auf seinem weiteren Heimweg schleppt er sich
mit dem Sattelzeug und wird dabei auf seine Frau
neidisch, die es sich zu Hause wohl sein lässt. Er
wünscht das Sattelzeug in sein Haus und seine Frau
darauf fest klebend. Auch das geschieht. Den dritten
Wunsch muss er aufwenden, um seine keifende Frau
vom Sattel zu erlösen. Also haben ihm die drei
Wunscherfüllungen nur Unglück gebracht: Er hat
sein Pferd verloren und sich neben dem lebensläng-
lichen Ärger über die vertanen Chancen (vergleichbar mit des Fischers Frau am Ende des KHM 19)
wohl auch einen nicht nur kurzzeitigen Ehekrach
eingehandelt. Das Grimmsche Märchen »Der Arme

und der Reiche« gehört zum weltweit und seit alters
verbreiteten Typus der Volkserzählungen von den
drei törichten Wünschen, die allesamt in vielen Varianten festschreiben, dass einem das Glück nicht
durch bloßes Wünschen in den Schoß fällt und dass
forciertes Wünschen in der Regel Unglück bringt. Richard Volkmann-Leander hat das in einem Kunst-
märchen einmal witzig zum Ausdruck gebracht: Ein
wegen seiner räumlichen Trennung unglückliches
Liebespaar bekommt von Gott einen Wunsch frei; er
wünscht sich auf ihre Gänseweide, sie wünscht sich
auf seine Schweineweide – und so bleiben beide getrennt und sind um eine weitere Enttäuschung reicher.

Sein Glück ver-suchen

Geradezu leitmotivisch wird die Frage, wie man
denn nun sein Glück machen oder finden könne, im
Märchen »Der Ranzen, das Hütlein und das Hörnchen« (KHM 54) gestellt. Es geht um drei Brüder, die
durch irgendein nicht genanntes Unglück »in Armut
geraten« waren, so dass sie sogar »Hunger leiden
mussten«, das heißt, sie sind in einer für viele Mär-
chenanfänge typischen Mangellage, die zu überwinden und womöglich überreich zu kompensieren, der
Weg der Märchenhelden ist, auf dem die Märchenre-
zipienten ihnen denn auch alles Glück wünschen,
und zwar im Sinn der ›naiven Moral‹, die dem zu unrecht Leidenden am Ende alles Gute gönnt. Solche
Mangellagen kennt man etwa im »Hänsel und
Gretel«-Märchen in Form von Hungersnot (KHM
15), als Kinderlosigkeit (»Dornröschen«, KHM 50),
als bösartige Unterdrückung und Ausbeutung
(»Aschenputtel«, KHM 21); im Märchen »Die Nixe
im Teich« wird das ausdrücklich verbalisiert: »Unglück kommt über Nacht: Wie ihr Reichtum gewachsen war, so schwand er von Jahr zu Jahr wieder hin«
(KHM 181). Die drei Brüder (KHM 54) wollen ihrer
Mangellage entgehen und machen sich auf die mär-
chentypische Suchwanderung – nach dem Glück.
»Da sprachen sie: ›Es kann so nicht bleiben: es ist
besser wir gehen in die Welt und suchen unser
Glück.‹ Sie [...] waren schon weite Wege [...] gegangen, aber das Glück war ihnen noch nicht begegnet.«
Endlich finden sie einen Berg aus Silber. »Da sprach
der Älteste: ›Nun habe ich das gewünschte Glück gefunden und verlange kein größeres.‹ Er nahm von
dem Silber, soviel er nur tragen konnte, kehrte dann
um und ging wieder nach Haus.« Eine Märchenfigur,
die kurz nach dem obligatorischen Aufbruch zur

Suchwanderung wieder nach Hause zurückkehrt und zumal eine, die sich mit dem ersten besten Glücksfund schon zufrieden gibt, ist kein rechter Märchenheld – auch in diesem Text erweist sich als solcher ausschließlich der jüngste Bruder, während die andern, trotz ihres scheinbar glücklichen und zufriedenstellenden Status, zu seinen infamen Gegenspielern mutieren. Der zweite Bruder verlangte zwar zunächst »vom Glück noch etwas mehr«, gibt sich dann aber auch sofort mit einem reichen Goldfund zufrieden. »Der dritte aber sprach: ›Silber und Gold, das rührt mich nicht; ich will meinem Glück nicht absagen, vielleicht ist mir etwas Besseres beschieden‹.«

Es gibt Märchen, in denen die Glückserfüllung durch übermäßigen Reichtum an Gold und Silber symbolisiert ist – dann aber immer erst am Ende der Geschichte und nach Abenteuern, Prüfungen, Hilfen durch Dies- und Jenseitige. Was den beiden Ältesten hier gleich zu Beginn der Geschichte in den Schoß gefallen ist, kann nicht das eigentliche Märchenglück sein. Das spürt der Dritte instinktiv, und deswegen setzt er seine Suchwanderung fort. Er findet ein Tischleindeckdich und erwirbt durch einen miesen Trick noch einen Tornister dazu, aus dem nach seinem Wunsch Soldaten herausmarschieren. Aber seine Wünsche wollen nach dem Motto ›alle guten Dingen sind drei‹ noch höher hinaus: »Er [...] hoffte, das Glück würde ihm noch heller scheinen«. Und tatsächlich, er gewinnt als drittes Wundergerät ein Hütlein, das schießfertige Kanonen herbeizaubern kann: »Es kommt eins zum andern, dachte er, und es ist mir, als wäre mein Glück noch nicht zu Ende. Seine Gedanken hatten ihn auch nicht betrogen.« Damit hat er indes nach den Märchengesetzlichkeiten überzogen. Er erlangt noch ein wundertätiges Hörnlein, aber die Heimkehr zu seinen Brüdern erweist sich als verhängnisvoll und bringt ihm Unglück. Er gewinnt zwar die Königstochter zur Frau, doch die listet ihm wie die biblische Dalila seine Zaubergeräte bis auf das Hörnlein ab; damit bläst er zornig alles zusammen: »Mauern, Festungswerke« fallen ein und erschlagen seine Frau samt dem königlichen Schwiegervater. »Da widerstand ihm niemand mehr, und er setzte sich zum König über das ganze Reich.« Das finale, gewalttätig herbeibombardierte Märchenglück wird dem Märchenhelden selbst wie immer nicht recht bewusst. Wohl aber mag es sich um die Glücksvorstellung des originellen Beiträgers dieses Textes zu Grimms Märchen handeln: Der pensionierte Dragonerwachtmeister Krause be-

scherte den Brüdern Grimm Geschichten, die gern und auffällig häufig in solchen soldatischen Gewaltphantasien schwelgen. Nicht dass Krause diese Märchen oder einzelne Motive erfunden hätte; aber solche Text haben ihn fasziniert, er hat sie sich eingeprägt und gern weitererzählt. Im etwas fragwürdigen Happyend – nicht nur – dieses Krauseschen Beitrags stellt sich das Märchenglück als handfeste Machtübernahme dar, und es ist wohl eher die Glücksvorstellung des Erzählers als die des Märchenhelden erfüllt.

Das glückliche Finale besteht hier (im Überspringen der traditionellen Motive von Reichtum und Ehepartner, aber auch des Erwerbs von Gold und Silber sowie der Königstochter) ausschließlich in unumschränkter Macht. Das Glücksstreben des Märchenhelden richtet sich in erster Linie auf das Erringen eines Partners hohen Standes (Prinz, Prinzessin), auf ausgefallene Fähigkeiten, hohe Tapferkeit, unermesslichen Reichtum, auf Macht (männliche Märchenhelden) oder auf Schönheit (weibliche Märchenhelden), aber auch auf unerschöpfliche Ess- und Trinkgenüsse, auf Erlangen eines prächtigen Hauses, Schlosses oder Palasts. So gewinnt etwa der dritte Sohn im Märchen vom »Tischchendeckdich« (KHM 36) den Goldesel (Reichtum), den Knüppel (Macht) und den Zaubertisch (Ess- und Trinkgenüsse). Jedenfalls ist das einmal am Ende der Geschichten erreichte Märchenglück, von dem man nie sagen kann, ob es den Märchenhelden wirklich glücklich macht, ein *nunc stans*, ein dauerhaftes und unwandelbares, meilenweit von der dichterischen Einsicht in die Unfassbarkeit und Flüchtigkeit des Glücks entfernt, wie sie etwa Nikolaus Lenau in seinem Gedicht *Frage* resignierend in die Verse gefasst hat (1880, 127):

O Menschenherz, was ist dein Glück?
Ein räthselhaft geborner,
Und, kaum gegrüßt, verlorner,
Unwiederholter Augenblick!

Wilhelm Grimm hat im Verlauf der sieben Auflagen des Märchenbuchs zahlreiche Sprichwörter und Redensarten in die einzelnen Märchen eingefügt, die nur selten direkt etwas mit der Erzählung selbst zu tun haben, in vielen Fällen aber ein vorläufiges Resümee oder eine Zusammenfassung des Themas bieten. Unter den weit über dreihundert Belegen dieser Art finden sich auch einige wenige, die Glück und Unglück thematisieren und in ihrer konzisen Stringenz besonders aussagekräftig sind. Wilhelm Grimm hat selbst mehrfach geäußert, dass solche Sprichwör-

ter in knappster Form Lebenserfahrungen und Weis-
heiten tradieren und daher einen hohen Wahrheits-
gehalt haben.

Die Wendung »sein Glück versuchen« begegnet
in den Märchen »Der Ranzen, das Hütlein und das
Hörnchen« (KHM 54), in dessen Vorform »Von der
Serviette, dem Kanonenhütchen und dem Horn«
(beides Märchen von Wunsch-Dingen) sowie in den
Geschichten »Der treue Johannes« (KHM 6), »Ra-
punzel« (KHM 12), »Die vier kunstreichen Brüder«
(KHM 129) und »Die sechs Diener« (KHM 134). Im
Märchen »Der Geist im Glas« (KHM 99) wird jemand »sein Glück verscherzen«. »Das Glück steht
oft vor der Tür, man braucht sie nur aufzumachen«
(»Die Erbsenprobe«, KHM 182a); »Unglück kommt
über Nacht«, heißt es im Märchen »Die Nixe im
Teich« (KHM 181). Die Quintessenz dieser Redensarten besagt, dass das Glück in erster Linie unberu-
fen erscheint, dass man selbst es nur »hereinzulas-
sen«, anzunehmen oder es eben zu »versuchen«,
auszuprobieren braucht. So gesehen, zieht fast jeder
Märchenheld aus, sein Glück zu versuchen. Dabei
kann man sein Glück allerdings auch »verscherzen«.

Das Wechselbad von Glück und Unglück

Nachdem nun einige Spielarten von Glück und Unglück in den Grimmschen Märchen diskutiert worden sind, sei zum Abschluss der erste Teil des Märchens »Der Teufel mit den drei goldenen Haaren«
(KHM 29) im Hinblick auf seine Figurationen von
Glück und Unglück vorgestellt, denn der schier
atemberaubende und klug durchkomponierte Wechsel zwischen märchengerechten Extremsituationen
ist für das in Rede stehende Thema besonders signifikant.

1. Eine arme Frau gebiert ein Söhnlein – ein Glück.
2. Das Neugeborene hat den *pileus naturalis* (Teil der
   Embryonalhaut) über seinem Kopf – seinerzeit,
   medizinisch gesehen, ein fast todsicheres Unglück.
3. Das Kind kommt durch, und der *pileus* wird als
   »Glückshaut« gedeutet – ein Glück.   .
4. Der König will das Kind töten, weil diesem die
   Thronfolge prophezeit ist – ein Unglück.
5. Der König bietet den armen Eltern schweres Geld
   für das Kind – ein Glück.
6. Der König wirft das Kind in einem Kästchen in einen reißenden Fluss – ein Unglück.
7. Ein Müllerknecht angelt das Kästchen und rettet
   dem Kind das Leben – ein Glück.

8. Das Kind wird von Müllersleuten adoptiert; da die
   Müller in der Volksliteratur in der Regel Bösewichte
   oder gar Verbrecher sind – ein Unglück.
9. Diese Müller sind ausnahmsweise fromme Leute,
   die das Kind als ein Gottesgeschenk ansehen und
   seiner wohl pflegen – ein Glück.
10. Der König trachtet dem inzwischen vierzehn Jahre
    alten Kind erneut nach dem Leben – ein Unglück.
11. Der König gibt dem Jungen für eine kleine Dienst-
    leistung eine fürstliche Entlohnung – ein Glück.
12. Der Junge trägt in einem verschlossenen Umschlag,
    ohne es zu wissen, sein Todesurteil zum Königshof
    (*Uriasbrief*) – ein Unglück.
13. Der Junge tritt seine märchenhafte Suchwanderung
    an, an deren Beginn traditionell eine Mangellage
    steht; er verirrt sich heillos im Wald – ein Unglück.
14. Der Junge findet Unterkunft in einem zufällig von
    ihm gefundenen Häuschen – ein Glück.
15. Das Häuschen erweist sich als Räuberhöhle, und
    die Räuber töten jeden Fremden, der ihren Unter-
    schlupf entdeckt – ein Unglück.
16. Eine alte Frau bittet erfolgreich um Gnade für den
    sorglos schlafenden Jungen – ein Glück.
17. Die Räuber schreiben den *Uriasbrief* um: Aus dem
    königlichen Todesurteil wir der scheinbar königli-
    che Befehl, den Jungen mit der Prinzessin zu ver-
    mählen. Dann führen sie den Verirrten auf den
    richtigen Weg zurück, so dass er zum Hof gelangt
    und die Prinzessin heiratet – ein dreifaches Glück.

Der Märchenheld nimmt sein Wechselschicksal mit
Gleichmut hin, ohne jede Verwunderung, furchtlos
und ohne sich über die unverdienten Unglücksfälle
zu beklagen, ohne für die Glücksgaben zu danken,
die ihm immer wieder in den Schoß fallen. Sein drei-
faches Glück am Ende der Abenteuergeschichte erweist unübersehbar das märchengerechte Happyend.
Am Ende des zweiten Teils des Märchens wird das
ausdrücklich bestätigt: »Endlich langte das Glücks-
kind daheim bei seiner Frau an, die sich herzlich
freute, als sie ihn wiedersah und hörte, wie wohl im
alles gelungen war«.

Literatur

Bausinger, Hermann: Märchenglück. In: Zeitschrift für
    Literaturwissenschaft und Linguistik 50 (1983), 17–
    27.
Bluhm, Lothar/Rölleke, Heinz: »Redensarten des Volks,
    auf die ich immer horche«. Märchen – Sprichwort –
    Redensart. Stuttgart/Leipzig 1997.
Grimm, Brüder: Kinder- und Hausmärchen [KHM]
    1812] (Hg. Heinz Rölleke). Göttingen ²1996.

–: Kinder- und Hausmärchen [KHM, [7]1857] (Hg. Heinz Rölleke). Stuttgart [6]2006.

Lenau, Nikolaus: Sämmtliche Werke (Hg. Anastasius Grün). 1. Bd. Stuttgart 1880.

Meyer, Conrad Ferdinand: Sämtliche Werke (Hg. Hans Zeller/Alfred Zäch). Bd. 1. Bern 1963.

Pulmer, Karin: Vom Märchenglück zum Bürgeridyll. In: Skandinavistik 10 (1980), 104–117.

Suttner, Bertha von: Memoiren. Stuttgart/Leipzig 1909.

Heinz Rölleke

11. Figuren des Glücks im französischen Roman des 19. Jahrhunderts. Rousseaus unglückliche Kinder

Rousseau und de Sade

Saint-Just sagte, das Glück sei eine moderne Idee (s. Kap. V.2 und V.8), aber die Zeit hat ihm nicht unbedingt Recht gegeben. Eher scheint das Glück eine Idee des 18. Jahrhunderts zu sein; jedenfalls verdankt sich die Vorstellung vom Glück, die sich die französischen Schriftsteller des 19. Jahrhunderts machen, dem vorangegangenen Jahrhundert und vor allem Rousseau. Man kann sogar sagen, dass dieser die wesentlichen Parameter der Reflexion über das Glück gesetzt hat, die die Romane des 19. Jahrhunderts strukturieren. Insbesondere verdankt man ihm die in verschiedensten Variationen existierende fundamentale Opposition zwischen der korrupten Stadt, Ort des Bösen, der Sünde und des Unglücks einerseits und dem erholsamen Land, Ort des Guten und des Glücks, der platonischen Idylle und natürlichen Sanftheit andererseits. Das heisst nicht, dass das 19. Jahrhundert rousseauistisch wäre, weit gefehlt. Aber alles scheint darauf hinzudeuten, dass das Glück nunmehr zu einem Gemeinplatz geworden ist, geradezu zu einem Klischee, das die Schriftsteller wiederholt aufgreifen, mit kritischer Distanz betrachten oder umkehren.

Diese Tendenz zeichnet sich bereits Ende des 18. Jahrhunderts ab, vor allem bei de Sade, der die rousseauschen Figuren des Glücks auf besonders brutale Weise in ihr Gegenteil wendet. Die tugendhafte Julie (*Julie oder Die Neue Héloïse*, 1761) spaltet sich bei de Sade in die unglückliche Justine, Rekordhalterin für erlittene Vergewaltigungen in der französischen Literatur (*Justine oder das Unglück der Tugend*, 1791), und in die glückliche und erfolgreich lasterhafte Juliette. Der Saint-Preux aus der *Neuen Héloïse* weicht dem monströsen Saint-Fond und die Gärten, als emblematisches Bild des reinsten Glückes, verwandeln sich in Friedhöfe, auf denen die kriminellen *Libertins* ihre Opfer begraben (*Die neue Justine, sowie die Geschichte der Juliette, ihrer Schwester* 1797).

Balzac

Die Debatte wird im 19. Jahrhundert vielfach neu belebt – vor allem von Honoré de Balzac (1799–1850), der für den Ausspruch bekannt ist, dass man mit tugendhaften Figuren keine guten Romane machen könne. Er hätte auf die gleiche Weise sagen können, dass man mit glücklichen Figuren keine guten Romane machen könne, so sehr gehen Tugend und Glück Hand in Hand, ebenso wie Laster und Unglück, zumindest in einer rousseauschen Perspektive. Sein Werk, aber zum grossen Teil auch dasjenige seiner Nachfolger, zeichnet sich durch ein Figurenpersonal aus, das in seiner überwältigenden Mehrheit dem Unglück und dem erduldeten oder zugefügten Laster verschrieben ist, oder zumindest durch eine Dialektik zwischen Unglück und Glück, bei der Letzteres meistens als Illusion erscheint.

Das Glück und die Idylle sind also meistens nicht von Dauer. Ihr Ende ist vorprogrammiert und nur eine Frage der Zeit. Dies entspricht bei Balzac sowohl einer professionellen Notwendigkeit (das Glück lässt sich nicht gut erzählen und rentiert sich kaum) als auch seiner eigenen Überzeugung. Die längste Idylle der *Menschlichen Komödie* findet man in dem Roman *Die Lilie im Tal* (1836): die Geschichte einer keuschen Liebe zwischen dem jungen Félix de Vandenesse und der mütterlichen Auserwählten seines Herzens, Henriette de Mortsauf, der tugendhaften Gattin des jähzornigen Comte de Mortsauf, einer Liebe, die in der berühmten ›Sprache der Blumen‹ ihren Ausdruck findet (weil Félix, der Glückliche, seiner Angebeteten unentwegt Blumen schenkt). Das Glück liegt hier in der Vereinigung der Seelen, die sich ohne fleischliches Verlangen ihre unglücklichen Kindheiten erzählen und der Roman ähnelt, zumindest diesen Teil betreffend, einem autobiographischen *remake* von *Die neue Heloise*. Die Dinge verschlechtern sich, als Vandenesse mit Henriettes gönnerhafter Unterstützung nach Paris geht. Er erliegt dort den sinnlichen Reizen einer gewissen Lady Dudley. Diese Liaison ist gewiss Teil seiner sozialen und gesellschaftlichen Pflichten, aber unglücklicherweise bringt sie Henriette buchstäblich um, und als er sich dessen bewusst wird, ist es zu spät. *Die Lilie im Tal* lässt sich als Widerlegung der rousseauschen Version eines Glückes lesen, das auf sozialem Rückzug und dem Verzicht auf fleischliches Verlangen basiert. In Balzacs Perspektive, der während der Restauration bekanntermassen eher ein ›imaginärer‹ Royalist als tatsächlich politisch engagiert war, ist das Glück für eine Handvoll Auserwählter reserviert, die hinter dem Rücken der Gesellschaft, in einer parallelen Geheimwelt außerhalb der gesetzlichen Spielregeln an die äußerste Grenze ihrer Leidenschaft gehen. Dieses Universum ist nicht annähernd so wild wie dasjenige von de Sade, aber manchmal doch ziemlich brutal, vor allem im Fall von *Das Mädchen mit den Goldaugen* (1835). So lautet der Titel einer von drei den »Treize« gewidmeten Erzählungen, einer Geheimgesellschaft souveräner Individuen, die sich gegenseitig bei der Befriedigung ihrer erotisch-kriminellen Gelüste unterstützen. Das Glück? Es ist nicht den Naiven vergönnt, die auf dem Land vor sich hin schmachten, sondern denjenigen, die es verstehen, mitten in Paris einen heimlichen Harem einzurichten.

Barbey d'Aurevilly

Jules Barbey d'Aurevilly (1809–1889), einige Jahre jünger als Balzac und ebenfalls lange Zeit Royalist und Dandy mit anarchistischen Tendenzen, ist, was das Glück angeht, auf der gleichen Wellenlänge. Mindestens eine der Novellen aus seinem berühmtesten Erzählband *Diabolische Geschichten* (1874) legt dies nahe. Diese Novelle trägt den Titel »*Glück im Verbrechen*« und erzählt die Geschichte der Tochter eines Waffenmeisters, Hauteclaire Stassin, die nach dem Tod ihres Vaters dessen Waffenkammer in einer kleinen Provinzstadt während der Restauration übernimmt. Die im Fechten unbesiegbare Hauteclaire ist für die Aristokraten, die kein Schwert mehr tragen dürfen, eine ebenso faszinierende Figur wie heute Lara Croft für Amateure des Videospiels: schön, androgyn, phallisch. Sie verpasst vielen eine Abreibung, auch dem Comte Serlon de Savigny, dem es dennoch gelingt, sie zu verführen, ohne dass es jemand merkt. Hauteclaire verschwindet und man findet sie als Dienerin verkleidet im Schloss des Comte wieder, dessen heimliche Mätresse sie nun ist. Das vom Fechten besessene Liebespaar muss nur noch die Gattin des Comte vergiften, auf die Gefahr hin, einen Skandal zu verursachen, um glücklich und kinderlos zu leben. Vielleicht resultiert diese glückliche Sterilität daraus, dass sie sich dem androgynen Vergnügen des Fechtens hingeben, das nicht nur die sexuellen Differenzen auslöscht, sondern auch den sexuellen Akt selbst. Das Glück liegt im Verbrechen oder im (Ver-) Fechten und die Bedingung seiner Existenz ist das Geheimnis als Refugium einer verlorengegangenen aristokratischen Souveränität: Wie bei Balzac impliziert das Glück die Missachtung der Gesetze und ihrer gleichmacherischen Effekte. Das literarische Frankreich wählt 1874 immer noch nicht mehrheitlich die Republik, die seit vier Jahren proklamiert wird.

Stendhal

Stendhal (Henry Beyle, 1783–1842) ist bekannt für den Ausspruch, dass die Schönheit ein Versprechen des Glücks sei. Viele Autoren (s. Kap. II.4, V.12 und V.7) haben Spekulationen über diesen Satz angestellt, der alles in allem enigmatisch bleibt, außer wenn man ihn, ziemlich trivial, darauf bezieht, was ein Mann von einer Frau erwartet und umgekehrt. Jedenfalls tritt das literarische Werk Stendhals nicht den Beweis für seine These an, denn die Schönheit der Romane von Stendhal beruht wie die Balzacs mehr auf der Traurigkeit und dem Unglück als auf dem Glück. Julien Sorel, der Protagonist in *Rot und Schwarz* (1830), endet auf dem Schafott und Fabrizio del Dongo, die Hauptfigur des Romans *Die Kartause von Parma* (1839) zieht sich nach dem Tod von Clélia, seiner einzigen unerfüllten Liebe, in ein Kloster zurück. Stendhals Universum widerlegt unaufhörlich die Idee des Glücks. Es ist ein gewalttätiges, bedrückendes Universum, in dem die Partie für die Söhne (und manchmal auch die Töchter) von vornherein verloren ist. Unterstützt von mächtigen Polizeikohorten triumphieren die tyrannischen, grausamen Väter über die verliebten, schönen, für die Freiheit entflammten, kurz gesagt, romantischen Söhne; dies gilt im Gegensatz zum rousseauschen Lösungsweg bis in die entferntesten Landstriche hinein. In diesem leicht paranoiden Kontext liegt die einzige Möglichkeit, das Glück zu erreichen, im Unglück selbst; der ideale Ort hierfür ist das Gefängnis. Die Gefängnisszenen — diejenige, in der sich Julien Sorel nach dem Mordversuch an Madame de Rênal befindet, seiner mütterlichen Jugendliebe aus der Provinz, die seine Heiratspläne durchkreuzt hat, oder vor allem diejenige im Turm in Parma, in dem Fabrizio del Dongo aufgrund perfider erotisch-politischer Intrigen am Hof von Parma eingesperrt ist – sind bei Stendhal berühmte Szenen des intensiven Glücks. Der zum Tode verurteilte Julien Sorel erlebt hier endlich eine besänftigte Liebesbeziehung mit Madame de Rênal, die ihm in seiner Zelle einen täglichen Besuch abstattet. Und im Turm von Parma verbringt Fabrizio del Dongo die glücklichsten Tage seines Lebens, weil er heim-

lich mit seiner Geliebten Clélia, der Tochter des Gefängnisvorstehers, korrespondiert. Das Unglück beginnt für ihn an dem Tag, an dem man ihn aus dem Turm entkommen lässt.

Das Glück definiert sich bei Stendhal als Moment des Bruchs oder der ödipalen Regression, indem der Sohn sich der Überwachung des tyrannischen Vaters entzieht. Dies geschieht mittels geheimer Kommunikationsformen, das Glück findet *in* diesen Kommunikationsformen statt: geschmuggelte Botschaften in der *Kartause*, Spiele mit kodierten Blumensträußen in *Die Äbtissin von Castro* (1839), eine der posthum in der Sammlung *Italienische Chroniken* (1855) veröffentlichten Novellen. Man kann diese Lösung als Kompromiss zwischen dem rousseauistischen Rückzug zu Mutter Natur und dem Balzacschen Zynismus ansehen. Aber es ist auch eine der romantischsten Lösungen, die je erfunden wurde, oder zumindest eine derjenigen, die am besten der modernen Form des Romans, die Stendhal erfindet, entspricht: Es ist der Roman als geheimer, indirekter Ausdruck des Individuums, der Roman als Inszenierung oder Artikulation eines einzigartigen phantasmatischen Universums, in dem das Begehren durch die Hindernisse, die ihm in den Weg gestellt werden, immer wieder neu aufflammt.

Flaubert

Ist es die Aufgabe des Romans das Glück auszumalen? Gustave Flaubert (1821–1880) beantwortet diese Frage ebenfalls vehement negativ. Seine größten Romane (*Madame Bovary* 1857; *Lehrjahre des Gefühls* 1869; *Bouvard und Pécuchet* 1881) sind Geschichten vom Scheitern. Jenseits ihrer außerehelichen Illusionen ist Emma Bovarys Suche nach einem glücklichen Leben ein absoluter Misserfolg. Und Frédéric Moreau, der Held der *Lehrjahre des Gefühls*, erlebt das Glück allenfalls in der ironischen ländlichen Idylle, in die er sich mit der käuflichen Rosanette während der Massaker von 1848 zurückzieht, oder vielleicht, viel früher, bei der jugendlichen Expedition ins lokale Bordell mit seinem Freund Deslauriers, auch wenn die beiden Jugendlichen dort nur gleich die Flucht ergreifen.

Seitens des Glücks gibt es bei Flaubert nichts zu vermelden, wäre da nicht Félicité, die großherzige Dienerin aus »Ein schlichtes Herz« (einer der *Drei Erzählungen*, 1877). Sie opfert sich für alles und jeden auf und hat ein Hundeleben, aber sie ist erfolgreich, wo Emma Bovary kläglich scheitert: in der

Ekstase, einer mystischen Vereinigung mit dem Heiligen Geist, im Genuss ihrer eigenen Dummheit. René Girard hätte sie ob ihrer Fähigkeit würdigen können, auf das mimetische Begehren und seine verheerenden Auswirkungen zu verzichten (während Emma und Frédéric dieser Sucht andere nachzuahmen, mit ihnen gleichzuziehen oder an deren Stelle zu treten zum Opfer fallen). Flaubert avanciert mit seiner eigenen Verweigerungshaltung zum Modell des modernen Schriftstellers: Der Gipfel des Glücks wird in der Aufopferung erreicht, die aus dem Schreiben ein Priesteramt und aus dem Schriftsteller einen Heiligen macht. In »*Herodias*«, einer der beiden anderen *Erzählungen*, bemerkt Johannes der Täufer im Moment seiner Enthauptung: »damit sie wachsen, muss ich kleiner werden.« Flauberts Auffassung vom Glück lässt sich genau so verstehen: Es entspricht der Zurücknahme des ›ich‹ und ist verkörpert in einem Autor, der dem omnipräsenten und allwissenden Erzähler bei Balzac entgegengesetzt ist, einem Autor, der, wie Félicité, sein Verschwinden und seine eigene Idiotie genießt. In der zweiten Hälfte des 19. Jahrhunderts wird dies eine ebenso moderne Idee des Glücks (oder zumindest desjenigen des Schriftstellers) sein wie es diejenige von Stendhal im Laufe der ersten Hälfte war.

Zola

Nach so vielen Romanen, die dem Glück alles in allem so wenig Platz einräumen, muss man auf Émile Zola (1840–1902) und das letzte Viertel des 19. Jahrhunderts warten, bis das Glück wieder auf die Tagesordnung kommt. Es zeigt sich nunmehr mit einer rousseauistischen Ader, die durch ein wenig Positivismus, gemischt mit einer Prise humanistischen Sozialismus, überarbeitet und korrigiert worden ist. Aus dieser Perspektive kann man sogar von einem Positivismus des Glücks bei Zola sprechen. *Das Paradies der Damen* (1883) ist denn auch die Geschichte einer jungen Frau, die ihrem Vorgesetzten, dem Besitzer des Kaufhauses »Das Paradies der Damen«, nicht nur das eheliche Glück aufbürdet, weil sie sich heiraten lässt, anstelle sich ihm als Geliebte hinzugeben, sondern auch noch die soziale Wohlfahrt, indem sie ihn verpflichtet, all seine Angestellten gut zu behandeln. Balzac jedenfalls hätte diesen Roman sicher nicht autorisiert. Natürlich ist bei Zola auch nicht alles rosig und einige Idyllen dauern nicht an, sind nichts als eine vorübergehende Erholung auf dem Weg in die finale Katastrophe.

Die glücklichen Wochen auf dem Land, die Claude Lantier, die Figur des Künstlers aus *Das Werk* (1886) verbringt, verhindern das tragische Ende dieser Episode aus dem Romanzyklus *Rougon-Macquart* nicht. Die idyllischen Spaziergänge der Prostituierten *Nana* (1880) schützen sie in dem gleichnamigen Roman nicht vor den qualvollen Pocken, denen sie erliegt. Auch hier sind die ländlichen Idyllen zuweilen fixe (immer noch von Rousseau stammende) Ideen, ironische Zitate, in denen das zukünftige Unglück schon zu erahnen ist. Es kommt aber auch vor, dass das paradiesische Klischee bei Zola ohne jegliche Ironie reaktiviert wird, insbesondere in *Die Sünde des Abbé Mouret* (1875). In diesem Roman wird der Abt Mouret, der an seinem sexuellen Verzicht krankt, von Blandine, einer freien, wilden und schönen jungen Frau in eine Art paradiesischen Garten gelockt (das Paradou). Dort wird er geheilt, vergisst seinen priesterlichen Abschwur, ernährt sich von Luft und Liebe, bis sein Über-Ich – und ein alter Vorgesetzter – ihn zur Ordnung zurückruft. Er verlässt das Paradou, und Blandine geht daran zugrunde. Nur das Ende ist in diesem ganz dem Glück gewidmeten Roman schlecht; hier taucht die Figur des Doktor Pascal auf – Stellvertreter des Schriftstellers selbst in den *Rougon-Macquart* –, der Mouret als kriminellen Dummkopf behandelt. Derselbe Pascal kehrt in *Doktor Pascal* (1893) zurück, wo er in der zweiten Hälfte des Romans eine Idylle in seinem provenzalischen Landhaus mit seiner Nichte Clotilde, die er adoptiert hat, erlebt: Glücklicher Quasi-Inzest ohne perverse Hintergedanken, denn Pascal und Clotilde schlafen nur miteinander, weil sie sich ein Kind wünschen. Hundert Jahre nach Rousseau ist der glückliche Mensch immer noch derjenige, der seinen Bedürfnissen folgt – und nicht seinen Begierden, die immer zerstörerisch sind.

Utopien

Von Zola gilt es auch die *Evangelien* zu erwähnen, die man als utopische Romane oder erzählte Utopien bezeichnen kann. *Arbeit* (1901) stellt ein ur-naturalistisches Werk dar, das das Land als idealen Ort für ein proletarisches Stelldichein und eine fourieristische Kommune verherrlicht. *Fruchtbarkeit* (1899) ist ein 700-seitiger Roman, dessen Moral sich wie folgt zusammenfassen lässt: Wenn Sie glücklich sein wollen, pflanzen Sie etwas in die Erde und machen Sie viele, viele Kinder; wenn Sie unglücklich sein wollen, lassen Sie die Erde verdorren und huren um des puren Vergnügens willen herum. Die *Evangelien* gehören zu den weniger bekannten Romanen von Zola, nicht zuletzt deshalb, weil sie keine guten Romane sind. Es scheint, als ob zu viel Glück, oder vielmehr mit zu viel Nachdruck beschriebenes Glück mit der Form des Romans unvereinbar sei. Zola hat sich bemüht, Balzac zu widerlegen, er engagiert sich für seine glücklichen, tugendhaften Figuren, aber der Roman (und Balzac) rächt sich dafür. Das Glück der Figuren geht zulasten des Plots und des Spannungsbogens der Erzählung. Es kann ihnen nichts passieren, außer dass sie noch glücklicher werden.

Diese Behauptung lässt sich verallgemeinern: Grundsätzlich ist das Glück in Reinform, also jenseits der den Roman bestimmenden Dialektik von Glück und Unglück, nicht für den Roman geschaffen, sondern für den utopischen Diskurs. Die ›Evangelisten‹ oder Kreuzritter des Glücks sind also auf der Seite der Utopisten und Erzieher zu suchen, an denen es in Frankreich im 19. Jahrhundert wahrlich nicht mangelt: allen voran natürlich Zola, aber vor ihm bereits Jules Michelet (1789–1874), der als Verfasser historischer Werke bekannter ist denn als ›nationaler Pädagoge‹ oder als Autor quasi-literarischer Abhandlungen über die Liebe und das Eheleben (*Die Liebe*, 1858; *Die Frau*, 1859), die in gewisser Weise an Werke wie *Emil* von Rousseau (1762) anschließen. Und vor ihnen gilt es die echten, heute kaum mehr gelesenen Utopisten zu erwähnen, die sich dem romantischen Sozialismus verschrieben haben: die Saint-Simonisten als weltliche Missionare im Dienste der Verkündigung einer neuen Gesellschaft und Charles Fourier (1772–1837), den unermüdlichen Programmgestalter des Glücks, besonders mit seiner Schrift *Aus der neuen Liebeswelt* (1816), die die friedliche und glückliche Koexistenz aller Arten der körperlichen Liebe verherrlicht (s. Kap. II.8). Aus der Sicht des Romans erscheint das Glück schnell als langweilig, oft traurig und manchmal sogar düster.

Vincent Kaufmann
(aus dem Französischen übersetzt von Sophie Rudolph)

12. Figuren des Glücks in der deutschen Erzählprosa des 19. Jahrhunderts. Das Zeitalter bürgerlicher Glücksbestrebungen

Biedermeier (1815–1848)

Die Zeit der Restauration beginnt 1815 mit dem Untergang der napoleonischen Herrschaft in Europa und geht mit der bürgerlichen Revolution, der sog. ›Märzrevolution‹ von 1848, zu Ende. Das Biedermeier zeichnet sich durch ein Misstrauen gegen die Glücksversprechen der großen Politik, durch Entsagung und durch die Zuwendung zum Kleinen aus. Im Unterschied zum subjektiv-dynamischen Glücksverständnis der Früh- und Hochromantik (1795–1803; 1804–1816; s. Kap. V.9), das im Bannkreis von Fichtes eudämoniekritischer Ethik des Wollens stand, schätzt das Biedermeier das stille Glück der Behaglichkeit, der Häuslichkeit, der Geselligkeit im Freundeskreis sowie des (geistigen) Rückzugs in die konservative Privatheit. Die Privatsphäre des ›Glücks im Winkel‹ wird in ganz neuen Formen kultiviert. Allgemeine bürgerliche Tugenden wie Fleiß, Treue, Ehrlichkeit und Pflichtgefühl erhebt man zu erstrebbaren Idealen. Die biedermeierzeitliche Belletristik thematisiert die Zufriedenheit mit einem diesseitigen kleinen Glück sowie das glückbringende Potenzial der Gefühlswelt im Familienkreis.

Im Spätwerk Eduard Mörikes (*Maler Nolten*, 1832) und Joseph von Eichendorffs (*Dichter und ihre Gesellen*, 1834) etwa wird das Glück nicht mehr in der romantischen Überwindung des Alltags, sondern in dessen Beschränktheit bzw. im engen Familienzirkel gesucht. Bei Adalbert Stifter (1805–1868), der trotz der späten Erscheinungsdaten einiger seiner Prosadichtungen dennoch als Exponent des literarischen Biedermeiers (der Wiener Klassik) gilt, ist die Vorliebe für Orte individueller, beglückender Geborgenheit ein beliebter Topos in seinem Erzählwerk (*Bunte Steine*, 1853; *Der Nachsommer*, 1857). Die ahistorische bescheidene Glückswelt der Stifterschen Figuren besteht größtenteils in der Bejahung der Schönheit und Güte der Natur, in die darüber hinaus mehrfach nostalgische Reminiszenzen an eine verlorene Kindheitsidylle hineinprojiziert werden. Von der kollektiven Sozialutopie ist beim politisch reaktionären Stifter nie die Rede.

Die Problematik der sich ausbreitenden Industrialisierung Mitteleuropas und der damit verknüpften sozialökonomischen Umbrüche wird bereits im frühen 19. Jahrhundert in Literatur und Theorie reflektiert; man denke nur an Goethes *Wilhelm Meisters Wanderjahre* (1821), an Johann Gottlieb Fichtes Traktat *Der geschloßne Handelsstaat* (1800) oder an Adam Müllers *Elemente der Staatskunst* (1809). In der Biedermeierzeit rückt dieses Thema weiter in den Vordergrund. Exemplarisch für die Thematisierung der Spannungen zwischen altem Feudaladel und neuem Industriekapitalismus steht der in der Form von Familienmemoiren verfasste historische Roman *Die Epigonen* (1836) von Karl Immermann (1796–1840). Hier schildert der Autor das unglückselige Verstricktsein seines innerlich zerrissenen Helden Hermann in die unlösbaren Gegensätze von Restauration und Revolution, Großstadt und Landleben, materiell-pekuniärem Glück (*prosperitas*) und seelischem Wohlsein (*felicitas*). Sogar die Behaglichkeit eines arkadischen Hirtenlebens, von dem der melancholische Halbaristokrat etwas flüchtig mitbekommt, tut dieser »Sohn [s]einer Zeit« (Immermann 1836/1971–77, 646), wie er später genannt wird, als brüchig ab: »[W]enn ihm die Weise dieser Leute freilich etwas eng und einförmig vorkommen wollte, so fühlte er doch, daß auf so schlichtem Denken und Empfinden eigentlich das Glück des Daseins ruhe. Aber auch dieser Idylle waren die düstern Farben der entsetzlichen Welterschütterung zugeteilt, auch in sie ragte eine fremde unheimliche Gestalt hinein« (179). Erst am Ende des Romans, der gewisse weltanschauliche Ähnlichkeiten mit Goethes *Wilhelm Meisters Lehrjahre* (1795/96) aufweist, wird Graf Hermann, wie im Falle des Goetheschen Romanhelden, mit einem standhaften Liebesglück belohnt.

Junges Deutschland und Vormärz (1830–1850)

Die jungdeutschen Literaten brechen die Tabus der herrschenden Sexualmoral durch die Inszenierung des Glücks der freien Liebe. Damit vollzieht sich in Karl Gutzkows (1811–1878) Frauenroman *Wally die Zweiflerin* (1835), der einen Skandal auslöste, sowie in Theodor Mundts (1808–1861) religionsfeindlichem Roman *Madonna* (1835), der das männliche Wunschbild einer sinnesfreudigen Frau entwirft, ein Paradigmenwechsel von dem im Begriff des häuslichen Liebes- und Eheglücks verankerten, bürgerlichen Weiblichkeitsideal des 18. Jahrhunderts, hin zur emanzipatorischen Vorstellung des Glücks als freier Selbstverwirklichung im gesellschaftlichen Leben (s. Kap. V.13 und V.11). (Eine kritische Bestandsaufnahme dieser Glückshoffnungen bieten dann im späten 19. Jahrhundert die Dramen Hendrik Ibsens und August Strindbergs.) Hinzu treten Erzähltexte aus weiblicher Feder, darunter Fanny Lewalds Frauenroman *Clementine* (1843), worin die wahre Glücksbestimmung der Frau nicht mehr an die Normen einer konventionellen Pflicht- und Tugendethik gekoppelt bleibt, sondern im nuancierteren Affektbereich eigener Neigungen und Triebe angesiedelt wird. Gemeinsam ist den Texten vieler schreibenden Frauen des Vormärz, darunter Louise Aston und Ida von Hahn-Hahn, dass sie für ihre Protagonistinnen keine glücklichen, gleichberechtigten Liebesbeziehungen entwerfen, selbst wenn sie diese in die Lage versetzen, ihre (Lebens-)Partner selbst auszuwählen.

Wenn sich die Jungdeutschen auch für eine im Zeichen des Saint-Simonismus stehende Liberalisierung der politischen Machtverhältnisse aktiv engagieren, so wird doch zugleich das Scheitern solcher utopischen Heilserwartungen, wie etwa in Heinrich Laubes (1806–1884) dreibändigem Roman *Das junge Europa* (1833–1837), vor Augen geführt. Im zweiten Teil legt der Erzähler dem ermüdeten und desillusionierten Freiheitskämpfer Valerius folgende Glücksaussage in den Mund: »Ist es denn wirklich größer, ein Held zu sein, Nationen zu bewegen, Völkerschicksale gestalten zu helfen, als daheim zu bleiben bei den Seinen und ihrem kleinen Glücke, ihren unscheinbaren Freuden Kraft und Tätigkeit zu widmen? Haben die sogenannten Philister nicht am Ende recht, dass wir uns um keine anderen Dinge kümmern sollen, als um jene, die uns zunächst betreffen? Während ich kämpfe und ringe für eines Volkes Freiheit, weil ich den Begriff der Freiheit für etwas Großes halte, verschmachten vielleicht die Meinen in Angst und Mangel und Kummer – ist denn nun auch wirklich dieser Begriff der Freiheit größer als alle anderen? Ist es tugendhaft, alles andere darüber zu vernachlässigen?« (Laube 1833–37/1908, 73–74).

Kein Wunder also, dass der Roman mit dem resignierten Rückzug dieser Hauptfigur in ein stilles, idyllisches Tal endet, wo sie sich an der Seite eines geliebten Mädchens mit einem bürgerlichen Glück und einer unpolitischen Existenz abseits der Gesellschaft begnügt. Andererseits aber wird in der belletristischen und dokumentarischen Auswanderungs- und Reiseliteratur der 1830er Jahre Amerika als das Land der unbegrenzten Möglichkeiten und Ort der Erfüllung sozialpolitischer Glücksverheißungen angepriesen. Beispielhaft hierfür ist Ernst Willkomms Roman *Die Europamüden* (1838), zu dem später Ferdinand Kürnbergers Roman *Der Amerika-Müde* (1855), der die Enttäuschungen des Dichters Nikolaus Lenau literarisch verarbeitet, ein Gegenstück liefert.

Bürgerlicher Realismus (1850–1890)

Der Realismus reicht von der Märzrevolution über die Reichsgründung bis hin zum Rücktritt Bismarcks; er entwickelt sich parallel zum Materialismus von Ludwig Feuerbach und Karl Marx, deren Glücksdoktrinen jegliche theologische Vorstellung von Glückseligkeit (*beatitudo*) ausklammern zugunsten – zumindest bei Marx – planbarer, gemeinschaftlicher Wohlfahrtsmodelle in Bezug auf die Einrichtung einer klassenlosen Gesellschaftsutopie (s. Kap. II.9 und II.10). Im Schnittpunkt der Modernisierung des Glücksverständnisses des 19. Jahrhunderts liegen die naturwissenschaftlichen Theorien, darunter insbesondere der Darwinismus, ähnlich wie im 18. Jahrhundert die Philosophie die utilitaristischen Eudämoniediskurse und die Glücksästhetik geprägt hatte. Die schriftstellerischen Vertreter/innen des (poetischen) Realismus stellen die Gültigkeit der zeitgenössischen Moralpostulate in Frage und wenden sich gegen jegliches Festhalten an überholten Tugenden, die das Lebensglück des Einzelnen gefährden. Zugleich stehen sie als harte Realisten allen unrealistischen Glücksansprüchen, die wenig Aussicht auf Verwirklichung haben, skeptisch gegenüber.

Die Schweizer Romanciers Gottfried Keller (1819–1890) und Jeremias Gotthelf (1797–1854) stehen stellvertretend für einen Trend zur Regionalisierung in der Belletristik des bürgerlichen Realismus, der in England schon mit Walter Scott einsetzte. In seinem zweibändigen Novellenzyklus *Die Leute von Seldwyla* (1856; 1873/74) zielt Keller in seiner Handhabung von Heimatmotiven jedoch keineswegs auf eine Verklärung und Idyllisierung des dörflich-bäuerlichen Glücks ab. Vielmehr scheint weitgehend eine sozialkritische Haltung durch, wenn er die begrenzten Horizonte des meist spießbürgerlichen Wohlbehagens an seinen Figuren mit mildem Humor persifliert. Selbst dort, wo die ersehnten Glücks-

räume in der geographischen Ferne liegen, wie etwa in der Novelle *Pankraz der Schmoller* (1855), tauscht der Heimkehrer die exotischen Gefilde seiner Reiseabenteuer gern gegen die Provinz und die wiedergewonnene Gemütlichkeit des kleinbürgerlichen Herdes ein.

Eine der bekanntesten Novellen Kellers, *Romeo und Julia auf dem Dorfe* (1855), variiert das bei ihm wiederkehrende Thema der Verhärtung des Menschen durch spekulative Geldgier, die sich als Folge der reformpolitischen Liberalisierungstendenzen innerhalb der Schweizer Agrar- und Handelswirtschaft abzeichneten. Hier ernten die Hauptfiguren Sali und Vrenchen, die auf nachbarlichen Höfen gemeinsam aufgewachsen sind und jetzt als Heranwachsende eine tiefe Zuneigung zueinander verspüren, die unheilbringenden Konsequenzen eines bitteren Rechtstreits zwischen ihren Vätern um den Erwerb eines brachliegenden Stückes Ackerland. Der auf beiden Häusern lastende Fluch vereitelt ein gegenseitiges Lebensglück, das nur außerhalb der sturen Dorfgemeinschaft in einer eheähnlichen Beziehung etabliert werden könnte. Doch ist bei dem von Schuldgefühlen befallenen Liebespaar der verinnerlichte Widerstand gegen eine Auflockerung der bürgerlichen Sexualmoral so stark, dass Keller ihren Freitod als einzigen Ausweg aus dem seelischen und ethischen Dilemma konstruiert. Gotthelf variiert das Thema vom Einbruch der Geldgier in eine heile Welt in seinem Roman *Geld und Geist* (1846).

Ähnlich wie der späte Goethe in *Faust II* (1832) setzt auch Keller den Begriff des Glücks in Relation zu einem produktiven Tätigkeitsethos – ohne freilich diese Tätigkeit ökonomisch einzuengen. Im stark autobiografisch geprägten Roman *Der grüne Heinrich* wird die Irrfahrt eines aus einfachen Familienverhältnissen stammenden Möchtegern-Künstlers nachgezeichnet, den der Wille zum Glück im aristotelischen Sinne eines gelungenen Lebens antreibt, auch wenn seine tatsächliche Lage dessen Verwirklichung entgegensteht. Dem Pechvogel bleibt Glück in der Liebe so gut wie ganz versagt, und auch seine Glücksfantasien, die um den Traum einer Berufung zum Malen kreisen, finden kaum Erfüllung. Ging Kunst in Goethes *Wilhelm Meisters Lehrjahre* (1795/96) noch mit dem Bewusstsein einer erhabenen Sendung einher, so sieht sich der künstlerisch unbegabte Heinrich gezwungen, der Malerei letztendlich zu entsagen. Schlimmer noch: Er geht in der ersten Romanfassung (1846–1855) daran zugrunde, dass er seine Schuld am gescheiterten Lebensglück seiner Mutter, die er seit Jahren nicht mehr besucht hat, erkennt. Ein Ausgleich zwischen Ich und Welt, der für den klassizistischen Bildungsroman maßgebend war, ist erst dann vollziehbar, wenn Heinrich – wie in der zweiten Version (1879/80) – die Beziehung zu der aus Amerika zurückgekehrten Judith wieder aufnimmt. *Der Grüne Heinrich* ließe sich als Anti-Bildungsroman bzw. als Desillusionierungsroman bezeichnen, insofern der Werdegang des *greenhorn* keine lineare, zielorientierte Richtung verfolgt, sondern sich vielmehr als kreisförmige Entwicklungskurve erweist. Überdies hat die Diskontinuität von Heinrichs Erfahrungsbereichen nur noch wenig mit der Verfolgung eines humanistischen Bildungsziels zu tun.

Ein Großteil der umfangreichen Novellistik des norddeutschen Realisten Theodor Storms (1817–1888) ist ebenfalls dem Subgenre Heimatliteratur zuzurechnen, insofern dieser die Glücksansprüche seiner Figuren im diesseitigen, weitgehend ortsgebundenen Familienleben und in der Einbindung in eine fortlaufende Generationenkette ansiedelt. Wohl kaum ein anderer Dichter ist so tief in seiner *Heimat* verwurzelt wie Storm. Wie negativ sich das Verlassen der Heimat auf das Lebensglück eines Einzelnen auswirken kann, wird in der Novelle *Immensee* (1851) am Beispiel zweier junger Leute, Reinhard und Elisabeth vom selben Landgut veranschaulicht. Ihre unausgesprochene Liebe zueinander geht nie in Erfüllung, da Reinhard wegen seines von Elisabeth grundverschiedenen Lebensentwurfs einem Glück in der Großstadt nachjagt. Als er nach zweijähriger Abwesenheit bei seiner Rückkehr feststellt, dass Elisabeth für ihn unwiederbringlich verloren ist, entsagt er seiner Liebe zu ihr und kehrt der Heimat den Rücken. Ihm bleibt allein die Erinnerung an das ungetrübte Glück seiner Kindheit.

In anderen Texten Storms werden Rückerinnerungen an gute Zeiten nicht mit bedauerlichem Verlust assoziiert, sondern als Kontinuum eines geglückten Daseins bejaht. Das trifft etwa auf *Pole Poppenspäler* (1874) zu, die Geschichte der dauerhaften Liebe des Ehepaars Paul und Lisei, deren volles Menschenglück sich bis ins hohe Alter aus einer seelischen Verträglichkeit und aus Gefühlen der Zusammengehörigkeit speist und entwickelt. Die doppelte Erzählperspektive, die für Storms Prosawerk so typisch ist, ermöglicht es, dass der Binnenerzähler die heitere Zufriedenheit, die sich auf Pauls Gesicht abbildet, aufzeichnet, während der Rahmenerzähler gleichsam diese fortlaufende Glücksgeschichte er-

zählt. Storms historische Novelle *Der Schimmelreiter* (1888) zeigt am Beispiel des Deichgrafen Hauke Haien, der im Unterschied zu den abergläubischen und visionslosen Dorfbewohnern technisch fortschrittlich eingestellt ist und unter dem inneren Konflikt zwischen selbstopfernder Hingabe an die Heimat und persönlichen Ambitionen leidet, wie das große Glück des Gemeinwohls sowie auch das kleine familiäre Glück in einem Zug zerstört werden kann, Der Keim der Zerstörung liegt in der Diskrepanz zwischen technischem Fortschritt und ländlicher Ordnung – eine Diskrepanz, die die Dorfbewohner am gemeinsamen Handeln hindert und der andrängenden Sturmflut zum Opfer fallen lässt.

In den Gesellschaftsromanen des brandenburgischen Schriftstellers Theodor Fontane (1819–1898) erreicht der bürgerliche Realismus seine literarische Zuspitzung. Wohl kein deutschsprachiger Autor des 19. Jahrhunderts hat mehr Reflexionen über die Beschaffenheit und die Grenzen des Glücks in seine Prosadichtungen eingeflochten als Fontane. Hier begegnen wir einer erneuten Literarisierung des seit dem Vormärz variantenreich dargestellten Konflikts zwischen milieubedingten Verhaltensmaximen und individuellem, meist weiblichem Glücksanspruch (Mittelmann 1980). Im Ehebruchsroman *Cécile* (1886) begeht die Titelheldin Selbstmord, weil das gesellschaftliche Idealbild der Frau jener Art des Liebesglücks, die Cécile als das Wahre erkannt hat, total zuwiderläuft. Im Berlinroman *Irrungen Wirrungen* (1888; s. Kap. V.9) scheitert die treue Liebe der warmherzigen Arbeiterfrau Lene zum Adligen Botho von Rienäcker an den unüberbrückbaren Standesunterschieden innerhalb der bestehenden preußischen Gesellschaftsordnung. Im Gründerzeitroman *Frau Jenny Treibel* (1892) entpuppt sich das materielle Glück, das von Corinna, einer Repräsentantin des Bildungsbürgertums, angestrebt wird, als letztendlich unvereinbar mit ihrem emanzipatorischen Streben nach weiblicher Selbstverwirklichung. Und in dem zum Kanon der Weltliteratur gehörigen Ehebruchsroman *Effi Briest* (1895) schließlich, dessen Glücksproblematik ergiebige Vergleiche zu Flauberts *Madame Bovary* (1857), Tolstojs Klassiker *Anna Karenina* (1873/1877) oder Ibsens *Nora oder ein Puppenheim* (1879) nahelegt, fällt die Heldin der Unzulänglichkeit der bestehenden gesellschaftlichen Glücksauffassung zum Opfer, welche auf einen erstarrten Sitten- und Ehrenkodex fixiert ist. Dem gesamten Romanwerk Fontanes liegt die ernüchternde Erkenntnis zugrunde, dass die Utopie des weiblichen

Glücks nur dort realisiert werden könne, wo Menschen als Gleichgestellte geschätzt und entsprechend behandelt würden.

Naturalismus und Gegenströmungen (1880–1900)

Der konsequente Naturalismus in Deutschland wendet sich von der Beschönigung und der Verklärung der Realität entscheidend ab, insofern er sich nicht scheut, auch das Elende, Hässliche und Böse als Bestandteile der sozialen und wirtschaftlichen Missstände des Zeitalters zu protokollieren. Demgemäß lässt sich in der Literatur – besonders unter dem Einfluss des französischen Naturalisten Émile Zola (1840–1902) – eine epochale Hinwendung zur Verarbeitung von sozialen Phänomenen wie Prostitution, Kriminalität, Armut, Wahnsinn und Alkoholismus konstatieren, die das durch das 19. Jahrhundert hindurch als sakrosankt empfundene Konzept des natürlichen Glücks der Familie untergraben bzw. zerstören können. Im Naturalismus büßt das Schicksal seine tradierten metaphysischen Konnotationen ein und tritt stattdessen in den Dienst eines auf zeitgenössischen Vererbungs- und Milieutheorien (Hippolyte Taine, Ernst Haeckel) basierenden Determinismus, der die autonome Willensfreiheit bzw. den Willen des Einzelnen zum Glück als Illusion entlarvt. Kein Wunder also, dass fortan der Darstellung von Unglücksszenarien infolge erbbiologischer oder milieuspezifischer Faktoren mehr Bedeutung beigemessen wird als der Auseinandersetzung mit religiösen oder metaphysischen Vorstellungen vom Glück. Die Porträtierung des Menschen als Spielball von Triebkräften und unklaren Bewusstseinszuständen ist das Sujet der novellistischen Studie *Bahnwärter Thiel* (1888), dem Debütwerk Gerhart Hauptmanns (1862–1946). Der verwitwete Thiel, dessen zweite Ehe mit der rohen und herrschsüchtigen Kuhmagd Lene ihm nur kurzlebige Augenblicke des Glücks geschenkt hat (womit das triebhafte Glück der sexuellen Bedürfnisbefriedigung gemeint ist), tötet Lene und ihren Säugling, nachdem sein geistig und körperlich zurückgebliebener Erstgeborener Tobias angeblich durch Lenes Verschulden von einem Schnellzug überfahren worden ist. Der dem Wahnsinn Verfallene wird in eine Irrenanstalt gebracht.

Legt Hauptmann in seiner psychopathologischen Fallstudie den Akzent auf die Determiniertheit des Menschen(un)glücks durch Anlage und Umwelt, so machen die zur Gegenbewegung der literarischen

Décadence gehörigenden Autoren, darunter Leopold von Andrian (*Der Garten der Erkenntnis*, 1895) und die Mitglieder der Jung-Wiener-Gruppe Hugo von Hofmannsthal und Arthur Schnitzler, das Erleben des Glücks bzw. Unglücks ihrer Figuren von anderen dispositionellen Charaktereigenschaften wie Introvertiertheit oder nervöser Gereiztheit abhängig. Zu den häufig thematisierten epochentypischen Erscheinungen der Jahrhundertwende zählen u. a. Ästhetizismus, Realitätsflucht, Identitätsverlust, Morbidität und Lebensunfähigkeit. Zum Beispiel bereitet in Hofmannsthals Erzählung »*Das Märchen der 672. Nacht*« (1895) dem introspektiven 25-jährigen Kaufmannssohn die Tatsache, dass er ganz in der Betrachtung seiner mit schönen Kunstgegenständen eingerichteten Wohnung lebt, das höchste Glück. Die Flucht in ästhetische Glücksräume und -träume bzw. in den Genuss materieller Glücksgüter kann aber nicht über die Leere einer selbstsüchtigen Existenz hinwegtäuschen. Der Weg, der den Protagonisten in die Zeitlichkeit der Außenwelt und die rettende Gesellschaft seiner Mitmenschen zurückbringt, führt entsprechend in den Tod. Die Vorstellung von der Schönheit als *promesse du bonheur* (Stendhal; s. Kap. II.4, V.7 und V.11) schlägt um in die Hässlichkeit eines schmerzvollen Sterbens in der Anonymität einer dunklen Innenstadtgasse. Nicht minder auf die Nachzeichnung existentiell-ästhetischer Glückserfahrung hin ausgerichtet sind die Stimmungsbilder und Fantasie- und Traumwelten, die Schnitzler vor dem Hintergrund Freudscher Psychoanalyse und nach der Devise »Glück ist alles, was die Seele durcheinander rüttelt«, in seinen frühen Erzählungen um 1900 heraufbeschwört.

Zusammenfassendes Fazit

Im Verlauf des 19. Jahrhunderts wird der in deutschsprachigen Erzähltexten thematisierte Glücksbegriff aus der Transzendenz der Romantik in das Hier und Jetzt des historischen Realismus herübergeholt. Kurzum: Das Glück büsst seine metaphysisch verortete bzw. religiöse Bindung (*beatitudo*) ein und basiert zunehmend auf sinnlich-diesseitiger Erfüllung sowie auf einer guten Ökonomie, der Geldwirtschaft. Zugleich geht diese Säkularisierungstendenz einher mit einer endgültigen Abkehr von dem schon von Kant diskreditierten Nexus zwischen Tugendethik und Glückerlangung, was für die Konzeptualisierung und literarische Darstellung weiblicher Selbstverwirklichungshoffnungen und Glücksverhandlungen bedeutende Konsequenzen hat (Corkhill/von Hammerstein 2011, 123–140). Fortan wird das Recht beider Geschlechter auf Glück mit gesellschaftlicher Verantwortung eng verknüpft, auch wenn gleichzeitig sozialutopische Glücksversprechen und -visionen immer mehr in den Hintergrund gedrängt werden. Mit dem Einsetzen des Symbolismus und der Neuromantik schwingt das Pendel zurück in Richtung der Resubjektivierung und Reästhetisierung des Glücks. An der Schwelle zur literarischen Moderne hinterlässt die starke Relativierung eines ontologischen und ethischen Glücksverständnisses Zweifel an der Darstellbarkeit des Glücks in belletristischen Texten überhaupt (Gerigk 2010, 7), wie am Beispiel der Fiktionen von Franz Kafka, Thomas Mann und Hermann Hesses deutlich wird.

Literatur

Béhar, Pierre (Hg.): Glück und Unglück in der österreichischen Literatur und Kultur. Bern/Berlin 2003.

Corkhill, Alan: Glückskonzeptionen im deutschen Roman von Wielands »Agathon« bis Goethes »Wahlverwandtschaften«. St. Ingbert 2003.

–: Good Fortune Maketh the Man? Notions of ›Glück‹ in the »Seldwyla Novellas«. In: Hans Joachim Hahn/ Uwe Seja (Hg.): »Die Leute von Seldwyla«. 150 Years On. Oxford/Bern 2007, 25–46.

– /von Hammerstein, Katharina (Hg.): Reading Female Happiness in Eighteenth- and Nineteenth-Century German Literature: Texts and Contexts. In: Seminar. A Journal of Germanic Studies 47, 2 (2011), 123–299.

Gerigk, Anja (Hg.): Glück paradox. Moderne Literatur und Medienkultur – theoretisch gelesen. Bielefeld 2010.

Hörisch, Jochen: Gott, Geld und Glück. Zur Logik der Liebe. Frankfurt a. M. 1983.

Immermann, Karl: Die Epigonen [1836]. In: Benno von Wiese (Hg.): Karl Immermann. Werke. Bd. 2. Frankfurt a. M./Wiesbaden 1971–77.

Laube, Heinrich: Das junge Europa [1833–37]. In: Ders.: Gesammelte Werke in 50 Bänden. Bd. 2. Leipzig 1908.

McInnes, Edward/Plumpe, Gerhard (Hg.): Bürgerlicher Realismus und Gründerzeit 1848–1890. München/ Wien 1996.

Mittelmann, Hanni: Die Utopie des weiblichen Glücks in den Romanen Theodor Fontanes. Bern 1980.

Mix, York-Gothart (Hg.): Naturalismus. Fin de siècle. Expressionismus. München/Wien 2000.

Sautermeister, Gerd/Schmid, Ulrich (Hg.): Zwischen Revolution und Restauration 1815–1848. München/ Wien 1998.

Alan Corkhill

13. Figuren des Glücks im englischen und amerikanischen Roman des 19. Jahrhunderts. Zwischen Gefühlsnorm und Gefühlserleben

Glückskonstruktionen im historischen Kontext

Das 19. Jahrhundert, das in Großbritannien, aber auch in den USA nach der von 1837 bis 1901 regierenden britischen Königin Viktoria als *Victorian age* bezeichnet wird, ist in diesen Ländern das Jahrhundert des Übergangs von der Agrar- zur modernen städtischen Industriegesellschaft, symbolisiert durch den Eisenbahnbau seit den 1830er Jahren. Während diese Entwicklungen in Großbritannien bereits Mitte des 18. Jahrhunderts einsetzen, laufen sie im amerikanischen Nordosten, gefolgt vom mittleren Westen, ab dem zweiten Drittel des Jahrhunderts zeitlich gedrängt ab. Getragen werden diese Prozesse, die Großbritannien in der Jahrhundertmitte zur ›Werkstatt der Welt‹ machen, hauptsächlich vom fortschrittsbewussten Bürgertum, dessen obere Schichten in der englischen Revolution des 17. Jahrhunderts erfolgreich individuelle Freiheiten und politische Mitbestimmung errungen hatten. Das amerikanische Bürgertum löst sich mit der Unabhängigkeitserklärung von 1776 politisch von Großbritannien und fordert mit Jeffersons (von englischen und schottischen Philosophen inspirierter) Formulierung »life, liberty and the pursuit of happiness« (s. Kap. V.2) auch das Streben nach Glück als unveräußerliches Menschenrecht ein. Die Literatur der USA, wie ihre Verfasser und Leser v. a. im Nordosten des Landes, bleibt trotz aller Abgrenzungsversuche bis zum Ende des Jahrhunderts noch eng mit dem britischen Literaturmarkt verbunden.

Im 19. Jahrhundert ist der realistische Roman z. B. von Charles Dickens, den Brontë-Schwestern, George Eliot oder Thomas Hardy, das für die Denkfiguren des Glücks wichtigste Genre der englischen und auch der amerikanischen Literatur. Letztere entwickelt diese Form seit den 1870er Jahren mit William Dean Howells, Henry James und später Stephen Crane sowie Frank Norris eigenständig weiter. Der

Roman steht im Dialog mit der immer zahlreicheren Ratgeberliteratur, die eindeutige Gefühlsanleitungen zur Erlangung und zum Ausdruck von Glück bereitstellt. Grundsätzlich gelten Gefühle in den nicht-fiktionalen Diskursen als rational steuerbar, weshalb sie zum Nutzen sowohl des Einzelnen als auch der Gemeinschaft geformt und eingesetzt werden können. Fiktionale Texte thematisieren die Spannungen zwischen kollektiven Gefühlsanleitungen und individuellem Gefühlserleben unter den Bedingungen einer sich wandelnden Gesellschaft. Das geschieht auf unterschiedliche Weise: zum einen in direkter oder metaphorischer Rede über Gefühle, zum anderen aber in den narrativen Strategien, die die Leser dekodieren müssen. So wird über das Figurenensemble, die Handlungsführung und die Art der Konfliktlösung Glück als ganzheitliches Erlebnis gestaltet, das aus der Erfüllung des Anspruchs auf individuelle Selbstverwirklichung resultiert. Als Teil der Modernisierungsprozesse des 19. Jahrhunderts gibt sich das Bürgertum auch durch den Roman einen emotionalen Habitus, der in geschlechtsspezifischen Unterschieden entfaltet wird und es den Individuen gestattet, die Erfolge und Misserfolge der eigenverantwortlichen Glückssuche zu verarbeiten. In diesem Kontext stellen Glückserleben und Lebensglück eine Beziehung her »zwischen positiven Lebensbedingungen und positivem subjektiven Befinden« (Mayring 1991, 92 f.). Aus den Familien- und Verhaltensratgebern, die ihre Leser in die Regeln bürgerlichen Alltagslebens einführen, lassen sich mit dem moralphilosophischem, dem evangelikalen und dem verhaltensorientierten Paradigma drei Konstruktionsanweisungen von Glück herausarbeiten, die sich in vielfacher Brechung im Roman wiederfinden (Gohrisch 2005, 61–164).

Das *moralphilosophische Paradigma* (z. B. bei John Stuart Mill; s. Kap. V.1) betrachtet in der Nachfolge der Moralphilosophen des 18. Jahrhunderts Glück vom Standpunkt der Gesamtgesellschaft aus und bestimmt deren Wohlergehen als zentrale Dimension individuellen Glücksstrebens. Im Glauben an die latent vorhandenen, aber noch auszubildenden moralischen Gefühle des Individuums als einer Grundlage gesellschaftlicher Bindung werden die Leser angehalten, Dispositionen wie Nächstenliebe und Uneigennützigkeit auszuprägen. So legen die Werke z. B. von Charles Dickens und George Eliot immer wieder die zerstörerischen Folgen egoistischer Verhaltensweisen bloß und entwerfen altruistische und damit potentiell glückliche Figuren, um die Leser zur

Selbstreform (*self-improvement*) anzuregen. Das sich im Laufe des Jahrhunderts abschwächende *evangelikale Paradigma* zielt auf selbstverleugnende Demut und Bescheidenheit im Dienste der Gemeinschaft und motiviert diese nun mit der Aussicht auf Gottes Liebe und auf wahres Glück im Himmel. Das *verhaltensorientierte Paradigma* hingegen normiert hauptsächlich das Ausdrucksverhalten für Glück und der mit ihm verbundenen Wohlbefindens- und Bindungsgefühle wie Freude, Liebe und Zuneigung. Der bevorzugte Ort der Produktion und alltagspraktischen Einübung dieser (mit heiterer Gelassenheit und permanenter Freundlichkeit assoziierten) Glücksgefühle ist die bürgerliche Familie.

Glück im Spannungsfeld von Geschlechterrollen und Familienvorstellungen

Die bürgerliche Familie gilt als Gesellschaft im Kleinen mit stabilisierender Funktion für das große Ganze. Gemäß der geschlechtsspezifischen Arbeitsteilung, die Männern die öffentliche Sphäre und Frauen die Privatsphäre als hauptsächliche Aktionsbereiche zuweist, sind die Frauen verantwortlich für die Familiengefühle. Für diese Aufgabe müssen sie sich einen emotionalen Habitus erarbeiten, der den Verzicht auf eigene Ansprüche, die Bereitschaft zu selbstloser Unterordnung und stillem Dienen mit der Freude am Glück anderer verbindet, das zugleich ihr Glück ist.

Die seit dem 18. Jahrhundert und bis zum Ende des 19. Jahrhunderts sowohl in England als auch den USA weit verbreiteten sentimentalen Romane und das Genre des (gehobenen) Familienromans (Anthony Trollope, Margaret Oliphant und Charlotte Yonge sowie Louisa May Alcott und Elizabeth Stoddard in den USA) versorgt eine ständig wachsende weibliche Leserschaft mit immer neuen Anregungen für glücksförderndes Verhalten. Zugleich bieten sie den Leserinnen die Gelegenheit, ihre – von dieser Norm abweichenden – Wünsche nach Selbstverwirklichung wenigstens im Prozess der Lektüre auszuleben. In den 1860er Jahren entwickelt sich in Großbritannien mit dem Sensationsroman (Wilkie Collins, Mary Elizabeth Braddon) ein weiteres trivialliterarisches Genre, das diesem Zweck durch spektakuläre Rollendurchbrechungen noch besser gerecht wird, die bürgerliche Geschlechterordnung aber immer wieder herstellt. Wie in der Ratgeberliteratur (Dinah Mulock Craik) so treten auch in den Romanen (u. a. der Brontës) immer mehr selbstbewusste berufstätige Frauen auf, die vom Ideal der häuslichen Existenz abweichen.

Am Jahrhundertende werden mit der (auch in feministischen Schriften präsenten) *New Woman* in England und den tatkräftigen Frauen der amerikanischen Regionalliteratur (Mary Wilkins Freeman, Sarah Orne Jewett) sowohl der Zwang zur Selbstdisziplinierung als auch die möglichen Alternativen dazu kritisch hinterfragt. So beschreibt Kate Chopins (1850–1904) einst als Provokation empfundener, heute kanonischer Roman *The Awakening* (1899) das sinnliche und sexuelle Erwachen einer Frau, die ihren Wunsch nach persönlicher Erfüllung und Glück weder als aufopferungsvolle Mutter noch als unabhängig-selbstbezogene Künstlerin verwirklichen kann. Thematisch und erzähltechnisch erinnert *The Awakening* an Flauberts *Madame Bovary* (1856/57; s. Kap. V.11), vermittelt jedoch ein zupackenderes, handlungsorientiertes Bild der Frau. So wählt Chopins Heldin bewusst den Freitod im Meer, das als mehrdeutiges Sinnbild von Leben und Zerstörung Teil jener impressionistischen Bildlichkeit ist, über die der Text die Möglichkeiten weiblicher Selbsterfahrung auslotet.

Am Anfang des 19. Jahrhunderts thematisieren Jane Austens (1775–1817) im Landadel und gehobenen Bürgertum angesiedelte Romane exemplarisch das Streben nach (weiblichem) persönlichem Glück, wobei erlebte Rede und Ironie sentimentalen Überschwang verhindern. *Sense and Sensibility* (1811), besonders aber *Pride and Prejudice* (1813) bieten ein Modell vernunftgesteuerter Gefühlserziehung, das Glück in Liebe und – unaufdringlich unverzichtbar – in Wohlstand verortet. Die Spannung zwischen Verlangen und Befriedigung erfreut bis heute Millionen (meist weiblicher) Zuschauer immer wieder neuer Verfilmungen und Adaptionen dieses Textes; zur Erscheinungszeit wurde er freilich nur von wenigen Gebildeten geschätzt. Charlotte Brontë (1816–1855) legt 1847 mit *Jane Eyre* einen weiteren einflussreichen (ebenfalls wiederholt verfilmten) Entwurf weiblichen Glücks vor. Darin formuliert die (zuvor durch Lektionen der Emotionskontrolle erzogene) Ich-Erzählerin ihren Anspruch auf Glück durch Liebe mit einer Leidenschaft, die dem bürgerlichen Frauenbild etwas von seiner selbstverleugnenden Unterordnung nimmt. Ehe die Liebe jedoch in eine glückliche Ehe münden kann, zügelt der Text (durch dramatische Ereignisse) das potentiell erdrückende männliche (sexuelle) Begehren und verleiht durch den günstigen Zufall einer Erbschaft der mit-

tellosen Frau Wohlstand und damit soziale Ebenbürtigkeit. Während Emily Brontë (1818–1848) in *Wuthering Heights* (1847) die bürgerliche Norm der Mäßigung von Leidenschaft (vgl. Stedman 2002) verwirft und eine Liebe ins Zentrum ihres vielschichtigen Romans stellt, die in ihrer Unbedingtheit (auch) an sozialen Schranken scheitert, bedient die dritte Brontë-Schwester Anne (1820–1849) mit *Agnes Grey* (1847) das moderierende evangelikale Paradigma. Sie interpretiert aber über die dargestellte Gefühlsarbeit den Verzicht auf Partnerliebe zugleich als Quelle weiblichen Selbstbewusstseins, das einer Berufstätigkeit ebenso dienlich ist wie einer gleichberechtigten Partnerschaft (mit der die Titelfigur schließlich belohnt wird).

Ein weltliches Konversionserlebnis schildert der auktoriale, abwechselnd auf verschiedene Figuren fokussierte Erzähler in Charles Dickens' (1812–1870) Roman *Dombey and Son* (1846/48). Es bekehrt den hartherzigen und hochmütigen Geschäftsmann Dombey vom materiellen Gewinnstreben zu den immateriellen, auf gegenseitiger Zuneigung beruhenden Familiengefühlen, wofür er allerdings seine Firma und damit seine bürgerliche Existenz opfern muss. Der (in kontrastierenden Charakteren präsentierte) weibliche emotionale Habitus schwankt zwischen Protest gegen und demütiger Unterwerfung unter das Rollenideal. Eine ähnliche Handlungsführung findet sich auch in dem Roman *The Rise of Silas Lapham* (1884/85) des Amerikaners William Dean Howells (1837–1920), der (mit an Austen geschulter Komik) den Geschäftsmann jedoch deutlich idealisierter zeigt als Dickens. William Makepeace Thackerays (1811–1863) Roman *Vanity Fair. A Novel without a Hero* (1847/48) zieht die Gültigkeit der bürgerlichen Glücksvorstellungen durch seine ironisch-distanzierte Haltung in Zweifel, apostrophiert seine Figuren als Marionetten und deren Suche nach Glück als ein Spiel mit vorher festgelegten Rollen. Alle für Frauen und Männer definierten Gefühlsdispositionen werden ausgestellt, ohne jedoch ein Identifikationsmodell anzubieten. Mit viel Sentiment klagt Charles Dickens in seinem Industrieroman *Hard Times* (1854) den einst demokratisch gedachten Utilitarismus an, der aus seiner Sicht zu einem bloßen ökonomischen Kalkül geworden ist, nur gefühlsfeindlichen Eigennutz hervorbringt und damit Phantasie und Glücksempfinden unmöglich macht.

Grenzen des bürgerlichen Glücks

In der gehobenen Trivialliteratur triumphiert derweil der Mythos vom heroischen Aufstieg der Mittelklasse, versinnbildlicht in Dinah Mulock Craiks (1826–1887) internationalem Erfolgsroman *John Halifax, Gentleman* (1856), der in den 1850er und 60er Jahren auf den amerikanischen Bestsellerlisten an zweiter Stelle hinter *Uncle Tom's Cabin* stand. John Halifax ist der perfekte Selfmademan, der sich aus einfachen Verhältnissen zum wohlhabenden Unternehmer hocharbeitet und eine glückliche Familie sein eigen nennt. Die zeitgenössischen Leser rezipieren den Roman als Lob des bürgerlichen Selbsthilfeideals und schätzen an ihm die neue, gefühlsorientierte und damit für Lebensglück prädestinierte Männlichkeit. Mit ihren zufriedenen Figuren bestätigt Craik die Zufriedenheit ihrer Leser mit den sie umgebenden gesellschaftlichen Strukturen, Normen und Werten.

In den 1850er Jahren erscheinen in den USA Harriet Beecher Stowes (1811–1896) Weltbestseller *Uncle Tom's Cabin* (1851/52), Nathaniel Hawthornes (1804–1864) *The Scarlet Letter* (1850) sowie Herman Melvilles (1819–1891) monumentaler Walfänger-Roman *Moby Dick* (1851), welcher das Bewusstsein einer schweren Krise der amerikanischen kulturellen Werte an Schauplätzen fern der bürgerlichen Gesellschaft verhandelt. Edgar Allan Poe (1809–1849) beleuchtet bereits in seinen ortlosen Erzählungen der 1830er und 40er Jahre, in denen Glück eine Leerstelle bildet, die psychisch-dunkle Kehrseite materialistischer Fortschritts- und Aufstiegsgläubigkeit. In *Uncle Tom's Cabin, or, Life among the Lowly*, das Züge des sentimentalen und des realistischen Romans, der Satire und Burleske trägt, entwirft Beecher Stowe im Dienst des Kampfes um die Abschaffung der Sklaverei ein evangelikal geprägtes Bild eines treu ergebenen, duldsamen Schwarzen, der durch seine Konversion zur Gottesliebe innere Stärke und Heilsgewissheit gewinnt. Glücksstreben ist unter den Bedingungen der Sklaverei zwar undenkbar, aber die ausführlich dargestellten Familiengefühle (die schon im Verweis auf Toms Hütte präsent sind) belegen die Menschlichkeit der Erniedrigten des Romanuntertitels. Schon seit den 1840er Jahren fordern Schwarzamerikaner wie Frederick Douglass (1817–1895) ihre Freiheit und Teilhabe am *American Dream* ein, der, ausgehend von der Unabhängigkeitserklärung, als literarischer Topos vom Aufstieg des Einzelnen zu Wohlstand und

persönlichem Glück die amerikanische Literatur durchzieht. Glück ist der weiblichen Hauptfigur in Hawthornes Roman *The Scarlet Letter* nicht beschieden, der mit seinen Elementen des Imaginären und Übernatürlichen dem Genre der *romance* zugehört. Über die Geschichte eines Ehebruchs im Boston des 17. Jahrhunderts setzt sich der Autor mit dem Erbe eines patriarchalischen und heuchlerischen Puritanismus auseinander, der Glück (für die wahrhaft Gläubigen) nur im Leben nach dem Tod für möglich hält, nicht aber in diesseitiger sinnlich-körperlicher Liebe. Wie schon in Catharine Sedgwicks *Hope Leslie* (1827) wirken die Geschlechterrollen, die die Texte trotz allem bestätigen, besonders für die Frauen als erdrückend, aber auch die Ehe erscheint nicht als unbedingt notwendig für weibliches Selbstwertgefühl und Glück.

Wie Dickens in seinem düsteren *Bleak House* (1852/53) stellt George Eliot (1819–1880) in *Middlemarch* (1871/72) die Gesellschaft als ein dicht geknüpftes Netz gegenseitiger Abhängigkeiten dar, dessen Wahrnehmung die Chancen auf Erfüllung individueller Glücksansprüche entscheidend beeinflusst. Der Text kontrastiert gelungene und misslungene Lebensentwürfe und rückt durch seine Fokalisierungstechnik besonders die Psyche der Gescheiterten in den Vordergrund. Glück entsteht für die weibliche Hauptfigur (und einige Nebenfiguren) aus dem Verzicht auf Unerreichbares, das folglich als nicht mehr wünschenswert gedeutet wird. *Middlemarch* ist der letzte große englische Roman, der individuelles Glück und emotionale Ganzheitlichkeit als lebbar gestaltet, aber der melancholische Ton deutet die Wandlung dieses Erzählmusters bereits an. Der vornehmlich in England und Europa lebende Amerikaner Henry James (1843–1916) entwickelt Eliots psychologischen Realismus weiter und macht (wie sein berühmter Bruder William als Psychologe und Philosoph) die Darstellung des Bewusstseins zu seinem eigentlichen Gegenstand. So nehmen die Leser seines frühen Erfolgs *The Portrait of a Lady* (1880/81) die detailreiche, ereignisarme Welt der weiblichen Hauptgestalt zunehmend aus deren Sicht wahr und erkennen mit ihr das erstrebte Glück als Lebenslüge. Der späte realistische Roman bestätigt hier ironisch-desillusioniert die dominanten Normen weiblicher Emotionalität und macht zugleich die Grenzen des Strebens nach Freiheit und persönlichem Glück innerhalb der bürgerlichen Werte beiderseits des Atlantiks sichtbar.

Werden in Howells' (1837–1920) Roman *A Haz-*

ard of New Fortunes (1890), der die zerstörerischen
Folgen rasch erworbenen Reichtums im Amerika
der 1880er Jahre thematisiert, nur die Rücksichtslo-
sen glücklich, so gelingt das in Hardys (1840–1928)
The Mayor of Casterbridge (1886) lediglich den als
durchschnittlich und leidenschaftslos geschilderten
Figuren; deren Liebe wirkt in dem Maße blass und
farblos, wie die unbedingte Emotionalität der männlichen Titelfigur beeindruckt. Durch diesen Kontrast
mutet deren Forderung nach Zuneigung übertrieben
an, ist immer zur Unzeit am falschen Objekt ausgerichtet und versinnbildlicht damit die unmöglich
gewordene Ganzheitlichkeit emotionalen Erlebens.
Hardys letzte Romane, *Tess of the d'Urbervilles* (1891)
und *Jude the Obscure* (1895) artikulieren den Anspruch auf Selbstverwirklichung und (sexuelles)
Glück aus der Perspektive armer, am bürgerlichen
Aufstiegsideal orientierter Landbewohner und zeigen, wie dieser Anspruch an der unerbittlichen Wirklichkeit scheitert.

Zum Jahrhundertende hin ist (auch in Stephen
Cranes naturalistischem Erstling *Maggie, A Girl of
the Streets* von 1893) Glück mehr als Erwartung präsent denn als Erleben. Die (Nicht-) Erfüllung dieser
Erwartung hängt zunehmend nicht mehr vom Einzelnen ab, sondern wird von Zufall (*luck*) und
Schicksal (*fate*) bestimmt, die dennoch als von Menschen gemacht erscheinen. Parallel dazu werden
happy endings, die normgerechtes Verhalten belohnen, immer seltener, wendet sich die Handlung immer häufiger zum Negativen, während die vielfach
angedeuteten verheißungsvollen Möglichkeiten
nicht realisiert werden. Wenn Glück als ein positives
Lebensgefühl Auskunft gibt über eine als positiv
wahrgenommene Realität, so signalisiert dessen
Leerstelle im Roman ein Problembewusstsein, das
zum einen auf die (nicht-fiktionalen) Konstruktionen von Glück zurückwirkt und zum anderen auf
den veränderten Umgang der (Hoch-)Literatur mit
ihnen im 20. Jahrhundert hindeutet.

Literatur

Gohrisch, Jana: Bürgerliche Gefühlsdispositionen in der
    englischen Prosa des 19. Jahrhunderts. Heidelberg
    2005.
Mayring, Philipp: Psychologie des Glücks. Stuttgart/
    Berlin/Köln 1991.
Seeber, Hans Ulrich (Hg.): Englische Literaturge-
    schichte. Stuttgart/Weimar ⁴2004.
Stedman, Gesa: Stemming the Torrent: Expression and
Control in the Victorian Discourses on Emotions,
    1830–1872. Aldershot 2002.
Zapf, Hubert (Hg.): Amerikanische Literaturgeschichte.
    Stuttgart/Weimar ²2004.

Jana Gohrisch

14. Figuren des Glücks im russischen Roman des 19. Jahrhunderts. Utopie und Entsagung

Der russische Roman des 19. Jahrhunderts thematisiert im Wesentlichen die problematische Existenz des Individuums in der starren adligen Regelkultur. Ganz im Sinn von Hegels Definition des Romans steht hier die »Poesie des Herzens« der »Prosa der Verhältnisse« gegenüber (Hegel 1970, 393). Die Voraussetzungen für eine glückliche Existenz des Einzelnen in der Gesellschaft waren gerade in Russland denkbar schlecht. Die russische Misere war sprichwörtlich: Napoleons Feldzug von 1812 hatte weite Landstriche verwüstet, die dreißigjährige Regierungszeit von Zar Nikolaj I. (1796–1855) brachte eine strenge Disziplinierung von Kunst und Wissenschaft, die verspätete Abschaffung der Leibeigenschaft im Jahr 1861 verwandelte die juristische Abhängigkeit der Bauern nur in eine ökonomische. 1866 leitete ein Attentat auf Aleksandr II. (1818–1881) eine prekäre Terrorepoche ein, die erst durch den Ersten Weltkrieg beendet wurde.

Die repressive Grundhaltung der russischen Regierung führte zu einer Verschiebung des Glücksdiskurses von der Philosophie auf die Literatur. Russische Denker hatten sich darüber gestritten, ob die Gesellschaft nach den Prinzipien westlicher Rationalität oder orthodoxer Spiritualität organisiert werden sollte. Die philosophischen Lehrstühle in Russland waren immer wieder den Übergriffen eines konservativen Obskurantismus ausgesetzt; nach den europäischen Revolutionen von 1848 wurde die universitäre Philosophie für fünfzehn Jahre ganz verboten. Die Debatten über persönliche Ethik, Gesellschaftsstrukturen und das Verhältnis von individuellem und allgemeinem Glück wurden deshalb nicht in theoretischen Abhandlungen, sondern vor allem im literarischen Genre des Romans geführt, der im 19. Jahrhundert innerhalb von wenigen Jahrzehnten zum Leitmedium der Selbstreflexion der russischen Kultur aufstieg.

Fehlendes Glück im frühen russischen Roman

Es ist bezeichnend, dass der erste ästhetisch eigenständige Roman in der russischen Literatur den stolzen Untertitel »Roman in Versen« trägt. Aleksandr Puškin (1799–1837) zeichnet in seinem *Evgenij Onegin* (1821–1830) das Porträt eines gelangweilten Dandys, der aus nichtigem Anlass seinen besten Freund im Duell tötet und zu spät erkennt, dass er die Liebe eines Mädchens eigentlich erwidert. Glück ist für Onegin nicht zu haben, weil er ganz auf seine eigene Befindlichkeit konzentriert ist. Mit anderen Worten: Einen Ausgleich zwischen der Poesie des Herzens und der Prosa der Verhältnisse kann es hier gar nicht geben, weil Onegin alles Prosaische ganz ausblendet. Jeder Kompromiss mit der Wirklichkeit erscheint aus Onegins Perspektive als drohende Verbürgerlichung seiner Existenz. Letztlich schildert Puškin in *Evgenij Onegin* nicht eine gescheiterte Liebesbeziehung, sondern das Fehlschlagen eines ästhetisierten Lebensentwurfs. Konsequenterweise ist der Roman als Fragment komponiert: Ganze Kapitel werden nur durch Auslassungspunkte markiert. Dabei bleibt die narrative Folgerichtigkeit des Plots zwar gewährleistet, gleichzeitig signalisiert die Unvollständigkeit der literarischen Ausarbeitung, dass sich eine Biographie mit rein poetischen Mitteln nicht sinnvoll konstruieren lässt (Ebbinghaus 2004, 95–258).

Auch Michail Lermontovs (1814–1841) *Ein Held unserer Zeit* (1841) kann nur bedingt als Roman gelten. Der Text setzt sich zusammen aus sechs Novellen, die nur lose durch die Figur des dämonischen Protagonisten Pečorin zusammengehalten werden. Puškins und Lermontovs Helden sind in der russischen Literatur zu Prototypen des sogenannten ›überflüssigen Menschen‹ geworden. Sie empfinden zwar ein deutliches Ungenügen an der Gesellschaft und an ihrer eigenen Lebensführung, bleiben aber in der starren Konvention des militärischen Ehrenkodex und in der romantischen Gefühlsmaximierung stecken (Chances 1978).

Nikolaj Gogol's (1809–1852) Hauptwerk *Die toten Seelen* (1842) wird oft fälschlich als Roman bezeichnet, dabei hat der Autor bewusst die Genrebezeichnung »Poem« als Untertitel gesetzt. Die Handlung beschreibt zwar vordergründig die Fahrt eines Betrügers durch die russische Provinz, die Komposition macht aber deutlich, dass man es hier mit einer allegorischen Reise durch die verderblichen Leidenschaften der Menschen wie Wollust, Neid, Zorn, Herrschsucht und Geiz zu tun hat (Heftrich 2004, 131–176). Interessanterweise hat Gogol' versucht, einen zweiten Teil zu verfassen, in dem ein positiver Held auftritt. Die Heilsgestalt trägt den türkischen Namen Kostanžoglo – damit zeigt Gogol' an, dass er den Russen eine solche Erleuchtung noch nicht zutraut. Das Gute kommt von außen; es muss nur erkannt und akzeptiert werden. Allerdings fiel dieser Text bis auf wenige Kapitel einem Autodafé zum Opfer. Wahrscheinlich hatte Gogol' erkannt, dass sich der entlarvende Furor des ersten Teils nicht ohne Weiteres in eine positive Vision umwandeln ließ (Gerigk 2007).

Kritische Gesellschaftsromane

Der kritische Gesellschaftsroman etabliert sich in Russland erst gegen Mitte des Jahrhunderts. Am Anfang dieser Tradition stehen Ivan Gončarovs (1812–1891) *Alltägliche Geschichte* (1847) und Aleksandr Gercens (1812–1870) *Wer ist schuld?* (1847). Während Glück bei Puškin, Lermontov und Gogol' überhaupt nicht als eigene Kategorie auftaucht, wird es hier wenigstens in der Negation erkennbar. Gončarov und Gercen schildern das Scheitern ihrer Helden, die ihren Lebensweg zwar mit den besten Absichten beginnen, sich dann aber in die starre herrschende Ordnung einfügen müssen.

Besonders deutlich zeigt sich dieser fortschreitende Verlust des Lebensglücks in Gončarovs zweitem Roman *Oblomov* (1859). Der Held erscheint auf den ersten Blick als Verkörperung der russischen Lethargie und ist den Anforderungen einer ökonomisierten Realität nicht gewachsen. Oblomov träumt von einem idyllischen Leben, das mit einem morgendlichen Spaziergang beginnt, gefolgt von einem Frühstück mit »Kringeln, Sahne und frischer Butter«. Dann macht man sich zu einer Lustfahrt mit der Gemahlin auf dem Fluss auf, empfängt am Abend liebe Gäste, dazu gehören »Bratpfannen voller Pilze und Koteletts«, anschließend unbedingt »Mokka und Havanas«. Der ideale Tag klingt dann mit Musik aus, der Arie »Casta Diva« aus Bellinis Oper »Norma«. Oblomov beschreibt das Glück gerade als diametrales Gegenstück zu den Gratifikationen der modernen Zivilisation: »Man würde keine Sorge kennen, nichts von Senat, Börse, Aktien, Meldungen, Ministerempfängen, Rängen, Spesenzulagen hören. Alle Gespräche würden der Seele entspringen!« (Gontscharow 1859/1981, 142). Konsequenterweise

hat Gončarov seinem Roman eine retrograde Glücksvision eingeschrieben, die als einziges der sonst nur durchnummerierten Kapitel eine Überschrift trägt: »Oblomovs Traum«. Der Protagonist träumt von seiner eigenen Kindheit in einem *locus amoenus*, wo sogar die Natur ihre Gefährlichkeit abgelegt hat. Jeder Tag ist von reichen Gaben erfüllt, die Zeit bringt keinen Fortschritt, sondern wiederholt das märchenhafte, ländliche Glück unentwegt. Das Alte, Bekannte ist das Gute, das Neue kann sich gar nicht im gewohnten Lauf der Dinge festsetzen.

Es ist allerdings bezeichnend, dass der Roman seine Ausgangsdichotomie selbst problematisiert. »Oblomovs Traum« ist ganz im Modus des *Irrealis* beschrieben; aber auch alternative Glücksentwürfe wie wirtschaftlicher Erfolg oder glänzende Karrieren im bürokratischen Apparat werden diskreditiert. Das Wertdilemma des Romans lässt sich auf folgende Formel bringen: Das idyllische Glück der unbeschwerten ländlichen Existenz ist hoffnungslos verloren, das moderne Glück der Integration in die neuen gesellschaftlichen Prestigebereiche hingegen ist nicht wünschbar. Einen Ausweg gibt es nicht: Der Protagonist versinkt in Apathie und richtet sich sein Leben so bequem wie möglich ein, »wenn auch ohne Poesie, ohne jene Strahlen, in die damals seine Phantasie den breit angelegten, herrschaftlichen, sorglosen Ablauf seines Lebens auf dem heimatlichen Gut inmitten der Bauern und des Hofgesindes getaucht hatte« (688). Eine Lösung wird erst für die nächste Generation in Aussicht gestellt: Oblomovs Sohn erhält bei dem tüchtigen Freund des Vaters eine europäische Erziehung und wird seine positive Charakteranlagen mit einer neuen Tätigkeit verbinden.

Ein ähnliches Glücksdilemma präsentiert Nikolaj Pomjalovskij (1835–1863) in dem Doppelroman *Kleinbürgerglück* und *Molotov* (1861). Sein Protagonist sucht im ersten Teil nach sozialer Gerechtigkeit, bescheidet sich dann aber im zweiten Teil mit einem Privatglück in trauter Zweisamkeit. Signifikant sind die Epiloge der beiden Romanhälften, in denen sich der Autor direkt an seine Leser wendet: »Und wo ist nun das Glück? wird der Leser fragen. Der Titel verheißt doch Glück!«. Der Autor antwortet: »Es liegt vor uns, liebe Leser. Das Glück liegt immer vor uns – das ist ein Naturgesetz« (1861/1981, 113). Der zweite Teil endet pathetisch mit der Umarmung des Liebespaars, das sich endlich gefunden hat. Der Autor fügt lapidar hinzu: »Damit wäre das Kleinbürgerglück zu Ende. Tja, meine Herrschaften, es hat etwas Fades ...« (1861/1981, 302). Der Rückzug ins Private steht mithin in der Werthierarchie dieser Romane keineswegs an erster Stelle.

Glück wird in der russischen Literatur also nicht als Erfüllung, sondern entweder als Utopie oder als Entsagung konzeptualisiert. Als berühmtestes Beispiel für die *erste Spielart* lässt sich Fedor Dostoevskijs (1821–1881) Erzählung *Traum eines lächerlichen Menschen* (1877) anführen. Geschildert wird die Traumvision eines Paradieses, in dem sündenfreie Menschen leben: »Sie waren ausgelassen und fröhlich wie Kinder. Sie schweiften in ihren schönen Hainen und Wäldern umher; sie sangen ihre schönen Lieder; sie nährten sich von leichter Kost, von den Früchten ihrer Bäume, dem Honig ihrer Wälder und der Milch der sie liebenden Tiere. Für ihre Nahrung und für ihre Kleidung wendeten sie nur wenig und nur leichte Arbeit auf. Es gab bei ihnen Liebe, und es wurden Kinder geboren; aber niemals bemerkte ich bei ihnen Ausbrüche jener *grausamen* Wollust, die fast allen Menschen auf unserer Erde eigen ist, allen und jedem, und die die einzige Quelle fast aller Sünden unserer Menschheit ist« (Dostojewski 1877/1986, 346). Das durchaus infantile Glück der Paradiesbewohner wird jedoch durch das Eindringen von Wissenschaft und Reflexion zerstört. Das Glück löst sich gerade dadurch auf, dass man darüber nachsinnt, wie es zu erreichen sei. Die naiven Glückseligen werden zu unglücklichen Theoretikern: »Das Wissen steht höher als das Gefühl, die Erkenntnis des Lebens steht höher als das Leben. Die Wissenschaft wird uns allwissend machen; die Allwissenheit wird die Gesetze aufdecken; die Kenntnis der Gesetze des Glückes aber steht höher als das Glück« (Dostojewski 1877/ 1986, 351).

Damit findet Dostoevskij die kürzeste Formel für die Verfehlungen der modernen Zivilisation, die er vor allem in Gestalt des Kristallpalastes der Londoner Weltausstellung verdammt. Dieses gigantische Spiegellabyrinth könne nur der Phantasie des europäischen Kleinbürgers entspringen, dessen höchste Ziele Gewinnmaximierung, *small talk*, Tourismus und eine biedere Naturanbetung seien (1861/1976, 85). Implizit polemisiert Dostoevskij gegen die mechanistischen Glücksvorstellungen von Nikolaj Černyševskij (1828–1889), der in seinem Roman *Was tun?* (1863) behauptet hatte, der Mensch sei fähig, sein Glück rational zu erkennen, es zu wollen und es auch ins Werk zu setzen. In seinen *Aufzeichnungen aus dem Untergrund* (1864) hatte Dostoevskij beschrieben, wie der Mensch oft wider besseres Wissen sein Unglück wähle, nur um seinen eige-

nen Willen durchzusetzen. Das Ideal menschlichen Glücks erblickt Dostoevskij in Claude Lorrains idyllischem Gemälde »Acis und Galathea«, das er in der Gemäldegalerie Dresden mehrmals bewundert hatte. Im Roman *Die bösen Geister* (1873) bildet dieses Bild schließlich den Ausgangspunkt für eine Glücksvision, die den »Traum eines lächerlichen Menschen« präfiguriert.

Die *zweite Spielart* – Glück als Entsagung – hat Ivan Turgenev (1818–1883) in seinen frühen Romanen gestaltet. Hier leuchtet das Glück zwar am Horizont auf, es verschwindet aber wieder und bleibt nur noch als dunkle Ahnung von etwas Vergangenem im Bewusstsein der Handlungsfiguren. In *Rudin* (1855) und *Ein Adelsnest* (1859) kann das Glück nicht installiert werden, weil es gleichzeitig sowohl für das eigene Leben als auch für die Allgemeinheit herbeigesehnt wird. Die Einrichtung des schönen Liebespaars in einer gerechten Gesellschaftsordnung erweist sich in beiden Romanen als hoffnungsloses Unternehmen. Mehr noch: Gerade Turgenevs männliche Protagonisten scheitern bereits bei der Durchsetzung ihrer privaten Liebesbeziehung gegen familiäre Widerstände und flüchten sich in tragische Rollenmodelle, in denen sie entweder in einem sinnlosen Heldentum untergehen oder in mönchischer Einsamkeit dahinvegetieren (Moleva 2008).

Religion und Natur im Roman

Die narrativen Erklärungsversuche des russischen Romans richten sich also nicht so sehr auf die Beantwortung der Frage, wie Glück erreicht werden könne, sondern wie ein potenziell bereits vorhandenes Glück zu erkennen und zu bewahren sei. Dabei spielt vor allem die Religion eine wichtige Rolle, die im Spätwerk einiger Autoren sogar ins Zentrum der literarischen Wahrheitsentwürfe rückt.

Fedor Dostoevskij hat seine großen Romane, die nach seiner sibirischen Verbannung entstanden sind, als umfassende Diagnose der russischen Misere angelegt. Alle Romane spielen in der Gegenwart ihrer Entstehungszeit und skizzieren das falsche Verhalten der russischen Gesellschaft angesichts der Wiederkunft Christi, die nach Dostoevskijs Überzeugung unbedingt in Russland erfolgen müsse und auch unmittelbar bevorstehe (Gerigk 2003). Rodion Raskol'nikov, der mörderische Protagonist aus *Verbrechen und Strafe* (1866), ist kein Bösewicht, sondern eine nationale Lichtgestalt, die durch verderbliche Theorien vom Pfad des rechten Lebens abgekommen ist. Er vergöttert Lykurg, Solon, Napoleon, die sich mit ihren ambitiösen Projekten gerade über die geltenden Gesetze hinweggesetzt und damit eine neue Rechtsordnung geschaffen haben. Wichtig ist dabei für die symbolische Kodierung von Dostoevskijs Axiologie, dass es sich bei Raskoľnikovs falschen Vorbildern ausschließlich um Ausländer handelt. Genauso zweifelhaft wie der europäische Weg zur Herrschaft ist auch der Genuss, der sich auf dem Gipfel der Macht einstellt. Raskoľnikovs Tat bleibt zwar unentdeckt, aber das erhoffte Bewusstsein der eigenen Überlegenheit bleibt aus. Raskoľnikov irrt halluzinierend durch St. Petersburg und gesteht schließlich ohne äußere Not den Mord. Zwar folgt ihm die Geliebte Sonja in die sibirische Verbannung, allerdings findet die Schilderung ihrer Zweisamkeit keinen Platz im Wertsystem des Romans. Der berühmte, oft auch als zu pathetisch kritisierte letzte Absatz lautet: »Aber hier beginnt eine neue Geschichte, die Geschichte der allmählichen Erneuerung eines Menschen, die Geschichte seiner allmählichen Wiedergeburt, des allmählichen Übergangs aus einer Welt in eine andere, der Entdeckung einer neuen, bisher gänzlich ungekannten Wirklichkeit. Das könnte das Thema der neuen Geschichte werden – aber unsere jetzige Geschichte ist zu Ende« (Dostojewski 1866/1994, 745). Höher als das private Glück steht in *Verbrechen und Strafe* die Einsicht in die Falschheit westlicher Gesellschaftsordnungen, die auch eine Abwertung der bürgerlichen Ehe einschließt. Deshalb wird bei Dostoevskij ganz im Gegensatz zu Tolstoj auch nicht geheiratet. Liebe zeigt sich entweder als weibliches Mitleiden mit dem tragischen männlichen Helden oder als hysterischer *amour fou*. Auch alternative glücksträchtige Güter wie Geld oder Macht werden von Dostoevskij radikal abgewertet. Den Roman *Idiot* (1868–69) kann man nachgerade als narrative Diskreditierung der verderblichen Glückssysteme lesen, die mit der religiösen Erlösung konkurrieren. Die Russen jagen hier der erotischen Leidenschaft, der Herrschaftssucht oder dem Mammon nach und bleiben darüber blind für den wahren Retter, der bereits gekommen ist, aber nicht erkannt wird.

Vielleicht am prominentesten kommt das Glücksthema bei Lev Tolstoj (1828–1910) vor. Einen zentralen Ort nehmen Überlegungen zum menschlichen Glück im frühen Kurzroman *Die Kosaken* (1863) ein. Der Protagonist ist ein typisch russischer Dandy, der aus dem Moskauer Leben in den Kaukasus entflieht. Dort erfährt er in der herben Natur-

schönheit und der elementaren Bedrohung durch den Krieg mit den Tschetschenen ein intensives Glückserlebnis.

Die Begegnung mit der Natur wird bis in Tolstojs Spätwerk hinein ein wichtiger Ort des Glücks bleiben. In den 1860er Jahren kommt als neuer, zumindest ersehnter Schauplatz das Eheleben hinzu. Im Kurzroman *Familienglück* (1859) taucht das Thema bereits im Titel auf; ebenso wichtig sind in diesem Zusammenhang aber auch zentrale Handlungslinien aus den großen Romanen *Krieg und Frieden* (1869) und *Anna Karenina* (1878). *Familienglück* zeigt gewissermaßen die Dialektik der Paarbeziehung, wie sie sich aus Tolstojs Sicht präsentiert: Eine junge Ehefrau kann das ländliche Dasein auf dem Gut ihres Mannes erst schätzen, nachdem sie beinahe den Verlockungen der adligen Hofgesellschaft erlegen ist. Glück erscheint in diesem Bildungsroman zunächst als unbestimmte Erwartung (»Was kann ich dazu, dass ich glücklich bin? Wie kann ich mein Glück teilen, wie und wem kann ich mich und mein Glück ganz hingeben?«, Tolstoi 1859/2004, 42). Glück ist zunächst Leidenschaft, die nach außen drängt und dadurch den Menschen mitreißt. Allerdings zerstört der impulsive Versuch, die leidenschaftliche Glückserwartung ins Werk zu setzen, das Glück selbst. Im Roman *Familienglück* gelingt die Verwandlung von Leidenschaft in Selbstbescheidung: »Das alte Gefühl wurde zu einer teuren, unwiederbringlichen Erinnerung, und ein neues Gefühl der Liebe zu den Kindern und zum Vater meiner Kinder begründete ein anderes, aber auf ganz andere Weise glückliches Leben« (178). In der Handlungskonstruktion des Romans *Familienglück* kündigt sich bereits der moralische Rigorismus des späten Tolstoj an: Jeder Mensch ist den verderblichen Leidenschaften ausgesetzt; nur durch strenge Selbstdisziplinierung und Askese kann man sich vor den Gefahren eines aufgewühlten Gefühlslebens retten.

Eine ähnliche Lösung präsentiert das Romanepos *Krieg und Frieden*. Der Sucher und Zweifler Pierre Bezuchov und die positive weibliche Hauptfigur Nataša Rostova führen am Ende eine erfüllte Ehe. Der ganze Epilog ist durchzogen von einem Windelgeruch, der das Versprechen des ursprünglich vorgesehenen Titels »Ende gut, alles gut« einlösen könnte – Tolstoj weist in seiner Vorliebe für Konkretes sogar auf die Farbe des Windelinhalts hin (Tolstoi 1869/2005, 1526).

Tolstoj modifiziert seine eigene Glückskonzeption im Jahr 1869 durch eine intensive Schopenhauer-Rezeption. Das Leben wird nun auch für Tolstoj zum Jammertal, in dem der Mensch zwischen Sehnsucht und Langeweile schwankt: Entweder ist das Gewünschte nicht da oder es verliert schnell den Reiz des Neuen. In seiner *Beichte* (1882) wiederholt Tolstoj Schopenhauers Mantra des unglückseligen Lebens: »Glücklich, wer nicht geboren ist. Der Tod ist besser als das Leben; man muss sich von diesem befreien« (1882/1990, 69).

Unter dem Eindruck von Schopenhauer wendet sich Tolstoj dann auch vom Optimismus des Romans *Familienglück* ab. *Anna Karenina* geht zwar von der gleichen Grundkonstellation aus, endet aber nicht im *Happy End*, sondern in der Katastrophe. In diesem Roman stellt Tolstoj dem leidenschaftlichen *Eros* der Titelheldin die ruhige *Agapè* des zweiten Handlungsstrangs gegenüber. Zwar verspricht das Eheleben Erfüllung vieler Lebenswünsche, gleichwohl erscheint aber die Leidenschaft trotz oder vielleicht gerade wegen ihrer Gefährlichkeit als das eigentlich authentische Liebesglück. Der erste Satz dieses Romans ist zugleich sein berühmtester: »Alle glücklichen Familien ähneln einander; jede unglückliche aber ist auf ihre eigene Art unglücklich« (1878/1994, 7). Darin kommt Tolstojs Auffassung zum Ausdruck, dass Glück letztlich Monotonie bedeutet, im Unglück aber dramatische Entwicklungsmöglichkeiten angelegt sind. Genau diese Besonderheit veranlasste auch Vladimir Nabokov, den ersten Satz aus *Anna Karenina* an den Anfang seines Inzestromans *Ada* (1969/1985) zu stellen.

Der russische Roman des 19. Jahrhunderts entwirft also Glück als strahlende Erwartung, die aber sogleich entwertet wird, sobald sie verwirklicht wird. Zwar enden einige Texte auf einer optimistischen Note; es ist aber bezeichnend, dass das erreichte Glück nur benannt, aber nicht beschrieben werden kann. Wenn das Glück da ist, wird es entweder nicht erkannt oder nicht geschätzt. Letztlich gilt für die meisten Autoren, was Dostoevskij für sich in Anspruch genommen hat: »Je suis un homme heureux qui n'a pas l'air content« – »Ich bin ein glücklicher Mensch, der aber unzufrieden aussieht« (Dostojewski 1876–1881/2003, 87).

Literatur

Chances, Ellen: Conformity's children. An Approach to the Superfluous Man in Russian Literature. Columbus 1978.

Dostojewski, Fjodor: Über Literatur [1861]. Leipzig 1976.

–: Verbrechen und Strafe [1866]. Zürich 1994.

–: Der Traum eines lächerlichen Menschen und andere Erzählungen [1877]. Frankfurt a. M. 1986.

–: Tagebuch eines Schriftstellers [1876–1881]. Berlin 2003.

Ebbinghaus, Andreas: Puškin und Russland. Zur künstlerischen Biographie des Dichters. Wiesbaden 2004.

Gerigk, Horst-Jürgen: Nikolaj Gogol': Mertvye duši (Die toten Seelen). In: Bodo Zelinsky (Hg.): Der russische Roman. Köln 2007, 117–129.

–: Das Russland-Bild in den fünf großen Romanen Dostojewskijs. In: Uta Gerhardt (Hg.): Zeitperspektiven. Studien zu Kultur und Gesellschaft. Beiträge aus der Geschichte, Soziologie, Philosophie und Literaturwissenschaft. Stuttgart 2003, 49–79.

Gontscharow, Iwan: Oblomow [1859]. Frankfurt a. M. 1981.

Heftrich, Urs: Gogol's Schuld und Sühne. Versuch einer Deutung des Romans »Die toten Seelen«. Hürtgenwald 2004.

Hegel, Georg Wilhelm Friedrich: Vorlesungen über die Ästhetik III. Werke in 20 Bänden. Bd. 15. Frankfurt a. M. 1970.

Moleva, Nina: Prizrak Viardo. Nesostojavšeesja sčast'e Ivana Turgeneva. Moskau 2008.

Nabokov, Vladimir: Ada oder Das Verlangen [1969]. Reinbek 1985.

Pomjalowski, Nikolai: Kleinbürgerglück. Molotow [1861]. Berlin 1981.

Tolstoi, Leo: Familienglück [1859]. Roman. Zürich 2004.

–: Krieg und Frieden [1869]. München 2005.

–: Anna Karenina [1878]. München 1994.

–: Meine Beichte [1882]. München 1990.

Ulrich Schmid

VI. Glück im 20. und 21. Jahrhundert

1. Glück in der klassischen Soziologie. Eine Disziplin zwischen Optimismus, Kritik und Distanz

Abhandlungen über das Glück sind in der klassischen Soziologie selten. Darin kamen auf einer Tagung, die 1996 über *Glücksvorstellungen. Ein Rückgriff in die Geschichte der Soziologie* stattfand, fast alle Teilnehmer überein (Bellebaum/Barheier 1997). Es wird deswegen über die Geschichte des Glücksbegriffes in der Soziologie als von der »Geschichte seiner zunehmenden Irrelevanz« (Göbel 1997, 106) gesprochen oder davon, dass Glück eher als Anathema denn als Thema galt (Zingerle 1997, 131). Trotz dieser Enthaltsamkeit der klassischen Soziologie kann der Versuch unternommen werden, das Glück zu einem zentralen Gegenstand der Soziologie zu erheben, wenn man nicht den Anspruch hat, *explizite* Abhandlungen darüber zu finden. Die Frage ist also: Wie haben die Klassiker der Soziologie das Glück thematisiert, ohne es explizit zum Forschungsgegenstand zu machen?

Glückssoziologen und Elendssoziologen?

Der Soziologe der Erlebnisgesellschaft Gerhard Schulze hat in einer Erwiderung an seine Kritiker geschrieben, dass die meisten Soziologen sich mit dem »Elend der Welt« befassten (vgl. Bourdieu 1993/1997), während nur wenige das Glück zu ihrem Thema machten (Schulze 2005, VI, XVII). Er habe sich mit dem Glück in der modernen Wohlfahrtsgesellschaft auseinandersetzen wollen, und genau das hätten ihm seine Kritiker, die Elendssoziologen, übel genommen. Nach Schulzes Argumentation ist zwischen Glücks- und Elendssoziologien zu unterscheiden. Diese Unterscheidung kann aber relativiert werden, wenn man bemerkt, dass die Elendssoziologen dieses Elend oft nur deswegen beschreiben, um es aus der Welt räumen zu können und dadurch Glück

zu ermöglichen, während die Glückssoziologen häufig das Elend ausklammern, um die Zufriedenheit ausgewählter Gruppen zum allgemeinen Zustand des modernen Menschen zu erheben. Das Glück wird von den Glückssoziologen im Sinne Schulzes beschränkt auf das subjektive Glücksempfinden bestimmter sozialer Gruppen, während die Elendssoziologen das Glück negativ, als das verstellte Glück oder das noch nicht erreichte bzw. unerreichbare Glück thematisieren. Dabei wird indirekt auf das *wahre* Glück und/oder das Glück *aller* Bezug genommen. In dieser Hinsicht können fast alle Soziologen als Glückssoziologen gelten, der Unterschied besteht nur darin, was unter ›Glück‹ verstanden wird und wie man sich darauf bezieht: ob positiv oder negativ, ob engagiert oder distanziert. Die folgende Darstellung verfolgt die Strategie, einige Klassiker der Soziologie verschiedenen Idealtypen zuzuordnen, mit der bekannten Warnung, dass durch diese Zuordnungen Simplifizierungen in Kauf genommen werden müssen.

In der Tradition der Aufklärung stellten sich einige Soziologen zum Beginn dieser Disziplin die Aufgabe, durch wissenschaftlichen Erkenntnisgewinn das Unglück aller Menschen (Armut, Unwissenheit und Krankheiten) zu beseitigen. Die Soziologie wurde als eine Wissenschaft angesehen, die durch wissenschaftliche Analyse Erklärungen liefert und darauf basierend Vorschläge macht, um den Zustand der Gesellschaft zu verbessern. Die Soziologie entstand als eine neue wissenschaftliche Disziplin mit einer politischen und sozialen Mission. Die Klassiker der Soziologie waren sich über die Bestimmung ihrer Disziplin aber nicht immer einig. Während einige die soziale und politische Mission der Soziologie stark machten, plädierten andere dafür, die Soziologie als eine wertfreie Wissenschaft auszuüben, die sich zugunsten ihrer neutralen wissenschaftlichen Analyse keine Bewertung und keine missionarische Aufgabe vornehmen solle. Die Konsequenzen sollten die gesellschaftlichen Akteure selber ziehen (Weber 1917/1991). Herbert Spencer (1820–1903) zum Beispiel strebte nach einer Soziologie, die als Wissenschaft die Evolution der Gesellschaft erklären sollte, ohne aber in die politische Praxis einzugreifen. Er vertrat eine liberale *laissez faire*-Philosophie, nämlich die Einstellung, dass die Gesellschaft als ein selbstregulatives System nach Naturgesetzen verlaufe, die nicht vom Menschen beeinflusst werden sollen. Nach Spencers Utilitarismus (s. Kap. V.1) strebt der Mensch nach Glücksmaximierung, doch solle jeder einzeln nach seinen Möglichkeiten seine Wünsche verwirklichen, ohne dass die Soziologie oder andere Instanzen eingreifen dürften. Andere Soziologen seiner Zeit versprachen sich aber von der Soziologie eine soziale und politische Relevanz, zum Beispiel als eine Kontrollinstanz gegen die übertriebenen Wünsche des modernen Menschen, und von staatlicher Seite wurde die frühe Soziologie durchaus als Kontrollinstanz wahrgenommen und gefördert (Wagner 1990).

Auguste Comte und Emile Durkheim: Glücksfindung durch die Soziologie

Der Vater der Soziologie und Vertreter des Positivismus Auguste Comte (1798–1857) war der Meinung, dass die Wissenschaft nicht nur eine erklärende Funktion habe, sondern den Menschen durch die Erklärung auch die Glücksfindung ermögliche. Mit seiner *physique sociale* wollte er der modernen Gesellschaft, die sich für Comte seit der Französischen Revolution in einem anarchistischen Zustand befand, zur Heilung verhelfen (Comte 1830–43/1969, 44). Aus Comtes Sicht konnte dem Menschen das Glück nur in einer neuen Ordnung zuteil werden – einer Ordnung, die Stabilität vermittelt und gleichzeitig die Möglichkeit eröffnet, die eigene Spontaneität zu entwickeln. Die neue Wissenschaft der Soziologie sollte klären, in welchen Bereichen Notwendigkeiten herrschen und in welchen Feldern Modifizierungen möglich sind. Dem Menschen wurde das Glück demnach durch ein freies und rationales Bejahen eines Weltgesetzes zuteil – ein Glück also, das hauptsächlich durch ein Resignieren, *resignation positive* (Plé 1997, 50), gegenüber den Notwendigkeiten erreicht wird.

Auch Émile Durkheim (1858–1917) sah die Aufgabe der Soziologie darin, die Gesetzmäßigkeiten zu erkennen, denen die Gesellschaften unterliegen, und auf diese Weise den Menschen zu helfen, durch die Erkenntnis ihrer sozialen Umwelt in dieser glücklich zu werden bzw. sich ihr freiwillig unterzuordnen (s. Kap. II.9). Quelle des Unglücks in der modernen Gesellschaft waren nach Durkheim die unbegrenzten Wünsche der Menschen, die zu einem kranken Zustand von Unersättlichkeit führten (Durkheim 1925/1973, 93; 1897/1973, 281; vor allem aber in 1893/1992, 2. Buch). Das »Kollektivbewusstsein« gebe den Menschen Halt in ihren Wünschen, aber wenn es an seiner disziplinierenden Kraft verliere, dann werde den menschlichen Begierden und Leidenschaften kein Halt mehr gegeben und es entstehe eine ständige Qual der Frustration. Durkheim war der Meinung, dass das wirtschaftliche Leben in der modernen Gesellschaft eine übertriebene, fieberhafte Betriebsamkeit ausgelöst habe, die sich dann auf alle übrigen Sektoren ausgedehnt hätte (Durkheim 1897/1973, 292 f.). Die Unersättlichkeit und ständige Unzufriedenheit verstand er als Krankheitssymptom, das sich in eine totale »Anomie« verwandeln könne, in einen Zustand übertriebener Angst und Unzufriedenheit aufgrund fehlender sozialer Normen. Den Selbstmord, dem Durkheim 1897 seine berühmte soziologische Studie widmete, erkannte er als extreme Konsequenz dieser Anomie (296). Die Soziologie sollte für Durkheim durch wissenschaftliche Untersuchungen diese Umstände analysieren und dabei versuchen, den Menschen *neue* Gewissheiten zu vermitteln, an denen nicht gezweifelt werden könne, um damit das Glück in der modernen Gesellschaft zu ermöglichen.

Karl Marx: Das falsche Glück als »Opium des Volkes« und das richtige Glück in der kommunistischen Gesellschaft

Zwar verstand sich Karl Marx (1818–1883; s. Kap. V.5), wie nach ihm auch Max Weber, Vilfredo Pareto oder Werner Sombart, wissenschaftlich vorwiegend als politischer Ökonom, doch vermittelte sein Werk der Soziologie bedeutende Einsichten in die Struktur und Dynamik moderner Gesellschaften. Auch er sah die Sozialwissenschaften mit einer missionarischen Aufgabe verknüpft. Im Unterschied aber zu Comte und Durkheim beabsichtigte Marx, die versteckten Mechanismen der kapitalistischen Gesellschaft kritisch zu hinterfragen, um die moderne Gesellschaft nicht zu stabilisieren, sondern durch ihr revolutionäres Sprengen eine *neue* Gesellschaft möglich zu machen. Marx' Theorie und Gesellschaftsanalysen führten daher zu einer anderen Soziologie, welche auf Kritik und Emanzipation aufbaut (s. Kap. VI.7). Marx' politische Ökonomie war verknüpft mit einer Theorie des sozialen Wandels, nach der die Geschichte bestimmte Etappen durchläuft, getrieben von einem Klassenkampf, der zu immer neuen Revolutionen führt. In einer nahen Zukunft sollte für den jungen Marx eine neue Gesellschaft, die kommunistische, entstehen, in der keine Klassengegensätze mehr herrschen, sondern alle Menschen im Glück miteinander leben. In einer kommunistischen Gesellschaft sollte die Arbeitsteilung, für Marx wie für Durkheim einer der Gründe des Unglücks in der kapitalistischen Gesellschaft, abgeschafft werden. Die Menschen würden ihr Leben nicht auf bestimmte Tätigkeiten einengen, sondern hätten die Freiheit, jederzeit, je nach Bedürfnissen, alle Tätigkeiten auszuüben: »morgens zu jagen, nachmittags zu fischen, abends Viehzucht zu treiben, nach dem Essen zu kritisieren« (Marx/Engels 1846/1969, 33). Auch das gemeinschaftliche Leben, das glückliche Zusammensein zwischen Menschen, werde in einer kommunistischen Gesellschaft möglich und diene nicht mehr als Mittel, sondern als zentraler Selbstzweck – so wenn man »sozialistische französische ouvriers vereinigt sieht: Rauchen, Trinken, Essen etc sind nicht mehr da als Mittel der Verbindung [...]. Die Gesellschaft, der Verein, die Unterhaltung, die wieder die Gesellschaft zum Zweck hat, reicht ihnen hin« (Marx 1844/1973, 554).

Diese und andere Glücksszenarien einer kommunistischen Gesellschaft treten in Marx' Spätwerk zugunsten der kritischen Analysen der Funktionsmechanismen des Kapitalismus zurück – als hätte Marx sich einem Utopieverbot unterzogen, um nicht ein gewünschtes Zukunftsszenarium zu malen, sondern nur dem Elend des Diesseits auf den Grund zu gehen. Für diese Wendung haben die Interpreten unterschiedliche Erklärungen geliefert. Eine von diesen lautet, dass die utopische Abstinenz des späteren Marx aus einer selbstkritischen Haltung entsteht: Marx wird bewusst, dass seine Visionen und normativen Bestimmungen mit Anspruch auf »Allgemeingültigkeit« als ideologisch gesehen werden können, gerade so wie er selbst die Ideologiehaftigkeit der bürgerlichen Gleichheits- und Menschenrechtstheorien oder der sozialistischen Utopisten aufgedeckt hatte (Göbel 1997, 122 f.). Deswegen konzentriert er sich in seinem späteren Werk auf eine »wirkliche, positive Wissenschaft«, um nicht »vom wirklichen geschichtlichen Boden auf den Boden der Ideologie« zurückzufallen (Marx/Engels 1846/1969, 27).

Marx haben wir die Grundlagen der Ideologiekritik des Kapitalismus zu verdanken. Die Ideologiekritik hat die Aufgabe, alle ideologischen Mechanismen zu demaskieren, welche die Menschen blenden, das richtige Glück nicht erfassen lassen bzw. nur einigen, den Herrschenden, ein ideologisches Glück ermöglichen, während dem Rest, den Unterdrückten und in Elend Lebenden, durch irgendein »Opium« (etwa die Religion als Opium des Volkes, oder auch die »Ware« mit ihren Liebesblicken und theologischen Mucken) ein illusorisches Glück für das richtige verkauft wird (vgl. Haug 1971/2009; s. Kap. VIII.9).

Max Weber, Werner Sombart und Georg Simmel: Das Glück im Akkumulieren und Ausgeben von Geld

Die Frage, ob der moderne Mensch sich mit einem verstellten Glück zufrieden gibt oder den Weg in das »richtige« Glück erkämpfen soll, darf laut Max Weber (1864–1920) von einem Soziologen nicht gestellt oder behandelt werden. Weber gilt als Verteidiger einer wertfreien Disziplin, die bewertende Urteile aus den wissenschaftlichen Abhandlungen ausklammert, um den Individuen eine eigene Wahl zu ermöglichen. 1914 trat Max Weber aus der Deutschen Gesellschaft für Soziologie aus, weil er merkte, dass sein Programm der Soziologie als einer wertfreien Wissenschaft von den meisten Mitgliedern nicht geteilt wurde. Einige Mitglieder, wie zum Beispiel der Sozialreformer Franz Oppenheimer, standen für eine Soziologie, welche an einer Verbesserung der Gesellschaft arbeitete. Oppenheimer stellte seine wissenschaftliche Forschung in diese Dienste, indem er sich unter anderem für den Aufbau von Mustersiedlungen (wie die »Obstbausiedlung Eden«) engagierte, die dem Ziel einer glücklichen Gesellschaft näher kommen sollten (vgl. Vogt 1997, 151 ff.). Andere Mitglieder der Deutschen Gesellschaft für Soziologie (etwa Max Adler) sahen die Wissenschaft des Sozialen gekoppelt an die Aufforderung, die Gesellschaft durch eine Revolution in neue Bahnen zu bringen. Sie wollten nicht partielle Reformen, weil sie meinten, nur durch die Umwälzung der sozialen Verhältnisse könne das Ziel einer glücklichen Gesellschaft für alle erreicht werden.

Im Gegensatz zu diesen reformerischen oder revolutionären Forderungen wollte Max Weber die Soziologie als eine Wissenschaft etablieren, welche nur Analysen, Erklärungen und fundierte Prognosen lieferte. Er übernahm zwar politische Tätigkeiten als Berater, wollte diese aber von seiner wissenschaftlichen Arbeit trennen. Trotzdem finden wir in seinen wissenschaftlichen Abhandlungen viele Passagen mit bewertenden Andeutungen. Max Weber zeigte, dass der moderne rationale Kapitalismus sich parallel mit der Entwicklung der Wirtschaftsethik des Protestantismus entwickelte (Weber 1904–05/2004). Er analysierte nicht nur die Wechselwirkung zwischen Wirtschafts- und Religionsgesinnung, sondern prognostizierte außerdem die Verbreitung dieser Wirtschaftsethik: Die Arbeitsmoral und die Askese des Protestantismus werde sich weiterhin als Wirtschaftsgesinnung der kapitalistischen Gesellschaft verbreiten und durch eine Durchrationalisierung alle anderen Lebensbereiche erobern. Die Prognose, dass sich die moderne Gesellschaft zu einem »stahlharten Gehäuse« (153) entwickeln werde, bringt zum Ausdruck, dass Weber in dieser Entwicklung nicht gerade den Weg in eine glückliche Gesellschaft sieht. Aber die von Friedrich Nietzsche aufgegriffene Prognose, dass in diesem Gehäuse die »letzten Menschen«, als »Fachmenschen ohne Geist, Genussmenschen ohne Herz« leben würden (zitiert in Weber 1904–05/2004, 154), wird von Weber als Frage offen gelassen. Obwohl Weber von Nietzsches apokalyptischen Endzeitvisionen Gebrauch macht und diese dadurch zu teilen scheint (so die These u. a. von Peukert 1989, 28 ff.), schreibt er am Ende seines Buches, dass er sich einer Bewertung gerade *entziehen* möchte: »Doch wir geraten damit auf das Gebiet der Wert- und Glaubensurteile, mit welchen diese rein historische Darstellung nicht belastet werden soll« (1904–05/2004, 154). Die Aufgabe der Soziologie sei es nur, festzustellen, welche Werte und Glücksvorstellungen eine Gesellschaft etabliert hat, wie diese Werte entstanden sind und wohin diese führen werden (zur Beziehung Weber/Nietzsche in diesem Punkt vgl. Oexle 1996, 73 ff.; Rehmann 1998, 175 ff.).

Während Max Weber in der asketischen Haltung des Protestantismus die Grundlage des Glücksstrebens der kapitalistischen Gesellschaft sieht (im Vordergrund stehen hier die Arbeit, die Akkumulation des Geldes und die Sparsamkeit), hebt sein Kollege und Konkurrent Werner Sombart (1863–1941) in seinen Forschungen andere Zusammenhänge hervor. Für Sombart ist nicht nur die Askese des neuen Bürgertums, sondern die verschwenderische Gesinnung, die Neigung zu Konsum und Luxus, die das aufsteigende Bürgertum vom Adel übernimmt und transformiert, ein zentraler Faktor für das Florieren der Wirtschaft und für die daraus folgende Entwicklung einer kapitalistischen Gesellschaft (Sombart

1913/1983). In der ersten Auflage seines großen Werkes *Der moderne Kapitalismus* scheint Sombart im Sinne Webers die Sparsamkeit und Genussfeindlichkeit des deutschen Bürgertums hervorzuheben, aber eigentlich handelt es sich hier aus seiner Sicht um eine Zwischenphase im 19. Jahrhundert (1902, Bd. 2, 294 ff.). Indem er schon in der frühen bürgerlichen Gesellschaft »immer breitere Schichten der Bevölkerung« von der »Sehnsucht nach materiellem Wohlleben« ergriffen sah, führte Sombart die ökonomische Dynamik, anders als Webers Askese-Theorie, auch auf expandierende Wünsche und daran gebundene Glücksvorstellungen zurück (1902, Bd. 1, 383). Diese Überlegungen mündeten später in die pointierte These von der »Geburt des Kapitalismus aus dem Luxus« (1913/1983, 135). Doch das Glück des Bürgertums beschränkt sich nach Sombart nicht auf eine Fortführung des feudalistisch vorgegebenen Konsums, es wird vielmehr ergänzt durch eine von Nietzsche inspirierte Feier tätiger Dynamik, die bei Sombart im »Unternehmungsgeist« gipfelt (1913, 29–134), welcher wiederum in Webers an der Bürokratie orientiertem Bild eine geringere Rolle spielt. Sombart prophezeite, dass die Enkelkinder der frühen Kapitalisten nicht in der Profitmaximierung und Sparsamkeit ihr Glück finden, sondern von dem akkumulierten Reichtum der Eltern und Großeltern verschwenderisch Gebrauch machen würden (1902, Bd. 2, 302). Die kapitalistische Gesellschaft würde auf diesem Weg die asketische Kultur vollends durch eine sinnliche Kultur ersetzen, in der nicht mehr Arbeit und Akkumulation des Geldes glücklich machen, sondern der Konsum und das Geldausgeben (ähnlich noch Daniel Bell).

In der zweiten Auflage von *Der moderne Kapitalismus* (Sombart 1916–27/1987) revidierte Sombart jedoch seine Diagnose und die Prognose des Anbruchs einer neuen sinnlichen Kultur. Nicht mehr eine neue verschwenderische und sinnliche Kultur sah er den Spätkapitalismus beherrschen. Stattdessen meinte er, dass sich eine Pluralität von Tendenzen breit mache, in denen je nach sozialen Gruppen verschiedene Werte und Glücksvorstellungen Geltung hätten. Während einige soziale Gruppen nach Profitmaximierung und Geldakkumulation strebten, verfolgten andere das Verlangen nach einer bürokratischen Uniformierung, während wieder andere sich dem Konsum widmeten. Sombarts Bild des Spätkapitalismus nähert sich dem Modell einer modernen pluralen Gesellschaft, das heute überwiegend von Soziologen vertreten wird, die mit dem Milieu- und Lebensstilbegriff arbeiten. Dieses pluralistische Bild der Moderne, dem auch Sombarts zahlreiche Erklärungen über die Genese des Kapitalismus geschuldet sind, wurde von Sombart wieder aufgegeben, als er sich in den 1930er Jahren dem Nationalsozialismus annäherte. Damit verließ er das Konzept einer wertfreien Soziologie, um das Aufkommen eines neuen Menschentums, das in einem »glücklichen« Führerstaat des »Deutschen Sozialismus« lebt, zu feiern (Sombart 1934).

Ebenfalls im Sinne eines pluralistischen Bildes der Moderne hatte bereits Georg Simmel in seinem Buch *Philosophie des Geldes* verschiedene, oft entgegengesetzte Strömungen untersucht, welche die moderne Gesellschaft bewegen (Simmel 1900/1995, 641 ff.). Die moderne Gesellschaft sei nicht nur durch die Vielheit der Stile und Schnelligkeit des Wechsels, sondern auch durch Paradoxien gekennzeichnet (602 ff.). Simmel wird deswegen ein historischer und soziologischer Relativismus vorgeworfen (Troeltsch 1922, 574), der die Pluralität von Stilen heraushebt und damit auch die Pluralität von Glücksvorstellungen: »eines sinnlichen und geistigen, eines epikureischen und asketischen, eines egoistischen und mitfühlenden Glücks« (Simmel 1900/1995, 570). Interessant dabei ist für heutige Leser, dass die Anerkennung eines Pluralismus des Glücksdenkens durch eine Kritik an ökonomistisch-utilitaristischen Verkürzungen des Glücksbegriffs eingeleitet wird (Simmel 1892/1989; vgl. Zingerle 1997, 141 f.). Ähnlich wie seine Zeitgenossen Max Weber und Werner Sombart umging Simmel in seinen soziologischen Schriften jede Bewertung. Er plädierte nicht nur für eine Soziologie, die nicht normativ sei, sondern auch für eine Soziologie, welche die verschiedenen »Formen des Miteinanders und Füreinanders« (Simmel 1908/1992, 19) analysiert, unabhängig von den Inhalten, welche die Menschen zu solchem Zusammenkommen motivieren.

In seinen philosophischen Schriften entwarf Simmel eine kritische Zeitdiagnose, die heute auch als Soziologie rezipiert wird: Simmel diagnostizierte eine »Tragödie« der modernen Kultur und sah diese darin, dass die Güter und Stilmöglichkeiten so stark gewachsen seien, dass der Mensch sich von diesen ›überflutet‹ fühle und sich nicht mehr darin erkenne (1911/1996, 411 f.). Aus dieser Zeitdiagnose ließe sich ableiten, dass der moderne Mensch für Simmel dann nicht mehr in diesem Konflikt leben würde und daher glücklich wäre, wenn seine Seele in der Kultur den Weg »zu sich selbst« finden könnte. Aber das ginge vielleicht zu weit – Simmel formuliert in seinen philosophischen Schriften eher eine dialektische Lösung des Glücksproblems: Das Leben macht für ihn gerade die Verflechtung zwischen Glück und Unglück aus, welche er als zwei Aspekte »eines und desselben, geheimnisvoll ungetrennten Lebens« (Simmel 1911/1919, 14) begreift.

Fassen wir zusammen: Die Klassiker der Soziologie haben das Glück nicht als unmittelbaren Untersuchungsgegenstand thematisiert, aber die Disziplin hat sich indirekt im Grunde immer damit beschäftigt. Einige Soziologen haben das Glück thematisiert, indem sie die Aufgabe der Soziologe darin sahen, durch wissenschaftliche Analyse und fundierte Erkenntnisse ein glückliches Leben in der modernen Gesellschaft zu ermöglichen. Andere untersuchten eher Ursachen des Unglücks der Menschen, um Missstände aufzudecken und verstellte Glücksvorstellungen zu entlarven und damit einem »richtigem Glück« in einer zukünftigen Gesellschaft näher zu kommen. Wieder andere Klassiker der Soziologie verstanden die Disziplin als nicht wertende Wissenschaft und konzentrierten ihre Arbeit auf die Untersuchung verschiedener Glücksvorstellungen, ihre Genese und ihre künftige Weiterentwicklung. Damit sind drei mögliche idealtypische Haltungen erwähnt: der optimistische Sozialplaner, der kritische Soziologe und der nüchtern-distanzierte Wissenschaftler. Natürlich finden sich in der Realität diese Idealtypen nie in Reinform, sondern meistens in Variationen. Außerdem kommt es vor, dass ein Soziologe im Laufe seines Lebens von einer Haltung zu einer anderen überwechselt. So wurde Karl Marx in seinem späteren Werk mit den Schilderungen einer glücklichen Gesellschaft vorsichtiger. Auch Comte verließ in einer Etappe seines Lebens den optimistischen Glauben an die Wissenschaft, als er sich unglücklich in Clotilde de Vaux verliebte (Lepenies 1985, 25). Max Weber, der eine wertfreie Soziologie vertrat, konnte wiederum seine Werturteile nicht immer verbergen. Er »entdeckte« wie Comte in einer Zeit, in der Frauen und die Erotik eine wichtige Rolle spielten, die Möglichkeit der Realisierung eines glücklichen Lebens an einem Ort, der sich dem »stahlharten Gehäuse« sehr entfernte – in einer Siedlung von Anarchisten auf dem Berg Monte Verità bei Ascona in Italien (Radkau 2005, 590 f.). Er scheint damit zumindest performativ Oppenheimers Siedlungsphantasien recht gegeben zu haben (s. Kap. II.4).

Literatur

Bellebaum, Alfred/Barheier, Klaus (Hg.): Glücksvorstellungen: Ein Rückgriff in die Geschichte der Soziologie. Opladen 1997.

Bourdieu, Pierre u.a.: Das Elend der Welt. Zeugnisse und Diagnosen alltäglichen Leidens an der Gesellschaft [1993]. Konstanz 1997.

Comte, Auguste: Cours de philosophie positive. 6 Bde. [1830–43]. Bd. IV. Paris 1969.

–: Système de politique positive ou traité de sociologie: instituant la religion de l'humanité. 4 Bde. [1851–54]. Paris 1969–1970.

Durkheim, Émile: Über soziale Arbeitsteilung. Studie über Organisation höherer Gesellschaften [1893]. Frankfurt a.M. 1992.

–: Der Selbstmord [1897]. Neuwied/Darmstadt 1973.

–: Erziehung, Moral und Gesellschaft. Vorlesung an der Sorbonne 1902/1903 [1925]. Neuwied/Darmstadt 1973.

Elias, Norbert: Engagement und Distanzierung. Frankfurt a.M. 1983.

Göbel, Andreas: Unser Glück gehört Millionen. Karl Marx und das antike Glück der Gemeinschaft. In: Bellebaum/Barheier 1997, 106–128.

Haug, Wolfgang Fritz: Zur Kritik der Warenästhetik [1971]. Berlin 2009.

Lepenies, Wolf: Die Drei Kulturen. Soziologie zwischen Literatur und Wissenschaft. München/Wien 1985.

Marx, Karl: Ökonomisch-philosophische Manuskripte [1844]. In: Ders./Friedrich Engels: Werke. Bd. 40. Berlin 1973, 465–588.

– /Friedrich Engels: Die deutsche Ideologie [1846]. In: Dies.: Werke. Bd. 3. Berlin 1969, 5–530.

Oexle, Otto Gerhard: Geschichtswissenschaft im Zeichen des Historismus. Göttingen 1996.

Peukert, Detlev J. K.: Max Webers Diagnose der Moderne. Göttingen 1989.

Plé, Bernhard: Aus der Krise zum neuen Glück. Gegenwartsanalysen und Zukunftserwartungen im Positivismus. In: Bellebaum/Barheier 1997, 36–53.

Radkau, Joachim: Max Weber. Die Leidenschaft des Denkens. München 2005.

Rehmann, Jan: Max Weber. Modernisierung als passive Revolution. Hamburg 1998.

Schulze, Gerhard: Die Erlebnisgesellschaft. Kultursoziologie der Gegenwart. Frankfurt a.M./New York 2005.

Simmel, Georg: Einleitung in die Moralwissenschaften [1892]. Frankfurt a.M. 1989.

–: Die Philosophie des Geldes [1900]. Frankfurt a.M. 1995.

–: Soziologie [1908]. Frankfurt a.M. 1992.

–: Das Abenteuer [1911]. In: Ders.: Philosophische Kultur. Leipzig ²1919, 7–24.

–: Der Begriff und die Tragödie der Kultur [1911]. In: Ders.: Hauptprobleme der Philosophie. Philosophische Kultur. Frankfurt a.M. 1996, 385–416.

Sombart, Werner: Der moderne Kapitalismus. 2 Bde. Leipzig 1902.

–: Der Bourgeois. Zur Geistesgeschichte des modernen Wirtschaftsmenschen. München/Leipzig 1913.

–: Liebe, Luxus und Kapitalismus [1913]. Berlin 1983.

–: Der moderne Kapitalismus. Historisch-systematische Darstellung des gesamteuropäischen Wirtschaftslebens von seinen Anfängen bis zur Gegenwart [1916–27]. München 1987.

–: Deutscher Sozialismus. Berlin 1934.

Troeltsch, Ernst: Der Historismus und seine Probleme. Erstes Buch: Das logische Problem der Geschichtsphilosophie. Gesammelte Schriften III. Tübingen 1922.

Vogt, Bernhard: Franz Oppenheimer. Wissenschaft und Ethik der sozialen Marktwirtschaft. Bodenheim 1997.

Vowinckel, Gerhard: Ein unstillbarer Durst ist ein immerwährendes Strafgericht. Émile Durkheims soziologische Moralpolitik. In: Bellebaum/Barheier 1997, 56–72.

Wagner, Peter: Sozialwissenschaften und Staat. Frankreich, Italien, Deutschland 1870–1980. Frankfurt a.M. 1990.

Weber, Max: Die protestantische Ethik und der »Geist« des Kapitalismus [1904–05]. München 2004.

–: Der Sinn der »Wertfreiheit« der soziologischen und ökonomischen Wissenschaften [1917]. In: Ders.: Schriften zur Wissenschaftslehre. Stuttgart 1991, 176–236.

Zingerle, Arnold: Zwischen den Niederungen des Eudämonismus und der »Feierlichkeit des Lebens«: Georg Simmel über das Glück. In: Bellebaum/Barheier 1997, 131–148.

Amalia Barboza

2. Glück im Pragmatismus. Selbstverwirklichung und Ganzheit

Unter Pragmatismus wird eine Richtung der Philosophie verstanden, die im Wesentlichen von Charles S. Peirce (1839–1914), William James (1842–1910) und John Dewey (1859–1952) ausgearbeitet und vertreten wurde und die, der Name sagt es schon, den Handlungsbegriff in den Mittelpunkt stellt. Was hat der Pragmatismus mit dem Glück zu tun? Antworten auf diese Frage finden sich dort, wo sich der Pragmatismus, von seinen erkenntnistheoretischen und logischen Grundlagen ausgehend, der phänomenalen Analyse tatsächlicher Handlungen zuwendet. Dabei geht es dem Pragmatismus nicht einfach um ein ›pragmatisches‹ Durchwurschteln, wie man es aus dem Alltag kennt, auch wenn diese Assoziation nicht immer falsch liegt (James etwa forderte dazu auf, von theoretischen Prinzipien wegzublicken, was an einen bewussten Verzicht auf Theorie grenzt; James 1907/1959, 47; vgl. kritisch Diggins 1998). Seine philosophiehistorischen Lehrformeln lauten, dass der Sinn oder Wahrheitswert einer Aussage nicht von ihren Voraussetzungen, sondern von ihren praktischen *Konsequenzen* abhänge, und dass das Denken erst in dem Moment einsetze, wo die normale Praxis, die wahrheitskonstitutive *Gewohnheit*, unterbrochen werde. »The irritation of doubt causes a struggle to attain a state of belief«, sagt Peirce, wobei »belief« nicht als abgespaltene Theorie, sondern als Umweg zum Handeln gilt: »belief is a rule for action« (Peirce 1972, 126, 143; ähnlich Dewey 1896, mit wichtigen Konsequenzen für die Psychologie). Damit wird der Praxis, insbesondere dem *Experimentieren*, ein hoher Wert zugestanden, im gleichen Maße wie der bloß theoretischen Spekulation der alten Metaphysik zunächst der Rücken gekehrt wird.

Diese wenigen Worte markieren noch nicht ganz klar den Unterschied zu verwandten Richtungen – auch für den Utilitarismus, die Praxisphilosophie der Junghegelianer oder für Nietzsche und Kant war der Handlungsbegriff bereits zentral (Kaulbach 1978). Doch die Vertreter des Pragmatismus, speziell James und Dewey, kommen durchaus zu eigenständigen Konzeptionen des Glücks. Diesen kann man sich durch die Beobachtung annähern, dass der Pragmatismus von Geburt an als »amerikanische Philosophie« auftritt (West 1989): Peirces Diagnose, dass

eine solche Philosophie fehle, führte ihn zur Gründung des »metaphysischen Clubs«, in dem er mit James zusammentraf (Richardson 2007, 135; vgl. Menand 2001, 201 ff.; noch Dewey beschrieb den Pragmatismus emphatisch als ›amerikanisch‹; vgl. Mead 1930; Baumgarten 1938; kritisch Tenbruck 1985). Was aber *ist* amerikanische Philosophie? Dies meint, grob gesagt, ein Denken, das im Rahmen des Selbstverständnisses der USA formuliert wird. Und eben dieses Selbstverständnis hat mit Glück zu tun, beginnt doch die Unabhängigkeitserklärung von 1776 mit der Evozierung eines Rechts darauf, sein Glück zu suchen (*pursuit of happiness*; s. Kap. V.2).

Diese Verbindung ist es wert, ausbuchstabiert zu werden: Die Idee eines politischen Neuanfangs jenseits europäischer Altlasten kann mit einer praktischen Art von Glück assoziiert werden – nennen wir es: Handlungsglück (s. Kap. II.2) –, denn sie verheißt große Bewegungs- und Gestaltungsspielräume. Eigenes Handeln war in den USA möglich und sogar nötig: Man konnte das Land bewohnen und gestalten *ohne* Geburtseliten aus Monarchie und Adel, die die Gesellschaft immer schon – und für die meisten unvorteilhaft – vorstrukturieren; *ohne* politische Macht der Kirchen, welche die freie politische Gestaltung in Europa stark gehemmt haben; *ohne* eine abhängige und politisch zuweilen explosive Unterschicht von Paupern, da in den USA, zumindest bis zum Erreichen der *final frontier*, jeder seines Glückes Schmied werden konnte und sich nicht von anderen abhängig machen musste (im Selbstbild der USA spielte diese *self-reliance* eine große Rolle; vgl. Emerson 1841/1993; de facto sah es oft anders aus; vgl. Katz 1996); und schließlich auch *ohne* ein verkrustetes Denken, in dem sich Besitzstände und Herrschaftsansprüche von Eliten symbolisch eingelagert und damit verewigt hatten. Weder eine monarchistische oder sozialistische Partei noch eine Kirche konnte in den USA auf die Idee kommen, die Macht begrenzen oder selbst übernehmen zu wollen. Diese praktische Offenheit reflektiert sich nun im Pragmatismus: Es geht darum, sich im *pursuit of happiness* nicht blind auf vorgefasste Meinungen zu verlassen, sondern sein Glück einfach selbst zu versuchen.

Vor allem Dewey hat, worauf noch zu kommen ist, diese spezifisch US-amerikanische Konstellation im Rahmen der Demokratietheorie gegen neue Verkrustungstendenzen verteidigt (vgl. Joas 2000). Denn natürlich gab es auch in den USA rasch wieder erbliche Elitenpositionen, und dadurch sah sich der Pragmatismus herausgefordert. Das Glück des Neubeginns garantiert ja nicht, dass die *Ergebnisse* nicht den alten europäischen Beständen ähnlich sehen konnten – die neuen Eliten sind dafür nur ein Beispiel. Vergleichbar entstand in der Philosophie etwa bei Peirce wieder eine Metaphysik, die der alten nicht allzu fern war (Henning 2005, 526 ff.). Der Reiz des Pragmatismus ist allerdings noch heute, dass dieses ›Neudenken‹ selbst da, wo man auf Altes zurückkam, die Relevanz dieses Alten auf neue Weise deutlich machen konnte. Kommen wir damit auf einzelne Vertreter zu sprechen.

Peirce und das Glück des Abschieds von der alten Metaphysik

Bereits Immanuel Kant, der ›Zertrümmerer der Metaphysik‹, hatte das Selbstdenken zum Programm erhoben. Peirce, dessen Philosophie zu weiten Teilen als Auseinandersetzung mit Kant rekonstruiert werden kann (Apel 1975), hat diese Frontstellung gegen Lebensbeengung durch morsche und dunkle Denkgebäude übernommen. Seine pragmatistische Maxime lautete wie folgt: »Überlege, welche Wirkungen, die denkbarerweise praktische Bedeutung haben können, wir dem Gegenstand unseres Begriffes zuschreiben. Dann ist unser Begriff dieser Wirkungen der ganze Umfang unseres Begriffs des Gegenstandes« (Peirce 1972, 300 [geschrieben 1902]). Sie wurde eingeleitet mit den Worten, der Pragmatismus sei diejenige »opinion that metaphysics is to be largely cleared up« (300). Es gehe darum, metaphysischen Bauschutt wegzuräumen, um klarem Denken und damit dem richtigen Handeln Luft zu verschaffen. Beim Gedanken an »Qualm von Weihrauch« hatte zu ähnlicher Zeit auch Nietzsche geschrieben: »Ich habe Lust, ein wenig die Fenster aufzumachen. Luft! Mehr Luft!« (Nietzsche 1888/1999, 21; s. Kap. V.7). Die Metaphern von Abbruch und frischem Wind kehren nicht zufällig in einem Peirce gewidmetem Buch wieder, in dem William James über traditionelle Glaubensgemeinschaften erklärt: »What such audiences most need is that their faiths should be broken up and ventilated, that the northwest wind of science should get into them« (James 1897/1956, X). Diese Orientierung am Neubau erinnert an eine verwandte Bewegung, die an der »Rekonstruktion« der amerikanischen Gesellschaft arbeitete: den Progressivismus (vgl. Dewey 1920/1950).

Allerdings kommt hier keineswegs Metaphysik-Feindschaft zum Ausdruck, sondern vielmehr eine kreative Zerstörung im Sinne Joseph Schumpeters.

Denn Peirce hatte, wie sich schnell herausstellte, nichts Geringeres im Sinn als eine *neue* Metaphysik (und das war ja schon bei Kant das Motiv). Er wollte eine ›kosmogonische‹ Gesamtphilosophie entwerfen, derzufolge die Evolution so lange wirke, »until the world becomes an absoluteley perfect, rational, and symmetrical system« (Peirce 1972, 173 f.). Das erinnert durchaus an den vorkantischen Rationalismus, etwa von Leibniz. Neu daran war allerdings der Weg, das Prozedurale: Wie schon Apel deutlich gemacht hat, legte Peirce Wert darauf, dass Wahrheit, auch die metaphysische, niemals *ex cathedra*, etwa durch ›heilige‹ Philosophen oder autoritätsgestützte Machtworte zu haben ist, sondern nur durch sachliche Übereinstimmung der Kommunikationsgemeinschaft, in diesem Fall der Forschenden. Dieser »logische Sozialismus« (Wartenberg 1971) erinnert nicht nur von fern an das Partizipationsprinzip der amerikanischen Demokratie. Bereits darin kann man den Aufbruchsgeist einer ›fröhlichen‹, weil selbsttätigen und kommunikativen Wissenschaft sehen. (Ein solches Ethos gab es natürlich schon in Renaissance und Aufklärung, aber das war den Pragmatisten bewusst.)

Einen zweiten glücksrelevanten Aspekt der neualten Peirceschen Metaphysik könnte man mit Hans Joas (2004), der wie Apel viel für die Verbreitung des Pragmatismus im deutschen Sprachraum getan hat, das Glück der »Selbsttranszendenz« nennen. Im Gegensatz zum anti-essentialistischen Neopragmatismus etwa von Richard Rorty (1989), der eine Selbsterschaffung nur dann denken kann, wenn ihr keine äußeren Dinge im Weg stünden (etwa eine dem Erkennen vorgegebene Welt oder gar ein ›Wesen‹ der Dinge), war für Peirce individuelle Erfüllung nur dann zu haben, wenn das Individuum auf anderes, Größeres als sich selbst, ausgreift. Zwar ist auch Peirce Konstruktivist und verlässt damit den Rahmen der alten *theoria* als Kontemplation des Gegebenen (s. Kap. II.1–2). Doch findet der Forschende nach Peirce zumindest die Symbole bereits vor; in ihrem Gebrauch gehört er einer größeren Gemeinschaft von Denkenden an. Ein Versuch, sich als selbsterschaffender Einzelner gegen diese Zusammenhänge zu stellen, erscheint so schlicht als »Irrtum« (Hampe 2006, 172; vgl. ähnlich Taylor 1991 gegen Michel Foucault sowie unten zu Dewey).

James und das vitale Glück religiöser Erfahrungen

In Sachen Glück expliziter als Peirce ist William James, der zuweilen als Popularisator geschmäht wurde. James brachte allerdings durch seine Expertise in Psychologie, in der ja auch Dewey einige Jahre unterrichtete, völlig neue Aspekte hinein. Ein bekanntes Lehrbuch von James wartete mit der naturalistischen These auf: »Emotion is the consequence, not the cause, of the bodily expression« (James 1890/1981, 1058 ff.; deutlich hier die Wende von Ursachen zu Wirkungen). Dieser Fokus auf den Emotionen, der zentral ist für James' Version des Pragmatismus, beeinflusste ganze Scharen progressiver Autoren (inklusive Dewey), die fortan im Namen von Sympathiegefühlen gegen das egoistische Dogma des damaligen Wirtschaftsliberalismus aufbegehrten (Henning 2010).

Was James zur ›Wahrheit‹ schrieb, war problematisch und führte dazu, dass Peirce sich distanzierte (übrigens auch von Dewey). Es erlaubte ihm allerdings ein in Sachen Glück ertragreiches Forschungsprogramm. Wie geht das zu? Seine Fassung der pragmatistischen Wahrheitstheorie besagt, dass wahr genau die Annahme ist, deren langfristige Folgen sich als gut für das Leben herausstellen. Das hatte eine voluntaristische Schlagseite. Wenn gilt: »what is better for us to believe is true« (James 1907/1959, 60), kann man das nämlich auch so lesen, dass es keine unangenehmen Wahrheiten geben kann (»if there were no good for life in true ideas […] our duty would be to shun truth«, 59). Dann würde Theorie aufhören, kritisches Korrektiv der Praxis zu sein. Ein *solcher* Pragmatismus hätte irrationalistische Züge, und dagegen gab es berechtigte Einwände (»Why should truth be at the service of our interest, yield satisfaction rather than frustration, pleasure rather than pain?« fragt etwa Diggins 1998, 220; vgl. Henning 2005, 529 ff.). Für das Glücksthema relevanter als die erkenntnistheoretischen Details ist aber die Konzeption des *Lebens*, die darin steckt. Denn woran merken wir überhaupt, ob etwas gut für ›das Leben‹ ist? Wir merken es, kurz gesagt, am Gefühl des Glücks. Glück wird auf diese Weise zu einem Kriterium weniger der Wahrheit als vielmehr der Güte einer Sache. Und damit sind wir mitten in der Glücksphilosophie.

In beeindruckender Weise ausgeführt hat James diesen Gedanken in seinen Vorlesungen über religiöse Erfahrungen, welche auch in Europa stark gewirkt haben – etwa auf Georg Simmel oder Ludwig Wittgenstein. James fragt hier, was die *Früchte* der Religion sind (»fruits for live«, James 1902/1958, 191, vgl. 30 f.; s. Kap. VIII.13). Das ist ein typisch pragmatistischer Zugang, denn traditionell fragte man eher nach dem sog. ›Wahrheitsgrund‹ der Religion (eine Frage, auf die allerdings nicht-zirkuläre Antworten kaum möglich sind). Damit ist James der Religion vielleicht näher, als spekulative Theologie es je sein kann, ist doch die pragmatische Dimension in den meisten Religionen selbst von zentraler Bedeutung (»An ihren Früchten sollt ihr sie erkennen«, Mat 7, 16; vgl. den Ausspruch von Rabbi Chanina ben Dosas aus dem *Pirke Avot* [Sprüche der Väter, 3.12]: »Jeder, dessen Taten mehr sind als dessen Weisheit, dessen Weisheit hat Bestand; aber jeder, dessen Weisheit mehr ist als dessen Taten, dessen Weisheit hat keinen Bestand«).

Unter jenen Früchten versteht der Psychologe James allerdings kein Ergebnis im Sinne der Werkgerechtigkeit, als würde man durch gute Werke einen Eintritt ins Paradies erkaufen oder das Kommen einer ›besseren Welt‹ erzwingen können (s. Kap. II.11). Solche religiösen Sätze wertet James als »Hypothesen«, über die sich kaum verlässliche Aussagen treffen lassen (James 1907/1959, 329; obgleich wir nicht ausschließen sollen, dass eine dieser Hypothesen wahr sein könnte, vgl. 1897/1956, XII–XIII). Die Früchte, um die es James geht, betreffen das *Hier und Jetzt* (er spricht von der Innenseite der Erlebnisse, über deren ›Außenseite‹ er kaum Aussagen trifft). Und als zentrales Thema des hiesigen menschlichen Lebens bestimmt er eben das Glück: »If we were to ask the question: ›What is human life's chief concern?‹ One of the answers we should receive would be: ›It is happiness‹« (1907/1959, 76). Diese Idee, die Güte einer Religion an ihren *innerweltlichen Glückseffekten* abzulesen, ist originell, muss mit den Religionen aber keineswegs auf Kriegsfuß stehen, denn sie selbst erheben ja, jedenfalls in weiten Teilen, schon für das Hier und Jetzt einen solchen Anspruch: »das Reich Gottes ist mitten unter euch« (Luk 17, 21; die bedrückenden und Angst allererst *schürenden* Seiten der Religionen fallen bei James seltsam aus der Betrachtung).

Was für eine Glücksphilosophie lässt sich nun aus diesen Gedanken ziehen? Zunächst unterscheidet James, ganz im Sinne J. S. Mills (s. Kap. V.1), ein niederes, eher hedonistisch-körperliches Glück (»animally happy«, James 1907/1959, 77, vgl. 116) von einem höheren Glück (»gladness«, »joy«, 74; »inner excitement«, 285), das durch eine angstfreie Balance mit sich – und mit der Welt (»union with the divine«, 77) – entstehe. Dabei geht es weniger um theoretische Gehalte als darum, »clear, right, sound, whole, well« zu werden (97). Es ist also kein nur ›geistiges‹, sondern ein ganzheitliches Glück.

Daneben unterscheidet James zwei Grunddispositionen: Manche Menschen sind von Haus aus eher optimistisch (»healthy-minded«, 76 ff.; also auch ›naiv‹ im Sinne Schillers), manche eher leidend (»the sick soul«, 112 ff.; charakterisiert durch Melancholie und »neurotic constitution«, 124). Religion ist für erstere, zumal sie die beiden Glückstypen verbinden können, eher Bestätigung und Feier des Lebens (s. Kap. II.2), für letztere – die Zerrissenen (»the divided self«, 140 ff.) – ist sie eher eine Art Entschädigung für erlittenes Unglück. Glück entsteht hier vor allem als Befreiung von Angst und Leid. Um eine solche psychische Entschädigung zu erwirken, wenden Religionen allerdings auch fragwürdige Praktiken an (»revivalistic, orgiastic, with blood and miracles and supernatural operations«, 137).

Diese differenzierte Typologie entgeht – nebenbei gesagt – der eher eindimensionalen Religionskritik etwa von Feuerbach und Nietzsche. Doch James belässt es nicht bei einer solchen Statik. Ein pragmatisches ›Handlungsglück‹ muss dynamisch angelegt sein und hat daher vor allem mit *Übergängen* zu tun (s. Kap. IV.2). Im Rahmen der Religion kennt James davon gleich zwei: Bekehrung und mystische Versenkung. Beide vollziehen einen Übergang in einen anderen Zustand. Als beglückende Erfahrungen nennt er beim Bekehrten Erleichterung, Einsicht und Ekstase (»loss of all the worry«, »mysteries of life become lucid«, 198 f.; »ecstasy«, 203), beim Mystiker hingegen Einheit, Sicherheit und Ruhe (328).

Doch selbst den Wert eines Lebens als Heiliger (»saintliness«, 207 ff.), das als Fernziel solcher Übergänge gelten kann, buchstabiert James noch in *innerweltlichen* Glückstermini aus: Es zeichne sich gerade nicht durch Lebens- und Weltabgewandtheit, sondern durch eine Verstärkung des Lebens aus (»enlargement of life«, 217; in Worten von James Leuba: »growth«, 198). James hat damit seine vitalistische Glückskonzeption, die in anderen Werken ebenfalls durchscheint (Skowroński 2009, 59 ff.), in seinen Schriften zur Religion am deutlichsten ausgesprochen.

Dewey als Denker der Synthese

Die philosophischen Konsequenzen dieses Ansatzes hat am deutlichsten John Dewey gezogen. Aufgrund seines Bestrebens, eingespielte Dualismen zu überwinden (Subjekt/Objekt, Natur/Geist, Gefühl/Verstand, Sein/Sollen, Ethik/Politik, Individuum/Gesellschaft, Mittel/Zweck oder Glück/Moral; vgl. Dewey 2004, 370), wird er mit Hegel verglichen (z. B. Suhr 2005, 31 f.). Wenn Rorty (2000) jedoch meint, Dewey stehe zwischen Hegel und Darwin, ist das zu präzisieren: Der idealistische Geist kam auf Dewey eher aus den Händen von Neoidealisten wie T.H. Green (s. Kap. V.1), der Fokus auf naturale Grundlagen eher aus den Schriften von James (zu Darwin äußert sich Dewey erst spät; Dewey 2004, 31 ff. [von 1909]). Das macht einen Unterschied:

Dass Dewey eher auf angelsächsischen als auf preußischen Traditionen aufbaut, zeigt sich schon an seinem Umgang mit dem Utilitarismus: Bei aller Kritik lobt er doch dessen emanzipatorisches Potential (Dewey/Tufts 1932/2008, 156). Zudem war Dewey seiner Umwelt gegenüber kritischer als Hegel es war, das verbindet ihn mehr mit der Sozialkritik des Britischen Idealismus. Speziell von Green übernimmt Dewey die Forderung nach *Selbstverwirklichung* als Weg zum Glück, die allerdings nur im Handeln für das Gemeinwohl wirklich gelingen könne – und damit nicht selbst intendiert werden dürfe (Dewey 1894/1971; Dewey/Tufts 1908/1978, 351 ff.). In Verbindung mit der Naturphilosophie spricht er von »happiness of a development of human nature« (Dewey 1922/2002, 3) oder schlicht von »growth« (1920/1950, 141; kritisch dazu Honneth 2000).

Von James nimmt Dewey noch mehr als von Green. Man könnte sogar zuspitzen, dass ein Großteil seiner Systematik auf Ideen von James beruht (Joas 1997, 172): Dewey spannt sein Denken auf zwischen den zwei Polen *Gewohnheit* (*habit*, eingespielte Handlungsweisen, später ›Kultur‹ genannt) und *Impuls* (natürliche Handlungsimpulse; vgl. bereits James 1890/1981, 1004 ff.). Das klingt banal, hat es aber in sich, denn gegenüber älterem Denken werden die Karten hier neu gemischt:

Was Menschen in der Welt immer schon vorfinden, beruht in dieser Sicht auf eingespielten Selbstverständlichkeiten des Handelns – Kultur ist also »gemacht« und damit kontingent (vgl. Rorty 1989 – das bezieht Dewey sogar noch auf die Naturwissenschaften). Anders aber als in der üblichen Sicht (etwa bei Kant oder Hegel) stellt Dewey die menschliche

Freiheit weniger auf die Seite der Kultur, denn Traditionen können sehr hart sein – und Unfreiheit ist nur ein anderer Name für erstarrte Gewohnheiten, die die Spontaneität ersticken. Der Impuls, sich davon zu befreien und sich »Luft« zu verschaffen (s.o. zu Peirce), entstammt für Dewey eher der menschlichen *Natur*. Indem Dewey den Zwangscharakter der Kultur und die naturale Seite der menschlichen Freiheit betont, überwindet er zugleich den naturalistischen Determinismus wie einen repressiven, weil normierenden Kulturalismus (»it is precisely custom which has greatest inertia, which is least susceptible of alteration; while instincts are most readily modifiable through use, most subject to educative direction«, Dewey 1922/2002, 107; vgl. Henning 2010; vom somatisch-moralischen ›Impuls‹ sprach übrigens auch Adorno).

Das ist ihm deswegen möglich, weil er wie James von keiner fixierten Triebnatur ausgeht, die den Menschen auf bestimmte Handlungsmuster festlegen würde, sondern ihn als plastisches und weitgehend – doch nicht unbegrenzt – flexibles Wesen bestimmt. Menschliches Leben spielt sich also zwischen den bewährten Üblichkeiten, die jedoch zu eng werden können, und dem kreativen Neuentwurf von Praxen ab, die dann wieder Üblichkeiten werden. (Deweys »instrumental logic of inquiry« kennt eine ähnliche Abfolge von »conflict«, »problem« und »reconstitution«; vgl. Bernstein 2010, 145).

Wie leicht zu sehen ist, ist dieses Kreislaufmodell auf ein ständiges Fortschreiten angelegt – ein ›Meliorismus‹ mit deutlicher Nähe zum Progressivismus (Dewey 2004, 265; 1920/1950, 142; s. Kap. II.9). Zumindest besteht, wenn es keine Absicherung in einer fixen Natur oder einer Transzendenz mehr gibt, die *Möglichkeit* zu einem permanenten Fortschritt; doch könnte man Deweys reformerische Ambitionen – Kant karikierend – mit ›du sollst, denn du kannst‹ wiedergeben: Ist es möglich, sollte man es tun. (Oder: Was möglich ist, ist auch vernünftig.) Dewey macht sich zum entschiedenen Fürsprecher dieses Fortschreitens. Da sein pragmatischer Ansatz Individuum und Gesellschaft zusammendenkt, meint das sowohl eine Verbesserung der Individuen (genauer: der Qualität ihrer Erfahrungen und der Entwicklung ihrer Anlagen, Dewey 1920/1950, 147; Bohnsack 2005, 43) wie der Gesellschaft insgesamt. Seine Schwerpunkte auf der Erziehung einerseits (s. Kap. VIII.11), der gesellschaftlichen Rekonstruktion andererseits sind aus diesem Horizont nur konsequent.

Welche Rolle spielt nun das Glück in alldem? Zunächst ließe sich *allgemein*, analog zu Peirce und James, von einer glücksfunktionalen Anlage der Philosophie sprechen: Indem Dewey versucht, alles in einer Philosophie abzuhandeln, ermöglicht er den Menschen Orientierung und einen angstfreien Weltbezug: Es gibt bedeutend weniger Äußeres, Fremdes, Bedrohliches, das Angst machen oder Verzweiflung bereiten könnte (was Naturkatastrophen oder den Tod natürlich nicht abschafft, soviel sollte klar sein). Deweys Philosophie umfasst ungewöhnlich viel: *Einerseits* werden auch scheinbare Banalitäten des Alltags berücksichtigt. Dewey kritisiert ein Wissenschaftsverständnis, welches die konkreten Phänomene, die die Menschen beschäftigen, nicht zu erfassen vermag (in Bezug auf das Glück vgl. den Aufsatz zu Tolstoj, Dewey 1910–11/2008, 387; vgl. Shusterman 1997). *Andererseits* versucht Dewey selbst noch, die Religionen einzuholen: Er kritisiert zwar statuarische und metaphysische Religionen, weil sie theoretische Gehalte von der Praxis absonderten und einem vermeintlichen Sonderbereich vorbehielten; den Namen des »Religiösen« will er jedoch auf alle Aktivitäten ausdehnen, die ein Ideal verfolgen (Dewey 2004, 248 f., vgl. 235 ff.; Joas 1997, 171 ff.). Im Rahmen des Hegel-Vergleichs könnte man diese allzuständige Philosophie einen Versuch der ›Versöhnung‹ nennen, wären da nicht Hegels hinsichtlich Staat und Religion recht affirmativen Obertöne, die Dewey stets fremd blieben (vgl. Dewey 1929/2001, 303).

Nehmen wir als Beispiel für diese handhabbarmachende Tendenz die *Werte*: Vorgegebene, starre und lebensferne Ziele beschreibt Dewey als etwas Bedrohliches und Beengendes. Deutet man sie allerdings pragmatisch als »ends-in-view« (1922/2002, 225), als erreichbare und selbst gesteckte Ziele, die wieder Mittel werden können (Baumgarten 1938, 281 nennt das »Vermitteln«), entgeht man dieser Gefahr. Am Zweckbegriff hält er jedoch fest, denn Zwecke oder Ziele selbst formulieren und erreichen zu können, bereitet den Menschen ja Glück (s.u.; vgl. Baumgarten 1938, 291; s. Kap. II.2). Das menschliche Leben erscheint aus dieser Sicht also als Aufgabe, aber eine, die man bewältigen kann. So ein Denken kann »Seins-Vertrauen« geben (Bohnsack 2005, 57).

In seinem umfangreichen Werk äußert sich Dewey auch im *Besonderen* zum Glück. Neben den ästhetischen Schriften, in denen es ihm um die Rettung möglichst unverstellter Erfahrung im Medium ästhetischen Genusses geht (Dewey 1934/1980), ist die wichtigste Quelle dafür seine Ethik (verfasst mit James Tufts, zuerst 1908/1978 und überarbeitet 1932/2008). Nach dem Vorigen überrascht es nicht, dass diese auch Glück und Politik behandelt.

Zunächst werden hier die asketischen Ideale der älteren, vor allem der religiösen Moral zurückgewiesen (Dewey selbst wurde ja puritanisch erzogen). Aus dem bloßen Verzicht auf natürliche Regungen resultiere noch kein Glück. »Self-denial« oder »self-restraint« könne zwar der Ausbildung höherer Zwecke dienen, dürfe aber nicht selbst zum Zweck werden. Wer dies behaupte, schrecke nur Menschen von der Moral ab. »Instead of making the subjugation of desire an end in itself, it should be treated as a necessary function in the development of a desire which will bring about a more inclusive and enduring good« (Dewey/Tufts 1932/2008, 205 f.; 1908/1978, 328 ff.).

Glück ist für Dewey, wie schon für James, ein Maßstab der Handlungsbewertung, auch der moralischen (»persons who profess no regard for happiness as a test of action have an unfortunate way of living up to their principle by making others unhappy«, Dewey 1915, 58). Doch damit schließt Dewey nicht einfach an die *alten* Glücks-Ethiken an (s. Kap. II.3). Auch diese kritisiert Dewey, vorrangig in Gestalt von Aristoteles und Bentham, weil sie die Handlungsziele zu wenig aus der Handlung selbst nähmen, sondern sie ihr als verdinglichte Entitäten vor- und damit entgegensetzten (Dewey/Tufts 1908/1978, 240 ff.; Dewey 1922/2002, 173 f.). An Aristoteles adressiert ist die Polemik gegen stehende Werte oder Prinzipien und die Wende zur konkreten *Situation*, dem praktischen oder »experimentellen« Vollzug (1920/1950, 139 f.).

Am Utilitarismus hingegen stört Dewey, dass dieser von einer fertigen Entität, dem ›Selbst‹ ausgehe, das sich mit anderen fertigen Entitäten, den Genüssen, lediglich ›anfülle‹. Das sei ein falsches Besitzdenken (»possessive« oder »acquisitive instinct«), das allerdings zum Kapitalismus allzugut passe. Der Utilitarismus übersehe zudem das »hedonistische Paradox«, dass sich Glück – ähnlich wie Selbstverwirklichung und Tugend – nicht direkt intendieren lasse (Dewey/Tufts 1932/2008, 246). Dafür sei der *Begriff* des Glücks viel zu unbestimmt (»indeterminate«, hier eine Nähe zu Kant): Ein bloßer Sammelbegriff könne keinen handlungsleitenden »sentimental state« hervorbringen: »It is a mistake to suppose that there is homogeneity of material or content, just because there is the single name ›happiness‹. One might as well suppose that all persons named Smith

are just alike because they have the same name« (1932/2008, 247, vgl. 197 f.; Dewey 1908/2008, 45). Kurzum, Glück werde von diesen Ethiken systematisch verfehlt.

Wenn Glück nicht die Summe der Genüsse oder das Erreichen eines fixen Ziels ist, bleibt die Frage, was es *dann* ist. Dewey zufolge ist Glück »an active process, not a passive outcome« (1920/1950, 143; vgl. Pappas 2008, 143). Darin kommt er Aristoteles wieder nahe (auch zu Erich Fromm sowie überhaupt zur Kritischen Theorie in deren Verdinglichungskritik und deren Fokus auf unverstellte Erfahrung gibt es eine Nähe; s. Kap. VI.7). Formal betrachtet ist Glück für Dewey »fulfillment« (Dewey/Tufts 1932/2008, 247); genauer eine Erfüllung selbstgesetzter Handlungsziele, sowie – darüber vermittelt – eine Entwicklung der individuellen Anlagen (»the satisfaction, realization, or fulfillment of some purpose and power of the agent«, 1908/1978, 246). Der Postmodernismus bezieht sich also zu Unrecht auf Dewey, wenn er sagt, das Selbst und seine Ziele *konstituierten* sich erst in einer individuellen Handlung (»agent« und »purpose« gibt es ja schon vor ihr; vgl. Dewey 1931/2003, 286). Doch sie lassen sich nicht unabhängig von diesen Handlungsvollzügen *denken*. (Dadurch erst entstünden die Dualismen – etwa von Sein und Sollen –, die Dewey vermeiden will.)

Damit ist der Rahmen beschrieben, in dem sich Glück ereignen kann. Beim Emotionstheoretiker Dewey darf man allerdings näher fragen: Wie fühlt sich dies eigentlich an? Die Empfindungsdimension dieses Glücks der Praxis wird einerseits *synchron* beschrieben als Einverständnis mit der Welt, wie wir sie selbst gestaltet haben (»agreement […] of the objective conditions brought about by our endeavours«, Dewey/Tufts 1908/1978, 256), andererseits *diachron*, über längere Zeit hinweg, als Erweiterung des Selbst (»harmony, reenforcement, expansion«, 259). Mit diesem Gedanken nähert Dewey das Glück an moralische und politische Überlegungen an: Da Ich und Welt in der Handlung zusammengehen, ist ein Glück desto höher zu bewerten, je ›besser‹ unsere Handlungsziele und damit die gestaltete Welt werden. (Hier kommt wieder der Meliorismus ins Spiel.)

Moralisch relevant ist dieses Glücksverständnis deswegen, weil die besten Ziele für Dewey, darin erneut Mill folgend, moralische sind: Setzen wir »socialized interests as central springs of action«, erleben wir eine »supreme or final happiness« von unvergleichlichem Wert (1908/1978, 274; zu Mill vgl. 255 f.; 1932/2008, 242 f.). *Politisch* relevant wird dies, weil für Deweys moralisches Denken eigenes und fremdes Glück eng zusammengehen – ein nur egoistisches Streben wäre eine Verengung des Horizonts, die den Egoisten nicht glücklicher macht, da er sich so von den anderen abtrennt (Dewey 1922/2002, 132 f.). In individueller Freiheit sieht auch Dewey die Basis des Liberalismus. Individuelles und gesellschaftliches Glück sind daher nicht *identisch* (Dewey/Tufts 1932/2008, 248). Doch ein ontologischer Individualismus, der die Einzelnen radikal voneinander trennt, wäre für ihn ein falsches Denken (»the non-social individual is an abstraction arrived at by imagining what man would be if all his human qualities were taken away«, Dewey 1888/1967, 232; ähnlich Dewey/Tufts 1908/1978, 204 ff.; Dewey 1922/2002, 85).

Diese proto-kommunitaristische Annahme rekurriert auf keine Gruppenseele oder dergleichen. Man erreiche nicht schon durch »theoretical demonstration that what gives others happiness will also make him happy«, dass der Handelnde sein persönliches Glück mit dem der Gemeinschaft verbinde und damit vergrößere (Dewey/Tufts 1932/2008). Die Verbindung zwischen den Individuen läuft für Dewey nur über gemeinsames Handeln, geteilte Gefühle und »Kommunikation« (1925/1995, 201 f.). Diese begünstigen eine Verhaltensdisposition, die persönliches Glück und Glück der Gemeinschaft verbinden. Solche Dispositionen müssen durch Erziehung eingeübt und durch ein entsprechendes soziales Umfeld auch politisch begünstigt werden. Es bleibt aber stets eine individuelle Entscheidung (»By personal choice among the ends suggested by desires of objects which are in agreement with the needs of social relations, an individual achieves a kind of happiness which is harmonious with the happiness of others. This is the only sense in which there is an equation between personal and general happiness. But it is also the only sense which is morally required«, Dewey/Tufts 1932/2008, 248).

Wir gehören also zusammen und müssen uns daher auch für das Glück der anderen einsetzen. Die anderen sind dabei nicht als amorphe oder uniformierte Masse gedacht, sondern jeder Einzelne ist als Individuum einzigartig, wie Dewey vor allem gegen den in den 1930er Jahren anhebenden Totalitarismus hervorhebt. Deswegen widersetzte sich Dewey, der dem sozialplanerischen Ethos der Progressivisten eigentlich nahestand (Eisenach 1994, 188 f.), der technokratischen Vision von Walter Lippmann (Dewey 1927/1996) ebenso, wie er schon 40 Jahre vorher

das Majoritätsprinzip gegen Henry Maine verteidigt hatte (Dewey 1888/1967) oder wie er die Idee des »melting pot« kritisierte (eine reichhaltige Kultur sollte aus heterogenen Individuen bestehen und nicht aus einem Einheitsbrei mit möglichst vielen Zutaten, die alle verkocht werden; Bernstein 2010, 65 f.). Dewey zog es vor, dass eine Gemeinschaft selbstbestimmt irrt, als dass sie fremdbestimmt auf den ›richtigen‹ Weg gesetzt wird. Das sind die politischen Konsequenzen der Verortung des Glücks im eigenen Tun statt im Ergebnis. Und so bleibt der proto-kommunitaristische Gedanke einer Einheit von individuellem und gemeinschaftlichem Glück bei Dewey liberal. Er möchte die Glückspolitik nur auf die *Bedingungen* eines glücklichen Lebens, nicht auf das Ergebnis erstrecken.

Hierin aber ist Dewey sehr bestimmt: Wenn Glück durch Handlungen erfahren wird, in denen wir uns durch das Erreichen selbstgesteckter Ziele weiterentwickeln, wird es zur moralischen Forderung, anderen Menschen ein solches Leben zu ermöglichen: »Regard for the happiness of others means regard for those conditions and objects which permit others freely to exercise their own powers from their own initiative, reflection, and choice« (Dewey/Tufts 1908/1978, 275; vgl. Dewey 1922/2002, 293 f.). Dazu gehört auch, ihnen notfalls – im Sinne von Greens ›positiver Freiheit‹ – zu den nötigen Ressourcen und Kompetenzen zu verhelfen. Dewey gehört also nicht nur zu den Verteidigern partizipativer Demokratie, seine Glücksphilosophie führt ihn letztlich auch zu einer Grundlegung des Wohlfahrtsstaats als Garant der Chancengleichheit (»the full freedom of the human spirit and of individuality can be achieved only as there is effective opportunity to share in the cultural resources of civilization«, 1946, 140; vgl. bereits Dewey/Tufts 1908/1978, 473 ff., 490 ff.).

Es ist fast unmöglich, aus der reichhaltigen Glücksphilosophie des Pragmatismus ein kurzes Fazit zu ziehen. In dessen ›experimentellem‹ Geist sollte man es dennoch versuchen – vielleicht so: Die Verortung des Glücks im selbstbestimmten Handeln erlaubt es dem Pragmatismus, scheinbare theoretische Sonderwelten ins Leben zurückzubinden, indem Selbstdenken vor das bloße Wiederholen von Formeln gesetzt und das Denken als Moment der Praxis begriffen wird; sie erlaubt ihm den Entwurf eines neuen Individualismus durch seine Öffnung gegenüber den vitalen Impulsen und der Kreatürlichkeit; und da kaum eine philosophische Frage *nicht* pragmatisch behandelt werden kann, erlaubt sie auch die

Perspektive eines Aufgehobenseins im »Ganzen« (Dewey 1922/2002, 330 f.). Selbst wenn einige seiner Formulierungen vage blieben – das muss man ihm erstmal nachmachen.

Literatur

Apel, Karl Otto: Der Denkweg von Charles Sanders Peirce. Eine Einführung in den amerikanischen Pragmatismus. Frankfurt a. M. 1975.

Baumgarten, Eduard: Die geistigen Grundlagen des amerikanischen Gemeinwesens II: Der Pragmatismus. R. W. Emerson, W. James, J. Dewey. Frankfurt a. M. 1938.

Bernstein, Richard J.: The Pragmatic Turn. Cambridge/Malden 2010.

Bohnsack, Fritz: John Dewey: Ein pädagogisches Portrait. Weinheim/Basel 2005.

Dewey, John: The Ethics of Democracy [1888]. In: Ders.: The Early Works. Bd. 1. Carbondale/Edwardsville 1967.

–: Self-Realization and the Moral Ideal [1894]. In: Ders.: The Early Works. Bd. 4. Carbondale/Edwardsville 1971, 42–53.

– The Reflex Arc Concept in Psychology [1896]. In: Ders.: The Early Works. Bd. 5. Carbondale 2008, 96–109.

–: Intelligence and Morals [1908]. In: Ders.: The Middle Works. Bd. 4. Carnondale 2008, 31–49.

–: Tolstoi's Art [1910–11]. In: Ders.: The Later Works. Bd. 17. Carbondale 2008, 381–392.

–: German Philosophy and Politics. New York 1915.

–: Reconstruction in Philosophy [1920]. New York 1950.

–: Human Nature and Conduct. An Introduction to Social Psychology [1922]. New York 2002.

–: Erfahrung und Natur [1925] (Hg. Martin Suhr). Frankfurt a. M. 1995.

–: Die Öffentlichkeit und ihre Probleme [1927] (Hg. H.-P. Krüger). Bodenheim 1996.

–: Die Suche nach Gewissheit [1929] (Hg. M. Suhr). Frankfurt a. M. 2001.

–: Philosophie und Zivilisation [1931] (Hg. M. Suhr). Frankfurt a. M. 2003.

–: Kunst als Erfahrung [1934]. Frankfurt a. M. 1980.

–: Problems of Men. New York 1946.

–: Erfahrung, Erkenntnis und Wert (Hg. M. Suhr). Frankfurt a. M. 2004.

– /Tufts, James: Ethics [1908]. In: John Dewey: The Middle Works. Bd. 5. Carbondale/Edwardsville 1978.

– /Tufts, James: Ethics [Neuausgabe 1932]. In: John Dewey: The Later Works. Bd. 7. Carbondale 2008.

Diggins, John Patrick: The Promise of Pragmatism: Mo-dernism and the Crisis of Knowledge and Authority. Chicago 1994.

–: Pragmatism and its Limits. In: Morris Dickstein (Hg.): The Revival of Pragmatism. New Essays on Social Thought, Law, and Culture. Duke 1998, 207–231.

Eisenach, Eldon J.: The Lost Promise of Progressivism. Lawrence, KS 1994.

Emerson, Ralph Waldo: Self-Reliance and other Essays [1841]. Mineola, NY 1993.

Hampe, Michael: Erkenntnis und Praxis. Zur Philosophie des Pragmatismus. Frankfurt a. M. 2006.

Henning, Christoph: Philosophie nach Marx. 100 Jahre Marxrezeption und die normative Sozialphilosophie der Gegenwart in der Kritik. Bielefeld 2005.

–: Natur und Freiheit im Perfektionismus. Zum Verständnis der Natur des Menschen in progressiven Traditionen. Deutsche Zeitschrift für Philosophie 5 (2010), 759–775.

Honneth, Axel: Zwischen Prozeduralismus und Teleologie. Ein ungelöster Konflikt in der Moraltheorie von John Dewey. In: Hans Joas (Hg.): Philosophie der Demokratie. Beiträge zum Werk von John Dewey. Frankfurt a. M. 2000, 139–159.

James, William: The Principles of Psychology [1890]. Cambridge, MA 1981.

–: The Will to Believe [1897]. In: Ders.: The Will to Believe and other Essays in Popular Philosophy. New York 1956.

–: The Varieties of Religious Experience [1902]. New York 1958.

–: Pragmatism [1907]. In: Ders.: Pragmatism and four Essays from The Meaning of Truth. New York 1959.

Joas, Hans: Die Entstehung der Werte. Frankfurt a. M. 1997.

– (Hg.): Philosophie der Demokratie. Beiträge zum Werk von John Dewey. Frankfurt a. M. 2000.

–: Braucht der Mensch Religion? Über Erfahrungen der Selbsttranszendenz. Freiburg 2004.

Katz, Michael B.: In the Shadow of the Poorhouse. A Social History of Welfare in America. New York [10]1996.

Kaulbach, Friedrich: Das Prinzip Handlung in der Philosophie Kants. Berlin 1978.

Mead, George Herbert: The Philosophy of Royce, James and Dewey in their American Setting. In: International Journal of Ethics 40 (1930), 211–31.

Menand, Louis: The Metaphysical Club. New York 2001.

Nietzsche, Friedrich: Der Fall Wagner [1888]. In: Ders.: Sämtliche Werke. Kritische Studienausgabe. Bd. 6. München 1999, 9–53.

Pappas, Gregory F.: John Dewey's Ethics. Democracy as Experience. Bloomington 2008.

Peirce, Charles Sanders: The Essential Writings. New York 1972.

Richardson, Robert D.: William James: In the Maelstrom of American Modernism. A Biography. Boston, MA 2007.

Rorty, Richard: Kontingenz, Ironie und Solidarität. Frankfurt a. M. 1989.

–: Dewey zwischen Hegel und Darwin. In: Hans Joas (Hg.): Philosophie der Demokratie. Beiträge zum Werk von John Dewey. Frankfurt a. M. 2000, 20–43.

Shusterman, Richard: Practicing Philosophy: Pragmatism and the Philosophical Life. New York/London 1997.

Skowroński, Krzysztof Piotr: Values and Powers. Rereading the Philosophical Tradition of American Pragmatism. Amsterdam, New York 2009.

Suhr, Martin: John Dewey zur Einführung. Hamburg 2005.

Taylor, Charles: The Ethics of Authenticity. Cambridge 1991.

Tenbruck, Friedrich: George Herbert Mead und die Ursprünge der Soziologie in Deutschland und Amerika. In: Hans Joas (Hg.): Das Problem der Intersubjektivität: Neuere Beiträge zum Werk von George Herbert Mead. Frankfurt a. M. 1985, 179–243.

Wartenberg, Gerd: Logischer Sozialismus. Die Transformation der Kantschen Transzendentalphilosophie durch Ch. S. Peirce. Frankfurt a. M. 1971.

West, Cornel: The American Evasion of Philosophy. A Genealogy of Pragmatism. Madison 1989.

Christoph Henning
(unter Mitarbeit von Michael Festl)

3. Glück bei Wittgenstein und im Wiener Kreis. Wahres Glück liegt außerhalb von Raum und Zeit

Wittgensteins Glück als Übereinstimmung mit der Welt

Ludwig Wittgensteins (1889–1951) Bemerkungen zum Glück kreisen um einige wenige Hauptgedanken, die sich fast unverändert durch das Gesamtwerk ziehen. Dabei ist es häufig nicht möglich, philosophische und private Bemerkungen voneinander zu trennen. Eine ausgearbeitete Philosophie oder systematische Theorie des Glücks hat Wittgenstein freilich nicht vorgelegt. Charakteristisch für Wittgensteins Sicht ist die enge Verknüpfung des Glücks mit einer asketischen Ethik der unablässigen Selbstüberwindung und -verleugnung sowie der (christlich geprägten) Idee der persönlichen Erlösung von existentieller Schuld. Damit erkennt Wittgenstein das Glücksstreben als ein zentrales Motiv des menschlichen Handelns an, und in seinen zahlreichen Lebenskrisen hat er das schmerzvoll empfundene Ausbleiben eines tieferen und nachhaltigen Glückserlebens auf eigene Charakterdefizite, mangelnde Selbstdisziplin oder Verfehlungen zurückgeführt, die er durch Beichten gegenüber Bekannten und Freunden, in schonungslosen Selbstanklagen (in den zumeist in Geheimschrift abgefassten Passagen seiner Tagebücher) und durch unablässige »Arbeit an Einem selbst« (*Vermischte Bemerkungen*, Wittgenstein 1984, Bd. 8, 472) zu beheben versuchte. Auch wenn Wittgenstein wohl nie von seiner eigenen Würdigkeit zum Glück (Kant; s. Kap. V.3–4 und II.3) überzeugt gewesen sein dürfte, bekannte er doch auf dem Totenbett, ein glückliches Leben geführt zu haben (Malcolm 1987, 132). Ähnliche Äußerungen werden vom jungen Wittgenstein berichtet (Leavis 1987, 85; Wittgenstein/Engelmann 2006, 38).

Wittgensteins *philosophische* Überlegungen zum Glück sind strikt nicht-kognitivistisch und lassen (trotz fehlender direkter Textevidenz) eine Prägung durch Gedanken von Paulus und Augustinus (Erlösung und Konversion als Voraussetzung des Glücklichseins; s. Kap. III.4 und IV.1), von Søren Kierkegaard (Glück als göttlicher Gnadenerweis; s. Kap. V.6) sowie, mitunter direkt nachweisbar, stark von

Lev Tolstoj und Fedor Dostoevskij (Verfolgung asketischer Lebensideale als Weg zum Glück; s. Kap. V.14) erkennen. Auch dürften ihm Williams James' (James 1902/1997; s. Kap. VI.2) Beschreibungen religiöser Erweckungserlebnisse, Konversionen und beseelter Gottesschau (Glückseligkeit der *beatitudo*) nachhaltig beeindruckt haben (vgl. Wittgenstein 1980, 18). Inwieweit Wittgenstein bei der Formulierung seines Glücksbegriffs von Autoren wie Schopenhauer, Kant oder Spinoza beeinflusst ist, wie zuweilen in der Forschung angenommen wird, lässt sich nicht eindeutig ermitteln, auch wenn er mit der abendländisch-metaphysischen Tradition die enge Anbindung des Glückserlebens an das ethisch Gute teilt (vgl. Glock 2000, 102 ff.). Hingegen lehnte er die Überlegungen seines ansonsten zeitweise hochgeschätzten Lehrers und Mentors Bertrand Russell zum Glück grundsätzlich ab (vgl. McGuinness 1988, 180 ff.).

Für den Glücksbegriff der *Logisch-philosophischen Abhandlung* (*Tractatus logico-philosophicus*, 1921) ist die strikte Trennung von empirischer Tatsachenfeststellung und normativ-ethischen Tatsachenbewertungen bzw. Handlungen zentral: Die Ethik ist »transzendental« und lässt sich nicht aussprechen (*Tractatus* 6.42–421, 1984, Bd. 1, 83). Im Unterschied zum Empirismus wird diese Trennung allerdings nicht aufgrund sachlicher Argumente, sondern (im Anschluss an Frege und Russell) *aussagenlogisch* hergeleitet. Da der Begriff ›Glück‹ zur Ethik gehört, können sich Aussagen über das Glück niemals auf Tatsachen *in* der Welt beziehen, sondern nur Stellungnahmen zur Welt von deren ›Grenze‹ her sein: Sie verändern die »Grenzen der Welt« derart, dass die Welt »dadurch eine andere« wird. »Sie muß sozusagen als Ganzes abnehmen oder zunehmen. Die Welt des Glücklichen ist eine andere als die des Unglücklichen« (*Tractatus* 6.43, 1984, Bd. 1, 85).

Glück lässt die Welt wachsen, Unglück schrumpfen, weil sie entweder als sinnvoll und zweckhaft oder aber als problematisch und sinnentleert erscheint, ganz wie sie durch den Verlust eines Körpersinns »kleiner« bzw. durch dessen Wiedergewinn »größer« wird. In einem Tagebucheintrag vom 6.7.1916 heißt es: »Der, welcher glücklich ist, […] erfüllt den Zweck des Daseins«, indem er »keinen Zweck außer dem Leben mehr braucht. […] Die Lösung des Problems des Lebens merkt man am Verschwinden dieses Problems« (1984, Bd. 1, 168; vgl. *Tractatus* 6.521, 1984, Bd. 1, 85). Dieses Verschwinden indiziert eine *erlösende Konversion* und in der Folge ein Glück, das in

der »Ewigkeit des Augenblicks« eine sinnhaft-verklärende Weltschau eröffnet. »An Gott glauben heißt sehen, daß das Leben einen Sinn hat«. Auch wenn für den Gläubigen der Gottesglaube bedeutet, dass seine Welt nicht von seinem eigenen, sondern von einem »fremden Willen« abhängt, der sich als das Insgesamt der Welt oder »einfach« als Schicksal erweist, so bedeutet dieses Leben in Gott laut Wittgenstein zugleich die »Übereinstimmung […] mit der Welt«: »Und dies *heißt* ja ›glücklich sein‹. Ich bin dann sozusagen in Übereinstimmung mit jenem fremden Willen, von dem ich abhängig erscheine. Das heißt: ›ich tue den Willen Gottes‹« (Tagebucheintrag 8.7.1916; 1984, Bd. 1, 169).

Das glücksverheißende Leitbild der Verbindung von a-zeitlicher sinnhafter Weltschau und der allen körperlichen Annehmlichkeiten entsagenden, nur der reinen Erkenntnis verpflichteten Willensenthaltung entnimmt Wittgenstein vor allem der *Kurzen Darlegung des Evangelium* Lev Tolstojs (zu Wittgensteins Tolstoj-Lektüre vgl. die Einträge ins geheime Tagebuch 3.9, 4.9. und 11.10.1914, Wittgenstein 1991, 20, 29; vgl. auch Tetens 2009, 101 ff.). Das Christentum erscheint folgerichtig als »der einzig *sichere* Weg zum Glück« (Eintrag ins geheime Tagebuch 8.12.1914, Wittgenstein 1991, 47), weil es dem Gläubigen das Gefühl der »absoluten Geborgenheit« vermittelt (1965/1989, 14). Wittgenstein übernimmt damit Tolstojs Ablehnung sowohl der institutionell-dogmatischen als auch der historisch-kritischen Deutung der christlichen Heilslehre (vgl. Tolstoi 1892, 13–15), die ihn bereits bei der Ausarbeitung des *Tractatus* zu einer grundlegenden Kritik an der von Wissenschaftsglauben und Fortschrittsoptimismus geprägten »westlichen Zivilisation« gelangen lässt. Deren progressistischer »Geist« ist ihm zutiefst »fremd […] & unsympathisch« (*Vermischte Bemerkungen*, 5.11.1930, 1994, 29 f.).

Mit solchen Überlegungen führt Wittgenstein auch Gedanken weiter, die durch die Lektüre des Romans *Die Brüder Karamasoff* von Fedor Dostoevskij angeregt wurden und zu fast wörtlichen Übernahmen führten (vgl. Tagebucheintrag 6.7.1916, 1984, Bd. 1, 168). Dostoevskij lässt in seinem Roman den Starezen Sossima über das Glück reflektieren: »Denn die Menschen sind geschaffen, um glücklich zu sein, und wer vollkommen glücklich ist, der darf sagen: ›Ich habe Gottes Gebot auf dieser Erde erfüllt.‹ Alle Gerechten, alle Heiligen, alle Heiligen Märtyrer, alle waren glücklich« (Dostojewskij 1879–80/2003, 92). Diese Verbindung hat Wittgenstein auch mit Blick

auf sich selbst im Sinn, wenn er das Glück der Erkenntnis preist, das sich mit dieser Unterwerfung
unter den Willen Gottes einzustellen vermag, aller
»Not der Welt zum Trotz« (Tagebucheintrag
13.8.1916, 1984, Bd. 1, 176).

Von den in der Spätphilosophie (ab 1929) vorgenommen Revisionen des *Tractatus* blieb der Glücksbegriff so gut wie unberührt. Wittgenstein verweist
zumeist auf die bereits für die Frühphilosophie relevanten Autoren (vgl. Drury 1987), wobei sich allerdings – wie in der Spätphilosophie insgesamt – sein
Fokus von der Ontologie zur Erkundung von Sprach-
spielen verschoben hat: »Ich kann wohl die christliche Lösung des Problems des Lebens (Erlösung, Auferstehung, Gericht, Himmel, Hölle) ablehnen, aber
damit ist ja das Problem meines Lebens nicht gelöst,
denn ich bin nicht gut & nicht glücklich. Ich bin
nicht erlöst. Und wie kann ich also wissen, was mir,
wenn ich anders lebte, ganz anders lebte, als einzig
akzeptables Bild der Weltordnung vorschweben
würde. Ich kann das nicht beurteilen. Ein ganz anderes Leben rückt ja ganz andere Bilder in den Vordergrund, macht ganz andere Bilder *notwendig*. Wie Not
beten lehrt. [...] Lebt man anders, so spricht man anders. Mit einem neuen Leben lernt man neue Sprachspiele« (Tagebucheintrag 4.2.1937, Wittgenstein
1997, 75).

Wittgenstein und der Wiener Kreis

Wittgensteins Zurückweisung der kognitivistischen
Ethik entsprach den metaphysik- und sprachkriti-
schen Bestrebungen des Wiener Kreises. In den zahlreichen Diskussionen mit Wittgenstein über den
Tractatus stießen dessen religiöse Motive allerdings
auf Unverständnis und führten dazu, dass sich Wittgenstein der Diskussion verweigerte und stattdessen
Gedichte von Rabindranath Tagore rezitierte (vgl.
McGuinness 1988, 184; Monk 1992, 263).

Während sich die meisten Vertreter des Wiener
Kreises zunächst nur am Rande mit Fragen der Ethik
beschäftigten und erst mit den Arbeiten von Victor
Kraft (1935) Probleme einer »wissenschaftlichen
Wertlehre« diskutiert wurden, hat v. a. Moritz Schlick
(1882–1936) das Glück als Zentralbegriff seiner
Ethik herausgestellt. In *Lebensweisheit* wird die von
Nietzsche inspirierte Grundeinsicht formuliert, dass
der »Wille zum Glück« mit dem »Willen zur Lust«
identisch ist (Schlick 1908/2006, 94). Ziel des
menschlichen Lebens ist die Erzielung eines körperlichen und geistig-seelischen Glücksmaximums, das

freilich weniger in unmittelbarer sinnlicher Befriedigung, als im nachhaltigen »großen Glück der großen
Liebe« zum Mitmenschen und zur Erkenntnis besteht (317, mit Bezug auf Augustinus). In seinen *Fragen der Ethik*, die auch Wittgenstein kannte, bezeichnet Schlick »Glück und Leid« als gegenüber dem
»psychologisch streng definierten« Paar Lust-Unlust
»ganz verschwommene« Termini für komplexe seelische »Mischzustände«. Vielfältige historische, kulturelle und religiöse Momente können zur Ausbildung
eines ›absoluten‹ Glücksbegriffs mit entsprechender
metaphysischer oder religiöser Aufladung und Übersteigerung führen. Schlick verweist zur Illustration
dieser Position auf jene Glücks-Lehre des Starezen
Sossima in Dostoevskijs *Brüder Karamasoff*, auf die
sich wohl auch Wittgenstein 1916 bezogen hatte
(s.o.), so dass anzunehmen ist, dass Dostoevskij in
den Gesprächen des Wiener Kreises mit Wittgenstein erörtert wurde (vgl. 1930/2006, 469 f.). Eine
Korrelation zwischen tugendhaftem Handeln und
Glück lässt sich laut Schlick jedoch nicht aus (kategorischen) Imperativen, sondern aus empirisch zu
beobachtenden, anthropologischen Grundtatsachen
(vgl. 516 f.) ableiten. Daher ist das anzustrebende
ethische Fernziel eine »Sittlichkeit ohne Entsagung«,
die ein tugendhaft-pflichtgemäßes sowie gütiges
Verhalten honoriert. In der eudämonistischen Formel »Mehre dein Glück!« wird laut Schlick die mittelalterliche Idee der *beatitudo* (Beseeltheit) zeitge-
mäß reformuliert (528 ff., s. Kap. IV.1).

Wittgenstein musste in dieser Vorstellung von
Glücksmehrung eine abwegige Vorstellung von
»Fortschritt« erblicken (Wittgenstein 1984, Bd. 3,
116). Er hat Schlicks Gedanken eines Glücks ohne
Unterwerfung unter den absoluten und unerforsch-
lichen Willen Gottes als »flach« und verfehlt zurückgewiesen und sich dezidiert gegen jeden theoretischen Erklärungsversuch des Wesens der Ethik
ausgesprochen (vgl. 1984, Bd. 3, 115 f.). Eine Verständigung zwischen beiden Philosophen über Fragen
der Ethik und des Glücks war daher von vornherein
ausgeschlossen.

Literatur

Dostojewskij, Fjodor: Die Brüder Karamasoff [1879–
80]. Zürich 2003.

Drury, Maurice O'Connor: Bemerkungen zu einigen
Gesprächen mit Wittgenstein. Gespräche mit Wittgenstein. In: Rush Rhees (Hg.): Wittgenstein. Porträts
und Gespräche. Frankfurt a. M. 1987, 117–235.

Glock, Hans-Johann: Stichwort ›Ethik‹. In: Ders.: Wittgenstein-Lexikon. Darmstadt 2000, 102–106.

James, William: The Varieties of Religious Experience. A Study in Human Nature [1902]. New York ⁴1997.

Kraft, Victor: Die Grundlagen einer wissenschaftlichen Wertlehre. Wien 1935.

Leavis, Frank Raymond: Wittgenstein – einige Erinnerungsbilder. In: Rush Rhees (Hg.): Wittgenstein. Porträts und Gespräche. Frankfurt a. M. 1987, 84–106.

Malcolm, Norman: Erinnerungen an Wittgenstein. Frankfurt a. M. 1987.

McGuinness, Brian: Wittgensteins frühe Jahre. Frankfurt a. M. 1988.

Monk, Ray: Wittgenstein. Das Handwerk des Genies. Stuttgart 1992.

Schlick, Moritz: Lebensweisheit. Versuch einer Glückseligkeitslehre [1908]. In: Ders.: Kritische Gesamtausgabe. Bd. I, 3. Wien/New York 2006, 43–334.

–: Fragen der Ethik [1930]. In: Ders.: Kritische Gesamtausgabe. Bd. I, 3. Wien/New York 2006, 347–536.

Tetens, Holm: Wittgensteins »Tractatus«. Ein Kommentar. Stuttgart 2009.

Tolstoi, Leo: Kurze Darlegung des Evangeliums. Leipzig 1892.

Wittgenstein, Ludwig: Briefe. Briefwechsel mit B. Russell, G.E. Moore, J.M. Keynes, F.P. Ramsey, W. Eccles, P. Engelmann und L. von Ficker. Frankfurt a. M. 1980.

–: Werkausgabe. 8 Bde. Frankfurt a. M. 1984.

–: Vortrag über Ethik. In: Ders.: Vortrag über Ethik und andere kleine Schriften [1965]. Frankfurt a. M. 1989, 9–19.

–: Geheime Tagebücher 1914–1916. Wien 1991.

–: Vermischte Bemerkungen. Eine Auswahl aus dem Nachlaß (Hg. Georg Henrik von Wright/Heikki Nyman; Neubearbeitung des Textes durch Alois Pichler). Frankfurt a. M. 1994.

–: Denkbewegungen. Tagebücher 1930–1932, 1936–1937. Bd. 1. Innsbruck 1997.

– /Engelmann, Paul: Briefe, Begegnungen, Erinnerungen. Innsbruck/Wien 2006.

Matthias Kroß

4. Glück in den zwanziger Jahren. »Tragisches Gefühl des Lebens«: Über das Exil des Glücks

Was wir bis heute mit dem dritten und kulturell wohl markantesten Jahrzehnt des vorigen Jahrhunderts assoziieren, ist das bewegte Bild von den *Roaring Twenties* als einer ebenso explosiven wie intensiven, als einer damals tabubrechenden und uns noch heute in vieler Hinsicht provozierenden Zeit. Das neue Leben der Großstädte, wie es sich plötzlich in New York vor allem, aber auch in Berlin, Buenos Aires, Moskau, Tokio und (man kann diesen Namen nicht auslassen) in Chicago überstürzend, mit Exuberanz und Brutalität entwickelte, scheint alle anderen Zonen der Welt in Bann gehalten zu haben, unbeirrt und obsessiv, so als seien schon Anflüge von Reflexion Boten des Todes. Wie ein frenetischer Tanz wirken diese *Roaring Twenties* – dazu macht sie jedenfalls ein bis heute nicht ganz verblasstes Bild von ihrer Gegenwart; vielleicht ist es ein Tanz auf einem kaum sichtbaren Vulkan. Aber weil wir Tanz mit Lebendigkeit gleichsetzen und Lebendigkeit, eher unbegründet, mit Glück, bedarf es eines zweiten Blickes, um zu ahnen, dass sich jenes Jahrzehnt in einer Stimmung von verzweifelter Unsicherheit und tiefer Orientierungslosigkeit befand.

Sie war, auch dies ist bemerkenswert und kaum je bemerkt worden, eine Orientierungslosigkeit, welche sich vor allem in der existentiellen Dimension breit machte, das heißt: in der individuellen Lebenserfahrung und ihren vielfachen philosophischen und künstlerischen Brechungen – und zwar vor dem Kontrast-Hintergrund eines damals trotz der sowjetischen Revolution vielleicht schon in Ansätzen abgelebten Sozialismus und eines eben heraufkommenden Faschismus, also vor den massivsten Ideologien und den ihrer selbst am deutlichsten gewissen kollektiven Überzeugungen, welche die Neuzeit hervorgebracht hat. Doch obwohl Sozialismus und Faschismus, neben verschiedenen Initiativen zur Erneuerung der christlichen Lehre, Massenbewegungen blieben oder zu solchen anwuchsen, erreichten ihre aus ganz verschiedenen Gründen optimistischen Botschaften kaum die Sphäre des individuellen Lebens. Sie stifteten, wenn man den Zeugnissen aus den Jahren zwischen 1920 und 1930 trauen darf, kaum noch Glück. Selbst als entfernter Horizont des wirklichen Lebens oder als Thema philosophischer Spekulationen hatte Glück weitgehend seinen Status als Bezugspunkt und Möglichkeit verloren. Nicht zufällig setzte Max Scheler schon 1922 in einem Essay unter dem Titel »Vom Verrat der Freude« zu einer Invektive auf die glücksvergessene Philosophie seiner Gegenwart an. Immer wieder sollte die Evakuierung der Existenz vom Glück solche trotzigen Ansätze des Protests heraufbeschwören – doch sie blieben Ansätze und Gesten.

Verlust von Subjekt und Welt

Wie war die Welt, die westliche Welt wenigstens, vom glücklichen Beginn des Jahrhunderts, der sich so gerne und oft ›Belle Epoque‹ genannt hatte, in solche Verunsicherung und glücklose Verzweiflung geraten? Kaum ein Erwachsener der zwanziger Jahre hätte auf diese Frage nicht zuerst mit der Erwähnung des ›Weltkriegs‹ geantwortet – erstaunlicherweise, da der Weltkrieg (vor allem in Russland und auf dem Territorium des ehemaligen Habsburger Reiches) zu jenen Ereignissen nationaler und sozialer Befreiungen geführt hatte, deren Agenten schon die permanente Selbstfeier der ›Belle Epoque‹ verunsichert hatten. Doch ein Vergleich von Photographien aus dem Sommer 1914 und dem Winter 1918/1919 zeigt tatsächlich dieselben Männer und Frauen nicht um Jahre, sondern um Jahrzehnte gealtert, verhärmt und verhärtet. Die Leere in den Gesichtern der deutschen Soldaten, die geschlagen, aber in Marschformation nach Berlin zurückkehrten, unterscheidet sich dort kaum von den Blicken der Soldaten aus der siegreichen französischen Armee beim Triumphzug durch Paris. Fast niemand in Europa schien die Kraft haben zu wollen, an den vor allem von Woodrow Wilson, der so sehr akademischen Präsidenten-Figur der Vereinigten Staaten, lancierten hochherzigen Projekten (etwa zur Schaffung eines südslawischen Staates) mitzuarbeiten. Auf der anderen Seite gab es nur wenige Veteranen des Weltkriegs, die nicht besessen waren vom dem Drang, ihr individuelles Leben von Grund auf zu verändern – so wie Ludwig Wittgenstein, der sich seines auch nach 1918 riesigen ererbten Vermögens entledigte, um Kräfte und Aufmerksamkeit ausschließlich philosophischen Problemen und philanthropischen Projekten zu widmen.

Nun ist es, zumal der Krieg zwischen 1939 und 1945 den der Jahre 1914 bis 1918 zum ›Ersten Welt-

krieg‹ gemacht hatte, gar nicht mehr unmittelbar evident, welche Veränderungen der Welt schockierend genug gewesen waren, um solche Wirkungen auf das individuelle Lebensgefühl zu haben. Die Frage ist umso faszinierender, als die Zerstörungsgewalt des Zweiten Weltkriegs – vor allem unter der Zivilbevölkerung – weitaus einschneidender war als die des Ersten, während die intellektuellen und existentiellen Reaktionen nach den Waffenstillständen von 1945 uns heute erstaunlich verhalten erscheinen. Wenn auch eine umfassende Erklärung dieses Kontrasts nicht gelingen kann, wird er doch zuerst an ein millionenfach vollzogenes Erleben erinnern, das einige der großen Literaten unter den Kriegsteilnehmern, wie Ernst Jünger oder Louis-Ferdinand Céline, schon in den zwanziger Jahren – neben allen weltanschaulichen Ambivalenzen und Abgründen – in literarische Form gesetzt haben. Es war das von den sogenannten Materialschlachten seit 1915 und von neuen Waffensystemen, wie etwa dem Maschinengewehr, ausgelöste Gefühl, dass individueller Mut, individuelle Tapferkeit und individuelle Intelligenz nicht einmal mehr die Überlebenschance der Soldaten verbesserten. Darin vollzog sich wohl der allererste Tod des Subjekts als Heldengestalt der Neuzeit. Man hatte vorausgesagt und ist zumal heute schnell geneigt zu bemerken, dass im Ende des Heldentums eine glücksstiftende Entlastung der Existenz gelegen habe. Von den so selbstverständlich sozialdemokratischen Werten und Idealen der europäischen Mittelklasse unserer Zeit her gesehen, ist diese Deutung nicht von der Hand zu weisen, aber in den Jahren nach 1918 wäre sie wohl nicht einmal sozialistischen Intellektuellen plausibel gewesen – oder eben anders formuliert: heroisch genug.

Hinzu kam – vor allem, aber nicht ausschließlich in der Donaumonarchie und in Deutschland – ein zentraler Effekt der Implosion aller ständischen Hierarchien, und dies war die Auflösung bis dahin garantierter Formen von Autorität. Sie betraf ohne Unterschied den Adel und das höhere Bürgertum, Richter, Geistliche, Professoren und viele andere soziale Rollen, und ist in so verschiedenen Werken wie den letzten Bänden von Marcel Prousts *Suche nach der verlorenen Zeit* oder Heinrich Manns *Professor Unrat* beschrieben. Diese beiden Einbrüche wurden intensiviert durch die wie unvermeidlich hereinbrechende Naturereignisse erlebten Wirtschaftskatastrophen, in Gestalt der Inflationen der frühen zwanziger Jahre und des Schwarzen Freitags 1929 an der Wall Street. All diese Schauplätze der Krise hielten wie eine Klammer eine Stimmung zusammen, deren Grund epistemologisch war. Es war das Gefühl, dass sich Erkenntnis-Subjekt und Welt der Objekte über das neunzehnte Jahrhundert immer weiter voneinander entfernt hatten, bis zu einem Grad, wo selbst die vor-theoretische Gewissheit, überhaupt mit der Welt und ihren Dingen in Berührung zu sein, aufgezehrt war.

Die Konservative Revolution

Genau diese Stimmung, die sich in der seit Kriegsende immer wieder bemühten Metapher artikulierte, man ›habe den Boden unter den Füßen verloren‹, provozierte *die* Reaktionen und Denkstile, welche bald schon mit Hugo von Hofmannsthal (Hofmannsthal 1927/1980, 41) und anderen »Konservative Revolution« genannt werden sollten und heute zu Unrecht ausschließlich als Ursprungsdimension des Faschismus in der historischen Erinnerung geblieben sind. Denn der Horizont dieser Bewegtheit und der von ihr ausgehenden Bewegungen war viel weiter als der Horizont des Faschismus – und hatte weniger spezifische, weil viel grundsätzlichere Ziele. Die Konservative Revolution war angetrieben von der Intuition, dass eben die minimalste Bedingung für die fortgesetzte Möglichkeit menschlicher Existenz, nämlich die Gewissheit ihres Bezugs zu einer Welt außerhalb ihrer selbst, wenn überhaupt, dann nur in einer Abkehr von der Gegenwart, in einem Rückgriff auf Archaisches und Elementares zu erreichen sei. Das war eine dramatischere Selbstinszenierung als die des in den zwanziger Jahren durch die Oktoberrevolution noch sehr zukunftsoptimistisch gestimmten Sozialismus, eine Selbstinszenierung auch, deren Stimmung mit der Stimmung konvergierte, welche die wirtschaftlichen Weltkatastrophen auslösten. Die Frage nach individuellem oder kollektivem Glück war in weite Ferne gerückt.

Heideggers Intervention

Martin Heideggers 1926 niedergeschriebenes und im Frühjahr 1927 veröffentlichtes Werk *Sein und Zeit*, in dem der Begriff »Stimmung« übrigens eine zumindest quantitativ erstaunliche Rolle spielt, war die philosophische Kondensation jener Problemstruktur und zugleich eine Resonanz auf eben ihre Stimmung. Buchstäblich in den ersten Sätzen des Buchs will Heidegger – sozusagen in zwei historischen Stufen – zu einer archaischen Situation zu-

rückfinden, indem er einen Satz aus Platons *Sophistes* zitiert, welcher seiner eigenen Gegenwart vorwirft, das Verständnis für das verloren zu haben, was sie »seiend« nenne: »Denn offenbar seid ihr doch schon lange mit dem vertraut, was ihr eigentlich meint, wenn ihr den Ausdruck ›seiend‹ gebraucht, wir jedoch glaubten es einst zwar zu verstehen, jetzt aber sind wir in Verlegenheit gekommen.« Hinter dem Wort »seiend«, bemerkt Heidegger, stehe »die Frage nach dem Sinn von Sein« (Heidegger 1927/2006, 1), und diese Frage wird seine Philosophie für die kommenden fünfzig Jahre zu einer Ontologie machen – und beherrschen. »Seinsvergessen« ist nicht nur ein Leben ohne Antwort auf diese Frage, sondern schon Leben ohne ein Gefühl für ihre elementare, unhintergehbare Wichtigkeit.

Wenn die Philosophie des 19. Jahrhunderts auf den Eindruck eines immer schnelleren Auseinanderdriftens zwischen Subjekt (im Sinn von Bewusstsein) und Objekt (im Sinne von Dinge der Welt) fixiert war, wenn die Phänomenologie seines Mentors Edmund Husserl versprochen hatte, von diesem Auseinanderdriften zu einem neuen Gewissheitsbezug zwischen Subjekt und Objekt zu gelangen, so musterte Heidegger die zweipolige epistemologische Grundstruktur einfach aus. Er ersetzte das Subjekt-Objekt-Schema durch das »In-der-Welt-sein« des »Daseins«. »Dasein« stand für menschliche Existenz, und der Partikel »Da-« deutete an, dass der Begriff entgegen der cartesianischen Tradition sehr wohl Raum und Körper einschließen sollte. Das Wort »In-der-Welt-Sein« mit seinen obsessiven Bindestrichen hob hervor, dass solches Dasein schon immer mit der umgebenden Welt vertraut war, statt sich von ihr in wachsender Distanz zu entfernen. Fast nicht mehr metaphorisch und im Bezug auf die historische Situation gesagt: Heideggers eigene Philosophie setzte mit dem Angebot ein, der menschlichen Individualexistenz den verlorenen Boden unter den Füßen zurückzugeben. Das war eine Voraussetzung für Glück, freilich noch nicht Glück selbst (das in *Sein und Zeit* selbst gewissermaßen ›nichts verloren‹ hat).

Konfrontation mit dem Tod

In diesem primären Rahmen, den Heideggers Intervention von einem epistemologischen in einen existentiellen verwandelte, wurden nun eine Reihe von »Existentialen« – vielleicht könnte man sagen: von unvordenklichen Grunddynamiken der menschlichen Existenz – identifiziert und beschrieben. Ganz im Gegensatz zur Philosophie der Aufklärung nahm Heidegger nicht in Anspruch, dass diese Dynamiken zum Glück oder gar zu einer Erfüllung innerhalb des individuellen Lebens führen sollten. Aber sie kamen einer Vorstellung und sogar einer Verschreibung von menschlichem Glück so nahe, als es in ihrem historischen Kontext überhaupt denkbar war. Denn durch die Identifizierung von Existentialien wurde es möglich, vor Verhaltensformen zu warnen, die sich gegen diese Dynamiken stellten – und dadurch Unglück heraufbeschwören konnten. Aus der Auffassung des Daseins, das heißt: der individuellen Existenz, als In-der-Welt-Sein und mithin auch als primärem Mit-sein mit anderen Menschen (die ihrerseits »Dasein« sind) entfaltet Heidegger zunächst die Dynamik (oder das Existential) der Sorge, welche vor allem in verschiedenen Modalitäten der Fürsorge für andere liegt: die »einspringende, die ›Sorge‹ abnehmende Fürsorge bestimmt das Miteinandersein in weitem Umfang, und sie betrifft zumeist das Besorgen des Zuhandenen. Ihr gegenüber besteht die Möglichkeit einer Fürsorge, die für den Anderen nicht so sehr einspringt, als dass sie ihm in seinem existentiellen Seinkönnen *vorausspringt*, nicht um ihm die ›Sorge‹ abzunehmen, sondern erst eigentlich als solche zurückzugeben« (Heidegger 1927/2006, 122). Berühmt geworden ist unter den von der Existentialanalyse in *Sein und Zeit* identifizierten Motiven vor allem das »Man« (und das »Gerede« als seine kommunikative Aggregatform), in das sich zu verlieren das Selbst ständig bedroht ist: »Das Selbst des alltäglichen Daseins ist das *Man-selbst*, das wir von dem *eigentlichen*, das heißt eigens ergriffenen *Selbst* unterscheiden. Als Man-Selbst ist das jeweilige Dasein in das Man *zerstreut* und muss sich erst finden« (129).

Letztlich scheinen alle Versuchungen, sich abzuwenden vom Ergreifen des eigenen Selbst, ob es nun die Versuchung des Geredes, der Zerstreuung oder der Neugierde ist, zurückzugehen auf die Angst, sich mit dem Tod in seiner Jemeinigkeit zu konfrontieren. Denn aus der Perspektive des individuellen Daseins ist der Tod ein gnadenloses, absolutes, alle jenseits der von ihm gesetzten Grenze liegenden Möglichkeiten nichtendes Ende. Und gewiss liegt es nahe, in dieser Denkfigur eine doppelt kondensierte Erfahrung des Weltkriegs zu sehen. Die Ahnung, dass sich die klassische Konvergenz zwischen Heldentum und dem Triumph des Vaterlands aufgelöst hatte, reduzierte den Tod im Schützengraben oder im Sturmangriff von einem nationalen Opfer zur Nichtung des Individuums. Hinzu kam, dass die neuen Ma-

schinen-Feuerwaffen der Formel vom »Vorlaufen in den Tod« einen spezifisch wörtlichen Sinn gaben.

Allein der Entschluss, sich solchen Herausforderungen ohne Schonung seiner selbst zu stellen, kann nach *Sein und Zeit* bedeuten, den Möglichkeiten des Daseins gerecht zu werden. Zunächst sieht dies aus wie ein Sich-Einfinden in ein unerfreuliches, eben mit dem Dasein übernommenes Schicksal. Erstaunlicherweise jedoch kommt dann in dem Mut zur Konfrontation mit dem Tod eine Möglichkeit von Freiheit zum Vorschein: »Das Vorlaufen [in den Tod] aber weicht der Unüberholbarkeit nicht aus wie das uneigentliche Sein zum Tode, sondern gibt sich *frei für* sie. Das vorlaufende Freiwerden *für* den eigenen Tod befreit von der Verlorenheit in die zufällig sich andrängenden Möglichkeiten, so zwar, dass es die faktischen Möglichkeiten, die der unüberholbaren vorgelagert sind, allererst eigentlich verstehen und wählen läßt. Das Vorlaufen erschließt der Existenz als äußerste Möglichkeit die Selbstaufgabe und zerbricht so jede Versteifung auf die je erreichte Existenz« (264). Näher kommt die Existentialontologie der zwanziger Jahre wohl den Dimensionen von Glück und Erfüllung nicht. In einem Brief vom 7.10.1926 an Elisabeth Blochmann will Heidegger eine »Existenzfreudigkeit« aus deren Bereitschaft vernehmen, sich auf die existentiellen Möglichkeiten und Herausforderungen der Weiblichkeit einzulassen (Heidegger/Blochmann 1989, 17). Doch damit soll nur die Gefahr des Verfallens an uneigentliches Dasein abgewendet werden, es zeigen sich keine Wege oder Ziele, in denen sich Glück erschließt.

Das tragische Gefühl des Lebens

Miguel de Unamunos schon 1913 veröffentlichtes Buch *Del sentimiento trágico de la vida*, welches das Lebensgefühl der zwanziger Jahre offenbar so genau traf, dass seine Rezeption und sein Einfluss nicht abebben wollten, entwickelt aus einem einzelnen, sehr spezifischen Erfahrungstyp einen breiten Horizont von Anlässen und Situationen der Dysphorie. Dieser Ausgangspunkt ist die Sehnsucht, ja die Begierde nach der den Menschen versperrten Dimension der Ewigkeit. Ihr habe das Christentum im Mythos von der Auferstehung des Menschensohnes, der den Tod überwindet, ein Zeichen der Hoffnung geschenkt. Doch schon dieser – vitalistische – Impuls des Christentums werde immer wieder durch Strategien der Rationalität und Vernunft durchkreuzt und entkräftet, beginnend mit der Interpretation des Kreuzesto-

des und der Auferstehung als Erlösung von der Erbsünde. Eben die Spannung zwischen Vitalismus und
Vernunft ist Ausgangspunkt für eine Vielfalt von täglichen Enttäuschungen, die Unamuno unter dem Titel des »tragischen Lebensgefühls« subsumiert. Dabei ist eigentlich keines seiner Motive tragisch im
komplexen Sinn der griechisch-antiken Begriffstra-
dition. Eher fasst die Formel eine nicht eliminierbare
Prämisse der Dysphorie für jegliches Erleben und
jegliche Erfahrung in seiner Zeit. Was an positiven
Momenten und Möglichkeiten der Existenz identifiziert wird, kann also nie prinzipiell ihre negative
Grundbedingung und Grundstimmung ändern, sondern konstituiert sozusagen ein Exil im tragischen
Lebensgefühl. Schon die Zeitgenossen spekulierten
immer wieder über Anregungen aus der philosophischen Tradition, welche hinter den Stimmungen und
Gesten dieses und anderer Bücher Unamunos stehen
könnten – Schopenhauer und Kierkegaard waren
wohl die am liebsten genannten Kandidaten (s. Kap.
V.6). Dabei hüllte sich der Autor in eine so viel- wie
nichtssagende Vagheit, welche ihm – wenigstens außerhalb der Welt der akademischen Philosophie –
den Ruf des umfassend Belesenen eintrug. Was die
Stimmung seiner Zeit jedenfalls traf und zugleich
verdichtend artikulierte, war viel elementarer als solche Bezüge auf den philosophischen Kanon. Es war
die Spannung zwischen einer nie aussetzenden
Glücksbegierde und der – wie immer motivierten –
Prämisse von der Unmöglichkeit ihrer Erfüllung.

Dieser Situation entspricht zum Beispiel die Semantik des damals so beliebten Begriffs der ›Tat‹.
Von Taten sprach man, wenn Handlungen nicht
nach dem bewertet wurden, was sie bewirken sollten
und vielleicht bewirkten, sondern nach ihrer Zugehörigkeit zu einer Konzeption der Existenz, die sich
im Widerstand gegen alles Uneigentliche bewährte.
Mit anderen Worten: Der Begriff der Tat war Teil einer Ästhetik der Existenz, wie sie sich unter dem
Vorzeichen des »tragischen Lebensgefühls« abzeichnete. Schließlich gehörte zu diesem historischen Rhi-
zom von Existential-Prämissen aus den zwanziger
Jahren, dass die positiven Möglichkeiten des Daseins
assoziiert wurden mit exotischen Zonen an der Peripherie. Auf Dachgärten oder auf Berggipfeln wollte
man Existenzfreude spüren; das damals noch exzen-
trische Spanien, Norwegen, Afrika, für dessen vermeintlich primitive Kunst man zu schwärmen begann, und vor allem die Polregionen waren Orte, die
nach Taten verlangten. Um die damals synonymen
Gerüchte zu bannen, er sei verweichlicht und homo-

sexuell, organisierte der Filmschauspieler Rodolfo
Valentino einen Schauboxkampf gegen den Schwer-
gewichtsweltmeister – dieser Kampf musste auf einem Dachgarten in New York stattfinden. In keiner
anderen Gattung populärer Kunst verdichtete sich
das Motiv der Konvergenz von erotischer Erfüllung
und Tod zu intensiverer Aktualität als im Berg-Film;
Länder wie Spanien oder Norwegen, die man als Peripherie der europäischen Welt erfuhr, weckten hy-
perbolische Sehnsucht nach Schönheit, Heldentum
und Erfüllung, die nachwirken sollten sowohl im nationalsozialistischen Ideologem vom ›hohen Nor-
den‹ wie im Engagement der sozialistischen und
kommunistischen Brigaden während des spanischen
Bürgerkriegs. Der Nordpol und bald auch die Ant-
arktis wurden zu magnetischen Zentren lebensge-
fährdender und oft tödlich endender Abenteuer-
phantasien.

Oszillation zwischen Nüchternheit und Ekstase

In dieser sich mit tragischem Lebensgefühl, Existen-
tial-Ästhetik und einem Drang zur Peripherie insze-
nierenden Welt entstanden nun zwei Stile des Lebens, deren Verhältnis zwischen extremer wechselseitiger Spannung und harmonischer wechselseitiger
Komplementarität oszillierte. Ich möchte sie als
›Nüchternheit‹ und ›Ekstase‹ charakterisieren. In
den Gesten der Nüchternheit (oder, das war ein alternativ programmatisches Prädikat: in den Gesten
der ›Sachlichkeit‹) lag bei aller möglichen Eleganz
meist ein Gefühl der Desillusion und der Resignation. Wo der Existenz jede Grundlage für monumentale Ansprüche oder monumentale Formen entzogen war, schien wenigstens ein Rückzug in jene Dimensionen offen, die es schon immer gegeben hatte.
Genau dies sollte wohl Martin Heideggers so de-
monstrativ privater Rückzug in seine Schwarzwald-
hütte anzeigen und sein Vertrauen in den Schwarz-
waldbauern, der ihm mit einem bloßen Kopfschüt-
teln verstehen ließ, wie falsch es wäre, eine Zukunft
in der Metropole Berlin zu suchen. Davon und von
der ›Gelassenheit‹ als existentieller Haltung war der
Gedanke von Paul Klee und anderen Künstlern des
Bauhauses nicht weit entfernt, im Gestalten von Bildern, Gebrauchsgegenständen und Gebäuden zurückzukehren zu elementaren, von ihren primären
Funktionen angeblich auferlegten Formen und Farben. Freilich konnten Gelassenheit und Sachlichkeit
stets – und oft ganz unerwartet – umschlagen in Mo-

mente von Ekstase und sogar Epiphanie. Dies war nicht allein eine Möglichkeit des Sich-Berauschens an der Landschaft, sondern ebenso ein extremes Register des auf die Erfahrung der Großstadt konzentrierten Surrealismus, welches etwa Aragon und Breton in Ihren Büchern *Le paysan de Paris* und *Nadja* erschlossen hatten. Auch für die damals so anziehende Gestalt des Ingenieurs wie für die frühen Designer bedeutete die Entdeckung der ›richtigen‹ Formen mehr als nur intellektuellen Erfolg, sie galt – zumindest latent – immer als eine Annäherung oder gar ein Einswerden mit den Gesetzen der Materie.

Sachlichkeit, Gelassenheit und Ekstase als ihre gegenstrebig-komplementäre Möglichkeit verbanden sich freilich nicht ausschließlich mit Landschaft oder Technik. Es gab eine Ästhetik der Gelassenheit und vor allem der Anonymität auch in der erst von den zwanziger Jahren erfundenen Rolle des ›Angestellten‹ oder in der betont ent-individualisierten Figur der Tänzerin für eine *chorus line*. Zu funktionieren, ohne glänzen und im Zentrum stehen zu müssen, das war ein der Alltäglichkeit der Großstadt angepasster Modus von Nüchternheit, dem sich auch einige der ambitionierten Filme jenes Jahrzehnts zu nähern suchten. Subjektiv wurden solche Konfigurationen von gelassen ertragener Pluralität und Anonymität wohl nicht als Orte des Glücks erlebt – aber vielleicht als Zonen des Entspannens von dem anderen, Ekstase fordernden Existenzgestus derselben Zeit.

Denn jenes Jahrzehnt, das kaum an seine eigenen Möglichkeiten des Gelingens, des Erfolgs und des Glücks zu glauben vermochte, war ja – auf der anderen Seite von Nüchternheit und Gelassenheit – süchtig nach Situationen, welche Gefahr, Intensität und Erregung versprachen. Dem Tod ins Auge zu blicken, zeichnete sich beileibe nicht nur als ein Motiv philosophischer Reflexion ab. Die zwanziger Jahre wurden auch zur großen, vor allem im Grad der Erregung nie mehr erreichten Zeit in der Geschichte des Boxens und des Stierkampfs (Gumbrecht 2001, 66 ff., 231 ff.). Daneben waren jene Sportarten besonders beliebt und bewundert, welche wie Marathonlauf, Sechstagerennen, Bergsteigen oder das Durchschwimmen des Ärmelkanals die Körper der Athleten an die absoluten und mithin lebensgefährdenden Grenzen ihrer Leistungsfähigkeit brachten. Auch erotisch – oder in der noch während der Belle Epoque so reglementierten Welt des Gesellschaftstanzes – konnte nun das, was vermeintlich naturgegeben war, die Begierde nach größerer Intensität nur wecken und steigern. So wurde die Welt der Metropolen in den zwanziger Jahren auch zur Szene einer herausfordernden sexuellen Freiheit, die sich ohne physisches und affektives Risiko kaum genug war. Wie ein Tanz auf dem Vulkan wirkte all diese Extase tatsächlich, weil sie, statt von primärer Energie belebt zu sein, einem fahlen Gefühl der Resignation entsprang. Doch sie war auch und gerade der Tanz auf einem erloschenen Vulkan – und mithin nicht bloß der extreme Gegenpol zu Nüchternheit, Gelassenheit und Anonymität, sondern zugleich ihr anderes, oft dramatisches, vor allem ihr vexierbildhaft komplementäres Gesicht. Eben in dieser komplexen Gegenstrebigkeit ist das Exil des Glücks in den zwanziger Jahren ein Symptom und Emblem für ihre besondere individual-existentielle Stimmung.

Faszination der Ideologien

Zugleich gilt jenes Jahrzehnt nicht zu Unrecht als eine Zeit der massiven Ideologien. Freilich erfüllten diese Ideologien vor allem die Funktion von Kulissen, vor denen sich das Schauspiel der existentiellen Gesten entfaltete – und vielleicht am Ende erschöpfte, denn ab den 30er Jahren sollten dann der Faschismus und erneut auch der Sozialismus noch einmal Faszination und Kraft gewinnen. Eine andere Reaktion auf den Schock des Weltkrieges war die Rückkehr zu Formen und theologischen Tröstungen des Christentums gewesen, welche vor allem in Frankreich als *Renouveau catholique* eine kurze Strecke kultureller Lebendigkeit eröffnete. Doch Autoren wie Bernanos oder Claudel waren nie wirklich mehr als ein Teil der Bewegung von Bescheidung und Nüchternheit, sie erneuerten eine Tradition des christlichen Existentialismus, welche die Philosophie naturgemäß nie um eine Dimension irdischer Erfüllung bereichern konnte. Der Sozialismus hatte sich nach der Oktoberrevolution auf jenen vermeintlich notwendig langen Weg hin zum Kommunismus gemacht, welcher vielfältige Mühen der Ebene, vielfältig überraschende Enttäuschungen, aber keine neuen Werte und Erfahrungen erschloss. Konstruktive ›Ingenieure‹ der Gesellschaft, der Kultur, der Erziehung wollten die Revolutionäre von 1917 nun werden – und hatten dem bald aufkommenden Staatsterrorismus nicht mehr entgegenzusetzen als die Bereitschaft zum Freitod aus Desillusionierung oder eine blasse Melancholie des Exils, wie sie etwa Leo Trotzkis mexikanische Jahre durchweht.

Vor allem der Faschismus bot eine für viele Zeitgenossen anziehende Zukunft. Mussolinis Revolution des Herbsts 1922 inszenierte sich als Erlösung von der Dekadenz einer Nation mit imperialer Berufung, welche im Marsch der Schwarzhemden auf Rom ihre Erfüllung und einen rückwärtsgewandten Neubeginn fand. Denn Erlösung war die im diskontinuierlichen Moment nationaler Umkehr vollzogene Rückkehr zu einer verlorenen Welt des Glücks, und in dieser Gestalt bot sie ein Versprechen, welches Glück nicht wie der Sozialismus auf eine historische Zukunft oder wie das Christentum auf die Zukunft nach dem Tod verschob. Solche Gegenwärtigkeit des Glücksversprechens mag die fatale Attraktivität des Faschismus in jener Welt der zwanziger Jahre ausgemacht haben, die sich sonst zum Glück kaum berufen fand.

Literatur

Aragon, Louis: Der Pariser Bauer [1926]. Frankfurt a. M. ³2006.

Bernanos, Georges: Unter der Sonne Satans [1926]. Freiburg i. Br. 2009.

Breton, André: Nadja [1928]. Frankfurt a. M. ³2007.

Céline, Louis-Ferdinand: Reise ans Ende der Nacht [1932]. Reinbek ⁵2004.

Claudel, Paul: Der seidene Schuh [1925]. Salzburg ¹¹1986.

Gumbrecht, Hans Ulrich: 1926. Ein Jahr am Rand der Zeit. Frankfurt a. M. 2001.

Heidegger, Martin: Sein und Zeit [1927]. Tübingen ¹⁹2006.

– /Blochmann, Elisabeth: Briefwechsel 1918–1969. Marbach ²1989.

Hofmannsthal, Hugo von: Das Schrifttum als geistiger Raum der Nation [1927]. In: Ders.: Gesammelte Werke. Reden und Aufsätze III. Frankfurt a. M. 1980, 24–41.

Jünger, Ernst: In Stahlgewittern [1920]. Stuttgart ⁴⁶2007.

Mann, Heinrich: Professor Unrat [1905]. Frankfurt a. M. 2006.

Proust, Marcel: Auf der Suche nach der verlorenen Zeit [1923–1927]. Frankfurt a. M. 2009.

Scheler, Max: Vom Verrat der Freude [1922]. In: Ders.: Gesammelte Werke. Bd. 6: Schriften zur Soziologie und Weltanschauungslehre. Bern/München ²1963, 73–76.

Trotzki, Leo: Verratene Revolution [1936]. Essen ³2009.

Unamuno, Miguel de: Del sentimiento trágico de la vida en los hombres y en los pueblos. Madrid 1913.

Hans Ulrich Gumbrecht

5. Glück in der Philosophischen Anthropologie und im Existenzialismus. Skeptische Philosophien des gelingenden Lebens

Vordergründig nehmen Philosophische Anthropologie und Existenzialismus die Kritik Nietzsches (s. Kap. V.7) am modernen Streben nach Glück auf und setzen sie fort. Versteht man unter Glück sinnliches Wohlergehen oder die Erfahrung von sinnlicher Lust und Freude, dann sind sich die Autoren der Philosophischen Anthropologie und des Existenzialismus tendenziell einig: Der Mensch strebt nicht nach *diesem* Glück, wo er auf *dieses* Glück schielt, verfehlt er seine Natur, sein Wesen. Die Kritik richtet sich gleichermaßen gegen Lehren, die auf individuelle Glückssuche (utilitaristische Spielarten des Liberalismus; s. Kap. V.1), als auch gegen Lehren, die auf kollektive Glückssuche ausgerichtet sind (z. B. einige sozialistische und kommunistische Utopien; s. Kap. II.11).

Aber es ist Vorsicht angebracht: Diese Perspektive ist einseitig. Zwar finden sich bei den Autoren beider Denkrichtungen zahlreiche Beiträge, in denen Skepsis gegenüber Lehren artikuliert wird, die das Ziel menschlichen Lebens im Streben nach Glück (zumeist verstanden als physisches Wohlergehen; s. Kap. II.1) sehen, aber es finden sich auch zahlreiche Ansätze, die als positive Beiträge zu einer Lehre des gelingenden bzw. guten Lebens angesehen werden können, sowie im Falle Max Schelers auch ein wesentlicher Beitrag zu einer allgemeinen Theorie des Glücks. So unterschiedlich die einzelnen Autoren argumentieren, eines ist ihnen gemeinsam: Die Frage nach dem Glück ist für sie die Frage nach dem gelingenden Leben. Was zu einem gelingenden Leben gehört, ist allerdings umstritten. Einig sind sich die Autoren nur in der Annahme, dass eine Antwort auf die Frage nach dem gelingenden Leben beim Vollzug der menschlichen Lebensführung ansetzen muss.

Da sich sowohl die Autoren der sogenannten Philosophischen Anthropologie (Max Scheler, Helmuth Plessner, Arnold Gehlen) als auch die Autoren, die als Existenzialisten bezeichnet werden (Martin Heidegger, Jean-Paul Sartre, Albert Camus), in ihren erkenntnistheoretischen und ontologischen Grundannahmen stark voneinander unterscheiden, ist es sinnvoll, ihre Theorien des Glücks bzw. des guten Lebens einzeln vorzustellen. Beide Strömungen sind in einer Abkehr von philosophischen Positionen entstanden, die das philosophische Geschäft entweder auf erkenntnistheoretische Fragen reduziert hatten oder nur rationalistische Zugänge zu Fragen der praktischen Lebensführung gelten ließen. Beide wenden sich der menschlichen Lebenswelt zu, gehen von der menschlichen Lebenspraxis als nichthintergehbarem Fundament allen philosophischen Fragens aus und suchen nach universalen Strukturen der *condition humaine*. Ihre normativen Stellungnahmen zu Problemen der menschlichen Lebensführung haben einen therapeutischen Charakter, der Theorien des guten Lebens insofern ähnlich ist, als Fragen des menschlichen Zusammenlebens nicht unter ein starkes Sollen, sondern unter ein schwaches Sollen gestellt werden, das mit der Annahme einer Natur bzw. eines Wesens des Menschen expliziert wird. (Scheler ist hier die Ausnahme, denn er spielt in seiner materialen Wertethik die Idee eines aus unmittelbarer Erkenntnis des Guten folgenden starken Sollens gegen das starke Sollen des Regelbefolgens aller Pflichtethiken aus.) Diese Bestimmung ist freilich sehr allgemein, ebenso allgemein wie der Hinweis auf die gemeinsame Kritik an bestimmten liberalen und utopistischen Perspektiven auf die Ziele des menschlichen Lebens: Alle Autoren eint eine gewisse Skepsis, die mitunter pessimistisch-misanthropische Züge annimmt (Gehlen und Sartre).

Philosophische Anthropologie

Der Autor, der sich am meisten mit dem Glück als Gefühl beschäftigt hat, ist zweifellos *Max Scheler* (1874–1928). In seiner materialen Wertethik (Scheler 1913/1916), die er als Kritik an allen deontologischen Ethiken kantischen Typs entwickelt, kommt dem Glück wesentliche Bedeutung zu. Scheler geht es in seiner materialen Wertethik nicht so sehr darum, zu zeigen, welche Werte die richtigen sind, sondern erst einmal darum, die erkenntnistheoretische Frage zu beantworten, was wir eigentlich tun, wenn wir moralisch urteilen. Die Beantwortung dieser Frage führt Scheler zu einer Theorie der Gefühle (bzw. des Fühlens), denen bestimmte Werte in einer hierarchischen Ordnung korrespondieren. Seine Grundthese lautet, dass moralisches Urteilen keine rein kognitive Verstandesleistung ist, sondern ein Wertfühlen: Das Motiv jeder ethischen Handlung ist nicht eine Orientierung am Richtigen, sondern am

Guten, das nicht durch irgendwelche Schlüsse, sondern unmittelbar erfasst, d.h. erfüllt werden muss. Dieses Fühlen hat immer intentionale und zuständliche (sinnliche) Momente. Je nach Gegenstand bestimmt sich das Verhältnis von sinnlichen und intentionalen Momenten unterschiedlich. Vermöge dieser Unterscheidung lassen sich auch die verschiedenen Formen des Glücks unterscheiden. So gibt es ein rein sinnliches Glück, das wir dem Wohlgeschmack einer Speise verdanken. Aber ebenso gibt es ein Glück, das keine bzw. kaum noch sinnliche Momente hat, z.B. die rein geistige Liebe Gottes.

Gegen Kant und alle Kritiker einer eudaimonistischen Ethik argumentiert Scheler: Die Kritik, die im Streben nach Glück keine ethisch wertvolle Einstellung sieht, verwechselt Glück mit sinnlicher Lust, mit einer Lust an bloß sinnlichen Zuständen, so als ob sich alles Fühlen – einem schlechten Sensualismus zufolge – auf sinnliche Zustände zurückführen lasse. Aristoteles' Begriff der *eudaimonia* (s. Kap. III.2), so Scheler, sei ein ganz anderer gewesen: »Wohl- und Schönbeschaffenheit der Seele« (Scheler 1923, 105). Versteht man Tugend als Pflichterfüllung, dann beraubt man die Tugend ihrer eigentlichen Quelle: der Einsicht bzw. des Erkennens des Guten, das als Gutes an sich erkannt wird.

Das sinnliche Glück ist für Scheler nur eine Form neben vielen anderen Formen des Glücks, deren ethische Bedeutung fundamental ist, denn: Nur der Glückliche handelt gut und nur der gute Mensch ist glücklich. Der Mensch strebt nicht nach Glück und tut deshalb das Gute, weil er glaubt, so glücklich zu werden, sondern: Indem er das Gute tut, wird er selig und glücklich. Die gute Person ist notwendig die glückliche Person, die böse Person notwendig verzweifelt (Scheler 1913/1916, 361 ff.).

Der Anschluss an Aristoteles ist auch in einer anderen Hinsicht deutlich – wenngleich nicht explizit als solcher gekennzeichnet. Schelers Anthropologie und Ethik stehen in der Tradition von Aristoteles' Ethik als einer Theorie des guten Lebens. In seiner Sozialphilosophie (*Wesen und Formen der Sympathie*, 1913/1923) entwickelt Scheler verschiedene Typen menschlicher Begegnung, die verschiedenen Sozialformen entsprechen, nämlich Masse, Gesellschaft und Gemeinschaft. In der Sozialform der Masse gibt es kein Verstehen des Anderen, sondern ein Miteinander nur durch Gefühlsansteckung; in der Gesellschaft ein Verstehen des Anderen ohne Teilnahme an den Gefühlen Anderer; in der Gemeinschaft schließlich Verstehen und Teilnahme an den Gefühlen Anderer. Die Unterscheidung der drei möglichen Sozialformen benennt drei Möglichkeiten menschlicher Begegnung. Jede Vereinseitigung, die zu einem Übergewicht der einen oder anderen Sozialform führt, stellt die menschliche Natur vor Probleme. In einer normativen Perspektive, die an die Lehre von der vernünftigen Mitte (*mesotes*) bei Aristoteles (s. Kap. III.2) erinnert, erklärt Scheler, dass idealerweise ein Ausgleich zwischen den verschiedenen Sozialformen hergestellt werden müsse. Anthropologische und geschichtsphilosophische Perspektiven werden hier zusammengeführt. Der Ausgleich ist nach Scheler einerseits in der menschlichen Natur angelegt, andererseits bezeichnet er ihn als Schicksal und zugleich als Aufgabe seines Zeitalters. Er spricht daher auch von einem »Weltalter des Ausgleichs«, eines Ausgleichs nicht nur zwischen den verschiedenen Formen menschlicher Begegnung, sondern auch zwischen Mann und Frau, Alter und Jugend, zwischen asiatischen Seelentechniken und westlicher Verstandeskultur (Scheler 1928b). Den alle Wesensmöglichkeiten des Menschen in einem Gleichgewicht haltenden Menschen nennt Scheler den »Allmenschen«. Der Allmensch ist derjenige Mensch, der alle positiven Anlagen in sich verwirklicht. Diese Verwirklichung ist Schelers Ideal eines gelungenen Lebens. Schelers Anthropologie hat zweifellos therapeutischen Charakter, aber in einem schwachen Sinn – worauf er selbst explizit hinweist, wenn er sagt, dass »Metaphysik keine Versicherungsanstalt […] für schwache, stützungsbedürftige Menschen« sei (Scheler 1928a, 112).

Eine skeptische Haltung gegenüber allen Utopien, die dem Menschen die Möglichkeit eines widerstandsfreien Lebens und eines auf Dauer gesicherten kollektiven Glücks versprechen, findet sich auch bei *Helmuth Plessner* (1892–1985). Dass die Idee des Paradieses oder eines goldenen Zeitalters für den Menschen so attraktiv ist, gilt ihm als Beweis dafür, dass der menschlichen Natur von Natur aus etwas fehlt: Keiner menschlichen Kultur, so Plessner in seinem systematischen Hauptwerk *Die Stufen des Organischen und der Mensch*, ist es letztlich gelungen, die Offenheit und Unsicherheit der menschlichen Existenz zu überwinden (Plessner 1928, 309). Alle Versuche in diese Richtung müssen notwendig in Terror münden, weil sie sich gegen die Natur des Menschen stellen. Auch bei Plessner findet sich eine normative Idee der menschlichen Natur, die mit dem Gedanken eines idealen Gleichgewichts verbunden ist. In seinem sozialphilosophischen Frühwerk, den *Grenzen*

der Gemeinschaft (1924/1981), unterscheidet er zwischen der Sphäre der Gemeinschaft (der Sphäre der Intimität) und der Sphäre der Gesellschaft (der Sphäre der Öffentlichkeit): Auf der einen Seite haben Menschen das Bedürfnis nach Nähe, auf der anderen Seite das Bedürfnis nach Distanz. Weil sich Menschen verstehen können, weil sie verstehen können, was der andere denkt und fühlt, muss es auch eine Sphäre der Begegnung geben, in der sich Menschen wechselseitig voreinander verbergen können, um ihre Intimsphäre, ihre Würde zu schützen. In einer Welt, in der jeder immer vom Anderen wüsste, was dieser denkt und fühlt, würde sich, so Plessner, Weltraumkälte zwischen den Menschen ausbreiten (Plessner 1924/1981, 107). Ging es Plessner in der aktuellen Situation der 1920er Jahre vornehmlich darum, sich gegen den herrschenden Gemeinschaftskult zu stellen, so argumentierte er der Sache nach für die Idee einer »Mitte geistig-sittlicher Art«, aus der heraus »die Grundmomente gesellschaftlichen Lebens« verständlich würden (41). Es gibt Grenzen der Gemeinschaft, aber auch Grenzen der Gesellschaft. Zu einem gelingenden Leben braucht man beide, weshalb der Mensch stets versuchen sollte, ein Gleichgewicht der beiden Sphären herzustellen.

Aufgabe der Philosophischen Anthropologie ist für Plessner, wie das eben geschilderte Beispiel zeigt, die philosophische Reflexion auf die Grundbedingungen der menschlichen Situation; eine Reflexion, die darauf abzielt schlechten lebensweltlichen Entwicklungen kritisch entgegenzutreten, nicht darauf, den Menschen das große Glück zu versprechen: »Wem das zu wenig ist, und wer von der Anthropologie Anweisungen zum seligen oder auch nur Direktiven für das täglich allzu tägliche Leben erwartet, hat sich in der Adresse geirrt« (Plessner 1975/1985, 328).

Auf den ersten Blick könnte der Eindruck entstehen, *Arnold Gehlen* (1904–1976) führe das Projekt der Philosophischen Anthropologie Schelers und Plessners fort. Bei genauerem Hinsehen zeigt sich jedoch, dass Gehlen ausgesprochen geschickt die von Scheler und Plessner gemachten Vorgaben umdeutet. Im Hinblick auf die Frage nach der Rolle des Glücks in Gehlens Denken zeigt sich dies weniger darin, dass sich Gehlen gegen die für Scheler und Plessner zentrale Idee eines Schichtenaufbaus der Natur wendet, sondern vielmehr in der ganz anders ansetzenden Frage nach den Grundbedingungen der menschlichen Situation. Scheler und Plessner fragen nach den Möglichkeiten eines gelingenden bzw. guten Lebens. Sie versuchen *ex negativo* zu zeigen, was der Verwirklichung der menschlichen Natur förderlich ist.

Ganz anders Gehlen: Der Grundzug seiner Anthropologie (*Der Mensch*, erstmals 1940) ist ein hobbesianischer Pessimismus. Gehlens leitende Frage lautet: Wie kann der Mensch sein Leben sichern, sein Dasein fristen, »seine bare Existenz durchhalten« (Gehlen 1940/1993, 12)? Seine Antwort lautet: Der Mensch ist, wie der Vergleich mit dem Tier zeigt, organisch unspezialisiert, er hat kaum Instinkte und ist nicht an eine bestimmte Umwelt angepasst, in der ihm kein anderes Lebewesen sein Terrain streitig macht. Gehlen deutet die Unspezialisiertheit als Unterprivilegiertheit und nennt den Menschen daher ein *Mängelwesen*. Aus seiner besonderen Situation ergibt sich seine besondere Aufgabe. Der Mensch muss als Mängelwesen die Mängelbedingungen seiner riskanten Existenz eigentätig in Chancen seiner Lebensfristung umgestalten. Weil die menschliche Instinktarmut tendenziell zu Reizüberflutung und haltloser Subjektivität führt, bedarf der Mensch stabiler Institutionen, die ihn *entlasten*, indem sie künstlich die tierische Verhaltenssicherheit wiederherstellen (35 ff.).

Gehlens Anthropologie ist normativ: Der Mensch brauche starke Institutionen. Das Streben nach Glück und die Ideen der Selbstverwirklichung und des guten Lebens sind für Gehlen gefährliche moderne Ideen, die sich ausgehend von ersten ›Dekadenz‹-Erscheinungen in der Antike vor allem seit der Aufklärung immer stärker entwickelt haben und die Entlastungsleistungen der Institutionen gefährden. In seinem Spätwerk *Moral und Hypermoral* (1969) versucht er einen anthropologischen Beitrag zur Ethik zu leisten (vgl. auch Gehlen 1976). Grundannahme ist die Unterscheidung von vier Ethosformen, die nicht aufeinander zurückführbar seien, weshalb Gehlen seine Ethik im Untertitel eine »pluralistische Ethik« nennt. Er unterscheidet: (1) das Prinzip der Gegenseitigkeit, (2) instinktive verhaltensphysiologisch greifbare Regulationen, einschließlich der Ethik des Wohlbefindens und des Glücks (Eudaimonismus), (3) das familienbezogene Verhalten mit seinen historischen Veränderungen bis zum Humanitarismus, (4) das Ethos der Institutionen einschließlich des Staates. Die vier Ethosformen sind zunächst als universale historisch durchlaufende Kategorien zu verstehen. Gehlens eigentliches Anliegen besteht jedoch darin, in historisch-soziologischer Perspektive den Wandel, den die vier Verhaltensregulationen im

Laufe der Geschichte erfahren haben, nachzuzeichnen. Diese Geschichte erweist sich für Gehlen als hochproblematisch, da sich der Humanitarismus, die zur ethischen Pflicht gemachte unterschiedslose Menschenliebe, und der Masseneudaimonismus, d. h. die Ethisierung des Ideals des Wohllebens und das vermeintliche kollektive Recht auf Glück und physisches Wohlergehen, zu einer hypertrophen Moral entwickelt haben, die das Ethos der Institutionen zunehmend aushöhlt. Die notwendige Stabilisierung des Innenlebens ist nicht mehr gewährleistet, die innersoziale Reizbarkeit nimmt zu und eine übersteigerte Subjektivität führt zu Anspruchsdenken ohne Verpflichtung gegenüber Anderen, weil die zur allgemeinen Pflicht gemachte Menschenliebe den Einzelnen überfordert und ihn keine Institution mehr entlastet.

Gehlen interessiert sich für Fragen der individuellen Lebensführung also nur insoweit, als es darum geht, Subjektivierung und Individualisierung entgegenzuwirken und eine Stabilisierung des Innenlebens durch funktionierende Institutionen zu gewährleisten. Für die Lebensführung bedeutet das einen klaren Primat der unbedingten Forderung nach Pflichterfüllung, um die Stabilität menschlicher Beziehungen zu gewährleisten: »Sich von den Institutionen konsumieren zu lassen gibt einen Weg zur Würde für jedermann frei, und wer seine Pflicht tut, hat ein Motiv, das von jedem anderen her unbestreitbar ist« (Gehlen 1969, 75).

Existenzialismus

Es ist nicht leicht, dem weiten Begriff Existenzialismus eine Bestimmung zu geben, bei der die Gemeinsamkeiten von Heidegger, Sartre und Camus herausgestellt werden und dennoch ein Unterschied zu anderen philosophischen Strömungen deutlich wird: Wie der Philosophischen Anthropologie geht es dem Existenzialismus um eine Philosophie der menschlichen Situation, d. h. um Selbstverständigung in Fragen der Lebensführung; das gilt auch für Heideggers Fundamentalontologie. Dennoch gibt es Unterschiede: Wesentlich für den Existanzialismus ist der Ausgang von der konkreten individuellen Subjektivität und – damit unmittelbar zusammenhängend – die Annahme, das menschliche Wesen bestehe in einer prinzipiellen Offenheit; der Mensch mache sich durch Selbstentwurf, durch eine Wahl, eine Entscheidung erst zu dem, was er ist. Die Idee eines glücklichen, guten oder gelingenden Lebens transformiert der Existenzialismus in die Idee eines authentischen Lebens. Das Leben mag absurd sein (Camus), voller Ekel (Sartre) oder voller Angst (Heidegger, Sartre): Normative Maßstäbe sind Authentizität oder Eigentlichkeit bzw. – negativ gewendet – Uneigentlichkeit und Entfremdung.

Der Ausgang von der konkreten menschlichen Situation führt bei *Martin Heidegger* (1889–1976) zu der These, dass der Mensch immer schon irgendwie ›gestimmt‹ ist. Der Mensch lebt immer schon in einer Welt mit Anderen, in einer von Anderen geprägten Atmosphäre, d. h. er ist zunächst verfallen an das *Man*, das Mitdasein der Anderen und die besorgte Welt. Verfallenheit an das *Man* bedeutet: Das Dasein, d. h. das Seiende, das ich je selbst bin, lebt die Befindlichkeit der Anderen mit, fühlt und sieht, was die Anderen sehen. Erst durch die Angst offenbart sich das Sein zum eigensten Seinkönnen, befreit es sich aus seiner Uneigentlichkeit – wie es in *Sein und Zeit* (1927) heißt – zum Freisein »für die Freiheit des Sich-selbst-wählens«. Die Angst hat eine fundamentale welterschließende Funktion, »weil sie vereinzelt« und durch die Vereinzelung dem Menschen Eigentlichkeit und Uneigentlichkeit als Möglichkeiten seines Seins deutlich macht (Heidegger 1927/1986, 188 ff.). Uneigentlichkeit, d. h. Verfallenheit an das Man, und Eigentlichkeit sind normative Kategorien: Es gilt die Verlorenheit in das Man zu überwinden. Die Überwindung des Man, d. h. der Schritt zum eigentlichen Selbstsein muss durch das Nachholen einer Wahl erreicht werden: »Im Wählen der Wahl *ermöglicht* sich das Dasein allererst sein eigentliches Seinkönnen« (268). Die Überwindung des Man läuft nicht auf einen heroischen Individualismus hinaus, sondern ist Bedingung für einen sorgenden Umgang mit den Anderen als Anderen. In seiner Entschlossenheit wird das Dasein nicht zu einem freischwebenden Ich, sondern es zeigt sich die Möglichkeit eines In-der-Welt-Seins, in dem das Dasein fürsorgend mit Anderen ist.

Heideggers Antwort auf die Frage nach dem gelingenden Leben ist beklemmend, da die Angst das eine bestimmende Gefühl ist, das allein die Uneigentlichkeit zu überwinden in der Lage ist. Hier setzte denn auch häufig Kritik an. Otto Friedrich Bollnow argumentierte, dass Heidegger seine Idee, das menschliche Weltverhältnis sei ursprünglich durch Stimmungen getragen, einseitig auf die eine Stimmung Angst eingeengt habe. Eine Verengung, die erst wieder aufgelöst werden müsse: Aufgrund der vereinsamenden Effekte der Angst, so vermutet Bollnow, könne eine

Begegnung mit dem Anderen nämlich gar nicht mehr stattfinden. Plausibler erscheine hingegen die Annahme, die Erschließung der Sphäre der Intersubjektivität werde nicht durch die Angst, sondern durch glückliche Stimmungen geleistet: »Alle tragenden Lebensbezüge im allgemeinen und alle Gemeinschaftsbezüge im besonderen erschließen sich dem Menschen allein durch das Medium der glücklichen Stimmung« (Bollnow 1941/1943, 86; s. Kap. II.2).

Jean-Paul Sartre (1905–1980) schließt in mancherlei Hinsicht an Heidegger an. Auch bei ihm findet sich eine starke Betonung der Angst. Sartre geht von einer existenziellen Einsamkeit aus, die dem Menschen deutlich macht, dass er verurteilt ist, frei zu sein. Stärker noch als Heidegger betont er den Entwurfscharakter der menschlichen Existenz: Der Mensch existiert nur in dem Maße, in dem er sich selbst verwirklicht bzw. sich selbst erfindet (Sartre 1945/1994, 125, 130). Die immer wieder geäußerte Behauptung, der Mensch sei nicht definierbar, weil er zunächst nichts sei und sich erst schaffen müsse, steht wie bei Heidegger in einer gewissen Spannung mit den konkreten Analysen. Auch bei Sartre bestimmen vorwiegend negative Gefühle die menschliche Situation: In *Das Sein und das Nichts* (1943) ist es das Gefühl der Scham, das den Eintritt in die Sphäre der Anderen ermöglicht, indem ich durch den Blick der Anderen beschämt werde. Die Begegnung mit den Anderen wird so beschrieben, dass ein gelingendes Leben nur in Distanz zu den Anderen möglich scheint: »Das Faktum des Anderen ist unbestreitbar und trifft mich mitten ins Herz. Ich realisiere es durch das Unbehagen« (Sartre 1943/1994, 494). Sollte das Wesen des Menschen so offen sein, wie Heidegger und Sartre behaupten, dann sind vielleicht Angst und Scham nicht die einzigen Gefühle, die welterschließende Funktion haben.

Bei *Albert Camus* (1913–1960) liegt schließlich ein anderer, ganz eigener Existenzialismus vor, was sich v. a. in seiner Bewertung und Thematisierung des Glücks in der Analyse des berühmten Mythos von Sisyphos zeigt. Sisyphos kehrte von den Toten aus der Unterwelt zurück. Er hatte seiner Frau befohlen, seinen Leichnam unbestattet auf den Marktplatz zu werfen. Diese handelte, wie ihr befohlen, was Sisyphos so sehr erzürnte, dass er die Erlaubnis erbat, auf die Erde zurückzukehren. Da ihm das Leben so gut gefiel, wollte er nicht mehr zurück. Die Götter zürnten, Merkur brachte ihn zurück. Der Preis für seinen Lebenswillen und seinen Ungehorsam ist die bekannte Strafe: Sisyphos müht sich an seinem Felsblock ab, ohne etwas zu vollenden. Sein Schicksal ist tragisch, weil ihm sein Tun bewusst ist. Worin bestünde seine Strafe, wenn Hoffnung auf Erfolg berechtigt wäre? Er kennt sein Schicksal, aber es gibt kein Schicksal, das nicht durch Verachtung überwunden werden könnte. Camus sieht hier einen Ausweg, denn wenn der Mensch sein Schicksal erkennt und selbst in die Hand nimmt, dann kann der Schmerz auch von Freude begleitet sein: »Man entdeckt das Absurde nicht, ohne in Versuchung zu geraten, irgendein Handbuch des Glücks zu schreiben. […] Glück und Absurdität sind Kinder ein und derselben Erde. Sie sind untrennbar. Ein Irrtum wäre es, wollte man behaupten, daß das Glück zwangsläufig der Entdeckung des Absurden entspringe. Ebenso kommt es vor, daß das Gefühl des Absurden dem Glück entspringt. […] Wir müssen uns Sisyphos als einen glücklichen Menschen vorstellen« (Camus 1942/1999, 158 ff.; s. Kap. II.1).

Literatur

Bollnow, Otto Friedrich: Das Wesen der Stimmungen [1941]. Frankfurt a. M. ²1943.

Camus, Albert: Der Mythos des Sisyphos [1942]. Frankfurt a. M. 1999.

Gehlen, Arnold: Der Mensch. Seine Natur und seine Stellung in der Welt [1940]. Gesamtausgabe. Bd. 3. Frankfurt a. M. 1993.

–: Moral und Hypermoral. Eine pluralistische Ethik. Frankfurt a. M. 1969.

–: Das entflohene Glück. Deutung der Nostalgie. In: Friedrich Georg Jünger u. a.: Was ist Glück? Ein Symposion. München 1976, 26–39.

Heidegger, Martin: Sein und Zeit [1927]. Tübingen 1986.

King, Matthew: Heidegger and Happiness: Dwelling on Fitting and Being. London 2009.

Lepenies, Wolf: Melancholisches Klima und anthropologische Reduktion – Die Philosophie Arnold Gehlens. In: Ders.: Melancholie und Gesellschaft. Frankfurt a. M. 1969, 232–256.

Plessner, Helmuth: Grenzen der Gemeinschaft. Eine Kritik des sozialen Radikalismus [1924]. In: Ders.: Gesammelte Schriften. Bd. V. Frankfurt a. M. 1981, 7–133.

–: Die Stufen des Organischen und der Mensch. Einleitung in die philosophische Anthropologie. Berlin/ Leipzig 1928.

–: Selbstdarstellung [1975]. In: Ders.: Schriften zur Soziologie und Sozialphilosophie. Gesammelte Schriften. Bd. X. Frankfurt a. M. 1985, 302–341.

Rehberg, Karl-Siegbert: Die Angst vor dem Glück. Anthropologische Motive. In: Alfred Bellebaum/Karl Barheier (Hg.): Glücksvorstellungen. Ein Rückgriff in die Geschichte der Soziologie. Opladen 1997, 153–173.

Sartre, Jean-Paul: Das Sein und das Nichts. Versuch einer phänomenologischen Ontologie [1943]. Reinbek 1994.

–: Der Existenzialismus ist ein Humanismus [1945]. In: Ders.: Gesammelte Werke. Philosophische Schriften I. Reinbek 1994, 117–155.

Scheler, Max: Der Formalismus in der Ethik und die materiale Wertethik. Neuer Versuch der Grundlegung eines ethischen Personalismus. Halle a.d.S. 1913/ 1916.

–: Wesen und Formen der Sympathie [1913]. Bonn ²1923.

–: Vom Verrat der Freude. In: Ders.: Schriften zur Soziologie und Weltanschauungslehre I. Moralia. Leipzig 1923, 104–109.

–: Die Stellung des Menschen im Kosmos [1927]. Darmstadt 1928a.

–: Der Mensch im Weltalter des Ausgleichs. Berlin-Grunewald 1928b.

Matthias Schloßberger

6. Glück in der Psychoanalyse. Wider das Unglück in der Kultur

Sigmund Freud begründete die Wissenschaft vom Unbewussten (1) als eine Methode zur Untersuchung und Deutung unbewusster psychischer Vorgänge, die der Introspektion nicht unmittelbar oder prinzipiell nicht zugänglich sind; (2) als Grundlage für ein Verfahren zur Heilung neurotischer Erkrankungen; (3) als eine metapsychologische Theorie der Genese und Struktur der menschlichen Persönlichkeit; erwartete von ihr aber auch (4) Beiträge zu einer geisteswissenschaftlichen Gesellschafts- und Kulturtheorie (vgl. Freud 1923/1999). Obwohl das auf Freud zurückgehende Vokabular der Psychoanalyse in seiner technischen Färbung und nüchternen Metaphorik dem alltäglichen Selbstverständnis weitgehend fremd bleibt, bildet es doch die Grundlage für eine Praxis methodisch-kritischer humaner Selbsterkenntnis.

Entsprechend taucht der Begriff des Glücks in Freuds Œuvre zwar nur selten auf, nichtsdestoweniger steht diese Thematik implizit im Zentrum der psychoanalytischen Forschung, die den Schlüssel zum Verständnis von Träumen, Fehlleistungen und Symptomen in der entstellten Wiederkehr verdrängter *Wunschvorstellungen* sieht. 1899 schreibt Freud: »Glück gibt es nur als Erfüllung eines Kinderwunsches« (Freud 1962, 242), doch erst viel später wendet er sich in seinem kulturkritischen Essay *Das Unbehagen in der Kultur* ausdrücklich dem Glück und den verschiedenen »Lebenstechnik[en]« (im Sinne von Lebenskunst) zu, mit denen Menschen es erstreben (1930/1999, 443). Der Begriff des Glücks wird dort in Anlehnung an die aristotelische Ethik als Zweck und Absicht des menschlichen Lebens verstanden: Die Menschen »streben nach dem Glück, sie wollen glücklich werden und so bleiben« (433). Dieser gewöhnliche Sprachgebrauch wird allerdings in die psychoanalytische Terminologie überführt, und das ›Glücksstreben‹ reduziert auf »das Programm des Lustprinzips, das den Lebenszweck setzt« (343). Glück ist folglich nur ein anderes Wort für Wunscherfüllung oder libidinöse Triebbefriedigung (vgl. 437). Indem die Psychoanalyse die metapsychologischen Grundlagen und Bedingungen des Glücksempfindens erklärt, will sie sich von philosophischen und religiösen Weltanschauungen emanzipieren.

(Obgleich nach Freuds eigenem Bekunden gerade Arthur Schopenhauers Lehre vom unbewussten Willen und seine Hervorhebung der Rolle der Sexualität psychoanalytische Konzepte teilweise vorweggenommen haben.)

Glück gilt in engerem Sinn als episodisches Erleben starker Lustgefühle (vgl. 434). Da die Fähigkeit, überhaupt Glück und Lust empfinden zu können, beschädigt sein kann, besteht der Zweck der Therapie in der Wiederherstellung der Leistungs- und Genussfähigkeit (vgl. 1923/1999, 226). Illusionäre Erwartungen an die therapeutische Technik seien nicht angebracht; realistisch betrachtet kann und will die psychoanalytische Behandlung zwanghaftes, neurotisches Leiden in ›normales‹ und damit *bewältigbares* Unglück umwandeln.

Metapsychologie der Psychogenese

Freud zufolge wird das psychische Geschehen von zwei Prinzipien beherrscht: dem Lust- und dem Realitätsprinzip. Beide sollen dem Organismus Lusterlebnisse verschaffen und Unlust vermeiden. Dafür bezwecken sie als positives Ziel Luststeigerung und als negatives Leidabwehr. Der psychische Apparat wird durch beide Prinzipien zum Teil unbewusst reguliert, indem unlustvolle libidinöse Spannungen des Triebhaushalts abgeführt oder vermieden werden. Als prinzipielles Ziel nimmt dieses ökonomische Modell an, dass die quantitativ vorgestellte Erregung des Organismus auf einem möglichst niedrigen oder zumindest konstanten energetischen Niveau gehalten werden soll.

Zu Beginn der Ontogenese bestimmt dieser Theorie zufolge das *Lustprinzip* das psychische Geschehen. Das frühkindliche Ich geht völlig in seinen Wünschen und Fantasien auf und strebt nach unbedingtem und unmittelbarem Lustgewinn und ebensolcher Unlustvermeidung. Mit der im Fortgang der Individualentwicklung bewusster erfahrenen Gegenüberstellung von Ich und Außenwelt wird die Alleinherrschaft des Lustprinzips durch das *Realitätsprinzip* modifiziert. Die Befriedigung der Triebbedürfnisse geschieht zunehmend nicht mehr auf kürzestem Wege, sondern passt sich den Bedingungen der Außenwelt und den Ansprüchen der sozialen Umwelt an. Zwar behält das Lustprinzip auch weiterhin seine Geltung, doch muss das Ich lernen, für seine Befriedigung Kompromisse einzugehen: Begehren muss abgewandelt oder zurückgestellt und die Befriedigung einiger Bedürfnisse aufgeschoben oder auf passend gewählte Triebziele und -objekte umgelenkt werden; auf die Erfüllung einiger Wünsche muss ganz verzichtet werden. (Dies ist bereits der Fall, wenn ein geliebtes Objekt Liebe nicht erwidert.) Die libidinöse Energie, die anfangs als frei und beweglich vorgestellt wird und nach schnellstmöglicher Abfuhr verlangt, wird durch das Realitätsprinzip *gebunden*, die Abfuhr wird aufgehalten und kontrolliert. Damit einher geht eine zunehmende Differenzierung des psychischen Apparats in drei Instanzen, welche die zum Teil verdrängten Triebregungen (»Es«), die bewusste Orientierung und Handlung in der Außenwelt (»Ich«) und das moralische Gewissen (»Über-Ich«) repräsentieren. Diese Instanzen werden entsprechend dem sogenannten ›zweiten topischen Modell‹ als ineinander übergehend verstanden, wobei sie alle partiell un- oder vorbewusst bleiben können. Gelingt dem Ich kein Ausgleich zwischen den Triebansprüchen des Es und den Forderungen von Über-Ich und Außenwelt, droht eine neurotische Erkrankung.

Hinsichtlich der lebensweltlichen Praxis beschreibt dieses metapsychologische Konzept die Entwicklung der Persönlichkeit vom Säugling zum Erwachsenen. Das Kind, das anfänglich in einer ›symbiotischen‹ Beziehung zur Mutter lebt, wird mit dem Spracherwerb, durch die elterliche Erziehung und später durch den Umgang mit anderen Menschen mit normativen Anforderungen konfrontiert, denen es auf verschiedene Weise entsprechen muss. Diese Kulturleistung muss in jeder psychogenetischen Entwicklung bewältigt werden. Sie verlangt den Austritt aus der symbiotischen Einheit, die Verarbeitung des ödipalen Konflikts – d.i. die Gesamtheit der ambivalenten Liebeswünsche und feindseligen Tendenzen, die das Kind gegenüber seinen Eltern empfindet – und das Erlernen von Triebverzicht und Verantwortung. Die frühen erotischen Wünsche gegenüber den (elterlichen) Primärobjekten und die später erfolgreiche libidinöse Besetzung eines Sekundärobjekts sind entscheidend für das individuelle Triebschicksal. Die spätere Objektwahl ist zum Einen bestimmt durch die *konservative Tendenz* der Triebe, wobei pathologisch regressives Verhalten frühkindliche Konflikte reproduzieren und zu einem unbewussten Wiederholungszwang führen kann. Zum Anderen erlaubt die *Plastizität* der Triebe, eine libidinöse Besetzung auch jenseits von regressiver Fixiertheit aufzubauen.

Während der Adoleszenz werden die Anforderungen der Realität durch die gesellschaftliche Praxis und deren Institutionen verstärkt. Das anfänglich in jedem Menschen angelegte bisexuelle Interesse wird durch Normen und Verbote der Sexualerziehung und Sexualmoral beschränkt und muss unter diesen Bedingungen nach Möglichkeiten der Befriedigung suchen. Einerseits findet für Freud diese Entwicklung ihren Abschluss in der Ausprägung der genitalen Sexualität und der Wahl einer geeigneten Objektbesetzung, gemeinhin in der monogamen, heterosexuellen Paarbeziehung. Andererseits weist er bereits früh darauf hin, dass die Gegenüberstellung einer an Fortpflanzung orientierten, ›natürlichen‹ und ›normalen‹ Heterosexualität und einer ›perversen‹, ›degenerierten‹ Homosexualität ein ungerechtes und repressives moralisches Konstrukt ist, das aus medizinischer Sicht destruiert und kritisiert werden muss (vgl. 1905/1999, 33–72). So ergibt sich als Ziel der geglückten Sozialisation (bzw. der therapeutischen Nacherziehung) ein selbstbestimmtes Verhältnis zum eigenen Begehren und damit die Emanzipation zur Autonomie, die als Überwindung infantiler Allmachtsfantasien zu verstehen ist und die Grenzen möglicher Selbsterkenntnis reflektiert.

Leidabwehr und Trauerarbeit

Zwar sei es »das Programm des Lustprinzips, das den Lebenszweck setzt«, dieses befinde sich jedoch »im Hader mit der ganzen Welt, mit dem Makrokosmos ebensowohl wie mit dem Mikrokosmos. Es ist überhaupt nicht durchführbar, alle Einrichtungen des Alls widerstreben ihm; [...] die Absicht, daß der Mensch ›glücklich‹ sei, ist im Plan der ›Schöpfung‹ nicht enthalten« (1930/1999, 434). Daraus spricht kein Kulturpessimismus, sondern das psychoanalytische Programm der anti-idealistischen Desillusionierung und damit einhergehenden »Kränkung« (1917/1999, 7) des menschlichen Narzissmus. Mit der Konzentration auf die Leidabwehr erlangen Aspekte der Endlichkeit und Unverfügbarkeit gemeinsam mit gesellschaftlich tabuisierten und verdrängten Themen der menschlichen Existenz eine entscheidende Bedeutung. Es offenbart sich die irreduzible Bedeutung der negativen Aspekte des menschlichen Daseins für ein gelingendes Leben.

Freud zufolge ist der Mensch zahlreichen Bedrohungen und Quellen der Unlust und des Leids ausgesetzt: Leiden droht »vom eigenen Körper her, der, zu Verfall und Auflösung bestimmt, sogar Schmerz und Angst als Warnsignale nicht entbehren kann, von der Außenwelt, die mit übermächtigen, unerbittlichen, zerstörenden Kräften gegen uns wüten kann, und endlich aus den Beziehungen zu anderen Menschen« (1930/1999, 434). Ein Erfolg versprechendes Streben nach Glück und Genuss wird überhaupt erst durch die *Anerkennung* dieser Leidensquellen möglich. Von dieser Erkenntnis geht konsequenterweise keine lähmende Wirkung aus, sie ist vielmehr konstitutiv für eine authentische Orientierungspraxis (vgl. 444). Neben dem Streben nach Luststeigerung und der Unlustvermeidung gewinnt damit die *Verarbeitung* von erfahrbarem und erfahrenem Leid an Bedeutsamkeit. Paradigmatisch zeigt Freud dies anhand der »Trauerarbeit« (vgl. 1916/1999, 429–431), die nach dem Verlust eines geliebten Objekts die Beziehung zur Außenwelt wieder herstellen soll. Mit dieser Hervorhebung der oft unterschätzten, tatsächlich jedoch konstitutiven sozialen Bedingtheit menschlichen Daseins eröffnet Freud eine Perspektive auf die Konstruktion von Normalität, die für Sozialpsychologie und -wissenschaften von bleibender Bedeutung ist.

Kulturverzicht und Sublimierung

Die kulturellen Lebensbedingungen und die normativen Forderungen, sexuelle und aggressive Triebäußerungen zu unterdrücken, verursachen das von Freud so genannte »Unbehagen in der Kultur«. Freud hatte ursprünglich erwogen, seinen Essay »Das Unglück in der Kultur« zu nennen (Gay 1989, 611). Der überarbeitete Titel spricht dafür, dass die Kultur gerade nicht als Ort der Verunmöglichung von Glück und Verhinderung von Triebbedürfnissen gedacht wird. Kultur ist vielmehr die Bedingung der Möglichkeit eines gesicherten, dafür gemäßigten und vermittelten Glücksanspruchs. Kultur steht im Dienste der Leidvermeidung als »die ganze Summe der Leistungen und Einrichtungen [...], in denen sich unser Leben von dem unserer tierischen Ahnen entfernt und die zwei Zwecken dienen: dem Schutz des Menschen gegen die Natur und der Regelung der Beziehungen der Menschen untereinander« (Freud 1930/1999, 449).

Die geschlechtliche Liebe vermittelt nach Freud »die stärkste Erfahrung einer überwältigenden Lustempfindung« und wird so zum »Vorbild für unser Glücksstreben« (441). Gleichzeitig sind wir als Liebende hilflos und ungeschützt dem möglichen Verlust des geliebten Menschen ausgesetzt. Zudem ist die Sexualität traditionell weitreichenden Einschränkungen durch Tabuisierungen, Gesetze und die ›guten Sitten‹ unterworfen. Um überhaupt »Glücksbefriedigung« (460) erfahren zu können, wird »Kulturversagung« (457) in Form von Triebaufschub und -verzicht zur notwendigen Bedingung. Es ist jedoch auch möglich, gewissermaßen Kulturarbeit zu leisten: Künstlerische, wissenschaftliche und intellektuelle Tätigkeiten und ästhetischer Genuss ermöglichen sublimierten Lustgewinn. Aber diese höheren und feineren Befriedigungserlebnisse treffen auf Grenzen, denn »ihre Intensität ist im Vergleich mit der aus der Sättigung grober, primitiver Triebregungen gedämpft; sie erschüttern nicht unsere Leiblichkeit« (438).

Es ist zwar ein grundsätzliches Merkmal jeder Kultur, dass »ein Stück Glücksmöglichkeit für ein Stück Sicherheit eingetauscht« (474) wird, jedoch steigert eine lustfeindliche Sexualmoral das Unbehagen in und an der Kultur. Weil die Gewissensinstanz des Über-Ichs sämtliche seelischen Regungen überwacht und schon die bloße Wunschvorstellung mit Schuldgefühlen straft, können selbst erfolgreich unterdrückte Triebwünsche ein andauerndes ›schlechtes Gewissen‹ verursachen. Die überstrenge Sexualmoral schlägt so in eine Pathologie der Moral um. Derart repressive Sexualmoral führt nach Freud zu Beschädigungen, wie der ›Flucht‹ in die Neurose, in den religiösen Wahn oder zur chronischen Intoxikation und befördere eine gesellschaftliche Doppelmoral. Mit seiner Kultur- und Moralkritik fordert Freud deshalb eine Reform der ›kulturellen‹ Sexualmoral (vgl. 1908/1999, 167; Vollmann 2010).

Maßvolles Glück

Auf der Grundlage der psychoanalytischen Triebtheorie schließt Freud: »Das Glück in jenem ermäßigten Sinn, in dem es als möglich erkannt wird, ist ein Problem der individuellen Libidoökonomie. Es gibt hier keinen Rat, der für alle taugt« (1930/1999, 442). Daran scheitern die vielfältigen Versuche überkommener philosophisch, weltanschaulich oder religiös fundierter Lebenskunstlehren, denen Freud als »Schulen der Lebensweisheit« (435) vorwirft, zur unangemessenen Verallgemeinerung entweder des positiven oder negativen Glückszieles zu neigen. Die Rücksichtslosigkeit des radikalen Hedonismus ist ebenso einseitig und unrealisierbar, wie das »Glück der Ruhe« (437), das die asketische Isolation verspricht. Ähnlich beurteilt Freud die Religion, die er zum lebensfeindlichen »Massenwahn« erklärt, der zwar »vielen Menschen die individuelle Neurose«

(444) erspare, als gegenaufklärische Denkhemmung jedoch einen »psychischen Infantilismus« (443) produziere.

Freuds Kulturkritik wendet sich strikt gegen eine Ablehnung der Kultur. Sie bezweckt vielmehr Aufklärung über die Entstehungsbedingungen des weitverbreiteten Kulturpessimismus und der Kulturfeindschaft, die Freud (zwischen zwei Weltkriegen) zum drängendsten Problem zivilisierter Gesellschaften erklärt (vgl. 457). Die Vorstellung, außerhalb der Kultur sei ein größeres Maß an Glücksbefriedigung zu erreichen, entlarvt er als Regression auf die Stufe bloßer animalischer Sexualität, die das kulturelle Wesen des Menschen missversteht. Freud erkennt die Schicksalsfrage der Menschheit darin, ob es gelingt, »einen zweckmäßigen, d.h. beglückenden Ausgleich zwischen [den] individuellen und kulturellen Massenansprüchen zu finden, […] ob dieser Ausgleich durch eine bestimmte Gestaltung der Kultur erreichbar oder ob der Konflikt unversöhnlich ist« (456), dabei kann »Auflehnung gegen eine bestehende Ungerechtigkeit […] einer weiteren Entwicklung der Kultur günstig werden« (455). Auch wenn das Programm des Lustprinzips innerhalb der kulturellen Sphäre niemals unbedingt und unvermittelt realisierbar ist, sollen und können Menschen das Streben nach Glück und einer gerechten Gesellschaft keinesfalls aufgeben.

Freud-Rezeption

Mit dem Ziel einer Politisierung der Psychoanalyse erklärt der Freud-Schüler Wilhelm Reich die ›orgastische Potenz‹ befreiter Sexualität zum Kriterium für psychische Gesundheit (vgl. Reich 1927/1987). Als Begründer des Freudomarxismus forderte er, neben der individuellen Therapie die gesellschaftlichen Entstehungsbedingungen zu revolutionieren, um Massenneurosen und sexueller Unterdrückung vorzubeugen. Auch Herbert Marcuse verstärkte im Umfeld der Kritischen Theorie (s. Kap. VI.7) die bei Freud noch unspezifischen sozialkritischen Forderungen. Er kennzeichnet das »Leistungsprinzip« (Marcuse 1955/1971, 40) als konkrete historische Ausprägung des Realitätsprinzips unter den Bedingungen kapitalistischer Ökonomie. Im Gegenzug entwirft er die Konzeption einer libidinösen Moral, die jenseits von Konsumismus, ideologischer Manipulation, repressiver Entsublimierung und allumfassender Herrschaft eine Kultur der Triebbefreiung und der sozialen Arbeit ermöglichen soll (vgl. 154).

In den ebenfalls gesellschaftskritischen und ethischen Arbeiten Erich Fromms (vgl. 1947/1954) sieht Marcuse eine revisionistische und idealistische Verflachung der Psychoanalyse, die in einen ethischen Konformismus münde. Jacques Lacan kritisiert im Vollzug seiner ›Rückkehr‹ zu Freuds Werken die ichpsychologischen Verkürzungen besonders der amerikanischen nach-freudschen Psychoanalyse. Gegen konformistische Glücksvorstellungen entwirft er eine Ethik des Mangels und unternimmt eine Rehabilitation des subjektiven Begehrens (vgl. Lacan 1973/1996, 289). Auch Gilles Deleuze und Félix Guattari stehen mit ihrem *Anti-Ödipus* (1972/1997) in der subversiven Nachfolge Freuds, wenn sie innerhalb der kapitalistischen Gesellschaft die anarchisch-vitale Pluralität des Begehrens der Ordnung des Grundes und der Identität unterworfen sehen (s. Kap. VI.8). Dagegen erblicken sie in der Schizophrenie das Bild eines möglichen revolutionären Bewusstseins, das diesen Zurichtungen mittels akategorialer und polymorpher Wunschproduktionen entgeht.

Literatur

Deleuze, Gilles/Guattari, Félix: Anti-Ödipus. Kapitalismus und Schizophrenie I [1972]. Frankfurt a.M. ⁸1997.

Freud, Sigmund: Drei Abhandlungen zur Sexualtheorie [1905]. In: Ders.: Gesammelte Werke [GW]. 18 Bde. Frankfurt a.M. 1999, Bd. V, 29–145.

–: Die »kulturelle« Sexualmoral und die moderne Nervosität [1908]. In: GW VII, 143–167.

–: Trauer und Melancholie [1916]. In: GW X, 428–446.

–: Eine Schwierigkeit der Psychoanalyse [1917]. In: GW XII, 3–12.

–: »Psychoanalyse« und »Libidotheorie« [1923]. In: GW XIII, 211–233.

–: Das Unbehagen in der Kultur [1930]. In: GW XIV, 421–506.

–: Aus den Anfängen der Psychoanalyse. Briefe an Wilhelm Fließ. Abhandlungen und Notizen aus den Jahren 1887–1902. Frankfurt a.M. ²1962.

Fromm, Erich: Psychoanalyse und Ethik. Bausteine zu einer humanistischen Charakterologie [1947]. Stuttgart/Konstanz 1954.

Gay, Peter: Freud. Eine Biographie für unsere Zeit (engl. 1988). Frankfurt a.M. 1989.

Lacan, Jacques: Das Seminar von Jacques Lacan. Buch XI (1964): Die vier Grundbegriffe der Psychoanalyse [1973]. Weinheim/Berlin ⁴1996.

Marcuse, Herbert: Triebstruktur und Gesellschaft. Ein

philosophischer Beitrag zu Sigmund Freud [1955].
Frankfurt a.M. 1971.

Reich, Wilhelm: Die Funktion des Orgasmus. Sexual-
ökonomische Grundprobleme der biologischen Energie [1927]. Köln 1987.

Vollmann, Morris: Freud gegen Kant? Moralkritik der
Psychoanalyse und praktische Vernunft. Bielefeld
2010.

Zwiebel, Ralf: Freud und das Glück. Eine psychoanalytische Perspektive. In: Timo Hoyer (Hg.): Vom Glück
und glücklichen Leben. Sozial- und geisteswissenschaftliche Zugänge. Göttingen 2007, 15–36.

Morris Vollmann

7. Glück in der Kritischen Theorie. Befreite Individualität und ihre Hindernisse

Das Label ›Kritische Theorie‹ bezeichnet Denkan-
sätze, die im Rahmen der sog. Frankfurter Schule
entstanden sind. Darunter wiederum werden die
Philosophen Max Horkheimer (1895–1973) und
Theodor W. Adorno (1903–1969) sowie ein wech-
selndes Umfeld weiterer Autoren gefasst, auf die
noch zu kommen ist. Diese Gruppe hat von 1931,
dem Antritt Horkheimers als Direktor des Instituts
für Sozialforschung, bis in die 1970er Jahre pronon-
cierte Thesen vertreten, die noch heute bedeutsam
sind (Honneth u.a. 2006). Ihr Bezug auf das Glück
hat einen pragmatischen Aspekt, der zuerst benannt
wird; ein Problem, das anschließend und eine origi-
nelle Mischung positiver Glücksvorstellungen, die
abschließend behandelt werden.

Das Glück des Kritischen Theoretikers

Wenn die Kritische Theorie hier mit einem eigenen
Eintrag firmiert, so hat das erst in zweiter Linie mit
ihren spezifischen Glücksideen zu tun. Denn solche
wurde von ihr selten explizit erarbeitet – und streng
genommen gab es viele dieser Theorien schon zuvor
(die wichtigsten Quellen sind Nietzsche, Freud, Marx
und Max Weber). Die emotionale Bedeutung hingegen, die sie für viele Menschen noch immer hat –
und das verleiht Texten über sie oft einen bekennt-
nishaften Charakter –, kann erst ermessen, wer das
›Beglückende‹ an der Kritischen Theorie *selbst* berücksichtigt. Mehreres gilt es hier zu nennen:

Zunächst war es ein Glück für die frühe Bundesrepublik, dass mit dem 1950 neu gegründeten Institut
für Sozialforschung (es war ursprünglich 1922 gegründet, 1933 aber von der Gestapo aufgelöst worden) wenigstens ein kleines Stück der reichhaltigen
linksintellektuellen und in vielen Fällen deutsch-jü-
dischen Kultur tradiert werden konnte, die es in der
Weimarer Republik gegeben hatte (Albrecht 1999).
Dieses Glück ist im Sinne eines unverdienten Ge-
schenks an eine Gemeinschaft zu verstehen. Doch
gab es bei dieser Theorie auch individuell gefühlte
Glücksdimensionen. Um sie heute zu sehen, muss
man sich die Bedeutung, die eine *Begegnung* mit der

Neuauflage der Kritischen Theorie gehabt haben muss, wissenssoziologisch zurückerschließen. Schon die Umstände eines Studiums, das in den 1960er Jahren immer mehr Menschen möglich wurde, waren emotional sicher positiv besetzt – weil es damals noch gesellschaftlichen Aufstieg verhieß und vielen durch die Abnabelung vom Elternhaus, das in den 1950er und 1960er Jahre oft noch arg rigide war, neue Freiheiten ermöglichte. Diese Abnabelung ging in jener Zeit über das Familiäre hinaus, sie überlagerte sich mit den Generationskonflikten hinsichtlich der kulturellen Verarbeitung des Nationalsozialismus (Albrecht 1999, 523). Es verschaffte nun Bestätigung, wenn sich diese Abnabelung in den Inhalten des Studiums wiederfand: Die beklagte Ortlosigkeit des Intellektuellen in der »verwalteten Welt« entsprach in gewisser Weise der lebensabschnittstypischen Nichtfestgelegtheit des Studenten, die Betonung auf »Mündigkeit« und der »emanzipierten Gesellschaft« (Adorno GS 4, 178) entsprach dem Selbstbehauptungswillen der neuen Generation (ähnlich wie der Zynismus Luhmanns und Foucaults der Gemütslage folgender Generationen entsprochen haben muss). Diese Art von Glück könnte man als Erfahrung des »erlösenden Einklangs« (Henrich 2001, 151) bezeichnen, die mit dem Erlebnis einhergeht, dass man auch als aneckender Student ›in die Welt passt‹.

Doch es kam mehr hinzu. Der Nimbus des Besonderen ging dem Institut für Sozialforschung voraus, vermittelt auch durch die Rückkehr aus dem amerikanischen Exil. Wer den Eindruck erwecken konnte, Texte dieser Schule nicht nur zu lesen, sondern auch zu verstehen, konnte sich wohl eines *Distinktionsgewinns* sicher sein, denn ihre Texte blieben aufgrund ihres speziellen Idioms nicht wenigen Lesern ein Buch mit sieben Siegeln – Adornos Syntax war eigenwillig, und die technoide Ausdrucksweise von Habermas wurde bald von ›Phrasendreschmaschinen‹ karikiert (der eingängigere Stil etwa von Herbert Marcuse oder Erich Fromm, die übrigens nicht zurückgekehrt waren, wurde dagegen eher belächelt). Wer sich dieser Theorien zu bedienen vermochte, durfte sich also als etwas Besonderes fühlen.

Das trifft zwar auch auf andere philosophische ›Jargons‹ zu, doch bargen die Inhalte dieser Theorie noch ein drittes beglückendes Moment. Angehenden Akademikern wurde in den Schriften des Instituts ihre eigene Lage nicht nur gespiegelt; sie wurde zudem enorm aufgewertet. Warum? Eine Kernthese der Kritischen Theorie behauptete einen »universalen Verblendungszusammenhang von Verdingli-

chung« (Adorno GS 7, 252). Das besagt, dass die Welt gewaltige Probleme habe, aber im Grunde niemand, kein Politiker und kein Theoretiker, sie richtig verstehen könne, da der Kapitalismus wahre Erkenntnis unmöglich mache – niemand, mit Ausnahme der Kritischen Theorie (sonst wüsste sie ja nicht, dass die anderen verblendet sind). Damit schrieb sie sich und ihren Adepten eine grandiose Bedeutung zu. Mit Adorno gesprochen:»Ist die verwaltete Welt als eine zu verstehen, in der die Schlupfwinkel verschwinden, so vermöchte sie dafür auch wiederum, kraft der Verfügung Einsichtiger, Zentren von Freiheit zu schaffen, wie sie der blinde und bewusstlose Prozess bloßer gesellschaftlicher Selektion ausmerzt« (Adorno GS 8 I, 145). Sich in einem solchen »Zentrum der Freiheit« zu wissen, konnte der eigenen intellektuellen Tätigkeit Legitimation und Bedeutung verleihen.

Dies erklärt vielleicht die starke emotionale Besetzung der Kritischen Theorie seitens ihrer Anhänger. Ihre Glücksfunktionalität ist also eine dreifache: Sie bot Orientierung und historische Anknüpfungspunkte, soziale Distinktionsgewinne sowie eine Aufwertung des intellektuellen Selbstgefühls. All das sagt noch nicht viel über ihre *Inhalte* aus, doch vermag die selbstbildstabilisierende Funktionalität einen Teil ihres Erfolgs zu erklären, der auch auf einer eigenen Art von Glück beruhte: dem »Glück der Erkenntnis« (Adorno GS 7, 30; vgl. Steinert 2007) – einer Erkenntnis, von der man meinte, dass sie den meisten anderen versagt war.

Warum Kritische Theorie nicht von »Glück« reden kann

Dieser heroisch anmutende Anspruch auf privilegierte Erkenntnis war zugleich das Problem der Kritischen Theorie. Wie konnte man in einer »totalen gesellschaftlichen Verblendung« (Adorno GS 4, 235) überhaupt wissen, dass es sie gab? Wäre sie wirklich total, könnte man sie nicht erkennen; konnte man sie jedoch durchschauen, war sie nicht universal (»Gibt es wirklich kein richtiges Leben im falschen, so kann es eigentlich auch kein richtiges Bewusstsein darin geben«; Adorno GS 10.2, 591); und dann sollte sich angeben lassen, wie Gesellschaft *besser* funktionieren könnte, oder zumindest, was die ›normative Folie‹ (Habermas) der Kritik war – d.h. gemessen an welchem Ideal die Gegenwart überhaupt als schlecht erschien.

Die Kritische Theorie wollte zwar das eine: Kritisieren, scheute sich aber vor dem anderen: dem Aufweis von Alternativen oder zumindest ›Idealen‹. Als ein solches Ideal hat Jürgen Habermas später die ›ideale Kommunikationsgemeinschaft‹ und Axel Honneth die ›wechselseitige Anerkennung‹ eingeführt, aber damit kamen sie wieder der idealistischen Moralphilosophie nahe, von der sich ihre Vorgänger gerade hatten absetzen wollten. Horkheimer brachte das so auf den Punkt: »Ich bekenne mich zur kritischen Theorie; das heißt, ich kann sagen, was falsch ist, aber ich kann nicht definieren, was richtig ist« (Horkheimer GS 8, 331).

Diese Position mag zunächst nach einer trotzigen Weigerung klingen, die eigenen Kriterien systematisch offenzulegen (eine »Weigerung« hatte Marcuse in der Tat ausgerufen, doch meinte sie das Gegenteil: Er verweigerte die Anerkennung der »Beschränkungen des Glücks« und benannte es daher klar; Marcuse Schr. 5, 130). Biographisch spricht einiges dafür, dass dieses Schweigen über die eigenen Kriterien auch äußere Gründe hatte: Flucht und Exil ließen »wenig Zeit […], die Theorie zu schärfen« (Horkheimer GS 4, 211), und die wechselnden politischen Bedingungen ließen es strategisch als ungünstig erscheinen, eine allzu klare Position zu beziehen (was Marcuse Horkheimer mehrfach vorgehalten hat; Horkheimer GS 17, 213). Hinzu kam eine Entfremdung von radikaleren früheren Positionen und eine – wenn auch späte – Akzeptanz der Demokratie nach westlichem Muster, was klar mit den revolutionären Ambitionen brach (Albrecht 1999, 108 ff., 290 ff.).

Trotzdem entbehrt diese Weigerung nicht der Konsequenz. Wenn von einer fugendichten Verblendung und einer »Totalität der Kulturindustrie« (Adorno GS 3, 158) auszugehen war, dann konnten Ideale nicht artikuliert werden, ohne ihr Verderben zu riskieren. Sie *mussten* dann zur ›Ideologie‹, zur ›Lüge‹ oder zum ›Kitsch‹ verkommen (Worte, die insbesondere Adorno oft gebrauchte: »Wer sagt, er sei glücklich, lügt«, GS 4, 126). Es musste also ein Weg gefunden werden, sie nicht unmittelbar explizit zu machen, sondern nur anzudeuten oder durch geschickte Kollagen ›aufscheinen‹ zu lassen (eine Technik, die Walter Benjamin vorgeführt hatte). So erklärt sich auch die starke Rolle der Ästhetik in dieser Schule, hin und wieder kokettierte man sogar mit der Religion (obwohl nur Außenseiter wie Leo Löwenthal, Fromm oder Benjamin einen inneren Bezug zu ihr hatten). Die stilistischen Eigenheiten in Horkheimers und Adornos Werk sind somit nicht

nur individuelle Eigenheiten, sondern theoretisch gewissermaßen stringent.

An dieser Stelle stellen sich nun zwei Fragen: Was ist eigentlich mit der totalen Verblendung gemeint, die argumentativ so hohe Lasten trägt, dass man sich sogar von wichtigen Mitgliedern wie Erich Fromm trennte, wenn sie diese steile These nicht länger mittragen mochten? Und welche Vorstellungen von Glück wurden dem totalen »Verhängnis« (Adorno GS 3, 256) in der erwähnten indirekten oder ›dialektischen‹ Weise gleichwohl abgerungen und entgegengestellt?

Mächte der Glücksverhinderung

»Die Ordnung des Profanen hat sich aufzurichten an der Idee des Glücks« (Benjamin GS II, 203). Benjamins Pointierung von 1920 ist für die Rolle der Glücksidee in der Kritischen Theorie kennzeichnend. Ganz im Rahmen von Aufklärung und Frühsozialismus ging sie davon aus, dass es Aufgabe der Gesellschaft sei, das Glück der Individuen zu ermöglichen. Das in dieser Tradition angezielte Glück hatte verschiedene Dimensionen (s. Kap. II.9 und V.2), etwa die ausreichende Versorgung aller Menschen, eine »ungehinderte Entfaltung« (Horkheimer GS 4, 221) sowie eine – auch sexuelle – Freiheit, die es erlauben würde, »ohne Angst verschieden« zu sein (Adorno GS 4, 116). Die Berücksichtigung dieses politischen Auftrags sollte den Unterschied zwischen traditioneller und Kritischer Theorie markieren: Nur letztere habe »das Glück aller Individuen zum Ziel« (Horkheimer GS 4, 221) – eine fragliche These, gerade in Bezug auf den Positivismus, gegen den sie gerichtet war (s. Kap. VI.1).

Nun ist für die Kritische Theorie gerade die Überzeugung charakteristisch, dass der Weg zu diesem Glück im Kapitalismus radikal *verstellt* sei (»Es gibt kein richtiges Leben im falschen«, Adorno GS 4, 43; »Unter den gegebenen Verhältnissen werden die Glücksgüter selbst zu Elementen des Unglücks«, GS 3, 15). Dies ging über ältere Thesen weit hinaus: Marx hatte eingeschränkt, dass Glück im Kapitalismus nicht für alle möglich sei; Freud hatte gemahnt, dass individuelles Glück nicht anhalten könne; Nietzsche und Weber erwarteten eine kalt durchrationalisierte Welt; doch keiner hatte gefolgert, dass Glücksmomente oder ein gelingendes Leben ganz unmöglich seien. Woher also dieser radikalisierte Negativismus?

Es finden sich mehrere Erklärungsversuche für

die These einer nahtlosen Abriegelung aller Glücksansprüche der Individuen im Kapitalismus, von denen sich aber keiner durchhalten ließ. Erich Fromm
etwa, den das Institut 1930 eigentlich auf Lebenszeit
angestellt hatte, verband in frühen Aufsätzen die
marxistische Gesellschaftsanalyse mit Freudschen
Elementen (s. Kap. VI.6). Dafür musste zunächst
Freuds Biologismus sozial und kulturell aufgebro-
chen werden. In Fromms Augen ging der Charakter
der Individuen nicht länger nur auf eine ahistorische
Triebnatur, sondern auch auf ihre Prägung durch die
Gesellschaft zurück. Diese theoretische Innovation
war für spätere Schriften aus diesem Umkreis prägend, doch folgte aus ihr auch eine erste Version der
Verhängnisthese: Wenn die ökonomischen Zwänge
des Kapitalismus, gegen die die Kritische Theorie ja
aufbegehrte, sich über die Instanz der Familie in die
Triebstruktur der Individuen hinein verlängerten
(ein Thema, das sich durch die großen Untersuchungen des Instituts zog: *Autorität und Familie*, 1936;
The Authoritarian Personality, 1950), verschwand für
diese Theorie der Ansatzpunkt, von dem aus Opposition überhaupt denkbar war. Fromm selbst hat
diese aporetische Position bald geräumt und rückte
schon 1935 in der Psychoanalyse die »Ansprüche des
Patienten auf Glück« in den Mittelpunkt (Fromm
GA 2, 115 ff.; genau dies nahmen ihm Adorno und
Marcuse übel). Die später entwickelte ›positive Psychologie‹ maß explizit (und unter Verweis auf den
Perfektionismus des jungen Marx) Möglichkeiten
des Glücks aus – zwar gegen die »Marketing-Orien-
tierung« des Kapitalismus, aber durchaus noch in
ihm: »Glück deutet darauf hin, dass der Mensch die
Lösung des Problems der menschlichen Existenz gefunden hat: die produktive Verwirklichung seiner
Möglichkeiten« (Fromm GA 2, 120). Das setze objektiv politische Freiheit und subjektiv Mut zum
Freisein voraus, zu dem Fromm – ähnlich wie der
einstige Kollege Paul Tillich – ermutigen wollte.

Zwar hatte auch Horkheimer die »freie Entwicklung der Individuen« als Moment des Glücks angesprochen (Horkheimer GS 4, 219) und dafür »Möglichkeiten des Menschen« in Anspruch genommen
(221; vgl. Marcuse Schr. 8, 237 ff.). Doch in der Kritischen Theorie überwog die negativistische Grundli-
nie – sie zog sich von einem Brief Adornos an Horkheimer von 1936, indem er sich über die »Güte« bei
Fromm mokierte (in Horkheimer GS 15, 498; vgl.
Wiggershaus 1986, 298 ff.), über die Therapiekritik
von 1951 (»Das verordnete Glück sieht denn auch
danach aus; um es teilen zu können, muss der be-

glückte Neurotiker auch noch das letzte bisschen an
Vernunft preisgeben, das ihm Verdrängung und Regression übrig ließen, und dem Psychoanalytiker zu-
liebe […] wahllos sich begeistern«, Adorno GS 4, 69)
bis zu Marcuses erneuter Kritik am »Revisionismus«,
sprich: an Fromm (»in einer repressiven Gesellschaft
steht das Glück und die produktive Entwicklung der
Einzelnen im Widerspruch zur Gesellschaft: werden
sie als Werte definiert, die innerhalb dieser Gesellschaft zu verwirklichen sind, dann werden sie selbst
repressiv«, Marcuse Schr. 5, 208). Wenn Horkheimer
in den 1940er Jahren von »Zerfall« und »Auflösung
des Individuums« sprach (Horkheimer GS 5, 334; GS
6, 161), folgte er der hermetischen Amalgamierung
von Marx und Freud ebenfalls (»Die Individualität
verliert ihre ökonomische Basis«, Horkheimer GS 6,
147). Doch dies war nur eine Variante.

Eine zweite Version der Abriegelungsthese ist direkter ökonomisch. Wenn Adorno Horkheimer im
zitierten Brief schrieb, er würde Fromm »dringend
raten, Lenin zu lesen« (in Horkheimer GS 15, 498),
so spiegelt dies die Position radikaler Revolutionäre,
die gegen politische Reformen eintraten, damit der
Leidensdruck nicht gemindert werde und es zur gewünschten Revolution komme. Vorausgesetzt war
hier die Überzeugung, dass es keinen schrittweisen
(reformistischen) Ausstieg aus dem Kapitalismus geben könne. Diese These konnte sich zwar auf Marx
berufen, doch war Marx deswegen keineswegs *gegen*
Reformen eingetreten, da diese ja die Lage verbesserten und die Arbeiter politisch schulten. Friedrich
Pollock, der Ökonom des Instituts, entwarf 1932 hingegen eine Theorie, die eine Hermetik des Kapitalismus zur Konsequenz hatte: Werde dieser richtig reguliert, gebe es keine Aussichten auf Schwächen des
Kapitalismus mehr, so dass er »auf zunächst unabsehbare Zeit weiter zu existieren vermag« (Pollock
1975, 28).

Diese für Marxisten schwarze Sicht übertrugen
Pollock und Horkheimer in den 1940er Jahren aufgrund einer »Ableitung« des Nationalsozialismus
aus dem Kapitalismus auf jenen, so dass es so aussah,
als könne auch der Nationalsozialismus unbegrenzte
Zeit herrschen (zur Kritik vgl. Henning 2005, 350 ff.).
Die These von der Reform- und Krisenresistenz des
Systems blieb damit erhalten, allerdings entfielen
nun die Revolutionshoffnungen. Dies war eine ent-
mutigende Aussicht, in der von ›Glück‹ zu reden immer weniger möglich schien. Dies war zwar zeithis-
torisch plausibel, nicht aber theoretisch – doch da
Ökonomie, Politik und Psychologie durcheinander-

gingen, waren die misslichen ökonomischen Wurzeln dieser Sicht kaum mehr korrigierbar. Im Ergebnis wurden die *Ursachen* für den Nationalsozialismus so tief in der Grundstruktur der Rationalität verankert, dass es keinen ›vernünftigen‹ Ausweg aus ihm mehr zu geben schien (»die praktische Tendenz zur Selbstvernichtung gehört der Rationalität seit Anfang zu. […] Aufklärung ist totalitär«, Adorno GS 3, 17, 22). Ökonomische Annahmen wurden in solche über ›die Vernunft‹ transformiert, das Verhängnis wurde transzendental. (Nicht geteilt hat diese Position übrigens der 1940 verstorbene Walter Benjamin, dessen Bezug zur Religion daher markante Unterschiede zu derjenigen von Horkheimer und Adorno aufweist; Henning 2005, 400 ff.).

Nach dem Zweiten Weltkrieg änderte sich daran erstaunlich wenig. Adorno, der in der Bundesrepublik bald zur Hauptfigur der Frankfurter Schule wurde, unterstellte nach wie vor ein totales Verhängnis, etwa wenn er (in Verkennung des politischen Engagements von Künstlern wie Joan Baez; vgl. dagegen Honneth/Kemper 2007) die Protestkultur gegen den Vietnamkrieg kritisierte, da sie das Grässliche konsumierbar mache. Kulturprodukte im Kapitalismus seien nur als marktfähige möglich und fielen damit, so heißt es in Anlehnung an Georg Lukács, einer universalen »Verdinglichung« anheim: »Kultur wurde vollends zur Ware, informatorisch verbreitet, ohne die noch zu durchdringen, die davon lernten« (Adorno GS 3, 223; vgl. Henning 2010). In dieser »Ableitung aus […] dem Fetischcharakter der Ware« (Adorno GS 8, 559) erschien *jedes* erlebte Glück als ›falsch‹: »die Verwandlung der Subjekte in gesellschaftliche Funktionen [ist] so differenzlos gelungen, dass die ganz Erfassten, keines Konflikts mehr eingedenk, die eigene Entmenschlichung als Menschliches, als Glück der Wärme genießen« (GS 4, 235) – oder kurz: »kein Glück ohne Fetischismus« (GS 4, 137). Erstaunlich schnell wird hier ein angreifbares Geschmacksurteil in eine differenzmüde geschichtsmetaphysische Generalthese verlängert.

Als traue Adorno dieser abstrakten theoretischen ›Basis‹ selbst nicht ganz, untermauert er sie durch Zusatzthesen. Erstens wird auch der Politik eine Rolle zugeschrieben: Die verwaltete Welt organisiere eine »Kulturindustrie«, um die Menschen nicht auf dumme, d. h. eigene Gedanken zu bringen – noch 1961 heißt es etwa, die Gesellschaft werde »zentral gesteuert« (Adorno GS 8 I, 312). Die Differenz zwischen Ökonomie und Politik verschwimmt. Zweitens wird erneut eine Versiegelung der Glückssperre

durch ihre Verankerung in den Subjekten behauptet: »die totale Vergesellschaftung […] widerfährt dem bloßen biologischen Einzelwesen Mensch nicht länger bloß von außen, sondern ergreift die Individuen auch im Innern und schafft sie um zu Monaden der gesellschaftlichen Totalität« (GS 8 II, 149). »Verwaltung […] vervielfacht sich« in den Menschen selbst (GS 8 I, 137). Diese – undialektische – Gegenüberstellung von Individuum und Gesellschaft weist theoretisch auf den Zynismus Foucaults vor, der im »Neoliberalismus« eine Verwandlung von Herrschaft in erzwungene Selbstbeherrschung sah. Praktisch ließ sie dem ›wahren‹ Glück kaum mehr einen Raum.

Und dennoch: Bilder vom Glück

Gleichwohl repräsentierte das Glück das Ziel, dessen Berücksichtigung die eigene Theorie erst zu einer kritischen machen sollte – die Kritik an Kapitalismus und totalitärer Herrschaft lief ja darauf hinaus, dass sie Glück verhinderten; also musste man auch irgendwann etwas über das Glück sagen. Je ferner ein Autor dem inneren Kreis stand, desto freimütiger geschah das – Aussagen dazu findet man eher bei Benjamin, Fromm oder Marcuse. Bei Horkheimer und Adorno kann man immerhin aus den »Negativen« lesen (Sona 2004; Rath 2008; vgl. auch Schweppenhäuser 1993). Drei Fragen sind dabei zu unterscheiden: Welches Glück ist gemeint? Wie lässt es sich – trotz Verblendung – erkennen? Und wie ließe es sich möglicherweise verwirklichen?

Zur ersten Frage gibt es drei Antworten. Horkheimer und Adorno hatten das Unglück vor allem im »Verhältnis zum Körper« lokalisiert (Adorno GS 3, 265). Damit ist die erste Glücksdimension der *Bedürfnisse* benannt (vgl. Adorno GS 8, 392 ff.). Welche sind gemeint? Da sind zunächst ökonomische Bedürfnisse, ein sozialistisches Erbe. Doch auch wenn sich Horkheimer für den »Genuss« stark machte (Horkheimer GS 4, 8 ff.), stehen diese nicht im Mittelpunkt, denn die Art ihrer Erfüllung im Kapitalismus gilt als »unrichtig«, weil nicht selbstbestimmt. Anders gesagt: Die Kritische Theorie beklagte zwar den ›Mangel‹, wenn er das Nötige betraf (»dass keiner mehr hungern soll« forderte Adorno, GS 4, 178), aber sie interessierte sich kaum für Verteilungsgerechtigkeit. Hier überschnitt sich der revolutionäre Restreflex übrigens mit der rechten Konsumkritik etwa von Arnold Gehlen (Thies 1997; s. Kap. VI.5). Vielmehr zielte sie auf »wahre Bedürfnisse« (Marcuse Schr. 7, 25) und »Objektivität des Glücks« ab (Marcuse Schr. 3, 262; Adorno GS 6, 19), die es nur in einer »befreiten Gesellschaft« geben könne (Adorno GS 6, 294). So drohte die genauere Bestimmung des Glücks durch geschichtsphilosophische Spekulationen über das »Glück der Menschheit« (Adorno GS 10.2, 798) verdrängt – oder besser: vertagt – zu werden (»Erst gegenüber der geschichtlichen Möglichkeit der allgemeinen Freiheit wird es sinnvoll, auch das faktische, wirklich empfundene Glück in den bisherigen Daseinsverhältnissen als unwahr zu bezeichnen«, Marcuse Schr. 3, 278).

Zu fragen ist daher: Was genau sollte in einer befreiten Gesellschaft eigentlich geschehen? Einerseits ging es, getreu dem revolutionären Erbe, um eine »Verfügung der Allgemeinheit über die Produktionsmittel« (Marcuse Schr. 3, 279; von Horkheimer als »höheres wirtschaftliches Organisationsprinzip« euphemisiert, GS 4, 222 f.). Auf das Dilemma, dass diese Umwandlung nicht demokratisch sein kann, solange die realen Bedürfnisse der Bevölkerung noch ›falsch‹ sind, hatte die Kritische Theorie keine Antwort, jedenfalls keine theoretische – ihr Schweigen über Strategien in späterer Zeit hatte wohl auch damit zu tun. Nach 1945 allerdings suchte sie die öffentliche Debatte (am effektivsten Fromm und Marcuse, deren Bücher recht populär wurden; zu nennen sind daneben die Einlassungen zur Erziehung, Albrecht 1999, 387 ff.). Auch das lässt sich als Antwort lesen – und so hat Habermas diese Praxis konsequent theoretisiert, zunächst als ›Repolitisierung‹, dann als ›kommunikative Ethik‹. Dabei traten allerdings die alten Inhalte zugunsten des Prozeduralen immer mehr zurück (Henning 2005, 414 ff.) und vom Glück war kaum mehr die Rede (als Ausnahme Schmidt 1977, 135 ff.). Unausgesprochen wird hiermit jedoch republikanisches Glücksdenken fortgesetzt, welches politische Teilnahme (von Benjamin als Erwachen des »träumenden Kollektivs« umschrieben, GS V, 678 f.) als wichtigen Aspekt des Glücks bestimmt hatte. Das erste zentrale Element Kritischen Glücksdenkens ist also das gemeinsame Glück der politischen Selbstbestimmung, auch über Fragen der Wirtschaft.

Zweitens ging es getreu dem Freudschen Erbe um befreite Sexualität (da »alles Glück auf sinnliche Erfüllung abzielt« und seine Idee »die geschlechtliche Vereinigung« sei, Adorno GS 6, 202; GS 4, 248). Da Freuds Lustprinzip als wichtige Quelle des Glücks galt, lehnten die Kritischen Theoretiker seine Unterdrückung zugunsten der falschen Kultur ab. Dabei

gab es allerdings zwei Haken: Einmal basierte auch der Utilitarismus als zentrales Legitimationsnarrativ des Kapitalismus auf einem – wenn auch modifizierten – Hedonismus (s. Kap. V.1). Von ihm musste man sich abgrenzen, und das misslang, sofern man dem Bürgertum schlicht Lustfeindlichkeit unterstellte (»Lust erscheint, nach der bürgerlichen Arbeitsmoral, als vergeudete Energie«, Adorno GS 10.1, 382; ähnlich Horkheimer GS 4, 9 ff. – der ›bürgerliche‹ Sinn der Arbeit ist ja Produktion für Profit, somit Konsum, und somit letztlich Lust, wenn auch weniger die der Arbeitenden). Ein weiteres Problem entstand, als sich in den 1960er Jahren mit der Pille und der Freizügigkeit der Medien die Sexualmoral lockerte, ohne dem Kapitalismus Abbruch zu tun (im Gegenteil: ›sex sells‹). Beides war nicht die Befreiung, die die Kritische Theorie wollte – aber was wollte sie dann?

Besonders Marcuse und Fromm bemühten sich hier um Klarheit (und lagen nicht so weit auseinander, wie sie glaubten). Ihre These lautete in etwa: Es ist zwar richtig, in einer unvernünftigen Gesellschaft, die die sinnliche Lust verdrängt, auf diese Lust zu setzen. Doch das pure Freisetzen dieser Lust bleibt unfrei, solange es die Gesellschaft ist, in der dies geschieht (das wäre »repressive Entsublimierung«, Marcuse Schr. 7, 76 f.; vgl. Schr. 5, 170 ff.). Es gelte vielmehr, den Gegensatz von Vernunft und Lust zu überwinden. So gewinnen sie Distanz zur Sexindustrie und zugleich ein Glücksverständnis, das auch höhere Formen von Lust erfasst (etwa das »Glück des Geistes«, Adorno GS 6, 243). Als Altmarxisten versprechen sie sich davon zugleich ein neues, ›erotisiertes‹ Verständnis von Arbeit – für Marcuse als »spielerische« Tätigkeit, und für Fromm ist Glück »eine aus der inneren Produktivität der Menschen entstehende Leistung« (Marcuse Schr. 5, 168 f., 186 f.; Fromm GA 2, 120; Adorno spielte dagegen mit einer Idealisierung der »Ferien«, GS 4, 127; vgl. 179: »auf dem Wasser liegen und friedlich in den Himmel schauen«; s. Kap. II.2). Die Idee der freien Aneignung der eigenen Natur gab es übrigens ähnlich bei John Dewey (s. Kap. VI.3), den Marcuse und Horkheimer aber nur verzerrt zur Kenntnis nahmen (vgl. Dahms 1994, 191 ff.; anders Adorno GS 7, 498; GS 8, 555).

Der Wunsch nach Versöhnung betrifft neben der inneren auch die äußere Natur. Walter Benjamin, der nie zur Frankfurter Schule gehörte, aber auf dessen Ideen die Hauptvertreter nachhaltig – wenn auch selektiv – zurückgegriffen haben, hat ihn poetisch umschrieben: »Der befreiende Zauber, über den das

Märchen verfügt, bringt nicht auf mythische Art die Natur ins Spiel [wie bei Konservativen, d. Verf.], sondern ist die Hindeutung auf ihre Komplizität mit dem befreiten Menschen. Diese Komplizität empfindet der reife Mensch nur bisweilen, nämlich im Glück; dem Kind aber tritt sie zuerst im Märchen entgegen und stimmt es glücklich« (Benjamin GS II.2, 458). Die Kindheit bzw. die Erinnerung an sie ist also auch deswegen ein Statthalter des Glücks, weil in ihr ein nicht-instrumenteller Naturbezug aufscheint. Dieses Glücksmotiv eines »Einssein mit der Welt« (Fromm GA 2, 120; s. Kap. V.4) auf der Grundlage einer geteilten Kreatürlichkeit zog sich von Schelling über Marx bis auf Ernst Bloch und Benjamin und schwang noch in der Kritischen Theorie mit, wenn sie sich gegen die äußere wie innere »Naturbeherrschung« stark machte (vgl. Link 1986, 86 ff.; Becker 1997, 228 ff.).

Eine *dritte* Glücksdimension betrifft den Status der Individualität. Wiederum Benjamin hatte bereits als Aphorismus formuliert: »Glücklich sein heißt ohne Schrecken seiner selbst inne werden können« (Benjamin GS IV.1, 113; das berührt nochmals die Ebene der inneren Natur). Doch wann und wie so etwas vollzogen werden könnte, das näher auszubuchstabieren erwies sich als schwierig. Hier gab es einen Dissens in der Zielvorstellung: Forderte Fromm »das Bewahren der Integrität seines Selbst« (Fromm GA 2, 120) und Marcuse mehr »Selbstbestimmung« (Marcuse Schr. 3, 285; Schr. 7, 262 etc.), war Adornos Negativismus auch in dieser Frage rigider. Wenn das individuelle Selbst erst durch die Unterdrückung der Triebe möglich wurde, war nicht nur die Triebunterdrückung, sondern schon das Selbst von Übel: »Die Herrschaft des Menschen über sich selbst, die sein Selbst begründet, ist virtuell allemal die Vernichtung des Subjekts« (Adorno GS 3, 73).

Benjamin hatte, wie gesehen, Vorstellungen vom Glück mit Erinnerungen an die Kindheit in Verbindung gebracht; wohl auch deswegen, weil Träume hier weniger klar von der ›Realität‹ abgespalten und gesellschaftliche Zwänge noch durch die Eltern ›gepuffert‹ werden (Benjamin GS IV.1, 114 f., 235 ff.; zu diesen Bild- und Traumwelten vgl. Brüggemann 2007). Adorno ist auch hier radikaler: Schon die Kindheit sei mit Vernunft infiziert (»Furchtbares hat die Menschheit sich antun müssen, bis das Selbst, der identische, zweckgerichtete, männliche Charakter des Menschen geschaffen war, und etwas davon wird noch in jeder Kindheit wiederholt«, Adorno GS 3, 50). Daher müsse, wer dem »Identitätszwang« wirk-

lich entkommen wollte, noch weiter zurückgreifen, etwa in die Lust vor-individuierter Selbstlosigkeit: »Glück ist nichts anderes als das Umfangensein, Nachbild der Geborgenheit in der Mutter« (Adorno GS 4, 126; vgl. GS 3, 65, Fn. 5 und öfter). Solche und ähnliche Stellen sind von hoher Ambivalenz und daher bis heute umstritten: Einerseits wenden sie sich zu Recht gegen zwanghafte Domestikation und Selbstbeherrschung, die in »Freuds Jahrhundert« (Zaretsky 2009) wohl ein größeres Problem war als heute. Andererseits droht sich diese verbale Radikalität über moralische Maßstäbe zu erheben, da auch diese der verhängnisvollen Vernunft entstammten. Zwar hat die Moralkritik insbesondere Adornos in letzter Zeit wohlwollende Interpretationen erfahren (Knoll 2002, 146 ff.; vgl. bereits Schweppenhäuser 1993, 64 ff.). Doch bleibt es gewagt, wenn die *Dialektik der Aufklärung* ausgerechnet Kants Ethik mit dem Totalitarismus zusammenbringt, da beide universalistisch und formal seien und damit keinen Sinn mehr für das Besondere hätten (Adorno GS 3, 100 ff.; für Kant sollten eigentlich nur moralische Begründungen, nicht aber die Gegenstände der Ethik universalisierbar sein; s. Kap. V.3).

In diesen ambivalenten Partien transportiert dieses Buch ein gutes Stück irrationaler Lebensphilosophie (vgl. Stauth/Turner 1992). Darin erinnert es erneut an die Poststrukturalisten: Foucault ermunterte ja ebenfalls zum Ausbruch aus allzu stabilen Vorstellungen vom Selbst und Deleuze verteidigte das »Delirium« sogar gegen Freud vgl. (s. Kap. VI.8). Damit gedanklich zu spielen, hat seinen Reiz; doch wenn es ernst wird, wäre dies ein fragwürdiges Glück, das nur um den Preis der Aufgabe von Autonomie zu haben ist. Gottfried Benn sprach daher halb-ironisch vom »Klümpchen Schleim in einem warmen Moor« (Benn 1913/1996, 25), Crisp vom Glück der Auster (Crisp 2006, 112 f.). Die Alternative an dieser Stelle ist, Lust und Hingabe entweder als das ›Andere‹ der Vernunft zu stilisieren, welches ein ›Selbst‹ auflösen würde, oder eine reife Individualität anzustreben, die auch solche Momente zu integrieren vermag – denn »ohne Schrecken seiner selbst inne werden« (Benjamin GS IV.1, 11, s.o.) kann nur, wer keine Desintegration des Selbst befürchten muss, sobald er seinen Impulsen nachgibt. Fromm hat daher die aktuellere Vision artikuliert (vgl. Honneth 2006, 152 f.), denn die von ihm – und offiziell ja auch von Adorno (1970) – angepeilte *Mündigkeit* ist dem Erwachsenen vorbehalten; selbst wenn Erwachsenwerden weh tut und dem sprichwörtlichen ›Kind im Manne‹

manchmal »unerträglich« scheint (Adorno GS 4, 22). Die Rolle von Kindheitserinnerungen ist also limitiert, weil ambivalent (nicht zuletzt Horkheimer wehrte sich daher gegen das »sentimentale Verhimmeln des Kindes«, GS 4, 60): Sie stehen sowohl für eine noch »unreglementierte Erfahrung« (Adorno GS 6, 128) wie für verführerische Verantwortungslosigkeit.

Wie aber wäre Glück als befreites Selbstsein trotz Verblendung zu *denken*? Erinnerungen an die Kindheit spielen insofern eine Rolle, als in ihr wie in einer mythischen Frühe vieles noch ungeschieden war. Solche Erinnerungen geben einen ›Vorschein‹ (Ernst Bloch) auf die Versöhnung mit der Natur: die »Schlupfwinkel der Kindheit« sind daher »solche der Hoffnung« (Adorno GS 10.1, 286). In einem prosaischeren Sinne gehören Kindheitserinnerungen zudem zur Integrität eines ›Selbst‹, denn ohne sie wären wir nicht wir. Benjamin, der das Glück stark an das persönliche Erleben bindet (»Glück, das Neid in uns erwecken könnte, gibt es nur in der Luft, die wir geatmet haben«, Benjamin GS I.2, 693), nennt das Glück der Erinnerung daher »elegisch« (GS II.1, 313). Es ist bei ihm allerdings nicht auf das eigene Leben beschränkt, sondern kann sich auch solidarisch ausweiten ins historische *Eingedenken* – dem »Tigersprung ins Vergangene« (GS I.2, 701), der sich mit unabgegoltenen Hoffnungen von einst verschwistert (zum verwandten ›Glück des Historikers‹ bei Nietzsche s. Kap. V.7).

Von diesem reflexiven Glück unterscheidet Benjamin die seltenere »hymnische Glücksgestalt« des erfüllten Augenblicks: »das Unerhörte, Niedagewesene« (GS II.1, 313). Auch solchen momenthaft-ekstatischen Erfahrungen war Benjamin auf der Spur, etwa in Rauschgiftexperimenten (»ein sehr versunkenes Glücksempfinden«, GS IV.1, 414) und Analysen der modernen Kunst (auch hier sei »eine andere Wahrnehmung« am Werk, GS I.2, 478). Das besondere an Benjamins Schriften ist dabei – gerade im Unterschied zu Adorno oder Gershom Scholem –, dass Glückserfahrungen von Ekstase und Erinnerung in einen *politischen* Horizont gelesen werden (Raulet 2004) und damit über sich hinausweisen – nicht auf ein überweltliches Jenseits (s. Kap. II.6), sondern auf bessere *irdische* Möglichkeiten, die auch die rechtverstandene Religion anzielt (das ist der Witz von Benjamins politischer Theologie; vgl. Henning 2005, 400 ff.).

Marcuse und Adorno hingegen beschrieben weniger konkrete Erfahrungen, sondern fragten vielmehr

– darin mehr der akademischen Welt verhaftet –, wie diese noch möglich seien: Adorno sprach von »geistiger« oder »metaphysischer« Erfahrung (Adorno GS 6, 171, 366 und öfter); Marcuse war eher auf »die Erfahrung einer libidinösen Einheit« aus (Marcuse Schr. 5, 196, vgl. 137 f., 175). Die Ästhetik als Wissenschaft von der sinnlichen Erfahrung rückte dabei allmählich an die Stelle einer Grundlagenwissenschaft; nicht weil der Kunstgenuss selbst Glück verschaffen sollte (das wäre ästhetischer Hedonismus, den sich allerdings selbst Adorno hin und wieder erlaubte; s. Kap. II.4), sondern weil im Rahmen der Kunst Erfahrungen möglich seien, die erahnen lassen, was Glück sein könnte (»Um des Glücks willen wird dem Glück abgesagt«, Adorno GS 7, 26; vgl. Marcuse Schr. 9, 81 ff.). Der Kunst trauten die Autoren dieser Generation eine solche Leistung zu, da sie mit Schiller – und Georg Lukács – als einziges Medium galt, das in einer zerrissenen Welt noch »Ganzheit« darzustellen vermochte (Henning 2011). Die Ästhetik als Reflexionsform der Kunst war allerdings mit der Mission überfordert, politische Theorie nicht nur anzuleiten, sondern zu ersetzen.

Nun ist ein gedachtes oder reflexiv erschlossenes ja noch kein wirkliches Glück. So bleibt die Frage zu beantworten, wie man zu einem derart gedachten oder erfahrenen Glück in der Lebenspraxis gelangen sollte – will man nicht bei den Erfahrungen seiner Kontemplation stehenbleiben (dazu Seel 2004). Der politische Aktivismus etwa von Lukács, dem mit Karl Wittfogel oder in anderer Form Benjamin einige Theoretiker des äußeren Kreises folgten, war mit der Verhängnisthese unverträglich – noch 1968 distanzierten sich Horkheimer und Adorno ja (anders als Marcuse) von der Studentenbewegung (»Ein wirklich fasslicher Zusammenhang zwischen dem gegenwärtigen Aktionismus, den ich für höchst problematisch halte, und unseren Gedanken ist mir noch von keinem Menschen aufgezeigt worden«, Adorno GS 20.1, 398; vgl. Kraushaar 1998). Es war allerdings ambivalent, von Befreiung zu reden, ohne sich um ihre Umsetzung zu bekümmern – vielleicht war es daher konsequenter, wenn Fromm als Therapeut Möglichkeiten der Einzelnen auslotete und Horkheimer sich zuletzt auf die alte bürgerliche Ethik von Geld und Genuss besann, weil er der Auffassung war, damit würden die psychologischen Wurzeln des Neids trockengelegt (»Wer aber glücklich ist, bedarf nicht der Bosheit, um sich schadlos zu halten für das, was ihm entgeht. Das ist die Wahrheit der Wirtschaft des Überflusses gegen die der Bürokratie«, Horkheimer

GS 8, 142 [1960]. »Von Kant und Goethe sagt man, daß sie große Weinkenner gewesen sind, das heißt aber, daß, wenn sie allein waren, sie wirklich nicht von Neid gequält waren, sondern die Möglichkeiten des Genusses hatten, Erfahrungsbreite«, GS 8, 149 [1960]). Die Frage ist nur, ob das für alle möglich ist. War Horkheimer in seiner Jugend gegenüber ungleich verteiltem Besitz – und damit der ungleichen Chance auf Genuss – noch kritisch eingestellt, wird diese Ambivalenz beim älteren Horkheimer schwächer: Gerechtigkeit schien ihm in einem Aphorismus sogar nur noch für jene denkbar zu sein, die eben Geld *hatten* (»Einer erbt viel Geld. [...] Da kreischen sie: ›Wie ungerecht!‹ Ahnt ihr denn, daß dies das bißchen Gerechtigkeit ist, das auf dieser Welt übrigbleibt? Glück – ohne Verdienst?«, GS 6, 235 [ca. 1954]). Die psychologische Einsicht, dass Glück nicht erzwungen werden kann, kommt hier einem Einverständnis mit den bestehenden Eigentumsverhältnissen erstaunlich nahe (dass der Reichtum unverdient war, war ja der Hauptangriff der alten Sozialkritik). Vielleicht hat diese Spannung zur Entfremdung zwischen dem älteren Horkheimer und den jüngeren Lesern seiner früheren Schriften mit beigetragen.

Einen anderen, bis heute wegweisenden Ausweg suchte Jürgen Habermas (der anfangs ebenfalls Vorbehalte gegenüber dem Sozialstaat hatte, sofern er nämlich ›entpolitisierte‹), indem er nun theorieimmanent aufzeigte, auf welchen Vorannahmen die Kritik aufruhte. Diese veränderte sich durch ihre Neubegründung (oder ›Rekonstruktion‹) allerdings gehörig. Einerseits wurde der Anschluss an die sozialkritischen Anfänge wiedergewonnen, indem Fragen der sozialen Gerechtigkeit wieder stärker in den Mittelpunkt rückten. Andererseits geriet durch die Übernahme einer rigiden Trennung zwischen Fragen des Gerechten und Fragen des Guten (s. Kap. VI.9) die Glücksthematik etwas außer Sichtweite. Wenn Benjamin einmal festgestellt hat: »Denn Glück und Ideal sind oft Gegensätze« (Benjamin GS II.1, 11), kann man das folglich als vorwegnehmende Aufforderung zur erneuten Einholung des Glücksbegriffs auch in der Kritischen Theorie verstehen. Die Verortung der Kriterien in moralischen oder politischen Idealen (ideale Kommunikation, wechselseitige Anerkennung oder reziproke Rechtfertigungen) hat einen enormen Komplexitätsgrad erreicht. Doch wie von hier aus ein Bogen zum gelebten Leben der Individuen zu schlagen ist und wie sich die Glücksansprüche der Individuen, die in der alten Kritischen Theorie ja zumindest an ihren »Negati-

ven« (Rath 2008) ablesbar waren, in der heutigen gewandelten Situation einlösen ließen, darüber ist längst noch nicht alles gesagt. Das kann man als Einladung zum Weiterdenken verstehen. Nach wie vor käme es darauf an, die Glücksversprechen einer befreiten Individualität (durchaus im Sinne Fromms, so auch Honneth 2006, 152 f.) und einer Gesellschaft mit weniger Herrschaft und Zerstörung (Marcuse Schr. 9, 170) gegen ihre Scheinverwirklichungen etwa in der Sozial-, Umwelt- oder Betriebspolitik (s. Kap. VIII.8) wieder stark zu machen.

Literatur

Adorno, Theodor W.: Gesammelte Schriften [Adorno GS]. 20 Bde. Taschenbuchausgabe. Frankfurt a.M. 1997.

–: Erziehung zur Mündigkeit. Vorträge und Gespräche mit Hellmut Becker 1959 bis 1969. Frankfurt a.M. 1970.

Albrecht, Clemens u.a.: Die intellektuelle Gründung der Bundesrepublik. Eine Wirkungsgeschichte der Frankfurter Schule. Frankfurt a.M./New York 1999.

Becker, Mathias: Natur, Herrschaft, Freiheit. Das Recht der ersten Natur in der zweiten: Zum Begriff eines negativen Naturrechts bei Theodor Wiesengrund Adorno. Berlin 1997.

Benjamin, Walter: Gesammelte Schriften [Benjamin GS]. 14 Bde. Frankfurt a.M. 1991.

Benn, Gottfried: Gesänge [1913]. In: Ders.: Gesammelte Werke. Bd. I: Gedichte. Stuttgart ¹⁰1996, 25.

Brüggemann, Heinz: Walter Benjamin über Spiel, Farbe und Phantasie. Würzburg 2007.

Crisp, Roger: Reasons and the Good. Oxford 2006.

Dahms, Hans-Joachim: Positivismusstreit. Die Auseinandersetzungen der Frankfurter Schule mit dem logischen Positivismus, dem amerikanischen Pragmatismus und dem kritischen Rationalismus. Frankfurt a.M. 1994.

Fromm, Erich: Gesamtausgabe [Fromm GA]. 10 Bde. Stuttgart 1980.

Henning, Christoph: Philosophie nach Marx. 100 Jahre Marxrezeption und die normative Sozialphilosophie der Gegenwart in der Kritik. Bielefeld 2005.

–: Charaktermaske und Individualität bei Marx. In: Marx-Engels-Jahrbuch 2009. Berlin 2010, 100–122.

–: Ästhetik und Politik: Zur Gegenwartsbedeutung des ästhetischen Werkes von Georg Lukács. Erscheint im Georg-Lukács-Jahrbuch 2011.

Henrich, Dieter: Versuch über Kunst und Leben. Subjektivität, Weltverstehen, Kunst. München/Wien 2001.

Honneth, Axel u.a. (Hg.): Schlüsseltexte der Kritischen Theorie. Wiesbaden 2006.

– /Kemper, Peter (Hg.): Bob Dylan: Ein Kongress. Frankfurt a.M. 2007.

Horkheimer, Max: Gesammelte Schriften [Horkheimer GS]. 18 Bde. Frankfurt a.M. 1988.

Knoll, Manuel: Theodor W. Adorno. Ethik als erste Philosophie. München 2002.

Kraushaar, Wolfgang (Hg.): Frankfurter Schule und Studentenbewegung. Von der Flaschenpost zum Molotowcocktail, 1946–1995. Berlin 1998.

Link, Thomas: Zum Begriff der Natur in der Gesellschaftstheorie Theodor W. Adornos. Köln/Wien 1986.

Marcuse, Herbert: Schriften [Marcuse Schr.]. 9 Bde. Frankfurt a.M. 1979ff.

Pollock, Friedrich: Stadien des Kapitalismus. München 1975.

Rath, Norbert: Negative: Glück und seine Gegenbilder bei Adorno. Würzburg 2008.

Raulet, Gérard: Positive Barbarei. Kulturphilosophie und Politik bei Walter Benjamin. Münster 2004.

Rüsing, Karl-Heinz: Das Glücksmotiv bei Walter Benjamin. Für eine Theorie des Erwachens. Essen 1991.

Schmidt, Alfred: Drei Studien über Materialismus. München 1977.

Schweppenhäuser, Gerhard: Ethik nach Auschwitz. Adornos negative Moralphilosophie. Hamburg 1993.

Seel, Martin: Adornos Philosophie der Kontemplation. Frankfurt a.M. 2004.

Sona, Rufus: Der Begriff des Glücks bei Adorno. Magisterarbeit FU Berlin. Berlin 2004.

Stauth, Georg/Turner, Brian: Ludwig Klages and the Origins of Critical Theory. In: Theory, Culture and Society 9/3 (1992), 45–63.

Steinert, Heinz: Das Verhängnis der Gesellschaft und das Glück der Erkenntnis. Dialektik der Aufklärung als Forschungsprogramm. Münster 2007.

Thies, Christian: Krise des Individuums. Zur Kritik der Moderne bei Adorno und Gehlen. Reinbek 1997.

Wiggershaus, Rolf: Die Frankfurter Schule. Geschichte, Theoretische Entwicklung, Politische Bedeutung. München/Wien 1986.

Zaretsky, Eli: Freuds Jahrhundert. Die Geschichte der Psychoanalyse. München 2009.

Christoph Henning

8. Glück bei Foucault, Deleuze und Guattari. Zwischen Staatsräson, Selbsttechnologie und Subversion

Die Weisen, wie Michel Foucault (1926–1984) einerseits, Gilles Deleuze (1925–1995) und Félix Guattari (1930–1992) andererseits das Glück thematisieren, lassen sich als komplementär verstehen. Während Foucault in kritischer Absicht aufzeigt, wie das Glück Gegenstand und Effekt humanwissenschaftlicher und politischer Macht ist, interessieren sich Deleuze und Guattari für einen emphatischen Begriff der Freude. Alle drei Denker verbindet die Ablehnung eines Glücksverständnisses, das auf anthropologischen Prämissen beruht.

Michel Foucault

Foucaults Auseinandersetzung mit dem Glücksbegriff (frz. *bonheur, félicité*) lässt sich entsprechend seiner drei Werkphasen – der archäologischen, genealogischen und ethisch-ästhetischen – nach drei Zugängen unterscheiden. Ihnen allen ist gemeinsam, dass sie Vorstellungen vom Glück radikal historisieren. Es geht Foucault nicht um das Glück, sondern um Glücksdiskurse. Diese sind Ausdruck von Wissensordnungen (1), politischen Rationalitäten (2) und Technologien des Selbst (3). Daneben finden sich in allen Werkphasen versteckte Ansätze eines emphatischen Glücksverständnisses, das Foucault jedoch nicht vertieft thematisiert (4).

1. Humanismuskritik: »Das Glück gibt es nicht«: In seiner archäologischen Phase der 1960er Jahre kritisiert Foucault den Glücksbegriff als ›humanistischen‹ Irrtum. Drei Aspekte hält er am Glücksdenken für problematisch: erstens die Unterstellung, es gebe ›den Menschen‹, um dessen Glück es geht; zweitens die Suche nach dem wahren Wissen von diesem Menschen, und drittens die Forderung, es sei die Aufgabe von Politik und Philosophie, das Glück der Menschen zu sichern.

In *Die Ordnung der Dinge* von 1966 analysiert und kritisiert Foucault erstmals ausführlich den modernen Diskurs vom Menschen. Seit Kant, so schreibt er, herrsche in der Philosophie der »anthropologische Schlaf« (Foucault 1966/1995, 410), in dem davon geträumt werde, durch das Wissen vom Menschen zur Wahrheit zu gelangen, das heißt Wahrheit begründen zu können. In dieser Fundierungsperspektive werde ein Menschenbild geformt, das den Menschen zwar in seiner Endlichkeit und Begrenztheit denke, aber diese Bestimmung ahistorisch verallgemeinere. Dem Menschen werde eine Essenz zugesprochen, die zu erkennen, zu befreien und zu beschützen sei. Gegen diese anthropologische Figur behauptet Foucault, dass die moderne Vorstellung vom Menschen durch eine bestimmte Wissensordnung, eine *Episteme*, konstituiert sei, die wie ein »historische[s] Apriori« funktioniere (413). Wenn sich diese Ordnung auflöse, dann verschwinde auch der Mensch »wie am Meeresufer ein Gesicht im Sand« (462).

Diese Kritik an der Anthropologie verbindet Foucault in zahlreichen Interviews jener Jahre mit der Kritik an humanistischen Glücksversprechen (vgl. besonders der Text »Wer sind Sie, Professor Foucault?«, Foucault 1994/2001–05, Bd. 1, 770–793). Humanistisch nennt Foucault die Politik und Philosophie, die sich zum Ziel setzen, den Menschen glücklich zu machen (667 f., 791, 831). Nach Foucault ist diese Haltung für die politischen Irrtümer der letzten fünfzig Jahre verantwortlich, denn sie habe dazu gedient, alle möglichen politischen Operationen zu rechtfertigen (so argumentiert Foucault übrigens noch 1984; vgl. Bd. 4, 874). Dagegen behauptet er dezidiert, es sei weder die Aufgabe der Politik noch der Philosophie, dem Menschen Glück zu versprechen (Bd. 1, 701; Bd. 2, 188 f.). Denn: »Das Glück gibt es nicht, und das Glück der Menschen erst recht nicht« (Bd. 1, 791). Welchen Sinn hätte es also, sich damit zu befassen (832)?

Foucaults Kampfstellung gegen das Glück ist also primär ideologiekritisch ausgerichtet. Er kritisiert nicht nur, dass der Glücksbegriff die Historizität und Kontingenz des Menschen verdecke und den Menschen in ein falsches, essentialistisches Menschenbild einschließe, sondern auch, dass Glücksdiskurse zur Legitimation jedweder Politik herangezogen werden können. Was aber setzt Foucault diesen humanistischen »Mythen« (790) entgegen? Was ist die Aufgabe der Politik und Philosophie, wenn sie nicht das Glück des Menschen zum Ziel haben können?

Statt vom »Herzen des Menschen« zu sprechen, so Foucault, müsse die Philosophie das System erkennen, das die Menschen wie auch die Wissenschaft und Technik konstituiere (670). Soziale und politische Probleme sollten nicht »aus der Sicht des Glücks, sondern aus der Sicht des Funktionierens«

analysiert und gesteuert werden (791). Foucault vergleicht diesen Perspektivenwechsel mit der Emanzipation vom Gottesbegriff, der lange als unverzichtbar gegolten habe, um eine vermeintlich richtige Politik begründen zu können. So wie dieser theologische Bezug heute irrelevant geworden sei, so werde auch in der gegenwärtigen Politik der Glücks- und Menschenbegriff überflüssig. Es sei gerade die Aufgabe einer linken Politik, so Foucault, das soziale Funktionieren der Menschen ohne humanistische Rechtfertigungsfiguren zu sichern (790).

Offen lässt Foucault allerdings, wie sich dieser linke Funktionalismus vom humanistischen Funktionalismus der staatlichen Technokraten abgrenzt (790). Dass diese Abgrenzung vage bleibt, hängt damit zusammen, dass Foucaults Analyse zeitgenössischer Politik knapp ausfällt. Foucault interessiert sich in dieser Werkphase noch primär für die epistemische Logik des Glücksdiskurses und betont deren anthropologisierende, mythisierende und essentialisierende Dimension. Die komplexe Verbindung zwischen den Glücksdiskursen und der politischen Rationalität der Moderne wird Foucault erst in der genealogischen Phase genauer untersuchen.

2. Glück im gouvernementalen Staat: Wohlstand, Gesundheit, öffentliche Ordnung: Im Rahmen seiner genealogischen Untersuchungen zur Verbindung von Wissen und Macht untersucht Foucault ab Mitte der 1970er Jahre, welche Bedeutung der Glücksbegriff für die Herausbildung moderner staatlicher Politik hat. Nach Foucault wird das Glück in frühmodernen politischen Diskursen mit Vorstellungen von Gesundheit, Wohlstand und öffentlicher Ordnung verbunden, deren Sicherung zur Aufgabe des von ihm so genannten »gouvernementalen« Staates wird.

Bereits in *Die Geburt der Klinik* beschreibt Foucault, wie die Medizin unmittelbar vor und nach der Französischen Revolution die Aufgabe erhält, den Menschen gesund, tugendhaft und glücklich zu machen. Ihre Aufgabe sei es, ein »leises, leidenschaftsloses und muskulöses Glück« mit der Ordnung des Staates zu verbinden (1963/2002, 52), und sie werde dadurch zu einem integralen Teil staatlicher Fürsorgepolitik und Sozialkontrolle. Diesen thematischen Faden nimmt Foucault zehn Jahre später wieder auf. Allerdings nähert er sich dem Glück in seinem ersten genealogischen Hauptwerk, in *Überwachen und Strafen* von 1975, primär negativ. Er interessiert sich vor allem dafür, wie der Staat und die Gesellschaft mit jenen umgeht, die zu den »Unglücklichen« gezählt werden: die Verbrecher, die Armen, die Waisenkinder und die Kranken. Foucault zeigt, wie die Gesetzgeber im 18. Jahrhunderts versuchen, den »zweifelhaften Ruhm der Verbrecher« zu vernichten und das Verbrechen nur noch als ein »Unglück« erscheinen zu lassen (1975/1977, 144). Dabei würden zunehmend sogenannte wohlfahrtsstaatliche Institutionen wie Asyl, Schule, Arbeitslager und Spital etabliert, in denen das Bild der Delinquenz als individuelles, soziales und moralisches Unglück verfestigt und die straffälligen Individuen zu arbeitswilligen Subjekten diszipliniert werden (388).

Diese Entwicklung, so meint Foucault in seinem Vortrag »Omnes et singulatim« (1994/2001–05, Bd. 4, 165–198) und in seiner Vorlesungsreihe *Sicherheit, Territorium, Bevölkerung* von 1978 (2004, Bd. I), hänge aufs Engste mit der Entstehung der Staatswissenschaft und der sogenannten Polizeiwissenschaft im 18. Jahrhundert zusammen (s. Kap. II.9). Foucault definiert die Polizeiwissenschaft nach einer zeitgenössischen Quelle als Theorie dessen, »›was die Macht des Staates zu stärken und zu mehren, seine Kräfte sinnvoll einzusetzen und das Glück der Bürger zu fördern vermag‹« (1994/2001–05, Bd. 3, 904; vgl. dazu bereits 1975/1977, 218). Die Polizei erhalte demnach die Aufgabe, für das »Glück der Untertanen« zu sorgen (2004, Bd. I, 471), das heißt die äußeren Annehmlichkeiten des Lebens zu garantieren und so das Glück im Sinne von »Überleben, Leben und besseres Leben« zu fördern (195). Diese Aufgabe wiederum hänge zentral davon ab, wie das Leben in den Städten organisiert werde, das heißt wie Künste, Handel, Gesundheit und Mobilität geregelt seien. So werde die Sicherung des individuellen Glücks als Teil des Allgemeinwohls verstanden und zu einer umfassenden Regierungsaufgabe. Foucault bezeichnet diese mit dem Begriff der »Gouvernementalität«. Gouvernemental sei diejenige Regierungsform, die das Leben jedes Individuums und dasjenige der ganzen Bevölkerung produktiv und nutzbringend verwalten könne (2004, Bd. I, 162 ff.).

Die Bedeutung des Glücks wird allerdings in der weiteren historischen Entwicklung der Gouvernementalität, so wie sie Foucault skizziert, relativiert. Zweifellos ist das Glück der Untertanen ein wichtiges Kriterium in der frühen Phase der Gouvernementalität, die Foucault mit dem »Polizeistaat« gleichsetzt (486). Dieser gouvernementale Polizeistaat wird nach Foucault im letzten Drittel des 18. Jahrhunderts durch die »rationale Gouvernementalität« abgelöst (492, 498). Im Zuge dieser Transformation wird die Steigerung der Freiheit zum zentra-

len politischen Tätigkeitsfeld vor allem der politischen Ökonomie. Damit eröffnet sich in der gouvernementalen Regierung ein Spannungsfeld zwischen der (humanwissenschaftlichen) Sicherung des Glücks und der Steigerung der (ökonomischen) Freiheit. Auch wenn Foucault den Glücksbegriff in seiner Vorlesungsreihe *Die Geburt der Biopolitik* (2004, Bd. II) terminologisch nicht weiter verfolgt, lässt sich behaupten, dass die wechselseitige Versöhnung von Freiheit und Glück ein zentrales Thema des »biopolitischen« Liberalismus des 19. und 20. Jahrhunderts wird (2004, Bd. II, 97 ff.; vgl. zur Biopolitik erstmals 1996/2001, 286). Anhand von Foucaults Darstellungen lassen sich ordoliberale Konzepte der sozialen Marktwirtschaft, die in Deutschland nach dem Zweiten Weltkrieg etabliert wurden, als Versuche verstehen, das Glück im Sinne der Förderung von Wohlstand, Gesundheit und öffentlicher Ordnung zur Stärkung der freien Marktwirtschaft einzusetzen. Diese Verbindung wird in den Konzepten des US-amerikanischen Neoliberalismus, so wie sie Foucault analysiert, von der gesellschaftlichen auf die individuelle Ebene übertragen. Es wird demnach zu einem neoliberalen Postulat, dass jedes Individuum die Förderung seiner Gesundheit, Bildung, familiärer Fürsorge u.a.m. als Investition in sein »Humankapital« zu begreifen und selbstunternehmerisch zu verwalten habe (2004, Bd. II, 319 f.). In dieser Perspektive werden das individuelle Glück und die Steigerung von Freiheit vollständig in die Währung der kapitalistischen Ökonomie übersetzbar.

3. Glück als »Technologie des Selbst«: In seiner letzten Werkphase untersucht Foucault anhand antiker philosophischer Texte, was es bedeutet, ein Subjekt ethischen Handelns zu sein. Seine zentrale These lautet, dass ein Individuum erst dann zu einem ethischen Subjekt wird, wenn es zu sich selbst ein Verhältnis der Sorge entwickelt. In den Vorlesungen zu den »Technologien des Selbst« von 1984 fasst er darunter die Aufgabe, sich an Seele und Körper selbst zu bearbeiten, zu verändern und zu vervollkommnen, wobei Glück, Weisheit oder Reinheit mögliche Motive für diese Arbeit am Selbst sind (1994/2001–05, Bd. 4, 968). Vor allem die in *Die Sorge um sich* untersuchten stoischen Texte von Seneca bis zu Epiktet stellen die Forderung nach Selbstbeherrschung, Mäßigung und vernünftiger Einsicht in den Dienst der Einübung ins Glück (1984/1989, 67 f., 91; s. Kap. III.3 und VI.10). Foucault geht allerdings auf das spätantike Glücksverständnis nicht näher ein. Wichtiger als die ethischen Zielsetzungen sind für Foucault die handlungslogischen Effekte des ethischen Selbstverhältnisses. Das ethische Subjekt, das sich um sich selbst sorgt, sich lenkt und führt, beherrscht und stilisiert, entwickelt demnach eine Form von Freiheit innerhalb von Machtspielen (vgl. den Text »Die Ethik der Sorge um sich als Praxis der Freiheit«, Foucault 1994/2001–05, Bd. 4, 875–902). Für Foucault ist es die zentrale Herausforderung des modernen Subjekts, dieses Machtspiel der Freiheit so zu spielen, dass es einerseits Herrschaftseffekte vermeide (899) und andererseits schöpferisch wirke. Es gehe darum, »aus uns selbst ein Kunstwerk [zu] machen« (474). Obwohl Foucault den Glücksbegriff in diesem Zusammenhang nicht erwähnt, lässt sich fragen, ob diese schöpferische Aktivität Momente des Glück bergen kann. Foucaults wenige positive Äußerungen zum Glück schließen diese Möglichkeit zumindest nicht aus.

4. *Sind Sie glücklich, Professor Foucault?* Trotz seiner kritischen Analysen der humanwissenschaftlichen und politischen Glücksdiskurse verfügt auch Foucault über ein Verständnis von Glück, das er emphatisch gebraucht und das in einzelnen, sehr verknappten Äußerungen, die über sein Werk verstreut sind, aufblitzt. Vor allem in seinen frühen Texten erscheint dieses emphatische Glück eng an ästhetische Formen geknüpft. Glück findet sich gebunden an »Ausdruck« (1994/2001–05, Bd. 1, 274, 320), »Bild« (1966/1995, 45) und »Werk« (1994/2001–05, Bd. 1, 275) und steht für eine ästhetische Qualität, die von jeder subjektiven Erfahrung abgelöst erscheint. Daneben findet sich eine zweite positive Bedeutungsebene von Glück im Zusammenhang mit Foucaults Interesse an ›anderen‹ Formen des Denkens. In diese Richtung weist Foucaults Satz »ich bin ein glücklicher Positivist« aus der *Archäologie des Wissens* (1969/1994, 182), mit dem er sich provokativ vom transzendentalen Begründungsdenken der zeitgenössischen Phänomenologie abgrenzt. Im Sinne von Nietzsche und Deleuze fordert er im Text »Theatrum philosophicum«, es sei dem Denken ein »Abgrund« zu eröffnen, an den heranzutreten »Glück und Ekel« bedeute (1994/2001–05, Bd. 2, 121) und der zugleich ein neues Denken möglich mache. Die Kraft dieses befreienden und befreiten Denkens begegnet nicht nur in *Der Wille zum Wissen*, wo Foucault davon träumt, dass man eines Tages »in einer anderen Ökonomie der Körper und der Lüste« das jetzige Sexualitätsdispositiv nicht mehr verstehen werde (1976/1999, 190), sondern auch in *Der Gebrauch der Lüste*, in dem Foucault als

Motiv seiner Arbeit die Neugier an allem nennt, das es erlaube, »sich von sich selber zu lösen« (1984/ 2000, 15).

Die Ablösung vom gewohnten Selbst und die Verschiebung der Perspektiven auf neue Praktiken und Denkweisen scheinen somit dem Glück näher als jede Konsolidierung eines Ich. So lässt sich auch Foucaults Antwort auf die Frage deuten, ob er glücklich sei: »Ich bin mit meinem Leben glücklich […], *nicht so sehr mit mir selbst*« (Miller 1993/1995, 416). Foucaults Misstrauen gegenüber dem essentialisierenden Effekt des Glücksbegriffs bleibt somit durch alle Werkphasen hindurch virulent. Glücklich ist für Foucault nie ›der Mensch‹, sondern höchstens jene Bewegung des Lebens, mit der sich ein Individuum von sich selbst und seinen epistemologischen Zwängen zu lösen vermag. Unter diesen Voraussetzungen erscheint es nur konsequent, dass Foucault darauf verzichtet, das ekstatisch-befreiende Element des Glücks theoretisch fassen zu wollen. Die Erfahrung von Glück im Sinne eines widerständigen und befreiten Denkens und Erlebens ist kein Gegenstand *in* Foucaults Texten, sondern wird höchstens erfahrbar *durch* deren Lektüre, indem sie die Perspektiven auf das eigene Selbst verschiebt und Neues erfahrbar macht. Foucaults historisch-positivistische Analysen werden dadurch als Versuch lesbar, sich dem Glück zu nähern, ohne davon sprechen zu müssen.

Gilles Deleuze und Félix Guattari

»Freude« (frz. *joie*) ist ein zentraler und durchwegs positiv gefasster Begriff in den Hauptwerken von Deleuze und Guattari (1). Gemeinsam ist seinen verschiedenen Ausprägungen, dass er Glückserfahrungen denkbar machen will, die nicht anthropologisch und individuell fundiert sind (2). Die kritische Absetzung von humanistischen Glücksdiskursen verbindet demnach das Denken von Deleuze, Guattari und Foucault.

1. *Die fröhliche Wunschmaschine:* Bereits in seinen frühen, noch vor seiner Zusammenarbeit mit Félix Guattari verfassten Werken über Nietzsche und Spinoza interessiert sich Deleuze für den Begriff der Freude als Ausdruck von Macht und intensivem Leben. Er deutet Nietzsches »Wille zur Macht« als Figur einer produktiven und Freude schenkenden Kraft, die von keinem individuellen Willen abhängig ist, sondern diesen Willen durchdringt (Deleuze 1962/1991, 92 ff.; Deleuze/Parnet 1977/1980, 98; s. Kap. V.7). Bei Spinoza findet er den Gedanken, dass

sich jedes Sein in Freude vollendet, so dass Freude ein Begriff für das Sein wird, das sich von seiner Passivität befreien kann: Der »freie Mensch« erkenne sich in seinen Freuden (Deleuze 1968/1993, 241; s. Kap. IV.4). Diese aktivistischen Denkfiguren werden in den gemeinsam mit Guattari verfassten Werken weitergeführt.

Der *Anti-Ödipus* von 1972 ist eine kritische, provozierende Auseinandersetzung mit der Psychoanalyse und dem Kapitalismus als zwei ineinander verschränkten gesellschaftlichen Funktionslogiken. Gegen die Psychoanalyse (s. Kap. VI.6), die das Begehren als Mangel deute und die Sexualität zu einem schmutzigen Geheimnis mache, setzen Deleuze und Guattari die »Schizo-Analyse«, die den Wunsch als eine produktive Kraft deutet. Sie führen den Wunsch nicht auf eine individuelle Psyche zurück, sondern auf die Funktionslogik von »Wunschmaschinen« (Deleuze/Guattari 1972/1977, 33). Wunschmaschinen sind gesellschaftliche Produktionskräfte, die Wirklichkeiten produzieren, indem sie in einem »kontinuierlichen materiellen Strom« Einschnitte und Spaltungen vornehmen (47). Der Kapitalismus erscheint in dieser Perspektive als eine spezifische Form, diese Energien zu leiten und zu begrenzen: Einerseits produziert er durch die Logik des Mehrwerts eine Ladung ›deterritorialisierter‹ Ströme, gleichzeitig aber ›reterritorialisiert‹ er diese Bewegung durch den Staat, in dem Mehrwert absorbiert wird. Dagegen mobilisieren Deleuze und Guattari das befreiende Potential der Schizo-Analyse: Es gehe darum, die Ströme des Lebens fließen zu lassen, statt sie zu unterbrechen und zu unterdrücken. Das bedeute, dem Wunsch seine reale Kraft zurückzugeben und ihn aus der psychoanalytischen Ordnung zu befreien (492 ff.).

Obwohl ›Glück‹ in diesem Zusammenhang kein zentraler Begriff ist, gehört er zu einem Assoziationshof von Freude und Fröhlichkeit, an denen sich das befreiende Potential von Kunst und Wissenschaft ermessen lässt: Im Gegensatz zur Psychoanalyse, die das Glück durch die ödipale Logik von Schuld und Scham unterdrücke (»Schämst du dich nicht, glücklich zu sein?«, 347), fördert die Schizo-Analyse nach Deleuze/Guattari die Ablösung vom ödipalen Mythos und kann dadurch »in die Psychoanalyse ein wenig Fröhlichkeit, ein wenig offenes Gelände einbringen« (145): »Die kleine Freude ist die Schizophrenisierung als Prozess« (146). Diese Freude sei nicht auf die Wissenschaft der Schizo-Analyse beschränkt, sondern wirke vornehmlich auch durch

die Kunst. Sie zeige sich z.B. am »Schizo-Lachen« (511), das einen bei den Maschinen von Jean Tinguely erfasse und an denen deutlich werde, dass die »Ordnung der Wunschmaschinen [...] in produktiver, endlich glücklich gewordener allgemeiner Schizophrenie« bestehe (515).

Auch in *Tausend Plateaus*, dem zweiten Band von *Kapitalismus und Schizophrenie*, verfolgen Deleuze und Guattari das Ziel, Lebensweisen zu bestimmen, die nicht in subjektivierten Formen münden, sondern ein ent-subjektiviertes Begehren realisieren, das als »Prozess des Werdens« beschreibbar sei (Deleuze/Guattari 1980/2005, 371). Entscheidend an diesem Werden sei nicht die Vorstellung kontinuierlicher Entwicklung, sondern die Erfahrung ereignishafter Einzigartigkeit (215). In *Dialoge* setzt Deleuze diesen Begehrensprozess explizit mit »Freude« gleich (Deleuze/Parnet 1977/1980, 73, 108).

2. Freude versus Glück? Es gibt vereinzelte Stellen bei Deleuze und Guattari, in denen Glück und Freude terminologisch unterschieden und einander entgegen gesetzt werden (z.B. Deleuze/Guattari 1980/2005, 408). Dies mag helfen, den Begriff der Freude bei Deleuze und Guattari von einem ihnen als Kontrast dienenden Glücksverständnis abzugrenzen. ›Freude‹ erscheint demnach als Name für die Befreiung vom Ich, während ›Glück‹ nach Deleuze/Guattari auf individuelle Luststeigerung und Persönlichkeitsentfaltung ziele (in diesem Sinn Colebrook 2004; 2007). Auch wenn dieser Gegensatz bei Deleuze und Guattari vor allem im *Anti-Ödipus* terminologisch nicht haltbar ist, trifft er auf inhaltlicher Ebene ein Grundmotiv, das ihr ganzes Werk durchzieht: Das Ziel der Menschen ist demnach nicht ein Glück, das diskursiv erfasst und praktisch angestrebt werden kann und eben damit der Formierung durch Staat und Kapitalismus ausgesetzt ist, sondern das Ziel des Menschen liegt darin, sich solchen Mächten durch ein dem Anspruch nach subversives ›Werden‹ zu entziehen. Dieses Werden lässt sich als eine vitale Kraft und Lebendigkeit denken, in der politische Widerständigkeit, Freude und künstlerische Kreativität zusammenfinden. Stärker noch als Foucault, bei dem das Glück des Subversiv-Werdens nur zwischen den Zeilen anklingt, versuchen Deleuze und Guattari, dieser Freude durch eine eigene Sprache Ausdruck zu geben. Damit laufen sie zwar Gefahr, die in ihr angelegte Verheißung von Vitalität und Singularität begrifflich zu überhöhen, zugleich aber entwickeln ihre Texte eine eigene Kraft, die darin liegt, jenseits und gegen alle systemisch-diskursi-

ven Zwänge Freude und Glück lebendig und begeh-
renswert zu halten.

Literatur

Colebrook, Claire: The Real and the Phantom of Happi-
ness. In: Journal of the British Society for Phenome-
nology 35/3 (2004), 246–260.
–: Narrative Happiness and the Meaning of Life. In:
New Formations 63 (2007), 82–102.
Deleuze, Gilles: Nietzsche und die Philosophie [1962].
Hamburg 1991.
–: Spinoza und das Problem des Ausdrucks in der Phi-
losophie [1968]. München 1993.
– /Guattari, Félix: Anti-Ödipus. Kapitalismus und Schi-
zophrenie I [1972]. Frankfurt a.M. 1977.
– /Guattari, Félix: Tausend Plateaus: Kapitalismus und
Schizophrenie II [1980]. Berlin ⁶2005.
– /Parnet, Claire: Dialoge [1977]. Frankfurt a.M. 1980.
Foucault, Michel: Die Geburt der Klinik. Eine Archäo-
logie des ärztlichen Blicks [1963]. Frankfurt a.M.
⁶2002.
–: Die Ordnung der Dinge. Eine Archäologie der Hu-
manwissenschaften [1966]. Frankfurt a.M. ¹³1995.
–: Archäologie des Wissens [1969]. Frankfurt a.M.
⁶1994.
–: Überwachen und Strafen. Die Geburt des Gefängnis-
ses [1975]. Frankfurt a.M. 1977.
–: Der Wille zum Wissen. Sexualität und Wahrheit 1
[1976]. Frankfurt a.M. ¹¹1999.
–: Der Gebrauch der Lüste. Sexualität und Wahrheit 2
[1984]. Frankfurt a.M. ⁶2000.
–: Die Sorge um sich. Sexualität und Wahrheit 3 [1984].
Frankfurt a.M. 1989.
–: Schriften in 4 Bänden. Dits et Ecrits. Bd. 1–4 [1994].
Frankfurt a.M. 2001–2005.
–: In Verteidigung der Gesellschaft. Vorlesungen am
Collège de France (1975–76) [1996]. Frankfurt a.M.
2001.
–: Geschichte der Gouvernementalität. Bd. I: Sicherheit,
Territorium, Bevölkerung. Vorlesung am Collège de
France 1977–1978. Bd. II: Die Geburt der Biopolitik.
Vorlesung am Collège de France 1978–1979. Frank-
furt a.M. 2004.
Miller, James: Die Leidenschaft des Michel Foucault
[1993]. Köln 1995.

Katrin Meyer

9. Theorien des guten Lebens in der neueren (vorwiegend) analytischen Philosophie. Wünsche, Freuden und objektive Güter

Trotz beachtlicher Vorläufer (z.B. Wright 1963, 5.
Kap.) ist in der analytischen Philosophie erst seit den
1970er Jahren eine verstärkte Beschäftigung mit Fragen des guten Lebens zu verzeichnen (vgl. Steinfath
1998). Anschließend an die einflussreiche Kategori-
sierung von Parfit (1984, 493–502) dient vielen die
Einteilung in Wunscherfüllungstheorien, in hedonistische Ansätze und in Theorien, die mit Listen objektiver Güter arbeiten, zur groben Orientierung
(vgl. Fenner 2007). Aus Gründen der Übersichtlich-
keit folge ich diesem schematischen Vorgehen. Die
Erörterung der drei Theorievarianten wird durch
eine kritische Schlussreflexion ergänzt. Voran stelle
ich Bemerkungen zur schwierigen Eingrenzung der
Rede vom ›guten Leben‹.

Gutes Leben und Glück

Wir können eigenes und fremdes Leben nach verschiedenen Hinsichten als gut bewerten. Jemand
kann ein moralisch gutes Leben führen oder sich in
religiöser oder politischer Hinsicht vorbildlich verhalten. In Grenzen mögen wir ein Leben auch als ästhetisch gelungen auszeichnen und wir können jemandes Lebensleistung bewundern. Außerdem gibt
es Menschen, die unserer Vorstellung davon, was es
heißt, ein Mensch zu sein, in exemplarischer Weise
genügen. Alle diese Bewertungsdimensionen können in Theorien des guten Lebens aufgegriffen werden. Ihr primäres Interesse gilt jedoch der Frage, was
es heißt, dass ein Leben (als Ganzes oder zu wichtigen Teilen) gut (bzw. in sich gut) für die Person ist,
die es führt.

Der genaue Sinn des ›gut für‹ ist umstritten (vgl.
Sumner 1996, 2. Kap.; Kraut 2007, 66ff.). Gängige
Umschreibungen besagen, dass ein Leben gut für jemanden ist, wenn es ihm zuträglich ist, ihm zum
Vorteil gereicht oder in seinem Interesse liegt. Vor
dem Hintergrund der eudämonistischen Tradition
kann es naheliegen, das für eine Person gute Leben

mit einem glücklichen Leben gleichzusetzen. Unser heutiger Glücksbegriff wird jedoch so verwendet, dass für die Beantwortung der Frage, ob jemand glücklich oder unglücklich ist, allein maßgeblich ist, wie er selbst sein Leben empfindet und bewertet (vgl. Birnbacher 2005). Ob das Leben, das jemand lebt, gut für ihn ist, scheint sich dagegen nicht ebenso offensichtlich ganz an seinen eigenen Empfindungen und Einschätzungen zu bemessen, sondern Spielraum für stärker externe Faktoren zu lassen, in deren Licht die subjektiven Bewertungen der betroffenen Person unzulänglich erscheinen können. Allerdings kann damit zugleich fraglich werden, ob Theorien des guten Lebens überhaupt eine eigenständige Bewertungsdimension zugrunde liegt. Als Anhaltspunkt dient ihnen eine Reihe von alltagsweltlich vertrauten Fragen wie ›Ist dies auch wirklich gut für dich?‹, ›Tue ich ihm damit etwas Gutes?‹ oder ›Bringt mir ein solches Leben etwas?‹. Faktisch orientieren sich nicht wenige Autoren aber an einer anderen Frage, nämlich der Frage, welches Leben insgesamt am wählenswertesten ist oder für welches alles in allem am meisten spricht; darauf soll am Ende zurückgekommen werden.

Wünsche und Ziele

Auf die Frage, welches Leben gut für jemanden ist, geben heute viele Autoren Antworten, die die unmittelbar motivierenden Einstellungen von Personen in den Mittelpunkt stellen. Da solche Einstellungen oft unter einen sehr weiten (und reichlich irreführenden) Wunschbegriff (*desire*) subsumiert werden, hat es sich eingebürgert, entsprechende Ansätze als ›Wunsch-‹ oder ›Wunscherfüllungstheorien‹ zu bezeichnen. Varianten dieser Theorie dominieren die analytisch geprägte Literatur und werden z.B. von Rawls (1971, 7. Kap.), Brandt (1979), Griffin (1986) und Seel (1995) vertreten. In einer ersten Annäherung behaupten sie, dass ein Leben gut für die Person ist, wenn sie bekommt, was sie wünscht und will, oder wenn es ihr im Leben, wie Kant sagt, »nach Wunsch und Willen« geht (Kant KpV, A 224).

Fragen des guten Lebens in dieser Weise anzugehen, ist aus verschiedenen Gründen attraktiv. Wir verstehen uns als aktive Wesen, die ein Leben nicht nur haben, sondern es führen und gestalten, indem sie ihren Wünschen und ihrem Wollen entspringende Ziele und Projekte verfolgen. Ob wir erreichen, was wir uns vornehmen, ist für unser Wohl und Wehe wichtig. Da Menschen ganz unterschiedli-

che Wünsche und Ziele haben, kann die Wuncherfüllungstheorie auch gut die Pluralität von Möglichkeiten, ein gutes Leben zu führen, erklären. Zugleich muss sie nicht bestreiten, dass es Voraussetzungen wie ein Minimum an Gesundheit, Sicherheit und Freiheit gibt, auf die alle Menschen unabhängig von ihren konkreten Wünschen und Zielen angewiesen sind, und dass es sehr allgemeine Ziele geben kann, an denen allen Menschen gelegen ist. Die Wuncherfüllungstheorie scheint zudem geeignet, den Sinn, in dem ein Leben ›gut für‹ jemanden ist, zu erhellen. Sie deutet ihn als Verweis auf die Bewertungsperspektive des Subjekts selbst, die im Kern eine *volitive* sei. Und schließlich harmoniert der Rekurs auf das je eigene Wünschen und Wollen mit dem in liberalen politischen Theorien vorwaltenden Autonomie-Ideal sowie mit ökonomischen Theorien, die Nutzen auf Präferenzen zurückführen.

Indessen kann die Wuncherfüllungstheorie in keiner ihrer zahlreichen Varianten als umfassende Theorie des guten Lebens überzeugen. Die simple Version, die das Gelingen eines Lebens als Funktion von Anzahl und Gewicht der erfüllten Wünsche der Person begreift, geht offenkundig in die Irre. Viele unserer Wünsche sind zu flüchtig, um die Qualität unseres Lebens zu beeinflussen. Unsere Wünsche können sich auf alles Mögliche beziehen, auch auf solches, das nichts mit dem eigenen Leben zu tun hat (wie die Zukunft der eigenen Enkel, die man nicht erleben wird, oder den Schutz einer bedrohten Tierart, mit der man nie in Kontakt kommt). Ihre Erfüllung kann für unser Leben gleichgültig oder desaströs sein, und ein Leben ganz nach Wunsch und Wille wäre ein wunschloses Leben ohne offene Zukunft und inneren Antrieb. Darüber hinaus sind uns manche unserer Wünsche lästig oder peinlich, so dass wir uns von ihnen distanzieren.

Die Schwächen der simplen Version werden von den heutigen Vertretern der Wuncherfüllungstheorie einhellig anerkannt und haben sie zu zahlreichen Reparaturmaßnahmen veranlasst. Dem Problem, dass sich Wünsche auf alles Mögliche richten können, wird mit einer Umstellung von lokalen Wünschen, die einzelnen Zuständen in der Welt gelten, auf globale Wünsche begegnet, die sich auf größere Einheiten des eigenen Lebens oder darauf, wie man insgesamt leben möchte, beziehen (vgl. Parfit 1984, 497). Diverse Informationsanforderungen sollen verhindern, dass Wünsche fehlgeleitet sind und ihre Erfüllung dem Betroffenen selbst schadet. ›Informiert‹ oder ›rational‹ sollen etwa solche Wünsche sein, an denen man festhalten oder die man neu hegen würde, wüsste man über die Umstände ihrer Realisierung hinreichend Bescheid (*informed preferences*). Daraus ergibt sich eine Reihe von Folgeproblemen. Stark idealisierte Informationsanforderungen können sich so weit von den faktischen Wünschen der Person entfernen, dass undeutlich wird, inwiefern das Leben, das die Person führen würde, hätte sie aufgrund viel größeren Wissens ganz andere Wünsche, noch *ihr* Leben wäre. Andere Informations- und Rationalitätskriterien arbeiten mit Adäquatheitsvorstellungen, die unter der Hand Bewertungsstandards heranziehen, die nicht mehr die der Person selbst sind. So wird beispielsweise verlangt, dass sich ein informierter Wunsch dem richtigen Verständnis der Natur seines Gegenstands verdanken müsse (Griffin 1986, 14). Andere möchten neurotische Wünsche ausschließen und Wünsche in angemessenen Werturteilen fundiert sehen (Fenner 2007, 63 ff.). Wieder andere begreifen rationale Wünsche als Teil »sinnvoller Lebenskonzeptionen« (Seel 1995, 93) oder empfehlen, solche Wünsche zu favorisieren, »deren Verwirklichung die reichere Erfüllung verspricht« (92). Doch damit werden die Grenzen von Wunscherfüllungstheorien entweder in Richtung auf stärker objektive Konzeptionen oder auf hedonistische Ansätze überschritten.

Die Bestimmung eines guten Lebens über die Verwirklichung aufgeklärter Wünsche läuft in ein Dilemma. Entweder führt sie Maßstäbe wie Werthaftigkeit, Normalität oder affektive Befriedigung ein, die dem Wünschen als solchen äußerlich bleiben. Oder sie stellt es tatsächlich dem Einzelnen anheim, wie er mit zusätzlichen Informationen über die Gegenstände seines Wünschens umgeht. Dann gibt es jedoch keine Garantie dafür, dass die Erfüllung seines informierten Wünschens ihm zuträglich ist.

An diesem Dilemma ändert sich nichts, wenn statt von Wünschen von Zielen ausgegangen wird (vgl. Raz 1986, 12. Kap.; Fenner 2007, Kap. 4.2). Da wir uns unsere Ziele selbst setzen oder sie zumindest gutheißen müssen, wird ihre Hervorhebung besser dem aktiven Charakter unseres Lebens gerecht. Wir vollziehen unser Leben wesentlich in zielgerichteten Tätigkeiten, die unserem Leben eine gewisse Einheit verleihen und die wir oft gerade als zielgerichtete um ihrer selbst willen schätzen. Aber natürlich können auch unsere Ziele fehlerhaft sein, und ihr Erreichen kann uns unglücklich machen. Außerdem kann uns die Fixierung auf Ziele blind für die weniger aktiven und zukunftsbezogenen Seiten unseres Lebens ma-

chen. Ein einseitig aktivisches und rationales Bild zeichnen insbesondere jene, die Rawls folgen und das Gelingen eines Lebens von der Realisierung umfassender Lebenspläne abhängig machen (Rawls 1971, 7. Kap.). Nicht jeder plant sein Leben, und mancher verplant es. Richtig ist indes, dass unsere einzelnen Ziele und Pläne in der Regel Teil umfassenderer Orientierungen sind und dass von diesen wesentlich abhängt, wie es uns ergeht. Einige Autoren versuchen dem entweder durch einen sehr weiten (und so abermals irreführenden) Zielbegriff (so Raz 1986, 12. Kap.) oder durch Umschreibungen gerecht zu werden. Wohl am besten passt es, von dem zu sprechen, was einer Person wichtig ist, was für sie zählt oder worum sie sich sorgt (vgl. Frankfurt 1988). Wir können so u.a. berücksichtigen, dass uns nicht nur am Was, sondern auch am Wie unseres Tuns liegt. Wir möchten im Leben nicht nur bestimmte Dinge erreichen, sondern auch eine bestimmte Art von Person sein (vgl. Steinfath 2001, 7. Kap.). Das, was uns am meisten am Herzen liegt, kann sich freilich als etwas entpuppen, das nicht gut für uns ist.

Genau besehen sagt uns die Wunscherfüllungstheorie nicht, was es heißt, dass ein Leben gut für jemanden ist. Vielmehr macht sie uns in ihren einsichtigsten Varianten auf unverzichtbare Quellen eines guten Lebens aufmerksam. Sie erinnert uns daran, dass niemand ein gutes Leben im Vollzug von Tätigkeiten finden kann, an denen ihm nicht liegt. Insofern lässt sich niemandes Leben gegen dessen Willen verbessern. Aber er kann das Falsche wollen.

Lust und Freude

Wunschtheorien kranken daran, dass uns die Befriedigung unserer Wünsche und Ziele selbst unbefriedigt lassen kann. Diese Lücke zwischen Wunscherfüllung und eigener Erfüllung versprechen hedonistische Theorien zu schließen. Hedonisten beantworten die Frage nach dem für den Einzelnen guten Leben in erster Näherung so, dass sie das gute Leben mit dem lustvollen Leben oder dem Leben, dessen wir uns erfreuen, gleichsetzen. Diese Antwort findet sich schon in der Antike (s. Kap. III.1–5), sie ist von den Klassikern des Utilitarismus (s. Kap. V.1) vorausgesetzt worden und hat auch heute versierte Vertreter (z.B. Feldman 2004).

Wie Wunschtheoretiker stehen Hedonisten zunächst vor der Schwierigkeit, die mentalen Zustände und Einstellungen, die sie in den Mittelpunkt rücken, genauer fassen zu müssen. Die einfacheren Versionen des Hedonismus rekurrieren auf Lust und Schmerz als distinkte Empfindungen, die sich auf eine besondere, nur aus der Innenperspektive erfahrbare Weise anfühlen. Das in sich Gute soll die Gefühlsqualität der Lustempfindung sein, die sich ganz unterschiedlichen Ursachen – einem guten Essen, dem Hören von Musik, der Beschäftigung mit philosophischen Problemen usw. – verdanken können. Die Güte eines Lebens soll sich dem schlichten Hedonismus zufolge an seiner Lustbilanz bemessen, also grob daran, wie viel, wie dauerhafte und wie intensive Lustempfindungen es enthält. Dagegen wird manchmal angeführt, dass sich Lustempfindungen oft erst im Verlauf von Tätigkeiten einstellen, die wir aus anderen Gründen ausüben, und dass ein ganz auf die sensorische Lust abgestelltes Leben schnell seinen Tribut in Form von Überdruss und innerer Verödung fordert.

Tiefer reichen Bedenken, die die Einsichten der Wunschtheorie aufnehmen. Verstanden als rein mentale Zustände sind Lust und Schmerz solipsistische Empfindungen, die sich nicht auf Gegenstände und Situationen in der Welt beziehen und sich gegenüber der Art ihrer Verursachung gleichgültig verhalten. Uns liegt jedoch nicht nur an unseren Empfindungsqualitäten, sondern an unserem Verhältnis zur Welt und der Gestalt unseres Lebens. Für das, was uns wichtig ist, können wir erhebliche Schmerzen in Kauf nehmen, ohne es später bereuen zu müssen. Meist sind gerade die Tätigkeiten, mit denen wir uns am stärksten identifizieren, mit Anstrengungen verbunden. Sigmund Freud wollte am Ende seines Lebens lieber bei klarem Bewusstsein bleiben, als sich durch Morphium von seinen Schmerzen zu befreien (vgl. Griffin 1986, 8); der Asket verzichtet freiwillig auf Lustempfindungen, die nicht zu seiner Auffassung vom Leben passen. Der Hedonist, der beiden vorwirft, etwas zu tun, was nicht gut für sie ist, wird zum Paternalisten, der die Bewertungssouveränität des Subjekts hinsichtlich des eigenen Lebens radikal in Frage stellt. Zugleich muss er bereit sein, jede Form von Täuschung und Manipulation zu billigen, sofern sie nur die richtige Menge an Lustempfindungen stimuliert. Robert Nozick hat dagegen das Gedankenexperiment einer Maschine entworfen, die uns die aufregendsten und befriedigendsten Erlebnisse durch die Erzeugung perfekter Illusionen bereiten könnte (Nozick 1974, 42 ff.). Da wir den Kontakt zur Realität suchen und für uns zählt, worauf sich unser Erleben gründet, würde sich kaum einer an diese Maschine anschließen wollen,

obwohl es andererseits ein Kurzschluss ist zu meinen, uns müsse immer mehr an der Wahrheit als an der Illusion liegen. Der Film *The Matrix* der Brüder Wachowski führt diese Abwägung in aller Anschaulichkeit durch.

Selbst der simple Hedonist trifft etwas Richtiges: Ein Leben, das keinerlei Lustempfindungen kennt, ist schwerlich ein gutes, und kein Leben kann gut für jemanden sein, das ganz im Schatten chronischer Schmerzen steht. Wichtiger ist aber, dass eine hedonistische Theorie nicht allein Lustempfindungen zur Basis eines guten Lebens erklären muss. Stattdessen kann sie unsere intentionalen (also objektgerichteten) emotionalen Reaktionen betonen. Entscheidend ist dann nicht, wie viel Lust wir empfinden, sondern dass unser Leben von Tätigkeiten und Konstellationen geprägt ist, an denen wir uns freuen, und dass wir dieses Leben selbst als erfüllt und befriedigend erleben.

Das Urteil über diese differenzierte Form des Hedonismus, die Feldman »attitudinal« im Unterschied zum »sensory hedonism« nennt (Feldman 2004, 4. Kap.) und die eine offenkundige Nähe zu Wunschtheorien aufweist, entscheidet sich nicht zuletzt am Verhältnis von Glück und gutem Leben. Ein glückliches Leben zu haben, setzt voraus, sich seines Lebens zu freuen, und diese Freude über das eigene Leben ist nicht sensorischer Natur, sondern eine intentionale Werthaltung zum Leben. Von daher fällt eine solche Theorie des Glücks unter einen erweiterten Hedonismus. Es ist aber schwer vorstellbar, dass ein für die Person selbst gutes Leben ein unglückliches ist; zumindest muss es eines sein, das sie als befriedigend erlebt und beurteilt. Andernfalls bliebe unerfindlich, was Aussagen über das Leben, das gut für jemanden ist, noch von Aussagen über die moralische, ästhetische oder religiöse Qualität des Lebens unterscheiden sollte. Dass ein gutes Leben ein halbwegs glückliches sein muss, heißt freilich nicht, dass jedes halbwegs glückliche Leben ein gutes ist. Der »attitudinale« Hedonismus streicht insofern zunächst nur ein notwendiges, nicht auch schon ein hinreichendes Moment eines für den Einzelnen guten Lebens heraus.

Was kann einem glücklichen Leben zu einem guten Leben fehlen? Als Antwort wird üblicherweise auf Defizite verwiesen, die im Rahmen der Wunschtheorie zur Qualifizierung von Wünschen als ›informiert‹, ›rational‹, ›nicht neurotisch‹ usw. nötigen. Wer in den sein Leben prägenden Tätigkeiten und Konstellationen Erfüllung findet und sein Leben insgesamt als glücklich erachtet, kann Irrtümern und Täuschungen aufsitzen. Vielleicht ist man nur glücklich, weil man glaubt, von Anderen geliebt und geachtet zu werden, während man in Wirklichkeit Opfer ihres Spotts is. Und vielleicht können sich Menschen an ein Leben der Unterdrückung, Manipulation und Armut so anpassen, dass sie damit zufrieden sind. Weder im einen noch im anderen Fall müssen diejenigen, die über ihre Lage aufgeklärt werden, bestreiten, dass sie glücklich waren; ihr Glück mag auf Illusionen beruht haben, es wird deswegen aber nicht zu einem ›illusionären‹ Glück. Aber sie können finden, dass der Preis für ihr Glück zu hoch war und so das Leben, das sie führten, kein für sie gutes war.

Güter und menschliche Lebensform

Wunscherfüllungstheorien und hedonistische Ansätze sind in dem Sinn subjektivistische Theorien des guten Lebens, dass sie das Gutsein eines Lebens von den Einstellungen dessen, der es führt, abhängig machen. Objektivistische Konzeptionen kappen diese Verbindung oder schwächen sie erheblich ab. Sie sind heute mehrheitlich lose an Aristoteles orientiert (s. Kap. III.2). Grob besagen sie, dass es den Einstellungen des Subjekts vorgängige Maßstäbe gibt, an denen sich bemisst, ob ein Leben gut für jemanden ist oder nicht.

Eine Reihe von Autoren arbeitet mit Listen von Gütern, die in einem guten Leben vorhanden zu sein hätten. So hat Amartya Sen gegen utilitaristische Wohlfahrtskonzepte die Wichtigkeit von Funktionen (*functions*) und Befähigungen (*capabilities*) für jemandes Wohl ins Feld geführt (Sen 1993). Funktionen sind die Tätigkeiten und Seinsweisen, die eine Person realisiert, Befähigungen die Freiheiten oder Möglichkeiten zur Ausübung von Funktionen. Basale Funktionen sind z.B. wohlgenährt zu sein, gesund zu sein und sich selbst zu achten. Martha Nussbaum hat eine anspruchsvollere Liste erstellt, in der Güter wie die Ausübung der praktischen Vernunft, die Verbundenheit mit anderen Menschen, die Anteilnahme an der Natur, Humor und Spiel auftauchen (Nussbaum 1993). Auf dieser Ebene benennen objektivistische Konzeptionen des Guten jedoch allenfalls notwendige Voraussetzungen für ein gutes Leben und stehen nicht notwendig in Konkurrenz zu Wunschtheorien und zum Hedonismus. Solange sie keine Auskunft über den Grund der Güterauswahl geben, können sie auch als Versuche verstanden werden, typische Realisierungsbedingungen für

unsere Ziele (so konzipiert Rawls seine »Grundgüter«) oder verbreitete Quellen von Zufriedenheitsgefühlen zusammenzustellen.

Theoretisch fruchtbarer sind teleologische und perfektionistische Ansätze, die Lebens- und Glücksgüter in der Nachfolge von Aristoteles' Begriff des menschlichen *ergon* auf die Entfaltung exemplarischer Fähigkeiten beziehen, die das Wesen oder die Natur des Menschen ausmachen sollen. In dieser Sicht führt ein Mensch etwa dann ein gutes Leben, wenn seine für Menschen typischen sensorischen Fähigkeiten nicht beeinträchtigt sind, sein emotionales Leben hinreichend differenziert ist, er die für Menschen charakteristischen sozialen Kompetenzen erworben hat und seine kognitiven Leistungen das bei Menschen Übliche zumindest erreichen. Von einem solchen Menschen könne gesagt werden, er ›gedeihe‹, so wie auch eine Pflanze oder ein Tier gedeihen, wenn sie den Anforderungen ihrer artspezifischen Lebensform gerecht werden (vgl. Kraut 2007, 3. Kap.; Foot 2001). Diese Grundidee lässt sich in verschiedene Richtungen variieren. Statt auf die Entfaltung der Gattungsmerkmale zu setzen, kann die Realisierung und Differenzierung der je individuellen Potentiale – mithin die ›Selbstverwirklichung‹ – zum Kern eines guten Lebens erklärt werden (vgl. z.B. Gewirth 1998). Oder es können die Tätigkeiten, in denen jemand sein Leben vollzieht, im Licht nicht der allgemein menschlichen, sondern der spezifisch kulturellen Lebensform, also anhand sozial geteilter Maßstäbe beurteilt werden (so in der Tendenz z.B. MacIntyre 1981; Raz 1986, 307 ff.).

Anders als manchmal behauptet wird, sind auch die naturteleologischen Varianten dieser Theorie nicht an obsolete Vorstellungen von einer objektiven Teleologie gebunden. Wir können ohne Anleihen bei einer überkommen Metaphysik von einer menschlichen Lebensform und dem für Menschen Typischen, das sich nicht mit dem statistisch Normalen decken muss, sprechen. Und richtig ist auch, dass in die Bewertung von eigenem und fremdem Leben Vorstellungen von der menschlichen Natur wie auch von der individuellen Natur und von sozialen Erfordernissen eingehen. In besonderem Maß gilt dies für die Perspektive von wohlwollenden Eltern bzw. generell von Menschen, die für Heranwachsende Sorge tragen. Eltern, die die geistige Entwicklung ihrer Kinder künstlich beschränkten, weil diese so ein lustvolleres Leben hätten oder weniger unter der Frustration ihrer Wünsche zu leiden hätten, würden selbst dann als grausam und irregeleitet verurteilt werden, wenn ihre Annahmen über Lust und Wunscherfüllung zuträfen. Das deutet darauf hin, dass subjektivistische Theorien des guten Lebens unreflektiert Normalitätsvoraussetzungen machen. Doch umgekehrt kommen noch die gängigen objektivistischen Konzeptionen, die auf teleologisches und perfektionistisches Gedankengut zurückgreifen, nicht über die Formulierung allenfalls notwendiger Bedingungen für ein gutes Leben hinaus. Implizit sind sie (wie schon Platon) am Modell physischer Gesundheit ausgerichtet. Jemand kann sich gesund fühlen, ohne es doch zu sein, und er kann sich krank wähnen, obwohl er kerngesund ist (s. Kap. VIII.5). Aber ein Mensch, der die menschentypischen Fähigkeiten in großer Breite und ungewöhnlicher Höhe verwirklichte, sich dabei aber unglücklich fühlte, führte kein gutes Leben (man denke etwa an eine vielseitig begabte und weithin bewunderte Person, die ihr Leben dennoch als leer empfindet). Und jemand, der zufrieden ist, kann ein gutes Leben führen, obwohl seine Kompetenzen recht eingeschränkt sein mögen; dass er notwendig ein besseres Leben führte, würde er seine Potentiale ganz ausschöpfen oder hätte er überhaupt größere Fähigkeiten, erscheint zweifelhaft (man denke z.B. an Menschen, die sich in einem sehr beschränkten Tätigkeitskreis bewegen, sich aber in der Natur oder einer Tradition aufgehoben fühlen). Hier ist die subjektive Bewertung, die ihrerseits entscheidend von den generellen Wertorientierungen der Person bestimmt wird, selbst konstitutiv für das Gutsein des eigenen Lebens. Solange wir es mit Pflanzen und Tieren zu tun haben, mögen die Urteile darüber, ob ein Wesen ein gutes Exemplar seiner Art ist, und die Einschätzung dessen, was gut für es ist, nahtlos ineinandergreifen. Bei Wesen mit eigenem subjektiven Standpunkt, eigenen Wünschen und Gefühlen, Zielen und Werten, kann beides auseinandertreten (vgl. Sumner 1996, 79).

Offene Fragen

Es dürfte sinnvoll sein, alle drei angeführten Theorievarianten in eine hybride Konzeption des guten Lebens zusammenzuziehen. Ausgangspunkt könnte ein erweiterter *Hedonismus* sein (vgl. Sumner 1996, 6. Kap.). In einem ersten Schritt wäre festzuhalten, dass ein gutes Leben ein hinreichend glückliches sein muss. Glück wiederum bemisst sich daran, wie jemand sein Leben erlebt und affektiv bewertet, ob er mit ihm zufrieden ist und sich an ihm freut. Woran

wir uns freuen und worin wir Erfüllung finden, hängt aber wesentlich von unseren Zielen und weiteren praktischen Orientierungen ab, die in *Wunschtheorien* thematisiert werden. Doch ist deren Ausbildung und Verwirklichung erstens an soziale Bedingungen gebunden, vor allem an soziale Rollen als Sinnangebote. Zweitens kommt die menschliche Natur ins Spiel, und zwar zum einen über Grundbedürfnisse, ohne deren Befriedigung niemand erreichen kann, was er sich vornimmt, und zum anderen über Vorstellungen von einer menschlichen Lebensform, die sehr allgemeine Normalitätsstandards generieren. Insoweit treffen auch *Objektivisten* etwas Richtiges. Dabei bleiben mindestens zwei gravierende Probleme.

Objektivistische Theorien leben davon, dass weder das Leben, das sich einer wünscht, noch das Leben, mit dem er zufrieden ist, ein für ihn gutes Leben sein muss, weil seine Wünsche, Gefühle und Selbstbewertungen das Resultat von Irrtümern und Täuschungen sein können. Doch Verweise auf die menschliche Natur oder soziale Wertungsstandards liefern nur unzulängliche Kriterien für das Gutsein eines Lebens, weil sie entweder zu allgemein sind oder der Subjektivität des Einzelnen nicht gerecht werden. Nötig wären Anhaltspunkte, die die Mängel subjektiver Bewertungen zu durchschauen erlaubten und gleichwohl nicht die Bewertungssouveränität des Einzelnen radikal in Frage stellten. Es ist vorgeschlagen worden, das Gutsein eines Lebens an die autonomen und authentischen Bewertungen des Subjekts selbst zu binden (vgl. Sumner 1996, 156 ff.; Steinfath 2001, 9. Kap.). Aber es ist unklar, ob damit die Suche nach objektivierbaren Kriterien nicht nur verschoben und das gute Leben außerdem an ein strittiges Selbstbestimmungsideal geknüpft wird.

Das zweite Problem enthüllt eine Ambivalenz in der Rede vom ›Guten‹. Wir mögen eine ungefähre Vorstellung davon haben, was es heißt, dass ein Leben gut für die Person ist, die es führt. Wir überlegen oft, was für jemanden gut oder schlecht ist, vielleicht am stärksten, wenn wir uns um andere sorgen. Aber es ist nicht selbstverständlich, dass wir unsere praktischen Überlegungen darauf fokussieren (vgl. Scanlon 1998, 3. Kap.). Wenn mit dem für uns Guten ein distinkter Wert gemeint ist, dann ist offen, ob das insgesamt wählenswerteste Leben auch das Leben ist, was gut für uns ist. Unser eigenes Glück, Wohl oder Gut ist erst einmal ein Ziel unter anderen. Es ist nicht ausgemacht, dass diejenigen, die sich für andere opfern oder ihr Leben einem Gott weihen oder alles der Ehre unterordnen, damit nur auf ihre Weise dem nachstreben, worin sie das für sie Gute sehen. Und wenn wir uns selbst überlegen, welchen Tätigkeiten wir nachgehen sollten, ist für uns in der Regel eine Vielzahl von Bewertungsdimensionen (moralische, ästhetische usw.) von Belang. In vielen Theorien des guten Lebens bleibt die Differenz zwischen dem für mich Guten und dem, was ich (gegebenenfalls zu Recht) für erstrebenswert halte, verborgen, weil sie mit den antiken Ethiken davon ausgehen, dass das (eigene) Glück das höchste Gut ist. Wenn wir diese Annahme aufgeben, ist zunächst unklar, wo wir Antworten auf die Frage zu finden hoffen dürfen, wie wir leben sollten.

Aber wir stehen damit nicht vor einem unauflösbaren Rätsel, sondern werden nur an die Schwierigkeiten erinnert, die uns aus allen nicht rein instrumentellen praktischen Überlegungen und Orientierungen vertraut sind. In der Philosophie ist immer wieder versucht worden, die mit ihnen verbundenen Unsicherheiten durch die Festlegung eines letzten Ziels wie das Glück oder eines unhintergehbaren Rahmens wie die Moral aufzuheben. Doch können wir, wie es scheint, in unserem Leben auch ohne letzte Bezugspunkte zurechtkommen, indem wir uns für neue Erfahrungen offen halten und uns mit temporären Situations- und Sinndeutungen zufrieden geben. Es gibt keine unumstößlichen Vorrangregeln, die Konflikte zwischen persönlichen Glücksansprüchen, moralischen Prinzipien, politischen und persönlichen Idealen oder religiösen Überzeugungen stets zugunsten eines Werts zu entscheiden erlaubten. Eine eigene Tragik liegt darin wohl nur für diejenigen, die nach einem vollkommen guten Leben streben und dieses Streben der *conditio humana* zurechnen.

Literatur

Birnbacher, Dieter: Philosophie des Glücks. In: e-Journal Philosophie der Psychologie (März 2005), 1–16.

Brandt, Richard: A Theory of the Good and the Right. Oxford 1979.

Feldman, Fred: Pleasure and the Good Life. Oxford 2004.

Fenner, Dagmar: Das gute Leben. Berlin 2007.

Foot, Philippa: Natural Goodness. Oxford 2001.

Frankfurt, Harry: The Importance of What We Care About. Cambridge 1988.

Gewirth, Alan: Self-Fulfillment. Princeton 1998.

Griffin, James: Well-Being. Oxford 1986.

Kant, Immanuel: Kritik der praktischen Vernunft [1788]
[KpV]. In: Ders.: Werke in 12 Bänden (Hg. W. Weischedel). Bd. VII. Frankfurt a.M. 1968.

Kraut, Richard: What Is Good and Why. The Ethics of Well-Being. Cambridge, MA 2007.

MacIntyre, Alasdair: After Virtue. London 1981.

Nozick, Robert: Anarchy, State, and Utopia. Oxford 1974.

Nussbaum, Martha: Menschliches Tun und soziale Gerechtigkeit. Zur Verteidigung des aristotelischen Essentialismus. In: Micha Brumlik/Hauke Brunkhorst (Hg.): Gemeinschaft und Gerechtigkeit. Frankfurt a.M. 1993, 323–361.

Parfit, Derek: Reasons and Persons. Oxford 1984.

Rawls, John: A Theory of Justice. Cambridge, MA 1971.

Raz, Joseph: The Morality of Freedom. Oxford 1986.

Scanlon, Thomas: What We Owe to Each Other. Cambridge, MA 1998.

Seel, Martin: Versuch über die Form des Glücks. Frankfurt a.M. 1995.

Sen, Amartya: Capability and Well-Being. In: Martha Nussbaum/Ders. (Hg.): The Quality of Life. Oxford 1993, 30–53.

Steinfath, Holmer: Die Thematik des guten Lebens in der gegenwärtigen philosophischen Diskussion. In: Ders. (Hg.): Was ist ein gutes Leben? Frankfurt a.M. 1998, 7–31.

–: Orientierung am Guten. Frankfurt a.M. 2001.

Sumner, Lawrence: Welfare, Happiness, and Ethics. Oxford 1996.

Wright, Georg Henrik von: The Varieties of Goodness. London 1963.

Holmer Steinfath

10. Glück in Theorien der Lebenskunst. Zwischen Spiel und Erfüllung

Der Ausdruck ›Lebenskunst‹ (gr. *technê tou biou*, lat. *ars vivendi*) bezeichnet prägnant die Lebensnähe der antiken Tugendethik. Obwohl die moderne Ethik mit der Tugendethik gebrochen hat und die unbedingte Geltung allgemein verbindlicher Normen postuliert, ist seit der Rehabilitierung der praktischen Philosophie in den 1970er Jahren die Lebenskunst im Ansehen gestiegen (Riedel 1972). Sie hat sich zu einer neuen Synthesis entwickelt, die antike und moderne Aspekte der ethischen Reflexion zu integrieren versucht (Krämer 1992; Horn 2009). Als integrale Disziplin formuliert sie Regeln, wie die Menschen ihr Leben nach ihren eigenen Vorstellungen und zugleich moralisch verantwortlich führen können. Der logische Status bewegt sich im Bereich zwischen deskriptiven und präskriptiven Theorien.

Die Zwischenstellung der Lebenskunst ergibt sich daraus, dass sie von mehreren Parametern abhängt. Der wichtigste Parameter ist das menschliche Streben nach Glück. Allerdings ist der Glücksbegriff eine unbestimmte Variable, so dass als Ziel der Lebenskunst häufig alternative Qualifikationen genannt werden: ›gutes Leben‹, ›erfülltes Leben‹, ›gelungenes Leben‹. Aus dem Glücksbegriff folgt, welches Verständnis von ›Kunst‹ der Theorie zugrunde liegt. Das gesamte Spektrum von handwerklicher Technik bis zur ästhetischen Gestaltung steht zur Verfügung. Entsprechend variieren die Regeln zum Glücklichwerden. Sie reichen von objektiven Klugheitsregeln bis zu subjektiven Ratschlägen (Luckner 2005; Zimmer 2008).

Die genannten Parameter, von denen die Theorien der Lebenskunst abhängen, haben ihren letzten Bezugspunkt im Menschenbild. Die Antike ging vom Dualismus von Sinnlichkeit und Verstand aus, mit dem die Tugendethik gut arbeiten konnte. Die Moderne begreift den Menschen dagegen als komplexes System widerstreitender Emotionen und Überzeugungen, die sich nur schwer in Einklang bringen lassen. Hinzu kommt, dass das Menschenbild sich nicht objektivistisch aus den Wissenschaften vom Menschen ergibt, sondern aus der Art resultiert, wie die Menschen das Wissen auf sich selbst beziehen. Diese Faktoren machen die Komplexität der Lebenskunst aus, wie sie sich in ihrer wechselvollen Geschichte von der griechischen Antike bis zur Gegenwart spie-

gelt (Werle 2000). Die folgende Darstellung will allerdings keine historischen Detailanalysen liefern, sondern Idealtypen der Lebenskunst in systematischer Absicht entwerfen.

Antike Lebenskunst: teleologisch

Die antike Lebenskunst zeigt unterschiedliche Gesichter. Für die klassische Zeit gilt ein objektiver Glücksbegriff, in dem Glück und Tugend zusammenfallen, so dass Ethik und Lebenskunst nicht in Opposition treten (Hadot 1995/1999; Horn 1998; s. Kap. III.1–5). Die teleologische Denkform der Antike ist auf Teilhabe des Bürgers an der politischen oder kosmischen Ordnung ausgerichtet und garantiert so die Realisierung objektiver Glücksmodelle (vgl. Schälike 2004). Anders verhält es sich mit dem Glücksbegriff im Hellenismus. Durch die Auflösung der Polis sieht sich der einzelne Mensch auf sich selbst gestellt, so dass Glück zu einem subjektiven Gut wird. Die Privatisierung des Glücks hält sich bei den Stoikern noch im Rahmen der kosmischen Ordnung, die Epikureer hingegen verlegen das Glück in die Lust, wobei Epikur unter Lust Freiheit von Unlust versteht (Hossenfelder 1985).

Trotz der Glückssubjektivierung halten die hellenistischen Schulen an allgemeinen Regeln der Lebensführung fest (Hossenfelder 2004). Allein die Art der Regeln ist unterschiedlich. Epikur formuliert diätetische Rezepte für den Umgang mit Bedürfnissen, die Lebenskunst der Stoa hingegen zielt auf Einstellungen gegenüber den unabänderlichen Dingen des Lebens. Da nach Meinung der Stoiker die Menschen mehr von Meinungen als von Fakten geleitet werden, lassen sich die Affekte durch Einsicht steuern. Insofern ist der Unterschied zwischen stoischer *Apathie* und epikureischer *Ataraxie* so groß nicht, wie er auf den ersten Blick erscheinen mag.

Die antike Lebenskunst verbindet verschiedene Modelle der Kunst: die Hebammenkunst bei Sokrates, die Handwerkskunst bei Aristoteles, die Kunst der ›Abrichtung‹ bei Epikur und die Kunst der Urteilsbildung in der Stoa. So verschieden diese Künste auch sein mögen, es handelt sich um erlernbare Techniken, die mit Sicherheit zum Glück als höchstem Gut und letztem Zweck des menschlichen Lebens führen. Anders als moderne Begriffe von Ästhetik, die ein hohes Maß an Unbestimmtheit enthalten, bestätigen die antiken Techniken die teleologische Denkform der vorgängigen Übereinstimmung von Mensch und Welt.

Neuzeitliche Lebenskunst: rationalistisch

Als Reaktion auf die mittelalterliche Entwertung des irdischen Lebens greift die Entdeckung des Menschen und der Welt in der Renaissance auf antike Denkformen zurück. Mit dem Primat der Vernunft vertritt auch die Neuzeit einen objektiven Glücksbegriff, aber in der Vorstellung vom Glück besteht doch ein wesentlicher Unterschied. Die Teleologie des antiken Logos weicht einem dynamischen Lebenskonzept, das dem kapitalistischen Gesellschaftssystem entspricht. So entwickelt Condorcet eine Sozialtechnologie (»art social«) und Friedrich Schiller in seinen Briefen *Über die ästhetische Erziehung des Menschen* ein Programm der Vereinigung von Leben und Gestalt (1795). Immanuel Kant schließlich verwirft den antiken Eudämonismus und trennt die Pflichtethik von der Lebenskunst, die als empirische Klugheitslehre nur einen untergeordneten Platz in der *Anthropologie in pragmatischer Absicht* (1789) einnimmt (Sommerfeld-Lethen 2004; s. Kap. V.3).

Im Zeitalter der Aufklärung ist der Glücksbegriff natürlich nicht ganz verschwunden. Nur wird Glück nicht mehr als Gefühl geschätzt, sondern als Denkform. Glück liegt in der Klarheit der Gedanken, die dem Menschen gleich welchen Standes Sicherheit und Selbstbewusstsein vermittelt. Aufgabe der vernünftigen Lebenskunst ist es daher, Regeln zu entwickeln, die Orientierung im Denken ermöglichen, so dass Lebenskunst als rationale Affektregulierung auftritt. Darin gleicht die neuzeitliche Lebenskunst der stoischen Theorie, freilich mit dem Unterschied, dass praktische Vernunft *more geometrico* eingesetzt wird. Die Affektenlehre in Spinozas *Ethik* (1677; s. Kap. IV.4) ist ein Beispiel dafür, wie stark der Tugendbegriff formalisiert und das Streben nach Glück rationalisiert werden können.

Der rationalistische Typus der Lebenskunst folgt der einflussreichen *Logique de Port Royal* (1662) von Arnauld und Nicole. Gefragt sind Regeln des Vernunftgebrauchs zur realistischen Beurteilung von Situationen, in denen man sich befindet. Dabei ist zu beobachten, dass die Regeln vorrangig gegenüber den Zwecken werden, ja die Beherrschung von Regeln wird zum Selbstzweck. Die Verschiebung von den Zwecken auf die Mittel hat zur Folge, dass die sozialen Theorien der Lebenskunst einem politischen Kunstverständnis folgen. Für den Umgang mit anderen Menschen, aber auch für den Umgang mit sich selbst hat Adolph Freiherr von Knigge im deutschen Sprachraum Regeln kodifiziert, die den Werte-

kanon der aufkommenden bürgerlichen Gesellschaft spiegeln (Knigge 1788/1975).

Spätromantische Lebenskunst: voluntaristisch

Zu Beginn des 19. Jahrhunderts ist ein neuer Typus von Lebenskunst entstanden, der seinen Anfang mit Arthur Schopenhauer nimmt. In seinem Hauptwerk *Die Welt als Wille und Vorstellung* (1819) weist er Kants Sollensethik als unverträglich mit der Natur des Menschen zurück. Schopenhauer geht vom Primat des Willens aus, dessen in sich zerrissene Triebhaftigkeit das Leben zum dauernden Leiden macht. In der Mitleidsethik sieht Schopenhauer den einzigen Weg der Erlösung vom Leiden durch radikale Verneinung des Willens zum Leben (s. Kap. V.6).

Nun ist sich auch Schopenhauer darüber im Klaren, dass Askese kein Weg ist, den die Masse der Menschen gehen kann. Als Surrogat seiner philosophischen Ethik entwickelt Schopenhauer einen Typus von Lebenskunst, den er als *Aphorismen zur Lebensweisheit* in *Parerga und Paralipomena* (1851) vorgestellt hat. Unter »Lebensweisheit« versteht er die Kunst, ein möglichst glückliches Leben zu führen, wobei »Lebensglück« nur das bescheidene Glück der Unglücksvermeidung sein kann. Die Lebensregeln, die Schopenhauer aus seinem negativen Glücksbegriff ableitet, entsprechen inhaltlich den Prinzipien der stoischen Ethik. Sich von den Unverfügbarkeiten der äußeren Umstände durch Reduktion der Erwartungen frei zu machen, erzeugt Gelassenheit, die den Menschen von der tierischen Gedankenlosigkeit unterscheidet (SW I, 139). Formal haben die Lebensregeln den Charakter von Einsichten, die nicht begrifflicher Erkenntnis, sondern der Intuition entspringen. Damit geht Schopenhauer über den Intellektualismus der Stoiker hinaus. Die Aufdeckung unbewusster Motive wird zur Quelle der Selbsterfahrung, die falsche Erwartungen dämpft und den Menschen zur Übereinstimmung mit sich selbst verhilft.

Aus dem Willen zum Leben, der immer Leiden erzeugt, wird bei Friedrich Nietzsche der »Wille zur Macht«, in dem sich das Leben in seiner ganzen Fülle entfaltet. Nach dem Vorbild von Richard Wagners Gesamtkunstwerk begreift Nietzsche in *Die Geburt der Tragödie* (1872; s. Kap. V.7) Leben und Kunst als Einheit, wodurch Lebenskunst einen neuen Sinn erhält. Es handelt sich nicht mehr um Strategien der Lebensklugheit, sondern um die schöpferische Darstellung des Willens zum Leben. In der unerfindlichen Weise, wie das Genie ein Kunstwerk hervorbringt, soll der Mensch sich dem Leben als schöpferischem Prinzip hingeben (KSA 1, 109). Damit wird Lebenskunst zu einer Poetik des Lebens, die sich nicht auf Prinzipien der Vernunftmoral bringen lässt. Nietzsche folgt der entlarvenden Psychologie der französischen Moralisten, die den egoistischen Motiven hinter den sozialen Tugenden auf der Spur sind (vgl. Zimmer 1999). Das höchste Gut und der letzte Zweck der Moral werden in den Vollzug des Lebens selbst verlegt, das im Schein seine Rechtfertigung findet (KSA 1, 47).

Für Nietzsches lebensphilosophische Gleichsetzung von Kunst und Leben ist kennzeichnend, dass Glück in seinen Schriften kein zentraler Begriff ist. Bürgerliches Glück, das bei Schopenhauer noch mit Zufriedenheit konnotiert ist, weicht bei Nietzsche der Vitalität und Authentizität, die ein Maximum an Selbstgenuss gewähren. Selbst Leiden kann die Intensität des Lebensgefühls steigern. Nicht stoische Vermeidung des Unverfügbaren, sondern Ausprobieren neuer Lebensformen steht auf dem Programm. Die Lebenskunst ist daher kein Weg zur Seelenruhe, sondern eine Aufforderung, das Leben um der Kunst willen zu riskieren. So weit sich Nietzsche von Schopenhauers stoischer Lebensweisheit auch entfernt, es handelt sich um zwei Gesichter desselben voluntaristischen Typus, der Lebenskunst auf Artikulation des Willens zum Leben, sei es in der Resignation, sei es im Rausch, festlegt.

Moderne Lebenskunst: therapeutisch

Im Anschluss an Sigmund Freud (s. Kap. VI.6) ist die Lebenskunst immer mehr in die Hände von Psychologen und Therapeuten übergegangen, eine Entwicklung, die sich bis in die zweite Hälfte des 20. Jahrhunderts erstreckt. Für Freud hängen die Glückserwartungen und Glücksmöglichkeiten des Menschen von der Entwicklung seiner Sexualität ab. Die Sexualität, die Lust als Hochgefühl erzeugt, betrachtet er als Vorbild für das menschliche Glück (Freud 1930/1976, 441). Da die Kultur ein hemmungsloses Ausleben der Sexualität nicht zulässt, ist laut Freud das Programm des Lustprinzips prinzipiell nicht zu erfüllen. Wenn Neurosen zur Normalität werden, kann es keine Selbstheilung nach allgemeinen Regeln des Glückserwerbs geben. Zur Herstellung einer ausgewogenen Libidoökonomie bedarf es der Hilfe von ausgebildeten Therapeuten (Kohut 1981).

Die gesellschaftskritische Weiterentwicklung der Psychoanalyse, wie sie Herbert Marcuse in seinem Werk *Eros and Civilization* (dt. *Triebstruktur und Gesellschaft* 1955/1973) vorschwebte (s. Kap. VI.7), hat einen neuen Typus von Lebenskunst hervorgebracht. Indem der Andere als gleichberechtigter Partner ins Spiel kommt, verschieben sich die Regeln in Richtung auf intersubjektive Kommunikation. Diesen Weg hat nach dem Zweiten Weltkrieg Erich Fromm mit seinem Weltbestseller *Die Kunst des Liebens* (1956) beschritten. Er geht von einer Kritik an Freuds Sexualtheorie aus, die dem Wesen der Liebe als wechselseitiges Geben und Nehmen nicht gerecht werde. Wahre Liebe zeige sich in einem dialogischen Verstehen, das unvermeidliche Entfremdungen überwindet. Im Glauben an die Kunst des Liebens als Königsweg zum Glück ist Erich Fromm sicherlich ein Kind seiner Zeit. Der Wunsch nach Befreiung von gesellschaftlichen und moralischen Zwängen hat den Weg für meditative Praktiken bereitet, wie sie von ostasiatischen Weisheitslehren entwickelt worden sind. Allerdings ist hier die Gefahr des Absinkens der Lebenskunst in zweifelhafte Formen der Selbstverwirklichung unübersehbar (s. Kap. VI.11). Trotz dieser Gefahr hat die Kunst des Liebens der Kunst des Lebens neue Impulse gegeben, die bis heute in der populären Ratgeberliteratur weiterleben.

Postmoderne Lebenskunst: autopoetisch

In den letzten Jahrzehnten des 20. Jahrhunderts hat mit der Postmoderne die praktische Philosophie einen unerwarteten Aufschwung erfahren. Während in Deutschland die Tugendethik des Aristoteles im Vordergrund steht (Überblick bei Rapp 2010), hat sich in Frankreich das Interesse stärker auf die hellenistischen Praktiken der Selbsterfahrung konzentriert. Der Durchbruch dieser Tradition erfolgte durch Michel Foucault, der mit dem dritten Band seiner Geschichte der Sexualität, *Die Sorge um sich* (1984–1989), die antike Selbstsorge im Lichte der sexuellen Lust an den postmodernen Erfahrungshorizont angepasst hat (vgl. Schmid 1987/1994). Foucault ersetzt Glück durch erotische Lust als Medium ethischer Selbsterkenntnis. Die antiken Techniken der Selbstsorge erfahren eine transzendentale Steigerung zur Selbstkonstitution, die neben der Vernunft die körperlichen und emotionalen Momente berücksichtigt. Dahinter steht das biologische Konzept der Selbstorganisation, der Autopoiesis, der ohne ein Steuerungszentrum auskommt. Die Dezentrierung des Subjekts verbindet Foucault mit einem Begriff von Freiheit, die vielfältigen Möglichkeiten individueller Lebensentwürfe zu entdecken. Dazu bedürfe es keiner objektiven Regeln, sondern der Bereitschaft, seine sinnlich-erotischen Bedürfnisse zu artikulieren.

Foucaults autopoietischen Ansatz der Selbstsorge im Medium der Sexualität hat Wilhelm Schmid im deutschen Sprachraum zu einer integralen *Philosophie der Lebenskunst* (1998) entwickelt, die alle Bereiche der menschlichen Lebenswelt umfasst (vgl. bereits Krämer 1988). Das »gute« bzw. »schöne Leben« wird wie bei Foucault formal als Autopoiesis bestimmt, die ein Modell des reflektierenden Subjekts selbst beinhaltet. In diesem Sinne spricht Schmid von »reflektierter Lebenskunst«, womit sowohl der Lebensvollzug als auch die ihn leitende Theorie gemeint ist. Motor dieser Entwicklung ist ein neues Bild vom Menschen, das sich vom substantiellen Begriff personaler Identität verabschiedet hat. An seine Stelle ist der multizentrische Mensch getreten, der verschiedene Identitäten lebt. Entgegen der traditionellen Vorstellung, die Glück mit Dauer verbindet, wird das temporäre Glück der Übergänge hoch eingeschätzt. Entsprechend zielen die Regeln der Lebenskunst darauf ab, sich alle Optionen offen zu halten. Dass aus dieser Einstellung kein soziales Chaos entsteht, dafür bürgt bei Schmidt ein ökologisches Weltmodell, das jedem Menschen einen Platz auf dem Planeten sichert (Schmid 1998, 399–460).

Auf der Suche nach Wegen, die autopoietische Selbstkonstitution als soziales Lebensmuster zu rechtfertigen, hat Dieter Thomä die Biographie entdeckt, die den praktischen Lebensvollzug begleitet (Thomä 1998). Permanente Arbeit an der eigenen Biographie ist mit Möglichkeiten befasst, die in einem höheren Maße wirklich sind als die brutalen Fakten. Wenn die Kunst des Lebens darin besteht, sich selbst zu erzählen, so verlangt Lebenskunst nach einer Poetik, deren Regeln freilich nicht als Imperative formuliert werden können. Es kann sich nur um hermeneutische Verfahren handeln, die den Menschen dazu anleiten, seine jeweilige Situation im Kontext des gesamten Lebens zu betrachten und zu bewerten. Lebenskunst geht schließlich in »Lebenspolitik« über, die individuelle Lebensentwürfe so kombiniert, dass sozialverträgliche Orientierungsmuster sichtbar werden (Krüger 2009). Legt man die kantische Einteilung zugrunde, so unterliegen die Regeln der Lebenskunst der Logik der Urteilskraft, die alle Erfahrungen auf das Lebensgefühl bezieht und danach bewertet. Der Wertbezug gehört somit

zur Lebenskunst, die sich damit wesentlich vom formallogischen Theorieverständnis unterscheidet (Scheler 1913–16/1980).

Ausblick

Der historisch-systematische Überblick hat ergeben, dass die Regeln der Lebenskunst als Wege zum Glück je nach dem vorherrschenden Menschenbild variieren. Die fortschreitende Individualisierung der Lebensformen und die Virtualisierung der Lebenswelten deuten darauf hin, dass sich Lebenskunst im 21. Jahrhundert an der Metapher des Spiels orientiert, wobei die Improvisation als musikalische Figur an erster Stelle steht. Trotz aller Betonung des »My way« beschränkt sich Improvisation nicht auf unkontrollierte Selbstdarstellung, sondern wird vom Streben nach formaler Gestaltung geleitet. Lebenskunst entwickelt sich so zum »Lebensdesign« (Shusterman 1994). Das macht den logischen Status der Lebensregeln ambivalent. Sie sind objektiv und subjektiv zugleich, verbinden Wirklichkeit und Fiktion und stehen quer zum klassischen Dualismus von Leben und Kunst (Thomä 2008).

Obwohl die Lebenskunst in letzter Zeit seitens der normativen Ethik massive Kritik erfahren hat, wird sie als Komplement der Ethik ihre Berechtigung behalten (Kersting/Langbehn 2007). In einer Welt, in der die Suche nach Glück nicht mehr von traditionellen Werten geleitet wird, wächst der Bedarf nach individueller Beratung. Für den Menschen als rechtfertigungsbedürftiges Wesen gehören zum Glück auch die Mittel, mit denen er seine Erfolge erringt (Fellmann 2005). Was in Kants Pflichtethik »Glückswürdigkeit« heißt, wird in der Glücksethik als *fair play* gehandelt. Insofern ist die Lebenskunst der Zukunft mehr als eine Anwendung rigoroser ethischer Normen, sie ist Ausdruck ethischer Kreativität, welche die geistige Dynamik multikultureller Gesellschaften ausmacht.

Glück in der Moderne, das auch das Scheitern in die Erfolgsgeschichten integriert, hängt wie nie zuvor vom Zeiterleben ab (Theunissen 1991; Fellmann 2009; s. Kap. II.5–6). Selbstkonstitution kann nur als sinnvolle Antwort auf die unhintergehbaren Phasen des menschlichen Lebens gelingen. Wenn die Menschen auch vieles überspielen, das Spiel des Lebens stößt durch die Zeitlichkeit an die Grenzen der Machbarkeit. Im Nachdenken über die Zeitlichkeit erweist sich die Lebenskunst als hermeneutische Disziplin, die vom Erkennen und Anerkennen der

Conditio Humana (Plessner 1961) abhängt. Das Glück, das sie gewährt, liegt darin, dem Leben Sinn abzuringen und so die Menschen vor der Verzweiflung zu bewahren. Hier liegt der Punkt, an dem sich Lebenskunst und religiöser Glaube berühren.

Literatur

Fellmann, Ferdinand: Das Paar. Eine erotische Rechtfertigung des Menschen. Berlin 2005.
–: Philosophie der Lebenskunst zur Einführung. Hamburg 2009.
Foucault, Michel: Die Sorge um sich. Sexualität und Wahrheit 3 [1984]. Frankfurt a. M. 1989.
Freud, Sigmund: Das Unbehagen in der Kultur [1930]. In: Ders.: Gesammelte Werke. Bd. XIV. Frankfurt a. M. ⁵1976, 419–506.
Fromm, Erich: Die Kunst des Liebens [1956]. München 2001.
Hadot, Pierre: Wege zur Weisheit – oder Was lehrt uns die antike Philosophie? [1995]. Frankfurt a. M. 1999.
–: Philosophie als Lebensform. Antike und moderne Exerzitien der Weisheit [1981]. Frankfurt a. M. 2002.
Horn, Christoph: Antike Lebenskunst. Glück und Moral von Sokrates bis zu den Neuplatonikern. München 1998.
–: Zwischen Antike und Moderne. Was können wir von der antiken Philosophie der Lebenskunst lernen? In: der blaue reiter – Journal für Philosophie 28 (2009), 6–12.
Hossenfelder, Malte: Die Philosophie der Antike 3. Stoa, Epikureismus und Skepsis. München 1985.
–: Gibt es eine Lebenskunst? In: Hans Friesen/Karsten Berr (Hg.): Angewandte Ethik im Spannungsfeld von Begründung und Anwendung. Frankfurt a. M. 2004, 383–404.
Kersting, Wolfgang/Langbehn, Claus (Hg.): Kritik der Lebenskunst. Frankfurt a. M. 2007.
Knigge, Adolph Freiherr von: Über den Umgang mit Menschen [1788]. Leipzig 1975.
Kohut, Hans: Die Heilung des Selbst. Frankfurt a. M. 1981.
Krämer, Hans: Plädoyer für eine Philosophie der Lebenskunst. In: Information Philosophie 3 (1988), 5–17.
–: Integrative Ethik. Frankfurt a. M. 1992.
Krüger, Hans-Peter: Philosophische Anthropologie als Lebenspolitik. Berlin 2009.
Luckner, Andreas: Klugheit. Berlin 2005.
Marcuse, Herbert: Triebstruktur und Gesellschaft [1955]. Frankfurt a. M. 1973.
Nietzsche, Friedrich: Sämtliche Werke. Kritische Studienausgabe [KSA]. 15 Bde. München 1988.

Plessner, Helmuth: Conditio Humana. In: Propyläen Weltgeschichte. Bd. 1. Frankfurt a. M. 1961, 33–86.
Rapp, Christof: Was heißt ›Aristotelismus‹ in der neueren Ethik? In: Information Philosophie 1 (2010), 20–30.
Riedel, Manfred (Hg.): Rehabilitierung der praktischen Philosophie. Freiburg 1972.
Roth, Michael: Zum Glück. Glaube und gelingendes Leben. Gütersloh 2011.
Schälike, Julius: Willensschwäche und Selbsttäuschung. Über die Rationalität des Irrationalen und das Verhältnis von Motivation und Evaluation. In: Deutsche Zeitschrift für Philosophie 52 (2004), 362–380.
Scheler, Max: Der Formalismus in der Ethik und die materiale Wertethik [1913–16]. Bern 1980.
Schiller, Friedrich: Über die ästhetische Erziehung des Menschen in einer Reihe von Briefen [1795]. Frankfurt a. M. 2009.
Schmid, Wilhelm: Die Geburt der Philosophie im Garten der Lüste. Michel Foucaults Archäologie des platonischen Eros [1987]. Frankfurt a. M. 1994.
–: Philosophie der Lebenskunst. Eine Grundlegung. Frankfurt a. M. 1998.
Schopenhauer, Arthur: Sämtliche Werke. 5 Bde. Frankfurt a. M. 1986 [SW].
Seel, Martin: Versuch über die Form des Glücks. Frankfurt a. M. 1995.
Shusterman, Richard: Kunst Leben. Die Ästhetik des Pragmatismus. Frankfurt a. M. 1994.
Sommerfeld-Lethen, Caroline (Hg.): Lebenskunst und Moral. Gegensätze und konvergierende Ziele. Berlin 2004.
–: Wie moralisch werden? Kants moralistische Ethik. Freiburg/München 2005.
Spinoza, Baruch: Ethik nach geometrischer Methode dargestellt [1677]. Hamburg 1976.
Theunissen, Michael: Negative Theologie der Zeit. Frankfurt a. M. 1991.
Thomä, Dieter: Erzähle dich selbst. Lebensgeschichte als philosophisches Problem. München 1998.
–: Vom Glück in der Moderne. Frankfurt a. M. 2003.
–: Ästhetisierung. In: Steenblock, Volker (Hg.): Kolleg Praktische Philosophie Bd. 3: Zeitdiagnose. Stuttgart 2008, 133–166.
Werle, Josef M.: Klassiker der philosophischen Lebenskunst. Von der Antike bis zur Gegenwart. München 2000.
Zimmer, Robert: Die europäischen Moralisten. Hamburg 1999.
– (Hg.): Glück und Lebenskunst. In: Aufklärung und Kritik, Sonderheft 14 (2008), 220–227.

Ferdinand Fellmann

11. Figuren des Glücks in aktuellen Lebenshilferatgebern. Vom Glück durch sich selbst

Expertengeleitete Beratung zu einem geglückten Leben ist so aktuell wie uralt. Antike Philosophen unterrichteten ihre Schüler; im frühen Christentum gaben ›geistliche Väter‹ und ›geistliche Mütter‹ ihren Klienten im unmittelbaren Gespräch konkrete Wegweisungen in ein ›geistliches Leben‹ (Müller 2010). Mit der Entwicklung des Buchdruckes und -marktes verbreitete sich zunehmend auch das spezifische Literaturgenre der Ratgeberliteratur: Die Hausväterliteratur, die sich ab dem Ende des 17. Jahrhunderts auch an Hausmütter richtete, stellte Regeln für die Haus- sowie Familien- und Eheführung auf (exemplarisch im Werk von Franz Philipp Florinus: *Oeconomus prudens et legalis. Oder Allgemeiner Klug- und Rechtsverständiger Hausvater* von 1702), Diätetiken leiteten an zur Hygiene von Körper und Seele (wie beispielsweise die *Makrobiotik, oder die Kunst, das menschliche Leben zu verlängern* von Christoph Wilhelm Hufeland, 1796), Sitten- und Anstandsratgeber lehrten angemessenes Benehmen anderen und sich selbst gegenüber (als bekanntestes, aber keineswegs erstes Buch erschien 1788 das Buch *Über den Umgang mit Menschen* von Adolph Franz Friedrich Freiherr von Knigge). Thematisiert wird dabei meist auch die Frage nach dem geglückten Leben, zumeist allerdings im Lichte einer christlichen Lebensführung (z.B bei Johann Samuel Bail: *Über Zufriedenheit und Lebensglück*, 1820).

Mit zunehmender Modernisierung wird das Glück immer mehr in Reichtum und Erfolg gefunden. Unzählige Bücher wie das von Samuel Smiles propagieren *Self help* (erstmals 1859; vgl. dazu z.B. Illouz 2006; Zimmermann 2006). Eng mit der Entwicklung des Taschenbuchmarktes bzw. jüngst mit dem Internetbuchhandel verknüpft, gibt es aktuell für jedes psychische, körperliche oder praktische Problem einen Ratgeber. Ein Boom der Glücksratgeber wird seit den 1980er Jahren konstatiert und ist bis heute ungebrochen. Die einschlägigen Sektionen US-amerikanischer Buchhandlungen firmieren unter den Titeln *self-improvement* oder *personal growth* und benennen damit präzise ihren Inhalt.

Die Spannweite der Ratgeber ist groß (Thomä

2003), sie umfasst eher meditativ-spirituelle (Wolf 2010) bis hin zu technisch-instrumentellen Varianten. So singen die ca. 300 Bücher des Bestsellerautors und Benediktiner-Mönches Anselm Grün, in denen sich Wissensbestände christlicher Mystik mit Esoterik und Psychologie mischen, ein Lob auf das einfache Leben aus den »Quellen innerer Kraft« (Grün 2007) und die Bücher des Dalai Lama oder des buddhistischen Mönchs Thich Nhat Hanh weisen den Weg zum wahren Glück durch Meditation und Achtsamkeitsübungen. Auch der Bestseller *Simplify your Life. Einfacher und glücklicher leben* (Küstenmacher 2001) bemüht die Metapher des Weges, der zu neuer innerer Erfahrung und vereinfachter Lebenspraxis einlädt. Dazu gibt er praktische Tipps, sein Leben, seine Beziehungen und seinen Haushalt zu ›entrümpeln‹ und einen Sinn im Leben zu finden. Weniger pragmatisch gehen Ratgeber aus der Sparte des Positiven Denkens vor, wie beispielsweise *Glücks-Gesetze: Die Botschaften des Lebens verstehen* (Tepperwein 2008). Dem Grundgedanken folgend, alles sei abhängig von den eigenen Gedanken, ist Autosuggestion *die* zentrale Methode dieser Bücher. Mit Sprüchen wie »Lache – und die Welt lacht mit dir! Schnarche – und du schläfst allein!«, Bastelbögen und den neusten Forschungsergebnissen aus der Hirn- und Glücksforschung bringt der Kabarettist Eckhart von Hirschhausen (2009) einen neuen Ton in die Ratgeber – auch wenn die konkreten Tipps letztlich nur origineller verpackt sind als in anderen Büchern.

Zu welcher Variante des Glücksdiskurses das jeweilige Buch auch gehört, dem Genre der Lebenshilferatgeber ist ein Streben nach Optimierung eigen, das durch das inhaltliche Versprechen auf Glück noch gesteigert wird. Glück wird zu etwas, das immer optimierbar und somit permanent anfällig für Beratung ist. Damit postulieren Glücksratgeber einen notorischen Mangel an Glück und bieten zugleich konkrete Maßnahmen gegen diesen Mangel an. Sie generieren einen dynamisierenden Effekt, indem sie Krise *und* Ratsuche auf Dauer stellen und so plausibel machen wollen, dass man sich unablässig um sein Glück bemühen muss.

Um diesen Zusammenhang auszuführen, wird im Folgenden kurz die kommunikative Form der Beratung vorgestellt. In einem zweiten Schritt werden die Figuren des Glücks beschrieben, die aktuell in dieser Form entworfen werden. Abschließend werde ich eine Interpretation dieser Figur vor dem Hintergrund aktueller Formen der Vergesellschaftung vorschlagen (vgl. Duttweiler 2007a).

Das Wissen vom Glück

Die Form der verschriftlichten Lebenshilfe schreibt sich ein in eine spezifische Form der Kommunikation: die Beratung (lat. *consilium*). Als kommunikatives Arrangement von Ratsuche und Ratgeben zielt sie auf optimierende Umgestaltung und zeigt die Veränderungsbereitschaft der Ratsuchenden. Von vielen Autoren wird daher schon das Lesen eines Ratgebers als Wendepunkt der Lebensführung markiert: Wer sich auf den Ratgeber einlässt, so der Tenor vieler Bücher, hat den ersten Schritt zur Verbesserung seines Lebens bereits getan. Damit etablieren die Ratgeber zugleich eine weitreichende Unterscheidung: Sie markieren ein Davor und ein Danach der Beratung, die sie als Unterscheidung ›unglückliche Vergangenheit – glückliche Zukunft‹ darstellen.

Dementsprechend gehen Glücksratgeber jeder Couleur davon aus, dass die (expertengeleitete) Arbeit am Glück auch tatsächlich zu einer positiven Veränderung führt. Was Glück genau ist, wird dabei gerade nicht allgemeinverbindlich definiert, vielmehr der individuellen Deutung überlassen. Einig sind sich jedoch alle Autoren in zwei Punkten: Zum einen wird Glück als körperlicher Zustand ausgewiesen, der im Gefühl von Aktivität, Energie, Stärke oder Lebendigkeit sowie Wohlbehagen, Entspannung und Genuss sinnlich erlebbar ist. Folglich kennt die Konzeption des Glücks nur *eine* Stelle in der Zeit: »Glück findet immer nur in der Gegenwart statt, es kann weder auf die Zukunft verschoben noch aus der Vergangenheit übernommen werden« (Schmiede/Miethe 1999, 102). Zentraler Angriffspunkt der Veränderungen ist daher für viele Autoren der ›gelebte Augenblick‹. Zum anderen scheint klar, dass Glück nicht in ›Äußerlichkeiten‹ zu finden ist. Das ›wahre Leben‹ wird gegenüber dem ›falschen Leben‹ abgegrenzt. Glück, so heißt es, entspringt einem ›inneren Reichtum‹ und zeigt sich darin, ob das Leben als sinnvoll erlebt wird und die eigenen Ziele erreicht werden. Sinn bezeichnet dabei das subjektiv Wesentliche, das von den Einzelnen selbst bestimmt werden muss: »Den Sinn Ihres Lebens kann Ihnen niemand von außen geben, sondern er liegt in Ihnen« (Küstenmacher 2001, 11). Das Leben gilt somit dann als ein ›wahres Leben‹, wenn es den eigenen Maßstäben folgt (s. Kap. VI.9). So radikalisieren Glücksratgeber »die erstaunliche Zumutung von Originalität, Einzigartigkeit, Echtheit der Selbstsinngebung, mit der das moderne Individuum sich konfrontiert findet« (Luhmann 1998, 1019).

Dieser Fokus auf die Selbstbestimmung impliziert auch die Grundannahme, die Welt sei offen für Einwirkungen durch gezieltes Handeln. Damit ist auch die Vorstellung eines Subjekts impliziert, das nicht vollständig von seinen Umständen determiniert ist und dessen Handlungen Wirkungen zeitigen. So werden die Ratsuchenden durch die Bedingungen dieser kommunikativen Form als selbstbestimmte und wirkmächtige Subjekte adressiert – mehr noch: Sie werden auf die Position eines selbstbestimmten Subjektes verpflichtet (vgl. Duttweiler 2007b).

Aufgrund dieser Prämissen eröffnen Lebenshilferatgeber Freiheits- und Entscheidungsräume, die nicht zuletzt dadurch ausgebaut werden, dass ein gegebener Rat nicht als verbindlich angesehen werden muss – er kann auch verworfen werden. In aktuellen Lebenshilferatgeber wird die Freiheit im Umgang mit dem Rat geradezu gefordert: »Probieren Sie aus, was Sie auf irgendeine Weise anspricht. Mit dem, was Sie mögen, spielen Sie, bis Sie es lieb gewinnen oder langweilig finden. Dann hat es seinen Dienst getan« (Seiwert 2002, 10). Hierin unterscheiden sich die Ratgeber fundamental von den Büchern zu Beginn des Jahrhunderts: Statt den Anspruch zu erheben, eine objektive Wahrheit zu besitzen, verweisen die Ratgeber nun auf die je subjektive Wahrheit der Leser/innen. Das bietet zwar keine letzte Gewissheit über die richtige, d. h. Glück bringende Lebensführung, doch gibt es die Erlaubnis (und forciert damit die Zumutung), *eigene* Maßstäbe zu etablieren – die dann, so die Logik, zum Glück führen sollen.

Auch wenn kaum ein aktueller Ratgeber behauptet, es gebe einen einzigen Weg zum Glück, betonen doch alle: Zum Erreichen des Glücks bedarf es spezifischen, oft als Geheim- oder Expertenwissen ausgewiesenen Wissens. Glück wird so als etwas figuriert, das aus dem Bereich des Nichtwissens und damit der Kontingenz in den Bereich des systematisierbaren Wissens eingezogen ist: Man kann nun wissen, wie Glück entsteht – auch wenn die Quellen dieses Wissens teilweise dunkel bleiben. Dies erklärt die offene Grenze zwischen eher pragmatisch angelegten Lebenshilfe-Büchern wie Eckhart von Hirschhausens *Glück kommt selten allein …* und auf Spiritualität setzenden Traktaten wie die Bücher von Anselm Grün oder dem Dalai Lama.

Das Wissen über das Glück ist gekennzeichnet durch die Hybridisierung verschiedener Wissensformen (Duttweiler 2007a): Erfahrungs-, Weisheits- und wissenschaftliches Wissen werden miteinander zu einem je eigenen System der Glücksanweisung des Autors verwoben. In den letzten Jahren wird dabei vor allem auf naturwissenschaftliches Wissen, insbesondere das der Neurowissenschaften rekurriert. Auch wenn sie im Hinblick auf Glück*techniken* nichts Neues präsentieren können, so künden die Ergebnisse der Hirnforschung doch von Plastizität und Flexibilität sowie von Selbststimulation und Selbstregeneration. »Wer also die schönen Momente des Lebens so sehr auskostet wie irgend möglich, handelt vernünftig: Er prägt sein Gehirn wahrscheinlich zum Guten« (Klein 2002, 87). Damit legitimieren sie die Idee der Veränderbarkeit und Verbesserungsfähigkeit des Menschen, die auch für die aktuellen Figurationen des Glücks konstitutiv ist. Denn Glück, so *die* zentrale Aussage des aktuellen Diskurses, ist machbar – wenn auch nicht unbedingt auf direktem Wege und nicht auf Dauer.

Konturen gewinnen die Figuren des Glücks zunächst durch ihre Abgrenzung gegenüber dem Unglück: Gesellschaftliche Bedingungen, Stress oder Selbstblockaden wie beispielsweise negative Einstellungen, passive Haltungen (insbesondere beim Fernsehen) oder die Jagd nach dem falschen Glück werden als Bedrohungen des Glücks vorgestellt. »Das einzige«, bringt Prather die diversen Selbstblockaden auf den Punkt, »was oftmals zwischen einem selbst und dem eigenen Glück steht, ist man selbst« (Prather 2001, Klappentext). Unzureichendes Glück gilt als ebenso normal wie moderates Unglück. Doch ›Glücksverhinderer‹ zu identifizieren, so die Argumentation der Ratgeber, ermöglicht erst die Arbeit am eigenen Glück.

Techniken des Glücks

Um Glück zu erleben, werden in den Ratgebern neben dem Wissen über das Glück auch unzählige Glückstechniken vorgestellt, die es erlauben, am eigenen Glück systematisch zu arbeiten. Sie zielen auf Selbsterkenntnis, steigern die (Möglichkeiten zur) Selbstgestaltung und geben nicht zuletzt Anleitungen, sich selbst – auch unabhängig von anderen – zu beglücken. Am Glück zu arbeiten heißt also unweigerlich, an sich selbst zu arbeiten. Als wichtiges Mittel zum Erreichen des Glücks wird stets der richtige Umgang mit dem Gegebenen genannt. Welche Gedanken man denkt, wie man auf einen Schicksalsschlag reagiert, welche Ziele man sich steckt, wie die Beziehung zu sich, anderen Menschen oder Gott gestaltet sind – entscheidend ist, wie man auf die äußeren Umstände reagiert, wie man sie abwehren kann

oder sie sich zunutze macht. Mit anderen Worten: Ob man glücklich ist und Glück hat, wird als Frage von Wahl und Entscheidung ausgewiesen. Glück wird mithin so figuriert, als wären Glück und Unglück Alternativen, die »wie jede Unterscheidung, zwei Seiten vor[sehen], [sie] setzen aber voraus, dass beide Seiten der Unterscheidung erreichbar sind, also beide Seiten bezeichnet werden können« (Luhmann 2000, 133). Damit wird Glück als etwas ausgewiesen, das zwar nicht selbstverständlich, aber für jeden, zu jeder Zeit, an jedem Ort und in jeder Tätigkeit *möglich* ist – unabhängig von der Existenz oder Nichtexistenz von Ressourcen, Privilegien oder Handicaps der Einzelnen.

Die Figur des Glücks lebt mithin von der Vorstellung einer Potentialität, die – trifft man die richtigen Entscheidungen für das Glück – jederzeit in Aktualität umschlagen kann. Dennoch beinhaltet die Figur des Glücks ebenso das Gegenteil: Glück gilt auch als Überraschung, als Beigabe. Am deutlichsten wird das im Konzept des *flows* (Csikszentmihalyi 1992). Doch auch hier ist nicht der Inhalt der Tätigkeiten, sondern das Einnehmen einer bestimmten Haltung entscheidend: Das Selbst gerät außer sich mittels einer Tätigkeit, der es sich gewachsen fühlt und empfindet gerade diese Erfahrung als ein ›ganz bei sich sein‹ – Anstrengung, Selbstvergessenheit und Identitätserfahrung fallen im ›gelebten Augenblick‹ zusammen. Die Selbstvergessenheit darf allerdings gewisse Grenzen nicht überschreiten: Rausch, Ekstase oder blinde Leidenschaft sind ausgeschlossen. So kann die Arbeit am Glück *eine* Lust nicht verschaffen – die Freiheit von sich selbst.

Je nach Ratgeber wird eher eine Figur der Selbstverfügung oder eine der (notwendigen) Flüchtigkeit des Glücks gezeichnet, einig sind sich jedoch alle Ratgeber darin, dass das Glück beeinflussbar ist – und sei es über Kontextsteuerung. Entsprechend dieser Konstellation des Glücks wird alles zum möglichen Ansatzpunkt der Veränderung erklärt. Jede kleine Veränderung, so die Logik dieses ganzheitlichen Modells, adressiert zugleich die komplette Lebensführung. Ob es darum geht mehr Farben ins Leben zu bringen, sich mehr zu bewegen (»Bewegung und Sex sind nachweislich die sichersten Mittel, die Stimmung zu heben«, Klein 2002, 282) oder Selbstblockaden aufzulösen, entscheidend ist vor allem die bewusste Unterscheidung zwischen glücksfördernden und glücksverhindernden Haltungen und Handlungen. So sind auch Nahrungsmittel, Gewürze und Getränke nach Maßgabe ihrer glücksfördernden

Wirkung auszuwählen.»Seien Sie wählerisch mit dem, was Sie in Ihren Körper hineinlassen« (Küstenmacher 2001, 196). Das sinnlich erlebte Glück fungiert dabei als Orientierungshilfe und Maßstab der geglückten Lebensführung – als erfüllt gilt das Leben erst dann, wenn es mit dem Gefühl der Freude einhergeht und energiegeladen und lebendig ist. Glücksgefühle erweisen sich so als zuverlässige Indikatoren für die Selektion von Handlungen einer glückenden Lebensführung.

Das Subjekt des Glücks und seine Utopie

Diese Figuration des Glücks entwirft also ein Subjekt, das sich selbst vollständig gegeben ist. Nichts steht außerhalb seiner Einsichts- und Einwirkungsmöglichkeiten. Es ergibt sich eine theoretische und praktische Umstrukturierung des Subjekts, die einem kybernetischen Modell der Rückkopplung und Steuerung folgt. Das zeigt sich nicht zuletzt am Verhältnis zwischen Innen- und Außenwelt, das nicht als eine undurchlässige Gegenüberstellung, sondern als konstitutives Wechselwirkungsverhältnis konzipiert ist. Strukturiert wird es durch die ›Problematisierungsformel‹ Glück: Das Individuum wählt diejenigen Einflüsse der Außenwelt aus, die es benötigt, um sich positiv zu stimulieren, sich mit Energie aufzuladen oder sich zu motivieren, und es wehrt in sich und in der Umwelt jene Einflüsse ab, die der Förderung des Glücks und seiner Selbstbestimmung entgegenstehen. Darüber hinaus wird dem Individuum zugeschrieben, die Außenwelt nach Maßgabe der eigenen Glücksvorstellungen beeinflussen zu können. Am deutlichsten kommt dies in den Büchern des Positiven Denkens zum Ausdruck:»Die Wirklichkeit ist so, wie ich sie sehe, ihr Zustand ist von meinem Zustand abhängig« (Kruppa 1999, 34). Diese Subjektkonstitution etabliert eine spezifische Vorstellung individueller Autonomie, die die Freiheit und Möglichkeit eröffnet, sich selbst zu erfinden, ohne auf interne oder externe Bedingungsfaktoren Rücksicht zu nehmen. »Autonomie ist heute nicht mehr ›in sich reflektiertes Gesetztsein‹ (Hegel), sondern Selbstprogrammierung« (Bolz 1998, 215).

Wenn jegliche innere und äußere Determination abgestritten wird, geht mit der Arbeit am eigenen Glück die Möglichkeit einher, den eigenen Anspruch auf Glück auch gegen äußere Anforderungen zu reklamieren und ihn zu verwirklichen. Hierin liegt anscheinend ein wesentliches Moment des aktuellen Glücksbooms. Diese Konzeption des Glücks verspricht ein erfülltes Leben – auch jenseits der Marktlogik: Die Vorstellung eines jederzeit und für alle erreichbaren Glücks und die weitreichenden Möglichkeiten, auf sich und die Welt einzuwirken, zeigen, dass Glück keiner spezifischen Ressourcen oder Qualifikationen bedarf, keine Zugangsbeschränkungen und Exklusionsmechanismen kennt und aufgrund seiner individuellen Bestimmung keine direkte Konkurrenz hervorruft. Mit dieser Bestimmung verspricht die Figur des Glücks eine gerechte Welt, in der jeder dieselben Voraussetzungen mitbringt. Darüber hinaus setzt die Orientierung am Glück antimaterielle Akzente und stiftet Sinn, der sich unter Umständen einer ökonomischen Vereinnahmung widersetzt. Die Kopplung von Sinnorientierung und Selbstbestimmung präsentieren darüber hinaus die Arbeit am Glück als Arbeit an der Entwicklung eines authentischen Selbst und an der Emanzipation von äußeren Umständen.

Mit anderen Worten: Diese Figuration des Glücks errichtet als Ausdruck von Gerechtigkeit, Sinn, Authentizität und Emanzipation eine ›Bastion‹ gegen die Abhängigkeit von einer hochdynamischen Wirtschaft, die Arbeit und Leben entgrenzt, auf die Subjektivität der Einzelnen zugreift und grundlegende Existenzsicherheiten in Zweifel zieht. Die ›Problematisierungsformel‹ Glück sowie die Glückstechniken ermöglichen es, sich von diesen Anforderungen bei Bedarf flexibel zu distanzieren. Doch arbeiten sie genau diesen Anforderungen zugleich auch zu: Zum einen auf sehr direkte Weise, indem die Techniken der Selbstoptimierung wesentlich dazu beitragen, produktiver zu werden (s. Kap. VIII.8). Optimismus, Aktivität, Energie, Lebendigkeit, Veränderungsbereitschaft und Sinnorientierung sind ja *auch* Ressourcen zur Erhaltung der Gesundheit, des Umgangs mit Stress oder der Verbesserung der Beziehungsfähigkeit – und mithin der Optimierung der Arbeits- und Leistungsfähigkeit. Zum anderen arbeitet die ›Problematisierungsformel‹ Glück den aktuellen Anforderungen von Wirtschaft und Gesellschaft auch eher indirekt zu, indem sie auf vielerlei Weise die Einzelnen auf Selbstbestimmung, Selbstverantwortung und Selbstverwirklichung verpflichtet und dabei Techniken an die Hand gibt, sie auch zu verwirklichen. Denn das Diktum, eigeninitiativ für sich selbst zu sorgen, Verantwortung zu tragen und in eigener Sache das Beste aus sich zu machen, ist ein entscheidendes Moment der aktuellen Regierungsweise, in der soziale Sicherheiten und Bindungen abgebaut, gesellschaftliche und ökonomische

Risiken der Selbstverantwortung der Einzelnen übergeben und Initiative, Aktivität und Eigenverantwortung zu gesellschaftlichen Inklusionskriterien werden (Rose 1992; Bröckling 2007). Diese Ordnung erscheint dem Individuum nicht zuletzt deshalb plausibel, weil es sich in ihr auf das eigene Glück meint ausrichten zu können. Weniger durch die unmittelbare Affirmation dieses Diskurses als vielmehr durch konkrete, erfahrungsbildende Techniken und Verfahren, die selbstverantwortliche und selbstbestimmte, flexible und sich selbst befriedigende Subjekte produzieren. Anders ausgedrückt: Die Diskurse, Verfahren und Praktiken zur Herstellung des Glücks konstruieren Bedingungen, die die ›neoliberale‹ Transformation des Sozialen nicht nur diskursiv plausibilisieren, sondern sie auch konkret mitproduzieren.

Literatur

Bail, Johann Samuel: Über Zufriedenheit und Lebensglück. Berlin 1820.

Bolz, Norbert: Selbsterlösung. In: Ders./Willem van Reijen (Hg.): Heilsversprechen. München 1998, 209–220.

Bröckling, Ulrich: Das unternehmerische Selbst. Soziologie einer Subjektivierungsform. Frankfurt 2007.

Csikszentmihalyi, Mihaly: Flow. Das Geheimnis des Glücks. Stuttgart 1992.

Dalai Lama: Der Weg zum Glück. Sinn im Leben finden. Freiburg 2007.

Duttweiler, Stefanie: Sein Glück machen. Arbeit am Glück als neoliberale Regierungstechnologie. Konstanz 2007a.

–: Beratung als Ort neoliberaler Subjektivierung. In: Roland Anhorn/Frank Bettinger/Johannes Stehr (Hg.): Foucaults Machtanalytik und Soziale Arbeit. Eine kritische Einführung und Bestandsaufnahme. Wiesbaden 2007b, 261–276.

Florinus, Franz Philipp: Oeconomus prudens et legalis. Oder Allgemeiner Klug- und Rechtsverständiger Hausvater. Nürnberg/Frankfurt/Leipzig 1702.

Fuchs, Peter/Mahler, Enrico: Form und Funktion von Beratung. In: Soziale Systeme 6 (2000), 349–368.

Grün, Anselm: Quellen innerer Kraft. Freiburg 2007.

Hanh, Thich Nhat: Alles, was du tun kannst für dein Glück. Übungen für Körper, Seele und Geist. Freiburg 2010.

Hirschhausen, Eckart von: Glück kommt selten allein …. Reinbek 2009.

Hufeland, Christoph Wilhelm: Makrobiotik, oder die Kunst, das menschliche Leben zu verlängern. Jena 1796.

Illouz, Eva: Gefühle in Zeiten des Kapitalismus. Frankfurt a. M. 2006.

Klein, Stefan: Die Glücksformel. Oder: Wie die guten Gefühle entstehen. Hamburg 2002.

Knigge, Adolph Franz Friedrich Freiherr von: Über den Umgang mit Menschen. Hannover 1788.

Kruppa, Hans: Wegweiser zum Glück. Freiburg 1999.

Küstenmacher, Werner: Simplify your life. Einfacher und glücklicher leben. Frankfurt a. M. 2001.

Luhmann, Niklas: Die Gesellschaft der Gesellschaft. Frankfurt a. M. 1998.

–: Organisation und Entscheidung. Opladen/Wiesbaden 2000.

Müller, Andreas: Die Suche nach Glückseligkeit. Ratgeber-Literatur in der Geschichte des Christentums. In: Praktische Theologie 45/1 (2010), 31–38.

Prather, Hugh: Loslassen und glücklich sein. Der Weg zum entspannten Leben. München 2001.

Rose, Nikolas S.: Governing the Enterprising Self. In: Paul Heelas/Paul Morris (Hg.): The Values of the Enterprise Culture. The Moral Debate. London/New York 1992, 141–164.

Schmiede, Sylvia zur/ Miethe, Manfred: Wer glücklich ist, kann glücklich machen. Von der Freude, die in unseren Herzen singt. Freiburg 1999.

Seiwert, Lothar: Das Bumerang-Prinzip: Mehr Zeit fürs Glück. München 2002.

Smiles, Samuel: Self help. London 1859 (Selbst ist der Mann. Charakterskizzen und Lebensbilder. Kolberg 1859; Selbsthilfe. Halle a. d. Saale 1890).

Tepperwein, Kurt: Glücks-Gesetze: Die Botschaften des Lebens verstehen. München 2008.

Thomä, Dieter: Die lange Nacht des Glücks. Mit neuen Ratgebern unterwegs zu Wonne und Happiness. In: Literaturen 12 (2003), 30–35.

Wolf, Bernhard: Sehnsucht, die ins Unendliche reicht. Zur Spiritualität von Glücks-Ratgebern. In: Praktische Theologie 45/1 (2010), 17–23.

Zimmermann, Christian von: Biographische Anthropologie. Menschenbilder in lebensgeschichtlicher Darstellung (1830–1940). Berlin 2006.

Stefanie Duttweiler

12. Figuren des Glücks in der frühen Popmusik. Acht Meilen über der Schule schweben

Somebody To Love

Der Schädel des alten Rabbi scheint zu knirschen, der ganze Körper des alten Mannes steht unter Hochspannung. Den Gläubigen steht er schon seit Jahren aus Altersgründen für seelsorgerische Gespräche nicht mehr zur Verfügung. Mehr schlecht als recht nehmen die mit seinen beiden Nachfolgern vorlieb: einem viel zu jungen Mann, der die spirituell Bedürftigen damit nervt, Gottes Präsenz in naheliegenden alltäglichen Dingen zu beschwören (»Der Parkplatz! Der Parkplatz!«) und einem schlaumeierischen Anekdoten-Rabbi, dessen bizarre Geschichten (»Die Zähne des Goi«) nirgendwohin führen. Der alte Rabbiner beschränkt sich darauf, die Jungs nach der Bar Mitzvah zu sich zu bitten. In dieser Situation erleben wir ihn in *A Serious Man*, einem in den 1960er Jahren in der US-Provinz spielenden Film von Joel und Ethan Coen, wie er die Namen der Mitglieder von Jefferson Airplane aufsagt, sein jugendlicher Schützling hilft ihm, wenn diese zu kompliziert werden: Jorma Kaukonen.

Der Kern dieser Situation: Der Rabbi, maximal weise Person und der unverständige Jugendliche, impliziter Erzähler (und vermutlich auch empirische Quelle) der Filmhandlung, beugen sich konzentriert über das Wissen, dass nämlich in einem Song von Jefferson Airplane das ganze, sehr ernste und hochwichtige Geheimnis der biblisch vertrackten Lage stecke, an der wir Zuschauer dieses Spielfilms teilnehmen. »When the truth is found to be lies«, lautet der erste Satz des hymnischen Songs. Dies ist der Fall für den Vater des Jugendlichen, der vergeblich versucht, beim Rabbi einen Termin zu bekommen. Seine ganze Welt bricht unter Hiobsbotschaften zusammen, was sein Sohn kiffend von außen beobachtet. »And all the joy within you dies [...]«. Der Rabbiner zitiert falsch: »And all the hope within you dies« – aber der Unterschied ist nicht entscheidend. Die absolute Glücklosigkeit eines Lebens ohne Wahrheit und ohne *joy* ist auch ein Leben ohne *hope* und *dope*. Dagegen gibt es nur ein Gegenmittel, von dem zwischen dem Rabbi und seinem Zögling, jedenfalls so-

lange die Kameras der Coen-Brüder dabei sind, nicht die Rede ist. Aber der Song wird im Film oft genug so weit gespielt, dass wir es erfahren: »Don't you want somebody to love, don't you need somebody to love, wouldn't you love somebody to love – you better find somebody to love.«

Dass es sich um *somebody* handeln muss, also einerseits einen unspezifischen, andererseits aber körperlich konkreten Menschen, ist ein in der kulturrevolutionären Phase der Popmusik oft vertretenes Wissen. Gerade das war ja der Unterschied zu der Liebe, die auch frühere populäre Musik immer schon versprochen hat. Wenn man massenkulturell kommuniziert, ist man auf ›Shifter‹ angewiesen, auf *deiktische* Zeichen: an jedem Ort muss einer das ›Du‹ finden können, von dem der Sänger singt. Doch dieses Du des Schlagers tendiert zur Entmaterialisierung. Es bleibt auf innere Dialoge beschränkt. *Somebody* funktioniert in der appellativen Rede des Songs sozusagen wie ein konkreter Shifter, es meint eine körperlich anwesende Person, nicht nur einen womöglich nur grammatisch existierenden Gesprächspartner. Später radikalisierte und vereindeutigte eine andere, musikalisch leider weniger zupackende ›Hippie-Hymne‹ diese Idee: »Love The One You're With!« (1970) von Stephen Stills. Genau diese Person aber – *the one you're with* – war mit *somebody* gemeint. Damit war nicht in erster Linie ein körperlich erweitertes Gebot der Nächstenliebe gemeint, sondern die Verschränkung von Sex und *kairós*, das momenthafte, aufbrechende Glück kurzer, intensiver Begegnungen, aus denen schon die individuellen Utopien der Beatnik-Literatur bestanden (und auch einige ihrer Dystopien), die in der Popmusik aber zu einem (politischen) Programm des Glücks erweitert wurden.

In den 1960er Jahren lernte eine Generation von Kindern und Jugendlichen einen anderen Begriff von Glück – und zwar im Wesentlichen von der Popmusik. Popmusik nicht verstanden als populäre Musik an sich, sondern eine sehr spezielle Form davon, die seit den mittleren 50er Jahren kursiert, mit einer anderen Form von Rezeption und Publikumsbeteiligung operiert und bei der vor allem die hochauflösende, indexikale Übertragung von Sound immer verbunden ist mit und verweist auf: Bilder – Bilder, die von den Jugendlichen entweder eingesetzt werden, um zu sagen: So will ich sein. Oder um zu träumen: Den/die will ich haben. Mit LSD, Exotika und Space-Religionen kamen später noch die Bilder von Phantasielandschaften und Immersionsstrudeln hinzu, die bedeuten sollten: Da will ich hin. Popmusik also als Medienverbund und Kooperation verschiedener Formate hat zur globalen Verbreitung zweier Versprechen als Glücksversprechen beigetragen: Körperliche Liebe und Arbeitsverweigerung, Schwänzen, Blau machen. Beide Versprechen gibt es noch heute, noch heute sind sie mit Glück verbunden. Doch nur für kurze Zeit sind sie zuweilen wieder der Verwirklichung so nahe wie zwischen 1964 und 1974. Und darum haben so viele, die damals lernten, diese Vorstellung von Glück gelernt.

Dass Glück erlernt werden will, muss man in konstruktivistischen Zeiten wohl niemanden mehr erklären. Glücklich zu sein, ebenso wie zu verstehen, was das Wort bedeutet, heißt jeweils, etwas zu üben und irgendwann auswendig zu können – so wie Lernen eben geht. Hier soll es natürlich nicht darum gehen, Methoden zu beschreiben, wie man glücklich werden kann. Dafür wird das Gegenteil gestreift: Je näher man den historischen Methoden kommt, Glück als körperliches Genießen, als Genuss an Sex und Faulheit zu erlernen, wird man sehen, dass dieses Glück keine Sache ist, die sich sauber von anderen unterscheiden lässt. Es sind viele verwandte Lagen, die aber immer auch, oft aufs Komischste, mit anderen Zuständen verbunden sind, die man eher dem Gegenteil des Glücks zurechnen würde: Langeweile, Elend, Bosheit, Triumphe über andere.

Das lernt man aber erst später. Bevor Glück sich sozialisiert, wächst es an Beobachtung und Nachahmung. Kleine Kinder, die mit Katzen aufwachsen, probieren das Glück aus, das die Katzen offensichtlich empfinden, wenn sie tun, was Katzen so tun; andere Kinder lernen das nie, weil sie mit Hunden aufwachsen. Wieder andere probieren es aus, aber es bedeutet ihnen nichts. Dieses Glück ist sozusagen der Urfall von Konstruktivismus, von Anti-Substanzialismus und Anti-Essenzialismus, von Geschmack, von Individualität – deswegen so leicht zu missbrauchen (hier kann man den Einzelnen bei seiner selbst erworbenen Einzelheit zu packen kriegen). Die Geschichte des Glücks vor dem Begriff, um den es hier geht und den ich hier in sein nur englisch formulierbares Bedeutungspanorama auffächern möchte, lässt sich vielleicht so skizzieren (s. Kap. I.4):

1. Schicksal/Los: Das dem Einzelnen Zugeteilte ist in dem Maße, in dem es nur dem Einzelnen gilt, kontingent. Sein Glück ist sein *luck*.

2. Das Glück, das man macht, dessen Schmied man ist, das bürgerliche Glück als erste Stufe der Emanzipation vom Los – am Ende meist eine öko-

nomische Sicherheit. Im englischsprachigen Raum ist *fortune* ja auch ein Vermögen.

3. Körperlich empfundenes Glück als Konkretisierung und Realisierung genau des Anteils an Glück, dessen Schmied der Bürger nicht sein kann/konnte: Lernen von Katzen und Pop-Songs. Das war die Entwicklung der 1960er und 70er Jahre, die sich an Pop-Songs zeigen lässt: *gladness, felicity, happiness*. An ihrem Ende steht freilich – nicht erst in der Gegenwart, aber da natürlich besonders deutlich – die Instrumentalisierung und Beherrschung nun auch dieses Glücks, nicht durch lernende Kinder, sondern durch professionelle Glückstechniken und -imperative. Hier stellt sich dann auch die Nähe zu Machtausübung, Verfügung über sich und andere nicht mehr nur aus Versehen ein, verspielt oder verführt, sondern wird zum Bestandteil dieser Techniken – zugleich verfügen heutige Kinder über ein viel feiner abgestuftes Sensorium, eine viel größere Bandbreite an möglichen Körper-Glückstechniken.

Pop-Songs und die englischen Wörter, die darin vorkommen, waren für mich – als Kind/Jugendlicher der 60er und 70er Jahre – das, was für andere Kinder etwa Haustiere oder Teletubbys sind oder waren. Kleine Versuchsballons des libidinösen Laboratoriums. Alles, was man im jungen Leben an Möglichkeiten erlernt, um sich Glücksgefühle zu verschaffen – das ist ein entscheidender Vorteil fremdsprachiger Pop-Songs –, bekommt in englischsprachigen Songs nicht nur die motorische Mobilisierungsenergie und die emotionale Speichersoftware der elektrisch verstärkten Musik geliefert, sondern darüber hinaus neue Wörter für diese Zustände, die nicht schon andere Bedeutungen in der Alltagssprache haben. Zweifelsohne funktioniert es auch dann, wenn diese Wörter eine Bedeutung in der Alltagssprache haben. Denn auch die haben sie ja für die jungen SprecherInnen erst kurze Zeit. Der Rabbi, der mit dem Jungen die Namen der Bandmitglieder von Jefferson Airplane durchbuchstabiert, ist von diesen Wörtern genauso weit weg, weil schon so alt, wie der Junge, der erst so kurze Zeit überhaupt spricht und noch nicht so viele Namen kennt.

Aber schon habe ich sehr unterschiedliche Bedeutungen des Wortes ›Glück‹ verwendet: die sexuelle Libido, die ungehetzte Faulheit der Katze, die polymorph-perverse Regression des Teletubby, die kontingente Konstellation als Kippfigur, das Glück des Begriffs oder des Namens: über ein Konzept oder wenigstens ein Zeichen zu verfügen, das Zustände benennen, abrufen oder gar magisch aktivieren kann. Das deutsche Wort ›Glück‹ hat aber auch in Erwachsenen-Sprache und Philosophen-Argot weder die Trennschärfe noch das Denotationspanorama zu bieten, das die verschiedenen englischsprachigen Terme evozieren können: *happiness, felicity, gladness, luck,* zuweilen auch *fate* (s. Kap. I.4). Es ist also nicht nur meine persönliche Erfahrung mit diesen durch keine Alltagsverwendung verschmutzten Zeichen, mit diesen englischen Wörtern für nicht englischsprachig aufwachsende Kinder, die für die Vorteile des Glück-Lernens auf Englisch sprechen. Es sind auch in der korrekt beherrschten englischen Sprache Feinheiten der Glücksunterscheidungen zu finden, die für dessen Systematisierung von Vorteil sind.

Happy

Zurück in meine Kindheit. Ich beginne am Beginn. Ich bin sechs, sieben Jahre alt. Die Beatles singen und spielen, wie man damals im Radio sagte:»I Am Happy Just to Dance with You«.

Dieser Song ist eine Anmache. Er will ja nur mit ihr tanzen. Das»nur« bezieht sich auf eine strikt normierte machistische Eroberungslogik. Der Mann greift an, die Frau verteidigt sich und gibt unter bestimmten Bedingungen und nach genau fest gelegten Regeln ihr Territorium Schritt für Schritt auf. Solche ›Dating-Logiken‹, wie sie z.B. in den USA heute wieder verbreitet sind und sich in Europa nicht zuletzt durch eine immer stärker mit Anpassungs- und Unterwerfungsidealen operierende Früh-Teenager-Kultur langsam restaurieren, waren 1964 die absolute, gnadenlose Regel. John Lennon schlüpft hier in die Rolle eines Boys, der davon säuselt, nur Tanzen zu wollen. Er übergibt diese Rolle für den Film *A Hard Day's Night* lieber an George Harrison. Aber wie so oft bei den frühen Beatles: Eine ganz besonders fiese Situation wird durch die Musik in ihr Gegenteil gekippt. Sie setzt ganz auf das Vor und Zurück, die Betonung des Binären des Tanzens, aber eben nicht durch einen Tanzbeat, sondern durch ein merkwürdig-meditatives und nicht songhaft zielführendes Schwanken zwischen Dur- und Moll-Strophen. Es könnte dann irgendwann endlos so weitergehen und genau dieses ›könnte‹, das dieses Verweigern oder besser: Hinauszögern des Endes unter Umgehung des normalerweise geradlinig auf ein Finale zumarschierenden AABA-Lied-Schemas, ermöglicht, ist das»happy«, das bei mir damals angekommen ist. Ein richtig aufbrechendes, radikales,

überwältigendes Glück wäre für mich damals wohl noch zuviel gewesen.

Dennoch bereitet das Herauszögern und die Wiederholbarkeit des Versprechens dieses Songs rund um das *happy* auf ein anderes – körperliches – Glück vor, das sich nicht hinter dem»Nur« des Tanzens zu verstecken braucht. Schon wenn man nur tanzt, kann man das spüren: Da gibt es etwas, das auch immer wiederholt werden will und zwar gerade, weil es kein ›nur‹ ist. Ein gutes Jahr später wird es schon praktischer.

Too Beautiful: Schule schwänzen

Eine Seufzerbrücke – *a bridge of sighs* – überqueren hier der Ich-Erzähler und sein Gesprächspartner. Dann werden sie *high*. Das führt zu einer Überwältigungserfahrung, einer der berühmtesten:»It's all too beautiful!« Die Rede ist von»Itchycoo Park« von den Small Faces, am besten zu betrachten als Performance, etwa im deutschen Beat Club, verfügbar über YouTube. Die Überwältigungserfahrung wird allerdings von Anfang im Gespräch aufbereitet, das Steve Marriott und Ronnie Lane hier führen. Sie reizen sich gegenseitig mit wunderbaren Aussichten, wie man sich den Tag einrichten könnte. Schließlich macht es klick, als Steve mit verschlagenen Gesichtsausdruck vorschlägt:»Du könntest die Schule schwänzen!«,»Wäre das nicht cool!« antwortet Ronnie.

Es ist wie bei der klassischen Erhabenheit: Man muss darüber reden, man erfährt nicht einfach nur. Aber man kann auch nichts anderes sagen als: wie geil das denn nun ist. Das Weitere übernimmt auch hier die Musik. Der Dialog steht für die sich gegenseitig aufschaukelnde Euphorie eines gemeinsam erlebten Abenteuers, hier das sich ineinander Verlieben auf Trip; die langsame Phase für das Abschlaffen der Euphorie in die Entspannung hinein und die Vorbereitung auf einen neuen *rush*, die vom Text mit den reizenden Worten untermalt wird:»Ich würde mich unter Umständen geneigt sehen, mir das Gehirn wegblasen zu lassen« – »I feel inclined to blow my mind«. Das berühmte durch den Leslie gejagte Drum-Break wirkt wie ein Neustart eines Jahrmarktkarussells, nach dem man sich vorher mit dem Abschlaffen für einen Pop-Song der 60er Jahre ausgesprochen lange Zeit gelassen hat. Das ist das Großartige: Überwältigung in völlig freier Entscheidung des zu Überwältigenden. Sozialisierung der zutiefst individuellen – »my mind« – asozialen Trip-Erfahrung im abgleichenden Dialog. »What do we do there? We do get high!« An den Fernsehbildern des Beat Club kann man sehen, dass auch diese Glücksidee noch aus einer ganz konventionellen Musikdarbietungswelt aufsteigt. Besonders schön ist hier, wie der Dialog, den Steve Marriott und Ronnie Lane singen, durch Gegenschüsse der Beat-Club-Regie aufgefangen wird. Noch setzt Regisseur Mike Leckebusch nicht seine legendären psychedelischen Kamera-Effekte ein, wenn es darum geht, eine LSD-induzierte, selbst gebaute Überwältigungserfahrung vorzuführen.

Hier geht es nicht darum, dem Zuschauer ein Abbild der Rauscherfahrung durch bald sehr klischeehaft fixierte Bilder zu liefern, sondern, viel wesentlicher, zu zeigen, wie der Trip aus der Verabredung hervorgeht, wie das *high*-Sein sich gemeinsamem Glück-Machen verdankt. Der einsame *rush* ist übrigens kein Glück, sondern heroisch, selbstzerstörerisch, natürlich auch völlig großartig, aber schon während man ihn genießt, tödlich. Man fühlt sich, Lou Reed und Velvet Underground informieren darüber, wie Jesus' Sohn – also wie eine Steigerung von Golgatha. Der Schriftsteller Dennis Johnston hat diesen Gedanken in seinem Roman *Jesus' Son* aufgegriffen.

Lazy: faul, schüchtern und überlegen mit den Kinks

Die Small Faces hatten auch eine Ode an die Faulheit im Programm, »Lazy Sunday Afternoon«, aber die Kinks loteten deren Dimensionen umfassender in zwei Songs aus, in denen sie sich eben auch nicht mehr vom fordistischen Regime auf den dafür zuständigen Tag beschränken ließen. In »Sunny Afternoon« imaginiert sich der Ich-Erzähler in eine luxuriöse Einsamkeit: Die Steuer hat ihm seinen Reichtum genommen, seine Frau, die ihm Suff und Misshandlung vorwirft, hat ihm sein Auto genommen und er genießt faul die Abwesenheit des Luxus und der Bindung als Luxus. Das ist ziemlich komplex, weil beide Szenarios sowohl als ironische oder illusionäre *mind games* des lyrischen Ichs verstanden werden können, wie zugleich auch als authentische Bekenntnisse. Nur der Faulheitsgenuss in der Sonne löst diese Ambiguitäten in etwas auf, was das lyrische Ich mit den Rezipienten teilt. Der Faulheitsgenuss braucht noch die Krücke, dass man alles, was der Fleiß verspricht, Luxus und legitime Ehefrau, schon hinter sich hat. Das sonnige Wetter, die Feier der

Schlaffheit in Ray Davies' säuselnden Singsang überwindet diese Deckerzählung: der Luxus, die Segelyacht, das Eheleben sind gar nicht erst erstrebenswert, wenn man die Sonne genießt (s. Kap. II.2).

Im »Waterloo Sunset« wird aber der Zustand der Nichtbeteiligung auf Dauer gestellt. Nur die nicht teilnehmende Beobachtung des Sonnenuntergangs über der Themse und der kleinen Liebesaffären, die sich dort unten abspielen, bereiten dem Ich das Gefühl, im Paradies zu sein. Beteiligung, körperliche Präsenz macht ihm Angst, kühle Winde drohen. Diese Perspektive ist natürlich wie die Parkbenutzung im vorletzten Beispiel ein Element der Eroberung der Stadt durch neue jugendliche Subjektivitäten, wie sie in den 1960er Jahren imaginär und real stattfand. Die Stadt als unendlicher Möglichkeitsraum bleibt nur als Potenzial unendlich groß, die mit ihm verbundene Angst ist nicht nur die vor der Überwältigung, die man überwinden kann, indem man in eigener Regie *high* wird, sich seine Überwältigung selbst organisiert und seinen Itchycoo Park findet, sondern auch die Angst, dieser sich öffnende Stadtraum könne sich verengen, wenn man mit ihm anders als durch Überblicke Kontakt aufnimmt. Das Bekenntnis, keine Freunde zu brauchen, ist also hier sowohl das trotzige Bekenntnis des Einsamen, der in Wirklichkeit gerade mit diesem Satz um Freunde wirbt, wie es »I am a Rock« von Simon & Garfunkel zur selben Zeit auf die Spitze trieb, aber auch das Wissen des Dandys, dass mit anwesenden Freunden nichts schöner wird, das schon durch die Beobachtung von Menschen schön ist.

High. 16 Meilen

Das *high*-Sein haben wir schon kennen gelernt: Es ist ein Gefühl der glücklichen Überwältigung, die nicht passivierend und niederschmetternd wirkt, weil man es gemeinsam inszeniert, abgleicht, kommuniziert. Doch kann man nicht immer wieder von dem Selben überwältigt werden, das funktioniert vor allem dann nicht, wenn man die selbst herbeigeführten Anteile wieder erkennt, wenn man sich selbst erkennt. Das gilt vor allem dann, wenn man alleine *high* zu werden versucht. So wie die Faulheit und ihre Freuden ohne das gemeinsame *high*-Sein in eine sich selbst unklare Verklärung der Einsamkeit führen – wie bei »Waterloo Sunset« –, so hat auch das abgekoppelte *high*-Sein ein Problem. Es gelingt nur, wenn es sich steigern lässt (s. Kap. VIII.9). Wenn nicht, sucht man schlechten Ersatz.

Ich will hier aber das gelungene *high*-Sein vorführen, indem ich eine gelungene Steigerung vorführe. Die erste Hymne ans *high* schreiben die Byrds, denn die können bekanntlich fliegen. Immer wieder hat Roger McGuinn ganz buchstäblich das Fliegen und die Geräusche der Düsenflugzeuge als Inspirationen benannt. Hier spricht eine Generation, ein unbestimmtes Kollektiv von Personen oder Subpersonen in der einen, längst vielstimmig gewordenen Person: ein dialogisches Abenteuerteam. Aber es ist bezeichnend, dass die Byrds diese Großeuphorie nur noch durch unfassbar ausgedehnte Live-Versionen ihres »Eight Miles High« aufrecht erhalten können. Sie müssen noch *high*er werden.

In diesem Zusammenhang wird einmal mehr klar, dass die Punk-Bewegung dem Glück-Lernen der 1960er Jahre vor allem die fehlende Steigerung nachreicht, den Speedrausch, den zu oft individuelle Schwächeanfälle und biographische Zusammenbrüche, die sich dem Steigerungszwang entgegen stellten, im Laufe der 70er abgebrochen hatten; mancher interessierte sich etwa für Country-Rock. Und man kann vieles zugunsten des Country-Rocks der 70er sagen, vor allem, wenn einen Melancholie, amerikanisch domestizierte Erhabenheitserfahrungen, die Tiefe des Truckergeistes interessieren, aber es gibt keinen einzigen Country-Rock-Song, der glaubhaft von Glück handelt. Country-Rock und Singer-/Songwriter-Musik verzichten so komplett auf alle musikalischen Euphorisierungsmöglichkeiten und sind so sehr von der Sprache und der Narration dominiert, dass das nicht mehr ging. Das Euphorisierungsprogramm, das zumindest ein Teil schon der britischen Punk-Bewegung ins Leben rief (vor allem The Buzzcocks), schloss erst im zweiten Durchlauf seit den frühen 1980ern und vor allem in den USA an die Glückskultur der 1960er an. Hüsker Dü gelingt mit ihrer Coverversion von »Eight Miles High« die Steigerung von *high* nicht nur durch Beschleunigung, wie das Punk generell versuchte, sondern auch durch eine intensivierende Wiederaufnahme des dialogischen Spielens, harmonischen Singens nicht zwischen Gitarristen (wie bei den Byrds), sondern zwischen dem Drummer Grant Hart und dem Gitarristen Bob Mould – die auch privat ein Liebespaar waren – das über die üblichen Jungsabenteuer hinausging. Dies ist natürlich die Lösung des *high*-Problems, es muss in eine Affäre übergehen. Hüsker Dü, man kann das besonders schön beim Live-Mitschnitt ihrer »Eight Miles High«-Version vom Pink-Pop-Festival sehen, beschleunigen immens, bremsen aber

vor dem Tempo ab, das zu körperlosem ›Speedfressergehampel‹ gehört – und das man bei bestimmten Spielarten von Death Metal und Techno später antreffen konnte –, und bestehen auf Harmonie. Die schweren Körper von Bob Mould und Grant Hart, die im Gesang harmonieren, deren Blicke sich immer wieder treffen, holen aus diesem Programm das Maximum heraus.

Sünde

Zwei Songs der späteren Velvet Underground: »Pale Blue Eyes« und »Beginning to See the Light« von 1969. Erste erwachsene Gedanken dazu, was es heißt, das pubertäre Glück von erstem *high* und dem Körper eines *somebody to love* in einen Lebensstil einzutragen, auf Dauer zu stellen, sich so kennenzulernen, dass man Hochgefühl und *body-attraction* zu erlernten und erlernbaren Künsten und Techniken verfeinert. Lou Reed ist der Erwachsene vom Dienst in der Popmusikgeschichte. Schon drei Jahre später wird er amüsiert und distanziert von der »Wild Side« berichten, er wird von einem perfekten Tag schwärmen, der den Exzess durch erwachsene Sublimierungsfreuden (»Sangria in a bar, and later a movie too, and then home«) ersetzt; dennoch ist er kein simpler Konvertit, er wird immer wieder versuchen, sich auf das Glück von Rausch und Körperlichkeit zu beziehen. Er wird sich das Heroin durch Alkohol entziehen (»The Power of Positive Drinking«) und schließlich von Drag Queens und Drogen nur noch so sprechen wie ein Politiker über soziale Brennpunkte, an denen der Staat endlich was unternehmen müsse – aber er wird nicht aufhören, von ihnen zu sprechen.

Zuerst wäre in unserem Zusammenhang aber ein Glück zu nennen, das auf *high* und *Faulheit* logisch folgt, weil es sozusagen ihrer beider Begriff ist: die Abweichung, das Verbrechen oder besser – die Sünde. In »Pale Blue Eyes« wird die – sexuelle – Liebe zwischen zwei Personen auf sehr unterschiedliche Weise geschildert, in ganz wunderbaren Metaphern-Vignetten und allegorischen Bildern, aber am erinnerlichsten blieb mir doch immer diese Zeile: »It was good what we did yesterday. And I am sure we do it again. The fact that you are married only proves you're my best friend. And it's truly truly sin«. Ein Lied, das seinen Rahmen in Bezug auf das Glück, von dem es redet, allerdings durch die einführende Bemerkung einschränkt: »Sometimes I feel so happy and sometimes I feel so sad.« Jugendliche ergreifen die Chance zu Sünde und Übertretung, obwohl etwas verboten ist; Erwachsene empfinden die entsprechenden Ermächtigungsschübe nur noch, weil das, was sie tun, verboten ist. Zwischen diesen Zuständen spielt der Song: Er entfaltet in postkoitaler Ungehetztheit das ganze Spektrum der Spannungszustände dieses Paares. Der Erzähler lässt das alles vor seinem sogenannten inneren Auge vorbeiziehen – und dann fällt ihm ein, dass das alles eine Sünde ist. Und wenn er dann sagt, dass dies die Sache besonders schön macht, spricht in dieser Sekunde zum ersten Mal sein Erwachsenen-Ego, das jetzt nämlich begriffen zu haben glaubt, dass man über die Sünde die Dinge wiederholbar machen kann, die bisher in heiliger Kontingenz sich ereignet haben.

Ähnlich funktioniert das im selben Jahr entstandene Lied »Beginning To See the Light«. Auch hier begreift der Künstler, dass es paradoxerweise Regeln der Abweichung, Regeln der Übertretung gibt: »Wine in the morning / and breakfast at night / Well I am beginning to see the light«. Da klingt auch ein bisschen Selbstironie darüber an, dass die bloße Umkehrung der Regeln des Spießerlebens schon für ein ganz anderes bürgen solle, schließlich ist auch der Songtitel ein Fall von Übertreibungsironie. Die Musik widmet diese aber um in etwas Hymnen- und Manifestartiges. Heute klingen die Freuden eines Lebens außerhalb der Familienmahlzeiten wie die gewerkschaftsfeindlichen Lieblingsvorstellungen eines neoliberalen Stadtmarketings. Damals war das der Beginn eines Aha-Effektes: Ich kann alles ganz anders machen, auch das, was meine Konditionierung am tiefsten steuert, die regelmäßigen Mahlzeiten. Doch ist das nicht nur der Beginn einer nicht mehr vor allem spielerischen, sondern fast systematischen Erleuchtung und Selbstaufklärung: »I met myself in a dream and I tell you it was alright«. Der Wahnsinn: Im Traum ist alles in Ordnung. Das ist der Beweis, keine Schmutzwäsche mehr im Unbewussten. Man kann sich nicht nur im Spiegel anschauen, man kann sich sogar im Traum begegnen ohne rot zu werden.

So glücklich

Vor den nächsten beiden Beispielen nur ein kurzer Hinweis auf etwas, was eigentlich viel ausführlicher beschrieben werden müsste. Erstens: In fast allen Beispielen benutzen weiße Jungs aus der britischen und amerikanischen Mittelschicht künstlerische Methoden, Materialien und Techniken, die sie von afro-amerikanischen Künstlern übernommen haben, die sie oft anders entworfen haben und dafür nicht entlohnt wurden. Zweitens: In fast allen Beispielen ist von Frauen die Rede, nie kommen diese selber zu Wort – und das geschah vor der Punk-Bewegung, von den Ausnahmen Laura Nyro, Nico, Grace Slick und Julie Driscoll abgesehen, im Rahmen der Popmusik auch fast gar nicht und wenn dann in bestimmten Rollen, die bereits alles Sagbare und Darstellbare vorbestimmten: Cheerleader und sensible Schwester mit akustischer Gitarre. Beide Befreiungsdefizite wiegen schwer, weil sie auch klar machen, dass mindestens bis zu einem gewissen Grade das hier beschriebene Glück immer eines war, an dem nicht genannte, nicht vertretene Andere für die Stimulanz, um die es geht ganz entscheidend waren.

In den 1930er Jahren jubelt der afroamerikanische Bluessänger Skip James, fast ohne Erklärung, aber paradoxerweise auch ohne rechte Euphorie, er sei so glücklich. Nur *en passant* erwähnt er, dass er des Jammerns und Klagens müde sei, daher eben glücklich. Das Ganze ist aber weder eine glaubwürdige Performance, noch geht sein Vortrag in einem ironischen oder sarkastischen Gegensinn auf: Ich sage, dass ich glücklich bin, bin es aber nicht wirklich – wie es eine klassische Figur des Soul zum Ausdruck brachte: »Don't let my glad expression give you the wrong impression« (Smokey Robinson, »The Tears of a Clown«). Die irre Ambivalenz des müden, lakonischen, gelangweilten oder zermürbten Glücks von James verweist auf ein prinzipiell anderes Verhältnis des von sich selbst redenden Subjekts im Vergleich zu den anderen von sich selbst redenden Subjekten, von denen bisher die Rede war.

Skip James hat »I'm So Glad« in den 1930ern aus einem anderen Stück gebaut, das »I Am So Tired« hieß. Es ist eines über Müdigkeit und Erschöpfung geblieben, die in ein völlig irres, rammdösiges Glück der Wiederholung kippt. 30 Jahre später haben Leute wie Harry Vestine, der Gitarrist von Canned Heat, Albert Ayler und John Fahey Skip James wieder entdeckt, und zwar buchstäblich als Person, die vergessen in einem Krankenhaus arbeitete, und als unfassbaren Gitarristen. Und natürlich hat die Gruppe Cream, durch die ich auf dieses Glück gestoßen bin, dieses Glücklichsein als ein volles Verfügen über Glück inszeniert. Aber so sehr sie den irren, unklaren Song von James irgendwie stumpf rockig vereindeutigen, so wahnsinnig ist dann doch ihre Euphorie, denn auch sie geben keine Begründung. Auch sie wiederholen fast nur wie *glad, glad, glad* sie sind. Das

Phänomen der Ansteckung durch unbegründete, ostentative Eindeutigkeit; die nicht auszutreibende afro-baptistische Gottesdiensthaftigkeit; und das Glück, im kollektiven Improvisieren immer nur Synonyme für die immer gleiche Bedeutung und die immer gleichen Akkorde ›Glück‹ rüberzubringen, ist auch in ihrer Version deutlich.

Theorie des Glücks: Felicity

Zum Schluss zwei Grenzen. Zum einen: Was können die selber sagen, was haben die gesagt, die so mit diesen Glückssemantiken der Popmusik aufgewachsen sind? Zum anderen: Wo Glück auf Glück, nun im Sinne von Kontingenz, angewiesen ist, gibt es auch Pech, und zwar meistens.

Zum einen: Mein Lieblingsstück in dieser Zusammenstellung. Jemand – genauer die maßgeblichen Mitglieder der Gruppe Orange Juice, James Kirk und Edwyn Collins im Song »Felicity« – hat in der gleichen Weise Glücksvorstellungen aus Popmusik gelernt und versucht diese in einer neuen Popmusik, nach dem Punk in den frühen 1980ern, zu reproduzieren, nun aber auf einer begrifflich höheren, abstrakteren Ebene. Wozu noch etwas erzählen, am Anfang wird das kurz versucht, dann wird aber das Wesentliche unabhängig von den konventionellen Verfahren des Songwritings angestrebt. Der Harmoniegesang tritt einem gleich zu Beginn in einer Weise zu nahe, die man nur ablehnen kann oder sich ihr unterwerfen. Das andere klassische Element, die klingelnden Gitarrenakkorde, gereichen zur Steigerung – und nachdem das beides da ist, ohne konventionelle Begründung durch die Elemente der Songform, wird der kurze Versuch der Erzählung abgebrochen und nur noch das Ding beim Namen genannt: »Happiness ohoh Happiness«. Schließlich ist es eine auf die Musik bezogene Aufforderung aus der Soul-Musik, die auch diese Dynamik nochmal steigert: »Take me to the bridge!« Bridge – so nennt man den Übergang zweier Songteile. Nachdem wir aber diese Brücke überquert haben, nicht unähnlich der Brücke aus Seufzern, die in den »Itchycoo Park« führt, wird das Wort »Happiness« zum Begriff, indem es durch ein Synonym ersetzt wird, ein selteneres zum Begriff taugendes Wort: »Felicity«. Ein Wort, das wie ein Begriff die anderen Einzelfälle enthält, die anderen Glücksformeln der Popmusik, dessen Allgemeines aber der gemeinsame Anteil all dieser Fälle und Zustände ist – jedenfalls in dem Moment ist, wo sie in Pop-Songs auftauchen.

Ja, und zum anderen zum Pech. Das Leben im Pop-Song besteht aus Aufbrüchen (die immer Glück enthalten) und Katastrophen (Verlassenwerden), dem ganz großen Blues. In den 1970er Jahren wird der Pop-Song erwachsen und biographisch. Singer/Songwriter und Soul-Balladeure betreten die Bühnen und zeichnen nun Entwicklungen und Lebenslinien nach. Eddie Harris sei beispielhaft mit seinem »Bad Luck Is All I Have« genannt. In dieser Situation überlebt das Glück, gegen alle erwachsenen Planungen und narzisstischen Biographien des Scheiterns und des Genusses am eigenen Scheitern, durch sein Gegenteil, durch Pech, *bad luck*. Im *bad luck* steckt immer noch die Weigerung ›sich etwas selber zuzuschreiben‹, ›Verantwortung für sich zu übernehmen‹. Wer Gegenkräfte nur als Pech erlebt, wird weder sich zur Verantwortung ziehen, noch sich verantwortungsvoll politisieren. Beides würde den Hedonismus ja relativieren und behindern. Nur wer an sein *bad luck* glaubt, ergreift sein Glück. Genau diese ›Glücksergreifer‹ wurden dann allerdings später die ›Pimps‹ und ›Gangster‹, die ›Hip-Kapitalisten‹ und ›Me-Generation-Typen‹. Die Weigerung, Verantwortung zu übernehmen, entwickelte sich zur gezielten Verantwortungslosigkeit. Eine Weile schleppte diese noch den Charme jener mit sich herum.

Der Versuch, dann wiederum den ›Kinder-Hedonismus‹ seinerseits direkt und ohne aufschiebende Umwege zu politisieren, ist natürlich auch unternommen worden: von Norman O. Browns Revolution des Eros (»Love's Body«) bis zum *Living Theatre*. Später wurde daraus das schon therapeutisch tingierte »Be here now«, das diverse Gurus den längst Beschädigten der 1970er und 80er anboten und das heute im Mittelpunkt einer Esoterik-Industrie steht, die alles andere als Schule schwänzen und Verantwortungslosigkeitsethik lehrt, sondern im Rahmen der Konkurrenzfähigkeit homöopathische Mengen von Erinnerungen an den alten Hedonismus auf die Seele träufelt. Natürlich verdanken auch diese Tinkturen, so sie überhaupt wirken, ihre Kraft den Restbeständen der alten ›Hippie-Techniken‹, ein bestimmtes Glück direkt zu ergreifen, so direkt und ohne Angst vor Folgen, wie es einem nur ein Drei-Minuten-Song anbieten kann, der nach diesen drei Minuten nicht mehr zuständig ist. Alles, was sonst so mit seinen Anrufungen angerichtet wurde, ist nicht sein Problem. Das ist nur *bad luck* – und zwar unseres.

Discographie

(Da es in diesem Beitrag um Songs und spezifische Videos geht, wird auf eine förmliche Liste von Publikationen verzichtet; stattdessen werden die Songs gemäß der Reihenfolge im Beitrag angeführt – ergänzt mit den Youtube-Links, die genau auf die Aufnahmen verweisen, die im Beitrag diskutiert werden. Die Lebensdauer dieser Links und ihre Erreichbarkeit in einzelnen Staaten mit unterschiedlichen und veränderlichen Urheberrechtsvereinbarungen zwischen Rechtevertretern und Internetplattformen ist naturgemäß unvorhersehbar.)

Jefferson Airplane: Somebody To Love (http://www.youtube.com/watch?v=kWMyQ7OMM5c&feature=related).

Stephen Stills: Love The One You're With (http://www.youtube.com/watch?v=_5IVuN1N6-Y).

The Beatles: I Am So Happy Just To Dance With You (http://www.youtube.com/watch?v=WLCQeId-m98).

The Small Faces: Itchycoo Park (http://www.youtube.com/watch?v=VJzcF0v1eOE).

The Velvet Underground: Heroin (http://www.youtube.com/watch?v=6xcwt9mSbYE&feature=related).

The Kinks: Sunny Afternoon (http://www.youtube.com/watch?v=1h1oRP7FfBw).

The Kinks: Waterloo Sunset (http://www.youtube.com/watch?v=fvDoDaCYrEY&feature=related).

The Byrds: Eight Miles High (http://www.youtube.com/watch?v=HKhI09XO5R0&feature=related).

Hüsker Dü: Eight Miles High (http://www.youtube.com/watch?v=NeqyCwAeT3I).

The Velvet Underground: Pale Blue Eyes (http://www.youtube.com/watch?v=PK4DeMYtumc).

The Velvet Underground: Beginning To See The Light (http://www.youtube.com/watch?v=J3gWi9bBkHQ).

Cream: I Am So Glad (http://www.youtube.com/watch?v=H2S3XVQebXs&feature=related).

Skip James: I Am So Glad (http://www.youtube.com/watch?v=QPXjuD8sH_Q&feature=related).

Orange Juice (Edwyn Collins): Felicity (http://www.youtube.com/watch?v=ADBap1THSSc).

Diedrich Diederichsen

13. Figuren des Glücks im Film. Medienspezifik und Formenvielfalt

Aspekte des Filmglücks

Der Titel dieses Beitrags ruft spontane Assoziationen hervor: Zwei Liebende küssen sich in Nahaufnahme, Crescendo, Happy End, und danach »wird jewöhnlich abjeblendt« (Tucholsky 1952). Tornatores *Cinema Paradiso* endet mit einer Montage derartiger Filmküsse; zwei Drittel aller »klassischen« Hollywoodfilme klingen mit der romantischen Vereinigung eines Paars aus (Bordwell 1985, 159). Solche Happy Ends als Prototypen des Filmglücks anzusehen, ist daher nicht falsch.

Und doch bilden sie nur einen kleinen Teil der ›Figuren des Glücks im Film‹. Um diese besser in den Blick zu bekommen, helfen begriffliche Präzisierungen. Mit ›Film‹ können neben dem abendfüllenden Spielfilm weitere Formen audiovisueller Bewegtbilder in Kino, Fernsehen oder Internet gemeint sein, darunter Dokumentar-, Kurz-, Amateur-, Experimental-, Industrie- und Lehrfilme; im weiteren Sinn auch Serien oder YouTube-Clips. Solche Film-Formen dienen diversen Zwecken – Kunst, Unterhaltung, Bildung, Werbung, Propaganda –, und sie entstehen in unterschiedlichen kulturellen Kontexten. Entsprechend heterogen sind ihre Glücksbilder. Grundsätzlich können Filme sich sämtlichen Phänomenen zuwenden, die als ›Glück‹ bezeichnet werden: flüchtiger Lust oder dauerhafter Lebenszufriedenheit, unbewusstem *flow* oder reflexiver Kontemplation, äußeren Glücksgütern oder innerer Harmonie, *eutyche* oder *eudaimonia* (Zirfas 1997; s. Kap. II.5–6 und III.2). Film kann ein Mittel des audiovisuellen Miterlebens und Weiterdenkens all dieser Glückskonzepte sein. Dabei haben sich im Verlauf der Geschichte des Films – dem »Auge des 20. Jahrhunderts« (Casetti 2005) – spezifische Schwerpunkte und Konventionen herausgebildet. Da es kaum Ansätze einer Forschung dazu gibt (vgl. Frölich u.a. 2003; Kleiner 2006), konzentriert sich dieser Beitrag auf den Spielfilm und entwirft nur einen vorläufigen Überblick über inhaltliche und ästhetische Grundstrukturen.

Die Besonderheiten der ›Figuren des Glücks im Film‹ beruhen letztlich auf dessen Medialität (vgl. Eder 2009): Bewegtbilder werden mit Sprache, Ton und Musik verbunden und in ihrer Vermittlung durch bestimmte Apparate und Institutionen, Produktions- und Rezeptionspraktiken geprägt. Filmische Glücksdarstellungen weisen daher charakteristische Tendenzen auf: Ein vielstimmiges Gefüge von Bildern und Tönen entfaltet das Glück in Bewegung und zeitlicher Dramaturgie, verleiht ihm Konkretheit und Detailliertheit im Wechsel der Räume und Perspektiven. Der Produktionsaufwand des Films legt dabei eine Orientierung an der Emotionalisierung größerer Publika nahe. Aus diesen Gründen ist das stille Glück im Film seltener als das mitreißende, sinnlich wahrnehmbare, körperlich expressive.

Eine grundlegende Frage besteht darin, wo ›Figuren des Glücks‹ im Film überhaupt verortet sind. Vier Aspekte sind hier zu unterscheiden: Filme können erstens das Glück von Figuren darstellen; sie können zweitens Glücksvorstellungen von Erzählern oder Filmemachern ausdrücken; sie können drittens thematische Glückskonzepte vermitteln; und sie können viertens Glücksgefühle bei ihren Zuschauern auslösen. Im typischen Happy End fallen mehrere dieser Aspekte zusammen: Indem die Zuschauer glücklich darüber sind, dass die Liebenden glücklich sind, wird die romantische Liebe als besonders erstrebenswerte Form des Glücks propagiert.

Das Glück der Zuschauer, Figuren und Filmemacher muss sich jedoch keineswegs decken. In Komödien lachen wir über Pechvögel. In Satiren beobachten wir, wie Bösartige lustvoll triumphieren (*A Clockwork Orange*). Science Fiction-Filme thematisieren den Horror künstlicher ›Glücks‹-Manipulationen (z. B. *Abre los ojos*; *The Matrix*). In Liebesfilmen folgen Figuren falschen Vorstellungen vom Glück, streben etwa ein Single-Leben an, obwohl sie ›füreinander bestimmt sind‹ (*When Harry Met Sally*). Als Zuschauer empfinden wir also die Glücksgefühle mancher Figuren mit (Empathie), können aber auch als wissende Beobachter über ihr trügerisches Glücksgefühl verstört sein (Sympathie) oder ihr Glück missbilligen (Antipathie; vgl. Eder 2008, 561–706). Das Unglück der Figuren kann sogar zum Glück des ästhetischen Genusses beitragen (vgl. Anz 2003). Unter anderem mittels so vielschichtiger Gefühle gewähren Filme uns einen anschaulichen Eindruck davon, was Glück bedeutet und welche seiner Erscheinungsformen angemessen sind. Widerspricht die filmische Glücksideologie eigenen Überzeugungen, können wir sie auch als falsch empfinden – als kitschig, einengend, antisozial usw. – und uns von ihr distanzieren.

Das übergreifende Glückskonzept eines Films ergibt sich dabei keineswegs nur aus der direkten Darstellung der Hochgefühle einzelner Protagonisten. Es ergibt sich eher indirekt, über die Zeit hinweg, aus dem Zusammenspiel diverser Faktoren: dem Wechselspiel unterschiedlicher Motive, Handlungen und Beziehungen; den Dialogen der Charaktere und einer Ahnung von ihren Bedürfnissen; der dramaturgischen Anordnung von Glücks- und Unglücksszenen; der Perspektivierung und Kommentierung des Geschehens durch Erzählinstanzen; nicht zuletzt der Harmonie von Schauplätzen und Bewegungen, Farben und Formen, Texturen und Rhythmen, Bildern und Tönen.

Das Glück der Figuren und der audiovisuelle Ausdruck von Glücksgefühlen

Beginnen wir beim Nächstliegenden, der Darstellung des Glücks einzelner Figuren. Im Verlauf der Filmgeschichte haben sich hier Standardsituationen herausgebildet, die stets aufs Neue variiert werden (vgl. Koebner 2003). Viele von ihnen gehören der Liebesthematik an und finden sich vor allem in romantischen Komödien, Melodramen oder Musicals: erste Begegnungen, Liebeserklärungen, Küsse, Hochzeiten, Wiedervereinigungen – *boy gets girl*. Nicht selten sind solche Darstellungen glücklicher Liebe mit einem zweiten motivischen Feld verknüpft, den sinnlichen Genüssen: lustvollem Sex, ausgelassenen Festen, Essen und Trinken, Tanz und Rausch. Ein drittes Feld von Standardsituationen umfasst Motive der Aktivität, des *flow* und des Wettstreits: den Triumph der Sieger in Sportfilmen, den geglückten Coup in ›Caper Movies‹. Road Movies beginnen, Psychodramen enden oft mit dem Aufbruch ins neue, glücklichere Leben. In Melodramen können die Gesundung von Schwerkranken oder andere Wunder Glücksgefühle hervorrufen (*Il miracolo a Milano*). Seltener werden andere Formen des Glücks dargestellt: das stille Glück der Kontemplation, religiöse Ekstase, unverhoffte Glücksmomente im Alltag, die kollektive Euphorie beim Erreichen politischer Ziele, die heitere Stimmung bei einer Arbeit, die Erlösung von Leistungszwang und Entfremdung, etwa durch Flucht in ländliche Idyllen (vgl. Wulff/Wulff 2008).

Für beinahe jede vorstellbare Form des Glücks lässt sich ein Filmbeispiel finden; am häufigsten und eindrucksvollsten sind allerdings Spielarten des Glücks, bei denen Filme ihre Vorteile gegenüber anderen Medien ausspielen: Glücksformen, die einen sichtbaren, hörbaren, körperlichen, bewegten, farbigen Ausdruck finden und im Fluss der Zeit vergehen. Filmische Glücksszenen ähneln sich nicht nur strukturell, viele haben auch Inszenierungsformen gemeinsam, die den Zuschauern einen sinnlichen Eindruck von Glück vermitteln, indem sie auf angenehme Sinnesempfindungen, Harmonie, Intensität sowie auf Empathie mit glücklichen Figuren zielen (s. Kap. II.1). Auf der visuellen Ebene überwiegen warme Farben, weiche Formen, angenehme Texturen, ausgewogene Kompositionen und Bewegungen. Sound Design und Musik unterstützen heitere Stimmungen durch harmonische Durklänge oder fröhliche Stimmen. Kamera und Montage betonen Ausdrucksbewegungen des Glücks, Lächeln im Close-up, Ausgelassenheit in der Totalen. »Szenen der Empathie« (Plantinga 1999) lassen glückliche Gesichter auf die Zuschauer einwirken, während Musik sie einlädt, mit den Figuren zu fühlen. Solche Einzelmomente einer Ästhetik, Ikono- und Audiographie des Filmglücks fügen sich zu einem Ganzen; Glück kann als sinnliche Erfahrung perfekter Harmonie auf mehreren Ebenen vermittelt werden.

Ein gutes Beispiel hierfür ist die titelgebende Tanzszene im Musical-Klassiker *Singin' in the Rain*. Der Filmstar Don Lockwood (Gene Kelly) hat sich gerade mit einem Kuss von seiner Liebsten verabschiedet, nachdem er mit ihr den Plan für ein Musical entwickelt hat. Überglücklich geht er durch den Regen, die nächtliche Straße wird belebt durch Licht- und Farbakzente. Der Regen strömt, doch es ist ein weiches Plätschern, das Lockwood sichtlich genießt. Er beginnt zu trällern: »I'm singin' in the rain / just singin' in the rain / what a glorious feeling / I'm happy again«. Seine beschwingten Schritte, sein Spiel mit dem Regenschirm steigern sich zu einem ausgelassenen Tanz. Mal nähert sich die Kamera seinem fröhlichen Gesicht, mal lässt sie seinem virtuosen Körper Raum. Lockwoods Verhalten strahlt zugleich Elan, Übermut und Selbstironie aus, freundlich wendet er sich verwunderten Passanten zu. Dass das kindliche Spritzen in den Pfützen auch ein befreiender Normverstoß ist, wird zum Schluss der Szene deutlich, als dem glücklichen Tänzer ein misstrauischer Schutzmann begegnet.

Zeitlichkeit und Dramaturgie des Glücks im Film

So endet das Filmglück nach wenigen Minuten. Die zeitliche Form des Films, die Kopplung der Rezeption an die unaufhaltsame, knappe Projektionszeit, führt dazu, dass Filme den Zuschauern einen unterschwelligen Eindruck von der Vergänglichkeit allen Glücks vermitteln, der durch die Scheinewigkeit eines Happy Ends nicht aufgehoben werden kann. Spielfilme stehen in einem ambivalenten Verhältnis zum Glück: Einerseits erlauben sie es, sich in Glücksfantasien zu versenken, andererseits lassen ihre Wirkungsstruktur und ihr Unterhaltungsziel dies nur vorübergehend zu. Da es langweilt, Figuren in permanenten Glückszuständen zu beobachten, erzählen Spielfilme meist weniger vom Glück als von der Sehnsucht und dem Streben danach (was sich übrigens auch im Roman zeigt; s. Kap. V.11). Erfolgreiche Geschichten sind auf Konflikte der Figuren angewiesen, auf ihr – zumindest vorübergehendes – Unglück; Drehbuchratgeber empfehlen Figuren mit leicht psychopathologischem Profil (Seger 1990, 82).

Die oben skizzierten Glücksszenen sind also nur vorübergehende Momente in einer zeitlichen Anordnung, einer Dramaturgie des Glücks. In Mainstreamfilmen variiert diese Dramaturgie häufig ein klares Grundmuster: Probleme entstehen und werden gelöst, Fragen werden aufgeworfen und beantwortet, auf dem Weg zu einem Ziel werden Hindernisse überwunden (vgl. Eder 1999/2007). Dazwischen: ein emotionales Wechselbad. Glücksszenen finden sich am häufigsten an Schlüsselpositionen solcher Plots: Als Anfangsglück, dessen Zerbrechen den Helden zur Aktion treibt (z. B. in Rachegeschichten). Als labiles Zwischenglück an Wendepunkten der Geschichte, als Kontrastmoment nach der Bewältigung einer Krise. Oder eben als Schlussglück des Happy End, das von den Zuschauern oft schon von Beginn an ersehnt wird (Christen 2005). Dass jedoch das ungetrübte Happy End seltener ist als gedacht, macht ein Blick auf die erfolgreichsten Filme deutlich: In *Titanic* opfert sich der Protagonist für seine Geliebte. In *The Lord of the Rings* verhindern die Helden die Weltherrschaft des Bösen, doch ihr Gemüt verdüstert sich. Schon Fritz Lang (1948/2003) machte darauf aufmerksam, dass für den Erfolg nicht ein glückliches Ende entscheidend ist, sondern eines, dessen Wertestruktur die Zuschauer befriedigt. Die Guten kommen durch, aber das macht sie nicht unbedingt glücklich. Und selbst wenn sie es sind, kann das Happy End als konstruiert empfunden werden (Bordwell 1982) wie in Douglas Sirks Melodramen, die als Beispiel subtiler Sozialkritik gelten.

Glück, Genres und Gesellschaft

Wie unscharf das verbreitete Bild vom Film als Glücksmaschine ist, zeigt bereits die Unterschiedlichkeit populärer Genres. Einige könnte man als Glücksgenres bezeichnen: Insbesondere in der romantischen Komödie, im Heimatfilm und im Musical spielen das Glück der Figuren und die empathischen Glücksgefühle der Zuschauer eine zentrale Rolle, hier werden Liebe und Erfolg gesucht und gefunden. Andere Genres betonen dagegen gerade die Schwierigkeiten eines oft erfolglosen Glücksstrebens: Im Melodram und im Sozialdrama scheitert das individuelle Glück an gesellschaftlichen Umständen; Westernhelden reiten einsam in den Sonnenuntergang; Science Fiction-Filme entwerfen Dystopien. Einige ›Unglücksgenres‹ lassen wenig Raum für *happiness*: In Thrillern, Horror-, Kriegs- und Katastrophenfilmen können die Figuren froh sein, wenn sie mit dem Leben davonkommen (die Zuschauer allerdings können sich im Vergleich dazu glücklich fühlen). Jenseits der Genres hat das Glück es noch schwerer: Autorenfilmer wie Antonioni oder Bergman studieren die Zerbrechlichkeit des Glücks und stellen gesellschaftliche Glückskonzepte in Frage. In Todd Solondz' *Happiness* erscheinen Glücksideale als unerreichbare Forderungen, die individuelles Leid verschlimmern. Und wer sieht, wie Alex in Kubricks *A Clockwork Orange* ein Paar terrorisiert und dabei »Singin' in the Rain« anstimmt, wird die Musical-Szene fortan anders wahrnehmen.

In ganz unterschiedlicher Form also erscheint das Glück in filmischen Bildern und Tönen, Szenen, Geschichten, Dramaturgien und Genres. Thematisch ist es allemal präsent. Die Internet Movie Database (www.imdb.com) listet weit über 500 Filme und Fernsehsendungen auf, die die Worte ›Glück‹ oder ›happiness‹ schon im Titel tragen. Grundmuster des Erzählens, die sich sowohl in Hollywoodfilmen als auch in altindischen Mythen wiederfinden (Hogan 2003), handeln vom Streben nach Glück, das empathisch mitvollzogen werden kann: In romantischen Geschichten geht es um Vereinigung in der Liebe, in heroischen Geschichten um soziale Anerkennung, in Opfergeschichten um das Wiedererlangen materieller Fülle.

Die Ausformungen solcher Grundmuster sowie viele andere Arten von Erzählungen sind jedoch soziokulturell spezifisch. Die Glückskonzepte von Filmen verraten etwas über die Gesellschaft, innerhalb der sie entstanden sind: über verbreitete Vorstellungen vom Glück, Normen des Glückserlebens und nicht zuletzt gesellschaftliche Widerstände, die dem Glück entgegenstehen. Audiovisuelle Glückskonzepte sind mit Politik, mit Ideologien verknüpft. Viele Mainstreamfilme reagieren mit komplementären Utopien auf verbreitete Defizite der Realität (Dyer 1977): Wo im Alltag Erschöpfung, Chaos, Armut und Vereinzelung herrschen, sind Filme voller Intensität, Klarheit, Luxus und Gemeinschaft. In kapitalistischen Gesellschaften verbinden sich Glücksfiguren häufig mit dem Versprechen, durch Konsum erreichbar zu sein – am deutlichsten in der Fernsehwerbung. Vieles spricht für die These von Robert Warshow (1948/1962): Da moderne Staaten sich durch Glücksversprechen legitimieren, wird Glück zum Politikum, sein Ausdruck zur impliziten Norm. Das gilt insbesondere für ›massenkulturelle‹ Produkte. So bestärken *comedies of remarriage*, in denen getrennte Ehepaare wieder zusammenfinden, den Eindruck, dass der *pursuit of happiness* in der US-Gesellschaft Erfolg verspricht (Cavell 1981). Zugleich entwickeln sich Gegenströmungen, die vom Unglück (in) einer Gesellschaft erzählen wie Hollywoods Gangsterfilme der 1930er Jahre oder widerständige Filmproduktionen im Independent-Bereich (vgl. Vogel 1974). Vereinfacht könnte man sagen, dass der Mainstream überwiegend gängiges Glück verspricht, während seine Gegenströmungen Zweifel nähren, Alternativen anbieten. Kritische Theorien, etwa die feministische Filmtheorie, weisen darauf hin, wie ungleich das Glück verschiedener sozialer Gruppen – Frauen und Männer, Majoritäten und Minoritäten – im Mainstream behandelt wird.

Eine kurze Geschichte des Filmglücks

Die Figuren des Glücks im Film sind dabei stetem Wandel unterworfen. Ihre Geschichte ist noch nicht geschrieben, und so beschränke ich mich auf einige exemplarische Hinweise zum Film in Deutschland (vgl. Hake 2004). Die allerersten Filme konnten aufgrund ihrer Kürze kaum mehr zeigen als Momentaufnahmen des Glücks in Form von ›Aktualitäten‹ und Attraktionen: Tänze, Küsse, das Lächeln von Kaisern oder Kindern. Dann begann die Einbindung von Glücksmomenten in einfache Geschichten; in den

1910er Jahren kristallisierten sich die ersten Genres heraus. Die frühen Stummfilme zeigten Alltagsglück, Liebeseuphorie, wundersame Rettung in der Hyperexpressivität melodramatischer Schauspielstile und mit schlichten filmtechnischen Verfahren. Spätestens mit den 1920er Jahren entwickelten sich im Weimarer Kino vielfältigere Formen der Glücksdarstellung: Die düsteren Welten des Expressionismus schlossen Glück weitgehend aus, die Filmemacher der Neuen Sachlichkeit rückten materielle Glücksvoraussetzungen in den Blick (etwa in Pabsts ›Straßenfilmen‹), Regisseure wie Lubitsch und Murnau entwarfen individuelle Bilder des Glückserlebens (vgl. Kleiner 2006). Im NS-Kino orientierten sich Glücksvisionen an ideologischen Strategien: Während ein Großteil der Filmproduktion – Komödien, Musik- und Heimatfilme – eskapistisches Glück im privaten Bereich versprach, sollten propagandistische Staatsauftragsfilme (z.B. *Jud Süß*) die Bedrohung kollektiven Glücks durch Feinde vor Augen führen und den heroischen Verzicht auf das individuelle Glück zugunsten der ›Volksgemeinschaft‹ einfordern. Nach dem Untergang des ›Dritten Reiches‹ beschäftigten sich ›Trümmerfilme‹ mit der Verhinderung privaten Glücks durch Schuld und Entbehrung. Bald jedoch traten in den Heimatfilmen der jungen BRD Natur, Gemeinschaft und Liebe als Glücksfaktoren in den Vordergrund, in den Komödien und Reisefilmen des Wirtschaftswunderlandes der Konsum. Dagegen vermittelten die Filme der DDR andere Vorstellungen vom Glück zwischen Sozialismus und Privatleben (z.B. *Die Legende von Paul und Paula*).

Seit den 1970er Jahren ist die Pluralisierung filmischer Glückskonzepte unübersehbar: So steht das Bemühen des Neuen Deutschen Films, gesellschaftliche Gegenkräfte des Glücks zu entlarven (z.B. in Fassbinders *Angst essen Seele auf*) neben der kommerziellen Ausbeutung sexueller Glücksversprechen, etwa in der *Schulmädchen-Report*-Serie. Das Fernsehen entwickelt sich zum Leitmedium audiovisueller Glücksdarstellungen, die in Soaps und Werbesendungen an den Konsum gebunden sind. In den 1980er und 1990er Jahren setzt sich dieser Trend fort, während sich US-Blockbuster endgültig die Vorrangstellung im Kino erobern. Ähnlich wie sie sind deutsche Beziehungskomödien dieser Zeit geprägt durch postmoderne Auffassungen vom Glück, durch die Feier von *fun*, Oberflächenästhetik, Künstlichkeit und materiellen Werten, aber auch die reflexive Ironisierung bisheriger Glücksformeln.

Seit der Jahrtausendwende wenden sich verschiedene Filmbewegungen wieder soziokulturellen Voraussetzungen des Glücks zu, wenn etwa Regisseure mit Migrationshintergrund die institutionalisierte Zerstörung individuellen Glücks thematisieren (z.B. Yüksel Yavuz' *Kleine Freiheit*) oder Filmemacher der Berliner Schule sich mit Sinnverlust und sozialen Lähmungserscheinungen befassen (z.B. Ulrich Köhlers *Bungalow*). Die Pluralisierung gesellschaftlicher Glückskonzepte zeigt sich in Filmen wie Oskar Roehlers *Agnes und seine Brüder*, der das Glücksstreben unterschiedlicher Sozialtypen sarkastisch hinterfragt. Einen vorläufigen Höhepunkt erreicht der Trend zu multiperspektivischen Glücksdarstellungen in Fernsehserien wie *Six Feet Under*, die im Verlauf ihrer mehrjährigen Erzählzeit überaus differenzierte Sozialstrukturen und Glückskonzepte entfalten. In einer spätmodernen Gesellschaft, in der Zuschauer zunehmend selbst zu Produzenten von Internet-Clips werden, spiegeln audiovisuelle Medien die Vervielfältigung und Vielschichtigkeit individueller Glücksentwürfe.

Die bisherigen Beobachtungen relativieren die verbreitete Annahme, dass audiovisuelle Medien dem individuellen und kollektiven Glück im Wege stünden, weil sie trügerische Glücksvorstellungen verbreiteten, von realen Problemen ablenkten und zum Verlust konkreter Welterfahrung führten (vgl. zur »Kulturindustrie« Horkheimer/Adorno 1944/ 1988, 128–176; zur »Welt als Phantom und Matrize« Anders 1956/1987, 97–211). Inzwischen haben sich differenziertere Positionen durchgesetzt, die die Unterschiedlichkeit des Mediengebrauchs berücksichtigen (vgl. Staiger 2005): Es kommt darauf an, was, wie viel und auf welche Weise man sieht. Filme können positive Glücksfaktoren sein, nicht nur im flüchtigen Glück der Unterhaltung. Sie sind nicht nur emotionale Ventile, eskapistische Traumfabriken, ihre Stars nicht nur Idealfiguren glücklichen Lebens. Sie können Ziele definieren, Kritik formulieren, Wissen verbreiten, auf Lebenssituationen vorbereiten, moralische Überzeugungen klären, bei Sinnsuche und Identitätsbildung helfen und Empathie einüben (vgl. Wuss 1993, 210–212; Herrmann 2007). Auf verschiedenen Wegen kann Filmglück so zum Lebensglück beitragen.

Literatur

Anders, Günther: Die Antiquiertheit des Menschen. Bd. 1. Über die Seele im Zeitalter der zweiten industriellen Revolution [1956]. München 1987.

Anz, Thomas: Gesetze des Glücks und des Unglücks in der psychologischen Ästhetik. In: Frölich/Middel/Visarius 2003, 57–70.

Bordwell, David: Happily Ever After. Part Two. In: The Velvet Light Trap No.19 (1982), 2–7.

–: Narration in the Fiction Film. London 1985.

Casetti, Francesco: L'occhio del novecento. Cinema, esperienza, modernità. Mailand 2005.

Cavell, Stanley: Pursuits of Happiness. The Hollywood Comedy of Remarriage. Cambridge, MA 1981.

Christen, Thomas: Happy Endings. In: Matthias Brütsch u.a. (Hg.): Kinogefühle. Emotionalität und Film. Marburg 2005, 189–204.

Dyer, Richard: Entertainment and Utopia. In: Movie 24 (1977), 2–13.

Eder, Jens: Dramaturgie des populären Films. Drehbuchpraxis und Filmtheorie [1999]. Hamburg ³2007.

–: Die Figur im Film. Grundlagen der Figurenanalyse. Marburg 2008.

–: Zur Spezifik audiovisuellen Erzählens. In: Hannah Birr/Maike Reinerth/Jan-Noël Thon (Hg.): Probleme filmischen Erzählens. Berlin 2009, 7–32.

Frölich, Margrit/Middel, Reinhard/Visarius, Karsten (Hg.): Alles wird gut. Glücksbilder im Kino. Marburg 2003.

Hake, Sabine: Film in Deutschland. Geschichte und Geschichten seit 1895. Reinbek 2005.

Hermann, Jörg: Medienerfahrung und Religion. Eine empirisch-qualitative Studie zur Medienreligion. Göttingen 2007.

Hogan, Patrick Colm: The Mind and Its Stories. Narrative Universals and Human Emotions. Cambridge 2003.

Horkheimer, Max/Adorno, Theodor W.: Dialektik der Aufklärung. Philosophische Fragmente [1944]. Frankfurt a.M. 1988.

Kleiner, Felicitas: Paradise Lost. Glücksvisionen bei Friedrich Wilhelm Murnau. In: Susanne Marschall/Fabienne Liptay (Hg.): Mit allen Sinnen. Gefühl und Empfindung im Kino. Marburg 2006, 89–94.

Koebner, Thomas: Das Glück im Kino. In: Frölich/Middel/Visarius 2003, 9–40.

Lang, Fritz: Und wenn sie nicht gestorben sind… [1948]. In: Montage/AV 12/2 (2003), 141–148.

Plantinga, Carl: The Scene of Empathy and the Human Face on Film. In: Ders./Greg Smith (Hg.): Passionate Views. Film, Cognition, and Emotion. Baltimore/London 1999, 239–255.

Seger, Linda: Creating Unforgettable Characters. New York 1990.

Staiger, Janet: Media Reception Studies. New York 2005.

Tucholsky, Kurt: Danach. In: Ders.: Zwischen gestern und morgen. Hamburg 1952, 131.

Vogel, Amos: Film as a Subversive Art. London 1974.

Warshow, Robert: The Gangster as Tragic Hero [1948]. In: Ders.: The Immediate Experience: Movies, Comics, Theatre, and Other Aspects of Popular Culture. Garden City 1962, 85–88.

Wulff, Hans J./Wulff, Ina: Film-Idyllen zwischen Sehnsucht und Käuflichkeit. In: Ta Katoptrizómena 51 (2008); http://www.theomag.de/51/hjw5.htm (2.10.2009).

Wuss, Peter: Filmanalyse und Psychologie. Strukturen des Films im Wahrnehmungsprozess. Berlin 1993.

Zirfas, Jörg: Glück. In: Christoph Wulf (Hg.): Vom Menschen. Handbuch Historische Anthropologie. Weinheim/Basel 1997, 812–821.

Filme und Fernsehsendungen

Amenábar, Alejandro: Abre los ojos (Virtual Nightmare – Open Your Eyes). E/F/I 1996.

Ball, Alan: Six Feet Under. USA 2001–05.

Cameron, James: Titanic. USA 1997.

Carow, Heiner: Die Legende von Paul und Paula. DDR 1973.

De Sica, Vittorio: Il miracolo a milano. I 1951.

Donen, Stanley/Kelly, Gene: Singin' in the Rain. USA 1952.

Fassbinder, Rainer Werner: Angst essen Seele auf. D 1974.

Harlan, Veit: Jud Süß. D 1940.

Hofbauer, Ernst: Schulmädchen-Report: Was Eltern nicht für möglich halten. D 1970, weitere Teile der Serie bis 1980.

Jackson, Peter: The Lord of the Rings. Teil I–III. USA/Neuseeland 2001–03.

Köhler, Ulrich: Bungalow. D 2002.

Kubrick, Stanley: A Clockwork Orange. GB/USA 1971.

Reiner, Rob: When Harry Met Sally. USA 1989.

Roehler, Oskar: Agnes und seine Brüder. D 2004.

Solondz, Todd: Happiness. USA 1998.

Tornatore, Giuseppe: Cinema Paradiso. I/F 1988.

Wachowski, Andy/Wachowski, Larry: The Matrix. USA/Australien 1999.

Yavuz, Yüksel: Kleine Freiheit. D 2003.

Jens Eder

14. Figuren des Glücks in der zeitgenössischen Kunst. Wellnessübungen und Neuroapparaturen, Süßigkeiten und Drag Queens

Betrachtet man die bildende Kunst als eine Praxis, in der sich moderne Gesellschaften auf sinnliche und expressive Weise selbst darstellen und reflektieren, so liegt auf der Hand, dass dabei auch ein reicher Fundus eigener Glückssemantiken und -empfindungen profiliert wird. Dies schlägt sich jedoch nicht in einer systematischen Glücksdebatte innerhalb des Kunstfeldes nieder. Gegenwärtige Ausstellungen, künstlerische Œuvres und kunsttheoretische Untersuchungen, die explizit auf den Glücksbegriff rekurrieren, sind bislang eher Einzelphänomene geblieben. Als einschlägig erweisen sich allenfalls die Ausstellungen »Glück« des Künstlers Carsten Höller (Höller 1996), »Health and Happiness in 20th-Century Avant-Garde Art« (Kuspit/Gamwell 1996), »Happiness: A Survival Guide for Art and Life« im Mori Art Museum in Tokyo (Elliott/Tazzi 2003) und »Glück – Welches Glück« im Deutschen Hygiene Museum in Dresden (Hentschel/Staupe 2008). Doch

lassen sich konzeptionelle Übereinstimmungen dabei kaum verzeichnen.

Vor diesem Hintergrund stellen die nachfolgenden Ausführungen eine Typologie zu heuristischen Zwecken vor, welche prominent diskutierte künstlerische Positionen der letzten 20 Jahre unter dem Fokus ins Auge fasst, wie hier Glück reflektiert und figuriert wird. Fünf kunstfeldspezifische Ausprägungen werden dabei identifiziert. Über die typologische Differenzierung hinaus wird abschließend auf gemeinsame Grundtendenzen verwiesen. Diese beziehen sich sowohl auf die Produkte künstlerischer Arbeit wie auch auf das gesellschaftliche Rollenverständnis von Künstlern und den hier wirksamen Zusammenhang von Glück, Erfolg und *well-being*. Mit dem Befund, dass die Kunst der 1990er Jahre als neue Episode wahrgenommen wurde (vgl. Schavemaker/Rakier 2007), hängt auch ein mentalitätsgeschichtlicher Wandel zusammen.

Kitsch und konsumistische Glücksmetaphern

Der Kunst der letzten Jahrzehnte wird ein gewandeltes Verhältnis zwischen Kunst und Kitsch sowie zwischen High und Low Culture nachgesagt (vgl. Danto 1992). Als Hauptgewährsmann für diesen Trend gilt der 1955 geborene US-amerikanische Künstler Jeff Koons, der zu den ebenso furios gefeierten wie umstrittenen Protagonisten im Kunstfeld der beginnen-

Abb. 1: Jeff Koons: Jeff and Ilona made in Heaven, 1990 © Jeff Koons / Sammlung Nordrhein-Westfalen

den 1990er Jahre zählt – nicht zuletzt, weil er allen tiefgründig-ernstnehmerischen und politisch korrekten Tendenzen der Nachkriegskunst eine provozierend kommerzielle Oberflächlichkeit entgegenhält. Bekannt wurde er mit seiner 1990/91 entstandenen Serie »Made in Heaven« (s. Abb. 1), in der er sich selbst beim Sex mit der Pornodarstellerin Cicciolina aufnehmen lies. Mit einer Staffage aus Blumenkränzchen, Schmetterlingen, Versatzstücken von Paradieslandschaften und pornographischen Posen präsentiert Koons hier ein Arsenal massenindustriell verbreiteter Glücksmetaphern und stellt so religiöse Heilserwartungen mit Pornographie gleich (Kellein 2002). So vollzieht er zugleich auch einen deutlichen Bruch mit der gesamten künstlerischen Tradition erotischer Darstellungen, denn nicht nur im Unterschied zu den frivolen Szenen etwa des Rokokomalers François Boucher, sondern auch in Differenz zur erotisch geladenen neoexpressiven Malerei der 1980er Jahre stellt Koons eine Form sexueller Erfüllung vor Augen, die ohne jede emotionale Emphase oder existentielle Note bleibt. Auch in anderen Arbeiten führt er mit mannshohen Teddys, Maskottchen, Engelchen und Glückschweinen die banalsten Platzhalter einer hübscheren und einfacheren Welt ins Kunstfeld ein. Typisch ist dabei die Einhaltung sämtlicher Kitschkriterien: das Banale, das Süßliche, das »too much«, das Anachronistische, die Massenproduktion wie auch die falschen »second-hand emotions« (Berg 2006). Koons selbst liefert für diesen spezifischen Mix den treffenden Begriff »Easy-fun-Ethereal«. Er verbindet trivialisierte Bilder arkadischer Bedürfnislosigkeit mit der temporären Glückseligkeit unmittelbarer Bedürfnisbefriedigung und negiert durch seine bis zur Peinlichkeit ausgereizte Banalität jede Vorstellung eines empfindsamen Künstlersubjekts. Entscheidend ist hierbei, dass es ›hinter‹ diesen gleichsam desillusionierten Illusionen nichts zu entdecken gibt.

Abb. 2: Takashi Murakami: And then, and then and then, 1995 © Murakami / Queensland Art Gallery

Abb. 3: AES+F: The Feast of Trimalchio, 2009 © AES+F / Triumph Gallery, Moscow

Abb. 4: Félix González-
Torres: Untitled (Placebo),
1991 © Museum of
Modern Art New York

Einen noch marktaffineren und radikal unsentimentalen Haushalt massenindustrieller Glücksmetaphern bietet der 1962 in Tokio geborene Takashi Murakami. Unter dem Label »Superflat Strategies« (Murakami 2000) produziert er endlose Blümchenmustertapeten, Smilies und monumentale Parallelwelten aus mangaartigen Figuren (Abb. 2, S. 327). Er verknüpft jugendkulturelle Glückssymbole mit der Luxusgüterindustrie, indem er etwa mit Louis Vuitton eine eigene Produktlinie entwickelt. In ebenso niedlichen wie psychedelischen Mustern werden Pop, Konsum, Schönheit und Glück in einen affirmativen Zusammenhang gebracht. Dabei führen Murakamis Arbeiten auf provokativ arglose Weise vor, dass die ostentative Verweigerung von Tiefe und Sinn einhergeht mit der endlosen Produktion von Substituten.

Einen ironisch-kritischen Blick zeigt hingegen die russische Künstlergruppe AES+F, die in einer monumental-perfektionistischen Filmprojektion »The Feast of Trimalchio« (2009; Abb. 3, S. 327) ein Heer von jungen, schönen Weltbürgern in Traumschiff-Ambientes und artifiziellen Palästen zeigt, die merkwürdig gelangweilt Wellnessaktivitäten nachgehen (Mongayt 2009, 32 ff.). Mit dieser elaborierten Fantasie vollends säkularisierter Übungstechniken des Life-Enhancement wird ein käufliches Arkadien vor Augen geführt. Für eine neue Generation von Models und Milliardärskindern erscheint die Idee des Glücks nur mehr Triebfeder eines Trainingsprogramms (s. Kap. VI.11). Auf merkwürdige Weise sind hier Askese und Überdruss, Selbstvergessenheit und

Reichtum verbunden. Insofern erinnern diese Bilder auch an die Rückseite eines derartigen Glücks: Armut und soziale Ungleichheit. Auf verdeckte Weise wird in diesen scheinbar affirmativen Bildwelten so auch eine überraschend doppelbödige Form der Sozialkritik mitgeführt.

Geteiltes Glück und Endlichkeit in der »relationalen Ästhetik«

Unter dem Begriff »relationale Ästhetik« subsumiert der französische Kurator Nicolas Bourriaud partizipative Kunstpraktiken, die auf neue Formen kollektiver Bedeutungsproduktion setzen (Bourriaud 1998/ 2002). Zu den von ihm genannten Künstlern zählt u. a. der Kubaner Félix González-Torres (1957–1996), der mit dekorativen Arbeiten bekannt wurde, die zum Mitnehmen oder Verzehren bestimmt waren. Er offerierte in Ausstellungshäusern stapelweise Poster oder legte Galerieböden mit tausenden silbernen Bonbons aus, die man verspeisen durfte. Auf diese Weise inszenierte er eine denkbar schlichte Form der Einverleibung von Kunst: hübsch verpackte, gratis angebotene Leckereien versprachen scheinbar harmlosen leiblichen Genuss – weswegen an der »relationalen Kunst« auch ein Mangel an Widerständigkeit beanstandet wurde (Scanlan 2005). Anregend ist an González-Torres' Arbeiten die Art, wie hier Vergänglichkeit, Schönheit und Genuss einhergehen und dabei das radikal Ephemere jedes noch so simplen Glücksmoments gegenwärtig wird. Erfährt man, dass der Künstler das Körpergewicht von Freunden als

Abb. 5: Rikrit Tiravanija:
Untitled, 1996 (tomorrow is
another day) © Kölnischer
Kunstverein

Maß für die Menge der Bonbons benutzte (vgl. Cherry in Schavemaker/Rakier 2007), gewinnt gerade die scheinbare Leichtigkeit eine existentielle Dimension und ruft die eigene Endlichkeit ins Bewusstsein. So sind González-Torres' schillernde Installationen letztlich auf einen entscheidenden Aspekt hin angelegt: ihr eigenes Verschwinden.

Unter ähnlichen Vorzeichen fanden auch die Aktionen des 1961 geborenen Thailänders Rirkrit Tiravanija starke Beachtung. Als dieser etwa durch den Nachbau seines Appartements im Ausstellungsraum

Abb. 6: Carsten Höller: Flugapparat, 1996
© VG Bildkunst

zum freien Wohnen auf Zeit, zum Essen, Baden und Diskutieren in den Kölner Kunstverein einlud und als ständig reisender, vorwiegend abwesender Gastgeber dennoch Gemütlichkeit bot, ging es nicht nur um eine Neuauslotung institutioneller Grenzen, sondern auch um das Exponieren des Faktums, dass keiner dieser vertrauten und glücklichen Momente kollektiven Austauschs je wiederkehrt (vgl. Jetzer 1998).

Apparaturen für das Glück

Neben den kollaborativen Strategien ist in der Gegenwartskunst zudem eine Tendenz hin zu interdisziplinär ausgerichteten Arbeitsweisen zu verzeichnen. Der 1961 in Brüssel geborene Agrarwissenschaftler und habilitierte Phytopathologe Carsten Höller kann hierfür ebenso als beispielhaft gelten wie die 1965 in Ljubljana geborene Architektin und Künstlerin Apolonija Šušteršic. Carsten Höller zählt mit seiner mehrfach gezeigten Ausstellung »Glück« zu denjenigen Künstlern, die sich am systematischsten mit der Glücksthematik befasst haben (Grosz/Höller/Kittelmann 1997). So wundert es nicht, dass er ebenso wie Koons und Murakami mit Arbeiten in der Tokioter Ausstellung zum Thema (s.o.) vertreten war. Seiner Ausbildung entsprechend gleichen seine Werke Versuchsanordnungen, bei denen nicht Skulpturen zum Ansehen präsentiert, sondern Instrumente zur Benutzung bereitgestellt werden. Massagesessel, Fluggeräte oder legale Drogen ermöglichten Erfahrungen ganz eigener Art. Auch seine monumentale Röhrenrutsche (1997) macht sinnfällig, dass es ihm

Abb. 7: Apolonija Šušteršic: Light Therapy, 1999 ©
Apolonija Šušteršic

auch nicht um ein imaginäres Glücksbegehren wie bei Koons und Murakami –, sondern um das rein sinnliche Glück, das nach John Stuart Mill (1863/1976) als »Schweineglück« gelten kann (s. Kap. II.1 und V.1). Für Höller ist dabei entscheidend, eine Befreiung von der biologisch funktionalen Zweckgerichtetheit des Glücks hin zu einem freien, »gelösten Glück« zu erreichen. Glück ist für ihn »nicht ein Resultat der Lebens-, sondern der Chemotechnik« (Höller 1996, 39). Die Nähe zu neurowissenschaftlichen Stimulationsexperimenten mit Psychopharmaka, in denen Glück häufig funktionalistisch dem Schmerz gegenübergestellt wird, bleibt hier unverkennbar.

Scheinbar verwandt mit Höllers Arbeiten sind die Raumarrangements von Apolonija Šušteršic. Die Künstlerin verwandelte 1999 den Galerieraum im »Moderna Museet Stockholm« in einen Ort für Lichttherapie (s. Abb. 7; Blazwick 2000, 592). Anders als Höllers Apparaturen steht bei ihr jedoch die gastliche und harmonische Atmosphäre wie auch das optisch ansprechende Design im Vordergrund, und damit der Versuch, eine künstlerische Antwort auf das basale Bedürfnis nach Wohlbefinden zu entwickeln. Im Unterschied zu Höller inszeniert sie eine soziale Situation, in welcher nicht der *kick*, sondern vielmehr Entspannung geboten wird. Beiden Künstlern gemeinsam ist allerdings die Zurückführung des Glücks auf seine sinnlich-leibhafte Erlebniskomponente.

vor allem darum geht, Besucher in die Rolle von Probanden oder Experimentatoren zu versetzen und ihnen temporäre, physiologisch ausgelöste Glücksgefühle zu verschaffen. Glück kommt so als kleiner Schwindel oder Rausch daher, als stimulierbares leibliches Phänomen. Es geht mithin nicht um Lebensglück, bzw. das gewählte oder widerfahrende Glück –

Abb. 8: Andrea Fraser: Still from Untitled, 2003, Courtesy Friedrich Petzel Gallery

»Kontext Kunst« – Recht und Pflicht auf Glück

Um ganz andere Fragen geht es bei jenen Künstlern, die von Peter Weibel unter dem Label »Kontext Kunst« (Weibel 1994) zusammengefasst werden und deren Arbeiten sich vorwiegend auf eine Reflexion sozialer, ideologischer und institutioneller Rahmenbedingungen des eigenen Tuns beziehen oder eine erneute Politisierung der Kunst unternehmen. Als eine Protagonistin gilt hier die 1965 geborene US-Amerikanerin Andrea Fraser. Ihre Arbeiten zielen sehr direkt auf die Befragung gängiger *rolemodels* im Kunstfeld und die Konstitution von Schaffensglück und Erfolg. Mehr als einmal nutzte sie dafür die Methode der Selbstentblößung *coram publico*. So geht sie etwa in dem Video »Untitled« (2003), einer vorgeblichen »Auftragsarbeit« für einen Sammler, vor laufender Kamera – ganz offenbar wenig begeistert – mit eben diesem Sammler ins Bett (Graw 2008, 223 ff.). Mit solchen Aktionen verweist sie in drastischer Form auf die Unmöglichkeit, Glück und Erfolg haben zu können, ohne einen Preis dafür zahlen zu müssen. Dem Glück steht in der hier angesprochenen karriereorientierten Kontrollgesellschaft allein das angeblich selbstverschuldete Scheitern entgegen. An die Stelle einer Glücksvorstellung als erhoffter Unverfügbarkeit, deren Widerpart das Pech wäre, tritt hier ein hart erkämpftes Glück, getrieben von Erfolgsversprechen, denen wir uns unterwerfen (s. Kap. I.5 und II.6–7).

Ganz anders, wenngleich in einem benachbarten Diskursfeld, arbeitet der 1956 geborene Thomas Locher, der sich in seinen überwiegend textbasierten Arbeiten zunächst auf die Reichweite von Sprache bezieht. Dabei geht es um grundlegende Fragen der gesellschaftlichen Legitimität von Aussagen. Auf das Thema ›Glück‹ bezieht er sich z.B. in seinen lebensgroßen Texttafeln mit Kommentierungen zur »Universal Declaration of Human Rights« von 2002/03 (Schmidt 2003), die in der Dresdner Glücksausstellung zu sehen waren. In den hier präsentierten Gesetzestexten sind die humanitären Voraussetzungen eines menschenwürdigen Lebens formuliert. Der Künstler zeigt durch Anstreichungen und Kommentare, dass schon in der Syntax der Gesetzestexte selbst offenbar wird, wie fragil die scheinbar so unhintergehbaren Vereinbarungen über die Voraussetzungen eines guten und würdevollen menschlichen Lebens sind. So kritzelt er auf die Tafel zum Asylrecht »who or what ist ›everyone‹?« und ruft mit der-

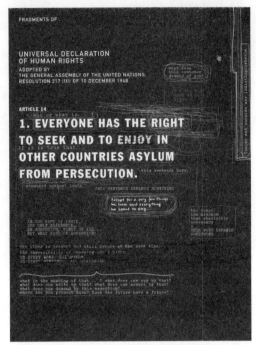

Abb. 9: Thomas Locher: Universal Declaration of Human Rights, Article 14/1, Everyone has the right to seek and to enjoy in other countries asylum from persecution, 2002/03 © Thomas Locher

artigen Anmerkungen ins Bewusstsein, dass Menschenrechte nicht nur durch ihre Übertretungen gefährdet sind, sondern schon dadurch, dass sie sich nicht letztgültig formulieren lassen. Locher insistiert mittels vielfacher Kommentierungen, aber auch mittels der eindrücklichen Größe der Tafeln darauf, dass die grundsätzliche Unmöglichkeit einer endgültigen Verständigung über Fragen der Humanität nicht Anlass zum Schweigen bietet, sondern – im Gegenteil – eine Aufforderung darstellt, die Auseinandersetzung hierüber nicht abreißen lassen.

Glück am anderen Ende des sozialen Raumes

Auf die Frage nach den normativen Annahmen über eine soziale, ökonomische und biologische Fundierung des *well-being* verweisen auch Nan Goldin und Richard Billingham mit ihren Arbeiten. Es ist deshalb nicht abwegig, ihre autobiografischen Fotografien vor dem Hintergrund der in jüngerer Zeit durch Giorgio Agamben (1995/2002) angestoßenen Debatte um die rechtliche Konzeption der *conditio hu-*

Abb. 10: Nan Goldin: Jimmy
Paulette and Taboo! In the
bathroom, NYC 1991
© Nan Goldin

mana zu betrachten, in welcher auf die Gefahr verwiesen wird, Humanität nur auf die Ermöglichung des nackten Lebens zu reduzieren.

Die 1953 geborene US-Amerikanerin Nan Goldin fotografierte über Jahre hinweg Menschen in ihrem direkten sozialen Umfeld, einem Milieu aus Drogenabhängigen, Künstlern, Drag Queens und Bohemiens. In ihren Fotoserien zeigt sie Freunde, Geliebte und flüchtige Bekannte in intimen Situationen: im Bett, vor dem Spiegel, auf der Toilette. Bilder vom Tod einer an Aids verstorbenen Freundin im pompös geschmückten Sarg, Aufnahmen des verprügelten Gesichts der Künstlerin oder glamourös gestylter Partygäste zeugen von Abgründen der Einsamkeit und Verlorenheit, aber eben auch von flüchtigen Momenten der Geborgenheit und Nähe – und schließlich: von einer Sehnsucht nach einem schönen Leben (Armstrong/Keller 1993). Doch erblickt man dabei alles andere als eine gute, geregelte Existenz in Sicherheit; man sieht stattdessen ein Leben voller schillernder, prekärer Schönheit, das eine gefährliche Nähe zu Gewalt und Tod aufweist.

Ähnlich ergreifend sind auch die Fotografien des 1970 geborenen Briten Richard Billingham, der mit schnappschussartigen Aufnahmen seiner Eltern bekannt wurde. Sein Vater, ein dementer Alkoholiker, und seine übergewichtige, ständig rauchende Mutter leben mit Katzen und Hunden in einer ramponier-

Abb. 11: Richard
Billingham: Untitled, from
Ray's a Laugh, 1995
© Anthony Reynolds

ten Sozialwohnung (Collin/Germain 1996). Sie werden gezeigt beim Essen, Streiten, Trinken und nach dem Erbrechen vor der verdreckten Toilette. Doch so erschütternd und nahegehend diese Szenen zunächst sein mögen, auch hier geht es nicht zuletzt um die Möglichkeit des Glücks. Die vergilbten schäbigen Tapeten voller Nippes, die Nachbildungen von venezianischen Masken sowie die bunten Blümchenkleider und Tätowierungen der Mutter offenbaren – bei allem offensichtlichen sozialen Elend – durchaus eine spezifische Ästhetik, Träume und Bilder von einem anderen, besseren Leben. Dabei haben Billinghams Fotografien nichts Voyeuristisches oder Anklagendes. Dem Künstler gelingt auf erstaunliche Weise, dieses Leben einfach nur zu zeigen. Angesichts des fotografischen Blicks auf seine Eltern erscheint die – eine Formulierung Adornos (1951/1980, 19) variierende – Behauptung überaus fragwürdig, es könne kein richtiges Glück im falschen Leben geben.

Tendenzen

Insgesamt lässt sich in der Gegenwartskunst ein zwar affirmativer, aber keineswegs harmloser Bezug zum Glück verzeichnen. Kennzeichnend für den in den Beispielen artikulierten Glücksbegriff scheint eine gleichermaßen postutopische wie postheroische Fundierung. Hierin unterscheidet sich die gegenwärtige künstlerische Perspektive zugleich auch von den frühen Avantgarde-Bewegungen des 20. Jahrhunderts, in denen Glück zumeist mit einer Hinwendung zu neuen geistigen Räumen und großen Zukunftsversprechen verbunden war. Ansätze, wie sie sich in der frischen, optimistischen Malerei von Klee oder der heiteren Poesie von Henri Matisse formulierten, scheinen im Unterschied zu den genannten heutigen Positionen vergleichsweise abstrakt und allgemein. Zwar wurde die lebensbejahende Seite der beginnenden Moderne in den 1990er Jahren wieder aufgegriffen; ihr fortschrittsgläubiger Zukunftsoptimismus hatte jedoch schon in der Nachkriegskunst an Glaubwürdigkeit verloren. Der heutige, erneut affirmative Glücksbezug ist deshalb weniger von einer für die frühe Moderne typischen Nähe zu utopischen Vorstellungen von befreiten, glücklichen Zukünften inspiriert. Vielmehr scheint sich die neuere Glücksthematisierung dem Umstand zu verdanken, dass man sich vom »Schmerz Apriori« (Sloterdijk 1983, 19) der hochsensiblen Spät-Avantgarde der 1960er und 1970er Jahre entlasten wollte. Die hier genann-

ten Beispiele belegen, dass die kritischen Reflexe der Nachkriegskunst, mit denen die Glücksvorstellungen in den Bereich der Werbung und Konsumkultur exterritorialisiert wurden, gegenwärtig nicht mehr dominieren. Ein exklusiv auf das Leiden an der Wirklichkeit, auf Kritik und Tiefsinnigkeit verengter Begriff von Kreativität und Sensibilität (vgl. Sloterdijk 1983, 21 f.), der bis in die 1980er Jahre als charakteristisch für das abendländische Künstlerbild galt (Paglia 2008), ist in der Gegenwartskunst nicht mehr vorherrschend. In den 1990er Jahren wurde selbstbewusst das Ende der Avantgarde ausgerufen, und damit schien auch die Fokussierung auf eine utopische Zukunftsbezogenheit der Künste fraglich. Zugleich hat sich aber der kunsttheoretische Diskurs erneut auf den Begriff der Schönheit besonnen (Gilbert-Rolfe 1996). Dieser Neuorientierung entsprechend wird auch das Glück nun nicht mehr »nur als verlorenes« gedacht (Sloterdijk 1983, 23), gelten doch das heroische Scheitern und das Unverstandenbleiben kaum noch als konstitutives Moment des künstlerischen Selbstverständnisses (vgl. Roh 1993). Vielmehr lässt sich beobachten, dass der ehedem suspekte (Markt-)Erfolg heute für viele sogar zum künstlerischen Güteausweis geworden ist (Graw 2008).

Literatur

Adorno, Theodor W.: Minima Moralia [1951]. Gesammelte Schriften, Bd. 4. Frankfurt a. M. 1980.

Agamben, Giorgio: Homo sacer. Die souveräne Macht und das nackte Leben [1995]. Frankfurt a. M. 2002.

Armstrong, David/Keller, Walter: Nan Goldin. The Other Side. Manchester 1993.

Berg, Karen van den: Agenten der Peinlichkeit. Über Kitsch, Avantgarde und Jeff Koons. In: Berliner Debatte Initial 7/1–2 (2006), 137–46.

Blazwick, Iwona u. a.: Fresh Cream: Contemporary Art in Culture. London 2000.

Bourriaud, Nicolas: Relational Aesthetics [1998]. Dijon 2002.

Collin, Michael/Germain, Julian (Hg.): Richard Billingham. Ray's a Laugh. Zürich/Berlin/New York 1996.

Danto, Arthur C.: Beyond the Brillo Box. The Visual Arts in Post-Historical Perspective. New York 1992.

Elliott, David/Tazzi, Pier Luigi (Hg.): Happiness. A Survival Guide for Art and Life. Tokyo 2003.

Gilbert-Rolfe, Jeremy: Das Schöne und das Erhabene von heute. Berlin 1996.

Graw, Isabell: Der große Preis. Kunst zwischen Markt und Celebritykultur. Köln 2008.

Grosz, Andreas/Höller, Carsten/Kittelmann, Udo (Hg.): Glück: Ein Symposium. Ostfildern 1997.

Hentschel, Beate/Staupe, Gisela (Hg.): Glück – Welches Glück. München 2008.

Höller, Carsten: Glück/Skop. Köln 1996.

Jetzer, Jean-Noel (Hg.): Rikrit Tiravanija. Supermarket. Zürich 1998.

Kellein, Thomas: Die Bilder. Jeff Koons 1980–2002. Köln 2002.

Kuspit, Donald/Gamwell, Lynn: Health and Happiness in 20th-Century Avant-garde Art. Ithaca 1996.

Mill, James Stuart: Der Utilitarismus [1863]. Stuttgart 1976.

Mongayt, Anna (Hg.): Unconditional Love. Arsenale Novissimo, Nappa 89, Venice. Moskau 2009.

Murakami, Takashi: Superflat. Tokyo 2000.

Paglia, Camille: Agonie und Ekstase. Das flüchtige Glück des abendländischen Künstlers. In: Heinrich

Meier (Hg.): Über das Glück. Ein Symposion. München/Zürich 2008, 195–219.

Roh, Franz: Der verkannte Künstler. Studien zur Geschichte und Theorie des kulturellen Missverstehens. Ostfildern 1993.

Scanlan, Joe: Traffic Control. In: Artform. June 22 (2005), 23.

Schavemaker, Margriet/Rakier, Mischa (Hg.): Right About Now. Art & Theory since the 1990s. Amsterdam 2007.

Schmidt, Johann-Karl (Hg.): Thomas Locher. Politics of Communication. Ostfildern 2003.

Sloterdijk, Peter: Kritik der zynischen Vernunft. Bd. 1. Frankfurt a. M. 1983.

Weibel, Peter (Hg.): Kontext Kunst. Kunst der 90er Jahre. Köln 1994.

Karen van den Berg

VII. Glück in den Religionen

1. Glück im Taoismus und Konfuzianismus I. Wunschlos im diesseitigen Wohlstand

Glück zwischen Diesseitigkeit und Erlösung

Den bäuerlichen Lebenswelten, aber auch frühen hierarchisch strukturierten Vergemeinschaftungsformen verdankt sich in China der spezifische Bezug aller religiösen Vergewisserungsbedürfnisse auf die Frage nach Glück und Wohlstand. Fruchtbarkeit, Gefahrenabwehr und Deutung des Unerklärlichen waren zunächst die Bezugsgrößen. Die darauf basierende Weltsicht der religiös-philosophischen Systeme hat entsprechende Glücksbegriffe formuliert. Dabei standen Wohlstand und langes Leben im Vordergrund. Dieser Grundhaltung suchten die meisten Lehren zu entsprechen, wobei die sich auf Konfuzius berufende Regierungslehre das Glück des Volkes zum leitenden Prinzip erklärte (*Lunyu* 13.16), während der Taoismus in der Hinwendung zu den Rhythmen des Kosmos die Grundlage für alles Wohlergehen sah und sich gegen jede Gestaltungsabsicht und jegliches Streben als störende Einmischung verwahrte, denn »höchstes Glück ist Abwesenheit des Glücks« (Wilhelm/Dschuang Dsï 1951, 136). Bei aller Verschiedenheit zwischen den Denkschulen waren die Glückskonzepte im Grunde ähnlich, wie überhaupt die Religionen und Schulen weniger alternativ als komplementär zueinander standen. Daher sind Taoismus und Konfuzianismus auch keine Gegensätze, und seit der Mitte des 1. Jahrtausends wurden beide zudem durch die Begegnung mit buddhistischen Lehren verändert. Der Harmonie statt Dissens befördernden Komplementarität entsprach in der Bewusstseinshaltung des Einzelnen die Neigung zu einer als positiv angesehenen Ambivalenz, die ihren Ausdruck auch in dem Charakterzug der Geschmeidigkeit fand. Dazu gehörte auch das Warten auf den rechten Augenblick – nichts erzwingen zu wollen ist diese oft als ›bäuerlich‹ bezeichnete Haltung: »Ein Mann aus Song war traurig darüber, dass sein Korn nicht [schnell genug] wachsen wollte, und so zog er es, Sprössling für Sprössling, in die Höhe. Ganz zerschlagen kam er nach Hause und sagte: ›Heute bin ich aber müde, ich habe dem Korn beim Wachsen geholfen!‹ Sein Sohn rannte hinaus aufs Feld und da sah er, dass alle Sprösslinge verwelkt dalagen« (Mengzi IIA2; Wilhelm/Mong Dsï 1982, 70).

Wie in allen Religionen nimmt auch in den Religionen Chinas die Erfahrung der Kontingenz einen zentralen Platz ein, das heißt die Erfahrung, dass es nicht von einem selbst und auch nicht von der Befolgung von Regeln oder Geboten abhängt, ob es einem gut geht, oder ob man ins Unglück gerät. Was in China als Glück empfunden wurde, war nicht so verschieden von Glücksvorstellungen anderer Menschen in anderen Kulturen, doch gibt es ein spezifisch chinesisches Glücksstreben, das mit einem gelingenden Leben verknüpft ist. Selbst im glückhaften Rückzug in die Natur oder in der Jenseitserfahrung waren die sozialen Bindungen nicht hinderlich. Glück war immer auch Glück im sozialen Kontext. Glück war in der Gesellschaft, zugleich aber auch in der Idylle, in der Einheit des Menschen mit der Natur ebenso wie im gelingenden Austausch mit den Göttern erfahrbar. Es war auch im Vergessen und in der Überwindung der Grenzen des eigenen Verstandes zu finden, wie es im *Chan* (Zen) zur Grundhaltung wurde.

Dabei hängt das Glück aber ersichtlich nicht nur von der eigenen Leistung ab, sondern vom Wohlwollen der Götter und/oder der Ahnen. Hierfür galt es zu danken und die Verantwortlichkeit zuzurechnen. Wer angerufen werden musste, ist daher unterschiedlich. Früh schon findet sich die Instanz des Himmels (*tian*). Daneben gab und gibt es vielerlei Geister und Götter, deren Zuwendung erstrebt werden kann. Und doch wird der Mensch nie ganz aus der Verantwortung entlassen, wie eine Passage in den im Jahr 239 v. Chr. kompilierten »Annalen des Lü Buwei« (*Lüshi chunqiu*; Unger 2002, 19) betont. Wie sehr das Glücksverständnis eingebunden war in die soziale Vorstellung, zeigt auch ein im Buch *Liezi* überlieferter Dialog zwischen Konfuzius und einem Einsiedler, in dem schon Gedanken von Reinkarnation anklingen und der bereits unter buddhistischem Einfluss formuliert worden sein dürfte (Wilhelm/Liä Dsï 1974, 38 f.). Die insgesamt starke Weltzugewandtheit der chinesischen Lebensorientierung war dabei durchaus vereinbar mit dem Wunsch nach der Anteilnahme an diesem stets mehr oder weniger gelingenden Wandlungsprozess. Neben einer ganz diesseitigen und als skeptisch zu bezeichnenden Tradition gab es daher immer auch die Vorstellung einer Himmelsreise, wie sie uns u.a. in den *Chuci*, den »Gesängen aus Chu«, überliefert ist. Die skeptische Tradition scheint sich aber selbst in jenem Ritual niedergeschlagen zu haben, das sich als »Zurückrufen der Seele« (*Zhaohun*) im Zusammenhang mit bestimmten Totenzeremonien in der Späteren Zhou-Zeit herausgebildet hatte (Erkes 1914) und in dem die Seele vom Verlassen der Welt zurückgehalten werden soll. Die nachhaltige Entwertung des Jenseits zugunsten des Diesseits manifestiert sich in der Häufigkeit des *Zhaohun*-Motivs in der Grabikonographie der Östlichen Han-Zeit. Die Seelen werden aufgefordert, in ihrem irdischen Bereich zu bleiben bzw. dahin zurückzukehren. Dabei werden die Gefahren geschildert, denen sie sich in den vier Weltgegenden, im Himmel und im Jenseits aussetzen würden. Dagegen werden die Annehmlichkeiten und Freuden des irdischen Daseins ausgemalt. Solche Glücksschilderung fand Eingang in alle Bereiche der bildenden Künste (Finsterbusch 2006).

Diese Spannung zwischen innerweltlicher Glückssuche und Hoffnung auf Erlösung hat bis in die Gegenwart die Gemüter immer wieder erregt, und bis heute ist die Vorstellung vorherrschend, dass Glück und langes Leben auch etwas mit der Gunst der Geister und Götter, nicht zuletzt aber auch etwas mit der eigenen moralischen Persönlichkeit zu tun hat. Mitteilungen wie der Bericht vom Schmetterlingstraum bei Zhuangzi haben gelegentlich einen melancholischen Unterton, doch zumeist sind sie wie ganz besonders die Rede von der Freude der Fische (Wilhelm/Dschuang Dsï 1951, 134) hoch gestimmt, berichten von Himmelsreisen oder sonstigen kosmischen Erlebnissen und beerben auf diese Weise jene Transzendenzerfahrungen, die in der Frühzeit wohl nur den Spezialisten zugänglich waren. Dabei geht die Vorstellung einer *unio-mystica*-Erfahrung weit zurück, und sie verbindet die daoistische Mystik des

Mittelalters mit ähnlichen Transzendierungen der eigenen Begrenztheit und Bestimmtheit, die dann besonders im Meditationsbuddhismus seit der Tang-Zeit eine neue Ausprägung erfahren hat (21). Die Bildungsexpansion und die Einführung von auf Bildung und Literarität fußender Beamtenrekrutierung trugen mit dazu bei, dass in China immer größere Teile der chinesischen Bevölkerung an solchen meditativen Erfahrungen partizipieren konnten. Dieser spirituelle Freiraum hat dann umgekehrt seinen Anteil daran, dass sich Volkskulte immer nur begrenzt durchsetzten.

Entsprechungsdenken und Unsterblichkeitssuche

Viele der Volkskulte sind mit dem institutionalisierten Taoismus verknüpft und haben dort vor allem in Lebensverlängerungstechniken ihren Ausdruck gefunden. Dabei spielten die Suche nach bestimmten Drogen und deren Anwendung sowie Atemtechniken und sonstige Körperübungen eine Rolle (Kohn 1989). Es gab sowohl die flüchtige, gewissermaßen ekstatische ›Reise ins All‹ und in paradiesische Sphären, als auch die Stabilisierung und Selbstbewahrung im Hier und Jetzt, in ruhigem Allumfassen. Besonders bekannt wurde die als *Qigong* bezeichnete Körperübung, deren neuerliche Praxis auf eine Renaissance des Buddhismus und bestimmter reformistischer und vitalistischer Strömungen an der Wende vom 19. zum 20. Jahrhundert zurückgeht.

Die Grundlage für das darin zum Ausdruck kommendes Entsprechungsdenken war schon früh gelegt worden, wie bei Dong Zhongshu (179–104 v.Chr.), dem großen Systematiker, der in seinem *Chunqiu fanlu* die Beziehung der *Yin-Yang*-Lehre zu der Fünf-Wandlungsphasen-Theorie (*wuxing*) im Hinblick auf die menschlichen Gefühle darlegt (*Chunqiu fanlu*, 46). So können sich Himmel und Menschen aufeinander beziehen. Durch die Synergie der zeitlich geordneten Kräfte des Kosmos entsteht die Kultur und wandelt sich. In diesem Horizont wurden auch ältere Traditionen gedeutet. Die Bereisung des Kosmos, wie sie in den »Gesängen des Südens« (*Chuci*) und bald dann auch in der Gattung der Reimprosa (*fu*) beschrieben wird, wird als Ausdruck einer Praxis der Selbstkultivierung angesehen.

Die als kulturkritisch zu bezeichnende Haltung bei Zhuangzi, der von einem goldenen Zeitalter spricht, in dem alle glücklich und selbstzufrieden waren, propagiert eine zwangfreie Existenzform

(Wilhelm/Dschuang Dsï 1951, 67). Traditionskritik verwies auf die Verantwortung des Einzelnen in der Welt. So verkündete Wang Chong (27–100 n.Chr.; Wang Chong 1969, 414), es bedürfe keiner glückverheißender Zeichen, was sich an den vorbildlichen Herrschern des Altertums zeige, die den Großen Frieden erreichten, ohne dass es himmlische Vorzeichen gegeben hätte.

Wohlbefinden des Volkes

Weil auch in China Glück immer »von dem Horizont, unter dem der einzelne oder die Gesellschaft die Welt erblickt« (Bauer 1976, 173) abhing, haben sich Glücksvorstellungen gewandelt und verschoben. Das 20. Jahrhundert ließ in China viele nach einem Neuen Menschen und damit auch nach einem neuen Glück fragen. Doch nach wie vor wird bei allem Vorrang, den die je eigenen Interessen einschließlich der inzwischen vielfältigen Konsuminteressen haben, dem Wohlbefinden des Volkes, so der Ausdruck *yue* bei Konfuzius, die oberste Priorität gegeben; ihm soll jede gute Regierung verpflichtet sein. Als Voraussetzung für gutes Leben gilt weiterhin, dass jeder seinen Platz innerhalb der Gemeinschaft kennt. Hierzu dienen weiterhin Rituale, die eben dadurch befriedigend sind, dass sie von geteilten Annahmen ausgehen. Solcher Konsens macht Rituale auch dann noch vollziehbar, wenn sie unter dem Vorbehalt des ›als ob‹ stehen, wenn es also die Heiligtümer, auf die sie sich beziehen, schon lange nicht mehr gibt und vielleicht niemals gegeben hat. In dieser im Rahmen der vor mehr als zweitausend Jahren organisierten ersten Reichseinigung gewonnenen Nüchternheit und Rationalität liegt bis heute in China die Basis für die Ermöglichung des Glückes für den Einzelnen.

Literatur

Bauer, Wolfgang: China und die Hoffnung auf Glück. Paradiese, Utopien, Idealvorstellungen. München 1971.

–: Ackerbau im Paradies. Glücksvorstellungen im Alten und im Neuen China. In: Friedrich Georg Jünger u.a.: Was ist Glück? Ein Symposion. München 1976, 171–204.

Erkes, Eduard: Das ›Zurückrufen der Seele‹ (Chao-Hun) des Sung Yüh. Leipzig 1914.

Finsterbusch, Käte: Zur Ikonographie der Östlichen Han-Zeit. *Chao Hun*, Pforte zum Jenseits, Symbole für Langlebigkeit und Unsterblichkeit. In: Monumenta Serica 54 (2006), 47–74.

Han Feizi: Jishi. Shanghai 1974.

Jullien, François: Sein Leben nähren. Abseits vom Glück. Berlin 2006.

Karlgren, Bernhard: The Book of Documents. Stockholm 1950.

Kern, Iso: Das Wichtigste im Leben. Wang Yangming (1472–1529) und seine Nachfolger über die ›Verwirklichung des ursprünglichen Wissens‹. Basel 2010.

Knauer, Elfriede R.: The Queen Mother of the West. A Study of the Influence of Western Prototypes on the Iconography of the Taoist Deity. In: Victor H. Mair (Hg.): Contact and Exchange in the Ancient World. Honolulu 2006, 62–115.

Kohn, Livia: Taoist Meditation and Longevity Techniques. Ann Arbor 1989.

Möller, Hans-Georg: In der Mitte des Kreises. Daoistisches Denken. Frankfurt a.M. 2002.

Schmidt-Glintzer, Helwig: Vom gelungenen Leben der Vielen. Das Glück der Massen und das Leiden des Einzelnen in China. In: Venanz Schubert (Hg.): Aus dem Ursprung leben. Lebenskunst – neu bedacht. St. Ottilien 1997, 171- 197.

–: Wohlstand, Glück und langes Leben. Chinas Götter und die Ordnung im Reich der Mitte. Frankfurt a.M. 2009.

Unger, Ulrich: Das Glück der alten Chinesen. In: minima sinica 1 (2002), 1–26.

Wang Chong: Lunheng jiaoshi (Hg. Huang Hui). Taibei ²1969.

Wilhelm, Richard/Dschuang Dsï: Das Wahre Buch vom Südlichen Blütenland. Düsseldorf 1951.

Wilhelm, Richard/Liä Dsï: Das wahre Buch vom Quellenden Urgrund. Düsseldorf 1974.

Wilhelm, Richard/Mong Dsï: Die Lehrgespräche des Meisters Meng K'o. Köln 1982.

Helwig Schmidt-Glintzer

2. Glück im Taoismus und Konfuzianismus II. Zur politischen Ökonomie des Glücks im alten China

Die Enzyklopädie *Huáinánzǐ* aus der Mitte des 2. Jahrhunderts vor Christus zehrt von den Vorbildern des *Dàodéjīng* und des Buches *Zhuāngzǐ*, um einen umfassenden, ja fast enzyklopädischen Fürstenspiegel zu konstruieren. Das Wohl des Staates nimmt in dieser Enzyklopädie seinen Ausgangspunkt in einer mystischen Glückseligkeit seines Herrschers, dem der Mystizismus dann zur Staatskunst gerinnt. Die glückselige Vereinigung des Herrschers mit den kosmischen Kräften, die diese Welt durchwalten, wird zur kosmo-politischen Grundlage für die höhere Harmonie zwischen Staat und Universum. Und die Glückseligkeit des Herrschers liegt dann genau in seinem höheren Sinn für diese höhere Harmonie.

Auch der normale Bürokrat hatte, in diesem Zusammenhang, im Staat eine höhere Rolle zu spielen, sofern er durch mystische, glückselige Sensibilisierung für die höhere Harmonie der Sphären von *Yin* und von *Yang*, vom Weg, von dem natürlichen Gang der Welt, von den fünf phasenhaft verknüpften Elementen (*wúxíng*) in jenen höheren Kontext eintrat, für den der Kaiser hauptverantwortlich, die Könige und Herrscher nebenverantwortlich und die Bürokraten unterverantwortlich zeichneten. Wir haben es also, in dieser Phase der historischen Entwicklung in China, mit einer Hierarchie der Glückseligkeiten zu tun, in der allerdings auch das gemeine Volk, wiewohl kaum noch hörbar, leise mitsingt und auch rituell mitschwingt.

Die Glückseligkeit des Herrschers wird zur Staatsgrundlage hochstilisiert. Die Glückseligkeit des gemeinen Menschen bleibt weitgehend außerhalb der Diskussion, aber eben die mystische Glückseligkeit des Herrschers ist es, die das Glück der Menschen in einer kosmo-harmonischen Gesellschaft möglich macht. Das Glück des Herrschers als solches, ganz abgesehen von dieser mystischen Glückseligkeit, bleibt dann allerdings wenig überraschend im Familiären und Sozialen befangen: Ein langes Leben in Friedlichkeit und Wohlstand stehen da an erster Stelle, vor allem aber immer im Schoße einer vielgliedrigen Familie in der möglichst viele Generationen unter einem Dach leben. Man misst geradezu das Glück eines Menschen daran, wie viele Generationen mit ihm unter einem Dach – besser, chinesisch: in einem Gehöft – wohnten, als er starb.

Über den alten Konfuzius haben schon alte Kommentatoren bemerkt, dass er, sobald er den Mund in seinen *Gesprächen* aufmachte, schon das Wort *lè*, altchinesische Aussprache wohl etwa »glak«) ›Glück‹ gebrauchte. Ihm ist im ersten Abschnitt des ersten Buches seiner *Gespräche* dann die alte Freundschaft eine Quelle des Glücks und ein höheres Vergnügen (vgl. auch *Gespräche* 16.5). Bei solchem höheren Vergnügen vergaß er alle Sorgen (*Gespräche* 7.19).

Konfuzius wusste genau, dass dem bitter armen gemeinen Volk zunächst einmal vielleicht nicht so sehr das Geld, sondern der materielle Wohlstand, der Reichtum als Maßstab der Glückseligkeit vorschwebte. *Fú* war ›Wohlstandsglück‹, eng verwandt mit *fù* ›Reichtum‹. Hiervon setzt sich Konfuzius ganz bewusst ab. In Armut glücklich zu sein (*Gespräche* 1.15), das war ihm durchaus ein Ideal. Das war ein Ziel, das seines Erachtens der Lieblingsschüler Huí in mustergültiger Weise erreicht hatte (*Gespräche* 6.11). Ein hohes Vergnügen war es dem Konfuzius in der Tat, fleischlos zu essen, Wasser zu trinken und ohne Kopfkissen zu schlafen (*Gespräche* 7.15; vermutlich hat es die Bequemlichkeit nicht allzu sehr beeinträchtigt, auf die steinharten Kopf›kissen‹ der alten Chinesen zu verzichten). Als originaler Moralist setzt Konfuzius sich notgedrungen vom Gängigen und Selbstverständlichen bewusst ab. Ohne in dieser Weise zum Selbstverständlichen auf Distanz zu gehen, wäre er ja eben auch nie als Denker berühmt geworden.

Wissen von einer Sache reicht nicht heran an Freude an dieser Sache; und diese Freude an der Sache ist wieder gar nichts im Vergleich zu jenem höheren Vergnügen an der Sache, das in den Bereich der Glückseligkeit gehört (*Gespräche* 6.20). Selbst seine oberste Tugend, die Gutherzigkeit oder Mitmenschlichkeit (*rén*), stellt er scheinbar gelegentlich in den Dienst dieses höheren Vergnügens. Ohne gutherzig (*rén*) zu sein, unterstreicht er, wird es nie etwas mit der langewährenden Glückseligkeit (*Gespräche* 4.2).

Allgemein bezog sich die Glückseligkeit nicht auf das isolierte Individuum in seinem Privatleben, sondern auf das Individuum in seiner Eingebundenheit in Familie, Gesellschaft und – oft deutlich entfernter – in einen Staat. Die asymmetrisch Hierarchie zelebrierende Liebe zwischen Kindern und Eltern, und die ebenso hierarchische Liebe zwischen den jüngeren Brüdern einerseits und dem großen Bruder, dem Ältesten der Bande, dem die Nachfolge als *pater familias* zustand, darum ging es. Glückseligkeit liegt also nicht in der Symmetrie von Gegenseitigkeit, sondern in der emotionalen Beseligung von vorgegebenen hierarchischen Strukturen: Trifft man in China jemanden zum ersten Mal, muss bis auf den heutigen Tag zunächst einmal entschieden werden, wer denn hier der ›größere Bruder‹ ist. Dieser moderne Brauch ist ins scherzhafte oder spielerische gesunkenes, gewichtiges Kulturgut. In alten Zeiten war dies oft bitterer Ernst. Die hierarchische Struktur der Gesellschaft wurde überall inszeniert. Glückseligkeit bestand gerade darin, seinen Ort in dieser immer wieder sozial bestätigten Hierarchie mit echtem, tief gefühltem emotionalen, ja oft fast sentimentalem Inhalt zu füllen: auch die unerträglich aufdringliche Mutter und den grausamen Vater als liebevoll zu erleben, den völlig vertrottelten ältesten Bruder als vielversprechenden Nachwuchs, den elenden Tyrann als edlen Herrscher und so fort. Zu all diesem ritualisierten Emotionalismus würde Konfuzius sagen: ›Darin liegt ein hohes Vergnügen‹ (*lè zài qí zhōng*). Dieses ist die Glückseligkeit des Konfuzianers, die wieder weit über das hinausgeht, was Wohlstand, Wollust, Ruhm, Macht und Ehre dem Konfuzianer zu bieten haben.

Und noch eines ist von zentraler Wichtigkeit für den Konfuzianer im alten China: Das Glück ist für ihn sozial nicht nur im Sinne der sozialen Einbettung. Die Glückseligkeit ist fast immer als gemeinschaftliche gedacht und gewünscht, im Kreis nicht nur von geschätzten Kollegen (*péng*) sondern gerade von Gleichgesinnten (*yǒu*). Glück wird vor allem als Gemeinwohl, Glück einer Gemeinschaft verhandelt, erhofft, gesucht, und politisch mit mehr oder weniger Erfolg zuwege gebracht. Dann ist es die Glückseligkeit des typisch doch anderen übergeordneten Konfuzianers, dass er die Bedingungen für solches Gemeinwohl schafft. Und doch wird dieses Gemeinwohl, diese soziale Glückseligkeit, nicht etwa als *summum bonum* diskutiert oder auch nur thematisiert. Diese *idée fixe* der westlichen (aristotelisch inspirierten) Philosophie, es müsse ein Etwas geben, dessentwegen alles andere Wünschenswerte wünschenswert sei, hatte bei den Konfuzianern kein *pendant*.

Wohl aber doch bei der von einem abtrünnigen Konfuzius-Schüler gegründeten Schule der Mohisten, bei denen sehr viel mehr argumentiert und begründet wurde als bei den Konfuzianern selbst. Bei ihnen sollte nun alles dem Volkswohl dienen, und

die doch eher *prosaische* Glückseligkeit des Menschen bestand ihnen zufolge im gelebten Dienst an eben diesem Volkswohl. Schlicht gesagt ging es darum, dem Volk zu nützen. Die Glückseligkeit lag in der Praxis der symmetrischen Gegenseitigkeit der Menschenliebe, dem enthusiastischen, ethischen Universalismus, dem verinnerlichten und vergeistlichten Widerstand gegen jeglichen Lokalpatriotismus und Familienpatriotismus oder Tribalismus. Kein Wunder, dass diese Tradition des Mohismus in der chinesischen Tradition links liegen gelassen wurde, samt ihrer hochentwickelten Logik und Argumentationskunst. Weder die buddhistische Logik noch Euklids Beweise haben in China glückheischende Bewunderung erleben dürfen. Grau ist den Chinesen alle bloße Theorie immer gewesen und geblieben, sehr im *poetischen* Geist Goethes (vgl. jedoch Engelfriet 1998).

Literatur

Bauer, Wolfgang: China und die Hoffnung auf Glück. München 1971.
–: Das Antlitz Chinas. Die autobiographische Selbstdarstellung in der chinesischen Literatur von ihren Anfängen bis heute. München 1990.
–: Das Stirnrunzeln des Totenkopfes. Über die Paradoxie des Todes in der frühen chinesischen Philosophie. In: Constantin von Barloewen (Hg.): Der Tod in den Weltkulturen und Weltreligionen. München 1996, 247–281.
Bodde, Derk: Festivals in Classical China. New Year and Other Annual Observances during the Han Dynasty 206 B.C.-A.D. 220. Princeton 1975.
Engelfriet, Peter M.: Euclid in China. The Genesis of the First Chinese Translation of Euclid's Elements, Books I–VI and Its Reception up to 1723. Leiden 1998.
Güntsch, Gertrud: Ko Hung. Das Shen-hsienchuan und das Erscheinungsbild eines Hsien. Frankfurt a.M. 1988.
Schmidt-Glintzer, Helwig: Wohlstand, Glück und langes Leben. Chinas Götter und die Ordnung im Reich der Mitte. Frankfurt a.M. 2009.
Unger, Ulrich: Grundbegriffe der antiken chinesischen Philosophie. Münster 1998.
–: Das Glück der alten Chinesen. In: minima sinica 1 (2002), 1–26.

Christoph Harbsmeier

3. Glück im Hinduismus. Wege der Erleuchtung und Erlösung

Als drittgrößte Weltreligion mit ca. 900 Millionen Anhängern grenzt sich der Hinduismus von einem für Buchreligionen charakteristischen doktrinalen Verständnis von Religion ab. Seinen Namen erhielt er nicht von einem Gott oder einem Lehrer oder Propheten, sondern von einer Region, dem Flussgebiet des *Indus* (Hindus ist der iranische Name für Indus), der im Himalaya seine Quellen hat und heute in Pakistan liegt. Hier entstand um 4500 v.Chr. die *Induszivilisation* (mit den Städten Harappa und Mohenjo Daro). Der Hinduismus ist daher als räumlich definierte religiöse Tradition des indischen Subkontinentes aufzufassen und konstituierte sich wohl ab dem 5. Jahrhundert v.Chr., als sich durch die Lehrtätigkeit Mahaviras mit dem *Jainismus* und Buddhas mit dem *Buddhismus* räumlich und zeitlich nicht weit voneinander entfernt im heutigen Bihar alternative religiöse Angebote entwickelten. Der Charakter des kollektiven Individualismus der in Kasten gegliederten Volksgemeinschaft bleibt traditionsbewusst und zugleich anpassungsfähig. Die Autonomie der Dörfer in der Verbindung mit individuellen Lebensmustern ist eine Lebensform, die auch von Mahatma Gandhi aufgenommen wurde, aber in die Mühlen eines europäisch inspirierten Nationalismus geriet, der den indischen Subkontinent in einen Staat der Moslems und einen der Hindus aufspaltete. Auf der einen Seite gibt es von jetzt an eine Einheitssprache in der Verwaltung und in der Ökonomie, auf der anderen Seite zumindest rudimentäre Ansätze zur Entwicklung einer Infrastruktur. Indien umfasst sehr unterschiedliche Ethnien und Sprachen. Der Hinduismus hat sich hauptsächlich unter brahmanischer Führung über den gesamten Subkontinent verbreitet. Er weist regionale Eigentümlichkeiten auf.

Götter und Symbole

Die hinduistische Religion umfasst zum einen die vedische Tradition. Diese besteht aus indogermanischen Göttern und Schöpfungsmythen der Einwanderer, die sich zwischen 1200 und 800 v.Chr. insbesondere in das Gangesgebiet und Nordindien ausbreiteten und ältere Formen einer in Indien vorher fremden Sprache mitbrachten, das Sanskrit. Die vedischen Götter ähneln denen der Griechen und Germanen, repräsentieren aber nicht schon die Götter, die später zu Hauptgöttern des Hinduismus werden. Eine Ausnahme ist der Schöpfergott Brahma, dem auch heute noch eine gewisse Verehrung zuteil wird, der allerdings nicht zu verwechseln ist mit dem (neutralen) schöpferischen Urgrund Brahman (zuerst in Rigveda X, 121 als das Ureine formuliert), wie er in den *Upanishaden* formuliert wurde und später Fundament des Yoga und der Advaita-Philosophie des Hinduismus wurde. So wird in Rigveda I, 4.2 der Gott Indra mit dem erleuchteten Bewusstsein und dem Somagenuss (Konsum berauschender Substanzen) in Verbindung gebracht. Glück wird zugleich als körperlich und geistig gedacht. Das Glückssymbol Swastika (Hakenkreuz) entstammt der Kultur der eingewanderten Indoarier. Das rechtsdrehende Swastika verheißt Glück und Wohlbefinden für Hindus, Jains und Buddhisten. Das linksdrehende symbolisiert das Böse, wird häufig mit Kali Durgha in Verbindung gebracht und wurde 1920 von Adolf Hitler zum Parteiabzeichen gemacht.

Die Hauptgötter sind zum einen Vishnu, zum anderen Shiva. Vishnu als Weltenschöpfer und Welterhalter mit seinem weiblichen Koprinzip Lakshmi sind freundliche Götter. Lakshmi insbesondere trägt Aspekte der Verheißung von Reichtum und Glück, genauso wie der elefantenköpfige Gott Ganesh. Diese beiden Götter sind hinduistische Glückssymbole schlechthin. Shiva ist das Prinzip der kosmischen Kraft und Macht sowie der Gegensätze, wird häufig in Gestalt des Lingam (das männliche Zeugungsglied) verehrt und zerstört das Alte, um für das Neue Platz zu bekommen. Kali, Shivas weibliches Koprinzip, trägt die schöpferischen kreativen wie destruktiven Aspekte offen zur Schau, im positiven Sinne als kulturschaffendes Prinzip im Kampf gegen die Dämonen, als dämonisch-schreckliches Prinzip in Gestalt der Kali Durgha, die in jedem ihrer acht Arme (Zeichen der Macht der indischen Götter) eine andere Waffe trägt. Neben den beiden Hauptgöttern und Brahma, dem Schöpfergott, gibt es eine Vielzahl von kleineren Gottheiten, die in unzähligen Tempeln verehrt werden.

Verständnis gelingenden Lebens

Im Zentrum des Hinduismus steht das Dharma, das religiöse Gesetz der Ordnung des eigenen Lebens und der kosmischen Ordnung. Die Früchte, die der Mensch durch sein Tun erntet, sind das Ergebnis seiner persönlichen Fähigkeit, seiner Kompetenz, sein Leben gut und richtig (auch unter Berücksichtigung der religiösen Riten und Zeremonien) zu führen. Die Karmalehre entsteht aus allgemeinen Seelenwanderungsvorstellungen in der Zeit der *Upanishaden* als Konzeption der Wiedergeburt in einem anderen Lebewesen aufgrund des Handelns in früheren Existenzen (Karma: Tun und Wiedergeburt seiner Taten inklusive dem Wunsch nach einer glücklichen Wiedergeburt), als Anweisung nicht zu einem Leben des Müßiggangs, sondern zur Selbstgestaltung des eigenen Lebens eingebunden in ein Ideal der Männlichkeit. Allerdings muss man sein Glück auch nicht erzwingen, da einem mehrere Gelegenheiten geboten werden. Es gibt keine eskapistische Weltflucht und keine Zurückgezogenheit in die Einsamkeit der Meditation. Arjuna, der Held der *Bhagavad Gita*, muss lernen, seiner Bestimmung gemäß zu kämpfen, auch gegen die eigene Verwandtschaft. Das Töten von nahen Verwandten wird durch den Gedanken der Seelenwanderung relativ bedeutungslos. Allerdings werden Kampfesregeln zum Schutz der Kämpfenden vor dem Beginn des Kampfes von den streitenden Parteien ausgemacht. In der *Bhagavad Gita* wird der kantisch anmutende Gedanke ausgeführt, dass Pflicht um ihrer selbst willen erfüllt werden muss, ohne Streben nach ihren Früchten, also nicht orientiert am Erfolg oder Misserfolg. Tätigkeiten und Wissen gehören zusammen und werden erläutert durch die Pflichten, die durch Kastenzugehörigkeit definiert werden. Die schlimmsten Feinde für einen Hindu sind Gier und Zorn. Die einzelnen Menschen sind Werkzeuge des göttlichen Willens, eingeteilt in Kasten. Individuelles und kosmisches Gesetz (repräsentiert in der Kastenordnung) konvergieren. Jede Kaste hat ihre eigenen Aufgaben und ihre eigenen Pflichten, die zu erfüllen sind. Pflichterfüllung steht über persönlichem Glück. Glück ist in der Hindu-Tradition so nicht der zentrale Begriff der Heilslehre, sondern *Moksha* (Erlösung) durch Hingabe an einen Gott oder durch Befreiung aus den Banden des *Samsara* (dem Leiden, das der Alltagsbetrieb hervorruft), oft symbolisiert im Rad der Wiedergeburten, nicht zuletzt durch Meditation.

Philosophische Begründung der Meditation und der Meditationspraxis

Das Wort *Ananda* meint im Sanskrit Lust, Wollust, Wonne, Glück, Seligkeit, Ekstase und wird zu einem Zentralbegriff in der hinduistischen Frömmigkeit wie in der Philosophie. Es bildet sich in nachvedischer Zeit heraus und gehört in die Zeit der *Upanishaden*, der Entstehung der altindischen Philosophie. Im *Shattapattabrahmana* (Brahmana der tausend Lotosblüten) wird der Begriff erstmals im philosophischen Kontext erwähnt und wird sehr bald zur Bezeichnung des Zustandes der Vereinigung mit dem Urgrund (*Brahman*). Die *Chandogya-Upanishad* expliziert *Ananda* als die Identität von Individualseele (*Atman*) und Weltengrund (*Brahman*). Später bezeichnet der Begriff die Vereinigung mit dem höchsten Gott. Die durch die Vereinigung mit dem höchsten Gott erreichte Existenzform wird nicht nur als *Ananda* (Glück), sondern zugleich als *Sat* (Sein) und (Wissen) bezeichnet und macht solcherart die höchste Form menschlicher Existenz aus. In der Advaita-Tradition (Nicht-Zweiheitslehre) der Vedanta-Philosophie, der klassischen spiritualistischen Philosophie als Grundlage einer vom klassischen Yoga inspirierten Methode und Übung der Meditation, wird die Dreieinigkeit von Sein, Wissen und Glückseligkeit zur Bezeichnung des höchsten Zustandes des Meditierenden in der Vereinigung mit dem Urgrund (*unio mystica*), in der Vishnu-Tradition (Vaishnava-Philosophie) zu den drei fundamentalen Attributen des Gottes Vishnu selbst.

Im Kontext buddhistischer Traditionen wird der Impuls des Yoga unter Einbezug insbesondere der sexuellen Lebensenergie in der Tantristik (Yoga und Tantra) zu einer Lehre, mithilfe geistig-körperlicher Übungen und Meditationen Glück, Liebe und geistige Entwicklung in universale Lebensenergie umzuwandeln. In der *Chandogya-Upanishad* XII.1 wird eine Methode erwähnt, das Körperbewusstsein von den Sinnen abzuziehen. Es gibt vier Stufen des Bewusstseins: Wachen, Träumen, Schlafen und das Selbst (*Turiya*-Zustand). Das Selbst, wenn man diesen Zustand erreicht, gilt als höchste Wonne und als höchstes Glück. Der Weg der Meditation führt in der Überwindung der sinnlichen Welt zur Erleuchtung und zum Glück. Später werden daraus verschiedene Wege der Meditation (Yoga, Tantra). Damit können wir als Grundzug hinduistischen Glücksempfindens die (meditative oder philosophische) Rückkehr zum eigenen Selbst nach Abarbeitung des körperlichen bzw. sinnlichen Anteils identifizieren.

Moderne und Hinduismus

Die religiöse Einstellung der Massen verändert sich trotz vielfältiger äußerer Einflüsse zumindest auf dem Land nur langsam. Nur eine zwar wachsende Minderheit ist modernisiert und säkularisiert und lebt überwiegend in den großen Städten. Im Dharma manifestieren sich die karmatisch festgelegten Qualitäten und Eigenschaften eines Menschen. Es ist letztendlich die Lehre von der Erlösung des Menschen, die zu einer Veränderung der Menschen Hoffnung gibt. Die Karmakonzeption geht von dem Grundgedanken aus: Wer Gutes tut und sein Leben richtig lebt, wird glücklich, im schlimmsten Fall bei der nächsten Wiedergeburt in einem nachfolgenden Leben. Dharma als Grundlage einer Kastenordnung stellt das je eigene Gesetz eines Menschen in den Mittelpunkt. Die Kastenordnung garantiert Verhaltensregulierung und geordnete Tagesabläufe. Die Mythen als Erzählungen vom Wandel der Götter auf der Erde, die Ursprungslegenden von Tempeln, das Spiel der Götter und ihr Genießen umschreiben auf dieser narrativen Basis den Kern indisch-weltanschaulicher Kultur, nicht die Selbstverwirklichung als atomisiertes westliches Individuum (Subramanian 2003, 12), sondern in Gemeinschaft und verbunden durch Tradition. So lässt sich Glück realisieren; das größte Glück liegt aber in der Erlösung (*Moksha*) aus dem Rad der Wiedergeburten (*Samsara*). Es wird erreicht durch bestimmte Taten (Wallfahrten) und durch die Erfüllung bestimmter Riten (z.B. rituelle Bestattung im Ganges).

In Indien blieben Altes und Neues oft nahezu konfliktlos nebeneinander bestehen. Der Hinduismus versuchte nicht, fremde Lebensstile zu assimilieren, sondern er ließ sie neben sich bestehen. Es fand keine Missionierung statt (Bareau u.a. 1964, 245–268). Der populäre Hinduismus, die religiösen Zeremonien der Familien, die Feste, die Pilgerfahrten zu heiligen Flüssen und Tempeln und die großen Massenversammlungen bei besonderen Anlässen wie Sonnen- oder Mondfinsternissen sind bis heute tief mit dem Volksleben verbunden – trotz rauchender Fabrikschlote und moderner Bildungszentren.

Mit der 1857 durch die Britische Krone begonnenen Bildungsreform setzte auch in Indien umfassende Säkularisierungs- und Modernisierungsprozesse ein, die zu Reformbewegungen im Hinduismus führten (Irrgang 2006). Neben dem populären Hinduismus gibt es den geistigen Hinduismus, der sich aus den *Upanishaden* ableitet und sich in den großen Systemen der Philosophie ausdrückt. Dieser Hinduismus ist eine Macht, die sich im letzten Jahrhundert in der Auseinandersetzung mit dem westlichen Denken und namentlich mit dem Christentum gekräf-

tigt, neue Orientierungen in sich aufgenommen hat und heute über die Grenzen Indiens hinauswirkt. Der Neuhinduismus steht also im Gegensatz zur Orthodoxie, die sich an die traditionellen Formen und sozialen Strukturen der Vergangenheit klammert (Neuner 1964, 162). Modernisierungskonzepte haben es schwer in Indien. Denn diese setzen eine Geschichtsphilosophie und ein Konzept irreversibler Zeit voraus. Indien kennt aber keine elaborierte Philosophie der Geschichte, nicht den für Europäer fundamentalen Unterschied zwischen Gestern und Morgen. Entwicklung muss hier wohl viel traditionsbezogener und mit Rücksicht auf die kulturelle Dimension von Entwicklung konzipiert werden. Aufklärung wird in Europa und Indien ganz unterschiedlich verstanden.

Literatur

Bareau, André u.a.: Die Religionen Indiens. Bd. III: Buddhismus, Jinismus, Primitivvölker. Stuttgart 1964.

Gonda, Jan: Die Religionen Indiens. Bd. II: Der Jüngere Hinduismus. Stuttgart 1963.

Hempelmann, Reinhard u.a. (Hg.): Panorama der neuen Religiosität. Sinnsuche und Heilsversprechen zu Beginn des 21. Jahrhunderts. Gütersloh 2001.

Irrgang, Bernhard: Technologietransfer transkulturell. Komparative Hermeneutik von Technik in Europa, Indien und China. Frankfurt a.M. u.a. 2006.

Neuner, Josef: Der Hinduismus im Ansturm der technischen Welt. In: Armin Spitaler/Alfred Schieb (Hg.): Wissen und Gewissen in der Technik. Graz/Wien/Köln 1964, 137–169.

Subramanian, Balasundaram: Anarchist Apartheid towards a Study of the Weltanschauung of Indian Unipluralism. In: Yearbook of the Goethe Society of India 2001/2002. Madras 2003, 3–26.

Bernhard Irrgang

4. Glück im Buddhismus. Glück als Bewusstseinszustand

Zwei Begriffe im Sanskrit kommen vor allem in Frage, um das im indischen Buddhismus entwickelte semantische Spektrum des Begriffes ›Glück‹ zu erfassen, *mangala* und *sukha*. (Wenn nicht zusammenhängende Textabschnitte aus dem *Pali* – der Sprache, in der der buddhistische Kanon verfasst ist – wiedergegeben werden, erfolgt die Zitation der buddhistischen Begriffe in Sanskrit.) *Mangala* bezeichnet ursprünglich eher ein allgemeines Wohlsein, das freilich in kosmischen – vor allem astrologischen – Zusammenhängen wurzelt und auf der Gunst übermenschlicher Mächte beruht, sowie den günstigen Umstand, das (karmisch bedingte) Schicksal und die auf Gelübden (*vrata*) beruhende Kraft, die Wunscherfüllungen ermöglicht. Dagegen ist *sukha* als buddhistischer Terminus technicus zu verstehen, der das Ziel des buddhistischen Befreiungsweges (*marga*) als Gegenbegriff zu *duhkha*, dem Grundbegriff der buddhistischen Existenzanalyse, bezeichnet. Freilich ist der Gebrauch beider Begriffe in den kanonischen Texten keineswegs konsistent, es handelt sich eher um unterschwellige semantische Tendenzen, die bereits im frühen Buddhismus verschmolzen sind.

In den indischen Traditionen (keineswegs nur im Buddhismus) ist Glück die Zufriedenheit (*samtosa*) der Wunschlosigkeit, die sich einstellt, wenn alle Wünsche befriedigt sind oder die Erkenntnis gereift ist, dass alles Wünschen durch mentale Praxis überwunden werden kann, so dass sich geistiger Friede (*santi*) einstellt, in dem alle Bewusstseinsbewegungen zur Ruhe gekommen sind. Letzteres ist (wie z.B. auch im Yoga) Ziel aller buddhistischen Praxis und Theorie.

Im Buddhismus ist Glück zentral, so dass maßgebliche Einführungen in den Buddhismus in deutscher Sprache Titel tragen wie *Das Glück – die Botschaft des Buddho* (Grimm 1932/1960, in der 3. Auflage 1960 ergänzt durch die bezeichnende Bestimmung »des aus den Träumen Erwachten«) oder *Der Weg zum Glück. Sinn im Leben finden* (Dalai Lama 2002). Im *Udanavarga* wird von einem dreifachen Glück gesprochen (*Udanavarga*, Kap. 6, 1): ein guter Leumund, hinreichendes Vermögen und nach dem Tod des Himmels Freuden. Dies ist sprichwörtliches Wissen, das durchaus vorbuddhistisch interpretiert

werden kann. Gleiches gilt für das Glückskapitel Nr. 30 in derselben Schrift, wo der Zusammenhang des Schicksals aller Lebewesen bedacht wird; demnach kann man Glück nicht auf Kosten anderer, sondern nur in Gemeinschaft mit denselben gewinnen. Glück ist hier eine Lebensgestaltung entsprechend dem Weltgesetz (*dharma*), und dies könne im Familienleben ebenso wie im Asketentum erfüllt werden (*Udanavarga*, Kap. 30, 20 ff.). Glück ist das Erscheinen eines Buddha, der lehrt, die Gemeinschaft der Mönche ermöglicht und das gemeinsame Streben inspiriert (Kap. 30, 22). Fast wertungsfrei werden hier noch ästhetische und spezifisch buddhistisch-spirituelle Aspekte von ›Glück‹ miteinander verbunden: »Glück ist ein Fluss mit schönen Badeplätzen, Glück ist ein Buddha, siegreich durch die Lehre, stets ein Glück ist der Gewinn von Weisheit, Glück ist, wenn der Glaube an ein Ich verschwindet« (Kap. 30, 24).

Das »Mangala-Sutta« (*Kuddakapatha* und *Sutta Nipata*) enthält eine Zusammenfassung der Standards für das rechte Verhalten der Laien, wobei das Glück (*mangala*) in Aussicht gestellt wird, wenn man sich entsprechend verhält und nicht auf Rituale, Divinationen, Rezitationen usw. vertraut, die sonst üblich waren, um Glück zu erlangen. Dazu zählen die allgemeinen Tugenden der Wahrhaftigkeit, Mäßigung, Unterstützung der Eltern, Freigiebigkeit, Demut, Zufriedenheit, Geduld, ebenso Askese (*tapas*) und enthaltsamer Lebenswandel (*brahmacarya*) usw. Vor allem aber gilt: Wer sich von den acht Wechselfällen des Lebens (*atthakadhamma*) nicht erschüttern lässt, wird hoch gepriesen. Diese sind (nach *Anguttara Nikaya*, Kap. 8,6 u.a.): Gewinn und Verlust, Ehre und Verachtung, Lob und Tadel, Glück und Unglück. ›Glück‹ also, das im Wechselspiel mit Unglück erlebt wird, weil es abhängig ist von äußeren Bedingungen, ist kein wahres Glück. Diese allgemeinen und auch außerhalb des Buddhismus (bis hin zur Stoa; s. Kap. III.3) propagierten Tugenden werden wiederum kommentarlos und direkt neben das Erlangen des *nirvana* gestellt. Am Ausgang jeder Strophe, die solche Lebenspraxis preist, heißt es jeweils: Das ist das höchste Glück (*etam mangalamuttamam*). Vor allem in den Mahayana-Schulen werden ›weltliche‹ und ›spirituelle‹ Aspekte des Glücks als Einheit betrachtet, wie es besonders an den acht klassischen Glückssymbolen deutlich wird, die sich bis heute in der tibetisch-buddhistischen Kultur großer Beliebtheit erfreuen: der Schirm (*chattra*) als Symbol königlicher Macht, die zwei goldenen Fische (*suvarnamatsya*), wohl Symbol für die lebendige Wach-

heit und Einheit von Dualitäten (denn Fische schließen ihre Augen nicht), die Schatzvase (*kalasa*) als
Symbol für Reichtum, der Lotos (*padma*) als Symbol
für Schönheit und Reinheit, das rechtsdrehende
Schneckengehäuse (*daksinavartasankha*), das als
Horn geblasen wird und zur Lehrpredigt des Buddha ruft, der endlos verschlungene Knoten (*sriva-
tsa*), der Symbol für die Unendlichkeit der Buddha-
weisheit ist, das Siegeszeichen (*dhvaja*), das für den
Sieg der Weisheit über die Unwissenheit steht, das
Rad (*cakra*), das die buddhistische Lehre und Praxis
symbolisiert.

Der Wunsch nach Glück (*sukha* wie auch *mangala*) für alle Lebewesen durchzieht die gesamte
buddhistische Literatur von Anfang an. So heißt es
im »Metta-Sutta« refrainartig: »Die Wesen alle!
Glück erfüll' ihr Herz!« Die katechismusartige
Schrift *Dhammapada* enthält ein ganzes Kapitel unter dem Titel »sukhavaggo« (Abschnitt über das
Glück), wo das Freisein von Hass und Gier, von jeder
Illusion als Glück (*susukha*) gepriesen wird; es gibt
kein Glück, das größer wäre als der Frieden des Bewusstseins (*n'atthi santiparam sukham*). Abgeschiedenheit, Gesundheit, Zufriedenheit, Zuversicht – all
dies ist *sukha*, vor allem aber der Umgang mit weisen und erwachten Menschen (*sadhu dassanam ari-
yanam sannivas sada sukho*). In der weiteren Ausformulierung der systematischen Philosophie des Buddhismus ist dies erweitert worden zu den glücklichen
Umständen, in die ein Mensch geboren wird, z. B. in
einem Land geboren zu sein, in dem der Buddhismus blüht, mit einem Körper ausgestattet zu sein,
der Meditation und Einsicht ermöglicht, in einer Familie zu leben, die spirituelle Praxis zulässt usw. All
diese Umstände sind abhängig vom *karman*, d. h.
von den positiven Bewusstseinsformungen (*punya*),
die ein Mensch im Laufe vieler Leben erworben hat.

Glück ist, wie jede Existenzweise überhaupt, abhängig vom Bewusstsein bzw. Ausdruck eines Be-
wusstseinszustandes (alles entsteht im Bewusstsein
als Ausdruck wirkmächtiger Bewusstseinszustände:
manopubbangama dhamma manosettha manomaya;
Dhammapada, Kap. 1,1). Bewusstseinszustände aber
sind abhängig von vorigen Bewusstseinszuständen,
d. h. die karmische Kette von Ursachen und Wirkungen muss durchbrochen werden, damit der Mensch
von den selbstverursachten Projektionen des Wünschens, die auf der Illusion des Ich beruhen, frei werden kann.

Spezifisch buddhistisch ist nun aber die Bestimmung des Glücks als mentaler Zustand, der durch

spirituelle Praxis, und nur durch sie, prinzipiell von
jedem Menschen erlangt werden kann. Um das
Heilsziel (*nirvana*) selbst nicht wieder zum Gegenstand von Wunschprojektionen werden zu lassen,
bedient sich der Buddhismus vorwiegend einer negativen Sprachform, d. h. das, was Glück ist, wird aus
seinem Gegenteil erschlossen: *sukha* ist der Zustand
des Aufhebens von *duhkha*. *Dukha* als Signatur allen Daseins wird meist mit ›Leiden‹ übersetzt. Dies
ist missverständlich, da auch alle lustvoll erlebten
Zustände als *duhka* bezeichnet werden, insofern sie
vergänglich und ichbezogen sind. Glück ist also nicht
die lustvolle Empfindung im Unterschied zur Unlust, sondern das Aufhören von Empfindung überhaupt. Denn Empfindungen sind wechselhaft, sie
sind an die Perspektive des Egos gebunden, das sich
als Subjekt der Welt gegenüberstehend und damit
isoliert empfindet. Durch logische Analyse und meditative Erfahrung gelangt der Buddhismus hingegen zur Einsicht in das Nicht-Ich (*anatta/anatman*).
(Dies bedeutet: Das ›Ich‹ ist eine Bezeichnung, es
existiert nicht unabhängig von den Grundkonstitu-
enten der Person – Körper, Denken, Gefühl usw. –, es
ist ›leer‹ in Bezug auf inhärente Existenz, denn alles,
was ist, ist nicht aus sich selbst, sondern entsteht in
wechselseitiger Anhängigkeit und ist ständiger Veränderung unterworfen.) Sowohl die Analyse als auch
die Erfahrung gehen auf den Buddha (›der Erwachte‹, der alle Wunsch-Projektionen hinter sich
gelassen hat, die den Menschen traumhaft verne-
beln) und seine Erfahrung selbst zurück.

Was aber ist der ›Inhalt‹ der Erfahrung des Erwachens, mithin das Wesen von Glück (*sukha*)? Gewiss
mehr als die bloße Beruhigung des Bewusstseins,
nämlich Weisheit (*prajña*), die zur Ruhe hinzu kommen muss, weil es sich sonst nur um eine Form von
Trance handeln würde, was der Buddhismus ausdrücklich ablehnt. Beim ›Inhalt‹ des Erwachens handelt es sich um eine Erfahrung, in dem der Buddha das
Entstehen und die Existenz aller Dinge und Erscheinungen in gegenseitiger Abhängigkeit (*pratityasamutpada*) klar geworden ist, und zwar eher intuitiv,
während die rationale Ausformulierung später in
den »Vier Edlen Wahrheiten«, dem »Achtfachen
Pfad« und der »12-er *nidana*-Kette« erfolgte. Die ge-
genseitige Abhängigkeit aller Erscheinungen wahrzunehmen heißt, die Dinge zu sehen, wie sie wirklich
sind ohne subjektive Projektionen und Begehren,
ohne die Welt der Objekte einem daraus isolierten
Subjekt einander gegenüberzustellen. Das ist Glück.

Spekulative Fragen nach der ersten Ursache der

Welt, auch nach dem metaphysischen Grund des Bösen, lehnt der Buddha als irrelevant ab. Er verweigert die Antwort darauf, ob die Welt endlich oder unendlich sei, ob ›Seele‹ und Körper identisch oder verschieden seien, ob ein Buddha nach dem Tod existiere oder nicht, weil jede mögliche Antwort nicht zur *Praxis* des Befreiungsweges beitrüge. Dennoch spricht der Buddha vom *nirvana*, dem Inbegriff von höchstem Glück (*sukha*), als dem »Todlosen« (Pali: *amata*, Sanskrit: *amrta*, *Majjhima Nikaya*, Kap. 26), das nicht geboren (*ajatam*), nicht geworden (*abhatam*), nicht-gemacht (*akatam*) und unbedingt (Pali: *asankhatam*, Sanskrit: *asamskrta*; *Udana*, 8,3), d. h. dem Entstehen und Vergehen nicht unterworfen sei. Es ist keineswegs eine Auslöschung von »allem« (*Samyutta Nikaya*, Kap. 22, 85; *Itivuttaka*, 49), sondern ein »Ausblasen der Ich-Verhaftung«. Allerdings wird auch der Kreislauf der Wiedergeburten im Buddhismus anfangslos gedacht, mithin hat auch das Übel bzw. Leiden keinen Anfang, wohl aber ein Ende. Der Buddha analysiert:

1. Alles, was als Wirklichkeit erscheint, ist zusammengesetzt (*samskrta*).
2. Alles Zusammengesetzte löst sich wieder auf, ist also vergänglich (*antiya*).
3. Die Strukturmuster, nach denen sich Zusammensetzung und Auflösung vollziehen, sind sich selbst erzeugende reziproke Kausalitätsketten (*karman*).
4. Das *karman* bewirkt, dass alle vergänglichen Dinge in gegenseitiger Abhängigkeit entstehen und vergehen (*pratityasamutpada*).
5. Alles Vergängliche (*anitya*) aber ist ›leidvoll‹ (*duhkha*).

Diese Leidhaftigkeit des Vergänglichen wird unterteilt in drei Grundformen des Leidens (z. B. *Digha Nikaya*, Kap. 3, 216):
– Leiden als solches (*duhkhaduhkhata*),
– das aus dem Fluss der Ereignisse entstehende Leiden (*samskaraduhkhata*),
– das aus der Vergänglichkeit entstehende Leiden (*viparinamaduhkhata*).

Nicht die Vergänglichkeit als solche allerdings ist das Leiden, denn diese ist ein wertneutrales Naturgesetz. Leidvoll ist vielmehr der Versuch des Menschen, dem Augenblick Dauer zu verleihen (s. Kap. II.6), um sich selbst Stabilität und Identität (*atman*) zu geben. Da der Mensch genauso zusammengesetzt ist wie alle anderen Dinge, hat er keine ewige und unzerstörbare Identität, sondern er ist ein System, das sich aus Grundelementen (*skandhas*) nach den Strukturmustern des *karman* dauernd zusammensetzt, auflöst, wieder zusammensetzt usw. Aus egozentrischer Selbstbehauptung verkennt der Mensch diese Tatsache und schafft sich die Illusion, beständig zu sein. Um diese Illusion aufrechtzuerhalten, giert er in einem unstillbaren Durst (*trsna*) nach Dasein, wobei ihm alles zum Objekt dieser Gier werden kann, die ihn stabilisiert. Da diese Haltung auf einer falschen Grundannahme beruht und dem Weltgesetz widerspricht, muss sie misslingen und immer wieder frustriert werden. Diese Frustration ist *duhkha*. *Duhkha* ist also weniger ein moralisch-wertender und schon gar nicht ein ontologischer, sondern ein *epistemisch-psychologischer* Begriff. Dabei sind das Erleiden von *duhkha* und die Verursachung von *duhkha* für andere unvermeidlich miteinander verbunden, denn beide wurzeln in der Gier bzw. dem Durst (*trsna*), die sowohl bei der Aneignung von Objekten wie auch bei dem Hass, der entsteht, wenn das Begehren frustriert wird, Gewalt und Leiden freisetzt. Nur durch Einsicht (*prajña*), die in meditativer Versenkung gründet, kann diese Wurzel des Leidens überwunden werden. Das vollkommene Freiwerden in diesem Sinne ist das Glück, das der Buddhismus *nirvana*, das ›Verwehen‹ der Egozentrizität und ihrer leidhaften Illusionen, nennt. Da die gesamte buddhistische Lebenspraxis darauf ausgerichtet ist, Leiden für andere und für sich selbst zu vermindern, um Glück zu erlangen, wurzelt die Ethik unmittelbar in der meditativen Erfahrung, die anzuleiten und zu kultivieren das Bestreben jeder buddhistischen Übung ist.

Das Glück wird, vor allem im ›Mahayana-Buddhismus‹ Zentral- und Ostasiens und dort wiederum im ›Buddhimus des Reinen Landes‹ (*sukhavati*), als Geschenk des *Buddha Amitabha* (jap. *Amida*) interpretiert. Dieser Buddha hat in vorigen Leben aufgrund seiner positiven Bewusstseinsformungen (*punya*), karmisch bedingt also, ein reines Land geschaffen, in dem diejenigen wiedergeboren werden, die ihm gläubig vertrauen. Dieses Glücksland (*sukhavati*) enthält alle Merkmale paradiesischen Lebens, vor allem aber ist es der geeignete Ort, zum *nirvana* im oben genannten Sinne zu gelangen. Sukhavati ersetzt also nicht das *nirvana*, d. h. die Bewusstseinsformung, die Inbegriff des höchsten Glücks ist, sondern verbessert die Voraussetzungen, zu jenem Zustand zu gelangen.

Glück ist im Buddhismus ein Bewusstseinszustand, der durch Übung der Achtsamkeit und Meditation, durch allmähliche oder plötzliche Transformation des äußeren Bedingungen anhaftenden Bewusstseins also, erlangt werden kann und wird. Glück ist also nicht abhängig von äußeren Bedingungen, sondern die Freiheit von jeder möglichen Bedingtheit. Glück ist die Entwicklung der tieferen Potentiale des eigenen Bewusstseins, und der Mensch selbst trägt – im Bewusstsein der unauflöslichen Verbindung mit allen anderen Lebewesen – selbst die Verantwortung für die Entwicklung dieses Glücks. Glück ist die wirkliche Bestimmung eines jeden Lebewesens.

Literatur

Brück, Michael von: Einführung in den Buddhismus. Frankfurt a. M. 2007.

Dalai Lama: Der Weg zum Glück. Freiburg Br. 2002.

Eimer, Helmut: Buddhistische Begriffsreihen als Skizzen des Erlösungsweges. Wien 2006.

Govinda, Lama Anagarika: Die psychologische Haltung der frühbuddhistischen Philosophie. Zürich 1962.

Grimm, Georg: Das Glück, die Botschaft des Buddho [1932]. München ³1960.

Keown, Damien: The Nature of Buddhist Ethics. New York/London 1992.

Loden Sherab Dagyab Rinpoche: Buddhistische Glückssymbole im tibetischen Kulturraum. München 1992.

Pye, Michael/Triplett, Katja: Streben nach Glück. Schicksalsdeutung und Lebensgestaltung in japanischen Religionen. Berlin 2007.

Zotz, Volker: Geschichte der buddhistischen Philosophie. Reinbek 2003.

Michael von Brück

5. Glück im Judentum. Menschenbild als Ebenbild Gottes

Die Frage, ob die Religion als Weg zum guten Leben dienen könne, ist keine originäre Frage der jüdischen Religion. Im Judentum sind Erörterungen darüber, was zum guten Leben tauge oder nützlich sei, erst im Mittelalter unter dem Einfluss der griechisch-arabischen Philosophie aufgekommen. Erst jetzt hört man von den jüdischen Philosophen oder Theologen Argumente dafür, das jüdische Gesetz diene der Glückseligkeit (dem Gelingen, *hazlacha*; s. Kap. I.8) des Menschen. Für die ältere Literatur wie auch für das traditionelle Judentum bis heute ist dies keine legitime Fragestellung. Für die biblische und rabbinische Religion sind das Gesetz, das Gebet und die Riten nicht Dienst am Menschen, sondern Gottesdienst im buchstäblichen Sinn – sie dienen Gott. Religion dient nicht dem guten Leben des Menschen, sondern sie ist die vom Menschen erwartete Reaktion auf die Forderung Gottes. Die Religion, die Gottheit und die von ihr geschaffene Welt sind Gegebenheiten, auf die der Mensch sich nur einlassen kann, Gehorsam und Unterwerfung sind die einzig richtigen und möglichen Reaktionen oder Antworten auf das, was durch die Schöpfung und die Offenbarung Gottes vorgegeben ist, ihnen zu entsprechen ist das Gute für den Menschen, das Glück des Lebens. Die von jüdischen Denkern oft nur implizit gegebene Antwort auf die Frage nach dem Glück ist bestimmt vom jeweiligen Menschenbild. Glück, das gute Leben, ist demnach die Erfülltheit dieses Lebens. Es gibt in der jüdischen Religion nicht *die eine* Antwort auf die Frage, was ein gutes Leben sei, weil es nicht ›das‹ jüdische Bild vom Menschen und vom guten Leben gibt (Grözinger 2005; 2009).

Trotz der durchaus großen Vielfalt ganz individueller und auch allgemeinmenschlicher Antworten auf die Frage nach dem richtig gelebten Leben und dem persönlichen Glück durch einzelne Juden, kann man in der jüdischen Religionsgeschichte dennoch mehrere Phasen mit charakteristischen Auffassungen vom Wesen des Menschen und seiner Aufgaben in dieser Welt erkennen. Hier sollen nur einige unterschiedliche, aber repräsentative Positionen aus verschiedenen Epochen herausgegriffen werden, die biblische, die rabbinisch-antike, die mittelalterlich-religionsphilosophische, eine frühneuzeitliche, eine

Sicht aus der Zeit der Nachaufklärung im 19. Jahrhundert und als Abschluss eine mystische aus dem osteuropäischen Chassidismus.

Glück und Menschenbild in der Hebräischen Bibel

Die Hebräische Bibel setzt zwei Grunddaten für die Frage nach dem glücklichen Leben, welche für das gesamte Judentum bis in die Gegenwart zentral geblieben sind und mit wenigen gnostisch geprägten Ausnahmen (Grözinger 2005, 89–186, 568–589, 638–646) die Antworten auf die Frage nach dem Wesen und Ziel des menschlichen Lebens prägen. Das erste Grunddatum zur Beurteilung des menschlichen Daseins in dieser Welt ist der Schlusssatz des biblischen Schöpfungsberichts: »Und Gott sah alles, was er gemacht hatte, und siehe es war sehr gut« (Gen 1,31). Damit ist die Welt, zu welcher der Mensch hinzugehört und in der er lebt, als »sehr gut« (*tov me'od*) qualifiziert – ein grundlegender Optimismus. Für das biblische Denken bedeutet dieses Urteil, dass das menschliche Leben in dieser Welt, und nur in dieser, im Angesicht des Schöpfers, als grundsätzlich gutes Leben gilt. Ein Danach gibt es nicht, zumindest kein gutes. Das zweite Grunddatum ist die Lehre von der Gottebenbildlichkeit des Menschen (Gen 1,26–28). Die Gottebenbildlichkeit ist Ausdruck der Erfüllung des menschlichen Daseins auf dieser Erde. Zu ihr gehört die Zweigeschlechtlichkeit des Menschen als Mann und Frau, auch dass er fruchtbar ist und sich mehrt. Zu diesem guten irdischen Leben gehört das Zusammenleben mit den übrigen Wesen der Schöpfung, denen der Mensch zumindest überlegen ist und über die er Herrschaft besitzt.

Es ist diese biblische Lehre von der Gottebenbildlichkeit des Menschen, die sodann für die gesamte weitere jüdische Religionsgeschichte entscheidend für die Vorstellung vom guten Leben wird. Für den biblischen Menschen erscheint diese Gottebenbildlichkeit als ein Geschenk Gottes, das der Mensch in dieser Welt inmitten der Geschöpfe Gottes, auch der menschlichen Gesellschaft, genießen darf. Die Erfüllung und das Ende dieses guten irdischen Lebens tritt ein, wenn man kinderreich, alt und lebenssatt aus dieser Welt scheidet und zuvor im Frieden unter seinem ›Weinstock und Feigenbaum sitzen‹ konnte. Eine vom Leib getrennte Seele, die nach dem Tod weiterleben könnte, gibt es einstweilen nicht. Das gute Leben erscheint demnach als ein Leben, das die Gaben des Schöpfers in dieser Welt genießt, und das

heißt auch in der von Gott gegebenen Ordnung, der Schöpfungsordnung wie auch der am Sinai gegebenen Bundesordnung.

Glück und Menschenbild im rabbinischen Judentum

In der rabbinischen Theologie, deren Blütezeit auf die ersten Jahrhunderte unserer Zeitrechnung datiert werden kann, werden die beiden genannten biblischen Grundpfeiler der *conditio humana* einer grundlegenden Neudeutung unterzogen (Grözinger 2004, 263–298). Die neue Sicht der Qualität dieser Welt zeigt sich z. B. an der Neudeutung des biblischen Mottos, dass die Schöpfung *tov me'od*, sehr gut, sei. Dies deuten die rabbinischen Schriftgelehrten einmal so: »*tov me'od* bedeutet: gut ist der Tod (*tov mot*)« (*Midrash Bereshit Rabba* 9.5, I, 70).

Der Tod, nach biblischem Verstand noch das größte Übel, und der Gegensatz zum guten Leben, wird nun selbst *sehr gut*. Dies ist möglich, weil die Welt nun aus zwei Teilen besteht, aus ›dieser Welt‹ und aus ›der kommenden Welt‹. Das Urteil von der Güte der Schöpfung gilt nur, wenn man beide Welten zusammensieht. Und dies gilt sodann auch für das menschliche Leben. Das *gute Leben* ist ein Kompositum aus dem irdischen und aus dem jenseitigen Leben. Nur beide zusammengenommen verdienen das Urteil ›sehr gut‹. Das heißt alle Defizite dieser irdischen Welt und dieses irdischen Lebens werden im glückhaften jenseitigen Leben ihren Ausgleich erfahren. Nur beide zusammen machen das gute Leben aus. Die diesseitige Welt alleine verdient dieses Prädikat nicht mehr. So weit zur Deutung des ersten Grundsatzes.

Auch der zweite genannte Grundsatz hinsichtlich der Situation des Menschen hat eine grundlegende Neudeutung erfahren. Die Gottebenbildlichkeit des Menschen gilt von nun an nicht mehr als ein Gnadengeschenk Gottes, sondern als eine lebenslange Aufgabe des Menschen. Der Mensch soll durch sein eigenes lebenslanges Streben erst zum Ebenbild Gottes werden. Diese Anstrengung wird hinfort zum Signum des guten Lebens. Es ist die *imitatio dei*, die den Menschen zum Ebenbild Gottes macht und das gute Leben charakterisiert, sie ist es auch, die dem Menschen den zumindest schnelleren Anteil an der anderen Hälfte der guten Welt schenkt, den Eintritt in das ewige Leben.

Für die Rabbinen besteht die *imitatio dei* im ethischen Handeln, im Erlangen der Gerechtigkeit im

Gehorsam gegen den Willen Gottes. Darum tritt nun die Befolgung der Gebote zur Erlangung des Lebensglückes in den Vordergrund, sie ist das Signum des guten Lebens. Zu ihr gehört – im Gegensatz zum mittelalterlichen Denken – in eminenter Weise auch das *körperliche* Handeln. Folglich sind, gemäß dem nunmehr etablierten dichotomischen Bild vom Menschen als einem Kompositum von Seele und Leib, beide von gleicher Wichtigkeit für das Führen des guten Lebens. Und so erfolgt die Vollendung des guten Lebens dereinst nicht nur in der Unsterblichkeit der Seele, sondern in der Auferstehung des Leibes. Erst dies ist die Vollendung des gesamten guten Lebens.

Der Gehorsam gegenüber Gott ist der Gehorsam gegenüber den Geboten der Tora. Darum steht im Zentrum des guten Lebens das Studium der Tora, das zum Tun der Gebote führt. Das Studium der Tora trägt das individuelle gelingende Leben. Zur Erfüllung dieses guten Lebens gehört darum das rabbinische Lehrhaus nicht nur im diesseitigen sondern auch im jenseitigen Leben. Das Lernen ist Lebensaufgabe und Lebensziel – allerdings nur der Tora.

Glück und Menschenbild im philosophischen Mittelalter

Das von der griechisch-arabischen Philosophie geprägte jüdische Mittelalter hat die rabbinische Dichotomie des Menschenbildes aufgenommen, aber im Sinne der griechischen Philosophie zu einem anthropologischen Dualismus umgeprägt (Grözinger 2004, 414–418, 462–467, 514–524, 542–565). Der Körper wird nunmehr zum nur vorübergehenden Gehäuse des eigentlichen Menschen, nämlich der Seele oder des Intellekts erklärt – je nach Zugehörigkeit zu den Platonikern oder den Aristotelikern.

So erörtert z. B. Moses Maimonides (1135–1205) die Frage nach dem Wesen des Menschen traditionsgemäß, an der Lehre der Gottebenbildlichkeit des Menschen. Für ihn besteht die Ebenbildlichkeit des Menschen – wider die rabbinische Auffassung – aber nur in dessen Intellekt (1972, 27–30). Damit ist für dieses mittelalterliche Denken auch der Weg zum guten Leben festgelegt. Der Mensch soll zur Vollkommenheit streben. Sie aber besteht in erster Linie in der intellektuellen Vollkommenheit. Die physischleibliche Vollkommenheit hat demgegenüber nur dienende und vorübergehende Funktion. Für Maimonides ist das gute Leben das Leben der umfassenden, nicht nur rabbinischen, Wissenschaft, der Weg zur intellektuellen Welt- und Gotteserkenntnis. Die Erfüllung der Gebote, das Zentrum der rabbinischen Frömmigkeit, wird für ihn nur zu einer hilfsweisen Vorstufe für das Eigentliche, das intellektuelle Leben. Diese grundlegende Verschiebung des guten Lebens auf das Intellektuelle hin zeigt sich auch bei der Erwartung der Erfüllung dieses guten Lebens nach dem physischen Tod. Danach liegt das höchste Glück des Menschen nicht in der Wiederauferstehung des Leibes, sondern gerade im Gegenteil. Es ist die Befreiung vom Leiblichen und die rein intellektuelle Anschauung.

Glück und Menschenbild in der italienisch-jüdischen Renaissance

Das Menschenbild der italienisch-jüdischen Renaissance ist in ganz neuem Maß wieder auf das irdische Diesseits konzentriert, auf dessen Erforschung und Genuss (Grözinger 2009, 93–135). Das Vorbild für diesen Menschen der Renaissance ist nicht länger die leiblose ewige Welt der Intellekte oder Engel, sondern die Vielfalt und die Buntheit der irdischen Schöpfung. Das paradigmatische Beispiel für einen in dieser Weise denkenden Renaissance-Juden ist der venezianische Rabbiner Leone Modena (1571–1648). Er selbst war nicht nur der Wissenschaft, den schönen Künsten, der Musik und der Dichtung und dem Theater verfallen, sondern auch dem ebenfalls bei Juden verbreiteten Glücksspiel. Leone Modena empfand das nachbiblische rabbinische Recht als eine Fessel, die Israel von den übrigen Völkern abgrenze und ihm so als ein Hemmnis für ein wirklich gutes Leben eines Juden in dieser Welt erschien. Dieses neue Lebensgefühl musste Modena natürlich gleichfalls in die alte Formel von der Gottebenbildlichkeit des Menschen gießen. Und er tat dies in der Weise, dass er neu über den Zweck der göttlichen Schöpfung nachdachte. Er meinte, der Zweck der Schöpfung und die dem Menschen zugedachte Rolle in ihr sei, der Gottheit Vergnügen zu bereiten. Das bedeutet, dass Gott vom Menschen nicht in erster Linie Gehorsam und Gerechtigkeit erwartet, sondern dass er ihm mit der Begabung des freien Willens Vergnügen bereitet.

Während nun aber der freie Wille sich nach rabbinischer Auffassung gerade im Ethischen, am Willen Gottes, zu bewähren hat, sieht Leone Modena die Willensfreiheit als Möglichkeit des Menschen, sich zu verändern und das *Unerwartete* zu tun, was ja alleine dem Schöpfer Vergnügen bereiten könne. Es ist nicht der einheitlich toratreue Mensch, der es Modena angetan hat, sondern die Abweichung, die bunte Vielfalt des menschlichen Handelns, die unerwartete Veränderung des menschlichen Tuns, in Kunst, Erfindungen, neuen Erkenntnissen und gar in verschiedenen Religionen (Modena: *Kol Sachal* I, 3).

Der von der Gottheit gewollte Mensch ist demnach nicht der gradlinig strebende Mensch, der gehorsame Gottesknecht, der nur das von ihm Erwartete tut oder nur nach der Vervollkommnung seines Intellektes strebt. Gesucht ist vielmehr die Vielfalt der Menschheit, in der es fromme Gottsucher neben Forschern, Künstlern und einfachen Landarbeitern gibt und nicht nur den durch die Halacha (Gebote) gegängelten Menschen, der allem Weltlichen absagt.

Das gute und glückliche Leben ist hier das, welches Modena tatsächlich lebte, das des kulturell interessierten und vergnüglichen Juden, der die rabbinische Halacha verachtet aber toleriert, wo es dem Frieden des menschlichen Miteinanders dient. Er fühlte sich allenfalls dem biblischen Gesetz verpflichtet, soweit es eben noch praktizierbar ist. Das gute und glückliche Leben erscheint hier als kulturelles und wissenschaftliches Streben nach stets neuen Zielen.

Glück und Menschenbild im ›Glaubensjudentum‹ zur Zeit der Aufklärung

Seit dem Ende des 18. Jahrhunderts sind im Gefolge der Aufklärung neue Konzeptionen des Judentums aufgekommen, die das religiöse Leben vor allem durch den Glauben ohne Gesetz definieren (Grözinger 2009, 417–443). Entscheidend für diese neue Entwicklung, die hernach die Grundlage für das Reformjudentum wurde, war der Berliner Schriftsteller Saul Ascher (1767–1822). Er machte im Nachgang zu Baruch de Spinoza (s. Kap. IV.4) entgegen der mittelalterlichen Auffassung eine klare Trennung zwischen Vernunft und Glaube. Er meinte aber mit David Hume, dass der Glaube neben der Vernunft ein unverzichtbares Erkenntnisinstrument des Menschen sei und ewig bleiben werde (Ascher 1792, 172 f.). Der Glaube ist es, der nach seiner Auffassung die Offenbarung erst ermöglicht, wodurch dem Menschen Erkenntnisse zuteil werden, die der Vernunft verschlossen bleiben müssen. Und gerade darauf setzt nach seiner Auffassung die Religion. Der Mensch muss daher auf zwei Beinen stehen, auf der Vernunft, die ihm die Erkenntnisse der Wissenschaften ermöglicht, und auf dem Glauben, der ihm Dinge

erschließt, welche der Vernunft nicht zugänglich sind. Der Glaube muss sich nicht vor das Forum der Vernunft zerren lassen und er darf die Vernunft nicht hindern. Das gute Leben ist nach Ascher darum ein Leben, das auf diesen beiden Beinen steht, auf der Vernunft und auf dem Glauben, und auf keines von beiden verzichtet. Das gute Leben des Juden ist nach Ascher das selbstbestimmte Leben aus Vernunft und Glaube, ohne heteronome Verpflichtung auf ein göttliches Gesetz.

Glück und Menschenbild – ein Beispiel aus der jüdischen Mystik

Zur Abrundung des Bildes soll wenigstens eine mystische Position angeführt werden, die eine völlig andere Akzentuierung der Lehre von der Gottebenbildlichkeit und damit des zu erreichenden Lebenszieles des Menschen vorsieht (Grözinger 2005, 809–852). Ich wähle ein Beispiel aus dem osteuropäischen Chassidismus, Dov Ber, den Maggid aus Mesritsch (1704–1772). Nach Auffassung des Maggid besteht die Welt und mit ihr der Mensch nur dank einer uranfänglichen *felix culpa*. Nach der Lehre des Maggid liegt die kreative Fülle der Gottheit, welche die Welt hervorgebracht hat, in der Einheit des absoluten göttlichen Nichts. Hier im göttlichen Nichts, in der Fülle der Schöpferkraft, besteht absolute Einheit. Dies ist das Ideal, die absolute Gottesgegenwart, der Zustand der Schuldlosigkeit. Aber diese Schuldlosigkeit ist eben Einheit und nicht weltliche Vielheit. Soll eine Welt der Vielheit und der Individuen entstehen, so muss die Einheit des göttlichen Nichts in die Vielheit der seienden Individuen zerbrechen – und dies ist eigentlich der Zustand der Sünde, der Entfernung aus der göttlichen Einheit.

Für den Menschen bedeutet dies, dass er, sobald er ›ich‹ sagt, sich von der göttlichen Einheit trennt und in Sünde fällt. Daraus folgt: Der sündige Stand des Menschen kann nicht das gute und erstrebenswerte Leben sein, das gottferne Leben ist der Stand, in welchem er sich als aktives Ich versteht und verhält. Das Ziel des Menschen muss es deshalb sein, dass er nicht nur die gesamte Welt, sondern auch sich selbst, kontemplativ und emotional in die Einheit des göttlichen Nichts zurückführt. Und es ist diese mystische Selbstauflösung, so sagt der Maggid, in welcher der Mensch mit dem göttlichen Nichts eins wird – und dies ist es, was den Menschen erst zum Menschen macht (Dov Ber 1976, 38 f.). Die Erfüllung des Menschseins geschieht in der kontemplativen Selbstnichtung und in der mentalen Nichtung der Welt wie der Gesellschaft – dies ist das gute und glückliche Leben.

Abschließend darf man sagen: Die angeführten Beispiele für jüdische Auffassungen vom guten Leben zeigen, dass es *die* schlechthin jüdische Position nicht gibt. Jede Generation konnte sich eine oder auch mehrere Definitionen vom Menschsein, dessen Zielen und damit vom guten Leben (oder vom Glück) geben. Die jüdische Religion verfährt nicht anders als die Philosophie. Die Menschen suchen nach einem ihnen entsprechenden Menschenbild und richten ihr Leben danach ein. Der Unterschied zur Philosophie besteht allerdings darin, dass alle im Judentum vorgetragenen Lösungen aufs Engste mit der Gotteslehre und mit der Schöpfungslehre verbunden sind. Die Verbindung mit der Gotteslehre wurde im Judentum durch die Lehre von der Gottebenbildlichkeit gefordert, Gott ist stets das Urbild des Menschen. Und so wie beide Seiten der *imago*-Lehre einem steten Wandel unterzogen waren, so wandelte sich auch die jüdische Schöpfungslehre. Denn der jeweils beschriebene Schöpfungsprozess ist mit dem Gottesbild verbunden. Das bedeutet für die jüdischen Menschenbilder, dass auch sie mit den kosmologischen Vorstellungen sehr eng verknüpft sind. Das Bild des Menschen und des guten Lebens erscheint demnach stets als *ein* Bezugspunkt in dem Dreieck, Schöpfer, Schöpfung und Mensch. In dieses Dreieck wird das Menschenbild eingezeichnet, und aus ihm ergeben sich die Lebensziele und die Vorstellungen vom Glück.

Die Verankerung des menschlichen Lebens in einer göttlichen Ontologie scheint den religiösen Menschen eine Sicherheit zu geben, ohne die ihre Wahl schwanken könnte. Es ist vielleicht die Furcht vor einem solchen möglichen Schwanken, welche Religionen auch für gewaltsame Verteidigungsmaßnahmen ihrer Positionen anfällig machen.

Literatur

Ascher, Saul: Leviathan oder über Religion in Rücksicht des Judenthums. Berlin 1792.

Belkin, Samuel: In His Image. London/New York/Toronto 1960.

Ben Maimon, Moses (Maimonides): Führer der Unschlüssigen (Hg. Adolf Weiss). Hamburg 1972.

Dov Ber: Maggid Devaraw le-Ja'akov (Hg. Schatz-Uffenheimer, Rivka). Jerusalem 1976.

Grözinger, Karl Erich: Jüdisches Denken. Theologie, Philosophie, Mystik, Bd. 1: Vom Gott Abrahams zum Gott des Aristoteles. Frankfurt a.M./New York 2004.

–: Jüdisches Denken, Bd. 2: Von der mittelalterlichen Kabbala zum Hasidismus. Frankfurt a.M./New York 2005.

–: Jüdisches Denken, Bd. 3: Von der Religionskritik der Renaissance zu Orthodoxie und Reform im 19. Jahrhundert. Frankfurt a.M./New York 2009.

Jacobs, Louis: Principles of the Jewish Faith. London 1964.

Loretz, Oswald: Die Gottesebenbildlichkeit des Menschen. München 1967.

Midrash Bereshit Rabba (Hg. Julius Theodor/Chanoch Albeck). 3 Bde. Jerusalem 1965.

Modena, Leon: Kol Sachal. Examen Traditionis (Hg. I.S. Reggio). Gorizia 1852 (dt.: Das antitalmudische Werk Leons »Kol sakhal« (Stimme des Thoren) in deutscher Übersetzung. In: Simon Stern: Der Kampf des Rabbiners gegen den Talmud im XVII. Jahrhundert. Breslau 1902, 188–344).

Karl Erich Grözinger

6. Glück im Christentum. Gerechtigkeit und die Hoffnung auf Vollendung

Von Beginn an hatte das Christentum ein ambivalentes Verhältnis zum Begriff des Glücks: Auf der einen Seite gehört zum Evangelium vom Reich Gottes, vom »Leben in Fülle« und von Heil, Befreiung und Erlösung für alle in der Vollendung der Geschichte auch der Aspekt des Glücks hinzu. Auf der anderen Seite aber ist neben der Heilsbotschaft auch das »Wort vom Kreuz« unaufgebbarer Teil des christlichen Glaubens und damit auch Leid, Unrecht, Schuld und Tod als Kennzeichen endlicher Existenz. Die christliche Botschaft vom Heil ist mit der Botschaft vom Gekreuzigten unauflöslich verknüpft, der sich in seinem Leiden und Sterben mit allen Opfern der Geschichte identifizierte.

Es kommt hinzu, dass das zu erwartende und erhoffte Heil niemals nur individuelles Heil bedeutet, sondern die Befreiung, Erlösung und Vollendung aller Menschen und der ganzen Schöpfung. Daraus erwuchs eine tiefgreifende Skepsis gegen den Begriff der *eudaimonia*, weil er zum einen als Begriff für rein individuelles Glück interpretiert wurde, das womöglich noch durch eigenes Vermögen wie etwa das Einüben in Tugenden erreicht werden kann, und weil er zum anderen eher hedonistisch im Sinne bloßer Lusterfüllung und eigenen Wohlergehens gedeutet wurde (s. Kap. III.2–3). Aus diesem Grund grenzten sich viele christliche Autoren von der *eudaimonia* ab.

Dennoch aber gab und gibt es in den christlichen Traditionen eine Auseinandersetzung mit dem Begriff des Glücks, die sich nicht einfach vom Begriff des Glücks verabschiedet, sondern ein eigenes, christliches Verständnis des Glücks herauszuarbeiten sucht und dabei neben den Gemeinsamkeiten mit philosophischen Reflexionen über das Glück auch die *differentia specifica* des christlichen Glücksverständnisses markiert. Dabei spielen v.a. die Verhältnisbestimmungen von Glück und Heil, von bedingtem und unbedingtem, vollkommenen Glück, von individuellem und kollektivem Glück, von Glück und Verantwortung und von gelingender Lebensführung aus eigenem Vermögen und göttlicher Gnade und dem Geschenk vollendeten Glücks eine entscheidende Rolle. Im Folgenden sollen zunächst das biblische Glücksverständnis im Alten und Neuen Testament dargestellt werden, um dann wichtige Stationen theologischer Reflexionen über das Glück von der Patristik bis zur Gegenwart zu skizzieren.

Glück in der Bibel

Im Alten Testament dominiert ein Verständnis von Glück, in dem das gelingende Leben mit gelingender, erfüllter Gottesbeziehung gleichgesetzt wurde. Das Lebensglück hängt letztlich vom Bezug auf einen unbedingten, transzendenten Grund ab, den die Traditionen des Alten Testaments nicht im Sinne eines alleinen, apersonalen, ichlosen Absoluten verstehen, sondern explizit personal bestimmen. Der Grund, der auch das Glück einer jeden Existenz zu garantieren vermag, ist in der Perspektive des Alten Testamentes JHWH, der eine und einzige Gott (Ex 3, 1–16; Dtn 5, 6–10; Dtn 6, 4). Er ist freier Schöpfer, Erhalter und Vollender der Welt: »Gelingt oder glückt das Leben, so sprechen die Texte von einer erfüllten Gottesbeziehung. Sie bezeichnen diesen Zustand mit dem Wort *schalom* […], oder sie sprechen davon, dass dem Menschen Gutes widerfährt (*tob*)« (Lauster 2004, 21; vgl. auch Lang 1994).

Schalom und *tob* im Sinne vollendeten, erfüllten Glücks jedoch kann der Mensch aufgrund seiner Unvollkommenheit und Endlichkeit weder aus sich selbst erlangen, noch selbst durch Einsatz eigener Anlagen bzw. Vermögen herstellen; sie sind ungeschuldetes Geschenk und Gabe Gottes, der aus freiem Entschluss seiner ganzen Schöpfung Heil und Befreiung zusagt und schenkt, so wie er in ebenso freiem Entschluss im Akt der Schöpfung aus Nichts Etwas hat entstehen lassen. Allerdings gibt es im Vollzug der endlichen Existenz immer wieder Momente, in denen jenes vollendete Glück aufscheint und so fragmentarisch, gebrochen erfahren werden kann. Dennoch aber, so stellt v.a. die Weisheitsliteratur heraus, ist das Glück unverfüglich und unergründbar, so wie der transzendente Grund der Wirklichkeit, Gott selbst als Geber und Garant des Glücks, als Geheimnis der Welt unverfügbar und unergründbar bleibt (vgl. Rad 1985, 245 ff.), auch wenn er sich immer wieder in bestimmten Geschehnissen der Geschichte zeigt und so in seiner Offenbarung nie rein transzendent, sondern stets durch Welt und Geschichte vermittelt ist. Hier wird der Glaube als Gottvertrauen entscheidend, um angesichts von Leid und Tod nicht an Gott und seiner Schöpfung zu verzweifeln und seine ganze Hoffnung auf Gott und seine Heilszusage zu setzen (Hiob 42, 1–6).

Im Neuen Testament setzt sich diese Bestimmung des Glücks fort, denn der Jude Jesus stand unbeschadet seines Vollmachtsanspruches und unbeschadet eigener Akzentuierungen seiner Verkündigung in Kontinuität zu den Überlieferungen des Judentums (vgl. Ebner 2007, 25 ff.; Theißen/Merz 1996; Theißen/Winter 1997, 175–217). Er verkündete keinen anderen Gott als JHWH und kein anderes Heil als das im Bund mit Israel Zugesagte, also *schalom* und *tob*. Dennoch aber werden im Neuen Testament zwei entscheidend neue Akzente hinsichtlich des Glücks- und Heilsverständnisses gesetzt: Zum einen erfolgt eine Konkretion der Heilszusage in Jesu Botschaft vom nahen Gottesreich, verbunden mit der Aufforderung zur Umkehr (Mk 1, 14 f.), und eine Konkretion des Heilsverständnisses als Leben in Fülle für alle, insbesondere für die Armen und Benachteiligten, die Schwachen, Sünder und Ausgegrenzten (Mt 11, 5 f.). Zum anderen wird das Heil durch die Autoren des Neuen Testaments an die Person Jesu selbst gebunden: In ihm ist das Gottesreich schon nahegekommen, in seinem Leben und seiner Verkündigung, in seinem Leiden und Sterben am Kreuz und seiner Auferweckung von den Toten ist dem Zeugnis der Evangelien gemäß das Reich Gottes schon antizipiert, in der Geschichte vorweggenommen. In dieser Hinsicht verbinden sich präsentische und futurische Eschatologie: Schon in diesem Leben gibt es Glücksmomente und Glückserfahrungen, und Heil und Befreiung sind nicht erst in der Fülle der Zeit realisiert, sondern anfanghaft in geschichtlicher Kontingenz, wenn sie auch der Vollendung durch Gott bedürfen. Dennoch aber besteht eine Differenz zwischen Glück im Sinne konkreter immanenter Glückserfahrungen und dem vollendeten, vollkommenen Glück im Sinne des allein von Gott geschenkten Heils. Nicht Glück und Heil werden so voneinander unterschieden, sondern bedingtes, immanentes, momenthaftes Glück und vollendetes, vollkommenes Glück, welches mit Heil, letztlich mit der Realisierung des Gottesreiches identisch ist.

Eine besondere Bestimmung des Glücks findet sich im Neuen Testament in den Makarismen (Mt 5, 3–10): Das dort verwendete griechische Wort *makarios* wird häufig mit ›selig‹ übersetzt, kann aber auch ›glücklich‹ bedeuten (s. Kap. I.1; vgl. Lauster 2004, 26 ff.). Die Makarismen preisen die Armen, die Leidenden, die Sanftmütigen, die Gerechten, die Barmherzigen, diejenigen, die reinen Herzens sind, die Friedfertigen, die Verfolgten. Auf diese Art und

Weise wird der Begriff des Glücks in doppelter Hinsicht konkretisiert.

Erstens sind Glück und Heil zwar allen verheißen, nicht nur allen Menschen, sondern der ganzen Schöpfung, in der Gott in der Fülle der Zeit alles in allem sein wird. Doch unbeschadet der Universalität des Heils gilt die Heilszusage Gottes, die Jesus bezeugt, vorrangig den Armen und Marginalisierten. Dadurch wird das Glücksverständnis aus einer rein individualistischen Glücksvorstellung herausgelöst; Glück im Sinne erfüllter Gottesbeziehung und umfassenden Heils ist nicht nur das Glück der Einzelnen, sondern es ist kollektives, ja strukturelles Glück, weil es an die Überwindung von Schuld und Tod, auch von struktureller Schuld und strukturellem Unrecht, gebunden ist. In der Zuwendung Jesu zu den Armen und in seinem solidarischen Handeln für und mit den Armen und Schwachen, so die Überzeugung der Autoren des Neuen Testamentes, scheint jenes umfassende Heil mitten in der Geschichte auf.

Zweitens wird das Glück zu moralischer Verantwortung in ein Entsprechungsverhältnis gesetzt: Glückseligkeit ist nicht nur den Armen verheißen, sondern denen, die ›Recht und Gerechtigkeit‹ üben, die solidarisch und barmherzig handeln. So gesehen werden sie so des Glückes würdig, und ›Glück‹ wird so von rein egoistischem Wohlergehen, von bloßer Lusterfüllung der Einzelnen unterschieden, weshalb auch der Begriff *makarios* gewählt wird, nicht der in den Augen christlicher Autoren so missverständliche Ausdruck *eudaimonia*. Glück und Moral sind solcherart unauflöslich miteinander verbunden; das gute Leben steht unter der Perspektive der Gerechtigkeit und der Solidarität und erfährt so eine inhaltliche Bestimmung, und mit ihm auch das Glück als Lebensziel.

Allerdings wird in den Texten auch betont, dass das Glück trotz der Aufforderung zur Moralität und damit zum Versuch größtmöglicher Realisierung des Glücks schon in der Geschichte nicht vom Menschen selbst vollkommen verwirklicht werden kann. Seine Realisation gehorcht nicht dem Kausalitätsprinzip von Ursache-Wirkung bzw. Tun-Ergehen. Ebenso wenig kann es durch noch so moralisches Verhalten erwirkt, verdient werden. Vollendetes Glück, umfassendes Heil sind nicht an menschliche Leistung gebunden, sondern sie ergehen allein als ungeschuldetes Gnadengeschenk Gottes, der das Glück vollendet. Das Glück bleibt letztlich unverfügbar, ja unberechenbar, wie etwa in den Gleichniserzählungen verdeutlicht wird (vgl. Lauster 2004, 29 ff.): Auf Gott kann vertraut und sein Heil kann erhofft, jedoch nicht erzwungen werden, und seine Glücksvorstellung übersteigt jedes menschliche Glücksverständnis wie auch die menschlichen Vorstellungen von Gerechtigkeit (Mt 20, 1–16; Lk 15, 11–32). Diese Ungeschuldetheit und den Gnadencharakter des Heils und damit des vollendeten Glücks stellt denn auch Paulus etwa im Römerbrief heraus und unterscheidet daher stärker als noch die Autoren der Evangelien zwischen Glück und Heil.

Durch die neutestamentliche Bindung des Heils an die Person Jesu und das Bekenntnis zur Selbstoffenbarung, ja zur Menschwerdung Gottes in Jesus von Nazareth, wird das Glück im Sinne sowohl erfüllter Gottesbeziehung als auch der Entsprechung von Glück und Moralität nochmals und über die Bestimmung in den Makarismen hinaus in einem weiteren, für das Christentum zentralen Aspekt material bestimmt: Glücklich ist derjenige, der sich auf Jesus bezieht, da er sich in ihm bereits auf Gott selbst bezieht, und glücklich ist derjenige, der nicht nur moralisch ist, sondern der sich explizit in seiner ganzen Existenz in die Nachfolge Jesu stellt. Dabei wird erneut ein rein individualistisches wie eudämonistisches Glücksverständnis durchbrochen, denn Nachfolge kann auch und gerade bedeuten, dass persönliches Unglück, dass Leid, Verfolgung und Tod drohen.

Abschließend lassen sich folgende Kennzeichen des biblischen Glücksverständnisses festhalten: die Bindung des Glücks an Gott als Geber und Garant des Glücks, die Unterscheidung von bedingtem und vollendetem Glück, der Bezug wie die Differenz von Glück und Heil, die Unverfüglichkeit und Ungeschuldetheit von Glück und Heil, die Konkretisierung des Glücks durch die Reich-Gottes-Botschaft und durch die Identifizierung der Person Jesu mit der Selbstoffenbarung Gottes und die Bestimmung Jesu als Antizipation des eschatologischen Heils, die Verknüpfung von Glück und Moralität bzw. von Glück und Nachfolge und der damit verbundene nicht-individualistische und nicht-eudämonistische, genauer nicht-hedonistische Begriff des Glücks.

Glück in der Theologie der Patristik, der Scholastik und der Reformation

Die Theologen der Frühen Kirche standen vor der Herausforderung, einerseits den christlichen Glauben in einen hellenistisch geprägten Kontext hinein zu vermitteln und ihn so auch an griechische und rö-

mische Philosophie anschlussfähig zu machen, andererseits aber zugleich das ›entscheidend und unterscheidend Christliche‹ zu markieren. Diejenigen, die einer ›Inkulturation‹ des Christentums in die hellenistische Welt offen gegenüber standen, griffen meist auf den Platonismus und Neuplatonismus zurück, um die Kernmotive des Christentums verständlich zu machen. Das galt auch für die Auseinandersetzung der Kirchenväter mit der Glücksthematik. Hier sind v. a. die Reflexionen über das Glück von Gregor von Nyssa (340–395) und Augustinus (354–430) wirkungsgeschichtlich bedeutsam geworden.

Gregor von Nyssa leitet in seiner Auslegung der Makarismen ›Glück‹ nicht von *eudaimonia*, sondern von *makarios* ab und spricht richtungsweisend von der Glückseligkeit (*makaristes*, lat. *beatitudo*) als Endziel allen Strebens und als Erfüllung allen fragmentarischen Glücks. Sie ist zugleich das *summum bonum*, und dies wiederum ist nichts anderes als Gott selbst. Dadurch wird das Glück letztlich mit Gott selbst gleichgesetzt, es gehört zum Wesen Gottes (vgl. Gregor von Nyssa 1927, 155 ff.). Glücklich ist der Mensch daher in vollendeter Weise in der *visio beatifica*, der Schau Gottes als Resultat eines stufenförmigen Aufstiegs der Seele zu Gott, wobei die vollkommene Schau nicht durch den Menschen selbst hergestellt, sondern allein von Gott in zuvorkommender Gnade geschenkt werden kann. Gregor verknüpft hier das Vermögen des Menschen, das ihm von Natur aus zu eigen ist, mit der Gnade Gottes, die nicht durch menschliche Leistung erworben und durch kein menschliches Vermögen realisiert werden kann.

Das Streben des Menschen nach Glück wie auch die prinzipielle Fähigkeit zu Glückserfahrungen und die momenthafter Schau Gottes sucht Gregor durch Bezug auf den platonischen Gedanken der *participatio* zu erläutern: Durch das Einwohnen Gottes im Grund der Seele ist der Mensch Bild Gottes und so auch Gottes und seines Glücks teilhaftig (vgl. 197). Aufgrund ihrer Endlichkeit jedoch können die Menschen Glück nur fragmentarisch erfahren, sie bleiben in Leiderfahrungen, ja auch in Erfahrungen des eigenen Unvermögens und Scheiterns verstrickt (vgl. 179 ff., 214 ff.). Deshalb ist es dem Menschen nicht möglich, vollendetes Glück zu realisieren, noch im Bemühen der Angleichung an Gott wird der Mensch immer wieder auf sich selbst und seine Sündenstruktur sowie seine Sterblichkeit zurückgeworfen. Das Glück ist nur ein Glück des Augenblicks, nie aber von Dauer. Von Dauer ist es allererst in der Vollendung, die Gott schenkt. Zudem drohen eine Verwechslung von Glück und purer Lusterfüllung und die Konzentration nur auf das eigene, nicht aber das fremde Glück. Die Sorge um sich ist aber Gregor zufolge immer auch auf die Sorge um die anderen verwiesen, der neutestamentlichen Verknüpfung von Glück und Moralität entsprechend (vgl. 198 ff.; s. Kap. II.3; zu ähnlichen Motiven bei Shaftesbury und Hutcheson s. Kap. V.1).

Augustinus (s. Kap. III.4) schreibt diese platonische Deutung des christlichen Glücksverständnisses weiter und setzt das Glück mit dem Besitz Gottes gleich: »Wer Gott hat, ist glücklich« (Augustinus 1982, 11, 25). Damit ist Gott zugleich Endziel allen menschlichen Strebens nach Glück und insofern auch das höchste Gut. Wie Gregor bestimmte Augustinus die Gottesschau als denjenigen Zustand, in dem das Glück erlangt werden kann. Diese vollzieht sich in der Einkehr zu sich und der intelligiblen Schau des der Seele einwohnenden Gottes in der *memoria*, dem Grund und der Spitze der Seele (vgl. Augustinus 1983, X, 20). Darin genießt der Mensch Gott als das höchste Gut (*frui*), weil er um seiner selbst willen genossen wird, während alle anderen äußeren Güter nicht genossen, sondern nur gebraucht werden (*uti*) (vgl. 2002, I, 5). Doch diese Schau und damit das höchste Glück ist dem Menschen unverfüglich, es bedarf der göttlichen Gnade, auch wenn diese an das Vermögen, die Disposition des Menschen geknüpft ist, nach Glück zu streben und Gott im Inneren seiner selbst zu erkennen. In den Spätschriften jedoch radikalisiert Augustinus dieses Gnadenverständnis: Glück und Heil kann allein von Gott in Freiheit geschenkt werden, der Mensch dagegen ist verstrickt in die Verdunkelung seines Erkenntnisvermögens wie seines Willens durch die Sünde (vgl. 1979, XIX).

Anders als in der Patristik war in der Scholastik nicht Platon, sondern der wiederentdeckte Aristoteles derjenige Philosoph, an den in theologischen Reflexionen angeschlossen wurde. Es kam allerdings zu Modifikationen dort, wo die aristotelische Philosophie christlichen Grundüberzeugungen entgegenstand; hier wurden aristotelische und platonische Motive miteinander verbunden. Dies galt auch für die Glückslehre. Ausgezeichnetes Beispiel der scholastischen Überlegungen sind die Reflexionen über das Glück und das gute Leben in der *Summa Theologiae* Thomas von Aquins (1225–1274; s. Kap. IV.1). Der Aristoteliker Thomas ging davon aus, dass alle

Menschen nach Glück streben (vgl. Thomas von Aquin, STh I–II, 1), unterschied dann aber zwei Begriffe des Glücks bzw. Glückseligkeit: die unvollkommene Glückseligkeit (*beatitudo imperfecta*) und die vollkommenen Glückseligkeit (*beatitudo perfecta*) (vgl. STh I–II, 4, 5). Doch trotz der Unterscheidung zwischen endlichen und unendlichem Glück suchte Thomas eine Verbindung zwischen beiden herzustellen und griff dabei auf den platonischen Partizipationsgedanken zurück: Das bedingte Glück ist Abbild des unbedingten, vollkommenen Glücks, umgekehrt hat der Mensch auch jetzt schon am vollkommenen Glück teil (vgl. STh I–II, 5, 3). Gerade deshalb strebt der Mensch nach Glück im Streben nach seinem eigenen Ursprung und nach seinem eigenen Ziel: Gott. Thomas nannte dies das *desiderium naturale* des Menschen nach Glückseligkeit, das erst in Gott seine Erfüllung findet (STh I–II, 3, 8). Dementsprechend findet sich bei Thomas noch kein strikter Gegensatz zwischen Natur und Gnade: Die göttliche Gnade setzt das menschliche Vermögen voraus und vollendet das, was im Menschen selbst angelegt ist. Erst in der Spät- und Barockscholastik wurde die thomasische Unterscheidung von Natur und Übernatur bzw. natürlicher und übernatürlicher, gnadenhafter Ordung zu einem ›Gnadenextrinsezismus‹ aufgeladen, wonach die Gnade als etwas gegenüber der Natur Äußerliches betrachtet wird. Das Heil wird allein von Gott geschenkt und ist zudem erst im Jenseits verwirklicht.

Jener Gnadenextrinsezismus wurde auch in der Theologie der Reformation zu einem zentralen Motiv, der Rechtfertigungslehre Martin Luthers (1483–1546) entsprechend: Luther, vom späten Augustinus sowie von der paulinischen Briefliteratur, v.a. dem Römerbrief, beeinflusst, betonte die Sündhaftigkeit des Menschen, die auch seine Vernunft verdunkle. Daher ist der Mensch Luther zufolge auf die Gnade Gottes angewiesen, der ihm Heil und Erlösung schenkt. Diese Gnade ergeht unverdient und ungeschuldet und ohne Voraussetzung menschlicher Leistung, weshalb sie auch nicht durch gute Werke bzw. gesetzmäßiges Handeln erwirkt werden kann. Allein durch die gläubige Annahme des göttlichen Wortes und des Erlösungsgeschehens in Jesus von Nazareth ist der Mensch gerettet und vor Gott gerechtfertigt. Den Glücksbegriff lehnt Luther ab, weil er Glück mit egoistischer Lusterfüllung gleichsetzt und mit etwas, was der Mensch selbst zu realisieren vermeint, wobei er dann sein Herz im Streben nach Glück an endliche Güter hängt, nicht aber an Gott.

Hinzu kommt auch, dass Luthers *theologia crucis* den Akzent auf das ›Wort vom Kreuz‹ setzt und damit auf den Aspekt der Kreuzesnachfolge. Das aber widerspricht der Bestimmung von Glück als pure Lusterfüllung. Luther unterscheidet daher strikt zwischen Glück und Heil und macht darauf aufmerksam, dass das Heil im Sinne der Erfüllung, Vollendung und Erlösung nur von Gott gegeben werden und so allein erwartet, erhofft und erbeten werden kann (vgl. Luther 1515/16/1938). Phillip Melanchthon (1497–1563) übernimmt diese Unterscheidung von Glück und Heil bzw. Gesetz und Evangelium (vgl. Melanchthon 1989). Anders als Luther misst er dabei aber der menschlichen Freiheit einen wichtigen Anteil bei, denn kraft der Freiheit ist der Mensch erst dazu fähig, sich für das Evangelium und damit für die Heilsbotschaft zu entscheiden und allen Leistungsansprüchen zu entsagen, wenn er auch nicht Glück und Heil aus eigener Anstrengung und eigenem Wollen erwirken kann. Glück im Sinne vollkommener Glückseligkeit und damit auch im Sinne von Heil bleibe ein Akt göttlicher Gnade (vgl. Melanchthon 1529/1850, 300 ff.).

Glück in der Theologie von der Neuzeit bis zur Gegenwart

In der Neuzeit lassen sich in der Theologie kaum herausragende Überlegungen zum Glücksverständnis finden; im Katholizismus blieb noch bis ins 20. Jahrhundert hinein die neuscholastische Verengung der thomasischen Glückseligkeitslehre auf einen Gnadenextrinsezismus und auf die Reservierung der Glückseligkeit für das Jenseits leitend, im Protestantismus dominierte die altprotestantische Glücksskepsis. Erst Paul Tillich (1886–1965) rehabilitierte den Begriff des Glücks: Das Streben nach Glück sowie Glückserfahrungen gehörten ihm zufolge zum Wesen des Menschen und damit auch zur Selbstgestaltung der Person in Freiheit, wobei für Christinnen und Christen das Glück letztlich auf Gott als unbedingten Grund allen Seins bezogen sei und darin auch sein Maß habe (vgl. Tillich 1968). Damit ebnete er den Weg für protestantische Reflexionen über das Glück. Hier ist v. a. Jörg Lausters Entwurf einer Theologie des Glücks zu nennen (s. Kap. VIII.13). Lauster betont, dass das Streben nach Glück ein menschliches Vermögen sei, welches den Geschenkcharakter vollendeten Glücks nicht in Abrede stellt. Kraft seiner Gottebenbildlichkeit strebe der Mensch nach Glück, so wie er zugleich auf Tran-

szendenz hin ausgerichtet sei. Das Glück werde erst im Bezug zu Gott erfüllt, scheine aber momenthaft schon in immanenten Glückserfahrungen auf. Vollendetes Glück stehe daher in auflöslichem Zusammenhang mit Heil und Erlösung (vgl. Lauster 2004, 188 ff.).

In der katholischen Theologie spielte die Entdeckung der präsentischen Eschatologie und die damit verknüpfte Betonung des Anbruchs des Gottesreiches ›schon jetzt‹ mitten in geschichtlicher Kontingenz bei gleichzeitigem Ausstehen der Vollendung in der Fülle der Zeit (›noch nicht‹) eine wichtige Rolle: Momente jetzt schon erfahrenen Glücks verweisen auf das eschatologische Glück, welches in jenen Erfahrungen bereits in den Alltag eingebrochen ist. Umgekehrt kann es nur Glücksaugenblicke geben, wenn es vollkommenes Glück gibt, das von Gott kommt, und jenes dient als Kriterium der nicht-eudämonistischen Bestimmung wahren Glücks im Sinne einer Entsprechung von Glück und solidarischem Handeln (vgl. Boff 1978). Zugleich wird nun aber auch in der katholischen Theologie die Unverfügbarkeit des Heils und der Gnadencharakter vollkommenen Glücks herausgestellt, ohne dabei aber in den Gnadenextrinsezismus der Neuscholastik zurückzufallen (vgl. Greshake 1986, 18 f.). Vor allem im katholischen moraltheologischen Diskurs wird die Glücksthematik gegenwärtig wieder entdeckt. Dabei wird auf die Verknüpfung von Glück und Moralität bzw. sittlicher Verantwortung in der christlichen Ethik hingewiesen und darauf, dass das christliche Verständnis des Glücks stets die wechselseitige Verstrickung von Glücks- und Leiderfahrung betone. Jede Rede vom Glück ist durch das »Wort vom Kreuz« bestimmt (vgl. Demmer 1991; Arntz 2003, 285 ff.). Insofern sind die Erinnerung des Glücks (*memoria beatitudinis*) und das Leidensgedächtnis (*memoria passionis*) unauflöslich miteinander verbunden: Kraft der Glückserwartung kann die Überwindung des Leidens erhofft werden, kraft des Leidensgedächtnisses verkommt diese Hoffnung nicht zur puren Jenseitsvertröstung. Glück und Heil müssen schon jetzt mitten in der Geschichte anbrechen und vorweggenommen werden, eben weil es nie nur individuelles Glück, sondern kollektives, strukturelles Glück meint (vgl. Gruber 1998, 32 ff.). Entsprechend wird der Begriff des Glücks auch in einen engen Konnex zu dem der Gerechtigkeit gestellt, um so nochmals die Zusammengehörigkeit von Glück und Solidarität zu betonen (vgl. Mack 2002), ohne dabei die grundlegende Einsicht des Christentums, das vollkommenes Glück niemals Ergebnis menschlicher Leistung sein kann, preiszugeben.

Literatur

Arntz, Klaus: Melancholie und Ethik. Eine philosophisch-theologische Auseinandersetzung mit den Grenzen sittlichen Subjektseins im 20. Jahrhundert. Regensburg 2003.

Augustinus: Über den Gottesstaat. 2 Bde. Paderborn 1979.

–: De beata vita/Über das Glück. Lat.-Dt. (Übers. Ingeborg Schwarz-Kirchenbauer/Willi Schwarz). Stuttgart 1982.

–: Bekenntnisse. München ²1983.

–: De doctrina christiana/Über die christliche Bildung (Übers. Karla Pollmann). Stuttgart 2002.

Boff, Leonardo: Erfahrung von Gnade. Entwurf einer Gnadenlehre (Übers. Horst Goldstein). Düsseldorf 1978.

Demmer, Klaus: Das vergeistigte Glück. Gedanken zum christlichen Eudämonieverständnis. In: Gregorianum 72 (1991), 99–115.

Ebner, Martin: Jesus von Nazareth. Was wir von ihm wissen können. Stuttgart 2007.

Gregor von Nyssa: Des heiligen Bischofs Gregor von Nyssa Schriften. Bibliothek der Kirchenväter. Bd. 56. München 1927.

Greshake, Gisbert: Geschenkte Freiheit. Einführung in die Gnadenlehre. Freiburg i. Br. u. a. ³1986.

Gruber, Franz: Religion als memoria beatitudinis. Zum Verhältnis von Glück und Heil. In: Theologisch-praktische Quartalsschrift 146 (1998), 25–34.

Lang, Bernhard: Religion und menschliche Glückserfahrung. Zur alttestamentlichen Theorie des Glücks. In: Alfred Bellebaum (Hg.): Vom guten Leben. Glücksvorstellungen in Hochkulturen. Berlin 1994, 59–110.

Lauster, Jörg: Gott und das Glück. Das Schicksal des guten Lebens im Christentum. Gütersloh 2004.

Luther, Martin: Vorlesung über den Römerbrief [1515/16]. In: Ders.: Werke. Weimarer Ausgabe 56. Weimar 1938.

Mack, Elke: Gerechtigkeit und gutes Leben. Christliche Ethik im politischen Diskurs. Paderborn u. a. 2002.

Melanchthon, Phillip: Glaube und Bildung. Texte zum christlichen Humanismus. Lat.-Dt. (Übers. Günter R. Schmidt). Stuttgart 1989.

–: Ennarationes aliquot librorum ethicorum Aristotelis [1529]. In: Corpus Reformatorum. Bd. XVI. Halle 1850, 276–415.

Rad, Gerhard von: Weisheit in Israel. Neukirchen ³1985.

Schlögl-Flierl, Kerstin: Das Glück – Literarische Senso-

rien und theologisch-ethische Reaktionen. Eine historisch-systematische Annäherung an das Thema des Glücks. Berlin 2007.

Theißen, Gerd/Merz, Annette: Der historische Jesus. Ein Lehrbuch. Göttingen 1996.

Theißen, Gerd/Winter, Dagmar: Die Kriterienfrage der Jesusforschung. Vom Differenzkriterium zum Plausibilitätskriterium. Fribourg/Göttingen 1997.

Thomas von Aquin: Summa theologica [STh]. Vollständige, ungekürzte deutsch-lateinische Ausgabe (Hg. Katholischer Akademikerverband). Salzburg 1934 ff.

Tillich, Paul: Freiheit im Zeitalter des Umbruchs. In: Ders.: Die religiöse Deutung der Gegenwart. Schriften zur Zeitkritik. Gesammelte Werke. Bd. X. Stuttgart 1968, 181–201.

Saskia Wendel

7. Glück im Islam. Das Glück der Sinne und das Glück der Spiritualität

Wie in den anderen monotheistischen Religionen ist auch im Islam ›Glück‹ kein terminologischer Leitbegriff, der außerhalb der scholastischen Theologie (*kalâm*) und der Philosophie systematisch ausformuliert wurde (Daiber 1995; Heine 2007). In der koranischen Offenbarung kann die Segnung des Gläubigen insofern mit dem Glückbegriff in Verbindung gebracht werden, als sie auf das Versprechen Gottes auf das von jedem Elend freie Leben im Paradies verweist. Grundsätzlich ist das Ziel des Menschen nach seinem Tode als Ewige Glückseligkeit definiert. Zugleich bestimmt der Koran auch das gute Leben im Diesseits als Lohn Gottes für die, die den Glaubensweg befolgen. Theologisch erscheint das Glück als die Bestimmung der Glücklichen (*ahl as-sa'âda*; s. Kap. I.7) und Elend als die Bestimmung der Elenden (*ahl ash-shaqwa*), wobei beide Konzepte zukünftig sind und den Status der Menschen nach ihrem Tode beschreiben. Sie gehören dann zu den Seligen oder zu den Verdammten; das Jüngste Gericht, das über diesen Status entscheidet, erhielt so schon in frühen Korankommentaren die Bezeichnung »Tag des Glücks/Seligkeit« (*yawm as-sa'âda*). Im Hadith, also in der Überlieferung der Traditionen des Propheten Muhammad, wird diese eschatologische Deutung des Glücks meist in der Exegese einzelner Koranverse aufgenommen. Zugleich wird hier auch vom profanen Glück des Menschen (*hazz*) gesprochen, das oftmals semantisch mit Reichtum im materiellen wie ideellen Sinne gleichgesetzt erscheint. *Sa'âda* bezeichnet in dem Korpus der Prophetentraditionen neben der grundsätzlichen koranischen Bestimmung vom Glück als ewiges Leben im Paradies zugleich allgemein glückliche Lebensumstände, das Widerstehen der Versuchung und ein unerwartetes langes Leben. Indem der Mensch die göttliche Vorherbestimmung anerkennt und den Glaubensweg im Kult beschreitet, ist ihm das Glück im Jenseits versprochen.

In der koranischen Offenbarung selbst werden zwei Glückszustände des Menschen unterschieden. Der erste führt zu falscher Freude und kurzfristigem Glück (*farah*) über irdische Annehmlichkeiten. So heißt es beispielsweise im Koran: »Korah gehörte zum Volk Moses. Und er war gegen seine Leute (wörtlich: gegen sie) gewalttätig. Und wir gaben ihm so viele Schätze, dass die Schlüssel dazu von einer (ganzen) Schar kräftiger Männer kaum getragen werden konnten. (Damals) als seine Leute zu ihm sagten: ›Freue dich nicht (zu sehr)! Gott liebt diejenigen nicht, die sich (ihres Glückes) freuen‹« (Koran 28,76). Und: »Dabei freuen sie sich über das, was Gott ihnen von seiner Huld gegeben hat, und sind froh über diejenigen, die hinter ihnen (nachkommen und) sie (noch) nicht eingeholt haben (in der Gewissheit), dass (auch) sie (wegen des Gerichts) keine Angst zu haben brauchen und (nach der Abrechnung am jüngsten Tag) nicht traurig sein werden« (3,170). Der zweite Glückszustand führt nach dem Koran zu wahrer, innerer Freude (*surûr*): »Da bewahrte Gott sie vor dem Unheil jenes Tages und bot ihnen Glückseligkeit und Freude dar« (76,11).

In der Offenbarung findet sich keines der konventionellen arabischen Wörter für das Abstraktum ›Glück‹ wieder, mit Ausnahme der Bezeichnung Gottes als *Jadd* (›Glück‹) unter Verwendung eines alten Idolnamens (Koran 72,3). Immerhin aber gibt es Leitlinien für das, was das Glück im postexistentiellen Leben auszeichnet: Der Gläubige, der nach der Auferstehung ins Paradies eintritt, wird eine Welt erfahren, in der der Mangel fehlt und die für ihn einen ›Gewinn‹ (*fawz*) darstellt: »Denen aber, die glauben und tun, was recht ist werden Gärten zuteil, in deren Niederungen (wörtlich: unter denen) Bäche fließen. Das ist (dann) das große Glück« (85,11). Diese Welt ist absolut gut, insofern der Mangel an Gutem, der – wie die muslimischen Philosophen später sagen werden – das Böse definiere, fehlen werde. Das Leben nach dem Leben werde vollkommen sein, und in dieser Vollkommenheit liege das Glück. Koranisch gesehen ist das von Gott gestiftete Gute das Glück und damit auch Lebensziel des Menschen. Dieses Gute ist zugleich eine Segnung des gläubigen Menschen durch Gott. Daher werden die Menschen, die im Paradies weilen werden, mit der passivischen Verbalform *su'idû* (›die gesegnet wurden‹; Koran 11,108) bezeichnet.

Der hier implizierte alte arabische Begriff *sa'd* verwies in vorislamischer Zeit auf das Geschick, das den Menschen ereilt. Insofern der islamische Monotheismus Glück als Segnung Gottes deutete, kritisierte er jene Kultpraktiken, in denen bestimmten Idolen (*Sa'd*, *Jadd* u. a.) als Glücksbringer gehuldigt wurde. In Koran 72,3 wird dies deutlich: »Und (mir ist eingegeben worden, dass die Jinne sagten): ›Unser Herr, der Inbegriff von Glück (und Segen), ist erhaben. Er hat sich weder Gefährtin noch ein Kind (oder: Kinder) zugelegt.‹« Somit wird Jadd zu einem Prärogativ Gottes (*jaddu rabbinâ*: ›das Glück unseres Herren‹). In der Prophetentradition findet sich zugleich die Benennung Muhammads als *Sa'd Allâh* (›Glück/Segnung Gottes‹); hier wurde offensichtlich eine alte vorislamische Namensgebung (*Sa'd Lâh*) wieder aufgenommen.

Die Implikation des Glücks als von Gott bestimmtes Geschick führte dazu, dass in der frühen islamischen Theologie dann von Glück die Rede war, wenn es in einem Zusammenhang mit der Diskussion um die göttliche Prädestination stand. Daher findet sich der Begriff *sa'âda* bei muslimischen scholastischen Theologen vor allem dort wieder, wo es um die Frage der Bestimmung zum Glück, also allgemein um die Theodizee, geht. Hier erscheint Gott als das Subjekt, das den Menschen beglücken kann. Es handelt sich so um eine Segnung des Menschen, genauso wie das Elend seine Verdammung darstellen kann. Theologisch gesehen war Glück eine Folge von Frömmigkeit. Glück, von der islamischen Theologie als objektiv verstanden, wurde dadurch innerlich, als es in der Frömmigkeit in einem Zustand der Seligkeit erlebt werden konnte.

Die koranische Bestimmung des Paradieses als Ort der Sinne und der Spiritualität bewirkte, dass die mit der Seinsbestimmung des Menschen verbundene Glückseligkeit nicht nur als Spiritualität gedacht war, sondern auch als sinnliches Erleben. Durch die Rückkopplung an das irdische Leben erscheint das Glück stets auch in Abhängigkeit von der tugendhaften Lebensführung, durch die das Lebensziel des Menschen gelingen könne. Diese ist nie allein spirituell oder theoretisch-spekulativ gedacht, sondern auch materiell in der Weise, dass sie sinnlich gestaltbar erscheint. Über das Wie dieser Lebensführung waren sich Theologen genauso wenig einig wie die Philosophen oder Mystiker.

In der islamischen Tradition erfolgte eine terminologische Verdichtung des Begriffsfelds ›Glück‹ im Rahmen der Rezeption der griechischen Philosophie seit dem frühen 9. Jahrhundert (Ansari 1964; Murâd 2001). Zwei Bestimmungen der griechischen Philosophie waren maßgeblich. Frühe muslimische Philosophen (z.B. al-Kindî, gest. 873) definierten Glück einerseits als eine von der Tugend abhängige Kategorie, andererseits als das Verstehen des geistig Erkennbaren. Beides führe aus dem Elend hin zu Gott, der in diesem Glück erkennbar werde. Diese oft mit dem Namen Sokrates identifizierte Sichtweise inkorpo-

rierte die platonischen Kardinaltugenden und die Lehre von der tugendhaften ›Mitte‹ (*mesotês*) des Aristoteles. Der arabische Terminus für den griechischen philosophischen Glücksbegriff *eudaimonia* war *sa'âda* (Rosenthal 1971). Mit ihm konnte nun der Seelenzustand beschrieben werden, der das Ziel des Lebens, die Glückseligkeit, vertrat. Wie schon Platon erkannten arabische Philosophen (z.B. Abû Bakr ar-Râzî, gest. 925) die Gerechtigkeit als die Tugend, durch die das Glück gemeinschaftlich werden könne. In der direkten Rezeption der *Nikomachischen Ethik* des Aristoteles bestimmte al-Farâbî (gest. 950) drei Handlungsebenen des Glücks (Parens 2006): die rein theoretische Aktivität, die rein praktische Aktivität und die Mischung von theoretischer und praktischer Aktivität. Das höchste Gute, das als Handlungsziel dieser Ebenen gilt, ist natürlich niemals gleich, so dass Glückseligkeit je nach Handlungsweise einen anderen Inhalt haben könne (Parens 2006). Hierarchisch stehe die politische Glückseligkeit an oberster Stelle, weshalb Glück immer doppeldeutig ist: es umfasst die Glückseligkeit in der Erkenntnis wie die Glückseligkeit der hierdurch in einer Polis vereinten Menschen. Islamisiert erscheint diese Tradition in der Vorstellung, dass der Prophet Muhammad selbst das Ideal von Tugend, Mitte und Gerechtigkeit vertrete, so dass die Befolgung seiner Lebensweise glücksbringend sei. Da koranisch das Glück sowohl auf das Diesseits wie auf das Jenseits bezogen erscheint, ließ sich die aristotelische Tradition leicht auf den Inhalt der Offenbarung beziehen. Allerdings galt für die Philosophen, dass die blinde Befolgung dieser Lebensweise selbst keineswegs zum Glück führe, da sie nicht auf dem verstandesmäßigen Erfassen des geistig Erkennbaren beruhe. Neuplatonisch gedacht (z.B. bei den ›Lauteren Brüdern‹, *ikhwân as-safâ*, 10./11. Jahrhundert) sei die Erkenntnis, die zur Glückseligkeit führe, die Klimax des Aufstiegs der Seele aus der Verbundenheit mit dem Irdischen zur Einheit mit dem Göttlichen. Sie gelinge aber nur im Kontext Gleichgesinnter, was darauf hindeutet, dass muslimische Philosophen stets auch einen gemeinschaftlichen Aspekt des Glücks im Sinne hatten. Allerdings betonten andere (z.B. Miskawaih, gest. um 1030) den Vorrang individuellen Glücksstrebens, das zwar eben wegen der zugrunde liegenden Tugendhaftigkeit anderer bedürfe, doch letztendlich immer nur individuell real werden könne. Die Progression zur endgültigen Gleichung mit dem göttlichen Intellekt sei eine Stufung von Glückszuständen (*sa'âdât*), die schließlich im ›vollkommenen Glück‹ der Erkenntnis münde. Praktisch bedeutete dies eine Absonderung von der Gemeinschaft, da der Weg zum Glück stets nur in der Trennung von der physikalischen Welt beschritten werden könne. In späteren philosophischen Entwürfen (z. B. Ibn Tufayl, gest. 1185) wurde die Glückserfahrung radikal individualisiert und vom platonischen Ideal einer ›politischen‹ Bedingtheit des Glücks getrennt.

Glück in diesem Sinne war für muslimische Philosophen schlechthin Gegenstand philosophischen Strebens. Für Ibn Rushd (Averroes, gest. 1198) aber galt, dass dieses Streben abstrakt zu verstehen sei, also nicht an eine bestimmte Person gebunden ist. Vielmehr sei Glück, also philosophische Weisheit, so universalistisch zu verstehen, dass sich daraus das Glück der Gesamtheit der Menschheit ergebe; zwar erstrebe die Philosophie die Kenntnis der Glückseligkeit nur durch einige Menschen (d. h. die Elite), doch würde sich ihr Wirken als Stellvertretung der Lebensaufgabe der Menschheit entfalten. Zudem sei die göttliche Ordnung für jeden verständlich, sofern er sich an ihre Gebote hält; dass heißt für jeden – und nicht nur die Philosophen und Wächter der *polis* – sei Glück erstrebbar und erreichbar. Philosophie und göttliche Rechtsetzung (*sharía*) seien zwei Wege hin zur selben Glückseligkeit; dem philosophischen Weg komme aber das Privileg zu, den Weg argumentativ herzuleiten.

Für al-Ghazzâlî (gest. 1111), den Kritiker der Philosophen, hingegen ergibt sich das Glück der Gesamtheit der Menschheit aus den die Handlungen des Propheten Muhammad charakterisierenden Eigenschaften, nämlich Mysterien kundzutun und Religionsgesetze aufzustellen, die mit der Wahrheit (Gott) übereinstimmten. Während Averroes die Glückseligkeit als Ziel sowohl der Philosophie als auch der göttlichen Rechtsetzung festschrieb und wie frühere Philosophen das Glück in die Sphäre der *polis* einbettete, unterschied al-Ghazzâlî – hier indirekt Ibn Sina (Avicenna, gest. 1037) folgend – zwischen dem jenseitigen, universellen Glück des Menschen und dessen diesseitigem Glück, das er vor allem in der Lebenswelt, also dem *oikos*, verortete. Das absolute Glück beschrieb al-Ghazzâlî wie folgt: »Das jenseitige Glück, das wir meinen, ist Verweilen ohne Ende, Genuss ohne Plage, Freude ohne Trauer, Reichtum ohne Armut, Vollkommenheit ohne Mangel und Würde ohne Erniedrigung. Kurz gesagt ist alles, was jeder Suchende sich als Ziel und jeder Wünschende sich als Wunsch vorstellt, die Ewigkeit aller Ewigkei-

ten in der Weise, dass der Lauf der Epochen und Zeiten ihr nichts anhaben kann« (al-Ghazzâlî 2006, A12).

Die rationalistische Spekulation über das Glück schwankte so zwischen Individualität und Gemeinschaftlichkeit. (Dieses Schwanken entspricht in vielen Punkten dem Schwanken zwischen Polis-Denken, stoischem Individualismus, kosmologischen und neuaristotelischen Modellen sozialer und natürlicher Ordnung in Antike und Mittelalter.) Der Geschichtsdogmatiker Ibn Khaldûn (gest. 1406) erachtete das Glück als einen Zustand der Gesellschaft, der von der Politik des Herrschers herzustellen sei, da Glück und Wohlfahrt untrennbar miteinander verbunden seien. Dabei unterschied er deutlich zwischen irdischem und ewigem Glück. Während er ersteres als existent erachtet, insofern es in der Welt erreicht werden könne, sei letzteres außerhalb des rational Erkennbaren, also weder sensibel noch intelligibel, sondern schlicht ›spirituell‹. Ibn Khaldûns Kritik der Philosophie bezieht sich auf deren teleologisches Selbstverständnis. Indem das Glück aus der Zielgerichtetheit der Philosophie herausgenommen wird, wird das Philosophische zu einem methodischen Prinzip der Erkenntnis, ohne aber ein spezifisches Erkenntnisziel zu haben. Das Glück, befreit von sinnlichen Wahrnehmungen und geistig definierten Abstraktionen, wird so bei Ibn Khaldûn zum erlebten Gefühl von Spiritualität.

Diese Stufung, Spiritualisierung und Individualisierung des Glücks war primärer Gegenstand sufischer Kontemplationslehren. Allerdings trat hier Rationalität als Mittel der Erkenntnis in den Hintergrund, stattdessen wurden emotionale Seelenzustände betont. Für al-Ghazzâlî galt Liebe als die Grundlage von Glückserkenntnis. Allerdings anerkannte er sehr unterschiedliche Zugänge zum Glück, da nicht jeder als Sufi privilegiert war. Für den gewöhnlichen Menschen galt, »dass der Schlüssel zum Glück [saâda] darin liegt, der Sunna zu folgen und dem Leben des Gesandten Gottes nachzueifern, in allem, was von ihm herkommt, und in all seinem Tun, selbst wenn es die Art seines Essens, Aufstehens, Schlafens und Sprechens betrifft. Ich sage dieses nicht nur in Bezug auf Rituale der Verehrung, weil es keinen Weg gibt, die Sunna, die von ihm berichtet wurde, zu vernachlässigen, was ich aber sage, schließt jeden Aspekt unseres täglichen Lebens ein« (al-Ghazzâlî 1934). Für den Sufi hingegen ging es um die mühevolle Kontemplation der seelischen Erfahrung, die gestuft letztendlich zur Erfahrung der Eigentlichkeit in/bei Gott führe; die Auflösung aller Seelenzustände schafft den Raum für die spirituelle Erfahrung der Glückseligkeit im Erkennen der Einsheit Gottes.

Theologische oder philosophische Spekulation wie sufische Erkenntnislehren bezogen sich kaum auf diesseitige Konkretisierungen des Glücks und dessen Spiegelung in profanem Glücksempfinden. Für manchen Sufi war es wichtig, das an Irdisches gebundene Glücklich-Sein der Seele zu überwinden, um so zur Erfahrung der eigentlichen Glückseligkeit gelangen zu können. Allerdings anerkannten muslimische Theologen ein Wirkungsfeld des Glücks im Diesseits, das durchaus der jenseitigen ›ewigen Seligkeit‹ vorausgehen könne. Das diesseitige Glück ist aber konzeptionell deutlich von der ewigen Seligkeit getrennt, insofern es zeitlich begrenzt sei und vergehen könne. Sachlich wurde dieses Glück auf die Zufriedenheit der Seele, der Gesundheit des Körpers und den materiellen Reichtum in den sogenannten ›äußeren Angelegenheiten‹ eines Menschen bezogen. In zahlreichen Texten der arabisch-islamischen schöngeistigen Literatur (*adab*) wurde das Erlangen wie der Verlust des irdischen Glücks behandelt, oft natürlich unter dem moralischen Verweis auf das eigentlich anzustrebende jenseitige Glück.

Dort, wo sich in der islamischen Tradition eine radikale Trennung von Philosophie und Theologie vollzog, wurden die theologischen orthodoxen Bestimmungen über das Glück nicht weiter ausgearbeitet. Spekulationen über das Wesen des Glücks traten in den Hintergrund, stattdessen wurden vor allem in der Poesie und der schöngeistigen Literatur die Umstände des Glücks verhandelt. Im 19. Jahrhundert wurde das Glück dann auch in der islamischen Tradition säkularisiert, insofern zwischen dem Glück des Individuums und dem der ›Nation‹ unterschieden wurde. Letzteres unterliege zwar auch der Heteronomie, da die gute Ordnung durch Gott offenbart sei, doch vollzieht sich das Glück der Nation stets auch als Gemeinschaftshandeln, dessen Zweck in der Bereitstellung der Bedingungen individuellen Glücks vorrangig durch fachliche Unterweisung und moralischer Erziehung besteht (vgl. z. B. Muhammad ʿAbduh, gest. 1905, und Muhammad Rashîd Ridâ, gest. 1935). Unter Nutzung der Differenzierung zwischen irdischem und jenseitigem Glück, die vor allem von al-Ghazzâlî ausformuliert worden war, wurde das ›Glück der Nation‹ grundsätzlich auf das Diesseits bezogen, doch in deutlicher Abgrenzung von damals dominanten utilitaristischen Traditionen (v. a. John

Stuart Mill; s. Kap. V.1) wurde das Glücksstreben weiterhin anthropologisch mit der Zwecksetzung der Schöpfung identifiziert. Das Glück bleibt universalistisch und absolut in dem Sinne, dass es in der einmaligen und endgültigen Seinsbestimmung des Menschen durch Gott definiert ist und nicht als bloße Strategie der »Lustvermehrung« begriffen werden dürfe (Dijwî 1929). Letztere sei zwar im Diesseits gegeben und moralisch legitim, solange sie tugendhaft bleibe, doch sei sie erst als konstantes Glücksgefühl erfahrbar, wenn sie in ihrer Abhängigkeit von dem ontologischen Ziel des Menschen, der Glückseligkeit nach dem Tode, erkannt wird.

In der zeitgenössischen islamischen Dogmatik wird der Islam selbst als Glück beschrieben, das durch die Glaubenshaltung, die Kultpraxis und das Leben nach moralischen Grundsätzen erreicht wird (Qâbîl 1984; Al-Attas 1993; ʿÂmirî 2005; ʿAbd Allâh 2007). Glück wird auch hier als heteronom erachtet, d. h. es gründet nicht auf des Menschen Fähigkeit zum Glück und damit auf einem anthropologischen Glücksgefühl, sondern auf dem Streben des Menschen nach Glück. Entsprechend wird der Islam konventionell als Glücksbringer aufgefasst. Eine heute verbreitete Sichtweise lässt sich wie folgt zusammenfassen: Das Glücksstreben ist universell, da jedes Leben teleologisch sei. Eigentlich habe es nur ein Ziel, das mit seiner Bestimmung identisch sei. Jedes Lebewesen sei dadurch gekennzeichnet, dass es sein Lebensziel verwirklichen wolle. Das Erreichen des Lebensziels sei Glück, insofern dann Leben und Ziel zusammenfallen. Das Privileg des Menschen (wie der *Jinne*) sei es, dass Gott ihm sein Lebensziel offenbart habe. Daher könne der Mensch sein Lebensziel wissen und sein Leben durch tugendhaftes Handeln mit diesem Ziel gleichsetzen; hierdurch sei es dem Menschen möglich, einen Seelenzustand zu finden, der innere Ruhe und Zufriedenheit (*tumaʾnîna*) verheiße. Das im Lebensziel objektiv erreichte Glück erscheint so durch Vorwissen in der Seele subjektiv gespiegelt, sofern es auch im tugendhaften Handeln ausgedrückt erscheint.

Literatur

ʿAbd Allâh, Wisâm: as-saʿâda fî l-Islâm [Das Glück im Islam]. Beirut 2007.

Ansari, Muhammad Abdul Haqq: The Conception of Ultimate Happiness in Muslim Philosophy. In: Studies in Islam 1 (1964), 165–173.

Al-Attas, Muhammad Naguib: The Meaning and Experience of Happiness in Islam. Kuala Lumpur 1993.

Al-Ghazzâlî, Abû Hâmid: kitâb al-arbaʿîn fî usûl ad-dîn [Buch der Vierzig über die Grundlagen der Religion]. Kairo 1353/1934.

–: Das Kriterium des Handelns = Mîzân al-ʿamal (Übers. Abd-Elsamad ʿAbd-Elhamid Elschazli). Darmstadt 2006.

ʿÂmirî, ʿAbdallâh Muhammad Ghânim: as-saʿâda fî l-manzûr al-islâmî [Das Gück aus islamischer Sicht]. Beirut 2005.

Daiber, Hans: Saʿada. In: Enyclopaedia of Islam 8 (1995), 657–660.

Dijwî, Yûsuf: sabîl al-saʿâda fî falsafat al-akhlâq ad-dînîya wa-asrâr ash-sharîʿa al-islâmîya [Der Weg zum Glück in der religiösen Moralphilosophie und die Geheimnisse der islamischen Sharîʿa]. Kairo 1929.

Heine, Peter: Glück und Glücksvorstellungen im Islam. In: Timo Hoyer (Hg.): Vom Glück und glücklichen Leben. Sozial- und geisteswissenschaftliche Zugänge. Göttingen 2007, 162–171.

Koran (Übers. Rudi Paret). Stuttgart 1966.

Murâd, Saʿîd: nazariyat as-saʿâda ʿinda falâsifat al-Islâm [Die Theorie des Glücks bei den Philosophen des Islam]. Kairo 2001.

Parens, Joshua: An Islamic Philosophy of Virtuous Religions: Introducing Alfarabi. Albany 2006.

Qâbîl, ʿAbdalhayy Muhammad: al-madhâhib al-akhlâqiya fî l-Islâm. Al-wâjib – as-saʿâda [Ethische Lehrmeinungen im Islam. Die Pflicht. Das Glück]. Kairo 1984.

Rosenthal, Erwin I. J.: The Concept of ›Eudaimonia‹ in Medieval Islamic and Jewish Philosophy. In: Ders.: Studia semitica. Bd. II. Cambridge 1971, 127–134.

Reinhard Schulze

VIII. Aktuelle Debatten

1. Glück der Tiere. Lernen zu verstehen, wie Tiere sich ausdrücken

Können Tiere glücklich sein? Was brauchen sie, um glücklich zu sein? Ist es sinnvoll, hier von ›Glück‹ zu sprechen, oder ist dieser Begriff eher anthropomorphistisch und metaphorisch, dient er eher unseren eigenen Bedürfnissen, statt der Sicht des Tieres auf seine Welt Rechnung zu tragen? Schon lange wird intensiv darüber nachgedacht, was eigentlich Glücklichsein für den Menschen bedeuten könnte. Bereits in diesem Kontext ist der Glücksbegriff mehrdeutig – umso interessanter ist der Versuch, ihn auf die Welt der Tiere anzuwenden.

In gewisser Weise beinhaltet die Formulierung der eingangs genannten Fragen bereits ihre Antwort. Es geht hier nicht um eine detaillierte begriffliche Erörterung der Frage, was Glück für Tiere faktisch *ist* – Befriedigung ihrer Bedürfnisse, Erwartung von Belohnung, Vergnügen, Freude, Zufriedenheit oder eine Kombination aus allem. Vielmehr will ich darüber nachdenken, was es überhaupt bedeuten könnte, vom Glück der Tiere in einem ganz alltäglichen Sinn zu sprechen. Ein sehr guter Ausgangspunkt hierfür ist das Buch *Animal Happiness* der Philosophin, Dichterin und Tiertrainerin Vicki Hearne (1994). Hearne beginnt ihr Buch, indem sie sich ausdrücklich von der Auffassung absetzt, Glück sei vor allem eine menschliche Erfahrung: »Ein Mensch kann Freude an etwas empfinden, das dem Tier nicht zugänglich ist, zum Beispiel an der Konstruktion eines schönen mathematischen Beweises, aber letzten Endes ist jedes Glück ein tierisches Glück, selbst das Entdeckerglück des Philosophen, Dichters oder Wissenschaftlers« (Hearne 1994, XV). Das Buch enthält eine Reihe komplexer und subtiler Überlegungen zu den Fertigkeiten und Wesensarten von Tieren, und zwar vorwiegend im Zusammentreffen und in der Zusammenarbeit von Mensch und Tier, in dem sich, wie Hearne sagt, der unabsehbare Reichtum an Empfindungen und Glücksgefühlen

aus der Welt des Tieres und aus der Welt des Menschen miteinander verschränken. Glück ist für Hearne eine Frage der ›Freundlichkeit‹ (*kindness*), d.h. es hängt zusammen mit einer Achtung vor der Art von Wesen, der ein bestimmtes Geschöpf zugehört. Das tiefste Verstehen ergibt sich aus einer natürlichen Nähe, aus der Verbindung des eigenen Daseins mit dem der Kreatur, ausgedrückt vielleicht in freundlicher Zuneigung. Glück ist also aufs engste verbunden mit dem Ausleben von Offenheit und Verbundenheit, mit dem gemeinsamen Dasein empfindungsfähiger und kommunizierender Wesen.

Viele Autoren haben beschrieben, wie sie mit einzelnen Tieren Umgang hatten, und sie haben Zeugnis abgelegt von deren Charakter, kreativer Intelligenz und Empathie (z.B. Gaita 2002; Young 2003; Woolfson 2008). Zahlreiche Wissenschaftler empfanden die Beschäftigung mit dem Glück und allgemeiner mit der Intelligenz von Tieren bis vor kurzem noch als allzu riskant. Die Forscher fürchteten, als naiv zu gelten, weil sie zwangsläufig menschliche Wertvorstellungen auf vermeintlich geistlose Tiere projizieren, wie in den Cartoons lächelnder ›glücklicher‹ Schweine, mit denen für industriell erzeugtes Fleisch geworben wird. Inzwischen hat sich die Lage aber verändert. Seit etwa 20 Jahren hat sich ein relativ neues Forschungsfeld etabliert, das sich mit dem Wohlergehen und den kognitiven Fähigkeiten von Tieren beschäftigt. Das ermöglicht den Wissenschaftlern, Fragen nach den Emotionen von Tieren zu stellen und deren Gefühle zu untersuchen, ohne damit ihren Ruf aufs Spiel zu setzen. Es fragt sich nun, was wir aus solchen Untersuchungen lernen können und ob sie im Einklang mit den persönlicheren Darstellungen von Vicki Hearne und anderen stehen, die davon handeln, wie Tiere Erfahrungen machen.

Glück und die wissenschaftliche Erforschung des Wohlergehens von Tieren

Mit der Evolutionstheorie wuchs im 19. Jahrhundert das Bewusstsein, dass empfindungsfähige, emotionale Erfahrungen vielleicht nicht exklusiv dem Menschen vorbehalten sind, sondern sich wohl in einem Kontinuum durch das ganze Tierreich ziehen. Gewiss war Charles Darwin selbst davon überzeugt, dass Tiere zu Gefühlen fähig sind. In seinem Buch *Der Ausdruck der Gemüthsbewegungen bei dem Menschen und den Thieren* (1872) schreibt er beispielsweise: »Gezähmte Wölfe und Schakale springen, wenn sie von ihren Herren geliebkost werden, vor Freude umher, wedeln mit ihren Schwänzen, lassen ihre Ohren herabhängen, lecken die Hände ihrer Herren, ducken sich nieder und werfen sich selbst auf den Boden, mit dem Bauche nach oben«. Oder: »Selbst wenn Kühe aus Vergnügen umherspringen, werfen sie ihre Schwänze in einer lächerlichen Art in die Höhe« (Darwin 1872/1877, 113, 106).

Doch es war George Romanes (1885), Zeitgenosse und Freund Darwins, der das Wagnis einging, das Studium der Tierpsychologie als ernsthafte wissenschaftliche Disziplin zu etablieren. Für Romanes waren Erörterungen über das Gefühlsleben der Tiere, sofern sie auf sorgfältiger Beobachtung und Reflexion beruhten, kein unzulässiger ›Anthropomorphismus‹, der auf unbegründeten Projektionen menschlicher Eigenarten auf Tiere basiert. Angesichts der evolutionären Kontinuität der Emotionen war die Anwendung dieser Konzepte auf Tiere für ihn vielmehr legitim und wünschenswert. Diese Auffassung hat seither die Arbeit namhafter Biologen geprägt (z. B. Jennings 1962; Griffin 1976). Die Überzeugungskraft dieser Position hat aber dennoch durch den Aufstieg des Behaviorismus im frühen 20. Jahrhundert ernsthaft gelitten, einer Denkrichtung, die eine strikt mechanistische Sicht des Verhaltens vertrat. Diese Denkschule, die Objektivität mit mechanistischer Analyse gleichsetzte, wollte alles Reden von subjektiver Erfahrung (ob menschlicher oder tierischer) aus der Wissenschaft verbannen; Erfahrung war für sie nichts anderes als der Bereich des Privaten und Introspektiven, der in wissenschaftlichen Erklärungen nichts zu suchen hatte (Watson 1913).

Vor diesem Hintergrund kann der Wunsch, das Wohlergehen von Tieren in der industrialisierten Landwirtschaft und Medizin zu untersuchen, leicht als unbegründet und sentimental erscheinen. Daher vermied die Mehrheit der Wissenschaftler, die sich als erste mit dem Wohl der Tiere befassten, subjektive Vorstellungen und konzentrierte sich auf physiologische, stressbasierte Modelle des Wohlergehens, nach denen die Fähigkeit eines Tieres, mit seiner Umwelt zurechtzukommen, als eigentliches Merkmal seines Wohlergehens galt (Broom 1988; Barnett/Hemsworth 1990). In einem solchen Kontext hat das Glück natürlich keinen Platz – man kümmert sich um den Schmerz, den Stress und die Krankheiten, denen ein Tier ausgesetzt ist, und darum, ihm unnötiges Leid zu ersparen, aber jede Rede vom Glücklichsein eines Tieres wäre als Phantasterei abgelehnt worden.

Die Situation begann sich jedoch mit der Gegenwehr gegen den strikten Behaviorismus in Wissenschaftsdisziplinen wie der Verhaltensforschung und Kognitiven Verhaltensforschung zu ändern. Diese Disziplinen sind zwar im Ansatz nach wie vor mechanistisch, gehen aber davon aus, dass Verhalten nicht bloßes Mittel zur Garantie von Umwelttauglichkeit und zur Verwirklichung funktionaler Gleichgewichte ist, sondern für die Tiere einen Eigenwert besitzt. Insbesondere der Aufstieg der Kognitiven Verhaltensforschung mit einem Höhepunkt in Donald Griffins Buch *Wie Tiere denken. Ein Vorstoß ins Bewußtsein der Tiere* verdeutlichte, wie komplex und intelligent sich das Verhalten von Tieren darstellt, wenn wir sie angemessen beobachten und die richtigen Fragen stellen. Forscher, die mit Tieren in deren natürlicher Umwelt zusammenlebten wie z. B. Jane Goodall (1971) und Cynthia Moss (1988), zögerten ebenfalls nicht, Tiere als intelligente Individuen mit komplexen Persönlichkeiten zu beschreiben. Nach diesen Entwicklungen führten die Wissenschaftler grundlegende Konzepte wie ›Motivation‹ und ›Verhaltensbedürfnisse‹ in ihre Untersuchungen des Wohlbefindens von Tieren ein (Dawkins 1990; Jensen/Toates 1993) und diskutierten erneut über die Bewusstseinsfähigkeit und die emotionalen Erfahrungen von Tieren (Fraser/Duncan 1998; Mendl/Paul 2004; Duncan 2006). Der Unterschied zur Tierpsychologie des 19. Jahrhunderts bestand jedoch darin, dass nun die sich rasch entwickelnde Neuro- und Informationswissenschaft einbezogen wurde. Damit erhielten die Untersuchungen zum Gefühlsleben der Tiere eine ganz neue Legitimität: Bewusstsein und Emotionen konnten nun als komplexe ›neuronale‹ oder ›mentale Zustände‹ verstanden werden, die der konventionellen wissenschaftlichen Analyse zugänglich sind (Burgdorf/Panksepp 2006).

Diese Einbeziehung subjektiver Erfahrung ins mechanistische Denken und Vokabular ebnete den Weg für die weitergehende Erforschung des Gefühlslebens der Tiere. Die Forscher konnten sich nun auf spezifische Konzepte wie Angst, Frustration, Langeweile oder Vorlieben konzentrieren und Modelle,

Tests und Parameter zur Untersuchung dieser Zustände entwickeln (z. B. Wemelsfelder 1993; Boissy 1995; van Loo u. a. 2004). Indes lag der Schwerpunkt der Untersuchungen, ganz wie in den Jahrzehnten davor, weiterhin auf den Auswirkungen von Mangelsituationen. Die Frage war: Fehlt Tieren das, was sie vielleicht brauchen oder wollen, aber in Gefangenschaft wohl nie kennengelernt haben? Erst seit kurzem befasst man sich dagegen ganz explizit mit den positiven Aspekten des Wohlergehens von Tieren (Boissy u. a. 2007; Balcombe 2009). Diese Verschiebung der Fragestellung wurde wahrscheinlich vom wachsenden Bemühen der Philosophen und Ethiker beeinflusst, Tiere als »Subjekte eines Lebens« mit eigener Integrität zu begreifen, die weit über Verhaltensbedürfnisse und sogar über das Wohlbefinden hinausgeht (Regan 1983; Verhoog 2007).

Über das Empfinden von Wohl- oder Unwohlsein hinaus ist es demnach für Tiere wichtig, aktiv zu sein, ein Leben zu besitzen, d. h. selbst handeln, Kompetenzen einsetzen und wählen zu können, wie sie ihre täglichen Bedürfnisse und Wünsche erfüllen wollen. Gelegentliche Stresssituationen und Frustrationen verwehren ihnen nicht notwendig ein solches Eigenleben, ja man kann sogar sagen, dass deren Überwindung wesentlicher Bestandteil der Lebensqualität ist (Wemelsfelder/Birke 1997; McFarland/Hediger 2009). In einem solchen Kontext erscheint es dann auch angebracht, über das Glück der Tiere nachzudenken und dieses Glück nicht bloß als ein bestimmtes Gefühl, sondern als Lebensweise zu begreifen.

Für die Tiere sind diese Entwicklungen vielversprechend. In der wissenschaftlichen Literatur wird der Begriff des Glücks in Bezug auf Tiere jedoch nach wie vor nur sehr ungern verwendet und überwiegend auf positive Gefühle wie ›Freude‹ oder auf ›positive Valenzen‹ bezogen. Manchmal erscheint das Wort ›glücklich‹ im Titel eines Vortrags oder Essays, um die Auffassung des Laienpublikums aufzugreifen (z. B. »Happy Pigs are Dirty! Conflicting Perspectives on Animal Welfare«; Lassen u. a. 2006), es spielt dann jedoch im Text selbst keinerlei Rolle. Es gibt aber Ausnahmen. In seinem Aufsatz »Happy Animals Make Good Science« (1997) vertritt Trevor Poole die Auffassung, dass ein glückliches Tier »aufmerksam und aktiv ist (ein breites Verhaltensrepertoire an den Tag legt), sich entspannen kann, zutraulich ist (sich nach außen wendet und keine Furcht vor harmlosen Stimuli zeigt) und kein abnormes Verhalten an den Tag legt« (Poole 1997, 116). James

E. King (1999) berichtet in seinem Aufsatz »Personality and the Happiness of the Chimpanzee« – gefolgt von anderen, wie Alex Weiss u. a. (2006) – von Untersuchungen, die zeigen, dass das Glücksbefinden in Gefangenschaft lebender Menschenaffen, wie es von deren Betreuern wahrgenommen wird, mit bestimmten Aspekten der Persönlichkeitsstrukturen dieser Tiere zusammenhängt. Und schließlich weisen Alain Boissy u. a. (2007) in ihrer jüngsten kritischen Betrachtung positiver Emotionen bei Tieren darauf hin, dass die Forscher, die sich mit dem Wohlergehen von Tieren befassen, sich auch ganz ausdrücklich um die Frage nach dem Glück kümmern sollten, da der Begriff des Glücks einen langfristig »stabilen affektiven Zustand« bezeichne, in dem man das »höchste Maß an Wohlergehen« oder »Lebensqualität« eines Tieres sehen könne (Boissy u. a. 2007). Damit kommt die wissenschaftliche Erforschung des Gefühlslebens der Tiere langsam in Schwung, und es steht nunmehr zu erwarten, dass ›das Glück der Tiere‹ bald auch Gegenstand der Mainstream-Forschung zum Wohlergehen von Tieren werden wird.

Wie lässt sich das Glück bei Tieren erkennen?

Zweifellos sind Fortschritte in der wissenschaftlichen Untersuchung des Gefühlslebens der Tiere wichtig und sehr hilfreich für die Verbesserung der Lebensumstände gefangener Tiere. Liegt hierin aber, wie viele annehmen, tatsächlich der einzige legitime Weg, etwas über die Erfahrungswelt eines Tieres herauszufinden? Alles hängt davon ab, was wir in diesem Zusammenhang unter ›Wissen‹ verstehen. In der Biologie ist das herrschende Erkenntnisparadigma mechanistisch. Das bedeutet im Kern, dass die Wissenschaftler Tiere aus einer unbeteiligten Position heraus als Objekte studieren, indem sie sie als komplex gegliederte funktionale Systeme beschreiben. In solchen Systemen werden, wie wir sahen, Gefühle zu ›affektiven Zuständen‹, die sich von außen einschätzen und mit anderen Prozessen oder Zuständen in Körper und Gehirn in Verbindung bringen lassen. Dieses externalisierte, mechanistische Wissen hat jedoch seinen Preis: Unvermeidlich verlieren wir das Tier selbst aus dem Blick, das diese Gefühle hegt und für das diese Gefühle eine innere Bedeutung besitzen. Wir können vielleicht etwas über ›Gefühlszustände‹ in Erfahrung bringen, lernen dabei aber sehr wenig – wenn überhaupt etwas – über die Erfahrungen, die das Tier macht. Die mechanis-

tische Sprache tendiert zur Abstraktion und beschreibt biologische Systeme in technischen Spezial-
termini; je technischer sich eine Beschreibung an-
hört, desto bereitwilliger wird sie als objektiv und
substantiell betrachtet. Eine solche Sprache vertreibt
jedoch das Tier als Subjekt und kann niemals dessen
Freude und Begeisterung gerecht werden, wie sie von
Vicki Hearne und Charles Darwin bezeugt worden
ist. Hierzu müssen wir eine umfassendere und weniger distanzierte Haltung einnehmen (Midgley 1983;
2001; Wemelsfelder 1997; 2007).

In unserem Alltagsleben erscheinen uns Tiere gar
nicht als komplexe Systeme, sondern als ganze, empfindungsfähige Wesen. Wir haben den Eindruck,
dass da ›jemand ist‹, oder, wie der Philosoph Thomas
Nagel (1974) sagt, wir erkennen, dass da etwas ist,
von dem man sich fragen kann: Wie wäre es, dieses
Individuum zu sein? Und jemanden kennenzulernen ist nicht in erster Linie eine Sache von Messun-
gen, sondern bedarf einer Einstellung der Geduld,
der aufmerksamen Beobachtung und Zuwendung,
um dem anderen die Möglichkeit zu geben, sich zum
Ausdruck zu bringen. »Erkennen« ist also, so gesehen, ein Akt der Kommunikation, ein respektvolles
Zusammentreffen von Individuen (Goodall/Bekoff
2002). Genau das, scheint mir, meint Vicki Hearne
mit ›Freundlichkeit‹ (das Englische kindness ist semantisch auch auf die ›Art‹ oder kind bezogen, was
im Deutschen nur blass in der ›Artigkeit‹ nach-
klingt). Um ›Freundlichkeit‹ umzusetzen, brauchen
wir eine angemessene Sprache, die das Subjekt nicht
ausschließt, sondern es vielmehr zum Leben erweckt.
Hearne ist eine Dichter-Philosophin und beschreibt
sehr schön das Glücksbefinden ihrer Tiere – aber es
bleibt die Frage, was dies für die Wissenschaft bedeutet.

Sprachphilosophen wie Ryle (1949) und Wittgenstein (vgl. Hacker 2003) haben die These vertreten,
dass unsere Alltagssprache das Verhalten anderer
ganz natürlich als psychologisch ausdrucksvoll darstellt und dass diese Eigenart das epistemologische
Fundament der wissenschaftlichen Forschung bildet
und als solches wertgeschätzt werden sollte. In ihrem
Buch Kanzi's Primal Language. The Cultural Initiation of Primates into Language (2005) dokumentieren Pär Segerdahl und seine Mitarbeiter ausführlich,
dass eine informelle ›Privatkultur‹ der expressiven
Interaktion und des Austauschs zwischen dem Bo-
nobo Kanzi und seinen menschlichen Betreuern
Kanzis Leistungen in formalen wissenschaftlichen
Spracherwerbstests zugrunde liegt. Die Autoren wei-

sen jedoch ausdrücklich darauf hin, dass solche
Kommunikationsfähigkeiten von Tieren für die
meisten Wissenschaftler nicht zur ›wirklichen Sprache‹ gehören; sie sind vielmehr darauf bedacht, sie
aus ihren Forschungen auszuschließen.

Mehr und mehr Forscher und Philosophen suchen nach Wegen, kommunikative Beziehungen
zwischen verschiedenen Lebewesen in ihrer Arbeit
zu berücksichtigen. Das betrifft, um nur einige Bereiche zu nennen, die Arbeitsfelder der Sprachphilo-
sophie, der Phänomenologie, der Biosemiotik, der
Ethno-Anthropologie und der ökologischen Psychologie (z. B. Abram 1997; Wheeler 2006). In unserer
eigenen Forschungsarbeit haben wir uns der bestehenden Tradition der qualitativen Verhaltensein-
schätzung (Stevenson-Hinde 1983) bedient, um einen »ganzheitlichen« Ansatz in der Untersuchung
des Wohlergehens von Tieren zu entwickeln
(Wemelsfelder 1997; 2007). Dieser Ansatz gilt der
Frage, »wie es wäre«, in einer bestimmten Situation
dieses oder jenes Tier zu sein (z. B. ein Schwein in
Freiland- oder aber in Massentierhaltung), indem
bestimmte Beobachtergruppen gebeten werden, in
eigenen Worten die expressive »Körpersprache« der
betreffenden Tiere zu beschreiben (Wemelsfelder
u. a. 2001; 2009). Bei der Suche nach Worten zur
Charakterisierung der Ausdrücke der Tiere kommen
Beobachter mit sehr unterschiedlichem Hintergrund
immer wieder zu Begriffen wie »entspannt, zufrieden, lebhaft« und »glücklich« oder »angespannt,
ängstlich, aufgeregt« und »gestresst«, und sie können
anschließend mit diesen Begriffen auch das Ausdrucksverhalten der betreffenden Tiere auf einer
Messskala quantifizieren. In langjähriger Forschung
mit einer Vielzahl von Spezies haben wir festgestellt,
dass solche »ganzheitlichen« Einschätzungen durch-
gehend wissenschaftlich gültig und belastbar sind.
Wenn der Ansatz angemessen umgesetzt wird, besteht daher kein Grund, weshalb die Behandlung
von Tieren als ganzheitliche empfindungsfähige Wesen nicht Bestandteil einer gültigen wissenschaftlichen Forschungsarbeit sein sollte. Forschungen dieser Art können uns, anders als mechanistisch angelegte Untersuchungen, unmittelbarer und in Hinblick
auf die Ausdrucksdetails umfassender die Erlebnis-
welt von Tieren vermitteln. Natürlich können auch
hier Fehler gemacht und kann das Ausdrucksverhalten von Tieren missdeutet werden, wenn man das
betreffende einzelne Tier oder seinen Arthinter-
grund nicht gut genug kennt. Das ist aber kein
Grund, den gesamten Ansatz als anthropomorphis-

tisch zu verwerfen; das Verständnis der Körpersprache als Akt der aufmerksamen Kommunikation ist eine Fertigkeit, die geübt und mit der Zeit verbessert werden kann.

Um also vom Glück der Tiere sprechen zu können, müssen wir die Tiere zu uns sprechen lassen. Glück *ist* nichts, Glück entsteht in Wesen, die sich ausdrücken. In den Worten der Umweltschutzphilosophin Freya Matthews:»Wo die Erkenntnis im herkömmlichen Sinne erklären will, engagiert sich die Begegnung. Die Erkenntnis will das Geheimnis eines Anderen aufbrechen; die Begegnung lässt dieses Geheimnis intakt. Wenn ich der Meinung bin, das Geheimnis meines Gegenübers in herkömmlicher Weise aufgedeckt zu haben, dann verschwindet auch mein Gefühl für dessen Anderssein, und jede Möglichkeit einer wahrhaftigen Begegnung löst sich in nichts auf. Achte ich jedoch die Undurchdringlichkeit meines Gegenübers, bleibt mir auch der Sinn für sein Anderssein und damit die Chance auf eine wahrhafte Begegnung erhalten« (Matthews 2003, 78). Solche Begegnungen erfüllen uns mit Staunen, belehren uns – und machen uns glücklich.

Literatur

Abram, David: The Spell of the Sensuous. Perception and Language in a More-than-Human World. London 1997.

Balcombe, Jonathan: Animal Pleasure and its Moral Significance. In: Applied Animal Behaviour Science 118 (2009), 208–216.

Barnett, John L./Hemsworth, Paul H.: The Validity of Physiological and Behavioural Measures of Animal Welfare. In: Applied Animal Behaviour Science 25 (1990), 177–187.

Boissy, Alain: Fear and Fearfulness in Animals. In: Quarterly Review of Biology 70/2 (1995), 165–191.

– u.a.: Assessment of Positive Emotions in Animals to Improve their Welfare. In: Physiology & Behavior 92/3 (2007), 375–397.

Broom, Donald M.: The Scientific Assessment of Animal Welfare. In: Applied Animal Behaviour Science 20 (1988), 5–19.

Burgdorf, Jeffrey/Panksepp, Jaak: The Neurobiology of Positive Emotions. In: Neuroscience and Biobehavioral Reviews 30 (2006), 173–187.

Cabanac, Michel: Pleasure: The Common Currency. In: Journal of Theoretical Biology 155 (1992), 173–200.

Darwin, Charles: Der Ausdruck der Gemüthsbewegungen bei dem Menschen und den Thieren [1872]. Stuttgart 1877.

Dawkins, Marian S.: From an Animal's Point of View – Motivation, Fitness, and Animal Welfare. In: Behavioral and Brain Sciences 13/1 (1990), 1–61.

Duncan, Ian J.H.: The Changing Concept of Animal Sentience. In: Applied Animal Behaviour Science 100 (2006), 11–19.

Fraser, David/Duncan, Ian J.H.: ›Pleasures‹, ›Pains‹ and Animal Welfare: Toward a Natural History of Affect. In: Animal Welfare 7/4 (1998), 383–396.

Gaita, Raimond: The Philosophers's Dog. London 2002 (dt.: Der Hund des Philosophen. Berlin 2003).

Goodall, Jane: In the Shadow of Man. Boston 1971.

– /Bekoff, Marc: The Ten Trusts: What we Must Do to Care for the Animals we Love. San Francisco 2002.

Griffin, Donald R.: The Question of Animal Awareness. New York 1976 (dt.: Wie Tiere denken. Ein Vorstoß ins Bewusstsein der Tiere. München 1998).

Hacker, Peter M.S.: Wittgenstein: Meaning and Mind. Part I. Oxford 2003.

Hearne, Vicki: Animal Happiness. New York 1994.

Jennings, Herbert Spencer: Behavior of the Lower Organisms. Bloomington 1962.

Jensen, Per/Toates, Frederick M.: Who needs ›Behavioural Needs‹? Motivational Aspects of the Needs of Animals. In: Applied Animal Behaviour Science 37 (1993), 161–181.

King, James E.: Personality and the Happiness of the Chimpanzee. In: F.L. Dolins (Hg.): Attitudes to Animals. Views in Animal Welfare. Cambridge 1999, 101–114.

Lassen, Jesper/Sandoe, Peter/Forkman, Björn: Happy Pigs are Dirty! Conflicting Perspectives on Animal Welfare. In: Livestock Science 103 (2006), 221–230.

Matthews, Freya: For the Love of Matter. A Contemporary Panpsychism. Albany 2003.

McFarland, Sarah E./Hediger, Ryan: Animals and Agency. An Interdisciplinary Exploration. Leiden 2009.

Mendl, Michael/Paul, Elizabeth S.: Consciousness, Emotion and Animal Welfare: Insights from Cognitive Science. In: Animal Welfare 13 (2004), 17–25.

Midgley, Mary: Animals and Why They Matter. Athens, GA 1983.

–: Science and Poetry. London 2001.

Moss, Cynthia J.:1988. Elephant Memories: Thirteen Years in the Life of an Elephant Family. New York 1988.

Nagel, Thomas: What is it like to be a Bat? In: Psychological Review 83 (1974), 435–451.

Poole, Trevor: Happy Animals make good Science. In: Laboratory Animals 31 (1997), 116–124.

Regan, Tom: The Case for Animal Rights. Berkeley 1983.

Romanes, George John/Darwin, Charles: Mental Evolution in Animals. Montana 1885.

Ryle, Gilbert: The Concept of Mind [1949]. Harmondsworth 1990 (dt.: Der Begriff des Geistes. Stuttgart 1986).

Segerdahl, Pär/Fields, William/Savage-Rumbaugh, Sue: Kanzi's Primal Language. The Cultural Initiation of Primates into Language. Basingstoke 2005.

Stevenson-Hinde, Joan: Individual Characteristics: A Statement of the Problem. In: R. A. Hinde (Hg.): Primate Social Relationships: An Integrated Approach. Oxford 1983, 28–34.

van Loo, Pascalle L.P./Van de Weerd, Heleen A./van Zutphen, Bert L.F.M./Baumans, Vera: Preference for Social Contact versus Environmental Enrichment in Male Laboratory Mice. In: Laboratory Animals 38/2 (2004), 178–188.

Verhoog, Henk: The Tension between Common Sense and Scientific Perception of Animals: Recent Developments in Research on Animal Integrity. In: NJAS-Wageningen Journal of Life Sciences 54/4 (2007), 361–373.

Watson, John B.: Psychology as the Behaviorist Views it. In: Psychological Review 20 (1913), 158–177.

Weiss, Alexander/King, James E./Perkins, Lori: Personality and Subjective Well-being in Orangutans (Pongo pygmaeus and Pongo abelii). In: Journal of Personality and Social Psychology 90 (2006), 501–511.

Wemelsfelder, Françoise: The Concept of Animal Boredom and its Relationship to Stereotyped Behaviour. In: A.B. Lawrence/J. Rushen (Hg.): Stereotypic Animal Behaviour: Fundamentals and Applications to Animal Welfare. Wallingford 1993, 65–95.

–: The Scientific Validity of Subjective Concepts in Models of Animal Welfare. In: Applied Animal Behaviour Science 53 (1997), 75–88.

–: How Animals Communicate Quality of Life: The Qualitative Assessment of Animal Behaviour. In: Animal Welfare 16/S (2007), 25–31.

– /Birke, Lyndia I.: Environmental Challenge. In: M.C. Appleby/B.O. Hughes (Hg.): Animal Welfare. Wallingford 1997, 35–47.

– /Hunter, Tony E.A./Lawrence, Alistair B./Mendl, Michael T.: Assessing the ›Whole-animal‹: A Free-Choice-Profiling Approach. In: Animal Behaviour 62 (2001), 209–220.

– /Nevison, Ian/Lawrence, Alistair B.: The Effect of Perceived Environmental Background on Qualitative Assessments of Pig Behaviour. In: Animal Behaviour 78 (2009), 477–484.

Wheeler, Wendy: The Whole Creature: Complexity, Biosemiotics and the Evolution of Culture. London 2006.

Woolfson, Esther: Corvus. A Life with Birds. London 2008.

Young, Rosamund: The Secret Life of Cows. Preston 2003.

Françoise Wemelsfelder
(aus dem Englischen übersetzt von Reiner Ansén)

2. Glück durch Biotechnik? Die Debatte über die biologische Verbesserung des Menschen (*enhancement*)

Vorüberlegungen

Die Perfektionierung des Menschen ist die Zielsetzung unterschiedlicher, heute zumeist wissenschaftlich gestützter Bemühungen in verschiedensten Bereichen der individuellen Lebensgestaltung und der Gesellschaft. Die Bandbreite solcher Bemühungen reicht gegenwärtig von der Reduzierung von Krankheit, Verlängerung des Lebensalters und Leidverringerung bis hin zu Erziehungsmodellen (s. Kap. VIII.11), von der Prothetik bis zur Sozialpolitik. Solche Verbesserungsstrategien basieren in der Regel auf der Diagnose des faktischen Zustands des Menschen, der als verbesserungsbedürftig gilt und bei dem sich eine Möglichkeit auf wissenschaftlich-technischem Wege anbietet, diesen Zustand zu verbessern. Ein zumeist, wenn auch nicht immer als defizient diagnostizierter Ist-Zustand soll also mittels wissenschaftlich gestützter (d.h. in ihren Methoden transparenter und überprüfbarer, in ihren erwünschten und unerwünschten Ergebnissen zumindest teilweise prognostizierbarer) Maßnahmen verbessert werden, so dass ein gewünschter, besserer Soll-Zustand erreicht wird.

Dieser Soll-Zustand hat etwas mit Glücksvorstellungen zu tun, die vom privaten, ›individuellem‹ Glück bis in die Versorgung mit Glücksmöglichkeiten reichen. Einerseits folgt der Einzelne seinem Glücksstreben (»pursuit of happiness« laut der amerikanischen »Declaration of Independence«; s. Kap. V.2), andererseits darf er nicht in der Nutzung von Gelegenheiten, die das Verbundsystem von Wissenschaft, Technik und Ökonomie herbeiführt, gehindert oder eingeschränkt werden. Auf der negativen Seite steht die Vermeidung von Glückseinschränkungen, auf der positiven Seite steht eine Vielfalt von Perfektionierungen. Diese Vielfalt unterscheidet sich freilich von der umfassenden Fülle, die in älterer Tradition als *totum bene vivere* (gut in jeder Hinsicht leben, Thomas von Aquin; s. Kap. IV.1 und VII.6) bezeichnet wurde. Das Glück scheint vielmehr in einer Summe von Einzelheiten zu bestehen, die durch ihre

oft kontextlose Behandlung bzw. Isolierung einer Perfektionierung eher zugänglich sein sollen.

Im Rahmen von biomedizinischen Technologien ergeben sich zahlreiche neue Möglichkeiten, den Menschen zu einem ›Anderen‹, ›Besseren‹ oder einem ›Optimum‹ hin zu verändern, auch jenseits dessen, was gemeinhin als Krankheit, Behinderung, psychische Beeinträchtigung oder Altersdemenz verstanden wird (s. Kap. VIII.5). Historisch betrachtet, hat der Mensch immer schon vergleichbare Versuche unternommen. Die aktuellen Fragen nach Möglichkeiten und Wünschbarkeiten einer Perfektionierung des Menschen lassen zuweilen vergessen, dass sie stets von Religion, Philosophie, Politik, Gesellschafts- und Naturwissenschaften thematisiert wurden. So sind in der Antike Züchtungsideen auch für den Menschen geäußert worden, das Mittelalter kennt Verbesserungsbestrebungen vor allem im Rahmen von religiösen Anstrengungen, die Verfasser von Utopien operieren oft auch mit Vorstellungen von einer Verwandlung des Menschen (s. Kap. II.11).

In den vergangenen beiden Jahrhunderten waren solche Vorstellungen und Praktiken unter dem Stichwort der ›Eugenik‹ oftmals eng mit gesellschaftspolitischen Großideologien verbunden, während sie gegenwärtig fast ausschließlich im Rahmen individuell anwendbarer und mit informierter Zustimmung versehener Verbesserungspraktiken diskutiert werden. Damit bleiben sie freilich nicht auf die individuelle Ebene begrenzt, sondern besitzen in ihrer Gesamtheit, nicht zuletzt über sozio-ökonomische Begleitumstände, durchaus eine gesellschaftliche Dimension.

Formen der Selbstgestaltung gehören unausweichlich zur *conditio humana*. Auch alltägliche Handlungen wie Bildung, Selbsttechniken im Kontext von Lebensstil und Spiritualität oder systematisches Training im Sport bemühen sich – strenggenommen – um eine Verbesserung bestimmter Eigenschaften des Menschen. Nicht zuletzt können auch Ethiken und religiöse Bemühungen als Mittel zu diesem Zweck verstanden werden.

Begriffsklärungen

In Bezug auf die Perfektionierung des Menschen sind unterschiedliche Möglichkeiten gegeben, deren Begrifflichkeit zuvor geklärt werden muss:

1. Perfektionierung kann als ein umfassendes Programm verstanden werden, das eine neue Gestalt des

Menschen anstrebt. Das Hervorbringen eines neuen Menschen wäre hier die weitestreichende Form des angestrebten Produktes. Für diese – derzeit theoretischen – Vorhaben besteht eine zwingende Bindung an anthropologisch weit ausgreifende Vorstellungen vom Menschen. Diese Vorhaben dürften vermutlich nur im Zusammenhang mit Überschreitungen zahlreicher, derzeit kulturell verankerter Grenzen zu realisieren sein.

2. Perfektionierung kann aber auch als einzelne (oft mit dem Wort ›Optimierung‹ verbundene) Meliorisierung einer einzelnen Eigenschaft oder Möglichkeit des Menschen verstanden werden. Dann geht es um Einzelprogramme oder Einzelprozesse, in denen ein Fortschritt entweder in der Beseitigung eines Defektes oder in der Verbesserung einer Fähigkeit oder von Befähigungen beim Menschen gesucht wird. In diesem Fall kann es auch um Überschreitung bisher wirkender Grenzen gehen, freilich als Einzelheit und im einzelnen, ohne Bindung an weiter reichende Vorstellungen vom Menschen als nur derjenigen, dass der Mensch ›perfektibel‹ etwa im Sinne von entwicklungsfähig sowie im Sinne positiver Einzelheiten änderbar ist.

Bei der Frage nach dem Modus der Umgestaltung ergibt sich überdies ein Spektrum, das von kreativer *Umgestaltung* über *Kompensation* von Defekten, Krankheiten oder Behinderungen bis zu *Überkompensation* von Defekten, Krankheiten oder Behinderungen reicht. Hierbei gilt es jedoch zu berücksichtigen, dass die Orientierungspunkte ›Defekt‹, ›Krankheit‹ oder ›Behinderung‹ keineswegs eindeutig und unveränderlich vorgegeben sind, sondern vor allem an ihren Rändern unscharf sind, überdies wandelbar und ihrerseits ein Spektrum an möglichen Definitionen bieten. Auch die Unterscheidungen zwischen Meliorisierung und Optimierung bzw. Perfektionierung dienen als Markierungspunkte in einem Kontinuum.

Die beiden oben genannten Optionen (1) und (2) sind auf unterschiedliche Weise mit der Frage nach der Verbesserbarkeit bzw. Perfektibilität des Menschen verbunden. Im ersten Fall – bei einem umfassenden Programm zu einer neuen Gestalt des Menschen – entsteht neben der Frage nach den technischen Risiken dieses Vorhabens eine Auseinandersetzung über die fundamentale Frage, ob der Mensch im Ganzen und endgültig ein anderer werden kann und soll und ob es sich bei dem Angestrebten tatsächlich um eine Verbesserung handelt.

Dies schlägt sich z.B. in der Auseinandersetzung zwischen Verheißungs- und Warnutopien oder in der Konkurrenz zwischen unterschiedlichen naturalen und sozialen Teleologien nieder. Eine solche Konkurrenz besteht zudem auf einer anderen Ebene, nämlich zwischen Teleologien überhaupt und einer anti-teleologischen Kultur des ›Imperfekts‹. Eine solche anti-teleologische Kultur im Sinne einer historischen Erfahrung bleibender Imperfektheit vertrat z.B. der Philosoph Michael Landmann mit der These:»die optima sind inkompossibel« (Landmann 1955, 73). Angewandt auf die Biotechnik: Die Verbesserung im Einzelnen führt nicht zur Verbesserung im Ganzen. In der angloamerikanischen ethischen Debatte wird deshalb die Beschränkung auf das Wohl des Einzelnen betont. Verbesserungen im Einzelnen müssen dann im Hinblick auf ihre Folgen und Begleiterscheinungen betreut werden. Zum Beispiel: Werden die Roboter besser, müssen deren Einsatz-Kontrolleure besser werden, ein Argument, das Stephen Hawking für ›enhancement‹ in Feld führt.

Die ›Enhancement‹-Debatte hat zwei philosophische Fraktionen entstehen lassen. Man kann für eine befürwortende Position neben John Harris und Julian Savulescu Allen Buchanan benennen, der keine entscheidende Differenz zwischen »education and other productivity-increasing traditional enhancement« und »biomedical enhancements« sieht, die der Staat aus allgemeinen Interesse fördern sollte (Buchanan 2008). Auf der anderen Seite hat Michael Sandel betont, dass Sicherheitsrisiken und Probleme gerechter Verteilung sowie die Zuordnung von Leistungen zu individuellen Personen moralische Bedenken unterstützen, und er befürchtet, in diesem Punkt nahe bei Jürgen Habermas,»a Promethian aspiration to remake nature, including human nature, to serve our purposes and satisfy our desires« (Sandel 2007, 26). Nicht die Suche nach Perfektion als solche sei jedoch das Problem, sondern die menschliche Disposition, die dabei reklamiert werde. Es geht um den Zweifel daran, dass der historisch als imperfekt erwiesene Mensch mitsamt seiner unleugbaren Kontingenz und Imperfektheit in der Lage ist, den perfekten Menschen hervorbringen, ohne dass diesem Menschen etwas von der imperfekten Ausgangsposition anhaftet. Die Vertreter eines biotechnischen Perfektionismus überschätzen den Menschen. Das ist freilich ein sehr ›dickes‹ Argument, das seinerseits wenig Differenzierung, wenn es um einzelne Fortschritte geht, gestattet. Enhancement-Befürworter fragen aber ihre Kritiker oft: Würden Sie nicht zustimmen, wenn alles, was umgesetzt wird, kontrollierbar, korrigierbar und rückführbar wäre? Aber, so lautet die Gegenfrage, ist das denn erreichbar, wer kann das garantieren? In der Technikfolgenabschätzung gilt ohnehin: ›to expect the unexpected‹. Außerdem: Man soll Probleme nicht so lösen, dass die Probleme, die aus der Problemlösung entstehen, größer sind als die Probleme, die gelöst werden. Mit dieser Regel kann man zwar nicht den Abwägungen im Einzelnen ausweichen, aber sie ist bei jeder Abwägung zu berücksichtigen.

In die ›Enhancement‹-Debatte gehören auch die Auseinandersetzungen zwischen unterschiedlichen Welt- und Menschenbildern im Beziehungsfeld von Natur- und Geisteswissenschaften, sowie eine Diskussion der Fragestellung, ob der Mensch im Ganzen durch den Menschen »vergegenständlicht« (Michel Foucault) werden kann oder gar werden muss (vgl. Jäger 2001).

Im zweiten Fall – der Modifikation von Einzeleigenschaften – sind die Fragestellungen zunächst begrenzter und relativer. So geht es darum, wie ein Fortschritt in einer Defektbegrenzung oder -behebung sowie in der Ermöglichung, Steigerung oder Änderung einer Fähigkeit angesichts eines Verlust- und/oder Risikopotentials zu bewerten ist. Ein Problem wird gestellt, in einen wissenschaftlichen Rahmen gefasst und in diesem Rahmen ›gelöst‹. Doch in der Regel begrenzt sich dieses Vorhaben in seinen Auswirkungen nicht auf einen engen Bereich: Es bringt spätestens, sobald der Rahmen oder Horizont erweitert wird, auch neue Probleme – nicht nur technische – mit sich, ebenso wie es neue Felder durch Fortschritt nicht nur in der positiven Kenntnis oder Anwendung, sondern auch in der Nichtwissenskenntnis und in der Kenntnis von ambivalenten Folgen erschließt. Es darf für den zweiten Fall auch nicht übersehen werden, dass mit konsequenter und mehrfacher Verfolgung von Einzelzielen die Grenze zum ersten Fall überschritten werden kann.

So einfach es erscheint, von einer ›Verbesserung‹ des Menschen zu sprechen, so schwierig erweist es sich bei genauer Betrachtung, diese Vorgabe mit Inhalt zu füllen bzw. – noch öfter – die Entscheidung an den Patienten zu delegieren: Sofern man davon ausgeht, dass in den gegenwärtigen biomedizinischen Bemühungen grob gesprochen eine Tendenz von der *Therapie* zur *transindividuellen Optimierung* zu finden ist, eröffnet sich die Frage nach den Zielvorgaben. Sloterdijk sucht einen Ausweg in einem Prozess, den er »auto-operative Krümmung des Subjekts« nennt: So besteht die ethisch anzuerkennende

zeitgenössische Leistung darin, dass der Einzelne »sich operiert« und damit perfektioniert, indem er seine Entscheidungskompetenz wahrnimmt, »sich operieren zu lassen« (vgl. Sloterdijk 2009, 590); damit ist die Entscheidung für einen Eingriff zugleich eine delegierte Eigenleistung.

Perfektionierung kann also als umfassendes und fundamentales Programm verstanden werden, das eine Endgestalt in der Form der Allseitigkeit anstrebt. Das Hervorbringen eines neuen Menschen wäre hier die kompletteste Form des angestrebten Produktes. Dieser Begriff ist mit einer totalen Objektivierung des Menschen durch den Menschen verbunden. Er setzt ein teleologisches Welt- und Menschenbild voraus, das entweder vorgegeben ist, so dass es der Mensch nachvollzieht, oder das vom Menschen gesetzt wird, indem er die ihm bisher von ›Natur‹ oder ›Tradition‹ (›Evolution‹?) usw. gesetzten Grenzen überschreitet. An einem Denkspruch am Eingang des US-Nationalmuseums in Washington wird dies deutlich: »Der Mensch ist bestimmt, den Menschen zu schaffen«.

Perfektionierung und Perfektibilität des Menschen

Die beiden Spuren, die bisher unterschieden wurden, wirken sich auch auf eine Unterscheidung im Begriff der ›Perfektibilität‹ des Menschen aus: Inwiefern und inwieweit kann der Mensch überhaupt ›vollkommen‹ oder ›perfekt‹ werden? Fundamentale und relative Problematiken sind durch Begriffe ›der perfekte Mensch‹ auf der einen Seite und ›der im Einzelnen fortschreitende, also singulär perfektible Mensch‹ auf der anderen Seite gekennzeichnet. Die Quer- und Gegenmodelle sind ebenfalls fundamentaler oder relativer Art. Der Unterschied zwischen biowissenschaftlich initiierten und skeptischen Menschenbildern besteht darin, dass seitens der letzteren philosophisch und theologisch vor allem gefragt wird, *woraus* der Mensch seine Perfektibilität bezieht, während in der neuzeitlichen Wissensgesellschaft vor allem gefragt wird, *woraufhin* der Mensch zu optimieren wäre.

Historisch gesehen, ist dieser Wechsel im *Novum Organon* von Francis Bacon greifbar. Das Woraufhin erhielt den Vorzug vor dem Woraus, indem das ›Neue‹ wichtiger wurde als das Alte, das Alte wichtig blieb, insofern es Neues vorbereitete. Daraus resultiert, was H.M. Sass den »Fortschritt ohne moralischen Rückwärtsgang« nannte (Sass 1989). Ethische

Fragen in diesem Spannungskreis könnten sich auf folgende Felder beziehen:

- auf die ›Operabilität‹ des Menschen: Die *condition humaine* wird nicht als auferlegte Natur, sondern als Fähigkeit zur Selbstüberschreitung gesehen;
- auf die Individualisierung einer Ethik des guten Lebens in Abhebung von der normativen Ethik und vom Recht;
- auf die Transparenz von Wissen und mit dem Wissensfortschritt zugleich fortschreitender Nichtwissenskenntnis;
- auf die Reichweiten, Folgen, Ungewissheiten und Revidierbarkeit von Veränderungen;
- auf die Einsicht, dass es immer der ›alte‹ Mensch ist, der seine Begrenzung überwinden will, der aber gerade dabei als Planender der ›alte‹ bleibt;
- auf den Unterschied zwischen dem Ideal des guten Lebens im Ganzen oder in der Fülle und der Vereinzelung der Perfektionierungsfortschritte, etwa in der Biotechnik oder in der digitalen Kommunikation.

Die Entwicklung der Philosophie des ›guten Lebens‹ reicht über das religiöse Streben nach Perfektion bis zur heutigen Frage nach dem Glück durch Lebenskunst (s. Kap. VI.10). Mit einem Blick in die Geistesgeschichte kann man fragen: Sind die Typen historischer Modelle religiöser *perfectio* Vorzeichnungen transhumaner Perfektionierungsmodelle im Kontext neuer Technologien? Die Antwort auf diese Frage ist, dass moderne Perfektion in der sehr unterschiedlichen Wahl (*choice*) des Einzelnen zu erfolgen scheint. Gerade deshalb wendet sich ja das Glücksstreben der Lebenskunst zu und trägt dabei *Religion im Erbe*.

Es gibt also Konkurrenzen zwischen Modellen der Perfektionierung in christlich-religiöser vorneuzeitlicher Tradition und den heutigen wissenschaftsgestützten Perfektionierungsmodellen. Solche Perfektionierungsmodelle tauchen heute begleitend zu technologischen Fortschrittsschüben u.a. in der Philosophie des sog. Transhumanismus auf, der mit der Neuschöpfung des Menschen durch den Menschen rechnet. Auf der Basis der Analyse historischer Modelle religiöser Perfektion (z.B. der Stufenlehren zur Vollkommenheit und der Lehre vom ›Durchbruch‹ zum neuen Menschen) ist zu untersuchen, in welcher Beziehung humanistische und aufklärerische Modelle am Beginn der Neuzeit zu vorneuzeitlichen Modellen stehen: Fortsetzung mit anderen Mitteln, Ähnlichkeit und Unähnlichkeit zugleich, sich ausschließende Gegensätze? Die Typisierung sowohl der vorneuzeitlichen, als auch der humanistisch-aufklärerischen und der gegenwärtig technikbegleitenden Modelle steht bisher noch aus (vgl. Passmore 1970).

Nikolaus von Kues (1401–1464) wird häufig als ein früher Wegbereiter der neuzeitlichen Perfektibilitätsvisionen gelesen, insbesondere als Vorläufer der Leibnizschen Philosophie und der von Leibniz und Newton als Perfektionsmodell entwickelten Integralrechnung. Neuere Arbeiten zur cusanischen Philosophie der Mathematik weisen indes nach, dass Nikolaus von Kues den Gedanken unbegrenzter Perfektionierbarkeit mit einem rationalitätskritischen Vorbehalt verbindet (vgl. Hoff 2007). Die für die moderne Perfektibilitätsidee seit Leibniz charakteristische Idee eines kontinuierlichen Übergangs zwischen differenten Größen bleibt allein Gott vorbehalten, von dem – im Unterschied zu den Gegenständen rationaler Wissenschaften – nur in symbolischer Weise gesprochen werden kann. Die Idee der Vollkommenheit lässt sich nicht in die Sprache der exakten Wissenschaften übersetzen. Dieser Vorbehalt ergibt sich bei Cusanus nicht aus metaphysischen, sondern aus wissenschaftstheoretischen Gründen.

Die Genese des neuzeitlichen Perfektibilitätsgedankens lässt sich vor diesem Hintergrund nicht mehr als eine zwingende Konsequenz eines kontinuierlichen abendländischen Wissenschaftsideals deuten. Die Erforschung der historischen Grundlagen einer Wissenschaftskonzeption, die in den vermeintlich religiösen Diskursen der Spätmoderne wiederbelebt wird, erlaubt es, die Tendenz zu einer Überfrachtung naturwissenschaftlicher Sprachspiele mit quasi-religiösen Sinnerwartungen und mit bio-philosophischen Gedankenspielen zu unterlaufen. Auf der anderen Seite sind auf Lebenskunst gestützte Glücksmodelle mit der Frage nach der Kontingenz und mit der der darüber hinausgehenden Frage nach der Endlichkeit des Menschen zu konfrontieren (vgl. Kersting 2006).

Literatur

Buchanan, Allen: Enhancement and the Ethics of Development. In: Kennedy Institute of Ethics Journal 18 (2008), 1–34.
- / Dan W. Brock/Norman Daniels/Daniel Wikler: From Chance to Choice: Genetics and Justice. Cambridge 2001.

Fukuyama, Francis: Our Posthuman Future. Consequences of the Biotechnology Revolution. New York 2002 (dt.: Das Ende des Menschen. München 2004).

Gräfrath, Bernd: Es fällt nicht leicht, ein Gott zu sein. Ethik für Weltenschöpfer von Leibniz bis Lem. München 1998.

Habermas, Jürgen: Die Zukunft der menschlichen Natur. Auf dem Weg zu einer liberalen Eugenik? Frankfurt a. M. 2001.

Hoff, Johannes: Kontingenz, Berührung, Überschreitung. Zur philosophischen Mystik nach Nikolaus von Kues. Freiburg/München 2007.

Horn, Christoph: Antike und Lebenskunst. München 2001.

Jäger, Siegfried: Dispositiv. In: Marcus S. Kleiner (Hg.): Michel Foucault. Eine Einführung in sein Denken. Frankfurt a. M./New York 2001, 72–89.

Kersting, Wolfgang (Hg.): Kritik der Lebenskunst. Frankfurt a. M. 2006.

Krüger, Oliver/Sariönder, Refika/Deschner, Annette (Hg.): Mythen der Kreativität. Das schöpferische zwischen Innovation und Hybris. Frankfurt a. M. 2003.

Landmann, Michael: Philosophische Anthropologie. Berlin 1955.

–: Was ist Philosophie? Bonn ⁴1984.

Lang, Bernhard: Glück. In: Neues Handbuch Theologischer Grundbegriffe. Neuausgabe (Hg. Peter Eicher). München 2005, 40–50.

Mieth, Dietmar: Was wollen wir können? Ethik im Zeitalter der Biotechnik. Freiburg/Wien 2002.

–: Meister Eckhart. Mystik und Lebenskunst. Düsseldorf 2004.

–: Die Sehnsucht nach dem Leben ohne Leiden. Ein Recht auf Nichtleiden? In: Konrad Hilpert/Dietmar Mieth (Hg.): Kriterien biomedizinischer Ethik. Freiburg/Basel/Wien 2006, 133–157.

Passmore, John: The Perfectibility of Man. New York 1970.

Possenti, Vittorio: Die Natur des Menschen ändern? Die Biotechnologie und die anthropologische Frage. In: Thomas S. Hoffmann/Walter Schweidler (Hg.): Normkultur vs. Nutzenkultur. Berlin 2006, 471–506.

Sandel, Michael: The Case against Perfection. In: The Atlantic Monthly April (2004) (http://theatlantic.com.issues/2004/04/sandel.htm).

–: The Case against Perfection: Ethics in the Age of Genetic Engeneering. Cambridge, MA/London 2007.

Sass, Hans-Martin: Medizin und Ethik. Stuttgart 1989.

Sloterdijk, Peter: Du sollst dein Leben ändern. Frankfurt a. M. 2009.

Wieland, Georg: The Perfection of Man. On the Case, Mutability, and Permanence of Human Happiness in 13th Century Commentaries on the Ethica Nicomachia. In: Gianfranco Fioravanti u. a. (Hg.): Il commento filosofico nell'occidente latino. Turnhout 2002, 359–377.

Dietmar Mieth

3. Glück in den Neurowissenschaften. Was zeigen bildgebende Verfahren?

Im Zuge der gesellschaftlichen Veränderungen zu Beginn der 1960er Jahre hielt die ›Glücksfrage‹ Einzug in die Psychologie. In den letzten beiden Jahrzehnten fand dann eine Vermählung zwischen Psychologie und Neurowissenschaften statt. Das Feld der sozialen und der »affektiven Neurowissenschaften« (Dalgleish u.a. 2009) war geboren, und mit ihm die Frage, ob sich das erlebte menschliche Glück in neuronale Aktivierungsmuster des menschlichen Gehirns übersetzen lässt. Was können die Neurowissenschaften zum Verständnis des Glücks beitragen? Um dieser Frage auf den Grund zu gehen, sollen zunächst die neurowissenschaftlichen Methoden beleuchtet werden.

Möglichkeiten und Grenzen neurowissenschaftlicher Methoden

Generell ist zu sagen, dass neurowissenschaftliche Methoden entweder Orte neuronaler Aktivierung im Gehirn lokalisieren (sie fragen, *wo* sich die neuronale Entsprechung eines bestimmten Ereignisses im Gehirn befindet) oder den zeitlichen Verlauf solcher neuronalen Aktivierungen bestimmen (sie fragen, *wann* eine neuronale Aktivierung nach einem bestimmten Ereignis auftritt). Bei allen Verfahren wird über die Aktivität verschiedener Messzeitpunkte gemittelt, d.h. man braucht viele verschiedene Ereignisse (engl. *trials*), die in gleicher Art einen Ereignistyp repräsentieren (z.B. Präsentation verschiedener Bilder, die alle einen Glückszustand hervorrufen). Die Aneinanderreihung dieser verschiedenen Ereignisse, z.B. der glücksinduzierenden Bilder, wird als *experimentelle Bedingung* bezeichnet.

Räumliche wie zeitliche neuronale Veränderungen in Reaktion auf ein Ereignis werden als *Korrelate* bezeichnet. Sie geben Aufschluss darüber, ob eine bestimmte Hirnregion mit der Verarbeitung des Ereignisses in Verbindung steht und wann dies geschieht, können jedoch keine direkten Aussagen darüber machen, *wie* ein bestimmter Zustand (z.B. glücklich sein) erzeugt wird. Die räumliche Lokalisation basiert auf Koordinaten, die die Lage der Aktivierung im drei-dimensionalen Raum des Gehirns beschreiben und die dann auf einen neuroanatomi-

schen Atlas übertragen werden (meist wird der »Talairach-Atlas« verwendet, Talairach/Tournoux 1993).

Angefangen haben solche Untersuchungen mit *Läsionsstudien*. Läsionen sind Verletzungen des Gehirns. Ihre häufigste Ursache beim Menschen sind Unfälle (z.B. Aufprallen des Kopfes beim Sturz), Schlaganfälle (bei denen die Blutversorgung bestimmter Hirnareale vermindert oder unterbrochen ist) und Hirnoperationen (z.B. bei schweren Fällen von Epilepsie). In Tierexperimenten werden Läsionen auch gezielt operativ erzeugt. Ein frühes Beispiel war die Arbeit von Paul Broca (1824–1880). Er berichtete über zwei Patienten, die plötzlich die Fähigkeit zu sprechen verloren hatten. Eine Obduktion beider Hirne nach deren Tod zeigte eine Verletzung in einem spezifischen Teil des Gehirn, der »Broca's area«, die als Sitz des Sprachzentrums im Gehirn angesehen wurde.

Noch heute ist der Wert von Läsionsstudien unumstritten. Der Ausfall einer Funktion (z.B. das plötzliche Fehlen der Fähigkeit, positive Emotionen zu empfinden) nach Ausfall einer bestimmten Hirnregion gilt als starker Hinweis darauf, dass die entsprechende Hirnregion ein essentielles Korrelat dieser Funktion ist. Allerdings sind Läsionsstudien beim Menschen nur beschränkt durchführbar, da Läsionen nur selten auf eine einzige Hirnregion beschränkt sind. Wenn weitere Strukturen in Mitleidenschaft gezogen wurden, können keine genauen Aussagen über die Funktion einer Hirnregion getroffen werden. Zudem ist es schwierig, eine genügende Anzahl von Patienten mit hinreichend ähnlichen Läsionen zu rekrutieren, die für die Anwendung valider statistischer Verfahren notwendig ist (vgl. Hein/Knight 2008).

Neuerdings werden Läsionsstudien mit anderen Lokalisationsmethoden, etwa der funktionellen Magnetresonanztomographie (fMRT), ergänzt. Weil sich deren Ergebnisse in Bildern von Gehirnen mit »Aktivierungsblobs« auf intuitive Art darstellen lassen, werden sie gern von den Medien aufgegriffen. Allerdings erfordert das Lesen und Interpretieren von fMRT-Aktivierungen genaueste Kenntnisse über die Methodik und über den Aufbau des Gehirns. Dem wird in populärwissenschaftlichen Abhandlungen nicht immer Rechnung getragen, was zu Überinterpretationen der Aussagekraft solcher Studien geführt hat (zur Kritik vgl. Gehring 2004).

Ein fMRT-Scanner erzeugt ein starkes Magnetfeld, was es erlaubt, aktivierte Hirnregionen, in denen das

Blut mit Sauerstoff gebunden ist, von nicht aktivierten Regionen zu unterscheiden (für Details vgl. Cabeza/Kingstone 2001). Erst nach der Auswertung dieser fMRT-Daten mit elaborierten statistischen Verfahren kann die Aktivierung visuell dargestellt werden. FMRT erlaubt also keine direkte Messung neuronaler Aktivität. Auf den Aktivierungsgrad bestimmter Hirnareale wird aus Veränderungen in Blutfluss und Oxygenierung *geschlossen*, und die Aktivierung in einem Hirnareal wird in einer experimentellen Bedingung immer *relativ* zu einer geringeren Aktivierung in einer anderen Bedingung, z. B. einer Ruhephase (»baseline«) bestimmt. FMRT ist damit zwar gut geeignet, Kontraste zwischen A und B zu messen, Aussagen über A oder B allein sind jedoch nur schwer interpretierbar. Erschwerend kommt hinzu, dass das fMRT-Signal die neuronale Aktivierung in einer bestimmten Situation nicht in »Echtzeit« aufzeichnen kann. Nach dem auslösenden Ereignis dauert es etwa 6 Sekunden, bis sich eine Signaländerung zeigt – eine lange Zeit für unser Gehirn, welches verschiedene Informationen im Millisekunden-Bereich verarbeitet. Gefühltes oder Wahrgenommenes wird also wie in Zeitlupe aufgezeichnet und im gemessenen Signal können sich verschiedene Zustände überlagern.

Dieser Nachteil lässt sich durch die Verwendung komplementärer Methoden wie der Elektroenzephalografie (EEG) umgehen. EEG basiert auf der Aufzeichnung von Spannungsschwankungen an der Kopfoberfläche, die durch elektrische Zustandsänderungen (Potentiale) der Hirnzellen verursacht werden, wenn diese aktiviert sind. Die *Summe* der Potentiale wird aufgezeichnet und gibt Auskunft darüber, wie Information im Gehirn weitergeleitet wird, und zwar im Millisekunden-Bereich. Im Gegensatz zu fMRT ist das EEG-Signal zeitlich sehr präzise. Allerdings ist die Lokalisierung der neuronalen Aktivität schwierig, was mit fMRT wiederum hervorragend gelingt. Ein Vorgänger von fMRT ist das Verfahren der Positron-Emissions-Tomographie (PET), bei der leicht radioaktive Substanzen injiziert werden, die es erlauben, Stoffwechselprozesse im Gehirn sichtbar zu machen. Die Lokalisation neuronaler Aktivität ist dabei nicht so gut möglich wie bei fMRT, aber besser als bei EEG.

Alle diese neurowissenschaftlichen Methoden erfordern gewitzte Experimente und einen großen statistischen Aufwand, bevor sich überhaupt Hirnaktivierungen erkennen und deuten lassen. Man kann nicht ›mal eben nachsehen was im Gehirn passiert‹,

zumindest nicht, wenn man an interpretierbaren Resultaten interessiert ist.

Neurowissenschaftliche Studien zum Glück

Glück ist eines der komplexesten Zustände im Repertoire menschlicher Gefühle. Es bleibt eine Herausforderung, es im experimentell kontrollierten Rahmen messbar zu machen (s. Kap. VIII.6). Ein Problem ist z. B. die Verzerrung der menschlichen Wahrnehmung durch einen *Negativitätsbias* (Taylor 1991; Caciopppo/Gardner 1999): Unser Organismus reagiert wesentlich stärker auf negative als auf positive Ereignisse – vielleicht aufgrund der evolutionären Notwendigkeit, Gefahren zu vermeiden (die Kosten, umsonst davon zu laufen, sind wesentlich geringer als die Kosten, eine Gefahr zu unterschätzen). Dennoch wurden in den letzten Jahren interessante Erkenntnisse gewonnen, die zum Verständnis des menschlichen Glücks beitragen können.

Dabei kristallisieren sich einige Hirnregionen heraus, denen eine besonders wichtige Rolle zukommt. Zum einen sind dies sogenannte subkortikale Hirnregionen (subkortikal, weil tief unter der Kortexrinde liegend) wie der Nucleus accumbens, ein Teil des ventralen Striatums, und das ventrale Tegmentum (Burgdorf/Panksepp 2006). Ebenfalls tief unter dem Kortex verborgen liegt die Amygdala, eine Gruppe von Kernen (*nuclei*), die zum limbischen System gehören (s. Kap. VIII.4). An der Verarbeitung von positiven Emotionen beteiligt sind auch zur Hirnrinde (Kortex) gehörende Strukturen. Eine besondere Bedeutung kommt hier Subregionen des Frontallappens zu, wie z. B. dem präfronalen und dem orbitofrontalen Kortex. All diese Hirnregionen sind auf komplexe Art miteinander verbunden. Dies ist nur eine Auswahl relevanter Strukturen – für eine erschöpfende Diskussion sei auf die Fachliteratur verwiesen.

Belohnung in den subkortikalen Tiefen des Gehirns: Der Nucleus accumbens

In letzter Zeit erlangte vor allem der Nucleus accumbens Berühmtheit als das »Belohnungszentrum« des Gehirns. Kann eine Aktivierung dieser Hirnregion tatsächlich mit Glück in Verbindung gebracht werden – und falls ja, mit welcher Art von Glück?

Nachweisen lässt sich eine neuronale Aktivierung im Nucleus accumbens im Kontext von Belohnungen verschiedenster Art. Frühe Studien zeigten eine

Aktivierung dieser Hirnregion bei monetärer Belohnung im Vergleich zu Bestrafung (Knutson u.a. 2001a und b). Dabei war die Aktivierung am stärksten, wenn die Probanden die Belohnung *erwarteten*, und nahm wieder ab, wenn sie die Belohnung tatsächlich *erhielten*. Doch nicht nur Geld, sondern auch das Hören eines Lieblingsmusikstückes (Blood/Zatorre 2001) oder das Einschätzen der Attraktivität junger Frauen durch heterosexuelle Männer (Aharon u.a. 2001) löste subkortikale Aktivität aus. Darüber hinaus wurde gezeigt, dass das ventrale Striatum auch dann aktiv ist, wenn Männer im PET-Scanner sexuell erregende Bilder sahen (Redouté u.a. 2000). Sogar wenn Männer von ihrer Partnerin zur Ejakulation gebracht wurden, zeigte sich unter anderem verstärkte Aktivierung im ventralen Tegmentum, einer anderen subkortikalen Struktur, die eng mit dem Nucleus accumbens in Verbindung steht (Holstege u.a. 2003).

Noch bevor sie mit PET und fMRT im beim Menschen untersucht wurden, waren diese subkortikalen Areale bereits aus Studien an Ratten bekannt, denen euphorisierende Drogen verabreicht wurden. Wurde Ratten zum Beispiel Morphin in das ventrale Striatum injiziert, entwickelten sie eine Präferenz für den Ort, an dem dies geschah (Olmstead/Franklin 1997; Terashvili u.a. 2004). Eine Injektion von Kokain in das ventrale Striatum und den frontalen Kortex hatte zur Folge, dass die Tiere sich im Anschluss diese Substanzen selbst verabreichten (Goeders/Smith 1993). Ähnliches wurde bei Alkohol und Nikotin beobachtet, aber wiederum nur, wenn es in subkortikale Hirnregionen (das ventrale Tegmentum) der Ratten injiziert wurde (Laviolette/van der Kooy 2003; Rodd u.a. 2004). Solche Befunde legen nahe, dass diese subkortikalen Regionen maßgeblich daran beteiligt sind, ein Ereignis (hier die Gabe einer Substanz) mit einer zu erwartenden Belohnung zu assoziieren.

Die neurophysiologischen Prozesse, die dieser Funktion zugrunde liegen, stehen eng mit dem Neurotransmitter Dopamin in Verbindung, der in subkortikalen Hirnregionen gebildet wird und der im ventralen Striatum, aber auch im ventralen Tegmentum gehäuft auftritt. Im Einklang mit den oben zitierten Studien (z.B. Knutson u.a. 2001a und b) zeigte sich, dass die Ausschüttung von Dopamin mit der *Erwartung* von Belohnung, nicht aber mit der Belohnung selbst assoziiert ist (Schultz 2000, 2010). Dies ist eine wichtige Erkenntnis, gerade wenn es um das Verstehen von Glücksgefühlen geht, die durch Drogen verursacht werden. Viele Drogen setzen am

Dopaminstoffwechsel des Gehirns an. Kokain etwa blockiert den Abbau von Dopamin, d.h. es erhöht die Dopaminkonzentration (z.B. Volkow u.a. 1997). Alkohol führt unter anderem zur verstärkten Ausschüttung von Dopamin im Nucleus accumbens (Boileau u.a. 2003). Im Lichte der Erkenntnisse zur Wirkweise von Dopamin ist davon auszugehen, dass der durch den Drogenrausch hervorgerufene Glückszustand der freudigen Erwartung imaginierter Belohnungen ähnelt, also dem Gefühl, dass die Welt Belohnungen bereithält (auch wenn diese Erwartung gar nicht realistisch ist). Auf diese Weise lassen sich vielleicht die z.T. grandiosen Selbstüberschätzungen im Drogenrausch verständlich machen.

Die bisher aufgeführten Ergebnisse sind ambivalent: Einerseits legen sie nahe, dass subkortikale Aktivierungen, hervorgerufen durch Geld, Sex und Drogen, vor allem mit *hedonistischem* Glück assoziiert sind. Andererseits deuten sie darauf hin, dass die durch Dopamin vermittelte Aktivierung dieser Regionen nicht die Belohnung selbst repräsentiert, sondern eher die *Antizipation* eines positiven Ereignisses. Dies ist kaum mit dem hedonistischen Glücksbegriff (s. Kap. II.3, III.3, V.1, VI.9, VIII.7, VIII.9) vereinbar, der den unmittelbaren Moment der Lust in den Vordergrund stellt.

Neuere fMRT-Studien zeigten außerdem, dass das ventrale Striatum auch in Situationen aktiviert wird, die *nicht* mit Geld oder primären Belohnungen wie Sex assoziiert sind, sondern als sozial belohnend angesehen werden. So zeigten Probanden verstärkte Nucleus accumbens-Aktivität, wenn sie mit einer Person interagierten, die sich in der Vergangenheit fair verhielt, d.h. die eine Reputation für Fairness hatte (Phan u.a. 2010). Erhöhte Nucleus accumbens-Aktivierung wurde auch dann gefunden, wenn beobachtet wurde, wie einem Mitglied einer ungeliebten sozialen Gruppe (Hein u.a. 2010) oder jemandem, der sich unfair verhalten hatte (Singer u.a. 2006), Schmerz zugefügt wurde. Ähnliches wurde beobachtet, wenn einer als überlegen angesehenen Person ein Missgeschick passierte – dieses Ergebnis wurde im Sinne der »Schadenfreude« interpretiert (Takahashi u.a. 2009). Eine weitere Studie zeigte erhöhte Aktivierung im Nucleus accumbens, wenn Probanden freiwillig Geld für einen wohltätigen Zweck spendeten, im Vergleich zu einer Situation, in der sie aufgrund von Steuern dieselbe Geldmenge für wohltätige Zwecke abführen mussten (Harbaugh u.a. 2007). Diese Befunde weisen darauf hin, dass sich der Nucleus accumbens nicht auf ein kurzfristiges hedonistisches Lustempfinden reduzieren lässt, sondern auch in die Evaluation sozial relevanter Handlungen involviert ist.

Unglück im Kontrast zum Glück: Die Amygdala

Aristipp wies bereits im 4. Jahrhundert v. Chr. darauf hin, dass sich Glück über Kontraste definiert. Glück ist demnach nicht Wohlbefinden per se, sondern Wohlbefinden im Kontrast zu Unglück, Angst oder Schmerz. Negative Emotionen wie Angst werden bevorzugt in der Amygdala verarbeitet, einem Teil des limbischen Systems, der auch als Mandelkern bekannt ist. Sie steht eng mit dem Erlernen negativer Assoziationen in Verbindung, z. B. mit dem Wissen, dass ein bestimmtes Ereignis, ein Geruch, eine Melodie, eine bestimmte Person »Unglück bringt«, z. B. Schmerz nach sich zieht (LeDoux 1996).

Daneben scheint die Amygdala maßgeblich in das Erkennen von negativen Emotionen wie Angst *bei anderen* involviert zu sein. So zeigten Patienten mit Läsionen der Amygdala in beiden Gehirnhälften eine Beeinträchtigung beim Erkennen ängstlicher Gesichtsausdrücke (Adolphs u. a. 1996; Adolphs 2008; Calder u. a. 1996). Eine ähnliche Einschränkung zeigte sich auch beim Erkennen von Ärger oder Angst in den Stimmen anderer Personen (Scott u. a. 1997). Solche Patienten schätzten unbekannte Personen als vertrauenswürdiger ein und näherten sich ihnen eher als Personen mit einer intakten Amygdala (Adolphs u. a. 1998). Ohne Amygdala stellt sich die Welt also in einem positiveren Licht dar: Eventuelle negative Konsequenzen einer Begegnung mit anderen werden nicht in Betracht gezogen. (Ein fragwürdiges, weil unrealistisches ›Glück‹.)

Diese Befunde wurden in neueren fMRT-Studien bestätigt, die gleichzeitig die Wirkung des Neuropeptids Oxytocin untersuchten. Probanden, die Oxytocin einatmeten, zeigten eine geringere Aktivierung der Amygdala als Personen, die eine Placebo-Substanz bekamen (vgl. Kirsch u. a. 2005). Personen, die Oxytocin einatmeten (also eine geringere Aktivierung der Amygdala zeigten), waren eher bereit, anderen zu vertrauen, selbst wenn diese Personen sie vorher unfair behandelt hatten (Baumgartner u. a. 2008). Im Einklang mit den oben zitierten Studien weist dies darauf hin, dass bei einer Unterfunktion der Amygdala die Relevanz (Salienz) negativer Reize abnimmt. Der Kontrast zwischen Glück und Unglück wird schwächer.

Andere Modelle postulieren, dass die Amygdala durch schwer einzuordnende (engl. *ambigue*) Ereignisse aktiviert wird, die Handlungsbedarf signalisieren, da sie potentiell gefährlich sein könnten (Davis/Whalen 2001; Adolphs 2008). Allgemein wird angenommen, dass ein geringer Aktivierungslevel der Amygdala mit subjektivem Wohlbefinden einhergeht (Davidson 2004), während eine verstärkte Aktivität dieser Hirnregion eine der neuronalen Entsprechungen von ›subjektivem Unglück‹ sein könnte, also den Kontrast der Glücksmomente intensiver macht.

Erinnern und Bewerten von Glücksmomenten: Der Frontallappen

Einen großen Teil des menschlichen Kortex nimmt der Frontallappen ein. Er ist in verschiedene Subregionen untergliedert, denen unterschiedliche Funktionen zugeschrieben werden. Eine bedeutende Subregion ist der präfrontale Kortex, eine andere der orbitofrontale Kortex. Der dorsale Teil des präfontalen Kortex (dorsal meint oben; als allgemeiner anatomischer Begriff bezieht er sich auf die Anatomie vierbeiniger Tiere und bedeutet »rückenwärts«) wird mit Gedächtnisfunktionen in Verbindung gebracht, z. B. dem Erinnern positiver oder negativer Zustände (Watanabe 1996). Läsionen in diesem Teil des Gehirns verschlechtern die Fähigkeit, emotionale Konsequenzen zukünftiger Ereignisse einzuschätzen. Man kann nicht mehr einschätzen, welche Handlungen in der Zukunft glücklich oder unglücklich machen könnten, und ist daher unfähig, seine Handlungen daran zu orientieren. (Interessanterweise ist die Reaktion auf unmittelbare Belohnung und Bestrafung nicht beeinträchtigt, da diese wie oben diskutiert hauptsächlich von subkortikalen Arealen verarbeitet wird.)

Eine Hauptfunktion des orbitofrontalen Kortex besteht in der Bewertung von Ereignissen und Zuständen. Studien aus dem Bereich der Neuroökonomie zeigen, dass der subjektive Wert, der z. B. einer Süßigkeit beigemessen wird, sich in der Aktivierung dieser Hirnregion niederschlägt (Rangel/Hare 2010; Rangel u. a. 2008). Somit kommt ihre Funktion dem subjektiven Glücksempfinden am nächsten: Eine Aktivierung in dieser Region spiegelt wider, wie viel Wert jemand einem bestimmten Ereignis beimisst, ob ihn oder sie eine bestimmte Süßigkeit glücklicher macht als eine andere etc.

Weiterhin konnte gezeigt werden, dass der orbitofrontale Kortex maßgeblich daran beteiligt ist, den Wert eines Ereignisses zu aktualisieren, d.h. einmal gelernte Assoziationen zwischen einem Ereignis und einer Belohnung wieder zu *tilgen*, wenn diese sich als nicht gültig oder gar schädlich erweisen (Rolls 1999; Beer u.a. 2003). Das Aufrechterhalten einer positiven Stimmung auch nur während eines einzigen Tages erfordert eine ständige Aktualisierung der Assoziationen zwischen einem Ereignis und dessen Konsequenzen. Bei Patienten mit Läsionen in dieser Hirnregion findet dieses Neulernen nicht statt. Sie halten an alten Gewohnheiten fest, selbst wenn diese durch geänderte Umstände vielleicht extrem negative Folgen haben. Es ist unschwer zu erkennen, dass dies fatale Folgen für die Regulation positiver und negativer Emotionen hat. Der Weg, den jemand zur Arbeit nimmt, mag lange der schnellste gewesen sein; innerhalb weniger Stunden kann die Straße jedoch gesperrt sein, womit die vormals positiven Assoziationen mit dieser Route dann nicht mehr gültig sind. Nur wenn es gelingt, diese zu überschreiben und sich für eine andere Route zu entscheiden, entgeht man dem ›Unglück‹, stundenlang im Stau zu stehen. Dieses glücksrelevante Überschreiben von Assoziationen zum Zweck der Aufrechterhaltung des Wohlbefindens kann als eine Funktion des orbitofrontalen Kortex angesehen werden.

Glücklich durch das Glück anderer: Das empathische Gehirn

Die bisher beschriebenen Befunde behandeln die Verarbeitung von positiven Ereignissen, die einem selbst widerfahren. Der Mensch ist jedoch ein soziales Wesen. »No man is an island« stellte bereits der Poet John Donne fest (1624, XVII. Meditation). Unsere Gefühle werden nachhaltig vom Leid und Glück anderer beeinflusst. Doch wie verarbeitet unser Gehirn das Glück anderer? Und kann sich das Glück anderer auf unser neuronales System übertragen?

Erste Befunde, die nahelegten, dass das Primatengehirn unmittelbar auf den Einfluss anderer reagiert, kamen aus motorischen Studien an Affen. Den Affen wurden Elektroden ins Hirn implantiert, um die Aktivität einzelner Neurone (Nervenzellen) zu messen (Rizzolatti/Craighero 2004; vgl. Iacoboni/Dapretto 2006). Es zeigte sich, dass das Beobachten von Bewegungen ähnliche Neurone aktiviert, die aktiv sind, wenn sich ein Affe selbst bewegt. Diese Neurone wurden fortan »Spiegelneurone« (*mirror neurons*) genannt. Es folgten eine Vielzahl von Studien mit dem Ziel, Spiegelneurone auch beim Menschen nachzuweisen, auch unter Anwendung von fMRT. Die Ergebnisse zeigten vor allem Aktivierungen im frontalen und parietalen Kortex, z.B. wenn Probanden eine Bewegung sahen oder diese imitierten (besprochen in Rizzolatti/Craighero 2004).

Die Existenz und Funktion des »Spiegelneuron-Systems« beim Menschen ist bis heute Gegenstand heftiger Debatten. Für manche Wissenschaftler sind Spiegelneurone die Grundlage des Verstehens anderer überhaupt (Iacoboni/Dapretto 2006). Andere bezweifeln, dass sie beim Menschen überhaupt existieren (z.B. Lingnau u.a. 2009; Grafton 2009). Eine Zwischenposition postuliert, dass Spiegelneurone eine wichtige Funktion für das Verstehen von *Bewegungen* anderer haben, aber nicht unbedingt für das Verstehen von *Emotionen* (besprochen in Singer/Hein 2011). Dies wird von Befunden gestützt, die distinkte neuronale Aktivierungen zeigten, je nachdem ob sich der Proband auf die Bewegung der Gesichtsmuskulatur eines anderen oder auf die emotionale Bedeutung des Gesichtsausdrucks konzentrierte (Jabbi/Keysers 2008). Der Fokus auf Gesichtsmotorik führte zu Aktivierungen in frontalen und parietalen Hirnarealen, in denen auch beim Menschen Neurone mit »Spiegelfunktion« vermutet werden. Dagegen wurden beim Versuch, die Emotionen der anderen Person zu entschlüsseln, Hirnregionen aktiviert, die mit dem Verarbeiten eigener Emotionen in Verbindung stehen und in denen bislang keine Spiegelneurone nachgewiesen werden konnten.

Dies legt nahe, dass Spiegelneurone allein nicht ausreichen, um die Emotionen anderer zu erschließen. Sie werden wahrscheinlich parallel mit anderen Hirnregionen aktiviert, die sowohl für die Verarbeitung eigener wie auch für die Verarbeitung der Emotionen anderer rekrutiert werden. So zeigten eine Reihe von fMRT-Studien, dass Empathie für den Schmerz anderer solche Gehirnregionen aktiviert, die auch an der Verarbeitung eigenen Schmerzes beteiligt sind, aber außerhalb der Regionen liegen, in denen Spiegelneurone beim Menschen vermutet werden (besprochen in Decety/Jackson 2004; Hein/Singer 2008; Singer/Lamm 2009). Das Gehirn simuliert die Emotionen anderer also in Hirnregionen, die es für die Verarbeitung eigener Emotionen einsetzt.

Man kann sich aber auch ohne Simulation, nämlich auf kognitivem Weg, in die Gefühle anderer hineinversetzen. Ein solches *theory of mind*-basiertes Verstehen anderer wurde in einer Vielzahl von neurowissenschaftlichen Studien untersucht (besprochen in Frith/Frith 2006; Saxe 2006). Es zeigte sich, dass die Simulation von Emotionen, z.B. bei Empathie für den Schmerz anderer, und das kognitive Erschließen des emotionalen Zustandes eines anderen im Sinne der *theory of mind* distinkte neuronale Netzwerke aktivieren, und somit als zwei verschiedene Routen für das Verstehen der Gefühle anderer angesehen werden können (Hein/Singer 2008 und 2009).

Macht uns das Beobachten des Glücks anderer aber glücklich? Diese Frage rückte in den Neurowissenschaften erst in jüngster Zeit ins Blickfeld. In einer kürzlich publizierten fMRT-Studie (Mobbs u.a. 2009) wurden die Versuchspersonen zuerst mit anderen Personen ›bekanntgemacht‹, d.h. sie erfuhren deren Meinung zu wichtigen Fragen, die sehr ähnlich oder sehr unähnlich zu ihrer eigenen Meinung in den betreffenden Punkten sein konnte. Im Anschluss beobachteten die Probanden, wie die ähnlichen oder unähnlichen Personen in einem Spiel Geld gewannen oder verloren. Die Ergebnisse zeigten verstärkte Aktivierung im ventralen Striatum (s.o), wenn eine der Versuchsperson ähnliche Person gewann. Diese Hirnregion wurde auch aktiviert, wenn die Versuchsperson selbst der Gewinner war. Das weist auf eine ›neuronale Übertragbarkeit‹ von Glück hin. Wenn einer Person, die uns zudem noch ähnlich ist, Gutes widerfährt, wird dies im Gehirn ähnlich verarbeitet, wie es bei eigenem Glück der Fall ist.

Trainiertes Glück: Plastizität des glücklichen Gehirns

Ein verbreitetes Vorurteil unterstellt der Hirnforschung ein deterministisches Menschenbild. Das ist aber nicht der Fall. Gerade unser Gehirn zeichnet sich durch Plastizität aus: Die ererbte neuronale Grundstruktur wird lebenslang durch Interaktion mit der Umwelt ausgeformt. Damit stellt sich die Frage, ob sich Glück trainieren lässt (s. Kap. VI.11) und ob sich ein solches Glückstraining in neuronalen Veränderungen nachweisen lässt. Ziehen viele positive Emotionen in einem glücklichen Leben eine plastische Veränderung des Gehirns nach sich?

Hinweise darauf, dass wiederholtes Erleben von positiven Emotionen oder Glück dauerhafte Veränderungen im Gehirn hervorrufen können, kommen aus Studien an Ratten. Hier zeigte sich, dass Rattenbabies, die von ihren Müttern regelmäßig gekrault

und geleckt wurden, als erwachsene Ratten eine erhöhte Dichte von Benzodiazepin-Rezeptoren in der Amygdala aufwiesen (Caldji u.a. 1998). Benzodiazepin hat eine muskelentspannende und angstreduzierende Wirkung und ist ein Hauptbestandteil vieler Schlafmittel. Daraus kann man schließen, dass diese Ratten entspannter und angstresistenter sind – ›glückliche Ratten‹ also (s. Kap. VIII.1). Gibt es vergleichbare Effekte in der Entwicklung des menschlichen Gehirns?

Bisher wurden vor allem *negative* Faktoren untersucht, die die neuronale Entwicklung von Kindern hemmen. So wurde gezeigt, dass Kindergartenkinder aus Familien mit niedrigem sozioökonomischen Status Defizite in Aufgaben aufweisen, die mit präfrontalen Hirnaktivierungen in Verbindung stehen (Farah u.a. 2006). Noch direktere Evidenz stellt eine EEG-Studie bereit, die elektrische Potentiale maß, welche durch präfrontale Aktivierung erzeugt werden (Kishiyama u.a. 2009). Bei Kindern aus sozial benachteiligten Familien zeigten sich dramatische Veränderungen in diesen Potentialen, bereits wenn es nur darum ging, die Aufmerksamkeit auf ein bestimmtes Ereignis zu richten. Umwelteinflüsse wirken sich besonders auf präfontale Regionen aus, da diese erst mit Abschluss der Pubertät voll ausgereift sind (Blakemore 2008). Ihre Beeinträchtigung hat dramatische Auswirkungen auf viele Bereiche – nicht zuletzt auf Aspekte des Glückserlebens, in denen der Frontallappen eine Rolle spielt (s.o.).

Wenn negative Umwelteinflüsse so gravierende Folgen haben, sollten auch positive Emotionen unser Gehirn formen. (Darauf beruht die Weisheit vieler Ratgeber.) Doch wie soll dies im hektischen Alltag des 21. Jahrhunderts geschehen? Die Suche nach dem Glück in unserer westlichen Zivilisation (unterhaltsam geschildert bei Lelord 2002/2006, 157 f.), führte u.a. auf fernöstliche Meditationstraditionen (s. Kap. VII.4), die nun im Rahmen der *Contemplative Neuroscience* untersucht werden. Eine ihrer Hauptfragen ist, ob regelmäßiges Meditationstraining nachhaltig die Aktivierungsmuster unseres Gehirns ändert.

Diese Frage ist leichter zu stellen als sauber empirisch zu untersuchen. Es gibt eine Vielzahl unterschiedlicher Meditationsverfahren, von eher körperbetonten Entspannungsverfahren wie z.B. Yoga bis zu rein spirituellem Training, bei dem z.B. Empathie und der Wunsch für das Wohlergehen anderer kultiviert und damit negative Gefühle abgebaut werden (*Compassion and Loving-kindness Meditation*).

Daneben gibt es Meditationsformen, die auf der Kontrolle des Aufmerksamkeitsfokus basieren, indem sie diesen entweder auf ein ausgewähltes Objekt beschränken (*Focused Attention Meditation*) oder ihn erweitern, indem die Umwelt nur erfahren oder beobachtet wird, ohne die Aufmerksamkeit auf spezifische Aspekte zu richten (*Open Monitoring Meditation*). Das Erreichen von fokussierter wie von allumfassender Aufmerksamkeit wird von Experten als positive und entrückte Erfahrung beschrieben, welche negative Gedanken und Gefühle bannt (Lutz u. a. 2008).

Der empirischen Erforschung der Auswirkung von Meditation auf das Gehirn (wie auch auf andere empirische Parameter) stellen sich vier Probleme: *Erstens* ist sicherzustellen, dass potentielle Unterschiede zwischen Meditationsexperten und Novizen tatsächlich auf die Meditation und nicht auf andere Faktoren (wie Ernährung, Lebenstempo, Schlafgewohnheiten etc.) zurückzuführen sind. *Zweitens* gilt es, die allgemeinen Effekte regelmäßiger Meditation von spezifischen Effekten eines bestimmten meditativen Trainings zu trennen. Es bedarf daher einer theoretisch begründeten Auswahl des Meditationsverfahrens (besprochen in Lutz u. a. 2008). Die Ergebnisse sollten mit den Effekten in einer Kontrollgruppe verglichen werden, die mit einem anderen Verfahren trainiert werden. *Drittens* ist für das Erreichen einer entsprechenden Meditations-Expertise eine lange Trainingsdauer nötig, die eher von Probanden akzeptiert wird, welche ohnehin an Meditation interessiert sind (*selection bias*). *Viertens* ist fraglich, ob sich Ergebnisse von Studien mit Meditationsexperten (etwa buddhistischen Mönchen, die seit Jahrzehnten täglich in der Abgeschiedenheit eines Klosters meditieren) einfach auf Manager/innen oder Verkäufer/innen übertragen lassen, die das gleiche Meditationsverfahren nach einem profanen Arbeitstag praktizieren.

Gleichwohl haben jüngste Studien interessante Resultate erbracht. So konnte in einer EEG-Studie gezeigt werden, dass tibetanische Mönche, die zwischen 15 und 40 Jahren lang eine bestimmte Form der *Open Monitoring Meditation* praktizierten, eine stärkere Synchronisation von Gamma-Wellen (ein bestimmtes Frequenzband im EEG-Signal) aufwiesen als Novizen. Das wies auf eine erhöhte Integration verschiedener neuronaler Prozesse hin (Lutz u. a. 2004) und legt nahe, dass Langzeitmeditation eine Veränderung grundlegender Hirnparameter (des *default mode*) nach sich ziehen kann.

In einer fMRT-Studie wurden Experten der *Focused Attention Meditation* mit Novizen verglichen (Brefczynski-Lewis u. a. 2007). Die Resultate zeigten bei den Experten eine geringere Aktivierung in Hirnregionen, die mit der Verarbeitung störender Umweltreize und Emotionen in Verbindung stehen. Sie konnten also störende Umweltreize besser ausblenden. Die Stärke der neuronalen Unterschiede zwischen Experten und Novizen korrelierte dabei mit der Anzahl an Meditationsstunden: Je mehr Meditationsstunden ein Experte absolviert hatte, desto stärker unterschied sich seine neuronale Aktivierung von der eines Meditations-Neulings. Dies weist auf einen unmittelbaren Zusammenhang zwischen neuronaler Plastizität und Meditationspraxis hin.

Andere Studien untersuchten Experten und Novizen der *Compassion and Loving-Kindness Meditation*. Sie zeigten neuronale Unterschiede in Arealen, die in den Verarbeitung von Empathie und positiven Emotionen involviert sind (Lutz u. a. 2009a und 2009b). Dies weist darauf hin, dass Empathie und Mitgefühl erlernbar sind und durch solche Meditationsformen kultiviert werden können.

Diese Befunde deuten an, dass eine Kultivierung positiver Gefühle durch Meditation neuronale Veränderungen nach sich ziehen kann. Wir können unser Gehirn also darauf trainieren, positiv zu denken und zu fühlen. Das Erlernen fernöstlicher Meditationsverfahren ist allerdings so anspruchsvoll wie langwierig und kann somit nicht die ›Glücksformel‹ für jedermann sein. Die Suche nach dem Glück bleibt individuell und ist ebenso einzigartig wie unser Gehirn.

Ein vorläufiges Fazit

Glücksempfindungen sind mit Aktivierungen im Gehirn korreliert, doch ›erzeugt‹ das Gehirn sie nicht von sich aus. Die Neurowissenschaften sind ein vielversprechender Zugang, Glückserfahrungen empirisch zu erfassen. Dass die meisten der bisher benutzten Paradigmen Glück eher im hedonistischen als im eudaimonistischen Sinne operationalisieren (s. Kap. II.3), ist den Messprinzipien der klassischen neurowissenschaftlichen Methoden geschuldet und sollte nicht als Hinweis auf einen reduktionistischen Glücksbegriff verstanden werden. Es ist experimentell wesentlich einfacher, einen Kontrast zwischen kurzen Lustmomenten und ihrem Gegenstück zu erzeugen (z. B. durch Belohnung und das Fehlen einer solchen), als ein gelingendes und tugendhaftes Leben im Sinne eudaimonistischer Ansätze im Experiment zu untersuchen. Eine Herausforderung zukünftiger Forschung besteht darin, neue Paradigmen und Methoden zu entwickeln, die die unterschiedlichen Aspekte von Glück erfassen und in ihrer Komplexität darstellen können. Der Versuch, das Mysterium des menschlichen Glücks zu erfassen, bedarf der Integration natur- und geisteswissenschaftlicher Ansätze – ein Potential, das zukünftig stärker ausgeschöpft werden sollte.

Literatur

Adolphs, Ralph u.a.: Impaired Recognition of Emotion in Facial Expressions Following Bilateral Damage to the Human Amygdala. In: Nature 372 (1994), 669–672.

– u.a.: Cortical Systems for the Recognition of Emotion in Facial Expression. In: Journal of Neuroscience 16 (1996), 7678–7687.

– u.a.: The Human Amygdala in Social Judgment. In: Nature 393 (1998), 470–474.

– u.a.: Fear, Faces, and the Human Amygdala. In: Current Opinion in Neurobiology 18/2 (2008), 166–172.

Aharon, Itzhak u.a.: Beautiful Faces Have Variable Reward Value: fMRI and behavioral evidence. In: Neuron 32 (2001), 537–551.

Baumgartner, Thomas u.a.: Oxytocin Shapes the Neural Circuitry of Trust and Trust Adaptation in Humans. In: Neuron 58 (2008), 639–650.

Beer, Jennifer S. u.a.: The Regulatory Function of Self-Conscious Emotion: Insights From Patients With Orbitofrontal Damage. In: Journal of Personality and Social Psychology 85 (2003), 594–604.

Blakemore, Sarah-Jayne: The Social Brain in Adolescence. In: Nature Reviews Neuroscience 8 (2008), 267–277.

Blood, Anne.J./Robert J. Zatorre: Intensely Pleasurable Responses to Music Correlate with Activity in Brain Regions Implicated in Reward and Emotion. In: Proceedings of the National Academy of Sciences 98 (2001), 11818–11823.

Boileau, Isabelle u.a.: Alcohol Promotes Dopamine Release in the Human Nucleus Accumbens. In: Synapse 49 (2003), 226–231.

Brefczynski-Lewis, Julie A. u.a.: Neural Correlates of Attentional Expertise in Long-term Meditation Practitioners. In: Proceedings of the National Academy of the Sciences USA 104 (2007), 11483–11488.

Burgdorf, Jeffrey/Jaak Panksepp: Review: The Neurobiology of Positive Emotions. In: Neuroscience and Behavioral Reviews 30 (2006), 173–187.

Cabeza, Roberto/Alan Kingstone: Handbook of Functional Imaging of Cognition. Cambridge, MA 2001.

Cacioppo, John T./Wendi L. Gardner: Emotion. A. Review. In: Psychology 50 (1999), 191–214.

Calder, Andrew J. u.a.: Facial Emotion Recognition after Bilateral Amygdala Damage: Differentially Severe Impairment of Fear. In: Cognitive Neuropsychology 13/5 (1996), 699–745.

Caldji, Christian u.a.: Maternal Care during Infancy Regulates the Development of Neural Systems Mediating the Expression of Fearfulness in the Rat. In: Proceedings of the National Academy of Sciences USA 95 (1998), 5335–5340.

Dalgleish, Tim u.a.: Affective Neuroscience: Past, Present, and Future. In: Emotion Review 1/4 (2009), 355–368.

Davidson, Richard J. u.a.: Alterations in Brain and Immune Function Produced by Mindfulness Meditation. In: Psychosomatic Medicine 65 (2003), 564–570.

–: Well-being and Affective Style: Neural Substrates and Biobehavioural Correlates. In: Philosophical Transactions of the Royal Society B 359 (2004), 1395–1411.

Davis, Michael/Paul J. Whalen: The Amygdala: Vigilance and Emotion. In: Molecular Psychiatry 6 (2001), 13–34.

Decety, Jean/Philip L. Jackson: The Functional Architecture of Human Empathy. In: Behavioral and Cognitive Neuroscience Reviews 3 (2004) 71–100.

Donne, John: Devotions upon Emergent Occasions [1624], zit. nach www.online-literature.com/donne/409.

Farah, Martha J. u.a.: Research Report: Childhood Poverty: Specific Associations with Neurocognitive Development. In: Brain Research 1110 (2006), 166–174.

Frith Chris D./Uta Frith. The Neural Basis of Mentalizing. In: Neuron 50 (2006), 531–534.

Gehring, Petra: Es blinkt, es denkt. Die bildgebenden und weltbildgebenden Verfahren der Neurowissenschaft. In: Philosophische Rundschau 51/4 (2004), 273–295.

Goeders, Nick E./James E Smith: Intracranial Cocaine Self-administration into the Medial Prefrontal Cortex increases Dopamine Turnover in the Nucleus Accumbens. In: Journal of Pharmacology and Experimental Therapeutics 265 (1993), 592–600.

Grafton, Scott T.: Embodied Cognition and the Simulation of Action to Understand Others. In: The Year in Cognitive Neuroscience: Annals of the New York Academy of Sciences 1156/1 (2009), 97–117.

Haber, Suzanne N./Brian Knutson: The Reward Circuit: Linking Primate Anatomy and Human Imaging. In:

Neuropsychopharmacology Reviews 35 (2010), 4–26.

Harbaugh, William T. u.a.: Neural Responses to Taxation and Voluntary Giving Reveal Motives for Charitable Donations. In: Science 316 (2007), 1622–1625.

Hein, Grit/Robert Knight: Superior Temporal Sulcus – It's my Area: Or is it? In: Journal of Cognitive Neuroscience 12 (2008), 2125–2136.

– /Tania Singer: I feel how you feel but not always: The Empathic Brain and its Modulation. In: Current Opinion in Neurobiology 18 (2008), 1–6.

– /Tania Singer: Neuroscience meets Social Psychology: An Integrative Approach to Human Empathy and Prosocial Behavior. In: Mario Mikulincer/Philip R. Shaver (Hg.): Prosocial Motives, Emotions, and Behavior. The Better Angels of Our Nature. Washington 2009, 109–125.

– u.a.: Neural Responses to Ingroup and Outgroup Members' Suffering Predict Individual Differences in Costly Helping. In: Neuron 68 (2010), 149–160.

Holstege, Gert u.a.: Brain Activation During Human Male Ejaculation. In: Journal of Neuroscience 23 (2003), 9185–9193.

Iacoboni, Marco/Mirella Dapretto: The Mirror Neuron System and the Consequences of its Dysfunction. In: Nature Reviews Neuroscience 7 (2006), 942–951.

–: Mirroring People: The New Science of How We Connect with Others. New York 2008.

Jabbi, Mbemba/Christian Keysers: Inferior Frontal Gyrus Activity Triggers Anterior Insula Response to Emotional Facial Expressions. In: Emotion 8 (2008), 775–780.

Kirsch, Peter u.a.: Oxytocin Modulates Neural Circuitry for Social Cognition and Fear in Humans. In: Journal of Neuroscience 25 (2005), 11489–11493.

Kishiyama, Mark M. u.a.: Socioeconomic Disparities Affect Prefrontal Function in Children. In: Journal of Cognitive Neuroscience 21/6 (2009), 1106–15.

Knutson, Brian u.a.: Anticipation of Monetary Reward Selectively Recruits Nucleus Accumbens. In: Journal of Neuroscience 21/RC159 (2001), 1–5 [2001a].

– u.a.: Dissociation of Reward Anticipation and Outcome with Event-related fMRI. In: Neuroreport 12 (2001), 3683–3687 [2001b].

– u.a.: Nucleus Accumbens Activation Mediates the Influence of Reward Cues on Financial Risk Taking. In: Neuroreport 19/5 (2008), 509–513.

Laviolette, Steven R./Derek van der Kooy: The Motivational Valence of Nicotine in the Rat Ventral Tegmental Area is Switched from Rewarding to Aversive Following Blockade of the Alpha7-subunit-containing Nicotinic Acetylcholine Receptor. In: Psychopharmacology 166 (2003), 306–313.

LeDoux, Joseph: The Emotional Brain. The Mysterious Underpinnings of Emotional Life. New York 1996.

Lelord, François: Hectors Reise und die Suche nach dem Glück [2002]. München 2006.

Lingnau, Angelika u.a.: Asymmetric fMRI Adaption reveals no Evidence for Mirror Neurons in Humans. In: Proceedings of the National Academy of Sciences in the USA 24/106 (2009), 9925–9930.

Lutz, Antoine u.a.: Long-term Meditators Self-induce High-amplitude Gamma Synchrony During Mental Practice. In: Proceedings of the National Academy of Sciences of the United States of America 101 (2004), 16369–16373.

– u.a.: Attention Regulation and Monitoring in Meditation. In: Trends in Cognitive Sciences 12/4 (2008), 163–169.

– u.a.: Regulation of the Neural Circuitry of Emotion by Compassion Meditation: Effects of Meditative Expertise. PLoS ONE 3 (2009a), e1897.

– u.a.: BOLD Signal in Insula is Differentially Related to Cardiac Function During Compassion Meditation in Experts vs. Novices. In: NeuroImage 47 (2009b), 1038–1046.

Mobbs, Dean u.a.: A Key Role for Similarity in Vicarious Reward. In: Science 324 (2009), 900.

Olmstead, Mary C./Keith B. Franklin: The Development of a Conditioned Place Preference to Morphine: Effects of Microinjections into Various CNS Sites. In: Behavioral Neuroscience 111 (1997), 1324–1334.

Phan, K. Luan u.a.: Reputation for Reciprocity Engages the Brain Reward Center. In: Proceedings of the National Academy of Science of the United States of America 107 (2010), 13099–13104.

Rangel, Antonio u.a.: Review: A Framework for Studying the Neurobiology of Value-based Decision Making. In: Nature Reviews Neuroscience 9 (2008), 545–556.

– u.a.: Value Computations in Ventral Medial Prefrontal Cortex during Charitable Decision Making Incorporate Input from Regions Involved in Social Cognition. In: The Journal of Neuroscience 30/2 (2010), 583–590.

Redouté, Jérôme u.a.: Brain Processing of Visual Sexual Stimuli in Human Males. In: Human Brain Imaging 11 (2000), 162–177.

Rizzolatti, Giacomo/Laila Craighero: The Mirror-neuron System. In: Annual Revue of Neuroscience 27 (2004), 169–192.

Rodd, Zachary A. u.a.: Intracranial Self-administration of Ethanol within the Ventral Tegmental Area of Male Wistar Rats: Evidence for Involvement of Dopamine Neurons. In: Journal of Neuroscience 24 (2004), 1050–1057.

Rolls, Edmund T.: The Brain and Emotion. New York 1999.

Saxe, Rebecca: Uniquely Human Social Cognition. In: Current Opinion in Neurobiology 16 (2006), 235–239.

Schultz, Wolfram: Review: Multiple Reward Signals in the Brain. In: Nature Reviews Neuroscience 1 (2000), 199–207.

–: Dopamine Signals for Reward Value and Risk: Basic and Recent Data. In: Behavioral and Brain Functions 6/24 (2010), 1–9

Scott, Sophie K. u. a.: Impaired Auditory Recognition of Fear and Anger Following Bilateral Amygdala Lesions. In: Nature 385 (1997), 254–257.

Singer, Tania u. a.: Empathic Neural Responses are Modulated by the Perceived Fairness of Others. In: Nature 439 (2006), 466–469.

– /Claus Lamm: The Social Neuroscience of Empathy. In: The Year in Cognitive Neuroscience: Annuals of the New York Academy of Science 1156 (2009), 81–06.

– /Grit Hein: Empathy in Humans and Animals: An Integrative Approach. In: Frans de Waal/P.F. Ferrari (Hg.): The Primate Mind. Cambridge 2011 (im Druck).

Takahashi, Hidehiko u. a.: When Your Gain Is My Pain and Your Pain Is My Gain: Neural Correlates of Envy and Schadenfreude. In: Science 323 (2009), 937–939.

Talairach, Jean/Pierre Tournoux: Co-planar Stereotaxic Atlas of the Human Brain. Stuttgart/New York 1993.

Taylor, Shelley E.: Asymmetrical Effects of Positive and Negative Events: The Mobilization-minimization Hypothesis. In: Psychological Bulletin 110 (1991), 67–85.

Terashvili, Maia u. a.: Differential Conditioned Place Preference Responses to Endomorphin–1 and Endomorphin–2 Microinjected into the Posterior Nucleus Accumbens Shell and Ventral Tegmental Area in the Rat. In: Journal of Pharmacology and Experimental Therapeutics 309 (2004), 816–824.

Urry, Heather L. u. a.: Making a Life Worth Living. Neural Correlates of Well-Being. In: Psychological Science 15/6 (2004), 367–372.

Volkow, Nora D. u. a.: Relationship between Subjective Effects of Cocaine and Dopamine Transporter Occupancy. In: Nature 386 (1997), 827–830.

Watanabe, Masataka: Reward Expectancy in Primate Prefrontal Neurons. In: Nature 382 (1996), 629–632.

Grit Hein

4. Glück in der Psychopharmakologie. Affektives und kognitives Enhancement

Unter dem Titel *Beyond Therapy: Biotechnology and the Pursuit of Happiness* veröffentlichte der Ethikrat des Präsidenten der Vereinigten Staaten von Amerika 2003 seinen Abschlussbericht über die Chancen und Risiken neuer Verfahren zur »Verbesserung« des Menschen (The President's Council on Bioethics 2003). An dieser Überschrift überrascht die Verknüpfung des historischen Abschnitts aus der Unabhängigkeitserklärung der USA von 1776, in der von einem »unveräußerlichen Recht« auf »Leben, Freiheit und das Streben nach Glück« (s. Kap. V.2) die Rede ist, mit den Möglichkeiten modernster Biotechnologie, worunter sehr breit beispielsweise Präimplantationsdiagnostik, Genetik und Pharmakologie verstanden werden. Dieser eher kritische Bericht stand auch unter dem Eindruck des Psychiaters Peter Kramer, der in den 1990er Jahren die Erfahrungen mit Klienten beschrieb, die seiner Meinung nach zwar nicht wirklich psychisch krank waren, jedoch ungemein von Psychopharmaka – insbesondere neueren Antidepressiva zur Beeinflussung des Serotoninspiegels im Gehirn – profitierten (Kramer 1993). Beschreibungen wie diese legten den Schluss nahe, dass moderne, weit verbreitete Medikamente selbst gesunden Menschen bei der Überwindung persönlicher Probleme behilflich sein könnten. Ein glücklicheres Leben schien – zumindest in manchen der dargestellten Fälle – psychopharmakologisch machbar.

Der Fokus der Diskussion um psychopharmakologisches Enhancement hat sich zwischenzeitlich etwas verschoben. Stand vorher die Beeinflussung des Gemütszustands oder von Persönlichkeitseigenschaften im Vordergrund, dominiert in den letzten Jahren die Idee der geistigen Leistungssteigerung (Schleim 2010a, b). Vor allem mithilfe von Analogien zu konventionellen Verbesserungstechniken setzte sich das vielbeachtete Positionspapier von Henry Greely u. a. für einen liberalen Umgang mit psychopharmakologischer Leistungssteigerung ein; angestrebt war die Maximierung des Nutzens bei gleichzeitiger Minimierung des Schadens. Die Autorinnen und Autoren waren sich darin einig, dass diese Mittel in zunehmendem Maße zu einer besseren Lebensqualität und erhöhter Produktivität am Arbeitsplatz führten (Greely u.a. 2008, 705). Eine ähnliche Meinung vertrat jüngst auch ein deutsches Expertengremium (Galert u.a. 2009).

Anhand dieses Perspektivenwechsels von dem, was man manchmal als ›affektives‹ oder ›emotionales‹ Enhancement bezeichnet, zur ›kognitiven‹ oder ›geistigen‹ Leistungssteigerung wird eine wichtige Unterscheidung deutlich: Wenn wir die Möglichkeiten von Psychopharmaka diskutieren, dann kann das Mittel *direkt* auf eine Steigerung des Glücks zielen oder *indirekt* Glück versprechen, indem es eine andere Größe beeinflusst, die wiederum zu mehr Glück führt. Im Folgenden sollen daher die Aspekte diskutiert werden, (1) ob und wie Glück in psychopharmakologischer Forschung operationalisiert wird, (2) ob die zurzeit verfügbaren Medikamente das Glück steigern, (3) wie verbreitet die Tendenz des psychopharmakologischen Enhancements ist und (4) wie plausibel es psychologisch ist, dadurch nachhaltig sein Glück zu steigern.

Glück in der Psychopharmakologie

Ein Blick in die Forschungsliteratur macht schnell deutlich, dass ›Glück‹ keine pharmakologische Kategorie ist. In Studien ist stattdessen von ›Belohnung‹ (im weiten Sinn; engl. *reward*) die Rede. Daran wird ein breites Spektrum subjektiver Erlebnisse oder beobachtbaren Verhaltens gekoppelt, das Gesichtsausdrücke, Inkaufnahme von Mühe oder vermehrte Selbststimulation nach der Implantation von Elektroden einbezieht. Als Beispiele für begriffliche Spezifizierungen und wissenschaftliche Operationalisierungen, die indirekt mit dem Glück verbunden sind, seien Lust, positive Verstärkung oder Verlangen genannt (vgl. die Diskussion in Berridge/Kringelbach 2008, 473 f.). Insbesondere unter dem Eindruck von Experimenten in den 1950er Jahren, in denen Ratten Elektroden ins Gehirn implantiert wurden, die sie selbst stimulieren konnten, sowie durch die Erforschung der Wirkungsweise verschiedener Drogen ist ein heute weithin bekanntes Modell entstanden, in dem das mesolimbische Dopaminsystem im Zentrum steht.

Für dieses System sind vor allem der Nucleus accumbens sowie das ventrale Tegmentum von Bedeutung, beides Strukturen tief im Inneren und am unteren Ende des Großhirns (s. Kap. VIII.3). Aufgrund der wichtigen Rolle des Neurotransmitters Dopamin wird dieser im Volksmund auch als ›Glückshormon‹ bezeichnet. Das System ist mit zahlreichen weiteren anderen Hirnregionen verbunden, beispielsweise Amygdala und Pallidum, ebenfalls im limbischen System, aber auch mit dem orbitofrontalen Kortex im Frontallappen. Die belohnende Wirkung von natürlichen Stimuli wie Nahrung oder sexueller Interaktion aber auch von modernen Genussmitteln und Drogen kann durch Interventionen im mesolimbischen Dopaminsystem blockiert werden (vgl. Wise 2002, 235). Umgekehrt wird durch elektrische Stimulation im Nucleus accumbens versucht, Menschen mit einer auf andere Weise nicht therapierbaren schweren Depression zu helfen (z.B. Schlaepfer u.a. 2008). Dieses Verfahren befindet sich aber noch in der klinischen Entwicklung und die bisherigen Ergebnisse sind uneindeutig.

Ungeachtet der zentralen Rolle des Nucleus accumbens und des Dopamins ist dieses Modell des Belohnungssystems aufgrund der unterschiedlichen Bedeutungen von ›Belohnung‹ und vieler unterschiedlicher experimenteller Operationalisierungen in die Kritik geraten. So weisen etwa Berridge und Kringelbach darauf hin, dass die Selbststimulationsexperimente bei Ratten und Menschen nicht eindeutig als Hinweise auf erfahrene Belohnung im engeren Sinn verstanden werden könnten, sondern auch als Hinweise auf gesteigertes Verlangen (2008, 469 ff.). Inzwischen klassischen und häufig zitierten Experimenten zufolge wollen Menschen zwar immer wieder die Hirnregion im mesolimbischen System stimulieren, sie protestieren auch, wenn man ihnen den Knopf dafür wegnimmt, und empfinden starke sexuelle Erregung, doch äußern sie nie Anzeichen echter Befriedigung. Daher wird zukünftige Forschung idealerweise in Zusammenarbeit mit theoretischer und begrifflicher Ausarbeitung klären müssen, inwiefern man wirklich von einem ›Belohnungssystem‹ sprechen kann und wie dies mit Glück in einem umfassenderen Sinn zusammenhängt.

Enhancement-Medikamente und Glück

Die eingangs erwähnten Fallbeispiele des Psychiaters Peter Kramer haben den Eindruck erweckt, Menschen könnten durch Antidepressiva glücklicher werden oder mithilfe dieser Mittel Persönlichkeitseigenschaften so beeinflussen, dass sie ihren Idealvorstellungen näherkommen und auf diese Weise indirekt glücklicher werden könnten. Selbst wenn also der theoretische Hintergrund zu Glück und Gehirn noch nicht vollständig bekannt ist, könnte es sein, dass verfügbare Medikamente die Menschen wirklich glücklicher machen, auch ohne dass man genau wüsste, wie sie funktionieren. Allerdings haben jüngere Meta-Analysen, die mehrere Einzelstudien über depressive Erkrankungen zusammenfassen und daher ein genaueres Bild des Forschungsstands geben können, selbst den Erfolg neuerer Medikamente wie der Antidepressiva der Klasse der selektiven Serotoninwiederaufnahmehemmer hinterfragt.

Eine Besonderheit einer dieser Meta-Untersuchungen war es, nicht nur die in wissenschaftlichen Zeitschriften publizierten Studienergebnisse zu berücksichtigen, sondern auch diejenigen, deren Ergebnisse von Amts wegen bei Regierungsstellen gemeldet, aber nicht veröffentlicht wurden. Dieser Unterschied ist deshalb wichtig, weil von vielen eine ›Publikationsverzerrung‹ (engl. *publication bias*) vermutet wird, das heißt, dass positive Befunde eher anerkannt werden als negative Befunde, selbst wenn ein negativer Befund einen Sachverhalt akkurater darstellt. Die Analyse der umfassenderen Daten erbrachte das überraschende Ergebnis, dass allein bei sehr schweren Fällen von Depressionen ein leichter Unterschied im Wohlbefinden klinisch relevant blieb, obwohl die neueren Antidepressiva in größerem Umfang verschrieben werden (Kirsch u. a. 2008). Aufgrund mangelnder Erfolge und hoher Kosten bei der Entwicklung psychopharmakologischer Medikamente haben jüngst mehrere international führende Pharmakonzerne sogar ihren Rückzug aus diesem Forschungsgebiet bekanntgegeben (Miller 2010).

Wenn also schon bei kranken Menschen wie Depressiven, denen die Lebensfreude verlorengegangen ist, die Medikamente häufig nicht helfen, sollte man bei Gesunden erst recht keine Wunder erwarten. Schließlich geschieht die psychopharmakologische Intervention im Gehirn psychisch Kranker ja unter der Annahme, in ihrem Gehirn gebe es eine krankhafte Veränderung in der Konzentration wichtiger Neurotransmitter. Allerdings gibt es nur wenige Studien, welche eine Verbesserung der Stimmung durch die Einnahme von Antidepressiva zum Gegenstand haben. In einer Meta-Analyse haben Dimitris Repantis u. a. jüngst die Ergebnisse von 65 Untersuchungen mit elf verschiedenen Wirkstoffen ausgewertet, in denen die Effekte auf Gesunde untersucht wurden. Ein häufiges Instrument zur Erhebung der Stimmung war dabei, dass die Teilnehmer auf einer analogen Skala einzeichnen mussten, wie gut sie sich

fühlten. Bei nur einmaliger Einnahme ließ sich im Vergleich zu Placebo allerdings kein Unterschied finden. Die 14 Studien, die einen Zeitraum von sieben bis 56 Tagen untersuchten, zeigten eine leichte positive Tendenz, die am Ende der untersuchten Zeiträume statistisch signifikant wurde (Repantis u. a. 2009, 156). Allerdings ziehen die Autoren die Schlussfolgerung, dass es unzureichende Hinweise auf eine verbessernde Wirkung von Antidepressiva bei Gesunden gebe, unter anderem auch deshalb, da Daten aus Experimenten mit negativem Ausgang fehlten.

Im Fokus der neueren Diskussion um psychopharmakologisches Enhancement befinden sich vor allem Stimulanzien, die auch zur Behandlung von Aufmerksamkeitsstörungen oder Schlaferkrankungen eingesetzt werden. Einer verbreiteten Idee zufolge können entsprechende Präparate mit den Wirkstoffen Methylphenidat, Modafinil oder Amphetamin sowie die verbotene Droge Kokain auch bei gesunden Menschen zu einer Steigerung der Leistungsfähigkeit führen. Pharmakologisch führen diese Substanzen zu einer Erhöhung von Dopamin und Noradrenalin. Bei gesunden Versuchspersonen scheint dies aber nicht das Denken selbst zu verbessern, sondern eher Wachheit und Motivation zu erhöhen, weswegen der Pharmakologe Boris Quednow sie als »kognitive Enhancer zweiter Ordnung« bezeichnet (Quednow 2010, 21).

Entsprechend uneindeutig ist das Bild der pharmakologischen Forschung: Bei manchen Denkaufgaben führen die Substanzen zu einer leichten Verbesserung, bei anderem zu keinem Unterschied und bei wieder anderen sogar zu einer Verschlechterung (für ein Beispiel vgl. Agay u. a. 2010; vgl. die Diskussion in Schleim/Walter 2007). Letzteres wird damit erklärt, dass manche der Stimulanzien auch die Impulsivität erhöhen und daher Versuchspersonen bei manchen Aufgaben reagieren, bevor sie die für eine richtige Lösung nötige Information vollständig verarbeitet haben. Relevant ist auch die mehrmals gemachte Beobachtung, dass sich Versuchspersonen unter dem Einfluss von Stimulanzien zwar selbst für besser halten, sich in ihrer Leistung aber gar nicht von der Kontrollgruppe unterscheiden. In einer neueren Meta-Analyse kommen Repantis u. a. zu dem Fazit, dass Methylphenidat die Leistung in manchen Gedächtnisaufgaben verbessern und Modafinil die Aufmerksamkeit steigern könne; wiederholte Einnahme des letzteren würde bei zunehmendem Schlafentzug zwar ein Gefühl der Wachheit aufrechterhalten, jedoch nicht die normale Abnahme der geistigen Leistungsfähigkeit verhindern (Repantis u. a. 2010). Diese moderaten Effekte müssen gegenüber den zahlreichen bekannten und vor allem für den längerfristigen Konsum noch unbekannten Nebenwirkungen abgewogen werden.

Die Verbreitung des psychopharmakologischen Enhancement

Die Diskussion um psychopharmakologisches Enhancement lebt von der Unterstellung, dass diese vor allem von Skeptikern auch als ›Gehirndoping‹ bezeichnete Praxis bereits weit verbreitet sei. Vor allem nordamerikanische Collegestudenten werden dafür gerne als Beleg angeführt und sowohl Fachkollegen als auch Medienberichte übertreiben häufig mit Behauptungen wie derjenigen, bereits 16 oder gar 25 Prozent der Studierenden würden die oben diskutierten Substanzen zur geistigen Leistungssteigerung oder Verbesserung der Befindlichkeit gebrauchen (vgl. die Diskussion in Schleim 2010a, 182 ff.). Insgesamt deutet die wissenschaftliche Datenlage aber auf eine wesentlich bescheidenere Verbreitung im einstelligen Prozentbereich, die zudem aus zwei Gründen mit Vorsicht zu interpretieren ist: Erstens fallen unter diese Zahlen häufig auch Personen, die einmal, selten oder gelegentlich eine jener Substanzen nehmen; zweitens werden häufig Verhaltensweisen hinzugezählt, die nicht auf affektives oder kognitives Enhancement zielen, sondern beispielsweise auf Appetitzügelung oder schlicht auf das Erleben von Rauschzuständen. Eine repräsentative Untersuchung mit Angestellten in Deutschland kam jüngst zu dem Ergebnis, dass knapp zwei Prozent der Befragten regelmäßig bei ihrer Arbeit Gehirndoping einsetzen (DAK 2009).

Nachhaltiges Glück durch Psychopharmakologie?

Die vorangegangene Diskussion deutet darauf hin, dass – zumindest zurzeit – noch kein ›Glück auf Rezept‹ oder ›Glück durch Pillen‹ verfügbar ist. Der eingangs erwähnten optimistischen Einschätzung von Greely u. a. kann ich mich nach Sichtung der pharmakologischen Forschung und Befunden zur Verbreitung des Substanzkonsums daher nicht anschließen. Der Idee, Menschen könnten ihre Lebensqualität pharmakologisch aufwerten, möchte ich daher eine Befürchtung entgegenstellen: dass dies nämlich

vor allem dann der Fall sein dürfte, wenn die Lebensqualität von Menschen erst herabgesetzt wurde, indem ihnen das Gefühl vermittelt wurde, den gestellten Anforderungen nicht zu genügen (vgl. Ehrenberg 1998/2004). Im Einklang damit befinden sich Untersuchungen, denen zufolge psychopharmakologisches Enhancement dort tendenziell verbreiteter ist, wo ein größerer Leistungsdruck vorherrscht (McCabe u. a. 2005). Auch der Behauptung, Menschen hätten schon immer nach Verbesserung gestrebt, daher sei Enhancement nichts Neues, möchte ich entgegenstellen, dass viele Menschen auch schlicht den Wunsch haben dürften, mit ihren Fähigkeiten den gesellschaftlichen Ansprüchen zu genügen.

Wenn Befürworter des psychopharmakologischen Enhancement von einer Steigerung der Lebensqualität oder des Glücks der Menschen ausgehen, dann scheinen sie zwei psychologische Befunde aus der Glücksforschung zu übersehen: Erstens können sich Menschen erstaunlich schnell an veränderte Umstände gewöhnen, so dass beispielsweise Querschnittsgelähmte schon kurz nach ihrem Unfall nicht weniger glücklich oder Lotteriegewinner schon kurz nach ihrem Gewinn nicht glücklicher sind als andere Menschen (vgl. die Diskussion in Schkade/Kahneman 1998). Zweitens fallen wir oft einer ›Fokussierungs-Illusion‹ (*focusing illusion*) zum Opfer, wenn wir beurteilen sollen, was andere Menschen glücklicher macht. Das heißt, wir geben vor dem Hintergrund der Diskussion um das Enhancement der geistigen Leistungsfähigkeit oder emotionalen Verfassung eine größere Bedeutung und vernachlässigen dadurch andere Aspekte, die für ein glückliches Leben wichtig sind. Abgesehen von den erwähnten Beispielen der Querschnittsgelähmten oder Lotteriegewinner konnten Kahneman u. a. dies mittels einer Untersuchung der Fragen nachweisen, ob Menschen durch ein Leben in Kalifornien (Schkade/Kahneman 1998) oder ein höheres Einkommen (Kahneman u. a. 2006) glücklicher werden (s. Kap. VIII.7).

Insgesamt bestätigt die Diskussion daher den Eindruck, dass die neuere psychopharmakologische und psychologische Forschung zwar interessante Ideen zur Diskussion um das Thema ›Glück‹ beisteuern kann, jedoch auch keine ›Patentrezepte‹ anzubieten hat. Auf der Suche nach einem glücklichen Leben sollte man daher seine intuitiven Eindrücke, seine Lebenserfahrung sowie den vorhandenen Schatz an mehr als zweitausend Jahren Literatur zum Thema nicht vorschnell zugunsten neuerer wissenschaftlicher Ergebnisse aufgeben.

Literatur

Agay, Nirit u.a.: Non-specific Effects of Methylphenidate (Ritalin) on Cognitive Ability and Decision-making of ADHD and Healthy Adults. In: Psychopharmacology (Berlin) 210/4 (2010), 511–519.

Berridge, Kent C./Kringelbach, Morten L.: Affective Neuroscience of Pleasure: Reward in Humans and Animals. In: Psychopharmacology (Berlin) 199/3 (2008), 457–480.

DAK: Gesundheitsreport 2009. Analyse der Arbeitsunfahigkeitsdaten. Schwerpunktthema Doping am Arbeitsplatz. Hamburg 2009.

Ehrenberg, Alain: Das erschöpfte Selbst [1998]. Frankfurt a.M./New York 2004.

Galert, Thorsten u.a.: Das optimierte Gehirn. In: Gehirn & Geist 11 (2009), 40–48.

Greely, Henry u.a.: Towards Responsible Use of Cognitive-enhancing Drugs by the Healthy. In: Nature 456/7223 (2008), 702–705.

Kahneman, Daniel u.a.: Would You be Happier if You were Richer? A Focusing Illusion. In: Science 312/5782 (2006), 1908–1910.

Kirsch, Irving u.a.: Initial Severity and Antidepressant Benefits: A Meta-analysis of Data Submitted to the Food and Drug Administration. In: Public Library of Science Medicine 5/2 (2008), e45.

Kramer, Peter D.: Listening to Prozac: A Psychiatrist Explores Antidepressant Drugs and the Remaking of the Self. New York 1993.

McCabe, Sean Esteban u.a.: Non-medical use of Prescription Stimulants Among US College Students: Prevalence and Correlates from a National Survey. In: Addiction 100/1 (2005), 96–106.

Miller, Greg: Is Pharma Running out of Brainy Ideas? In: Science 329/5991 (2010), 502–504.

Quednow, Boris B.: Neurophysiologie des Neuro-Enhancements: Möglichkeiten und Grenzen. In: Sucht-Magazin 2 (2010), 19–26.

Repantis, Dimitris u.a.: Antidepressants for Neuroenhancement in Healthy Individuals: A Systematic Review. In: Poiesis & Praxis 6 (2009), 139–174.

– u.a.: Modafinil and Methylphenidate for Neuroenhancement in Healthy Individuals: A Systematic Review. In: Pharmacological Research 62/3 (2010), 187–206.

Schkade, David A./Kahneman, Daniel: Does Living in California Make People Happy? A Focusing Illusion in Judgments of Life Satisfaction. In: Psychological Science 9/5 (1998), 340–346.

Schlaepfer, Thomas E. u.a.: Deep Brain Stimulation to Reward Circuitry Alleviates Anhedonia in Refractory Major Depression. In: Neuropsychopharmacology 33/2 (2008), 368–377.

Schleim, Stephan: Cognitive Enhancement – Sechs Gründe dagegen. In: H. Fink/R. Rosenzweig (Hg.): Künstliche Sinne – Gedoptes Gehirn. Neurotechnik und Neuroethik. Paderborn 2010a, 179–207.

–: Second Thoughts on the Prevalence of Enhancement. BioSocieties 5 (2010b), 484–485.

– /Walter, Henrik: Cognitive Enhancement: Fakten und Mythen. In: Nervenheilkunde 26 (2007), 83–87.

The President's Council on Bioethics: Beyond Therapy: Biotechnology and the Pursuit of Happiness. Washington 2003.

Wise, Roy A.: Brain Reward Circuitry: Insights from Unsensed Incentives. In: Neuron 36/2 (2002), 229–240.

Stephan Schleim

5. Glück in der Sozialpsychologie. Subjektive Gesundheit und gesundheitsbezogene Lebensqualität

Der Zusammenhang zwischen Gesundheit und Glück wurde bereits in der Antike kommentiert. Schon der griechische Philosoph Aristoteles hat erkannt (s. Kap. III.2), was Jahrhunderte später in der empirischen Sozialforschung belegt wurde: dass nämlich Gesundheit Voraussetzung für Lebensglück ist und fehlende Gesundheit durch materielle Werte nicht zu kompensieren ist. Was aber ist Gesundheit, wie wird sie subjektiv erlebt, und in welchem Verhältnis steht dieses Erleben zum Glück?

Gesundheit als Wohlbefinden

Während in der öffentlichen Diskussion und medizinischen Fachblättern Gesundheit mit der Abwesenheit von Krankheit bzw. mit reibungslos ablaufenden und körperlichen Vorgängen gleichgesetzt wird, hat sich die Weltgesundheitsorganisation (WHO) bereits im Jahr 1948 mit ihrer Gesundheitsdefinition ganz anders positioniert. Demnach beinhaltet Gesundheit mehr als die Abwesenheit von Krankheit und Gebrechen, nämlich vollständiges psychisches, körperliches und mentales Wohlbefinden (WHO 1995). Die Frage nach dem Glück verschiebt sich in diesem disziplinären Rahmen also – ähnlich wie in der empirischen Sozialforschung (s. Kap. VIII.6) – auf die Frage nach dem Wohlbefinden und der Lebensqualität der Person.

An der mit der Definition des Wohlbefindens verbundenen Vorstellung optimaler Gesundheit hat sich eine intensive Diskussion entzündet. Aber obwohl in diesem Sinne wahrscheinlich nur sehr wenige Menschen ganz gesund sind, ist mit ihr ein Durchbruch im Verständnis von Gesundheit in der Medizin gelungen: die Hinwendung zum Subjekt und die Berücksichtigung des Erlebens (Camfield/Skevington 2008).

Dass es sich bei Gesundheit um mehr handelt als um Symptome oder Überleben, hat zum einen die Befindlichkeit und Funktionsfähigkeit des Menschen in den Fokus gerückt. Zum anderen wurde deutlich, dass Gesundheit nicht nur objektiv beschreibbar ist, sondern auch subjektiv erlebt wird. Mit der Gesundheitsdefinition der WHO verbindet sich ein neuer Blick auf diagnostische Klassifikation und therapeutisches Handeln: Im Vordergrund steht die Person mit ihrer individuellen Wahrnehmung, ihren Erfahrungen, Bedürfnissen und Erwartungen bezüglich der Gesundheit.

Zeit zu leben statt Lebenszeit

Mit dem Nachdenken über den Gesundheitsbegriff verband sich ein Wandel im Selbstverständnis der Medizin. Bedingt durch die Veränderung der Bevölkerungsstruktur und die Zunahme an längerfristig zu behandelnden chronischen Erkrankungen, veränderte sich das Spektrum in der Medizin von der akuten Intervention hin zur Langzeitversorgung der älter werdenden Patientinnen und Patienten. Aber nicht nur die Veränderung im Erkrankungsspektrum, sondern auch die zunehmende Skepsis gegenüber den bisher genutzten Gesundheitsindikatoren wie Symptomfreiheit und Überlebenszeit führten zu einer Veränderung im Denken über die Möglichkeiten und Grenzen der modernen Medizin (Bullinger 2002).

Die Frage, ob Mortalität und Morbidität die einzigen und relevanten Maße zur Beurteilung des Krankheitsgeschehens und Genesungsverlaufs sind, stellte sich besonders in der Onkologie. Erstmals wurde hier ganz implizit die Quantität des Überlebens der Qualität des Überlebens gegenübergestellt und der Sinn einer Lebensverlängerung – manchmal um wenige Monate – durch hoch belastende Therapieverfahren in Frage gestellt (Bitsko u. a. 2008).

Nach und nach schlossen sich andere klinische Fächer der Debatte darüber an, was Ziel und Sinn therapeutischer Interventionen ist, besonders dann, wenn nicht Heilung im Vordergrund stehen kann. Während die kurative Medizin Einbußen in Wohlergehen und Funktionsfähigkeit der Patienten für den therapeutischen Erfolg in Kauf nehmen muss, stellte sich diese Frage in der palliativen Medizin ganz anders: nämlich in Form der Frage, welche Beeinträchtigung der Lebensqualität durch die Therapie eine Patientin oder ein Patient in Kauf nehmen würde und um welchen Preis (Morrogh u. a. 2010). Damit wandelten sich die Zielkriterien von rein klinisch definierten ›Outcomes‹ hin zu einer subjektiven Sicht von Krankheit und Therapie.

Öffnung gegenüber Krankheitsfolgen statt Krankheitsentitäten

Angeregt wurde dadurch eine Reflexion über die Systematik gesundheitlicher Einschränkungen. Während die Klassifikation der Erkrankungen nach dem ICD Diagnoseschlüssel (*International Classification of Diseases*) immer weiter verfeinert und differenziert wurde, mehrten sich auf der anderen Seite die Bemühungen, Gesundheitsstörungen nicht nur hinsichtlich der ihnen zugrundeliegenden Krankheitsentitäten zu klassifizieren, sondern deren Konsequenzen für die Betroffenen zu beschreiben, also eine alternative Taxonomie der Krankheitsfolgen zu entwickeln.

Diese Taxonomie, die zunächst unter dem Begriff der *International Classification of Diseases Impairment and Handicap* ICDIH entwickelt wurde, und dann als *International Classification of Functioning* (ICF Disability and Health) weitergeführt wurde, nimmt die Krankheitsfolgen zum Ansatzpunkt und nicht die Symptome oder Syndrome (WHO 2001). Das Besondere an dem Krankheitsfolgenansatz, auch *noncategorial approach* genannt, ist, dass es nicht nur eine einzige Ursache für eine Funktionsstörung gibt. So kann eine Funktionsstörung, beispielsweise die Unfähigkeit den Arm zu heben, von einer Reihe pathologischer Faktoren ausgelöst sein (Muskelentzündung, Unfall, Geburtstrauma, degenerativer Prozess). Die Kausalität ist für die richtige Behandlung zwar wichtig, aber für die Patienten stehen die motorischen Beeinträchtigungen im Vordergrund (Nageswaran u. a. 2008).

Begreift man gesundheitliche Einschränkungen also auf körperlicher, psychischer, emotionaler, kognitiver und sozialer Ebene, dann ist es durchaus nachvollziehbar, dass unterschiedliche Erkrankungen zu vergleichbaren funktionalen Einschränkungen führen, unterschiedliche Ursachen also ähnliche Symptome haben. Die ICF bezieht nicht nur körperliche Strukturen und mentale Funktionsweisen (*body structure and function*) ein, sondern berücksichtigt auch die Teilhabe und Aktivität (*participation and activity*) und darüber hinaus Umweltfaktoren und persönliche Faktoren; sie stellt ein in sich geordnetes holistisches Gebäude und Modell zum Verständnis von Gesundheit dar.

Mit der Gesundheitsdefinition der WHO und der ICF wandelte sich der Gesundheitsbegriff insgesamt von der objektiven Feststellung symptom- und syndromalbezogener Störungen hin zu einem individualisierten, auf Funktionsfähigkeit zielenden und psychosoziale und mentale Aspekte einbeziehenden Gesundheitsverständnis. Damit rückte auch das subjektive Erleben in den Vordergrund und es wurde klar, dass eine adäquate Diagnostik und Therapie sich auch darauf gründen muss, wie betroffene Patienten ihre aktuelle Situation wahrnehmen und bewerten und wie sie in ihr handeln (Patrick/Erickson 1992).

Subjektive Gesundheit und gesundheitsbezogene Lebensqualität

Subjektive Gesundheit kann als subjektive Repräsentation gesundheitlicher Erfahrungen von Personen gesehen werden. Der Begriff »gesundheitsbezogene Lebensqualität« geht aber etwas weiter und repräsentiert inhärent eine positive normative Bewertung, nämlich die Verknüpfung des Qualitätsbegriffs mit Gesundheit (Bullinger 2000). Die gesundheitsbezogene Lebensqualität bezieht sich demnach auf einen Beurteilungsprozess, der die Zielvorstellungen der beurteilenden Person mit einbezieht. Dieser Prozess kann als die Wahrnehmung von Individuen bezüglich ihrer Position im Leben im Kontext der Kultur und der Wertsysteme, in denen sie leben und in Bezug auf ihre Ziele, Erwartungen, Standards und Interessen verstanden werden (Szabo 1996).

Andere Ansätze sehen die Lebensqualität als psychologisches Konstrukt, das über mehrere Komponenten von Wohlbefinden und Funktionsfähigkeit erfassbar ist. Operationalisierbar ist es über körperliche, emotionale, mentale, soziale und verhaltensbezogene Komponenten von Wohlbefinden und Funktionsfähigkeit aus der Sicht von Patienten und/oder Beobachtern (Bullinger 1991).

Die gesundheitsbezogene Lebensqualität kann spezifisch für bestimmte Erkrankungen (*targeted*) oder über bestimmte Erkrankungsgruppen hinweg und damit unabhängig vom allgemeinen Gesundheitszustand (*generic*) betrachtet werden. Man kann sich dabei auf den Selbstbericht der Befragten stützen oder auch auf die Auskunft anderer Personen (Selbst-versus Fremdurteil). Darüber hinaus können verschiedene zugrundeliegende Dimensionen des Konstrukts erfasst oder es kann eine generelle Bewertung mit einer Maßzahl vorgenommen werden (Index; vgl. Daig/Lehmann 2007). Diskutiert werden die Fragen, ob die gesundheitsbezogene Lebensqualität ein Abbild der allgemeinen Lebensqualität mit Bezug auf Gesundheit ist oder ob es sich um einen normativen Begriff handelt, der mit Vorstellungen über gute Lebensqualität und guter Gesundheit operiert. Wenn diese subjektive Bewertung explizit miteinbezogen wird, dann erscheint der Unterschied zwischen hoher gesundheitsbezogener Lebensqualität und Lebenszufriedenheit als relativ gering. Ein Bezug zur Glücksdefinition im Sinne hohen Wohlbefindens und selbstzugeschriebener funktionaler Kompetenz ist gegeben (Bartels/Boomsma 2009).

Messung der Lebensqualität als methodische Herausforderung

Wie kann ein so komplexes Phänomen wie subjektive Gesundheit oder auch gesundheitsbezogene Lebensqualität in Maß und Zahl umgesetzt werden? In psychologischer Terminologie ist Lebensqualität wie z.B. auch Intelligenz, Angst, Zufriedenheit oder Glück ein Konstrukt, das prinzipiell über die Identifikation relevanter Komponenten (Dimensionen eines Modells oder auch einer Theorie) erfasst werden kann. Es geht darum, diese Komponenten messbar zu machen, zu operationalisieren und dann einen Messansatz zu wählen, der es ermöglicht, die methodische Güte des Instruments zu prüfen (Ware 2003).

Für die testtheoretische Konstruktion von Messinstrumenten zur Lebensqualität und die Prüfung der psychometrischen Gütekriterien ist wichtig, dass komplexe Konstrukte, für die eine operationale Definition naheliegt, mit klassischen, aber auch modernen psychometrischen Methoden geprüft und erfasst werden können. Da es kein externes Kriterium für das Erleben einer Person gibt, ist die Erfassung der Lebensqualität radikal subjektiv: Es existiert weder ein Goldstandard noch ein äußeres Korrektiv. Die Expertin oder der Experte für die eigene Befindlichkeit und Funktionsfähigkeit ist die befragte Person. Fremdurteile zur Befindlichkeit, Tests der Funktionsfähigkeit von Kindern oder Fremdurteile über die Lebensqualität von sehr jungen oder sehr alten (z.B. dementen) Menschen können aber nicht das Lebensgefühl der Befragten wiedergeben. Sie stellen eine zusätzliche Informationsquelle dar und sind kein Ersatz für die eigene Beurteilung (Ravens-Sieberer u.a. 2005).

Eine weitere Herausforderung bei der Messung der Lebensqualität liegt darin, dass je nach Kulturkreis, Sprache und nationalen Unterschieden sowohl die Grundlagen als auch die Dimensionen der Lebensqualität verschieden sein können. Dieser Differenzierung widmet sich die interkulturelle Lebensqualitätsforschung, die die Diversität der Lebensqualitätsdefinitionen und Erfahrungen sowohl konzeptuell als auch in der psychometrischen Prüfung respektiert (Bullinger u.a. 1996). Viele Messinstrumente sind inzwischen für den interkulturellen Vergleich vorhanden und nach klassisch psychometrischer oder probabilistischer Testtheorie geprüft. Sie umfassen meistens wenige Fragen zu verschiedenen Dimensionen der Lebensqualität und stehen im Selbstbericht (aber auch im Fremdbericht) für Kinder, aber auch für Erwachsene zur Verfügung.

Eingesetzt werden die Verfahren in epidemiologischen Studien zur Beschreibung von Wohlbefinden und Funktionsfähigkeit der Bevölkerung oder spezifischer Subgruppen, zur Erfassung der Veränderungen der Lebensqualität im Zusammenhang mit einer klinischen Intervention als Prä-Post-Studie oder im Rahmen randomisierter klinischer Prüfungen zum Vergleich verschiedener Therapiestrategien, in der Qualitätssicherung zur Überprüfung der Güte der Versorgung und der Gesundheitsökonomie zur Spezifizierung des Nutzens in Kosten- oder Risiko-Nutzen-Analysen (Radoschewski 2000).

Befunde zur Lebensqualität

Ein Vergleich der Literatur zur Lebensqualität in der Medizin mit der sozialwissenschaftlichen Lebensqualitätsliteratur zeigt, dass sie sich in Forschungsmethodik und Operationalisierung des Konstrukts unterscheiden. In den Sozialwissenschaften standen zunächst soziostrukturelle Indikatoren der Lebensqualität, wie zum Beispiel das Bruttosozialprodukt oder Kindersterblichkeit, im Vordergrund. Die subjektive Perspektive wurde seit ca. 1970 einbezogen. Vorwiegend wurden hier sogenannte Lebenszufriedenheits-Skalen eingesetzt, die die Zufriedenheit in einzelnen Lebensbereichen erfragen und aufsummieren (Wirtz u.a. 2009).

In der Medizin entwickelte sich die Lebensqualitätsforschung seit ca. 1980 und fokussierte von Anfang an auf die subjektive Perspektive der Befragten im Rahmen krankheitsübergreifender oder spezifischer Messinstrumente, wobei testtheoretische Kriterien wie Reliabilität, Validität und Veränderungssensitivität beachtet wurden (Ware 1987). Die Forschungsergebnisse zur Lebensqualität repräsentieren epidemiologische, klinische und versorgungsbezogene Ansätze. Prototypisch sind die folgenden Fragestellungen: Wie lässt sich die gesundheitsbezogene Lebensqualität der Bevölkerung insgesamt beschreiben? Wie steht es um die Lebensqualität von Personen mit spezifischen Gesundheitsbeeinträchtigungen? Wie lassen sich Veränderungen der gesundheitsbezogenen Lebensqualität im Verlauf einer Erkrankung darstellen und welche Faktoren beeinflussen diese Entwicklung? Wie lassen sich Unterschiede in der Lebensqualität in Bezug auf Behandlung und Versorgung von Personen beschreiben und was folgt daraus für therapeutische Strategien im Einzelfall und für die Gesundheitsversorgung? Wie effektiv sind die Versorgungsangebote für Gesundheitsprobleme in einer Bevölkerung? Wie ist der Kosten-Nutzen-Vergleich der Behandlungsmaßnahmen zu werten und gesundheitspolitisch einzuordnen?

Für jede dieser Fragestellungen sollen im Folgenden beispielhaft Forschungsergebnisse zur subjektiven Gesundheit und gesundheitsbezogenen Lebensqualität skizziert werden.

Gesundheitbezogene Lebensqualität in der Bevölkerung

Während sich die Gesundheitsberichterstattung in Deutschland und anderen Ländern bisher vorwiegend an klinisch-medizinischen Indikatoren des Gesundheitszustandes orientiert hat, zog mit der Erfassung der gesundheitsbezogenen Lebensqualität eine neue Dimension in die Gesundheitsberichterstattung und epidemiologischen Forschung ein. Im umfassenden Bundesgesundheitssurvey von 1998 wurde die subjektive Gesundheit erstmals mit berücksichtigt und mit dem *SF–36 Health Survey* als Messinstrument erfasst (Keller u.a. 1998; Bullinger/Kirchberger 1998). In diesem Survey wurden über 7000 erwachsene Personen aus der deutschen Bevölkerung sowohl klinisch-medizinisch untersucht als auch zu ihrer Lebensqualität befragt (Thefeld u.a. 1999). Die Daten haben nicht nur Norm- und damit Referenzwerte für die gesundheitsbezogene Lebensqualität in der Bevölkerung geliefert, sondern sie zeigen auch sehr deutlich den Einfluss der sozialen Ungleichheit auf die subjektive Gesundheit (s. Kap. II.9). Wobei die Personen aus sozial benachteiligten, unteren Bevölkerungsschichten die schlechteste subjektive Gesundheit berichten. Dieser Effekt bleibt bei der Prüfung des Einflusses alternativer Faktoren bestehen. Im Gesundheitssurvey zeigten sich zudem Unterschiede entsprechend des Wohnorts (Ost versus West) und dem Geschlecht und Alter der Befragten. Diese Daten zeigen, dass Frauen im Osten des

Landes mit einer Erkrankung und höheren Alters in ihrer Lebensqualität am meisten beeinträchtigt sind.

Im Rahmen der sogenannten Kindergesundheitsstudie KIGGS wurde 2003 erstmals ein bevölkerungsrepräsentativer Survey zur Gesundheit von Kindern in Deutschland durchgeführt (Ravens-Sieberer u.a. 2008a). Auch hier zeigte sich ein deutlicher Zusammenhang zwischen Lebensqualität und sozialer Schicht. Auch anderen internationalen Studien ist zu entnehmen, dass die soziale Schicht stärker noch als andere soziale Charakteristika mit der Lebensqualität der Befragten verbunden ist (Ravens-Sieberer u.a. 2007). In epidemiologischen Studien zur Kindergesundheit zeigt sich, dass weit verbreitete Erkrankungen wie Asthma in ihren Lebensqualitätseffekten nicht so durchschlagen wie das ebenfalls häufige Übergewicht oder besonders die psychischen Störungen von Kindern und Jugendlichen (Ravens-Sieberer u.a. 2008b).

Aus bevölkerungsrepräsentativen epidemiologischen Studien lassen sich auch Angaben zur Lebensqualität von Menschen mit chronischen Erkrankungen ableiten, insbesondere zu den in der Bevölkerung häufigsten Erkrankungen wie Diabetes oder kardiovaskuläre Erkrankungen. Indem die Lebensqualitätswerte dieser klinisch diagnostizierten Gruppen mit denen der Bevölkerung verglichen werden, kann der Grad der Lebensqualitätseinbußen in Bezug auf die alters- und geschlechtsentsprechenden Normwerte identifiziert werden.

Lebensqualität im Kontext von Krankheit und Behandlung

Zur Erfassung der Lebensqualität von Menschen mit chronischen Erkrankungen findet sich eine Reihe von Forschungsergebnissen zur Lebensqualität, die mit methodisch adäquaten psychometrischen Instrumenten erhoben wurden und die die Lebensqualität dieser Personen im Zeitverlauf, meist unter Berücksichtigung der aktuellen Behandlung, beschreiben. Ein Beispiel im Erwachsenenbereich sind Studien, bei denen Menschen mit chronischen Erkrankungen aus Versorgungseinrichtungen über längere Zeit hinsichtlich ihrer Lebensqualität befragt wurden, wobei sowohl der Schweregrad der Erkrankung, als auch die therapeutische Versorgung mit einfloss. Es zeigte sich hier ein starker Zusammenhang zwischen dem Schwergrad der Störung und der Lebensqualitätsbeeinträchtigung. Ein durchgehender Befund ist, dass Geschlechtunterschiede bei

Menschen mit chronischen Erkrankungen sehr viel weniger mit Lebensqualitätsmaßen verbunden sind als in bevölkerungsrepräsentativen Studien, in denen Frauen ihre Lebensqualität durchgängig niedriger bewerten als die Männer (Franz u.a. 2008).

Multinationale Studien, in denen sich bei nach definierten klinischen Kriterien einbezogenen Patientengruppen und unter Konstanthaltung aller hypothetischen Einflussfaktoren deutliche Länderunterschiede in der Lebensqualität zeigten, repräsentieren die Versorgungsspezifika des jeweiligen Landes. Dies wurde zum Beispiel in einer europäischen Studie zur Lebensqualität und Versorgung von Patienten mit Hämophilie (ESCHQoL) gefunden, bei der sich die Lebensqualität von Erwachsenen und Kindern in Abhängigkeit von der Güte der Versorgung im Herkunftsland unterschied (Bullinger/von Mackensen 2008). In Ländern, in denen die notwendige Versorgung mit dem Blutgerinnungsfaktor VIII gewährleistet war, war die Lebensqualität der Befragten sehr viel höher als in Ländern, in denen dies nicht der Fall war.

In einer großangelegten Studie zur Lebensqualität von Kindern mit Übergewicht und Adipositas in Deutschland wurden Versorgungscluster definiert, die Kinder im Verlauf von 3 Jahren sowohl vor als auch nach Besuch von Versorgungseinheiten befragt und zusammen mit ihren Eltern und medizinisch untersucht. Es zeigte sich hier, dass Versorgungscluster mit einer starken Fokussierung auf die individuelle Situation der Patienten und verhaltensmodifizierenden Therapiemethoden die besten Ergebnisse hinsichtlich medizinischer Daten (z.B. Gewicht), vor allem aber auch hinsichtlich von Lebensqualitätsindikatoren zeigten (Hoffmeister u.a. 2010).

In einer internationalen Studie konnten Kinder mit chronischen Erkrankungen aus verschieden Ländern untersucht werden (Asthma, Diabetes, Epilepsie, Zerebralparese, Arthritis und Neurodermitis). Hier zeigten sich ebenfalls deutliche Unterschiede in der Lebensqualität der Kinder sowohl in Abhängigkeit der Art der Erkrankung, aber auch vom Wohnort (die Lebensqualität der Kinder und ihrer Eltern war mit krankheitsspezifischen und sogenannten chronisch generischen Verfahren erfasst worden; vgl. Schmidt u.a. 2006).

Die meisten Forschungsergebnisse entstammen klinischen Studien, in denen entweder in einem kontrollierten Design oder im Rahmen einer randomisierten klinischen Studie Behandlungsverfahren in ihren Auswirkungen auch auf die Lebensqualität ge-

prüft werden. Inzwischen gibt es eine kaum mehr überschaubare Fülle von Studien, die darauf hinweisen, dass zusätzlich zum medizinischen Effekt der Therapien die Lebensqualität der Behandelten einen wichtigen Parameter darstellt, der mit dem Therapieerfolg korreliert.

Im Gegensatz zu den Erwachsenen sind randomisierte Studien bei Kindern seltener vorhanden. Randomisierte kontrollierte klinische Studien, zum Beispiel im Bereich der Versorgung mit Wachstumshormonen bei kleinwüchsigen Kindern, zeigten, dass bei Wachstumshormonmangel die Zuführung des Hormons bei Kindern mit Wachstumshormondefizit klinisch zu einem substantiellen Größenwachstum führt, das auch zu einer Zunahme der Lebensqualität führt (Brütt u.a. 2009).

Gesundheitbezogene Lebensqualität und Gesundheitsökonomie

Im Rahmen der Gesundheitsökonomie werden Lebensqualitätsindizes eingesetzt, um den Nutzen einer Behandlung oder eines Versorgungsangebotes gegenüber den Kosten zu prüfen. Der Nutzen kann durch spezifische gesundheitsökonomische Lebensqualitätsindizes geprüft werden, wie zum Beispiel EQ–5D, und kann dann auf einer weiteren Ebene umgerechnet werden in qualitätsadjustierte Lebensjahre (*quality-adjusted life years*, QALYs), die durch eine Behandlung zusätzlich gewonnen werden (Ravens-Sieberer u.a. 2010).

Die gesundheitsökonomische Lebensqualitätsforschung versucht damit, den Zugewinn an Lebensqualität zu beziffern und mit den Gesundheitskosten in Relation zu setzen. Im Vergleich verschiedener Versorgungsstrategien innerhalb einer Erkrankung oder über verschiedene Erkrankungen hinweg kann so geprüft werden, inwieweit sich eine Maßnahme gesundheitsökonomisch auch vertreten lässt, was dann zutrifft, wenn der Nutzen hoch ist. Die vielen Studien aus dem Bereich der Gesundheitsökonomie zeigen, dass es sinnvoll ist, Lebensqualität in Kosten-Nutzen-Berechnungen mit einzubeziehen, weil nicht nur die Länge, sondern auch die Qualität des Lebens in einer gesundheitlichen Versorgung der Bevölkerung eine Rolle spielt (Bailey/Kind 2010).

Zusammengenommen zeigen die exemplarisch vorgestellten Studien zur Lebensqualitätsforschung in der Medizin, dass die Ergänzung klinischer Indikatoren um Maße zur Erfassung der Lebensqualität inhaltlich sinnvoll und nützlich ist. Es stellt sich allerdings die Frage, von welchen Faktoren die Lebensqualität der befragten Personen abhängt.

Determinanten der gesundheitsbezogenen Lebensqualität – wovon hängt sie ab?

Der Stand der Forschung zur gesundheitsbezogenen Lebensqualität – von der Epidemiologie bis zur Gesundheitsökonomie – lässt bisher die Frage offen, wovon jenseits von klinisch medizinischen Einflussgrößen die Lebensqualität eigentlich abhängt. Hierzu gibt es in der soziologischen und psychologische Lebensqualitätsliteratur einige interessante Befunde, auf die im Folgenden etwas genauer eingegangen werden soll (s. Kap. VIII.6).

Wie bereits erwähnt sind sozioökonomische Indikatoren, nämlich Bildung, Einkommen und Beruf, wichtige Größen, die die Lebensqualität der Befragten beeinflussen. Insofern spiegelt sich hier der aus der klinischen Epidemiologie bekannte Befund wieder, dass auch die subjektive Gesundheit schichtabhängig ist und soziale Ungleichheit reflektiert (Benach u. a. 2010).

Beim Alter zeigen Ergebnisse wie die aus Gesundheitssurveys, dass mit zunehmendem Alter die Lebensqualität im körperlichen Bereich sinkt, im psychischen Bereich allerdings erhalten bleibt. So konnte im deutschen Bundesgesundheitssurvey gezeigt werden, dass die körperliche Summenskala sich mit zunehmendem Alter verschlechtert, die psychische Summenskala aber fast unverändert bis ins hohe Alter positiv bewertet wird (Thefeld u. a. 1999).

Zusätzlich zu soziodemographischen Faktoren sind aber auch psychosoziale Einflüsse zu berücksichtigen. Aus der Literatur zu Belastung und Belastungsbewältigung ist bekannt, dass Stressbelastung einerseits und Bewältigungsbemühungen andererseits die Lebensqualität von Menschen stark modifizieren. Angesichts von Belastungen werden Strategien mobilisiert, die den Effekt der Belastung abpuffern oder die Situation verändern, sogenanntes emotions- bzw. problembezogenes Coping (Jeske u. a. 2009).

Es gibt paradox erscheinende Befunde, dass Menschen mit chronischen oder lebensbedrohlichen Erkrankungen eine höhere Lebensqualität berichten als gesunde Personen aus der Bevölkerung. Dies ist einerseits aus der Perspektive der Lebensqualitätsbeurteilung zu erklären (Menschen die nach einer Transplantation uneingeschränkter leben als zuvor, bewerten ihre Situation neu), aber auch aus erfolg-

reichen Anpassungsstrategien (die Menschen haben sich um eine Anpassung an ein Leben mit Einschränkungen bemüht; vgl. Carver/Scheier 2005).

Ein weiterer Umstand, der die Lebensqualität bzw. die subjektive Gesundheit beeinflusst, ist das Verhältnis zwischen Ressourcen und Belastungen im Leben einer Person. Antonovsky (1997) hat mit seinem Modell zur *Salutogenese* darauf hingewiesen, dass die Frage danach, wie eine Person gesund bleibt, sehr viel interessanter ist als die, warum sie erkrankt. Dieser Ansatz der Salutogenese geht einerseits davon aus, dass es Bedingungen gibt, die dem Erhalt der Gesundheit zugrunde liegen, wie zum Beispiel Verstehbarkeit, Sinnhaftigkeit und Beeinflussbarkeit, andererseits aber auch, dass für die Gesundheit das Vorhandensein von Ressourcen von hoher Bedeutung ist (Auhagen 2008; Bullinger/Brütt 2009).

Daraus hat sich in der Gesundheitsforschung ein Paradigmenwechsel ergeben, der Gesundheit und Krankheit nicht als Gegenpole, sondern als Kontinuum versteht und der den Einfluss des Verhältnisses von Belastungsfaktoren und Ressourcen oder auf diesem Kontinuum abwägt. Solche Ressourcen können sowohl im Individuum (z. B. Coping) wie im Umfeld des Individuums (soziale Unterstützung) oder in strukturellen Lebensbedingungen (z. B. Zugang zu Versorgung) liegen und beeinflussen ganz wesentlich die subjektive Gesundheit von Personen (Erhart u. a. 2007).

Entsprechende Forschungsergebnisse finden sich meist in größeren Studien, in denen mit Hilfe von Strukturgleichungsmodellen der relative Einfluss von Ressourcen und Belastungen auf die subjektive Gesundheit thematisiert wird. Ein Beispiel hierzu ist die Nutzung des Datensatzes aus dem *Deutschen Kinder- und Jugendgesundheitssurveys* (KIGGS). Bei der querschnittlichen Modulierung von Einflussfaktoren auf die subjektive Gesundheit zeigte sich, dass sowohl die psychische Gesundheit (*mental health*) als auch das Vorhandensein von Risikofaktoren die subjektive Gesundheit von Kindern wesentlich beeinflusst. In der für die nächsten Jahre geplanten Fortführung dieser Studie im Längsschnitt wird sich zeigen, inwiefern den beobachteten Beziehungen auch eine Kausalität zugrunde liegt (Fiedler 2007).

Die Kenntnis solcher Einflussfaktoren auf die subjektive Gesundheit ist notwendig, um einerseits zu verstehen, wie Urteile zur gesundheitsbezogenen Lebensqualität zustande kommen, andererseits, um Versorgungsbedarfe bei der Bevölkerung oder bei Menschen mit bestimmten Erkrankungen zu erkennen und diesen dann durch die Schaffung adäquater Versorgungsstrukturen auch zu begegnen. Diese eher analytische als deskriptive Qualitätsforschung hat erst in den letzten Jahren Aufschwung genommen, von ihr ist aber sowohl ein theoretischer Beitrag zum Verständnis von subjektiver Gesundheit und deren Regulation zu erwarten als auch ein praktischer Beitrag zur Frage, wie gesundheitliche Versorgungsstrukturen beschaffen sein müssten, um die gesundheitsbezogene Lebensqualität von gesunden und erkrankten Patienten optimal zu fördern (Frank 2010). Mit der Berücksichtigung der subjektiven Gesundheit hat sich hier ein neues Feld für Interventionen ergeben, die auch psychologische Ansätze mit einschließen, z. B. Training von Fertigkeiten der Belastungsbewältigung oder auch Veränderung des Gesundheitsverhaltens.

Schlussfolgerungen

Die Lebensqualitätsforschung hat trotz ihres relativ jungen Alters eine Reihe von Ergebnissen zur subjektiven Gesundheit sowohl von Bevölkerungsgruppen als auch von Menschen mit akuten bzw. chronischen Erkrankungen erbracht, die sich sowohl theoretisch-inhaltlich als auch praktisch-gesundheitspolitisch nutzen lassen. Es bleibt allerdings die kritische Frage bestehen, inwieweit die subjektive Gesundheit mit den beschriebenen Ansätzen adäquat zu erfassen ist, wie sie sich theoretisch von anderen Bereichen abgrenzt und was die Implikationen einer so verstandenen Forschung zur Gesundheit als Glück sind. So ist der Begriff des Glücks von dem Begriff der Gesundheit zu unterscheiden. Dies liegt nicht nur an den philosophischen Hintergründen und den Begriffsräumen, sondern auch daran, dass Gesundheit wie Glück nicht leicht in Maß und Zahl zu erfassende Phänomen sind.

Nicht nur weitere Forschung, sondern auch bessere theoretische Konzepte sind notwendig, um Gesundheit in ihrer subjektiven Repräsentation zu begreifen und ihren Stellenwert gemeinsam mit anderen Facetten des Glücks zu beleuchten. Dennoch hat die Diskussion um die subjektiv erlebte Gesundheit als Glück methodisch insofern einen Beitrag geleistet, als sie zur Entwicklung von Indikatoren subjektiver Gesundheit geführt hat. Nur dann, wenn ein theoretisch interessantes Thema auch empirisch adäquat angehbar ist, sind Ergebnisse zu erwarten, und dies ist für den Bereich subjektiver Gesundheit der Fall. Aus der Erforschung der gesundheitsbezoge-

nen Lebensqualität ergibt sich der Hinweis darauf, wie wichtig Wohlbefinden und wahrgenommenes Funktionsvermögen sind. Beide, so lässt sich postulieren, sind mit Glück nicht gleichzusetzen, aber wahrscheinlich zumindest Voraussetzungen für Glück.

Literatur

Antonovsky, Aaron: Salutogenese. Zur Entmystifizierung der Gesundheit. Tübingen 1997.

Auhagen, Ann Elisabeth (Hg.): Positive Psychologie. Anleitung zum besseren Leben. Weinheim 2008.

Bailey, Henry/Kind, Paul: Preliminary Findings of an Investigation into the Relationship between National Culture and EQ–5D Value Sets. In: Quality of Life Research 19/8 (2010), 1145–1154. Epub 2010 May 23.

Bartels, Meike/Boomsma, Dorret I.: Born to be Happy? The Etiology of Subjective Well-Being. In: Behavior Genetics 93/6 (2009), 605–615.

Benach Joan u. a.: The Importance of Government Policies in Reducing Employment Related Health Inequalities. In: Bundesministerium der Justiz (2010), 340.

Bitsko, Matthew J. u. a.: Happiness and Time Perspective as Potential Mediators of Quality of Life and Depression in Adolescent Cancer. In: Pediatric Blood & Cancer 50 (2008), 613–619.

Brütt, Anna L. u. a.: Assessment of Health-Related Quality of Life and Patient Satisfaction in Children and Adolescents with Growth Hormone Deficiency or Idiopathic Short Stature – Part 1: A Critical Evaluation of Available Tools. In: Hormone Research 72/2 (2009), 65–73. Epub 2009 Aug 18. Review.

Bullinger, Monika: Quality of Life – Definition, Conceptualization and Implications: A Methodologists View. In: Theoretical Surgery 6 (1991), 143–148.

–: Lebensqualität – Aktueller Stand und neuere Entwicklungen der internationalen Lebensqualitätsforschung. In Ulrike Ravens-Sieberer/Alarcos Cieza (Hg.): Lebensqualität und Gesundheitsökonomie in der Medizin. Konzepte – Methoden – Anwendungen. Landsberg 2000, 13–24.

–: Assessing Health Related Quality of Life in Medicine. An Overview over Concepts, Methods and Applications in International Research. In: Restorative Neurology and Neuroscience 20 (2002), 93–101.

– u. a.: Creating and Evaluating Cross-Cultural Instruments. In: B. Spilker (Hg.): Quality of Life and Pharmaeconomics in Clinical Trials. Philadelphia/New York 1996, 659–668.

– /Brütt, Anna L.: Lebensqualität und Förderung der Lebensqualität. In: Michael Linden (Hg.): Salutotherapie in Prävention und Rehabilitation. Köln 2009, 17–29.

– /Kirchberger, Inge: SF–36 Fragebogen zum Gesundheitszustand. In: Zeitschrift für medizinische Psychologie 7/4 (1998), 190–191.

– /von Mackensen, Sylvia: Psycho-social Determinants of Quality of Life in Children and Adolescents with Haemophilia – a Cross-Cultural Approach. In: Clinical Psychology & Psychotheraphy. May 15/3 (2008), 164–72.

Camfield, Laura/Skevington Suzanne M.: On Subjective Well-Being and Quality of Life. Journal of Health Psychology 13 (2008), 764–775.

Carver, Charles S./Scheier, Michael F.: Optimism. In: C.R. Sydner/J. Lopez (Hg.): Handbook of Positiv Psychology. Oxford/New York 2005, 231–243.

Daig, Isolde/Lehmann, Anja: Verfahren zur Messung der Lebensqualität. In: Zeitschrift für Medizinische Psychologie 16 (2007), 5–23.

Erhart, Michael u.a.: Der Kinder- und Jugendgesundheitssurvey (KiGGS): Risiken und Ressourcen für die psychische Entwicklung von Kindern und Jugendlichen. In: Bundesgesundheitsblatt – Gesundheitsforschung – Gesundheitsschutz 50 (2007), 800–809.

Fiedler, Peter: Ressourcenorientierte Psychotherapie. In: Renate Frank (Hg.): Therapieziel Wohlbefinden. Ressourcen aktivieren in der Psychotherapie. Heidelberg 2007, 19–31.

Frank, Renate: Wohlbefinden fördern. Stuttgart 2010.

Franz, Matthias u.a.: Alexithymia in the German General Population. In: Social Psychiatry & Psychiatric Epidemiology. Jan 43/1 (2008), 54–62. Epub 2007 Oct 12.

Hoffmeister, Ulrike u.a.: Treatment of Obesity in Pediatric Patients in Germany: Anthropometry, Comorbidity and Socioeconomic Gradients Based on the BZgA Observational Study. In: Klinische Padiatrie 222/4 (2010), 274–278.

Jeske, Jana u.a.: Risikofaktor Krankheitsverarbeitung. Zusammenhänge zwischen der Krankheitsverarbeitung einer elterlichen psychischen Erkrankung und der gesundheitsbezogenen Lebensqualität der Kinder. In: Zeitschrift für Psychiatrie, Psychologie und Psychotherapie 57/3 (2009), 207–213.

Keller, Susan D. u.a.: Use of Structural Equation Modeling to Test the Construct Validity of the SF–36 Health Survey in ten Countries: Results from the IQOLA Project. International Quality of Life Assessment. In: Journal of Clinical Epidemiology 51/11 (1998), 1179–1188.

Morrogh, Mary u.a.: A Prospective Evaluation of the Durability of Palliative Interventions for Patients with Metastatic Breast Cancer. In: Cancer 116/14 (2010), 3338–47.

Nageswaran, Savithri/Silver, Ellen J./Stein Ruth E.K.: Association of Functional Limitation with Health Care Needs and Experiences of Children with Special Health Care Needs. In: Pediatrics 121 (2008), 994–1001.

Patrick, Donald L./Erickson, Peniffer: Health Status and Health Policy. New York 1992.

Radoschewski, Michael: Gesundheitsbezogene Lebensqualität – Konzepte und Maße. Entwicklungen und Stand im Überblick. In: Bundesgesundheitsblatt – Gesundheitsforschung – Gesundheitsschutz 43 (2000), 165–89.

Ravens-Sieberer, Ulrike u.a.: Lebensqualität chronisch kranker Kinder und Jugendlicher in der Rehabilitation. In: Zeitschrift Medizinische Psychologie 14 (2005), 5–12.

– u.a.: Measuring Subjective Health in Children and Adolescents: Results of the European KIDSCREEN/DISABKIDS Project. In: Psycho-Social-Medicine Jul 12/4 (2007), Doc08.

– Kurth, Bärbel-Maria (KiGGS study group; BELLA study group): The Mental Health Module (BELLA study) within the German Health Interview and Examination Survey of Children and Adolescents (KiGGS): Study Design and Methods. In: European Child & Adolescent Psychiatry 17 (Dec. 2008a), Suppl 1, 10–21.

– u.a. (BELLA study group): Prevalence of Mental Health Problems among Children and Adolescents in Germany: Results of the BELLA Study within the National Health Interview and Examination Survey. In: European Child & Adolescent Psychiatry 17 (Dec. 2008b), Suppl 1, 22–33.

– u.a.: Feasibility, Reliability, and Validity of the EQ–5D-Y: Results from a Multinational Study. In: Quality of Life Research 19/6 (2010), 887–897.

Schmidt, Silke u.a. (European DISABKIDS Group): The DISABKIDS Generic Quality of Life Instrument Showed Cross-Cultural Validity. In: Journal of Clinical Epidemiology. June 59/6 (2006), 587–98. Epub 2006 May 2.

Szabo, Silvija (The WHOQOL-Group): The World Health Organization Quality of Life (WHOQOL) Assessment Instrument. In: Bert Spilker (Hg.): Quality of Life and Pharmaeconomics in Clinical Trials. Philadelphia/New York 1996, 355–362.

Thefeld, Wolfgang/Stolzenberg, Heribert/Bellach, Bärbel-Maria: Bundes-Gesundheitssurvey: Response, Zusammensetzung der Teilnehmer und Non-Responder-Analyse. In: Gesundheitswesen 61, Sonderheft 2 (1999), 57–61.

Ware, John E.: Standards for Validating Health Measures. Definition and Content. In: Journal of Chronic Diseases 40 (1987), 503–512.

–: Conceptualization and Measurement of Health-Related Quality of Life: Comments on an Evolving Field. In: Archives of Physical Medicine and Rehabilitation 84/2 (2003), 43–51.

Wirtz, Derrick u. a.: What Constitutes a Good Life? Cultural Differences in the Role of Positive and Negative Affect in Subjective Well-Being. In: Journal of Personality 77 (2009), 1167–1196.

World Health Organization (WHO): The World Health Organization Quality of Life Assessment (WHO-QOL): Position Paper from the World Health Organization. In: Social Scientific Medicine 41 (1995), 1403–1409.

–: International Classification of Functioning, Disability and Health. Resolution 54.21. Genf 2001.

Monika Bullinger

6. Glück als subjektives Wohlbefinden: Lehren aus der empirischen Forschung

Glück ist in modernen Gesellschaften ein vorrangiges Gut; die meisten von uns streben nach einem glücklichen Leben und schreiben dem Glücksbefinden großen Wert zu (Harding 1985). Die Unterstützung für jenen moralphilosophischen Ansatz, dem zufolge wir mehr Glück für mehr Menschen anstreben sollten (Bentham 1789/1970), nimmt stetig zu. Entsprechend gewinnt das Glück auch auf der Tagesordnung der Politik weiter an Bedeutung (Bok 2010; Donovan et. al 2002; Frey/Stutzer 2002).

Um dieses Streben nach Glück besser nachvollziehen zu können, müssen wir die Bedingungen des Glücklichseins besser verstehen lernen, und das erfordert systematische Untersuchungen. Das Studium des Glücks ist schon seit langem Tummelplatz für philosophische Spekulationen, die jedoch zu keiner soliden Forschungsgrundlage geführt haben. Erst in den vergangenen Jahrzehnten haben Erhebungsmethoden der Sozialwissenschaften hier einen Durchbruch gebracht. Es wurden verlässliche Messparameter für das Glück entwickelt, die inzwischen zu umfangreichen Erkenntnissen auf diesem Gebiet geführt haben. Diese Literatur zum Forschungsgegenstand ›Glück‹ lässt sich in Hinblick auf wenige Schlüsselfragen einordnen, die jeweils als Einzelschritte bei der Schaffung von mehr Glück für eine größere Zahl betrachtet werden können: (1) Was genau ist Glück? (2) Ist Glück messbar? (3) Wie glücklich sind wir derzeit? (4) Was macht uns glücklich bzw. unglücklich? und (5) Lässt sich das Glücksbefinden dauerhaft steigern?

Was ist ›Glück‹?

Das Wort ›Glück‹ wird auf unterschiedlichste Weisen verwendet. Im weitesten Sinn handelt es sich um einen Oberbegriff für alle Vorstellungen vom guten Leben. In dieser Bedeutung wird der Begriff oft synonym mit Ausdrücken wie ›Wohlbefinden‹ oder ›Lebensqualität‹ gebraucht und bezeichnet sowohl individuelles wie soziales Wohlergehen. Zudem wird das Wort im spezifischeren Sinn zur Bezeichnung der subjektiven Wertschätzung des Lebens verwendet, und eben darum geht es auch hier.

Definiert wird Glück demnach wie folgt: Glück ist

das Maß oder der Grad, in dem ein Mensch mit der Qualität seines eigenen Lebens insgesamt zufrieden ist. Anders ausgedrückt bezeichnet Glück das Maß, in dem man das eigene Leben mag. In diesem Sinn kann man nicht glücklich sein, ohne es auch zu wissen, und in diesem Sinn ist auch illusorisches Glück immer noch Glück.

Komponenten des Glücks

Menschen können ihr Leben auf zweierlei Weise bewerten. Mit den höher entwickelten Tieren teilen wir die Fähigkeit zur gefühlsmäßigen Wertschätzung unserer Lage. Wir fühlen uns in bestimmter Hinsicht gut oder schlecht, und unsere Stimmungslage trägt dem jeweils aufs Ganze gesehen Rechnung. Genau wie bei den Tieren (s. Kap. VIII.1) entwickeln sich diese affektiven Wertschätzungen automatisch; anders als andere Tiere können Menschen diese Erfahrung jedoch reflektieren. Wir wissen ungefähr, wie wir uns vor einem Jahr gefühlt haben; eine Katze weiß das nicht. Zudem können Menschen das Leben kognitiv beurteilen, indem sie die faktische Lage mit einer gewünschten vergleichen. Ich bezeichne diese Einschätzungen als hedonische Gefühlsniveaus und Zufriedenheitsniveaus und betrachte sie als Bestandteile der Gesamteinschätzung des Lebens, die ich als Gesamtglücksniveau bezeichnen möchte.

Hedonisches Gefühlsniveau: Das hedonische Gefühlsniveau ist der Grad, in dem unterschiedliche Gefühle ihrer Art nach als angenehm erfahren werden, was sich im Regelfall in der ›Stimmung‹ niederschlägt. Das durchschnittliche Gefühlsniveau einer Person lässt sich über verschiedene Zeitspannen bewerten: eine Stunde, eine Woche, ein Jahr, sogar über die Spanne eines ganzen Lebens (s. Kap. II.6). Unser Augenmerk gilt dem ›charakteristischen‹ hedonischen Niveau, das heißt dem Durchschnitt über eine lange Zeitspanne, etwa über einen Monat oder ein Jahr. Das Konzept setzt kein subjektives Gewahrsein dieses Durchschnittsniveaus voraus.

Zufriedenheitsniveau: ›Zufriedenheit‹ bezeichnet den Grad, in dem ein Individuum seine Bestrebungen als erfüllt betrachtet. Das Konzept geht davon aus, dass der/die Betreffende bestimmte bewusste Ziele und bestimmte Vorstellungen zu deren Verwirklichung entwickelt hat. Dabei geht es nicht um die faktische Richtigkeit dieser Vorstellungen,

sondern nur um die subjektive Wahrnehmung des/der Betreffenden. Eine ausführlichere Erörterung dieser Konzeptualisierung des Glücks habe ich andernorts vorgelegt (Veenhoven 1984, 22–25).

Immer mehr Belege sprechen für die Annahme, dass affektive Erfahrungen maßgeblich die Gesamtbewertung des Lebens bestimmen; das entspricht der Theorie, nach der Gefühle das grundlegende Orientierungssystem der Säugetiere bilden und kognitive Fähigkeiten evolutionär jünger sind und eher ergänzende Fähigkeiten als Ersatzfähigkeiten darstellen (Veenhoven 2009).

Ist Glück messbar?

Da Glück als etwas definiert wird, das wir ›im Sinn‹ haben, lässt es sich mithilfe von Fragen messen. Eine gebräuchliche Frage lautet:

Wie zufrieden sind Sie derzeit alles in allem mit Ihrem Leben?
0 1 2 3 4 5 6 7 8 9 10
ausgesprochen unzufrieden   ausgesprochen zufrieden

Diese und ähnliche Fragen werden zwar in Erhebungen wie dem *World Values Survey* (Inglehart/Welzel 2005) und dem *Gallup World Poll* verwendet, sind aber auch Gegenstand heftiger Kritik.

Gültigkeit: Obgleich die Fragen recht klar sind, können die Antworten doch auf verschiedene Weise irreführend sein. Die Antworten bringen unter Umständen eher zum Ausdruck, wie glücklich die Befragten glauben, sein zu sollen, statt wiederzugeben, wie glücklich sie sich tatsächlich fühlen; möglich ist auch, dass Befragte sich als glücklicher darstellen, als sie es tatsächlich sind. Diese Befürchtungen waren Anlass zu zahlreichen Untersuchungen der Gültigkeit der entsprechenden Befragungsresultate. Ich habe diese Untersuchungen andernorts geprüft und bin zu dem Schluss gekommen, dass keine Belege dafür vorliegen, dass diese Fragen etwas anderes messen als was sie messen sollen (Veenhoven 1984, Kap. 3). Das ist zwar keine Garantie gegen Mängel, aber wir können diesen Glücksmessungen wohl bis auf Weiteres vertrauen.

Verlässlichkeit: Die Forschung hat ferner ergeben, dass die Antworten durch geringfügige Variationen der Wortwahl und der Reihenfolge der Fragen sowie durch situative Faktoren wie die ethnische Zugehörigkeit des Interviewers oder das Wetter beeinflusst werden. Ein und dieselbe Person kann also in der einen Studie eine Punktzahl von 6 und in einer anderen eine Punktzahl von 7 angeben. Diese mangelnde Präzision beeinträchtigt Analysen auf individueller Ebene. Weniger schwerwiegend ist dieses Problem, wo das durchschnittliche Glücksbefinden in Gruppen verglichen wird, da Zufallsfluktuationen dabei zum Ausgleich neigen. Typischerweise ist das dort zu beobachten, wo Glück als Kriterium in der Politikbewertung verwendet wird.

Vergleichbarkeit: Dennoch wird eingewendet, Antworten auf derartige Fragen seien nicht vergleichbar, weil eine Punktzahl beispielsweise von 6 eben nicht für alle Befragten das Gleiche bedeute.

Ein oft angeführtes philosophisches Argument für diese Position lautet, dass Glück auf der Befriedigung von Wünschen beruht und dass diese zwischen Personen und Kulturen variieren (Smart/Williams 1973). Es ist indes alles andere als sicher, dass Glück von der Verwirklichung spezifischer Wünsche abhängt. Die verfügbaren Daten sprechen eher für die Theorie, dass Glück von der Befriedigung universeller Bedürfnisse abhängig ist (Veenhoven 1991; 2009). Ähnliche Bedenken werden dahingehend geäußert, dass ›Glück‹ ein typisch westliches Konzept sei, das in anderen Kulturen so nicht anerkannt wird. Dennoch scheint Glück ein universelles Gefühl zu sein, das man im Gesichtsausdruck auf der ganzen Welt erkennen kann und für das es überall sprachliche Ausdrücke gibt. Entsprechend sind Antwortverwei-

gerungen in der Frage nach dem Glück weltweit selten festzustellen (Veenhoven 2010b).

Ein weiterer Einwand besagt, dass Glück eine einzigartige Erfahrung ist, die sich nicht auf einer Äquivalenzskala mitteilen lässt. Dieser Einwand gründet unter anderem auf einem konstruktivistischen Menschenbild. Aus evolutionärer Sicht sind große Unterschiede zwischen uns jedoch unwahrscheinlich. Wie beim Schmerz gibt es wohl auch hier ein gemeinsames menschliches Erfahrungsspektrum. Nach der ›Signal‹-Theorie der Affekte ist die Annahme, Glück sei etwas jeweils Einzigartiges, ebenfalls nicht plausibel. Auch die Daten ergeben hier ein anderes Bild. Wenn sich Glücksbefinden nicht auf einer Äquivalenzskala mitteilen lässt, kann auch kaum eine Korrelation zwischen subjektivem Glück und objektiven Lebensbedingungen bestehen. Die Forschungsergebnisse weisen jedoch mehrere beträchtliche Korrelationen aus, von denen einige in den nachfolgenden Grafiken dargestellt sind.

Und schließlich bestehen methodologische Vorbehalte in Bezug auf mögliche kulturelle Einseitigkeiten in der Messung von Glück, die etwa auf Probleme bei der Übersetzung von Schlüsselwörtern und auf kulturelle Variationen in den Antwortgewohnheiten zurückgehen. Ich habe an anderer Stelle nach empirischen Belegen für solche Verzerrungen gesucht, jedoch keine gefunden (Veenhoven 1993, Kap. 5).

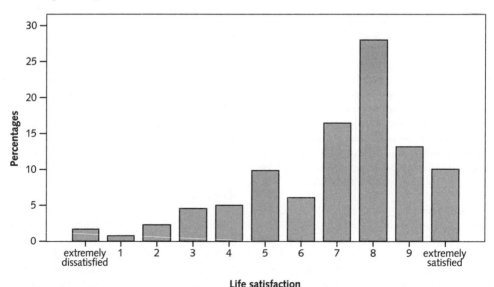

Grafik 1: Glücksbefinden in Deutschland (Quelle: European Social Survey 2006)

Wie glücklich sind wir?

Nachfolgend die Antwort auf diese Frage in Deutschland. Überwiegend wurden die Optionen 7, 8 und 9 gewählt; nur 14 Prozent der angegebenen Punktzahlen lagen unter dem Wert von 5. Der Durchschnitt lag bei 7,2. Aus diesem Ergebnis geht hervor, dass die meisten Deutschen sich die meiste Zeit über glücklich fühlen müssen.

Wie verhalten sich die deutschen Werte zu denen anderer Länder? Einige verdeutlichende Ergebnisse sind in Grafik 2 dargestellt. Obgleich Deutschland sich im Mittelfeld dieser Liste befindet, rangiert das Land tatsächlich weltweit mit an der Spitze. Wie ersichtlich wird, variiert das durchschnittliche Glücksbefinden zwischen 8,3 (Dänemark) und 3,3 (Zimbabwe); mit einem Wert von 7,2 befindet sich Deutschland im oberen Bereich dieses Intervalls von 5 Punkten.

• Dänemark	8,3
• Schweiz	8,1
• Schweden	7,7
• USA	7,6
• **Deutschland**	7,2
• Frankreich	6,5
• Japan	6,4
• Türkei	5,5
• Russland	4,4
• Zimbabwe	3,3

Grafik 2: Glücksbefinden in einzelnen Ländern 2006; Mittelwerte auf einer Skala von 0–10 (Quelle: Veenhoven 2010a, Datensammlung Happiness in Nations, Rangfolgeliste Durchschnittliches Glücksbefinden).

Was macht uns glücklicher oder unglücklicher?

Nachdem feststeht, *dass* es Unterschiede im Glücksbefinden gibt, fragt sich nun, *weshalb* es diese Unterschiede gibt. Hier spielen mehrere Faktoren eine Rolle: kollektives und individuelles Verhalten, einfache Sinneserfahrungen und höhere kognitive Vorgänge, stabile Merkmale einzelner Personen und ihrer Umwelt, unvorhergesehene Ereignisse. Grafik 3 zeigt eine versuchsweise Anordnung solcher Faktoren und Vorgänge in einem Sequenzmodell.

Dem Modell liegt die Annahme zugrunde, dass sich Lebensbeurteilungen aus Erfahrungen über kürzere oder längere Lebensspannen hinweg ergeben, insbesondere aus positiven oder negativen Er-

fahrungen als geistige Reaktion auf Ereignisse des Lebensverlaufs. Hierzu gehören wichtige einmalige Ereignisse wie Hochzeiten oder Wohnortwechsel sowie immer wiederholte alltägliche Abläufe wie morgendliches Aufstehen oder Geschirrspülen. Die Ereignisse eines Lebens sind zum Teil eine Sache von Glück oder Pech, wie beispielsweise bei Unfällen. Ferner hängt der Eintritt von Lebensereignissen von gegebenen Umständen und Möglichkeiten ab. Verkehrsunfälle sind in wohlgeordneten Gesellschaften unter aufmerksamen Personen weniger häufig. Daher ist die Wahrscheinlichkeit des Eintritts eines positiv bzw. negativ ausschlagenden Ereignisses nicht für jeden die gleiche. In der Regel spricht man hier von ›Lebenschancen‹, wie etwa Max Weber (1922), der Unterschiede im Zugang zu knappen Ressourcen betont. Die aktuellen Lebenschancen wurzeln in vergangenen Ereignissen und in Möglichkeitsstrukturen, in der Gesellschaftsgeschichte sowie im individuellen Entwicklungsverlauf.

Ein Beispiel kann das Vierstufenmodell verdeutlichen: Die Lebenschancen eines Menschen können schlecht sein, weil dieser Mensch in einer rechtlosen Gesellschaft lebt, ohne Einfluss und weder sonderlich klug noch sonderlich anziehend ist (Schritt 1). Dieser Mensch wird auf zahlreiche Widrigkeiten stoßen; er wird beraubt, betrogen, gedemütigt und ausgeschlossen (Schritt 2). Daher wird sich dieser Mensch oft ängstlich, wütend und einsam fühlen (Schritt 3). Auf der Grundlage dieses Erfahrungskontinuums wird dieser Mensch das Leben insgesamt negativ bewerten (Schritt 4).

Qualität der Gesellschaft: Weshalb variiert das Glücksbefinden im Ländervergleich so stark? Grafik 4 stellt einige der zugrundeliegenden Gesellschaftsmerkmale dar. Viele dieser Faktoren sind Teil des ›Moderne‹-Syndroms. Je weiter modernisiert ein Land ist, desto glücklicher sind seine Bewohner. Diese Feststellung wird die Untergangspropheten überraschen, für die die Moderne einen Niedergang bedeutet, und sie widerspricht auch den intuitiven Einschätzungen gleich mehrerer führender Sozialwissenschaftler. In seinem Text *Das Unbehagen in der Kultur* (1930) vertrat Freud die Auffassung, die gesellschaftliche Fortentwicklung gehe mit der Unterdrückung primitiver Triebe einher, in deren Ausleben er das Wesen des Glücks sah. Ebenso wandte sich Durkheim in seinem Buch *De la division du travail social* gegen Wirtschaftswissenschaftler, die den Nutzen der Arbeitsteilung priesen, indem er feststellte:

LEBENSCHANCEN───►	EREIGNISVERLAUF───►	ERFAHRUNGSSTROM ───►	LEBENSBEWERTUNG
Qualität der Gesellschaft Wirtschaftl. Wohlergehen Soziale Gleichheit Politische Freiheit Kultureller Reichtum Moralische Ordnung etc. **Soziale Stellung** Materieller Besitz Politischer Einfluss Soziales Ansehen Familienbindungen etc. **Individuelle Fähigkeiten** Körperliche Fitness Psychische Stärke Soziale Fähigkeiten Geistige Fähigkeiten etc.	**Konfrontation mit:** Mangel oder Überfluss Angriffen oder Schutz Einsamkeit oder Gemeinschaft Demütigung oder Ehrung Routine oder Herausforderungen Hässlichkeit oder Schönheit etc.	**Erfahrung von:** Sehnsucht oder Befriedigung Angst oder Sicherheit Einsamkeit oder Liebe Abweisung oder Achtung Langeweile oder Spannung Widerwille oder Begeisterung etc.	Schätzung des durchschnittlichen Gefühlszustandes Vergleich mit Standards des guten Lebens Gesamtbewertung des Lebens
Glücksbedingungen		Bewertungsprozess	

Grafik 3: Lebensbewertung: Sequenzmodell für Bedingungen und Abläufe

»Diese Auffassung geht davon aus, dass wir tatsächlich glücklicher werden. Nichts ist jedoch weniger gewiss« (Durkheim 1893/1992, 230). Die Modernisierung mag zwar Probleme mit sich bringen, aber ihr Nutzen überwiegt doch deutlich (Veenhoven 2005).

Gesellschaftsmerkmale	Korrelation mit dem Glücksbefinden
Wohlstand	+.69
Rechtssicherheit Bürgerrechte Korruption	 +.50 .69
Freiheit Wirtschaftlich Politisch Persönlich	 +.63 +.53 +.41
Gleichheit Einkommensungleichheit Geschlechtergleichstellung	 –.08 –.21
Pluriformität Anteil Migranten Toleranz gegenüber Minderheiten	 +.29 +.49
Modernität Schulsystem Urbanisierung	 +.56 +.58
Erklärte Varianz (Berichtigt R^2)	75 %

Grafik 4: Glück und Gesellschaft in 146 Ländern um das Jahr 2006 (Quelle: Veenhoven 2010b, Data file States of Nations)

Soziale Stellung: Neben diesen Befunden zu Unterschieden im länderübergreifenden durchschnittlichen Glücksbefinden liegen auch zahlreiche Untersuchungsergebnisse zu Unterschieden im individuellen Glücksbefinden innerhalb einzelner Länder vor. Da die meisten dieser Studien von einer gleichheitsorientierten Sozialpolitik inspiriert sind, liegt ihr Schwerpunkt häufig auf sozialen Unterschieden etwa bei Einkommen, Bildung und Beschäftigung. Entgegen den Erwartungen wirken sich diese Positionsunterschiede kaum auf das Glücksbefinden aus, jedenfalls nicht in modernen Überflussgesellschaften. Zusammengenommen erklären Positionsvariablen höchstens 10 Prozent der Varianz im Glücksbefinden. Die wichtigsten Befunde sind in Grafik 5 zusammengefasst.

Lebensfähigkeit: Die stärksten Korrelationen finden sich auf psychologischer Ebene. Glückliche Menschen verfügen in der Regel über bessere Möglichkeiten als die unglücklichen. Die normale Varianz, die durch diese Variablen erklärt werden kann, liegt bei ca. 30 Prozent. Einige wichtige Ergebnisse sind in Grafik 6 zusammengefasst.

Zahlreiche Befunde zur individuellen Variation des Glücksbefindens konzentrieren sich letztlich auf Unterschiede in der *Möglichkeit, das eigene Umfeld zu kontrollieren;* dieses Muster scheint universell zu gelten (Veenhoven 2010b).

Soziale Stellung	
Einkommen	+
Ausbildung	±
Berufliches Ansehen	+
Soziale Partizipation	
Beschäftigung	±
Mitgliedschaft in Verbänden	+
Primäres Sozialnetz	
Ehepartner	++
Kinder	0
Freunde	+

Korrelation: ++ = Sehr positiv, + = Positiv, 0 = Kein Bezug, – = Negativ

Grafik 5: Glück und soziale Stellung: Untersuchungsergebnisse im Überblick (Quelle: Veenhoven 2010a, Erhebung Korrelationsbefunde)

Ausstattung	
Körperliche Gesundheit	+
Geistige Gesundheit	++
IQ	0
Persönlichkeit	
Selbstbeherrschung	+
Weltoffenheit	+
Pflichtbewusstsein	+
Lebensweise	
Genussbereitschaft	+
Geselligkeit	++

Korrelation: ++ = Sehr positiv, + = Positiv, 0 = Kein Bezug, – = Negativ

Grafik 6: Glück und Lebensfähigkeiten: Befunde im Überblick (Quelle: Veenhoven 2010a, Erhebung Korrelationsbefunde)

Möglichkeiten der Glückssteigerung

Kann die Politik für mehr Glück sorgen? (s. Kap. II.9) Etliche Wissenschaftler verneinen diese Frage. Manche Psychologen sind der Auffassung, Glück sei im Wesentlichen angeboren oder zumindest Teil einer stabilen Persönlichkeit. Eine bessere Gesellschaft wird demnach keine glücklicheren Bürger hervorbringen. Diese Auffassung ist als »Set-Point-Theorie« bekannt (z.B. Lykken 1999). Manche Soziologen kommen zum selben Schluss aufgrund der Auffassung, dass Glück auf sozialem Vergleich basiert und dass man selbst nicht besser dasteht als die Nachbarn, wenn sich die Bedingungen für alle gleichermaßen verbessern. Hier werden gern die Vereinigten Staaten als Beispiel angeführt: Der materielle Wohlstand hat sich in den USA seit den 1950er Jahren verdoppelt, während das durchschnittliche Glücks-

befinden auf demselben Niveau zu verharren scheint (z.B. Easterlin 1995; s. Kap. VIII.7). Diese Forscher irren sich jedoch, und zwar sowohl empirisch wie theoretisch.

Empirische Indikationen: Es besteht ein eindeutiger Zusammenhang zwischen dem durchschnittlichen Glücksbefinden und der Qualität der Gesellschaft. Denken wir an den Fall Zimbabwe in Grafik 1, ein Land, das mit einem Durchschnittswert von 3,3 ganz unten rangiert. Offensichtlich können Menschen in einem gescheiterten Staat nicht glücklich leben, auch wenn es ihren Nachbarn genauso geht. Die Korrelationen in Grafik 4 zeigen, dass dies keine Ausnahme ist; Differenzen in der Qualität einer Gesellschaft erklären ca. 75 Prozent der Variation im durchschnittlichen Glücksbefinden der Welt von heute.

Das durchschnittliche Glücksbefinden hat sich in den meisten Ländern tatsächlich verändert, und zwar in der Regel zum Besseren (Veenhoven/Hagerty 2006). Grafik 7 zeigt einen graduellen Anstieg in Dänemark im Verlauf der letzten 30 Jahre und einen dramatischen Rückgang in Russland nach der Krise des Rubels im Jahr 1995. Das Glücksbefinden ist eindeutig nicht an einem Set-Point fixiert!

Grafik 7 verdeutlicht ferner, dass ein Glückszuwachs in den meisten Ländern der Erde möglich ist. Das durchschnittliche Glücksbefinden liegt derzeit in Dänemark mit einem Schnitt von 8,3 am höchsten. Was in Dänemark möglich ist, sollte auch in anderen Ländern möglich sein. Der Einwand, das Glück in Dänemark sei genetisch oder durch den Nationalcharakter bedingt, ist hinfällig, da Grafik 7 zeigt, dass sich das Glücksbefinden in Dänemark seit 1973 gesteigert hat.

Das heutige Glücksbefinden in Dänemark mag dem möglichen Maximum nahekommen. Wenn dem so ist, haben die meisten Länder dieser Erde noch einen langen Weg vor sich, denn der weltweite Durchschnitt liegt bei 5,5. Selbst wenn wir das Maximum je erreichen, bleibt immer noch die Möglichkeit, dessen Dauer auszudehnen und für mehr glückliche Jahre für eine größere Zahl von Menschen zu sorgen (Veenhoven 2005).

Theoretische Untermauerung: Die irrige Auffassung, eine Steigerung des Glücksbefindens sei nicht möglich, basiert auf fehlerhaften Theorien über die Natur des Glücks. Einer dieser Irrtümer lautet, dass Glück lediglich eine Frage der Lebenseinstellung sei und dass diese von vornherein sowohl in der individu-

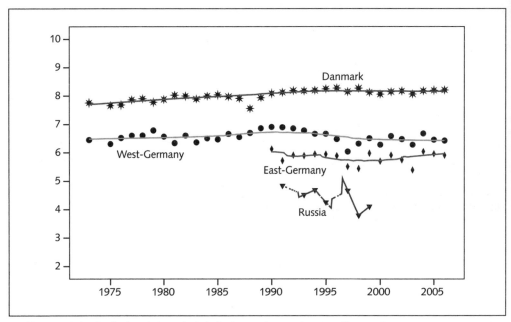

Grafik 7: Trend des durchschnittlichen Glücksbefindens in drei Ländern (Quelle: Veenhoven 2010a, Datengruppe TrendsInNations_2007)

ellen Persönlichkeit wie im jeweiligen Nationalcharakter festgelegt sei. Eine weitere falsche Theorie folgt der Annahme, Glück resultiere aus kognitiven Vergleichen, insbesondere in Hinblick auf die soziale Position. Ich habe an anderer Stelle gezeigt, dass diese Theorien falsch sind (Veenhoven 1991).

Meine alternative Glückstheorie geht davon aus, dass wir das Leben in erster Linie auf der Grundlage affektiver Informationen einschätzen. Wir erfahren positive und negative Affekte, und wenn wir einschätzen, wie sehr wir unser Leben mögen, bewerten wir, inwieweit die positiven Gefühle die negativen überwiegen. Diese Theorie entspricht auch Benthams Konzeption des Glücks als ›Summe von Lust und Schmerz‹. Meiner Ansicht nach signalisieren positive und negative Affekte die Befriedigung grundlegender menschlicher Bedürfnisse; das Glück hängt somit letzten Endes von der Befriedigung dieser Bedürfnisse ab. Ich habe diese Theorie an anderer Stelle eingehender erörtert (Veenhoven 2009).

Schlussbemerkung

Glück lässt sich als subjektiver Genuss des eigenen Lebens insgesamt definieren. Empirische Untersuchungen des Glücksbefindens weisen erhebliche Un-

terschiede aus, was sowohl das durchschnittliche Glücksbefinden über Ländergrenzen hinweg wie im Vergleich der Einwohner einzelner Länder betrifft. Schon unser derzeitiger Kenntnisstand in Hinblick auf das Glück zeigt, dass mehr Glück für eine größere Zahl von Menschen grundsätzlich möglich ist, und es zeichnen sich auch schon bestimmte Wege zu diesem Ziel ab.

Literatur

Bentham, Jeremy: An Introduction Into the Principles of Morals and Legislation [1789]. London 1970.

Bok, Derek: The Politics of Happiness. What Government Can Learn From the New Research on Well-Being. Princeton 2010.

Diener, Ed: Assessing Subjective Well-Being. Progress and Opportunities. In: Social Indicators Research 31 (1994), 103–157.

Donovan, Nick/Halpern, David/Sargeant, Richard: Life Satisfaction: The State of Knowledge and Implications for Government. Discussion Paper, Strategy Unit, British Government. 2002.

Durkheim, Émile: Über soziale Arbeitsteilung. Studie über die Organisation höherer Gesellschaften [1893]. Frankfurt a. M. 1992.

Easterlin, Richard A.: Will Raising the Incomes of All Increase the Happiness of All? In: Journal of Economic Behavior and Organization 27 (1995), 35–47.

Freud, Sigmund: Das Unbehagen in der Kultur [1930]. In: Ders.: Gesammelte Werke. Bd. XIV. Frankfurt a. M. ⁵1976, 419–506.

Frey, Bruno S./Stutzer, Alois: Happiness and Economics. Princeton, NJ 2002.

Gallup: World Poll. www.gallup.com/consulting/world-poll/24046/about.aspx.

Harding, Stephen D.: Values and the Nature of Psychological Wellbeing. In: MarkAbrams/David Gerard/Noel Timms (Hg.): Values and Social Change in Britain. London 1985, 227–252.

Inglehart, Ronald F./Welzel, Christian: Modernization, Cultural Change, and Democracy. The Human Development Sequence. New York 2005.

Lykken, David T.: Happiness: What Studies on Twins Show Us About Nature, Nurture and the Happiness Set-Point. New York 1999.

Saris, Willem E./Scherpenzeel, Annette C./Veenhoven, Ruut (Hg.): A Comparative Study of Satisfaction with Life in Europe. Budapest 1996.

Smart, John J.C./Williams, Bernard: Utilitarianism For and Against. London 1973.

Veenhoven, Ruut: Conditions of Happiness. Dordrecht/Boston 1984.

–: Is Happiness Relative? In: Social Indicators Research 24 (1991), 1–34.

–: Happiness in Nations: Subjective Appreciation of Life in 56 Nations 1946–1992. Studies in Social and Cultural Transformation 2. Rotterdam 1993.

–: Is Happiness a Trait? Tests of the Theory that a Better Society Does Not Make People any Happier. In: Social Indicators Research 32 (1994), 101–160.

–: Is Life Getting Better? How Long and Happy Do People Live in Modern Society? In: European Psychologist 10 (2005), 330–343.

–: How Do we Assess how Happy we are? In: A. K. Dutt/B. Radcliff (Hg.): Happiness, Economics and Politics: Towards a Multi-disciplinary Approach. Cheltenham 2009, 45–69.

–: World Database of Happiness: Continuous Register of Scientific Research on Subjective Enjoyment of Life. Website hosted at Erasmus University Rotterdam. Available at: http://worlddatabaseofhappiness.eur.nl (2010a).

–: How Universal is Happiness? In: Ed Diener/John F. Helliwell/Daniel Kahneman (Hg.): International Differences in Well-Being. New York 2010b, 328–350.

– /Hagerty, Michael R.: Rising Happiness in Nations, 1946–2004. A Reply to Easterlin. In: Social Indicators Research 79 (2006), 421–436.

Weber, Max: Wirtschaft und Gesellschaft. Tübingen 1922.

Ruut Veenhoven
(aus dem Englischen übersetzt von Reiner Ansén)

7. Glück und Wirtschaft. Die Rückkehr des Sozialen

Einleitung

Das Glück ist in die Wirtschaftswissenschaft zurückgekehrt. Die Wiederkehr des Glücks gehört zu den bedeutendsten methodologischen Neuerungen in den heutigen Wirtschafts- und Sozialwissenschaften. Den Untersuchungen zum Glück ist es zu verdanken, dass die heutige Wirtschaftswissenschaft sich auch wieder für die Analyse zwischenmenschlicher Beziehungen interessiert, denn es liegen umfangreiche empirische Belege dafür vor, dass ein authentisches, d.h. nicht instrumentelles oder interessengeleitetes Gemeinschaftsleben wesentlicher Teil des subjektiven Glücksbefindens ist (Bruni/Stanca 2008). Zugleich ist die derzeitige Wirtschaftswissenschaft jedoch schlecht gerüstet, um den Zusammenhang zwischen Glück und authentischem Gemeinschaftsleben zu begreifen. Dem Mainstream der Wirtschaftswissenschaft gilt das authentische Gemeinschaftsleben sogar als außerökonomischer Faktor oder als Element, das lediglich als externer Effekt zu berücksichtigen ist (Gui/Sugden 2005).

Andrew J. Oswald, einer der drei Verfasser der Rubrik »Controversy« des *Economic Journal* 1997, bringt das neue Interesse der Wirtschaftswissenschaft am Thema Glück sehr gut auf den Punkt, wenn er schreibt: »Die Bedeutung der wirtschaftlichen Leistung liegt darin, dass sie Mittel zu bestimmten Zwecken sein kann. Wirtschaftsfragen interessieren nur, sofern sie die Menschen glücklicher machen« (Oswald 1997, 1815). Den gleichen Gedanken formuliert auch der dritte Autor, Yew-Kwang Ng: »Wir wollen Geld (oder sonst etwas) lediglich als Mittel zur Vergrößerung unseres Glücks. Wenn uns mehr Geld nicht wirklich glücklicher macht, spielt Geld keine große Rolle, sehr wohl aber das Glück« (Ng 1997, 1849).

Ökonomen wie Oswald und Ng sind der Meinung, Glück sollte in ihrer Disziplin wieder einen breiteren Raum einnehmen. Damit knüpfen sie an eine der Grundannahmen der Wirtschaftslehre seit ihren Ursprüngen im 18. Jahrhundert an, nämlich an den positiven und unmittelbaren Nexus zwischen Wohlstand und Wohlergehen oder ›Glückseligkeit des Gemeinwesens‹. Die Wirtschaftswissenschaft befasst sich *direkt* mit dem Wohlstand, und indem es ihr um

Wachstum geht, will sie *indirekt* zu einer Wirtschaftspolitik beitragen, die das nationale Wohlergehen fördert. Adam Smiths Wahl des Begriffs »Wohlstand« (abgeleitet von ›Wohl‹) anstelle von ›Reichtum‹ verweist ebenso auf die tiefreichende Verknüpfung von Wohlstand und Gemeinwohl oder Glückseligkeit des Gemeinwesens.

Neuere empirische Befunde scheinen diese Annahme indes zu widerlegen und den Ökonomen Grund genug zu bieten, den Gegenstand der Wirtschaftswissenschaft neu zu überdenken. Hier sollen im Wesentlichen diese empirischen Befunde, die als ›Glücksparadoxon‹ oder als ›Easterlin-Paradox‹ bezeichnet werden, vorgestellt und ihre Folgen für die Aufgabenstellung der Ökonomen diskutiert werden. Mit der Vorstellung rivalisierender Erklärungsansätze wird sich zeigen, wie das Paradoxon in diesem Zusammenhang zur Wiederanknüpfung an den aristotelischen oder eudämonistischen Ansatz führt.

Das Easterlin-Paradox

Die Wiederentdeckung des Glücks in der Wirtschaftswissenschaft ist im Wesentlichen Nebeneffekt eines von der Psychologie untersuchten Prozesses. Der 1971 von Brickman und Campbell veröffentlichte Aufsatz mit dem sprechenden Titel »Hedonistischer Relativismus und die Planung der guten Gesellschaft« kann als Ausgangspunkt der neuen Untersuchungen zum Glück und seinen Paradoxa in Bezug auf die Wirtschaftssphäre gelten. In ihrer Studie erweitern die Verfasser die sog. Niveauanpassungstheorie (*Adaptation Level Theory*) auf das individuelle und kollektive Glück und kommen zu dem Schluss, dass Verbesserungen der objektiven Lebensbedingungen (Einkommen oder Wohlstand) keine dauerhaften Auswirkungen auf das persönliche Wohlbefinden haben. Eine solche These hätte eigentlich zu ernsthaften methodologischen Debatten zur Bedeutung der Analyse von Natur und Ursachen des Wohlstands der Nationen führen müssen. Das geschah indes nicht, vielmehr blieb die Untersuchung im Mainstream der Wirtschaftswissenschaft lange praktisch unbekannt.

Mit empirischen Forschungen zum Glücksbefinden konnte Richard Easterlin eine Debatte um das »Glücksparadox« anstoßen, das heute auch als ›Easterlin-Paradox‹ bezeichnet wird. Er nutzte zwei Arten empirischer Daten. Es handelte sich zum einen um die Antworten auf eine Befragung nach dem Gallup-Muster, bei der eine direkte Frage gestellt wurde, eine Frage, die noch heute die Grundlage für die meisten empirischen Analysen des Glücksbefindens ist:»Als wie glücklich würden Sie sich ganz allgemein bezeichnen: – *sehr* glücklich, *einigermaßen* glücklich oder *nicht besonders* glücklich?« (Easterlin 1974, 91). Der zweite Datensatz Easterlins stammt aus komplexeren Untersuchungen des humanistischen Psychologen Hadley Cantril (1965), eines weiteren Pioniers der heutigen Glücksforschung. Diese Daten betrafen die Ängste und Hoffnungen und die Zufriedenheit von Menschen in 14 Ländern. Die Befragten hatten ihre »Lebenszufriedenheit« auf einer Skala von 1 bis 10 anzugeben.

Auf der Basis dieser beiden Datensätze gelangte Easterlin in seinen bahnbrechenden Analysen zu mehreren konsistenten Ergebnissen:

1. Die Korrelation zwischen Einkommen und Glück ist innerhalb eines je einzelnen Landes zu einem je bestimmten Zeitpunkt deutlich und stabil. »In jeder einzelnen Erhebung waren die Einkommensstärksten im Durchschnitt glücklicher als die Einkommensschwächsten« (Easterlin 1974, 100).

2. Die länderübergreifenden Querschnittsdaten zeigten jedoch, dass die Korrelation von Wohlstand und Glück zwar gegeben, aber keineswegs verallgemeinerbar oder besonders stabil ist und dass ärmere Länder nicht immer weniger glücklich als reichere zu sein scheinen. Anders gesagt: »[S]oweit zwischen den Ländern eine positive Verbindung zwischen Einkommen und Glück besteht, ist diese Verbindung nicht sehr eindeutig. [...] Die Resultate sind mehrdeutig« (Easterlin 1974, 108). Cantrils Daten zeigten beispielsweise, dass die Zufriedenheit in Kuba und Ägypten größer war als in Westdeutschland (Cantril 1965, 258). Sein Vergleich der Zufriedenheit mit dem Einkommensniveau ergab keine Korrelation.

3. Nationale Langzeitdaten aus 30 Erhebungen über den Zeitraum von 25 Jahren (1946 bis 1970 in den Vereinigten Staaten) zeigen, dass das Pro-Kopf-Realeinkommen um über 60 Prozent wuchs, während die Quote der Befragten, die sich selbst als »sehr glücklich«, »einigermaßen glücklich« bzw. »nicht besonders glücklich« einstuften, praktisch unverändert blieb.

Heute sind sich die meisten Wissenschaftler unabhängig von ihrem jeweiligen Forschungshintergrund in der dritten der o.g. Thesen einig, d.h. sie gehen nicht von einer langfristigen Korrelation zwischen Glück und Einkommen aus. Tatsächlich gibt es Belege dafür, dass »der Anstieg des Gesamteinkommens im Zeitverlauf in den OECD-Ländern nicht

mit einer Steigerung des Glücksbefindens insgesamt einhergeht. [...] Insgesamt ist für die vergangenen 50 Jahre weder in den USA noch in Japan und seit 1973 (Beginn der Erfassung) in Europa ein Zuwachs beim Glücksbefinden festzustellen« (Layard 2005, 148).

Zahlreiche Ökonomen bestätigen Easterlins Ergebnis, wonach eine stabile Kausalbeziehung zwischen Einkommen und Glück innerhalb eines je einzelnen Landes zu einem je bestimmten Zeitpunkt besteht (siehe Punkt 1 oben). Ein Beispiel: »Wenn wir das durchschnittliche Glücksbefinden und das durchschnittliche Einkommen für bestimmte Gruppen in einem gegebenen Land zu einem gegebenen Zeitpunkt vergleichen [...] zeigt sich, dass Reiche in der Tat sehr viel glücklicher sind als Arme. Die Differenz ist tatsächlich erstaunlich deutlich. Es ist keine Einzelveränderung denkbar, die das Leben auf der Glücksskala so stark verbessern würde wie der Aufstieg aus der unteren 5-Prozent-Einkommensgruppe in die obere 5-Prozent-Einkommensgruppe« (Frank 2005, 67). Und: »In einem einzelnen Land sind die Reichen natürlich immer glücklicher als die Armen« (Layard 2005, 148). Uneins sind sich die Forscher hingegen in Bezug auf Easterlins Resultate in Punkt 2, d.h. in Bezug auf die länderübergreifende Einkommen-Glück-Korrelation. Mit Verweis auf Daten des *World Values Survey* argumentieren manche Wissenschaftler, dass entgegen Easterlins These doch eine Korrelation besteht: »Verschiedene Untersuchungen belegen, dass Menschen in reichen Ländern im Durchschnitt glücklicher sind als Menschen in armen Ländern« (Frey/Stutzer 2002, 19). Hagerty und Veenhoven (2003) behaupten ebenfalls eine Verbindung zwischen steigendem BIP und zunehmendem Glücksbefinden. In seiner Erwiderung auf diesen Aufsatz verteidigt Easterlin (2005b) seine klassische These und übergeht Veenhovens Kritik an seiner eigenen These zu internationalen Vergleichen. Veenhoven verglich – unter Verwendung der gleichen Skala auf beiden Achsen – dieselben Daten wie Cantril und zeigte, dass die Beziehung einem konvexen Muster des abnehmenden Ertrags folgt (Veenhoven 1991; s. Kap. VIII.6). Eine vergleichbare Kritik wurde von Oswald vorgebracht (Oswald 1997, 1817; vgl. auch die neueren Analysen bei Clark u.a. 2008).

Ungeachtet aller Einwände vertreten nach wie vor viele Ökonomen, die sich mit dem Glücksbefinden befassen, den Gedanken einer sehr niedrigen Korrelation zwischen Glück und Einkommen. Layard bietet ein Beispiel für neuere Forschungen, die diese These bestätigen: »[W]enn wir Länder miteinander vergleichen, finden wir keine Belege dafür, dass reichere Länder glücklicher sind als ärmere – solange wir uns dabei auf Länder mit Pro-Kopf-Einkommen von über 15.000 US-Dollar beschränken. [...] Bei Einkommensniveaus von unter 15.000 US-Dollar Pro-Kopf-Einkommen sieht die Sache anders aus, da die Menschen in diesen Ländern näher an der absoluten Armutsgrenze leben. Auf diesen Einkommensniveaus sind reichere Länder glücklicher als ärmere. Und in Ländern wie Indien, Mexiko und den Philippinen belegen langfristige Daten einen Zuwachs des Glücksbefindens mit steigendem Einkommensniveau« (Layard 2005, 149). Bei den Psychologen ist die Beziehung zwischen Einkommen und Glücksbefinden sogar noch strittiger. Einige von ihnen bestreiten auf der Grundlage anderer Daten als jener des *Word Values Survey* (auch bei kontrollierten sonstigen Variablen) Korrelationen zwischen Einkommen und Glücksbefinden ganz generell (zwischen Ländern, innerhalb einzelner Länder und im Zeitverlauf; vgl. hierzu die Übersicht bei Diener u.a. 2004).

Zur Definition des Glücks

Vor der Erörterung von Erklärungen für das Glücksparadoxon ist festzuhalten, dass die Ökonomen nicht über eine klare Konzeption des Glücksbegriffs im Verhältnis zu ähnlichen Begriffen verfügen. Ng definiert Glück als »Wohlergehen« (Ng 1997); Oswald versteht unter Glück »Freude« oder »Zufriedenheit« (Oswald 1997). Am deutlichsten wird Easterlin: »Ich verwende die Begriffe Glück, subjektives Wohlbefinden, Zufriedenheit, Nützlichkeit, Wohlergehen und Wohl als austauschbare Begriffe« (Easterlin 2001, 465). Darüber hinaus gehen die Ökonomen in ihren Untersuchungen zum Glück überwiegend empirisch vor; ihre Forschung hängt von der Verfügbarkeit von Selbstauskünften zum Komplex ›Glück‹ oder ›Lebenszufriedenheit‹ ab. Sie verlassen sich auf subjektive Antworten auf Fragebögen, die schlicht wissen wollen: »Wie glücklich sind Sie?« (in den Fragebögen des *Word Values Survey* sind ferner Angaben zur »Lebenszufriedenheit« auf einer numerischen Skala von 1 bis 10 vorgesehen). Die Angaben sind reine Selbstauskünfte ohne jedes Erfordernis, zuvor zu definieren, was überhaupt unter Glück verstanden wird oder verstanden werden sollte.

Um Glück konkreter zu definieren und seine Messparameter besser verstehen zu können, müssen wir uns an die Psychologie wenden. In der Psycho-

logie begann die Untersuchung des Glücksbefindens in den 1950er Jahren, und die Psychologen verwenden den Begriff generell mit größerer Präzision als die Ökonomen. Die Psychologie unterscheidet (1) ›Lebenszufriedenheit‹ als kognitives Element, (2) ›Liebe‹ als affektives Moment und definiert (3) ›subjektives Wohlbefinden‹ (SWB) als »Zustand des allgemeinen Wohlergehens, bestehend aus verschiedenen Komponenten, von langer Dauer, der sowohl die affektive als auch die kognitive Komponente mit einschließt« (Ahuvia/Friedman 1998, 153).

Zu beachten ist, dass in diesen Studien zum Glück zwei Ansätze miteinander rivalisieren. Der erste Ansatz bezieht sich auf die hedonistische/utilitaristische Sicht von Epikur und Jeremy Bentham auf Menschsein und Gesellschaft (Kahneman u.a. 1997; s. Kap. V.1). Genauer gesagt bezeichnet »Hedonismus« (Kahneman u.a. 2004) hier die Auffassung, dass Wohlbefinden äquivalent zum Gefühl des Glücklichseins, d.h. der Lusterfahrung ist: »Der Hedonismus als Auffassung vom Wohlbefinden [...] hat viele Formen und reicht von der relativ eng gefassten Konzentration auf körperliches Lusterleben bis hin zu einem weiteren Fokus auf Strebungen und Eigeninteressen« (Deci/Ryan 2001, 144). Dieser Ansatz wird hier und da auch als ›subjektivistisch‹ oder ›psychologistisch‹ charakterisiert, weil er sich fast ausschließlich auf das stützt, was Menschen über ihre eigenen, subjektiv erfahrenen Gefühle zu Protokoll geben (s. Kap. VI.9).

Der zweite Ansatz orientiert sich an Aristoteles' Ethik, insbesondere an seinem Verständnis von Glück als *eudaimonia*. Für Aristoteles geht es beim Glück um das gute Leben und das menschliche Gedeihen, d.h. um die Verwirklichung der menschlichen Potentiale durch intrinsisch motiviertes Tun im Kontext zwischenmenschlicher Beziehungen (s. Kap. III.2). Bis vor kurzem war dieser Ansatz in den Debatten der Ökonomen über Wohlstand und Glück so gut wie gar nicht vertreten (vgl. im Überblick Gui/Sugden 2005). Wir werden zu dieser Glücksauffassung zurückkehren, nachdem wir einige Erklärungen des Easterlin-Paradoxes auf der Grundlage der hedonistischen/utilitaristischen Glückskonzeption erörtert haben.

Individuelle und soziale Tretmühlen

Der erste Ökonom, der sich an einer Erklärung des Paradoxons versuchte, war Richard Easterlin selbst in seinem bahnbrechenden Aufsatz von 1974. Seine

Erklärung stützt sich auf Duesenberrys Hypothese des ›Relativen Einkommens‹. Nach Duesenberry vergleichen wir uns ständig mit irgendeiner Gruppe von Menschen, und was andere kaufen, beeinflusst unsere eigenen Kaufentscheidungen (1949, 32). Das Szenario lautet: »Mit den Jones' mithalten«. Die Konsumfunktion wird nach der Hypothese konstruiert, dass unsere Konsumentscheidungen nicht von unserem *absoluten*, sondern von unserem *relativen* Einkommen abhängen, d.h. der Differenz zwischen unserem eigenen Einkommensniveau und dem Einkommensniveau anderer Rechnung tragen. Der Nutzen, den Individuen aus einem bestimmten Konsumniveau ziehen, hängt von ihrem Budget im Vergleich zum Budget anderer ab (s. Kap. VIII.9).

Hier soll nicht auf die einschlägigen klassischen Autoren zurückgegangen werden, die die Bedeutung der sozialen Dimensionen des Konsums betonten. Ende des 19. Jahrhunderts jedenfalls führte Veblen das Konzept des »auffälligen Konsums« (*conspicuous consumption*) oder der »auffälligen Güter« ein, womit er Güter meinte, die gekauft werden, um andere mit dem eigenen Wohlstand zu beeindrucken (Veblen 1899/2007). Schließlich erfolgen die wichtigsten Konsumhandlungen in der Regel öffentlich unter dem Blick anderer. Später befasste sich Tibor Scitovsky (1976) mit der Beziehung zwischen Konsumverhalten und Status, und Fred Hirsch (1977) prägte den Begriff des »Positionsgutes« (*positional good*). Die heutige Theorie der gesellschaftlichen Stellung (*positional theory*) konzentriert sich auf das Konzept der *Externalität*: Auffällige Güter weisen auch Eigenschaften ›demeritorischer‹ Güter auf (da es sich um private Güter handelt, die negative externe Effekte erzeugen), woraus sich (wegen Überkonsum) die typische Folge einer Pareto-Ineffizienz ergibt. Anders ausgedrückt haben wir es mit einem Problem der Selbsttäuschung zu tun: Aus Selbsttäuschung wird eine übermäßige Menge auffälliger Güter konsumiert, wodurch die für den »unauffälligen«, freilich lebenswichtigen Konsum aufgewendete Zeit ineffizient (zu kurz) wird (Easterlin 2005a).

Neben Erklärungen auf der Grundlage der relativen Konsumhypothese (Frank 1997; 1999; Ng 1997; Höllander 2001; Layard 2005) gibt es noch andere Erklärungen, die auf dem Konzept der ›Tretmühle‹ basieren, das aus der psychologischen Glücksforschung stammt. Die von Brickman und Campbell (1971) ins Spiel gebrachte Metapher der Tretmühle besagt, dass man unaufhörlich in Bewegung ist und dennoch nicht vom Fleck kommt, weil die Tret-

mühle, in der man sich bewegt, immer dieselbe Geschwindigkeit besitzt oder sogar schneller läuft als man selbst. Zu den Schlüsselbegriffen der Erklärungen nach dem Modell der Tretmühle gehören das Konzept der »hedonistischen Anpassung« und das Konzept des »Set-Point« (vgl. die kritische Darstellung in Easterlin 2005a).

Nach der Theorie des Set-Point gibt es ein Glücksniveau, das praktisch während des gesamten Lebens eines Menschen konstant bleibt, da Variablen wie Persönlichkeit und Temperament eine wichtige Rolle bei der Festlegung des individuellen Glücksniveaus zu spielen scheinen. Merkmale dieser Art sind im Kern angeboren. Anders gesagt sind wir langfristig auf hedonistische Neutralität festgelegt und unsere Bemühungen, durch Verbesserung unserer Lebensumstände glücklicher zu werden, sind bloß kurzfristige Lösungen. Daher tragen Lebensumstände wie Gesundheit und Einkommen oftmals nur einen geringen Prozentsatz zu den Veränderungen unseres subjektiven Wohlbefindens bei. Menschen reagieren zunächst auf (positive oder negative) Ereignisse, kehren dann aber wieder zu bestimmten Grundniveaus des Wohlbefindens zurück, die durch Persönlichkeitsfaktoren determiniert sind (Argyle 1987/2001; Lucas u.a. 2002). Empirische Untersuchungen (Lykken/Tellegen 1996) kommen beispielsweise zu dem Schluss, dass über 80 Prozent der Varianz langfristig stabiler Niveaus des subjektiven Wohlbefindens auf angeborene Temperamentsfaktoren zurückzuführen sind. Auf dieser Basis haben Forscher dann behauptet, dass Menschen angeborene ›Set-Points‹ oder ›Sollwerte‹ des subjektiven Wohlbefindens besitzen (zur Kritik dieser Theorie vgl. Lucas u.a. 2004). Die verschiedenen Erschütterungen, die wir im Laufe unseres Lebens erleiden, berühren demnach unser Glücksbefinden nur vorübergehend. Unvermeidlich kehren wir nach kurzer Zeit zu unserem Set-Point zurück, d.h. es findet eine hedonistische Anpassung statt.

Die Theorie des Set-Point ist in der Wirtschaftswissenschaft recht populär. Die Vertreter dieses Erklärungsmusters gehen davon aus, dass Glück im Wesentlichen angeboren ist und von unveränderlichen individuellen Gegebenheiten wie Charakter, Genen oder der ererbten Fähigkeit abhängt, mit den Härten des Daseins zu leben und zurechtzukommen. Anders gesagt ist von einem ganz bestimmten Glücksniveau als Gravitationszentrum auszugehen, um das herum sich die verschiedenen Lebenserfahrungen einpendeln. Dieser Ansatz ist nicht allzu weit von der konservativen These von Herrnstein und Murray (1994) entfernt, die in ihrem Buch *The Bell Curve* den Nutzen von Sozialprogrammen mit der Behauptung bestreiten, angeborene Intelligenz lasse sich durch Bildung nicht dauerhaft verändern.

Kahneman und seine Mitarbeiter schlugen vor, eine andere Art von Tretmühle in Betracht zu ziehen, nämlich die der Zufriedenheit. Während die ›hedonistische Tretmühle‹ auf die Anpassung verweist, konzentriert sich die Theorie der »Zufriedenheitstretmühle« auf Ansprüche und Erwartungen, die »die Grenze zwischen zufriedenstellenden und nicht zufriedenstellenden Resultaten ziehen« (Kahneman u. a. 1999, 14). Frey und Stutzer treffen eine ähnliche Unterscheidung zwischen den beiden Tretmüheneffekten: »Dieser Prozess oder Mechanismus, der die hedonistischen Effekte eines konstanten oder wiederholten Stimulus schmälert, wird als Adaption bezeichnet. [...] Nach der Theorie der wachsenden Ansprüche oder *Aspiration-Level-Theory* hängt das individuelle Wohlbefinden von der Kluft zwischen Anspruch und Erfüllung ab« (Frey/Stutzer 2005, 125).

Mit steigendem Einkommen werden kontinuierliche und immer intensivere Befriedigungen erstrebt, um ein bestimmtes Zufriedenheitsniveau aufrecht zu erhalten. Die Zufriedenheitstretmühle oder *Satisfaction Treadmill* bewirkt, dass das subjektive Glücksbefinden (Selbstbewertung) konstant bleibt, auch wenn sich die objektiven Glücksparameter verbessern. So erfährt Mr. Brown eine Steigerung des objektiven Wohlergehens, weil er sich ein neues Auto kauft, aber zugleich hat sein gestiegenes Einkommen auch seine Ansprüche hinsichtlich des für ihn idealen Autos steigen lassen, womit sein subjektives Zufriedenheitsniveau unverändert bleibt. Das gilt auch, wenn er sich ganz objektiv mit seinem neuen Auto wohler fühlt. Frank (2005) und Layard (2005) plädieren politisch für eine Verrechnung der Verzerrungen, die aufgrund solcher Selbsttäuschungen entstehen; demnach könnten beispielsweise Güter, auf die sich unauffälliger, d. h. nicht der sozialen Positionierung dienender Konsum richtet, niedriger besteuert werden als solche, die Gegenstand auffälligen Konsums sind.

Erklärungen aus eudämonistischer Sicht des Glücks

Erklärungen nach den Modellen des relativen Konsums oder der Tretmühle basieren auf einem hedonistischen/utilitaristischen Verständnis des Glücks: Glück gilt als Effekt des Arbeitseinkommens, das zum Erwerb von Gütern eingesetzt werden soll. Aus aristotelisch-eudämonistischer Sicht greift dieses Konzept zu kurz und ist einseitig. Das Geldverdienen und der Erwerb von Gütern im Kontext einer Marktwirtschaft ist bestenfalls *ein* Aspekt dessen, was mit Eudämonie gemeint ist, nämlich ein sinnvolles Leben oder Wohlergehen im Sinne der Verwirklichung menschlicher Potentiale durch intrinsisch motiviertes Tun im Kontext zwischenmenschlicher Beziehungen.

Der Gedanke, dass Glück im Kern relational ist, verweist auf eine andere Erklärung des Easterlin-Paradoxes: Höheres Einkommen trägt nicht zu einem glücklicheren Leben bei, wenn höheres Einkommen mit der Tendenz zum Überkonsum von Gütern einhergeht, die im Kontext des Marktes hergestellt und verkauft werden, während zugleich ein Unterkonsum relationaler Güter eintritt. So verweisen etwa Lane (2000) und Putnam (2000) darauf, dass die für zwischenmenschliche Beziehungen aufgewandte Zeit abnimmt und durch die Erweiterung der Märkte und insbesondere durch die Marktwirtschaft selbst beschränkt wird. Letztere steigert die Arbeitsplatz- und Wohnortmobilität, beschneidet jedoch den Raum für zwischenmenschliche Beziehungen, indem sie etwa die Betreuung von Kindern und Älteren von der Familie zum Markt verlagert (vgl. Gui/Sugden 2005). Antoci u. a. (2008) wollen den Unterkonsum an relationalen Gütern dadurch erklären, dass sie diese als *öffentliche* Güter begreifen. Demnach konsumieren die Menschen in den entwickelten Ländern ganz bewusst zu wenige relationale Güter und sorgen damit (wie im Gefangenendilemma) für ein suboptimales Gleichgewicht.

Scitovsky hat dieses Problem schon in seinem Buch *The Joyless Economy* (1976) erörtert. Er argumentiert, dass Menschen in Überflussgesellschaften zu viele *Komfortgüter* und zu wenige *stimulierende Güter* wie relationale Güter erwerben, da der relative Preis der Komfortgüter niedriger ist und durch Massenproduktion und technologisch bedingte Produktivitätssteigerung, die es für stimulierende Güter nicht gibt, sogar weiter sinkt. Inzwischen verweisen unter anderem Bruni und Stanca (2008) auf zusätzliche Faktoren für die Verdrängung relationaler Güter durch Komfortgüter, etwa die Präsentation von Komfortgütern als Ersatz für relationale Güter, z. B. in Form von Fernsehangeboten oder sozialen Netzwerken.

In den Untersuchungen zum Glücksbefinden ist die Spannung zwischen dem ›hedonistischen‹ und dem ›eudämonistischen‹ Ansatz zentral. Der eudämonistische Ansatz von der Antike bis zur Gegenwart (etwa bei Martha C. Nussbaum) geht davon aus, dass Wohlbefinden mehr ist als nur hedonistisches oder subjektives Glücklichsein. In den beiden Traditionslinien werden unterschiedliche Antworten in Bezug auf die Frage gegeben, welche Auswirkungen Entwicklungsprozesse und gesellschaftlich-soziale Prozesse auf das Wohlbefinden haben, und es werden implizit oder explizit verschiedene Lebensansätze vertreten. Die Psychologen Ryff und Singer (1998; 2000) knüpfen gleichfalls an Aristoteles an und beschreiben das Wohlbefinden nicht als Lusterwerb, sondern als »Streben nach Vollkommenheit, das für die Verwirklichung der wahren eigenen Potentiale steht« (Ryff 1995, 100).

In der Wirtschaftswissenschaft gibt es ein ganz ähnliches Spannungsverhältnis zwischen objektiven und subjektiven Erklärungsmustern für das Glück bzw. Wohlbefinden (vgl. Bruni u.a. 2008). Auf der einen Seite befinden sich Sen (1999), Nussbaum (1986; 2005) und der an Ressourcen/Fähigkeiten orientierte Ansatz de facto in großer Nähe zur aristotelischen Eudaimonia-Lehre (obgleich Sen der Literatur zum Glück generell skeptisch gegenübersteht), ebenso ist der Ansatz der meisten Ökonomen, die sich mit ›relationalen Gütern‹ befassen, aristotelisch. Andererseits ist die Herangehensweise der meisten heutigen Ökonomen, die sich mit dem Glück befassen, eher hedonistisch und an Bentham orientiert; Glück wird hier eher als Lusterwerb verstanden.

Schlussbemerkungen

Das Glücksparadoxon oder ›Easterlin-Paradox‹ stellt die ethische Begründung der Wirtschaftswissenschaft infrage. Die Wirtschaftswissenschaft erwarb sich als Politische Ökonomie und damit als Bestandteil der Moralphilosophie eine autonome ethische Stellung gegenüber der Moraltheologie des 18. Jahrhunderts, als die Ansicht Common Sense wurde, eine Steigerung des ›Wohlstands der Nationen‹ sei gleichbedeutend mit einem Zuwachs des ›Wohlergehens der Nationen‹, ja mit der ›öffentlichen Glückseligkeit‹. Hierin bestand der zugrundeliegende ethische Anspruch der Politischen Ökonomie im klassischen Zeitalter von Smith bis Mill, der sich in gewisser Weise bis zu John Maynard Keynes, Joseph Schumpeter und John Hicks durchhielt. Auch heute noch findet sich diese Grundeinstellung in der Wirtschaftswissenschaft, sofern sie sich auf die Untersuchung von Natur und Ursachen des Wohlstands der Nationen konzentriert, weil sie davon ausgeht, dass Wohlstand zur Verbesserung des gesellschaftlich-sozialen Wohlbefindens beiträgt. Die Belege, die das Glücksparadox gegen diese Annahme liefert, erfordern dementsprechend eine Neubewertung ihrer ethischen Grundlagen (s. Kap. II.3). Das Glücksparadoxon erfordert darüber hinaus vielleicht auch, dass die gegenwärtige Wirtschaftswissenschaft ihre moralische Grundlage neu definiert, wenn sie auch weiterhin zum Wohlbefinden der Menschen (und nicht nur zum ›Wohlstand der Nationen‹) einen Beitrag leisten will.

Die Neuausrichtung der ethischen Fundamente der Wirtschaftswissenschaft kann nicht ohne Auswirkungen auch auf die anderen Elemente des wirtschaftswissenschaftlichen Bezugssystems insgesamt bleiben. Das Glücksparadoxon berührt die Grundannahme der modernen Wirtschaftswissenschaft, wonach die Güter, die zur Steigerung sowohl des individuellen wie des gesellschaftlichen Wohlergehens beitragen, im Kern Waren sind. Diese Grundannahme mag für Gesellschaften der ersten Industriellen Revolution und für fordistische Gesellschaften ihre Berechtigung gehabt haben, da die eigentlich knappe Ressource in diesen Gesellschaften tatsächlich materielle Güter, physisches Kapital und Finanzkapital waren. In den heutigen Gesellschaften sind die zunehmend knapper werdenden Güter jedoch, was nicht zuletzt durch das Glücksparadoxon deutlich wird, ›relationale Güter‹, nicht instrumentelle Beziehungen (s. Kap. II.8–9). Die Neukonzeption des Glücks nach dem eudämonistischen Ansatz, d.h. unter zentraler Berücksichtigung relationaler Güter und intrinsischer Motivationen, könnte eine neue Phase des Dialogs zwischen Wirtschaftswissenschaft und Ethik einleiten.

Literatur

Ahuvia, Aron/Friedman, Douglas: Income, Consumption, and Subjective Well-being: Toward a Composite Macromarketing Model. In: Journal of Macromarketing 18 (1998), 153–168.

Antoci, Angelo/Sacco, Pier/Zarri, Luca: Social Preferences and the Private Provision of Public Goods: A ›Double Critical Mass‹ Model. In: Public Choice 135.3/4 (2008), 257–276.

Argyle, Michael: The Psychology of Happiness [1987]. New York 2001.

Brickman, Philip/Campbell, Donald T.: Hedonic Relativism and Planning the Good Society. In: M. H. Apley (Hg.): Adaptation-Level Theory: A Symposium. New York 1971, 287–302.

Bruni, Luigino: Civil Happiness: Economics and Human Flourishing in Historical Perspective. London 2006.

– /Comim, Flavio/Pugno, Maurizio (Hg.): Capability and Happiness. Oxford 2008.

– /Porta, Pier Luigi (Hg.): Economics and Happiness: Framings of Analysis. Oxford 2005.

– /Stanca, Luca: Watching alone: Relational Goods, Happiness and Television. In: Journal of Economic Behavior and Organization 65 (2008), 506–528.

Cantril, Hadley: The Pattern of Human Concerns. New Brunswick, NJ 1965.

Carlyle, Thomas: Letter-Day Pamphlets [1850]. London 1898.

Clark, Andrew E./Paul Frijters/Michael A. Shields: Relative Income, Happiness, and Utility: An Explanation for the Easterlin Paradox and Other Puzzles. In: Journal of Economic Literature 46 (2008), 95–144.

Deci, Edward L./Ryan, Richard M.: On Happiness and Human Potentials: A Review of Research on Hedonic and Eudaimonic Wellbeing. In: Annual Review of Psychology 52 (2001), 141–146.

Diener, Ed/Scollon, Christie N./Lucas, Richard E.: The Evolving Concept of Subjective Well-being: The Multifaceted Nature of Happiness. In: Advances in Cell Aging and Gerontology 15 (2004), 187–219.

Dixon, Huw D.: Controversy: Economic and Happiness. Editorial Note. In: Economic Journal 107 (1997), 1812–1814.

Duesenberry, James: Income, Saving and the Theory of Consumer Behaviour. Cambridge, MA 1949.

Easterlin, Richard: Does Economic Growth Improve the Human Lot? Some Empirical Evidence. In: Paul A. David/Melvin W. Reder (Hg.): Nation and Households in Economic Growth: Essays in Honor of Moses Abromowitz. New York/London 1974, 89–125.

–: Income and Happiness: Towards a Unified Theory. In: Economic Journal 111 (2001), 465–484.

–: Towards a Better Theory of Happiness. In: Bruni/Porta 2005, 29–64 [2005a].

–: Feeding the Illusion of Growth and Happiness: A Reply to Hagerty and Veenhoven. In: Social Indicators Research 74.3 Dezember (2005), 429–443 [2005b].

Frank, Robert H.: The Frame of Reference as a Public Good. In: Economic Journal 107 (1997), 1832–1847.

–: Luxury Fever. New York 1999.

–: Does Absolute Income Matter? In: Bruni/Porta 2005, 65–90.

Frey, Bruno S./Stutzer, Alois: Happiness in Economics. Princeton 2002.

Frey, Bruno S./Stutzer, Alois: Testing Theories of Happiness. In: Bruni/Porta 2005, 116–146.

Gui, Benedetto/Sugden, Robert: Economics and Social Interactions. Cambridge, UK 2005.

Hagerty, Michael R./Veenhoven, Ruut: Wealth and Happiness Revisited: Growing National Income does go with Greater Happiness. In: Social Indicators Research 64 (2003), 1–27.

Herrnstein, Richard J./Murray, Charles: The Bell Curve: Intelligence and Class Structure in American Life. New York 1994.

Hirsch, Fred: Social Limits to Growth. London 1977.

Höllander, Heinz: On the Validity of Utility Statements: Standard Theory versus Duesenberry's. In: Journal of Economic Behaviour and Organization 45 (2001), 227–249.

Inglehart, Ronald: The Diminishing Utility of Economic Growth. In: Critical Review 10 (1996), 508–531.

Kahneman, Daniel: Objective Happiness. In: D. Kahneman/E. Diener/N. Schwarz (Hg.): Well-Being: Foundations of Hedonic Psychology. New York 1999, 3–25.

– /Diener, Ed/Schwarz, Norbert (Hg.): Well-Being: Foundations of Hedonic Psychology. New York 1999.

– /Krueger, Allen B./Schkade, David A./Schwarz, Norbert/Stone, Arthur A.: A Survey Method for Characterizing Daily Life Experience: The Day Reconstruction Method (DRM). In: Science 306 (2004), 1776–1780.

– /Wakker, Peter P./Sarin, Rakesh: Back to Bentham? Explorations of Experienced Utility. In: Quarterly Journal of Economics 112 (1997), 375–405.

Lane, Robert E.: The Loss of Happiness in the Market Democracies. New Haven 2000.

Layard, Richard: Rethinking Public Economics: The Implications of Rivalry and Habit. In: Bruni/Porta 2005, 147–169.

Lucas, Richard E./Clark, Andrew E./Georgellis, Yannis/Diener, Ed: Unemployment Alters the Set-point for Life Satisfaction. In: Psychological Science 15/1 (2004), 8–13.

Lykken, David/Tellegen, Auke: Happiness is a Stochastic Phenomenon. In: Psychological Science 7 (1996), 186–189.

Ng, Yew Kwang: A Case for Happiness, Cardinalism, and Interpersonal Comparability. In: Economic Journal 107 (1997), 1848–1858.

Nickerson, Carol/Schwarz, Norbert/Diener, Ed/Kahneman, Daniel: Zeroing the Dark Side of the American Dream: A Closer Look at the Negative Consequences of the Goal for Financial Success. In: Psychological Science 14 (2003), 531–536.

Nussbaum, Martha C.: The Fragility of Goodness: Luck

and Ethics in Greek Tragedy and Philosophy [1986]. Cambridge ²2001.

–: Mill Between Aristotle and Bentham. In: Bruni/Porta 2005, 170–183.

Oswald, Andrew J.: Happiness and Economic Performance. In: Economic Journal 107 (1997), 1815–1831.

Putnam, Robert: Bowling Alone. New York 2000.

–: Psychological Well-being in Adult Life. In: Current Directions in Psychological Science 4 (1995), 99–104.

– /Singer, Burton: The Contours of Positive Human Health. In: Psychological Inquires 9 (1998), 1–28.

– /Singer, Burton: Interpersonal Flourishing: A Positive Health Agenda for the New Millennium. In: Personality and Social Psychology Review 4 (2000), 30–44.

Ryff, Carol D.: Psychological Well-being in Adult Life. In: Current Directions in Psychological Science 4 (1995), 99–104.

– /Singer, Burton: The Contours of Positive Human Health. In: Psychological Inquiry 9/1 (1998), 1–28.

– /Singer, Burton: Interpersonal Flourishing: a Positive Health Agenda for the New Millennium. In: Personality and Social Psychology Review 4 (2000), 30–44.

Scitovsky, Tibor: The Joyless Economy: An Inquiry into Human Satisfaction and Consumer Dissatisfaction. Oxford 1976.

Sen, Amartya K.: Development as Freedom. New York 1999.

Veblen, Thorstein: Theorie der feinen Leute. Eine Untersuchung der Institutionen [1899]. Frankfurt a.M. 2007.

Veenhoven, Ruut: Is Happiness Relative? In: Social Indicators Research 24 (1991), 1–34.

–: Happiness in Hardship. In: Bruni/Porta 2005, 243–266.

Luigino Bruni
(aus dem Englischen übersetzt von Reiner Ansén)

8. Glück in der Organisationstheorie. Eine unauflösbare Ambivalenz?

Einleitung

Wenn wir das Verhältnis zwischen bezahlter Arbeit und Glück pauschal in einem Satz zusammenfassen müssten, würde dieser lauten: ›Es geht nicht ohne und nicht miteinander‹. Wiederholt wurde gezeigt, dass sich Arbeitslosigkeit negativ auf das Befinden von Menschen auswirkt, andererseits ist einer bezahlten Tätigkeit nachzugehen auch kein Garant für Glückseligkeit (s. Kap. II.2).

Bevor wir uns der Beziehung zwischen Glück und Arbeit widmen, wollen wir unsere eigene Ausgangslage reflektieren. Kann die Organisationstheorie als interdisziplinäres Feld, welches das organisatorische Leben in all seinen Facetten erforscht, Licht auf diese Problematik werfen? Zunächst einmal stellt der glückliche Arbeiter keinen thematischen Schwerpunkt der Organisationstheorie dar. Der Begriff ›Glück‹ hat z.B. keinen Eintrag im Themenindex und im Glossar aktueller Handbücher der Organisationstheorie wie der *International Encyclopedia of Organization Studies* (Clegg/Bailey 2008) oder dem *New Approaches in Management and Organization* (Barry/Hansen 2008). Bedeutet dieser Umstand etwa, dass die meisten Wissenschaftler der Organisationstheorie es nicht für sinnvoll erachten, das Konzept ›Glück‹ zu erforschen? Bei genauerer Analyse können wir erkennen, dass es, selbst wenn Glück keines der Hauptthemen darstellt, dennoch ein lang anhaltendes Interesse an den positiven und negativen Auswirkungen von Emotionen im Arbeitsleben gibt.

Der Begriff ›Glück‹ taucht meist in Gestalt anderer, verwandter Begriffe auf wie zum Beispiel ›Zufriedenheit‹, ›positiver und negativer Affekt‹, ›psychische Gesundheit‹, ›Wohlbefinden‹ oder ›Flow‹. Wird der Glücksbegriff verwendet, dann meist im Zusammenhang mit Unzufriedenheit, was den Umstand widerspiegelt, dass ein Großteil der Glücksforschung sich auf Aspekte des unglücklichen Arbeiters konzentriert hat. Der Grund hierfür liegt darin, dass sich die Auswirkungen negativer Gefühle unmittelbar in Symptomen wie Fehlzeiten, negativem Arbeitsverhalten oder Mitarbeiterfluktuation abbilden lassen. Aktuell wird der Glücksbegriff auch als autonomes Konzept verwendet, so zum Beispiel im Rahmen des Forschungsprogramms der ›Positiven Psychologie‹ und von einigen Pionieren in der Arbeitspsychologie. Dieses vermehrte Interesse kann teilweise durch den Bruch der Organisationstheorie mit den traditionellen rationalistischen Theorien des organisationalen Verhaltens und einer verstärktem Zuwendung hin zu Theorien, die von Emotion, Affekt und dem Körper handeln, erklärt werden.

Im folgenden Text gehen wir auf sechs verschiedene Konzepte des Glücksbegriffs in der Organisationstheorie ein, die zu insgesamt drei Paaren zusammengefasst sind. Wir werden den Glücksbegriff in den Spannungsfeldern (1) zwischen Rationalität und Relationalität, (2) zwischen Zufriedenheit und Wohlbefinden und (3) zwischen emotionaler Arbeit und positivem menschlichem Funktionieren diskutieren. Um die sechs unterschiedlichen organisationstheoretischen Perspektiven anschaulich zu gestalten, verwenden wir bildhafte Momentaufnahmen.

Zwischen Rationalität und Relationalität

Wir beginnen unsere kurze Reise in einer US-amerikanischen Fabrik in den 1920er Jahren, in der Arbeiter an einem Fließband Automobilteile zusammenbauen. Jeder Arbeiter hat eine klar umschriebene, einfach auszuführende Aufgabe und muss sich dabei an die fest vorgegebenen Arbeitsabläufe halten. Die Arbeiter werden von Managern, welche die Aufgaben planen und koordinieren, überwacht. Diese Organisation stellt eine extreme Form der Arbeitsteilung zwischen Produktion und Management dar.

Der Ingenieur Frederic Taylor (1856–1915), nach dessen einflussreichen Prinzip des *scientific management* (Taylor 1911) die Fabrik organisiert war, sah Arbeitnehmer als quasi austauschbare Teile in der betrieblichen Maschinerie. Einer rationalen Logik folgend, bekamen die Arbeiter überdurchschnittlich hohe Löhne, ihnen wurde dafür aber auch abverlangt, sich während der Arbeitszeit einzig auf die Tätigkeit zu konzentrieren, damit keine Störungen im fein abgestimmten Arbeitsverlauf auftreten. Taylor glaubte, dass die damit einhergehende Steigerung der Arbeitseffektivität zum Wohle aller und so letztlich dem Glück förderlich sei. Tatsächlich stellt für viele Arbeiter Taylors System eine Überwindung der Willkür und einen Schritt in Richtung Gerechtigkeit dar. Die erbrachte Arbeitsleistung wurde als wichtiger erachtet als der ethnische Hintergrund oder das soziale Netzwerk. Dennoch lässt sich hier feststellen, dass die ›happy hour‹ auf die Zeit nach der Arbeit zu

liegen kam, wo das neu erworbene Geld ausgegeben werden konnte (Braverman/Sweezy/Foster 1974).

Unsere zweite Momentaufnahme spielt sich ebenfalls in einer Fabrik ab, nämlich in den Hawthorne-Werken in der Nähe von Chicago, wo meist weibliche Arbeiterinnen Telefonanlagen herstellen. Hier modifizierten Forscher der Harvard Business School im Zeitraum von 1927 bis 1932 systematisch die Arbeitsbedingungen der Arbeiterinnen, um die entscheidenden Wirkfaktoren der Produktivität zu identifizieren. Zur Überraschung der Forscher nahm die Produktivität der Arbeiterinnen über den Verlauf der gesamten Studie hinweg stetig zu, unabhängig von den Modifikationen der Arbeitsbedingungen. Nach Ende der Studie fiel die Produktivität jedoch auf das Ausgangsniveau zurück. Diese Effektivitätssteigerung erklärten die Wissenschaftler durch die besondere Aufmerksamkeit, welche die Arbeiterinnen durch die Studie erhielten, sowie durch die Entwicklung enger zwischenmenschlicher Beziehungen innerhalb der Gruppen. Elton Mayo (1933) interpretierte diese Ergebnisse im Zusammenhang mit der zwischenmenschlichen Gruppendynamik und betonte die motivationale Rolle, die informelle Beziehungen bei der Arbeitsleistung einnehmen. Die »Hawthorne-Studien« waren ein entscheidender Meilenstein in Richtung Glücksforschung, da sie die emotionalen und sozialen Bedürfnisse von Menschen in den Mittelpunkt der Organisationsforschung stellten.

Zwischen Zufriedenheit und Wohlbefinden

Die Human Relations-Bewegung entwickelte die Ideen der »Hawthorne-Studien« weiter und adelte die informelle Kommunikation zum Schlüsselkriterium des betrieblichen Erfolges. Unsere dritte Momentaufnahme ist deshalb das Bild eines Großraumbüros einer Verwaltungsabteilung Mitte der 1960er Jahre, in dem die Angestellten eifrig Berichte verfassen, mit Kollegen plaudern und sich frei zwischen Arbeitsplatz und Kaffeemaschine bewegen können. Das Großraumbüro erlaubt nicht nur eine größere Dichte an Arbeitsplätzen, sondern soll darüber hinaus die Kommunikation zwischen den Arbeitenden fördern und sich so positiv auf die Arbeitsmotivation und die organisationale Effektivität auswirken (Herzberg/Mausner/Snyderman 1959).

Zusammenhänge wie dieser wurden intensiv im Rahmen der Forschung zur Arbeitszufriedenheit untersucht. Diese konzentriert sich auf die Evaluation der äußeren Arbeitsbedingungen und stellt diese ins Verhältnis mit der Zufriedenheit der Mitarbeitenden. Eine Reihe von psychologischen Messinstrumenten wurde hierzu entwickelt, beispielsweise der »Job Description Index« (Hanisch 1992), der die Zufriedenheit misst, indem er nach der Tätigkeit, der Qualität der Betreuung, der Bezahlung und den Beziehungen zu den Mitarbeitenden fragt. Die zugrunde liegende Hypothese, dass glückliche Arbeiter besser arbeiten, wird bis heute kontrovers diskutiert (Zelenski/Murphy/Jenkins 2008).

Nach Sichtung der Literatur zu dem Thema kommt Warr (2007) zu dem Schluss, dass finanzielle Entlohnung, physische Sicherheit, eine sozial anerkannte Stellung, wertschätzende Betreuung, positive Karriereaussichten und organisationale Gerechtigkeit stets eine positive Auswirkung auf die Arbeitszufriedenheit haben. Während sich persönliche Kontrolle, die Möglichkeit eigene Fähigkeiten zu erwerben und einzusetzen, von außen herangetragene Ziele, Abwechslung, klare Grenzen und der Kontakt zu anderen nur bis zu einem bestimmten Maß positiv auf die Zufriedenheit auswirken, *verringert* eine weitere Verstärkung dieser Faktoren die Arbeitszufriedenheit sogar.

In unserer vierten Momentaufnahme sehen wir eine Gruppe von Managern, die an einem dreitägigen Seminar im Rahmen einer betrieblichen Organisationsentwicklung (OE) teilnehmen. Neben einer Verbesserung der Kommunikation im Team soll die Intervention bewirken, dass sich die Mitarbeitenden in der Organisation wohl fühlen, ihre Lebensqualität steigt und sie auf ihre Gesundheit achtgeben (Cummings/Worley 2008; s. Kap. VIII.5). Das in diesem Bild vertretene Konzept des Wohlbefindens (s. Kap. VIII.6) macht es dabei schwerer, die Grenzen zwischen dem Arbeits- und dem Privatleben aufrechtzuerhalten. Die Gefühle und das Glück der Mitarbeitenden werden dadurch zum zentralen Anliegen der Organisationen.

Tatsächlich sehen sich viele OE-Berater als Organisationstherapeuten, die mit Hilfe von Techniken aus den Verhaltenswissenschaften positive organisatorische Veränderungen bewirken, indem sie zum Beispiel dysfunktionale Kommunikationsmuster korrigieren oder das Zeitmanagement verbessern.

Während Befürworter solcher Maßnahmen die Vorteile sowohl für das individuelle Wohlbefinden als auch für die organisatorische Produktivität betonen, stellen Kritiker fest, dass Organisationen hierin einen weiteren Weg entdeckt haben, die Leistung der

Mitarbeitenden zu maximieren. In jedem Fall hat der Begriff des Wohlbefindens zu einer fortlaufenden Diskussion über das richtige Verhältnis zwischen Arbeit und Freizeit im Sinne des *work-life balance* beigetragen (Cartwright/Cooper 2008). Mit Themen des psychischen Wohlbefindens auf der einen Seite und der psychischen Belastung auf der anderen Seite beschäftigen sich auch die porträtierten Forschungsgebiete unseres nächsten Abschnittes.

Zwischen Emotionsarbeit und Positiver Psychologie

Stellen Sie sich das folgende Szenario vor: Sie sitzen im engen Raum eines Flugzeugs und werden Zeuge, wie eine Stewardess versucht, einen aufgebrachten Passagier zu beruhigen. Der Passagier wurde gerade darüber informiert, dass sein Gepäck verlorengegangen ist. Er wird laut und beschimpft die Stewardess. Diese bleibt ruhig, lächelt gewinnend und versichert dem Passagier, dass sein Gepäck ersetzt werden wird.

Die Soziologin Arlie Hochschild hat in ihrem wegweisenden Buch *Das gekaufte Herz* (1983) Situationen wie diese zum Ausgangspunkt einer kritischen Analyse gemacht und hebt hervor, dass in vielen Dienstleistungsberufen die Darstellung sozial erwünschter Emotionen zum Teil der Arbeitsanforderungen geworden ist. Hochschild hat dieses Phänomen »Emotionsarbeit« genannt, was deutlich werden lässt, dass Emotionen einen Tauschwert erhalten und zum Gegenstand ökonomischer Interessen geworden sind. Dabei werden Emotionen entsprechend (organisationaler) Normen und Werte reguliert. Die wirtschaftliche Logik, die hinter einer solchen Ökonomisierung der Gefühle steckt, lässt sich damit erklären, dass Kunden durch positive Erfahrungen an das Dienstleistungsprodukt gebunden werden sollen. Für die Arbeitenden ergeben sich hierdurch zwei mögliche Symptome, die das emotionale Wohlbefinden herabsetzen. Einerseits eine Zersetzung des authentischen Selbstgefühls (Selbstentfremdung) und andererseits eine psychische Belastung, ausgelöst durch das Darstellen von Gefühlen, welche die Person nicht wirklich spürt (emotionale Dissonanz). Ein solches Verständnis von Emotionen geht davon aus, dass Emotionen sozial konstruiert werden und bricht mit essentialistischen Theorien, die Emotionen als objektive, innerpsychische Variablen beschreiben und messen. Diese Sichtweise wird der machtpolitischen Dimension der Emotionsarbeit gerecht, denn das Management von Gefühlen hat längst einen zentralen Stellenwert bei der Unternehmensführung erlangt. Nun wird aber auch die Mehrdeutigkeit der Idee des ›glücklichen Arbeiters‹ im Angesicht der potentiell toxischen Wirkung von Macht und Führung deutlich.

Die beschriebene Dynamik ist nicht auf den Dienstleistungssektor beschränkt und die kritische Organisationsforschung konnte aufzeigen, wie eine große Bandbreite von Organisationen durch Kontrollmechanismen die Gefühle ihrer Mitarbeiter zu beeinflussen und steuern versuchen (Alvesson/Willmott 1992). Dabei sind Organisationen im Wesentlichen daran interessiert, negative Emotionen zu unterdrücken und positive Emotionen zu fördern. Die soziotechnischen Mechanismen derer sich die Organisationen bedienen, sind häufig verhaltenswissenschaftlichen Lernmodellen entliehen, wie zum Beispiel die Konditionierung durch Sanktionen oder positive Verstärkung. Dabei spielen positive Anreizsysteme wie die Einführung eines ›Mitarbeiters des Monats‹ oder positives Feedback vom Vorgesetzten eine bedeutende Rolle. Andere, weniger offensichtliche Mechanismen zur Steuerung der Emotionen sind Interventionen, die unter Coaching, Mentoring oder Teamtraining laufen. In diese Formen der Kontroll- und Machtausübung investieren Unternehmen derzeit beträchtliche Ressourcen.

Von einer kritischen Perspektive betrachtet lässt sich nachvollziehen, wie diese Interventionen organisationale Normen und eine »leistungskonforme Affektregulation« (Neckel 2005) im persönlichen Wertesystem des Arbeitenden zu verankern versuchen. Es scheint, dass Emotionen und damit ein intimer Bereich der persönlichen Identität zum Gegenstand wirtschaftlicher Interessen geworden sind.

Während die oben genannte Position versucht, die kritischen Seiten einer zunehmenden Emotionalisierung der Arbeit zu reflektieren, wendet sich die Positive Psychologie (Seligman/Csikszentmihalyi 2000) von den traditionellen pathologischen Modellen der Psychologie bewusst ab. Sie setzt sich dafür ein, dass bestehende Ressourcen und Stärken der Mitarbeitenden hervorgehoben werden. Diese neue Forschungsrichtung beschäftigt sich direkt mit Fragen des Glücks und versucht physiologische und homöostatische Modelle, die häufig auf der Idee von positivem und negativem Affekt beruhen, zu überwinden. In diesem Modell kann Arbeit als mögliche Quelle für Zufriedenheit, Engagement und Sinnhaftigkeit verstanden werden und damit als potenzielle Res-

source beim Aufbau eines glücklichen (Arbeits-)Lebens (Snyder/López 2002).

Seligman (2002) hat drei Mechanismen vorgeschlagen, mit denen sich ein glückliches Arbeitsleben und überhaupt ein glückliches Leben erreichen lässt: durch Genuss, durch Engagement und durch Sinnhaftigkeit. Archetypen dieser Lebensweisen könnten die folgenden Beispiele sein: (a) ein hedonistischer Rockstar, der versucht seine Lust zu maximieren (›I can't get no satisfaction‹), (b) ein engagierter Wissenschaftler, der bis tief in die Nacht arbeitet und alles um sich herum vergisst und (c) ein sozialer Unternehmer, der eine tiefe Sinnhaftigkeit in seinem Tun verspürt. Für ein glückliches Leben sollten alle drei Qualitäten vorhanden sein, jedoch geht Seligman davon aus, dass deren Beitrag unterschiedlich gewichtet ist. Menschen, die sinnstiftenden Handlungen nachgehen, sind insgesamt am glücklichsten, gefolgt von Menschen, die engagiert einer Tätigkeit nachgehen. An letzter Stelle kommen Menschen, bei denen ein hedonistischer Lebensstil in Vordergrund steht.

Wenn wir diese Grundgedanken auf die Organisationsforschung übertragen, müssen wir feststellen, dass der hedonistische Aspekt von Arbeit im Gegensatz zu den beiden anderen Formen am intensivsten erforscht wurde. Die Forschung von Csikszentmihalyi (2004) stellt dabei eher eine Ausnahmeerscheinung dar. Csikszentmihalyi hat den populär gewordenen Begriff »Flow« geprägt und beschreibt damit das positive Gefühl des vollständigen Aufgehens in einer Tätigkeit. Die Wahrscheinlichkeit, ein Flow-Erlebnis bei der Arbeit zu erfahren, steht im engen Zusammenhang mit organisatorischen Bedingungen, wie etwa klaren Arbeitszielen, angemessenen Rückmeldungen, einer Balance zwischen Herausforderung und Fähigkeiten, einem flexiblen Zeitmanagement und der Möglichkeit, Kontrolle über das Arbeitsfeld auszuüben. Schwerer zu erfassen ist sicherlich die Idee einer sinnstiftenden Arbeit, da hier die einzigartige Qualität individueller Bedeutungskonstruktionen betont werden muss – was sinnvoll für den einen ist, mag irrelevant für den anderen sein.

Die Positive Psychologie, als überwiegend individualistischer Ansatz, übersieht dabei, dass Bedeutungsstrukturen und Diskurse aus lokalen Kulturen und Gemeinschaften heraus gestaltet werden. Innerhalb der Organisationsforschung könnte die Positive Psychologie in Zukunft von der Anlehnung an narrative Konzepte profitieren. Diese fragen danach, wie

Einzelpersonen, Gruppen und Organisationen gemeinsam Sinn durch kollektive Bedeutungskonstruktionen herstellen (Bauer/McAdams/Pals 2008). Die Prämisse eines solches Ansatzes ist, dass Bedeutungen im sozialen Kontext erzeugt werden. Das individuelle Glück ist damit im Kontext von sozialen Werten und Normen zu sehen und in organisatorische, professionelle und lokale Kulturen eingebettet.

Anstelle einer Hinwendung zu einer Haltung des ›Positiven Denkens‹ könnte die bejahende Haltung der Positiven Psychologie an Tiefe gewinnen, wenn sie ihre eigene Position reflektiert und zur Kenntnis nimmt, wie Machtstrukturen das Arbeitsleben beeinflussen. Möglicherweise könnte ein narratives Verständnis von Glück sowohl die kritischen wie die positiven Aspekte in der organisationstheoretischen Forschung miteinander vereinbaren.

Zusammenfassung und Ausblick

Abschließend möchten wir einige allgemeine Entwicklungen beschreiben. Während vor hundert Jahren rationale Modelle das Verständnis der Organisationstheorie dominiert haben, greift man heute zunehmend auf relationale und emotionale Modelle zurück, um die Komplexität organisationalen Handelns erklären und steuern zu können. Die aktuelle Zunahme des Interesses könnte teilweise durch den Wechsel von einer Produktions- zur Dienstleistungsgesellschaft erklärt werden, denn Dienstleistungsorganisationen versuchen, ihre Kunden über freundliche Mitarbeitende langfristig zu binden. In jedem Fall sollte die Wandlung der Theorien im engen Zusammenhang mit der Veränderung der Arbeitswelt gesehen werden, die im Zeichen einer Beschleunigung, Technisierung und Globalisierung steht.

Des Weiteren können wir feststellen, dass die zahlreichen Forschungsbemühungen in der Organisationsforschung weitgehend fragmentiert sind, was sich in den wenigen Versuchen widerspiegelt, die Forschung unter dem Glücksbegriff zusammenzufassen. Auch haben sich die vorgestellten Glücksmodelle gegenseitig nie vollständig verdrängt, sondern sie existieren nebeneinander, sind ineinander aufgegangen und miteinander verflochten. Den beschriebenen Modellen liegen jedoch auch unterschiedliche ontologische Paradigmen zugrunde, wodurch unterschiedliche Perspektiven auf den Themenkomplex ›Glück und Arbeit‹ erzeugt werden. Die Bedeutung, die man Glück in der Arbeitswelt zuschreibt, ist davon abhängig, ob man sich an einem rationalen oder relationalen Ansatz orientiert. Glück kann auf eine messbare Variable der Arbeitszufriedenheit reduziert werden oder im umfassenderen Konzept des Wohlbefindens aufgehen; Glück kann als harte Arbeit mit toxischen Folgen oder als positive Ressource verstanden werden. Das Glück im organisationalen Kontext liegt im Spannungsverhältnis dieser Sichtweisen und führt zur ambivalenten Besetzung des Begriffs.

Der Brennpunkt der aktuellen Diskussion zum Thema ›Glück und Arbeit‹ ist zwischen Positiver Psychologie (und der positiven Organisationswissenschaft) und den kritischen Ansätzen der Organisationstheorie anzusiedeln. Die Positive Psychologie erforscht, wie spezifische Organisationsstrukturen und Arbeitstätigkeiten positive subjektive Erfahrung fördern können. Kritische Ansätze beleuchten hingegen, in heterogener Weise, die politischen und negativen Effekte der Arbeit. Eine kritische Perspektive betont auch die zunehmende Kommerzialisierung der Gefühle und privater Lebenswelten. Die Symptome einer solchen Entwicklung sind Selbstentfremdung durch die künstliche Inszenierung von Glück und die Zunahme innerer Zwänge durch die gesellschaftliche Erwartung, dass Gefühle normkonform und nach ökonomischen Zielen gestaltet werden müssen (Henning 2008).

Beiden Ansätzen ist gemeinsam, dass sie einen Glücksbegriff überwunden haben, der Glück als reduktionistische Variable versteht, die zum Zwecke der Leistungssteigerung manipuliert werden soll. Letztlich könnte der Dialog zwischen Positiver Psychologie und den kritischen Ansätzen dazu beitragen, dass die mit dem Themenkomplex ›Arbeit und Glück‹ verbundene Ambivalenz deutlicher herausgearbeitet werden kann. Eine solche Ambivalenz muss sich nicht zwangsläufig auflösen lassen. Das folgende Zitat mag dies widerspiegeln: »Ich liebe die Arbeit nicht – niemand mag sie –, aber ich liebe das, was in der Arbeit steckt – die Möglichkeit, sich selbst zu finden« (Conrad 1902/2001, 54).

Literatur

Alvesson, Mats/Willmott, Hugh: Critical Management Studies. Thousand Oaks, CA 1992.

Barry, Daved/Hansen, Hans: The SAGE Handbook of New Approaches in Management and Organization. Thousand Oaks, CA 2008.

Bauer, Jack/McAdams, Dan/Pals, Jennifer: Narrative Identity and Eudaimonic Well-being. In: Journal of Happiness Studies 9/1 (2008), 81–104.

Braverman, Harry/Sweezy, Paul/Foster, John: Labor and Monopoly Capital: The Degradation of Work in the Twentieth Century. New York 1974.

Cartwright, Susan/Cooper, Carr: Oxford Handbook of Organizational Well-being. Oxford 2008.

Clegg, Stewart/Bailey, James: International Encyclopedia of Organization Studies. Thousand Oaks, CA 2008.

Conrad, Joseph: Heart Of Darkness [1902]. Mineola, NY 2001.

Csikszentmihalyi, Mihaly: Flow im Beruf [2003]. Stuttgart 2004.

Cummings, Thomas/Worley, Christopher: Organization Development and Change. Mason 2008.

Hanisch, Kathy: The Job Descriptive Index Revisited: Questions About the Question Mark. In: Journal of Applied Psychology 77/3 (1992), 377–382.

Henning, Christoph: Vom Systemvertrauen zur Selbstverantwortung: Der Wandel kapitalistischer Gefühlskultur und seine seelischen Kosten. In: Ludger Heidbrink/Alfred Hirsch (Hg.): Verantwortung als marktwirtschaftliches Prinzip. Zum Verhältnis von Moral und Ökonomie. Frankfurt a. M. 2008, 373–394.

Herzberg, Frederick/Mausner, Bernard/Snyderman, Barbara: The Motivation to Work. New York 1959.

Hochschild, Arlie: The Managed Heart: Commercialization of Human Feeling [1983]. Berkeley/London ²2003.

Mayo, Elton: The Human Problems of an Industrial Civilization. New York 1933.

Neckel, Sighard: Emotion by design. Das Selbstmanagement der Gefühle als kulturelles Programm. In: Berliner Journal für Soziologie 15/3 (2005), 419–430.

Seligman, Martin: Authentic Happiness: Using the New Positive Psychology to Realize Your Potential for Lasting Fulfillment. New York 2002.

– /Csikszentmihalyi, Mihaly: Positive Psychology. An Introduction. In: American Psychologist 55/1 (2000), 5–14.

Snyder, Charles/López, Shane: Handbook of Positive Psychology. Oxford 2002.

Taylor, Frederick: The Principles of Scientific Management. New York/London 1911.

Warr, Peter: Work, Happiness, and Unhappiness. Mahwah, NJ 2007.

Zelenski, John/Murphy, Steven/Jenkins, David: The Happy-Productive Worker Thesis Revisited. In: Journal of Happiness Studies 9/4 (2008), 521–537.

Chris Steyaert und Florian Schulz

9. Glück in der Soziologie des Konsums. Formen des Hedonismus

Die schichtenübergreifende Zunahme von Konsumchancen und Freizeit ist seit Mitte des 20. Jahrhunderts eines der auffälligsten sozialpolitischen und kulturellen Phänomene in den westlichen Industrieländern. Die psychischen und gesellschaftlichen Konsequenzen dieses Vorgangs werden in Sozialphilosophie und Sozialwissenschaften in unterschiedlicher Weise mit dem Glücksbegriff in Verbindung gebracht. Die Antwort auf die häufig gestellte Frage, ob die Vergrößerung der Konsumchancen die Menschen – und/oder die Gesellschaft – denn glücklicher oder unglücklicher mache, hängt wesentlich davon ab, ob unter ›Glück‹ ein gutes, erfülltes Leben, ein glückliches Geschick oder die Verfügung über Güter und Genüsse verstanden wird und ob dabei von einem objektiven oder subjektiven Glücksbegriff ausgegangen wird – allein deshalb ist von diesem Überblick kaum ein eindeutiges Ergebnis zu erwarten. Inwiefern diese schon seit der Antike unterscheidbaren Glücksvorstellungen (vgl. Ritter 1974) in die unterschiedlichen Sichtweisen auf den Konsum eingehen, wird im ersten Teil des Beitrags skizziert. Hervorzuheben ist dabei, dass ›Glück‹ hier nur selten explizit als tragendes Konzept eingeführt wird; gleichwohl lassen sich in den verschiedenen Ansätzen durchaus implizite Glücksvorstellungen feststellen. Explizit und prominent ist der Glücksbegriff hingegen bei solchen soziologischen Konzepten des Konsums, welche einen Zusammenhang zwischen der Zunahme von Konsumchancen und der Verbreitung hedonistischer, also genussorientierter Haltungen herstellen; ihre Einordnung und Bewertung unterscheidet sich dabei stark. Im zweiten Abschnitt werden einige auch in der Soziologie wirksame, ältere Motive aufgreifende Vorbehalte gegenüber dem hedonistischen Konsum dargestellt. Der dritte Abschnitt geht dann auf Arbeiten ein, die sich vor allem für den Formenwandel des Hedonismus unter den Bedingungen des modernen Konsums interessieren.

Explizite und implizite Glücksvorstellungen in der Soziologie des Konsums

Versteht man unter ›Glück‹ einen qualitativ bestimmten, verallgemeinerbaren und deshalb objektiven – also normativen – Begriff vom guten, erfüllten Leben, so ist es zweifelhaft, ob die subjektiven Glücksempfindungen und Wünsche von Konsumenten ein Maß für ein derartiges ›wahres Glück‹ abgeben können. Kritiker des Konsums wie die Kritische Theorie (s. Kap. VI.7) sehen im Konsumglück bloß eine »kompensatorische« Illusion, welche davon ablenke, dass ein erfülltes Leben unter der Herrschaft des Kapitalismus unmöglich sei. Die Glücksgefühle, die Konsumenten vom Konsum erhoffen und auch dabei erleben, so meint Herbert Marcuse, seien deshalb das eigentliche Gegenteil von Glück, nämlich eine »Euphorie im Unglück«, welche die Einsicht in die »Krankheit des Ganzen« verstelle (Marcuse 1964/1970, 25). In ähnlicher Weise merken Max Horkheimer und Theodor W. Adorno in der *Dialektik der Aufklärung* an, dass die »Glücksgüter selbst zu Elementen des Unglücks« würden (Adorno GS 3, 15). Diese Argumentation speist sich aus dem Gegensatz zwischen einem subjektiven, aus dem Gebrauch von ›äußeren‹, also Konsumgütern erwachsenden Glück und einer kritischen Analyse der kapitalistischen Gesellschaft, die dem Ideal eines ›glücklichen‹ Gesellschaftszustandes verpflichtet ist, in dem subjektives und objektives Glück zusammenfallen.

In starkem Kontrast dazu steht die sogenannte ›empirische Glücksforschung‹, die als ein Zweig der empirischen Sozialforschung von einem subjektiven Glücksbegriff ausgeht, um dann objektivierbare Aussagen über das Glücksniveau von Gesellschaften zu treffen: Auch sie versteht zwar unter ›Glück‹ einen Zustand des guten, erfüllten Lebens, lässt diesen aber qualitativ unbestimmt. Sie führt vielmehr repräsentative Befragungen durch, in denen die Probanden in skalierter Weise Auskunft darüber geben sollen, in welchem Maße sie ihre eigene Lage oder ihr bisheriges Leben als ›glücklich‹ beurteilen. Die empirische Glücksforschung nutzt dieses Datenmaterial dann, um die durchschnittliche Zufriedenheit von Bevölkerungen zu ermitteln (s. Kap. VIII.6). Das Urteil über das Ausmaß ihres Glücklichseins kommt also den Befragten zu, und was sie unter ›Glück‹ verstehen, bleibt ihren kulturell geprägten Verständnissen vorbehalten. Die Glücksforschung selbst erfasst lediglich die *Verteilung* dieser Urteile, um sie auf andere Größen – wie etwa den Lebensstandard – zu beziehen und in Längsschnittanalysen auf Veränderungen hin zu untersuchen. Ihre Ergebnisse machen dabei deutlich, dass das in den Umfragen bekundete Glücksniveau *nicht* kontinuierlich mit dem Lebens-

standard, also den Konsumchancen wächst (Lane 2000; s. Kap. VIII.7).

Die Soziologie betrachtet den Bereich des Konsums häufig unter dem Aspekt der sozialen Ungleichheit, wobei ›Glück‹ nicht den Rang eines tragenden Konzepts einnimmt; es lassen sich allerdings einige implizite Annahmen der Ungleichheitsforschung auf die verschiedenen Glücksbegriffe beziehen. Deutlich ist, dass für sie die Idee des guten, erfüllten Lebens wenig Bedeutung hat und stattdessen die sozial ungleich verteilte Verfügung über Güter und Genüsse oder – im Sinne des glücklichen Geschicks – ungleiche Zugangschancen zu sozialen Positionen in den Mittelpunkt treten. Die soziologische Ungleichheitsforschung interessiert sich dabei in erster Linie dafür, inwieweit bestimmte Merkmale von Individuen (Einkommen, Vermögen, Bildungsgrad, soziale und ethnische Herkunft, Geschlecht, Alter etc.) die soziale Lage sowie die Lebensverläufe bestimmen und welche sozialen Mechanismen dafür verantwortlich sind, dass diese ungleichen Bedingungen dauerhaft reproduziert werden (Hradil 2001). Versucht wird also eine Objektivierung der Faktoren, die den Zugang zu Gütern, Anerkennung und sozialen Positionen bedingen und gegebenenfalls einschränken – also die Chancen auf Glück, wenn man darunter die Verfügung über Güter und Genüsse oder ein glückliches Geschick versteht. Die Konsumpraktiken kommen dabei deshalb in den Blick, weil in ihnen ›soziale Distinktion‹ wirksam wird: Das heißt, dass statushöhere Gruppen ihre Reihen gegenüber Aufstiegswilligen abschotten, indem sie als gleichrangig nur diejenigen anerkennen, die in der Lage sind, bestimmte, prestigeträchtige Güter zu konsumieren. Diese sind nicht nur teurer und müssen oft erneuert werden, ihre adäquate Auswahl und Verwendung erfordert zudem Kenntnisse, Erfahrung und Geschmack. Auf diese Weise können sich privilegierte Milieus auch in sozial hochmobilen Gesellschaften auf mehr oder weniger informelle Weise gegenüber Aufsteigern schließen (Veblen 1899/1971; Hirsch 1976/1980; Bourdieu 1979/1987). Der Konsum wird also als Mittel subtiler Mechanismen des Anerkennens und Ausschließens sowie als Indikator sozialer Lagen untersucht – nicht aber daraufhin, ob die von ihm erhofften oder erlangten Genüsse tatsächlich Glück oder Unglück bewirken.

Ein auf Lust und Genuss bezogenes Verständnis von Glück führt demgegenüber zu einer weiteren, für viele aktuelle Ansätze einer Soziologie des Konsums charakteristischen Diagnose: Sie besagt, dass

die Ausweitung der Konsumchancen mit Mentali-
tätsveränderungen einhergehe, die als Zunahme hedonistischer, also genussorientierter Haltungen beschrieben werden können. Anders als die Kritik des
Konsums aus der Warte eines objektiven Glücksbegriffs, der rein quantifizierende Zugang und auch
die spezifische Fragestellung der Ungleichheitsforschung erfordern diese Diagnosen theoretische
Annahmen über die Wechselwirkungen zwischen
subjektivem Glücks- oder Unglücksempfinden, faktischen Konsumchancen und -praktiken sowie gesellschaftlichen Prozessen und Strukturen. Zuerst
aber gehe ich auf die Vorbehalte gegenüber dem
Konsum-Hedonismus ein, in denen sich – wenn
auch nicht immer explizit – eine Reihe älterer
Glücksvorstellungen erhalten haben, die auch in der
Soziologie des Konsums wirksam bleiben.

Kontinuitäten in den Vorbehalten gegenüber dem Konsum-Hedonismus

Die psychischen und sozialen Folgen neuer Möglichkeiten und Spielarten des Konsums werden
schon lange und regelmäßig wiederkehrend darin
gesehen, dass Konsumenten – verführt durch die
sinnlichen Reize der Dinge und als Käufer weitgehend ungehindert von sozialen Einschränkungen ihres Erwerbs – ihr Glück in den diesseitigen und
schnelllebigen Vergnügungen suchen, die der Wa-
renkonsum bietet. Voraussetzung dafür ist, dass es
sich um den Konsum von Gütern und Dienstleistun-
gen handelt, die man nicht zwingend braucht – etwa
aufgrund physiologischer Notwendigkeit. Bei der
Bewertung dieses Hedonismus kommen oft Vorbehalte gegenüber dem Luxus zum Tragen, der seit der
Antike als eine der verurteilenswerten Leidenschaften gilt, weil er das Subjekt zu tugendwidrigen Aus-
schweifungen anreizt und sowohl seine psychische
Konstitution als auch die gesellschaftliche Ordnung
untergrabe (Vogl 2001). Weder die ökonomische Erkenntnis des 18. Jahrhunderts, dass die Produktion
von Überschüssen und der Konsum von ›Überflüssi-
gem‹ volkswirtschaftlich durchaus wünschenswerte
Effekte haben können, noch die Erfahrung des für
eine längere Zeit steigenden Lebensstandards im 20.
Jahrhundert haben dazu geführt, die moralischen
Bedenken gegenüber dem Luxus und der mit ihm
historisch verbundenen Haltung des Hedonismus
abzubauen (Schrage 2009). Allerdings haben sich in
den letzten Jahrhunderten die Begründungen für
diese Vorbehalte verschoben: In der Frühen Neuzeit

sah man die Gefahr noch in der Sündhaftigkeit der
Luxurierenden sowie darin, dass die dem Adel vor-
behaltene Art der Lebensführung von zu Geld gekommenen Bürgern nachgeahmt und die ständische
Ordnung so unterminiert werden könnte (Bulst
2003; Hirschman 1977/1987). Im 20. Jahrhundert
wird der Hedonismus hingegen vornehmlich aus
zwei Gründen als ein Problem angesehen:

Ein soziologisches Argument lautet, dass das Streben der Einzelnen nach immer neuen Genussmög-
lichkeiten und damit ihre Orientierung an *eigenen*
Wünschen und Begehrlichkeiten dazu führe, dass sie
die für die Aufrechterhaltung der sozialen Ordnung
nötigen sozialen Normen aus dem Blick verlören:
Das auf den Konsum gerichtete Begehren werde also
sozial entbunden. Dieses Argument ist – wenn auch
nicht explizit auf den Konsum bezogen – bereits von
Émile Durkheim formuliert und die daraus resultie-
rende gesellschaftliche Desintegration als »Anomie«
benannt worden (Durkheim 1897/1983, 292 f.; s.
Kap. VI.1).

Eine ähnliche Diagnose stellt achtzig Jahre später
Daniel Bell: Er konstatiert eine fundamentale, gleichsam anomische Diskrepanz zwischen den Erfordernissen der ökonomisch-technischen Ordnung und
dem Streben nach Selbstverwirklichung, das für ihn
Züge des Hedonismus trägt und die Kultur der
»postindustriellen Gesellschaft« präge. Die Wirt-
schaftsordnung erfordere einerseits, so Bell, »dass
der Mensch hart arbeitet, eine Karriere anstrebt,
Aufschub von Befriedigungen hinnimmt«, während
Werbung und Konsumgüter zu »Lust und Vergnügen, sofortige[m] Spaß, Erholung und Sichgehenlas-
sen« verführten (Bell 1976, 90). Ein mehr auf die innerpsychische Dynamik des modernen Konsum-
Hedonismus zielender Vorbehalt lautet, dass die
ständige Suche nach lustvollen Erlebnissen und
Glücksmomenten im Konsum rasch zu Enttäuschungen, zu Langeweile und zur Suche nach neuen
Konsumerlebnissen führe, welche die bereits gehab-
ten überbieten sollen – dass der Hedonismus also
eine nie endende, »nach außen gerichtete« Jagd nach
dem Glück darstelle, die suchtähnliche Züge aufweise (Bauman 2008/2010, 178; Scitovsky 1976/
1977).

Beide Diagnosen ziehen recht verschiedene Therapievorschläge nach sich: Durkheim schlug Ende
des 19. Jahrhunderts vor, den aus seiner Sicht ent-
grenzten Individualismus mit Hilfe von *Berufsver-
bänden* wieder an eine erneuerte Sozialmoral zurückzubinden – die Integration in solche im Ver-

gleich zu Märkten überschaubareren Gruppen könne disziplinierend wirken und den Individuen jene asketische Haltung vermitteln, die sie aus sich selbst heraus nicht zu entwickeln vermögen (Durkheim 1893/1988, 28). Bells erwähnte Diagnose ist pessimistischer und konservativer als Durkheims korporatistischer Vorschlag, da er eine solche sozial-moralische Disziplinierung nur religiösen *Glaubensgemeinschaften* zutraut, deren Grundlage jedoch aufgrund eines verallgemeinerten Selbstverwirklichungsstrebens schwinde.

Die beim Suchtmoment des Konsum-Hedonismus ansetzende Diagnose führt hingegen zumeist dazu, dass als Therapie auf die Vorstellung eines guten, erfüllten und maßvollen Lebens, also auf einen alternativen Glücksbegriff verwiesen wird und die Subjekte selbst dazu aufgerufen werden, ihr *Glücksverständnis* zu reflektieren. Das Erreichen dieses vom hedonistischen unterschiedenen Glücks wird zumeist von einer gefestigten Haltung des Subjekts abhängig gemacht, die es ihm erlaubt, sich den äußeren Reizen des Konsums zu entziehen: Der Psychologe Scitovsky legte etwa den US-Amerikanern nahe, sich die – recht klischeehaft gezeichnete – nonchalante Lebensweisen der Südeuropäer und des Adels zum Vorbild zu nehmen (Scitovsky 1976/1977, 129 ff.); auf eine stärker philosophisch begründete, reflexive Haltung zielt das Konzept der »Lebenskunst« (Schmid 1998; s. Kap. VI.10) sowie viele Glücksratgeber (s. Kap. VI.11).

Ein auffälliges Merkmal der sich am Konsum-Hedonismus festmachenden Krisendiagnosen und Therapievorschläge ist, dass die klassischen Topoi des Glücksdenkens – Hedonismus oder Askese; äußerliche, kurzfristige und sinnliche Vergnügungen oder inneres, erfülltes Leben – auch unter den Bedingungen der stark gewandelten Situation der hochmodernen Überfluss-Gesellschaft immer wieder aufleben. Das liegt sicher auch an der Grundsätzlichkeit und, wenn man so will, Zeitlosigkeit der dabei aufgeworfenen Fragen.

Formenwandel des Konsum-Hedonismus

Um aber zu erfahren, wie es um Form und Funktion des Hedonismus unter den Bedingungen der heutigen Konsumgesellschaft bestellt ist und inwiefern seine scheinbar zeitlosen Probleme möglicherweise unter gewandelten Umständen anders beurteilt werden müssten, ist es sinnvoll, einige Befunde der neueren Soziologie des Konsums hinzuzuziehen. Sie

sollen hier daraufhin befragt werden, inwieweit heutige Formen der Glückssuche im Konsum mit den klassischen Vorbehalten in Einklang zu bringen sind. Eine historische Untersuchung des britischen Soziologen Colin Campbell soll den Ausgangspunkt bilden.

Campbell unterscheidet zwischen einem traditionellen und einem modernen Hedonismus; den Formenwandel des Hedonismus macht er an der ›romantischen Ethik‹ fest, die Ende des 18. Jahrhunderts entsteht und die Grundlage auch des in der Gegenwart wirksamen *spirit of consumerism* darstelle (Campbell 1987). Diese moderne Einstellung gegenüber Konsumobjekten sei grundlegend vom traditionellen Hedonismus verschieden, den Werner Sombart als das Streben nach der Verfeinerung sinnlicher Genüsse beschrieben und dabei primär auf Luxusgüter bezogen hatte (Sombart 1913/1996). Sombart sah in diesem sinnesbezogenen Hedonismus ein Zeichen der Verbreitung individualistischer Haltungen. Dies gilt auch für Campbells modernen Hedonismus, für den allerdings nicht sinnliche Stimuli, sondern emotionale, als beglückend erlebte Zustände charakteristisch sind – im späten 18. Jahrhundert waren dies etwa die Empfindung des philanthropischen Mitleids (›Empfindsamkeit‹, ›empathy‹) oder der Grusel der Schauerromane. Diese Glückszustände können aber ebenso aus dem Konsum standardisierter Massenprodukte resultieren, denn es kommt nicht auf außergewöhnliche Sinnesreize an, sondern vielmehr auf die Bedeutungen, die das Subjekt mit den Dingen verbindet: Während die Stimuli des traditionellen Hedonismus also aus der Konfrontation mit die Sinne reizenden Gegenständen gewonnen werden, behandeln moderne Hedonisten ihre eigenen psychischen Zustände als Genussmittel, und diese beziehen sich wesentlich auf das Spiel mit Bedeutungen, welche die Konsumobjekte evozieren (Campbell 1987, 69). Damit ist das Genießen von der direkten Bindung an physiologische Reize entkoppelt und lässt sich gar nicht mehr als ›äußerlicher Reiz‹ ansprechen; gerade deswegen ist es auch in seiner Eigenlogik unabschließbar und darf nicht mit der Befriedigung von Bedürfnissen verwechselt werden, wie Campbell formuliert: »Sollte ein Individuum je einen Zustand dauerhafter und vollkommener Befriedigung erleben, so wäre es auch des Genusses beraubt« (65).

Campbells Analyse des modernen, emotionalen Hedonismus unterläuft damit die in den älteren Vorbehalten zentrale Ansicht, der Hedonismus impliziere per se die Hingabe an ›äußere‹, auf die Sinne wirkende Reizquellen – eine räumlich-psychologische Metaphorik, die den genussbezogenen Glücksbegriff gut platonisch in einem ›Außen‹ und das Glück als erfülltes Leben in einem ›Inneren‹ des Subjekts verortet. Beim modernen Hedonismus wäre das ›Außen‹ hingegen, nimmt man Campbells Argument ernst, nicht als Reizquelle, sondern vielmehr als ein kommunikatives Umfeld zu denken, dem das Subjekt emotional besetzbare Bedeutungen entnimmt – das Konsumobjekt wird also nicht als reizendes Ding, sondern als emotionalisierbarer Bedeutungsträger genossen.

Diese Entmaterialisierung des Hedonismus löst das Konsum-Glück einerseits von der Materialität des Dings als Reizquelle, es erweitert sich aber der Bereich dessen, was durch den Konsum vermittelbar wird: Letztlich fallen damit auch die Grenzen zwischen ›authentischen‹ und warenförmig angeeigneten Emotionen. Eva Illouz hat am exemplarischen Fall der romantischen Liebe gezeigt, wie die solche Liebesgefühle evozierenden Waren einerseits in den Liebesverhältnissen selbst unentbehrlich werden und andererseits auch eine enorme ökonomische Bedeutung erlangen: Romantische Momente werden von entsprechenden Waren erzeugt (Wein, Kerzen, Dinner), wovon auch deren Absatz wiederum abhängig ist (Illouz 1997/2003).

Diese Entmaterialisierungstendenz lässt sich auch mit empirischen Befunden in Einklang bringen, die in der Soziologie unter dem Begriff des Wertewandels bekannt sind und eine tiefgreifende Veränderung von Werthaltungen seit den 1970er Jahren konstatieren, insbesondere die wachsende Verbreitung »postmaterialistischer« Werte gegenüber »materialistischen« (Inglehart 1977, 262–290). Als ›materialistisch‹ gilt dabei die Hochschätzung von ökonomischer Sicherheit und sozialer Ordnung, während Selbstverwirklichung und Kommunikation als ›postmaterialistisch‹ fungieren. Selbstverständlich sind dabei auch ›postmaterialistische‹ Werthaltung für ökonomische Verwertungen offen.

Fazit

Der Fall des konsumbezogenen Hedonismus macht exemplarisch deutlich, auf welche Schwierigkeiten Versuche stoßen, Glück soziologisch zu bestimmen, seine Zu- oder Abnahme zu erfassen oder diese gar von einzelnen Faktoren wie dem Konsum abhängig zu machen. Das gilt, wie im letzten Abschnitt gezeigt,

für die in den soziologischen Begriffsverwendungen nicht eindeutig geklärte Beziehung zwischen Emotion und Sinnlichkeit beim Hedonismus. Es gilt aber auch, wenn objektive Glücksvorstellungen in die Analysen eingehen, weil die normativen Gehalte der klassischen Glückbegriffe unbesehen mitbestimmen, was bezüglich aktueller Glücksvorstellungen als problematisch und was als erstrebenswert gilt. Besonders deutlich wird dies an dem ungeklärten Verhältnis von Hedonismus und Selbstverwirklichung: Bells Ineinssetzung des Strebens nach Selbstentfaltung mit Hedonismus betont etwa beider Partikularismus und lässt Selbstverwirklichung als Auflösung eines universalistischen Wertesystems erscheinen – die Unterscheidung Emotion/Sinnlichkeit tritt hier gegenüber einer Individualismuskritik zurück. Demgegenüber setzen die Philosophien der Lebenskunst auf ein vom Konsum-Hedonismus unterschiedenes Glück, auf das Streben nach erfülltem Leben, das Subjekte von den Verlockungen der Konsumreize emanzipieren soll und in dieser Hinsicht dezidiert individualistisch, als eine ›wahre Selbstverwirklichung‹ verstanden werden muss. Der klassische Gegensatz von Hedonismus und Askese scheint hier im alltäglichen Konsumgeschehen selbst als eine Leitunterscheidung wiederzukehren, die nicht von sozialphilosophischen Kritikansprüchen ausgeht, sondern vielmehr Konsumentscheidungen in sehr praktischer Weise mit Modellen des Selbst und mit Werthaltungen vermittelt und dabei zwischen Hedonismus und Askese sortiert – denn was, von Lebenskunst über Wellness bis Kulinarik, wäre nicht im Modus des Konsums verfügbar?

Literatur

Adorno, Theodor W.: Gesammelte Schriften [GS]. Bd. 3. Frankfurt a. M. 1981.

Bauman, Zygmunt: Wir Lebenskünstler [2008]. Frankfurt a. M. 2010.

Bell, Daniel: Die Zukunft der westlichen Welt. Kultur und Technologie im Widerstreit. Frankfurt a. M. 1976.

–: The Coming of Post-Industrial Society. A Venture in Social Forecasting. New York 1973.

Bourdieu, Pierre: Die feinen Unterschiede. Kritik der gesellschaftlichen Urteilskraft [1979]. Frankfurt a. M. 1987.

Bulst, Neithart: Vom Luxusverbot zur Luxussteuer: Wirtschafts- und sozialgeschichtliche Aspekte von Luxus und Konsum in der Vormoderne. In: Michael Prinz (Hg.): Der lange Weg in den Überfluss. Anfänge und Entwicklung der Konsumgesellschaft seit der Vormoderne. Paderborn u. a. 2003, 47–60.

Campbell, Colin: The Romantic Ethic and the Spirit of Modern Consumerism. Oxford 1987.

Durkheim, Émile: Der Selbstmord [1897]. Frankfurt a. M. 1983.

–: Über soziale Arbeitsteilung [1893]. Frankfurt a. M. 1988.

Hirsch, Fred: Die sozialen Grenzen des Wachstums. Eine ökonomische Analyse der Wachstumskrise [1976]. Reinbek 1980.

Hirschman, Albert O.: Leidenschaften und Interessen. Begründungen des Kapitalismus vor seinem Sieg [1977]. Frankfurt a. M. 1987.

Hradil, Stefan: Soziale Ungleichheit in Deutschland. Wiesbaden ⁸2001.

Illouz, Eva: Der Konsum der Romantik. Liebe und die kulturellen Widersprüche des Kapitalismus [1997]. Frankfurt a. M./New York 2003.

Inglehart, Ronald: The Silent Revolution. Princeton 1977.

Lane, Robert E.: The Loss of Happiness in Market Democracies. New Haven 2000.

Marcuse, Herbert: Der eindimensionale Mensch. Studien zur Ideologie der fortgeschrittenen Industriegesellschaft [1964]. Neuwied/Berlin 1970.

Ritter, Joachim: Glück, Glückseligkeit I. In: Ders. u. a. (Hg.): Historisches Wörterbuch der Philosophie. Bd. 3. Basel 1974, 679–691.

Schmid, Wilhelm: Philosophie der Lebenskunst: Eine Grundlegung. Frankfurt a. M. 1998.

Schrage, Dominik: Die Verfügbarkeit der Dinge. Eine historische Soziologie des Konsums. Frankfurt a. M./New York 2009.

Scitovsky, Tibor: Psychologie des Wohlstands. Die Bedürfnisse des Menschen und der Bedarf des Verbrauchers [1976]. Frankfurt a. M./New York 1977.

Sombart, Werner: Liebe, Luxus und Kapitalismus. Über die Entstehung der modernen Welt aus dem Geist der Verschwendung [1913]. Berlin 1996.

Veblen, Thorstein B.: Theorie der feinen Leute. Eine ökonomische Theorie der Institutionen [1899]. München 1971.

Vogl, Joseph: Luxus. In: Karlheinz Barck u. a. (Hg.): Wörterbuch Ästhetischer Grundbegriffe. Bd. 3. Stuttgart/Weimar 2001, 694–708.

Dominik Schrage

10. Glück und Architektur. Vom prekären Aufbau des Glücks

Architektur ist diejenige Kunst, die traditionell am stärksten mit dem umfassenden Anspruch belegt wird, das Glück des Einzelnen herzustellen. Zudem wird ihr zugetraut, die glückliche Verfasstheit ganzer Gemeinschaften zu befördern oder sogar zu generieren. Schließlich betrachten Architekturtheoretiker sie häufig, im Grunde schon seit Vitruv (*Zehn Bücher über Architektur*, I, 1), auch als Mittel, eine glückliche Balance zwischen dem Streben des Einzelnen und den Ansprüchen des Kollektivs herzustellen. Sie ist daher als Einzelarchitektur, aber auch im Ensemble, auf höchster Ebene als Stadtbaukunst, nicht nur darauf programmiert, Mängeln abzuhelfen und Missstände zu vermeiden. Vielmehr soll Architektur aktiv dauerhafte oder wiederholt verfügbare Glückszustände herstellen.

Der Hauptgrund dafür, dass Architektur immer wieder mit diesem hohen Anspruch aufgeladen wird, ist vor allem der sozialgestaltende Charakter der Baukunst. Da sie nur sehr bedingt mimetisch operiert, wohnt der Architektur, anders als der stets illusionistisch oder narrativ perspektivierten Malerei oder Skulptur, zumindest in der Vormoderne stets ein ›harter‹ Realitätskern inne. Aktiver gesprochen: Die evidente Kraft der Architektur, eigene Realitäten zu entwerfen, befördert ihre Wahrnehmung als ›Glücksmaschine‹ par excellence. Gerade diese Verankerung der Architektur in der Wirklichkeit durch ihre ›Schwerkraft‹ bzw., konstruktiver formuliert, ihr buchstäblicher Beitrag zum Wirklichkeitsaufbau sind dafür verantwortlich, dass Glückträume und -phantasmen sich besonders an ihr auskristallisieren. Wie Einzelne oder ganze Gemeinschaften sich entwerfen, welche Identität sie sich für sich wünschen, medialisiert sich vornehmlich architektonisch, sei es nun in realisierter oder in nicht gebauter Form (Bahrdt 1961). Als ›Glücksmittel‹ rangiert die Baukunst somit an vorderster Stelle der Kulturprodukte. Ihr Gestaltungsradius kann – man denke an die Planung ganzer Metropolen schon der frühen Hochkulturen – immens, ja vom Anspruch her umfassend sein.

Architektur und Leiblichkeit

Wiederholt, am stärksten von Gottfried Semper, ist daher mit Bezug auf das hohe Identitäts- und Glücksversprechen von der Architekturtheorie herausgestellt worden, dass eine funktionale wie symbolische Analogie zwischen Architektur und der den Körper einhüllenden Bekleidung besteht (Arburg 2001). Vor allem in Phasen, die Architekturen als Oberflächen oder Images begriffen haben wie der Historismus und die Postmoderne, wurde dieser Bezug der festgefügten Körperhüllen auf die flexiblen Häute herausgestellt. Er konnte und kann emphatisch oder kritisch betrachtet werden (rekonstruiert wurde dieser Zusammenhang von Pehnt 1989; 2009).

Unabhängig von der Bewertung dieses Zusammenhanges wird deutlich, dass sowohl Bau- als auch Bekleidungskunst nicht nur schützende Funktionen übernehmen. Vielmehr kommunizieren sie auch Selbst- und Gruppenentwürfe und die damit verknüpften Vorstellungen eines glückenden Lebens – etwa, indem sie dem (Bau-)Körper ein harmonisches Auftreten verpassen und ihn somit als ›glückliche‹ Figur erscheinen lassen. Aber anders als die leicht bewegliche, schnell auszuwechselnde Textilkunst macht die Architektur dabei nicht nur räumlich, sondern auch zeitlich einen weiter reichenden Anspruch geltend. Er wird seit der Antike (z.B. Horaz: *Oden*, III, 30) mit der Kategorie des Monumentalen benannt. Verbindend ist allerdings die – ebenfalls ein rekurrenter Topos von den Anfängen der Architekturtheorie bis hin zur Moderne – elementare Rolle, die der Architektur als erweiterter, auf die Kleidung folgende oder diese sogar vertretende, Körperhülle zugesprochen wird.

Notwendige, aber nicht hinreichende Basis für den Glücksanspruch an die Architektur ist die nicht zu leugnende Schutzfunktion von Bauten. Sie kann als rein überlebensnotwendige Kulturtechnik des Mängelwesens ›Mensch‹ gelten, ist dann aber kaum mehr als eine bloße Voraussetzung zum Glück. Tatsächlich ist mit Bauwerken stets auch ein darüber hinaus reichender Anspruch bezeichnet: Sie sollen die nähere Umwelt räumlich und zeitlich nicht nur sichtbar besetzen, sondern auch sinnhaft strukturieren und ihre symbolische Aneignung ermöglichen. Dies wird etwa deutlich, wenn man Architekturen als räumlich artikulierte Rhythmen begreift (wie etwa Adolf Loos und Le Corbusier), auch wenn Architekturen nicht in dieser Definition aufgehen mögen. So wird klar, warum Architektur als ein wichtiges Mittel gilt, um

den Menschen in seiner körperlichen und geistigen Beziehung zur Umwelt, historisch gesprochen, zum ›Kosmos‹, auszutarieren. Bauwerke schaffen, so der Anspruch vom archaischen Sakralmonument bis zur modernen, säkularen Privatwohnung, Balancekonstellationen: In ihnen vermeinen Menschen sich nicht nur bequemer und mit erhöhter (spiritueller oder physischer Sicherheit) einrichten, sondern auch zu ihrem Glück finden zu können. Dafür reduzieren Architekturen, auch das ist eine ihrer tradierten Funktionen, Komplexität. Mit Blick auf moderne Entfremdungszusammenhänge wird deshalb (de Botton 2008) davon gesprochen, dass Individuen in entsprechenden Entlastungsarchitekturen wieder ›zu sich selbst‹ finden könnten.

Architektur und Heilsversprechen

Aber schon der archaische oder vormoderne Stress, an die natürlichen Elemente ausgeliefert zu sein, generierte nicht nur ebenso elementare *shelter*. Er brachte auch Räume hervor, die diese Freistellung vom physischen oder aufmerksamkeitstechnischen Stress in symbolischer und spiritueller Weise überhöhten. In ihnen nimmt die neuerdings von Gerd de Bruyn (2008) überzeugend vertretene These, Architektur sei eine der mächtigsten Versöhnungsmaschinen überhaupt, besonders plastische Gestalt an. Ein gutes Beispiel dafür ist ein Bautyp wie das Bad, das sowohl physischer Annehmlichkeit und Erholung wie auch rituell einer spirituellen Reinigung dienen und dafür entsprechend bausymbolisch überhöht werden kann (Grötz/Quecke 2006). Auch kann die Möglichkeit, wieder ›zu sich selbst zu finden‹ und einen Modus der glücklichen Balance zu initiieren, architektonisch sozial exklusiv zugeschnitten werden: Bautypen wie die Villa oder der Landsitz sind architektonische Statussymbole dafür, dass man diesen Modus einer glücklichen Balance, in diesem Falle die *Villegiatura*, kultiviert zu genießen vermag (Bödefeld/Hinz 1998).

Schon eine der nachweislich frühen menschlichen Behausungen, die Höhle, war vermutlich auch ein kultischer Ort, in dem das (Jagd-)Glück beschworen wurde. Wie viele rituelle Stätten, an denen Demut und Ermächtigung sich berühren, konnte die Höhle zudem auch zu einem Ort des Unheimlich-Unbekannten, ja des Anti-Glücks (Hölle) avancieren. Sie war und ist insofern hochgradig ambivalent konnotiert (Kegler/Ley/Naujokat 2004, 159–172). Als architektonischer Archetypus ist die Höhle ein Gebilde, das (noch) nicht-euklidischen Gesetz-mäßigkeiten folgt und das sein Innenleben nicht re-präsentativ nach außen kommuniziert. In diesem Sinne einer Noch-nicht-Architektur wurde die Höhle für Entwürfe interessant, die im Zuge der Zi-vilisationskritik auch das Architektonische auf den Prüfstand stellten, weil es nun als eingeschränkt hin-sichtlich seiner Fähigkeit galt, Glück zu initiieren. Das kennzeichnet nicht erst die Karriere des Höh-lenmotivs in der Architektur des Expressionismus (Pehnt 1994) und des Surrealismus (Vidler 1992, 151): Aus einer ganzen Reihe weiterer, bis heute rei-chender Versuche, das Architektonische zu entgeo-metrisieren oder seine materielle Schwere und transtemporale Monumentalität zu unterlaufen, ragt der aufklärerisch inspirierte, kunstvoll aufgelockerte Landschaftsgarten inklusive seiner ›naturnahen‹ Staffagearchitekturen (sog. *Folies*) heraus (Tabarasi 2007). Er knüpft im Gegensatz zum formalen, als veritable Landschafts*architektur* zugeschnittenen Barockgarten an die Vorstellung eines paradiesi-schen oder arkadischen Zustandes an (Schulze 2006). Sie war stets schon mit dem Gartenmotiv ver-bunden, wobei allerdings fast durchweg dessen Ord-nungsleistung betont worden war (Bianca 1991, 108–123). Der Landschaftsgarten nun schien, an-ders als der Barockgarten als Kulmination dieser ›Herrschaftsästhetik‹, (noch) nicht den strengen Gesetzmäßigkeiten des Architektonischen zu unter-liegen: So konnte er einen scheinbar unreglemen-tierten Glückszustand verheißen. Selbstverständlich ist auch die gartenkünstlerische Darstellung dieses Ideals im Landschaftspark strategisch in besonders subtiler Weise durchgeplant – man denke nur an die genau kalkulierte Wegregie. Die Rede von einer in-szenierten Natürlichkeit oder ›Kultürlichkeit‹ er-scheint daher besonders gerechtfertigt (Hunt 2004). Vor allem aber kam diese antigeometrische Sonder-zone einer anti-architektonischen Landschaftsar-chitektur ihrerseits nicht ohne eine architektonische Einfassung aus, etwa durch eine Parkmauer: Über deren Ersetzung durch Vegetabiles (etwa durch das sog. Aha, eine grabenförmige, unsichtbare Barriere) machten die Theoretiker des Landschaftsgartens sich folglich viele Gedanken. Diese Phänomene lie-gen gleichsam ›unterhalb‹ des Architektonischen und/oder sind als bewusster Ausstieg aus dem – auch auf das Landschaftliche ausgedehnte – archi-tektonischen Paradigma konzipiert; dies trifft übri-gens auch noch für Gartenstadt des 19. und 20. Jahr-hunderts zu (Pongracz 2008).

Damit verweisen sie vermittelt auf ein weiteres Konstituens des Architektonischen, das entschei-dend für die Frage des menschlichen Glückes ist: Als elementare Grenzziehung zwischen Natur und menschlicher Kultur, zwischen äußerem Kosmos und Innenwelt ist Architektur grundsätzlich ambiva-lent. Einerseits schafft sie Räume entlastender Aus-koppelung und des Strebens nach bzw. der Beschwö-rung von Glück; andererseits trennt sie aber auch von einer präkulturellen Einheit und Harmonie, die eigentlich ohne künstliche Grenzziehung zwischen Mensch und Natur auskommen soll. Dem architek-turtheoretischen Problem, dass in der alttestamenta-rischen Paradies-Schilderung wohl gerade deshalb nicht von Architektur die Rede ist, hat zu einer Viel-zahl von Versuchen geführt, diese Leerstelle durch Ursprungsmythen aufzufüllen (Rykwert 2008). Sol-che Konstruktionen hatte schon Vitruv kolportiert (*Zehn Bücher über Architektur*, I, 1); zu den exponier-testen Beispiele dafür zählen wohl die auf vier Baum-stämmen aus Naturmaterial errichtete sog. Urhütte, vom aufklärerischen und den Klassizismus einläu-tenden Architekturtheoretiker Marc-Antoine Lau-gier auf dem Papier ersonnen, und das aus Holz und in ›harmonischen‹ Maßen errichtete *Cabanon* Le Corbusiers an der französischen Riviera. Diese ›Ur-Bauten‹ sollen Architektur als Teil einer anfängli-chen, im Verlauf der (Bau-)Geschichte aber unglück-licherweise verlorenen Einheit von Mensch und Na-tur wiedereinsetzen. Bis in die Realisierungen der Moderne (Frank Lloyd Wrights berühmtes Haus *Fal-lingwater* etwa lässt sich als Synthese von herrschaft-licher Villa und Hütte am Bach/im Wald deuten) und der Gegenwart hinein reichen derartige Mythen. Aufgrund des modernen Strebens nach radikaler Elementarität werden sie hier sogar wieder beson-ders virulent. Als Teil eines Versöhnungswunsches wollen diese Ursprungs- und Einheitsmythen Archi-tektur aus dem Paradigma der technoiden Naturbe-herrschung lösen – so sehr die Moderne diese Er-rungenschaft feiert – und damit vom Stigma reini-gen, das Bauen sei die erste, elementare Verletzung einer glücklichen, uranfänglichen Einheit. Selbst führende Modernisten wie Le Corbusier oder Adolf Loos sahen architektonische Rationalität noch in ih-rer abstraktesten Form, nämlich ihrer geometrischen Gestalt, im Bauplan der Natur verankert. Der erstge-nannte glaubte sie sogar von einem natürlichen ›In-stinkt‹ zur formalen Setzung hin getragen, also na-turhaftes Gebaren und architektonische Form eng aufeinander bezogen.

Bereits die klassischen *ordo-* und Proportionslehren, deren als einengend konventionell und unaktuell empfundenen Rahmen Vertreter der konstruktiv-funktionalistischen Moderne wie etwa (der frühe) Mies van der Rohe sprengen wollen, versuchen nicht nur, die Komplexität der baulichen Möglichkeiten in einem geringen Varianzrahmen und damit beherrschbar zu halten sowie buchstäblich Überschaubarkeit zu stiften (Rykwert 1996). Ihre eigentliche Hauptmotivation war es, die architektonische Ordnung eng auf die ›Natur am Menschen‹, den menschlichen Körper, zu beziehen (Dodds/Tavernor 2004). Darüber wollten sie wieder eine glückliche Einheit oder Harmonie stiften. Von ihr träumten, allerdings abstrakter, auch Vertreter der Moderne wie Frank Lloyd Wright, der gleichermaßen einen ›organischen‹ Ortsbezug realisieren wie eine Übereinstimmung von technisch-konstruktiver Bauform und menschlicher Individualität im gestalteten Raum herbeiführen wollte, oder Adolf Behne, der für eine Aussöhnung von Formalismus und Funktionalismus im Dienste einer harmonischen Bau-Körper-Gestaltung eintrat.

Architektur und Utopie

Gerade dass Architektur immer wieder Versöhnungsmedium oder sogar ›Glücksmaschine‹ sein soll, verweist darauf, dass sie stets auch als Symbol von oder sogar als Beitrag zur Entfremdung wahrgenommen wird. Diese Ambivalenz gilt sowohl im kleinen Maßstab, mit Bezug auf Haus oder Hütte, wie auch im großen oder größten, mit Bezug auf die Metropole: Sie kann real oder metaphorisch Himmel oder Hölle auf Erden sein. Die Stadt gilt schon in religiösen Kontexten einerseits als Ort der Sünde und des Elends (Sodom und Gomorrha), anderseits der glückseligen Erlösung; man denke an das himmlische Jerusalem sowie seine symbolischen Nachbauten in Form von Domen oder Stadtanlagen (s.u.; auch Sturm 1982). Die Architektur selbst kann dabei schließlich nicht nur als Symbol für Dekadenz und Elend eingesetzt, sondern auch als Generator der Bedrohung und des Schrecklichen wahrgenommen werden. Sie erfüllt dann gerade nicht die Erwartung, glückliche Zustände zu schaffen, sondern gerät im Gegenteil in den Verdacht, eine dauerhaft schlechte Ordnung zu zementieren. Die Kritik an der modernen Betonarchitektur etwa, vor allem in hoher Verdichtung, kämpft ja nicht nur gegen ein falsches Bild des Zusammenlebens, sondern auch gegen ein ganz

konkret ›verbautes‹ Glück (Bonacker 1996). Allerdings kann der Beitrag von Architekturen zum Unglück, das nicht immer durchschaubare Scheitern ihres Glücksversprechens, auch für ästhetisch interessant befunden und bewusst ausgereizt werden: Die Wahrnehmung und Inszenierung von Architekturen als unheimlich besitzt seit dem 18. Jahrhundert eine ganz eigenen Faszination; dies kann man nirgends deutlicher als an Giovanni Battista Piranesis *Carceri*-Radierungen erkennen.

Entgleitet der Baukunst die Absicht, Glück zu produzieren, kann dies zunächst, in polemischen (etwa biblischen) Zusammenhängen, auf die allgemeine Sündhaftigkeit und Dekadenz der Bewohner zurückgeführt werden (Babylon). Darüber hinaus werden aber auch die Verfehlungen in der Architektur und vor allem in der Stadtbaukunst selbst dafür verantwortlich gemacht (wie das hybride Ansinnen beim Turmbau zu Babel). Sog. Dystopien verdichten, ja überspitzen diese Kritik zu düsteren Szenarien, häufig mit zeitdiagnostischem Anspruch.

Einen solchen formulieren aber auch die schon angesprochenen utopischen Entwürfe unter umgekehrten Vorzeichen: Sie kontrastieren nämlich ideale Visionen mit einer fragwürdigen Realität (s. Kap. II.11). In keinem anderen Genre wird das Glücksstreben derart deutlich architektonisch und vor allem urbanistisch medialisiert. Hier wird aber auch deutlich, dass man Glückzustände, selbst wenn man ihren Rahmen möglichst realistisch und detailreich entwirft, stets für prekäre bzw. ephemere Balancen hält. In ihrer räumlich ›suspendierenden‹ Auskoppelung reflektieren nicht nur Inselphantasmen (Robinsonaden), sondern auch Wolkenutopien (Aristophanes' *Wolkenkuckucksheim*) und sogar die häufig manichäisch strukturierten Raumschiff-Fiktion (*Star Trek*, *Star Wars*) genau diese Labilität der idealen Glücksorte, die als gefährdete Sphären gelten. Ihre ultimative Bedrohung stellt bezeichnenderweise die zeit-räumliche Dystopie des Schwarzen Lochs dar (vgl. den Disney-Film *The Black Hole*, USA 1979).

Das Problem der dauerhaften Realisierbarkeit von Glück polarisiert auch die architekturhistorische Forschung (Unterscheidungskriterien und Vermittlungsansätze bei Kruft 1989; Maaß/Berger 1990; Eaton 2001). Die analytische Unterscheidung der sog. Idealstadt und Utopie gilt trotz der scheinbar klaren Differenz als hinterfragbar – da das Realitätsverhältnis der beiden Phänomene Idealstadt und Utopie stets schon komplex ist: Erstere gelten als auf Realisierung angelegt, häufig im Schulterschluss mit mächtigen Trägern (Antonio di Pietro Averlino, gen. Filarete, entwarf um 1465 seine Idealstadt *Sforzinda* für Francesco Sforza, den Herzog von Mailand); derartige Projekte wurden teilweise auch umgesetzt (so das toskanische Pienza, von Bernardo Rosselino ab 1459 für Papst Pius II. entworfen). Utopien hingegen schweben trotz aller konkreten Ausschmückung doch im unbestimmten ›Nichts‹ – schließlich bezeugt nichts dies besser als die nicht abzustellende Suche nach dem mythischen Atlantis, dieser von Platon im *Timaios* und *Kritias* (um 360 v.Chr.) entworfenen, wirkmächtigsten aller Utopien. Aber seit im Zuge der Neuzeit und Moderne das Realisierungspotential für Utopieprojekte stieg, die ehemals als reine Gedankenexperimente konzipiert worden waren, erschien die Unterscheidung immer mehr gradueller Natur. Dass die Grenzziehung von ›realisierbar‹ und ›phantastisch‹ also historisch wandelbar ist und auch theoriegeschichtlich fluktuiert, spiegelt noch einmal die Problematik der Verortbarkeit und Herstellbarkeit von Glück: Es erweist sich gerade in architektonischer und stadtplanerischer Hinsicht buchstäblich als Grenzphänomen.

Für die utopischen und revolutionären Entwürfe selbst stellt sich die Frage nach den Grenzen des Glücks daher immer räumlich. Das Grundparadox besteht dabei darin, dass am Ort grenzenlosen Glücks eigentlich keine störenden Abweichungen, die Unglück induzieren könnten, als existent gedacht werden können. Zwei Faktoren sind somit konstitutiv für den Modus des Utopischen: erstens die Prämisse einer vorausgesetzten anthropologischen Bonität; zweitens die damit zusammenhängende Tatsache, dass den allermeisten Utopien ab der Antike, seit Platons Atlantis, Kreis oder Kugel als ideale Formen gelten. Noch Charles Fouriers sozialreformerisches, auf die Perfektibilität des Menschen setzendes Modell (ab 1808), typisch für den Progressismus und utopischen Frühsozialismus des beginnenden 19. Jahrhunderts, folgt dieser Tradition.

Grundsätzlich gilt dabei aber nicht nur, dass zirkuläre Entwürfe als formal besonders einprägsame Ikonen wirken oder die soziale Idee einer hierarchischen Verpflichtung auf ein Zentrum, oder, umgekehrt, der Egalität symbolisieren: Noch vor jeder ikonographischen und sozialstrukturellen Lesbarkeit suggerieren diese ›perfekten‹, ja ›idealen‹ Formen als maximale ›Containermetaphern‹ vor allem auch eine unendliche Fülle des Guten – und zwar, ohne dass ein Außerhalb überhaupt denkbar wäre. Der utopische Ort der – seit *Atlantis* letztendlich immer

kreisförmig gedachten – Insel löst diese Spannung auf, indem der Kontext (das Meer) hier selbst eine unbestimmte Leere bleibt, die das glücklich schwebende Insulare trägt (vgl. auch Francis Bacons *Nova Atlantis* von 1627/1986). Werden aber im Rahmen eines ›utopischen Realismus‹ Abweichungen vom Glück, etwa als Kriminalität oder negative Eigenschaften der Bewohner, systematisch als zu bekämpfende oder ausweisende Größen mit einkalkuliert, dann bringt das einen scharfen Widerspruch hervor: Gerade das ideale Gemeinwesen, das buchstäblich ›umfassendes‹ Glück realisieren soll, ist dann auf eine scharfe normative Exklusion angewiesen (Sloterdijk 2008). Die Außengrenzen des utopischen Raumes werden deshalb, so kann man exemplarisch etwa an Morus' *Utopia* (1516) lernen, stark befestigt – darin besteht ein Anschluss zur Defensivarchitektur. Aber auch Innengrenzen werden, so schon bei Platons *Atlantis*, multipliziert und diversifiziert: So kann eine abgestufte Idealität, aufsteigend zum räumlichen Zentrum als Kern des glücklichen Gemeinwesens, als Ausweg aus dem Dilemma realisiert werden.

Diese Problematik der Grenzziehung betrifft aber nicht nur das Verhältnis zwischen dem guten Innen bzw. den Kernzonen und dem schlechtem Außen bzw. der Peripherie. Sie erfasst, teilweise quer dazu, auch das Verhältnis zwischen dem Öffentlichen und Privaten, wie es etwa von Thomas Morus' *Utopia*, Tommaso Campanellas *Civitas solis* (1634) oder noch Tony Garniers *Cité industrielle* (ab 1899) problematisiert wird. Gerade mit Blick auf Letzteres wird deutlich, dass die Frage räumlicher Grenzen des Glücks stets mit derjenigen von guten, legitimen, und schädlichen, dem Glück abträglichen Bedürfnissen und Leidenschaften verknüpft ist, also eine genuin moralphilosophische Frage aufwirft.

Der antike Utopismus, genrebildend für die Entwurfstradition von Glückssphären, war auch gerade deshalb auf die tatsächliche Polisgestaltung (die hellenische bzw. hellenistische Kolonisation) mit ihrer Identität von Stadt und Staat bezogen. Hier tauchen auch orthogonale Rasterformen auf (Hippodamos von Milet), die mit einer bewusst antihierarchischen Semantik belegt sein konnten. Noch in der Moderne (Le Corbusiers *Plan voisin* für Paris von 1925; vgl. auch das omnipräsente *grid* der amerikanischen Stadtplanung) waren derartige Raster, zunächst im Dienste sektorieller Entzerrung und Funktionstrennung, letztendlich vor allem der neuen Leitidee der verflüssigenden Mobilität verpflichtet, die jetzt allein als selbständiges Glücksversprechen angesehen wurde.

Der Beitrag des Mittelalters zum utopischen Denken besteht, räumlich weniger konkret, vor allem in der schon erwähnten Topologie des himmlischen Jerusalems, die ursprünglich apokalyptisch-eschatologisch aufgeladen war. Sie inspirierte, in symbolisch codierter Weise bzw. auf rituelle Performanzen bezogen, Kirchenbauprogramme, ja Stadt- oder Burgdarstellungen, schließlich auch deren tatsächliche planmäßige Anlage. In der Neuzeit nahmen dann die städtischen Intellektuellen wie Leon Battista Alberti in einer komplexen Absetzungsbewegung vom monastischen Balance- und Rückzugsideal, das spirituelles Glück versprach, das urbane Glücksversprechen beim Wort. Sie entwarfen so ideale oder utopische Gemeinwesen – teilweise mit den Machthabern, teilweise gegen diese und den entstehenden modernen Flächenstaat (de Bruyn 1996). Antiker Utopismus und christliche Ethik wurden dabei schon zu regelrechten Emblemen der Vernunft verdichtet, deren martialischer Reflex die Militärarchitektur der Frühen Neuzeit war. Die häufig sternförmig projektierten Anlagen, wie sie etwa Jacques Perret (1601) oder Vincenzo Scamozzi (1615) entwarfen, waren bereits der Entwicklung der Ballistik geschuldet, die ein neues Innen-Außen-Verhältnis mit sich brachte; sie lassen sich letztendlich als buchstäbliche ›Quadratur des Kreises‹ verstehen. Zudem präsentieren sie sich aber auch schon als Embleme der Rationalität – vor allem wohl einer instrumentellen (Thomsen 1994).

Insbesondere im Umkreis der Französischen Revolution, deren Geschichtsbild generell ein eigentümliches Ineinander von radikalem Fortschrittsoptimismus und mythischer Zirkularität kennzeichnet, verschmolzen Perfektibilitätsglaube und ein kultischer Rationalismus zu groß angelegten Visionen. Von ihnen wurden die wenigsten gebaut. Aber ihre Realisierung rückte nun doch erstmals – nicht nur angesichts veränderter soziopolitischer, sondern auch ökonomischer und technischer Bedingungen – in greifbare Nähe. Die Entwürfe Louis-Étienne Boullées (ab 1778 entstanden), von hoher graphischer Qualität, aber auch eindrückliche Ikonen von höchstem politischem Anspruch, vermögen diese Konstellation zu verdeutlichen. Vor allem über megalomane Institutionsbauten für das neue Kollektiv sollte der *bonheur de tous* realisiert werden. Vorläufer waren schon im *Ancien Régime* erprobt worden, etwa in der ab 1773 geplanten modellhaften Salinenanlage in

Chaux von Claude-Nicolas Ledoux, die 1789 von einer halbkreisförmigen noch zu einer ovalen Anlage erweitert werden sollte.

Generell generierten die revolutionären Planungsphantasien ihrerseits wieder Architekturen und Ensembles, deren Zuschnitt in Dimension und Formensprache deutlich an archaische Mythen (Höhle, kosmische Sphäre, Firmament) gemahnte. Zugleich konnte, diesen mythischen Naturalismus sekundierend, eine radikale geometrische Abstraktion betrieben werden: Sie generierte allegorische Formen der Vernunft, diese Garanten des Glückes aller. Damit waren gleichsam ornamentale Leerformen des Rationalismus geschaffen, die dann die Großbauten und -programme des Historismus mit ihren retrospektiven Glücksversprechen ausfüllen konnten. Monumentale Eklektizismen wie etwa beim Brüsseler Justizpalast (ab 1866) und beim Berliner Reichstagsgebäude (ab 1884) versuchten, vernunftbasierte institutionelle Glückgarantien und die nostalgische Sehnsucht nach historischen Phasen unvermittelten Lebens in die Mauern massiger Baukörper bzw. Nationalmonumente zu zwingen (Dauss 2007).

Auch wenn sie sich vom Zuschnitt dieser historistischen Großprojekte absetzen wollten, fühlten sich doch viele Wortführer der modernistischen Avantgarde wie Le Corbusier, der ein neues goldenes Zeitalter einleiten zu können glaubte, oder Walter Gropius wiederum im Vollbesitz unbegrenzter technischer und planerischer Möglichkeiten und damit am glücklichen Ende der Geschichte. Konstruktion, Typisierung, Standardisierung bzw. Rationalisierung und Maschinenästhetik wurden euphorisch als Werkzeuge einer bisher ungekannten Perfektion gefeiert. Modernisten wie die ab 1926 im *Ring* organisierten wollten sowohl dem Einzelnen, von der Wohnung für das Existenzminimum bis hin zur avancierten Villa, als auch dem ›modernen‹ Kollektiv in umfassender Weise architektonische Realisierungen des Glücks zur Verfügung stellen. Auch die Stadtplanung, die nun gar nicht groß genug denken konnte (Le Corbusier/Oscar Niemeyer), vermeinte die Mittel zu besitzen, um Utopien einer glücklichen Arbeits- und Freizeitgesellschaft, ›endlich‹ ohne Rücksicht auf historische Rückversicherung, herbeizuführen.

In Postmoderne und Dekonstruktion wird dieses progressive Pathos des architektonischen und urbanistischen Glücksdiskurses skeptisch gesehen oder ironisch unterlaufen: Systemische Paradoxien, überzogene Ansprüche und gescheiterte Versprechen werden nun ironisiert (›dekonstruiert‹). Emphatischer Stilpluralismus und unbekümmerte Mehrsprachigkeit des *anything goes*, aber auch das wild erscheinende Ineinanderschieben etablierter Ordnungen des Konstruktiven setzen ein Versprechen von scheinbar unreglementierter Vitalität frei. Sie symbolisieren zugleich aber auch ein Bewusstsein für die Kontingenz und Relativität von Glücksordnungen. Fern dieser trotz aller Poppigkeit und Hybridität letztendlich hochkulturellen Zumutungen hat sich schon mit dem Aufkommen des bürgerlichen Individualismus auch ein resistenter Habitus des Privatmannes etabliert. Dessen ›My home is my castle‹- oder ›Trautes Heim, Glück allein‹-Haltung glaubt sich gegenüber einer rationalistischen oder obrigkeitlichen Durchplanung des persönlichen Lebensumfeldes verwahren zu können; vermutlich ist dies angesichts institutioneller und kommerzieller Überformung eine Selbsttäuschung. Die privatistisch gemeinte Devise ›Es gibt immer was zu tun‹ zeigt an, dass sich heute das modernistische Tat- und Fortschrittsethos in den Baumarkt als Zentralort des Glücks, meist in Nachbarschaft zu einer schwedischen Möbel-Selbstaufbau-Kette, verschoben hat. Ein archaischer Basteltrieb und der Wunsch, sich im sowohl heimeligen wie stets leicht und offen wirkenden Interieursortiment zu verlieren, liegen dicht beieinander. Dass die schwedischen SB-Märkte mit der genau geplanten Irrgarten-Struktur ihrer Ausstellung übrigens Kennzeichen des Utopischen reproduzieren, vermag gut zu illustrieren, dass der ›Aufbau‹ des Glücks stets zwischen den Polen der Kontrolle und des Sich-Verlierens verspannt ist.

Literatur

Arburg, Hans-Georg von: Kleider(bau)kunst. Die Grundlegung einer Ästhetik der Oberfläche in der Mode bei Gottfried Semper (1803–1879). In: Plurale. Zeitschrift für Denkversionen 1 (2001), 49–70.

Bacon, Francis: Neu Atlantis [1627]. Ditzingen 1986.

Bahrdt, Hans Paul: Die moderne Großstadt: soziologische Überlegungen zum modernen Städtebau. Reinbek 1961.

Bianca, Stefano: Hofhais und Paradiesgarten. Architektur und Lebensformen in der islamischen Welt. München 1991.

Bödefeld, Gerda/Hinz, Berthold: Die Villen im Veneto: Baukunst und Lebensform. Darmstadt 1998.

Bonacker, Kathrin: Beton – ein Baustoff wird Schlagwort. Geschichte eines Imagewandels von 1945 bis heute. Marburg 1996.

Dauss, Markus: Identitätsarchitekturen. Öffentliche Bauten des Historismus in Paris und Berlin (1871–1918). Dresden 2007.

de Botton, Alain: Glück und Architektur. Von der Kunst, daheim zu Hause zu sein. Frankfurt a. M. 2008.

de Bruyn, Gerd: Die Diktatur der Philanthropen. Entwicklung der Stadtplanung aus dem utopischen Denken. Braunschweig/Wiesbaden 1996.

–: Die enzyklopädische Architektur. Zur Reformulierung einer Universalwissenschaft. Bielefeld 2008.

Dodds, George/Tavernor, Robert: Body and Building. Essays on the Changing Relation of Body and Architecture. Cambridge, MA 2004.

Eaton, Ruth: Die ideale Stadt. Berlin 2001.

Grötz, Susanne/Quecke, Ursula (Hg.): Balnea. Architekturgeschichte des Bades. Marburg 2006.

Horaz: Oden und Epoden (Hg. und Übers. G. Fink). Düsseldorf/Zürich 2002.

Hunt, John Dixon: Der malerische Garten: Gestaltung des europäischen Landschaftsgartens. Stuttgart 2004.

Kegler, Karl R./Ley, Karsten/Naujokat, Anke: Utopische Orte. Utopien in Architektur- und Stadtbaugeschichte. Aachen 2004.

Kruft, Hanno-Walter: Städte in Utopia. Die Idealstadt vom 15. bis zum 18. Jahrhundert zwischen Staatsutopie und Wirklichkeit. München 1989.

Maaß, Michael/Berger, Klaus W. (Red.): Planstädte der Neuzeit: vom 16. bis zum 18. Jahrhundert (Ausstellungskatalog). Karlsruhe 1990.

Pehnt, Wolfgang: In der Vorratskammer der Kostüme. Architektur als Mode betrachtet. In: Ders. (Hg.): Die Erfindung der Geschichte. Aufsätze und Gespräche zur Architektur. München 1989, 9–16.

–: Turm und Höhle. In: Vittorio Magnago Lampugnani/Romana Schneider (Hg.). Moderne Architektur in Deutschland 1900 bis 1950. Expressionismus und Neue Sachlichkeit (Ausstellungskatalog). Frankfurt a. M./Stuttgart 1994, 50–67.

–: Das Prinzip der Bekleidung. Architektur und Mode. In: Deutsche Bauzeitschrift 7 (2009), 86–88.

Pongracz, Alexander: Leitbild Gartenstadt – Lebensmodell Gartenstadt. Zu einem historischen städtebaulichen Phänomen vor dem Hintergrund aktueller Planungsfragen. Saarbrücken 2008.

Rykwert, Joseph: The Dancing Column. On Order in Architecture. Cambridge, MA 1996.

–: Adams Haus im Paradies. Die Urhütte von der Antike bis Le Corbusier. Berlin 2008.

Schulze, Sabine (Hg.): Gärten. Ordnung – Inspiration – Glück (Ausstellungskatalog). Frankfurt a. M./Ostfildern 2006.

Sloterdijk, Peter: Sphären I–III. Bd. 2: Globen. Frankfurt a. M. 2008.

Sturm, Hermann (Hg.): Stadt und Utopie. Modelle idealer Gemeinschaften. Berlin 1982.

Tabarasi, Ana-Stanca: Der Landschaftsgarten als Lebensmodell. Zur Symbolik der Gartenrevolution in Europa. Würzburg 2007.

Thomsen, Christian W.: Architekturphantasien. Von Babylon bis zur virtuellen Architektur. München 1994.

Vidler, Anthony: The Architectural Uncanny. Essays in the Modern Unhomely. Cambridge, MA 1992.

Vitruv: Zehn Bücher über Architektur (Übers. und mit Anmerkungen versehen von Curt Fensterbusch). Darmstadt 1996.

Markus Dauss

11. Glück in der Pädagogik. »Children, be happy«?

Die junge englische Schriftstellerin Rosalind Herschel Wade (1910–1989) brachte es 1931 auf den reformpädagogischen Punkt:»Children, be happy!« So hieß ein Roman, der als heftige Anklage gegen die unhaltbaren Zustände in einer Mädchenschule geschrieben war. Die Aufforderung, glücklich zu sein, war gepaart mit Erziehungskritik; sie setzte Kinder voraus, die nicht glücklich sein können, weil sie von unnachsichtigen Lehrerinnen und Lehrern unterdrückt werden. In diesem Sinne vertrat Rosalind Wade ein progressives Anliegen, das viele Autoren in der Zwischenkriegszeit teilten. Das englische Erziehungssystem stand unter Anklage und das ›glückliche Kind‹ war der Slogan für die Alternative.

Kinder sollen glücklich sein – heute schlägt sich dieses Postulat in unzähligen Ratgebern nieder, ganze pädagogische Dienstleistungszweige werden damit am Leben erhalten, und niemand kann dem Postulat so recht widersprechen. »Children, be happy!« ist eine unbedingte Forderung der Ratgeberindustrie und wird gemeinhin auch so verstanden. Die Forderung erlaubt keine Dialektik, man kann und darf nicht vom Gegenteil ausgehen, denn das ›Unglück‹ von Kindern wäre nichts weniger als eine pädagogische Katastrophe. Allerdings gibt es auch dafür Ratgeber, die Eltern erklären, was sie falsch machen und wie es besser geht. So geht etwa Condrell (2006) davon aus, dass Millionen Kinder unglücklich sind und die Eltern das nicht wissen, so dass ihnen geholfen werden muss.

Was genau ›glückliche Kinder‹ sind, ist dagegen ganz unklar. Der heutige Blick auf sie ist psychologisch, es geht darum, was Kinder erleben und wie sie sich fühlen, also in welchem seelischen Zustand sie sich selbst beschreiben oder gesehen werden. Oft wird ›glücklich‹ auf einen allgemeinen Status des Wohlbefindens bezogen und soll dann mehr als nur einen besonderen Augenblick kennzeichnen. Wohlbefinden ist eine Art Glück auf Dauer. Die Beförderung des Wohlbefindens von Kindern (Collins/Foley 2008) ist zu einem psychologischen Anliegen geworden, das sich sogar schon in Länder-Vergleichen und Rankings ausdrückt, mit denen internationale Erziehungspolitik gemacht wird (UNICEF 2007).

Die Entdeckung der Kindheit

In der klassischen Ratgeberliteratur des 18. Jahrhunderts war das ›glückliche‹ das *wohlerzogene* Kind, das sich gegenüber seinen Eltern als dankbar erweist und Ehrfurcht zeigt, im Unterschied zu Kindern, die sich auch beim besten Willen nicht erziehen lassen und daher auch nicht glücklich sein können. Anders als heute rechnete die Literatur mit solchen Kindern, sie nahm sie als gegeben an. Sie werden, schrieb der Zittauer Arzt und Schriftsteller Christian August Peschek (1760–1833) zu »bösen«, weil »in der Erziehung verwahrlosten Weltbürgern« ohne wirkliches Zuhause (Peschek 1786, 147). Nur wohlerzogene Kinder sind eine Zierde ihrer Eltern, heißt es in zahllosen Beiträgen, und nur sie sind ein »Segen des Himmels«, wie Ludwig Tieck (1829, 71) anmerkte.

Die Formel des ›glücklichen Kindes‹ löste sich von der Fixierung auf Wohlerzogenheit und wurde in der Erziehungsliteratur des 19. Jahrhunderts allmählich zu einem Postulat, das den Kindern selbst galt. Der Ausgangspunkt war ihre reale Lage: Sie galten schon dann als ›glücklich‹, wenn sie halbwegs gesund, ohne Tränen und frei von Angst aufwachsen konnten. Von grausamen Eltern war im 19. Jahrhundert sowohl in der Literatur als auch in den Gerichtsakten häufig die Rede, und dass Kinder körperlich bestraft werden müssen, um zur Einsicht zu gelangen, war ein Gemeinplatz nicht nur in vielen Ratgebern, sondern auch in der alltäglichen Kommunikation mit Sinnsprüchen und Sprichwörtern.

Frei von Furcht sind die Kinder auch nicht mehr einfach die ›Kinder Gottes‹, sie werden also nicht allein von der christlichen Erziehung her wahrgenommen. In der Jugendliteratur des 19. Jahrhunderts wurden sie zunehmend als Leserinnen und Leser mit eigenen Bedürfnissen angesehen, die sich in den neuen Helden Oliver Twist, Huckleberry Finn oder auch Alice in Wonderland wiederfinden können. Der Topos der ›Wohlerzogenheit‹ wurde aufgeweicht durch Erzählungen von Glück und Unglück der Protagonisten selbst; sie durchleben Kindheit und Jugend, die deutlich als subjektiver Lebensabschnitt verstanden werden. In der Erziehungstheorie kann zur gleichen Zeit gesagt werden, dass nur diejenigen als ›glückliche Kinder‹ anzusehen seien, die bereits wahrhaftig und tugendhaft sind, was die Ausnahme von der Regel ist, weil sich sonst Erziehung erübrigen würde (Ramsauer 1846, 40 f.). Nur ein generalisiertes Kind ohne eigenes Gesicht kann beliebig bestraft werden, vor allem dann, wenn ihm beigebracht werden muss, dem Bösen oder den Versuchungen des Satans zu widerstehen.

Das Glück in Erziehungsratgebern

Die heutigen Ideale des glücklichen Lebens eines Kindes zeigen sich in Erziehungsratgebern, die anders als zuvor ein weit größeres Angebot bieten und leichter zugänglich sind. Der Plausibilität der Formel des ›glücklichen Kindes‹ tut das keinen Abbruch, sie kann sich auch schlecht abnutzen, weil sie auf immer neue Kinder angewendet wird. Mit ›Glück‹ sind dabei meist psychische Erlebnisse gemeint, die sich zu einer dauerhaften Disposition oder zu einem Zustand verdichten sollen. In einem deutschen Eltern-Blog heißt es etwa: »Glückliche Kinder lenken den Großteil ihrer Aufmerksamkeit auf schöne Erlebnisse« (http://www.blog-elternzeit.de, 16.6.2009).

Aber die Bandbreite der Glücksempfehlungen ist wesentlich größer. Erziehungsratgeber beziehen sich auf Zielgruppen, die sich nach ihren pädagogischen Grundüberzeugungen unterscheiden, also eher liberale oder eher autoritäre Positionen vertreten und religiös mehr oder weniger gebunden sind. So gibt es für die Erziehung von »happy, healthy children« auch familienzentrierte Ratgeber, die den Eltern die »voice of authority« nahelegen und den großen Wert der glücklichen Frustration im Lernen der Kinder betonen (Rosemond 2006). Das Gegenteil soll zum gleichen Effekt führen und Kinder ebenfalls glücklich machen durch die elterliche Zurückhaltung als »true listening«: Raum geben zum Wachstum, Fehlertoleranz und unbedingte Liebe zu den Kindern (Loomans/Goody 2005). So etwas ist dreißig Jahre zuvor unter dem Stichwort »antiautoritäre Erziehung« diskutiert worden.

Die ständige mediale Aufforderung, Kinder glücklich zu machen, hat Folgen: Eltern und Erzieher, die sich darauf einlassen, müssen unablässig für das Glück ihrer Kinder tätig sein. Nichts bleibt dann unversucht, das Glück der Kinder zu befördern, und je weniger Kinder es gibt, desto mehr scheint ihr Glück zur Maxime ihrer Erziehung zu werden, egal ob sie liberal oder autoritär ausgerichtet ist. Dabei wird paradoxerweise meistens vorausgesetzt, dass Kinder glücklich *sein* müssen, um es *werden* zu können. Wann das der Fall ist, also wann Kinder glücklich sind und wann nicht, ist empirisch kaum erfasst, zumal erst ältere Kinder mit dem abstrakten Begriff ›Glück‹ etwas anfangen können. Man nimmt gerne

Zuflucht zu dem Begriff ›well-being‹, der sich fakto-renanalytisch angeblich leichter bearbeiten lässt.

Das Glück in der Erziehungsrealität

Was heute so unbedingt angestrebt wird, nämlich das ›Glück des Kindes‹, deckt sich nicht mit der all-täglichen Erfahrung von Erziehung, die eher durch Stress und ständigen Beziehungsdruck gekennzeich-net ist, zumindest aber nicht als harmonisches Kon-tinuum angesehen werden kann, während vom ›Glück‹ oft genau dies erwartet wird. Das Konzept von Glück als einem vernünftigen Ausgleich, der ge-tragen wird von Bescheidenheit angesichts der tägli-chen Notwendigkeiten und der sich bewährt im Um-gang mit den Kontingenzen des Lebens, wie es in den Ratgebern des 17. und 18. Jahrhunderts steht, wich einem Wunsch, Glück als Harmonie leben zu kön-nen. Zugleich weiß man jedoch, dass das nicht mög-lich ist, aber auch – wenn es denn möglich wäre – je-den überfordern würde.

Die Beziehung zwischen Kindern und Eltern muss immer neu eingestellt werden und steht nicht ein für allemal fest, während die vorgegebenen Ideale nicht selten dazu führen, die Schwierigkeiten der ständi-gen Neuanpassung zu unterschätzen und den Ver-schleiß im Alltag zu ignorieren. Erziehung setzt feine und fragile Justierungen voraus, die schneller gestört sind, als die Sprache der Ratgeber ahnen lässt. Stö-rungen aber dürfen nicht sein oder werden nur not-gedrungen akzeptiert, weil sie die Selbstdarstellung nach innen wie außen beeinträchtigen. Jede Erzie-hung hat daher mit der Rhetorik von glücklichen Paaren und Kindern zu tun. Unter allen Belastungs-faktoren ist vermutlich dieser Zwang zur Fassade der am schwersten zu handhabende.

Kinder erleben Glück sehr verschieden, und dies unter der historischen Voraussetzung, dass materi-elle Knappheit in vielen Milieus westlicher Konsum-gesellschaften kein Thema mehr ist. Die Glückser-lebnisse sind nicht mehr gebunden an Vorsorgeleis-tungen, mit denen sich die Erfüllung von Wünschen in die Zukunft verlagert, sie stellen auch keine Ver-zichtserfahrungen dar. Kinder sparen nicht für die eigene Zukunft und bauen Glückserwartungen auf, sondern sie erleben die Gegenwart und nennen oft nur das ›glücklich‹, was sie konsumieren. Auf der an-deren Seite wird genau das massiv unter Anklage ge-stellt, wobei die Kinder als Opfer, seltener auch als Täter der Konsumgesellschaft hingestellt werden. Glück und Konsum werden pädagogisch ähnlich be-trachtet wie früher Erziehung und Luxus, nämlich als Weg in den Abgrund der Verführung.

Was Kinder demgegenüber wirklich glücklich macht, ist in der Erziehungsliteratur eine ungebro-chene Größe, die als historisch sehr langlebig ange-nommen werden muss. Ruhige Stunden des unge-störten Spiels, Begegnungen mit der Natur, Tiere, Freunde, Abenteuer, Reisen und nützliche Beschäfti-gungen heißt es in einem religiös durchwirkten Rat-geber der englischen Religious Tract Society, der überschrieben ist mit *Play Hours, or: The Happy Children* (1842). Diese Liste ist auch ohne die christ-liche Erziehungsabsicht sehr stabil und sie erklärt, warum andere Tätigkeiten, etwa Medienkonsum, der pädagogischen Literatur zufolge *nicht* glücklich ma-chen. Dasselbe gilt für Aussehen, Kleidung oder Er-folg; Wer in der Schule Erfolg hat, ist ein begabtes, nicht unbedingt jedoch ein glückliches Kind. Sie hei-ßen ›Streber‹ und werden eher bedauert als benei-det.

Das Glück in der pädagogischen Theorie

Wie kommt dann aber ›Glück‹ in die moderne Er-ziehungstheorie? Die Forderung, Erziehung sei nur dann sinnvoll, wenn sie zum Glück oder zur Glück-seligkeit des Menschen und so des Kindes beitrage, ist auf breiter Basis erst im 18. Jahrhundert entstan-den. Vorher war die Verbindung von Erziehung mit Glück kein Anliegen, das in Journalen, Ratgebern oder eigenen Theorien einem größeren Publikum mitgeteilt werden konnte. Einerseits war Erziehung auf die Sphären der Religion und des Hauses be-schränkt, andererseits wurde das Leben selbst als Glück verstanden, auf das die Erziehung nur sehr be-grenzt vorbereiten konnte. Fortuna als Lebensrad ist unberechenbar, darauf nahmen auch die Erziehungs-erwartungen Rücksicht. Cicero etwa schrieb unter Bezug auf Theophrast: »Vitam regit fortuna, non sa-pientia« (»Das Schicksal, nicht die Weisheit bestimmt das Leben«; Cicero: *Tusculanae disputationes*, liber 5, XIX, 25).

Das änderte sich in der Breite erst im Jahrhundert der Aufklärung. 1784 konnte man im *Damen-Jour-nal*, eine der ersten Wochenschriften im deutschen Sprachraum, die sich für Frauenbildung einsetzte (die Zeitschrift erschien in zwei Jahrgängen 1784 und 1785), lesen: »Eine gute Erziehung ist die Haupt-quelle der menschlichen Glückseligkeit, so wie eine üble Erziehung die Hautquelle von allen Unordnun-gen, Irrthümern und Lastern ist, die wir täglich auf der Weltbühne beobachten« (Damen-Journal 1784, 55). Diese starke Kausalannahme brauchte theoretische und praktische Stützen, wenn sie plausibel sein sollte. Die bloße Wiederholung der Behauptung in den Journalen genügte nicht und Eudämonismus war – und ist – gerade in der Erziehung alles andere als selbstevident.

Die Beförderung der Glückseligkeit durch Erziehung bis zu einem bestimmten Punkt ist vorstellbar, wenn sich darunter eine *gezielte* und *erfolgreiche* Beeinflussung verstehen lässt. ›Glück‹ wäre dann abhängig von der Wirksamkeit pädagogischer Maßnahmen, die einem Plan folgen und Widerständigkeit ausschließen. Denkbar war das mit einer für die Erziehungsabsicht extrem günstigen Psychologie, die der auf Locke zurückgehenden sensualistischen *tabula rasa*, die annimmt, dass nichts in die Seele des Kindes hinein gelangen kann, was nicht zuvor durch die Sinne gegangen ist und so den Filter der Erziehung passiert hat. Sie schafft dann die Dispositionen des Glücks, die *ohne* Erziehung keine seelische oder soziale Realität hätten.

Tatsächlich hat die sensualistische Psychologie die Erziehungstheorie des ausgehenden 18. und 19. Jahrhunderts nachhaltig bestimmt, einhergehend mit der Erwartung, den Aufbau des Denkens und der Empfindungen methodisch steuern zu können. Das gilt in besonderer Hinsicht für die progressive Pädagogik des ausgehenden 18. und frühen 19. Jahrhunderts von Mary Wollstonecraft bis Robert Owen (s. Kap. II.11), die das Glück des Menschen mit der besseren Gesellschaft in Verbindung brachte. Sie ging aus von einer radikalen Milieutheorie und wollte das Lernen durch die Beeinflussung der Sinne steuern. Erziehung, schreibt Jeremy Bentham (s. Kap. V.1) in einer frühen Notiz, ist gleichzusetzen mit einer Verhaltensserie, die auf ein Ziel hinführt. Und: »The common end of every person's education is happiness« (Bentham 1828, 71).

Die meisten pädagogischen Wirkungsannahmen sind in der einen oder anderen Weise auf diese Theorie zurückzuführen, die die Erzeugung von Glück nahelegt und dafür nur ›Erziehung‹ als zielgerichtete *Einwirkung* konzipieren muss. Auf diesem Wege lässt sich auch von ›Herstellung‹ sprechen, als sei Erziehung ein steuerbarer Produktionsvorgang mit klarer Richtung und sicherem Ausgang, also nicht ein höchst ungewisses Geschäft. Auch wer sich nicht auf Locke beruft – die Gleichsetzung von Erziehung mit dem Aufbau von stabilen Gewohnheiten geht auf ihn zurück. Eine wirksame Erziehung hat einen be-

stimmten Ertrag, ›habits of mind‹, wie es in zahllosen Publikationen des 19. und 20. Jahrhunderts heißt; weil sie gelernt sind, können sich Gewohnheiten ändern, aber nie alle auf einmal und nur dann, wenn sich weiteres Lernen anschließt.

Die Alternative zur Theorie der gezielten ›Einwirkung‹ stammt bekanntlich von Jean-Jacques Rousseau (s. Kap. V.2), der im *Émile* von 1762 die Entwicklung der Natur in den Mittelpunkt gestellt wissen wollte. Aber daraus entstand eine ganz künstliche Erziehungswelt, eine konstruierte Natürlichkeit, die die Reinheit und Unschuld des Kindes, in diesem Sinne ihr Glück, so lange wie möglich bewahren wollte. Der Ort der Kindheit wird als ein paradiesischer Landschaftsgarten konzipiert. Die natürliche Erziehung ist der Garant, Kinder vor Sünde und Laster zu bewahren, solange, bis sie stark genug sind, ihnen zu widerstehen. Und Rousseau negierte den Zukunftsbezug der Erziehung, sie soll wie das Erleben des Kindes ganz Gegenwart sein, also keine aufbauende Folge von Lernerfahrungen darstellen, die zu festen Gewohnheiten führt. Die beste Gewohnheit ist die, keine zu haben. Dabei wird ›Glückseligkeit‹ durch die gute Erziehung hervorgebracht, die also deutlich kausal wirksam sein soll. Noch die amerikanische Philosophin Nel Noddings (2003) hat ›Glück‹ in diesem Sinne als oberstes Ziel der Erziehung bezeichnet. Das Ziel soll verstanden werden als allgemeine Lebenshaltung, die sowohl auf das persönliche Leben als auch auf das Leben in der Gemeinschaft bezogen wird (s. Kap. II.9). *Happiness* betrifft also das Heim ebenso wie den Arbeitsplatz, die Elternschaft, das Naturerleben, die spirituelle Erfahrung, den Dienst an der Gemeinschaft und nicht zuletzt die Schule. Das Ziel der Erziehung wird vom möglichen Effekt nicht unterschieden, letztlich geht es darum, ein gutes Leben zu entwerfen und als pädagogisches Ideal aufzubauen, die Erreichbarkeit bleibt dann offen. Was damit begründet werden soll, ist die Möglichkeit eines *Strebens* nach Glück, nicht das Glück selbst.

Schon Herbert Spencer hatte allerdings bezweifelt, dass Staatserziehung glücklich machen könne, gerade wenn man Erziehung auf Gesellschaft bezieht. Gesellschaft ist keine Fabrik, so Spencer, sondern spontanes Wachstum, »a thing that makes itself, and not a thing that can be artificially made« (Spencer 1851, 9). Staatliche Institutionen der Erziehung sind künstliche Eingriffe, die das Leben in ein pädagogisches Schema pressen; wer ihnen Kontrolle über die Bildung des Volkes gibt, zwingt zur Uniformität und beschneidet die Kreativität (14). Staatspädagogen misstrauen den natürlichen Kräften des Kindes und gehen davon aus, dass Kinder nicht selbst glücklich sein können, sondern auf ihre Hilfe angewiesen sind (15). Spencer schließt daraus, dass genau darin eine grandiose Selbstüberschätzung liege: »If hopes of eternal happiness and terrors of eternal damnation fail to make human beings virtuous, it is hardly likely that the commendations and reproofs of schoolmasters will succeed« (19).

Dieser effektvoll formulierte Standpunkt eines viktorianischen Liberalen spiegelte auch im 19. Jahrhundert bei weitem nicht die Mehrheitsmeinung in der pädagogischen Literatur, für die eigene Zeitschriften zur Verfügung standen und die allmählich aufgebaut wurde. Ein Beispiel ist die Zeitschrift *The Philanthropist*, die von 1811 an in London erschien und von dem Quäker William Allen (1770–1843) herausgegeben wurde. Ihr Zweck war »to promote the comfort and happiness of man«. Meistens wurde relativ umstandslos angenommen, die Erziehung sei dazu da, das Streben nach Glück zu befördern, und zwar gleichermaßen in der Familie wie in der Gesellschaft. »Education increases human happiness«, schrieb Ira Mayhew (1814–1894), ein bekannter Schriftsteller und zugleich langjähriger Superintendent der öffentlichen Schulen von Michigan (Mayhew 1867, 311). Mayhew, der von 1845 bis 1849 und von 1854 bis 1859 Superintendent der öffentlichen Schulen von Michigan war, formulierte die Mehrheitsmeinung der Lehrerinnen- und Lehrerprofessionen in den Vereinigten Staaten, die sich auf nichts weniger als die amerikanische Unabhängigkeitserklärung berufen konnte.

›Glück‹ sollte verstanden werden als dauerhafter Zustand des selbst gestalteten Lebens, das ohne Hilfe durch Dritte auskommt und bestimmte moralische Anforderungen der Zivilgesellschaft erfüllt. Glück ist im utilitaristischen Verständnis nicht einfach nur ein erfüllter Augenblick oder eine leicht vergängliche Phase des Wohlbefindens. Das Lebensglück muss durch eigene Leistung verdient werden, aber dabei hilft eine gute Erziehung, die nicht unbedingt selbst als ›glücklich‹ empfunden werden muss. Erst die Psychologisierung und Verankerung des ›glücklichen Kindes‹ als literarischer Topos hat das geändert, der in und mit der Wohlstandsgesellschaft plausibel geworden ist. Mit Konsum allein ist es nicht getan; als Zustand setzt Glück Verdienst voraus, das wusste nicht erst der Earl of Shaftesbury (1699/1968).

Ausblick

Die Theorie der pädagogischen Beförderung des menschlichen Glücks impliziert drei bis heute populäre Elemente der Erziehungsreflexion, die sich allgemein so bestimmen lassen: Erziehung ist eine singuläre und dauerhaft wirksame Kraft: Jeder Mensch hat nur *eine* Erziehung. *Gelingt* die Erziehung, dann summiert sich an ihrem Ende eine positive Erfahrung zum Glück des Menschen. *Scheitert* die Erziehung, dann ist sie die Ursache für das Unglück.

Aber ›Erziehung‹ ist zunächst nur ein Begriff, eine Formel oder eine Erwartung, die mit ganz unterschiedlichen Erfahrungen verknüpft werden kann, ohne daraus am Ende eine positive oder eine negative Summe ziehen zu können. Zudem ist ›Glück‹ nicht einfach steigerbar. Mehr und bessere Erziehung, was immer darunter verstanden werden mag, erhöht nicht einfach die Qualität der Glückseligkeit. Auch wenn der Begriff ›Glück‹, weil zu anspruchsvoll, durch Wohlbefinden ersetzt wird, handelt es sich nicht um eine stabile Größe, die stetig anwachsen kann. Und schließlich: Das Glück des *Kindes* kann nur dann als autonome Größe erscheinen, wenn es *nicht* die Voraussetzung ist für das Glück des Erwachsenen. Die ›glückliche Kindheit‹ wird nachträglich von den Erwachsenen über sich konstruiert; sie ist nie das empfundene Glück des Kindes, das sie einmal gewesen sind, wie immer dieses gefasst werden mag.

Kinder erleben nicht mehr Glück, je älter sie werden, darin sind sie nicht unterschieden von Erwachsenen. ›Glück‹ ist nicht steigerbar, so dass die Erziehung auch nicht fortschreitendes Glück oder gar Glücklichsein auf Dauer hervorbringen kann. Wenn Kinder Glück anders wahrnehmen als Erwachsene, dann vor allem im Blick auf ihr Zeiterleben, das erst langsam Planungshorizonte eröffnet. Kinder lernen allmählich und durchaus mühsam, dass es sinnvoll ist, nach Glück zu streben, versteht man darunter den Horizont des eigenen Lebens und nicht das Erleben herausgehobener Momente. Aber Kinder sind gerade im Blick auf ihr Glück keine besseren Menschen, wie oft angenommen wird. Sie sind nicht *näher* am Glück als die Erwachsenen, weil sie dann näher beim Paradies sein müssten, was – zu *ihrem* Glück – ausgeschlossen ist.

Literatur

Allen, William: The Philanthropist. Or Repository for Hints and Suggestions Calculated to Promote the Comfort and Happiness of Man. London 1811.

Bentham, Jeremy: An Introduction to the Principles of Morals and Legislation. A New Edition, Corrected by the Author. Werke, Bd. 1, London 1828.

Cicero, Marcus Tullius: Fünf Bücher vom höchsten Gut und Uebel. Werke, Bd. 6. Berlin 1861.

Collins, Janet/Foley, Pam (Hg.). Promoting Children's Wellbeing. Policy and Practice. Bristol 2008.

Condrell, Kenneth N.: The Unhappy Child. What Every Parent Need to Know. Amherst, NY 2006.

Damen-Journal von einer Damen-Gesellschaft. Der Schönsten in Deutschland gewidmet. Erster Jahrgang 1. Band. Januar, Februar und März. Frankfurt a.M./Leipzig 1784.

Hufnagel, Erwin: Erziehung zum Glück. Logos, Spiel und Heiterkeit. In: Alfred Bellebaum (Hg.): Glücksforschung. Eine Bestandsaufnahme. Konstanz 2002, 279–300.

Locke, John: An Essay Concerning Human Understanding [1690] (Hg. Peter H. Nidditch). Oxford 1975 (repr. 1990).

Loomans, Diana/Godoy, Julia: What All Children Want Their Parents to Know: 12 Keys to Raising a Happy Child. Novato, CA 2005.

Mayhew, Ira: The Means and Ends of Universal Education. New York 1867.

Noddings, Nel: Happiness and Education. Cambridge/New York 2003.

Oelkers, Jürgen: Rousseau. London/New York 2008.

Peschek, Christian August: Liebe und Ehe in der Narrenkappe und im Philosophenmantel. Von einem Greise. Breslau/Bieg/Leipzig 1786.

Ramsauer, Johannes: Die Liebe in Erziehung und Unterricht. Elberfeld/Meurs 1846.

Rosemond, John: The New Six-Point Plan for Raising Happy, Healthy Children. Kansas City, MO 2006.

Rousseau, Jean-Jacques: Émile. Education – morale – botanique. Œuvres complètes (Hg. Bernard Gagnebin/Marcel Raymond). Bd. IV. Paris 1969.

Shaftesbury: An Inquiry Concerning Virtue and Merit. The Moralists: A Philosophical Rhapsody [1699]. Farnborough 1968.

Spencer, Herbert: State Education Self-Defeating. A Chapter from Social Statistics: Or, the Conditions Essential to Human Happiness Specified, and the First of Them Developed. London 1851.

The Religious Tract Society (Hg.): Play Hours or the Happy Children: Intended for Those under Ten Years of Age [1842]. London 2008.

Tieck, Ludwig: Schriften. XIII. Band: Märchen, Dramatische Gedichte. Fragmente. Berlin 1829.

UNICEF: An Overview of Child Well-Being in Rich Countries. A Comprehensive Assessment of the Lives and Well-Being of Children and Adolescents in the Economically Advanced Nations (Hg. UNICEF Innocenti Research Centre). Florence 2007.

Wade, Rosalind H.: Children, be Happy! London 1931.

Jürgen Oelkers

12. Glück in der Theologie I. Glauben als Glück

In der Moderne und ihrer Auseinandersetzung mit dem Christentum ist immer wieder die Rede vom christlichen Menschenbild. Wozu aber – und diese Frage wird leider häufig gar nicht gestellt – braucht man überhaupt ein Bild vom Menschen oder gar ein ›christliches Menschenbild‹? Vielleicht hilft eine kleine Geschichte weiter: Vom russischen Dichter Dostoevskij wird berichtet, er habe anlässlich seiner Besuche in Dresden stets Stunden vor dem Bild der berühmten, himmlisch schönen Sixtinischen Madonna von Raffael im Zwinger verbracht. Als ihn eines Tages ein Museumswärter erstaunt fragte, warum er immer so lange vor dem Bild der Madonna verweile, antwortete der berühmte Dichter: Damit ich nicht am Menschen verzweifle! Das genau ist der Grund, warum der Mensch sich, seit es Menschen gibt, Bilder macht. Freilich, jedem von uns klingt noch aus dem Deutschunterricht in der Schule die schier unverwüstliche Warnung von Max Frisch im Ohr: Du sollst dir kein Bildnis machen! Und nicht zufällig klingt ja in diesem Satz das alttestamentliche Bilderverbot an, eines der ersten Gebote im Dekalog: Du sollst dir kein Bildnis von Gott machen! Aber – der Mensch braucht Bilder und schafft sich Bilder, um sich Rechenschaft zu geben über seine Wünsche und Sehnsüchte, über seine Träume und Hoffnungen, kurz: um sich Antwort zu erhoffen auf die beiden großen und einzig wichtigen Fragen des Lebens, nämlich ›Woher komme ich?‹ und ›Wohin gehe ich?‹.

Der Mensch als Bild Gottes

Jüdisch-christliche Theologie beantwortet diese beiden großen Fragen mit den Begriffen von Schöpfung und Erlösung, die das Bild Gottes im Menschen begründen (Lorberbaum 2000), will heißen: mit dem Glauben an Gott, der vor aller Zeit und außerhalb von Raum und Zeit ist, und der den Menschen erschafft und ihm die Möglichkeit gibt, ein solches Leben zu führen, das ihn auf ewig, bei Gott und in seiner ewigen Liebe, glücklich sein lässt. Etwas anders ausgedrückt: Jüdisch-christliche Theologie ist der festen Überzeugung, dass sich die beiden wesentlichen Fragen des menschlichen Lebens nach dem ›Woher‹ und ›Wohin‹ nicht aus der Analyse und der

technischen Beherrschbarkeit vergänglicher Materie beantworten, mithin aus der Naturwissenschaft, so nützlich sie auch im alltäglichen Leben sein mag. Nein, die Antwort auf diese beiden Sinnfragen ergibt sich nicht aus der Materie, sondern nur aus dem Geist des Menschen, näherhin aus der geistigen Möglichkeit des Menschen, mehr zu denken und zu ersehnen als nur die bloße Bedürfnisbefriedigung. Genauer: Gott zu denken und zu ersehnen, sich ein Bild von ihm zu machen. Ist Gott aber dann nicht, wie einst im 19. Jahrhundert der scharfsinnige Religionskritiker Ludwig Feuerbach bemerkte (s. Kap. V.5), bloß ein menschlicher Wunschtraum, eine Sehnsucht des menschlichen Geistes, ein Gedanke und nichts weiter? Oder gar, wie schärfer und bösartiger Friedrich Nietzsche zuspitzte (s. Kap. V.7), Ressentiment der Zukurzgekommenen, die Lebenskrücke der Lebensuntüchtigen? Oder schließlich, mit Lenin, das Opium des in dumpfer Lebensqual dahinbrütenden Volkes, das man nur aus materiellem Elend befreien muss, damit es seine geistigen Wolkenkuckucksheime umso bereitwilliger aufgibt, getreu der Devise des großen Spötters Heinrich Heine: Den Himmel überlassen wir den Engeln und den Spatzen? Was aber, wenn der Mensch, dieser scheinbar nackte Affe, der immerhin zu 98 Prozent sein genetisches Erbgut mit dem nächsten Verwandten unter den Primaten, mit dem Bonobo-Schimpansen teilt, doch nur ein höher entwickeltes Tier wäre? Und wenn er in Wirklichkeit (die freilich sich in der Wirklichkeit immer nur höchst beschränkt zeigt) ein Zwitterwesen aus vergänglicher Materie und unvergänglichem Geist (wofür im Abendland der Begriff ›Seele‹ sich einbürgerte) wäre?

Wäre das der Fall – und wäre es etwa nicht denkbar angesichts der erstaunlichen Leistungen des menschlichen Geistes in Form von Mozart-Symphonien und Schiller-Balladen? – und könnte das als gleichsam unsichtbare Wirklichkeit geglaubt und als Bild vor dem inneren geistigen Auge festgehalten werden, dann käme alles darauf an, *richtig* zu denken und geistig zu leben, bevor man sodann materiell lebt und überlebt, sich gute Gedanken über Ethik zu machen, bevor man sich richtige Gedanken über die Technik macht (vgl. Kos 2006). Anders ausgedrückt, ganz anders als Bertolt Brecht es sich dachte: Erst kommt die Moral und dann das Fressen. Das aber hieße dann auch: Erst kommt das Menschenbild, dann die technische Forschung. Und nach christlicher Überzeugung, die in diesem Punkt bereits in der platonischen Philosophie zu finden ist, ist der

Mensch eben weit mehr Metaphysik als Physik, mehr im Raum der Ethik nach gutem und geglücktem Leben strebend als im Raum der Technik um möglichst langes und gesundes Überleben besorgt. Freilich: Jeder ist um langes und gesundes Leben besorgt, aber doch nur unter der Voraussetzung eines letzten Sinnes, eines Zieles, einer Antwort auf die Frage ›Warum bin ich überhaupt auf der Welt?‹ Christlicher Glaube antwortet darauf mit dem Glauben an Gott und seine Offenbarung in Jesus Christus: So ist Gott, so liebenswert und menschenfreundlich. Und so soll und darf der Mensch sein, so liebenswert und menschenfreundlich. Und jede Forschung muss diese innere Qualität des Menschen – *jedes* Menschen als Person – achten und voraussetzen, ohne doch ein Urteil über diese Qualität fällen zu dürfen. Das letzte Ziel ist die gute Gesinnung und das gute Gewissen der Person – und diese Person entzieht sich einem letzten Zweck und lebt ganz zweckfrei. Einfach, weil sie es darf und Gott es so will. Das genau meint christliches Menschenbild. Und es widersetzt sich vom ersten Ansatz her jedem Versuch der künstlichen Züchtung oder gar der technischen Herstellung, es steht allein der Bildung und Ausbildung und Erziehung zur Verfügung (Schallenberg 1999).

Die Güte des Menschen

Ein solches christliches Menschenbild könnte man skizzenhaft kennzeichnen mit dem, was der katholische Münchner Kabarettist Karl Valentin einmal so auf den Punkt brachte: ›Der Mensch an sich ist gut, aber er wird immer seltener!‹ Genau das ist mit der alttestamentlichen Rede vom sagenhaften Garten Eden, dem vergangenen Paradies der Idealität, und mit der Rede von der ursprünglichen Gottesebenbildlichkeit des Menschen im Schöpfungsbericht gemeint (Steck 1981): Der Kern des Menschen, sein ursprüngliches Wesen also, ist als Ideal gedacht. Es ist gut infolge der Teilhabe an Gottes vollkommener Gutheit – das meint der christlich-jüdische Begriff der Schöpfung und der Erschaffung der Welt – und damit vom Wesen her auf das Gute und – christlich gedacht – auf Gott hin ausgerichtet. Mit dem hl. Thomas von Aquin (s. Kap. IV.1) gesagt: Das Gute ist wirklich, das Böse ist eigentlich ›unwirklich‹, ›privatio boni‹, Abwesenheit von Gutem – was seiner Grausamkeit keinen Abbruch tut, wohl aber tröstlich ist im Blick auf seine mögliche Überwindung! Für das theologische Denken der Scholastik wird die Gottesebenbildlichkeit des Menschen verwirklicht

durch seine geistigen Tätigkeiten oder, in der Sprache der griechischen Philosophie, durch den Unterschied von Handeln (*praxis*) und Machen (*poiesis*): »Machen besitzt nur eine indirekte moralische Qualität, weil es seine Wertigkeit vom hergestellten Gegenstand her bezieht. Dem Handeln kommt dagegen per se moralische Bedeutung zu, weswegen Aristoteles auch eine hierarchische Ordnung annimmt, der zufolge Praxis höher zu bewerten ist als Poiesis« (Becker 2006, 303; s. Kap. III.2). Der Mensch ist das Wesen des Handelns, und jedes Machen steht im Dienst des Handelns: »Am deutlichsten zeigt sich die Dominanz der Praxis, wenn Aristoteles behauptet, das Leben als Ganzes habe den Charakter einer Praxis, denn schließlich liege der Zweck des menschlichen Lebens darin, gut zu leben« (303).

Gut meint hier das, was wir modern das Glück nennen, und zwar im Sinn einer umfassenden und vollkommenen Beglückung des eigenen Lebens im Zusammenleben mit anderen Menschen. Dieses Glück trägt in einer langen abendländischen Tradition den Namen Liebe (s. Kap. II.8). Beglückt durch den anderen Menschen vor dem Glück des eigenen Lebens stehen dürfen, genau das ist mit dem Begriff der Schöpfung als Geschenk und Gabe des eigenen Lebens gemeint. »Was naturhaft geschieht, das geschieht von Schöpfungs wegen, auf Grund der Erschaffung; und das heißt, es geschieht einerseits aus dem innersten und eigensten Impuls der Kreatur, andererseits stammt der allererste Anstoß dieses Impulses nicht aus dem Herzen dieses gleichen geschaffenen Wesens, sondern aus dem alle Dynamik in der Welt in Gang bringenden Akt der *creatio*« (Pieper 1992, 13). Natur und ihre Zufälligkeit wird als Schöpfung und göttliche Notwendigkeit interpretiert.

Der Mensch hat gerade durch seine Möglichkeit (oder Verweigerung) der Aktuierung seiner sittlichen Freiheit zum vollkommenen Glück eine Sonderstellung im Kosmos inne (s. Kap. IV.2 und VI.5). Aber: Der Mensch erlebt sich zugleich auch als Mängelwesen, als durch Defekt und ›Ursünde‹ je schon in seiner Freiheit zum Guten und zum vollkommenen Glück eingeschränkt. Die Schöpfung Gottes als innerste Wesensnatur des Menschen ist eingeschränkt durch die ebenso zur faktischen Natur des Menschen gehörende Fähigkeit zur Verfehlung, zum Bösen und zur Sünde. Gegen diese tiefsitzende innere geistige Verzweiflung und Verödung des Menschen muss die wesenhafte, aber gebrochene Freiheit zum Guten und zum Besten gefördert und angereizt werden. Mit anderen Worten: Es braucht Anreizsysteme für den

Menschen, damit er im Gewissen sich auf das Gute hin ausbildet und ausstreckt, damit er das Gute in konkreter Gestalt in seinem Leben für attraktiv hält und es in die Tat des Alltags umsetzt. Dies charakterisiert den christlichen Begriff von Bildung: Aus-Bildung des ursprünglichen Gottesebenbildes durch entschiedene Gewissens- und Herzensbildung, damit das Bild des Guten konkrete Gestalt im Denken und Handeln gewinnt. Solche Bildung ist aber keineswegs nur eine Aufgabe von Personen, sondern ebenso von Institutionen, näherhin von Staat und Wirtschaft (s. Kap. II.9): Dem Menschen fehlen instinktive und unfehlbare Neigungen zum Guten und zum Besten, er neigt zu Fremd- und Selbstzerstörung, er hält ein nur scheinbar Gutes für ein wirklich Gutes und verstrickt sich auf der suchtartigen Suche nach dem Guten im Vorletzten, in der Sünde, im Bösen. Nach christlichem Glauben gehört das zum Erbe des Menschen; so spricht er von der Ursünde oder Erbsünde des Menschen. Albert Görres unterstreicht prägnant und kurz: »Die Antriebe werden narzisstisch und egoistisch. Sie neigen zum gewaltsamen Sichdurchsetzen« (1991, 18).

Das Heilige

Die genauere Beschreibung des christlichen Menschenbildes gipfelt in der zunächst vielleicht staubig und weltfremd klingenden Behauptung, der Mensch sei zur Heiligkeit berufen. Damit ist der positive Gegenbegriff zur Sünde und zur Bosheit benannt. Gemeint ist: Gott wird als höchstes Ideal guten und geglückten Lebens gedacht, und der Mensch ist dazu berufen, wie Gott zu werden – freilich nicht einfach durch eigene vergebliche und sich verstrickende Anstrengung, sondern befördert und befähigt durch die zuvorkommende Gnade und Liebe Gottes. Gott fungiert als prägende Form der eigenen und immer schon gebrochenen, unvollkommenen Lebensgeschichte: »Die Lebensgeschichte wird in den Sog dieses seelischen Erlebens hineingezogen, sie kommt im Grunde auf eine Geschichte der Seele hinaus. Das verwirrende Vielerlei an Tatsachen und Begebenheiten, das den eigenen Lebensweg kreuzt und bisweilen durchkreuzt, ist kein zusammenhangloses Nacheinander und Nebeneinander, vielmehr wird es unter eine prägende Form gestellt, und diese stammt aus einer zugeschriebenen oder zugewiesenen Bedeutung« (Demmer 2003, 435).

Menschliches Leben wird mit Hilfe des Gottesbegriffs gedeutet und damit geprägt; die äußerste Grenze des Könnens und das Beste der menschlichen Möglichkeiten ist in diesem Begriff Gott brennglasartig gebündelt. Hier kommt der Begriff der Heiligkeit, der in der deutschen Sprache nicht zufällig an den Begriff ›heil‹ im Sinne von Ganzheit erinnert, ins Spiel: Denn solche Heiligkeit meint gerade das Ausschöpfen der besten menschlichen Möglichkeiten, als Gegenstück zum Fragment und zum Unvollkommenen.

Die menschliche Wesensnatur verwirklicht sich im Raum gesellschaftlicher und staatlicher Ordnung und Zivilisation. Es bilden sich ethische Traditionen aus, die Wege zu gelungenem und geglücktem Leben erhoffen lassen. Insofern steht die Kultur im Dienst einer nach vollkommener Vollendung strebenden menschlichen Natur, die ihrerseits nur schwach vorgezeichnete Wege zu dieser Vollendung in den Instinkten findet. Das Zueinander von Natur und Kultur zu bestimmen und zugleich die Grenze zwischen einer Ausbildung und einer Zerstörung der ursprünglichen Natur immer neu in den Blick zu nehmen, ist die vornehmste Aufgabe der Ethik, nicht zuletzt der katholischen Sozialethik. Kultur erscheint dann als notwendiger Humus einer menschenwürdigen Gesellschaft und einer menschenwürdigen Wirtschaft; Kultur bildet die notwendige Ergänzung und Überformung einer in sich gebrochenen Natur. Diese menschliche Natur trägt zwar noch eine schwache Erinnerung an das Beste (an das ursprüngliche Paradies des geglückten Lebens) in sich, ist aber aus sich heraus nicht in der Lage, dieses Glück zu erreichen.

Das Paradies ist auf Erden nicht zu konstruieren; das war noch der Irrtum der neomarxistischen Bewegung nach dem Zweiten Weltkrieg und auch etwa der von Rousseau inspirierten deutschen Reformpädagogik (s. Kap. VIII.11). Aber auch Thomas Hobbes mit dem berühmt-berüchtigten Wort ›Homo homini lupus est‹ – ›Der Mensch ist dem Menschen ein Wolf‹ – ist aus christlicher Sicht zu widersprechen, wenn er die Natur des Menschen einfach für böse und verderbt hält und nur durch den staatlichen Leviathan meint bändigen zu können: Das Paradies ist auf Erden, im Geist des Menschen nämlich und in guten Gedanken, bruchstückhaft zu erkennen und auch durch Anreize zum Guten zu fördern. Das Streben jedes Menschen nach Glückseligkeit führt, kantianisch (s. Kap. V.3) gesprochen, zu der Variante des Kategorischen Imperativs, wonach zu tun ist, wodurch der Mensch würdig ist, glücklich zu sein. Gedacht sei hier auch an den Begriff der unveräußerlichen Menschenwürde, die der Staat zu garantieren hat: Es ist das Recht des Individuums auf ein würdiges, seiner Vernunft und seinen Neigungen angemessenes Glücksstreben. Daher unterstreicht Otfried Höffe: »Die Neigungen sind übrigens nicht glücksunwürdig, vielmehr für sich genommen unschuldig. Nur die Mittel und Wege sind des Glückes würdig (z. B. Ehrlichkeit) oder aber unwürdig (z. B. Betrug)« (2004, 294).

Für das Menschenbild von Staat und Wirtschaft heißt das aus Sicht der christlichen Theologie: Dem Individuum und seiner gebrochenen Freiheit zum Guten gebührt der ständige Vorrang vor dem Kollektiv, der Person gebührt der Primat vor der Gesellschaft. Daher unterstreicht die katholische Soziallehre den zentralen Wert von Personalität und Subsidiarität und spricht von Ehe und Familie als der Keimzelle des Staates. Nicht der Staat hat ursprünglich ein Recht, sondern jede Person hat unveräußerliche Grundrechte, und der Staat hat nur insoweit Recht (einschließlich des Gewaltmonopols), als er bedrohte Rechte von Personen zu schützen hat. Jedem offenkundigen oder klandestinen Unterjochen der Person durch einen philosophischen oder ökonomischen Utilitarismus oder durch totalisierende Gesellschaftssysteme ist entschieden zu widersprechen und zu widerstehen. Aber umgekehrt gilt auch: Die Heiligung und Vervollkommnung des Menschen im Blick auf ein gelungenes Bild vom Glück ist von Staat und Gesellschaft entschieden zu fördern. Es braucht Anreize zur Heilung und zum Guten durch Bildung und Leitbilder. Wenn alles gleich gültig ist aus Sicht des Staates, wenn der Staat sich selbst als gleichgültig gegenüber allen Werten und in diesem letztlich absurden Sinn als wertneutral empfindet, wenn jede Lebensentscheidung und jede Lebensform als vor dem Gesetz und vor der Gesellschaft als gleich gültig betrachtet wird, dann wird auf Dauer auch der Mensch gleichgültig gegenüber dem wirklich Guten, dann geht es letztlich nur noch um unterschiedliche Optionen höchst unterschiedlicher Individuen, die miteinander nicht mehr teilen als den entschiedenen Willen zum Überleben um jeden Preis. Dieser Wertrelativismus wäre das Ende der Menschheit und die Abschaffung des Menschen, vor der C. S. Lewis schon 1943 hellsichtig warnte: »Das Endstadium ist da, wenn der Mensch mit Hilfe von Eugenik und vorgeburtlicher Konditionierung und dank einer Erziehung, die auf perfekt angewandter Psychologie beruht, absolute Kontrolle über sich selbst erlangt hat. Die *menschliche* Natur wird das

letzte Stück Natur sein, das vor dem Menschen kapituliert« (Lewis 1943/1983, 62). Es ist gewiss kein Zufall, dass diese Auseinandersetzung heute besonders heftig auf dem sensiblen Feld der Bioethik tobt, berühren sich doch hier biologisch-empirische und philosophisch-theologische Paradigmen, nicht zuletzt im ethischen Grundbegriff der Selbstverwirklichung (s. Kap. V.1; vgl. Mieth 2010; Schallenberg 2010).

Personalität und Gnade

Eine der stillschweigend Staat und Gesellschaft vorausgesetzten Grundlagen, von denen etwa das berühmte Böckenförde-Diktum (Böckenförde 2007, 71) spricht, ist jener primäre Personbegriff, der zur Ausbildung einer Persönlichkeit und zur geglückten Selbstverwirklichung hin drängt (vgl. Hilpert 1987; Kreppold 1988). Nicht der physische Tod ist das eigentliche Unglück des Menschen, sondern der geistige Tod, verstanden als dauerhafte Verstockung im Unrecht. Schon bei Plato heißt es daher lapidar im *Gorgias*: »Denn das Sterben an sich fürchtet niemand, er müßte denn keine Spur von Verstand und Mannhaftigkeit in sich haben, aber das Unrechttun fürchtet er; denn daß die Seele übervoll von Frevel in den Hades kommt, das ist das größte aller Übel« (*Gorgias* 522e, Platon 1993, 158). Daraus folgt dann auch der klassische Grundsatz jeder menschlich geglückten Existenz, »daß man sich mehr hüten müsse vor dem Unrechttun als vor dem Unrechtleiden und daß ein Mann vor allem anderen danach trachten müsse, nicht gut zu scheinen, sondern gut zu sein, im öffentlichen wie im privaten Verkehr« (*Gorgias* 527b, Platon 1993, 165). Das ganze menschliche Leben ist ein ununterbrochener und schier vergeblicher Weg der Scheidung und Entscheidung zwischen Gott und Vergänglichkeit, zwischen Heiligkeit und Genüsslichkeit, zwischen Glück und Zufriedenheit, zwischen wirklich hingebender und bloß scheinbarer, verbrauchender und missbrauchender Liebe. Und jede Lebensentscheidung wird erst ermöglicht durch die Bereitschaft zu einem als geglückt gedeuteten Verzicht – lebenslange eheliche Treue und der Zölibat stehen für solche Entscheidungen (Schallenberg 2002). Diese unverwechselbare Berufung eines jeden Menschen zur Selbstbildung und zur Lebensentscheidung ist zuletzt auch der Kern jeder Solidarität von Menschen in Staat und Gesellschaft: Jeder Mensch wird ungeachtet seiner Leistungen und Fähigkeiten als Gottes Ebenbild und mit Würde ausgestattet erkannt, anerkannt und geschützt.

Fassen wir zusammen: Das Christentum denkt das menschliche Streben nach umfassendem Glück unter der Signatur von Leiden und Fragment, daran erinnert die Rede von der Erbsünde. Dennoch kann aus der Perspektive Gottes und im Licht der Auferstehung Christi jedes menschliche Leben und jede noch so fragmentarische Lebensgeschichte vom Kern und vom Wesen her als geglückt gedeutet werden; theologisch drückt sich dies in den sieben Sakramenten aus, die nicht von ungefähr an die geglückten sieben Schöpfungstage Gottes erinnern. Das verlangt aber vom Menschen (jenseits von Eden) einen beherzten Mut zum Vorletzten und eine nüchterne Tapferkeit im Angesicht vorläufigen Scheiterns. Klaus Demmer unterstreicht daher: »Wer mit vielerlei Grenzen zu leben hat, muß den Mut zum Glück besitzen, sonst verliert er Schritt für Schritt seine Selbstachtung, er gibt sich auf und wird zusehends zum Spielball seiner unkontrollierten Wünsche, Empfindungen und Gedanken. Er stilisiert sich in der inneren Welt seiner Vorstellungen zum Opfer hoch, nicht bedenkend, daß sich so auf Dauer nicht leben lässt« (Demmer 1991, 108).

Es lässt sich von einer im Kern versöhnten Lebensgeschichte sprechen, weil Gottes zuvorkommende Gnade einen nicht messbaren Erfolg individueller Berufung garantiert, ohne dass jedoch in vordergründiger Weise die Rede davon sein kann, Gott mache glücklich, gleichsam wie ein mildtätiges Medikament: »Macht biblisch begründete Religion in diesem Sinn glücklich? Schenkt sie gelassene Selbstversöhntheit, ein Innewerden unserer selbst ohne jegliches Erschrecken und Aufbegehren, ein Wissen um uns selbst, ohne etwas zu vermissen? Beantwortet sie die Fragen? Erfüllt sie die Wünsche, wenigstens die glühendsten? Ich zweifle« (Metz 1991, 33). Mit Recht kann aber davon gesprochen werden, der Gedanke an Gottes Ewigkeit erhöhe »die Komplexität des Glücks, um die Übersicht über das, was sich Menschen unter dem Glück und seiner Erreichbarkeit vorstellen, in Frage zu stellen« (33). Das letzte Glück ist dann nicht verabschiedet, sondern redimensioniert: »Einem religiösen Verständnis zufolge begegnet der Mensch vielmehr im Glück einem Überschuss an Wirklichkeit und einem Mehrwert des Lebens, der ihn ahnen lässt, dass dieses Glück nicht nur von dieser Welt ist. Es ist die vornehmliche Aufgabe einer theologischen Glückslehre, an diesen Bezug zu einer letzten, den Menschen übersteigen-

den und doch sein Leben prägenden Wirklichkeit zu erinnern« (Lauster 2004, 190). Es ist mithin der schleichenden Versuchung zu wehren, der Mensch sei im Grunde nur ein effizient anreizbares konsumierendes Kaninchen oder eine technisch optimierbare arbeitsame Ameise. Dem tritt das christliche Menschenbild und seine Idee vom Glück entgegen. Wir sind in der Tat jenseits von Eden – aber nicht unrettbar verloren, sondern auf dem Weg zu einem neuen Eden, zur noch ausstehenden Vollendung, zu einem Glück unvordenklicher Vorstellung. Dieses Glück trägt nach christlichem Glauben den Namen Gott.

Literatur

Becker, Marcel: Praxis/Poiesis. In: Jean-Pierre Wils/ Christoph Hübenthal (Hg.): Lexikon der Ethik. Paderborn 2006, 302–305.

Böckenförde, Ernst-Wolfgang: Der säkularisierte Staat. München 2007.

Demmer, Klaus: Das vergeistigte Glück. Gedanken zum christlichen Eudämonieverständnis. In: Gregorianum 72 (1991), 99–115.

–: Die Moraltheologie und das Sakrament der Versöhnung. Einige Notizen zu einem vernachlässigten Thema. In: Theologie und Glaube 93 (2003), 433–446.

Görres, Albert: Psychologische Bemerkungen über die Erbsünde und ihre Folgen. In: C. Schönborn (Hg.): Zur kirchlichen Erbsündenlehre. Freiburg i.Br. 1991, 13–35.

Hilpert, Konrad (Hg.): Selbstverwirklichung. Chancen – Grenzen – Wege. Mainz 1987.

Höffe, Otfried: Kants Kritik der reinen Vernunft. Die Grundlegung der modernen Philosophie. München 2004.

Kos, Elmar: Glück. In: J.-P. Wils/C. Hübenthal (Hg.): Lexikon der Ethik. Paderborn 2006, 136–141.

Kreppold, Guido: Selbstverwirklichung oder Selbstverleugnung? Münsterschwarzach 1988.

Lauster, Jörg: Gott und das Glück. Das Schicksal des guten Lebens im Christentum. Gütersloh 2004.

Lewis, Clive Staples: The abolition of Man, or Reflections on education with special reference to the teaching of English in the upper form of schools. Oxford 1943 (dt. Die Abschaffung des Menschen. Einsiedeln 1983).

Lorberbaum, Ysak: Imago Die im Judentum: Früh-Rabbinische Literatur, Philosophie und Kabbala. Die Lehre von Gott, vom Menschen und vom Anfang im talmudischen und kabbalistischen Judentum. In: P. Koslowski (Hg.): Gottesbegriff, Weltursprung und

Menschenbild in den Weltreligionen. München 2000, 67–87.

Metz, Johann Baptist: Gottespassion. Freiburg i. Br. 1991.

Mieth, Dietmar: Genetische Frühselektion. In welcher Gesellschaft wollen wir leben. In: Stimmen der Zeit 228 (2010), 663–672.

Pieper, Josef: Alles Glück ist Liebesglück. Hamburg 1992.

Platon: Sämtliche Dialoge. Bd. I. Hamburg 1993.

Ricken, Frido: Die Unsterblichkeitsgewissheit in Platons Phaidon. In: Ders.: Gemeinschaft – Tugend – Glück. Platon und Aristoteles über das gute Leben. Stuttgart 2004, 24–35.

Schallenberg, Peter: Menschenbildung oder Menschenzüchtung? Zum schwierigen Verhältnis von Mystik und Politik. In: Ders. (Hg.): »Als wögen Tränen unsere Arbeit auf« – Menschliche Arbeit im gesellschaftlichen Wandel. Münster 1999, 249–258.

–: Lebensentscheidung in geglücktem Verzicht. In: Die Neue Ordnung 65 (2002), 309–316.

–: Sterbehilfe zwischen Selbstbestimmung und Selbstverwirklichung. In: Zeitschrift für Lebensrecht 19 (2010), 49–54.

Steck, Odil Hannes: Der Schöpfungsbericht der Priesterschrift: Studien zur literarkritischen und überlieferungsgeschichtlichen Problematik von Genesis 1, 1–2, 4a. Göttingen 1981.

Peter Schallenberg

13. Glück in der Theologie II. »Mitten in der Endlichkeit eins werden mit dem Unendlichen«

Das religiöse Glück, die Endlichkeit zu durchbrechen

Das Glück steht in einem wesenhaften Zusammenhang zur Religion. Lange vor der Rückkehr des Glücks in die akademischen und öffentlichen Debatten am Ende des 20. Jahrhunderts und allen Vorwürfen religiöser Glücksmissachtung zum Trotz hat William James in seinem Klassiker *Die Vielfalt religiöser Erfahrung* auf diesen inneren Zusammenhang hingewiesen. Ausgehend von seiner empirischen Beschreibung religiöser Erfahrungszustände hält er als Fazit fest: »Noch mehr als im sittlichen scheinen im religiösen Leben Glück und Unglück die Pole zu sein, um die sich alles dreht« (James 1902/1997, 110). Ebenso ist in aktuellen Religionsdefinitionen der Bezug zum Glück fest verwurzelt, wenn darin Religion grundlegend definiert wird als »ein kulturelles Zeichensystem, das Lebensgewinn durch Entsprechung zu einer letzten Wirklichkeit verheißt« (Theißen 2000, 19). Die Definition bringt bereits das Spezifikum des religiösen Glücks zum Ausdruck. Es liegt in einer besonderen Art des Transzendenzbezugs. Glück wird in der Religion als Durchbrechung der Endlichkeit erlebt, es erzeugt ein »kosmisches Gefühl« (James 1902/1997, 111), das in der Weltüberwindung gerade eine besondere Art der Weltzuwendung erzeugt, die James eindrücklich als »Daseinsbereitschaft« (263) beschrieben hat.

Das theologische Verständnis des erfüllten Augenblicks

Dieser Bezug der Religion zum Glück lässt sich mit Blick auf die gegenwärtige Diskussion am ehesten an dem Phänomen des Augenblicksglücks ausweisen (s. Kap. II.6). In einer eigentümlichen Umkehrung des antiken Konzepts der *eudaimonia* unterstreicht die Debatte um das episodische Glück des Augenblicksglücks, dass die Art, wie Menschen ihr Leben führen, nicht automatisch das Glück selbst garantieren kann. Häufig stellt sich das Glück als der Einbruch einer Dimension in die Lebenswirklichkeit dar, die das

Wünschen, Wollen und Streben für Augenblicke übersteigt. Damit wird das Glück als etwas erlebt, was sich keineswegs direkt proportional zum eigenen Streben nach Glück verhält. Das Glück des Augenblicks ist darum nicht einfach nur in der momentanen Erfüllung und Befriedigung von Bedürfnissen und Wünschen zu sehen. Dieser Sachverhalt lässt sich in dreifacher Hinsicht genauer beleuchten.

Zunächst geht es *erstens* um die Art und Weise, in der diese Form des Glücks eintritt. Das Glück ist etwas, was sich unverfügbar von selbst ergibt. Es kommt unverhofft und ungesucht. Damit übersteigt das Augenblicksglück die Reichweite menschlicher Selbstbestimmung. *Zweitens* verbindet sich mit diesem unverfügbaren Sich-Einstellen des Glücks eine inhaltliche Gestimmtheit positiver Art. Die Unverfügbarkeit des erfüllten Augenblicks wird nicht – was ja auch denkbar wäre – als Ohnmacht oder Bedrohung, sondern als Entlastung und Befreiung empfunden. Gerade deswegen wird diese Erfahrung als Glück bezeichnet. Im Augenblick des Glücks wissen Menschen sich in dieser Wirklichkeit ohne ihr eigenes Zutun geborgen und aufgehoben. Wenn sich einem Menschen im Glück des Augenblicks die Wirklichkeit in einer überraschenden und unverhofft neuen Weise erschließt, dann wird dabei immer schon mehr erlebt als eine Situation der sinnlichen Erfüllung; es kommt *drittens* zu einer Sinnerfahrung. Sie gleicht einem plötzlichen Aufleuchten und Gewahrwerden einer Einsicht und ist doch auch intersubjektiv kommunizier- und vermittelbar. Es handelt sich um jene herausgehobenen Augenblicke der Lebenserfahrung, in denen sich eine tiefere Deutung der Wirklichkeit und des eigenen Lebens einstellt, als sie dem alltäglichen Lebensvollzug zugänglich ist (vgl. Spaemann 1994, 101; 1989/1998, 119). Im Glück des Augenblicks stellt sich im Bewusstsein eine Erfahrung von Sinn ein, die das übersteigt, was der Mensch selbst an Sinn herstellen kann (s. Kap. II.5). Das Glück des Augenblicks erweist sich darin als eine Erfahrung von Transzendenz. Die Berührungspunkte zwischen dem erfüllten Augenblick und einer religiösen Erfahrung liegen damit deutlich auf der Hand. Daher sprachen die antiken Philosophen durchgängig von einer göttlichen Dimension des Glücks.

Die Offenheit erfüllter Momente für eine religiöse Deutung durchzieht die gesamte Geschichte des Christentums. In der Theologie der Kirchenväter – man denke etwa an Augustins (s. Kap. III.4) berühmte Vision in Ostia – finden sich mehrere Versu-

che, solche augenblickshafte Erfahrungen eines letzten, die Wirklichkeit tragenden Sinns begrifflich zu fassen. Und auch die Theologen des Mittelalters und der Renaissance kreisen in ihren Diskussionen über die Möglichkeit einer diesseitigen Gottesschau um dieses Thema und sprechen dabei auch ausdrücklich vom Glück, ebenso wie Theologen der Aufklärung (vgl. Claussen 2005). Einen von diesen mehreren möglichen Anknüpfungspunkten einer christlichen Glückslehre stellt die Theologie des jungen Friedrich Schleiermacher dar. Seine religiöse Deutung des erfüllten Augenblicks ist in der Sprache der Romantik konzipiert und damit in einem der Moderne prinzipiell zugänglichen begrifflichen Rahmen.

»Mitten in der Endlichkeit eins werden mit dem Unendlichen und ewig sein in einem Augenblick« (Schleiermacher 1799/1967, 133), so lautet der ebenso berühmte wie programmatische Satz Schleiermachers. Der Unendlichkeitsbezug ist für Schleiermacher das inhaltliche Hauptcharakteristikum des erfüllten Augenblicks. Das Aufleuchten der Ewigkeit durchbricht augenblickshaft die Oberfläche der Wirklichkeit und legt ihren tieferen Sinn frei.

Das »Ewig sein in einem Augenblick« formuliert er an anderer Stelle so: »Schnell und zauberisch entwickelt sich eine Erscheinung, eine Begebenheit zu einem Bilde des Universums« (74). Dabei vergleicht Schleiermacher die Anschauung der Unendlichkeit mit einem »Kuss« (74) des Universums. Die Rede vom Kuss ist eine Metapher der Romantik (s. Kap. V.9), sie unterstreicht zum einen das Moment des Augenblicks, das Bezaubernde, das Vorüberhuschende, sie lenkt aber zum anderen die Aufmerksamkeit darauf, dass es das Universum selbst ist, das den Menschen ergreift und nicht umgekehrt. Das Unendlichkeitsgefühl ist nichts, was der Mensch selbst herstellen kann. Die Unverfügbarkeit des erfüllten Augenblicks wird damit in einer theologisch tiefsinnigen Weise gedeutet.

Die Anschauung des Universums ist eine Selbstvergegenwärtigung des Unendlichen im Endlichen. Der Mensch verhält sich zu dieser Darstellung des Unendlichen im Endlichen rezeptiv. »Das Universum bildet sich selbst seine Betrachter und Bewunderer« (143). Diesen Vorgang der Selbsterschließung des Unendlichen beschreibt Schleiermacher in theologischer Terminologie als Offenbarung. In der Sprache traditioneller Theologie bedeutet der Unendlichkeitsbezug der Religion daher, »alle Begebenheiten in der Welt als Handlungen eines Gottes vorzustellen« (57).

Der erfüllte Augenblick ist diesem Modell zufolge als eine Vergegenwärtigung Gottes im Menschen zu begreifen. Schleiermacher bietet damit eine – und das macht ihn für den vorliegenden Zusammenhang so wertvoll – moderne Fassung eines klassischen Topos christlicher Glückslehre. Das, was sich als Glück im menschlichen Bewusstsein ereignet, ist eine Form der Gotteserfahrung. Der Sache nach stellt sich das Glück als eine wohlwollende Entäußerungs- und Zuwendungsform Gottes selbst dar. Die theologische Tradition nennt diese Art der göttlichen Zuwendung Gnade. Das Handeln des Universums am Menschen, das Sich-Darstellen im Bewusstsein ist Schleiermacher zufolge theologisch nicht anders zu fassen denn als »Gnadenwirkungen« (119). Das Glück des Augenblicks ist keineswegs die einzige, aber immerhin *eine* Art, eine solche Gnadenwirkung zu erfahren.

Ausgehend von Schleiermachers Beschreibung des Aufleuchtens der Ewigkeit im Augenblick lässt sich genauer ausmachen, worin das Besondere einer theologischen Deutung des Augenblicksglücks liegt. Was eine profane Perspektive als Unverfügbarkeit interpretiert, muss aus einem religiösen Blickwinkel noch als eine Unterbestimmung dessen erscheinen, was sich im erfüllten Augenblick ereignet. Es gibt Augenblicke und Begebenheiten, in denen sich im Menschen unverfügbar, d.h. von ihm nicht irgendwie herbeiführbar die Gewissheit einstellt, dass es die ersehnte Erfüllung des eigenen Lebens erstens tatsächlich gibt und dass sie zweitens mehr ist, als er selbst mit all seinem Tun dazu beitragen kann. Er erfährt die Erfüllung als einen Moment, in dem er sein Leben als ein gutes und gelingendes sieht, bevor er überhaupt versucht, ein gutes und gelingendes Leben daraus zu machen. Im Lichte ihres eigenen Überlieferungszusammenhanges deutet die christliche Religion diese Ahnung als eine Gotteserfahrung. Es ist Gott selbst, der sich im Bewusstsein der Menschen vergegenwärtigt. Im Glück erfährt der Mensch das Leben von einem Sinn getragen, den er ihm selbst nicht beilegen kann – und auch gar nicht muss. Er findet sich absichtslos in der Wirklichkeit, sein Dasein dient nicht irgendwelchen Zwecken und Zielen, sondern ist sich selbst genug. Im unverfügbaren Sich-Einstellen des Glücks, im absichtslosen Sich-Finden in der Wirklichkeit und in dem Durchbruch zu einer das Dasein tragenden Sinnannahme zeigt sich die Transparenz der lebensweltlichen Erfahrung des Glücks auf eine religiöse Deutung hin.

Das theologische Verständnis des guten Lebens

Diese theologische Deutung ermöglicht es ausdrücklich auch, die *eudämonistische* Seite des Glücks in den Blick zu nehmen. Auch hier ist ein Blick auf die gegenwärtige philosophische Glücksdiskussion aufschlussreich. Es fehlt natürlich nicht an Versuchen, das Glück des Menschen ganz mit dem Augenblicksglück zu identifizieren. Doch stößt die ausschließliche Betonung der Unverfügbarkeit des Glücks auf Kosten des *Eudämonismus* auf heftige Kritik. Zu den bemerkenswerten Entwicklungen der Rückkehr des Glücks zählt es, dass trotz aller Hochschätzung des Augenblicksglücks nach Modellen gesucht wird, die das Streben nach Glück und die Erfahrung des erfüllten Augenblicks zu einem umfassenderen Verständnis eines guten Lebens verbinden. Auch von theologischer Seite ist es meines Erachtens erforderlich, beide Dimensionen, das Strebens- und das Augenblicksglück, in ein Glückskonzept zu integrieren.

Anthropologisch kann man das menschliche Streben nach Glück als eine unabschließbare Offenheit, ja als einen wesenhaft zum Menschen gehörenden Bezug zu einer transzendenten Dimension der Wirklichkeit beschreiben. Woher, so kann man sich fragen, weiß der Mensch überhaupt von jener unendlichen Dimension der Wirklichkeit. In dem breiten Spektrum religiöser Erfahrungen ist das Erleben des Augenblicksglücks ein möglicher Moment, in dem sich dem Menschen Transzendenz erschließt. Denn im erfüllten Augenblick leuchtet in der Lebenswirklichkeit plötzlich und unerwartet eine höhere Wirklichkeit auf. Es handelt sich hier um eine Transzendenzerfahrung, die als ein Sich-Zeigen des höchsten Guts beschrieben werden kann. Die Erfahrung des erfüllten Augenblicks ist so ein entscheidender Motor für das Streben des Menschen nach Glück.

Dabei lässt sich erstens zeigen, dass der für die christliche Theologie entscheidende Begründungszusammenhang von Eschatologie und Ethik auch in der Frage nach dem Glück relevant wird. In den Transzendenzeinbrüchen des Augenblicksglücks dringt in die Lebenserfahrung von Menschen die Ahnung ein, dass es so etwas wie einen Mehrwert des Lebens überhaupt gibt. Das Bewusstsein hat in jenen Momenten an diesem Mehrwert und tieferen Sinn des Daseins teil. Schon in diesem Leben lassen sich augenblickshaft Momente eines ewigen Glücks erleben. Ohne dieses – und sei es nur augenblickshafte – Aufleuchten jener höheren Welt in der Lebenswirklichkeit gäbe es keinen Ausblick auf den Mehrwert des Lebens, der in einer dieser Welt jenseitigen Daseinsweise uneingeschränkte Realität gewinnt: »Das Jenseits ist die Kraft des Diesseits« (Troeltsch 1912/1994, 979).

Zweitens äußert sich diese Kraft in einer ganz bestimmten Weise. Es kommt zur Ausbildung von einer Bewusstseinseinstellung, die zwar nicht das Glück des Augenblicks selbst auf Dauer stellen kann, die aber gleichwohl das Ergriffensein von diesem Augenblick in die Perspektive auf das eigene Leben integriert. Diese Perspektive nennt die christliche Tradition Glauben. Es handelt sich um ein zur Karikatur entstelltes Bild, wenn man unter dem Glauben ein bloßes Fürwahrhalten von Dingen versteht, die die Vernunft übersteigen oder ihr gar widersprechen. Der Glaube ist vielmehr eine Reaktion des Menschen auf die Begegnung mit einer ihn übersteigenden Sinndimension des Lebens, eine existentielle Haltung, ein Lebensgefühl und eine Lebensdeutung. Die erfüllten Momente des Augenblicksglücks sind in diesem Sinne vertrauensbildende Maßnahmen, die eine ganz bestimmte Lebensdeutung freisetzen. Im Unterschied zu Nietzsches (s. Kap. V.7) Lebens-Auslegung, an die der Existentialismus (s. Kap. VI.5) und die Philosophie der Lebenskunst (s. Kap. VI.10) anschließen, ist es nicht das Individuum, das den Sinn herstellt, sondern es erfährt sich selbst in einen größeren Sinnzusammenhang eingeordnet. In der religiösen Lebensdeutung versteht der Mensch sein Leben vor dem Horizont einer ihn selbst übersteigenden Dimension der Lebenswirklichkeit. Damit geht diese vertrauende Lebensdeutung nicht einfach auf in einer bloßen Affirmation der Wirklichkeit. Sie ist vielmehr »als Antizipation des Gelingens« (Rendtorff 1990/1991, 96) zu begreifen. Mit Blick auf das Unvollendete und die Momente des Scheiterns in der je eigenen Lebensführung handelt es sich um ein »kontrafaktisches Vertrauen auf das Gelingen des Lebens« (96). Kontrafaktisches Vertrauen besagt, dass der Mensch sein Leben von Gott in einer Weise angenommen und bejaht weiß, die seine Möglichkeiten, das Leben gelingen zu lassen, bei weitem übersteigt. Paul Tillich nannte diese Offenheit für die Sphäre der Transzendenz »Mut zum Sein« (Tillich 1952/1991, 117ff.). Das Glück des Augenblicks ist eine existentielle Möglichkeit, in der das Vertrauen und der Mut in das Streben nach Glück bestärkt werden, und genau darin liegt der innere Zusammenhang zwischen dem Glück des Augenblicks und dem menschlichen Streben nach Glück.

Menschliches Glücksstreben und göttliche Gabe

Damit erweist sich auch für eine theologische Glückslehre von größter Aktualität, was von Ferne wie ein verstaubter theologischer Gelehrtendisput erscheinen mag. Die Frage, ob die Erfüllung des Lebens in den Händen des Menschen selbst liegt, oder ob es eine Gabe Gottes ist, ob also der Mensch oder Gott des Glückes Schmied ist, stellt theologisch gesehen vor eine falsche Alternative. Die Bemühungen und Anstrengungen, die Menschen unternehmen, um das Glück in ihrem Leben zu finden, sind nicht die Voraussetzung, um dieses Glück dann auch zu erreichen. Sie sind vielmehr die Folge davon, dass Menschen sich von dem, was sie als Glück erleben, zutiefst ergriffen wissen. Das Glück, das der Mensch sucht, liegt ihm immer schon voraus. Es ist größer und erhabener als das, was er selbst mit seinen Kräften in seinem Leben umzusetzen vermag. In den einzelnen Episoden einer Glückserfahrung empfängt der Mensch die Gewissheit, von der unendlichen Dimension seines eigenen Lebens und der Wirklichkeit wohlwollend und erfreulich berührt zu werden. Diese Erfahrung hebt das Streben nach Glück jedoch keineswegs auf, sondern begründet es erst.

Glück ist immer auch ein Akt humaner Selbstgestaltung. Doch ist die Arbeit am Glück – hier tritt die Besonderheit des religiösen Begründungszusammenhanges ins Spiel – eine Selbstgestaltung in Freiheit und mit Gelassenheit. Der Mensch weiß sich vor all seinem Tun aufgehoben und angenommen in jener unendlichen Dimension der Wirklichkeit. Das befreit ihn davon, als Glück allein das zu begreifen, was das Produkt seiner Vorstellungen und seiner praktischen Verwirklichungsversuche ist. Es stimmt ihn gelassen, weil er das Gelingen seines Lebens in einem viel tieferen Grund schon vorweggenommen ahnt, als sich dies empirisch an den Erfolgen und Misserfolgen seiner Lebensführung messen lässt.

Berührungen zwischen einer theologischen und philosophischen Glückskonzeption gibt es in der Gegenwart durchaus. So erweist sich z.B. die Philosophie der Lebenskunst als offen für die Transzendenzdimension des Glücks: »Das Glück durchbricht die Begrenztheit der Endlichkeit und lässt das endliche Wesen teilhaben an der Erfahrung der Unendlichkeit« (Schmid 2000, 169). Darin werde der Einzelne durchdrungen »von einer Kraft, die umfassender ist als die des Individuums selbst« (169). Glückslehren hingegen, die auf einer rein immanenten Dimension des Glücks aufbauen, steht eine Theologie des Glücks als kritische Theorie gegenüber. Dieses theologische Festhalten an der religiösen Dimension des Glücks bewahrt zugleich ein Erbe, das seit der Antike wesenhaft zum Glücksverständnis gehört.

Literatur

Claussen, Johann Hinrich: Glück und Gegenglück. Philosophische und theologische Variationen zu einem alltäglichen Begriff. Tübingen 2005.

James, William: Die Vielfalt religiöser Erfahrung [1902] (Übers. von Eilert Herms/Christian Stahlhut). Frankfurt a. M./Leipzig 1997.

Lauster, Jörg: Gott und das Glück. Das Schicksal des guten Lebens im Christentum. Gütersloh 2004.

Rendtorff, Trutz: Ethik. Grundelemente, Methodologie und Konkretionen einer ethischen Theologie. Bd. I und II. Stuttgart/Berlin/Köln ²1990/1991.

Schleiermacher, Friedrich Daniel Ernst: Über die Religion. Reden an die Gebildeten unter ihren Verächtern [1799] (Hg. R. Otto). Göttingen ⁶1967.

Schmid, Wilhelm: Schönes Leben? Eine Einführung in die Lebenskunst. Frankfurt a. M. 2000.

Spaemann, Robert: Glück und Wohlwollen. Versuch über Ethik [1989]. Stuttgart ⁴1998.

–: Philosophie als Lehre vom glücklichen Leben. In: Ders.: Philosophische Essays. Erweiterte Ausgabe. Stuttgart 1994, 80–103.

Theißen, Gerd: Die Religion der ersten Christen. Eine Theorie des Urchristentums. Gütersloh 2000.

Tillich, Paul: Der Mut zum Sein [1952]. Berlin/New York 1991.

Troeltsch, Ernst: Die Soziallehren der christlichen Kirchen und Gruppen, Teilband II [1912]. Tübingen 1994.

Jörg Lauster

IX. Anhang

1. Literaturverzeichnis

Wer Literaturhinweise zu Einzelthemen sucht, sei auf die Bibliographien der einzelnen Artikel verwiesen. Die dort genannten Titel werden hier in der Regel nicht noch einmal aufgeführt. Im Folgenden finden sich Lektüreempfehlungen zu einigen klassischen philosophischen Werken sowie Hinweise zu Texten, die sich als Überblicks- und Einführungswerke bewährt haben oder den aktuellen Diskussionsstand wiedergeben. Dass mit diesen Angaben nur eine Auswahl aus der relevanten Literatur geboten wird, versteht sich wohl von selbst.

Lektüreempfehlungen zu klassischen philosophischen Texten

Platon: Gorgias. Stuttgart 1998.
Aristoteles: Nikomachische Ethik. Hamburg 1985.
Epikur: Von der Überwindung der Furcht. München 1991.
Seneca, Lucius Annaeus: De vita beata/Über das glückliche Leben. In: Ders.: Philosophische Schriften. Darmstadt 1995, Bd. 1, 1–77.
Epiktet/Teles/Musonius: Wege zum Glück. München 1987.
Augustinus, Aurelius: De vita beata/Über das Glück. Stuttgart 1989.
Shaftesbury, Anthony Earl of: Untersuchung über die Tugend. An Inquiry Concerning Virtue and Merit [1699]. In: Ders.: Der gesellige Enthusiast. München 1990, 211–320.
Châtelet, Émilie du: Rede vom Glück. Discours sur le bonheur [1746]. Berlin 1999.
La Mettrie, Julien Offray de: Über das Glück oder Das Höchste Gut (»Anti-Seneca«) [1749]. Nürnberg 1985.
Kant, Immanuel: Grundlegung zur Metaphysik der Sitten [1785]. In: Ders.: Werke in zwölf Bänden. Frankfurt a. M. 1977, Bd. 7, 7–102.
Mill, John Stuart: Utilitarismus [1863]. Stuttgart 1976.
Nietzsche, Friedrich: Zur Genealogie der Moral [1887]. In: Ders.: Sämtliche Werke. Kritische Studienausgabe. München/Berlin/New York 1988, Bd. 5, 245–412.

Einführungstexte und Beiträge zur aktuellen Diskussion

Angehrn, Emil/Baertschi, Bernard (Hg.): Die Philosophie und die Frage nach dem Glück / La philosophie et la question du bonheur. Bern/Stuttgart/Wien 1997.
Annas, Julia: The Morality of Happiness. New York 1993.
Baurmann, Michael/Kliemt, Hartmut (Hg.): Glück und Moral. Arbeitstexte für den Unterricht. Stuttgart 1987.
Bellebaum, Alfred (Hg.): Glücksforschung. Eine Bestandsaufnahme. Konstanz 2002.
– /Barheier, Klaus (Hg.): Glücksvorstellungen. Ein Rückgriff in die Geschichte der Soziologie. Opladen 1997.
Bien, Günther (Hg.): Die Frage nach dem Glück. Stuttgart 1978.
Birnbacher, Dieter (Hg.): Glück. Arbeitstexte für den Unterricht. Stuttgart 1983.
Bruni, Luigino/Porta, Pier Luigi (Hg.): Economics and Happiness. Framings of Analysis. Oxford 2005.
Bucher, Anton A.: Psychologie des Glücks. Ein Handbuch. Weinheim/Basel 2009.
Claussen, Johann Hinrich: Glück und Gegenglück. Philosophische und theologische Variationen zu einem alltäglichen Begriff. Tübingen 2005.
Csikszentmihalyi, Mihaly: Flow. Das Geheimnis des Glücks [1990]. Stuttgart 1992.
Diener, Ed/Eunkook M. Suh (Hg.): Culture and Subjective Well-Being. Cambridge, MA/London 2000.
Easterlin, Richard A. (Hg.): Happiness in Economics. Cheltenham/Northampton 2002.
European Foundation for the Improvement of Living and Working Conditions (Hg.): Second European Quality of Life Survey. Living Conditions, Social Exclusion and Mental Well-Being. Dublin 2010.
Fellmann, Ferdinand: Philosophie der Lebenskunst zur Einführung. Hamburg 2009.
Forschner, Maximilian: Über das Glück des Menschen: Aristoteles, Epikur, Stoa, Thomas von Aquin, Kant. Darmstadt 1993.
Frey, Bruno S./Stutzer, Alois: Happiness and Economics. How the Economy and Institutions Affect Human Well-Being. Princeton/Oxford 2002.

Graham, Carol: Happiness Around the World. The Paradox of Happy Peasants and Miserable Millionaires. Oxford/New York 2009.

Hadot, Pierre: Philosophie als Lebensform. Geistige Übungen in der Antike [1981]. Berlin 1991.

Hampe, Michael: Das vollkommene Leben. Vier Meditationen über das Glück. München 2009.

Haybron, Daniel M.: The Pursuit of Unhappiness: The Elusive Psychology of Well-being. Oxford 2008.

Höffe, Otfried: Lebenskunst und Moral oder Macht Tugend glücklich? München 2007.

Horn, Christoph: Antike Lebenskunst. München 1998.

Hoyer, Timo (Hg.): Vom Glück und glücklichen Leben. Sozial- und geisteswissenschaftliche Zugänge. Göttingen 2007.

Kahneman, Daniel/Diener, Ed/Schwarz, Norbert (Hg.): Well-Being. The Foundations of Hedonic Psychology. New York 1999.

Kersting Wolfgang/Langbehn, Claus (Hg.): Kritik der Lebenskunst. Frankfurt a.M. 2007.

Lane, Robert E.: The Loss of Happiness in Market Democracies. New Haven/London 2000.

Lauster, Jörg: Gott und das Glück. Das Schicksal des guten Lebens im Christentum. Gütersloh 2004.

Layard, Richard: Die glückliche Gesellschaft. Kurswechsel für Politik und Wirtschaft. Frankfurt a.M./New York 2005.

Lear, Jonathan: Happiness, Death, and the Remainder of Life. Cambridge, MA/London 2000.

Lelord, François: Hektors Reise oder Die Suche nach Glück [2002]. München/Zürich 2004.

Marcuse, Ludwig: Philosophie des Glücks. Von Hiob bis Freud [1948]. Zürich 1972.

Mauzi, Robert: L'idée du bonheur dans la littérature et la pensée françaises au XVIIIe siècle. Paris 1979.

McCready, Stuart (Hg.): The Discovery of Happiness. Naperville 2001.

McMahon, Darrin M.: Happiness. A History. New York 2006.

Meck, Sabine: Vom guten Leben. Eine Geschichte des Glücks. Darmstadt 2003.

Meier, Heinrich (Hg.): Über das Glück. Ein Symposion. München 2008.

Neiman, Susan/Kroß, Matthias (Hg.): Zum Glück. Berlin 2004.

Nussbaum, Martha C./Sen, Amartya (Hg.): The Quality of Life. Oxford u.a. 1993.

Pieper, Annemarie: Glückssache. Die Kunst, gut zu leben. Hamburg 2001.

Reichert, Klaus: Fortuna oder Die Beständigkeit des Wechsels. Frankfurt a.M. 1985.

Rescher, Nicholas: Glück. Die Chance des Zufalls [1995]. Berlin 1996.

Russell, Bertrand: Eroberung des Glücks. Neue Wege zu einer besseren Lebensgestaltung [1930]. Frankfurt a.M. 1982.

Scitovsky, Tibor: The Joyless Economy. The Psychology of Human Satisfaction [1976]. New York/Oxford 1992.

Schildhammer, Georg: Glück. Wien 2009.

Schmid, Wilhelm: Philosophie der Lebenskunst. Eine Grundlegung. Frankfurt a.M. 1998.

Schneider, Wolf: Glück! Eine etwas andere Gebrauchsanweisung. Reinbek 2007.

Schnell, Alexander (Hg.): Le bonheur. Paris 2006.

Seel, Martin: Versuch über die Form des Glücks. Frankfurt a.M. 1995.

Spaemann, Robert: Glück und Wohlwollen. Versuch über Ethik. Stuttgart 1989.

Thomä, Dieter: Vom Glück in der Moderne. Frankfurt a.M. 2003.

Veenhoven, Ruut: Conditions of Happiness. Dordrecht et al. 1984.

Weiner, Eric: Geographie des Glücks. Auf der Suche nach den zufriedensten Menschen der Welt. Berlin 2008.

Williams, Bernard: Moral Luck. Cambridge 1981.

2. Bildquellenverzeichnis

Abb. 1: Jeff Koons: Jeff and Ilona made in Heaven, 1990, Farbig gefasstes Holz, 127 × 272 × 137 cm; Courtesy Kunstsammlung Nordrhein-Westfahlen, **S. 326**

Abb. 2: Takashi Murakami: And then, and then and then, 1995, Acryl auf Leinwand, 280 × 300,5 cm; Courtesy Queensland Art Gallery, **S. 327o**

Abb. 3: AES+F: Trimalchio's Feast, 2009, 9-Kanal HD Video Installation, 25 min 23 sec, Unconditional Love Exhibition, Venedig/Arsenale; Foto: Karen van den Berg; Courtesy AES+F / Triumph Gallery, Moscow, **S. 327u**

Abb. 4: Félix González-Torres: Untitled (Placebo), 1991, Installationsansicht Williams College Museum of Art, Image courtesy of the Williams College Museum of Art; photo by Roman Iwasiwka; Courtesy Museum of Modern Art New York, **S. 328**

Abb. 5: Rikrit Tiravanija: Untitled, 1996 (tomorrow is another day); Courtesy Kölnischer Kunstverein, **S. 329o**

Abb. 6: Carsten Höller: Flugapparat, 1996, Mixed Media, Höhe 530 cm, ∅ 800 cm; Rechte bei VG Bildkunst, **S. 329u**

Abb. 7: Apolonija Šušteršic: Light Therapy, 1999, Möbel und Mixed Media, Moderna Museet Stockholm; © Apolonija Šušteršic, **S. 330o**

Abb. 8: Andrea Fraser: Still from Untitled, 2003, project and DVD, 60 minutes, no sound; Courtesy Friedrich Petzel Gallery, **S. 330u**

Abb. 9: Thomas Locher: Universal Declaration of Human Rights, Article 14/1, Everyone has the right to seek and to enjoy in other countries asylum from persecution, 2002/03, C-print/Diasec/Aluminiumrahmen, 209,3 × 159 cm; © Thomas Locher, **S. 331**

Abb. 10: Nan Goldin: Jimmy Paulette and Taboo! In the bathroom, NYC 1991, in: David Armstrong/Walter Keller (Hg.): Nan Goldin. The other side, Manchester: Cornerhouse Publications 1993, S. 51, **S. 332o**

Abb. 11: Richard Billingham: Untitled, from Ray's a Laugh, 1995, c-print, 45 cm × 35 cm; Courtesy Anthony Reynolds Gallery, **S. 332u**

3. Die Autorinnen und Autoren

Amalia Barboza, geb. 1972, wissenschaftliche Mitarbeiterin am Fachbereich für Gesellschaftswissenschaften der Johann Wolfgang Goethe-Universität Frankfurt/Main. Veröffentlichungen u. a.: Kunst und Wissen (2005); Insert. Kooperationen zwischen Kunst und Wissenschaft (2007); Karl Mannheim (2009).

Karen van den Berg, geb. 1963, Professorin für Kulturmanagement und inszenatorische Praxis an der Zeppelin University Friedrichshafen. Veröffentlichungen u. a.: Agenten der Peinlichkeit (2007); Der Schmerz des Anderen (2007); Kreativität. Drei Absagen der Kunst an ihren erweiterten Begriff. In: Stephan Janssen u. a. (Hg.): Rationalität der Kreativität? (2009); Politik des Zeigens (Mithg., 2010).

Michael von Brück, geb. 1949, Professor für Religionswissenschaft an der Ludwig-Maximilians-Universität München und Leiter des Interfakultären Studiengangs Religionswissenschaft. Veröffentlichungen u. a.: Zen. Geschichte und Praxis (2004); Bhagavad Gita (2007); Einführung in den Buddhismus (2007); Ewiges Leben oder Wiedergeburt (2007); Religion und Politik in Tibet (2008); Leben in der Kraft der Rituale (2011).

Luigino Bruni, Associate Professor für Wirtschaftswissenschaften an der Universität Milan-Bicocca (Italien). Veröffentlichungen u. a.: Civil Happiness (2006); Civil Economy (Mithg., 2007); A Handbook on the Economics of Happiness (Mithg., 2007); Reciprocity, Altruism and Civil Society (2008).

Monika Bullinger, geb. 1954, Professorin für Medizinische Psychologie am Universitätsklinikum Hamburg-Eppendorf und approbierte Verhaltenstherapeutin. Veröffentlichungen u. a.: BELLA Study Group. Psychometric properties of the KINDL-R questionnaire (m. A. Brütt, M. Erhart, U. Ravens-Sieberer). In: European Child & Adolescent Psychiatry 17 (2008); Psycho-social determinants of quality of life in children and adolescents with haemophilia (m. S. von Mackensen). In: Clinical Psychology & Psychotherapy 15 (2008); Lebensqualität und Förderung der Lebensqualität (m. A. Brütt). In: M. Linden/

W. Weig (Hg.): Salutotherapie in Prävention und Rehabilitation (2009); Lebensqualität von krebsbetrof-
fenen Familien (m. L. Kröger). In: U. Koch/J. Weis
(Hg.): Jahrbuch der medizinischen Psychologie 22
(2009); Interkulturelle Lebensqualitätforschung (m.
S. Schmidt). In: F.A. Muthny/O. Bermejo: Interkulturelle Medizin (2009).

Alan Corkhill, geb. 1948, Associate Professor in German Studies an der University of Queensland, Bris-
bane (Australien). Mithg. von Seminar. A Journal of
Germanic Studies. Veröffentlichungen u.a.: The Mo-
tif of Fate in the Works of Ludwig Tieck (1978); Anti-
podean Encounters. Australia and the German Li-
terary Imagination 1754–1918 (1990); Glückskonzeptionen im deutschen Roman von Wielands
»Agathon« bis Goethes »Wahlverwandtschaften«
(2003); Reading Female Happines in Eighteenth-
and Nineteenth-Century German Literature. Texts
and Contexts. Sonderband. Seminar. A Journal of
German Studies (Mithg., 2011).

Markus Dauss, geb. 1974, wissenschaftlicher Mitarbeiter am Institut für Kunstgeschichte der Johann
Wolfgang Goethe-Universität Frankfurt/Main. Veröffentlichungen u.a.: Identitätsarchitekturen: Öffentliche Bauten des Historismus in Paris und Berlin
(1871–1918) (2007); Leib/Seele – Geist/Buchstabe.
Dualismen in der Ästhetik und den Künsten um
1800 und 1900 (Mithg., 2009); Das ›neue‹ Frankfurt.
Innovationen in der Frankfurter Kunst vom Mittelalter bis heute (Mithg., 2010).

Diedrich Diederichsen, Professor für Theorie, Praxis
und Vermittlung von Gegenwartskunst an der Akademie der Bildenden Künste Wien. Veröffentlichungen u.a.: Argument Son (2007); Über den
Mehrwert der Kunst (2008); Kritik des Auges (2008);
Eigenblutdoping (2008); Immediacy and Dissimul-
taneity: Utopia of Sound (Mithg., 2009); Psicodelia y
ready-made (2010).

Stefanie Duttweiler, geb. 1967, wissenschaftliche Mitarbeiterin am Institut für Soziologie der Universität
Basel und Oberassistentin am Institut für Er-
ziehungswissenschaften der Universität Zürich
(Schweiz). Veröffentlichungen u.a.: Sein Glück machen. Arbeit am Glück als neoliberale Regierungstechnologie (2007); »Fragen Sie Dr. Sex!« Ratgeber-
kommunikation und die mediale Konstruktion des
Sexuellen (Mithg., 2010); Expertenwissen, Medien

und der Sex. Zum Prozess der Einverleibung sexuellen Körperwissens. In: R. Keller/M. Meuser (Hg.):
Körperwissen (2010); Der Therapeut. In: S. Moe-
bius/M. Schroer (Hg.): Sozialfiguren der Gegenwart
(2010).

Jens Eder, geb. 1969, Professor für Filmwissenschaft
an der Johannes Gutenberg-Universität Mainz.
Mithg. von Medienwissenschaft/Hamburg: Berichte
und Papiere (Internet). Veröffentlichungen u.a.: Dramaturgie des populären Films. Drehbuchpraxis und
Filmtheorie (1999); Oberflächenrausch. Postmoderne und Postklassik im Kino der 90er Jahre (Hg.,
2002); Audiovisuelle Emotionen (Mithg., 2007); Die
Figur im Film. Grundlagen der Figurenanalyse
(2008); Characters in Fictional Worlds. Understanding Imaginary Beings in Literature, Film, and Other
Media (Mithg., 2010).

Ferdinand Fellmann, Professor em. für Philosophie an der Technischen Universität Chemnitz. Veröffentlichungen u.a.: Lebensphilosophie. Elemente
einer Theorie der Selbsterfahrung (1993); Die Angst
des Ethiklehrers vor der Klasse. Ist Moral lehrbar?
(2000); Das Paar. Eine erotische Rechtfertigung des
Menschen (2005); Phänomenologie (2006); Philosophie der Lebenskunst (2009).

László F. Földényi, geb. 1952, Professor für Kunstthe-
orie an der Akademie für Theater und Film Budapest (Ungarn). Mitglied der Deutschen Akademie
für Sprache und Dichtung. Veröffentlichungen u.a.:
Melancholie (1988); C.D. Friedrich. Die Nachtseite
der Malerei (1993); Abgrund der Seele. Goyas Saturn
(1995); Heinrich von Kleist. Im Netz der Wörter
(1999); Schicksallosigkeit. Ein Imre-Kertész-Wörter-
buch (2009).

Jana Gohrisch, geb. 1962, Professorin für Englische
Literaturwissenschaft und Neue Englischsprachige
Literaturen an der Gottfried Wilhelm Leibniz Uni-
versität Hannover. Mithg. von Hard Times: Deutsch-
Englische Zeitschrift. Veröffentlichungen u.a.: (Un)
Belonging? Geschlecht, Klasse, Rasse und Ethnizität
in der britischen Gegenwartsliteratur: Joan Rileys
Romane (1994); Bürgerliche Gefühlsdispositionen
in der englischen Prosa des 19. Jahrhunderts (2005).

Karl Erich Grözinger, Professor em. für Religionswissenschaft und Jüdische Studien an der Universität
Potsdam. Affiliated Professor an der Universität

Haifa (Israel). Veröffentlichungen u.a.: Musik und Gesang in der Theologie der frühen jüdischen Literatur (1982); Kafka und die Kabbala (1992, ³2003); Die Geschichten vom Ba'al Schem Tov (Hg., 1997); Jüdisches Denken. Theologie, Philosophie und Mystik, 3 Bände, 2004–2009 (Bd. 4 in Vorbereitung); Der Ba'al Schem von Michelstadt. Ein deutsch-jüdisches Heiligenleben zwischen Legende und Wirklichkeit, 2010.

Hans Ulrich Gumbrecht, Professor für Literatur an der Stanford University (USA). Mitglied der American Academy of Arts & Sciences. Veröffentlichungen u.a.: 1926. Ein Jahr am Rand der Zeit (2003, engl. 1998); Dimensionen und Grenzen der Begriffsgeschichte (2006, engl. 2003); Diesseits der Hermeneutik. Über die Produktion von Präsenz (2006, engl. 2004); California Graffiti – Bilder vom westlichen Ende der Welt (2010); Unsere breite Gegenwart (2010).

Michael Hampe, geb. 1961, Professor für Philosophie an der ETH Zürich (Schweiz). Veröffentlichungen u.a.: Die Macht des Zufalls (2006); Erkenntnis und Praxis. Zur Philosophie des Pragmatismus (2006); Kleine Geschichte des Naturgesetzbegriffs (2007); Das vollkommene Leben. Vier Meditationen über das Glück (2009).

Christoph Harbsmeier, geb. 1946, Professor für Chinesisch an der Universität Oslo (Norwegen). Chief Editor des Thesaurus Linguae Sericae (url: tls.uni-hd.de). Veröffentlichungen u.a.: Wilhelm von Humboldt und die philosophische Grammatik des Altchinesischen (1978); Konfuzius und der Räuber Zhi (1978); Aspects of Classical Chinese Syntax (1981); Socialist Realism with a Buddhist Face: the Cartoonist Feng Zikai (1984); Language and Logic (1998).

Grit Hein, Leiterin eines Branco Weiss-Projekts am Laboratory for Social and Neural Systems Research an der Universität Zürich (Schweiz). Veröffentlichungen u.a.: G. Hein u.a.: Object familiarity and semantic congruency modulate responses in cortical audiovisual integration areas. In: Journal of Neuroscience 27 (2007); G. Hein/T. Singer: I feel how you feel but not always: The empathic brain and its modulation. In: Current Opinion in Neurobiology 18 (2008); G. Hein/R. T. Knight: Superior temporal sulcus – It's my area: Or is it? In: Journal of Cognitive Neuroscience 12 (2008); G. Hein u.a.: Neural re-

sponses to the suffering of ingroup- and outgroup members predict individual differences in costly helping. In: Neuron 68 (2010).

Christoph Henning, geb. 1973, Leiter eines SNF-Projekts zur politischen Philosophie an der Universität St. Gallen (Schweiz). Veröffentlichungen u.a.: Philosophie nach Marx (2005); Marxglossar (Hg., 2006); Schwerpunkt »Perfektionismus« (Hg.). In: Deutsche Zeitschrift für Philosophie 5 (2010); Gottfried Salomon-Delatour, Schriften (Hg., 2011).

Gunnar Hindrichs, geb. 1971, Heisenbergstipendiat der Deutschen Forschungsgemeinschaft und Privatdozent an der Universität Heidelberg. Veröffentlichungen u.a.: Negatives Selbstbewußtsein (2002); Das Absolute und das Subjekt (2008, ²2011).

Jochen Hörisch, geb. 1951, Professor für Neuere Germanistik und Medienanalyse an der Universität Mannheim. Veröffentlichungen u.a.: Gott, Geld und Glück (1983); Ende der Vorstellung – Die Poesie der Medien (1999); Es gibt (k)ein richtiges Leben im falschen (2003); Vorletzte Fragen (2007); Bedeutsamkeit (2009).

Christoph Horn, geb. 1964, Professor für Philosophie an der Universität Bonn. Mithg. des Archivs für Geschichte der Philosophie und der Zeitschrift für philosophische Forschung. Veröffentlichungen u.a.: Plotin über Sein, Zahl und Einheit (1995); Augustinus (1995); Augustinus, De civitate dei (Hg., 1997); Antike Lebenskunst (1998); Politische Philosophie (2003).

Bernhard Irrgang, geb. 1953, Professor für Technikphilosophie an der Technischen Universität Dresden. Veröffentlichungen u.a.: Technologietransfer transkulturell. Komparative Hermeneutik von Technik in Europa, Indien und China (2006); Hermeneutische Ethik (2007); Philosophie der Technik (2008); Der Leib des Menschen (2009); Grundriss der Technikphilosophie (2009).

Vincent Kaufmann, geb. 1955, Professor für französische Literatur mit Schwerpunkt Literatur des 20. Jahrhunderts und der Gegenwart & Medien an der Universität St. Gallen (Schweiz). Veröffentlichungen u.a: L'Equivoque épistolaire (1990); Poétique des groupes littéraires. Avant-gardes 1920 – 1970 (1997); Guy Debord. Die Revolution im Dienste der Poesie

(2004; franz. 2001); Ménage à trois. Littérature, médecine, religion (2007); La faute à Mallarmé. L'Aventure de la théorie littéraire (2011).

Matthias Kroß, geb. 1953, wissenschaftlicher Referent am Einstein Forum in Potsdam und Lehrbeauftragter für Allgemeine Soziologie an der Universität Potsdam. Mithg. der Wittgensteiniana. Veröffentlichungen u.a.: Klarheit als Selbstzweck. Ludwig Wittgenstein über Philosophie, Religion, Ethik und Gewissheit (1993); Wittgenstein und die Metapher (Mithg., 2004); Zum Glück (Mithg., 2004); Ludwig Wittgenstein: Ingenieur – Philosoph – Künstler (Mithg., 2007); »Ein Netz von Normen«: Wittgenstein und die Mathematik (Hg., 2008).

Jörg Lauster, geb. 1966, Professor für Systematische Theologie und Religionsphilosophie an der Philipps-Universität Marburg. Veröffentlichungen u.a.: Gott und das Glück (2004); Religion als Lebensdeutung (2005); Zwischen Entzauberung und Remythisierung. Zum Verhältnis von Bibel und Dogma (2008).

Bea Lundt, geb. 1950, Professorin für Geschichte des Mittelalters und Didaktik der Geschichte an der Universität Flensburg. Lehraufträge und Assoziierungen an der Humboldt-Universität Berlin. Veröffentlichungen u.a.: Lustgarten und Dämonenpein. Konzepte von Weiblichkeit in Mittelalter und Früher Neuzeit (Mithg., 1997); Europas Aufbruch in die Neuzeit. Kultur- und Mentalitätsgeschichte 1500–1800 (2009).

Christoph Menke, Professor für Praktische Philosophie am Exzellenzcluster »Die Herausbildung normativer Ordnungen« und am Institut für Philosophie der Johann Wolfgang Goethe-Universität Frankfurt/Main. Veröffentlichungen u.a.: Die Souveränität der Kunst. Ästhetische Erfahrung nach Adorno und Derrida (1988); Spiegelungen der Gleichheit (2000); Die Gegenwart der Tragödie. Versuch über Urteil und Spiel (2005); Kraft. Ein Grundbegriff ästhetischer Anthropologie (2008).

Katrin Meyer, geb. 1962, Koordinatorin des Netzwerks Gender Studies Schweiz an der Universität Basel und Lehrbeauftragte für Philosophie an der Universität St. Gallen (Schweiz). Veröffentlichungen u.a.: Ästhetik der Historie. Friedrich Nietzsches »Vom Nutzen und Nachteil der Historie für das Leben« (1998); Friedrich Nietzsche – Franz und Ida

Overbeck: Briefwechsel (Mithg., 2000); Gouvernementalität und Sicherheit. Zeitdiagnostische Beiträge im Anschluss an Foucault (Mithg., 2008); Kritik der konsensuellen Postdemokratie. Rancière und Arendt über die Paradoxien von Macht und Gleichheit. In: Leviathan (2011).

Dietmar Mieth, geb. 1940, Professor em. für Theologische Ethik/Sozialethik an der Katholisch-Theologischen Fakultät der Universität Tübingen. Fellow und Mitglied der Kollegforschergruppe »Religiöse Individualisierung in historischer Perspektive« am Max Weber Kolleg der Universität Erfurt. Veröffentlichungen u.a.: Meister Eckhart: Einheit mit Gott (Hg., 2008); Grenzenlose Selbstbestimmung? (Hg., 2008); Solidarität und Gerechtigkeit (2009).

Olivia Mitscherlich-Schönherr, geb. 1973, Koordinatorin des Graduiertenkollegs »Lebensformen und Lebenswissen« der Universitäten Potsdam und Frankfurt/Oder und Lehrbeauftragte für Philosophie an der Universität Potsdam. Veröffentlichungen u.a.: Natur *und* Geschichte. Helmuth Plessners in sich gebrochene Lebensphilosophie (2007); Schwerpunkt »Glauben und Wissen« (Hg.). In: Deutsche Zeitschrift für Philosophie 2 (2009); Teleologische Grundlagen philosophischer Selbsterkenntnis. In: Deutsche Zeitschrift für Philosophie 2 (2009); Der Gleichnischarakter der Liebe. In: Rosenzweig-Jahrbuch 5 (2010).

Jürgen Oelkers, geb. 1947, Professor für Allgemeine Pädagogik an der Universität Zürich (Schweiz). Mithg. der Zeitschrift für Pädagogik. Veröffentlichungen u.a.: Reformpädagogik. Eine kritische Dogmengeschichte (2005); Rousseau (2008); John Dewey und die Pädagogik (2009); Handwörterbuch für Erziehungswissenschaft (Mithg., 2009); Historisches Wörterbuch der Pädagogik (Mithg., 2010).

Ludwig Paul, geb. 1963, Professor für Iranistik an der Universität Hamburg. Veröffentlichungen u.a.: Zazaki. Grammatik und Versuch einer Dialektologie (1998); Vom Kolonialinstitut zum Asien-Afrika-Institut – 100 Jahre Asien-Afrikawissenschaften in Hamburg (Hg., 2008); Iranian Language Reform in the Twentieth Century: Did the First Farhangestān (1935–40) Succeed? In: Journal of Persianate Studies 3 (2010); Orientalism and Conspiracy. Essays in Honour of Sadik al-Azm (Mithg., 2010).

Annemarie Pieper, geb. 1941, Professorin em. für Philosophie an der Universität Basel (Schweiz). Mitglied u.a. der Karl Jaspers-Stiftung Basel. Veröffentlichungen u.a.: Søren Kierkegaard (2000); Glückssache. Die Kunst, gut zu leben (^{3}2007); Einführung in die Ethik (^{6}2007); Selber denken. Anstiftung zum Philosophieren (^{6}2008).

Heinz Rölleke, geb. 1936, Professor em. für Literaturwissenschaft und Volkskunde an der Bergischen Universität Wuppertal. Hg. der Zeitschrift Wirkendes Wort und vieler Märchenausgaben. Veröffentlichungen u.a.: Grimms Märchen und ihre Quellen (^{2}2004); Die Märchen der Brüder Grimm. Eine Einführung (^{4}2004); Briefwechsel zwischen J. und W. Grimm. 2. Teil (2006); »Und was der ganzen Menschheit«. Aufsätze zu Goethes »Faust« (2009); »Alt wie der Wald«. Aufsätze zu Grimms Märchen (^{2}2010).

Peter Schallenberg, geb. 1963, Professor für Moraltheologie und Ethik an der Theologischen Fakultät Paderborn. Direktor der Katholischen Sozialwissenschaftlichen Zentralstelle Mönchengladbach. Veröffentlichungen u.a.: Vom Glück des Glaubens (2008); Gott, das Gute und der Mensch (2009); Wer ist Gott und was machen wir wenn es ihn gibt (2010).

Michael Schefczyk, geb. 1967, Professor für Praktische Philosophie an der Leuphana Universität Lüneburg. Veröffentlichungen u.a.: Umverteilung als Legitimationsproblem (^{2}2005); John Stuart Mill zur Einführung (mit D. Kuenzle, 2009); Verantwortung für historisches Unrecht (2011).

Stephan Schleim, Assistent Professor für Theorie und Geschichte der Psychologie an der Universität Groningen (Niederlande). Barbara Wengeler Preisträger 2010. Veröffentlichungen u.a.: Gedankenlesen. Pionierarbeit der Hirnforschung (2008); Von der Neuroethik zum Neurorecht. Vom Beginn einer Debatte (Mithg., 2009); Die Neurogesellschaft. Wie die Hirnforschung Recht und Moral herausfordert (2011).

Matthias Schloßberger, geb. 1972, wissenschaftlicher Mitarbeiter am Institut für Philosophie der Universität Potsdam. Redakteur des Internationalen Jahrbuchs für Philosophische Anthropologie. Veröffentlichungen u.a.: Die Erfahrung des Anderen. Gefühle im menschlichen Miteinander (2005).

Ulrich Schmid, geb. 1965, Professor für Kultur und Gesellschaft Russlands an der Universität St. Gallen (Schweiz). Veröffentlichungen u.a.: Ichentwürfe. Russische Autobiographien zwischen Avvakum und Gercen (2000); Russische Religionsphilosophen des 20. Jahrhunderts (2003); Russische Medientheorien (Hg., 2005); Tolstoi (2010); Literaturtheorien des 20. Jahrhunderts (Hg., 2010).

Helwig Schmidt-Glintzer, geb. 1948, Direktor der Herzog August Bibliothek Wolfenbüttel und Professor für Sinologie an der Universität Göttingen. Veröffentlichungen u.a.: Geschichte der chinesischen Literatur. Von den Anfängen bis zur Gegenwart (^{2}1999); Kleine Geschichte Chinas (2008; ^{2}2010); Wohlstand, Glück und langes Leben. Chinas Götter und die Ordnung im Reich der Mitte (2009).

Arbogast Schmitt, geb. 1943, Professor für Klassische Philologie an der Universität Marburg. Veröffentlichungen u.a.: Selbständigkeit und Abhängigkeit menschlichen Handelns bei Homer (1990); Die Moderne und Platon. Zwei Grundformen europäischer Rationalität (2003, ^{2}2008); Aristoteles, Poetik (Übers. und erläutert; 2008); Denken und Sein bei Platon und Descartes. Kritische Anmerkungen zur ›Überwindung‹ der antiken Seinsphilosophie durch die moderne Philosophie des Subjekts (2011).

Peter Schnyder, geb. 1967, Professor für Neuere deutsche Literaturwissenschaft an der Universität Neuchâtel (Schweiz). Veröffentlichungen u.a.: Die Magie der Rhetorik. Poesie, Philosophie und Politik in Friedrich Schlegels Frühwerk (1999); Kollektive Gespenster. Die Masse, der Zeitgeist und andere unfassbare Körper (Mithg., 2006); Alea. Zählen und Erzählen im Zeichen des Glücksspiels 1650–1850 (2009).

Dominik Schrage, Privatdozent für Soziologie an der Technischen Universität Dresden. Veröffentlichungen u.a.: Psychotechnik und Radiophonie. Subjektkonstruktionen in artifiziellen Wirklichkeiten 1918–1932 (2001); Das Management der Kunden. Studien zur Soziologie des Shopping (Mithg., 2007); Zwischen Methodenpluralismus und Datenhandel. Zur Soziologie der kommerziellen Konsumforschung (Mithg., 2008); Die Verfügbarkeit der Dinge. Eine historische Soziologie des Konsums (2009).

Florian Schulz, geb. 1977, Diplom-Psychologe und wissenschaftlicher Mitarbeiter am Lehrstuhl für Organisationspsychologie an der Universität St.Gallen (Schweiz). Aktueller Forschungsschwerpunkt: Die Organisation vom Emotionen durch die Übersetzung therapeutische Praktiken in die Arbeitswelt.

Reinhard Schulze, geb. 1953, Professor für Islamwissenschaft und Neuere Orientalische Philologie an der Universität Bern (Schweiz). Veröffentlichungen u.a.: Islamischer Internationalismus im 20. Jahrhundert (1990); Geschichte der islamischen Welt im 20. Jahrhundert (1993, ²2002); Die Dritte Unterscheidung: Islam, Religion und Säkularität (2010); Islamwissenschaft und Religionswissenschaft (2010); Der Islam als politische Religion: eine Kritik normativer Voraussetzungen (2010).

Volker Schürmann, geb. 1960, Professor für Philosophie mit Schwerpunkt Sportphilosophie an der Deutschen Sporthochschule Köln. Redakteur der Enzyklopädie Philosophie (2010, Hg. Sandkühler). Veröffentlichungen u.a.: Zur Struktur hermeneutischen Sprechens [zu Josef König] (1999); Menschliche Körper in Bewegung (Hg., 2001); Heitere Gelassenheit (2002); Muße (²2003); Sprache der Bewegung (Mithg., 2004).

Werner Stegmaier, geb. 1946, Professor für Philosophie mit Schwerpunkt Praktische Philosophie an der Universität Greifswald. Mithg. der Nietzsche-Studien und der Monographien und Texte der Nietzsche-Forschung. Veröffentlichungen u.a.: Substanz. Grundbegriff der Metaphysik (1977); Philosophie der Fluktuanz. Dilthey und Nietzsche (1992); Nietzsches »Genealogie der Moral« (1994); Emmanuel Levinas zur Einführung (2002, Neudr. 2009); Philosophie der Orientierung (2008).

Holmer Steinfath, geb. 1961, Professor für Philosophie an der Georg-August-Universität Göttingen. Veröffentlichungen u.a.: Selbständigkeit und Einfachheit. Zur Substanztheorie des Aristoteles (1991), Was ist ein gutes Leben? (Hg., 1998); Orientierung am Guten (2001).

Chris Steyaert, geb. 1962, Professor für Organisationspsychologie an der Universität St. Gallen (Schweiz). Veröffentlichungen u.a.: Reclaiming the Space of Entrepreneurship in Society: Geographical, Discursive and Social Dimensions (m. J. Katz). In:

Entrepreneurship and Regional Development 16 (2004); The Troubadours of Knowledge: Passion and Invention in Management Education (m. P. Dey). In: Organization 14 (2007); HRM and Performance: A Plea for Reflexivity in HRM-studies (m. M. Janssens). In: Journal of Management Studies 1 (2009); The Politics and Aesthetics of Entrepreneurship (m. D. Hjorth, 2010); Relational Practices, Participative Organizing (m. B. van Looy, 2010).

Dieter Sturma, geb. 1953, Professor für Philosophie an der Universität Bonn. Direktor des Instituts für Wissenschaft und Ethik Bonn, des Deutschen Referenzzentrums für Ethik in den Biowissenschaften Bonn/Düsseldorf und des Instituts für Ethik in den Neurowissenschaften am Forschungszentrum Jülich. Veröffentlichungen u.a.: Philosophie der Person. Die Selbstverhältnisse von Subjektivität und Moralität (1997, ²2008); Jean-Jacques Rousseau (2001); Kants Ethik (Hg., 2004); Philosophie des Geistes (2005); Philosophie und Neurowissenschaften (Hg., 2006).

Dieter Thomä, geb. 1959, Professor für Philosophie an der Universität St. Gallen (Schweiz). Mithg. der Reihe »Zur Einführung« des Junius-Verlages. Veröffentlichungen u.a.: Erzähle dich selbst. Lebensgeschichte als philosophisches Problem (1998); Vom Glück in der Moderne (2003); Heidegger-Handbuch (Hg., 2003); Totalität und Mitleid (2006); Väter. Eine moderne Heldengeschichte (2008).

Ruut Veenhoven, geb. 1942, Professor em. für Soziologie an der Erasmus Universität Rotterdam (Niederlande). Begründer der World Database of Happiness und des Journal of Happiness Studies. Veröffentlichungen u.a.: The four qualities of life. In: Journal of Happiness Studies 1 (2000); Capability and Happiness. In: Journal of Socio-Economics 39 (2010); Life is getting better: Societal evolution and fit with human nature. In: Social Indicators Research 97 (2010); How universal is happiness? In: E. Diener u.a. (Hg.): International Differences in Well-Being (2010); Greater happiness for a greater number: is that possible and desirable? In: Journal of Happiness Studies 11 (2010).

Morris Vollmann, geb. 1974, wissenschaftlicher Mitarbeiter im interdisziplinären Forschungsprojekt »Gutes Leben im hohen Alter angesichts von Verletzlichkeit und Endlichkeit – eine Analyse von Altersbildern in öffentlichen Diskursen und Alltagspraktiken« an der Technischen Universität Dresden. Veröffentlichungen u.a.: Freud gegen Kant? Psychoanalytische Moralkritik und praktische Vernunft (2010); Der Sinn des Alterns zwischen Glück und Leiden (mit Th. Rentsch). In: S. Schicktanz u.a. (Hg.): Altern im Fokus der modernen Medizin (2011).

Françoise Wemelsfelder, Reader in Animal Welfare and Qualitative Science am Scottish Agricultural College in Edinburgh (Schottland). Veröffentlichungen u.a.: The scientific validity of subjective concepts in models of animal welfare. In: Applied Animal Behaviour Science 53 (1997); Assessing the ›whole animal‹: a Free-Choice-Profiling approach (m. E.A. Hunter, M.T. Mendl, A.B. Lawrence). In: Animal Behaviour 62 (2001); Animal Boredom: Understanding the tedium of confined lives. In: F. McMillan (Hg.): Mental Health and Well-Being in Animals (2005); How animals communicate quality of life. In: Animal Welfare 16 (2007).

Saskia Wendel, geb. 1964, Professorin für Systematische Theologie an der Universität Köln. Vorsitzende von AGENDA – Forum katholischer Theologinnen. Veröffentlichungen u.a.: Jean-François Lyotard. Aisthetisches Ethos (1997); Affektiv und inkarniert. Ansätze Deutscher Mystik als subjekttheoretische Herausforderung (2002); Feministische Ethik zur Einführung (2003); Christliche Mystik. Eine Einführung (2004); Religionsphilosophie (2010).

Tilo Wesche, wissenschaftlicher Oberassistent und Privatdozent an der Universität Basel (Schweiz). Veröffentlichungen u.a.: Kierkegaard. Eine philosophische Einführung (2003); Anfang und Grenzen des Sinns (Mithg., 2006); Was ist Kritik? (Mithg., 2009, ²2010); Wahrheit und Werturteil. Eine Theorie der praktischen Rationalität (2011).

4. Personenregister